Über die Autorin:
Julia Edenhofer, 1946 in München geboren, gestaltete und moderierte nach dem Studium der Werbewissenschaften für den Bayerischen Rundfunk Pop- und Rockmusiksendungen. Für das Fernsehen moderierte sie zusammen mit Thomas Gottschalk die Jugendsendung »Szene '76«. Seit 1979 ist sie beim Bayerischen Rundfunk als Programmgestalterin und Musikredakteurin angestellt.

JULIA EDENHOFER
ROCK & POP
VON A BIS Z

BASTEI
LÜBBE

BASTEI-LÜBBE-TASCHENBUCH
Band 60 218

1. Auflage Oktober 1988
2. Auflage Februar 1989
3., aktualisierte und erweiterte Neuauflage April 1991
4. Auflage September 1991

© 1991 by Gustav Lübbe Verlag GmbH, Bergisch Gladbach
Printed in Germany, September 1991
Titelbilder: New Eyes und CBS
Einbandgestaltung: Roberto Patelli
Satz: ICS Communikations-Service GmbH, Bergisch Gladbach
Druck und Bindung: Ebner Ulm
ISBN 3-404-60218-8

Inhalt

Abkürzungen

acc	Akkordeon
as	Altsaxophon
b	Baß
bg	Baßgitarre
bj	Banjo
bs	Baßsaxophon
cl	Klarinette
C & W	Country and Western Music
dr	Schlagzeug (Trommel, Pauke, Becken)
fl	Querflöte
flh	Flügelhorn
g	Gitarre
harm	Mundharmonika
keyb	Keyboards (alle Instrumente mit einer manualen Tastatur, wie Klavier, Orgel, Clavichord, Clavinet, Mellotron)
LP	Langspielplatte
MOR	Middle of the Road (Bezeichnung für gemäßigte trendunabhängige Unterhaltungsmusik)
org	Orgel
p	Piano, Klavier
perc	Percussion (Schlag- und Rhythmusinstrumente, wie Congas, Maracas, Triangel, Tamtam, Tambourin usw.)
R & B	Rhythm and Blues
sax	Saxophon
ss	Sopransaxophon
synth	Synthesizer
tb	Posaune
tp	Trompete
ts	Tenorsaxophon
vi	Violine
vib	Vibraphon
voc	Gesang
UK	United Kingdom, Großbritannien
US	United States of America

Vorwort

Dieses Lexikon ist nicht umfassend, kann es auch gar nicht sein, denn dann müßte es den fünf- bis achtfachen Umfang haben. In 35 Jahren Rock- und Popmusik (1955–1990) kommt eine ganze Menge zusammen. Dieses Lexikon enthält die – meiner Meinung nach – wichtigsten ›alten‹ Stars der Fünfziger und ›neuen‹ Stars der Achtziger und Anfangsneunziger und eine ganze Menge von bedeutenden Interpreten der Jahrzehnte dazwischen. Wer besonders an den sechziger Jahren interessiert ist, dem sei mein ›Großes Oldielexikon der 60er Jahre‹ empfohlen. Es erscheint Anfang 1991 im Gustav Lübbe Verlag und enthält praktisch alle amerikanischen, englischen und deutschen Stars dieser Zeit mit Hitparaden-Aufstellungen der Top- 20-Songs in den USA, Großbritannien und der BRD. Die Rockgeschichte am Anfang dieses Lexikons soll einen vertiefenden Überblick über die Entwicklung der Rock- und Popmusik von den Anfängen bis heute geben. Eine Diskographie fehlt, da sie zu schnell veralten und zu viel Raum einnehmen würde. Wer sich speziell für Veröffentlichungsdaten von LPs und die dabei mitwirkenden Musiker interessiert, dem sei Terry Hounsomes ›New Rock Record – A Collectors Directory Of Rock Albums und Musicians‹ (erschienen bei Blandford Press, England) empfohlen. Die meisten LPs und die wichtigsten Singles sind jeweils im Text erwähnt. LPs, Songs, Filme und Musicals sind im Text – zur besseren Unterscheidung – *kursiv* gedruckt. Bands und Musiker, die in diesem Lexikon ausführlich beschrieben werden, sind jeweils mit einem Pfeil versehen. Wenn also z. B. im Kapitel über die Beatles vor JOHN LENNON und PAUL MCCARTNEY ein Pfeil steht, heißt das, daß die beiden auch noch in einem eigenen Kapitel beschrieben werden (unter L bzw. M). Die alphabetische Zuordnung der Künstler und Gruppen erfolgt nach dem Familien- bzw. Hauptnamen. Feargal Sharkey ist also unter S zu finden. The Cure unter dem Buchstaben C. Bands, Musiker, Produzenten usw., die in diesem Lexikon nicht ausführlich beschrieben werden, sind in KAPITÄLCHEN gedruckt. Die Suche nach Musikern und Bands erleichtert das ausführliche Personenregister am Ende des Buches. Da dieses Lexikon von Menschen gemacht worden ist, bitte ich schon jetzt um

Entschuldigung, wenn sich irgendwo der »Fehlerteufel« eingeschlichen haben sollte. Über einen Hinweis an den Verlag wäre ich dankbar.

Zum Schluß möchte ich noch all denen danken, ohne deren tätige und selbstlose Mithilfe dieses Lexikon nicht hätte entstehen können. Allen, die für mich in aller Welt per Telefon, Telex und Brief Unterlagen und Auskünfte eingeholt haben, vor allen Dingen (in alphabetischer Reihenfolge): Jacqueline Boyce, Ede Dierks, Hanne Esser, Hermann Kessler, Hannes Koch, Hans Peter Kurzmeier, Helmut Ochs, Werner Pöppel, Ina Radtke, Evi Schmid, Petra Steenwarber, Doris Winkelmann u. a. m. ein herzliches Dankeschön!

Julia Edenhofer

Die Geschichte der Rockmusik

1940–1955: Die Anfänge

Die Basis aller heute populären Musikarten ist der Rhythm & Blues der vierziger Jahre in USA. Doch auch R & B ist keine »reine« Musikform, sondern eine Mischung. R & B entstand zu Beginn der vierziger Jahre in Amerika. Seine hauptsächlichen Quellen waren Country-Blues (eine Mischung aus Country, der »weißen« Volksmusik, und Blues, der »schwarzen« Volksmusik), Swing und Bop-Sound der Big Bands, der großen Orchester. Zwei Umstände kamen dieser Entwicklung zugute. Zum einen hatten die großen Plattenfirmen das Interesse an »Race-Music«, an »schwarzer Musik«, verloren, da die Verkäufe während der Zeit des Schallplattenstreiks in den dreißiger Jahren zurückgegangen waren und auch anschließend nicht mehr zunahmen. Zum anderen begannen die Big Bands »auszusterben«, da sich niemand mehr eine Band mit zehn bis fünfzehn Mann leisten konnte. Also mußten sich die farbigen Musiker etwas einfallen lassen. Das Resultat war, daß eine ganze Menge kleiner, unabhängiger Plattenlabels gegründet wurden und daß die Musiker nur noch als Solisten oder nur in kleiner Besetzung auftraten. Um ihr schwarzes Publikum wieder zum Plattenkauf anzuregen, entwickelten sie außerdem eine neue, attraktive Musikmischung, den Rhythm & Blues.
Zwei wichtige Zentren gab es dafür: Los Angeles, wo Texas-Blues-Leute wie T-BONE WALKER, CHARLES BROWN, JOE LIGGINS und ROY MILTON die Entwicklung entscheidend beeinflußten, und Chicago, wo Delta-Blues-Musiker wie MUDDY WATERS, HOWLIN' WOLF und LITTLE WALTER lebten. Zuerst klangen die Songs noch sehr bluesig, getragen und ruhig. Doch dann stellte sich im Verlauf der vierziger Jahre heraus, daß die rhythmischeren, »aufmöbelnden« Titel das Publikum wesentlich mehr ansprachen und sich auch sehr viel besser verkauften. Der »Rhythm« war gefragt, der »Blues« trat immer mehr in den Hintergrund. Mitte der vierziger Jahre waren bereits Titel wie *Caldonia's boogie* von LOUIS JORDAN, *Cecil's boogie* von CECIL GRANT und *Rock me Mama* von ARTHUR CRUDUP in den Hit-Listen zu finden, alles Songs, die

Caterina Valente und Bill Haley Foto: Pressebilderdienst Kindermann

heute gut und gerne als Rock 'n' Roll-Songs durchgehen würden. Als wäre plötzlich irgendwo eine Schleuse geöffnet worden, tauchten über Nacht in ganz Amerika Legionen von begabten farbigen Interpreten und Gruppen auf, die alle R & B spielten: RAY CHARLES, JAMES BROWN, CLYDE MCPHATTER, THE ORIOLES, THE RAVENS, um nur ein paar zu nennen. Anfang der fünfziger Jahre war R & B beim schwarzen Publikum ein fester Begriff geworden.

Allmählich wurden auch die weißen Zuhörer darauf aufmerksam, vor allen Dingen in Kalifornien. Denn in Los Angeles gab es eine der ersten Radiostationen überhaupt, die »schwarze« Musik spielte. Ansonsten war diese »Race-Music« bei den weißen Stationen tabu. Als sich also immer mehr weiße Zuhörer für diese Art von »schwarzer« Musik interessierten, erregte das natürlich auch die Aufmerksamkeit der Plattenfirmen. Die aber nahmen nun nicht etwa die Originalinterpreten unter Vertrag, sondern nur deren Songs − und ließen sie von weißen Interpreten nachsingen. Das waren die sogenannten »Cover-Versions«. So sang zwar z. B. die farbige Formation THE CHORDS 1954 den Hit *Sh-Boom*, das große Geld aber machte damit die weiße Formation THE CREW CUTS aus Kanada, die den Song ebenfalls 1954 auf den Markt brachte. BIG MAMA THORNTON nahm 1952 den Song *Hound dog* auf, aber → ELVIS PRESLEY hatte damit 1956 einen Millionenseller. Zwar verkaufte auch BIG MAMA THORNTON zwei Millionen Exemplare ihrer Aufnahme, doch sie wurde mit einem Scheck über $ 500 abgespeist. Von JOE TURNER stammt im Original *Shake, rattle and roll,* der Song, mit dem → BILL HALEY 1954 einen Millionenerfolg hatte. FATS DOMINO sang 1955 *Ain't that a shame,* und PAT BOONE verdiente mit seiner Version das ganz große Geld. Doch ein Gutes hatten diese Cover-Versionen: Sie machten eine neue Musikart bei einem breiten Publikum populär.

1955−1960: Rock 'n' Roll

Das Jahr 1955 wird allgemein als das Geburtsjahr des Rock 'n' Roll bezeichnet, obwohl eigentlich kein Mensch sagen kann, welches nun wirklich der erste Rock 'n' Roll-Titel in der Geschichte der Rockmusik gewesen ist. Doch die Ehre, diese neue Musik »geboren« und vor allen Dingen weltweit populär gemacht zu haben, gehört einem stets lächelnden, dicklichen Musiker aus Highland Park in Michigan: William John Clifton Haley jr., kurz → BILL HALEY genannt. Bill Haley war Country-Musiker und hatte − wie so viele Country-Leute − auch ein Feeling für Blues, denn Country, die Volksmusik des »weißen« Amerika, beinhaltete schon immer einen großen Schuß Blues. Durch den Blues wurde Bill Haley auch auf den neuen R & B aufmerksam. Und so war es eigentlich nur eine Frage der Zeit, bis er oder ein anderer auf die Idee kam, Country und R & B zu vermischen. Die ersten Songs von Bill Haley klangen allerdings noch mehr nach Rockabilly, einer Abart von C & W, als nach Rock 'n' Roll. *Crazy man crazy* oder *Rock-a-beatin' boogie* hießen diese Songs, und aus dem letzten stammt auch die Musikbezeichnung Rock 'n' Roll. ALAN FREED, ein in den fünfziger Jahren ungemein populärer und beliebter Discjockey, war von diesem Haley-Lied begeistert. Darin kommt im Refrain die Zeile vor: »Rock,

rock, rock everybody, roll, roll, roll everybody« – und danach kreierte ALAN FREED die Bezeichnung »Rock and Roll«, die in der Umgangssprache dann mit Rock 'n' Roll abgekürzt wurde.

Der alte R & B-Titel *Shake, rattle and roll* von JOE TURNER wurde dann für Bill Haley und seine Begleitband THE COMETS 1954 der erste Millionenerfolg in diesem neuen Sound. Doch den weltweiten Siegeszug trat der Rock 'n' Roll erst 1955 an. Ein einziges Lied und ein Film lösten dieses Fieber aus, das in erster Linie Jugendliche ergriff. Das war der Song *Rock around the clock* und der Film *Blackboard jungle*. Der Film, der in Deutschland *Saat der Gewalt* hieß, handelte von jugendlichen Verbrechern, und *Rock around the clock* war sozusagen die Hymne dieses Streifens. Für die Teenager in aller Welt wurde dieser Streifen ein Kultfilm und der Song zu ihrem Schlachtruf, bei dem sie ihre Aggressionen und Frustrationen abreagieren konnten. Sofort wurde der Rock 'n' Roll von den Erwachsenen mit Rebellion, Aufruhr und Gewalttätigkeit gleichgesetzt. Rock 'n' Roll-Sänger wurden fortan nur mit großem Mißtrauen betrachtet. Mit Empörung reagierten die Erwachsenen vor allen Dingen auch auf die freizügigen sexuellen Anspielungen, die in dieser neuen Art von Musik vorkamen. R & B war von Anfang an sexbetont gewesen, ganz in der Tradition der Musik der Schwarzen, die in dieser Beziehung noch nie ein Blatt vor den Mund genommen hatten. Aber die weißen Erwachsenen waren in den fünfziger Jahren nur die klinische Reinheit einer DORIS DAY gewohnt, die man ebensowenig wie PERRY COMO oder BING CROSBY, die jahrelang die Stars gewesen waren, als Sexsymbol bezeichnen konnte. Bill Haley machte zwar eine »schockierende« Musik, aber als Traum-Mann war der rundliche, mehrfache Familienvater mit seinen 30 Jahren auch nicht gerade geeignet.

1956 tauchte jedoch ein junger Mann auf, der nicht nur eindeutig zweideutig ins Mikrofon stöhnte, sondern auch gut aussah und außerdem noch die entsprechenden Hüftbewegungen zu seinen Songs machte: → ELVIS PRESLEY, der Alptraum einer ganzen Erwachsenengeneration. Elvis stammte aus Tupelo/Mississippi und war mit »schwarzer« Musik aufgewachsen. Er sang zu Beginn Country-Songs, aber mit eindeutig »schwarzem« Feeling. Und er sang natürlich auch R & B. 1953 besang er für seine Mutter zum Geburtstag eine Platte mit dem Lied *My happiness*. Das war ein R & B-Hit der farbigen Formation THE INK SPOTS. Ein Jahr später nahm er für seine Mutter den Titel *That's all*

Elvis Presley
Foto: dpa/UPI

Foto: Hipp

right Mama auf, einen R & B-Hit aus den vierziger Jahren von Arthur Crudup. Sein erster Millionenseller 1956, *Heartbreak Hotel*, ist, wenn man's genau nimmt, eigentlich ein waschechter R & B-Song. Elvis Presley hatte von Anfang an alle Attribute, die einen Star für diese Art von Musik ausmachen: er hatte eine intensive, ausdrucksstarke und kehlige Stimme, das notwendige »schwarze« Feeling, den Rhythmus im Blut und das Charisma, das ihn innerhalb kürzester Zeit zum Idol der Jugend auf der ganzen Welt werden ließ. Wenn er so auf der Bühne stand, mit lasziv-verächtlich hochgezogener Oberlippe, die Hüften kreisen ließ und, das Mikrofon lässig in der Hand, »You ain't nothing but a hound dog« sang, dann war er die Verkörperung all dessen, was Rock 'n' Roll beinhaltete: keine Musikrichtung, sondern eine ganz neue Lebensauffassung der Teenager. Damals begann das neue Selbstbewußtsein der Jugendlichen. Bislang waren sie nichts gewesen, hatten nichts zu sagen gehabt, weil sie jung waren. Ab Mitte der fünfziger

Jahre sah alles anders aus, nach dem Motto: Weg mit den alten Zöpfen und Traditionen, wir sind jung, uns gehört die Welt, und wir haben den Rock 'n' Roll, und Elvis ist unser King! Dabei war Elvis Presley, so wild er sich auch auf der Bühne gebärdete, privat ein sehr schüchterner und zurückhaltender junger Mann, der zu jeder Frau artig »Ma'm« sagte und zu jedem Mann höflich »Sir«.

Fast jeden Monat tauchten nun neue Stars am Rock 'n' Roll-Himmel auf. LITTLE RICHARD z. B., der 1932 in Macon/Georgia unter dem bürgerlichen Namen Richard Penniman geboren wurde. Der farbige Sänger mit dem bleistiftdünnen Schnurrbart gehörte zu den wildesten und einfallsreichsten. Mit hysterisch überzogener Falsettstimme kreischte er in wahnwitzigem Tempo seine Rock-Songs. Mit dem Song *Tutti frutti* und der Zeile *A-wop-bop-a-lou-bop-a-lop-bam-boom* schuf er einen Schlachtruf des Rock 'n' Roll. Seine Bühnenauftritte waren wahre Orgien an Ausstattung. Er schminkte sich, toupierte sich das lange Haar und tränkte es mit Zuckerwasser, damit es auch hielt. 1985 war diese Art des Haarfestigers ja wieder groß in Mode. Seine Bühnengarderobe entwarf er selbst: Pluderhosen, mit allerlei Plunder und Glitter und Flitter und Schnickschnack besetzte Hemden, Satinumhänge, Pelzcapes. Little Richard benutzte Mitte der fünfziger Jahre bereits die ganze Staffage, die von so vielen Gruppen der siebziger und achtziger Jahre, wie → ALICE COOPER, → KISS, → CULTURE CLUB usw. als neu proklamiert worden ist. Mit größtenteils selbstgeschriebenen Titeln, wie *Long tall Sally, Rip it up, Ready Teddy, Lucille, Jenny Jenny, Good golly Miss Molly, Ooh! my soul, True fine Mama* usw., war er bis Ende der fünfziger Jahre ständig ganz oben in den Charts zu finden. LITTLE RICHARD beeinflußte ganze Legionen von Rockmusikern: Elvis orientierte seine Bühnenshow an der von Little Richard und sang etliche seiner Titel; JAMES BROWN kopierte ihn, wenn er sich am Ende der Show seine Umhänge vom Leibe riß und wenn er in seine Songs die von Little Richard kreierten unartikulierten Schreie einbaute; JERRY LEE LEWIS, und fünfzehn Jahre später → ELTON JOHN, hatten sich das Malträtieren des Klaviers mit Ellbogen und Füßen von Little Richard abgeschaut. Seine ekstatisch-hysterische Art zu singen — oder besser gesagt: zu schreien — war bis in die sechziger Jahre ein fester Bestandteil der Rock 'n' Roll-Musik.

Ein anderer einflußreicher farbiger Rock 'n' Roller war → CHUCK BERRY. Er war zweifelsohne einer der besten Gitarristen der damaligen

Zeit. Seine Gitarre »sprach«, und er unterhielt sich mit ihr, wenn er mit seinem berühmten Entengang, dem Duck-Walk, über die Bühne watschelte. Chuck Berry schrieb genial einfache Songs. Eigentlich variierte er sein Leben lang nur ein und dasselbe Thema, aber wie er das machte, war einfach grandios. Während Little Richard in seinen Liedern meist nur ziemlich belanglose Dinge sang, handelten die Lieder von Chuck Berry genau von den Dingen, für die sich Teenager, egal welcher Hautfarbe, interessierten: Autos, Mädchen/Knaben, erster Kuß, Schule, Verabredungen, Eltern. Seine Songs handelten von »wirklichen« Begebenheiten. Deshalb wurden auch Titel wie *Maybelline, Roll over Beethoven, School day, Rock & Roll Music, Sweet little sixteen, Johnny B. Good, Reelin' and rockin', Carol, Memphis* usw. zu internationalen Bestsellern. Es gibt praktisch keine Rock-Gruppe, die nicht wenigstens einen Song von Chuck Berry im Repertoire hat. Die → BEATLES sangen seine Lieder, die → ROLLING STONES, die → BEACH BOYS, → ELECTRIC LIGHT ORCHESTRA, JOHNNY RIVERS, und fast alle waren auch noch Jahre später damit erfolgreich. Doch es gab auch eine ganze Menge weißer Rock 'n' Roller. BUDDY HOLLY z. B., der am 7. September 1936 in Lubbock/Texas geboren worden war. Elvis war gutaussehend, Little Richard extravagant, Chuck Berry geschniegelt, Bill Haley wirkte spießig, und Buddy Holly war ganz einfach ziemlich häßlich. Klein, schmächtig, mit einer dicken Hornbrille, war er der Inbegriff des durchschnittlichen pubertären Knaben. Aber er war ein großartiger Sänger, Komponist und Gitarrist. Bereits mit dreizehn Jahren sang er mit seinem Freund BOB MONTGOMERY recht erfolgreich eine Musik, die die beiden »Western Bop« nannten. Buddy Holly sang den typischen Südstaaten-Country, mit vielen Kieksern und Schluchzern und langen Vokaldehnungen. Daraus entwickelte er allmählich seine ganz spezielle Art von Rock 'n' Roll. Buddy Holly war es auch, der mit seiner Begleitband THE CRICKETS die Standardbesetzung für Rock-Gruppen aufstellte: Lead-Gitarre, Rhythmus-Gitarre, Baßgitarre und Schlagzeug. Buddy Holly arbeitete immer zweigleisig. Als Solist sang er hauptsächlich sanfte Sachen. Von ihm stammen so wunderschöne Liebeslieder wie *Words of love, Raining in my heart* und *Heartbeat*. Mit seiner Begleitband THE CRICKETS machte er Rock 'n' Roll. *Peggy Sue, Rave on, That'll be the day, Oh boy, Maybe Baby* hießen seine großen Hits mit den CRICKETS bis 1959. Er dachte sich auch Neuerungen aus, die heute in der Rock- und Popmusik gang und gäbe sind: so kopierte er

z. B. die Lead-Stimmen übereinander und setzte bei den Aufnahmen Geigen ein. Sein Gesangsstil und seine Art des Komponierens beeinflußte vor allen Dingen die spätere Entwicklung des Folk-Rock. Am 3. Februar 1959 war Buddy Holly, zusammen mit RITCHIE VALENS und THE BIG BOPPER, auf dem Flug zu einem Auftritt. Das Flugzeug stürzte kurz nach dem Start ab, und alle Insassen wurden getötet. Das war ein ganz besonders schwarzer Tag für die Rock 'n' Roll-Musik, denn mit Ritchie Valens und The Big Bopper waren zwei weitere hoffnungsvolle Talente dieser noch jungen Musikart ums Leben gekommen.

Ritchie Valens, der am 13. Mai 1941 in Pacoima/Kalifornien als Richard Valenzuela geboren worden war, stand erst ganz am Anfang einer Karriere. 1958 hatte er mit *Come on let's go* seinen ersten Hit gehabt, der ihn vor allen Dingen bei den mexikanischen und puertoricanischen Teenagern zu einem Star machte. Dann veröffentlichte er Ende 1958 das einschmeichelnde Liebeslied *Donna*, das er seiner Schulfreundin widmete. Anfang 1959 kam von Ritchie Valens ein Song heraus, der wohl der erste Latino-Rock gewesen sein dürfte: *La Bamba*. Die Gruppe → SANTANA verfeinerte Ende der sechziger Jahre diese von lateinamerikanischen Rhythmen inspirierte Art von Rockmusik. The Big Bopper war 1935 unter dem bürgerlichen Namen J. P. Richardson in Beaumont/Texas geboren worden. Er war ein großer Mann mit ewig ausgebeulten, karierten Hosen und einer gewaltigen Stimme. Von Beruf Discjockey, fing er an, selbst Songs zu schreiben, für sich und andere. Von ihm stammt z. B. der Millionenseller *Running bear* von JOHNNY PRESTON. The Big Bopper hatte selbst nur einen ganz großen Hit: Das war 1958 der Rock 'n' Roll-Titel *Chantilly Lace*. Aber mit diesem einzigen Superseller ist ihm ein Platz in der Geschichte der Rockmusik sicher. Kein anderer Song drückt so genau das neuerwachte, sexbetonte Lebensgefühl der damaligen Jugend aus. *Chantilly Lace* ist ein Telefongespräch, das ein Jüngling mit einem Mädchen führt, um sie zu einer Verabredung zu bringen und sie dann »herumzukriegen«. Damit war von einem weißen Interpreten nun auch das ganz offen ausgesprochen worden, worüber die schwarzen Sängerinnen und Sänger schon immer gesungen hatten.

Einer der großen amerikanischen Rock 'n' Roll-Sänger ist, obwohl er eigentlich sein Leben lang nur R & B und Boogie gespielt hat, FATS DOMINO. Geboren wurde der kleine dicke Mann mit der Brikett-Frisur am 26. Februar 1928 in New Orleans/Louisiana. Die französischen,

d. h. kreolischen und Cajun-Einflüsse, auf seine Musik waren unüberhörbar (New Orleans war ja immer die französische Enklave im Süden Amerikas, und Cajun ist die von französischer Volksmusik gefärbte Country-Musik dieser Region). 1949 schrieb er zusammen mit DAVE BARTHOLOMEW den Song *The fat man*, der 1950 sein erster Millionenseller wurde. Bis Ende der sechziger Jahre war er dann mit seinen zahllosen Songs nicht mehr aus den US-Charts wegzudenken. Von Fats Domino, dem achtfachen Familienvater, stammen Klassiker wie *Ain't that a shame, Blue monday, Blueberry hill, I'm walkin', I'm ready, Be my guest, Walking to New Orleans,* um nur ein paar zu nennen. Insgesamt brachte er mit seiner leicht heiseren Stimme und seinem ein wenig monotonen Klavierspiel von 1950 bis 1968 an die neunzig Songs in die Charts. Obwohl sich seine Lieder alle etwas ähneln, sind sie doch so geschickt arrangiert und variiert, daß keine Langeweile aufkommt. Natürlich gab es noch eine ganze Menge anderer frischer, junger Rock 'n' Roll-Bands und Einzelinterpreten. DANNY AND THE JUNIORS z. B., die 1958 mit *At the hop* einen Nr.-1-Hit hatten und auch mit *Rock and Roll is here to stay* ganz oben in den Charts waren, oder die farbige

Elvis Presley   Foto: dpa/UPI

Formation THE COASTERS, die 1958 mit *Yakety Yak* auf Platz 1 der Charts zu finden waren und 1959 mit *Charlie Brown* und *Poison Ivy* Top-Hits hatten; GENE VINCENT aus Norfolk/Virginia, der ein lahmes Bein hatte und hinreißend atemlos sein sexy *Be-bop-a-lula* sang, das 1956 Millionenseller war. Von ihm stammen außerdem Hits wie *Race with the devil, She she little Sheila* und *Blue jean bop*; die EVERLY BROTHERS, die trotz aller Rock-Einflüsse nie ganz von ihrem Country-Stil abgekommen sind und die ganz entscheidend die Entwicklung von Gruppen wie den BYRDS, → SIMON & GARFUNKEL und auch den → BEAT-LES beeinflußt haben; JERRY LEE LEWIS, der Sänger und Pianist aus Ferriday/Louisiana. Auch er kam vom Country und vom Blues zum Rock 'n' Roll. Wilde Songs, wie z. B. *Great balls of fire, High school confidential, Whole lotta shakin' goin' on,* waren seine Spezialität. Er pflegte sein Klavier gegen Ende der Show mit Fußtritten quer über die Bühne zu befördern. Als er gerade dabei war, eine ernsthafte Konkurrenz für Elvis zu werden, beging er 1958 den Fehler, seine 13 Jahre alte Cousine zu heiraten. Damit war er für die Rock-Welt gestorben. Man war zwar bereit, den neuen wilden Rock 'n' Roll-Sängern einiges nachzusehen, aber das ging allen denn doch zu weit. Ganz mühsam baute, sich Jerry Lee Lewis dann in den sechziger Jahren eine neue Karriere als Country-Sänger auf. CARL PERKINS traf mit den *Blue suede shoes* ebenfalls das Lebensgefühl der Rock 'n' Roll-Generation vortrefflich: »Du kannst meinen Whiskey trinken, du kannst mein Auto klauen, du kannst mir sogar die Frau wegnehmen, aber eines darfst du auf keinen Fall: mir auf meine blauen Wildlederschuhe treten.« Von Carl Perkins aus Jackson/Tennessee stammen Rock-Klassiker wie z. B. *Everybody's tryin' to be my baby,* der später für die Beatles ein Hit wurde. Nicht zu vergessen ist EDDIE COCHRAN, der am 3. Oktober 1938 in Albert Lea/Minnesota geboren wurde. Auch er begann seine musikalische Karriere als Country-Sänger und sang mit HANK COCHRAN, der nicht mit ihm verwandt ist, im Duett, ehe er sich mehr und mehr dem Rock 'n' Roll zuwandte. Songs wie *Sittin' in the balcony, Jeannie, Jeannie, Jeannie, Twenty flight rock, C'mon everybody* und vor allen Dingen *Summertime blues* machten ihn, speziell in England, populär. *Summertime blues* behandelt ein typisches Problem der Teenager in dieser Zeit: den verzweifelten Kampf um Vaters Wagen. Bevor EDDIE COCHRAN ein internationaler Star wurde, kam er am 17. April 1960 in der Nähe von London durch einen Autounfall ums Leben.

RICKY NELSON war damals einer der ersten Rock-Stars, die durch das Fernsehen »gemacht« wurden. Bereits mit acht Jahren trat er in der Show seiner Eltern auf, und mit 17 Jahren hatte er seinen ersten Hit. Er sah bezaubernd aus, hatte eine warme, weiche Stimme, und seine Songs waren nie die ganz großen Rock-Fetzer. Selbst wenn er richtigen Rock 'n' Roll sang, klang das Ganze immer recht friedlich und nett. Aber die Teenager, vor allen Dingen die Mädchen, lagen ihm zu Füßen, und von 1957 bis 1963 verkaufte er über 20 Millionen Platten. *A Teenager's romance, Be-bop baby, Stood up, Poor little fool, It's late, Never be anyone else but you* hießen seine Top-Seller in den fünfziger Jahren. 1961 feierte er noch mal ein großes Comeback mit der GENE-PITNEY-Nummer *Hello Mary Lou* und dem *Travelin' man*. Am 31. Dezember 1985 verunglückte er tödlich mit seinem Flugzeug auf dem Weg zu einer Show in Dallas.

Die Liste der amerikanischen Rock-Stars der fünfziger Jahre ließe sich noch beliebig lang fortsetzen. Das wichtigste in dieser Zeit war, daß es durch den Rock 'n' Roll auch den farbigen Interpreten und Gruppen gelang, sich bei dem weißen Publikum durchzusetzen. Durch den Rock 'n' Roll war die Hautfarbe, die jahrzehntelang so vielen Karrieren hinderlich im Wege gestanden hatte, nicht mehr wichtig. Doch nicht nur in Amerika hatte sich etwas Neues entwickelt. Auch in England war in den fünfziger Jahren eine neue Musikrichtung entstanden: Skiffle. Skiffle war ursprünglich auch eine »schwarze« Musikart. Es war in den zwanziger Jahren die Musik der armen Farbigen in Amerika. Skiffle bedeutete im Grunde genommen nichts anderes, als daß die Instrumente, auf denen diese Musik gespielt wurde, selbst hergestellt waren, denn die käuflichen waren einfach zu teuer. Der Country-Blues-Sänger CHARLIE SPANEL brachte 1929 ein Lied namens *Hometown Skiffle* heraus, bei dem dieser Begriff erstmals offiziell auftauchte. Die selbstgemachten Instrumente hatten natürlich einen ganz anderen Klang als die in der Fabrik angefertigten, sie erzeugten den ganz speziellen Skiffle-Sound. In England entstanden in den fünfziger Jahren Dutzende von Skiffle-Groups, die anfänglich auch alle selbstgefertigte Instrumente, wie z. B. Krüge, Waschbretter, handgemachte Banjos und akustische Gitarren, verwendeten. Interpreten wie ALEXIS KORNER und CYRIL DAVIES wollten damit einen möglichst originalgetreuen Sound der zwanziger Jahre erreichen. Gespielt wurde dabei Blues und Jazz mit allen Abarten und verwandten Musikformen. Einer der berühmtesten britischen Skiffle-Musiker war der Schotte LONNIE DONEGAN. Er wurde am 29. April 1931 in Glasgow geboren, interessierte sich schon früh für Folklore und Folk-Musik und wurde bald ein Spezialist auf diesem Gebiet. Dann erregte der Jazz seine Aufmerksamkeit; er lernte Schlagzeug, Gitarre und Banjo und spielte mit der KEN COLYER BAND. Von dieser Formation wird behauptet, daß sie die erste Gruppe war, die in England das allgemeine Interesse für Skiffle-Musik weckte. 1951 gründete Lonnie Donegan seine eigene Skiffle-Group und konnte von 1955 bis 1962 einen Hit nach dem anderen landen. Seine berühmtesten waren *Rock island line,* ein Song von dem alten Blues-Barden HUDDY LEDBETTER; *Don't you rock me daddy-o; Cumberland GAP; Puttin' on the style; Does your chewing gum lose its flavour on the bedpost over night; The battle of New Orleans; My old man's a dustman; I wanna go home; Have a drink on me; Michael row the boat ashore.* Die zahlreichen Skiffle-Groups der fünfziger Jahre brachten in England einige der populärsten Beat-Gruppen der sechziger Jahre hervor. Auch die Beatles fingen als Skiffle-Group an. Die erste Gruppe von → JOHN LENNON, THE QUARRYMEN, war eine Skiffle-Group. Richtige Rock 'n' Roller – wie in Amerika – gab es in den fünfziger Jahren in England kaum. → CLIFF RICHARD war mit seinem *Move it* 1958 einer der ersten, die sich an dieser populären amerikanischen Musikrichtung versuchten. Doch der brave Cliff war eher ein müder Elvis-Verschnitt als ein Rocker. 1959 fand er mit sanften, rhythmischen Sachen wie *Living doll* oder *Travellin' light* seinen Stil: Cliff Richard war der britische Ricky Nelson.

1960–1965: Folk, Soul, Beat und Pop

Ende der fünfziger Jahre gab es also drei wichtige Strömungen in der internationalen Rockmusik: den »schwarzen« R & B, den »schwarzweißen« Rock 'n' Roll und den »weißen« Skiffle. Aus diesen Musikrichtungen entwickelten sich zu Beginn der sechziger Jahre neue Abarten: aus R & B wurde Soul, aus Rock 'n' Roll wurde Folk-Rock, aus Skiffle wurde Beat. Daneben entstand eine neue Art von »Schlagermusik«, die alle möglichen Strömungen in sich vereinte: der Pop.

Soul war eine verfeinerte, gemäßigtere Art von R & B, bei dem die Gospel-Einflüsse wieder mehr zum Tragen kamen. Gospel-Songs sind religiöse Lieder der Schwarzen, bei denen vor allen Dingen das Frage-und-Antwort-Spiel zwischen Prediger und Gemeinde im Vordergrund steht, d. h., es gibt einen Vorsänger (den Prediger) und einen antwortenden Chor (die Gemeinde). Soul entwickelte sich im Süden der USA, in Staaten wie Georgia, Alabama, Tennessee. Zwei Firmen waren an dieser Entwicklung maßgeblich beteiligt: Motown Records, gegründet 1959 in Detroit, und Stax/Volt, gegründet 1960 in Memphis. Und damit waren auch schon die beiden hauptsächlichen Richtungen des Soul festgelegt: der Motown-Soul war »großstädtisch« perfekt durcharrangiert, speziell auch auf die Hörgewohnheiten des weißen Publikums zugeschnitten. Der Memphis-Soul war »ländlicher«, enger verhaftet mit den Gospel-Wurzeln, rauh, erdig, ekstatisch, ganz einfach »schwärzer«. Zwei Musiker werden als »Väter« des Soul bezeichnet: → SAM COOKE und RAY CHARLES. Beide kamen mehr oder weniger gleichzeitig auf die Idee, den »weltlichen« R & B mit dem »kirchlichen« Gospel zu vermischen, also rhythmische gospelartige Songs im »Prediger-Stil« mit weltlichen Texten zu verfassen.

Ray Charles wurde am 23. September 1923 in Albany/Georgia geboren. Mit sechs Jahren erblindete er durch eine Krankheit, lernte die Blindenschrift Braille und brachte sich das Klavierspielen bei. Mit 17 Jahren gründete er seine eigene Band, das MAXIM-TRIO, mit dem er im jazzigen, bluesigen Stil eines NAT KING COLE musizierte. Während Sam Cooke R & B und Gospel nur vorsichtig mischte, war Ray Charles wesentlich radikaler. Er nahm das Kirchenlied *My Jesus is all the world to me* und machte daraus den überaus weltlichen Song *I got a woman,* aus dem religiösen Song *This little light of mine* wurde bei RAY CHARLES *This little girl of mine.* Doch einen Höhepunkt setzte er 1959 mit dem selbstgeschriebenen Titel *What'd I say,* einer ungeheuer treibenden R & B Nummer im »Prediger-Stil«, die heute als der erste echte Soul-Titel gilt. Ray Charles, der den Beinamen »The Genius« trägt, beschränkte sein überwältigendes Talent übrigens nicht nur auf R & B oder Soul. In den sechziger Jahren intonierte er mit großem Erfolg Country-Songs, machte erfolgreiche Abstecher in Jazz und Cool Jazz und landete immer wieder beim alten, handfesten Blues. In den langen Jahren seiner künstlerischen Tätigkeit wurde er mit Preisen aller Art überhäuft.

Nachdem Sam Cooke und Ray Charles das Baby »Soul« aus der Taufe gehoben hatten, wurde daraus das Zwillingspaar Detroit- und Memphis-Sound. Aus Detroit kamen die »geschönten« Soul-Interpreten, allen voran die → SUPREMES, die → TEMPTATIONS, die FOUR TOPS. MARvin Gaye, Martha Reeves and the Vendellas, Kim Weston, Mary Wells, Smokey Robinson & the Miracles, Jr. Walker and the All Stars und → Stevie Wonder. Ihnen allen war eines gemeinsam: Mit schöner Regelmäßigkeit erschienen ihre gefälligen, kuschelweichen Songs, die keinem weh taten und die mit ebensolcher Regelmäßigkeit an der Spitze der Charts landeten. Alle Songs waren mit großer Perfektion produziert, hatten einen treibenden Rhythmus, der zum Tanzen anregte, und Refrains, die sofort ins Ohr gingen. Die Gruppen und Einzelinterpreten waren professionell ausgebildet und inszenierten perfekte Bühnenshows. Detroit-Songs machten den »schwarzen« Soul weltweit gesellschaftsfähig. Die Supremes in ihrer Originalbesetzung mit → Diana Ross, Mary Wilson und Florence Ballard waren internationale Top-Stars, die die größten Hallen mit einem allerdings überwiegend weißen Publikum füllten. Ihre Songs wie *Where did our love go, Baby love, Come see about me, Stop! in the name of love, Back in my arms again, I hear a symphony* erklommen bis 1969 jedesmal Platz 1 der US-Charts. 1970 trennte sich Diana Ross von den Supremes, um eine Solo-Karriere zu starten. Die Supremes machten zwar noch eine Weile in wechselnder Besetzung weiter, konnten aber an die alten Erfolge nicht mehr anknüpfen.

Ganz anders dagegen war der Memphis-Soul. Bei dieser Richtung hießen die Interpreten → Aretha Franklin, Wilson Pickett, Otis Redding, Booker T & The M.G.'s. Sam & Dave, Rufus & Carla Thomas. Die Songs, die sie sangen, waren laut und rauh, sie klangen nach Schweiß und echtem Gefühl, nicht nach Deo und kalkulierten Emotionen. Das waren keine eingängigen Liedchen, die sich jeder merken konnte, da mußte man zuhören, mitfühlen, da konnte man sich an Ecken und Kanten stoßen und am Ende des Songs genauso atemlos wie der Interpret sein. Aretha Franklin trieb dem Hörer mit ihrer gewaltigen 4-Oktaven-Stimme die Tränen in die Augen und den Schweiß auf die Stirn; Wilson Pickett, der mit überwältigender Selbstverständlichkeit aus jedem Song eine Sexorgie machte, trieb Little Richards unartikulierte »Brunftschreie« auf die Spitze; Otis Redding, von dem das unvergleichliche *Sittin' on the dock of the bay* stammt, fing seine Shows ganz sanft und zart an, endete aber auch regelmäßig mit: »Sock it to me baby«. Sam & Dave brachten mit ihren »Frage-und-Antwort«-Songs jede Halle zum Kochen. Doch die Memphis-Produktionen waren zu Beginn der sechziger Jahre für das breite Publikum noch zu rauh, zu ungeschliffen. Erst als sich gegen Mitte der sechziger Jahre die Hörgewohnheiten des Publikums geändert hatten und man bereit war, auch Ungewöhnliches zu akzeptieren, wurden auch diese Interpreten zu Stars.

Der Rock 'n' Roll schien zu Beginn der sechziger Jahre in den letzten Zügen zu liegen. Etliche der hoffnungsvollen Jung-Rocker waren bei Unfällen ums Leben gekommen. Elvis war bei der Army gewesen und sang nach seiner Rückkehr 1960 nur noch Soft-Songs, andere Interpreten hatten einfach mit dem Rock 'n' Roll aufgehört, wie z. B. Little Richard, der sich Ende der fünfziger Jahre plötzlich zur Kirche berufen fühlte. Da änderte sich im Rock 'n' Roll allmählich die Richtung, man besann sich wieder auf die Country-Wurzeln. Folk hieß das Zauberwort, mit dem viele junge Musiker in Amerika den Rock 'n' Roll zu zähmen versuchten. Folk-Rock, das waren Melodien im traditionellen Folk-Stil, unterlegt mit gemäßigtem Rock-Rhythmus. Die neuen Stars dieser Musikart hießen → BOB DYLAN und PETER, PAUL & MARY. Während die Themen der Rock 'n' Roll-Songs der fünfziger Jahre eher anspruchslos gewesen waren und sich mit alltäglichen Begebenheiten beschäftigten, brachte Bob Dylan eine neue, ungewohnte Note hinein: Er schrieb und sang über soziale Ungerechtigkeiten, über politisches Bewußtsein, Moral, Rassismus. Mit der Dylan-Komposition *Blowin' in the wind* hatten PETER, PAUL & MARY 1963 einen Bestseller. Protestsongs waren jetzt bei der Jugend »in«, wie z. B. BARRY McGUIRES *Eve of destruction*. Doch es gab auch genügend junge Musiker, die nicht ständig mit gerunzelter Stirn über den Vietnamkrieg nachdenken wollten. Dazu gehörten z. B. die → BEACH BOYS. Die vier Strandjungen aus Kalifornien nahmen den Rock 'n' Roll und verpaßten ihm einen fröhlichen, unbeschwerten Sound, den sie Surf-Sound nannten, da ihre ersten Lieder Anfang der sechziger Jahre praktisch alle von ihrem Lieblingssport, dem Surfen, handelten. Dazu gehörten Top-Hits wie *Surfin', Surfin' U.S.A., Surfer Girl, Surfin' Safari.* Immer noch gab es eine ganze Menge junger Musiker und Sänger, die zwar nicht mehr den urtümlichen, wilden Rock 'n' Roll spielten, die aber recht erfolgreich eine gemäßigtere, »poppigere« Art von Rock 'n' Roll machten. DEL SHANNON war einer davon. Er wurde am 30. Dezember 1939 in Grand Rapids/Michigan als Charles Westover geboren. Er stürmte 1961 mit eingängigen, tanzbaren Pop-Rock-Songs, wie *Runaway, Hats off to Larry* und *Hey little girl,* die Hitparaden und war bis 1965 ständig in den

Charts vertreten. DION DiMUCCI aus New York gehörte ebenfalls zu den neuen, poppigen Rockern. Geboren am 18. Juli 1939 in der Bronx, erntete er erste musikalische Lorbeeren mit seiner Gruppe THE BELMONTS in den fünfziger Jahren mit Songs wie *I wonder why, A teenager in love* und *Where or when.* Ab 1960 machte er sich als DION selbständig und hatte Top-Hits mit Songs wie *Runaround Sue, The Wanderer, The Majestic, Lovers who wander, Born to cry* und *Ruby baby.* Auch die holde Weiblichkeit drängte in den sechziger Jahren verstärkt zum Mikrofon. WANDA JACKSON war eine davon. 1960 machte sie aus dem Song *Let's have a party* mit heiserem Country-Touch in der Stimme einen Rock-Hit. BRENDA LEE, die eigentlich Brenda Mae Tarpley heißt und 1957, im zarten Alter von nur 13 Jahren, ihren ersten Rock-Bestseller namens *Dynamite* gehabt hatte, war Anfang der sechziger Jahre ein Top-Star. Der flotte Teenager mit der heiseren Nachtclubstimme sang gemäßigte Rock-Songs, wie *I'm sorry, I want to be wanted, Emotions, Dum Dum* und *Fool Nr. 1.* Zu den sanften Rockern gehörte auch BOBBY VEE aus Fargo/North Dakota. Er bekam seine große Chance, als Buddy Holly, The Big Bopper und Ritchie Valens bei dem Flugzeugabsturz ums Leben kamen, denn er durfte bei der Show, zu der sie unterwegs gewesen waren, als Ersatz einspringen und bekam daraufhin einen Plattenvertrag. *Devil or angel, Rubber ball, Take good care of my baby* und *Run to him* hießen Anfang der sechziger Jahre seine Bestseller.

Neue Tänze kamen in Massen auf. Der Twist z. B., bei dem der farbige Sänger CHUBBY CHECKER aus Philadelphia der Star war. Von 1960 bis 1963 war der Twist, und damit Chubby Checker, »in«. *The Twist* hieß die erste – von HANK BALLARD geschriebene – Nummer in diesem Stil. Und für den Tanz gab es auch eine ebenso einfache wie anschauliche Anleitung: Mit den Händen mußt du so tun, als ob du dir den Rücken mit einem Handtuch abtrocknest, und mit einem Bein tust du so, als ob du eine Zigarette auf dem Boden ausdrückst. Und weil er gerade so schön im Geschäft war, kreierte CHUBBY CHECKER noch einige Modetänze, wie den *Hucklebuck,* den *Pony*, den *Fly* und den *Limbo. The Locomotion* hieß ein anderer Tanz aus dem Jahr 1962, der von einer jungen Dame namens LITTLE EVA populär gemacht worden war. Little Eva hieß eigentlich Eva Narcissus Boyd und hatte das große Glück, bei dem Songwriter-Ehepaar CAROL KING und GERRY GOFFIN als Babysitter zu arbeiten. Carol und Gerry hatten *The Locomotion* geschrieben,

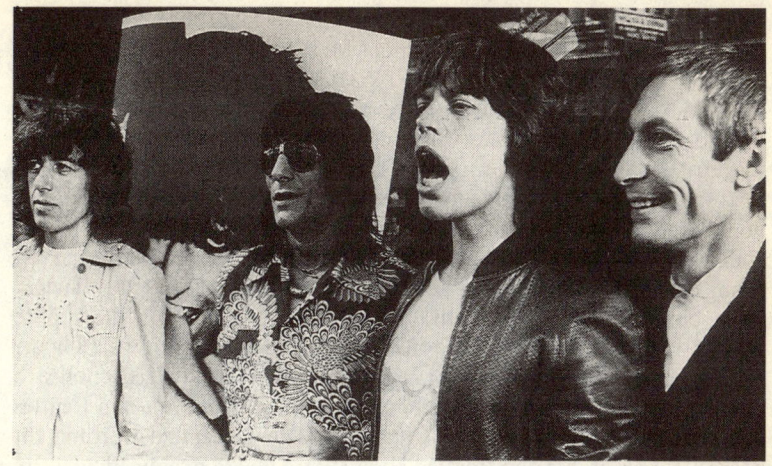

The Rolling Stones   Foto: dpa/UPI

hörten Eva trällern und beschlossen, das Lied mit ihr aufzunehmen.
Der Song wurde ein Millionenseller. NEIL SEDAKA tauchte mit seinen
spritzigen Pop-Songs, wie *Breaking up is hard to do, Calendar girl, Next
door to an angel, Happy birthday sweet sixteen* und *Oh Carol,* auf. Von
GENE PITNEY, dem Multitalent mit der extremen Kopfstimme, kamen
erste Songs, wie *Town without pity, I wanna love my life away, The man
who shot Liberty Valance* und *It hurts to be in love,* auf. Es waren keine
Rock 'n' Roll-Nummern, sondern Popmusik, rockige Schlager, die ins
Ohr gingen.
In Amerika tat sich zu Beginn der sechziger Jahre einiges, wenn auch
nichts Weltbewegendes. Anders in England. Zunächst hatten sich die
jungen Musiker in Großbritannien die neuen R & B-Scheiben aus den
USA mit großem Interesse angehört und sie auch begeistert nachge-
spielt. Die → ROLLING STONES z. B. spielten Anfang der sechziger Jahre
ausschließlich Blues und R & B aus Amerika nach. Die → BEATLES
hatten ebenfalls eine ganze Menge R & B-Songs in ihrem Repertoire.
Doch dann begannen sie daran herumzubasteln, und heraus kam eine
Musik, die den Namen Beat bekam. Beat − eine rhythmusbetonte,

unkomplizierte Musikart, die hauptsächlich in Liverpool entstand und wegen des Liverpooler Flusses namens Mersey den Zusatz Mersey-Beat erhielt. Und als am 15. Dezember 1962 die erste Beatle-Single *Love me do* in die UK-Charts kam, änderte sich die britische Rockmusik von Grund auf. Vorher hießen die englischen Stars ADAM FAITH, Cliff Richard, MARTY WILDE, THE SHADOWS, EDEN KANE, BILLY FURY und PETULA CLARK. Was sie sangen und spielten, war fast ausschließlich gemäßigte Popmusik, Unterhaltungsmusik, die ab und zu mal ein paar rockige Töne hatte – doch dann kam 1962/63 der Mersey-Beat, und der Sound der Top-Hits änderte sich. Gleichzeitig mit den Beatles tauchte noch eine andere Gruppe auf, die jahrelang in England die größte Konkurrenz für die vier Pilzköpfe aus Liverpool gewesen war: GERRY AND THE PACEMAKERS. GERRY MARSDEN und seine Band wechselten sich das ganze Jahr 1963 über mit schöner Regelmäßigkeit mit den Beatles auf dem ersten Platz der UK-Charts ab. Die Gesamtauswertung für März 1963 ergab für den Beatles-Song *Please please me* nur Platz 2, im April 1963 waren GERRY AND THE PACEMAKERS den ganzen Monat lang unangefochten Nr. 1 mit *How do you do it?* Im Mai und Juni schlugen dafür wieder die Beatles zu und waren für beide Monate in der

The Beatles Foto: dpa/Central Press

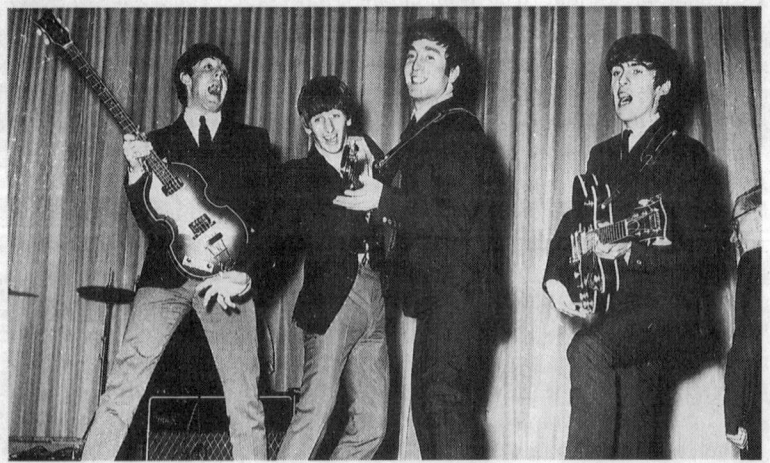

Gesamtwertung Nr. 1 der Charts mit *From me to you*. Dafür lagen
Gerry and the Pacemakers im Juli auf Platz Nr. 1 mit *I like it*. Der
Oktober brachte für die Beatles wieder den ersten Platz mit *She loves
you*, und im November waren Gerry and the Pacemakers ganz oben mit
You'll never walk alone. Im Dezember 1963 hatten sich die Beatles mit
She loves you die Spitzenposition zurückerobert.
1963 tauchten noch eine ganze Menge anderer neuer englischer Bands
auf, die auf der neuen Beat-Welle schwammen: FREDDIE AND THE
DREAMERS, BILLY J. KRAMER AND THE DAKOTAS, THE SEARCHERS, BRIAN
POOLE AND THE TREMELOES, → DUSTY SPRINGFIELD, die → HOLLIES, die
DAVE CLARK FIVE und jene Gruppe, die mit Beat nichts im Sinn hatte,
sondern R & B auf die Fahne geschrieben hatte: The Rolling Stones.
Sie alle überschwemmten die UK-Charts mit jenem fröhlichen, lauten
Sound, bei dem man so schön mitsingen und mitklatschen konnte.
Freddie and the Dreamers waren erfolgreich mit *If you gotta make
a fool of somebody* und *I'm telling you now;* Billy J. Kramer and the
Dakotas sangen sich mit der Beatles-Komposition *Do you want to know
a secret* auf den ersten Platz und gleich danach mit *Bad to me;* die
Searchers spendierten erfolgreich *Sweets for my sweet, sugar for my
honey* und gleich daran anschließend *Sugar and spice;* Brian Poole and
the Tremeloes waren zunächst erfolgreich mit der ISLEY-BROTHERS-
Nummer *Twist and shout* und kamen dann auf den ersten Platz mit *Do
you love me,* einer R & B-Nummer der farbigen Formation THE CON-
TOURS; Dusty Springfield brach in männliche Beat-Gefilde ein mit *I only
wanna be with you;* die Hollies, die sich später zu einer der erfolgreichsten und beständigsten Formationen entwickeln sollten, machten 1963
das erstemal von sich reden mit Songs wie *Searchin'* und *Stay;* die Dave
Clark Five hatte mit *Glad all over* einen Nr.-1-Hit; und auch die Rolling
Stones waren erstmals in den UK-Charts vertreten mit *Come on* und
der Beatles-Komposition *I wanna be your man.* Aber das war nur der
Anfang. Auch 1964 schien England vor lauter musikalischer Kreativität
aus allen Nähten zu platzen. Die Talentsucher der Plattenfirmen nahmen praktisch jeden unter Vertrag, der eine Gitarre halten und ein
Mikrofon von einem Telefonhörer unterscheiden konnte. Es tauchten
vorzügliche Bands auf, wie die dem R & B verhafteten → ANIMALS mit
Lead-Sänger ERIC BURDON und ihrem Traditional *The house of the
rising sun;* die Gruppe → MANFRED MANN mit dem Lead-Sänger PAUL
JONES hatte den ersten Hit mit dem Beat-Titel *5-4-3-2-1;* die ZOMBIES,

mit Bandleader ROD ARGENT, gaben mit ihrem psychedelisch anmutenden *She's not there* einen zukunftsträchtigen Ausblick auf die Weiterentwicklung der Beat- und Rockmusik; die wilden → KINKS tauchten mit ihrem Dampfhammer-Beat *You really got me* in den UK-Charts auf; die Sängerin LULU gab ihr heißes Debüt mit dem Isley-Brothers-Song *Shout*. Doch das Wichtigste an diesem Jahr 1964 war, daß die meisten dieser englischen Gruppen und Interpreten in Amerika Fuß fassen konnten und etwas auslösten, das später die »britische Invasion« genannt wurde. Amerika wurde mit britischen Beat-Bands überschwemmt, allen voran die Beatles. Diese Welle zog auch noch etliche andere englische Interpreten mit, so daß sich die Liste der amerikanischen Top-Hits des Jahres 1964 eigentlich liest wie eine englische Bestenliste: The Animals Nr. 1 mit *House of the rising sun;* SHIRLEY BASSEY Nr. 7 mit *Goldfinger;* The Beatles hatten 1964 in den USA sechs Nr. 1-Hits (*I want to hold your hand, She loves you, Can't buy me love, Love me do, A hard day's night, I feel fine*) und zusätzlich weitere 13 Bestseller; CILLA BLACK Nr. 26 mit *You're my world;* die Dave Clarke Five hatte insgesamt 7 Hits in den US-Charts, darunter vier Top-10-Erfolge (*Glad all over, Bits and pieces, Can't you see that she's mine, Because*); Petula Clark Nr. 1 mit *Downtown;* GEORGIE FAME Nr. 20 mit *Yeah Yeah;* FREDDIE AND THE DREAMERS Nr. 36 mit *I understand;* Gerry and the Pacemakers Nr. 4 mit *Don't let the sun catch you crying;* HERMAN'S HERMITS Nr. 13 mit *I'm into something good;* THE HONEYCOMBS Nr. 4 mit *Have I the right;* The Kinks Nr. 7 mit *You really got me;* Billy J. Kramers and the Dakotas Nr. 7 mit *Little children;* Manfred Mann Nr. 1 mit *Do wah diddy diddy* und Nr. 12 mit *Sha la la;* MILLIE Nr. 2 mit *My boy Lollipop;* → THE MOODY BLUES Nr. 10 mit *Go now;* PETER AND GORDON Nr. 1 mit *World without love* und Nr. 12 mit *Nobody I know;* JULIE ROGERS Nr. 10 mit *The Wedding;* The Rollings Stones Nr. 25 mit *It's all over now* und Nr. 6 mit *Time is on my side;* The Searchers Nr. 12 mit *Needles and pins;* THE ZOMBIES Nr. 1 mit *She's not there.*

Es war klar, daß dieser geballte Angriff britischer Beat- und auch Balladenmusik auf die Entwicklung der amerikanischen Pop- und Rockmusik nicht ohne Einfluß bleiben würde.

1965–1970: Weiterentwicklung der Rockmusik

Die »britische Invasion« des Jahres 1964 hatte die amerikanische Musikwelt in hektische Betriebsamkeit versetzt. Allerorten formierten sich neue Gruppen, die entweder den englischen Beat übernahmen und »amerikanisierten«, die bestehenden Rock-Strömungen verfeinerten und spezialisierten oder die sich etwas Neues ausdachten, das dann doch so neu nicht klang. Rock 'n' Roll war nun endgültig zu Rock geworden, einer Musikart, die sich in vielfältige Richtungen aufspaltete. Bis Ende der sechziger Jahre entstanden Hard-Rock, Heavy Metal, Punk-Rock, Protest-Rock, Folk-Rock, Country-Rock, Bombastic-Rock, Psychedelic-Rock, Soft-Rock, Jazz-Rock, Latin-Rock, Classic-Rock, Westcoast-Rock. Zu dieser Zeit erblickte Flower Power das Licht der Welt, Bubble Gum Music entstand als neue, besonders unkomplizierte Musik für die Teenager, der exotische Reggae hielt Einzug in die internationalen Hitparaden, der traditionelle Gospel fand unzählige Fans, der Soul setzte seinen Siegeszug durch die Musikwelt weiter fort, die »schwarze« Musik konnte in der zweiten Hälfte der sechziger Jahre ihren Einfluß noch weiter ausdehnen. In diesen Jahren entdeckte die Welt auch plötzlich die Attraktivität des vorher fast unbeachteten, erdigen Memphis-Sounds. Aretha Franklin wurde plötzlich zum Superstar. Kraftvolle Songs, wie *I never loved a man the way I love you, Respect, Baby I love, Chain of fools, Since you've been gone, Think, I say a little prayer,* und *See saw,* alles Lieder, die man noch ein paar Jahre vorher nicht veröffentlicht hätte, weil sie den durchschnittlichen Hörgewohnheiten nicht entsprachen, verkauften sich millionenfach. Wilson Pickett war mit souligen R & B-Songs, wie *In the midnight hour, Land of 1000 dances, Mustang Sally* und *Funky broadway,* ganz oben in den Charts zu finden. Sam & Dave erhielten nun endlich die schon längst fällige Anerkennung für vorzügliche Soul-Titel, wie *Hold on, I'm comin', Soul man* und *I thank you.* Otis Redding sang seinen bluesigen Soul, wie *I've been loving you too long, Fa-fa-fa-fa-fa, Try a little tenderness, Amen* und *Sittin' on the dock of the bay,* nicht mehr nur für ein fast ausschließlich schwarzes Publikum. Auch der Detroit-Sound feierte weiter einen Supererfolg nach dem anderen. Die Supremes, Temptations, Four Tops und → Stevie Wonder waren Dauergäste in den Charts: Black war »in«, black war beautiful. Doch auch der Soul entwickelte sich weiter, vor allen Dingen der Motown-Sound der

Temptations. Ihr Produzent NORMAN WHITFIELD entfernte sich immer mehr von den ursprünglichen, recht einfachen Klangstrukturen und entwickelte immer kompliziertere Klangmuster. *Cloud nine* (1968) war der erste dieser »neuen« Soul-Songs, bei denen die Stimmen der Temptations allmählich immer mehr in den Hintergrund traten und die mit technischen Gags und großen Orchestereinlagen aufgeputzten instrumentalen Teile immer wichtiger wurden. Wegen der größtenteils surrealistischen, schwebenden Klänge wurde diese Art »Psychedelic Soul« genannt. Und genau daraus entwickelte sich später der Disco-Sound. Trotz aller Rock-Abarten gab's natürlich Ende der sechziger Jahre immer noch den »traditionellen« Rock, der auf Blues, R & B und Rock 'n' Roll basierte. Führend waren darin die Rolling Stones. Mit Rock-Songs wie *Satisfaction, Get off of my cloud, Paint it black* und *Honky tonk woman* und Blues-Titeln wie *Ruby tuesday* erreichten sie regelmäßig den ersten Platz der Hot 100 von Amerika. Zu den erfolgreichsten Blues-Leuten gehörte auch der Ire VAN MORRISON mit seiner Gruppe THEM und Titeln wie *Here comes the night, Mystic eyes* und *Gloria;* Blues machte auch die frühe → FLEETWOOD MAC, die damals noch eine rein englische Formation war und sich in den britischen Charts mit Songs wie *Need your love so bad, Man of the world, Oh well* und der wunderschönen Instrumental-Nummer *Albatross* plazieren konnte; in der R & B-Tradition lag die SPENCER DAVIS GROUP mit → STEVE WINWOOD als Lead-Sänger, ihre Rock-Hits hießen *I'm a man, Keep on running, Somebody help me* und *Gimme some loving;* nach R & B klang auch JOHNNY RIVERS aus New York City mit Songs wie *Seventh son, Secret agent man* und *Baby I need your loving;* hinreißenden und waschechten Blues und R & B machte auch die unvergeßliche → JANIS JOPLIN, sowohl mit der Gruppe BIG BROTHER AND THE HOLDING COMPANY als auch als Solistin. Wenn sie *Another piece of my heart, Cry baby, Kozmic blues* oder – ihr größter Erfolg – *Me and Bobby McGee* sang, konnte man glatt vergessen, daß sie weiß und nicht schwarz war; schwarzen Blues-Rock mit Country-Touch machte auch CREEDENCE CLEARWATER REVIVAL mit Lead-Sänger und Songwriter → JOHN FOGERTY. *Suzie Q., Proud Mary, Bad moon rising, Green river, Fortunate son* hießen ihre Hits Ende der sechziger Jahre. Eine neue schwarzgetönte weiße Musikart entstand Ende der sechziger Jahre; der sogenannte »Blue-eyed Soul«, »schwarze«, soulige Musik, die aber von weißen Interpreten gesungen wurde, die allerdings so »schwarze«

The Rolling Stones Foto: dpa/UPI

Stimmen hatten, daß man sie für farbige Interpreten halten konnte.
Dazu gehörte z. B. die aus Memphis stammende Formation BOX TOPS
mit Songs wie *The letter* und *Cry like a baby;* die RIGHTEOUS BROTHERS
aus Südkalifornien mit Titeln wie *You've lost that lovin' feelin'* und
You're my soul and inspiration. Die englische Formation JETHRO TULL
ließ nicht nur R & B und Rock, sondern auch Jazz und klassische

Elemente in ihre Musik einfließen. Die amerikanischen Formationen BLOOD, SWEAT & TEARS und CHICAGO TRANSIT AUTHORITHY waren die ersten, die Blechbläser in die Rockmusik einführten. Blood, Sweat & Tears, mit Lead-Sänger DAVID CLAYTON-THOMAS, brachte mit exzellenter Technik jazzige Songs, wie *Spinning wheel, Lucretia Mac Evil, And when I die* und *You've made me so very happy*, zu Hit-Ehren. → CHICAGO, wie sich CHICAGO TRANSIT AUTHORITY der Einfachheit halber bald nannte, war erfolgreich mit Songs wie *Make me smile, 25 or 6 to 4, Does anybody really know what time it is?*. THE NICE, gegründet vom Keyboarder KEITH EMERSON, improvisierte auf ganz hervorragende Weise über klassische Themen von BACH, SIBELIUS und TSCHAIKOWSKY und schrieb auch eigene Stücke in dieser Art. Aus dieser Gruppe entstand dann 1970 EMERSON, LAKE & PALMER, eine Top-Formation, die ebenfalls auf dem Gebiet des Classic-Rock führend war.

Die zweite Hälfte der sechziger Jahre brachte auch die neuen Drogen. Nicht mehr Alkohol oder Nikotin waren »in«, sondern bewußtseinserweiternde Drogen, wie LSD, Meskalin, Peyote, Marihuana. Diese Halluzinationen erzeugenden Drogen ließen eine neue Musikform entstehen, den Psychedelic-Rock. Den Startschuß zu dieser eigenartig verwobenen, mit ungewöhnlichen elektronischen Effekten durchsetzten Musik gaben die Beatles 1967 mit *Strawberry fields forever*. Die amerikanische Formation STRAWBERRY ALARM CLOCK zog 1967 mit dem psychedelischen Song *Incense and peppermints* nach, die Rolling Stones lehnten sich bei *She's a rainbow* (1967) daran an, die DOORS ließen sich bei *Light my fire* und *People are strange* davon inspirieren. Die englische Gruppe → PINK FLOYD gehörte zu den Psychedelic-Rock-Bands, nachdem sie zu Beginn eher R & B gespielt hatte, die spätere Boogie-Band → STATUS QUO begann 1968 mit psychedelischen Klängen wie *Pictures of matchstick man*. Auch bei den YARDBIRDS konnte man schon vorher psychedelische Anklänge finden, in Songs wie *Heart full of soul, Still I'm sad* und *Shapes of things*. Die ersten Heavy-Metal-Gruppen wie IRON BUTTERFLY oder → DEEP PURPLE entstanden Ende der sechziger Jahre, Hard-Rock-Gruppen wie STEPPENWOLF, LED ZEPPELIN und die → KINKS ließen die ersten donnernden Schlagzeug- und Gitarrengewitter über ihre Fans ergehen. Der Unterschied zu Rock war, daß bei Hard-Rock der Rhythmus noch mehr betont wurde, die Gitarren-Riffs noch greller waren, die Lautstärke schon fast an der Schmerzgrenze angelangt war. Und bei Heavy Metal klang das Ganze noch ein paar

Phon lauter und aggressiver, was später dann grundsätzlich zu Lasten von Melodie und musikalischer Kunstfertigkeit ging.

Um der »britischen Invasion« etwas entgegenzusetzen, entstand zwischen 1965 und 1968 in Amerika eine Musikart, die Punk-Rock genannt wurde und die Ende der siebziger Jahre in England als »Neuentdeckung« wieder ausgegraben wurde. In den sechziger und in den siebziger Jahren hatte der Punk-Rock ein gemeinsames Kennzeichen: keiner der Musiker legte Wert darauf, sein Instrument zu beherrschen. Verstimmte Gitarren, auf denen im Höchstfall ein Akkord »geschrabbt« wurde, eine Orgel, auf der mit einem Finger Stakkato gespielt wurde, ein Schlagzeug, das hauptsächlich nur »rumms« machte, und ein Sänger, der verzweifelt versuchte, → MICK JAGGER zu imitieren — so hörten sich die meisten Punk-Bands der sechziger Jahre an (und auch viele der siebziger). Die meisten dieser Gruppen schafften es meist nicht bis zu einem Plattenvertrag, und die, die es geschafft hatten, verschwanden mit wenigen Ausnahmen nach einer Single wieder in der Versenkung. Zu denen, die es schafften und deren Songs man auch heute noch hören kann, gehören: THE KINGSMEN mit *Louie Louie,?* & THE MYSTERIANS mit *96 Tears,* THE COUNT FIVE mit *Psychotic reaction,* THE STRANGELOVES mit *I want candy,* ELECTRIC PRUNES mit *Get me to the world on time.* England hatte nur eine richtige Punk-Band, aber die war auch äußerst erfolgreich und konnte sich drei Jahre lang in den Charts halten: THE TROGGS. Ihre zwar musikalisch ziemlich primitiven, aber doch eingängigen und vor allen Dingen von den Texten her recht anzüglichen Songs wie *Wild thing, With a girl like you, I can't control myself* kamen meist unter die Top 10 von England.

Ein weiteres Phänomen der zweiten Hälfte der sechziger Jahre war die Hippie-Kultur mit ihren musikalischen Strömungen. Hippies, das waren meist recht friedliche junge Leute, mit langen Haaren, ausgeflippter Kleidung, ohne richtigen Job, die mit der Gitarre in der Hand durch die Welt zogen und nicht viel von Sauberkeit hielten. So in etwa lautete jedenfalls die (freundlichere) Beschreibung der Erwachsenen für Hippies. Doch hinter der Hippie-Bewegung verbarg sich mehr: Es war die Reaktion der Jugendlichen auf den Vietnamkrieg und die politischen und sozialen Unsicherheiten. Sie glaubten, mit Blumen im Haar, einem Lied auf den Lippen, Toleranz, Liebe, Abkehr von materiellen Gütern und dem unvermeidlichen Joint zwischen den Lippen die Welt ändern zu können. Die dafür typische musikalische

Richtung war Flower Power. Das waren sanfte, drogengeschwängerte Songs, wie z. B. *San Francisco* von SCOTT MCKENZIE, in dem es hieß: »Wenn du nach San Francisco gehst, trage auf alle Fälle Blumen im Haar.« Auch THE FLOWERPOT MEN gehörten mit ihrem englischen Hit *Let's go to San Francisco* dazu. San Francisco entwickelte sich in der zweiten Hälfte der sechziger Jahre zum Zentrum der neuen Rockmusik. Westcoast-Rock wurde ein fester Begriff. Dazu zählten Gruppen wie JEFFERSON AIRPLANE (siehe → STARSHIP) und → GRATEFUL DEAD, die bei den Hippies bald zu Kult-Gruppen avancierten. Die beiden Bands spielten eine kunstvolle Mischung aus Folk-Rock, R & B und Rock, scheuten weder vor sexuellen noch politischen Anspielungen zurück und bekannten sich offen zum Drogenkonsum. Mit Gruppen wie BUF-FALO SPRINGFIELD und CROSBY, STILLS & NASH entwickelte sich der Country-Rock zu Publikumsrennern; die kanadische Gruppe GUESS WHO führte den Soft-Rock zu Ruhm und Ansehen; die Gruppe SAN-TANA führte den Latino-Rock, Rockmusik mit südamerikanischen Rhythmen, weiter; der Protest-Rock feierte mit Bob Dylans *Like a rolling stone,* mit dem von ihm geschriebenen und von den BYRDS gesungenen *Mr. Tambourine man,* mit den engagierten Protestsongs von Joan Baez und mit Barry McGuires vorzüglichem Weltuntergangs-Song *Eve of destruction* neue Höhepunkte; der Folk-Rock erschien Ende der sechziger Jahre in neuem Hippie-Gewand. Die Stars hießen z. B. THE MAMAS AND THE PAPAS. Simon & Garfunkel gaben dem Folk-Rock mit ihren hinreißenden Vokalharmonien im Stil der Everly Brot-hers neue Dimensionen; THE SEEKERS aus Australien bereicherten den Folk-Rock mit sehr melodiösen Songs; SONNY & CHER gaben den Folk-Rock-Songs mit ihrem exotischen Outfit ein neues Gesicht; in England tauchte DONOVAN als britischer Folk-Rock-Sänger auf. 1968 wurde eine neue Art von Musik kreiert: der Bubble Gum. 1910 FRUITGUM COMPANY und OHIO EXPRESS hießen die Top-Gruppen dieser Musikrichtung, bei der die Songs immer klangen, als ob der Sänger Kaugummi im Mund hätte. Und die Lieder hießen auch so: *Yummy, yummy, yummy* und *Chewy, chewy, Simon says, Indian giver* und *1, 2, 3 red light.*
Die zweite Hälfte der sechziger Jahre brachte auch eine Intensivierung im Bereich der Popmusik. Zum einen gab es immer mehr Pop-Rock-Gruppen, also Bands, die rhythmusbetonte, unterhaltsame Rockmusik machten, wie → THE MONKEES, THE SMALL FACES, THE TURTLES und Manfred Mann; und es gab die reinen Pop-Bands, wie Herman's

Hermits, DAVE DEE, DOZY, BEAKY, MICK AND TICH und die Hollies. Es gab die ersten Bombastic-Rock-Songs, gewaltig instrumentierte, breit angelegte Lieder. Typische Vertreter dafür waren die WALKER BROTHERS, GARY PUCKETT AND THE UNION GAP, BARRY RYAN, PROCOL HARUM. Der Erfinder dieses »Wall of Sound«, wie diese Art der Produktion auch genannt wurde, war PHIL SPECTOR. Sein Meisterstück, das heute noch als wegweisend gilt, lieferte Phil Spector 1965 ab: *River deep mountain high* mit IKE & TINA TURNER. 1969 war das Jahr, in dem erstmals ein Reggae die internationalen Hitparaden erklomm: *Israelites* von und mit DESMOND DEKKER aus Jamaika. 1969 kam erstaunlicherweise auch ein echter Gospelsong auf Spitzenplätze in den internationalen Charts: *Oh happy day* von den EDWIN HAWKINS SINGERS.
Die zweite Hälfte der sechziger Jahre war auch die Zeit der großen Festivals: *Monterey-Pop-Festival*, *Woodstock* und *Altamont*. Das *Mon-*

The Who Foto: dpa/UPI

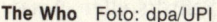

terey-Pop-Festival fand vom 16. bis zum 18. Juni 1967 in Kalifornien statt. Veranstalter waren JOHN PHILLIPS von The Mamas and the Papas und der Produzent LOU ADLER. Etwa 50 000 Zuschauer sahen und hörten die neuen Pop- und Rock-Stars, Soul- und Blues-Interpreten, wie Otis Redding, JIMI HENDRIX, Janis Joplin, Blood, Sweat & Tears, Jefferson Airplane, The Byrds, → THE WHO, The Mamas and the Papas, THE BUTTERFIELD BLUES BAND, um nur ein paar zu nennen. D. A. PENNEBAKER bannte das ganze Spektakel auf einen 85-Minuten-Film, ebenso wurden später etliche Live-Mitschnitte veröffentlicht, wie z. B. die Alben *The Mamas & Papas at the Monterey Pop Festival* oder *Jimi Hendrix/Otis Redding – Historic Performances recorded at the Monterey Pop Festival.* Doch das war alles wenig gegen *Woodstock.* Vom 15. bis zum 17. August 1969 fand dieses gigantische Popmusik-Festival in Bethel, in der Nähe der Musikerkolonie Woodstock, statt. 400 000 junge Menschen sahen und hörten 32 Bands und Interpreten, die einen repräsentativen Querschnitt der aktuellen Rock-, Pop-, Blues-, Folk- und Soul-Musik darstellten. Der Schriftsteller ALLEN GINSBERG hatte das Festival als »bedeutendes planetarisches Ereignis« bezeichnet – und das war es tatsächlich. Es verlief, trotz der gewaltigen Menschenmassen, völlig friedlich. Es gab weder Tote noch Verletzte – wie später in *Altamont.* Die Jugendlichen demonstrierten, ohne dabei von der anwesenden Polizei behelligt zu werden, was sie unter Flower Power verstanden: make love, not war. Sie liebten sich in ihren Schlafsäcken, rauchten so viel Marihuana, daß man allein vom Atmen schon benommen wurde, lachten, tanzten, feierten und lauschten andächtig ihrer Musik. Live on stage waren Top-Stars zu sehen und solche, die es erst durch diesen Auftritt und den dazugehörigen 3-Stunden-Film wurden: TEN YEARS AFTER, Santana, Sha Na Na, Richie Havens, John Sebastian, JOAN BAEZ, Arlo Guthrie, The Who, COUNTRY JOE MCDONALD, SLY AND THE FAMILY STONE, CANNED HEAT, → JOE COCKER, Jimi Hendrix, Crosby, Stills, Nash and Young, Jefferson Airplane, Grateful Dead, THE BAND, Blood, Sweat & Tears, Creedence Clearwater Revival, INCREDIBLE STRING BAND, JOHNNY WINTER, PAUL BUTTERFIELD, Janis Joplin, MELANIE, RAVI SHANKAR, MOUNTAIN, KEEF HARTLEY. Die anwesenden Jugendlichen hielten *Woodstock* für den Beginn einer neuen Rock-Kultur. Doch wie sich später herausstellte, war es deren Abgesang gewesen, der noch durch die grauenvollen Ereignisse beim Festival von *Altamont* bestärkt wurde.

Das *Altamont Festival* fand am 6. Dezember 1969 auf der alten Auto-
rennbahn von Altamont statt. Es war ein Freikonzert, das die Rolling
Stones als Höhepunkt ihrer damaligen US-Tournee gaben. 400 000
jungen Leute saßen dort in einem schüsselähnlichen Tal, um die Rolling
Stones zu sehen. Schon der Beginn stand unter einem unglücklichen
Stern. Bei der Anfahrt in das nordöstlich von San Francisco gelegene
Tal gab es bereits schwere Unfälle mit Toten. Während des Konzertes
gingen die Gewalttätigkeiten weiter. Es gab zahlreiche Schlägereien,
Drogenfälle, sogar Frühgeburten. Doch das meiste Unheil stifteten die
Hell's Angels, eine Rockergruppe, die von den Rolling Stones als
Ordner verpflichtet worden waren. Die Mitglieder betranken sich,
droschen unmotiviert und wahllos auf die Zuhörer ein und erstachen
direkt vor der Bühne den achtzehnjährigen Farbigen Meredith Hunter.
Doch ungeachtet dieses Mordes und der anderen Zwischenfälle setzten
die Stones ihr Konzert fort und ließen es als Film mitschneiden. Der
Streifen erschien 1972 unter dem Titel *Gimme shelter*. Die Fachzeit-
schrift *Rolling Stones* schrieb über dieses Festival: »Altamont war das
Ergebnis von teuflischem Egoismus, Aufbauscherei, Unfähigkeit,
Geldmanipulation und, als Basis all dessen, einem fundamentalen
Mangel an Menschlichkeit.« Der schöne Hippie-Traum von einer Welt
ohne Gewalttätigkeit, von einem Zusammenleben in Liebe und Frie-
den, der bei Woodstock noch zum Greifen nahe schien, war mit
Altamont ausgeträumt. Der Rock hatte damit seine Unschuld, seine
Unkompliziertheit für immer verloren.

1970–1975: Stillstand in der Rockmusik

Die erste Hälfte der siebziger Jahre brachte auf dem Gebiet der
Rockmusik nichts Neues. Die Beatles, die immer für einen neuen
Impuls gut gewesen waren, hatten sich 1970 aufgelöst. Die Rolling
Stones spielten weiterhin Blues oder R & B-betonten Rock; Eric Burdon gründete, nachdem sich die Animals 1969 aufgelöst hatten, eine
neue Formation namens WAR. *Eric Burdon declares War* hieß das erste
Album der Band. Es bot eine interessante und eigentümliche Mischung
aus Blues, R & B und Jazz-Elementen. 1971 trennte sich Eric Burdon
bereits wieder von der Band, und WAR machte selbständig mit einer
Mischung aus Rock und Soul weiter. Der weiße Engländer Joe Cocker
mit seiner »schwarzen« Reibeisenstimme tauchte auf und sang gekonnt

R & B. Blues-Rock gab es von der englischen Formation FREE zu hören. Elton John begann 1970 seine Rock- und Balladen-Karriere. Die englische Band BLACK SABBATH entwickelte sich allmählich zur neuen Starband des aggressiven, kompromißlosen Hard-Rock. → GEORGE HARRISON organisierte 1971 das berühmte *Concert for Bangladesh,* an dem ein gewaltiges Star-Aufgebot teilnahm. Das gleichnamige 3fach-Album wurde ein internationaler Millionenseller. Die englische Gruppe → SLADE »erfand« ihr Konzept der Mitstampf- und Mitklatsch-Songs und brachte jede Halle zum Brodeln. Doch auch Slade spielte nichts anderes als stark vereinfachten R & B und Rock. Die Gruppe SWEET schuf sich mit ihren poppigen Rock-Songs eine enorme Teenager-Fan-Gemeinde. GARY GLITTER tat dasselbe im silbernen Glitzeranzug. → DAVID BOWIE schwebte als androgynes Wesen auf einer *Space oddity* durch den Weltraum; die amerikanische Songwriterin CAROL KING schrieb sanfte Rock-Songs, die unter der Bezeichnung Romantic-Rock eingestuft wurden. DON MCLEAN begeisterte das internationale Publikum mit *American pie*, einem achtminütigen Abgesang auf die Rockmusik; → ROD STEWART hatte sich von seinen FACES getrennt und erhob seine rauhe Stimme künftig als Solist, sang aber weiterhin Rock in allen Variationen, teilweise mit Country-Einflüssen; MARC BOLAN mit seiner Gruppe T. REX wurde zum neuen Superstar der Teenies. Auch er sang Rock, wobei er das Ganze durch ein bisexuelles Image aufpolierte. Die in Detroit geborene Amerikanerin SUZIE QUATRO schwang in England ihre Gitarre und eroberte als Rockerbraut in schwarzem Leder mit aggressiven, lauten Rock-Songs, wie *Can the can, Daytona demon* und *48 Crash,* die UK-Charts. EMERSON, LAKE & PALMER stilisierten ihren vorzüglichen Classic-Rock zu einer neuen Kunstform empor, die jedoch bald durch ihre Gigantomanie der Ausstattung erdrückt wurde. Doch welche Gruppe oder welchen Interpreten man auch hörte, es kam nichts Neues. Alle, auch die Newcomer, arbeiteten nur das auf, was in den sechziger Jahren entstanden war: Rockmusik in allen Variationen. Ein neuer Sound kam 1972/73 – wieder mal – von der »schwarzen« Musik: der Philly-Sound. Er entstand in Philadelphia; das Komponisten- und Produzenten-Team KENNY GAMBLE und LEON HUFF hatten diese spezielle Art von Musik in erster Linie ausgearbeitet. Es war eine Weiterführung des Detroit-Soul, der allerdings nun endgültig jeder »schwarzen« Originalität beraubt worden war. Die Songs wirkten alle wie mit besonders wirksamem »Weichzeichner« produziert und waren noch stärker an den »weißen« Markt angepaßt. Philly-Sound gab's in zwei Formen: einmal sehr rhythmisch und tanzbar, zum anderen besonders softig, geradezu schnulzig. Was beide Formen von entsprechenden Produkten weißer Interpreten unterschied, waren die größtenteils hervorragenden Stimmen der schwarzen Interpreten. Auf der rhythmusbetonten Seite waren die O'JAYS führend, eine Formation, die bereits 1958 gegründet worden war. Doch der große Erfolg für die Vokal-Formation kam erst 1972 mit dem Philly-Sound-Millionenseller *Back stabbers*. *Love train* (1973) verkaufte sich ebenfalls millionenfach und wurde Nr. 1 in den US-Charts. Die melodiöse Seite des Philly-Sounds verkörperte das Damen-Trio THE THREE DEGREES. Sanft-rhythmische Songs, wie *Dirty ol' man, Year of decision, When will I see you again* (alle 1974), brachten ihnen hervorragende Notierungen in den internationalen Charts. Die kunstvollste und beste Form des besonders sanften Philly-Sounds brachte das Quintett THE STYLISTICS. Die helle, schmelzende Stimme von Lead-Sänger RUSSELL THOMPKINS JR. machte aus jedem STYLISTICS-Song ein kleines Kunstwerk. Zu den hervorragendsten Produktionen der STYLISTICS gehören hinreißende Super-Schnulzen, wie *You are everything* (1971), *Betcha by golly wow* (1972), *I'm stoned in love with you* (1972), *Break up to make up* (1973) und *You make me feel brandnew* (1974).

Fusion-Music war ein neuer Begriff, der Anfang der siebziger Jahre auftauchte. Doch dabei handelte es sich im Grunde genommen um nichts anderes als Jazz-Rock, wie ihn schon Blood, Sweat & Tears oder Chicago in den sechziger Jahren gespielt hatten. Die einzige Neuerung an Fusion-Music war, daß sie mehr an Jazz-Elementen orientiert war und hauptsächlich instrumental (mit elektrischen Instrumenten) gespielt wurde. Fusion-Music zeichnete sich auch durch langausgedehnte Improvisationen aus, die diese Art von Musik für das Durchschnittspublikum meist zu langweilig und unattraktiv klingen ließ. Die hauptsächlichen Vertreter von Fusion-Music waren (und sind es größtenteils auch noch in den achtziger Jahren) WEATHER REPORT, CHICK COREA, HERBIE HANCOCK, BILLY COBHAM.

Deutsche Rock- und Pop-Musik war nach wie vor nahezu bedeutungslos. In den fünfziger und sechziger Jahren gab es sie kaum, sie war nur reproduzierend. Die deutschen Rock- und Pop-Interpreten imitierten mehr oder weniger gekonnt das, was aus England und Amerika kam. Meistens waren es sogar nur Cover-Versionen, also angloamerikanische

Original-Songs mit deutschen Texten. Die populärsten deutschen, aber englischsprachigen Bands waren damals THE LORDS und THE RATTLES. The Lords machten Beat und Skiffle, wie z. B. Lonnie Donegans *Have a drink on me,* und fielen eigentlich nur mit einer Eigenkomposition namens *Poor boy* im Beat-Stil auf. Die Rattles waren technisch versierter und hatten mehr eigene Einfälle. 1970 gelang es ihnen sogar, als erste deutsche Band in die US-Charts zu kommen. Der Song, eine Eigenkomposition, hieß *The witch* und war in Deutschland und England ein Top-10-Hit. → DRAFI DEUTSCHER wäre noch zu erwähnen, der Mitte der sechziger Jahre als einer der wenigen deutschsprachige Rockmusik machte. *Marmor, Stein und Eisen bricht* hieß sein größter Hit 1965. Es war eine gute Rock-Nummer, nur der Text entsprach eher dem damaligen (und größtenteils auch heutigen) deutschen Schlagerniveau nach dem Motto: Reim dich, oder ich freß dich. Ende der sechziger Jahre tauchten dann einige deutsche Rock-Bands auf. AMON DÜÜL war eine der ersten. Doch was da auf Rillen zu hören war, war an Dilettantismus fast nicht mehr zu überbieten. Das änderte sich auch kaum bis Ende der siebziger Jahre. Lediglich eine Band aus dieser Zeit konnte nicht nur überleben, sondern gehört noch heute zu den wenigen, die international Ruhm und Ehre ernten können: → TANGERINE DREAM. Die Band begann 1967 mit einer psychedelisch, metaphysisch angehauchten Musik, die allerdings zu Beginn ziemlich langweilig klang und in Deutschland auch sofort mit »einfallsloses Sphärengeplätschere« und »kosmisches Trallala« abgetan wurde. Doch Tangerine Dream entwickelte konsequent ihre elektronische Instrumentalmusik weiter. Die Gruppe war damit Mitbegründer einer Musikart, die in den achtziger Jahren als »new age music« ein Millionenpublikum fand. Außerdem wurde Tangerine Dream von der englischen Fachpresse als »Pate des elektronischen Rock« bezeichnet. Gruppen wie → DEPECHE MODE und → DURAN DURAN bauten auf den Grundlagen der Musik von Tangerine Dream auf.

1975−1980: Disco, Funk, Punk und New Wave

Im Jahr 1975 entstand eine Musikart, die auch in den achtziger Jahren einen großen Teil der internationalen Plattenproduktionen ausmachte: der Disco. Disco bedeutet nicht nur Musik, sondern auch Diskothek.

Das eine ist mit dem anderen untrennbar verbunden. Ohne Diskotheken hätte es vielleicht keinen Disco gegeben, und Disco ist die Musik, ohne die eine Diskothek undenkbar wäre. Disco ist weniger eine spezielle Art von Musik als eine Sound-Mischung. Disco wird nicht »komponiert«, sondern der Produzent »mischt« den Song. Ein guter Produzent kann praktisch aus jedem Song einen Disco-Titel machen. Das wichtigste dabei ist der Rhythmus. Er muß gut tanzbar sein, darf also nicht zu kompliziert wirken. Betont wird er durch sich kaum variierende Baßlinien, die von raffinierten elektronischen Klangeffekten, viel Hall und sich ständig wiederholenden Refrains umrahmt werden. Disco ist im Grunde genommen nichts anderes als die Weiterentwicklung des Philly-Sounds von Kenny Gamble und Leon Huff und des Psychedelic-Soul von Norman Whitfield. Die Disco-Welle wurde 1975 von einem in München produzierenden Südtiroler ins Rollen gebracht: → GIORGIO MORODER. Er dachte sich für die damalige Studiosängerin → DONNA SUMMER das Lied *Love to love you baby* aus, eine sexuell aufreizende Stöhnorgie. Der Text bestand zwar aus wenig mehr als der Titelzeile, aber die Klangeffekte und das ganze rhythmische und technische Drumherum machten aus dem musikalischen Einfach-Song einen weltweiten Millionenseller. Munich Sound war lange Zeit maßgebend in der Disco-Produktion. Eine andere deutsche Gruppe, die auf diesem Sektor internationale Erfolge feiern konnte, war die von FRANK FARIAN produzierte BONEY M. Damals begannen auch die Maxi-Singles in Mode zu kommen. Denn die üblichen Drei- bis Vier-Minuten-Versionen waren für die Beschallung in der Diskothek recht kurz. Also ging man dazu über, von den normalen Single-Versionen langausgedehnte Maxi-Versionen zu produzieren, die meist mit noch mehr technischen Effekten angereichert waren. Die neuen Disco-Stars hießen, außer der »Queen« Donna Summer, GLORIA GAYNOR, TINA CHARLES, → BILLY OCEAN, VAN MCCOY, HEATWAVE, VILLAGE PEOPLE, CHIC und → BEE GEES. Vor allen Dingen die Bee Gees feierten mit dem Disco ein grandioses Comeback in den internationalen Charts. Sie schrieben auch den Soundtrack für den Disco-Kultfilm *Saturday night fever* mit JOHN TRAVOLTA in der Hauptrolle. Grundthema dieses Streifens: Wie tanze ich in der Diskothek so, daß jeder andere »alt« aussieht und jeder auf mich aufmerksam wird? Das Lebensgefühl der Disco-Generation wurde damit vortrefflich ausgedrückt.

1975 konnte sich auch eine andere Art deutscher Musik international durchsetzen: der monotone, roboterartige Elektronic-Rock der Gruppe KRAFTWERK. Mit ihrem ziemlich eintönigen, kühlen Song von der *Autobahn* (»wir fahr'n, fahr'n, fahr'n auf der Autobahn«) kamen sie 1975 bis auf Platz 25 der Hot 100 von Amerika, und in England rangierte der Song sogar auf Platz 10. Die Musik von Kraftwerk war ihrer Zeit weit voraus. Ihre Art von kühlen, emotionslosen Songs waren zwei Jahre später das Markenzeichen des New Wave. Diese Musikart entstand etwa 1978, kurz nach dem Punk. Der Punk der siebziger Jahre war eine rein britische Angelegenheit. Es war die Musik der englischen Jugend, geprägt von Hoffnungslosigkeit durch Arbeitslosigkeit, soziale Benachteiligung, wirtschaftliche Unsicherheit. Punk war und ist eine aggressive, »häßliche« Musik: hart, hämmernd, hektisch. Die Texte dieser Songs, die meist von einem hysterisch schreienden Sänger ins Mikrofon gebrüllt werden, sind von beängstigender Gewalttätigkeit geprägt, von Zynismus und No-Future-Denken. Dem entspricht auch die »Ausstattung« der Punker: zerfetzte, dreckige Kleidung, Haare in den merkwürdigsten Mustern geschnitten und bunt gefärbt, Sicherheitsnadeln durch Wangen und Ohren. Die Hauptvertreter der englischen Punker waren die SEXPISTOLS und THE JAM. Daneben entstanden Gruppen, die sich in den achtziger Jahren als ernstzunehmende Rock-Bands etabliert haben, wie z. B. THE STRANGLERS und THE DAMNED. Die amerikanische Form des Punk der siebziger Jahre war lediglich eine Abart von Hard-Rock. Ihm fehlte sowohl die Kompromißlosigkeit als auch die Hoffnungslosigkeit der englischen Interpreten. Zu den amerikanischen Punk-Gruppen zählten − inzwischen etablierte − Top-Acts wie → TALKING HEADS, RAMONES, → TOM PETTY AND THE HEARTBREAKERS und MINK DE VILLE. Selbst der aggressivste US-Punk klang, im Gegensatz zum englischen, immer noch liebenswürdig und melodiös. Auch in Deutschland gab es eine kleine Punk-Szene. Doch auch hier fehlte, wie in Amerika, der Hintergrund. Deutsche Punk-Bands wie DER PLAN, DEUTSCH-AMERIKANISCHE FREUNDSCHAFT und THE SALINOS waren wenig bemerkenswert. Einzige Ausnahme blieb NINA HAGEN mit ihrer Band, die allerdings gleicherweise vom Punk als auch von New Wave beeinflußt war.

New Wave war zum einen eine Weiterentwicklung des Punk, aber auch eine Gegenbewegung. Während der Punk durch eintönige Lautstärke und wahnwitzig hämmernden Rhythmus »glänzte«, bot New Wave fast das Gegenteil: in der Gesamtwirkung kühle Songs, bei denen durchaus wieder Fingerfertigkeit und das Beherrschen des Instruments gefragt war, dazu eigenartige Texte, die ihre Wurzeln vorwiegend in der absurden Kunstform des Dadaismus hatten. Die Entwicklung des New Wave fand nahezu gleichzeitig in England und Amerika statt. Bezeichnenderweise gehörten etliche der anfänglichen Punk-Bands anschließend zu den typischen Vertretern des New Wave, so z. B. The Stranglers, die Talking Heads, The Jam und The Damned. Zu den New-Wave-Vertretern der Endsiebziger werden auch Gruppen wie → POLICE, → THE HUMAN LEAGUE, JOE JACKSON, → SIMPLE MINDS, → ULTRAVOX, SIOUXI AND THE BANSHEES, SQUEEZE, und sogar → ADAM AND THE ANTS gerechnet. Auch diese Musikart fand in Deutschland ein Pendant. Bei uns hieß diese musikalische Bewegung Neue Deutsche Welle, abgekürzt NDW. Es waren meist schnelle, hämmernde Lieder, mit aggressiven oder nichtssagenden Texten. Die einen boten stakkato-artigen Sprechgesang, die anderen schrien sich dabei die Kehlen wund. Alles in allem war es eine Bewegung, die zwischen 1978/79 und 1980/81 Unmengen von neuen Bands hervorbrachte, die aber, bis auf ganz wenige Ausnahmen, 1985 alle bereits wieder in der Versenkung verschwunden waren. Die wichtigsten Interpreten waren u. a.: D.A.F., → EXTRABREIT, GESUNDES VOLKSEMPFINDEN, EINSTÜRZENDE NEUBAUTEN, → TOTE HOSEN, IDEAL, → HUBERT KAH, FRL. MENKE, NEONBABIES, NICHTS, PALAIS SCHAUMBURG, PRIMA KLIMA. Die Hits hießen *Tanz den Mussolini, Hurra, hurra, die Schule brennt, Polizisten, Sommersprossen* oder *Hohe Berge*.

Zunehmend gewann in der zweiten Hälfte der siebziger Jahre der amerikanische Funk an Bedeutung. Funk ist eine spezielle Art von »schwarzer« Musik, bei der vor allen Dingen die Baßläufe betont werden. Sie klingen aber nicht, wie beim Disco, schwingend, sondern sind kurz, abgehackt und wirken total »trocken«. Gruppen und Interpreten wie die Isley Brothers oder Herbie Hancock spielten diese Art von baßbetonter, rhythmischer Musik teilweise bereits seit den sechziger Jahren. Doch erst Ende der siebziger fand der »funky« Sound Eingang in fast alle Gebiete der »schwarzen« Musik. Gruppen wie EARTH, WIND AND FIRE oder → THE COMMODORES verfeinerten diesen Stil und machten ihn auch für das breite Publikum interessant. In Deutschland war es die Gruppe → SPLIFF, die als erste die Wirkung von Funk erkannte und ihn in ihre eigenen Songs und anschließend auch in die von → NENA einbrachte.

1980—1985: Reggae, High Energy, Breakin' und Scratch

Die neuen Impulse in der ersten Hälfte der achtziger Jahre kamen wiederum von der »schwarzen« Musik. Im Rock- und Pop-Geschäft tat sich nichts Neues. Die Entwicklung der beiden Musikarten schien abgeschlossen. Es waren nur zwei Trends zu beobachten: Es gab immer mehr ohrenbetäubende Heavy-Metal-Bands, und die Pop-Songs wurden immer sanfter und melodiöser. Reggae hieß 1980 das neue Schlagwort. Diese spezielle Musik aus Jamaika war von den Einwanderern und Gastarbeitern nach England gebracht worden. Reggae-Topstars wie Desmond Decker, JIMMY CLIFF und BOB MARLEY mit seinen WAILERS hatten die Musik zwar schon in den sechziger und siebziger Jahren bekannt gemacht. Aber erst in den achtziger Jahren griff sie so richtig auf die weißen Musiker über. In England entstanden Gruppen wie → MADNESS und → UB 40, die »weißen«, leichter zu konsumierenden Reggae spielten. Ska und Bluebeat wurden diese Abarten genannt. *My girl* (Madness), *Food for thought* (UB 40) und *Could you be loved* (Bob Marley & The Wailers) hießen 1980 die Top-Hits in England. Die »schwarze« Musik, wie Funk, Soul und R & B, gewann in der ersten Hälfte der achtziger Jahre immer mehr Einfluß auf die weißen Musiker. Neue »weiße« Gruppen wie DEXY'S MIDNIGHT RUNNERS, → WHAM!, → ABC und SOFT CELL orientierten sich an »schwarzer« Musik.

Der andere Trend in England hieß New Romantics. Das waren, im Gegensatz zu den verlotterten Punkern, extrem schön gestylte Menschen, die immer wie aus dem Ei gepellt aussahen. Gepflegtes und topmodisches Aussehen war plötzlich »in«, lässige Eleganz und cooles Auftreten hieß die Devise. In dieser Art begannen Gruppen wie → SPANDAU BALLET, → DURAN DURAN, → HUMAN LEAGUE, SOFT CELL und → OMD. Die Musik klang entsprechend: kühl, lässig, ohne größere Emotionen, meist ausschließlich mit elektronischen Instrumenten gespielt, aber sehr tanzbar. Immer mehr kristallisierte sich der Typ des androgynen Pop-Stars heraus, bei dem man beim ersten Anschauen nicht genau wußte, ob ihn der liebe Gott als Mann oder Frau geplant hat. Auch die Stimmen der Sänger hatten diesen seltsam geschlechtslosen Touch. Der Höhepunkt dieser Entwicklung war zweifelsohne das »Kunstprodukt« → MICHAEL JACKSON: eine hervorragende, aber geschlechtsneutrale Stimme, ein wunderschönes, durch kosmetische Operationen gestyltes Gesicht, groß, schlank, ohne ins Auge fallende Geschlechtsmerkmale, perfekt geschminkt und ebenso perfekt gekleidet. Ein ähnliches »Kunstprodukt«, wenn auch in anderer Richtung, war auch → BOY GEORGE VON CULTURE CLUB: gehüllt in weite, wallende Gewänder, mit vielen Zöpfen, großen Hüten und extremem Make-up. Das Aussehen der Pop- und Black-Music-Stars wurde immer wichtiger. Bei den Rock-Leuten war es egal, die traten immer noch in Jeans und Hemden auf, in Lederhosen und -blousons, das höchste der Gefühle war vielleicht mal ein buntes Tuch, das ums Knie geschlungen wurde. Aber wie sollten sich die Pop-Interpreten aus dem immensen, ziemlich gleich klingenden Angebot anders herausheben als durch ihr Aussehen? Nur wer auffiel, hatte eine Chance.

Auch der Disco hatte sich weiterentwickelt. Er war härter, schneller geworden. High Energy hieß Anfang der achtziger Jahre die neue Disco-Welle, die sich von der alten in erster Linie durch eine besonders laute, hämmernde Rhythmuslinie unterschied. Ein Song wurde künftig nicht mehr danach beurteilt, ob er gut oder schlecht war, sondern wie viele beats per minute (Schläge pro Minute) er hatte. Das wurde dann auf der Plattenhülle abgedruckt, und so konnte jeder Discjockey sein Programm machen, ohne noch groß darüber nachdenken zu müssen, welches Lied er nun auflegte. EVELYN THOMAS hieß 1984 der High-Energy-Top-Star. Ihr Song namens *High energy* war in ganz Europa und in England ein Superseller.

Aus Amerika kam eine typische »schwarze« Form des Disco-Funk: Breakin'. Breakin' war keine bestimmte Musikart, sondern eine Tanzform. Es begann damit, daß schwarze Jungs in New York ein Stück Karton auf das Straßenpflaster legten und zur Unterhaltung der Passanten darauf geradezu artistische Tanz-Kunststücke vorführten. Im Rhythmus der Funk- und Disco-Musik drehten sie sich dabei auf dem Kopf, verrenkten gekonnt Arme und Beine und benahmen sich, als hätten sie nicht Knochen und Sehnen, sondern Gummi im Leib. Breakdance war 1982/83 weltweit eine wahre Sucht, bei der sogar Meisterschaften ausgetragen wurden. Eine Zeitlang war fast in jeder Unterhaltungs-Show eine Breakdance-Gruppe zu sehen, die mit erstaunlicher Präzision ihre Kunststücke darbot. Scratchin' war ebenfalls eine eigentümliche Neuerung der ersten Hälfte der achtziger Jahre. Scratchin' bedeutet, daß der Discjockey im Rhythmus der Musik die Platten mit

dem Finger nach hinten oder vorne dreht und damit einen neuen
»Sound« schafft. Die besten Discjockeys produzierten dazu auch noch
eigenwillige Rap-Gesänge und machten so aus den Songs tatsächlich
etwas Neues. Diese Techniken wurden natürlich innerhalb kürzester
Zeit als Produktionstechniken in den Studios übernommen. Rap ist
eine speziell amerikanische Gesangsart. Dabei werden zu einer rhythmusbetonten, unkomplizierten Melodie Sprechgesänge in geradezu
wahnwitzigem Tempo abgeliefert. Diese Texte, die meist im New
Yorker Straßenslang »gesungen« werden, gehen von witzig-amüsant bis
hin zu zynisch-bösartig. Rap mit allen Abarten wurde das Ausdrucks-
mittel der amerikanischen schwarzen Straßen-Bands, die darin sehr
engagiert das Elend der armen farbigen Bevölkerung anprangerten.
Der erste internationale erfolgreiche Rap war 1980 *Rappers delight* von
der SUGARHILL GANG, eine recht komische Nummer. Die Vertreter der
sozialkritischen Richtung sind z. B. MELLE MEL & THE FURIOUS FIVE
oder GRANDMASTER FLASH.
Ab 1983/84 war Jazz plötzlich wieder ein wichtiger Faktor der internationalen Rock- und Popmusik geworden. Ausgangspunkt war England.
MATT BIANCO war eine der ersten Gruppen, die jazzig angehauchte Pop-
Songs produzierten, wie *Get out of your lazy bed, More than I can bear*
usw., und damit in den Charts nach oben schossen. Dann kam → SADE,
die dunkelhäutige Schönheit, die mit ihrer rauchigen Stimme jazzige
Songs wie *Your love is king, Smooth operator* und *Hang on to your love*
zu Hit-Ehren führte. Das leitete ein großes Jazz-Revival ein. In diesem
Stil sang sich das deutsche Duo TWO OF US 1985 mit *Blue Night Shadow*
in den deutschen Charts nach oben, der Schweizer PHIL CARMEN war in
den Charts mit seinem *On my way in L. A.*, die Schweizer Formation
DOUBLE hatte mit jazzigen Songs, wie *Captain of your heart,* viel Erfolg,
und sogar der deutsche Schlagersänger → HOWARD CARPENDALE nahm
mit *Lady Cool* eine jazzinspirierte Nummer auf.
Die erfreulichste Neuerscheinung des Jahres 1985 war in dieser Beziehung die deutsche Band FRITZ BRAUSE, der mit ihrem Album *Shilly
Shally* eine äußerst gekonnte, hörenswerte und spritzige Mischung aus
Jazz-Funk gelang.
Ende 1985 sah es in der internationalen Musikszene also folgenderma-
ßen aus: Aus Amerika kam der traditionelle Rock in allen Variationen,
dazu kamen die neuen Disco-Mega-Stars wie Michael Jackson,
→ CYNDI LAUPER und → MADONNA; Kanada entwickelte sich immer

mehr zum Land des intelligenten Hard-Rock mit Gruppen wie → Saga, → Rush usw., England bot große Mengen an sanften, ohrwurmartigen Pop-Songs, wie *If I was* (→ Midge Ure), *A good heart* (→ Feargal Sharkey), und Jazz-Titeln, wie *Sweetest taboo* (→ Sade), *Yeah Yeah* (Matt Bianco), und in Deutschland stieg man fröhlich in alle gängigen Trends ein. Wirklich neue Entwicklungen auf dem Gebiet der Pop- und Rockmusik gab es auch in der ersten Hälfte der achtziger Jahre nicht mehr. Man arbeitete nur auf, was es schon gab, und entdeckte neu, was es schon mal gegeben hatte.

In den Jahren 1984 und 1985 setzte in der Pop- und Rockmusik eine neue, positive Bewegung ein: Weltweit wurden sozialpolitisch motivierte Benefizkonzerte veranstaltet. Dafür formierten sich – oft einmalig – hochkarätige Bands.

1984–1985: Die großen Benefizkonzerte

→ Bob Geldof von den Boomtown Rats rief 1984 die Band Aid, eine Vereinigung renommierter englischer Künstler ins Leben. Seine Idee war es, mit dem Erlös einer Platte den Opfern der Hunger-Katastrophe in Äthiopien schnell und unbürokratisch zu helfen. Er löste damit eine ganze Welle von Benefiz-Veranstaltungen aus, die bis Ende 1985 weiterging. Weihnachten 1984 veröffentlichte die Band Aid die Single *Do they know it's Christmas?*, die weltweit Nr. 1 in den Charts wurde und ansehnliche Spendenbeträge erbrachte – sehr viel mehr und vor allen Dingen sehr viel schneller, als es ein politisches Unternehmen je geschafft hätte. Mitwirkende bei der Band Aid waren u. a. Annie Lennox von den → Eurythmics, → Bananarama, Culture Club, Duran Duran, → Frankie goes to Hollywood, → Heaven 17, → Phil Collins, → Paul Young, → Paul McCartney, Boomtown Rats, Status Quo, Spandau Ballet, → Style Council, → Sting, → Ultravox, → U 2, Wham!, The Young Ones. Das Lied hatte Bob Geldof zusammen mit Midge Ure geschrieben, der auch die Produktion übernahm. Die nächste Großtat von Bob Geldof war die Organisation des Band-Aid-Konzertes im Sommer 1985. In England, Amerika und Deutschland fanden gleichzeitig Veranstaltungen statt, bei denen die Mitwirkenden der jeweiligen Benefiz-Platten (Band Aid, USA for Africa, Band für Afrika) zusammen mit einigen anderen Künstlern unentgeltlich auftraten.

USA for Africa bedeutet United Support of Artists for Africa (Gemeinsame Hilfe von Künstlern für Afrika). Dieser Zusammenschluß renommierter amerikanischer Pop-, Rock- und Soul-Interpreten fand ebenfalls 1985 statt. Initiatoren waren HARRY BELAFONTE, Michael Jackson, → QUINCY JONES, KEN KRAGEN, → LIONEL RICHIE und → KENNY ROGERS. Diese hochkarätige, gemeinnützige Vereinigung nahm Lieder auf, bei denen die teilnehmenden Künstler jeweils auf ihre Tantiemen verzichteten. Der Erlös der Plattenverkäufe, Videos, T-Shirts usw. ging an die notleidende Bevölkerung afrikanischer Staaten, an die das Geld nach einem genauen Plan in Form von Nahrung, Medikamenten, Saatgut, landwirtschaftlichen Geräten usw. weitergegeben wurde. Michael Jackson und Lionel Richie schrieben als ersten Song für den prominenten Chor das Lied *We are the world,* das sich 1985 in aller Welt millionenfach verkaufte. Ebenso erfolgreich war das Album *We are the world* (1985), auf dem – außer dem Single-Hit – auch noch andere Songs von anderen Interpreten zu hören waren. Zur Originalbesetzung der USA for Africa gehörten: DAN AYKROYD, Harry Belafonte, Lindsey Buckingham, KIM CARNES, Ray Charles, Bob Dylan, SHEILA E., Bob Geldof, → HALL & OATES, JAMES INGRAM, JACKIE JACKSON, LA TOYA JACKSON, MARLON JACKSON, Michael Jackson, RANDY JACKSON, TITO JACKSON, AL JARREAU, WAYLON JENNINGS, BILLY JOEL, → CYNDI LAUPER, → HUEY LEWIS & THE NEWS, KENNY LOGGINS, BETTE MIDLER, WILLIE NELSON, JEFFREY OSBORNE, STEVE PERRY, → THE POINTER SISTERS, Lionel Richie, → SMOKEY ROBINSON, Kenny Rogers, Diana Ross, PAUL SIMON, → BRUCE SPRINGSTEEN, Tina Turner, DIONNE WARWICK und Stevie Wonder.

Im Zuge der Benefizplattenproduktionen für die Hungernden in Afrika taten sich 1985 auch die deutschen Künstler für eine derartige Veröffentlichung zusammen. *Nackt im Wind* hieß das Lied, das die Band für Afrika gemeinsam geschrieben hatte und bei dem Komponist, Texter, Musiker, Produzent, Schallplattenfirma und Verlag auf jeglichen Verdienst verzichteten. Die Mitwirkenden der Band für Afrika waren: → ALPHAVILLE, → BAP, → INA DETER, → EXTRABREIT, GEIER STURZFLUG, GITTE, → HERBERT GRÖNEMEYER, → HANS HARTZ, GEORGE KRANZ, → KLAUS LAGE, → UDO LINDENBERG, → WOLF MAAHN, → PETER MAFFAY, ULLA MEINECKE, → MARIUS MÜLLER-WESTERNHAGEN, → MÜNCHNER FREIHEIT, → NENA, RHEINGOLD, RODGAU MONOTONES, → SPIDER MURPHY GANG, → SPLIFF, TRIO, → JULIANE WERDING.

Angeregt durch das Beispiel Band Aid (England), Band für Afrika (Deutschland) und USA for Africa (Amerika), organisierte 1985 der ORF-Redakteur RUDOLF DOLEZAL die Band AUSTRIA FOR AFRICA, die eine Äthiopien-Benefiz-Platte der österreichischen Pop- und Rock-Stars einspielte. *Warum?* hieß das Lied, dessen Refrain in Äthiopisch (Amharisch) gesungen wird und dessen Einnahmen der Äthiopien-Hilfe »Menschen für Menschen« von Karl-Heinz Böhm zugute kommen. Kostenlos für die Aufnahme zur Verfügung gestellt hatten sich: → WOLFGANG AMBROS, → GEORG DANZER, → RAINHARD FENDRICH, MARIA BILL, ANDRÉ HELLER, WILFRIED, PETER CORNELIUS, STS, → OPUS, DÖF, KGB, HANSI LANG, HANSI DUJMIC, TOM PETTING, ULLI BÄER, MINISEX und die SCHMETTERLINGE.

Nicht nur für die Hungernden in Afrika, auch für andere notleidende und hilfsbedürftige Menschen erschienen 1985 diverse Benefiz-Platten. Der farbigen amerikanischen Sängerin DIONNE WARWICK lagen die Opfer der vorerst noch unheilbaren AIDS-Krankheit am Herzen, sie rief die Band DIONNE & FRIENDS ins Leben. Dazu holte sie die Superstars Elton John, Stevie Wonder und GLADYS KNIGHT ins Studio und nahm mit ihnen den Song *That's what friends are for* auf. Sämtliche Einnahmen aus diesem Lied wurden dazu verwendet, die Erforschung, Behandlung und eventuelle Heilung dieser unheimlichen und bisher immer tödlich verlaufenden Krankheit zu unterstützen.

1985 organisierte Steve van Zandt, wie → LITTLE STEVEN mit bürgerlichem Namen heißt, die Gruppe ARTISTS UNITED AGAINST APARTHEID. Für diese Gruppe hatte er 40 illustre Musiker aus den verschiedensten Musiksparten zusammengetrommelt, um mit ihnen ein Lied aufzunehmen, dessen Tantiemen in einen Afrika-Fonds fließen sollten. Die Gelder kamen politischen Gefangenen, ihren Familien und Anti-Apartheid-Gruppen in Südafrika zugute. Die Single hieß *Sun City*. Sun City ist ein riesiger Vergnügungspark in Südafrika, zu dem aber Farbige keinen Zutritt haben (außer sie sind Bedienstete). An der Aufnahme wirkten u. a. mit: AFRIKA BAMBAATAA, → PAT BENATAR, KURTIS BLOW, BONO, → JACKSON BROWNE, CLARENCE CLEMONS, JIMMY CLIFF, MILES DAVIS, Bob Dylan, → PETER GABRIEL, Bob Geldof, → DARLY HALL, Herbie Hancock, → JOHN OATES, → LOU REED, → RUN-DMC, Bruce Springsteen, RINGO STARR, → PETE TOWNSHEND, PETER WOLF und BOBBY WOMACK. Anschließend wurde unter dem Titel *Sun City* ein ganzes Album in dieser Starbesetzung veröffentlicht.

Unter dem Namen Crowd tat sich im Sommer 1985 die Crème de la crème der englischen Pop- und Rockmusiker zusammen, um eine Benefizplatte für die Opfer der Brandkatastrophe von Bradford zu machen. Am 18. Mai 1985 war während eines englischen Ligaspiels die Zuschauertribüne des Fußballstadions in Bradford in Brand geraten und hatte 54 Menschenleben gefordert. Unter der Regie von Gerry Marsden, ehemals Oberhaupt der britischen Band Gerry and the Pacemakers (in den sechziger Jahren war diese Gruppe in England die größte Konkurrenz für die Beatles), entstand der Song *You'll never walk alone*. Dieses Lied, ein Song aus dem Rodgers & Hammerstein-Musical *Carousel*, war bereits 1963 ein Nr. 1-Hit für Gerry and the Pacemakers gewesen und ist seitdem die Fußballhymne Englands. An der Produktion dieser Benefizplatte nahmen u. a. teil: Tony Christie, Jim Diamond, Ian Matthews, John Entwhistle (→ Who), → Chris Norman (Smokie), → Paul McCartney, Colin Blunstone, Rick Wakeman, Johnny Logan, Graham Gouldman (→ 10 cc), The Nolans, → Motörhead, Eddie Hardin, Kiki Dee, Denny Laine und Gary Holton.

Um eine LP zugunsten der *Action Research into Multiple Sclerosis,* einer Organisation, die gezielt die Erforschung der Multiplen Sklerose unterstützt, aufzunehmen, rief Bill Wyman von den Rolling Stones eine Gruppe mit dem »irreführenden« Namen Willie and the Poor Boys 1985 ins Leben. Bill Wyman, Charly Watts, Andy Fairweather-Low, Geraint Watkins und Mickey Gee sind alles andere als »poor boys«: Sie gehören allesamt zur ersten Gilde der internationalen Rockmusiker. Charly Watts ist ebenfalls Mitglied der Rolling Stones. Andy Fairweather-Low verdiente sich die ersten Sporen bei Amen Corner *(Bend me, shape me, If paradise is half as nice)* und anschließend bei seiner eigenen Band Fairweather *(Natural sinner),* Geraint Watkins spielte mit Carl Perkins, Dave Edmunds und Dr. Feelgood, und Mickey Gee arbeitete bereits erfolgreich mit → Shakin' Stevens, → Joe Cocker und Dave Edmunds. Anlaß für dieses Projekt war die Erkrankung von Ronnie Lane, dem ehemaligen Bassisten der Faces, gewesen. Heraus kam dabei ein Album, voll mit vorzüglicher Rockmusik, Standards der vierziger und fünfziger Jahre, wie z. B. *You never can tell, Revenue Man, These arms of mine, Slippin' and slidin':* Rock 'n' Roll von damals in der produktionstechnischen Qualität von heute, eingespielt von erstklassigen Musikern. Als Gastmusiker wirkten auf dieser

ausgesprochen hörenswerten LP auch noch andere Superstars wie z. B.
JIMMY PAGE, PAUL RODGERS und → CHRIS REA mit.

1986−1988: Im Westen nichts Neues

Wirklich neue Arten von Pop- oder Rock-Musik wurden auch in den
Jahren 1986 bis 1988 nicht »erfunden«. Die schwarze Kunst-Musik
wurde weiter perfektioniert, Sampling hieß das Modewort. Dabei
wurde in den Tonstudios von Misch-Meistern fröhlich alles zusammen-
gemixt, was sich andere ausgedacht hatten. Ein paar Töne von JAMES
BROWN, ein paar Noten von → MADONNA, eine Sequenz von
→ MICHAEL JACKSON, das Ganze verschönt mit viel Scratching und
Overdubbing, und schon war ein neuer Song fertig. Einer der Meister
dieser neuen Art von Musik war z. B. Eric B. Rakim. Auch der
englische High-Energy-Sound erlebte eine neue Hoch-Zeit. Das britische Produzenten- und Songschreiber-Trio → STOCK/AITKEN/WATER-
MAN warf Dutzende von perfekten Tanz-Liedchen in dieser Art auf den
Markt − und hatte damit Dutzende von Hits. Die neuen Retorten-Stars
hießen → RICK ASTLEY, → KYLIE MINOGUE, → SAMANTHA FOX,
→ MANDY, → SINITTA, → MEL & KIM. Böse Zungen behaupteten allerdings, daß die durchweg bildhübschen Mädels mit den knackigen
Figuren ihre Stimmchen bei den Aufnahmen nicht sonderlich strapazierten, sondern für sie gesungen wurde. Auch von 1986 bis 1988 hielt
das Comeback der Alt-Stars unvermindert an. Schon in der Versenkung
verschwundene Gruppen wie → Status Quo, → Hollies, → Monkees
oder → Grateful Dead feierten abermals Triumphe; Jefferson Starship
»verschlankte« sich auf → STARSHIP und landete mit Liedern wie *We
built this city* und *Nothing's gonna stop us now* internationale Bestseller;
Joe Cocker, der Engländer mit der tiefschwarzen Bluesstimme, ehemals Star der 70er Jahre, bekam endlich seine Alkoholprobleme in den
Griff und landete einen Hit nach dem anderen; Tina Turner, die nun
wirklich stramm auf die 50 zumarschiert, versetzte auf ihrer Welttournee Millionen Fans in Begeisterung. Die Werbung tat ein übriges, um
die bereits totgesagten Stars der 60er Jahre wieder ins Geschäft zu
bringen: auf Grund einer Jeans-Werbung fand sich → BEN E. KING
plötzlich wieder in den Charts. Überhaupt waren Oldies jeder Art das
große Thema der Jahre 86/87/88. Lang verstorbene Rock- und Soul-
Sänger wie JACKIE WILSON (*Reet petite*) waren über Nacht wieder ange-

sagt, ihre alten Songs erklommen in Rekordgeschwindigkeit die internationalen Top 10. Auch in Filmen wurde mehr und mehr auf Altbewährtes zurückgegriffen: der Streifen »La Bamba« erzählte das Leben von Ritchie Valens, daraufhin konnte die Mexicano-Gruppe → Los Lobos einen weltweiten Superhit mit dem Valens-Song *La Bamba* landen. Der Teenager-Kult-Streifen »*Dirty Dancing*« verwendete fast ausschließlich Song-Material der 60er Jahre, der dazugehörige Soundtrack war so erfolgreich, daß noch ein zweiter Teil nachgeschoben werden mußte. Durch diesen Film erreichten auch schon fast vergessene Tänze der Großmütter, wie z. B. der Mambo, ungeahnte Popularität, und die Tanzschulen mußten recht schnell ihr Programm umstellen. Doch nicht nur die Originale kamen an, auch die Cover-Versionen wurden mit schöner Regelmäßigkeit Hits: → Bananarama hatte in Deutschland einen Nr.-1-Hit mit der neuen Version von *Venus*, einem Superseller der holländischen Gruppe Shocking Blue aus dem Jahr 1970; die englische Truppe Doctor & The Medics war erfolgreich mit *Spirit in the sky*, ehemals ein Millionenseller für Norman Greenbaum; die Nachwuchssängerin → Tiffany erklomm in USA in Rekordgeschwindigkeit die Charts mit neuen Versionen von *I think we're alone now* (Tommy James & The Shondells) und *Saw him standing there* (Beatles); → Billy Idol hatte in USA einen Nr.-1-Hit mit der Tommy-James-Nummer *Mony Mony*. Anfang 1988 sah es im popmusikalischen Weltgeschehen so aus: Amerika lieferte in erster Linie weiterhin Mega-Stars wie Madonna, Michael Jackson und Tina Turner; England brachte ungeahnte Mengen von neuen Teenager-Stars hervor wie → Johnny Hates Jazz, → Bros und die ganzen Stock/Aitken/Waterman-Künstler; zudem wurde in England der sog. »Blue-Eyed Soul« neuentdeckt, eine bombastische, schwarz gefärbte Musikart, die in den 60er Jahren von Gruppen wie den Walker Brothers und den Righteous Brothers populär gemacht worden war. Die besten Vertreter dieser Musikrichtung war die Formation → Wet Wet Wet. Und dazu kamen neuerdings Superseller aus Frankreich: die Gruppe → Desireless wurde Nr. 1 in Deutschland mit dem Disco-Song *Voyage Voyage*, France Gall, die Grand-Prix-Gewinnerin von 1965, wurde 1988 Nr. 1 in Deutschland mit *Ella, Elle l'a*, einer Hommage an Ella Fitzgerald; französische Schlagersternchen wie Vanessa Paradis (*Joe Le Taxi*), Guesch Patti (*Etienne*), Caroline Loeb (*C'est La Ouate*) konnten sich mit ihren Songs wochenlang in der deutschen Hitparade halten. Und in

Deutschland selbst hängte man sich wieder fröhlich an alle gängigen Musikrichtungen an: das hessische Trio → Camouflage klang frappierend nach → Depeche Mode, die Berliner Gruppe Georgie Red pflegte eine Abart des Blue-Eyed Soul, die Rock-Formation Dominoe intonierte sehr gekonnt amerikanische Rockmusik, die → Rainbirds aus Berlin boten Techno-Pop englischer Färbung. Die witzigste Musik kam wieder einmal aus dem kleinen Österreich: die → Erste Allgemeine Verunsicherung eroberte mit gekonnten Ironie-Songs und bösen Persiflagen wie *Märchenprinz, Heiße Nächte in Palermo, Fata Morgana, An der Copacabana, Küß die Hand, schöne Frau, Burli* die deutschsprachigen Charts.

1988—1990: Black is Beautiful

Das Ende der 80er Jahre war von einem unglaublichen Aufschwung der schwarzen Musikarten gekennzeichnet. Wenn irgendwo auch nur etwas andeutungsweise ›Neues‹ auftauchte, dann kam es von farbigen Künstlern und Interpreten, die teilweise (man höre und staune) in Italien produziert wurden, z. B. die Dance-Stars Black Box. Die Musikrichtungen trugen fantastische Namen wie Hip Hop, House Music, Acid House und waren im Grunde genommen alles Ableger von Soul, Funk und Rap und dem guten alten Philly-Sound. Die neuen Stars am Discotheken- und Hitparaden-Himmel hießen nun Technotronic, → Soul II Soul, F. p. i. Project, → Black Box, Ice Mc, M. C. Sar, → Leila K., J. T. And The Big Family, 49ers, Snap, Guru Josh usw. Ihnen allen war gemeinsam, daß ihre Musik sehr tanzbar war, größtenteils vom gleichen Drum-Computer stammte und nur in der Discothek nicht nervtötend wirkte. Ansonsten lieferten Alt-Stars wie Tina Turner, Joe Cocker, Lou Reed, Chris Rea, → Eric Clapton, Fleetwood Mac mit schöner Regelmäßigkeit und in gewohnter Qualität ihre Alben ab. Dazu kamen ein paar bemerkenswerte Newcomer auf dem Rock- und Blues-Gebiet wie → Tracy Chapman, → Tanita Tikaram, → Melissa Etheridge, → Midnight Oil aus Australien, → Roxette aus Schweden, → Fury In The Slaughterhouse aus Deutschland. Schon totgesagte Rock- und Blues-Legenden wie Alice Cooper oder → John Lee Hooker tauchten kreativ wie eh und je wieder auf; und die Kids jubelten und fielen in Ohnmacht bei typischen Kinder-Stars wie → New

KIDS ON THE BLOCK, → JASON DONOVAN oder dem singenden Schauspieler → DAVID HASSELHOFF. Bemerkenswert war außerdem die Tatsache, daß schon lange nicht mehr so viele deutschsprachige Titel in der deutschen Hitparade vertreten waren: → MATTHIAS REIM, → ACHIM REICHEL, → MARIANNE ROSENBERG, HANNE HALLER, → Marius Müller Westernhagen, → JULE NEIGEL, → PE WERNER, → REINHARD MEY, → STEFAN WAGGERSHAUSEN, → Münchener Freiheit, → Peter Maffay, → Extrabreit, die → Toten Hosen, → NICKI, → EAV vom Pop- und Rocksektor und neue und alte volkstümliche Stars wie die KASTELRUTHER SPATZEN, die FLIPPERS, die WILDECKER HERZBUBEN, das ORIGINAL NAABTAL DUO.

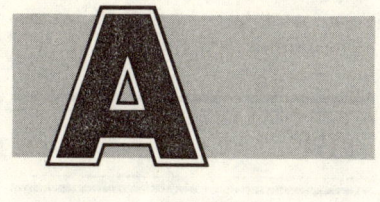

Abba

→ Agnetha Fältskog, geb. 5. 4. 1950 in Jänköping/Schweden: voc; Anni-Frid Lyngstad, geb. 15. 11. 1945 in Norvik/ Norwegen: voc; Björn Ulvaeus, geb. 25. 4. 1945 in Göteborg/Schweden: g/ voc; Benny Andersson, geb. 16. 12. 1946 in Stockholm/Schweden: keyb/voc

Mit dieser Formation wurde Schweden weltweit als Musikland bekannt. Die Geschichte von Abba begann 1966. Björn und Benny trafen sich bei einer Party. Sie spielten damals beide in verschiedenen Gruppen, Björn bei The Hootenanny Singers und Benny bei The Hep Stars. Sie beschlossen, zusammen Songs zu schreiben, zunächst allerdings ohne großen Erfolg. 1970 lernten sie dann die beiden Mädchen Agnetha und Frida kennen und traten im Herbst erstmals zusammen auf, unter dem Namen The Festfolk Quartet. Danach schrieben Björn und Benny eine ganze Menge

Songs für bekannte schwedische Interpreten und auch für Filme. *The language of love* wurde im Februar 1971 ihr erster internationaler Erfolg. Björn wurde der Job eines Produzenten bei einer Plattenfirma angeboten. Er akzeptierte unter der Bedingung, daß Benny mit ihm kam. 1972 wurde dann Abba geboren, und zwar mit der Platte *She's my kind of girl*. Agnetha und Frida durften dabei im Background mitsingen. Ein japanischer Verleger hörte den Song in Paris, kaufte die Rechte, und Abba, die damals allerdings noch unter Björn und Benny firmierten, hatten in Japan ihren ersten Top-Hit. 500 000 Exemplare dieses Liedes gingen über den Ladentisch. Auch die nächsten beiden Songs, *Santa Rosa* und *People need love*, wurden in Japan Bestseller. Es stand zu dieser Zeit schon Björn, Benny, Agnetha und Anni-Frid auf den Plattencover; und da das ein bißchen lang war, einigte man sich darauf, nur die Anfangsbuchstaben der Vornamen zu nehmen. Ab 1974 hieß das Quartett ganz offiziell Abba. 1973 reichten die vier das Lied *Ring, ring* für den Grand Prix d'Eurovision ein, fielen damit aber schon in Schweden durch, was sie nicht hinderte, anschließend mit der Nummer einen internationalen Hit zu landen. 1974 versuchten sie es dann noch einmal mit *Waterloo*. Dieses Mal klappte es. Das Lied gewann in Schweden, gewann die Endausscheidung, und damit war nun endgültig eine Top-Gruppe geboren. Von diesem Zeitpunkt an gelangen den Damen und Herren von Abba, die inzwischen auch richtige Ehepaare waren, grundsätzlich Top-Notierungen in den internationalen Charts. Für ihre Alben erhielten sie Gold- und Platin-Auszeichnungen. Bereits 1979 beliefen sich die Verkäufe ihrer Platten weltweit auf über 60 Millionen Stück. Ihre perfekt arrangierten, faszinierend einfachen Pop-Songs, bei denen meist die hervorragenden Vokalharmonien der beiden Sängerinnen dominierten, waren Musik ohne Grenzen. Lieder wie *Fernando* (1976), *Dancing Queen* (1976), *Knowing me, knowing you* (1977), *Take a chance on me* (1978), *The winner takes it all* (1980), *Super trouper* (1980) liefen von Feuerland bis Grönland, von Japan bis Südamerika. 1982 löste sich die Formation geschäftlich und privat auf. → Agnetha Fältskog und Frida starteten Solokarrieren. Agnetha war erfolgreich mit Songs wie *Can't shake lose, The heat is on,* und *Wrap your arms around me,* Softsongs, die an Abba erinnerten. Frida ging extremere Wege mit Liedern wie *I know there's something going on,* das sie 1982 mit → PHIL COLLINS von → GENESIS aufnahm. Björn und Benny blieben zusammen und schrieben das hinreißende Musical *Chess.*

Der englische Sänger und Schauspieler MURRAY HEAD nahm für den Soundtrack den Titel *One night in Bangkok* auf, und hatte 1984/85 damit einen weltweiten Bestseller. Ebenfalls erfolgreich war MURRAY HEAD 1985 mit einem weiteren *Chess*-Song, mit dem sanften besinnlichen Titel *Pity the child.* Björn Ulvaeus, Benny Andersson und ihr Texter Tim Rice erhielten 1985 für dieses Musical die Goldene Europa.

Erste Musical-Erfahrungen hatten Andersson und Ulvaeus ja bereits 1984 mit dem Musical *Abbacadabra* gesammelt, das von → MIKE BATT produziert wurde. Dessen Erfolg konnte allerdings an den von *Chess* nicht heranreichen. 1986 nahm das Team ein weiteres Projekt in Angriff: das Duo GEMINI, das aus KARIN GLENMARK und ANDERS GLENMARK bestand. Auch hier hielt sich der internationale Erfolg in Grenzen.

ABC

MARTIN DAVID FRY, geb. 9. 3. 1958 in England: Leadvoc; MARK WHITE, geb. 1. 4. 1961 in England: g

Die Gruppe nennt sich ABC, »weil die ersten drei Buchstaben des Alphabets weltweit bekannt sind«. Und noch ehe ein Ton auf Platte veröffentlicht worden war, hatte ABC schon ihr Image: leicht degeneriert, unheimlich cool, ständig etwas gelangweilt, durch nichts zu erschüttern, und das alles mit dem Outfit der fünfziger Jahre. Martin Fry möchte so gerne wie → BRYAN FERRY wirken, schafft es aber nie so ganz, weil ihm einfach dessen angeborene Eleganz fehlt. ABC begann als belanglose Synthesizer-Band in Sheffield, bis Martin Fry das Band-Image entwarf und die Musik entsprechend anpaßte: ein bißchen funky, ein bißchen disco, ein bißchen poppig, ein bißchen was von allem. 1981 bekamen ABC einen Plattenvertrag, und ihre erste Single, *Tears are not enough,* wurde ein Hit. Mit Hilfe des Produzenten TREVOR HORN machten sie aus ihren Songs perfekte, brillant arrangierte Pop-Melodramen. Aus »weißem« Funk wurde allmählich poppiger Soul.

Die Singles *Poison arrow* und *The look
of love* wurden ebenso Hits wie das De-
büt-Album *The lexicon of love,* 1982.
Das Album wurde Nr. 1 der UK-LP-
Charts. Von November 1982 bis März
1983 ging ABC auf weltweite Tournee.
Und da zeigte es sich wieder einmal,
wieviel Studiotechnik ausmachen kann:
Das intensive, zärtliche Feeling, das
Martin Fry auf den Platten in seine
Songs legt, war live nicht wiederholbar.
Nach der Tour kamen die ersten Umbe-
setzungen, und statt des ursprünglichen
Schlagzeugers sorgte nun das Rhythmus-
Duo ANDY NEWMARK und ALAN SPENNER
für den richtigen Drive. In dieser neuen
Besetzung entstand 1983 die LP *Beauty
stab.* Dann ließ ABC erst Ende 1984
wieder etwas von sich hören: Die Single
How to be a millionaire erschien, allerdings ohne besonders großen Erfolg.
Der kam erst 1985 mit der Single *Be near
me,* die sich sowohl in den Hot 100 von
Amerika wie auch in den UK-Charts
durchsetzen konnte. Die sanfte Nummer
gab einen ersten Vorgeschmack auf das
85er Album *How to be a Zillionaire.*
Im Zuge dessen wurde dann auch die
erste Single 1986 ein Erfolg, ebenso wie
das Album. Auch 1987 war ABC wieder
mit ausgefeilten softigen »schwarzen«
Songs in den internationalen Hitparaden
zu finden: *When Smokey sings* (eine
Hommage an den schwarzen Soft-Soul-
Sänger → SMOKEY ROBINSON), und *The
night you murdered love* waren die Singlehits in diesem Jahr, das dazugehörige
Album hieß *Alphabet city.* Als Produzenten hatten sich ABC den renommierten Amerikaner BERNARD EDWARDS geholt, einen Fachmann, der schon bei
Gruppen, wie CHIC und → POWER STA-
TION, und Interpreten wie → ROBERT PAL-
MER sein Können bewiesen hatte.

Das nächste ABC-Album kam 1989 heraus, hieß *Up* und konnte sich sowohl in
den deutschen wie auch in den englischen LP-Charts plazieren. 1990 veröffentlichte die Band mit *Absolutely ABC*
eine Best-of-Compilation.

Paula Abdul

geb. in Kalifornien/USA: voc

Die höchst attraktive junge Frau mit den
stämmigen Tänzerinnenbeinen hat 1988
einen neuen Rekord aufgestellt: sie wurde mit dem MTV-Music Award ausgezeichnet, ohne selbst in einem Video

Paula Abdul   Foto: Virgin

einen Ton gesungen oder einen Schritt getanzt zu haben. Denn Paula Abdul, das Temperamentbündel mit dem interessanten Schönheitsfleck auf der linken Wange, begann ihre Karriere als Choreographin. Sie war verantwortlich für die Video-Erfolge von → JANET JACKSON mit *Control*, → DURAN DURAN mit *Notorious*, → STEVE WINWOOD mit *Roll with it,* und sogar die Südstaaten-Rocker von → ZZ TOP probten bei der zierlichen Paula Tanzschritte fürs Video. Tanzen und Singen waren von kleinauf Paulas Lieblingsbeschäftigungen gewesen, und so versuchte sie es 1988 auch als Sängerin. *Forever your girl* hieß 1988 ihr Debüt-Album, das in den USA mit mehrfach Platin ausgezeichnet wurde und auch in England und Deutschland hervorragende Hitparaden-Plazierungen erreichte. Die erste Single daraus 1988 hieß *Knocked out*, ab der 2. Single *Straight up* lieferte Paula Abdul nur noch Hot-100-Nr.-1-Hits ab: *Forever your girl* und *Opposites attract* belegten ebenfalls den US-Spitzenplatz. Natürlich veröffentlichte die singende Choreographin zu ihren mitreißenden Disco-Rap-Titeln ebenso hinreißende Videos. Besonders erfolgreich war dabei der Clip zu *Opposites attract*, bei dem ein Zeichentrick-Kater namens M. C. Skat Cat (musikalisch dargestellt von THE WILD PAIR) ihr Gesangs- und Tanzpartner ist. Zwischendurch betätigte sich Paula weiterhin erfolgreich in ihrem alten Beruf: von ihr stammte die Choreographie für den EDDY-MURPHY-Erfolgsstreifen *Der Prinz aus Zamunda* und für den Tanzfilm *Dance Academy II*, und der schöne → GEORGE MICHAEL ließ sich von Paula den richtigen Tritt für seine höchst erfolgreiche Welttournee 1988 beibringen.

AC/DC

ANGUS YOUNG, geb. 31. 3. 1959 in Schottland: leadg; MALCOLM YOUNG, geb. 6. 1. 1956 in Schottland: rhythmg; CLIFF WILLIAMS, geb. 14. 12. 1949 in England: bassg; BRIAN JOHNSON, geb. 5. 10. 1947 in England: voc; SIMON WRIGHT: dr

Die Teenie-Hard-Rock-Band wurde 1974 in Australien gegründet. Die Familie Young war aus Schottland nach Australien ausgewandert, und die Brüder Angus, Malcolm und George stiegen bald ins Musikgeschäft ein. George, der ältere, machte zunächst mit den EASYBEATS Karriere *(Friday on my mind),* und anschließend mit FLASH AND THE PAN und als Produzent und Songschreiber. Angus und Malcolm dagegen wollten weniger Pop-Rock machen, sondern richtig harte Musik zum Ausflippen. Und so entstand 1974, mit den beiden Young-Brüdern und dem Sänger BON SCOTT, dem Trommler PHIL RUDD und dem Bassisten MARK EVANS AC/DC (= die englische Bezeichnung für Wechselstrom), und bereits 1975 schlug die krachende Formation gleich zweimal zu: *High voltage* und *T.N.T.* hießen die beiden Heavy-Metal-Alben, die das Quintett in Australien zu Stars machte. Produziert wurden die LPs übrigens von Bruder GEORGE YOUNG und dessen Partner HARRY VANDA. Beide Alben erhielten im »land down under« Gold und Platin. 1975 setzte AC/DC dann zur Eroberung der restlichen Welt an. Unter dem Namen *High voltage* erschien 1976 weltweit eine Zusammenstellung aus den beiden ersten Alben, und auch die neue LP *Dirty*

AC/DC Foto: WEA

deeds done dirt cheap. In Australien drohten bei AC/DC-Konzerten regelmäßig die Hallen zu Bruch zu gehen, und ähnliches ereignete sich dann auch 1976 bei den ersten Konzerten der Band in England und Deutschland. 1977 starteten die fünf australischen Schwermetaller dann auch zur Invasion in Amerika – mit Erfolg versteht sich. Das 77er Album hieß *Let there be rock* und brachte bereits die erste Besetzungsänderung: Mark Evans ging und der Engländer Cliff Williams kam. Änlich verlief auch das Jahr 1978: weltweite Erfolge mit Konzerten und zwei LPs, dem Studioalbum *Powerage* und der Live-LP *If you want blood – you've got it.* Für das 79er Album *Highway to hell* holten sich die fünf dann einen neuen Produzenten, JOHN »MUTT« LANGE, und das Ergebnis war Gold für das Album in Deutschland

und erstmals Platin in Amerika. Anfang 1980 traf die Band ein harter Schlag. Nach einer durchzechten Nacht erstickte der Sänger Bon Scott an seinem eigenen Erbrochenen. Er starb am 19. Februar 1980 im Alter von nur 33 Jahren. Doch bereits am 3. April 1980 präsentierte AC/DC einen Nachfolger: den Engländer Brian Johnson, ehemals Sänger bei der Hard-Rock-Band GEORDIE *(All because of you,* 1973). Im Juli 1980 erschien dann die nächste AC/DC-LP, im Gedenken an Bon Scott hieß sie *Black in black.* In Deutschland gab's dafür Platin, in Amerika blieb das Album fünf Monate in den Charts. Ende 1980 hatten es AC/DC auf den wahren Edelmetall-Regen von insgesamt 27 Gold- und Platinauszeichnungen gebracht. 1981 erschien die LP *For those about to rock – we salute you,* die sich in Amerika bereits in der ersten Woche nach Erscheinen eine Million Mal verkaufte und auch in Deutschland gab's dafür wieder Gold. 1982 gönnte sich AC/DC dann den ersten wohlverdienten Urlaub nach 8 Jahren, nicht ohne jedoch vorher noch eine weltweite Tournee zu absolvieren. 1983 kaufte die Band einen neuen Drummer ein, für Phil Rudd kam Simon Wright. *Flick of the switch* hieß in diesem Jahr das erste Album, bei dem sich die Formation selbst als Produzent versuchte. 1984 konnte man AC/DC dann beim »Monster-of-Rock«-Festival in Deutschland bewundern, wobei Angus immer noch in seiner berühmten Schuljungenuniform mit kurzen Hosen auf der Bühne herumtobte. Das Jahr 1985 brachte dann das Album *Fly on the wall,* das in USA sofort wieder Gold erhielt, und die ersten AC/DC-Musikvideos. Neues gab's dann wieder 1986: die LP *Who made who* brachte AC/DC-Klassiker und etliche brandneue Songs, war gleichzeitig der Soundtrack zum Stephen-King-Film *Maximum overdrive*, beinhaltete erstaunlicherweise zwei Instrumental-Titel *(Chase the ace, DT),* und war wieder vom Team Vanda/Young produziert worden. Damit war die Familie Young zum ersten Mal seit 1978 wieder treulich vereint. Die Zusammenarbeit setzte sich auch beim 88er Album *Blow up your video* fort, die Single *Heat seeker* konnte sich auch in den deutschen Charts plazieren. Im Frühjahr ging AC/DC wieder auf große Welt-Tournee, zu der Angus meinte: »Es gibt einen ganz neuen Geist in der Band, und den wollen wir zu unseren Fans tragen. Schließlich sind da ständig neue Kids, die erobert werden wollen . . .« Beim AC/DC-Konzert in München, am 11. April 1988, wurde seine

Meinung bestätigt: In der ausverkauften und alkoholfreien Münchner Olympiahalle feierten zwei Generationen frenetisch die australische Hard-Rock-Band. Und Angus tobte zur Freude aller immer noch in kurzen Schul-Hosen über die Bühne und tat seiner schrill kreischenden Gitarre ziemlich show-trächtig Gewalt an. Gekrönt wurde das Schwermetall-Fest dann vom ohrenbetäubenden Böllern zweier gewaltiger Kanonenrohre.

Das 90er Album hieß *The razors edge* und konnte sich, genauso wie die Single *Thunderstruck,* sofort in der deutschen Hitparade plazieren.

Bryan Adams

geb. 5. 11. 1959 in Kingston/Ontario (Kanada)

Bryan Adams ist der erfolgreichste kanadische Künstler der letzten Jahre. Bis 1987 verkaufte er weltweit über 12 Millionen LPs, in seiner Heimat Kanada gewann er zwischen 1982 und 1987 neunmal den Juno-Award, das kanadische Gegenstück zum amerikanischen Grammy. Geboren wurde Bryan Adams als Sohn britischer Eltern. Er lebte mit seiner Familie in England, Portugal und Israel, ehe sie sich 1964 in Vancouver/Kanada niederließ. Mit sechzehn Jahren spielte Bryan Adams bereits in diversen kleinen Bands, allerdings ohne großen Erfolg. Das änderte sich erst 1977, als er den Schlagzeuger JIM VALLANCE traf. Die beiden verstanden sich auf Anhieb und begannen eine äußerst erfolgreiche

künstlerische Zusammenarbeit als Songwriter-Team. Top-Gruppen wie Prism,
Bachmann-Turner-Overdrive, → Kiss,
Loverboy und Bob Welch nahmen ihre
Songs ins Repertoire auf. Es war nur
eine Frage der Zeit, bis Bryan Adams,
der gutaussehende blonde Junge mit der
eindringlich-rauhen Stimme, selbst entdeckt wurde. 1979 war's dann soweit, er
bekam einen Plattenvertrag und veröffentlichte die Singel *Let me take you
dancing.* Im Februar 1980 folgte sein
hörenswertes Debüt-Album *Bryan
Adams,* 1981 die zweite LP *You want it,
you got it.* Ansonsten verbrachte Bryan
Adams viel Zeit auf Tour, er war monatelang Opener für Top-Acts wie die
→ Kinks, Loverboy und → Foreigner.
Im Januar 1983 kam sein Album Nr. 3

Bryan Adams
Foto: A&M Records

heraus, *Cuts like a knife.* Es war, wie das
2. Album, von Adams zusammen mit
Bob Clearmountain produziert. Es enthielt den Top-Seller *Straight from the
heart,* der in Europa auch für → Bonnie
Tyler ein Top-Hit wurde. Im Juni 1983
wurde die LP mit Gold ausgezeichnet,
im September 1983 gab's für über eine
Million verkaufter Exemplare Platin.
Dazwischen war der fleißige junge Mann
immer auf Achse. Ende des Jahres 1983
kam er auf 283 Tourneetage! Anfang
1984 ging Bryan Adams nicht nur mit
→ Police auf große Tour, er begann
auch sein viertes Album – *Reckless*
– vorzubereiten. Im August 1984 kam
Superstar → Tina Turner zu ihm ins Studio in Vancouver, und nahm mit ihm das
Duett *It's only love* für diese LP auf.
Bryan Adams schrieb auch weiterhin
nicht nur für sich, auch andere konnten
an seinem musikalischen Einfallsreichtum partizipieren. Für den Soundtrack
des Films *Teachers* schrieb er den Song
Teacher teacher, für → Joe Cocker die
Nummer *On the edge of a dream.* Im
November 1984 erschien dann das Album *Reckless,* eine LP voll mit ganz
vorzüglichen Songs: von fetzigen Power-
Rock-Titeln bis hin zu sanften, traumhaften Balladen mit intelligenten Texten, perfekt produziert. *Run to you* hieß
die erste erfolgreiche Single-Auskoppelung, die in Amerika bis auf Platz 6 in
den Hot 100 kam. Insgesamt bekam
Bryan Adams für diese LP eine Dia-
mant-, fünf Platin- und dreizehn Goldene Schallplatten. Auch 1985 war wieder
ein sehr erfolgreiches und arbeitsames
Jahr für Mr. Adams. Anfang des Jahres
ging er wieder auf eine weltweite Tournee, wobei er in Europa zusammen mit
Tina Turner auftrat. Bryan Adams und
seine vorzügliche Band waren jedoch

keinesfalls eine Vorgruppe, sondern ein absoluter Haupt-Act, was der tosende Beifall, mit dem er bei jedem Konzert überschüttet wurde, eindringlich demonstrierte. Er schrieb, zusammen mit Jim Vallance, den Song *Tears are not enough,* den er, nach dem großen Vorbild von *USA for Africa,* mit der Creme de la Creme der kanadischen Musiker aufnahm. Die Aufnahme brachte 2,5 Millionen Dollar für die Northern Lights Society zugunsten der Afrikahilfe ein. Er nahm im Juli 1985 am »Live Aid«-Konzert teil. Im Sommer 1985 war Bryan Adams dann zwei Wochen lang die Nr. 1 in Amerika mit dem Song *Heaven.* Das war ein Lied, das bereits Ende 1983 auf dem Soundtrack des Films *A night in heaven* herausgekommen war. Ende 1985 gab's noch einmal neues von Bryan Adams zu hören, die hervorragende Weihnachts-Ballade *Christmas time.* Das Jahr 1986 sah Bryan Adams in erster Linie auf der Bühne, er tourte mit der *Conspiracy of hope*-Tour, zusammen mit Stars wie → STING, → PETER GABRIEL und → U 2, und war lange mit der *Amnesty-International*-Tour unterwegs. So kamen die Fans erst Mitte 1987 in den Genuß eines neuen Bryan-Adams-Albums. *Into the fire* hieß es, war bei Bryan zuhause aufgenommen und bot wieder eine Menge hervorragender Songs voll Energie, Emotionen und Dynamik, von denen einige autobiographisch sind. Die LP und die erste Single *Heat of the night* stiegen sofort in die internationalen Charts ein.

Anschließend stellte Bryan sein Talent dann wieder anderen zur Verfügung: 1989 schrieb er für DION DI MUCCI, der unter dem Namen DION in den 60er Jahren mit Songs wie *Runaway Sue* und *The Wanderer* Superhits gehabt hat, den

Comeback-Song *Drive all night.* Und für Altstar Joe Cocker ließ er sich z. B. *When the night comes* einfallen.

Aerosmith

STEVEN TYLER, geb. 26. 3. 1948 in Yonkers/USA: voc; JOE PERRY, geb. 10. 9. 1950 in Boston/USA: g; TOM HAMILTON, geb. 31. 12. 1951 in Boston/USA: b; BRAD WHITFORD, geb. 23. 2. 1952 in Boston/USA: g; JOEY KRAMER, geb. 21. 6. 1950 in Boston/USA: dr

Die amerikanische Rockgruppe wurde 1970 in Sunapee/New Hampshire, gegründet. Kopf und Schreiber der Band war und ist Steve Tyler. Er spielte zuerst in einer kleinen Band im Hotel seiner Eltern Schlagzeug, bis er sich entschloß, Sänger zu werden. Anfang 1970 traf er Hamilton und Perry, holte noch Kramer und Whitford dazu und gründete das Rock-Quintett. Die harten, mit großer Power und ebenso großer Lautstärke vorgetragenen Songs sicherten der Formation ziemlich schnell ein großes Publikum. Aerosmith war vor allen Dingen eine Live-Band, bei den Konzerten »wackelten die Wände«. Ihr erstes Album *Aerosmith* erschien 1973 und wurde mit Gold ausgezeichnet. Die nächsten LPs *Get your wings* (1974) und *Toys in the Attic* (1975) erhielten sogar Platin, ebenso wie die Alben *Rocks* (1976) und *Draw the line* (1977). Die Single-Hits von Aerosmith hießen *Sweet emotion* (1975), *Dream on* (1976), *Last child*

Aerosmith
Foto: Neal Preston/WEA

(1976), *Walk this way* (1976), *Back in the saddle* (1977) und *Come together* (1978, eine Cover-Version des → BEATLES-Hits). Dieser letztere Song stammte aus dem Film *Sgt. Pepper's Lonely Hearts Club Band.* 1978 veröffentlichte Aerosmith auch das sechste Album, die LP *Live! Bootleg,* die ebenfalls wieder mit Platin ausgezeichnet wurde. Auch das nächste Studio-Album *Night in the ruts* bekam Platin. Danach verließ Joe Perry die Gruppe, um als Solist Karriere zu machen. Er gründete THE JOE PERRY PROJECT, mit der er drei LPs veröffentlichte: *Let the music do the talking* (1980), *I've got the Rock'n'Roll again* (1981) und *Once a Rocker, always a Rocker* (1983). 1980 brachte Aerosmith noch die LP *Greatest hits* heraus, aber allmählich

bröckelte die Band auseinander. Nach Joe Perry ging 1981 auch der Gitarrist Brad Whitford, um sich mit DEREK ST. HOLMES (ehemals TED NUGENT) zusammenzutun. Steve Tyler war nach einem schweren Motorrad-Unfall ans Krankenbett gefesselt. Erst 1982 ging Aerosmith wieder ins Studio, für Whitford spielte RICK DUFAY auf der LP *Rock in a hard place.* Obwohl diese LP nicht gerade ein Meisterwerk war, wurde sie, wie üblich, mit Gold ausgezeichnet. Doch 1984 gab es dann nach einem Aerosmith-Konzert in Boston die Wiedervereinigung der Original-Besetzung. 1986 kam dann das Album *Done with mirrors* heraus, mit dem Aerosmith ein grandioses Comeback feierte. Zur neuerlichen Popularität der Rock-Formation trug auch bei, daß die Star-Gruppe → RUN-D.M.C. unter Mitwirkung der Band eine sehr erfolgreiche Cover-Version des ehemaligen Aerosmith-Hits *Walk this way* veröffentlichte. Auch 1987 erwies sich Aerosmith als ungebrochen erfolgreich mit dem Album *Permanent vacation*, das von der Heavy-Metal-Zeitschrift »Metal Hammer« zum »Album des Monats« gekürt wurde. Mit der Soft-Rock-Single *Angel* hatte Aerosmith dann Anfang 1988 in Amerika einen Top-10-Hit. Ebenfalls 1988 brachte Aerosmith die LP *Gems* heraus, die ein Best-Of-Album der Formation mit Songs aus den Jahren 1973 bis 1982 war. Das nächste Studio-Album mit neunen Aerosmith-Titeln gab es dann 1989 mit der LP *Pump*, die gleich eine ganze Reihe Single-Hits beinhaltete: *Love in an elevator, Janie's got a gun* und *What it takes*. Die LP konnte sich in Amerika, Großbritannien und Deutschland hervorragend plazieren.

Die Ärzte

JAN VETTER »FARIN URLAUB«, geb. 27. 10. 1963 in Berlin: voc/g; DIRK FELSENHEIMER »BELA B.«, geb. 14. 12. 1962 in Berlin: voc/dr; LIEBING HAGEN, geb. 18. 12. 1961 in Berlin: g

Die Ärzte dürften wohl das einzige deutschsprachige Duo sein, bei dem die Hälfte der Veröffentlichung auf dem Index steht: die LPs *Debil* und *Die Ärzte*

wurden indiziert. Dem Erfolg der Ärzte hat das Verbot allerdings mehr genützt als geschadet. Entstanden ist die Band Anfang der 80er Jahre in Berlin. Da waren es noch drei (der blonde HANS, genannt SAHNIE, stieg aus, um Betriebswirtschaft zu studieren). Das musikalische Spektrum der wüst-chaotischen Doktoren erstreckte sich ohne Rücksicht von Punk über Rock bis hin zu Surfmusik. 1983 gewannen sie den alljährlich stattfindenden Pop- und Rockwettbewerb des Berliner Senats, erstklassige Live-Auftritte folgten, und bald waren Die Ärzte die Teenager-Lieblinge. Die ersten beiden Platten der drei (die EP *Zu schön, um wahr zu sein* und das Mini-Album *Uns geht's prima*) erschienen auf einem kleinen Label und erklommen in Rekordzeit die Spitze der Indie-Charts in Deutschland. Dieser Erfolg ließ die Plattenfirmen natürlich hellhörig werden, und schon hatten die drei einen Vertrag bei CBS. *Debil* hieß 1985 das offizielle Debüt-Album. Es enthielt Standards der Gruppe, aber auch etliche neue Songs. Die Ärzte selbst bezeichneten ihre Musik als »Sodapop«, produzierten selbst und teilten die LP fein säuberlich in eine »Jungs-« und eine »Mädchen-«Seite auf. Der Erfolg ließ nicht lange auf sich warten, ausgedehnte Tourneen wurden absolviert, bei der sich bis zu 40 000 Zuschauer einfanden. Auch die nächsten LPs der Ärzte *(Im Schatten der Ärzte*, 1985, *Die Ärzte*, 1986, *Ärzte ab 18* und *Ist das alles? 13 Höhepunkte mit den Ärzten*, 1987) erklommen mit schöner Regelmäßigkeit die deutsche LP-Hitparade. Mit der 87er Single *Gehn wie die Ägytääär* (einer höchst amüsanten und gutgemachten Coverversion des → BANGLES-Hits *Walk like an egyptian* − live!) stiegen sie auch

Die Ärzte
Foto: CPS

in die deutschen Top 75 ein. Im Herbst 1987 gab's dann wieder eine Mammut-Tournee durch 24 Städte — allerdings jetzt bereits im angepaßten Outfit. Keine grelle Punker-Kluft mit Ketten und Ringen und igelartiger Borstenmähne, sondern sorgfältig gestylter Bürstenschnitt bzw. wohlonduliertes, halblanges Haar, und Hemden, Hosen und Jacken vom Designer. Aber die Angepaßtheit war nur äußerlich: Texte wie *Hannelores Tag ist grau, denn Helmut K. schlägt seine Frau* oder *Claudia hat jetzt ein Pferd, mit dem sie ziemlich oft verkehrt* erregten immer noch die staatlichen Gemüter. Seit 1986 gehört Liebing Hagen als festes Mitglied bei den Tourneen zur Gruppe. Das 88er Album der Ärzte hieß *Das ist nicht die ganze Wahrheit*, für den Song *Ohne Dich* holten sich die pfeifunkundigen Ärzte die Fachfrau ILSE WERNER, den flötenden Star unzähliger UFA-Filme. Wirklich die ganze Wahrheit wurde dann Mitte 1988 bittere Wahrheit: Die Ärzte, die über eine Million Tonträger verkauft und bis zu 40 000 Fans in ihre Konzerte gelockt hatten, setzten mit dieser Studio-LP den Schlußpunkt ihrer Karriere. 1988 ging das Trio noch einmal auf eine triumphale Tournee, aber am 9. Juli 1988 war im Kursaal von Westerland/Sylt eindgültig Schluß. Während dieser frenetisch beklatschten Tournee wurde Material für ein Dreifach-Live-Album mitgeschnitten, das im Herbst 88 unter dem Titel *Live – Nach uns die Sintflut* erschien und innerhalb kürzester Zeit den 1. Platz in der deutschen LP-Hitparade belegte. Mitte 1989 wurde dann die endgültige letzte Ärzte-Single veröffentlicht, der Song *Bitte Bitte* aus dem Album *Das ist nicht die ganze Wahrheit*. Dazu produzierten Die Ärzte ein endgültig letztes Video, dessen Hauptdarstellerin – in bewährter Ärzte-Schock-Manier – Pornostar THERESA ORLOWSKI war. Dann gingen die Punk-Ärzte in den wohlverdienten Ruhestand. Beim Ärzte-Sänger Jan, alias Farin Urlaub, dauerte das allerdings nicht lange. Bereits Ende 89 präsentierte er seine neue Band namens KING KONG. Mit von der Partie sind FLO (voc, g), der frühere Ärzte-Produzent HOFFMANN (dr, voc) und der BOYS IN TROUBLE-Bassist RUPRECHT. Im März 1990 erschien mit *King Who?* die Debüt-LP von KING KONG, darauf wurde Rock-Musik in englischer Sprache präsentiert.

A-HA

PAL GAMST WAAKTAAR, geb. 6. 9. 1961 in Oslo/Norwegen: g/keyb; MORTON HARKET, geb. 14. 9. 1959 in Kongsberg/Norwegen: voc; MAGS FURUHOLMEN, geb. 1. 11. 1962 in Oslo/Norwegen: keyb

1985 geschah etwas noch nie Dagewesenes: Drei junge, gutaussehende Musiker aus Norwegen schafften es mit ihrem ersten, selbstgeschriebenen Song, weltweit Nr. 1 in den Charts zu werden. Pal und Mags kennen sich bereits seit ihrem zwölften Lebensjahr. Als Teenager spielten sie schon – teils zusammen, teils getrennt – in diversen Bands, und mit vierzehn waren sie gemeinsam in einer Gruppe namens BRITCHES. Bei einem Auftritt mit dieser Band lernten sie den Sänger Morton Harket kennen, der von ihrer Professionalität tief beeindruckt war. Als sich BRITCHES auflöste, gingen Pal und Mags mit ihren selbstgeschriebenen Songs nach England, um dort Karriere zu machen. Daraus wurde allerdings nichts, und so kehrte das Duo nach einem halben Jahr wieder enttäuscht nach Oslo zurück. Sie konnten den Sänger Morton dazu bewegen, sich ihnen anzuschließen. Zu dritt bastelten sie an neuen Demos herum und wagten im Januar 1983 abermals die Fahrt nach England – und diesmal klappte es: Sie bekamen einen Plattenvertrag. Als Produzenten für ihre erste Single konnten sie ALAN TARNEY (→ CLIFF RICHARD) für sich gewinnen. *Take on me* hieß der elegante, einfallsreiche Synthi-Pop-Song, der vor allem auch durch Mortens voluminöse Stimme bestach, die sich im Refrain mühelos bis zu den höchsten Tönen emporschwang. Zunächst geschah nach der Veröffentlichung Ende 1984 gar nichts. Aber dann begann sich Anfang 1985 der Song langsam, aber sicher in allen Charts hinaufzuarbeiten, bis er dann Mitte bzw. Ende 1985 in den USA, England und Deutschland auf dem ersten Platz landete. Auslösendes Moment für diesen grandiosen Erfolg war das ganz hervorragende, amüsante Video des Songs, das A-HA zusammen mit dem Regisseur STEVE BARRON produziert hatte, der auch schon → MICHAEL JACKSONS *Billie Jean* inszeniert hatte. Das Video war eine irrwitzige und höchst beeindruckende Mischung aus Comic Strip und Realität. Es folgte das ausge-

A-HA Foto: WEA

sprochen hörenswerte Album *Hunting high and low,* auf dem die drei Norweger zeigten, daß sie auch noch andere musikalische Stile aufs trefflichste beherrschen. Auch die Single *The sun always shines on TV* und das zweite Album *Scoundrel days* wurden ein weltweiter Erfolg. Ebenfalls erfolgreich waren die 86er Singles *Train of thought, I've been losing you, Cry wolf* und *Hunting high and low.* 1987 wurde A-HA in den illustren Kreis derer aufgenommen, die für einen *James-Bond*-Film den Titelsong schreiben und interpretieren durften. *The living daylights* wurde wieder ein internationaler Tophit. Dann machten A-HA wieder Anfang 1988 von sich reden. Sie veröffentlichten den Soft-Song *Stay on these roads,* der innerhalb kürzester Zeit in den deutschen Top Ten war.

Kurz danach folgte das gleichnamige Album, und auch die 88er Tournee trug diesen Namen. Das Album verkaufte sich allein in Deutschland innerhalb von nur sechs Tagen über 160 000 mal, mit den folgenden Singles *The blood that moves the body, You are the one* oder *Touchy* stürmte das norwegische Trio ebenfalls die internationalen Charts. In englischsprachigen Ländern standen sich die Teenie-Fans im Frühjahr 1988 die Beine in den Bauch, um eine Karte für *Camilla the thief* zu ergattern, Morton Harkets ersten Spielfilm.

Im Oktober 1990 veröffentlichte das Trio das gelungene Album *East of the sun, west of the moon.* Erster Hit daraus wurde das sanfte *Crying in the rain.* Dieses Lied war 1962 von HOWARD GREEN-

FIELD und CAROL KING für das Duo EVERLY BROTHERS geschrieben worden, die damit in USA einen Nr.-6-Hit gehabt hatten.

Alice

CARLA »ALICE« BISSI, geb. 26. 2. 1954 in Forli/Italien: voc/p

»Ich schreibe nur über Dinge, die ich fühle und empfinde, kommerzielle Hintergedanken habe ich beim Songschreiben nicht«, sagte Alice über ihre Lieder. Die Gefühle und Empfindungen der mandeläugigen Schönheit mit dem rauchigen Timbre in der dunklen Stimme, scheinen nicht nur Italiener zu faszinieren, sondern auch uns Deutsche. Denn auch bei uns ist die zierliche Songwriterin ein Star. Dabei hatte alles so harmlos und gar nicht sonderlich erfolgreich begonnen. Alice, die begeisterte Klavierspielerin, studierte am Konservatorium klassische Musik und wurde, wie auch ihre Schwester, Musiklehrerin. 1975 packte sie jedoch der Ehrgeiz, und sie veröffentlichte ihre erste LP La mia poca grande età. Sowohl die LP als auch die Single Io voglio vivere wurden ein Erfolg − allerdings in Frankreich. Danach ließ sich Alice drei Jahre Zeit bis zum nächsten Album. 1978 erschien Cosa resta . . . un fiore. Und obwohl die LP gute Songs erhielt, wurde sie ein Flop. Alice war sauer: »Jeder sah in mir nur die attraktive Frau, die am besten mit seichten Popsongs zu vermarkten ist. Niemand betrachtete mich als ernstzunehmende Sängerin und Komponistin. Gerade in Italien werden einer Frau, die versucht, niveauvolle Musik zu

machen, nur Steine in den Weg geworfen.« Zwei Jahre zog sich Alice in den Schmollwinkel zurück, päppelte ihr lädiertes Selbstbewußtsein wieder auf und ließ sich Neues einfallen. Das bekam man dann 1980 auf der LP Capo nord zu hören − sie wurde in ganz Europa ein Bestseller. 1981 beteiligte sich Alice am renommierten Musikfestival in San Remo − und gewann mit ihrem leidenschaftlichen Song Per Elisa. Fast über Nacht wurde Alice damit ein Star. Sie hatte es geschafft − von nun an schenkte man ihren kompositorischen und gesanglichen Fähigkeiten mehr Aufmerksamkeit als ihren (unbestreitbaren) körperlichen Reizen. Ihre geschickte und eigenwillige musikalische Mischung aus Pop, Jazz, Folklore, Klassik und Elektronik verschaffte ihr diesseits und jenseits der Alpen eine gewaltige Fangemeinde. Auch auf den Alben Azimut (1982) und Falsi alarmi (1983) bot Alice gekonnt Einschmeichelndes der gehobenen Art: Pop mit Niveau. Dann pausierte Alice wieder zwei Jahre, um dann 1985 ihr Publikum mit dem Album Gioielli rubati zu überraschen. Die »gestohlenen Juwelen« hatte sich Alice diesmal nicht selbst einfallen lassen, sondern sie hatte auf neun Lieder ihres Landsmannes und Freundes FRANCO BATTIATO zurückgegriffen. Mit ihm zusammen hatte sie auch 1984 das wunderschöne I treni di Tozeur (Italiens Grand-Prix-Beitrag in diesem Jahr) und 1983 das amüsant freche Chanson egocentrique gesungen. Natürlich wurden auch die »Juwelen« ein Erfolg. 1986 veröffentlichte Alice dann die LP Park Hotel, die mit Nomadi einen Single-Hit enthielt, der sich auch in der deutschen Hitparade plazieren konnte. Zur Produktion hatte sich die attraktive Songschreiberin diesmal drei britische Rockmusiker geholt: den Schlagzeuger JERRY MAROTTA (→ PETER GABRIEL, → PAUL MCCARTNEY), den Bassisten TONY LEVIN (KING CRIMSON), und den Gitarristen PHIL MANZANERA (→ ROXY MUSIC). Ende 1987 überraschte Alice ihr Publikum dann wieder mit einem Fremdtitel: Sie nahm, in englischer Sprache, eine zarte, unter die Haut gehende Version des → BEATLES-Songs *Fool on the hill* auf. Das 87er Album von Alice trug dann den Titel *Elisir* − ein wahres »Elixier« aus vielen bekannten Liedern der Songwriterin in neuem musikalischen Gewand und wenigen neuen Songs. Ihren sanften Power-Stil führte die zierliche Alice dann auch auf dem 89er-Album *Il sole nella pioggia* fort.

Alice Cooper   Foto: CBS

Alice Cooper

VINCENT DAMON FURNIER ›ALICE COOPER‹, geb. 2. 2. 1948 in Phoenix/Arizona, USA: voc, harm

Alice Cooper und seine gleichnamige Band gehörten Anfang der 70er Jahre zu den ›wüstesten‹ Gruppen. Alice Cooper entwickelte den sogenannten ›Schock-Rock‹, der vor allen Dingen live auf der Bühne wirkte. Alice präsentierte dem staunenden Publikum alptraumartige Horrorvisionen, zermantschte Wassermelonen, ließ Galgen aufstellen und Hinrichtungen zelebrieren, verschüttete eimerweise Schweineblut und garnierte sich selbst mit einer lebenden Boa Constrictor. In grellbunten Kostümen und abartiger und grotesker Bemalung trat die Band auf und untermalte das ungewöhnliche Bühnengeschehen mit metallischen Hard-Rock-Klängen. Mitglieder der Band waren MICHAEL BRUCE (g, p, org), DENNIS DUNAWAY (b) und NEAL SMITH (perc). Sie alle stammen aus geordneten Mittelklasse-Verhältnissen, wuchsen in Phoenix auf und waren nette, höfliche Jungens, die gerne vorm Fernseher saßen, bis sie 1965 beschlossen, Musik zu machen. Harte, geradlinige Rockmusik stand auf ihrem Programm, aber keiner interessierte sich dafür, bis sich Furnier den Namen Alice Cooper und die Sache mit der Horror-Show einfallen ließ. Ab 1971 ging's mit der Formation nur noch bergauf. Ihre Alben *Love it to death* (1970/71), *School's out* (1972) und *Billion Dollar Babies* (1973) waren Millionenseller, die mit Edelmetall ausgezeichnet wurden. Songs wie *Eighteen* (1971), *School's out* (1972), *No more Mr. Nice Guy* (1973) und *Teenage lament* (1974) machten Alice Cooper zu einem internationalen

Teenager-Star. 1975 beschloß Alice Cooper künftig als Solist weiterzumachen und veröffentlichte noch im selben Jahr mit *Welcome to my nightmare* ein Debüt-Album, das sich millionenfach verkaufte, ebenso wie die 76er Single *I never cry.* Wesentlich gemäßigter gab sich der sonst so wilde Alice Cooper auf der 77er LP *Whiskey and lace,* auf der er als völlig normal aussehender, ungeschminkter und recht sympathisch wirkender Interpret zu sehen und zu hören war. *You and Me* hieß die Single daraus, eine zu Herzen gehende Ballade, die ebenfalls ein Millionenseller wurde. Doch danach war die Luft erst einmal raus. Alice Coopers Alben waren unter ›ferner liefen‹ zu finden, weder LPs wie *Zipper catches skin* 1982 noch *DaDa* 1983 konnten sich international durchsetzen. 1982 durfte Alice Cooper Filmmusik machen. Für den Streifen *Die Klasse von 1984* sang er den Song *I am the future,* der von Altmeister Lalo Schifrin geschrieben worden war. 1986 glückte ihm dann mit dem Album *Constrictor* der erste Ansatz zu einem Comeback, das er dann 1987 mit der LP *Raise your fist and yell* weiter ausbaute. Und 1989 war Alice Cooper, der ›Prince Of Darkness‹, dann wieder voll da: für den Erfolgsstreifen *Iron Eagle II* nahm er das Lied *I got a line on you* auf, das aus der Feder von Randy California stammt; die Heavy Metal Band Megadeth nahm für den Film *Shocker* den Song *No more Mr. Nice Guy* auf, mit dem Alice Cooper 1973 in den USA bis Platz 25 gekommen war; und Alice Cooper brachte eine neue LP heraus, das Album *Trash,* das ein weltweiter Millionenerfolg wurde und sich auch noch in den deutschen LP-Charts plazieren konnte. Mit *Bed of nails, Poison* und *House of fire* hatte Alice Cooper aus diesem Album Single-Hits.

Marc Almond

Peter Marc Almond, geb. Juli 1957 in Southport By The Sea, England: voc

Marc, der schmächtige, blasse und geniale Interpret und Songschreiber, hatte mit Schule nie viel im Sinn. Lieber verdiente er sich in einer Fruchtsaft-Fabrik und einem Kleidergeschäft ein bißchen Geld, um sich anschließend beim Theater über das Dasein eines Künstlers zu informieren. Mit 17 Jahren verließ er

Marc Almond
Foto: Virgin/Peter Ashworth

die Schule endgültig, um in Leeds Bildende Kunst und Theater zu studieren. Er trat in bizarren Theater-Sex-Shows auf, sang in seltsamen Musicals wie *Die Vampir-Katze von Nebashima* und beschäftigte sich intensiv mit allem, was im weitesten Sinne mit Showbiz zu tun hat. Er trat sogar in diversen Porno-Filmen auf, die allerdings, im Gegensatz zu denen von → MADONNA, spurlos verschwunden zu sein scheinen. Marc war gerade dabei, sich für eine musikalische Karriere zu entscheiden, als er den hochtalentierten DAVID BALL kennenlernte. Die beiden taten sich 1978 zusammen und nannten sich ab 1979 SOFT CELL. Damit war eines der kreativsten und innovativsten Duos der frühen 80er Jahre entstanden. Die SOFT-CELL-Version des alten amerikanischen Soul-Titels *Tainted love* wurde ein weltweiter Nr.-1-Hit. Die Alben *Non-stop erotic cabaret* (1980), *The art of falling apart* (1983) und *This last night in Sodom* (1984) wurden ebenfalls Bestseller; mit der Mini-LP *Non-Stop ecstatic dancing* lieferten SOFT CELL 1981 eines der ersten Alben mit reinen Dance-Mixes ab. Noch während der Zeit, in der Marc Almond mit SOFT CELL elektronische Tanzknüller produzierte, hatte er die Formation MARC AND THE MAMBAS gegründet, eine lose Vereinigung diverser Künstler, mit denen er zwei Doppel-Alben aufnahm: *Untitled,* das JACQUES BREL gewidmet war und ziemlich chaotische und unausgegorene Kompositionen enthielt, und *Torment and toreros,* das inzwischen schon fast als Kultplatte gehandelt wird. Darauf beschäftigte sich Marc zum ersten Mal mit dem Einbeziehen von Geigen und Cellos und südeuropäischen Rhythmen wie dem Flamenco in die Pop-Musik. 1984 löste sich SOFT CELL auf. Marc

tat sich mit einer neuen Band namens THE WILLING SINNERS zusammen und nahm mit ihr 1985 die LP *Vermin in Ermine* auf, bei der er seine neugewonnenen Erkenntnisse aus der MAMBAS-Zeit ausprobierte. Danach folgte, ebenfalls 1985, die zweite Solo-LP *Stories of Johnny,* die ein Chartserfolg wurde. Auf dieser LP ist bereits Marc Almond, der ›Dramatische Pop-Star‹ deutlich zu erkennen. Anschließend verwirklichte Marc 1986 ein Lieblingsprojekt: unter dem Titel *A woman's story* nahm er Coverversionen seiner ganzen Lieblingslieder auf, darunter eben auch den → CHER-Song *A woman's story.* Wie sehr Marc Almond mit seiner Art der Interpretation inzwischen schon anerkannt war, verdeutlicht die Tatsache, daß er 1986 aufgefordert wurde, einen Beitrag zur Hommage an den französischen Surrealisten GEORGES BATAILLE zu leisten. Marc tat es in Form der LP *A violent silence.* Ebenso überzeugend war Almond dann bei einem kurz danach stattfindenden Konzertabend zu Ehren des französischen Chansonniers Jacques Brel. BREL ist einer der Lieblingsinterpreten von Almond, und so nahm er 1987 eine Doppel-LP auf, die zur Hälfte aus Jacques-Brel-Liedern und zur anderen Hälfte aus vertonten Gedichten von BAUDELAIRE, RIMBAUD und VERLAINE besteht und aus weiteren französischen Chansons. Danach folgte 1987 die LP *Mother fist and her five daughters,* ein recht melancholisches Werk, das seinen Namen einer Kurzgeschichte von TRUMAN CAPOTE verdankt. Ende 1988 kam dann die nächste und bislang beste Almond-LP auf den Markt: *The stars we are. Bittersweet* und *Tears run rings* hießen die ersten Singles, die sich in den Charts plazieren konnten. Doch der ab-

solute Knüller der LP war ein alter GE-
NE-PITNEY-Song: *Something's gotten hold
of my heart*. Für die Single-Auskoppelung holte sich Almond den Original-
Interpreten Pitney ins Studio und nahm
1989 die aufwühlende Pop-Ballade mit
ihm im Duett auf. Das Ergebnis: Nr. 1
in England, Nr. 1 in Deutschland. 1990
erschien als nächste Auskoppelung *A lover spurned*, ein dramatischer Song über
Liebesleid und -schmerz. Auch dieser
typische Almond-Song konnte sich wieder in den Hitparaden plazieren. Ebenfalls bemerkenswert ist der Song *Your
kisses burn*, bei dem Almond mit CHRI-
STA PÄFFGEN im Duett singt. Die inzwischen verstorbene Kölnerin errang unter
dem Künstlernamen NICO bei der Kultband VELVET UNDERGROUND Weltruhm.
Ende 1989 erschien das Album *Jacques*,
auf dem Almond ausschließlich Kompositionen von Jacques Brel interpretiert,
dem 1978 im Alter von nur 49 Jahren
viel zu früh verstorbenen Meister des
französischen Chansons. Anfang 1990
folgte die dramatische Ballade *A lover
spurned*, eine Vorabauskoppelung des
90er-Albums *Enchanted*. Auch auf dieser LP gab es wieder Almond satt zu
hören. Viel opulente Balladen, mit
Streichorchester, Flamenco-Elementen,
Tango-Anklängen und Shanty-Seelig-
keit.

Herb Alpert

geb. 31. 3. 1937 in Los Angeles/USA:
tp/voc

Mit seinem eigentümlich »singenden«
Trompetensound brachte er die sonst
eher stiefmütterlich behandelte Instrumentalmusik zu Hitehren, mit seiner Plattenfirma A & M bot er Newcomern eine
Chance, die ausnahmslos internationale
Stars wurden: der Trompeter, Songwriter
und gelegentliche Sänger Herb Alpert.
Schon als Kind spielte er begeistert Trompete, war auch bei der Armee im Mu-
sikcorps und tat sich anschließend mit
dem ehemaligen Versicherungsagenten
LOU ADLER als Songwriter-Team zusammen. Die beiden betätigten sich eine
ganze Weile ziemlich erfolglos als Lohnschreiber für diverse Firmen, bis ihnen
1960 mit der Produktion des Songs *Alley-
Oop* ein Nr. 1 Hit und Millionenseller für
die HOLLYWOOD ARGYLES gelang. Leider
bekamen die beiden dafür kein Geld, da
ihre Firma vorher Pleite ging. Alpert
trennte sich von Adler, versuchte sich als
Schauspieler und Sänger seiner eigenen
Titel und probierte vor allen Dingen in
seiner Garage mit dem Tonbandgerät und
seiner Trompete neue Effekte aus. Dann
lernte er 1962 den Promotion-Mann JERRY
Moss kennen. Sie stellten ihre gemeinsame Liebe zur Musik fest und gründeten
kurzentschlossen mit 1 000 Dollar ein eigenes Plattenlabel (Alpert & Moss). Alpert hatte inzwischen herausgefunden,
daß sein Trompetensound richtig »spa-
nisch« klang, wenn er seine Soli etwas
höher overdubbte. *Twinkle star* hieß die
erste Aufnahme in dieser Art. Als er

Herb Alpert
Foto: A&M Records

»heißen« Mariachi-Klängen, und einem Schuß Rock. Auf Grund dieser quasi mexikanischen Musik nannte Herb Alpert von da an seine Begleitband THE TIJUANA BRASS. Seitdem ist Herb Alpert ein internationaler Star, dem es mit schöner Regelmäßigkeit gelingt, immer wieder mit seinen Stücken ganz oben in den Charts zu landen. Seine Alben verkauften und verkaufen sich grundsätzlich millionenfach. Als er sich 1968 wieder einmal als Sänger versuchte, mit der Softnummer *This guy's in love with you*, wurde auch daraus ein Millionenerfolg. Ein ebenso glückliches »Händchen« hatte Herb Alpert mit den Interpreten, die er für seine Firma A & M einkaufte: SERGIO MENDEZ & BRAZIL 66, THE FLYING BURRITO BROTHERS, BURT BACHARACH, → JOE COCKER, THE CHECKMATES, → IKE & TINA TURNER, THE FREE, SPOOKY TOOTH und JIMMY CLIFF begannen in den 60er Jahren ihre Karrieren bei A & M. Dann kamen CAROL KING, CAT STEVENS, THE CARPENTERS, → QUINCY JONES und PAUL WILLIAMS. Heute erscheinen auf dem A & M-Label-Superstars wie → JOAN ARMATRADING, → BRYAN ADAMS, → SUPERTRAMP, → CHRIS DE BURGH und RITA COOLIDGE. Im Laufe der Zeit wandelte sich der Sound von Herb Alpert etwas: Er ist zwar immer noch lateinamerikanisch angehaucht, aber der Jazz hat wesentlich an Einfluß gewonnen. In dieser Art war auch das Instrumental *Rise*, das 1979 für zwei Wochen den ersten Platz der Hot 100 von Amerika belegte. Erfolgreich war auch das 85er Album *Wild romance*. 1987 war der gutaussehende Musiker, der übrigens mit der Sängerin LANI HALL verheiratet ist, plötzlich weltweit wieder in aller Munde. Zusammen mit der → MICHAEL JACKSON Schwester → JANET JACKSON, hatte er

danach zum erstenmal in seinem Leben einem mexikanischen Stierkampf beiwohnte, war er zum einen begeistert von der ganzen Atmosphäre, dem »Olé« der Zuschauer, der Mariachi-Kapelle, und zum anderen hatte er die glänzende Idee, diese Atmosphäre mit seinem *Twinkle star* zu vermischen. Also nahm er auf einem Tonband original in der Arena die Töne auf, setzte die »Olés« und die Mariachi-Kapelle an den Anfang und an den Schluß seines Instrumentalstückes und nannte das Ganze *The lonely bull*. Die Aufnahme wurde 1962 innerhalb kürzester Zeit ein Millionenseller. Er hatte damit einen Sound erfunden, der als »Ameriachi« in die Geschichte einging. Eine gekonnte Mischung aus ein bißchen Jazz, viel

die eigenwillige, jazzige Nummer *Diamonds are a girl's best friend* aufgenommen. Der Song, der übrigens mit dem gleichnamigen Song von MARILYN MONROE nichts zu tun hat, schoß in den internationalen Charts nach oben, ebenso wie das dazugehörige Album *Keep your eye on me* und die Single *Making love in the rain*, bei der die Sängerin LINDA KEITH die Vocalparts übernahm.

Auch mit dem Ende 1988 erschienenen Album *Under a Spanish moon* war der Trompeter und Songwriter erfolgreich. Neben hörenswerten Interpretationen des → STING-Titels *Fragile* und des KEITH-JARRETT-Stücks *My Song,* war eine dreisätzige Suite des argentinischen Komponisten JORGE DEL BARRIO, die der LP auch den Namen gab, der Glanzpunkt des Albums. Im Herbst 1989 kam dann die LP *My abstract heart* heraus, auf der Alpert abermals mit DEL BARRIO zusammenarbeitete. Weiterer Mit-Schreiber und Mit-Musiker war SHORTY ROGERS, heute bereits eine Trompeterlegende des frühen West-Coast-Jazz.

Alphaville

MARIAN GOLD, geb. 26. 5. 1958: voc;
BERNHARD LLOYD, geb. 2. 6. 1960: keyb;
RICKY ECHOLETTE, geb. 6. 8. 1960: keyb;
alle in Deutschland geboren

Die erste Besetzung von Alphaville bestand aus Marian Gold, Bernhard Lloyd und dem inzwischen ausgeschiedenen FRANK MERTENS. Diese drei fingen etwa 1982 an, Musik zu machen. Sie experimentierten mit den Mitteln moderner Studio-Elektronik, hatten natürlich kein Geld und mußten nebenbei kräftig jobben. Deshalb zogen sie auch von Berlin ins billigere Münster um. Mit Freunden starteten sie ein Multi-Media-Projekt namens NELSON, aus dem sich dann Alphaville entwickelte. Anfang 1984 erschien die erste Single des Trios, *Big in Japan*. Und genau ein halbes Jahr danach waren die drei von Alphaville deutsche Top-Stars – in englischer Sprache. Sie sind Film-Fans und haben sich nach dem gleichnamigen Science-Fiction-Film mit »Lemmy Caution« alias EDDIE CONSTANTINE benannt, ein Kultstreifen, den JEAN-LUC GODARD gedreht hat. Anfang 1984 kam also ihre Debüt-Single *Big in Japan* heraus, und in kürzester Zeit stieß dieser Song, der eher britisch als deutsch klingt, an die Spitze der deutschen Hitparade vor. In ganz Europa konnte sich der Ohrwurm oben in den Charts plazieren, sogar in England kam er bis auf Platz 8. Und in Amerika erreichte Alphaville damit sogar Platz 1 der Dance/Disco-Charts! Im Mai 1984 erschien die zweite Single von Alphaville, *Sounds like a melody*. Diesmal hatten sich die drei klassisch inspirieren lassen. Schließlich gehören außer → DAVID BOWIE, → DEPECHE MODE und → ROXY MUSIC auch Klassiker wie RAVEL und DEBUSSY zu ihren großen Vorbildern. Die Streicher der Deutschen Oper in Berlin wurden eingesetzt und gaben dem Song den letzten (Geigen-)Schliff. Da auch dieses Lied in den Hitparaden nach oben schoß, hatte sich Alphaville damit erst einmal erfolgreich gegen den Vorwurf, eine Eintagsfliege zu sein, verteidigt. Bereits im September 1984 wurde Single Nr. 3 nachgeschoben – und diesmal klangs wieder ganz anders. Nicht mehr so bombastisch flott, sondern eher elegisch ruhig. *Forever young* – eine traurig schöne Ballade. Fast gleichzeitig erschien auch das erste Alphaville-Album gleichen Namens. Ein Edelmetallregen ging über diese LP nieder: Gold aus Deutschland, Schweiz, Norwegen, Südafrika und Frankreich, Platin aus Schweden. An die 2 Millionen Exemplare wurden davon verkauft, von den drei Singles weltweit über 3,5 Millionen Stück. Anfang 1985 gab es dann bereits die erste Umbesetzung, Frank Mertens ging und für ihn kam Ricky Echolette, der außer Keyboards auch noch Bass und Gitarre spielt. Das erste Ergebnis nach diesem Austausch war ein Re-Mix des auf dem Album enthaltenen Songs *Jet set*. Vielleicht wurde zuviel daran gemischt: den

Erfolg der ersten drei Titel konnte *Jet set* nicht wiederholen. Danach machte Alphaville erst einmal eine schöpferische Pause, zog wieder nach Berlin um (Geld war inzwischen ja genügend vorhanden) und machte sich dann Anfang 1986 an die Arbeit für das zweite Album. Produziert wurde diesmal nicht nur in heimischen Gefilden, sondern auch in New York. Die erste Kostprobe dieser Arbeit gab es im April 1986 zu hören: die Single *Dance with me*. Aber ebenso wie die Single *Jerusalem*, die in ihrer Machart an die ersten beiden Songs erinnert, und die Single *Universal daddy*, konnte sie den atemberaubenden Anfangserfolg der Band nicht einholen. Mitte 1986 er-

Alphaville   Foto: WEA

Marian Gold   Ricky Echolette   Bernhard Lloyd

schien dann auch das zweite Album, *Afternoons in Utopia* – ein Bestseller, aber kein Superseller wie *Forever young.* 1987 ließ Alphaville nur einmal von sich hören – mit der Single *Red rose,* einer weiteren Auskopplung aus dem *Afternoon*-Album. 1989 veröffentlichte Alphaville die LP *The breathtaking blue.* Aber so atemberaubend schienen die Fans das Album nicht zu finden, im Vergleich zu der ersten LP war das Werk eher ein Flop. Da half es auch nicht, daß das Trio die Songs dieser LP von renommierten Regisseuren als Video-Film umsetzen ließen. *Mysteries of love* hieß dieser Film, nach einem Song der LP. Doch weder der Film noch Singles wie *Romeos* oder *Mysteries of love* wurden Hits.

Wolfgang Ambros
Foto: Polydor

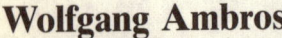

Wolfgang Ambros

geb. 19. 3. 1952 in Preßbaum, Österreich: voc, g

Ambros ist ein typischer Vertreter der so zahlreichen österreichischen Liedermacherszene. Er ist der Sohn eines Volksschuldirektors und einer Lehrerin. Bis 1962 blieb er in dem kleinen Dorf Preßbaum in Niederösterreich, dann zog die Familie nach Wien. Nachdem er das Gymnasium nicht schaffte, ließ er sich als Siebdrucker ausbilden. Doch auch dort fiel der wilde Jüngling unangenehm auf, flog aus der Lehre und mußte sich künftig seinen Lebensunterhalt als Schreibmaschinenmechaniker, Auslagenarrangeur und schließlich als Plattenverkäufer verdienen. Nebenbei fing er an, Lieder zu schreiben, die er abends in

einem Cafe mit Freunden .zum Besten gab. Zu diesen Freunden zählte auch JOESI PROKOPETZ (DÖF). Das beliebteste Lied beim Publikum war die Nummer *Hofa,* dessen Text Prokopetz geschrieben hatte. 1971 bekam Ambros durch einen Gönner die Möglichkeit, den *Hofa* als Platte aufzunehmen, und im Dezember 1971 war das Lied die Nr. 1 der österreichischen Hitparade. Sofort wurde mit dem Nachwuchstalent eine LP produziert. Das Debüt-Album *Alles andere zählt net mehr* erschien im Februar 1972 und war aus dem Stand ein Bestseller. Zusammen mit Prokopetz und einem Bekannten namens FREDI TAUCHEN (DÖF) gründete Ambros anschließend die Gruppe DRÖHNUNG, mit der er im Frühjahr 1972 zum ersten Mal den *Watz-*

mann aufführte, jenes Musiktheater-Stück, das ihm bald zu breiter Popularität verhalf. 1973 entstand, zusammen mit dem damaligen MILESSTONE-Mitglied CHRISTIAN KOLONOVITS, das Album *Fäustling*. Dann mußte Ambros zum Bundesheer, wurde aber aus gesundheitlichen Gründen wenig später wieder entlassen. So hatte er genügend Zeit, um 1973 noch das nächste Album *Eigenheiten* einzuspielen, die erste LP in Hochdeutsch. 1974 erschien mit dem Song *A Mensch möcht i bleibn*, die erste Ambros-Single und anschließend das ›Rustical‹ *Der Watzmann ruft* auf LP, die allerdings am Anfang wie Blei in den Läden lag. Den Durchbruch schaffte Ambros erst 1975 mit der LP *Es lebe der Zentralfriedhof*. Damit hatte er sich konsequent den Ruf eines Liedermachers des tiefschwarzen Humors geschaffen. 1976 stand er in dem Musical *Karli* auf der Bühne, spielte in dem TV-Film *Fehlschuß* eine Hauptrolle und nahm das Doppelalbum *19 Class a number* auf. Und Weihnachten 1976 lieferte er den boshaft-amüsanten Song *Schifoan,* der heute bereits als Österreichs geheime Nationalhymne gilt. 1977 veröffentlichte Ambros das nächste humorvolle Werk, die Single *Die Blume aus dem Gemeindebau*. Doch das ungewöhnliche Liebeslied blieb unbeachtet, und so war es kein Wunder, daß als nächstes die ziemlich depressive LP *Hoffnungslos* auf den Markt kam, die genauso erfolglos blieb wie die Nachfolgerin *Schaffnerlos*. Im Sommer 1978 kam Ambros dann mangels eigener Ideen auf den Gedanken, Songs seines großen Vorbilds → BOB DYLAN im wienerischen Dialekt aufzunehmen. *Wie im Schlaf* hieß das Ergebnis und war ein Bestseller, der Ambros auch in Deutschland ungemein populär

machte. 1979 vermarktete er die Aufnahmen seiner Deutschland-Tournee als Live-Doppel-Album unter dem Namen *Auf ana langen finstern Straßn.* Als poppige Rockmusik oder rockige Popmusik waren Ambros' Lieder inzwischen einzureihen, und in diesem Stil war auch das 80er Album *Weiß wie Schnee*. 1980 entstand auch *Augustin,* das zweite ›Rustical‹ von Tauchen/Prokopetz/Ambros. Das 81er Album hieß *Selbstbewußt,* und dann war erst einmal Stille. Denn Ambros heiratete am 19. März 1982 seine Frau Margit, und am 10. April 1982 kam Sohnemann Mathias zur Welt. Doch 1983 ging es wieder wie gewohnt weiter. Ungeheuer kreativ und arbeitssam veröffentlichte Ambros Platte auf Platte: 1983 *Der letzte Tanz;* 1984 *Der Sinn des Lebens;* 1985 die Single *Kumm ma mit kane Ausreden mehr,* das zweite Ambros/Heller-Duett nach *Für immer jung* (1983); 1986 *No. 13* mit dem Singlehit *Langsam wachs ma z'samm* und die 3-LP-Box mit den besten Livenummern der letzten sechs Jahre; 1987 *Gewitter;* 1989 *Mann und Frau*. Heute gilt Ambros als einer der besten und erfolgreichsten österreichischen Rockmusiker und Songschreiber.

Thomas Anders

→ MODERN TALKING

Anderson, Bruford, Wakeman & Howe

JOHN ANDERSON, geb. 25. 10. 1944 in England: voc; BILL BRUFORD, geb. 17. 5. 1950 in England: dr; RICK WAKEMAN, geb. 18. 5. 1949 in England: keyb; STEVE HOWE, geb. 8. 4. 1947 in England: g

John Anderson, der begnadete Falsett-Sänger von → YES, hatte 1989 von der neuen Yes endgültig die Nase voll. Ihm gefielen weder die letzten beiden Alben wie *Big generator,* die seiner Meinung nach zuviel durchschnittlichen Mainstream-am-Hard-Rock boten, noch die Musiker der neuen Yes. Also hatte er die glorreiche Idee, die Herren Bruford, Wakeman und Howe zu fragen, ob sie nicht die ›alte‹ Yes der Jahre 1971/72 wieder ins Leben rufen wollten. Die drei wollten, und damit hätte einer Re-Formation der Yes, die Klassiker wie *Fragile* und *Close to the edge* produziert hatte, eigentlich nichts mehr im Weg gestanden. Außer dem Bassisten CHRIS SQUIRE. Dem gefiel die neue Yes, der hatte keine Lust, wieder einer alten Yes anzugehören, und so verhinderte er es geschickt, daß die Herren Anderson, Bruford, Wakeman und Howe als Yes firmieren durften. Er ließ ihnen auch die Benutzung des Yes-Logos verbieten. Aber er konnte sie nicht daran hindern, Yes-Musik zu machen. Das Quartett holte sich den Bassisten TONY LEVIN, der schon bei Stars wie → PETER GABRIEL sein Können mehr als einmal bewiesen hatte, und brachte ganz einfach als Anderson, Bruford, Wakeman & Howe ein Album mit originaler Yes-Musik heraus. Elegante,

zeitlose Rock-Songs mit Wakemans Keyboard-Zaubereien, Howes genialen Gitarrenläufen, Brufords präzisem, ausgefeilten Schlagzeug und als Krönung Andersons unverkennbarem Falsett. Die LP wurde ein ebensogroßer Erfolg wie die gleichzeitige, ausverkaufte Tournee unter dem bezeichnenden Namen *An evening with Yes-music.* Denn auch das hatte Squire nicht verbieten lassen können.

The Animals

ERIC BURDON, geb. 11. 5. 1941 in England: voc; ALAN PRICE, geb. 19. 4. 1942 in England: org; BRYAN »CHAS« CHANDLER, geb. 19. 12. 1941 in England: b; HILTON VALENTINE, geb. 2. 5. 1943 in England: g; JOHN STEELE, geb. 4. 2. 1941 in England: dr

Die berühmte R & B-Band kam aus der Gegend von Newcastle. Angefangen hatten die fünf als Alan Price Combo. Auf Grund ihrer wilden »tierischen« Musik bekamen sie bald von ihrem Publikum den Beinamen »The Animals«, und den übernahmen sie dann auch. RAY CHARLES, BO DIDDLEY, → CHUCK BERRY und BILL DOGGETT waren ihre großen Vorbilder, und Eric Burdons »schwarze« Stimme paßte hervorragend zu den R & B-Songs, die sie gemeinhin interpretierten. 1964 hatten die Animals ihren ersten Millionenerfolg mit einem »schwarzen« Traditional, das Alan Price bearbeitete: *The house of the rising sun.* Innerhalb kürzester Zeit entwickelte sich die Formation zu einem weltweiten Top-Act. Der Sänger Eric Burdon, da-

The Animals Foto: ILP/CBS

mals fünfundzwanzig Jahre alt, wurde immer mehr zum Mittelpunkt der Formation. 1966 zog Alan Price daraus die Konsequenz und verließ die Animals. Für ihn kam BARRY JENKINS. Von 1965 bis 1967 hatten die Animals zahllose Tophits, sowohl Singles (u. a. *We gotta get out of this place*, 1965, *See see rider*, 1966, *San Franciscan nights*, 1967) als auch LPs (u. a. *Animal tracks*, 1965, *Animalization*, 1966, *Eric is here*, 1967). Doch schon Ende 1966 zeichnete sich die Auflösung ab, vor allen Dingen wegen zwischenmenschlicher Schwierigkeiten. Fast alle Bandmitglieder nahmen Drogen. Den Leadgitarristen Hilton Valentine hatte LSD sogar so weit gebracht, daß er sich für Jesus hielt und sein Zimmer nicht mehr verließ. Ende der 60er Jahre lösten sich die Animals auf. Eric Burdon ging nach Kalifornien

und gründete die Jazz-Rock-Band WAR. 1970 hatte er mit dieser Formation mit dem Song *Spill the wine* einen Millionenseller. Während WAR danach den Sound in eine Art von Latin-Jazz-Funk verfeinerte und mit ihren Songs von 1972 bis 1976 fünf Millionenseller hatte *(Slippin' into darkness*, 1972, *The world is a ghetto*, 1972, *The Cisco Kid*, 1973, *Why can't we be friends?*, 1975, *Summer*, 1976), verließ Eric Burdon die Gruppe. Seine Solokarriere, sowohl als Sänger als auch als Schauspieler, wurde mehr oder weniger ein Flop. Alan Price gründete nach seinem Weggang von den Animals die ALAN PRICE SET, mit der er bis Ende der 60er Jahre einige große Hits hatte, wie z. B. *I put a spell on you*, 1966, *Hi-Lili, Hi-Lo*, 1966, *Simon Smith and his amazing dancing bear*, 1967, *The house that Jack built*, 1967. In den 70er Jahren machte er als Duett-Partner von GEORGIE FAME Furore *(Rosetta* 1971 Nr. 1 in Großbritannien). Der Bassist Chas Chandler machte von sich reden, als er Ende der 60er Jahre → JIMI HENDRIX entdeckte und dessen → JIMI HENDRIX EXPERIENCE ins Leben rief. Später wurde er dann ein begehrter und erfolgreicher Produzent, z. B. von → SLADE. 1983 gelang es Eric Burdon, mehr oder weniger die Originalbesetzung der Animals zusammenzutrommeln und ein neues Album einzuspielen. *Akr* hieß die LP, die jedoch an die alten Erfolge der Gruppe nicht anknüpfen konnte. Dagegen feierte Eric Burdon Anfang 1988 ein Comeback in der deutschen Hitparade mit dem Song *Good times.* Dieses Lied aus dem Jahr 1968 war nämlich der Titelsong des Kino-Krimis *Die Katze* mit GÖTZ GEORGE, alias SCHIMANSKI, und GUDRUN LANDGREBE in den Hauptrollen. Sehr erfolgreich war dann auch die Compilation-LP *Good times,* die sich wochenlang in der deutschen LP-Hitparade halten konnte. Daraufhin ging Eric Burdon nach zweieinhalb Jahren Pause wieder ins Studio und nahm die neue LP *I used to be an animal* auf, aus der im Juli 1988 als erste Single der Titel *Run for your life* erschien. 1990 holte → TONY CAREY *(Room with a view)* Eric Burdon zu einer Produktion. Carey, Burdon und die deutsche Sängerin ANNE HAIGIS nahmen zusammen den Carey-Song *No man's land* auf.

Paul Anka

geb. 30. 7. 1941 in Ottawa/Kanada

Er war einer der jüngsten Plattenmillionäre im Showbusiness. Paul Anka war gerade 16 Jahre alt, als er 1957 seinen Song *Diana* veröffentlichte. Geboren wurde er als Sohn von Restaurant-Besitzern. Bereits mit 12 Jahren formierte er seine erste Gruppe, ein Trio, und trat praktisch in ganz Kanada auf. Er überredete seinen Vater, ihn zu einem Onkel nach Hollywood gehen zu lassen, um dort professioneller Sänger zu werden. Sein erstes Lied *Blau wildebeeste fauntain* war ein Flop, von dem nur 3 000 Exemplare verkauft wurden. Dann traf er auf DON COSTA, der ihn unter seine Fittiche nahm und mit ihm *Diana* produzierte, ein Lied, das Paul Anka bereits mit 14 Jahren geschrieben hatte. Weltweit wurden damals über neun Millionen Exemplare des Songs verkauft. Danach folgte eine lange Reihe von Bestsellern wie *Your are my destiny,* 1958, *Lonely boy,* 1959, *Put your head on my shoulder,* 1959, *Puppy love,* 1960, *Eso beso,* 1962 usw. Von 1957 bis 1964 war Paul Anka ständiger Gast in den internationalen Charts. Auf Grund seiner ungemeinen Popularität in Deutschland und Italien, nahm er auch in diesen Sprachen erfolgreich Lieder auf, z. B. *Zwei Mädchen aus Germany,* 1964 und *Ogni volta,* 1964. Nach 1964 wurde es ruhiger um ihn. Er machte zwar immer noch Platten, aber er nutzte die Zeit in erster Linie dafür, um ein Imperium aus Platten- und Musikverlagen aufzubauen. 1974 war er dann wieder an der Spitze

Paul Anka   Foto: Polydor

→ CHICAGO, → KENNY ROGERS, → TOTO etc.) verfaßte er das Lied *Hold me 'til the morning comes,* das wieder in die US-Charts ging. 1987 wurde auch in Deutschland wieder ein neues Album von Paul Anka veröffentlicht. *Freedom for the world* heißt das Album, das Anka von dem deutschen Starproduzenten JACK WHITE produzieren ließ. Es enthält viele seiner alten Erfolge *(Diana, Puppy love, You are my destiny, Having my baby* etc.), und einige neue Sachen. Darunter ist auch der Titelsong der LP, ein leidenschaftlicher und temperamentvoller Appell an alle, doch endlich Frieden auf der Welt einkehren zu lassen. Doch der Erfolg hielt sich inzwischen in Grenzen. Auch für weitere Produktionen wie z. B. eine neue ›aktualisierte‹ Mischung seiner 63er Hits *A Steel gitarr and a glass of wine,* die Paul Anka 1989 herausbrachte.

Dafür erschien ebenfalls 1989 ein neues Album namens *Somebody loves you.*

Adam Ant

STUART LESLIE GODDARD, geb. 3. 11. 1954 in London, England: voc

Der hübsche Adam ist der Sohn von Zigeunern, die Musik und der Rhythmus liegen ihm also praktisch im Blut. Seine ersten Sporen verdiente sich der attraktive Lockenschopf bei unbedeutenden Bands wie BAZOOKA JOE und B-SSIDES. 1976 beschloß Adam, eine eigene Formation auf die Beine zu stellen und so entstand ADAM & THE ANTS. Zunächst fiel die Formation durch schockierende Shows auf, in denen Adam seiner Vor-

---

der amerikanischen Charts mit dem Lied *You're having my baby,* das er im Duett mit ODIA COATES aufnahm. Diese Hymne auf die Schwangerschaft, eine Eigenkomposition, wurde natürlich ein Millionenerfolg. Paul Anka schrieb im Laufe der Zeit weit über zweihundert Songs und diverse Filmmelodien. Bemerkenswert ist auch sein Talent als Texter. Für den Song *My way,* der 1969 für Frank Sinatra ein Millionenseller war (im Original stammt das Lied aus Frankreich und heißt *Comme d'habitude),* schrieb Paul Anka den englischen Text. 1983/84 setzte der unermüdliche kleine Mann mit der großen Stimme wieder zum Großangriff auf die Charts an. Zusammen mit DAVID FOSTER, dem berühmten Songwriter und Produzenten (z. B.

liebe für Leder und Peitschen freien Lauf ließ. Den ersten Hitparadenerfolg hatte er dann 1980 mit einer verpoppten Version des → AC/DC-Songs *Dog eat dog,* die ihn bis Platz 4 der UK-Charts brachte. Inzwischen hatte sich Adam angepaßt, und aus Leder und Peitschen waren Rüschchen und Glitter geworden. Adam war ab sofort der Prinz der ›New Romantics‹. Gekleidet in eine wilde Mischung aus Piratenlook und Louis XIV, bemalt wie ein Indianer, den hübschen Nabel meist freigelegt, so begeisterte Adam mit seinen Ameisen bis 1982 die meist weiblichen Fans. *Ant music, Young Parisians, Kings of the wild frontier, Stand and deliver, Prince Charming, Ant rap* und *Deutscher girls* hießen die

Adam Ant   Foto: CBS

Songs, die alle Superseller waren, genauso wie die dazugehörigen Alben *Kings of the wild frontier, Prince Charming* und *Dirk wears white socks.* Ab 1982 trat Adam Ant als Soldat auf und hatte mit seiner ersten Single *Goody two shoes* sofort wieder einen Nr.-1-Hit. Seine fröhliche, extrem tanzbare Gute-Laune-Musik kam auch weiterhin bei den Kids an, und die war auch auf dem ebenfalls sehr erfolgreichen Album *Friend or foe* zu hören. Doch bereits 1983 sank Adam Ants Stern. Die Single *Apollo 9* erreichte in England nur mehr Rang 14, die LP *Strip* war, im Verhältnis zu früher, eigentlich ein Flop. Daraufhin dachte Adam zwei Jahre lang über ein neues musikalisches Konzept nach, das er 1985 dem staunenden Publikum präsentierte. Aber außer Staunen rief die LP *Vive le rock* nichts hervor. Im Sommer 1985 nahm Adam Ant noch am *Live-Aids-Konzert* von → Bob Geldof teil, dann zog er sich aus dem Musikgeschehen zurück. Der attraktive Künstler, der inzwischen auch schon die 30 überschritten hatte, widmete sich seinem zweiten Hobby, der Schauspielerei. Er trat in diversen Kinofilmen, Fernsehproduktionen und Theaterinszenierungen erfolgreich auf, ehe er 1989 beschloß, wieder einmal musikalisch tätig zu werden. *Manners & physique* war der Titel seiner Comeback-LP 1990, die melodiöse Rock-Musik mit einem großen Schuß Pop bot. *Room at the top* hieß die erste Single daraus, die sich sofort in den UK-Charts plazieren konnte.

Joan Armatrading

geb. 9. 12. 1950 in St. Kitts/Westindi-
sche Inseln

Die farbige Songschreiberin kam im Alter von sieben Jahren nach Birmingham/
England. Ihr Vater, von Beruf Busfah-
rer und Schreiner und selbst Musiker,
unterstützte sie in ihren musikalischen
Ambitionen. Eigentlich wollte Joan
Rechtsanwältin werden, aber als sie mit
vierzehn Jahren MARIANNE FAITHFULL im
Fernsehen sah, beschloß sie, lieber
Songs zu schreiben. Doch während die
anderen Kinder für die → BEATLES oder
→ CLIFF RICHARD schwärmten, war sie
hingerissen von Gruppen wie FREE und
von Leuten wie VAN MORRISON, von dem
sie übrigens behauptet: »Er war der erste, der mich dazu brachte, einer Platte
richtig zuzuhören.« Sie lernte nie Gitarre zu spielen, sondern zupfte darauf herum, bis ihr ein Akkord gefiel, und den
merkte sie sich dann. Das ist kaum zu
glauben, wenn man ihre heutige Virtuo-
sität auf diesem Instrument hört. Auf
der 86er LP *Sleight of hands* spielte sie
sogar alle Gitarrenparts selbst ein. Joan
Armatrading war als Kind viel allein und
mußte sich ihre Meinung über alles
selbst bilden. Das merkt man heute an
ihren Texten, die glasklar und zupak-
kend sind, romantisch und versponnen,
aber auch drastisch und realistisch auf
den Punkt treffen. Aus ihrer Einsamkeit
entwickelte sich auch ihr einzigartiger
Gesangsstil. 1972 erschien ihr erstes
Album *Whatever's for us,* das von GUS
DUDGEON produziert wurde, der schon
die Karriere von → ELTON JOHN ins Rollen brachte. Und schon waren die Kritiker mit enthusiastischen Vergleichen zur
Hand, die von → BOB DYLAN über die
Beatles bis hin zu B. B. KING und RAY
CHARLES reichten. Aber Joan Armatrading, die in ganz normaler Kleidung aufzutreten pflegte, ohne Glitter, und als
einzigen Schmuck ihren Hausschlüssel
um den Hals trug, war nicht einzuordnen. Sie machte und macht eine Art von
Rockmusik, die »brillant unorthodox«,
»großartig« und einfach mit nichts zu
vergleichen ist. Joan Armatradings Musik zeugt von einer Intensität und Spon-
taneität, die ziemlich einzigartig ist. Sie
macht keine einfache Musik; ihre Melodien sind Ohren, die an das Hitparaden-
Schlager-Einerlei gewöhnt sind, fremd.
In ihren Texten reimt sich »Herz« nicht

Joan Armatrading
A&M Records

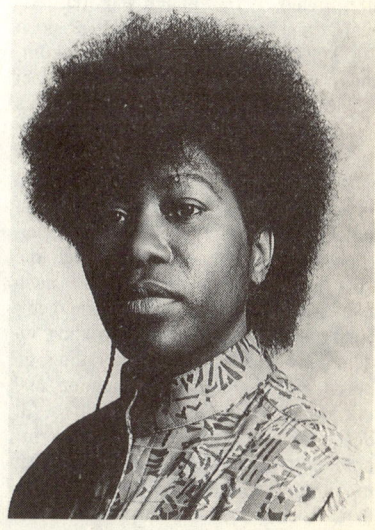

auf »Schmerz«, mit ihren hintergründigen Wortkompositionen muß man sich beschäftigen. *Back to the night* hieß 1975 das zweite Album, mit dem sie sich bereits ein festes Publikum schaffen konnte. Der große Erfolg stellte sich dann 1976 mit der LP *Joan Armatrading* ein, die in England, Australien, Neuseeland und Kanada vergoldet wurde. 1977 war die männlich wirkende Songwriterin und Sängerin, die nicht trinkt, keine Drogen nimmt, und Vegetarierin ist, endlich auch vier Monate in den US-Charts vertreten, und zwar mit der LP *Show some emotion*. Auch dieses Album wurde weltweit mit Edelmetall ausgezeichnet. Ihr 78er Album *To the limit* versah Joan Armatrading mit karibischen Rhythmen, 1979 brachte sie die vier-Titel-EP *How cruel* heraus und das Live-Album *Steppin' out*, das bei Konzerten in Amerika aufgenommen worden war. 1980 folgte das in USA produzierte Album *Me, myself, I*. Inzwischen war Joan Armatrading ein Star. Waren 1978 noch 10 500 Zuhörer zu 21 Konzerten gekommen, waren es 1981 bereits 300 000 bei 27 Auftritten. Bei Erscheinen ihres neunten Albums, *Walk under ladders*, 1981, hatten sich die anderen LPs weltweit drei Millionen Mal verkauft. 1983 verewigte sie ihren berühmten Hausschlüssel auf der LP *The key*, im gleichen Jahr veröffentlichte sie auch die Hitkoppelung *Track record*, die auch zwei neue Songs enthielt. Dazu gab's auch erstmals ein Joan Armatrading Video. 1984 wurde Joan Armatrading, zu deren Hobbys Cartoons zeichnen und mit Modelliermasse spielen gehören, für den Grammy als »Beste Rocksängerin« nominiert. Der Sound ihrer Songs war inzwischen direkter und härter geworden, Rock stand jetzt an erster Stelle.

Das war auch auf ihrem 85er Album *Secret secrets* zu hören und auf dem 86er Album *Sleight of hands*. Für die nächste LP ließ sich Joan Armatrading dann zwei Jahre Zeit. Im Juli 1988 erschien die LP *The shouting stage,* die sie unter Mithilfe von so prominenten Musikern wie MARK KNOPFLER (→ DIRE STRAITS) und DAVE RHODES (PETER GABRIEL) aufgenommen hatte. Ganz hervorragend war dann auch das 90er-Album *Hearts and flowers*.

Rick Astley

geb. 6. 2. 1966 in Newton-le-Willows/England

Der rothaarige Knabe mit dem braven Gesicht, den man auf höchstens sechzehn Jahre schätzt, war der absolute Shooting Star des Jahres 1987. Mit seiner voluminösen, ausdrucksstarken Stimme, die an die bombastischen Sangeswerke der RIGHTEOUS BROTHERS und WALKER BROTHERS erinnert, sang er sich weltweit an die Spitzen der Hitparaden. Bereits seine erste Single *Never gonna give you up* war wochenlang die Nr. 1 in England und Deutschland, auch die zweite Single *Whenever you need somebody* hielt sich überdurchschnittlich lange in dieser Spitzenposition. Begonnen hatte alles ganz harmlos in der englischen Kleinstadt, die bis dato nur für die Herstellung von Lokomotiven bekannt war und für die Tatsache, daß dort erstmals auf der ganzen Welt jemand von einer Lokomotive getötet wurde. Bereits in der Schule formierte Rick Astley ein paar Bands. Nach seinem Schulabgang fuhr er zwar für seinen Vater den Bus, aber die Musik ließ ihn nicht los. Mit ein paar Freunden gründete er die Band FBI, nahm an einem von der Regierung geförderten Musikwettbewerb teil – und gewann natürlich. Als er mit seiner Gruppe in einer Arbeiterkneipe spielte, hörte ihn dort PETE WATERMAN vom berühmten Produktionsteam → STOCK/AITKEN/WATERMAN. Die drei Herren sind auch verantwortlich für die großen Erfolge von → SINITTA, → MANDY, → SAMANTHA FOX. Waterman nahm Rick Astley 1985 sofort unter Vertrag, und die nächsten drei Monate verbrachte Rick damit, den Betrieb kennenzulernen. Das bedeutete, daß Rick in erster Linie Tee kochte und dabei einen Haufen berühmte Leute kennenlernte. Im Oktober 1986 war es dann soweit: Er durfte ins Studio und den Titel *Whenever you need somebody* aufnehmen. Am 1. Januar 1987 wurde der aufwendige, bombastische Disco-Song fertig gemischt – aber erst Mitte 1987 hielten die Herren Stock/Aitken/Waterman die Zeit zur Veröffentlichung gekommen. Erfolg – siehe oben. Als sich der zarte, eher unscheinbare Knabe bei seiner künftigen Plattenfirma vorstellte, vermutete keiner bei diesem blassen Jüngling eine passable Stimme. Bevor die Verantwortlichen der Plattenfirma seinen Vertrag unterzeichneten, mußte Rick Astley tatsächlich erst einmal vorsingen. Begeisterte Kritiker verglichen den stimmgewaltigen Nachwuchs sogar mit Topstars wie TOM JONES, LUTHER VANDROSS und FRANK SINATRA. Ebenfalls 1987 erschien auch noch das Debüt-Album von Rick Astley: *Whenever you need somebody*. Außer den bereits bekannten beiden Singlehits, enthielt es auch vier

eigene Songs von Rick, und einen Klassiker der Schmusemusik: NAT KING COLES *When I fall in love*. Und genau bei diesem Song zeigt Rick Astley, daß er tatsächlich Stimme hat, und nicht nur ein geschicktes Studioprodukt ist: Er singt diese sanfte Nummer einfach hinreißend. Das Album stieg in England sofort von 0 auf Platz 1, und auch in Deutschland erreichte die LP innerhalb kürzester Zeit diese Spitzenposition. Sowohl für die Singles als auch für die LP gab's in England und Deutschland Gold. Ähnlich erfolgreich war auch Rick Astleys zweites Werk, die LP *Hold me in your arms,* die 1988 herauskam. Sie enthielt wieder etliche Single-Erfolge aus der Feder von Stock/Aitken/Waterman, wie *She wants to dance with me, Take me to your heart* und *Hold me in yor arms.*

Bad Boys Blue

ANDREW THOMAS, geb. 20. 5. 1952 in San Francisco: voc; JOHN MCINERNEY, geb. 17. 9. 1958 in Liverpool: voc; TREVOR TAYLOR, geb. 11. 1. 1958 in Jamaika: voc

Im Frühjahr 1984 trafen sich auf einer

Party der Produzent TONY HENDRIK und die Herren Thomas, McInerney und Taylor. Man sprach über Musik im allgemeinen und Songideen im besonderen, stellte fest, daß man da viele Gemeinsamkeiten hatte, und beschloß, zusammen einen Song zu mache. Das Ergebnis hieß *L.O.V.E. in my car.* Der recht originell mit Autohupen versetzte Song war Ende 1984 ein Diskothekenrenner. Ermutigt durch den Erfolg, ging man an die zweite Produktion und heraus kam dabei ein Lied im sanften → MODERN TALKING-Stil: *You're a woman.* Diesmal funkte es nicht nur in den Diskotheken, sondern auch in den Charts. In fast allen europäischen Hitparaden, inklusive Deutschland, war diese ohrwurmartige Soft-Nummer ganz oben zu finden. Mitte 1985 wurde eine ganze LP nachgeschoben: *Hot girls – bad boys.* Ein Album voll mit recht flotten und gut gemachten, aber nicht sonderlich anspruchsvollen Tanznummern. Zwei der Bad-Boys-Blue-Sänger sind Profis: Andrew Thomas ist Jazz- und Bluessänger, begeisterter Sammler von Hüten aller Art und hat MARVIN GAYE und → STEVIE WONDER als Vorbilder. Trevor Taylor spielte schon bei → EDDY GRANT und → UB 40 und sorgt mit seinen Dreadlocks und dem heiseren Touch seiner Stimme für das exotische Element bei den Bad Boys Blue. Der Außenseiter ist John McInerney. Er war vor seiner Sangeskarriere bei dem Trio Finanz-Makler und schwärmt für → ROXY MUSIC. Die nächste Singleauskoppelung, *You're a woman* (1986), wurde ebenfalls ein europäischer Top-10-Erfolg und mit Gold ausgezeichnet. Auch danach blieb das Trio weiterhin auf Erfolgskurs: Die Singles *Kisses and tears* und *I wanna hear your heartbeat* und das 2. Album

Heartbeat (1986) waren ebenfalls popmusikalische Bestseller. Die Mischung der »traurigen bösen Buben«, sanft, aber mit Rhythmus, tanzbar und nicht zu kompliziert in der Melodie, kam auch 1987/88 an. Die Singles *Come back and stay* und *Don't walk away, Susanne,* konnten sich, wie auch das Album Nr. 3 *Love is no crime,* wieder wochenlang in den europäischen Charts halten.

1988 veröffentlichten die ›bösen traurigen Buben‹ auch noch Album Nr. 4, das mit *Don't walk away Suzanne* wieder einen Single-Hit im bewährten poppigsoften Strickmuster enthielt. Auch auf dem 89er Album *The fifth,* mit den Singlehits *A train to nowhere* und *Lady in black,* blieb das Trio seinem Stil mit Erfolg treu. Der erste 90er Hit hieß *How I need you.* Der gut gemachte Pop-Song konnte sich, genauso wie das dazugehörige Album *Game of love,* in der deutschen Hitparade plazieren.

Bad English

→ JOHN WAITE

Arthur Baker and the Backbeat Disciples

Arthur Baker ist kein Sänger. Er ist auch kein Rapper. Arthur Baker ist Produzent – und was für einer. Songs, die durch seine begnadeten Mixer-Hände gehen, sind für internationale Hits

Arthur Baker & Shirley Lewis
Foto: Polydor

ßergewöhnliche Produzent und Mixer stellte nun eine Band auf die Beine, die er THE BACKBEAT DISCIPLES nannte und mit denen er ein Album namens *Merge* aufnahm. Wobei auf dieser LP jeder Song von einem anderen Interpreten gesungen wird. Und bei Arthur Baker liest sich die Sänger-Liste natürlich wie ein Who's Who der Pop-Musik. MARTIN FRY von → ABC, AL GREEN, SHIRLEY LEWIS, ANDY MCCLUSKY von → OMD, ROBERT OWENS und der unverkennbare → JIMMY SOMMERVILLE. Die erste Auskopplung 1989 aus dieser ungewöhnlichen LP hieß *The message is Love* und wurde von AL GREEN interpretiert: eine Ohrwurmnummer, die sich wochenlang in den internationalen Charts halten konnte und die Appetit auf das hörenswerte Debüt-Album *Merge* machte, das 1990 ebenfalls ein Bestseller wurde.

Bananarama

SARAH DALLIN, geb. 17. 12. 1961 in Bristol: voc; KAREN JANE WOODWARD, geb. 2. 4. 1963 in Bristol: voc; JACQUIE O'SULLIVAN, geb. 7. 8. 1968 in England: voc

Das englische Trio setzt die Tradition der amerikanischen Girls-Groups der 60er, wie z. B. THE CRYSTALS, THE VELVELETTES, THE CHANTELS, aufs beste fort. Sarah Dallin und Keren Woodward waren Schulfreundinnen und zogen von Bristol nach London, weil dort natürlich die Berufschancen besser waren. Sarah bekam einen Job bei der BBC, und Keren besuchte einen Journalismus-Kurs am London College of Fashion. Dort lernten die beiden SIOBHAN FAHEY ken-

prädestiniert. Folgende Hits gehen auf sein Produzenten-Konto: WILL DOWNING *A love supreme*, → FINE YOUNG CANNIBALS *Ever fallen in love*, FREEZ *I.O.U.*, → HALL & OATES *Out of touch*, NEW EDITION *Candy girl*, → NEW ORDER *Confusion*, → OMD *Walk away*, → SUZANNE VEGA *Left of centre*. Genauso verschieden sind die Interpreten der Songs, die er zu Bestsellern mixte: → NENEH CHERRY *Buffalo stance*, GYPSY KINGS *Bamboleo*, → CYNDI LAUPER *Girls just wanna have fun*, → LIVING IN A BOX *Living in a box* → PAUL MCCARTNEY *No more lonely nights*, → BRUCE SPRINGSTEEN *Dancin' in the dark, Cover me, Born in the USA*, → TALKING HEADS *Blind*, ARTISTS UNITED AGAINST APARTHEID *Sun City*. Dieser au-

Bananarama   Foto: Metronome

nen, verstanden sich mit ihr, und bald teilten sich die drei eine gemeinsame Wohnung im elften Stock eines Hauses im Londoner Stadtteil Holborn. Und dort teilten sie auch ihre gemeinsamen Träume von einer besseren und interessanteren Zukunft als Pop-Sängerinnen. Der Zufall kam ihnen zu Hilfe, denn über ihnen wohnten zwei ehemalige Mitglieder der SEX PISTOLS. Man kam ins Gespräch, man erzählte sich dies und das, und die beiden Musiker verschafften den drei Mädels prompt ein paar kleine Studiogigs. 1981 war es dann soweit: einer der beiden Musiker, PAUL COOK, produzierte die Debüt-Single von Bananarama. *Aie a mwana* hieß das Werk, war bereits ein Hit für BLACK

BLOOD gewesen und lief ganz gut im Radio. Dann hörten die FUN BOY THREE die drei jungen Damen, engagierten sie zur Produktion ihrer Debüt-LP und nahmen mit ihnen die Single *It ain't what you do* auf. Fun Boy Three waren von den drei bildhübschen, stimmgewaltigen Girls so angetan, daß sie auch gleich noch die nächste Single von Bananarama produzierten. Das war 1982 *Really saying something,* ein Remake des ehemaligen VELVELETTES-Hits, der sich tatsächlich in den englischen Charts plazieren konnte. Von da an gings nur noch bergauf. Das Debüt-Album *Deep sea skiving* (1983), mit den Hit-Singles *Shy boy, Na na, hey hey* und *Cheers then,* eine Eigenkomposition der drei damals noch struwwelköpfigen jungen Damen, wurde ein voller Erfolg. Auch das 84er Album *Bananarama* mit den Single-Hits *Cruel summer,* der sich in USA auf Platz 9 plazieren konnte, und *Robert de Niro's waiting,* der in Deutschland bis auf Platz 7 kam, wurde ein internationaler Bestseller. Übertroffen wurden diese Erfolge noch von Album Nr. 3 *True confessions,* 1986. Produziert und größtenteils geschrieben wurden die Lieder dieser LP nämlich vom Erfolgs-Team → STOCK/AITKEN/WATERMAN. Mit *Venus,* dem ehemaligen Nr.-1-Hit der Formation SHOKKING BLUE, enthielt das Album einen praktisch weltweiten Nr.-1-Hit, mit *More than physical* und *Do not disturb* zwei weitere Single-Hits. Kein Wunder, daß Bananarama auch das vierte Album *Wow* 1987 von dem momentan erfolgreichsten Produzenten-Team der Welt maßschneidern ließen. *A trick of the night* und *I heard a rumour* hießen die 87er Single-Hits der inzwischen modisch gestylten jungen Damen. Und in diesem Jahr durften sie auch Film-Musik machen. Für den Streifen *The secret of my success (Das Geheimnis meines Erfolgs)* mit MICHAEL J. Fox in der Hauptrolle, durften sie den Titel *Risking a romance* beisteuern. Und auch in privater Hinsicht war das Jahr 1987 für die drei Bananaramas bedeutungsvoll. Karen wurde im Frühjahr Mutter eines strammen Jungen namens Thomas, dessen Patin natürlich Sarah ist. Und Siobhan heiratete DAVE STEWART von den → EURYTHMICS und bekam ebenfalls 1987 Nachwuchs, den Sohn Samuel Josef »Hurricane«. Der erste Bananarama-Hit im Jahre 1988 hieß *Love in the first degree* − ein Song, den die drei Damen zusammen mit Stock/Aitken/Waterman geschrieben haben. Nach diesem Erfolg verließ Siobhan die Gruppe, um eine Solokarriere zu starten. Für sie kam Jacquie O'Sullivan, zuvor Leadsängerin der Gruppe THE SHILLELAGH SISTERS und eine alte Jungendfreundin von Sarah und Karen. Sie war schon bei der nächsten Hit-Single *I want you back* dabei.

Doch ohne Musik hielt Siobhan es nicht aus. Bereits Mitte 1988 startete sie unter dem Namen SHAKESPEAR'S SISTER eine Solo-Karriere. Die Debüt-Single *Break my heart,* natürlich von Ehemann Dave Stewart produziert, war bereits ein netter Achtungserfolg. Im März 1989 erschien dann die hochgelobte Debüt-LP *Sacret Heart,* die sich in den internationalen Charts plazieren konnte. Von Bananarama selbst war danach nicht mehr viel Neues zu hören. 1988 erschien *The greatest hit collection,* die, wie der Name schon sagt, die ganzen Bananarama-Hits enthielt.

Bangles

VICKI PETERSON, geb. 11.1.1960 in Burbank/USA: leadg/voc; DEBBI PETERSON, geb. 22.8.1961 in Los Angeles/USA: dr/voc; SUSANNA HOFFS, geb. 17.1.1961 in Los Angeles/USA: g/voc; MICHAEL STEELE, geb. 2.6.1959 in Los Angeles/USA: b/voc

»Die Girls ziehen zur Realisation ihrer Songvisionen heran, wofür sie Verwendung haben, ganze Epochen werden als Sound-Schatzkästchen geplündert, nie plump, stets mit der exakt richtigen Mischung aus Reverenz und Respektlosigkeit.« So definierte die Zeitschrift TIP die Songs der vier attraktiven Damen von der amerikanischen Westküste. Begonnen hatte das Ganze 1981. Da lernten Vicki und Schwester Debbie die Gitarristin Susanna über eine Anzeige kennen, trafen etwas später auf die Bassistin ANNETTE ZILINSKAS und gründeten kurz entschlossen die Band THE COLORS. Das hübsche, begabte Quartett war bald als ausgezeichnete Party- und Clubband berühmt und änderte den Namen um in THE BANGS. Darunter wurde auch die Debüt-Single *Gettin' out of head* veröffentlicht. Der Erfolg der Platte war zwar regional begrenzt, führte aber doch zur Produktion einer EP, die *Bangles* genannt wurde. Und damit stand dann der endgültige Gruppenname fest. Danach verließ Annette die Band, um künftig bei BLOOD ON THE SADDLE zu spielen, und für sie kam als Bassistin die hübsche, dunkelhaarige Michael Steele. 1983 gab's dann den ersten richtigen Plattenvertrag, 1985 erschien das äußerst erfolgreiche Debütalbum *All over the place*. Der Siegeszug der vier Bangles um die ganze Welt begann 1986 mit der Single *Manic monday* (Nr. 2 in Amerika, Nr. 1 in Deutschland und England), ein Lied, das von Superstar → PRINCE für die Mädels geschrieben worden war. Das Lied stammte vom zweiten Bangles-Album *Different light,* das auch die Superseller *If she knew what she wants* und *Walk like an egyptian* enthielt. Letzteres war Ende 1986/Anfang 1987 für vier Wochen die Nr. 1 in Amerika. Ende 1987 konnten die Bangles dann wieder die internationalen Charts erobern, und zwar mit Filmmusik. Für den Streifen *Less than zero* nahmen sie das Lied *A hazy shade of winter* auf, ein Song aus der Feder von → PAUL SIMON, der für das Duo SIMON & GARFUNKEL 1966 ein Hit in Amerika gewesen war. Die eigenwillige, harte Version der vier Damen ging sofort in die internationalen Charts und kam 1988 in USA sogar bis auf Platz 2 der Hot 100. 1988 veröffentlichten die Bangles das nächste Album. Es hieß *Everything* und war ein echter Knüller – ausgefeilte, einfallsreiche Pop-Musik der gehobenen Güteklasse. *In your room* und *Be with you* hießen zwei Hits davon, aber der absolute Superhit dieser LP war die hinreißende Ballade *Eternal flame,* die der Formation weltweit Spitzenplätze einbrachte. Um so enttäuschter waren die Fans, als die vier Mädels Anfang 1990 bekanntgaben, eine Schaffenspause von ungefähr eineinhalb Jahren einlegen zu wollen. In dieser Zeit möchten sich alle vier sowohl ihren Familien als auch diversen Soloprojekten widmen. Um die Zeit nicht zu lang werden zu lassen, wurde dann im Mai 1990 das *Greatest hits*-Album veröffentlicht, das nicht nur die größten Hits der Truppe enthielt, sondern auch den bislang

Bangles   Foto: CBS

unveröffentlichten Song *Everything I wanted* und *Where were you When I needed you,* das vorher nur als B-Seite der ersten Bangles-Single *Hero takes a fall* erschienen war.

Barclay James Harvest

JOHN LEES, geb. 14. 1. 1947 in Oldham/England: g/keyb/voc; LES HOLROYD, geb. 12. 3. 1948 in Oldham/England: b/keyb/voc; MEL PRITCHARD, 8. 1. 1948 in Oldham/England: dr/perc

Begonnen hatte die englische Formation 1966 als Quartett. Vierter Mann im Bunde war STEWART »WOOLY« WOLSTENHOLME, ein Freund von Lees. Sie spielten in zwei verschiedenen Blues- und Soulgruppen in ihrem Heimatort Oldham – Lees und Wolstenholme bei den BLUES KEEPERS, Holroyd und Pritchard bei den HEART AND SOUL AND WICKEDS. Im September 1966 taten sich die vier zusammen, übten in einem alten Farmhaus fleißig miteinander und veröffentlichten 1968 ihre erste Single *Early morning.* Barclay James Harvest, die Gruppe mit dem Schmetterling als Markenzeichen, war geboren. Doch es war noch ein weiter und langer Weg, bis die Band mit den träumerischen Songs zu dem wohlverdienten und weltweiten Erfolg kam. Da sie musikalisch → PINK FLOYD sehr ähnlich war, mußte sich BJH jahrelang gegen den Ruf behaupten, »Pink Floyd für Arme« zu sein. Die vier Familienväter, die nie durch irgendwelche Skandale auffielen, arbeiteten zäh und unermüd-lich an ihrem Sound. Mit John Lees und teilweise auch Les Holroyd als Autoren entstanden gewaltige Sound-Gebilde mit fragiler Melodienführung, sie verwoben hervorragend Elektronik mit gekonnten Gitarrenriffs und stürmischen Keyboard-Einlagen, ohne je den träumerischen Gesamteindruck zu verwischen. Nach elf Jahren und elf Alben war es 1977 dann geschafft: *Gone to earth* wurde ein Hit. Allein in Deutschland verkaufte sich das Album innerhalb der ersten zwölf Monate schon 150 000mal. BJH war schon immer fleißig auf Tournee gegangen, aber jetzt verstärkten sie ihre Aktivitäten in dieser Beziehung noch. Die Fans, vor allen Dingen in Europa und da speziell in Deutschland, wurden immer zahlreicher; sowohl *Gone to earth* als auch *XII* wurde in Deutschland vergoldet. 1979 verließ Wooly Wolstenholme die Band, um eine Solokarriere einzuschlagen. Aber BJH machte unverdrossen als Trio weiter und eilte von Erfolg zu Erfolg. Von Januar bis April 1980 ging BJH auf eine Mammuttournee durch neun Länder und konnte dabei über 250 000 Besucher begeistern. Allein in Deutschland waren die Konzerte nach kurzer Zeit alle restlos ausverkauft. Und während dieser Tournee konnte BJH in Deutschland Platin für das Album *Gone to earth* und Gold für *Eyes of the universe* in Empfang nehmen. Aber sie revanchierten sich für soviel Treue und Begeisterung: Am 30. August 1980 gab BJH vor dem Berliner Reichstag für 175 000 ein Free-Konzert als Dankeschön. Prompt wurde die nächste Single *Life is for living* Nr. 2 in den deutschen Charts. In diesem Stil ging es weiter: 1981 erhielt *Gone to earth* zum drittenmal Gold und hielt sich damals bereits 160 Wochen in den deut-

Barclay James Harvest   Foto: Polydor

schen LP-Charts. Die *Live-tapes* wurden ebenfalls vergoldet, und die 1981 erschienene neue LP *Turn of the tide* war bereits auf Grund der Vorbestellungen Gold. Der Edelmetallregen hielt unermüdlich weiter an, nur daß er sich inzwischen auf fast ganz Europa erstreckte: Das Barclay-James-Harvest-Fieber hatte inzwischen auch Länder wie die Schweiz (Platin für *Gone to earth)* und Frankreich (etliche Goldene Schallplatten) erreicht. Der Live-Mitschnitt des Berliner Konzerts, die LP *Berlin*, kam diesmal auch in England nach oben in den LP-Charts. Im Mai 1983 veröffentlichte das Trio das nächste Album – *Ring of changes* war die erste LP, die gleichzeitig als Digital-LP, Musik-Kassette und Compact-Disc auf den Markt kam. Und »changes« gab es darauf tatsächlich zu hören: BJH hatte sich musikalisch verändert, war rockiger, poppiger, härter geworden; der sanfte traumhafte Melodienfluß war nicht mehr da, die Songs waren kompakter, direkter, kein Davonschweben mehr. Dieses Konzept behielt BJH auch auf ihrem 84er Album *Victims of circumstances* bei. Begleitet wurde das Album natürlich wieder von einer Super-Tournee. Dann gönnte sich das fleißige Trio ersteinmal eine zweijährige Verschnaufpause. In dieser Zeit gab's natürlich auch für *Ring of changes* und *Victims of circumstances* wieder Gold. 1986 gingen die drei dann wieder ins Studio und produzierten das nächste Album *Face to face*, an das sich 1987 abermals eine große Europa-Tournee anschloß. In Deutschland wurde das Album wieder ein Erfolg, während den englischen Kritikern der melodiöse Pomprock allmählich zu schwülstig wurde: »Man kann eigentlich nur irritiert sein angesichts der pompö-

sen Makellosigkeit ihrer Musik und deren aufgeschwollener Präsentation.« Während dieser Europa-Tournee, bei der BJH auch im Treptower Park in Ost-Berlin auftrat, wurde Live-Material mitgeschnitten, das dann im Mai 1988 unter dem Titel *Glasnost* als Live-Album veröffentlicht wurde. Anschließend begannen die drei mit dem Schreiben neuer Songs, und am 1. März 1990 erschien die nächste BJH-Studio-LP *Welcome to the show*. Das Album, auf dem wieder sehr melodische, gitarrenbetonte Songs mit politisch engagierten Texten dominieren, war in Deutschland erneut ein sofortiger Erfolg.

BAP

WOLFGANG NIEDECKEN, geb. 30. 3. 1951 in Köln: voc/g/harm; KLAUS »MAJOR HEALY« HEUSER, geb. 27. 1. 1957 in Leverkusen: leadg/voc; STEVE BORG, geb. 5. 10. 1953 in Heidenheim: b/p/cello; MANFRED »SCHMAL« BOECKER, geb. 22. 4. 1952 in Köln: perc/b/voc; JAN DIX, geb. 19. 11. 1956: dr; ALEXANDER BÜCHEL, geb. 29. 1. 1957 in Leverkusen: keyb; JÜRGEN ZÖLLER, geb. 27. 9. 1947 in Köln: synth

Die Kölner Rockgruppe ist die erfolgreichste Mundart-Band Deutschlands. Gegründet wurde die Formation 1979 von Wolfgang Niedecken, dem Frontmann und Texter der Gruppe. Die Spezialität von BAP sind harte Rock-Songs mit nachdenklichen Texten. Für alle Nicht-Kölner liegen die Übersetzungen ihrer kölschen Songs jeder LP bei. Das erste Album erschien 1979, hieß *Wolf-*

BAP Foto: Electrola

gang Niedecken's BAP rockt andere köl-
sche Leeder und enthielt ganz erstaunli-
che Versionen von gut bekannten Oldies
wie Wild thing von den TROGGS und Hang
on Sloopy von den MC COYS. 1980 kam
Album Nr. 2 heraus, die LP Affjetaut.
Das erste Album hatte noch etwas holp-
rig geklungen, aber bei der zweiten LP
machte sich der Einfluß des neu dazuge-
kommenen Major Healy erfreulich bemerkbar: Die Songs klangen perfekter
und rockiger, Niedeckens Texte dagegen pessimistischer. Den endgültigen
Durchbruch in Deutschland brachte die
für Nicht-Kölner fast unaussprechliche
LP For Usszeschnigge (1981). Die gekonnte Mischung aus harten Rock-
Songs und sanften Balladen kam in ganz
Deutschland hervorragend an. Supersel-

ler waren auch die nächsten LPs Vun
drinne noh drusse (1982), Zwesche Salz-
jebäck un Bier (1984) und das Doppel-
album BAP – Live – bes demnähx
(1983). Nachdenkliche und politisch engagierte Songs wie Verdamp lang her
und Kristallnaach schufen Wolfgang
Niedecken und seiner BAP auch bei den
intellektuellen Hörern ein begeistertes
Publikum. BAP-Konzerte waren in ganz
Deutschland immer innerhalb von Tagen ausverkauft. Anfang 1986 gab's
dann das nächste erfolgreiche BAP-Al-
bum Ahl Männer, aalglatt. 1987 begab
sich Wolfgang Niedecken, der außer
Songwriter und Sänger auch ein erfolgreicher Maler ist, auf Solopfade. Schlag-
zeiten hieß sein Soloalbum, das er mit
seinen »Complizen« aufnahm und das

von der BAP-Fangemeinde begeistert aufgenommen wurde. Ein nachdenklicher, gemäßigt optimistischer Niedecken war darauf zu hören, nicht ganz so rockig wie mit BAP. Sein nächstes Soloprojekt waren dann Aufnahmen mit Altstar Trude Herr. Ihre gemeinsame Single *Niemals geht man so ganz*, bei der auch Thommy Engel von den Bläck Fööss mitwirkte, kam 1987 in den deutschen Singlecharts bis auf Platz 20 und konnte sich wochenlang halten. Hörenswert war auch ihre gemeinsame Version des alten → Rolling Stones-Titels *Beast of burdon*, der als zweite Auskoppelung aus dem Herr-Album *Ich sage, was ich meine* erschien. Die 88er LP von BAP hieß *Da Capo*, unter diesem Motto startete die Gruppe auch wieder eine große Tournee.

Im Rahmen dieser Tournee trat BAP als erste deutsche Band en suite in Moskau auf, anschließend folgten Konzerte in Wolgograd. Den Rest des Jahres 1989 verbrachte BAP dann in erster Linie mit Auftritten bei Open-Air-Konzerten, unter anderem auch bei einem Konzert anläßlich des 10jährigen Bestehens der Bläck Fööss, der zweiten populären Kölner Rockband. Bei diesem Auftritt mit dabei war auch Jürgen Zeltinger, und aus dieser Kombination entwickelte sich Anfang 1990 eine Single zu Ehren der Bläck Fööss. *Bläck Fööss Band* hieß die Hommage an das 10jährige Bestehen der Formation, und die Interpreten des Songs waren Wolfgang Niedecken, Jürgen Zeltinger, die Bläck Fööss und ein weiteres Kölner Original: Willi Millowitsch. Im Oktober 1990 lieferte BAP dann mit der LP *X für'e U* wieder eine ausgesprochen hörenswerte Rock-LP im kölschen Dialekt ab.

Mike Batt

geb. 18. 8. 1950 in Southampton/England

Bereits im zarten Alter von 18 Jahren hatte der Musiker mit den kurzgeschorenen rotblonden Haaren von der Schule die Schnauze voll. Als eine Plattenfirma per Anzeige Lohnschreiber suchte, bewarb er sich. Obwohl er nie Musikunterricht hatte, nie professionell Arrangieren, Komponieren und Produzieren gelernt hatte, stieg er auf Grund seiner unbestreitbaren Talente in der Firmenhierachie immer weiter nach oben, bis er auf dem Stuhl des Produktionschefs saß. Und das im Alter von nur 19 Jahren. Aber ein Schreibtischjob war für den Liebhaber der Weiten des Ozeans nun ganz und gar nichts. Er kündigte und verlegte sich auf das Schreiben von eingängigen Melodien für Werbeeinschaltungen. Dann bekam er einen ganz besonderen Auftrag: Für eine Umweltschutzkampagne hatten PR-Strategen die »Wombles« ausgetüftelt, eine Art von zotteligen Puppen, für die nun entsprechende Songs gesucht wurden. Mike Batt schrieb 1974 die Lieder – und sie wurden alle Hits: *Wombling song, Minuetto allegretto, Superwomble,* und wie sie alle hießen. Vier Gold-Auszeichnungen bekam Mike Batt dafür. Doch die unkomplizierten, netten Ohrwürmer für die »Wombles« hatten ihm das Prädikat »Lieferant für Happy-go-lucky-Songs« aufgeprägt. Da halfen auch seine wesentliche anspruchsvolleren Arbeiten mit den Kursaal Flyers, Steeleye Span und ELKIE BROOKS nichts. Und das war ganz und gar nicht im Sinne von Mike Batt. Er beschloß, sein Image zu ändern, und produzierte das Album *Schizophonia* (1977), eine gewagte, aber voll gelungene Mischung aus Rock- und Klassik-Elementen. Nach kurzer Überraschung schwelgten die Kritiker in euphorischen Besprechungen. Auch auf dem nächsten Album *Tarot suite* (1979) verwob er gekonnt Rock mit Klassik und holte sich zu den Aufnahmen das LONDON SYMPHONY ORCHESTRA. Ein Song daraus, sein selbstgesungenes *Lady of the dawn,* wurde ein Single-Hit. Der nächste Höhepunkt kam, als er 1982 den Titelsong für den Zeichentrickfilm *Watership down* schrieb: *Bright eyes.* → ART GAR-

Mike Batt
Foto: RCA

FUNKEL interpretierte den wunderschönen Softsong und hatte damit einen weltweiten Millionenseller. Abermals von sich reden machte Mike Batt 1982 mit seinem Konzept-Album *Zero zero.* Es erzählt eine Geschichte, die in einer fernen Zukunft spielt, in der die Liebe als psychische Krankheit angesehen wird. Zu diesem Album gibt es auch einen 45minütigen Film, in dem das musikalische Geschehen in Bilder umgesetzt wird und in dem Mike Batt die Hauptrolle spielt. Bei der Dreharbeiten in Australien, Batt hatte das Musical zum 50. Geburtstag des australischen Fernsehens geschrieben, lernte er die Schauspielerin Julienne White kennen und lieben. Er ließ sich von seiner ersten Frau scheiden und heiratete 1984 die attraktive Australierin. Zwischen 1982 und 1984 schrieb und produzierte der unermüdliche Musiker wieder etliche Hits, darunter *A winter's tale* für DAVID ESSEX, *Please don't fall in love* für → CLIFF RICHARD, *I feel like Buddy Holly* für ALVIN STARDUST und *Ballerina Primadonna* für STEVE HARLEY. Und 1982 hatte Mike Batt bereits die Idee für sein nächstes Großprojekt, *The Hunting of the Snark.* Er suchte in einem Antiquariat nach einer Biographie von AL CAPONE — und fand diese ziemlich unbekannte Geschichte des berühmten Märchenerzählers LEWIS CAROLL *(Alice im Wunderland).* 1983 begann er mit der Produktion dieses unglaublichen Märchens von der Jagd nach dem Fabelwesen namens »Snark«, und er konnte für dieses ungewöhnliche Musical natürlich wieder die Creme de la Creme der internationalen Pop- und Rock-Musiker gewinnen: Art Garfunkel, → ROGER DALTREY, → JULIAN LENNON, Cliff Richard, CAPTAIN SENSIBLE, DENIECE WILLIAMS, → GEORGE HARRISON,

MAGGIE REILLY, → STEPHANE GRAPPELLI, und das Londoner Symphonieorchester. Die gesprochenen Verse wurden von den beiden renommierten Shakespeare-Darstellern SIR JOHN GIELGUT und JOHN HURT zitiert. Ehe Mike Batt *The Hunting of the Snark* 1988 für die Bühne inszenierte, produzierte er davon einen Video-Film, der sich sehr ungewöhnlicher und aufwendiger Methoden bediente: Jeder einzelne Hintergrund, jede einzelne Schauspieler-Pose wurde auf Dia gebannt und dann von einer ganzen Batterie von Projektoren auf die Leinwand geworfen. Das Album, das sich 1987 auch in den deutschen Charts plazieren konnte, enthielt zwei wunderschöne, sanfte Single-Hits: *Children of the sky*, gesungen von Mike Batt selbst, und *As long as the moon can shine*, gesungen von Art Garfunkel.

Ende 1988 bewies Mike Batt dann wieder, daß er nicht umsonst als wohltuender und ungemein melodiöser Gegenpol zur brutal-technischen Musiklandschaft gesehen wird. Er veröffentlichte das Album *Songs of love and war*, das wieder etliche seiner leichtfüßigen, vollmundigen Pop-Meisterwerke enthielt. Die Single daraus war *Warsaw*.

The Beach Boys

CARL WILSON, geb, 21. 12. 1946: g/voc; BRIAN WILSON, geb. 20. 6. 1942: voc/synth/p; MIKE LOVE, geb. 15. 3. 1941: voc; AL JARDINE, geb. 3. 9. 1942: voc/g; BRUCE JOHNSTON, geb. 27. 6. 1944: voc/synth; DENNIS WILSON, geb. 4. 12. 1946, gest. 28. 12. 1983: dr/vo;c
alle aus Hawthorne/Kalifornien

Perfekter mehrstimmiger Gesang, dazu das befreiende Gefühl von Sommer, Sonne, Sand und Meer, garniert mit dem gesundheitsstrotzenden Image des Surfens, präsentiert von netten, sauberen Knaben, die jede Mutter sofort als Schwiegersohn akzeptieren würde: damit starteten 1962 die Beach Boys eine Karriere, die bis heute anhält. Der begeisterte Surfer Dennis Wilson verspürte 1961 den Wunsch, einen Song über seinen Lieblingssport zu schreiben. Er trug diese Idee seinem Cousin Mike Love vor, der sich hinsetzte und ein Lied namens *Surfin'* schrieb. Bruder Brian Wilson holte Bruder Carl Wilson dazu, Vater Murray Wilson, ein Gelegenheitskomponist, beschaffte den Plattenvertrag, und das Lied wurde mit dem Nachbarssohn LARRY MARKS zusammen aufgenommen. Es wurde für die netten Knaben aus Hawthorne/Kalifornien ein regionaler Hit. Sie hatten alle schon eine gewisse musikalische Erfahrung, da sie unter den Namen CARL AND THE PASSIONS und KENNY AND THE CADETS bereits des öfteren auf Schulfesten gespielt hatten. Nachdem sie nun beschlossen hatten, Surf-Musik zu machen, änderten sie ihren Namen entsprechend in Beach Boys (Strandjungs) um. Als nach *Surfin'* die Firma Capitol mit einem lukrativeren Vertrag lockte, wurde erst mal umbesetzt. Larry Marks mußte gehen, für ihn kam Al Jardine. Den nächsten Song, *Surfing' Safari*, schrieb Brian Wilson, der sich von da an als Songwriter der Gruppe profilierte. Offenbar mühelos schob er bis 1965 unglaubliche Mengen an fröhlich-freundlichen, unkomplizierten Wellenreiter-Songs nach: *Surfin' USA* (frei nach → CHUCK BERRYS *Sweet little sixteen*), *Surfer girl, Little deuce coupe, Be true to your school, In my room* (1963); *Fun fun fun, I get around, Don't worry baby, Wendy, Little Honda, Dance dance dance, Help me Rhonda, California girls* (1965). Dazwischen fand er auch noch Zeit, für JAN & DEAN den Millionenseller *Surf city* zu schreiben. Das rächte sich 1965: Brian Wilson erlitt einen Nervenzusammenbruch. Der hochsensible Musiker beschloß aus gesundheitlichen Gründen, fortan nur noch für den Sound und die Songs zu sorgen und überließ seinen Platz auf der Bühne Bruce Johnston. Die Beach Boys waren damals übrigens die ersten, die ihre Alben selbst produzierten. So wie die → BEATLES versuchten auch die Beach Boys ab 1966 ihren Sound komplexer zu gestalten, ihre Songs anspruchsvoller zu machen. Doch Brian, der inzwischen seine zerrütteten Nerven mit LSD zu heilen versuchte, uferte in seinen Kompositionen zu sehr aus. Das Album *Pet sounds* (1966) wurde ein Flop; lediglich das in mühevoller Kleinarbeit in sechs Monaten eingespielte Stück *Good vibrations* wurde ein Millionenseller. Das nächste Werk, das Brian Wilson in Angriff nahm, die LP *Smile*, die neue Maßstäbe in der Rockmusik setzten sollte, wurde nie fertiggestellt. Lediglich der Song *Heroes and villains* (1967) gab einen kleinen Eindruck davon, was er damit im Sinn gehabt hatte. Doch die »komplizierten« Beach Boys hatten sich die Surfer-Fans vergrault, die neu erwachende Flower-Power-Bewegung betrachtete die Band als Oldie-Gruppe, und den Progressiven waren sie schlicht und ergreifend zu brav. Nur 1968 gelang ihnen mit *Do it again* noch ein passabler Hit. 1970 litten Brian und Dennis Wilson an Depressionen, Mike Love erging sich in transzendentaler Meditation, die Gruppe schien am Ende zu

sein. Erst die LP *Surf's up* (1971) ließ wieder das Interesse an der Musik der Beach Boys wachsen. Die Strandjungs hatten wieder zu ihrem eingängigen Sound gefunden. Brian Wilson allerdings hatte sich ganz zurückgezogen und saß schmollend, als verkanntes Genie, zu Hause. Die Live-Auftritte der Beach Boys waren schon immer eine Klasse für sich gewesen. Und so war es kein Wunder, daß sie es 1975 im Wembley Stadion mühelos schafften, → ELTON JOHN die Show zu stehlen. Danach ging es mit den Beach Boys mit schöner Regelmäßigkeit auf und ab. Sie versuchten sich an Klassikern wie *Rock 'n' Roll music* (1976) und *Peggy Sue* (1978) oder ließen ein bißchen Klassik einfließen, wie bei *Lady Linda* (1979). Mit überwältigendem Erfolg veröffentlichten sie dagegen Alben mit ihren alten Hits. Mal gab's eine gute LP, dann wieder eine recht einfallslose. Aber immer waren die Beach Boys irgendwo in den internationalen Charts vertreten. Auch Brian Wilson erholte sich wieder und fand zu seinem alten kompositorischen Einfallsreichtum zurück. 1983 traf die Gruppe dann ein harter Schlag. Dennis Wilson, der einzige Surfer und Sunnyboy der Formation, ertrank. Er war mit seinen Depressionen nie ganz fertig geworden, hatte ständig Drogen genommen und war vom Schwimmen nicht zurückgekommen. Das 85er Album *The Beach Boys* widmeten sie Dennis Wilson. Auf dieser LP zeigten die kalifornischen Strandjungs mal wieder, daß sie noch lange nicht zum alten Eisen gehörten. Mit Top-Musikern wie → STEVIE WONDER, → RINGO STARR und → GARY MOORE spielten sie elf wirklich hörenswerte Songs ein. Die Lieder sind teils einschmeichelnd sanft, mit dem berühmten Harmoniegesang, teils rockig. Die Singles *Getcha back* und *It's getting late* wurden Hits. Dann wurde es wieder einmal still um die Beach Boys. Einziger größerer Erfolg war 1987 die Single *California dreaming*, ein Remake des Millionensellers der MAMAS AND PAPAS aus dem Jahr 1966. Dann beschritt Brian Wilson, der Schreiber der Gruppe, 1988 Solopfade und veröffentlichte sein Solo-Debüt-Album, das er nur kurz *Brian Wilson* nannte. Unter Mithilfe von anderen Superstars wie JEFF LYNNE (→ ELECTRIC LIGHT ORCHESTRA), ELLIOT EASTEN (→ CARS) und CHRISTOPHER CROSS nahm er 11 Songs auf, die an die allerbesten Zeiten der Beach Boys erinnerten.

Doch 1988 ließen auch die Beach Boys als Gruppe die Fans wieder aufhorchen. Mit dem Song *Kokomo* fabrizierten sie einen astreinen Pop-Klassiker, der in dem Film *Cocktail* verwendet wurde und es anschließend bis zu Platz 1 in den amerikanischen Hot 100 brachte. Auch andere Regisseure griffen gerne auf die Beach Boys zurück: Mit *Make it big* verschönerten sie *Troop Beverly Hills,* mit *I get around* ließen sie in *Good Morning Vietnam* die alten Zeiten wieder aufleben. All diese Hits und noch einige mehr waren dann auf dem 89er Album *Still cruisin* zu hören. Die LP bestand zur Hälfte aus altem und zur anderen Hälfte aus neuem Material. Und natürlich wurde auch der Titelsong wieder ein Hit. 1990 wurden die Fans dann wieder einmal nachdrücklich darauf aufmerksam gemacht, daß Musikalität und Gesangstalent offenbar doch erblich ist: WENDY und CARNIE WILSON, die beiden bildhübschen Töchter von Brian Wilson, taten sich mit CHYNNA PHILLIPS zusammen, der ebenfalls höchst attraktiven Tochter von MICHELLE und JOHN PHILLIPS

von den Mamas & Papas. Unter dem Namen → WILSON PHILLIPS veröffentlichten sie zunächst die Single *Hold on* und anschließend das Album *Wilson Phillips,* das flockig-leichte, vokalbetonte Songs in bester Beach-Boys-Tradition enthielt und sich sofort in den US-Charts plazieren konnte.

The Beatles

→ JOHN WINSTON LENNON, geb. 9. 10. 1940, gest. 8. 12. 1980: voc/g; → JAMES PAUL MCCARTNEY, geb. 18. 6. 1942: voc/b; → GEORGE HARRISON, geb. 25. 2. 1943: leadg/voc; RICHARD STARKEY »RINGO STARR«, geb. 7. 7. 1940: dr/voc; alle vier geb. in Liverpool/England

Der Einfluß der Beatles auf die Entwicklung der Pop- und Rockmusik seit den frühen 60er Jahren kann gar nicht überschätzt werden. Er ist so gewaltig und lang anhaltend, daß selbst heute, in den 80er Jahren, ganze Legionen von Pop- und Rock-Bands von den musikalischen Stilrichtungen der Beatles und den von ihnen eingeführten Produktionstechniken leben. Die Beatles waren und sind ein musikalisches Phänomen, das im Grunde genommen weder erklärt, noch (wahrscheinlich) jemals wiederholt werden kann. Unzählige kluge und ausführliche Bücher sind über sie geschrieben worden, und so soll hier nur ein relativ kurzer Abriß über die acht Jahre ihres Bestehens gegeben werden. Alle vier wurden in Liverpool geboren. Die Vorgeschichte: 1955 formierte John Lennon eine Skiffle-Group names THE QUARRYMEN, zu der 1956 Paul McCartney und 1957 George Harrison stießen. 1959 stiegen die drei aus und gründeten das Trio JOHNNY & THE MOON DOGS, zu dem später PETE BEST als Trommler, und 1960 STU SUTCLIFF als Gitarrist kamen. Dieses Quintett nannte sich THE SILVER BEATLES, machte sich in Liverpool bald als Band einen guten Namen und absolvierte zwei ausgedehnte Trips nach Hamburg, wo sie auch ihren ganz speziellen »Beat«-Sound entwickelten. In Hamburg lernten die Silver Beatles Ringo Starr kennen, der dort bei der Skiffle-Group RORY STORM AND THE HURRICANS trommelte. Er ersetzte des öfteren den immer etwas kränklichen Pete Best und blieb schließlich ab 1962 ganz bei den Silver Beatles. Sutcliff stieg 1961 in Hamburg aus, weil er dort ein Mädchen kennengelernt hatte. Ein Jahr später, 1962, starb er an einem Gehirntumor. Als Quartett und in der endgültigen Besetzung kehrten die Silver Beatles 1962 nach Liverpool zurück und entwickelten sich innerhalb kürzester Zeit zum beliebtesten Act in der ganzen Mersey-Region (Liverpool). Dadurch wurde BRIAN EPSTEIN auf sie aufmerksam. Er sah sie auf der Bühne, war begeistert, wurde ihr Manager und entwickelte das passende Image. Er machte aus den etwas schmuddeligen Schreihälsen die sauberen, fröhlichen Beatles und verschaffte ihnen in mühevoller Kleinarbeit (keiner wollte sie anfänglich haben) einen Plattenvertrag. So erschien 1962 die erste Single, die Eigenkomposition *Love me do.* Es wurde, im Vergleich zu später, nur ein mittelmäßiger Hit. Los ging's erst richtig 1963 mit *Please please me,* das Nr. 1 der British Charts wurde. Und mit den nächsten Singles *From me to you* und *She loves you* und der LP *Please please me* kam dann das ins Rol-

len, was als »Beatlemania« in die Rock-Geschichte eingehen sollte. Bei ihren ausgedehnten Tourneen durch England fielen reihenweise kreischende Mädchen in Ohnmacht, und die Knaben standen mit feuchten Augen daneben. Amerika zeigte sich bis dahin zurückhaltend, aber 1964, mit der fünften Beatles-Single *I want to hold your hand,* wurden auch die Staaten von der Beatlemania überrollt. In Amerika erfolgte eine »British Invasion«, d. h., auch andere britische Gruppen, wie z. B. GERRY & THE PACEMAKERS, konnten sich in den Staaten etablieren. 1964 starteten die Beatles endgültig ihre unvergleichbare, weltweite Karriere. 60 % aller in Amerika verkauften Singles waren Beatles-Produktionen. Durchschnittlich gingen pro Monat 2,5 Millionen Stück über den Ladentisch. 1964 entstand auch der erste Beatles-Film, *A hard day's night.* Die Gewinne aus dem Verkauf des dazugehörigen Soundtrack-Albums deckten bereits die Herstellungskosten des Films, ehe auch nur eine Kinokarte verkauft worden war. Künftig wurde jede Single und jede LP weltweit ein Bestseller. Die stolze Erfolgsbilanz lautete 1973: 90 Millionen verkaufte LPs und 125 Millionen verkaufte Singles! Auch die beiden nächsten Beatles-Filme, die slapstickartige Komödie *Help!* und der Zeichentrickfilm *Yellow submarine,* wurden Kassenknüller. Ganze Industriezweige profitierten vom Erfolg der Beatles: Gitarren und Verstärkeranlagen fanden plötzlich reißenden Absatz, die Diskotheken füllten sich, Friseure mußten unentwegt die Beatles-typischen »Pilzköpfe« schneiden, und die Bühnenkleidung der »Fabulous Four« aus Liverpool beeinflußte die Modeindustrie. Bis 1965 hielten die Beatles mit dem Songwriter-

Team John Lennon/Paul McCartney den fröhlich-unkomplizierten Beat-Sound mit den netten, teenagerbezogenen Texten durch. Dann setzten die vier ihr gestiegenes Selbstbewußtsein auch musikalisch um: Die Songs wurden komplizierter, die Texte aussagekräftiger, die Produktionstechniken mehr elektronisch orientiert. Die 66er LP *Revolver* mit den Songs *Paperback writer, We can work it out,* und vor allen Dingen *Eleanor Rigby,* war der erste erfolgreiche Versuch in die neue Richtung. Und damit waren die Beatles künftig für die Fans als Live-Band verloren. Am 29. August 1966 gaben sie ihr letztes Konzert in San Francisco, danach wurde ihre Musik zu kompliziert und aufwendig, um noch live auf der Bühne gespielt zu werden. Das 67er Album *Sergeant Pepper's lonely hearts club band* wurde ein in jeder Beziehung gewaltiges Opus: vier Monate Produktionszeit, 120 Orchestermusiker, Bläsersätze, Chöre, fabelhafte elektronische Effekte. Aus der Liverpooler Beatband war etwas Neues geworden, ein Quartett, das unter Anleitung ihres hervorragenden Produzenten GEORGE MARTIN eine höchst artifizielle Mischung aus Klassik-Elementen und Rock 'n' Roll fabrizierte. Doch das Jahr 1967 brachte auch einige Tiefpunkte: Ihr Manager Brian Epstein starb, die Beatles nahmen das Management selbst in die Hand — und hatten damit kein Glück. Sie drehten für's Fernsehen den Film *Magical mystery tour* — er wurde ein Flop. Ihr Drogenkonsum hatte zugenommen, sie gerieten immer häufiger mit der Polizei in Konflikt. Bei den drogenbeeinflußten psychedelischen Klängen auf dem *Mystery-tour*-Album kamen die Fans nicht mehr so ganz mit. 1968 zogen sich die Beatles deswegen nach

Indien zurück und suchten Rat und Hilfe bei MAHARISHI MAHESH YOGI. Ob wohl die nächsten LPs *The Beatles* (1968), *Yellow submarine* (1968) und *Abbey road* (1969) wieder absolute Bestseller waren, und mit Songs wie *Lady Madonna, Hey Jude, Get back* und *Something* wieder ganz oben in den internationalen Charts landeten, verdichteten sich die Auflösungsgerüchte. Die vier verstanden sich nicht mehr besonders; George Harrison und Ringo Starr wollten mehr beim Schreiben der Songs berücksichtigt werden, Lennons Ehefrau YOKO ONO und McCartneys Gemahlin Linda konnten sich nicht ausstehen, auch Lennon und McCartney, das wirklich kongeniale Songwriter-Team der 60er Jahre, hatten plötzlich divergierende künstlerische Ansichten. So wurde 1970 das Album *Let it be* der »Schwanengesang« der Beatles. Inoffiziell trennten sie sich am 11. April 1970, offiziell wurde die Partnerschaft im Dezember 1974 aufgelöst. Alle vier konzentrierten sich fortan auf Solokarrieren. Aber noch jahrelang hielten sich die Gerüchte über eine mögliche Wiedervereinigung. Erst am 8. Dezember 1980, als John Lennon vor dem Dakota-Haus in New York von einem geistesgestörten jungen Mann namens MARK DAVID CHAPMAN erschossen wurde, fanden sie ein Ende.

Doch im März 1990 gab es wieder, wie schon so oft vorher, neue Nahrung für Wiedervereinigungs-Gerüchte: die Beatles in alter Besetzung, wobei John Lennon durch seinen begabten Sohn JULIAN ersetzt werden sollte. Diesmal kam der Anstoß dazu von CYNTHIA LENNON, der ersten Frau von John. Ihr Wunsch: am 9. Oktober 1990, an dem Tag, an dem John Lennon 50 Jahre alt geworden wäre, sollte vor dem Brandenburger Tor in Berlin ein Konzert der Beatles stattfinden. Cynthias Begründung: »Was seit dem vergangenen Herbst in Berlin und in der DDR geschehen ist, entspricht zutiefst den Idealen von John.« Das Konzert fand zwar nicht statt, aber an diesem Tag füllten Lennon-McCartney-Kompositionen die Musikprogramme auf der ganzen Welt.

Beats International

NORMAN COOK, geb. in England: voc, b; LESTER NOEL, geb. in England: voc; LINDY LAYTON, geb. in England: voc

Nachdem sich die → HOUSEMARTINS Mitte 1988 aufgelöst hatten, ließ Norman Cook, der Bassist der Gruppe, ziemlich schnell wissen, daß er eine eigene Band auf die Beine zu stellen gedenke. Doch zuerst profilierte er sich als hervorragender Remixer von aktueller Dance-Music. Er arbeitete erfolgreich für Stars wie COLDUCT, → SISTERS OF MERCY oder → FINE YOUNG CANNIBALS. 1989 ging er selbst ins Studio und nahm die Single Won't talk about it auf, die allerdings lediglich ein Achtungserfolg wurde. Im Laufe des Jahres stellte er dann eine neue Gruppe zusammen, die er Beats International nannte. Sein Konzept war, nicht alltägliche Dance-Musik mit schwarzem Touch zu machen. Beats International ist eigentlich ein loser Zusammenschluß mehrerer Musiker, doch der farbige Sänger Lester Noel und die weiße Sängerin Lindy Layton wurden neben Cook zum festen Kern der Formation. Lindy war übrigens vorher Moderatorin des TV-Kinder-Programms Grange hill. Die

erste Veröffentlichung von Beats International war Ende 1989 der Song Dub be good to me. Der Song war ehemals ein Hit für die → S.O.S. BAND gewesen, bei der er Just be good to me geheißen hatte. Die Version von Beats International schoß 1990 wie eine Rakete in Großbritannien nach oben bis Platz 1, in Deutschland landete der flotte Dance-Hip-Hop-Song auf Platz 2. Anfang April 1990 erschien das Debüt-Album Let them eat bingo, das mit seinen afrikanischen Anklängen, Ska-Elementen, Soul-Reminiszenzen und Latino-Rhythmen ebenfalls ein Bestseller wurde.

The Beautiful South

PAUL HEATON, geb. in Hull, England: voc; DAVE HEMINGWAY, geb. in England: dr; DAVID ROTHERAY: voc; SEAN WELCH: voc; DAVID STEAD

Nach der Auflösung der → HOUSEMARTINS 1988 blieben Heaton und Hemingway zusammen und realisierten 1989 ein eigenes Projekt: The Beautiful South. Schon der erste Song Song for whoever, eine sanfte Ballade über die unbedachte Diskriminierung von Frauen in Pop-Songs, brachte ihnen Erfolg und gute Hitparadenplazierungen in England und Deutschland. Noch erfolgreicher war 1990 die nächste Single You keep it all in und das hervorragende Debüt-Album Welcome to the beautiful south. Auch bei dieser Formation ist die knödelige Stimme von Paul Heaton, wie schon bei den Housemartins, das unverwechselbare Markenzeichen. Ende 1990 erschien als Kostprobe für das zweite Album die wunderschöne Pop-Ballade *A little time*, die in Großbritannien sofort wieder in den Charts nach oben schoß.

Robin Beck

geb. 1962 in New York, USA: voc

Robin war das stimmgewaltige Girl der Coca-Cola-Werbung, die mit einem Werbesong einen internationalen Hit schaffte. Für Robin stand von kleinauf fest, daß sie Sängerin werden wollte. Mit zwölf Jahren sang sie bereits in einer Teenagerband, mit sechzehn Jahren verließ sie ihr Elternhaus in Brooklyn und ging nach Florida. Um über die Runden zu kommen, wurde sie Bedienung in einem Fast-Food-Restaurant, doch die kleingewachsene Person mit dem riesengroßen Ehrgeiz bekam sehr bald ein Engagement als Sängerin in einer jener Bands, die sich ihr Brot mit dem Nachspielen von Tageshits verdienen. DEEP SOUTH hieß diese Gruppe, mit der Robin durch ganz USA zog. Als nächstes verdingte sich die junge Dame als Studiosängerin und durfte mit Stars wie MELISSA MANCHESTER, BARRY MANILOW, → DAVID BOWIE, → CHER, HUMBLE PIE, GEORGE BENSON und LEO SAYER arbeiten. Bald war sie die Kleine mit der großen Stimme und gehörte zu den gefragtesten Interpretinnen von Werbespots. Auch Coca Cola hatte von ihr gehört und engagierte sie als Sängerin für den Werbespot mit dem Titel *The first time*. Robin sang das rockige Werbeliedchen, die Kids fuhren darauf ab, man beschloß einen vollen Song daraus zu machen – und Robin Beck hatte einen Millio-

nenseller. Wochenlang war sie damit 1988 die Nr. 1 der US-Charts, in Deutschland wurde das Lied mit Platin ausgezeichnet. In Europa allein verkaufte sich der Werbe-Hit-Song über drei Millionen Mal. Auch mit der Nachfolgesingle *Save up all your tears* war Robin Beck erfolgreich und wurde zur ›Stimme des Jahres‹ gekürt. Ende 1989 erschien das Debüt-Album *Trouble or nothin,* das Robins Ruf als hervorragende Rock-Sängerin festigte.

The Bee Gees

BARRY GIBB, geb. 1. 9. 1946 auf der Isle of Man/England: voc/g; ROBIN GIBB, geb. 22. 12. 1949 in Manchester/England: leadvoc; MAURICE GIBB, geb. 22. 12. 1949 in Manchester/England: voc/g

Die Bee Gees sind die Gebrüder Barry, Robin und Maurice Gibb, wobei Robin und Maurice Zwillinge sind, allerdings keine eineiigen. Bereits im zarten Alter von neun bzw. sieben Jahren traten sie in ihrer Heimatstadt Manchester unter dem Namen THE BLUE CATS zum erstenmal in einer Talent-Show auf. Ihr Vater, ein Bandleader, beschloß 1958, dem darbenden Nachkriegsengland zu entgehen, und zog mit der ganzen Familie nach Brisbane/Australien. Von ihrem Vater unterstützt, traten die drei Brüder auch in Australien in diversen Clubs auf. Sie hatten soviel Erfolg, daß sie ihre eigene TV-Serie machen durften. Sie bekamen den Namen Bee Gees (Abkürzung für Brothers Gibb). Die drei begabten Teenager schafften es, innerhalb der nächsten acht Jahre mit ihren melo-

Bee Gees

dischen Soft-Songs und dem für sie typischen Falsettgesang die Top-Gruppe Australiens zu werden. Sie produzierten einen Nr.-1-Hit nach dem anderen (natürlich alle selbst geschrieben) und bekamen 1965 und 1966 sogar den Award als »Australiens beste Gruppe des Jahres«. 1967 beschlossen sie, auch den Rest der Welt zu erobern, und gingen nach England zurück. Als erste Single veröffentlichten sie dort *Spicks and specks,* was allerdings nur ein mittlerer Hit wurde. Aber mit der zweiten Single *New York mining disaster 1941* hatten sie bereits einen Top-Hit. Dieses Lied, das die Brüder angeblich in der Abenddämmerung auf den Stufen des Studios vor einem Aufnahmetermin geschrieben hatten,

brachte ihnen in den USA den ersten einer ganzen Reihe von Millionensellern. Die nächste Single, *Massachusetts,* machte sie auch in Europa, Japan, Malaysia, Südafrika, Neuseeland und Singapur zu Stars. Und so ging es auch erst einmal weiter. Was immer die Bee Gees veröffentlichten − und sie veröffentlichten viel und hauptsächlich das, was man durchaus unter dem Begriff »Schnulzen« einordnen kann − wurde ein Bestseller. Bis 1968 hatten die drei Gibbs über 300 Songs geschrieben. Es hagelte nur noch Gold und Platin für Songs wie *World, Words, I'v gotta get a message to you, Lonely days* und *How can you mend a broken heart.* Und auch andere Interpreten hatten Erfolg mit Bee-Gees-

Songs, wie z. B. die OFARIMS mit *Morning of my life* und die MARBLES mit *Only one woman*. Diese Glückssträhne dauerte bis 1971. Dann kam erst einmal eine Pause bis 1975. Die Brüder hatten sich zerstritten. *Main course* hieß das Album, mit dem sie sich 1975 zurückmeldeten. Dieses Album produzierten sie perfekt im Stil der Disco-Welle, die damals ja gerade überschwappte, so, als hätten sie nie etwas anderes gemacht. Ihre fiebrigen Falsett-Stimmen katapultierten Songs wie *Nights on broadway* und *Jive talking* an die Spitze der internationalen Charts. 1976 füllten ihre Superseller *You should be dancing* und *Too much heaven above* die Tanzflächen. Beide Songs wurden mit Gold ausgezeichnet. 1977 kam *Boogie child*, das ähnlich erfolgreich war. Aber ihr größter Erfolg kam dann 1978: der Soundtrack zu dem Disco-Film *Saturday night fever*. Die Songs daraus, *Night fever* und *Stayin' alive,* verkauften sich weltweit millionenfach, genauso wie die LP. Mit Filmmusik ging's dann auch weiter. Für den Streifen *Grease* schrieben die Bee Gees die Musik, und der Titelsong daraus mit FRANKIE VALLI (FOUR SEASONS) als Sänger war ebenfalls ein Millionenseller. Dann verlegten sich die Bee Gees mehr aufs Schreiben und Produzieren. Barry Gibb gelang 1980 ein Volltreffer mit einem Lied für BARBRA STREISAND, *Woman in love,* das er mit ihr im Duett sang, und der dazugehörigen LP *Guilty*. Für die Darbietung gewannen Barry und Barbra 1981 den Grammy Award für die »beste Darbietung eines Pop-Gesangsduos des Jahres«. 1982 versuchte Robin Gibb wieder eine Solo-Karriere — er hatte es schon einmal Anfang der 70er Jahre mit der LP *Robins reign* versucht — und hatte diesmal mit der Single *Juliet*

vor allen Dingen in Deutschland Erfolg. Barry Gibb machte ebenfalls 1982 wieder von sich reden, als er nämlich DIONNE WARWICKS Superalbum *Heartbreaker* schrieb und produzierte — Titelsong und Album wurden ein weltweiter Bestseller. Das gleiche glückte Barry auch mit dem → DIANA ROSS-Album *Eaten alive* und dem Song *Islands in the stream,* der 1983 ein Millionenseller für DOLLY PARTON und → KENNY ROGERS wurde. 1984 versuchte sich auch Barry Gibb als Solist. Aber seine Single *Shine, shine* und das Album *Now voyager* wurden kein Erfolg. Dann war es erst einmal eine geraume Zeit still um die Gebrüder Gibb. Bis sie 1987 erneut einen Plattenvertrag unterschrieben und das Album *E.S.P.* herausbrachten. Die erste Single hieß *You win again* — und kein Titel konnte besser passen: Die Bee Gees gewannen auf allen Linien. Das Lied wurde praktisch weltweit ein Nr.-1-Hit, das Album ein internationaler Bestseller. *E.S.P.* war eine LP, die mit jedem Lied zeigte, daß die drei Gebrüder Gibb auch nach über 20 Jahren in der Musikbranche immer noch genau den musikalischen Nerv der Zeit treffen konnten. Während die Teenager der 80er Jahre sie als neue Pop-Stars feierten, legten sich die Eltern die Platte mit wehmütigen Erinnerungen an die eigene Jugend auf. Ebenso erfolgreich war das nächste Album *One,* das 1989 die Hitparaden hinaufkletterte und Hitsingles wie *Ordinairy people* enthielt. Und als die Gebrüder Gibb 1989 auf Tournee gingen und am 22. Mai 1989 in der ausverkauften Münchner Olympia-Halle auftraten, konnte ARNO FRANK ESER in der AZ seine Kritik des Konzertes sehr treffend mit »Auf'm Plüschsofa der großen Gefühle« überschreiben — sobald das unnachahmliche Trio die alten Songs anstimmte, jubelte das Publikum wie zu besten → BEATLES-Zeiten.

Pat Benatar

geb. 10. 1. 1953 in New York/USA: voc

Geboren wurde die stimmgewaltige kleine Sängerin (sie ist nur 1,58 groß) in Brooklyn. Wie ihre Mutter, die Sängerin an einem unbedeutenden Opernhaus war, erhielt auch Pat eine klassische Gesangsausbildung. Mit 17 jedoch gab sie dem Gesangsunterricht und ihrem Elternhaus den Abschied und zog nach New York, um an der Universität Gesundheitswesen zu studieren. Dort lernte sie DENNIS BENATAR kennen, verliebte sich in den jungen Mann, heiratete ihn und zog mit ihm nach Richmond/Virginia, als er zur Armee mußte. Sie wurde Hausfrau, jobbte nebenbei als Bankangestellte und anschließend als Kellnerin. Doch das war auf die Dauer der agilen, hübschen Frau zu wenig; sie besann sich auf ihre Sangeskünste, ging zurück nach New York, tingelte durch diverse Bars und wurde prompt von einer Plattenfirma entdeckt. Von ihrem Mann Dennis ließ sie sich scheiden. Der zweite wichtige Mann in ihrem Leben war NEIL GERALDO, ein Gitarrist, den sie während der Aufnahmen zu ihrem ersten Album kennenlernte. Diese erste LP *In the heat of the night* (1979), produziert von MIKE CHAPMAN, der ja auch schon SMOKIE, SUZIE QUATRO und → HOT CHOCOLATE zu Hit-Ehren geführt hatte, war ein durchschlagender Erfolg. Die gekonnten Rock-Songs, die Pat Benatar mit furioser

Stimme darauf vortrug, verkauften sich weltweit millionenfach und bescherten Pat die erste Platin-Auszeichnung. Auch ihr zweites Rock-Album *Crimes of passion* (1980) wurde ein Knüller; es erhielt den Grammy 1980. Ebenso erfolgreich wurden Album Nr. 3 *Precious time* (1981) und Nr. 4 *Get nervous* (1982). Pat Benatar eilte von Tournee zu Tournee, von TV-Show zu TV-Show, von Festival zu Festival. Ihre hinreißenden Auftritte verschafften ihr den Ruf, die »stärkste Rock-Frau auf der Bühne« zu sein. Kein Wunder, daß auch ihr 1984 veröffentlichtes Live-Album *Live from earth* ein Bestseller wurde, ebenso die Single daraus. Es war die einzige Studioaufnahme, hieß *Love is a battlefield* und wurde unterstützt durch ein wirklich phantastisches Video. Dafür erhielt sie ihren vierten Grammy. 1984 erschien ihr sechstes Album namens *Tropico*, mit einer musikalisch etwas gewandelten Pat Benatar, die privat inzwischen Mrs. Geraldo geworden war. Weniger Rock, dafür mehr Seele, mehr R & B. Die musikalisch anspruchsvolle Single daraus, *We belong,* die sich von ihren früheren sehr geradlinigen Rock-Songs doch ziemlich unterschied, bescherte ihr wiederum einen Hitparaden-Erfolg. 1985 mußte Pat Benatar eine Pause einlegen, sie bekam ein Kind. Aber die stattliche Anzahl von 20 Millionen verkaufter Platten und der hervorragende Ruf, den sie beim Publikum genießt, halfen ihr, die wohlverdiente Ruhepause ohne größere Schwierigkeiten zu überbrücken. Bereits Ende 1985 war sie wieder mit einem neuen Album da. *Seven the hard way* nannte sie die von Ehemann Neil Geraldo produzierte LP. Darauf rockte Pat Benatar wieder los wie in alten Zeiten. Drei Jahre mußten die Fans anschließend warten, bis es Neues von Pat Benatar zu hören gab. Erst 1988 erschien die achte LP *Wide awake in dreamland* – ein Album, das die amerikanische Rockröhre abermals in Hochform zeigte. Als Produzent, Leadgitarrist und Autor der meisten Songs zeichnete wieder Ehemann Neil Geraldo verantwortlich.

Chuck Berry

CHARLES EDWARD BERRY, geb. 18. 10. 1927 in St. Louis/Missouri

Der Komponist, Texter, Gitarrist und Sänger ist mit die einflußreichste Person der gesamten Geschichte des Rock 'n' Roll. Als Teenager lernte Chuck Berry das Gitarrespielen, wanderte aber auch wegen eines Raubüberfalls für drei Jahre hinter Gitter. Nach seiner Entlassung 1947 arbeitete er für General Motors, ehe er sich zum Friseur ausbilden ließ. Um den Lebensunterhalt für sich, seine Frau und seine zwei Kinder aufzubessern, begann er nebenbei Musik zu machen. 1955 beschloß er, sich ganz der Musik zu widmen, ging nach Chicago, lernte dort MUDDY WATERS kennen, der von seiner Gitarrentechnik begeistert war, und bekam durch ihn einen Plattenvertrag. *Maybelline* und *Wee wee hours* waren die ersten beiden Titel, die er aufnahm. Um der Platte genügend Airplay bei den Radiostationen zu verschaffen, wurde bei *Maybelline* der bekannte Discjockey ALAN FREED als Co-Autor angegeben. Mr. FREED erfüllte seine Pflicht, und innerhalb kürzester Zeit war *Maybelline* ein Hit. Es war der erste in einer langen Reihe von kraftvollen, erdigen und im Grunde genommen geradezu genial einfachen Rock 'n' Roll-Songs. Es folgten Superseller wie *Roll over Beethoven, Johnny B. Goode, Sweet little sixteen, Brown eyed handsome man, School day, Carol, Back in the U.S.A.* (alle zwischen 1955 und 1959 erschienen). Seine witzigen, ironischen und teilweise auch beißenden Texte handelten von Alltäglichkeiten, von Liebe und Schule, von Autos und Bahnhöfen. Chuck Berry machte die reinste Form des Rock 'n' Roll: R & B und C & W, gut gemischt und ohne viel Firlefanz. Berühmt wurde der hagere, veschmitzt aussehende Musiker auch durch seinen 1956 kreierten »Entengang«, bei dem er, sehr zur Freude seines begeisterten Publikums, ungeheuer komisch über die Bühne watschelte. Er war damals einer der wenigen farbigen Interpreten, die beim weißen Publikum voll ankamen, beim Teenager-Publikum wohlgemerkt, denn die Erwachsenen betrachteten diesen erfolgreichen und wohlhabenden Neger voller Mißtrauen. Sie hatten Angst, daß er mit seinen wilden Rhythmen und seinen direkten Texten ihre Kinder »verdarb«. Und sie atmeten auch erleichtert auf, als Charles Edward Berry 1959 wegen »unamerikanischer Umtriebe« angeklagt und, nach zweijähriger Verhandlung, zu zwei Jahren Gefängnis verurteilt wurde. Als Chuck Berry 1963 wieder entlassen wurde, mußte er feststellen, daß inzwischen eine neue Rock-Generation nachgekommen war, die munter mit seinen Songs Erfolge feierte. Die → BEATLES mit *Roll over Beethoven,* die → STONES mit *Come on* und *Carol,* und die → BEACH BOYS hatten sein *Sweet little sixteen* kurzerhand in *Surfin'*

U.S.A. umbenannt. 1964 brachte Chuck Berry dann *Memphis Tennessee* heraus, ein Lied, das er schon sehr viel früher geschrieben hatte. Auf diesen Song stürzten sich ganze Legionen von anderen Interpreten: JOHNNY RIVERS, DAVE BERRY, um nur zwei zu nennen. Doch der schier unerschöpfliche Chuck Berry, der sich auch nicht scheute, ein und denselben musikalischen Einfall mit geringen Abwandlungen immer wieder zu verwenden, hatte noch eine ganze Menge anderer Songs parat: *Nadine, No particular place to go, You never can tell.* Doch Mitte der 60er Jahre begann sein Stern wieder zu sinken. Lediglich seine Live-Auftritte, vor allen Dingen in England, das ihm treu ergeben war, rissen das Publikum immer noch zu Begeisterungsstürmen hin. Und es war auch bei einem englischen Auftritt, beim Lancaster Arts Festival, wo sein erster und einziger Nr.-1-Hit entstand: *My ding-a-ling.* Auch dieses Lied hatte Chuck Berry bereits seit Jahren im Repertoire gehabt, aber erst 1972 wurde der eindeutig zweideutige Song als Live-Mitschnitt auf Platte gebannt und verkaufte sich in England und Amerika millionenfach. Genau zu der Zeit war es auch, als → BRUCE SPINGSTEEN, damals noch irgendein unbedeutender Sänger und Gitarrist, mit Chuck Berry spielen durfte. Mit einem Chuck Berry, der pünktlich fünf Minuten vor seinem Auftritt ankam, unbewegt vor der tobenden Menge auf der Bühne seine Gitarre stimmte, dann eine Stunde lang das Publikum zu Beifallsstürmen hinriß, und ebenso pünktlich und unbewegt danach wieder allein in sein Auto stieg und verschwand. Auch heute tritt Chuck Berry, die lebende Rock 'n' Roll-Legende, hin und wieder noch einmal auf und zeigt

den Jungs von heute, wie man richtigen Rock macht. So z. B. Mitte 1987 beim Blue-Danube-Festival im niederbayerischen Deggendorf. Nur hatte er diesmal als Begleitmusikerin seine inzwischen schon erwachsene Tochter mitgebracht, die ihm an Temperament, Gesang, Bühnenshow und Mundharmonikaspiel in nichts nachsteht. Finanziell nötig hat es der clevere Geschäftsmann nicht. Er hat sein Geld gewinnbringend in einem eigenen Freizeitpark angelegt. Zu seinem 60. Geburtstag wurde im Fox Theatre in St. Louis ihm zu Ehren ein Konzert gegeben. Außer dem Geburtstagskind selbst und seinen Zeitgenossen LITTLE RICHARD und BO DIDDLEY wirkten andere Superstars wie KEITH RICHARDS, → ERIC CLAPTON und → LINDA RONSTADT mit. Das Ereignis wurde auf Film festgehalten und lief in den Kinos unter dem Titel *Hail! Hail! Rock 'n' Roll.*

Lory ›Bonnie‹ Bianco

LORY LYNN »BONNIE« BIANCO, geb. 19. 8. 1963 in Greensburg/Pennsylvania

Die Karriere der attraktiven jungen Amerikanerin ist fast zu schön, um wahr zu sein: Geboren wurde Lory als Tochter der deutschstämmigen Helen Pritts und des Italieners James Sebastian Bianco. Sie hat zwei Geschwister: Schwester Holly und Bruder Jimmy. Die zielstrebige Mutter schickte ihren Nachwuchs schon früh auf die Bretter, die die Welt bedeuten. Und bald kannte Lory nur einen Berufswunsch: Sängerin zu werden. Bereits als Teenager gewann sie etliche lokale Wettbewerbe und durfte

Bonnie Bianco   Foto: Teldec

1980 ihre erste Single *Teenager in love* aufnehmen. Doch das ganz große Glück winkte ihr 1981. Da wurden nämlich bei einem Wettbewerb in Los Angeles die italienischen Star-Autoren und Produzenten GUIDO & MAURIZIO DE ANGELIS (OLIVER ONIONS) auf sie aufmerksam. Die beiden suchten gerade ein amerikanisches Allround-Talent für den italienischen Markt. Unter 200 Bewerberinnen wählten sie die zierliche Lory aus. Lory zog nach Bella Italia um, nahm dort eine LP auf, agierte in diversen TV-Spots und wurde im Zuge dessen für den Film entdeckt. 1983 bekam sie die Hauptrolle in *Cinderella*, einer modernen Version des Märchens vom Aschenbrödel. Ihr Partner war, in der Rolle des Rock-Prinzen Mizio, der gutaussehende französische Sänger und Schauspieler PIERRE Cosso, der bereits schon in *La Boum II* für Furore gesorgt hatte. Lory und Pierre sangen im Duett das Leitmotiv des Fernseh-Vierteilers *Cinderella* – den herzerweichenden Soft-Song *Stay*. Als die Fernsehserie Anfang 1987 auch in Deutschland ausgestrahlt wurde, raste der zu Herzen gehende Song im März 1987 innerhalb von nur 2 Wochen auf Platz 1 der deutschen Hitparade, vertrieb dabei das Lied *Reality*, den Solohit von RICHARD SANDERSON aus *La Boum II* und hielt sich dort für vier Wochen. Kaum hatte sich dieser Erfolg für Lory eingestellt, schon gab's Ärger. Denn die junge Sängerin hatte früher auch für andere Plattenfirmen LPs aufgenommen, und die wurden jetzt sofort auf den Markt gebracht – Kopplungen aus alten Bianco-Songs. Das »richtige« neue Album erschien im Mai 1987 unter dem Titel *Just me.* Mit dem Song *Miss you so* konnte sich Lory Bianco ebenfalls wieder erfolgreich in den europäischen Charts plazieren, desgleichen mit der Nachfolgesingle *Love is a lonely hunter.* Dann wechselte Fräulein Bianco abermals die Plattenfirma und brachte Ende 1988 das Album *True love, Lory,* das aber an die vorherigen Erfolge nicht heranreichen konnte. 1990 versuchte es Miss Bianco mit rockiger Dance-Music. *Heartbreaker* hieß der erste Song in dieser Art. Doch auf dem dazugehörigen Album *Lonely is the night* waren dann doch mehr sanfte Rockballaden zu hören.

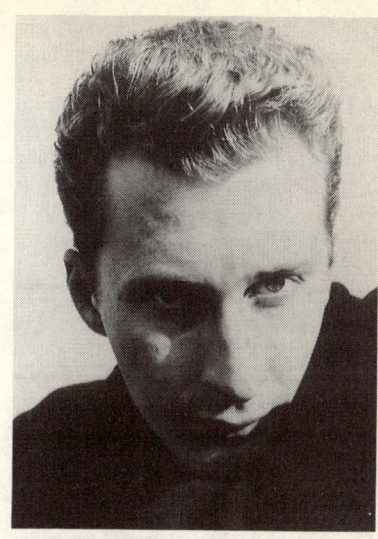

Black
Foto: A&M Records

Black

COLIN VEARNCOMBE, geb. 25. 5. 1962 in Liverpool/England

»Die meisten Menschen nehmen Musik viel zu ernst! – Es gibt wichtigere Dinge, über die man plaudern kann – zum Beispiel Fußball und Frauen!« Wer solches sprach, war keineswegs ein Pop-Musik-Hasser, sondern einer der Shooting Stars des Jahres 1987: Black alias Colin Vearncombe. Wochenlang war der eher zarte, schlanke junge Mann ganz oben in den englischen und deutschen Hitparaden mit seinem Song vom *Wonderful life.* Mit der sanften, etwas wehmütig klingenden Nummer betrieb Mr. Vearncombe allerdings nur erfolgreich Vergangenheitsbewältigung: In dem Lied geht's nämlich um seine Scheidung, die 1985 stattgefunden hatte. Den Frust über seine gescheiterte Ehe schrieb sich der Jüngling mit dem schmachtenden Crooner-Blick, laut eigenen Angaben, innerhalb von nur 5 Minuten von der Seele. Als Knabe trommelte Colin Vearncombe mit Begeisterung auf leeren Bonbon-Dosen herum, mit 15 Jahren fing er dann an, richtig professionell an die Sache heranzugehen. Zu seinen Musiker-Favoriten gehören → ROY ORBISON, SCOTT WALKER, → SAM COOKE und → KATE BUSH – alles Interpreten, die sich nicht gerade durch heftige Rock-Titel hervortaten, sondern eher durch romantisch-traurige Songs, die sich auf Samtpfoten in die Gehörgänge schleichen und dort hängen bleiben. Mit *Wonderful life* führt Black diese Tradition hervorragend fort. Sein

Debüt-Album *Wonderful life,* auf dem er auch sein Talent für etwas rhythmischere Songs bewies, erhielt noch 1987 in Deutschland Gold. Auch seine dritte Single, *Everything's coming up roses,* wurde in Deutschland ein Hit. Single Nr. 1, der hinreißende Soft-Song *Sweetest smile,* war 1986 nur in England ein Hit gewesen.

Black Box

Black Box ist keine Gruppe, sondern ein Projekt des italienischen Mastermind DJ LELEWEL alias DANIELE DAVOLI. Er war derjenige, der 1989 mit Gruppen wie BLACK BOX und STARLIGHT in Italien die Erneuerung der sog. House-Music in die Wege leitete. Davoli holte sich die Musiker MIRKO LIMONI und VALERIO SEMPLICI, die beide eine klassische Ausbildung haben, und übte sich mit ihnen in der hohen Kunst des Sampelns. Zusammen mit dem unwiderstehlichen Groove wurde daraus eine Musikart, die den Namen ›Italo House‹ bekam und sich zunächst gesamteuropäisch und anschließend weltweit durchsetzte. *Ride on time* hieß der erste Tanz-Knüller 1989. Davoli verwendete dafür Teile aus LOLEATTA HOLLOWAYS *Love sensation,* einem Salsoul-Disco der 70er Jahre. Der Power-Gesang von Loleatta, dazu das treibende Piano und der in die Beine fahrende Beat – die Belohnung für die perfekte Mischung waren sechs Wochen auf Platz 1 in Großbritannien für *Ride on time.* In Deutschland konnte sich der Song ebenfalls wochenlang in den Top 5 halten. Die bildhübsche farbige junge Dame auf dem Cover der Single ist übrigens Katrine, ein Mädchen aus der Karibik, die als Präsentatorin des Songs fungierte. Ähnlich erfolgreich war dann 1990 auch der zweite Black-Box-Song *I don't know anybody else,* der nach dem gleichen Strickmuster angefertigt worden war. Und auch die dritte Single *Everybody everybody* wurde ein Bestseller.

Blondie

→ DEBBIE HARRY

Blue System

DIETER BOHLEN, geb. 7. 2. 1954 in Oldenburg: voc/g

Der ewig strahlende Blondschopf aus Deutschlands Norden ist das Wunderkind der deutschen Pop-Musik. In den 70er Jahren sorgte er noch als Mr. Namenlos für Hits für deutsche Top-Stars wie KATJA EBSTEIN, ROLAND KAISER und RICKY KING. Seit Mitte der 80er Jahre ist er selbst ein Star. Und zwar in mehrfacher Beziehung: als Komponist, Texter, Arrangeur, Produzent, Gitarrist und – seit 1987 – auch als Solosänger. Daß Dieter Bohlen das Duo → MODERN TALKING, wo er ja bekanntlich der Kopf war, seit 1985 mit einem Superseller nach dem anderen versorgte, daß er auch bis 1989 für die Hits der Sängerin → C.C. CATCH verantwortlich war, ebenso wie für das Comeback des ehemaligen SMOKIE-Leadsängers → CHRIS NORMAN, und daß er nebenbei auch noch

Instrumentalmusik für's Fernsehen (ARD-Sportschau, *Die Insel*) schreibt – das sollte eigentlich einen Mann voll auslasten. Aber nicht so Dieter B., den Strahlemann mit dem goldenen Händchen für leichtgewichtige, aber ungeheuer eingängige Pop-Melodien. Da hatte er nun den Song *Sorry little Sarah,* eine leicht angejazzte Nummer mit südamerikanischen Klängen – und die paßte zu keinem seiner Projekte. Also sagte sich Dieter, warum in die Ferne schweifen, sieh, das Gute liegt so nah – und machte die Nummer selbst. Dazu nannte er sich Blue System, produzierte den Song auf raffiniert einfache Weise so, daß seine etwas schwache Stimme gar nicht auffiel, drehte ein sexy Video dazu – und schon gab es einen neuen Hit aus dem Bohlen-Stall. Auch das dazugehörige Debütalbum von Blue System, die LP *Walking on a rainbow,* verkaufte sich recht gut. Wieder ein Plus-Punkt auf der Erfolgliste des Dieter Bohlen, der schon über 40 Millionen Tonträger mit Aufnahmen, an denen er beteiligt war, verkauft hat. Auch die zweite Single aus seinem Debüt-Album, *My bed's too big,* wurde 1988 wieder ein Top-10-Hit in Deutschland.

Dann dehnte der agile Blondschopf seinen Wirkungsbereich noch weiter aus. Mit *Broken heroes* schrieb und produzierte er für Chris Norman einen weiteren Bestseller; C.C. Catch bescherte er mit *House of mystic lights* wieder einen Hit; und er nahm auch noch LES MCKEOWN, den ehemaligen Leadsänger der Teenager-Band BAY CYTY ROLLERS, erfolgreich unter seine Fittiche und fabrizierte ihm mit der fröhlichen Pop-Nummer *She's a lady* nach langer Hitparaden-Abstinenz wieder eine Erfolgsnummer. Doch ab 1989 fing ein kalter

Dieter Bohlen
Foto: Ariola/Hansa/Zill

Wind an, Dieter Bohlen um die Ohren zu wehen. Chris Norman hatte bereits 88 in aller Öffentlichkeit die Nase über die Soft-Nummer *Broken heroes* aus dem Schimanski-Tatort *Gebrochene Blüten* gerümpft. Jetzt stand auch fest, daß das internationale Erfolgsduo Modern Talking endgültig geplatzt war und Sänger Thomas Anders künftig Solo-Pfade beschritt – und zwar ohne Dieter Bohlen. Auch C.C. Catch mochte sich nicht länger von Dieter Bohlen unkomplizierte Hit-Songs auf die dünne Stimme schreiben lassen und zog mit Freund und Ambitionen nach England um. Doch Bohlen ließ es sich nicht verdrießen und verdiente sich beim Verfassen des Soundtracks für die TV-Serie *Rivalen der Rennbahn* die nächste goldene Nase. Mit der LP *Twilight* und der Hitsingle *Magic symphony* legte er die nächsten lukrativen Blue System-Produktionen vor. Im Herbst 89 tourte Dieter Bohlen mit Blue System erfolgreich durch Rußland. Sechsmal füllte der erfolgreichste deutsche Komponist und Produzent die Moskauer Olympiahalle, insgesamt 150 000 Russen lauschten seinen Melodien. Wegen der großen Nachfrage wurde die Tournee Anfang 1990 wiederholt. Ende 89 gab's dann mit *Body heat* das dritte Blue-System-Album, *Love suite,* das mit der ersten Single daraus, von Bohlen wieder mit heiser verrauchter Stimme intoniert, und mit *48 hours* wieder etliche Single-Hits enthielt.

1990 veröffentlichte Blue Systems, alias Dieter Bohlen, die LP *Obsession,* die wieder etliche Hitparaden-Erfolge enthielt.

Phillip Boa & The Voodooclub

PHILLIP BOA, geb. 1962 in Dortmund: voc; PIA LUND, voc; THE VOODOO: perc; DER RABE: perc

1983 beschloß der 1.90 m große ehemalige Student Phillip Boa der Musik-Welt einen Gefallen zu tun. Er gründete das alternative Plattenlabel ›Constrictor‹, auf dem er Seltsamkeiten von anderen und ebenso eigenwillige eigene Werke veröffentlichte. Er entwickelt eine gesamtkonzeptionelle Philosophie, die er »Bilde Dir eine eigene Philosophie, kaufe Constrictor-Produkte« nannte. Zusammen mit seiner Freundin Pia Lund,

mit der er 1988 eine Tochter bekam, entwickelt er neue Klangcollagen und macht sich an die Arbeit, eine dazu passende Gruppe zu gründen: den Voodooclub. Der bestand aus den Percussionisten ›The Voodoo‹ und ›Der Rabe‹. 1984 erschein mit der Maxi *Most boring world* ein erstes Werk, das bereits ob seiner Eigenwilligkeit und des neuen Soundkonzeptes von Kritikern mit großem Wohlwollen bedacht wurde. Musikalische Anarchie und Provokation standen auf Phillip Boas Fahnen und war auch die treffenste Bezeichnung für seine erste LP *Philister,* die 1985 erschien. Während Großbritannien diese deutsche Neuerscheinung bejubelte, wurde ihm in Deutschland eher genialer Dilettantismus bescheinigt. Das schien Boa denn doch zum Nachdenken zu bringen, und als Gegenbeweis brachte er Ende 1986 das zweite Album *Aristocracie* heraus, ein von Gitarren und anderen Saiteninstrumenten beherrschendes Werk, das schon sehr viel gemäßigter und geglätteter klang. Obwohl Boa kurz vorher noch glühender Anhänger von möglichst kleinen Independent-Labels gewesen war und vollmundig verkündet hatte: »Wir gehen niemals zur Industrie«, wurde er diesem Grundsatz 1987 bereits untreu. Er fügte seinem früheren Statement den Nachsatz »Und wenn, dann nur für viel Geld« hinzu und unterschrieb beim Konzern Polydor, der ihm als erstes prompt die Anschaffung eines Häuschens für sich und seine Familie ermöglichte. *Copperfield* hieß dann die Boa-LP Nr. 3, die Anfang 1988 auf dem neuen Label erschien und sich als erste Boa-Platte in der deutschen Hitparade plazieren konnte. Trotz Eintritt in den Kommerz hatte und hat Boa aber immer noch ein Ziel: Er will die Leute vom

Phillip Boa & The Voodoo Club
Foto: Dirk Rudolph

›Euter-Pop‹ einer → Samantha Fox oder → Sabrina wegführen und hin zu äthestischer Musik, zum extraordinairen Grufti-Underground-Neo-Psychedelic-Ethno-Pop-Rock seines Voodooclubs. *Hair* war dann 1989 Boas vierter Streich, der es sogar in den deutschen LP-Charts bis unter die Top 30 schaffte und ihm in Großbritannien von der Fachzeitschrift New Musical Express die Ehrung einbrachte, nach den Einstürzenden Neubauten die zweitbeste deutsche Band zu sein. Der stets grimmig dreinblickende junge Mann, der sich auf der Bühne gerne von seinem Publikum beschimpfen läßt, hatte aber immer noch Probleme mit seinem kommerziellen Erfolg. Von der Plattenfirma verlangte er, die neue Single aus dem Verkehr zu ziehen, falls sie in der Hitparade höher als Platz 40 steige. Da sein 90er-Album *Hispanola* aus dem Stand unter die Top 10 kam, hätte er die Gesamtauflage dieser ungemein aufwendig hergestellten LP eigentlich sofort einstampfen lassen müssen. Was er aber nicht tat, sondern sich über seinen Erfolg freute.

Bolland & Bolland

Rob Bolland, geb. 17. 4. 1955 in Port Elizabeth/Südafrika; Ferdi Bolland, geb. 5. 8. 1956 in Port Elizabeth/Südafrika

Die so ungleichen Brüder machten in den letzten 18 Jahren eine phänomenale Karriere. Sie stammen aus einem musikalischen Elternhaus, die Mutter spielte Klavier, und der ältere Bruder brachte ihnen das Gitarrespielen bei. Als der Vater starb, ging die Familie 1971 nach Holland, das Land ihrer Großeltern, zurück. Gleich nach der Ankunft schrieben Rob und Ferdi ein Lied, das sie *Summer '71* nannten. Es wurde in Holland ein Nr.-1-Hit. In diesem Stil ging es eigentlich bis heute weiter. Von 1971 bis 1981 wurden 18 Songs aus ihrer Feder die Nr. 1 im Land der Tulpen und Holzschuhe, 23 weitere Lieder kamen unter die ersten zehn der holländischen Hitparade. Die Gebrüder Bolland komponierten und texteten für sich und für Musikkollegen, traten erfolgreich als Duo auf und begannen außerdem noch, sich aufs Produzieren und Arrangieren zu verlegen. Ab 1981 zogen sich die beiden, die damals immerhin erst 26 bzw. 25 Jahre alt waren, mehr und mehr von der Bühne zurück und konzentrierten sich mehr auf die Studioarbeit. Dabei entstand 1982 die LP *The Domino theory* mit der Single *You're in the army now,* die beide in den Niederlanden ein Hit wurden, in Deutschland allerdings nur ein Achtungserfolg. 1984 erschien die nächste LP, *Silent partners,* ein Album, das die beiden praktisch im Alleingang aufgenommen hatten. Die Single-Hits daraus hießen *Ten american girls* und *The boat.* Für Aufsehen sorgten die Brüder Bolland dann international 1985 mit der ganz hervorragenden → FALCO-LP *Falco 3,* bei der sie als Produzenten verantwortlich zeichneten. Außerdem komponierten die zwei Brüder bis auf drei alle Lieder dieser LP, Falco schrieb die Texte. Sie waren verantwortlich für Fal-

co-Bestseller wie *Rock me Amadeus, Jeanny, Coming home, Vienna's calling* und *The sound of music.* 1986 beschloß die englische Boogie-Rock-Band → STATUS QUO, die 1985 bereits ihr Abschiedskonzert gegeben hatte, doch noch mal ein Comeback zu versuchen. Als geeigneten Titel suchten sich RICK PARFITT und seine Mannen ein Lied von Bolland aus – den 82er Song *You're in the army now.* Das war eine ausgesprochen gute Wahl, denn in der Version von Status Quo kam der Song 1986 in Deutschland auf Platz 1 und in England auf Platz 2. 1987 entschlossen sich Rob und Ferdi, doch mal wieder etwas eigenes zu bringen. Sie produzierten die LP *Brotherology,* die zwei Single-Hits enthielt, die auch in Deutschland in die Charts gingen: zum einen *Tears of ice,* zu hören auch in dem Schimanski-Tatort *Spielverderber,* und zum anderen *Best love of my life.* Im Dezember 1989 versuchten die beiden Brüder wieder in die deutschen Charts zu kommen. Zum Fall der Mauer in Berlin ließen sie sich, frei nach dem Gospel *Josuah fit the battle of Jericho,* den Song *The wall came tumbling down* einfallen. Es blieb bei dem Versuch.

Michael Bolton

geb. in Connecticut/USA: voc

Wer nimmt eine neue Version von OTIS REDDINGS Klassiker *Sittin' on the dock of the bay* auf und erhält dafür von Otis' Witwe ein glühendes Anerkennungsschreiben? Wer bekommt in der Heavy-Metal-Zeitschrift KERRANG! einen vierseitigen Artikel und schreibt gleichzeitig Songs für den Country-Star → KENNY ROGERS? Wer reißt bei seinen Live-Auftritten jedes konservative Publikum vom Stuhl und erhält waschkörbeweise Fan-Post von Teenagern? Niemand anderer als Michael Bolton, der neue Superstar am amerikanischen Singer/Songwriter-Himmel. Der weiße Michael hat eine rauhe, schwarze Vier-Oktaven-Stimme. Geschult hat er sie, in dem er als Kind Soul-Stars wie RAY CHARLES, MARVIN GAYE und WILSON PICKETT lauschte. »Ich bin in erster Linie mit der Motown-Musik aufgewachsen. Ich glaube, ich habe schon in der Wiege mit dem Singen angefangen – und immer war es schwarze Musik«. Der Knabe mit der gewaltigen Stimme spielte zunächst in diversen Bands in Connecticut und trat damit in Bars auf, in die er aufgrund seines Alters eigentlich noch gar nicht hätte gehen dürfen. Mit ganzen 15 Jahren bekam Michael seinen ersten Plattenvertrag. Unterstützt von heutigen Stars wie DAVID SANBORN und ANDY NEWMARK nahm er eine Reihe von Solo-Alben auf, die ihm allerdings nicht den erhofften Durchbruch brachten. Anschließend folgte ein kurzer Abstecher als Sänger und Songwriter für eine Gruppe namens BLACKJACK, bis Michael schließlich 1982 bei Columbia Records einen Plattenvertrag bekam und 1983 mit *Michael Bolton* das erste Album veröffentlichte, das sich in den Charts plazieren konnte. *Fool's game* hieß die recht erfolgreiche Single daraus. 1985 folgte die LP *Everybody's crazy,* die sich ebenfalls gut verkaufte und den Song *Desperate heart* enthielt, der anschließend von → STARSHIP übernommen wurde. Von da an ging es auch mit Michaels Karriere als Songwriter für andere bergauf. Für → TINA TURNER

schrieb er den Song *The hunger,* doch der gefiel ihm dann so gut, daß er ihn lieber als Titelsong für sein 87er Album *The hunger* behielt. Und dieses Album brachte 1988 den endgültigen Durchbruch. *That's what love is all about* war die erste Single, die für Bolton ein Nr.-1-Hit wurde. Es folgte seine Version von *Dock of the bay,* die sich ebenfalls plazieren konnte; und Single Nr. 3 war *Walk away,* die auch in den Top 10 der Hot 100 vorstieß. Dazu kam der Erfolg von *I found someone,* das Bolton für → CHER geschrieben hatte und der extravaganten Sängerin Anfang 1988 wieder einen Hit bescherte. Zusätzlich bekam Bolton Anfang 1988 den New York Music Award als ›Bester R & B-Sänger des Jahres‹. Diesen Erfolg konnte der sympathische Künstler mit dem dunklen Lockenkopf auch mit dem 89er Album *Soul provider* fortsetzen. Nicht nur der Titelsong wurde ein Bestseller; mit der Ballade *How am I supposed to live without you* hatte Michael Bolton zum Jahreswechsel 89/90 in USA einen Nr.-1-Hit und konnte sich damit auch in Deutschland plazieren, außerdem wurde er für diesen Song mit dem Grammy ausgezeichnet. 1990 wurde die LP *Soul provider* in den USA mit Platin ausgezeichnet.

Bonfire

CLAUS LESSMANN, geb. 11. 9. 1960 in Oberwildenau: voc; JOHANN ZILLER, geb. 18. 5. 1960 in Eichstätt: leadg/accg; HORST MAIER-THORN, geb. 20. 2. 1960 in Oberhausen: leadg; JOERG DEISINGER, geb. 23. 4. 1966 in Nürnberg: b; EDGAR PATREK, geb. 22. 11. 1958 in Wien: dr

Wieder eine deutsche Hard-Rock- und Heavy-Metal-Band, die den internationalen Standard nicht zu scheuen braucht. Ganz im Gegenteil. Ausgangspunkt dieser Band war 1979 Ingolstadt. CACUMEN nannte sich die Formation, die damals noch zu fünft war und innerhalb kürzester Zeit im süddeutschen Raum bereits zur heißgeliebten Live-Band wurde. Unter diesem Namen veröffentlichten sie zwei selbstproduzierte Alben, *Cacumen* und *Bad widow*. 1986 wurden dann auch die Plattenfirmen hellhörig, und die fünf bekamen endlich einen Vertrag. *Don't touch the light* hieß dann 1986 das erste professionell produzierte Album von Bonfire. Und da war dann schon zu hören, daß die bayerischen Knaben einiges auf dem Kasten hatten. Die Texte stammten alle von Leadsänger Claus Lessmann, die Kompositionen teilten sich Johann Ziller und Horst Maier-Thorn. Das abwechslungsreiche Album, das sowohl kraftvolle Power-Songs wie *Hot to rock* als auch eindrucksvolle Balladen wie *You make me feel* enthielt, schufen der Band ziemlich schnell ein deutschlandweites, begeistertes Publikum. Als Bonfire 1987 im Vorprogramm der Südstaaten-Rocker → ZZ TOP auftraten, brachten sie in München die ausverkaufte Olympiahalle zum Kochen. Ab 1987 machte Bonfire dann als Quartett weiter und legte Ende 87 mit *Fire works* ein ganz hervorragendes zweites Album vor. Als Produzenten hatten sie sich den erprobten MICHAEL WAGENER geholt (→ ALICE COOPER), mit dem sie das Album in Los Angeles aufnahmen. Auch dieses Mal stimmte wieder das Konzept, die Abwechslung zwischen Power-Songs wie *Rock me now* und gemäßigteren Titeln wie *Sleeping all alone*. Die LP stieg in den deutschen LP-Charts weit nach oben. 1988 wurden sie dann durch den österreichischen Trommler Edgar Patrek wieder zum Quintett. 1989 nahmen die fünf Hard-Rocker in Los Angeles dann das nächste Album *Point blank* auf. Es hatte schon eine ganze Weile in der Band gekriselt. Gegenstand der Unruhe war Hans Ziller, mit dem es musikalische und persönliche Differenzen gab. Noch während der Aufnahmen zu *Point blank* mußte sich der Gitarrist von der Band trennen. Anschließend verklagte er die Gruppe, weil sie ihn seiner Meinung nach auf dem Cover nicht gebührend gewürdigt hatten. Der Gerichtsstreit endete Anfang 1990 mit einem Vergleich über DM 70 000, die Bonfire zähneknirschend an den Musiker bezahlten, um Schlimmeres zu verhüten, z. B. ein Ergebnis wie bei → YES, wo vier Mitglieder den Gruppennamen nicht mehr verwenden dürfen, weil ein Gründungsmitglied die Hand darauf hat. Der musikalischen Qualität des Albums tat der Streit allerdings keinen Abbruch. *Point blank* zeigte ein weiteres Mal, daß Bonfire einen Vergleich mit der Hard-Rock-Weltklasse nicht zu scheuen braucht.

Bon Jovi

JOHN »BON JOVI« BONGIOVI, geb. 2. 3. 1962 in New Jersey: voc; RICHIE SAMBORA, geb. 1961 in Perth Amboy/USA: g; ALEC JOHN SUCH, geb. 1955 in Yonker/USA: b; DAVID »BRYAN« RASHBAUM, geb. 1962 in Perth Amboy/USA: keyb; TICO TORRES, geb. 1954 in New York/USA: dr

Das Hardrock-Quintett um den Sänger, Frontmann und Kopf John Bongiovi entstand 1983. Doch John war schon viel früher musikbegeistert. Als Teenager tingelte er bereits durch die einschlägigen Clubs in New Jersey und gründete dann 1978 seine erste Band, die 10-Mann-Kapelle ATLANTIC CITY EXPRESSWAY. Danach folgte eine Formation namens THE REST, bei der bereits der Keyboarder David Rashbaum mit von der Partie war. Aber noch klappte es nicht so recht. John hielt sich mit diversen Jobs über Wasser, schrieb währenddessen fleißig Songs, und traf dann 1983 endlich auf den Rest der Mannschaft. Bon Jovi war geboren. Die erste Single wurde produziert, der autobiographische Song *Runaway,* und Bon Jovi durfte als Vorgruppe von → ZZ TOP spielen. Bei beidem war das Quintett erfolgreich. Den großen Durchbruch brachte dann 1984 das Debüt-Album *Bon Jovi* mit den beiden Top-40-Hits *Runaway* und *She don't know.* In England erhielt die Formation 1984 die Auszeichnung »Bester Newcomer des Jahres«, und in Amerika wurde sie zu den zehn besten Bands des Landes gewählt. Das Debüt-Album wurde mit Gold ausgezeichnet. Der melodiöse, harte Power-Rock des Quintetts erobert aber nicht nur Amerika und England, sondern auch Deutschland und Japan. Und auch im Land der aufgehenden Sonne bekam das Album Gold. Tourneen mit den → SCORPIONS und → KISS folgten. 1985 erschien die zweite LP *78000 Fahrenheit,* auf der Bon Jovi abermals beweist, daß sie nicht nur Hard-Rock und Heavy Metal beherrschen, sondern auch durchaus fähig sind, witzige Songs und Balladen zu schreiben. Dieses Konzept behielten die fünf von Bon Jovi auch auf dem 86er

Album *Slippery when wet* bei, das mit *You give love a bad name* und *Living on a prayer* zwei Single-Bestseller enthielt. Insgesamt hielt sich das Album in den USA zwei Monate lang auf Platz 1 der LP-Hitparade und verkauft sich weltweit fast 9 Millionen Mal. Allein in den USA wurde es siebenmal mit Platin veredelt. Ende 1988 erschien dann das vierte Bon-Jovi-Album namens *New Jersey.* Auch diese LP entpuppte sich als weltweiter Millionenseller und enthielt mit *Bad medicine, Born to be my baby, I'll be there for your, Lay your hands on me* und *Living in Sin* wieder eine ganze Reihe internationaler Single-Hits. 1990 ging John Bon Jovi dann überraschenderweise allein ins Studio. Statt von seiner Band ließ er sich von First-Class-Musikern wie JEFF BECK, LITTLE RICHARD und ALDO NOVA begleiten. Heraus kam dabei das Album *Blaze of glory/Young guns II,* das wieder einmal Rock-Musik vom Feinsten enthielt. Mit der Single *Blaze of glory* gelang dem stimmgewaltigen jungen Mann ein weltweiter Bestseller.

Boomtown Rats

→ BOB GELDOF

Boston

TOM SCHOLZ, geb. 10. 3. 1947: g/keyb; BRAD DELP, geb. 12. 6. 1951: voc; FRAN SHEEHAN, geb. 26. 3. 1946: b; alle aus Boston

Boston Foto: MCA Records

Boston, die Gruppe aus der gleichnamigen Stadt an der Ostküste von Amerika, ist im Grunde genommen das »Kind« eines einzigen Mannes − von Tom Scholz. Er war Designer bei Polaroid und langweilte sich dabei tödlich. Als Ausgleichshobby hatte er sich im Keller seines Hauses ein Studio eingerichtet, in dem er nachts mit Gitarreneffekten und elektronischen Tricks herumbastelte. Jahrelang mühte er sich damit herum, bis er sie endlich für gut genug befand, um die Demos an Plattenfirmen zu schicken. Nach einer Reihe von Absagen griff 1975 endlich eine zu. Scholz holte sich seine Mit-Musiker ins Studio, feilte noch ein bißchen an den Vokalharmonien und der unglaublichen Mischung aus Soft- und Hardrock herum − und die Debüt-LP erschien. Kurz und schlicht nur *Boston* betitelt, verkaufte sich dieses erste Album einer total unbekannten Band dreizehn Millionen mal. Damit ist *Boston* eines der erfolgreichsten Debüt-Alben in der Geschichte der Pop- und Rock-Musik. Der Singlehit daraus, *More than a feeling,* machte Boston über Nacht weltweit berühmt. Drei Jahre später hatte der Tüftler Scholz mit seinen Mannen das zweite Album zusammengebastelt: *Don't look back,* 1978. Nach zehn Wochen waren bereits fünf Millionen Exemplare davon über den Ladentisch gegangen. Auch diesmal kam die Synthese aus ausgedehnten Gitarren-Soli, perfekten Vokalharmonien, rauschenden Orgelriffs und balladenhafter Rockpower beim internationalen Publikum hervorragend an. Mit dem Titelsong der LP, *Don't look back,* hatte die Band auch wieder einen Singlehit (Nr. 4 1978 USA). Und dann ging für die Fans dieser Band eine nervenzerfetzende Wartezeit los: Erst acht

Jahre später, 1986, kam das langersehnte dritte Album von Boston auf den Markt. *Third stage* nannte Tom Scholz diesen seinen dritten Streich − und der Erfolg kam sogleich. Das Album schoß in Amerika innerhalb von 3 Wochen auf Platz 1 der LP-Charts und hatte sich nach 10 Wochen bereits über 3 Millionen Mal verkauft. Die erste Single-Auskoppelung, der ohrwurmartige Soft-Song *Amanda,* war Ende 1986 für zwei Wochen die Nr. 1 der US-Single-Charts und konnte sich auch in der deutschen Hitparade plazieren. Die Zeit, die sich Tom Scholz für die Produktion dieses Albums genommen hatte, hatte sich also gelohnt. Die raffinierten Soundeffekte, für die Tom Scholz extra einen neuartigen Verstärker erfunden hatte, die sorgsam ausgetüftelten Arrangements, die ausgefeilte Technik erhielten ihm nicht nur seine alten Boston-Fans, sie brachten ihm auch eine ganze Menge neue ein.

David Bowie

DAVID ROBERT HAYWARD-JONES »BOWIE«, geb. 8. 1. 1947 in Brixton/England

Er ist einer der schillerndsten Künstler der 70er und 80er Jahre. Mit 13 Jahren begann er der schlanke, so herrlich dekadent aussehende Künstler Tenorsaxophon zu lernen. Mit 16 Jahren formierte er seine erste Gruppe, eine Blues-Band mit dem Namen DAVID JONES AND THE LOWER THIRD. Um eine Verwechslung mit DAVID JONES, dem Leadsänger der damals so populären → MONKEES zu ver-

David Bowie

meiden, änderte er seinen Namen in David Bowie um. Seine Gruppe nannte er dann DAVID BOWIE AND THE BUZZ. Diese Formation zerbrach ziemlich schnell, David wandte sich dem Buddhismus zu, formierte eine Pantomimen-Truppe und wurde Mitglied der LINDSEY KEMP MIME TROUP. 1967 erschien sein erstes Album, *The world of David Bowie.* Doch dieses, und auch die nächsten beiden, kamen beim Publikum nicht besonders an. Das änderte sich erst, als er sich mit dem Produzenten GUS DUDGEON zusammentat und 1969 die Single *Space oddity* veröffentlichte. Auch das Album mit dem gleichen Titel wurde ein Erfolg. *Space oddity,* das Weltraummärchen vom traurigen Schicksal des Astronauten Major Tom, der in den Weiten der Galaxis verloren geht, schlug bis in die 80er Jah-

re Wellen. Denn der Superseller *Major Tom* von PETER SCHILLING aus dem Jahr 1982 war im Grunde genommen nur eine neue Version davon. Nach diesem Erfolg zog sich David Bowie erst einmal zurück, um sein »Beckenham Arts Laboratory« zu gründen. 1970 veröffentlichte er die LP *The man who sold the world,* ein energiegeladenes Album, das heute noch als eines seiner besten gilt. Seine nächste LP, *Hunky dory* (1971), machte ihn über England hinaus bekannt. Weltweit berühmt wurde David Bowie dann 1972 mit der LP *The rise and fall of Ziggy Stardust and the spiders from Mars.* Dieses Album markierte einen wichtigen Wendepunkt in Bowies künstlerischer Karriere: zum einen demonstrierte es zum erstenmal die hinreißende Fähigkeit David Bowies, Charaktere ganz besonderer Art zu erfinden, und zum anderen wurde seine überwältigende Geschicklichkeit deutlich, dieses auch auf der Bühne optisch umzusetzen. Seine Shows wurden wahre Orgien an phantasievollen Kostümen, einfallsreicher Choreographie und theatralischen Rock-Darbietungen, wie es sie nie zuvor in der Rock-Geschichte gegeben hatte. Seine Erfahrungen als Pantomime halfen ihm natürlich dabei. Auch eine weitere Fähigkeit von David Bowie trat in dieser Zeit klar zutage, nämlich die, den anderen immer einen Schritt voraus zu sein. Er machte Rock, als die anderen noch fröhliche Pop-Musik von sich gaben, er stürzte sich in Glitter und Glamour, als die anderen rockten, er kehrte zu kühlen, klaren Shows zurück, als die anderen noch in Glitter, Flitter, Nebel und Donnerhall über die Bühne tobten. Mitte 1973, nach einer sechzigtägigen Tour durch Großbritannien, erklärte Bowie seinen Rücktritt von der Rockmusik, da es für ihn eine »Sackgasse« sei. Doch der elegante junge Mann mit den zwei verschiedenfarbigen Augen (rechts grün, links blau), dem aschblonden Haar und dem androgynen Image blieb dem Entschluß nicht lange treu. Noch im selben Jahr veröffentlichte er drei Alben: *Aladdin Sane, Images 1966–1967* und *Pin-ups,* von dem eine Million Platten verkauft wurden. Auch 1974 gab's zwei neue, erfolgreiche Bowie-LPs: *Diamond dogs* und *David live.* 1975 ging Bowie nach seiner äußerst erfolgreichen Amerika-Tournee nach Philadelphia, um sein neues Album *Young americans* zu produzieren. Es enthielt den Millionenseller *Fame,* den er zusammen mit → JOHN LENNON geschrieben hatte. 1977 hatte es ihm dann Berlin angetan, und dort produzierte er auch seine beiden nächsten Alben, *Low* und *Heroes.* Bowie war immer für eine Überraschung gut. Auf *Lodger* (1979) schickte er Grüße aus dem Jenseits. Auf *Scary monsters* (1980) hatte man das Gefühl, einer Hexenmesse im Dschungel beizuwohnen. Bei *Let's dance* (1982) hatte sich Bowie, wieder einmal früher als die anderen, dem Funk und Soul zugewandt, und *Tonight* (1984) bot von allem etwas für jeden. Es war nur eine Frage der Zeit, wann dieser ungeheuer vielfältige Künstler für den Film entdeckt werden würde. Zuerst klappte es nicht besonders gut. *Der Mann, der vom Himmel fiel,* ein Science-Fiction-Film, lief nicht besonders, ebenso *Schöner Gigolo, armer Gigolo.* Erst 1980, auf dem Broadway in New York, zeigte Bowie seine wahren Qualitäten als überragender Darsteller der ungeheuer schwierigen Hauptrolle in *Elephant man. Fury* war ein weiterer recht erfolgreicher Film mit David Bowie in der Hauptrolle. Es war eine japanisch-englische Kriegsgeschichte, in der es um latente homosexuelle Beziehungen zwischen Bewachern und Kriegsgefangenen ging. 1985 bot Mr. Bowie dann einen kurzen Auftritt als Gangster in der amerikanischen Krimi-Komödie *Kopfüber in die Nacht.* Ebenfalls 1985 hatte David Bowie wieder einen weltweiten Single-Bestseller mit *This is not America,* ein jazzig angehauchter Song, den er zusammen mit der PAT METHENY GROUP aufnahm. Das Lied stammte aus dem Film *Der Falke und der Schneemann,* mit → MADONNA-Ehemann SEAN PENN in der Hauptrolle. Ebenfalls 1985 gelang ihm auch ein Nr.-1-Hit mit einer Coverversion. Zusammen mit → MICK JAGGER nahm er das *Dancing in the street* auf, das 1964 ein Superseller für MARTHA REEVES AND THE VANDELLAS gewesen war. Es sprang in England von 0 auf Platz 1 der Charts. Das Jahr 1986 sah ihn dann wieder als Schauspieler. In dem schrillen Video-Musical *Absolute beginners* hatte er eine Rolle, und natürlich lieferte er auch gleich den Titelsong. Ebenso bei dem Fantasy-Film *Labyrinth:* David Bowie war der Hauptdarsteller und Sänger/Songwriter des Titelsongs namens *Underground.* Dazu gab's dann auch die LP *Labyrinth.* 1987, rechtzeitig zu seinem 40. Geburtstag, überraschte David Bowie wieder mit einem völlig konträren Album. *Never let me down* nannte er die Rock-LP, bei der er sich wieder als Rokker mit schwarzen Jeans, schwarzer Lederjacke und weißem T-Shirt gab. Um das Album weltweit zu promoten, begab sich David Bowie 1987 auf eine Tournee, die ihn auf fünf Kontinente mit Konzerten in hundert Städten führte. Diese »Glass Spider Tour« (so benannt nach einem Song vom neuen Album) war mit die aufwendigste und teuerste, die Bowie jemals unternahm. Um sie sich überhaupt finanziell leisten zu können, ließ sich der Künstler von der Getränkefirma Pepsi sponsern. Die Single-Hits aus dem Album hießen *Day in day out* (das Video dazu bekam in England Schwierigkeiten – die BBC wollte es wegen der angeblich eindeutigen Darstellung von Gewalt und Sex nicht ausstrahlen), *Never let me down* und *Time will crawl*.

Obwohl die letzten beiden LPs, gemessen am Durchschnitt, nicht schlecht waren, waren die Fans doch etwas enttäuscht. Und auch Bowie begann nachzudenken. Das Ergebnis war 1989 eine neue Bowie-Band namens TIN MACHINE und 1990 eine Abschiedstournee. Mit Tin Machine brachte Bowie 1989 ein hervorragendes Rock-Album ohne Zugeständnisse heraus. Die Abschiedstournee als David Bowie kam 1990 unter dem Motto *Sound & Vision*, und Bowie hatte sich dafür etwas Spezielles einfallen lassen. In jedem Land konnten sich die Fans per Telefon ihre Lieblingslieder wünschen, die Bowie dann beim Konzert sang. Das letztemal, wie er betonte, danach würde er seine diversen Hits nie mehr singen. Und so sah man am 10. April 1990 in der ausverkauften Münchner Olympiahalle einen völlig unkostümierten David Bowie, der zum letztenmal (?) Hits sang wie *Space oddity, Blue Jeans* oder *Let's dance,* wobei auf einer überdimensionalen Leinwand die entsprechenden Videos dazu abliefen. Gleichzeitig zu dieser Abschiedstournee kam unter dem Namen *Changes* ein Best-Of-Bowie Doppelalbum heraus. Doch gleichzeitig mit seinem neuen Produkt Tin Machine, dessen zweite LP im Herbst 90 herauskam, will Bowie auch weiter als Solist tätig bleiben und bald ein neues Solo-Album herausbringen, denn: »Die Ideen stapeln sich in der Schublade. Was soll ich machen, ich muß eben immer arbeiten.« Obwohl jeder dachte, daß sich Bowie nach seiner Heirat mit der attraktiven Ballett-Tänzerin Melissa Hurley im Februar 1989 auf die Karibik-Insel Mystique künftig mehr dem geruhsamen Eheleben hingeben würde.

Boy George

»BOY« GEORGE ALAN O'DOWD, geb. 14. 6. 1961 in Bexley Heath/England

Der erste Teil der pop-musikalischen Geschichte von Boy George ist die Geschichte von CULTURE CLUB. Die englische Pop-Gruppe brach 1982 wie ein farbenprächtiges und exotisches Gewitter über die internationale Musikszene herein. An der Spitze des britischen Quartetts stand ein androgynes Wesen namens Boy George, das mit perfektem Make-up, langen, schwarzen Zöpfen und großem schwarzem Hut aussah wie ein Wesen aus einer geschlechtslosen, futuristischen Gesellschaft. Dieses Wesen sang mit samtweicher, einschmeichelnder und leicht larmoyanter Stimme *Do you really want to hurt me* in einem faszinierend »weißen« Reggae-Rhythmus, der ins Herz und in die Beine fuhr. George Alan O'Dowd ist der Sohn irisch-katholischer Eltern, er stammt aus einem gutbürgerlichen Haus und hat fünf Geschwister. Mit 15 Jahren flog der eigenwillige Knabe ob seines eigenartigen Outfits aus der Schule, arbeitete mal hier und mal da, sammelte Erfahrungen als Verkäufer von Oberbekleidung, agierte als Dressman und lernte die Kunst des Make-ups bei der ROYAL SHAKESPEARErе Company. Anschließend wurde er bei der englischen Pop-Punk-Band BOW WOW WOW als zweiter Leadsänger neben ANNABELLE LWIN eingestellt, weil die ständig davon sprach, aufzuhören. Da Annabelle jedoch blieb, ging George – nach nur einem einzigen Auftritt. Er hatte sich schon damals einen gewissen Namen als »Original« der Londoner Club-Szene gemacht, und als er verlauten ließ, daß er gerne eine neue Gruppe gründen wollte, fehlte es ihm nicht an Angeboten. Engagiert wurden schließlich der Bassist MICHAEL »MI-

Boy George
Foto: Virgin

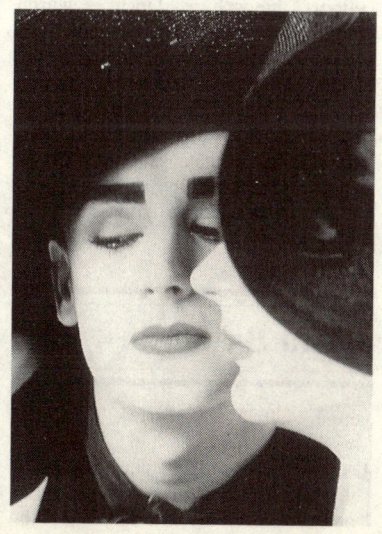

KEY« CRAIG, der schon des öfteren aushilfsweise als Bassist bei diversen Reggae-Bands eingesprungen war; der Drummer JON MOSS, der schon bei → THE CLASH, THE DAMNED, THE EDGE und → ADAM ANT die Trommelstöcke geschwungen hatte; der Gitarrist und Keyboarder JOHN SUEDE. Die Truppe bekam den »aufregenden« Namen SEX GANG CHILDREN, veröffentlichte zwei Singles, dann ging Mr. Suede, und für ihn kam ROY HAY. Als erstes wurde nun der Name der Band in CULTURE CLUB geändert, und im Mai 1981 erschien die erste Single unter diesem Namen, *White boy*, im Sommer 1981 die zweite Single *I'm afraid of me*. Beide wurden Flops. Der große Erfolg kam erst 1982 mit dem tieftraurigen, zu Herzen gehenden Liebeslied *Do you really want to hurt me*. Es eroberte weltweit die Spitze der Charts: Nr. 1 in UK, Nr. 2 in USA, Nr. 1 in Deutschland. Von da an gab's kein Halten mehr. Das Debüt-Album *Kissing to be clever* wurde ein Superseller, die Singles *Time (clock of heart)*, *I'll tumble 4 ya* und *Church of the poisoned mind* verkauften sich 1983 hervorragend. Boy George avancierte zum internationalen Pop-Idol, zum Traum der Teenager und zum Alptraum der Eltern. Bei den Culture-Club-Konzerten wimmelte es nur so von Boy-George-Imitationen, wobei eigentlich nie ersichtlich war, ob sich dahinter nun ein Mädchen oder ein Knabe verbarg. Und der clevere junge Mann ließ sich auch ständig etwas Neues einfallen. Mal trat er als Geisha geschminkt auf, dann wieder als rotgelockter Glamour-Star der vierziger Jahre. Der großgewachsene Sänger und Songwriter (praktisch alle Culture-Club-Titel stammen aus seiner Feder) hüllte sich stets in weite, wallende Gewänder, um seine »Pölsterchen« zu verbergen. Musikalisch gelang Culture Club bei jedem neuen Song eine hervorragende Verbindung aus »weißer« und »schwarzer« Musik, aus »weißem« Rock und »schwarzem« Soul, Funk, R & B und Reggae. Im Herbst 1983 gelang dann Culture Club mit der Nummer *Karma chameleon* einer der besten Songs des Jahres. Die sanfte, geradezu klassische Pop-Nummer verkaufte sich millionenfach. In diesem Jahr blieb Culture Club mit dem Frontmann Boy George ständiger Gast in den internationalen Charts mit Songs wie *Miss me blind* und *It's a miracle*. Auch das zweite Album, *Colour by number* (1983), verkaufte sich noch recht beachtlich. Doch dann wurde es langsam stiller um Culture Club und deren Sänger und Sprecher Boy George. Zwar gelang ihnen mit dem engagierten Anti-Kriegslied *The war song* noch ein kurzfristiger Nr.-1-Hit in England, aber die nächsten beiden Singles, *Mistake Nr. 3* und *The medal song*, waren nicht sehr erfolgreich. Auch Album Nr. 3, *Waking up with the house on fire* (1984) war nur noch unter »ferner liefen« zu finden. 1985 gab's auch nur noch eine Single, *Love is love,* die allerding auch ein Flop wurde. 1986 löste sich Culture Club dann auf, doch Boy George, der charismatische Sänger, beschloß als Solist weiterzumachen. Er war auch das ganze Jahr 1986 über in den Schlagzeilen der Presse zu finden − allerdings nicht als Sänger, sondern wegen seiner Drogenprobleme. Dazu kamen dann wilde Gerüchte wegen eines Freundes, der in seinem Haus den Drogentod gestorben war, Prozesse wurden gegen Mr. O'Dowd geführt, kurzgeschoren und mager wurde er ins Gefängnis eingeliefert. Die »Szene« hielt ihn für erledigt.

Aber wie Phönix aus der Asche kam er 1987 wieder − mit dem sanften Reggae-Song *Everything I own,* einem Lied, das 1972 für BREAD bereits ein Top-10-Hit gewesen war, eroberte er ohne große Mühe die internationalen Hitparaden. Mit dem ganz hervorragenden Album *Sold* und den Singles *Keep me in mind, Sold* und *To be reborn* zeigte Boy George, daß er immer noch dazugehörte. Er bot auf dieser LP seine alten Spezialitäten: Rhythm & Blues vom Feinsten und Rock und Pop der gehobenen Güteklasse. Vom Outfit her behielt er seine schillernde Erscheinung bei: mit verrückten T-Shirts, ausgeflippten Hosen, Jacken, Hüten und Make-up war er weiterhin für die »Erwachsenen« eher ein Alptraum als der bekehrte Drogensüchtige.

Anfang 1989 kam Solo-Album Nr. 2: *Tense nervous heartache.* Auch diese LP enthielt wieder die typischen Boy-George-Songs mit viel Soul-Feeling und Dancefloor-Athmosphäre. Doch wurde ein Flop. Danach ging Boy George in sich − und trat Anfang 1990 mit einem neuen Produkt ans Licht der Öffentlichkeit. JESUS LOVES YOU nannte er seine neue Gruppe, die mit *After the love has gone* eine sehr eingängige und rhythmusbetonte Debüt-Single veröffentlichte. Der durchschlagende Erfolg blieb zunächst jedoch aus.

Laura Branigan

geb. 3. 7. 1957 in New York, USA: voc

Die quirlige Laura mit der unverwechselbaren Stimme mit dem heiseren Touch zog nach ihrem Highschool-Abschluß nach Manhattan und studierte an der *Academy Of Dramatic Art* zwei Jahre lang Dramaturgie. Dort wurde sie von LEONHARD COHEN entdeckt, dem berühmten Liedermacher der 60er Jahre. Cohen, immer interessiert an hoffnungsvollen Nachwuchstalenten, engagierte Laura als Backgroundsängerin. Und danach kam Laura von der Musik nicht mehr los. Mit einer 6-Mann-Band zog sie durch die Clubs, ihre Auftritte brachten der stets zerzaust aussehenden jungen Sängerin hervorragende Kritiken ein. Anfang der 80er Jahre wurden die Plattenfirmen auf ihre Dreieinhalb-Oktaven-Stimme aufmerksam und es war der deutsche Produzent JACK WHITE, der ihr Licht so richtig zum Leuchten brachte. Er produzierte mit ihr das Debüt-Album *Branigan.* Darauf enthalten war die Single *Gloria,* die im Original von UMBERTO TOZZI bereits ein Hit gewesen war und die Laura Branigan weltweit Erfolg und Ansehen bescherte. In den USA kam *Gloria* 1982 bis Rang 2 und verkaufte sich über eine Million Mal, in Großbritannien erreichte der Song Rang 5. Gold und Platin erhielt das Lied auch in Kanada; es war sieben Wochen lang in Australien die Nr. 1 und konnte sich sogar in den japanischen Charts plazieren. Dann folgte die LP *Branigan 2* mit dem Single-Hit *Solitaire.* Im Original stammte das Lied von der Französin MARTINE CLEMENCEAU, die es auch geschrieben hatte. Die englische Version brachte Laura in den USA einen Platz 7. 1984 folgte dann der größte Knüller ihrer bisherigen Karriere. Laura nahm *Self control* auf. Auch das war eine Coverversion, das Original stammte vom italienischen Komponisten und Sänger RAFFAELE RIEFOLI, der sich kurz RAFF nennt. Über Wochen hinweg kämpften die englische und die original italienische Version in der deutschen Hitparade um den 1. Platz. Laura schaffte es, den begehrten Spitzenplatz zu belegen, in den USA kam sie damit auf Rang 4, in England auf Rang 5. Das 3. Album wurde dann entsprechend *Self control* genannt und enthielt mit *With every beat of my heart* und *The lucky one* zwei weitere, allerdings sehr viel kleinere Hits. 1985 folgte mit *Hold me* Album Nr. 4, das trotz eingängiger Songs wie *Spanish Eddie* oder → MICHAEL BOLTONS *I found someone* nicht sonderlich erfolgreich war. 1987 versuchte Laura dann ein Comeback mit der LP *Touch,* die erstmals nicht von JACK WHITE produziert wurde und ebenfalls wieder recht hübsche Songs wie *Shattered glass* enthielt. Auch hier hielt sich der Erfolg in Grenzen. Der nächste Versuch kam dann Anfang 1990 mit dem Album *Laura Branigan,* das die temperamentvolle Sängerin wieder in die Charts zurückbrachte. Die Single *Moonlight on the water* wurde ein Hit.

Bronski Beat

JOHN »JON« ANDREW FOSTER, geb. 26. 2. 1961: voc; LARRY »LAZ« STEINBACHEK, geb. 6. 5. 1960 in London/England: keyb; STEVE BRONSKI, geb. 17. 2. 1963 in Glasgow/Schottland: synth

Im Sommer 1984 erregte eine klagende, eindringliche Falsettstimme Aufsehen in der Musikwelt: Es war die Stimme von → JIMMY SOMERVILLE, dem Sänger von Bronski Beat. Aber nicht nur die Stimme, auch der Inhalt ihres ersten

Liedes – *Smalltown boy* – erregte die Gemüter. Denn in dem sparsam instrumentierten, synthesizerbetonten Song wurde ganz unverbrämt geschildert, wie ein homosexueller Junge unter dem Unverständnis der Eltern und unter der Häme seiner Umwelt zu leiden hat. Die drei Mitglieder von Bronski Beat wußten genau, wovon sie da sangen, denn alle drei bekannten sich offen zu ihrer Homosexualität und hatten das alles schon am eigenen Leibe verspürt. Jimmy Somerville stammt aus Glasgow. Mit 16 Jahren verließ er die Schule und arbeitete in einer Farbenfabrik. Dann ging er nach London, verkaufte Küchengeräte in einem Warenhaus und ging für kurze Zeit bei einem Bäcker in die Lehre. Steve Bronski, mit Spitznamen »Stella Stagefright«, stammt ebenfalls aus Glasgow. Er war kurze Zeit Bühnenhelfer, ging dann, wie Jimmy, nach London und verdiente sich dort seinen Lebensunterhalt als Fabrikarbeiter und Scherenschleifer. Larry Steinbachek wuchs im Londoner Southend auf, einer ziemlich gewalttätigen Gegend. Er machte eine Lehre als Koch und widmete sich am Feierabend seinem Hobby, aus Bausätzen Synthesitzer zu bauen. Anschließend war er drei Jahre lang Postangestellter. Die drei trafen sich durch Zufall, entdeckten ihre gemeinsame Vorliebe für Musik, und da vor allen Dingen für die alten Scheiben von Connie Francis und Peggy Lee. Sie beschlossen, eine Gruppe zu gründen. Ab 1983 begannen sie dann regelmäßig in Londoner Gay-Clubs aufzutreten. Natürlich erregte die extravagante Stimme des schmächtigen rotblonden Jimi die Aufmerksamkeit der Plattenbosse. Trevor Horn, der »Macher« von → Frankie Goes To Hollywood, wollte das Trio unbedingt unter

Vertrag nehmen. Aber die drei winkten ab, sie wollten nicht wegen ihrer Homosexualität vermarktet werden, sondern Erfolg haben, weil sie gut waren. Der Erfolg von *Smalltown boy* gab ihnen recht. Auch die nächste Single, Ende 1984, wurde ein Volltreffer. In *Why?* griffen sie ein Thema auf, das damals in England heiß diskutiert wurde: Es sollte ein neues Gesetz eingeführt werden, das heterosexuellen Umgang ab 16, gleichgeschlechtlichen aber erst ab 21 Jahren erlaubte. Weniger engagiert vom Text her, aber musikalisch und vor allen Dingen von den gesanglichen Fähigkeiten Jimmy Somervilles her hervorragend, waren die nächsten Singles. Das war zum einen die alte Nummer *It ain't necessarily so* aus dem Musical *Porgy & Bess*, die in Jimmys glasklarer Falsettinterpretation eine ganz neue Bedeutung gewann, und zum anderen der von → Giorgio Moroder für → Donna Summer geschriebene Song *I feel love*, den Bronski Beat als Medley mit dem Klassiker *Johnnie remember me* mischte. Dabei erhielt Jimmy gesangliche Unterstützung von → Marc Almond von Soft Cell. Das Debüt-Album 1985 hieß *The age of consent* und war ausgesprochen hörenswert. Doch im Sommer 1985 schien bereits das Ende der Formation gekommen zu sein. Jimmy Somerville, der mit seiner ungewöhnlichen Stimme das Markenzeichen von Bronski Beat gewesen war, verließ die Band. Zusammen mit Richard Coles gründete er noch 1985 das Duo → The Communards. Steve Bronski und Larry Steinbachek gaben jedoch bekannt, daß sie auch nach Jimmys Weggang Bronski Beat weiterführen wollten. Als neuen Sänger holten sie sich John-Jon, der nicht nur stimmlich, sondern auch optisch Jimmy Somerville

Bros Foto: CBS

fast bis aufs Haar glich. Als erstes nah-
men sie mit ihm den Song *Hit that perfect
beat* auf, eine schnelle Disco-Rock-
Nummer, die aus dem Soundtrack des
Films *Letter to Brezhnev* stammte. Der
melodische Song mit dem ohrwurmarti-
gen Refrain wurde Ende 1985 sowohl in
England als auch in Deutschland ein
Hit. Das dazugehörige Album hieß
Hundreds & thousands.

Bros

MATTHEW GOSS, geb. 29. 9. 1968 in Lon-
don/England: voc; LUKE GOSS, geb.
29. 9. 1968 in London/England: dr;

CRAIG LOGAN, geb. 22. 4. 1969 in Kirkal-
dy/England: b

Die drei niedlichen Knaben versetzten
Ende 1987/Anfang 1988 die englischen
Teenager derartig in Hysterie, daß sich
selbst → BEATLES-Auftritte dagegen wie
zahme Kindergarten-Veranstaltungen
ausnahmen. Matthew und Luke, die beiden hübschen Buben mit den kurzen
blonden Haaren und den strahlend blau-
en Augen, sind Zwillinge und die »Macher« des Trios. »Wir möchten größer
werden als → WHAM!« war die Maxime
der drei Jungs, und dieses Ziel hatten sie
Anfang 1988 bereits locker erreicht. Die
Goss-Brüder hatten die Band 1983 gegründet, 1987 gab's einen Plattenvertrag. *I owe you nothing* hieß 1987 die

erste Single, deren Erfolg sich noch in Grenzen hielt. *When will I be famous* kam ebenfalls 1987 heraus und brachte den internationalen Durchbruch. Die Frage »Wann werde ich berühmt sein?« erübrigte sich innerhalb kürzester Zeit, nach der Veröffentlichung dieser Single waren sie es. Das schwungvolle Pop-Werk mit dem raffinierten Walzer-Einschub wurde in England und ganz Europa ein Bestseller, genauso wie die nächste Single *Drop the boy* und das Debüt-Album *Push*. Auch mit der Soft-Nummer *Cat among the pigeons* konnte Bros die fast ausschließlich minderjährigen Fans begeistern. Doch 1989 fiel der erste Schatten über das sonnige Trio. Der Bassist Craig Logan verließ unter unschönen Begleitumständen die Band, angeblich war er zu krank, um weitermachen zu können. Dann folgte Ende 1989 mit *The time* Album Nr. 2, auf dem die Brüder einen Soundwechsel vornahmen und sich auf das unerschöpfliche Gebiet des Funk-Rock begaben. Der große Erfolg gab ihnen Recht. Allerdings häuften sich inzwischen die Gerüchte, daß Matt und Luke ein bißchen zu sehr aus dem vollen gelebt hätten und jetzt schlicht und ergreifend pleite wären. Was aber die Goss-Jungs nicht daran hinderte, sich weiterhin in den Hitparaden zu tummeln und mit dicken Wagen fortzubewegen. Die Single-Hits aus *The time* waren *Sisters, Chocolate box* und *Madly in love.*

Brother Beyond

CARL FYSH, geb. 1964 in Oxford, England: keyb; DAVID WHITE, geb. 1966 in London, England: g; NATHAN MOORE, geb. 1966 in Hertfordshire, England: voc; STEVE ALEXANDER, geb. 1964 in England: dr

Gegründet wurde das erfolgreiche Pop-Quartett 1987. Kopf und Gründer der Gruppe ist Carl Fysh. Schon als Teenager war er ein begabter Pianist und bewarb sich um einen Platz auf der Musikhochschule in London. Doch die Klassik war dann doch nicht so sein Metier, und so studierte er stattdessen am *Brighton Art College* Musik und Kunst. Zunächst sicherte er sich wegen seiner feinen und nicht alltäglichen Mode, die er zu tragen pflegte, einen gewissen Ruhm, dann fing er an, Songs zu schreiben, Demos zu fabrizieren und sich damit bei etlichen Bands zu bewerben. Im Zuge dessen wurde er auf David White aufmerksam. Dessen Vater war Mitglied des *BBC Radio Orchestra,* die Mutter Violinlehrerin, und er selbst spielte Bratsche. Doch mit 17 Jahren tausche David die Bratsche gegen die Gitarre ein, hörte eines von Carls Demos und nahm Kontakt mit ihm auf. Auch Davids jüngerer Bruder EG, seines Zeichens Architekturstudent, wollte bei dieser Gruppe mitmachen. Als Sänger entdeckte Carl dann Nathan, der tagsüber Topfplanzen verkaufte und nachts in einer weißen Reggae-Band sang. Die vier probten eifrig zusammen, bis im Frühjahr 1988 Eg sich für gut genug hielt, um als Solist Karriere zu machen. Für ihn kam Steve, ein langjähriger Freund der Bandmitglieder. Das gutaussehende Quartett bekam bald einen Plattenvertrag und mit tanzbaren Songs wie *Chain gang smile* und *Can you keep a secret?* konnten sie sich sogar in den UK-Charts plazieren, wenn auch nur auf unteren Plätzen. Dadurch wurde das Hit-Fabrikanten-Team → STOCK/AITKEN/WATERMAN auf Brother Beyond aufmerksam und schrieb und produzierte mit ihnen den Soul-Pop-Song *The harder I try*. Das Lied wurde 1989 in Großbritannien ein Nr.-2-Hit, ebenso erfolgreich war die Stock/Aitken/Waterman-Nummer *He ain't not competition*. Es folgte das Debüt-Album *Get even*, das bis auf die beiden SAW-Nummern komplett von Carl Fysh und David White geschrieben worden war. Die LP war in UK ein durchschlagender Erfolg und wurde mit Platin ausgezeichnet. Ende 1989 kam das 2. Album namens *Trust*. Mit *Drive on* und einer Coverversion des ehemaligen THREE-DEGREES-Hits *When will I see you again* hatte das Quartett auch wieder Single-Hits aus dieser LP.

Errol Brown
Foto: Sheila Rock/WEA

Errol Brown

geb. 12. 11. 1948 in Jamaika

Im Sommer 1986 verließ Errol Brown seine »Haus«-Band → HOT CHOCOLATE, um künftig auf Solopfaden zu wandeln. »Eine Band ist wie eine Pfadfindergruppe, einer für alle, alle für einen, und so muß es auch sein. Wenn dieser Geist nicht mehr da ist, ist die Zeit für eine Veränderung gekommen.« So sprach der freundliche Glatzkopf, der praktisch sämtliche Superhits der gemischtrassigen Formation geschrieben hatte. Und diesen Weg setzte Errol Brown auch gleich als Solist fort: bereits die erste Single *Personal touch* (1987) wurde sowohl in England als auch in Deutschland ein Bestseller. Produziert wurde der Song vom Producer-Team SWAIN/JOLLEY, die schon bei → SPANDAU BALLET, → BANANARAMA und → ALISON MOYET für den richtigen Sound gesorgt hatten. Auch die zweite Single *Body rockin'* war recht erfolgreich. 1989 folgte dann das Album *That's how love is,* das ebenfalls bei den Fans des Glatzkopfes mit der Samtstimme sehr gut ankam.

Sam Brown

geb. 1965 in London, England: voc

Sam Brown   Foto: Polydor

Sie ist eines von jenen Mädchen, die mit dem goldenen Löffel im Mund geboren werden: Sie ist ungemein attraktiv, blond, mit aufregender Figur und einer ebenso aufregenden Stimme. Das musikalische Talent wurde Miss Brown bereits in die Wiege gelegt: ihr Vater ist SAM BROWN, der mit seiner Band THE BRUVVERS in den 60er Jahren in England Hits hatte wie *A picture of you,* ihre Mutter war Mitglied der berühmten VERNON GIRLS. Heute ist ihr Vater immer noch ein gefragter TV-Moderator und Schauspieler, und ihre Mutter veröffentlicht ebenfalls immer noch erfolgreiche LPs. Sam und ihr ein Jahr jüngerer Bruder PETE begleiteten die Eltern auf ihren

Reisen und lernten schon früh die Welt kennen. Und beide Eltern arbeiteten gezielt darauf hin, auch die Kinder im Showbiz unterzubringen. Sam hatte mit zwölf Jahren ihren ersten Job im Studio, sie durfte beim SMALL-FACES-Album *In the shade* im Backgroundchor mitsingen. Kurz darauf wurde Sam eine gefragte Sessionsängerin, wurde Leadsängerin in einer Dixielandband, tourte mit dem NATIONAL YOUTH JAZZ Orchestra durch Europa und bekam 1980 in der TV-Serie *Let's Rock* eine Rolle. Sie fing an, selbst Lieder zu schreiben, nutzte jede Gelegenheit, um Erfahrungen im Studio und auf der Bühne zu sammeln, und war bei Aufnahmen von → ADAM ANT, DEXY'S MIDNIGHT RUNNERS, JOHN LORD und vielen anderen als Chorsängerin dabei. 1983 durfte sie bei der Europa- und Nordamerika-Tournee von → SPANDAU BALLET mitsingen, 1984 bei den Europakonzerten von → BARCLEY JAMES HARVEST. Gleichzeitig wurde sie eine begehrte Sängerin für Radio- und Fernseh-Werbespots. Da sie damit gut Geld verdiente, konnte Sam es sich leisten, in aller Ruhe ihre Lieder zu schreiben und auf die richtige Plattenfirma zu warten. Die kam 1986 und garantierte ihr sowohl künstlerische Freiheit als auch das Recht, eigene Songs einzubringen und bei der Produktion mitzureden. Ein nicht alltägliches Zugeständnis für eine Newcomerin, die zu diesem Zeitpunkt gerade 21 Jahre alt war und noch keinen Hit gehabt hatte. Aber der folgte 1987 in Form ihrer Debüt-Single *Stop!,* einer hinreißenden bluesigen Nummer, die europaweit ein Hit wurde, ebenso wie das hervorragende 88er Debüt-Album *Stop,* das weltweit mit einer Silbernen, sechs Goldenen und zwei Platin-Schallplatten ausgezeichnet wurde. 1990 veröffentlichte Sam Brown das zweite Album *April moon,* an dem auch ihr Bruder Pete als Produzent beteiligt war. *With a little love* hieß die Debüt-Single, die in Großbritannien und Deutschland sofort wieder in die Charts kletterte.

Jackson Browne

geb. 9. 10. 1950 in Heidelberg/Deutschland

Der stets jungenhaft wirkende Musiker, Songwriter und Sänger mit den sanften Augen und dem introvertierten Gesichtsausdruck wurde als Amerikaner in Deutschland geboren. 1953 ging seine Familie nach Amerika zurück, und Jackson Browne wuchs in Los Angeles auf. Noch während seiner Schulzeit entwickelte er sich zum Profi an diversen Instrumenten, schrieb zahlreiche Songs und war Mitglied bei der NITTY GRITTY DIRT BAND. Doch keiner interessierte sich für die elegisch anmutenden Gitarrensongs des Teenagers, und so ging Jackson Browne 1967 nach New York, um dort sein Glück zu versuchen. Er spielte seine von → BOB DYLAN und WOODY GUTHRIE inspirierten Lieder in den einschlägigen Folk-Rock-Clubs – abermals ohne den so heiß ersehnten Plattenvertrag zu bekommen. Also ging er 1968 nach Los Angeles zurück – und stellte zu seinem Erstaunen fest, daß so populäre Leute wie TOM RUSH und NICO (von VELVET UNDERGROUND) seine Lieder inzwischen sangen. Sie hatten die Quali-

tät seiner geradlinigen Songs mit den einfühlsamen, immer ein wenig traurigen Texten erkannt. Ein derartiges Talent konnte auch der, wie so oft, begriffsstutzigen Plattenindustrie nicht auf Dauer verborgen bleiben. 1971 erhielt Jackson Browne nun endlich seinen Vertrag. *Jackson Browne* hieß auch sein Debüt-Album, das Ende 1971 erschien und ihm 1972 mit der Single *Doctor, my eyes* auch einen Top-10-Hit brachte. Den nächsten Erfolg konnte Jackson Browne dann feiern, als 1972 eine bis dato noch völlig unbekannte Gruppe namens EAGLES sein Lied *Take it easy* aufnahm und damit einen Bestseller hatte, der den Beginn einer steilen Karriere bedeutete. *Rock me on the water* hieß dann Ende 1972 sein nächster eigener Hit, und 1973 erschien das zweite Album *For everyman* mit dem Single-Hit *Redneck friend.* Anschließend ging Jackson Browne mit → LINDA RONSTADT auf eine umjubelte Tournee und veröffentlichte dann Ende 1974 das dritte Album *Late for the sky.* Inzwischen waren seine sanften Folk-Rock-Songs ein fester Bestandteil der amerikanischen Musikszene geworden. Er tourte mit → BONNIE RAITT und PHOEBE SNOW und produzierte 1976 das erste Album von WARREN ZEVON. Ende 1976 wurde dann das vierte Album von Jackson Browne veröffentlicht, die LP *The pretender,* mit den Single-Hits *Here come those tears again* und *The pretender.* Die nächste Tournee führte ihn weit über Amerika hinaus, nach Europa, wo er auch in seinem Geburtsort Heidelberg ein noch heute viel gerühmtes Konzert gab, außerdem noch nach Australien und Japan. Die fünfte LP *Running on empty* erschien im Dezember 1977 und brachte ihm mit der gleichnamigen Singleauskoppelung wieder

Jackson Browne
Foto: WEA

einen weltweiten Bestseller. Inzwischen war seine Musik rockiger geworden, die Texte hatten aber weiterhin den leicht depressiven Touch, obwohl Jackson Browne von sich selbst behauptet: »Deprimierend gibt es als Begriff nicht in meinem Wortschatz.« Für das nächste Album ließ sich Jackson Browne dann drei Jahre Zeit. Währenddessen tourte er wieder ausgiebig, produzierte die zweite LP von Warren Zevon und trat bei den MUSE- (Musicians United for Safe Energy)-Konzerten im Madison Square Garden in New York auf. Der Mittschnitt dieser Konzerte erschien 1979 unter dem Titel *No nukes* als Album. Im Juni 1980 gab's dann die nächste LP namens *Hold out*. Während Jackson

Browne bislang bei der Instrumentierung seiner Songs und den Arrangements eher zurückhaltend gewesen war, griff er nun in die Vollen und lieferte eine richtig schöne Rock-LP ab, allerdings, wie üblich, mit melancholischem Touch. Auch 1981 und 1982 betätigte er sich wieder als Produzent bzw. Co-Produzent. Zum einen bei GREG COPELANDS erstem Album *Revenge will come,* und zum anderen bei DAVID LINDLEYS erster LP *El rayo X.* Mitte 1982 kam er wieder zu einer viel umjubelten Tournee nach Europa. 1983, nach drei Jahren Pause, folgte dann die nächste LP namens *Lawyers in love.* Es wurde ein schönes Pop-Rock-Album mit Texten in der gewohnten Jackson-Browne-Manier, den eingefleischten Fans dieses einfallsreichen Musikers waren die Songs jedoch zu seicht und zu kommerziell. 1985 ging Jackson Browne mit CLARENCE CLEMONS, dem Saxophonisten von → BRUCE SPRINGSTEENS E-STREET-BAND, ins Studio und nahm den soulig angehauchten Titel *You're a friend of mine* auf. Die Puristen waren natürlich wieder einmal entsetzt. Entschädigt wurden sie dann 1986 mit dem Album *Lives in the balance.* Jackson Browne erwies sich darauf nicht nur wieder einmal als Meister seines Musik-Genres, sondern entpuppte sich auch als herber Kritiker der politischen Zustände in Amerika. Mit *World in motion* veröffentlichte Jackson Browne 1989 ein sehr politisches Album, auf dem er ganz offen die Politik seines Heimatlandes Amerika anprangert.

Lindsey Buckingham

geb. 3. 10. 1947 in Atherthon/Kalifornien, USA: voc/g

Der lockenköpfige, gutaussehende Musiker wurde in Atherthon geboren, wuchs dort auf und lebt auch heute noch dort. Sein musikalischer Werdegang verlief weniger ruhig. Mit vier Jahren konnte der kleine Lindsey bereits ganz passabel Gitarre spielen, es folgte die übliche Tingelei mit etlichen Schülerbands, bis er Mitte der 60er Jahre ein ebenso attraktives wie begabtes Mädchen kennenlernte: → Stevie Nicks. Fritz hieß die Gruppe, in der sie beide dann gemeinsam spielten; anschließend folgte eine Zeit als Duo, allerdings ohne großen Erfolg. Ihre Aufnahmen aus den frühen 70er Jahren als Duo Buckingham/Nicks kamen jedoch der Gruppe → Fleetwood Mac zu Ohren, und prompt wurden die beiden als neue Mitglieder engagiert. Das gutaussehende und begabte Pärchen gab der Formation, die mit *Albatross, Oh well, Man of the world* und *Need your love so bad* von 1968 bis 1973 etliche Top-Hits gehabt hatte, wieder neuen Aufschwung. Der Erfolg der 75er LP *Fleetwood Mac* ist zu einem großen Teil auf die stimmlichen und Songwriter-Qualitäten von Stevie Nicks und Lindsey Buckingham zurückzuführen, ebenso der von *Rumours* (1977) und *Tusk* (1979). Aus der Feder von Lindsey Buckingham stammten Hits wie *Monday morning, Go your own way* und *Second hand news.* Doch nicht nur Fleetwood Mac, auch das Liebespaar Buckingham/ Nicks zeigte anschließend Auflösungser-

scheinungen, und 1980 trennten sie sich erst einmal. Weit davon entfernt, nach dem fünfjährigen Streß mit der Gruppe einen Erholungsurlaub zu benötigen, begann Lindsey Buckingham danach eine Solo-Karriere. *Law and order* hieß sein Debüt-Album als Solist, und mit der Single *Trouble* erzielte er 1981/82 einen respektablen internationalen Hit. Das Album enthielt eine ganze Reihe ansprechender, melodiöser Pop- und Rock-Songs, die alle einen Hauch von Fleetwood Mac zeigten. Dann fand 1982 die Band wieder zusammen, und veröffentlichte das Erfolgsalbum *Mirage,* an dem Lindsey wieder maßgeblich beteiligt war. 1984 brachte Mr. Buckingham dann sein zweites Solo-Album heraus, die LP *Go insane.* Es wurde eine sehr eigenwillige LP: Lindsey Buckingham schrieb dafür Songs, die einerseits völlig glatt und eingängig klangen, andererseits unterbrachen exaltierte, sperrige Passagen die harmonischen Melodienfolge immer wieder. 1987 verkündete Lindsey Buckingham seinen offiziellen Austritt bei Fleetwood Mac, um sich künftig besser auf seine Solo-Karriere konzentrieren zu können. Für ihn kamen Billy Burnette und Rick Vito. Das Platin-Album *Tango in the night* fand bereits ohne ihn statt.

Chris de Burgh

Chris »de Burgh« Davidson, geb. 15. 10. 1948 in Argentinien

Der Troubadour der Rockkultur wurde zwar in Argentinien geboren, seine El-

Chris de Burgh
Foto: A&M Records

schlußexamen in Französisch und Englisch. Erst dann konnte er sich in eine Musikerlaufbahn stürzen. Die begann er als Sänger in einem Restaurant, für zwei Pfund in der Woche und einen Hamburger pro Abend, doch es war nur eine Frage der Zeit, wann der junge begabte Songwriter entdeckt werden würde. 1974 war es dann soweit − er bekam einen Plattenvertrag. 1975 erschien seine erste LP *Far beyond these castle walls*. Seine sanften Balladen mit den versponnenen Texten über Ritter und Teufel, die in ihrer Ausdruckskraft ziemlich einmalig waren, sicherten ihm schnell sein Publikum. Seine Single *Flying* wurde in Brasilien (!) für siebzehn Wochen die Nr. 1, sein zweites Album, *Spanish train* (1977), wurde in Kanada mit Gold und Platin ausgezeichnet. Auf seinem fünften Album, *Eastern wind* (1980), ging Chris de Burgh erstmals von seinen sanften, eher schwermütigen Balladen ab und ließ Rock-Klänge in seine Lieder mit einfließen. Es war auch das erste Mal, daß er mit einer eigenen Band zusammenarbeitete und in einem Studio außerhalb von England produzierte. Auch seine Texte wurden wirklichkeitsnäher und handelten nicht mehr nur von Vergangenem und Träumereien. Das Konzept kam an, und als er 1981 auf dem europäischen Markt *Best moves*, eine Koppelung seiner Lieblingstitel, herausbrachte, setzte sich das Album praktisch gesamteuropäisch an die Spitze der Charts. Seine Hinwendung zum Rock erfolgte auf dem 83er Album *The getaway* noch konsequenter. Mitbeteiligt daran war auch der hervorragende Produzent RUPERT HINE, dem es gelang, die farbigen Bilder der lyrischen Texte in entsprechende Synthesizer-Klänge umzusetzen. Mit der Single *Don't pay the*

tern sind jedoch Engländer. Sein Vater war Angestellter im diplomatischen Dienst, seine Mutter hieß mit Mädchennamen de Burgh, ein Name, der sich bis zu Wilhelm dem Eroberer zurückverfolgen läßt. Als Kind zog Chris mit seinen Eltern von einem Land ins andere (Malta, Nigeria, Zaire), ging aber dann in England zur Schule. 1960 kauften sich seine Eltern ein Schloß aus dem 12. Jahrhundert und machten ein Hotel daraus. Der junge Chris erfreute bereits mit 16 Jahren die Hotelgäste mit seinen Liedern, bei denen er sich selbst auf der Gitarre begleitete. Musikunterricht hat er nie bekommen. Auf Wunsch der Eltern machte er dann in Dublin sein Ab

ferryman hatte Chris de Burgh nun auch endlich den wohlverdienten amerikanischen Top-Hit zu verzeichnen. Wer nun befürchtete, daß Chris de Burgh das einmal gesetzte Niveau auf die Dauer nicht würde halten können, sah sich 1984 mit der LP *Man on the line* angenehm enttäuscht. Von zu Herzen gehenden Balladen (*The head and the heart*) bis hin zu wirklich eingängigen Rock-Titeln (*High on emotion*) war auf dem Album alles in der gewohnten de-Burgh-Qualität zu finden. Dann war erst einmal zwei Jahre Sendepause. Denn Chris de Burgh und seine Frau Diane hatten Nachwuchs bekommen: das innig geliebte Töchterchen Rosanna. Für Rosanna zog der besorgte Vater von Dublin ins irische Eltern-Schloß nach Wexford: »Rosanna sollte in der frischen Luft aufwachsen«. Für Rosanna verzichtete der vielbeschäftigte Künstler auf fast alle Live-Auftritte. Und für Rosanna schrieb er auch das Lied *For Rosanna*. 1986 gab's dann wieder ein ganzes Album mit neuen Chris-de-Burgh-Songs, die LP *Into the light*. Mit der Single *The lady in red* (nicht zu verwechseln mit dem → Stevie-Wonder-Song gleichen Namens) hatte Mr. de Burgh 1986 in England einen Nr.-1-Hit, und auch in Deutschland kam das Lied unter die Top 5. Ende 1987 war Chris de Burgh mit der Single *The simple truth,* einem Weihnachtslied, hoch in den Charts. Im März 1988 wurde Chris de Burgh dann zum zweiten Mal Vater: dieses Mal war es ein Sohn, der den Namen Hubie bekam. Ende 1988 veröffentlichte de Burgh das Album *Flying colours,* das wie üblich ein Erfolg wurde und mit Songs wie *Missing you* oder *Sailing away* wieder etliche Single-Hits enthielt. Ebenfalls ein durchschlagender Erfolg wurde 1989/90 die Best-Of-LP

Spark to a flame. 1990 überraschte Chris seine Fans dann mit dem Live-Album *High on emotion − live in Dublin.*

Kate Bush

geb. 30. 7. 1958 in Lewisham/England

Feenhafte, filigrane Lieder, die in Märchenreiche entführen, aber trotz der teilweise etwas schwer begreifbaren Texte einen durchaus realen Hintergrund haben, sind die Spezialität der bildhüb-

Kate Bush

schen Engländerin Kate Bush. Sie war erst 19 Jahre alt, als sie Anfang 1978 ihre erste Single herausbrachte. Mit elfenhafter Stimme besang sie damals in einer von New Wave und Punk geprägten musikalischen Umwelt die *Wuthering heights* ihrer Landsmännin, der Schriftstellerin EMILY BRONTË. Es war ein filigranes, geradezu ätherisches Lied, das so gar nicht in den damaligen Trend paßte. Aber der Song wurde Nr. 1 in den UK-Charts. Kate Bush war von DAVID GILMOUR, dem Gitarristen von → PINK FLOYD, entdeckt worden. 1978 brachte sie noch einen Top-Hit heraus, das Lied *Man with the child in his eyes.* Seitdem ist die zurückhaltende, aber sehr zielstrebige Künstlerin in England und Europa ein Top-Star. *The kick inside* hieß 1978 ihr Debüt-Album, das genauso wie *Lionheart* 1978, *Never for ever* 1980 und die Mini-LP *Kate Bush* 1983 ein Bestseller wurde. Überwältigend sind vor allem ihre Live-Auftritte. Kate Bush kommt, so wie → DAVID BOWIE, aus der Schule des Pantomimen LINDSEY KEMP. Und so geraten ihre Shows zu wahren Performances. Kate Bush steht nicht nur auf der Bühne und singt, sie stellt ihre Lieder mit ungeheurer Phantasie und wirkungsvoller Choreographie dar. Sie schlüpft wie ein Chamäleon in jede Rolle und verausgabt sich auf der Bühne bis zum letzten. Und nicht nur auf der Bühne. Die Produktion jedes ihrer Alben gerät zu einem Kampf mit sich, den Musikern, den Liedern, den Texten. Deshalb dauert es auch immer so lange, bis wieder ein neues Werk der hochbegabten, außergewöhnlichen Künstlerin erscheint. Mitte 1985, nach zweijähriger Pause, erschien ihre Single *Running up the hill,* die eine etwas gewandelte Kate Bush zeigte. Die Stimme war nicht mehr so jugendlich hell, sondern fraulicher, dunkler geworden. Der Song war weniger filigran-schwebend, sondern kompakter und rockiger. Aber das Lied wurde natürlich wieder ein Top-Hit (UK und BRD Nr. 3), genauso wie das dazu gehörige Album *Hounds of love.* Diese LP war ebenfalls im »neuen« Kate-Bush-Stil. Ende 1985 kam die nächste Single-Auskopplung, der Song *Cloudbusting.* Dafür drehte Kate Bush ein 7-minütiges Video, das als kleiner Spielfilm angelegt worden war. Für den männlichen Part in diesem Film über eine Wolken-Maschine holte sie sich den renommmierten Schauspieler DONALD SUTHERLAND *(Wenn die Gondeln Trauer tragen, M.A.S.H.)* vor die Kamera. Das Album *Hounds of love* wurde in Deutschland mit Gold und in England mit Platin ausgezeichnet. Auch 1986/87 war Kate Bush wieder als Sängerin, Komponistin, Texterin und Produzentin erfolgreich. *The whole story* hieß das Album, auf dem sie anhand von zwölf ausgewählten Titeln einen Überblick über ihr gesamtes musikalisches Werk gab. Als Single wurde die neue Nummer *Experiment IV* ausgekoppelt, die sich ebenfalls wieder in den Charts plazieren konnte. Die LP gehörte in Deutschland zu den 75 meistverkauften LPs des Jahres 1987.

1989 veröffentlichte Kate Bush mit dem Album *The sensual world* abermals ein märchenhaftes, exotisches Meisterwerk der Popmusik.

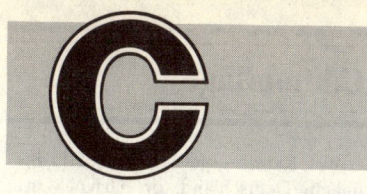

Cameo

LARRY BLACKMOON, geb. in Atlanta/USA: voc, b, dr; TOMI JENKINS, geb. in Atlanta/USA: voc; NATHAN LEFTENANT, geb. in Atlanta/USA: voc

Wichtigster Mann bei Cameo ist Larry Blackmon, das farbige Allround-Talent.

Er ist Mastermind, Produzent, Videoregisseur, Schlagzeuger, Bassist und Sänger dieser amerikanischen Formation in einer Person. 1975 gründete er in Atlanta/Georgia, seine erste Band THE PLAYERS, die sich nach der ersten Single *Find my way* wieder auflöste. Zwei Jahre später, 1977, war es dann soweit: Cameo erblickte das Licht der Welt, eine bis zu zwölf Mann starke Band, die Black Music à la GEORGE CLINTON machte, also eine wilde, rauhe Mischung aus R & B, Funk, Rap, Reggae, Pop und Rock. Die ersten drei Alben, *Cardiac interest* (1977), *We all know who we are* (1978), *Ugly ego* (1978), machten die eigenwillige Formation beim schwarzen Publikum populär. Für das vierte Album, *Secret omen* (1979), gab es dann bereits zum erstenmal Gold. Und diese Edelmetallauszeichnung wurde für Cameo zukünftig Tradition. *Cameosis* (1980), *Feel me*

Cameo   Foto: Casablanca

(1980), *Knights of the sound table* (1981), *Alligator woman* (1982) hießen die nächsten Erfolgs-LPs der farbigen Band, die sich musikalisch inzwischen mehr an »echtem schwarzen Rock 'n' Roll« orientierte. Geändert wurde auch die Band-Besetzung, von den zwölf Mitgliedern waren 1984 nur noch fünf übrig. In diesem Jahr schaffte Cameo den Durchbruch in Europa, sowohl mit dem Album *She's strange* als auch mit der gleichnamigen Single, die sich wochenlang in Deutschland in den Charts halten konnte. Ähnlich erfolgreich war auch das 85er Album *Single life,* das sich in den englischen Charts wochenlang auf Platz 1 hielt. Cameo wurde 85 in England auch mit etlichen Auszeichnungen geehrt: »Bester internationaler Act«, »Bestes Konzert«, »Bestes Video«, »Beste Single«, »Bester Soul Act«. 1986 kam dann der nächste Superseller, das Album *Word up!.* Mit der gleichnamigen Single schaffte es Cameo zum erstenmal aus den Black Charts von USA in die Hot 100, die Pop-Charts, überzuwechseln. Die Single *Word up!* kam bis auf Platz 6. Auch in England und Deutschland konnten sich Single und Album gut plazieren. Cameo hatte sich inzwischen auf drei feste Mitglieder verkleinert, was aber ihren berühmt-berüchtigten Shows keinerlei Abbruch tat: »Wenn wir auf der Bühne stehen, wollen wir möglichst jeden Song auch optisch rüberbringen. Vor allem die Girls sollen bei uns auf ihre Kosten kommen.« Kein Wunder, daß ihre Shows eigentlich weltweit immer ausverkauft sind. Von ähnlicher Qualität war auch das 88er Album *Machismo* und die 90er LP *Real men wear black.*

Camouflage

OLIVER KREYSSIG, geb. 4. 9. 1965 in Bietigheim/Deutschland: dr; HEIKO MAILE, geb. 12. 1. 1966 in Sydney/Australien: keyb; MARCUS MEYN, geb. 2. 5. 1966 in Bietigheim/Deutschland: voc, synth

Die drei jungen Männer aus dem schwäbischen Bietigheim (bei Stuttgart) waren die deutschen Shooting-Stars des Jahres 1987. Mit ihrer Debüt-Single *The great commandment* stiegen sie von 0 auf Platz 27 der deutschen Hitparade! Ihr flotter,

Camouflage
Foto: Metronome

eingängiger Elektronik-Pop-Song kam vor allen Dingen bei den Teenagern hervorragend an. Die drei kennen sich von Jugend an und teilten ihre gemeinsame Begeisterung für Elektronik-Gruppen wie → DEPECHE MODE, → ORCHESTRAL MANOEUVRES IN THE DARK oder das YELLOW MAGIC ORCHESTRA. 1983 beschlossen sie, »auch etwas in der Art zu machen«. Es entstand eine Kassette mit Eigenkompositionen, der sie den etwas hochtrabenden Titel *Voices & images* gaben. Sie schickten die Kassette zu einem Demo-Kassetten-Wettbewerb des Hessischen Rundfunks – und machten damit den ersten Platz. 1986 gab's dann einen Plattenvertrag – Rest siehe oben. Für die Songs der Gruppe sind Heiko Maile, Komposition, und Marcus Meyn, Texte, zuständig. Auch das Ausland war an Camouflage interessiert. Verträge für die skandinavischen und romanischen Länder wurden abgeschlossen, England und Amerika folgten später nach. Anfang 1988 erschien das Debüt-Album *Voices & images,* dazu die zweite Single *Strangers stroughts* und die dritte Single *Neighbours.*

The great commandment wurde auch in USA ein durchschlagender Erfolg: Nr. 1 der Dance-Charts, Plazierung in den Hot 100. 1989 brachte das Trio dann das 2. Album *Methods of silence* heraus, das mit *Love is a shield* wieder einen Single-Hit enthielt. Danach trennte sich Oliver Kreyssing von Camouflage, um sein Glück als Solist zu versuchen. Maile und Meyn machten daraufhin zu zweit als Camouflage weiter.

Tony Carey

geb. 16. 10. 1953 in Fresno/Kalifornien, USA: voc

Toney Carey, der etwas füllige Künstler mit dem langen Haar und dem hübschen Gesicht, ist Multi-Instrumentalist, Sänger, Komponist und Produzent. Der Amerikaner ist gelernter Kontrabassist, tat sich 1975 mit RICHIE BLACKMORE zusammen und gründete mit ihm die Gruppe RAINBOW. Mit Rainbow spielte Carey LPs wie *Rising*, *On stage* und *Long live Rock'n'Roll* ein. Dann ging er als Keyboarder nach England, wurde in Japan zum drittbesten Keyboarder der Welt gewählt, versuchte dann sein Glück als Solist. 1978 kam der Halbindianer ›nur‹ für ein paar Wochen nach Deutschland und blieb bis heute hier. Er ließ sich in Frankfurt nieder und rief das Projekt PLANET P ins Leben, mit dem er an → PINK FLOYD und → ALAN PARSONS orientierte Musik machte. Er betätigte sich aber auch immer wieder als Solist und veröffentlichte sehr schöne, aber ebenso erfolglose Alben wie *Some tough city* 1984 oder *Blue highway* 1986, auf denen er ausgesprochen melodiöse, ein wenig nach Country klingende Songs sang. 1986 begann Carey seine Zusammenarbeit mit → PETER MAFFAY. Für den Maffay-Film *Der Joker* schrieb er mit *Bedtime story* den eingängigen Soundtrack. 1988 gelang Carey dann ebenfalls mit einem Film der große Durchbruch. Er wurde engagiert, für den TV-Dreiteiler *Wilder Westen inclusive* den Soundtrack zu schreiben. Der Soundtrack landete unter den Top 20 der deutschen

LP-Hitparade und enthielt mit dem sanften Ohrwurm *Room with a view* einen Single-Bestseller. Ende 1989 brachte Carey das Album *For you* heraus, das mit *I feel good* ebenfalls wieder einen Fernseh-Song enthielt. Das Lied wurde für den SCHIMANSKI-Tatort *Katja's Schweigen* verwendet und entwickelte sich anschließend zum Hit. Die zweite Single daraus hieß *No man's land*. Bei diesem Anti-Kriegssong wurde Tony Carey von der deutschen Rock-Sängerin ANNE HAIGIS und dem Altstar → ERIC BURDON begleitet.

Eric Carmen
Foto: CBS

Eric Carmen

ERIC HOWARD CARMEN, geb. 11. 8. 1949 in Cleveland/Ohio

Der blonde, gutaussehende Eric Carmen war ein musikalisches Wunderkind. Bereits im zarten Alter von zwei Jahren begann er Klavier zu spielen, mit fünf Jahren kam Geigenunterricht dazu, und beide Instrumente studierte er bis zu seinem 15. Lebensjahr. Kein Wunder, daß der musikalische Knabe zum Maskottchen des SYMPHONY ORCHESTRA OF CLEVELAND wurde. Doch nach diesen 15 Jahren, in denen er nur für die Klassik gelebt hatte, sah Eric Carmen die Gruppe → THE WHO im Fernsehen und beschloß, Rockmusiker zu werden. Er brachte sich selbst das Gitarre- und Schlagzeugspielen bei und gründete 1965 seine erste Rock-Band, THE FUGITIVES. 1968 verließ er die Schule, und Ende 1970 gründete er die legendäre Band THE RASPBERRIES. Eric war Leadsänger, Pianist, Bassist und Gitarrist der Formation und schrieb auch fast alle Hits der Gruppe, wie z. B. 1972 den Millionenseller *Go all the way*. 1975 löste sich die Band auf, und Eric spielte zunächst mit einer anderen Band in diversen Clubs, ehe er sich 1975 seinen ersten Solo-Hit auf die rauhe, intensive und immer etwas nuschelig klingende Stimme schrieb: den Millionenerfolg *All by myself*. Ein Lied, das Eric Carmens Verbundenheit mit der Klassik zeigt, denn der Song ist eine Adaption eines Themas von Rachmaninows zweitem Konzert. Was sich bei diesem teils ruhigen, teils ungeheuer dramatisch anschwellenden Lied erstmals zeigte, sollte künftig das Markenzeichen von Eric Carmen werden: er wurde zum Meister im Schreiben und Interpretieren von eindrucksvollen Balladen. Songs wie *Never gonna fall in love again* (1976), *She did it* (1977), *Change of heart* (1978), *Almost paradise* (1984 für den Film *Footlose*) machten den hochbegabten Künstler international berühmt. 1985 war er mit dem Album *Eric Carmen* und der sanften Rock-Ballade *I wanna hear it from your lips* in den Charts. 1987 steuerte er zu dem Erfolgs-Film *Dirty dancing* den Song *Hungry eyes* bei und kam damit in Amerika unter die Top 10 der Hot 100.

Phil Carmen

geb. 14. 2. 1953 in Montreal/Kanada

Dem Schweizer Musiker Phil Carmen gelang Mitte 1985 der Überraschungserfolg schlechthin, als der bis dato völlig unbekannte Interpret mit seinem Song *On my way in L. A.* in der deutschen Hitparade unaufhaltsam nach oben kletterte. Geboren wurde Phil Carmen zwar in Kanada, wuchs aber in der Schweiz auf, studierte dort Musik und sammelte erste Bühnenerfahrungen als Teil des Duos CARMEN AND THOMPSON. Der Technikfreak und begeisterte Elektronik-Bastler schreibt seine Lieder selbst und produziert sie im eigenen Studio in Stein am Rhein. Abseits und unbeeinflußt von modischen Musiktrends bastelt er dort an seinen Alben. Und die dritte LP, *Walking the dog* (1985), brachte die wohlverdienten Erfolgslorbeeren für seine Geduld und sein Talent. Phil Carmens Musik klingt nach lässigem Understatement, cool sophisticated, erinnert

ein bißchen an die Swing-Ära, an MANHATTAN TRANSFER und → SADE, bewahrt aber doch ihren eigenständigen Charakter. Die hörenswerten Soli des hervorragenden Gitarristen runden die Songs ab. Ebenso hörenswert war auch Phil Carmens 86er Album *Wise monkeys* mit der Single *Moonshine still*, mit der der lokkenköpfige, sympathische Musiker wieder dieses unnachahmliche »Laid Back«-Gefühl vermittelte. Einen etwas gewandelten Sound bot Phil Carmen dann 1987 auf der LP *City walls:* härter, rockiger, mit ein paar Quentchen Funk versehen. Zur Produktion hatte er sich übrigens BRIAN AUGER geholt, einen der führenden Jazz-Organisten der 80er Jahre, der in den 60er Jahren mit seiner Gruppe TRINITY und der Sängerin JULIE DRISCOLL etliche Erfolge gehabt hatte (*Road to Cairo, This wheel's on fire*).

Howard Carpendale

HOWARD VICTOR CARPENDALE, geb. 14. 1. 1946 in Durban/Südafrika

Der blonde, gutaussehende Sänger ist wohl der beständigste und erfolgreichste deutsche Schlagersänger. Seit 1969 sind seine Lieder in ununterbrochener Reihenfolge in der deutschen Hitparade zu finden. Seine Eltern hatten sich allerdings für Sohnemann Howie anderes ausgemalt. Als der Sohn eines Politikers, der als Abgeordneter im Landtag von Natal saß, das Licht der Welt erblickte, stellten sich Vater und Mutter Carpendale vor, daß auch Howard Victor dereinst auf politischen Pfaden wandeln würde. Aber Howard interessiert sich mehr für musikalische denn politische Noten. 1960 war es zum erstenmal soweit – der 14jährige Howard stand in einem Nachwuchswettbewerb als Sänger in der Endrunde. Vor lauter Aufregung vergaß er jedoch den Text – und traute sich anschließend ein Jahr nicht mehr auf die Bühne. Statt dessen stürzte er sich in »Ausgleichssport«: mit Cricket, Rugby, Boxen und Leichtathletik wurde er die Sportskanone seiner Schule. Aber die Musik ließ ihn nicht los. 1963 gehörte er zur südafrikanischen Beatgruppe THE KINSMEN – die Formation wurde zur beliebtesten Beatband gewählt, nicht zuletzt auch wegen Howards Talenten als Leadsänger der Band. Daraus resultier-

Howard Carpendale
Foto: Paul Cox/EMI

te auch ein Plattenvertrag, und Carpendales erste Aufnahme 1963 war *Endless sleep,* eine Single die relativ erfolgreich war. Aber auch sportlich ging es weiter voran: der blonde 17jährige wurde südafrikanischer Jugendmeister im Kugelstoßen. 1964 beendete Howard Carpendale die Highschool, absolvierte seinen Wehrdienst als Sanitäter und ging anschließend, um seinem Vater einen Gefallen zu tun, auf die Uni, um Volkswirtschaft zu studieren. Das hielt er genau drei Monate durch, dann zog es ihn nach England. Berufsziel: Berufs-Cricketspieler. Doch statt in einer Cricket-Mannschaft landete der Jüngling 1965 in einer Band und tingelte monatelang durch England und Europa. Bei einem Auftritt in Deutschland, 1966, bemühte er sich kurzentschlossen um einen Plattenvertrag – und bekam ihn. 1967 erschien die erste deutsche Carpendale-Single *Lebenslänglich.* Der Titel dieses Liedes war schicksalsträchtig: Carpendale blieb in Deutschland und startete eine Sanges-Karriere, die immer noch ihresgleichen sucht. *Lebenslänglich* verkaufte stolze 60 000 Stück. 1969 war er bereits mit den Singles *Ich geb' mir selbst 'ne Party* und *Indianapolis* in der oberen Hälfte der deutschen Hitparade zu finden. 1970 gewann er mit dem Song *Das schöne Mädchen von Seite 1* das »Deutsche Schlagerfestival«. Von 1970 bis 1972 konnte er insgesamt fünf Titel in den Charts plazieren. 1972 lachte ihm auch privat das Glück, er heiratete die blonde Lehrerin Claudia Hertzfeld. Und 1972 packte ihn auch wieder die Sportbegeisterung: als Rennwagenfahrer nahm er auf dem Nürburgring an der Meisterschaft der Formel 3 teil – und errang einen beachtlichen 11. Platz. 1973 war dann allerdings ein Jahr ohne

Erfolge – und 1974 zog Howard die Konsequenz daraus. Er nahm die Dinge selbst in die Hand, komponierte und produzierte den Song *Da nahm er seine Gitarre* – und hatte wieder einen Hit (Platz 17). Von da an ging's nur noch bergauf. Die nächsten beiden Singles *Du fängst den Wind niemals ein* und *Deine Spuren im Sand* wurden beide Top 10. Das Jahr 1977 wurde dann ein ganz besonders gutes Jahr; sein Sohn Wayne erblickte das Licht der Welt, seine beiden Singles *Tür an Tür mit Alice* und *Ti amo* (beides übrigens Coverversionen, *Living next door to Alice* von Smokie und *Ti amo* von Umberto Tozzi) wurden Superseller, und er startete seine erste große Konzerttournee, die nicht nur vom Publikum, sondern auch von der Presse begeistert aufgenommen wurde. Und 1978 stand es dann fest – Howard Carpendale, Superstar. Inzwischem kam jede Single auf die oberen Plätze der deutschen Hitparade, seine Konzerttourneen waren triumphale Siegeszüge durch ausverkaufte Hallen, seine Alben bekamen praktisch alle Gold, es regnete Auszeichnungen wie den »Goldenen Löwen« von Radio Luxemburg, die »Goldene Europa« von der Europa Welle Saar, den »Deutschen Schallplattenpreis 1979« für seine Komposition/Produktion . . . *dann geh doch*. 1983 machte der erfolgreiche Sänger, Komponist und Produzent eine wohlverdiente Pause. Und feierte Anfang 1984 mit der Single *Hello again* ein grandioses Comeback. Im Sommer 1984 versuchte sich Howie auch als Schauspieler in dem Streifen *Niemand weint für immer*. Trotz großem Promotionaufwand wurde der Film ein Flop – vielleicht weil Howard darin keine Note sang. Aber das störte den deutschen Top-Star relativ wenig. Mit dem

85er Album *Mittendrin* mit den Singles *Shine on* und *Wenn es dich irgendwo gibt* feierte er wieder Hitparadenerfolge, die gleichnamige Konzerttournee durch 37 deutsche Städte war, wie üblich, ausverkauft. Und auch sein großes sportliches Hobby, das Golf spielen, nutzte der clevere Geschäftsmann 1985 aus: er kommentierte live als Co-Moderator im Fernsehen das »German open«-Golfturnier in Bremen. Im Jahr 1986 kam die nächste schöpferische Pause. Howard Carpendale, inzwischen 40 Jahre alt, wollte sein Image ändern. Und so sah man 1987 einen »neuen« Carpendale. Weg waren die gepflegten Abendanzüge, die locker gefönten Haare, das nette Saubermann-Image. Carpendale trat jetzt mit Humphrey-Bogart-Touch auf: gepflegte Wirrnis im Haar, zerknautschter Trenchcoat, offenes Hemd. Und musikalisch hatte er sich auch von seinem Softie-Image entfernt – *Laura Jane*, der erste Hit im neuen Stil, erinnerte eher an *Jeanny*, den Skandal-Hit des Österreichers → Falco, als an die schmuseweichen Middle-Of-The-Road-Bestseller aus Carpendales ersten 20 Jahren. Aber dem Publikum gefiel's – sowohl *Laura Jane* als auch das dazugehörige Album *Carpendale* konnte sich monatelang in den Hitparaden halten.

1989 überraschte der vielseitige Interpret seine Fans abermals: mit der LP *Carpendale 90* legte er ein Album vor, auf dem er in erster Linie englisch sang. Mit der ohrenfreundlichen Soft-Nummer *One more dance in blue* gelang ihm auch wieder ein Einstieg in die Single-Charts, während der etwas eigenwillige Song *Sie hatten Blumen in den Haaren*, der auf dem Scott-McKenzie-Hit *San Francisco (Be sure to wear some flowers in your hair)* basierte, nicht sonderlich gut ankam. Dafür war aber Carpendales 89/90-Tournee wieder ein voller Erfolg.

The Cars

RIC OCASEK (RICHARD OTCASEK): voc/g; GREG HAWKES: keyb/perc/sax/voc; BENJAMIN ORR (BENJAMIN ORZECHOWSKI): voc/b; ELLIOTT EASTON: g/voc; DAVID ROBINSON, geb. 2. 4. 1953: dr/perc/voc

Die amerikanische Rock-Gruppe stammt aus Boston. 1976 trafen sich Ric Ocasek und Benjamin Orr in Ohio auf einer Party. Sie beschlossen, künftig zusam-

men Musik zu machen, gründeten und spielten in diversen Bands und kamen schließlich nach Boston. Auch dort stellten die beiden eine neue Band zusammen, zu der bereits Elliot Easton und der Multiinstrumentalist Greg Hawkes gehörte, und die sie CAPTAIN SWING nannten. Die Cars entstanden dann Ende 1976, als David Robinson sich der Formation anschloß. Er hatte vorher bereits Erfahrungen gesammelt bei der Bostoner Punk-Band DMZ und bei den frühen MODERN LOVERS. The Cars waren zwar bald die Club-Attraktion in Boston, aber zunächst fanden sie keine Plattenfirma. Da schickten Ric Ocasek und seine Mannen kurz entschlossen einige Demo-Bänder an lokale Rundfunkstatio-

The Cars Foto: E. J. Camp/WEA

nen; die waren begeistert, und bald liefen Cars-Songs ständig in den Sendern.
Ende 1977 kam dann endlich der heißersehnte Plattenvertrag; gleich das erste
Album, *The Cars* (1978), schlug wie eine
Bombe ein. Es wurde mit Platin ausgezeichnet. Der Single-Hit daraus, *My best
friend's girl,* wurde sogar in England ein
Top-10-Hit. Auch die nächsten vier Alben der Cars, mit dem für diese Gruppe
typischen klaren, kühlen Rock-Sound
mit einem Schuß New Wave, wurden ein
voller Erfolg. Für jedes gab's Gold und
Platin: *Candy-O* (1979), *Panorama*
(1980), *Shake it up* (1981), *Heartbeat city*
(1984). Das 84er Album enthielt auch
den Song *Drive,* der zum ersten Top-10-
Hit der Gruppe in Deutschland wurde.
Dann ließen sich die Cars abermals drei
Jahre Zeit, bis sie Ende 1987 das neue
Album *Door to door* veröffentlichten,
von dem Anfang 1988 bereits wieder
über 500 000 Exemplare allein in Amerika verkauft waren. Allerdings wandel-
ten Ric Ocasek und Benjamin Orr zwi-
schenzeitlich auf Solo-Pfaden. Ocasek
veröffentlichte 1986 die LP *This side of
paradise,* die sich hoch in den LP-Charts
von Amerika plazieren konnte, und mit
Emotion in motion einen Top-15-Single-
Hit enthielt. Benjamin Orr brachte
gleichzeitig die LP *The lace* heraus und
hatte mit dem Song *Stay the night* einen
Single-Hit, der es bis auf Platz 24 der
Hot 100 schaffte.

C. C. Catch
Foto: Ariola/Hansa

C. C. Catch

CAROLINE »CARO« MÜLLER, geb. 31. 7.
1964 in Holland

Die junge Sängerin war im Sommer 1985
der »Shooting-Star«. Praktisch über
Nacht schoß sie mit ihrem sanften Disco-
Song *I can lose my heart tonight* in den
deutschen Charts nach oben. Wem der
angenehm dahinplätschernde Sound der
Single bekannt vorkam, der brauchte
sich nicht zu wundern. Komponist und
Produzent des Liedes war DIETER BOH-
LEN, die eine Hälfte und »Macher« des
Erfolgsduos → MODERN TALKING. Die
junge Holländerin wollte schon immer
Sängerin werden. Dafür brach sie auch
die Schule und eine Ausbildung als
Schneiderin ab. Sie brachte sich alles,
was zu Bühnenauftritten gehörte, selbst
bei, nahm an unzähligen Talentwettbewerben teil und gewann auch einen gro-

ßen Teil davon. So landete sie schließlich Anfang der 80er Jahre in Deutschland und nahm mit dem Osnabrücker
Mädchen-Quartett OPTIMAL den Song *Er
war magnetisch* auf. Bei einem Auftritt
mit Optimal wurde sie von DIETER BOH-
LEN entdeckt. Er schrieb für sie und produzierte mit ihr *I can lose my heart
tonight* – und ganz Europa verlor tatsächlich das Herz an die junge hübsche
Sängerin. Auch in Skandinavien und
Griechenland gab es für diesen Titel und
das Debüt-Album *Catch the Catch* Top-
10-Plazierungen. Und in diesem Stil ging
es auch bis 1988 weiter. Single-Titel wie
*Cause you are young, Strangers by night,
Heartbreak hotel, Heaven and hell, Soul
survivor* und das zweite Album *Like
a hurrican* erreichten von Finnland bis
Portugal hohe Chartsplazierungen. Einzige Neuerung: 1987 änderte Caro, die
bislang mit etwas altmodischer Löwen-
mähne und Leder-Klamotten auftrat, ihr
Image. Sie legte sich eine freche Bor-
stenbürste zu, und auch ihre sanften Dis-
co-Songs wurden ein bißchen fetziger.
1988 brachte die erfolgreiche Holländerin dann unter dem Titel *Diamonds* ein
»Best of«-Album heraus, das nicht nur
ihre ganzen bisherigen Bestseller enthielt, sondern mit *House of mystic lights*
auch einen neuen Hit, der sofort die
deutsche Hitparade emporschoß.
1989 wechselte C. C. Catch ihr Team.
ANDY TAYLOR von → DURAN DURAN war
inzwischen ihr fester Freund, und er
nahm auch die musikalische Karriere
seiner Liebsten in feste Hände. In England spielt C. C. Catch das Album *Hear
what I say* ein, das das Pop-Mädchen
von ungewohnt rockiger Seite zeigte.
Die Single *Big time* und das Album
konnten sich in der deutschen Hitparade
plazieren.

Roger Chapman

geb. 8. 4. 1942 in Leicester/England

Er selbst bezeichnet Musik »als sein
Rauschmittel«, seine Fans schwärmen
von ihm als »Chappo, der Rock 'n' Roll-
Tornado«, die Kritiker loben seine »unvergleichliche Bühnenpräsenz« und seine »fast wahnwitzige Intensität« – mit
einem Wort, Roger Chapman ist ein
Vollblutmusiker mit Erfolg. Doch es
dauerte lange, bis der kompakte Sänger
mit der lauten, rauhen, ausdrucksstarken Stimme so weit kam. Mit 17 Jahren

Roger Chapman
Foto: RCA

bewunderte er LITTLE RICHARD, EDDIE COCHRAN, → ELVIS und OTIS REDDING. Damals war er bereits Bandleader der Nachwuchsgruppe THE STROLLERS und gehörte zu den Teddyboys, den wilden Halbstarken. Chappo ging keiner Schlägerei aus dem Weg und war verrückt nach frisierten Motorrädern. Das wurde ihm fast zum Verhängnis. Bei einem schweren Unfall wurde er lebensgefährlich verletzt: gebrochener Halswirbel, schwere Schädelfraktur. Eine Metallplatte mußte ihm eingesetzt werden, an dieser Stelle wachsen bis heute keine Haare mehr. Nach diesem Schock wurde ihm bewußt, daß Musik für ihn doch wichtiger und, vor allen Dingen, weniger gefährlich war. Er schloß sich RICK GRECH, JIM KING und CHARLIE WHITNEY an, die damals bei den FARINAS spielten. Als ROB TOWNSHEND dazustieß, war die Band komplett und nannte sich FAMILY. Das war 1966. Bis 1972 spielte Family zusammen und wurde in Europa und Amerika zu einer gefeierten, aber kommerziell wenig erfolgreichen Underground-Band. Schon damals erregten die Auftritte von Family mit Roger Chapman als tobendem, sich heiser brüllendem Derwisch auf der Bühne großes Aufsehen. In wechselnder Besetzung spielte Family sieben Alben ein und wurde in eine Reihe gestellt mit Supergruppen wie SOFT MACHINE, THE NICE und → PINK FLOYD. Nach der Auflösung 1973 blieben Chapman und der Gitarrist Charlie Whitney zusammen und gründeten 1974 die Gruppe STREETWALKERS. Die Band erlitt das gleiche Schicksal wie Family: begeisterte Resonanz bei Fans und Kritikern, aber keine Plattenverkäufe. Nach vier hervorragenden Studioalben und einer Live-LP löste sich auch diese Formation auf. Roger Chapman, der

»wilde« Chappo, zog sich zurück, überließ das Feld den Punkern und New Wavern. Doch 1979 war er wieder da, ging ins Studio und präsentierte auf seinem Solo-Debüt-Album *Chappo* einen Rock 'n' Roll, der nichts an Frische und Intensität verloren hatte. Er ging auf ausgedehnte Tourneen, trat – mit überwältigendem Erfolg – im ARD-Rock-Palast auf. 1980 erschienen gleich zwei hervorragende LPs von ihm, die Live-LP *Live in Hamburg* und das Studio-Album *Mail order magic*. Auf beiden LPs zeigte Roger Chapman, daß er nichts verlernt hatte, daß Rock immer noch aus dem Bauch und nicht aus dem Kopf kommt. Das unterstrich er noch mit der 81er LP *Hyenas only laugh for fun*, die vor allen Dingen in Deutschland ein Bestseller wurde. Doch seine erfolgreiche Solo-Karriere war dem energiesprühenden Sänger und Songschreiber nicht genug. Unter dem Pseudonym »Sonny Spider« sang er als Gaststar bei den Studio-Produktionen *The Riffburglar Album* (1982) und *Swag* (1983). Gleichzeitig erschienen auch die eigenen Alben *He was, she was, you was* (1982) und *Mango crazy* (1983). Ein weiterer Höhepunkt in der Karriere von Roger Chapman kam 1983/84: Für den in Zusammenarbeit mit → MIKE OLDFIELD entstandenen Song *Shadow on the wall* erhielt er Gold. Auch 1984 gab es wieder vorzügliche Rockmusik von Roger Chapman zu hören, und zwar auf der LP *The shadow knows*. 1985 folgte dann ein Zusammenschnitt der 84er Tournee unter dem Titel *Roger Chapman – Live in Berlin*, auf der die Fans Live-Versionen seiner großen Hits wie *Shadow on the wall*, *Let me down*, *Mango crazy*, und *How how how* hören konnten. Anschließend gönnte sich Chappo eine 18monati-

ge Pause und brachte erst 1987 wieder
ein neues Album auf den Markt. Es hieß
Techno-Prisoners und ließ einen »neu-
en« Chappo hören. Denn dieses Mal
hatte er sich für die Lieder und vor allen
Dingen die Produktion prominente Hilfe geholt: die Gebrüder → BOLLAND aus
Holland. Sie produzierten nicht nur das
Album, sie steuerten auch drei Songs
bei, Fazit dieser LP: Rock mit Weich-
spüler, Chapmans Ecken und Kanten
wurden fein säuberlich abgeschliffen,
nur die Stimme war geblieben, was ihn
allerdings für die Elektronik-Sound ver-
wöhnten Ohren der Jüngeren durchaus
interessanter machte. Doch bereits das
90er Album *Hybrid and lowdown* war
wieder   in   altgewohnter   rockiger
Chappo-Qualität.

Tracy Chapman
Foto: Herb Ritts/WEA

Tracy Chapman

geb. 30. 3. 1965 in Cleveland/Ohio,
USA: voc/g

»Sie singt mit der selbstverständlichen
Geste großer Bluesmusiker, doch das
Timbre ihrer Stimme reicht von metallisch silbriger Wut bis hin zu zarten
Folktönen. Tracy Chapman steht in der
Tradition von Künstlerinnen wie Joan
Armatrading oder Joni Mitchell«, wird
ihre Musik beschrieben, wobei die Fachzeitschrift *Melody Maker* noch weiter
geht: »(Ihre Musik ist) brutaler Realis-
mus, der sich von jenen unterscheidet,
mit denen sie verglichen wird.« Tatsache
ist auf alle Fälle, daß Tracy Chapman zu
den interessantesten und erfolgreichsten
Newcomern des Jahres 1988 gehörte.
Die farbige Sängerin mit den kurzen,
stacheligen Dreadlocks begann schon als
Kind zu singen. Als sie vier war, ließen
sich ihre Eltern scheiden. Sie wuchs mit
ihrer Mutter und ihrer Schwester in
einem schwarzen Arbeiterviertel in
Cleveland auf. Ihre Mutter war musikbegeistert, und so lief zu Hause ständig das Radio mit Interpreten wie MAR-
VIN GAYE, GLADYS KNIGHT und MAHALIA
JACKSON. Die kleine Tracy fing schon
bald an, sich in Musik auszudrücken.
Auf dem Weg zur Schule schrieb sie
Lieder für ihre Schwester und für ihre
Freunde, zarte Songs, die sie von der
harten Wirklichkeit ablenkten. Denn die
Gegend war alles andere als vornehm,
und am Eingang zur Schule wurden die

Kinder mit einem Metall-Detektor auf Waffen untersucht. Schlagzeugerin wollte Tracy eigentlich werden, aber ihre Mutter hatte wegen des Lärms Angst, Ärger mit den Nachbarn zu bekommen, und kaufte ihr lieber eine Gitarre. Dann bekam Tracy ein Stipendium, das an begabte Studenten vergeben wird, die Minderheiten angehören. Sie ging jetzt auf die Wooster School, wurde der Star des Basketball-Teams und der Captain des Football-Teams und schrieb weiterhin Songs. Bereits damals entstand ihr berühmtes *Talkin' 'bout a revolution*. Und schon 1982 gewann sie einen Talentwettbewerb mit ihrem Song *Baby can I hold you?,* das später ebenfalls auf ihrem Debüt-Album zu finden war. Tracy studierte inzwischen Anthropologie in Boston und baute gleichzeitig ihre musikalische Karriere aus. Sie spielte in Cafes und Kirchen, sang bei Schulveranstaltungen und schuf sich eine treue Fangemeinde. Der Vater eines Kommilitonen, Angestellter eines Musikverlages, verschaffte Tracy schließlich einen Plattenvertrag, und 1988 erschien ihr Debüt-Album *Tracy Chapman*. Mit ihren sparsam instrumentierten Liedern, die in erster Linie von ihrer eindringlichen Stimme und den aussagekräftigen Texten leben, begeisterte die stämmige Sängerin mit dem schüchternen Lächeln ein weltweites Publikum. In Deutschland war sie wochenlang die Nr. 1 der LP-Charts und wurde schließlich mit Doppel-Platin für über eine Million verkaufter Exemplare ausgezeichnet. Weltweit wurden von dieser LP weit über 10 Millionen Tonträger verkauft. Mit zu diesem Erfolg beigetragen hat auch ihr umjubelter Auftritt beim großen *Nelson Mandela Geburtstagskonzert* im Londoner Wembley Stadion im Juni 1988, bei

dem sie erstmals vor einem größeren Publikum sang und spielte. Tracy Chapman gehört zu den Künstlern, die nicht nur über soziale Ungerechtigkeiten singen, sondern auch etwas dagegen tun. Im September/Oktober 1988 tourte sie zusammen mit anderen Stars wie → PETER GABRIEL, → BRUCE SPRINGSTEEN und → STING für die Menschenrechtsorganisation ›Amnesty International‹ durch die Welt. Anfang 1989 wurde Tracys Erfolg dann offiziell. Bei der Grammy-Verleihung in Los Angeles im Februar 1989 gewann Tracy die begehrte Musik-Trophäe gleich dreimal: als ›beste Neuentdeckung des Jahres‹, als ›beste Folksängerin‹ und für ihren Song *Fast car* als ›bester Song des Jahres‹. Ende 1989 veröffentlichte Tracy Chapman, die von sich selbst behauptet: »Ich sehe mich eigentlich nicht als Protestsängerin, denn die Themen und Geschichten über die ich singe, sind Teil unseres Lebens«, das zweite Album *Crossroads*. Mit dieser LP, auf der namhafte Gastmusiker wie NEIL YOUNG mitwirkten, knüpfte die junge Künstlerin mühelos an die Qualität und den Erfolg der ersten LP an.

Cheap Trick

ROBIN ZANDER, geb. 23. 1. 1952 in Chicago, USA: voc; RICK NIELSEN, geb. in Chicago, USA: g; TOM PETERSSON: b; BUN E. CARLOS (Brad Carlson), geb. 12. 6. 1951 in USA: dr

Das Quartett wurde 1974 in Chicago gegründet. 1976 bekamen die vier jun-

Cheap Trick   Foto: CBS

gen Männer einen Plattenvertrag und brachten 1977 die Debüt-LP *Cheap Trick* heraus, auf dessen Innencover vorsichtshalber vermerkt war, sie seien ›eine Band ohne Vorgeschichte‹. Auf Grund ihrer hervorragenden Live-Auftritte waren sie bei den meist weiblichen Fans von Anfang an ein Hit: Robin und Tom, die beiden höchst attraktiven Blickfänger, und Rick und Bun als die Komiker. Den größten Erfolg hatte das Quartett allerdings vom Start weg in Japan. *In color* hieß die zweite LP 1977, aus der zwei Singles im Land der aufgehenden Sonne den 1. Platz erreichten. Als auch *Heaven tonight*, das 3. Album 1978, in Japan sensationelle Verkäufe zu verzeichnen hatte, flog Cheap Trick kurzentschlossen dorthin und trat eine umjubelte Tournee an. Dabei war die berühmte Budokan Arena in Tokyo noch schneller ausverkauft als 1966 bei den → BEATLES. Bei dieser Tournee entstand das vierte Album *Live at Budokan*, das im Februar 1979 erschien und auch den Rest der Welt auf die fröhlich-poppige Rock-Musik der vier von Cheap Trick aufmerksam machte. Die Single *I want you to want me* wurde ein Millionenseller. Ende 79 erschien die LP *Dream police*, die mit *Voices* ebenfalls wieder einen Single-Erfolg enthielt. Danach erwies sich allerdings, daß Cheap Trick eine LP-Band und keine Single-Gruppe war. Alben wie *All shook up* 1980, *One on one* 1982, *Next position please* 1983, *Standing on the edge* 1985 und *The Doctor* 1986 verkauften sich weltweit immer so gut, daß die Gruppe im Laufe der Jahre dafür 50 Gold- und Platin-Auszeichnungen in Empfang nehmen konnte. 1988 kehrte dann Tom Petersson, der einige Jahre durch JON BRANT ersetzt werden mußte, zur Formation zurück, und in dieser Original-Besetzung spielte die Gruppe das Album *Lap of luxury* ein, das mit der hinreißenden Ballade *The flame* einen internationalen Single-Hit enthielt, der sich auch hoch in den deutschen Charts plazieren konnte. Ebenso vorzüglich war das 90er Album *Busted,* das in den USA innerhalb kürzester Zeit mit Platin ausgezeichnet wurde.

MASON eine Solo-Platte machen. Doch der Song *I love you Ringo* wurde ein Flop. Dafür traf sie 1964 in den Studios einen jungen Mann namens SALVATORE PHILIP BONO aus Detroit, der ebenfalls als Backgroundsänger beschäftigt war. Am 27. Oktober 1964 schlossen sie den Bund fürs Leben. 1965 beschlossen sie, als Duo aufzutreten und nannten sich zuerst CAESAR & CLEO, später dann SONNY & CHER. Und als Sonny & Cher nahmen sie Anfang 1965 auch ihre zweite Single auf *I got you babe.* Dieses Lied aus der Feder von Sonny Bono war ein Millionenseller und konnte sich drei Wochen auf dem 1. Platz der Hot 100 von Amerika halten. Im Zuge dessen wurde auch

Cher

CHERILYN SAKISIAN LAPIERRE, geb. 20. 5. 1946 in El Centro/Kalifornien

Cher, die attraktive Tochter einer drogenabhängigen, erfolglosen Hollywood-Schauspielerin und eines echten Apachen, ist seit über zwanzig Jahren eine schillernde, atemberaubende Gestalt im internationalen Showbusineß. Die glutäugige Schönheit mit der hinreißenden Figur hatte eine schwere Jugend. Bereits mit 14 Jahren mußte Cher als Modell in Werbestudios arbeiten, da die heroinsüchtige Mutter dazu nicht in der Lage war. Kein Wunder, daß sich Cher später immer scharf gegen jeglichen Drogenkonsum ausgesprochen hat. Anfang der 60er Jahre fing sie an, sich als Backgroundsängerin zu betätigen, fand Arbeit in den Studios von PHIL SPECTOR, und durfte sogar unter dem Namen BONNIE JO

Cher
Foto: Casablanca

die erste Single, *Baby don't go*, ein Top-10-Hit. Gleichzeitig machte Cher aber auch als Solistin Platten und hatte damit 1965 ebenfalls zwei Hits, *All I really want to do* und *Where do you go*. Diese zweigleisige Karriere ging bis 1974 weiter. Als Sonny & Cher feierte Cher Erfolge mit Titeln wie *What now my love* (1966), *Little man* (1966), *The beat goes on* (1967), *All I ever need is you* (1971) und *A cowboys work is never done* (1972), und als Solistin Cher hatte sie Superseller mit Liedern wie *Bang bang* (1966), *You better sit down kids* (1967), *Gypsies, tramps & thieves* (1971), *The way of love* (1972), *Half-breed* (1972) und *Dark lady* (1974). Cher war von Anfang an eine Trend-Setterin der Hippie-Generation, ein Inbegriff der »California Hippies«. Ihr buntes, schrilles Outfit, der indianische Schmuck, die Pony-Frisuren, die vielen Ketten, die witzigen kunterbunten Tops, die Hosen mit dem extrem weiten Schlag – das alles gehörte zu ihrem schillernden Image wie die rauchige, kühl-erotische Stimme. Anfang der 70er Jahre gingen Sonny & Cher dann neue Wege. Sie verließen die Hippie-Kultur und suchten sich ihr neues Publikum bei den Erwachsenen, bei den Fans, die mit ihnen älter geworden waren. Ab sofort trat Cher nur noch in sündhaft teuren, glitzernden Abendkleidern auf, die von ihrer aufregenden Figur mehr zeigten als sie verbargen. Die beiden wurden Nachtclub-Stars. Und sie bekamen eine eigene Fernseh-Show, die mit großem Erfolg von 1971 bis 1977 lief. Privat hatten sich die beiden allerdings bereits früher getrennt. 1974 wurde die Ehe, aus der die Tochter Chastity stammt, geschieden. 1975 lernte Cher den Rock-Musiker GREGG ALLMAN in Los Angeles kennen, verliebte

sich und heiratete ihn kurzentschlossen. Diese Ehe stand allerdings ebenfalls unter keinem guten Stern. Davon übrig blieb nur der Sohn Elijah Blues. Anfang der 80er Jahre beschloß die energiegeladene Cher, mal wieder etwas Neues zu probieren. Erfolgreiche Sängerin, Entertainerin und TV-Star war sie schon – also blieb nur noch der Film. Den ersten Versuch startete sie bei der Broadway-Produktion *Come back to the Five & Dime Jimmy Dean, Jimmy Dean,* der Erfolg war nur mäßig. Als ROBERT ALTMAN den Stoff verfilmte und sie als Schauspielerin dazu holte, wurde sie allerdings bereits für den »Golden Globe« nominiert. Daraufhin durfte Cher unter dem Regisseur MIKE NICHOLS in dem Film *Silkwood,* einem Streifen über üble Machenschaften der Atom-Lobby, spielen. Und dafür erhielt sie dann den »Golden Globe« und eine Oscar-Nominierung. Erneut bewies Cher dann ihr Talent in dem Streifen *Die Maske,* in der die Mutter eines schrecklich verwachsenen Kindes spielte. 1987 feierte sie Triumphe in dem Film *Die Hexen von Eastwick,* in dem sie neben Superstar JACK NICHOLSON eine der weiblichen Hauptrollen spielte. 1988 beeindruckte sie dann als zielstrebige Anwältin in dem Streifen *Suspect – unter Verdacht.* Musikalisch hatte Cher zuletzt 1979 von sich hören lassen, und zwar mit dem Album *Take me home,* dessen Titelsong für sie ein Millionenseller gewesen war. 1987 beschloß sie, wieder einmal ins Studio zu gehen. Heraus kam dabei das Album *Cher,* das von neuem die gesanglichen Fähigkeiten dieser faszinierenden Frau zeigte. Als erste Single erschien der → MICHAEL-BOLTON-Titel *I found someone,* der Anfang 1988 genauso in den Charts nach oben schoß wie das Album.

1988 erhielt sie dann auch endlich den begehrten »Oscar« und zwar für ihre Rolle in dem Film *Moonstruck — Mondsüchtig*. 1988 feierte auch ihr ehemaliger Ehemann Sonny Bono einen Triumph: Er wurde Bürgermeister der kalifornischen Wüstenstadt Palm Springs, die in erster Linie von Showbiz-Leuten bewohnt wird. Cher hatte ihn bei seinen Bemühungen stark unterstützt. Sie selbst brachte 1989 die nächste LP heraus. *Heart of stone* hieß das Werk, das wieder ein internationaler Bestseller wurde und mit Songs wie *If I could turn back time, Just like Jesse James* dem Duett *After all* mit PETER CETERA aus dem Film *Chances are* und dem Titelsong etliche erfolgreiche Singles enthielt. Die LP konnte sich auch noch in der deutschen Hitparade plazieren. 1989 stand Cher ebenfalls wieder vor der Kamera: zusammen mit BOB HOSKINS drehte sie den Film *Mermaids*. Anfang 1990 schwirrte dann das Gerücht durch die Lande, daß Cher wirder einmal schwanger sei, diesmal von ihrem neuen Freund, dem Rockgitarristen RICHIE SAMBORA.

Neneh Cherry Foto: Virgin

Neneh Cherry

geb. 10. 3. 1964 in Stockholm, Schweden: voc

Die dunkelhäutige Interpretin mit dem ungestümen Talent gehörte ebenfalls zu den interessantesten Newcomern des Jahres 1988. In einer amüsanten und höchst unterhaltsamen Mischung aus Rap, Hip Hop und House Sound gewann sie weltweite Berühmtheit. Neneh wurde als Tochter des afrikanischen Percussionisten AHMADU JAH aus Freetown in Sierra Leone und der schwedischen Jazz-Sängerin MOKI CHERRY geboren. Sie wuchs zunächst im Süden von Schweden auf, bis ihre Mutter den Jazztrompeter DON CHERRY kennen und lieben lernte und sich von Nenehs Vater scheiden ließ, als das Mädchen vier Jahre alt war. Don wurde Nenehs Stiefvater und brachte seine neue Familie bald nach New York, wo sie durch das Brüderchen Eagle Eye vervollständigt wurde. Die Lower Eastside war jetzt Nenehs Zuhause, wenn sie nicht gerade Don auf seinen Tourneen begleitete. Musik lag dem attraktiven Teenager von Anfang an im Blut. Und so verließ sie bereits mit 14 Jahren die Schule und widmete sich künftig ganz ihrem Hobby Musik. Die erste Station war die Frauen-Band THE SLITS, die bereits Punk und New Wave machte, als noch kein Mensch SIOUXIE oder HAZEL O'CONNOR kannte. Bei der Band RIP RIG & PANIC übte sie sich anschließend in Modern-Jazz und Funk und gehörte anschließend auch dem Rip-Rig-Nachfolger FLOAT UP C. P. an. Dann folgte ein kurzes Gastspiel bei BOMB THE BASS und bei THE THE, bei deren Album *Infected* sie mit dem Leadsänger MATT JOHNSON den Titel *Slow train to dawn* im Duett sang. 1983 bekam Neneh ihr erstes Kind, die Tochter Naima. 1988 startete die quirlige Interpretin ihre weltweite Karriere mit dem Rap-Hip-Hop-Song *Buffalo stance,* der ein weltweiter Bestseller wurde. »Die Göttin des Hip Hop« wurde die gutgewachsene Interpretin genannt, und: »Wenn Neneh Cherry auf der Bühne erscheint, hält man unwillkürlich die Luft an.« Und das bei einer Künstlerin, die bei ihren letzten Auftritten Ende 88/Anfang 89 hochschwanger war. Denn im März 89 kam das zweite Töchterchen namens Tyson auf die Welt. Den Namen bekam die Kleine übrigens wegen Nenehs Freundin June Tyson und nicht wegen des gleichnamigen Boxers. Vater dieser Tochter ist Kameron, der sich inzwischen Booga Bear nennt und mit dem zusammen Neneh ihren zweiten Bestseller fabriziert: *Manchild.* Diesem Erfolg folgte im Juni 1989 die Debüt-LP *Raw like sushi,* die sich ebenfalls weltweit in den internationalen Charts plazieren und monatelang halten konnte. Aus diesem Album stammt auch *Kisses on the wind,* Single Nr. 3. Mit ihrer eigenwilligen Version des COLE-PORTER-Songs *I've got you under my skin* stand Neneh Cherry 1990 ganz oben in den internationalen Charts. Der Song stammte aus dem Wohltätigkeitsalbum *Red hot and blue,* dessen Einnahmen Aids-Kranken zugute kommen. Auch andere Stars wie → U 2, → SINEAD O'CONNOR, → BILLY IDOL und die NEVILLE BROTHERS machten bei dieser LP mit.

Chicago

DANNY SERAPHINE, geb. 28. 8. 1948: dr; ROBERT LAMM, geb. 13. 10. 1944: voc/keyb; JIMMY PANKOW, geb. 20. 8. 1947: tp; WALTER PARAZAIDER, geb. 14. 3. 1945: woodwinds; LEE LOUGHNANE, geb. 21. 10. 1946: tp; BILL CHAMPLIN, voc/g/keyb; CHRIS PINNICK, keyb; JASON SCHEFF, voc/b

Chicago ist eine der führenden Jazz-Rock-Gruppen der 70er und 80er Jahre, die entscheidend dafür gesorgt hatte, daß Blechbläser Eingang in die Rock- und Popmusik fanden. Robert Lamm, TERRY KATH, Jimmy Pankow, Walter Parazaider, Lee Loughnane, PETER CETERA und DANNY SERAPHINE hatten alle eine fundierte musikalische Ausbildung genossen, als sie 1968 eine Formation namens BIG THING gründeten. Als Show-Band traten sie damals in Chicago auf. Nach einem Jahr gingen sie nach Los Angeles und nannten sich jetzt, der alten Zeiten wegen, CHICAGO TRANSIT AUTHORITY. Ihre stampfenden Bläsersätze und die perfekten Jazz-Soli machten sie schnell beliebt, es folgte eine Dauerbuchung im berühmten »Whiskey à gogo«-Club. Die Entdeckung durch die

James Pankow　　Danny Seraphine　　Bill Champlin　　Jason Scheff
Lee Loughnane　　　　　　Walt Parazaider　　　　Robert Lamm

Chicago　Foto: Guy Webster/WEA

Plattenfirma ließ nicht lange auf sich warten, und bereits 1969 produzierte JAMES GUERICO das erste Album der Gruppe, ein Doppel-Album. Das allein schon war für eine Gruppe, die noch dazu vorher keinerlei Single-Hits gehabt hatte, äußerst ungewöhnlich. Zunächst verkaufte sich die Doppel-LP nicht besonders, aber ihr Entdecker und Produzent Guerico glaubte an die Formation mit dem damals noch ungewöhnlichen Jazz-Rock-Sound und produzierte kurz entschlossen 1970 eine zweite Doppel-LP. Und siehe da, nicht nur das zweite Album fand hervorragenden Anklang, auch die erste Doppel-LP wurde entdeckt und innerhalb kürzester Zeit mit Platin ausgezeichnet. Darauf folgte eine fast endlose Reihe von Single-Hits. Der erste war *I'm a man,* eine Nummer aus dem ersten Album. Der Song stammte von → STEVE WINWOOD und war bereits 3 Jahre vorher, 1967, ein Millionenseller für die SPENCER DAVIES GROUP gewesen, bei der Steve Winwood damals gerade Leadsänger war. Inzwischen nannte sich die Formation der Einfachheit halber nur Chicago und brachte einen Superseller nach dem anderen heraus. Singles wie *Make me smile* (1970), *25 or 6 to 4* (1970), *Does anybody really know what time it is?* (1970), *Beginnings* (1971), *Saturday in the park* (1972), *Just you'n'me* (1973), *Call on me* (1974), *Old days* (1975), *If you leave me now* (1976), *Baby, what a big surprise* (1977), *Hard to say I'm sorry* (1982), um nur die wichtigsten zu nennen, sicherten ihnen grundsätzlich Plätze unter den ersten zehn der Charts. Ihre Alben, denen sie keinen Namen gaben, sondern die sie nur durchnumerierten, waren alle Millionenseller. 1978, auf der Höhe des Erfolgs, traf die Gruppe ein schwerer Schlag: Terry Kath, der musikalische und organisatorische Kopf der Gruppe war, erschoß sich versehentlich auf einer Party. Doch die Gruppe blieb zusammen, und es gelang ihr, den Erfolg und das Ansehen – nach einigen personellen Veränderungen – in die 80er Jahre hinüberzuretten. Im Mai 1984 erschien ihr 17. Album, eine LP, die rockiger und poppiger im Sound war als frühere Produktionen, mit wunderschönen Balladen *(You're the inspiration)*, für die die Gruppe ja berühmt ist, und einigen hervorragenden Power-Songs *(Along comes a woman, Stay the night)*, die die ungebrochene musikalische Stärke der Formation zeigten. 1986 beschloß Peter Cetera, der einen Großteil der Songs der Gruppe geschrieben hatte, künftig nur noch auf Solopfaden zu wandeln. 1981 hatte er ja bereits schon seine erste Solo-Platte veröffentlicht. 1986 war es dann endgültig soweit. Mit den Titeln *Glory of love* (das Thema aus dem Film *Karate Kid Part II*) und *The next time I fall,* einem Duett mit AMY GRANT, konnte er sich jeweils auf dem 1. Platz der Hot 100 von USA plazieren. Chicago ersetzte Peter Cetera durch den Bassisten Jason Scheff und brachte 1986 das Album Nr. 18 heraus. Die LP, im altgewohnten Chicago-Stil, schaffte es in den US-LP-Charts allerdings nur bis Platz 35, und die Single, eine neue Mischung von *25 or 6 to 4,* stagnierte in den Hot 100 schon bei Platz 48. Der Chicago-Sound hatte sich offensichtlich etwas abgenutzt. Aber trotzdem verkaufte die Gruppe in Amerika über 500 000 Exemplare dieser LP. Mitte 1988 erschien das Album *19,* das mit *I don't wanna live without your love* wieder einen Singlehit enthielt.

Dann hörte man erst wieder im Januar 1990 von der amerikanischen Superband. Als Single-Neumischung erschien der 88er-Song *What kind of man would I be,* der langsam, aber sicher die US-Charts emporstieg. Die nächste Produktion von Chicago war dann Mitte 1990 der Song *Hearts in trouble.* Er stammte aus dem Soundtrack für den Streifen *Days of thunder,* einem Rennfahrer-Film, in dem Jung-Star TOM CRUISE die Hauptrolle spielte.

Toni Childs

geb. 1958 in Los Angeles/Kalifornien, USA: voc/g/b/keyb

Die Sängerin mit der ungewohnt-kehligen Stimme verdiente sich ihren Lebensunterhalt zunächst mit Auftritten in kleinen Clubs. Dann bekam sie ein Engagement nach London, wo sie vier Jahre in einem Plattenstudio als Chorsängerin für Stars wie → PHIL COLLINS arbeitete. Dabei wurden die Produzenten DAVID TICKLE und DAVID RICKETTS auf die nicht alltägliche Stimme der Kalifornierin aufmerksam. Toni durfte ein Album mit ihren selbstgeschriebenen Liedern aufnehmen. 1988 kam die LP unter dem Titel *Union* heraus. Mit *Stop your fussin* enthielt sie einen Single-Hit, der sich auch in den deutschen Charts plazieren

konnte. Auch die LP mit den sehr
exotisch-afrikanisch klingenden Songs
wurde ein internationaler Bestseller, der
sich weltweit fast eine Million Mal verkaufte.

The Christians

The Christians   Foto: Ariola

GARY CHRISTIAN, geb. in Liverpool, England: voc; ROGER CHRISTIAN, geb. in Liverpool, England: voc; RUSSEL CHRISTIAN,
geb. in Liverpool, England: voc/sax;
HENRY PRIESTMAN, geb. in Liverpool,
England: g/keyb

Die Mitglieder dieser Truppe haben
nichts mit Christentum oder Bekehrung
im Sinn, sondern heißen gang einfach
von Haus aus Christian. Zwölf Geschwister tummelten sich zu Hause, fünf davon beschlossen, ihr Glück als Sänger zu
versuchen. Sie gründeten eine A-Capel-
la-Band namens EQUAL TEMPERAMENT und
sangen gefühlvolle Soul-Nummern der
→ TEMPTATIONS nach. Dabei wurden sie
Mitte der 70er Jahre bei einem Auftritt
von HENRY PRIESTMAN gehört, der damals
Keyboarder der Band IT'S IMMATERIAL
war. Er holte drei der Brüder, Gary,
Roger und Russel, als Chorsänger ins
Studio und schloß sich ihnen dann als
vierter Mann an, als Keyboarder und
Komponist. Das Quartett nannte sich
The Christians und veröffentlichte 1987
die Debüt-LP The Christians, die 1988
zu einem Superseller und mit Dreifach-
Platin ausgezeichnet wurde. Vier Singles
gab es aus dieser LP, die allesamt Hits
wurden: Forgotten town, Hooverville,
When the finger points und Ideal world.

Der ›New-Wave-Soul‹, wie die Musik
der farbigen Brüder oft genannt wird,
kam bei den Hörern hervorragend an.
Gleichzeitig traten die Brüder mit Henry
auch bei diversen Wohltätigkeitsveranstaltungen an: für die Neueinspielung
vom Sgt. Pepper der → BEATLES (eine
Charity-Platte) lieferten sie im April
1988 ihre Version von Lucy in the sky
with diamonds, im Oktober 1988 nahmen die Liverpooler Jungs für die Benefiz-Platte One moment in time eine eigene   Version   des   ehemaligen
ISLEY-BROTHERS-Hits Harvest for the
world auf, und auch bei der Single Ferry
'cross the Mersey zugunsten der Fußball-
Opfer von Hillsborough wirkten die
Christians mit. Anschließend schrumpf-

te das Quartett auf Trio-Stärke. Bruder Roger wollte sein Glück als Solist versuchen. Ohne ihn machten sie sich 1989 an die zweite LP *Colour*. Das Album erschien im Januar 1990 und brachte mehr poppig-rockige denn soulige Songs. Es konnte sich wieder international in den Charts plazieren.

Eric Clapton

ERIC PATRICK CLAPP, geb. 30. 3. 1945 in Ripley/Surry, England

Der begnadete Gitarrist gehört seit den sechziger Jahren zu den beständigsten und einflußreichsten Musikern der Rockmusik-Szene. Nach der Schule studierte Erich Clapton Anfang der 60er Jahre an der *Kingston Art School* das Fach »Design für Glasmalerei und Glasbrennerei«. Aber das füllte ihn nicht aus, er begann sich mehr mit seiner Gitarre zu beschäftigen, und im Januar 1963 war es soweit: Eric Clapton stieg bei den ROOSTERS ein, einer Band, die von TOM McGUINNESS, PAUL JONES und BRIAN JONES gegründet worden war. Als BRIAN JONES zu den → ROLLING STONES abwanderte, kam für ihn Eric Clapton. Die Band war jedoch nicht sehr erfolgreich, löste sich im August bereits wieder auf, und Eric ging mit Tom McGuinness zu CASEY JONES & THE ENGINEERS. Aber auch da paßte es dem anspruchsvollen Eric nicht, er ging und spielte ab Oktober 1963 die Leadgitarre bei den YARDBIRDS, wo er den ausgeschiedenen ANTHONY TOPHAM ersetzte. Als das Blues-Quartett im März 1965 den GRAHAM-

Eric Clapton   Foto: Polydor

GOULDMAN-Titel *For your love* aufnahm, wurde es Eric Clapton schon wieder zu bunt, sprich zu poppig und zu kommerziell. Er legte die Gitarre nieder und arbeitete lieber für zwei Monate als Hilfsarbeiter auf dem Bau. Im April 1965 wurde er davon erlöst – JOHN MAYALL fragte an, ob er nicht lieber zusammen mit ihm, HUGHIE FLINT und JOHN McVIE bei den BLUESBREAKERS spielen wollte. Clapton wollte – allerdings nur bis August 1965, denn dann hatte er die verrückte Idee, mit einer zusammengewürfelten Band auf eine Griechenland-Tournee zu gehen. Das ganze wurde ein riesengroßer Flop, und im November 1965 kehrte Eric Clapton wieder reumütig zu den Bluesbreakers zurück. Doch auch dieses Glück währte nicht lange, im Frühjahr 1966 hatte Eric schon wieder die »Schnauze voll«, stieg bei den Blues-breakers aus, spielte noch schnell eine Platte mit einer Band namens POWER-HOUSE ein, zu der auch → STEVE WINWOOD und Paul Jones gehörten – und gründe-te im Juli 1966 eine eigene Band. Zu-sammen mit JACK BRUCE und GINGER BA-KER stellte er das Trio CREAM auf die Beine. Die Formation existierte circa zwei Jahre, brachte vier Alben heraus mit Supersellern wie *I feel free* (1967), *Sunshine of your love* (1968), *White room* (1969), und wurde zu einer der wichtigsten und einflußreichsten Bands der späten 60er Jahre. Ende 1968 löste sich das Trio auf, aber diesmal lag's nicht an Eric Clapton, sondern Jack Bruce und Ginger Baker kamen nicht miteinander klar. Doch frohgemut wag-te sich Eric Clapton im Februar 1969 an sein nächstes Projekt. BLIND FAITH nann-te er die Formation, zu der auch Ginger Baker, Steve Winwood (er kam von TRAFFIC) und RICK GRECH (er kam von FAMILY) gehörten. Heraus kamen dabei die Kult-LP *Blind Faith*, ein Debüt-Kon-zert im Londoner Hyde Park vor 100 000 Menschen, eine fürchterliche US-Tournee – und dann war Ende 1969 bereits wieder Schluß. Im Januar 1970 stieg Eric Clapton dann bei DELANY & BONNIE AND FRIENDS ein, einer 11köpfi-gen Gruppe, die er bei seiner Amerika-Tour kennengelernt hatte. Aber Mr. »Slowhand«, wie er von seinem Mana-ger genannt wurde, hatte auch damit kein Glück – bereits im März 1970 lö-sten sich auch Delany & Bonnie auf. Aber das Stehaufmännchen Clapton war im Mai 1970 bereits wieder präsent, und zwar mit seiner eigenen Band DEREK & THE DOMINOS. Die »Dominos« waren

DUANE ALLMAN, BOBBY WHITLOCK, JIMMY GORDON und CARL RADLE. Doch auch damit hatte Eric Clapton kein Glück. Die Gruppe nahm die LP *Layla & other assorted love songs* auf – sie wurde ein Flop. Im Oktober 1973 verunglückte Erics Freund und Gitarrist Duane Allm-an tödlich mit dem Motorrad – ein schwerer Schlag für den sensiblen Künstler. Und außerdem verliebte er sich auch noch unglücklich in Patti, die damals noch → GEORGE HARRISON'S Frau war. Kein Wunder, daß Eric Clapton in tiefe Depressionen verfiel und ver-suchte, sich mit Heroin zu betäuben. Sein letzter Auftritt war bei George Harrisons *Concert for Bangladesh* im Jahr 1971. Danach herrschte fast zwei Jahre Funkstille, Eric Clapton verkroch sich. Und er hatte es Freunden wie → PETE TOWNSHEND von den → WHO zu verdanken, daß er nicht völlig vor die Hunde ging. Und natürlich Patti, die im Januar 1974 seine Frau wurde. Towns-hend war es auch, der ihn 1973 zu einem Comeback überredete. Am 13. Januar 1973 gab Eric Clapton in London sein vielgerühmtes *Rainbow-Konzert*. Aber dann dauerte es doch bis April 1974, bis er sich wieder, phantastisch wie eh und je, mit einer eigenen Band zu-rückmeldete. Er veröffentlichte die her-vorragende LP *461 Ocean Boulevard*, die den Single-Hit *I shot the sheriff* ent-hielt. Seitdem bringt Eric Clapton mit immer wieder wechselnden Musikern und in unregelmäßigen Abständen aus-gezeichnete LPs heraus: 1977 *Slowhand*, 1978 *Backless*, 1981 *Another ticket*, 1982 *Money and cigarettes*, 1985 *Behind the sun*, 1986 *August*. Jede einzelne LP be-weist immer wieder, daß Mr. Slowhand mit seinem virtuosen Gitarrenspiel und seiner sanften, etwas trägen und heise-

The Clash   Foto: CBS

ren Stimme auch nach fast 30 Jahren sein Publikum noch zu fesseln versteht. Das ganz ausgezeichnete 89er Album hieß *Journeyman* und konnte sich in den internationalen Charts hervorragend plazieren.

The Clash

PAUL SIMONON, geb. 15. 12. 1955 in Brixton/England: voc/b; JOE STRUMMER, geb. 21. 8. 1952 in London/England: voc; VINCE WHITE: g/voc; NICK SHEPPARD: g/voc; PETE HOWARD: dr

The Clash war eine englische Punk-Band – besser gesagt, *die* englische Punk-Band, denn sie hatte als eine der wenigen bis in die 80er Jahre überlebt, und zwar mit Erfolg. Im Mai 1976 taten sich Strummer, MICK JONES und Simonon zusammen, um eine Band zu gründen. Simonon hatte sechs Wochen vor der Gründung der Gruppe zum erstenmal eine Gitarre in der Hand gehabt. Auch Mick Jones hatte mit Musik vorher nicht viel zu tun gehabt. Der einzige »Profi« war Joe Strummer, der in London als Pub-Musiker tingelte. KEITH LEVINE hieß das vierte Gründungsmitglied – er verließ aber die Band fast sofort wieder. Die drei nisteten sich in einem alten Lagerhaus in Camden Town ein, heuerten TERRY CHIMES als Schlagzeuger an und fingen an, etwas zu machen, das Punk hieß, das aber eigentlich nur dilettantischer Lärm war. Denn die Parole des Punk war ja, wer mehr als drei Griffe auf der Gitarre beherrscht, gehört nicht dazu. The Clash wagte sich mit ihrem Lärm sogar auf die Bühne in kleinen Clubs, wo ihnen dann mit schöner Regelmäßigkeit Flaschen und Büchsen an den Kopf flogen. Das war für Terry Chimes der Grund für den Ausstieg. Für ihn wählte The Clash, nachdem sie zuvor 205 Trommler angehört hatten, als Nachfolger TOPPER HEADON aus. Trotz des gewaltigen Krachs auf der Bühne hatte sich die Band inzwischen einen Namen gemacht und bekam einen Plattenvertrag. 1976 spielten sie ihr erstes Album, *The Clash,* ein und kamen damit unter die ersten zwölf der UK-LP-Charts. Die Single *White riot* kam in den Single-Charts auf Platz 29. Die Punk-Band The Clash war »in«. Was den ausgeflippten Herren gar nicht besonders recht war. Sie hatten Angst davor, vermarktet zu werden, und weigerten sich sogar, in der berühmten TV-Show *Top of the Pops* aufzutreten. Das paßte ja schließlich nicht zu ihrem Chaoten-Image. Doch sie konnten sich nicht gegen den Erfolg wehren. Die nächste Single, *Complete control,* 1977, kam schon auf Platz 19 der Charts. Ihre Konzerte waren stets ein Happening an Zerstörungswut, bei dem sich die Zuschauer an den Einrichtungen der Konzertsäle abreagierten. Das Ergebnis: The Clash hatte in fast jeder Stadt Auftrittsverbot. Sie beschlossen, nur noch in unbestuhlten Sälen zu spielen. *Clash city rockers* hieß die nächste Single, die Anfang 1978 herauskam und es bis auf Platz 20 schaffte. Die wilden Punker aus London gerieten immer öfter mit der Polizei aneinander.

Irgendeiner der Gruppe saß meistens wegen Diebstahls oder unerlaubten Waffenbesitzes im Gefängnis. Zu dieser Zeit, Mitte 1978, erschien die bezeichnende Single *White man in Hammersmith Palais/Don't want to be a prisoner,* die wieder auf Platz 20 kam. Ende 1978 erschien das zweite Album, *Give 'em enough rope,* das sofort nach Veröffentlichung auf Platz 2 der LP-Charts schoß. Die Single *Tommy gun* wurde ein Hit. Danach ging's wieder einmal auf große Tour durch England, Amerika und Kanada. 1979 wurden die Singles *English civil war* und *I fought the law* Hits, die dazugehörige LP, *The cost of living,* verkaufte sich gut. The Clash spielte 1979 gratis bei *Rock-against-Racism*-Konzerten, an denen u. a. auch → PETE TOWNSHEND teilnahm. Sie produzierten ihr neues Album *London calling* und flogen für eine sechswöchige Tournee nach Amerika. Ende 1979 erschien dann das Album *London calling,* die gleichnamige Single stieg bis auf Platz 12 der Charts. Auch die nächsten beiden Singles, *Bank robber* und *The call up,* wurden Hits. Die nächste LP-Veröffentlichung der Clash war ein Monsterwerk: das Dreifach-Album *Sandinista!* 100 000 Vorbestellungen lagen für diese LP da. Um einen relativ niedrigen Ladenpreis garantieren zu können, verzichteten die Musiker auf einen Großteil ihrer Tantiemen. Auf dieser LP bewies The Clash, daß sie sich von einer chaotischen Punker-Band zu einer ernstzunehmenden und musikalisch interessanten Punk-Rock-Band entwickelt hatte. In diesem neuen Stil waren auch die nächsten Veröffentlichungen, wie z. B. 1982 die Single *Rock the cashba* die in Amerika bis auf Platz 8 der Hot 100 kam, oder das Album *Combat rock* (1983), mit dem Single-Hit

Should I stay or should I go. Danach trennten sich Mick Jones und Topper Headon von der Gruppe, für sie kamen Vince White, Nick Sheppard und Pete Howard. In der neuen Besetzung wurde dann 1985 die LP *Cut the crap* eingespielt. Die Single *This is England* wurde in Großbritannien ein Hit. Anschließend löste sich The Clash sang- und klanglos auf. Für die Fans erschien 1988 die Doppel-LP *The story of The Clash – Volume 1,* die die Entwicklung der Band von 1977 bis 1982 demonstrierte. Dies war die Zeit, in der The Clash noch in der erfolgreichen Besetzung Jones/Strummer/Simonon/Headon spielte.

Johnny Clegg & Savuka

JOHNNY CLEGG, geb. 1953 in Rochester, England: voc/g; DUDU ZULU: perc; DEREK DEBEER: dr; KEITH HUTCHINSON: sax/flute; STEVE MAVUSO: keyb; SOLLY LEDWABA: b

Johnny Clegg ist ein kulturelles Phänomen: Als Engländer wuchs er mit der Sprache der Zulus und der afrikanischen Musik auf, die er inzwischen wie kein zweiter Weißer beherrscht und versteht. Er ist eines dieser viel zu seltenen Bindeglieder zwischen zwei völlig verschiedenen Welten. Geboren wurde Johnny zwar in Rochester, aber bereits als Säugling wanderten seine Eltern mit ihm nach Afrika, nach Zimbabwe, aus. Seine Mutter war Kabarett-Sängerin, sein Stief-Vater ein südafrikanischer Journalist, der dem Jungen die afrikanische Kwelamusik vermittelte und damit den Grundstein für dessen spätere Karriere legte. Als Johnny sechs Jahre alt war, ging seine Familie nach Südafrika, wo Clegg heute noch lebt. Bezeichnend ist, daß Clegg die afrikanische Ndebele-Sprache noch vor der englischen Sprache erlernte. Bereits mit 14 Jahren war der kräftige Junge ein äußerst eigenwilliges Kerlchen und riß von Zuhause aus. Er lernte den Zulu Mzila kennen, der tagsüber als Gebäudereiniger arbeitete und abends Straßenmusik machte. Dieser Zulu unterrichtete Johnny zwei Jahre lang, brachte ihm die Grundlagen der Zulu-Musik und der Zulu-Tänze bei, die beide untrennbar miteinander verknüpft sind. Die Polizei der südafrikanischen Apartheids-Regierung war davon natürlich nicht sonderlich erbaut, und bereits mit 15 Jahren wurde Johnny deswegen zum ersten Mal verhaftet. Aber er gab nicht auf. 1970 lernte er den Zulu Sipho kennen, mit dem ihn bald eine enge Freundschaft verband. Die beiden traten bald, trotz aller Schwierigkeiten, gemeinsam auf: auf der Straße, bei Familienfesten und bei Veranstaltungen der Universität, an der Johnny inzwischen Anthropologie studierte. Bald wurden die Plattenfirmen auf das begabte Duo aufmerksam, das eine ungewöhnliche Mischung aus westlichen Stilelementen und schwarzafrikanischen Rhythmen bot. 1976 bekamen die beiden einen Vertrag und veröffentlichten die Debüt-LP *Woza Friday,* die bereits erste Erfolge brachte. Im Laufe der nächsten Jahre wurde dieses Konzept von Zulu-Jive und Pop-Elementen immer weiter ausgebaut und verfeinert, und so entstand schließlich Johnny Cleggs erste Band names JULUKA, die, ein Affront in Südafrika,

Johnny Clegg and Savuka   Foto: Emi

aus schwarzen und weißen Musikern bestand. Sieben LPs veröffentlichte die Formation, für die sie in Südafrika mit zweimal Platin und fünfmal Gold ausgezeichnet wurde. Damit war Juluka die erfolgreichste schwarz-weiße Formation des Apartheid-Staates. 1982 war Johnny Clegg so sehr mit diesem Projekt beschäftigt, daß er seine akademische Karriere als Dozent für Anthropologie an den Universitäten von Wits und Natal aufgab. Doch 1985 löste sich Juluka nach erfolgreichen Tourneen durch USA, Kanada, England, Skandinavien und Deutschland auf. Sipho ging wieder auf die Rinderfarm seines Vaters zurück, und Clegg versuchte sein Glück als Solist. *Third world child* hieß sein Debüt als Solist, ein Titel, den er später noch einmal mit seiner neuen Gruppe SAVUKA

verwendete. 1986 gab Clegg den Gedanken an eine Solo-Karriere auf und stellte eine neue Band zusammen, die er Savuka nannte und als gleichberechtigte Partner annahm. Der farbige Dudu und der weiße Derek waren schon bei Juluka dabei gewesen, die farbigen Musiker Steve und Solly und der Weiße Keith waren neu. *Third world child* hieß 1987 das Debüt-Album von Savuka, das sich weltweit über zwei Millionen Mal verkaufte und mit *Scatterlings of Africa* und *Asimbonanga* auch Single-Erfolge enthielt. Johnny Clegg & Savuka gingen natürlich auch auf Tournee und begeisterten mit ihren kraftvollen, malerischen Tänzen und Melodien als Vorgruppe von Superstars wie → STEVE WINWOOD und → GEORGE MICHAEL. *Shadow man* hieß dann 1988 das zweite Album der Formation, auf dem sie abermals eine eigenwillige und höchst interessante Mischung aus prähistorischen afrikanischen Rhythmen und Tänzen und modernen europäischen Klangstrukturen bot. Johnny Clegg übrigens war es, der → PAUL SIMON in Südafrika mit der schwarzafrikanischen Musik vertraut machte und ihn mit den richtigen Leuten zusammenbrachte, damit sein Superalbum *Graceland* entstehen konnte. 1989 veröffentlichte der ›Weiße Zulu‹, wie Clegg in Südafrika genannt wird, das dritte Savuka-Album *Cruel, crazy, beautiful world*, das sich sehr schnell in der deutschen LP-Hitparade plazieren konnte. Nach dem Konzert dieser Gruppe in München im Februar 1990 überschrieb THOMAS VESZELITS seine uneingeschränkt positive Kritik mit den zutreffenden Worten: »Wilde Urkraft, die die Sinne packt.«

Climie Fisher   Foto: Emi

Climie Fisher

SIMON CLIMIE, geb. 7. 4. 1960 in London/ England: voc; ROB FISHER, geb. 5. 11. 1959 in Richmond/England: keyb

Die beiden sympathischen Musiker gehörten zu den Shooting Stars des Jahres 1987. Beide fingen schon in jungen Jahren mit dem Musikmachen an, und beide hatten ein Faible für Keyboards. Simon Climie begann seine musikalische Karriere als Texter für LEO SAYER und → ROGER DALTREY. Dann arbeitete er an FRIDAS (→ ABBA) zweitem Solo-Album mit und war Ko-Autor bei *Invincible*, dem Single-Hit von → PAT BENATAR aus dem Film *The Legend of Billie Jean*, mit dem sie 1985 bis auf Platz 8 der Hot 100 von Amerika kam. Simon Climie versorgte aber auch so unterschiedliche Künstler wie → SMOKEY ROBINSON und JEFF BECK mit seinen Songs. Ein internationaler Bestseller gelang ihm auch mit dem Lied *I knew you were waiting for me*, das er für → ARETHA FRANKLIN und → GEORGE MICHAEL geschrieben hatte. Das Lied kam 1987 praktisch weltweit an die Spitze der Charts. Rob Fisher spielte in diversen Gruppen, ehe er 1982 zu den Band NAKED EYES stieß. Die Gruppe veröffentlichte ein hochgelobtes Debüt-Album namens *Burning bridges* – aber trotzdem ließ der Erfolg zu wünschen übrig. Das war mit ein Grund, daß sich Rob Fisher bald wieder von der Formation trennte. Anschließend arbeitete er als Studiomusiker. Und bei einer Studiosession lernten sich die beiden 1985 kennen. Die beiden Vollblutmusiker stellten sehr schnell ihren musikalischen Gleichklang fest, Simon Climie setzte sich hin und schrieb zehn Songs – und damit war das Duo Climie Fisher geboren. *Love changes everything* hieß die erste Single, die 1987 auf den Markt kam. Ein eher sanfter Pop-Song, bei dem Simon Climies Stimme eine frappierende Ähnlichkeit mit → ROD STEWARTS rauhem Organ zeigt. Der Song wurde in England zunächst nicht veröffentlicht (kein Interesse!!). Als das Lied aber dann mit Windeseile die deutsche Hitparade emporschoß und schließlich auf Platz 7 landete, zog auch England nach. *Everything* hieß dann das wirklich hörenswerte Debüt-Album des Duos, das sich ebenfalls gut plazieren konnte. Als zweite Single wurde Ende 1987 die zu Herzen gehende Ballade *Rise to the occasion* veröffentlicht. Produziert wurde die LP übrigens von STEPHEN HAGUE, der auch für die Erfolge der → PET SHOP BOYS verantwortlich zeichnet. Ende 1989 kam das zweite Album *Comin' in for the kill* heraus.

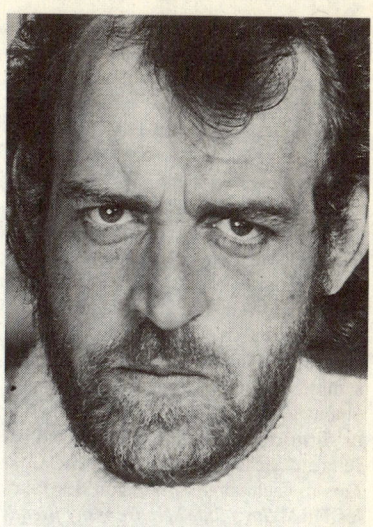

Joe Cocker
Foto: Lynn Goldsmith

Joe Cocker

JOHN ROBERT COCKER, geb. 20. 5. 1944 in Sheffield/England: voc

Der bärtige Sänger mit der unnachahmlichen Blues-Stimme wurde als Sohn eines Sozialarbeiters geboren. Er schreibt seit über 20 Jahren an der Rockmusik-

Geschichte mit, ohne jemals selbst Noten geschrieben zu haben: Er ist ein genialer Interpret der musikalischen Einfälle anderer. Seine Liebe zur Musik entdeckte der eigentlich unscheinbare Sänger, der über eine Stimme verfügt, die eher aus dem Mississippi-Delta denn aus England zu kommen scheint, schon früh. Bereits mit zwölf Jahren sang er bei den CAVALIERS, einer Skiffle-Band, die sein älterer Bruder VICTOR gegründet hatte. Doch seine Liebe gehörte dem R & B, der »schwarzen Musik«, und so war auch sein großes Vorbild immer RAY CHARLES. Der wiederum behauptete einmal von Joe Cocker: »Er ist mein einzig wirklicher Schüler.« Wegen seines Faibles für schwarze Musik war seine erste eigene Band auch eine Blues-Band, THE BIG BLUES, die er dann 1964 in VANCE ARNOLD & THE AVENGERS umbenannte. Sie machten sogar eine Platte, eine Cover-Version des → BEATLES-Hits *I'll cry instead*. Sie spielten im Vorprogramm der → ROLLING STONES und der → HOLLIES, aber ohne nennenswerten Erfolg. Joe Cocker fing an, sich sein Geld als Packer für Zeitschriften zu verdienen. Erst CHRIS STAINTON konnte den völlig am Boden zerstörten Cocker wieder davon überzeugen, daß er Talent hatte und vors Mikrophon gehörte. Mit ihm zusammen nahm Joe Cocker *Majorine* auf, einen Song, der 1967 immerhin bis an die britischen Top 50 kletterte. Und bereits die nächste Single war ein Hit: Cokkers unnachahmliche Version des Beatles-Hits *With a little help from my friends* wurde Nr. 1 in England und kam in Amerika unter die Top 10. Zusammen mit wohlbekannten Musikern wie → STEVE WINWOOD, JIMMY PAGE und B. J. WILSON veröffentlichte er dann 1969 ein erfolgreiches Album gleichen Namens und absolvierte im gleichen Jahr seinen Auftritt beim *Woodstock-Festival,* bei dem ihn die Amerikaner in ihr Herz schlossen. Aber der absolute Höhepunkt seiner damaligen Karriere war 1970 die *Mad-Dogs-and-Englishman*-Tour durch Amerika. LEON RUSSELL, der ihn sehr schätzte, arrangierte diese Konzert-Tournee, als Cocker 1970 nach Amerika kam, um eine andere Tour zu stornieren. Er stellte eine Truppe auf die Beine, die ihresgleichen noch heute sucht: 50 bis 70 Musiker, Techniker, Groupies, Kinder und Hunde, die in 57 Tagen 65 Auftritte absolvierten. Jeder Auftritt dauerte 114 Minuten und war ein wahres Festival, bei dem alles grandios durcheinander ging. Keiner wußte

genau, wer was eigentlich machte, aber das Ergebnis war einfach überwältigend, ebenso wie der darüber gedrehte Film. Ein Song aus dem dazugehörigen Soundtrack, *Cry me a river*, ein Millionenseller von JULIE LONDON aus dem Jahr 1955, wurde auch für Joe Cocker ein Millionenerfolg. Aber trotzdem − nach dieser Tour war Joe Cocker erst einmal fix und fertig, körperlich und finanziell. Vier Jahre lang hörte man mehr über seinen Alkoholkonsum als über seine Musik. 1974 tauchte er wieder mit einer wunderschönen Ballade auf, die von BILLY PRESTON geschrieben worden war: *You are so beautiful*. Bis 1978 erschienen dann in schöner Regelmäßigkeit hervorragende Alben von ihm. Doch was er im Studio mit Leichtigkeit schaffte, geriet ihm auf der Bühne zur reinen Peinlichkeit: Meistens stolperte der Sänger mit versagender Stimme volltrunken über das Mikrophon. 1981 schien er sich dann wieder gefangen zu haben. Die Single *I'm so glad I'm standing here today,* die er zusammen mit den CRUSADERS machte, war hinreißend und zu Herzen gehend. Sein Album *Sheffield steel* (1982) war ein furioses Comeback. Dann sang er 1983 zusammen mit JENNIFER WARNES *Up where we belong,* den Titelsong des Films *An officer and gentleman* − es wurde ein internationaler Hit und Millionenseller. Und 1984 kam dann die nächste LP *Civilised man* − ein weiterer Höhepunkt in der Karriere von Joe Cokker, der auf seine eigentümliche »schwarze« Art zu singen die Songs anderer zu neuem Leben erweckt. 1986 stieg er mit der RANDY-NEWMAN-Nummer *You can leave your hat on* in die deutschen Charts ein, Anfang 1987 war er mit dem → KLAUS LAGE-Titel *Now that you're gone* dort vertreten, der später bei Klaus Lage in der deutschen Version *Nie wieder Kind* hieß. Die nächsten beiden Hits stammten vom Album *Unchain my heart.* Es waren der Titelsong, eine ehemalige Ray-Charles-Nummer, und der Song *A woman loves a man.* Sowohl Singles als auch Album konnten sich in der deutschen Hitparade plazieren. Das hörenswerte 89er Album nannte sich *One night' of sin,* 1990 veröffentlichte Joe Cocker das gelungene Live-Album *Joe Cocker live!*

Cock Robin

ANNA LACAZIO, geb. 26. 1. 1962: voc/keyb; PETER KINGSBERY, geb. 2. 12. 1952 in Arizona/USA: voc/b; TIM PIERCE: g; DANNY FONGHEISER: dr

Die »Macher« von Cock Robin sind Peter Kingsbery, der Sänger und Songschreiber, und Anna LaCazio, die Sängerin. Peter sammelte, wie so viele, seine ersten musikalischen Erfahrungen als Jugendlicher in diversen Rockbands. Um weitere Erfahrungen zu sammeln, zog er von Austin/Texas, wo er aufgewachsen war, nach Nashville, die Country-Hochburg. Er bekam einen Job in der Tourband von BRENDA LEE — aber das alles gefiel ihm nicht so sehr, er zog bald weiter nach Los Angeles. Und da

Cock Robin Foto: CBS

verdiente er sich dann seine ersten Sporen mit dem Titel *Pilot error*, ein Song, den er für Stephanie Mills geschrieben hatte und der Nr. 1 in den Black Charts wurde. Anna LaCazio ist eine aufregende Mischung aus China und Italien. Auf Grund dieses internationalen Elternhauses war sie schon eine ganze Menge in der Welt herumgekommen, ehe sich ihre Eltern in Kalifornien niederließen. Für sie stand von Anfang an fest, daß sie Sängerin werden wollte. Mit 15 Jahren bekam sie ihre ersten professionellen Gesangsstunden, später verdiente sie sich ihr Geld als Clubsängerin in Los Angeles. Und dort trafen sich die beiden 1983. Peter und Anna beschlossen, eine Gruppe aufzumachen, nannten sie Cock Robin und legten los. Innerhalb kürzester Zeit hatte sich die Band durch regelmäßige Auftritte einen Namen gemacht, und 1984 gab's einen Plattenvertrag. Steve Hillage produzierte das Debüt-Album der Band, das schlicht nur *Cock Robin* hieß und 1985 herauskam. Damals spielten noch Clive Wright (g) und Louis Molino (dr) mit. Bereits die erste Single daraus, der eingängige, von Peter hinreißend sehnsüchtig gesungene Soft-Rock-Song *When your heart is weak*, wurde ein internationaler Bestseller, ebenso die zweite Single, *The promise you made* (1986). 1987 brachte Cock Robin das zweite Album heraus, für das sie den neuen Gitarristen Tim Pierce, ehemals → Crowded House, und den neuen Schlagzeuger Danny Fongheiser engagiert hatten. *After here through midland* hieß die zweite LP, die der ersten an leidenschaftlichen Emotionen und ungemein eingängigen Songs mit anspruchsvollen Melodien in nichts nachstand. Sie konnte sich weltweit wieder hervorragend in den LP-Charts pla-

zieren, genauso wie die ausgekoppelten Singles *The biggest fool of all* und *El Norte*. Rhett Davies war dann der Produzet des dritten Cock-Robin-Albums mit dem Titel *First love/last rites,* das 1989 herauskam. Obwohl immer noch recht gefragt, konnte es doch an die früheren Erfolge Cock Robins nicht anknüpfen.

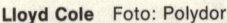

Lloyd Cole

geb. 31. 1. 1961 in Chapel-enle-Frith, England: voc/g

Lloyd Cole   Foto: Polydor

Im Juli 1983 trafen in einer Bar in Glasgow Lloyd Cole und der Keyboarder BLAIR COWAN aufeinander. Sie kamen ins Gespräch, stellten ihre gleiche Wellenlänge fest − und kurz danach entstand die Formation LLOYD COLE AND THE COMMOTIONS, zu der zuerst der Trommler STEPHEN IRVINDE stieß, der früher schottischer Boxmeister im Leichgewicht gewesen war. Ende 1983 kam noch der Bassist LAWRENCE DONEGAN dazu, der eben dem Knast entronnen war. *Perfect skin* hieß die Debüt-Single des schottischen Quintetts, deren Musik eine hörenswerte und ungewöhnliche Mischung aus Pop, Rock, Country, ein paar Takten Underground und etlichen Soul- und Gospelklängen war. Im Oktober 1984 folgte das Debüt-Album *Rattlesnakes*, das Lloyd Cole endgültig als aufregenden und eleganten Songschreiber etablierte. Das Album wurde ein Erfolg, ebenso die anschließende Welttournee. Im November 1985 erschien das zweite Album *Easy pieces*, das mit *Brand new friend* und *Lost weekends* zwei Single-Bestseller enthielt. Die ersten Edelmetall-Auszeichnungen rollten an, an denen dem immer etwas düster und mürrisch dreinblickenden Cole allerdings überhaupt nichts lag. Eine Platin-Scheibe schenkte er seinem Stammcafe als Tablett. Dann folgte eine längere Pause mit kreativem Nachdenken, denn schließlich wollte man ja keine Hitparadenband sein, sondern Anspruchsvolles machen. Das Ergebnis kam Ende 1987 und nannte sich kurz *Lloyd Cole And The Commotions*. Trotz aller Bemühungen wurde es wieder ein internationaler Hitparadenerfolg. Soviel Ruhm waren die schottischen Jungs nicht gewachsen. Zuerst ging Blair Cowan, dann machte sich Lloyd Cole selbständig. 1989 veröffentlichte er sein erstes Album ohne Band, das er kurz *Lloyd Cole* nannte. Auch darauf zeigte der immer noch düstere Lloyd, daß er auch als Solist ein überzeugender Songschreiber und Interpret ist. Das Album konnte sich auch sofort in der deutschen Hitparade plazieren.

Phil Collins

geb. 30. 1. 1951 in Chiswick/England

Phil Collins war praktisch schon im Kinderwagen von einem besessen: vom Trommeln. Im zarten Alter von fünf fing er damit an, systematisch auf einer Spielzeugtrommel herumzuschlagen, und seitdem hat er eigentlich nie mehr aufgehört. Außerdem war Phil Collins, das musikalische Allround-Talent, ein Kinder-Filmstar. Seine erste professionelle Rolle hatte er mit 13 − da stellte er im ersten → BEATLES-Film *A hard day's night* in einer Konzert-Szene einen kreischenden Fan dar. Mit 14 stand er bereits regelmäßig auf der Bühne − als ARTFUL DODGER in einer Londoner Produktion von *Oliver Twist*. Bis zu seinem 19. Lebensjahr trommelte er regelmäßig in verschiedenen Bands, wie z. B. FLAMING YOUTH. 1970 wurde er dann bei → GENESIS aufgenommen und ersetzte den ausgeschiedenen JOHN MAYHEW. Und 1975, als sich der Sänger und Frontmann → PETER GABRIEL von der Gruppe trennte, nahm, zur Überraschung aller, der kleine und eher unscheinbare Phil Collins seinen Platz ein. Von da an war Genesis erfolgreicher als je zuvor. Doch

Phil Collins
Foto: WEA

die Genesis-Arbeit füllte Phil Collins, der von sich selbst behauptet, ein »Workaholic« zu sein, nicht aus. Nebenbei hatte er bis 1982 noch seine eigene Gruppe namens BRAND X. Und bereits 1981 versuchte es Phil Collins, der hinreißende Sänger mit der unverwechselbaren Stimme, auch solo: *Face value* hieß das Album, und es wurde ein voller Erfolg. *In the air tonight,* die Single daraus, war ein weltweiter Hit (in Deutschland sogar Nr. 1), und das Album bekam Gold. 1982 folgte der zweite Collins-Streich namens *Hello, I must be going.* Er verewigte darauf *You can't hurry love,* einen Nr.-1-Hit der SUPREMES aus dem Jahr 1966 und hatte mit dieser fast originalgetreu nachgespielten Nummer

seinen zweiten internationalen Single-Hit. 1984 gelang ihm dann mit *Against all odds,* dem Titelsong aus dem gleichnamigen Film, ein Nr.-1-Hit und Millionenseller. Anfang 1985 veröffentlichte er dann sein drittes Solo-Album, *No jacket required.* Daraus wurden drei Top-Seller ausgekoppelt: das fetzige *Sussudio* (Nr. 1 in USA), die sanfte, träumerische Ballade *One more night* (Nr. 1 in USA) und der wieder rockigere Titel *Don't lose my number,* alle drei aus seiner Feder. Fast gleichzeitig glückte ihm ein britischer Nr.-1-Hit mit *Easy lover,* ein Song, den er mit PHILIP BAILEY im Duett aufgenommen hatte. Der nächste Superseller kam Ende 1985. Da nahm er mit der Sängerin MARILYN MARTIN im Duett das sanfte Lied *Separate lives* auf, den Titelsong aus dem Film *White nights.* Auch dieser Titel wurde Nr. 1 in Amerika. Und während dessen fand der unermüdliche Phil Collins auch noch Zeit, zusammen mit ROBERT PLANT aufzutreten, und für BRIAN ENO, ROBERT FRIPP, JOHN MARTYN, GARY BROOKER, → FRIDA, → ADAM ANT und → ERIC CLAPTON zu produzieren. 1988 kehrte Collins wieder zu seinen ersten Showbitz-Erfahrungen zurück: er spielte die Hauptrolle in dem Film *Buster,* einem Streifen über die berühmten englischen Posträuber. Natürlich sang er auch darin, und zwar *A groovy kind of love,* das bereits 1966 für die MINDBENDERS ein Bestseller gewesen war. Das sanfte Lied wurde natürlich ein Hit. Und dann folgte der nächste Album-Superseller: *. . . but seriously.* Mit der ersten Single *Another day in paradise* hatte Collins nicht nur einen weltweiten Nr.-1-Hit, sondern zeigte auch eine Schwerpunktänderung: Seine inzwischen absolut perfekten, glatten Pop-Songs beschäftigten sich nun mit sehr ernsthaften Themen. Apartheid, das Problem der Obdachlosen, der Nordirland-Konflikt, dafür engagierte sich der Pop-Millionär, der inzwischen zum zweiten Mal geheiratet hatte und wieder Vater geworden war. Bei seiner ausverkauften *Serious*-Tournee konnte Collins nach seinem ersten Konzert in München für über eine Million verkaufter Alben Platin in Empfang nehmen. Auch die nächsten Singles *I wish it would rain down* und *Something happened on the way to heaven* wurden wieder Bestseller. Ende 1990 erfreute der unermüdliche Collins seine zahlreichen Fans mit dem Live-Album *Serious hits . . . live;* zusätzlich gab Mr. Collins seine Einwilligung dazu, daß das Royal Philharmonic Orchestra unter der Leitung von Louis Clark im Studio konzertante Versionen seiner Hits *In the air tonight* bis *I wish it would rain down* einspielte.

The Commodores

Walter »Clyde« Orange, geb. 10. 12. 1946: leadvoc/dr; William King: tp/synth/voc; Milan Williams, geb. 28. 3. 1948: keyb; J. D. Nichols: leadvoc

Weltweit über vierzig Millionen verkaufte Schallplatten, davon 24mal Gold, sechsmal Platin, zweimal Doppel-Platin und dreimal Dreifach-Platin, das ist die Erfolgsbilanz, auf die die Commodores 1987 nach 18 Jahren zurückblicken konnten. Gegründet wurde die farbige Formation 1969 in Tuskegee/Alabama von Orange, King, Williams und den drei inzwischen wegen Soloaktivitäten ausgeschiedenen Mitgliedern Roland LaPread, → Lionel Richie und Thomas McClary. Damals nannten sie sich noch The Jays, hatten keinen Plattenvertrag und waren nur ein Bühnenact. 1971 änderten sie den Namen in The Commodores, unterschrieben bei Motown Records und machten einige ziemlich erfolglose Platten. Erst 1973/74, nach Veröffentlichung der von Milan Williams geschriebenen instrumentalen Disco-Funk-Nummer *Machine gun*, wendete sich das Blatt. *Machine gun* wurde ein Hit, und ab da gehörten die Commodores dazu. Ein Hit jagte praktisch den anderen; Songs wie *Slippery when wet* (1975), *Sweet love* (1976), *Easy* (1977), die Millionenseller *Three times a lady* (1978), *Still* (1979) und *Lady* (1981) machten das Sextett aus den USA weltweit berühmt. Vor allen Dingen die Kompositionen und die einschmeichelnde Stimme von Lionel Richie trugen einen guten Teil zum Erfolg bei. Als Lionel Richie die Formation verließ, um 1982 eine Solokarriere zu starten, waren deshalb viele davon überzeugt, daß damit das »Aus« für die Gruppe gekommen sei. Fast niemand traute ihnen zu, die perfekte Mischung aus Soul, Pop, Funk, Disco, R & B und Country-Anklängen ohne ihn weiterzuführen. Doch die Zweifler wurden 1985 aufs angenehmste überrascht. 1985 veröffentlichten die Commodores das erste Album ohne Richie – und waren besser denn je. *Nightshift* hieß die LP, die mit dem Grammy ausgezeichnet wurde und Ton für Ton ein absoluter Volltreffer war. Als Unterstützung für Walter Orange hatten sich die Commodores den jungen J. D. Nichols von Heatwave als Sänger geholt, der mit seiner leicht überkippen-

The Commodores   Foto: Polydor

den Stimme für den nötigen Country-Touch bei einzelnen Stücken sorgt. Der Titelsong des Albums, *Nightshift,* von Walter Orange geschrieben, war eine Hommage an die beiden Soul- und R & B-Größen MARVIN GAYE und JACKIE WILSON. Dieser hervorragende Song, eine Mischung aus R & B, Soul, und ein bißchen Funk, wurde ein weltweiter Bestseller, der auch bei uns in Deutschland unter die Top 10 kam. Auch die Nachfolge-Single aus der LP, das fetzige *Animal instinct* und die poppige Funk-Nummer *Janet,* wurden Hits. Auf der Bühne zeigten sich die Commodores auch weiterhin von der besten Seite: perfekte Instrumentalparts und -einsätze, vortreffliche Vokalharmonien und gekonnte Choreographie. Das nächste Mal machten die Commodores dann wieder 1986 von sich reden, mit der Veröffentlichung der LP *United.* »Vereinigt« war ein etwas irreführender Name, denn inzwischen waren die Commodores durch den Weggang von Gründungsmitglied Roland LaPread auf Quartett-Größe geschrumpft. Mit der witzig-funkigen Nummer *Going to the bank* hatten sie wieder einen Single-Hit.

Ende 1988 folgte dann die LP *Rock Solid,* die allerdings nicht mehr an die früheren Erfolge anknüpfen konnte.

The Communards

→ Jimmy Somerville, geb. 22. 6. 1961 in Glasgow/Schottland: leadvoc; Richard Coles, geb. 26. 3. 1961 in Northhamptonshire/England: keyb/sax

1985 verließ Jimmy Somerville, der hellhäutige Knabe mit der rotblonden Bürstenfrisur, der immer wie ein beleidigter Straßenjunge aussieht, die Gruppe → Bronski Beat. Seine ungewöhnliche, helle Stimme, die wohl manche Sopranistin vor Neid erblassen läßt, wollte er künftig mit dem Duo The Communards einsetzen, das er zusammen mit Richard Coles gründete. The Communards ist übrigens der Name einer Gruppe französischer politischer Dissidenten des 19. Jahrhunderts, die, so Richard, »unter den Augen ihrer Gegner ihr eigenes Leben in die Hand nahmen. Wir wollen dieser Idee Ausdruck verleihen.« Somerville und Coles kannten sich 1985 bereits einige Zeit. Richard Coles hat eine klassische Musikausbildung, und 1982 arbeiteten die beiden beim *Framed Youth*-Video zusammen. Und als Jimmy seine Debüt-Single *Screaming* aufnahm, begleitete ihn Richard auf dem Saxophon. Dann trennten sich zunächst ihre Wege. Jimmy gründete Bronski Beat, und Richard arbeitete als Studiomusiker. Anfang 1985 half Richard dann ab und zu bei Live-Auftritten von Bronski Beat aus, und dabei entstand die Idee für das Duo The Communards. Gleich die erste Single, *You are my world,* war wieder ein typischer Somerville-Song, sehr melodisch, sehr rhythmisch, der viel Spielraum für Jimmys außerge-

The Communards
Foto: Metronome

wöhnliche Stimme bot und dessen Piano-Passagen teilweise direkt klassisch angehaucht waren. Doch die Single floppte, sowohl in England als auch in Deutschland. Die zweite Single, *Disenchanted,* lief dann zunächst in Deutschland ganz gut. Doch die Communards gingen unverdrossen auf Tour und beeindruckten bei politisch und sozial engagierten Konzerten, z. B. Anti-Apartheid, in wachsendem Maße das englische Publikum. Im Juli 1986 brachten sie dann die Debüt-LP heraus, die nur einfach *Communards* hieß. Innerhalb kürzester Zeit erreichte das Album Gold-Status und warf auch noch einen dreiwöchigen Nr.-1-Hit ab: den Titel *Don't leave me this way,* der bereits für Harold Melvin & The Blues Notes (1972) und Thelma Houston (1977 Nr. 1 USA) ein Hit gewesen war. Bei dieser Aufnahme sang die Sängerin Sarah-Jane Morris mit, die 1989 die Communards verließ, um eine Solokarriere zu starten. Der dritte Single-Hit aus dem Album war *So cold the night*, und als nun *You are my world* noch einmal veröffentlicht wurde, konnte sich der Titel endlich in den Charts plazieren. Im April 1987 spielten die Communards im Wembley Stadion vor 13 000 Menschen anläßlich des International Aids Day. Anschließend machten sie sich sofort an die Produktion der neuen LP. *Red* hieß das Album, und als erste Single wurde der Titel *Tomorrow* ausgekoppelt. Sowohl Single als auch LP konnten sich wieder in den europäischen und englischen Charts plazieren. 1986/87 gingen die Communards erstmals auf große Europa- und England-Tournee – und traten mit großer Besetzung auf, mit zehn Mann. Die Tour wurde ein großer Erfolg, allein in London spielte die Formation dreimal vor ausverkauften Häusern. Die nächste Tournee 1987/88, die durch Irland, England und Europa führte, war genauso erfolgreich. 1988 gelang den Communards mit *Never can say goodbye,* einem Song, der bereits Mitte der 70er Jahre ein Hit für ISAAC HAYES und GLORIA GAYNOR gewesen war, in England und Deutschland ein Top-10-Hit. Auch die Singles *For a friend* und *There's more to love* waren 1988 sehr erfolgreich.

1988 trennten sich Coles und Somerville in gegenseitigem Einvernehmen. Coles verwirklichte seinen Jugendtraum und arbeitete künftig als TV-Moderator für klassische TV-Sendungen. Und Jimmy Somerville begann 1989 mit dem Album *Read my lips* eine höchst erfolgreiche Karriere als Solist.

Sam Cooke

geb. 22. 1. 1935 in Chicago/Illinois,
gest. 11. 12. 1964 in Los Angeles/Kalifornien

Der attraktive farbige Sänger mit der samtigen Stimme war der Sohn eines Predigers, des Reverend CHARLES COOKE. Also sang Sam natürlich schon als kleiner Junge im Gospel-Chor mit. Als Teenager war er schon fester Bestandteil des Kirchenchors seines Vaters, dann schloß er sich auch anderen Gospel-Chören an, die im ganzen Land herumreisten und Konzerte gaben. Zwei wichtige Stationen waren dabei zum einen die SOUL STIRRERS, mit denen er Mitte der 50er Jahre arbeitete, und eine Gruppe, die sich THE PILGRIM TRAVELLERS nannte. Bei letzterer war Sam Cooke Leadsänger und hatte damals einen berühmten Mitsänger: LOU RAWLES gehörte ebenfalls einige Zeit den Pilgrim Travellers an. Mitte der 50er Jahre war Sam Cooke also bereits ein berühmter und bekannter Gospel-Sänger. Aber seine heimliche Liebe galt dem weltlichen R & B. Und mit seiner hinreißenden Stimme hatte er auch keine Mühe, einen Plattenvertrag zu bekommen. Da Sam aber so seine Bedenken hatte, ob sein geistlicher Vater und vor allen Dingen seine Kirchenchor-Brüder dafür Verständnis haben würden, veröffentlichte er seine ersten »weltlichen« Scheiben unter dem Pseudonym »Dale Cooke«. Doch seine typische weiche, einschmeichelnde Stimme verriet ihn natürlich. Die Verantwortlichen des Gospelchors waren von dieser »Entgleisung« entsetzt, und Sam mußte den Chor verlassen. Aber zu seinem größten Erstaunen war sein Vater durchaus angetan von seinen weltlichen Sangeskünsten und gab sein Einverständnis für die Platten-Karriere seines begabten Sohnes. Die erste Single erschien im Herbst 1957, hieß *You send me* und wurde ein dreiwöchiger Nr.-1-Hit in Amerika. Der Song verkaufte sich zweimillionenmal und brachte Sam Cooke das erste Gold. Und das sollte in Zukunft der Dauerzustand werden. Was immer der gutaussehende, freundliche junge Mann mit der Kuschel-Stimme sang, das Publikum war ganz wild darauf. Von 1957 bis 1964 hatte Sam Cooke einen Bestseller und Millionenseller nach dem anderen: *I'll come running back to you* (1958), *Only sixteen* (1959), *Wonderful world* (1960), *Chain gang* (1960), *Cupid* (1961), *Twisting the night away* (1962 — → Rod Steward nahm es 1987 abermals auf), *Having a party* (1962), *Bring it on home to me* (1962 — Backvocals von Lou Rawles), *Send me some lovin'* (1963), *Another saturday night* (1963), *Good news* (1964), um nur ein paar zu nennen. Mit großer Selbstverständlichkeit sang Sam Cooke die ganze Palette der Pop-Musik: Rock 'n' Roll, R & B, echten Blues, poppigen Soul, sogar Countryartiges, und nicht zu vergessen seine einfach hinreißenden Schnulzen. Das Publikum merkte offensichtlich das, was Sam Cooke in einem Interview so formuliert hatte: »Es ist völlig egal, was für einen Song du singst. Es kommt darauf an, daß das Publikum fühlt, was du fühlst. Jeder Song hat eine Botschaft, ob Pop, Rock'n'Roll oder Spiritual, das ist egal. Wenn du diese Botschaft nicht zum Publikum 'rüberkriegst, dann hast du deine Arbeit nicht richtig gemacht, die von dir als Künstler

erwartet wird.« Im Dezember 1964 fuhr Sam Cooke nach Kalifornien, um Ferien zu machen. Am 11. Dezember 1964 wurde er nachts von einer weißen Frau in einem Motelzimmer in Los Angeles erschossen. Angeblich hielt sie Sam für einen Einbrecher. Die Gerüchte sprachen allerdings von einer Eifersuchtsszene. Denn die Wirkung des gutaussehenden Sängers auf die Weiblichkeit war nicht unerheblich. Sam Cooke war nur 29 Jahre alt geworden. So fand die Karriere eines der wichtigsten und populärsten Soul- und R & B-Sängers der 50er und frühen 60er Jahre ein jähes Ende. Posthum hatte er 1965 noch einen Top-10-Hit in Amerika mit *Shake*. Und 1986 war er wieder in den internationalen Charts zu finden. Levis Jeans hatte sein *Wonderful world* als Musik für einen Werbefilm ausgewählt — und der Song konnte sich abermals in den Hitparaden plazieren: Nr. 2 in UK, Nr. 2 in Deutschland. Daraufhin erschien 1987 etwas, worauf Soul-Fans schon lange gewartet hatten: eine Doppel-LP mit den besten und schönsten Cooke-Songs.

The Cross

Roger Taylor, geb. 26. 7. 1949 in Kings Lynne/Norfolk, England: voc/g; Clayton John Lewis Moss, geb. 9. 3. 1962 in Preston/Lancashire, England: g; Peter Noone, geb. 9. 9. 1963 in Epping/Essex, England: b; Spike Edney, geb. 11. 12. 1951 in Portsmouth/Hampshire, England: keyb; Josh Macrae, geb. 30. 9. 1964 in Tel Aviv, Israel: dr

The Cross   Foto: Virgin

Roger Taylor, der gutaussehende Trommler von → QUEEN, hatte ja schon Anfang der 80er Jahre mit Solo-Alben von sich reden gemacht: 1981 veröffentlichte er die LP *Fun in space* und 1984 *Strange frontier*. 1987 packte ihn abermals der Solo-Trip, doch dieses Mal wollte er eine eigene Band auf die Beine stellen. Er gab eine Anzeige auf, arbeitete sich unverdrossen durch ganze Säcke voller Antwortschreiben, hörte sich ebenso unverdrossen Legionen von hoffnungsvollen Musikern an, und Mitte 1987 war die Formation schließlich komplett. Das Debüt-Album *Shove it* wurde aufgenommen, im September 1987 erschien die Debüt-Single *Cowboys & Indians*, die allerdings kein sonderliches Aufsehen erregte. Genauso wenig wie

die im Januar 1988 veröffentlichte LP und die gleichnamige Single. Der Erfolg begann sich erst zögernd nach einer ersten Europa-Tournee im Frühjahr 1988 einzustellen. Im April 1988 kam dann die dritte Single *Heaven for everyone* heraus. Der Soft-Song entpuppte sich als durchschlagender Erfolg und wurde der erste Hit von The Cross. Privat war Roger Taylor nicht so viel Glück beschieden. Zehn Jahre lang hatte er zufrieden mit seiner Freundin Dominique Beyrand zusammengelebt. Zwei Kinder hatte das ›wilde‹ Pärchen. Dann heirateten sie Anfang 1988, und nach genau 24 Tagen trennte sich das ›junge‹ Paar wieder. Roger hatte ein anderes Mädchen kennengelernt und Frau und Kinder einfach verlassen. 1989 nahm The Cross das

Crowded House Foto: Capitol

zweite Album auf, das Anfang 1990 unter dem Titel *Mad, bad and dangerous to know* veröffentlicht wurde und wieder Rockmusik der gehobenen Art bot.

Crowded House

NEIL FINN, geb. in Neuseeland: voc; PAUL HESTER, geb. in Neuseeland: dr; NICK SEYMOUR, geb. in Australien: b

Das neuseeländisch-australische Trio Crowded House ist sozusagen das »Überbleibsel« der ehemaligen neuseeländischen Superband SPLIT ENZ. Neil Finn war, zusammen mit seinem Bruder TIM, acht Jahre lang, von 1972 bis 1981 der Kopf der äußerst erfolgreichen Band gewesen, die zwar in Australien ungemein populär war, aber in Europa nie über den Status einer Insidergruppe hinauskam. Die Songs *Message to my girl, History never repeats* und *Six days in a leaky boat* gehörten zu den größten Hits dieser Formation. Der Trommler Paul Hester hatte ebenfalls schon bei Split Enz die Stöcke geschwungen. Das Trio verlegte den Wohnsitz vom neuseeländischen Auckland nach Los Angeles, und im Sommer 1986 erschien das Debüt-Album von Crowded House, das nur kurz *Crowded House* hieß. Während Neil Finn bei Split Enz eine höchst artifizierte und teilweise recht bizarre Musik geschrieben hatte, stellte er bei Crowded House sein Talent als Verfasser von einfühlsamen, glasklaren, intelligenten Pop-Songs unter Beweis. Die wunderschöne Single *Don't dream it's over* erreichte in Amerika Platz 2 der Hot 100, in Australien wurde das Album mit 5-fach Platin ausgezeichnet. Im Juli 1988 veröffentlichte Crowded House das zweite Album *Temple of low men,* das sich sowohl in Amerika als auch in Deutschland hervorragend in den Charts plazieren konnte. Es enthielt wieder eine eindrucksvolle Kollektion an raffiniert-einprägsamen Pop-Songs, der erste Single-Hit daraus war das sanfte *Better be home soon.*

Culture Club

→ Boy George

The Cure

Robert Smith, geb. 21. 4. 1959: voc/g; Porl Thompson, geb. 8. 11. 1957: g/keyb; Laurence »Lol« Tolhurst, geb. 3. 3. 1958: keyb; Boris Williams, geb. 24. 4. 1957: dr; Simon Gallup, geb. 1. 6. 1959: b

Die englische Punk-, New Wave-, Hippie-, Psychedelic-, Avantgarde-, Grufti-Rock-, Pop- und, inzwischen, Top-10-Band, erblickte 1976 das Licht der Welt. In Crawley/Sussex taten sich die drei Schulfreunde Robert Smith, Lol Tolhurst und Michael Dempsey zusammen und gründeten die Punk-Band Easy Cure. Kompromißlose, provozierende Musik war angesagt. Im Sommer 1978 verkürzte das Trio den Namen auf Cure, bekam einen Plattenvertrag, und veröffentlichte im Januar 1979 die Debüt-Single *Killing an Arab* (inspiriert übrigens von der Camus-Novelle *Der Fremde*). Die ziemlich »schräge« Musik der Cure fand eine ganze Menge Anhänger, ihre Platten waren mehr oder weniger ständig in den Independent-Charts vertreten, wie z. B. das Debüt-Album *Boys don't cry* (in England *Three imaginary boys*) und die Singles *Boys don't cry* und *Jumping on someone else's train* (1979). Im Dezember 1979 gab's allerdings die erste Umbesetzung: Michael Dempsey ging und für ihn kamen Simon Gallup am Baß und Matthieu Hartley an den Keyboards. In dieser Besetzung wurde auch die Single *I'm a cult hero* eingespielt, auf der Frank Bell als Leadsänger fungierte, und die zweite LP *Seventeen seconds* (1980). Darauf gab's keinen flotten Punk zu hören, sondern »Depresso Rock«: romantische Melancholie, depressive Endzeitstimmung. Im April 1980 erschien die Single *The forest*, die sich erstmals in den offiziellen US-Charts plazieren konnte. Und im Gegensatz zu anderen »ausgeflippten« Bands scheute sich The Cure keineswegs vor der kostenlosen Promotion durch die populäre Teenager-TV-Show »Top of the Pops« (→ The Clash hatte es ja abgelehnt, dort aufzutreten). Den Rest des Jahres verbrachte die Band auf Achse. Die Tourneen führten durch England, Europa, Neuseeland und Australien. Dann hatte Matthieu Hartley genug und verließ die Band. The Cure machte als Trio weiter und bereiste Ende 1980 nochmals Europa und England und außerdem Skandinavien. In diesem Stil ging es bis Mitte 1982 weiter: Die Hälfte des Jahres verbrachte die Band auf Tour, die andere Hälfte stand sie im Studio und spielte neue Singles und LPs ein, die sich regelmäßig in den UK-Charts plazieren konnten. In dieser Zeit entstanden Songs wie *Primary* und *Charlotte sometimes* (beide 1981), das dritte Album *Faith,* der Soundtrack zu *Carnage visitors* (beide 1981), die Single *Hanging gardens* (1982). Mitte 1982 war es dann wieder Zeit für einen Wechsel: Simon Gallup verließ die Band, und The Cure machte als Duo mit wechselnden Musikern weiter. Inzwischen hatte sich Robert Smith bei SIOUXSIE AND THE BANSHEES engagiert, spielte auf deren Top-Hit *Dear Prudence* und der *Hyaena*-LP mit, und begleitete sie auch auf den Tourneen. The Cure war eigentlich aufgelöst, Lol Tolhurst verschenkte sein Schlagzeug und lernte Keyboardspielen. Aber diese Zeit der Schwebe bedeutete mitnichten das Ende der Band. Smith und Tolhurst hatten sich lediglich für einen abrupten Kurs-Wechsel entschieden. 1983 erschienen die ersten Singles im neuen Sound: *Let's go to bed* und *The walk,* poppige Songs mit tanztauglichem Disco-Rhythmus. Und auch optisch erfreute Robert Smith mit neuem Outfit: vorbei war die Zeit des New-Wave-Looks mit schmuddeligem Existentialisten-Touch und magenkranker Leichenbittermiene; jetzt gab sich Robert Smith kleidungsmäßig kunterbunt-exotisch,

The Cure   Foto: Metronome

beeindruckte durch schwarzgeschminkte Augen, exaltierte Gebärden und Strubbel-Frisur. Dazu paßte auch das jazzig angehauchte, fröhliche *The love cats*, mit dem The Cure 1983 bis auf Platz 7 der UK-Single-Charts stiegen. Wer nun glaubte, daß Robert Smith und Co. künftig Pop-Musik machte, der sah sich 1984 schon wieder getäuscht. Zunächst gab's wieder mal eine personelle Veränderung: Zum Duo Smith und Tolhurst gesellten sich der farbige Drummer ANDY ANDERSON (von BRILLIANT), der Bassist PHIL TORNALLY und der Gitarrist PORL THOMPSON. In dieser Besetzung wurde das Album *The top* eingespielt – und da gab es allerlei Mögliches und Unmögliches zu hören: ein bißchen Folk, ein bißchen Rock, ein paar orientalische Klänge, Flamenco-Anleihen. Und schon hatte die Musik von The Cure einen neuen Namen weg: Neo-Psychedelic. Man sah in ihnen die »→ PINK FLOYD der 90er«. Die Single *The caterpillar* stieg wieder in die Charts ein. Und 1984 ging The Cure, die ja zwei Jahre pausiert hatten, wieder einmal auf große Welttournee. Das Jahr 85 brachte, wie sollte es auch anders sein, schon wieder personelle Veränderungen: Anderson und Thornally gingen, dafür kamen Simon Gallup (wieder) und der Drummer BORIS WILLIAMS von den THOMPSON TWINS. *The head on the door* hieß das 85er Album, die Single-Hits daraus waren *Inbetween days* und *Close to me*. The Cure war zu einer äußerst erfolgreichen Rock-Band geworden, 12 000 Zuschauer kamen 1985 zu einem Konzert der Gruppe im Londoner Wembley-Stadion, die anschließende Europa-Tournee war ständig ausverkauft. Für die Neu-Fans gab's dann 1986 eine Zusammenstellung aller 13 Single-Hits der Formation auf der LP *Standing on a beach*. Als The Cure im August 1986 im römischen Amphitheater in Orange/Frankreich ein ausverkauftes Konzert gab, wurde das auf Film gebannt und unter dem Titel *The Cure in Orange* aufgeführt. Anfang 1987 erschien dann die nächste Cure-LP: das Doppel-Album *Kiss me, kiss me, kiss me*. Es war eine gelungene Mischung aus allen musikalischen Stilen, die The Cure bislang erfolgreich praktiziert hatten. Die Singles *Why can't I be you* und *Catch* waren natürlich auch wieder Hits. Das von Kritikern enthusiastisch gefeierte Album erhielt nach kurzer Zeit in Frankreich, Amerika und England Gold. Zur 87er Tournee stieg bei der Band Roger O'Donnell von den PSYCHEDELIC FURS ein. Ende 1987 stöhnten die Cure-Fans entsetzt auf. Ein makaberes Gerücht war in Umlauf gesetzt worden, daß Robert Smith angeblich bei einem Autounfall ums Leben gekommen sei. Aber Smith erfreute sich bester Gesundheit, suchte sich mit seiner Freundin MARY POOLE, die er bereits seit der Schulzeit kennt und liebt, eine neue Wohnung und trat mit ihr am 13. August 1988 ganz bürgerlich im schwarzen Anzug vor den Traualtar. Im Mai 1989, rechtzeitig zur Deutschland-Tournee, erschien das neue Cure-Album. *Disintegration* hieß das Werk, das innerhalb kürzester Zeit mit Edelmetall ausgezeichnet wurde und mit vorzüglichen Songs wie *Lullaby*, *Lovesong* und *Pictures of you* wieder etliche Single-Hits enthielt. Für das ›Spinnen‹-Video von *Lullaby* bekam Robert Smith übrigens den Brit Award, den alljährlichen Preis der britischen Musikindustrie. Am 19. Mai 1989 gaben The Cure ein umjubeltes Konzert in der Münchner Olympia-Halle. Der Kritiker MARTIN BREM schrieb in der AZ darüber:

»Es sind weite, prächtige Melodiebögen, die er intoniert, voll schwermütiger Schönheit, unterlegt vom zuweilen gespenstisch schleppenden, aber exakt gesetzten Katakomben-Beat.« Im September 1990 erschien dann die Single *Never enough,* die sich wieder umgehend in den deutschen und britischen Charts plazieren konnte. Ende 1990 folgte dann ein Doppel-Album, das sozusagen eine ›Best-of-Maxi-Singles‹-Koppelung war. Dafür hatte es auch eine Umbesetzung gegeben: Für Roger O'Donnell kam als Keyboarder der ehemalige Roadie PERRY BAMONTE.

Lisa Dalbello
Foto: Capitol

Lisa Dalbello

geb. 22. 5. 1959 in Toronto/Kanada

Die ebenso attraktive wie exzentrische Künstlerin hatte von Kindesbeinen an nur ein Ziel vor Augen: »Ich habe mich schon sehr früh bei Talentwettbewerben fürs Fernsehen beworben. Ich hatte die vage Vorstellung, es auf Anhieb schaffen zu können . . . schließlich sah ich mich selbst schon als Sängerin!« Daß die 13jährige mit dieser naviven Einstellung

nicht weit kommen würde, war klar. Doch als sie als 17jährige die High-School verließ – geschah das Wunder: Sie bekam die Möglichkeit, in Los Angeles eine LP aufzunehmen. Lisa schrieb zwar schon damals die Melodien und Texte ihrer Lieder selbst, aber vom Notenlesen, Arrangieren oder gar Produzieren hatte sie keine Ahnung. Ein Produzent übernahm das für sie – das Projekt ging »in die Hose«. Und auch das zweite Album wurde nur ein sogenannter »Achtungserfolg«, das bedeutet, die Kritiker äußerten sich lobend über die LP, aber kein Mensch kaufte sie. »Ich hatte nach dem zweiten Album die Nase voll vom Musik-Busineß, nur das Singen machte mir immer noch Spaß. Zudem hatte ich keinen müden Pfennig gespart und mußte mich wohl oder übel mit dem Komponieren von Jingles fürs Fernsehen über Wasser halten.« Drei Jahre dauerte dieses Zwangspause. Dann sah MICK RONSON, der Gitarrist von → DAVID

BOWIES SPIDERS OF MARS, einen Film aus dem Jahr 1978 über kanadische Rockmusik im Fernsehen, in dem Lisa Dalbello auftrat. Die hübsche Künstlerin mit dem eigenwilligen Make-up und der Roß-Haar-Matratzen-Frisur, die da so ungeniert ihre ungewöhnlichen Eigenkompositionen mit schrill-intensiver Stimme sang, gefiel ihm. Er rief sie an. Und so entwickelte sich eine Zusammenarbeit der beiden, die in Lisas drittem Album *Womanfoursays* 1984 gipfelte. Diese LP, für die Lisa Dalbello wieder alle Songs selbst geschrieben hatte, wurde nun endlich ein – wenn auch kleiner – Erfolg. Schließlich hatte sie diesmal einen Fachmann zur Seite, denn Mick Ronson ist nicht nur Gitarrist, sondern auch Songwriter, Arrangeur und Produzent. Plötzlich war Lisa Dalbello jemand. Ihre Lieder wurden von namhaften Gruppen wie → HEART *(Wait for an answer)* und QUEENSRYCHE *(Gonna get close to you)* aufgenommen. Auch hierzulande wurde man auf sie aufmerksam. → UDO LINDENBERG nahm sie auf eine Tournee mit, sie arbeitete als Übersetzerin für → NENAS englisches Album. 1987 erschien dann das vierte Album der ungewöhnlichen Künstlerin. Sie nannte es nur kurz *She* und es brachte ihr den Durchbruch. Mit der Single *Tango*, einer eingängigen Mischung aus Pop, New Wave, Punk und Tango, konnte sie sich sogar wochenlang in der deutschen Hitparade plazieren, ebenso natürlich mit der LP. Anfang 1988 war sie mit der nächsten Single aus der LP in der deutschen Hitparade vertreten, mit dem Song *Talk to me*.

Roger Daltrey

geb. 1. 3. 1944 in London/England

Er war der berühmte Leadsänger der inzwischen legendären Formation → THE WHO. Aber noch ehe sich die Who aufgelöst hatten, stellt sich der vielseitige Roger Daltrey auf eigene Beine. Seine Leinwandkarriere begann er 1972 mit der Hauptrolle in der Verfilmung der Rock-Oper *Tommy*. Es folgten Rollen in *Beggar's opera*, Shakespeares *Komödie der Irrungen* und im Krimi *McVicar*. Als ernsthafter Darsteller hat sich Roger Daltrey inzwischen international einen Namen gemacht. Aber auch musikalisch zog es ihn schon recht früh auf Solopfade. Schon während seiner Zeit bei den Who entstanden Alben wie *Daltrey* (1973), *Ride a rock horse* (1975) mit dem hinreißenden Cover, auf dem der engelsgleiche Daltrey als Zentaur zu sehen ist, *One of the boys* (1977). Aber das war für ihn »mehr ein Hobby als anderes, etwas, womit man die Zeit überbrücken konnte, während die Who Atem schöpften.« Doch mit seinem am 16. Februar 1984 in Deutschland erschienen Album *Parting should be painless* hatte sich das geändert. Er sagte dazu: »Das nehme ich sehr ernst. Ich möchte unbedingt weiter singen. Ich liebe es, Rock 'n' Roll zu singen. Auf diesem Album habe ich meine Art zu singen mehr als je zuvor ausgedehnt. Ich habe in sehr verschiedenen Stilarten gesungen und es richtig genossen, denn ich war es leid, im Stil der Who zu singen. Ich hätte gern noch mehr Experimente versucht, aber das war alles sowieso

Roger Daltrey
Foto: Virgin

Musik. Die erste Single aus dem Album des Sängers, der meist zurückgezogen auf seinem aus dem 16. Jahrhundert stammenden Landsitz lebt, war der Power-Song *Hearts of fire*.
1989/90 ging Daltrey wieder mit seiner Who auf Tour.

Georg Danzer

geb. 7. 10. 1946 in Wien/Österreich

Der österreichische Liedermacher und Rockpoet studierte ein Jahr lang am Konservatorium Gitarre, brachte sich selbst das Klavierspielen bei und schrieb bereits 1968 Texte für die österreichischen Interpretinnen MARIANNE MENDT und ERIKA PLUHAR. 1973 produzierte er auf eigene Kosten das Debüt-Album *Honigmond*. 1974 wurde die LP veröffentlicht – und wurde ein Flop. Kommerziell ebensowenig erfolgreich waren die 74er Alben *Der Tätowierer und die Mondprinzessin* und *Danzer, Dean und Dracula*. Aber es gab doch auch schon eine ganze Menge Zuhörer, denen die versponnenen, pessimistischen Texte des großen blonden, gutaussehenden Songwriters gefielen. Als er 1975 die LP *Jö schau* mit dem amüsant-ironischen Song vom *Nackerten im Hawelka* herausbrachte, gelang ihm damit ein Hit, und er bekam dafür Gold in Österreich. 1976 wurde Georg Danzer dann in Österreich zum Künstler des Jahres gewählt. 1977 ging er nach Deutschland und produzierte in Berlin das Album *Unter die Haut*. Der Song *War das etwa Haschisch?* wurde zwar von einigen Rundfunkanstalten auf den Index ge-

schon teuer genug. Richtige Geigen und echte Bläser klingen halt doch besser als Synthesizer.« Noch teurer wurde es bei seinem 85er Album *Under a raging moon*. Für den Titelsong allein verwendete Roger Daltrey gleich sieben verschiedene Schlagzeuger, darunter solche Top-Stars wie ROGER TAYLOR von → QUEEN, COZY POWELL und STEWART COPELAND von → POLICE. Die Single *After the fire* aus diesem wirklich hörenswerten Rock-Album wurde ein Hit. Das nächste Album präsentierte der gutaussehende Sänger im Juli 1987. Vielleicht als Anspielung auf seine Karriere als Schauspieler nannte er es *I can't wait to see the movie*. Es bot, wie bei Daltrey üblich, hervorragend gemachte Rock-

setzt, schuf ihm aber gerade deswegen eine große deutsche Fan-Gemeinde. Mit den nächsten beiden LPs *Ein wenig Hoffnung* und *Narrenhaus* (beide 1977) etablierte sich Georg Danzer als bissiger Spötter, der ohne Rücksicht auf Verluste soziale und politische Themen aufs Korn nahm und gleichzeitig immer wieder zeigte, daß er mit seiner näselnd-nuschelnden Stimme auch ganz vorzüglich zärtlich-sanfte Liebeslieder interpretieren kann. Mit den Liedern *Der legendäre Wixer-Blues vom 7. Oktober 1976* und *Morgenrot* schrieb Georg Danzer zwei Kultsongs, die bei seinen zahlreichen Konzerten vom Publikum begeistert mitgesungen wurden. 1979 produ-

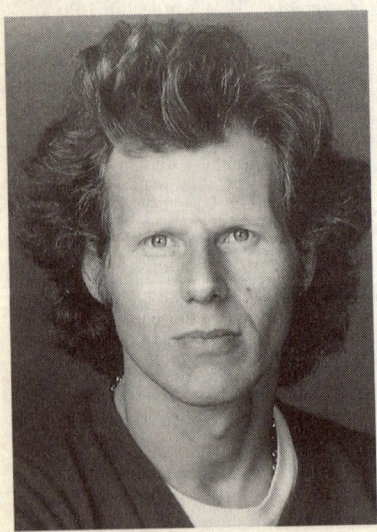

Georg Danzer
Foto: Polydor

zierte er in München die nächste Bestseller-LP namens *Notausgang*. Das Jahr 1980 brachte das Doppel-Live-Album *Tournee '79* und die Studio LP *Traurig, aber wahr*. Inzwischen war Georg Danzer ein Star, dessen Konzerte grundsätzlich ausverkauft waren. Das 81er Album *Ruhe vor dem Sturm* enthielt mit dem unter die Haut gehenden Song *Frieden* ein Lied, das zur Hymne der Kriegsgegner wurde. Auch sein 1982 erschienenes Buch *Die gnädige Frau und das rote Reptil*, eine Sammlung von Erzählungen, Liedertexten und Betrachtungen aus den Jahren 1973–1982, wurde vom Publikum begeistert aufgenommen. Musikalisch begann Georg Danzer, sich allmählich etwas zu wandeln. Weniger Liedermacher-Songs, dafür mehr poppige und rockige Titel. In diesem Stil waren auch die LPs *Jetzt oder nie* (1982) und *Und so weiter* (1983). Danach begann eine Veränderung des Georg Danzer, die er selbst folgendermaßen formulierte: »Was mir wichtig ist: daß ich keine Botschaft habe, daß das niemand von mit erwarten soll. Ich bin kein Religionslehrer auf Vortragsreisen. Was ich im Moment lerne, ist, ein Zweifler mit einem Lachen zu sein. Ich war lange Zeit ein Zweifler mit grüblerischer Falte auf der Stirn.« Am 7. Juli 1984, nach dem Open-Air-Konzert in St. Wendel, löste Georg Danzer seine bisherige Band auf und ging in München mit neuen Musikern ins Studio. Die Alben *Menschliche Wärme* und *Weiße Pferde* entstanden, die weniger sozialpolitisch engagiert waren, dafür aber poppiger und rockiger klangen. Die Meinungen des Publikums darüber waren zweigeteilt. Ebenso bei dem 85er Album *Alles aus Gold*. Die Single daraus hieß *Aus letzter Kraft* und war ein Lied, das in

Stil und Produktion sehr an → Bruce Springsteen erinnerte. Das Jahr 1986 brachte das Album *Danzer* und ein Solo-Tournee. 1987 veröffentlichte Georg Danzer die LP *Liebes Leben* und hatte mit der ironischen Single *Oh, Kondome* wieder einen Skandal-Hit.

Terence Trent D'Arby

geb. 15. 3. 1962 in New York/USA

Auch er war einer der Shooting Stars des Jahres 1987: ein schlaksiger, farbiger Jüngling, hohe Backenknochen, helle, mandelförmige Augen, breiter, weicher Schmusemund und viele, viele Zöpfchen. Ein exotisch-androgynes Wesen vom anderen Stern. Ein Traum für viele Mädchen (und Buben). Aber wenn dieses Wesen den Mund auftut, dann kommt keineswegs eine knabenhafte Fieps-Stimme à la → Michael Jackson heraus. Was da zu hören ist, ist das rauhe, ausdrucksstarke, intensive Organ eines echten R & B- und Soul-Sängers. Eine Stimme, die erdigen Blues genauso echt intoniert wie sanfte Soul-Balladen, schweißtriefenden Power-Soul ebenso wie eleganten Pop-Soul. Und das interessanteste dabei: dieses musikalische Wunderkind schreibt alles selbst. Geboren wurde Terence in Manhattan als Sohn eines evangelischen Predigers und einer Gospelsängerin. Wie es sich gehörte, sang er im elterlichen Gospelchor mit, aber das war dem wilden Knaben schon bald »zu brav und zu eintönig«. Die weltliche Pop-Musik, die zu Hause verpönt war, interessierte ihn wesentlich mehr. Er machte brav seinen High-

Terence Trent D'Arby
Foto: CBS

school-Abschluß, ging für ein paar Monate auf eine Journalistenschule und beschloß dann, Boxer zu werden. Er erkämpfte sich tatsächlich die »Golden Gloves«, die höchste Auszeichnung im amerikanischen Amateur-Boxsport, die vor ihm schon andere Soul-Stars wie Jackie Wilson und Screamin' Jay Hawkins erworben hatten. Dann entschloß er sich, zur Army zu gehen, kam als G. I. nach Deutschland − und landete prompt beim gleichen Regiment wie 1958 → Elvis Presley. Sein Faible für Musik brachte ihn in Kontakt mit der Frankfurter Band The Touch, deren Leadsänger er wurde. Terence Trent D'Arby spricht aus diesem Grund auch recht gut deutsch. Nach einer Club-Tour mit THE TOUCH durch Großbritannien, blieb er in London hängen: »Ich hatte die Wahl zwischen London und New York, und zum ordentlichen Arbeiten kam eigentlich nur London in Frage. Außerdem gibt mir London, wenn ich so durch die Straßen gehe, ein gewisses inspiratives Gefühl, so eine Stimmung, wie ich sie halt in New York nie empfunden habe.« Sehr schnell interessierte sich die CBS, die schon mit The Touch in Verhandlungen gestanden hatte, für den ungewöhnlichen jungen Sänger und dessen Material. 1987 kam der Vertrag zustande, und Mitte 1987 erschien das Debüt-Album *Introducing the hardline according to Terence Trent D'Arby*. Und darauf war dann wirklich alles zu finden, was jemals im Soul und R & B gut und teuer war und sein wird, ein absolut hervorragendes Album, das auch diverse Single-Hits enthielt: *If you let me stay, Wishing well, Dance little sister*. In England schoß das Album von 0 auf Platz 1, sämtliche Singles plazierten sich hervorragend in den Charts. Auch in Deutschland nahmen die Singles obere Plätze in der Hitparade ein, das Album konnte sich unter den Top 5 der LP-Hitparade plazieren. Die Fachzeitschrift *New Musical Express* rief ihn zum »New Prince of the Pop« aus, andere Fachblätter bezeichneten ihn als ein »Jahrzehntereignis« und bescheinigten ihm »Schönheit und Talent im klassischen Sinn«. Auszeichnungen wie »Sänger des Jahres«, »LP des Jahres« und »Newcomer des Jahres« sammelte Mr. D'Arby, der sich selbst als »Music-Man« bezeichnet, so nebenbei auch noch ein. Seine ersten Konzerte waren natürlich sämtlich ausverkauft, da er auch auf der Bühne einiges zu bieten hat. Im Februar 1988 hatte er schon wieder einen Top-

10-Hit in Deutschland, und zwar mit der Nummer *Sign your name*. Anfang 1988 fing das Album an, auch in Amerika unaufhaltsam nach oben zu steigen. 1989 brachte Terence das höchst eigenwillige und völlig unkommerzielle Album *Neither fish nor flesh* heraus. Trotz der Sprödigkeit kam die LP sowohl in Großbritannien als auch in Deutschland und den USA in die Charts.

Clark Datchler

→ JOHNNY HATES JAZZ

Taylor Dayne

geb. 1963 in New York

Die temperamentvolle, bildhübsche Amerikanerin mit der kräftigen Stimme war der erste Shooting Star des Jahres 1988. Mit ihrer knalligen Disco-Single *Tell it to my heart* eroberte sie in Rekordzeit die internationalen Hitparaden. Sie wurde in Long Island geboren, wuchs dort auf, schwärmte als Teenager für CROSBY, STILLS & NASH, die → BEATLES, JONI MITCHELL und → STEVIE WONDER und beschloß eines Tages auch zu singen. Sie nahm Gesangsstunden, arbeitete mit einer Rock-Band namens FELONY, wollte aber auch was »Richtiges« lernen. Also ging sie nach der Highschool aufs College und belegte außer Musikwissenschaften und Kompositionslehre auch Schauspielunterricht

With Every Beat of My Heart
Foto: Arista

rin mit der Drei-Oktaven-Stimme, auf dem sie zeigte, daß sie nicht nur Disco, sondern auch Pop, Funk und Balladen überzeugend zu interpretieren versteht, trat einen ähnlichen Siegeszug um die Welt an. Die nächsten Hitsingles 1988 hießen *Prove your love,* wieder ein Disco-Fetzer, *I'll always love you,* eine eher softige Nummer, und das temperamentvolle *Don't rush me.* Weltweit verkaufte sich dieses Debüt-Album über zweimillionenmal. In Amerika bekam Taylor Dayne dafür nicht nur Platin, sie heimste auch etliche Auszeichnungen wie den ›New York Music Award‹ ein. 1989 überraschte Miss Dayne ihre Fans mit neuem Outfit. Aus der exotisch aufgestylten Busenschönheit mit den verrückten Kopfbedeckungen wurde eine rassige Blondine der feinen Art. Von eben dieser Art war auch das zweite Album *Can't fight fate,* mit dem Taylor ihren Siegeszug um die Welt mühelos fortsetzte. Die Singles wie *With every beat of my heart* konnten sich ebenfalls wieder weltweit in den Charts plazieren.

und, man höre und staune, Philosophie. Denn Taylor Dayne, die junge Dame mit dem großen Mund, hat nicht nur was in der Kehle, sondern auch was im hübschen Köpfchen. Durch den Trommler ihrer Rock-Band FELONY lernte sie den englischen Produzenten RIC WAKE kennen. Der erkannte das Talent der Studentin und ließ sie erstmal kräftig im Chor mitsingen, damit sie Studioerfahrung bekam. Dann durfte sie als Solistin vors Mikrophon und *Tell it to my heart* entstand. In Amerika konnte sich die hervorragend gemachte Dance-Floor-Nummer innerhalb kürzester Zeit auf Rang 1 der Hot 100 plazieren, ebenso in England und in Deutschland. Das gleichnamige Debüt-Album der Sänge-

Nino de Angelo

DOMENICO GERHARD GORGOGLIONE, geb. 18. 12. 1963 in Karlsruhe

Nino de Angelo: das ist die Geschichte des jungen Sängers, der einen Nr.-1-Hit landete, den Erfolg nicht verkraften konnte, ausflippte und ganz tief in den Keller stürzte. Nino de Angelo: das ist aber auch die Geschichte von dem jungen Sänger, der sich mit Fleiß, Hartnäckigkeit und großem Können wieder aus diesem Keller befreite und zielstrebig an einer neuen, ernsthaften Karriere arbeitet. Ninos Eltern stammen aus dem italienischen Apulien. Anfang der 60er Jahre kamen sie als Gastarbeiter nach Deutschland und ließen sich in Karlsruhe nieder. Der Vater Pietro baute eine Karate-Schule auf und betrieb nebenbei eine kleine, aber feine Spengler- und Mechaniker-Werkstatt, mit der er sich schnell einen guten Ruf erwarb. Klein-Nino hatte bald zwei Leidenschaften: schnelle Autos und Karate. 1976 zerbrach die Ehe, die Mutter Stella zog mit Nino nach Köln und arbeitete fortan als Schneiderin in einer Fabrik. Der Vater, der inzwischen gesundheitliche Probleme hatte, ging nach Stuttgart und machte eine Pizzeria auf. Um sich bei seinen Freunden Respekt zu verschaffen, konzentrierte sich der etwas kleingewachsene Nino auf Karate – und wurde prompt deutscher Jugendmeister. Mit einem Schulfreund, der ein kleines Aufnahmestudio im Keller hatte, machte er in dieser Zeit häufig Musik – begeistert sang der kleine, hübsche Italiener mit der warmen ausdrucksvollen Stimme → ELVIS-Titel nach. Der Freund verschaffte ihm kleine Engagements in diversen Kneipen, und mit 17 Jahren, also 1980, verließ Nino zwei Jahre vor dem Abitur mitten im Schuljahr das Gymnasium, um sich fortan nur noch auf die Musik zu konzentrieren. Bald wurde eine Plattenfirma auf den jungen Mann aufmerksam, bot ihm einen Plattenvertrag an, Mutter Stella sagte ja und unterschrieb (schließlich war Nino noch minderjährig), und Nino durfte ins Studio. 1982 kam er erstmals in die Charts, mit dem Titel *Und ein Engel fliegt in die Nacht* – ein netter Schlager, der es bis auf Platz 52 schaffte. Auch die nächsten beiden Titel, *Ich sterbe nicht noch mal*

(1983 Platz 21) und *Engel und Teufel Luisa* (1983 auf Platz 46), waren eher anspruchslose Liedchen. Was an ihnen auffiel, war die Stimme des Sängers: warm, intensiv, kräftig. Und 1983 fand er dann in → DRAFI DEUTSCHER endlich einen Songwriter, der das richtige für ihn auf Lager hatte. *Jenseits von Eden*, die deutsche Version von *Guardian Angel*, wurde ein Nr.-1-Hit, der sich 13 Wochen in den Top 10 der deutschen Hitparade halten konnte. Mit dieser gekonnten Bombast-Nummer, bei der Nino endlich einmal zeigen konnte, was er stimmlich alles drauf hatte, wurde der gutaussehende junge Mann zum deutschen Superstar. Plötzlich stand er im Mittelpunkt des Interesses, hatte Geld, um sich endlich einen »Flitzer« kaufen zu können, hatte Geld, um sich alles kaufen zu können, wovon er immer geträumt hatte. Er machte keinen Hehl daraus, warf mit Geld um sich, gab an, war mehr auf Partys zu treffen als im Studio. Was machte es da schon, daß die nächsten beiden Singles, *Atemlos* (1984 Platz 20) und *Wir sind Giganten* (1984 Platz 50) keine Bestseller mehr waren? Nino flippte aus, verdarb es sich mit den Medien, sagte kurzfristig Auftritte ab, stieß seine Fans vor den Kopf. Es dauerte eine Weile, bis er seinen Abstieg bemerkte. Aber dann machte er, unterstützt von seiner langjährigen Freundin JUDITH COERSMEIER, eine Drehung um 180 Grad. Er riß sich zusammen, arbeitete an sich, lernte Klavier zu spielen, fing an zu texten und zu komponieren. 1986 hatte er sich wieder gefangen. Er heiratete seine Judith und knüpfte erste Kontakte zum deutschen Star-Produzenten HARALD STEINHAUER (→ NICKI, → JULIANE WERDING). 1987 erschien Ninos neues Album *Durch tausend Feuer*. Die erste

Single daraus bestand die »Feuerprobe«: *Doch Tränen wirst du niemals sehen*, ein kraftvoller Titel mit zeitgemäßem Arrangement, konnte sich in den deutschen Charts plazieren. Im Februar 88 erschien die zweite Single *Engel der Nacht*. Mitte 1989 stand Nino de Angelo dann gleich mit zwei Titeln in der deutschen Hitparade: zum einen mit dem Grand-Prix-Beitrag *Flieger,* zum anderen mit *Samuraj,* einem Song aus dem Soundtrack der TV-Serie *Rivalen der Rennbahn.* Im September 1990 folgte die Pop-Ballade *Vielleicht (muß man erstmal durch die Hölle),* an der Nino selbst mitgeschrieben und -produziert hatte. Für Anfang 1991 wurde eine neue LP angekündigt.

Deep Purple

Ian Gillan, geb. 19. 8. 1945 in England: voc; Ritchie Blackmore, geb. 14. 4. 1945 in England: g; Jon Lord, geb. 9. 6. 1941 in England: org/p; Roger Glover, geb. 30. 11. 1945 in England: b; Ian Paice, geb. 29. 6. 1948 in England: dr

Deep Purple war jene britische Hard-Rock-Gruppe der 60er und 70er Jahre, ohne die es Heavy Metal vielleicht nicht gegeben hätte. 1976 löste sich die Formation auf, um 1984 wie Phoenix aus der Asche aufzuerstehen. Die erste Formation wurde, nach ein paar Schwierigkeiten, 1968 von Jon Lord und Ritchie Blackmore gegründet; mit dabei waren auch am Baß Nick Simper (Ex-Flowerpot-Men), am Schlagzeug Ian Paice (Ex-

Maze) und als Sänger Rod Evans (Ex-Maze). Die Gruppe spielte ihre ersten Gigs unter dem Namen Roundabout, änderte diesen aber sehr schnell in Deep Purple um. Diese Urbesetzung von Deep Purple wird von den Fans Mark I genannt. Das Debüt-Album der Formation entstand in der Rekordzeit von nur 18 Stunden. Es hieß *Shades of Deep Purple* und war, zusammen mit der Single *Hush*, in Amerika ein Bestseller, blieb in England und Europa jedoch unbeachtet. Und so sollte es erst einmal auch bleiben. Auch das nächste Album, *The book of Taliesyn*, wurde in USA ein Hit, in England und Europa ein Flop. 1969 gab's bereits die erste Umbesetzung: Simper und Evans gingen, dafür kamen Ian Gillan und Roger Glover, beide Ex-Episode Six. Deep Purple Mark II war entstanden. 1969 verwirklichte sich der klassisch ausgebildete Jon Lord einen Traum. Er schrieb ein Concerto für Rock-Band und Symphonieorchester, das am 24. September in der Royal Albert Hall in London, zusammen mit dem Royal Philharmonic Orchestra unter der Leitung von Malcolm Arnold, mit viel Erfolg aufgeführt wurde und 1970 auch als Platte erschien. 1969 entstand noch eine zweite klassische Produktion: *Gemini suite*, ein Auftragswerk der BBC, das die Gruppe zusammen mit dem London Symphony Orchestra und den Sängern Tony Ashton und Yvonne Elliman aufnahm. Und um ihre inzwischen auch in England und Europa schon recht zahlreich gewordenen Fans zu verwirren, veröffentlichte Deep Purple 1969 noch die 3. Rock-LP, das Album *Deep Purple.* 1970 erschien dann die schon legendäre LP *Deep Purple in Rock*, ein kompromißloses, aggressives Hard-Rock-Album, vielleicht sogar das erste Heavy-

Metal-Album überhaupt. Diese Art von Musik sollte denn auch künftig bestimmend bleiben für den Stil von Deep Purple. Alben wie *Fireball* (1971), *Machine head* (1972), *Live in Japan* (1972) und *Who do we think we are* (1973) katapultierten Deep Purple international an die Spitze und machten die englische Formation zur erfolgreichsten Rock-Band der Welt. Goldene Schallplatten pflegten sie sozusagen nur stapelweise in Empfang zu nehmen. 1973 gab's dann die nächste Umbesetzung. Roger Glover und Ian Gillan verließen die Band, und für sie kamen GLENN HUGHES (EX-TRAPEZ) und der Sänger DAVID COVERDALE (EX-THE-FABULOSA-BROTHERS). Deep Purple MARK III war geboren. Die Alben *Burn* (1974) und *Stormbringer* (1974) erschienen; sie erreichten zwar noch hohe Charts-Notierungen, aber die Songs fielen qualitativ ab. Auflösungsgerüchte kamen auf – und tatsächlich verließ Ritchie Blackmore 1975 die

Gruppe. Für ihn kam TOMMY BOLIN (EX-SPECTRUM). Bei dieser Formation, Deep Purple MARK IV, waren von den Gründungsmitgliedern inzwischen nur noch Jon Lord und Ian Paice übriggeblieben. Doch die Schwierigkeiten innerhalb der Band nahmen zu, die Qualität ihrer Musik ab, und 1976 kam dann das »Aus« für Deep Purple. Fast alle Musiker verfolgten eigene Projekte: Ritchie Blackmore mit RAINBOW, Ian Paice und Jon Lord zuerst bei PAICE, ASHTON & LORD, anschließend bei → WHITESNAKE, der Band von DAVID COVERDALE. Ian Gillan hatte seine IAN GILLAN BAND, und Roger Glover war zunächst Produzent bei Rainbow und stieg später dort als Musiker ein. Im Jahr 1983 fanden dann die ersten Gespräche zur Wiedervereinigung von Deep Purple statt, und 1984 war es dann soweit: Deep Purple wurde wieder in der MARK-II-Besetzung, ihrer Bestbesetzung, ins Leben gerufen. *Perfect strangers* hieß die erste gemeinsame LP, und

Deep Purple Foto: Polydor

Ian Paice   Jon Lord   Ian Gillan   Ritchie Blackmore   Roger Glover

man konnte hören, daß Ian Gillan, Ritchie Blackmore, Jon Lord, Roger Glover und Ian Paice es verstanden hatten, an die Qualität ihrer früheren Songs anzuknüpfen. *Perfect strangers* bot intelligente, kraftvolle Rockmusik der gehobenen Güteklasse. Im November 1984 erschien die LP, Mitte 1985 waren davon weltweit bereits über 2,5 Millionen Exemplare verkauft. Gold kam aus Deutschland, England, Japan, Australien, Neuseeland, Schweden und der Schweiz. Platin aus Kanada und USA. Grund genug für die fünf Edel-Rocker, zusammen weiterzumachen. Im Januar 1987 wurde die nächste Deep-Purple-LP veröffentlicht – *The house of the blue light*, die ebenfalls wieder ein internationaler Millionenseller wurde. Die 88er LP *Nobody's perfect* lag im Juli nach zwei Wochen in Deutschland bereits auf Platz 13 der LP-Charts. 1990 verließ Ian Gillan wieder einmal die Band, um ein Solo-Album aufzunehmen. Die hörenswerte Rock-LP hieß *Naked Thunder* und enthielt mit *Nothing but the best* und *No good luck* auch zwei recht erfolgreiche Singles. Kurz danach folgte das neue Deep-Purple-Album *Slaves and masters,* bei dem Gillan durch den Sänger Joe Lynn Turner ersetzt wurde. Die gelungene LP mit Rocksongs im Stil der harten 70er und der Metal-80er konnte sich sofort in den internationalen Charts plazieren.

Def Leppard

Joe Elliot, geb. 1. 8. 1960 in Sheffield/England: voc; Steve Clark, geb. 23. 4. 1960 in Sheffield/England: g; Rick Sava-ge, geb. 2. 12. 1960 in Sheffield/England: b; Phil Collen, geb. 8. 12. 1957 in Sheffield/England: g; Richard Allen, geb. 1. 11. 1963 in Sheffield/England: dr »Taub« sind die fünf Mitglieder der Band bestimmt (noch) nicht, und mit einem »Leoparden« haben sie eigentlich auch nichts gemeinsam, denn sie machen handfesten, geradlinigen Hard Rock, ohne viel Schnörkel, aber mit Melodien. Begonnen hatte alles in der Schule. Rick Savage und Pete Willis spielten zusammen in diversen Schulbands und gründeten nach der Schule eine Gruppe namens Atomic Mass. Atomic Mass suchte gerade nach einem neuen Leadsänger, als Joe Elliot von Pete Willis einen Verstärker kaufen wollte. Willis und Savage sahen sich Joe an, stellten fest, daß er wie ein Sänger aussah, und überredeten Joe zu diesem Job, obwohl Joe eigentlich Schlagzeuger werden wollte. Inzwischen gingen sie ins College. Als Willis einen Klassenkameraden ein Gitarrenbuch lesen sah, war auch der Gitarrist gefunden – Steve Clark. Als Rick Allen noch dazustieß, war die Band komplett und nannte sich Deaf Leopard nach einer Zeichnung von Joe Elliot, auf der ein Leopard mit einem Hör-Rohr zu sehen war. Der Einfachheit halber wurde die Schreibweise später in Def Leppard geändert. Im Juli 1978 gab die Band in einer Schule in Sheffield ihr erstes offizielles Konzert und verdiente damit die ungeheure Summe von DM 20,–. Die Gagen für Rock-Bands waren deshalb so kümmerlich, weil Ende der 70er Jahre nicht Hard-Rock, sondern Punk und New Wave angesagt waren. Doch die fünf gaben nicht auf und veröffentlichten 1979 auf eigene Kosten und im Eigenvertrieb die erste Mini-LP mit drei Titeln, die EP

Def Leppard   Foto: Mercury

Getcha rocks off. Damit wurde das Interesse der Plattenfirmen geweckt, und noch 1979 kam es zu einem Vertrag. 1980 veröffentlichte Def Leppard das Debüt-Album *On through the night*. Das Album konnte sich sowohl in England als auch in Amerika in den LP-Charts plazieren. Innerhalb kurzer Zeit hatten sich die fünf Knaben einen Namen gemacht und durften bei Konzerten mit Top-Stars wie TED NUGENT, SAMMY HAGAR und RAINBOW im Vorprogramm spielen. 1981 erschien das zweite Album, *High'n'dry*, das sich fast ein halbes Jahr lang in den US-LP-Charts halten konnte. Die LP verkaufte sich millionenfach und wurde mit Gold und Platin ausgezeichnet. 1982 fand dann die erste Umbesetzung statt: Pete Willis ging, und für

ihn kam Phil Collen, der auf dem 83er Album *Pyromania* seinen Einstand gab. Auch diese LP bot wieder Hard Rock bester Qualität. Allein in Amerika verkaufte sich dieses Album über sieben Millionen Mal. Voller Zuversicht machten sich die fünf an die nächste LP — aber die stand zunächst unter keinem guten Stern. Ihr Wunsch-Produzent hatte keine Zeit, der nächste erwies sich als unfähig, ebenso der Toningenieur. Dann wurde der Schlagzeuger Richard Allen 1984 in einen schweren Autounfall verwickelt, bei dem er seinen linken Arm verlor. Und 1985 wurde der Sänger Joe Elliot krank. Doch 1986 wendete sich alles wieder zum Guten. Richard Allen erhielt ein speziell für ihn entwickeltes Schlagzeug, auf dem er bei den

»Monsters of Rock«-Festivals zum erstenmal spielte. Die LP *Hysteria* wurde fertiggestellt und 1987 veröffentlicht. Es wurde 1988 ein Album der Superlative: weltweit 12 Millionen verkaufte Tonträger, davon allein in Amerika acht Millionen; vier Wochen lang die Nr. 1 der US-LP-Charts; 8mal Platin in den USA, 9mal Platin in Kanada, 4 mal Platin in Neuseeland; Gold aus Australien, Japan, Norwegen, Schweiz und Schweden. Die Single *Love bites* war in den Hot 100 Nr. 1, *Pour some sugar* war Nr. 2, auch die restlichen Singles *Animal, Hysteria, Armageddon* und *Rockett* konnten sich international in den Hitparaden plazieren.

Depeche Mode

Martin Gore, geb. 23. 7. 1961 in Basildon/England: synth; Andrew Fletcher, geb. 8. 7. 1961 in Basildon/England: b; Dave Gahan, geb. 9. 5. 1962 in Basildon/England: voc; Alan Wilder, geb. 1. 6. 1959 in England: voc/synth

Depeche Mode — das ist bester englischer Techno-Pop. Gegründet wurde die Formation 1980 von Vince Clarke, Andrew Fletcher und Martin Gore in Basildon, einem Städtchen in der Nähe von London. Sie begannen als ganz normale Pop-Gruppe, stellten aber bald die Gitarren in die Ecke und spezialisierten sich allein auf Synthesizerklänge. Den Namen holten sie sich von einer französischen Mode-Zeitschrift. 1981 bekamen sie nach langer Suche einen Plattenvertrag, und bereits die erste Single, *Dreaming of me*, kam in die britischen Top 30. Die zweite Single, *New life*, wurde Top 20, und Single Nr. 3, *Just can't get enough*, kam unter die Top 10. Im November 1981 erschien die erste LP, *Speak and spell*. Dieses Album, das voll von fröhlichen Synthi-Songs war, die ins Ohr und in die Beine gingen, stürmte die LP-Charts. Dann verließ Vince Clarke, der bis dahin der Kopf und Schreiber der Gruppe gewesen war, die Formation, weil ihm der Rummel nicht mehr gefiel. Er tat sich mit → Alison Moyet zusammen und gründete das sehr lukrative Duo → Yazoo. Inzwischen ist er Oberhaupt von → Erasure. Als Vince Clarke 1981 ging, trat Martin Gore in seine Fußstapfen und erwies sich als würdiger Nachfolger. Der von ihm geschriebene Song *See you* erreicht die bislang höchste Charts-Notierung der Gruppe und brachte auch die erste Plazierung in der deutschen Hitparade. 1982 kam Alan Wilder zu Depeche Mode, und damit war das Quartett wieder komplett. *Get the balance right* war 1983 der erste Song, bei dem er dabei war. Er fungiert seitdem nicht nur als Tastenspieler und Sänger, sondern auch als Songschreiber. Auch das Jahr 1982 brachte ausschließlich Erfolge: umjubelte Tourneen durch die USA und England, erste Auftritte in Europa, die Single-Hits *The meaning of love* und *Leave in silence*, die LP *A broken frame*, auf dem sich Depeche Mode als musikalisch gereifter zeigte (schließlich waren sie inzwischen ja alle schon um die 23 Jahre alt). Das nächste Album wurde in Berlin produziert. Es hieß *Construction time again*, erschien 1983 und verblüffte die Fans, denn Depeche Mode gingen darauf wagemutige Klangexperimente ein. Aber immer mit der leichtfüßigen, melodischen Art, die für diese Formation so bezeichnend ist. Das

Depeche Mode Foto: Mute

Album wurde in Deutschland ein Hit, ebenso die Singles *Everything counts* und *Love in itself*. Das Jahr 1984 bescherte der Gruppe aus Basildon mit der Single *People are people* den ersten Nr.-1-Hit in Deutschland, und das war auch gleichzeitig der erste Nummer-1-Hit überhaupt. Das war für Depeche Mode der große Durchbruch in Deutschland, wo inzwischen die treuesten Fans dieser Formation sitzen. Seitdem wird praktisch jede Single, die Depeche Mode in Deutschland veröffentlicht, ein Top-10-Hit. Der eigentümliche Sound der vier, der trotz ausschließlich elektronischer Instrumente so menschlich klingt und zu dem man so gut tanzen kann, fand und findet vor allen Dingen bei den Teenagern großen Anklang. So auch Album Nr. 4, die LP *Some great reward*, auf der Depeche Mode 1984 nicht nur Zwischenmenschliches, sondern durchaus auch politische Themen *(Master and servant)* in den Texten verarbeitete. Das Jahr 1985 brachte mit *Shake the disease* und *It's called a heart* wieder zwei Top-10-Hits in Deutschland. Keine Frage, daß sich auch das Album *Black celebration* größter Beliebtheit erfreute. Ähnlich erfolgreich war auch das Jahr 86. Die Hit-Singles hießen *A question of lust* und *A question of time*. Auch 1987 räumte Depeche Mode wieder ab, und zwar mit den Singles *Strangelove* und *Never let me down again*, und mit dem Album *Music for the masses*. Auch der Januar 1988 brachte mit *Behind the wheel* wieder einen Top-10-Erfolg in good old Germany für die englische Band, die inzwischen weltweit über 17 Millionen Platten verkauft hatte. Besondere Spezialität von Depeche Mode: zu jedem Single-Titel gibt es auch eine spezielle Maxi-Version, manchmal auch zwei oder drei. Der Depeche-Mode-Hit im Sommer 1988 hieß *Little 15*.

Zu dieser Zeit befand sich Depeche Mode gerade wieder auf einer Welt-Tournee. Am 18. Juni 1988 trat die britische Superformation dabei im legendären ›Rose Bowl‹ auf, dem gigantischen Football-Stadion in Pasadena/Kalifornien. Es war das 101. und damit letzte Konzert dieser Tournee. 75 000 jubelnde Fans hatten sich dazu versammelt, und dabei wurde ein Live-Doppel-Album mitgeschnitten, das Anfang 1989 unter dem Titel *101* erschien. Gleichzeitig mit dieser LP wurde das Ereignis auch gefilmt, und zwar in Form eines Spielfilms.

Der Film erschien gleichzeitig mit der LP als Kinofilm und als Video. 1990 kam mit *Violator* das erste Depeche-Mode-Studio-Album seit *Music for the masses* 1987 auf den Markt. Die ausgehungerten Fans stürzten sich wie wild darauf und kauften es innerhalb kürzester Zeit die Hitparaden hinauf. Das Rezept der britischen Elektronik-Popper war das Gleiche geblieben: klare Keyboard-Linien, volltönende Syn-Drum-Rhythmen, treibender Beat, runder, voller Klang. *Personal Jesus, Enjoy the silence* und *Policy of truth* hießen die Singles, die ebenfalls Hits wurden.

Ina Deter

geb. 14. 1. 1947 in Berlin

Die sehr klein gewachsene Ina Deter stand bereits mit 16 Jahren, 1963, mit einer weiblichen Skiffle-Gruppe namens Lucky Girls auf der Bühne. Ihr großer Traum war eine weibliche Rockband, doch die Mitspielerinnen verliebten sich und heirateten. Ina hatte damit wenig im Sinn, also blieb ihr nichts anderes übrig, als erst einmal einen Beruf zu erlernen. Sie wurde Grafikerin. Zwölf Jahre lang, bis 1977, übte sie diesen eigentlich ungeliebten Beruf aus. Aber die Musik ließ sie dennoch nicht los. Nebenberuflich sang sie trotzdem weiter. Zuerst in Ami-Clubs in Berlin C & W, dann – nach ihrem Umzug nach Köln 1969 – als Straßenmusikantin. 1976 kam Ina Deter mit dem Lied *Wenn du so bist wie dein Lachen* in die Vorentscheidung für den

Ina Deter & Die Band Foto: W. Pawlok

Grand Prix d'Eurovision. Doch das war nicht unbedingt das Richtige für diese kleine, sehr agile und selbstbewußte junge Frau. Sie wollte mit ihren Liedern etwas aussagen, nicht nur »heile Welt« verbreiten, und prompt bekam sie das Prädikat »Emanzen-Zicke«. Ihre Alben *Ich sollte eigentlich ein Junge werden* (1977) und *Heute* (1978) waren Flops. Auch das Album *Wenn wir unseren Neid besiegen* aus dem Jahr 1979, das Jahr, in dem sie eine eigene Band gründete, und das Album *Aller Anfang sind wir* aus dem Jahr 1980. 1982 veröffentlichte Ina Deter dann die LP *Neue Männer braucht das Land* und hatte mit dem gleichnamigen Single-Titel 1983 endlich ihren Durchbruch. Der ironisch-süffisante Song über die vergebliche Suche nach »richtigen« Männern befreite sie zwar nicht von ihrem Emanzen-Image, brachte aber die Zuhörer dazu, sie so zu akzeptieren, wie sie war, mit ihren unkomplizierten Rock-Songs und ihren frechen und engagierten Texten. Das 84er Album *Mit Leidenschaft* bot eine interessante Mischung aus beidem: Rocksongs und Balladen, mit Texten über zwischenmenschliche Ängste und Frustrationen, Ungerechtigkeiten und Eindrücke vom Leben aus anderen Ländern. 1985 veröffentlichte Ina Deter mit EDO ZANKI im Duett eine ausgesprochen amüsante Single mit dem eindeutig zweideutigen Titel *Du hast 'ne Ladung Dynamit.* 1986 folgte dann die LP *Frauen kommen langsam – aber gewaltig*, ein Titel, der wieder zu etlichen Mißverständnissen Anlaß gab. Aber das von Edo Zanki produzierte Album verkaufte sich gut. Die Single daraus hieß *Ohne mich.* Edo Zanki produzierte dann auch das rockige 87er Album, auf dem Ina Deter ganz bescheiden *Ich will die Hälfte*

der Welt forderte. Dann ließ sich Ina über zwei Jahre Zeit. Anfang 1990 erschien die nächste LP *Soll mich lieben wer will,* für die Ina endlich eine fast ausschließlich aus Frauen bestehende Band auf die Beine stellen konnte. Auch auf diesem Album geht es wieder um Ina Deters Hauptanliegen: die Schwierigkeiten mit dem Zwischenmenschlichen. Single-Auskoppelungen wie das sehnsüchtige *Steh mir bei* oder der trotzige Titelsong machten die LP bald populär. Sie konnte sich in der LP-Hitparade plazieren.

Drafi Deutscher

geb. 9. 5. 1946 in Berlin

Der kleine, etwas rundliche Mann mit dem graumelierten Bart und dem großen Hut, ist ein geradezu geniales Stehaufmännchen. Selten wurde ein Künstler von der Öffentlichkeit und der Presse derart gnadenlos fertiggemacht – um dann mit großer Hartnäckigkeit und unglaublichem Talent wieder zurückzukehren und seine größten Feinde zu seinen größten Fans zu machen. Drafi wuchs im Heim auf. Bereits mit 13 Jahren spielte er stundenlang begeistert die Hits von seinen Idolen → ELVIS PRESLEY, → BILL HALEY und JERRY LEE LEWIS auf der Mundharmonika nach. Ca. 1960, also mit ungefähr 14 Jahren, absolvierte er seine ersten Auftritte – mit gefälschtem Ausweis und angeklebtem Schnauzbart, da er ja noch minderjährig war. Aber davon konnte er natürlich nicht leben,

und so mußte er sich nach seinem Schulabgang mit Gelegenheitsarbeiten, wie
z. B. in einer Eisengießerei, über Wasser halten. Inzwischen wohnte er nicht
mehr im Heim sondern im Obdachlosen-
asyl. 1963 wurde er entdeckt, als er an
einem Talentwettbewerb teilnahm und
mit dem Song *Jambalaya* gewann. Die
Verleger-Familie MEISEL hörte ihn dort,
erkannte sein Talent und gab ihm die
Chance, eine Platte zu machen. *Teeny*
hieß das Lied, das 1963/64 bis auf Platz
26 der Charts kam. Und von da an war
Drafi Deutschers Erfolg von niemand
mehr aufzuhalten. Von 1964 bis 1966
plazierte Drafi Deutscher sechs Lieder
in den deutschen Top 10: 1964 *Shake
hands* (Platz 2), *Keep smiling* (Platz 7),
Cinderella Baby (Platz 3); 1965: *Heute
male ich dein Bild Cindy Lou* (Platz 3),
Marmor Stein und Eisen bricht (Platz 1);
1966 *Nimm mich so wie ich bin* (Platz 7).
Seine Songs waren eigentlich die einzigen eigenständigen deutschen Beat-Titel
der damaligen Zeit. Und mit der englischen Version von *Marmor, Stein und
Eisen bricht*, mit *Marble breaks and iron
bends*, war Drafi Deutscher der erste
deutsche Sänger, dem es gelang, sich in
den amerikanischen Charts zu plazieren.
Drafi Deutscher war die deutsche Version des amerikanischen Traums »vom
Tellerwäscher zum Millionär«: ein ehe-
maliges Heimkind, das plötzlich zum
Liebling von Millionen wurde. Und
dann, 1966, geschah das, was Drafi heute als sein »Mißgeschick« bezeichnet:
Als er morgens aufstand und im Adams-
kostüm ans Fenster trat, wurde er dabei
von Kindern beobachtet. Die Presse
stürzte sich mit diabolischer Freude auf
diesen Vorfall, ein Aufschrei ging durch
die Nation, von »Unzucht mit Minderjährigen« war plötzlich die Rede, von

»ekelhaften Perversionen« und noch
mehr. Drafi Deutscher wurde angeklagt,
vor Gericht gestellt und wegen »Erre-
gung öffentlichen Ärgernisses« verurteilt. Aus war es mit der Karriere. In
Deutschland nahm kein Hund mehr ein
Stück Brot von »diesem« Drafi Deutscher. Und natürlich hatten es wieder
einmal viele schon vorher gewußt, denn
was hatte man denn schon zu erwarten,
von »so einem aus dem Heim«. Aber
Drafi gab nicht auf. Er schlug sich als
Stoffverkäufer auf Wochenmärkten
durch, sorgte als Discjockey in drittklas-
sigen Diskotheken für seine damalige
Frau Mulle und seine Zwillinge, trug
langsam aber sicher seine immensen
Steuerschulden ab. 1969 zog er nach
Hamburg und versuchte ein Comeback
als Komponist, Sänger und Produzent.
Weil ich dich liebe war dann 1971 seine
erste neue Veröffentlichung, ein Song,
der es bis Platz 22 in der deutschen
Hitparade schaffte. Aber es bestanden
immer noch Berührungsängste, immer
wieder wurde die alte Sache herausgezo-
gen, und so verlegte sich Drafi Deutscher zunächst mehr aufs Schreiben und
Produzieren. Und um allen Eventualitä-
ten aus dem Wege zu gehen, legte er sich
als Songwriter diverse Pseudonyme zu:
GOLDBIRD, VONNEGUT, GEBEGERN. Und die
Songs aus seiner Feder schlugen ein: für
TINA RAINFORD schrieb er *Silverbird*, eine
Country-Nummer, die 1976 Platz 5 in
Deutschland erreichte und für die er sogar einen Preis aus Amerika erhielt, den
Ascap Award, eine Autorenauszeich-
nung. Für die Gruppe BONEY M. ließ sich
Drafi Deutscher *Belfast* einfallen, ein
ernstes Lied über den Bruderkrieg in
Irland, das 1977 in Deutschland auf
Platz 1 kam und es in England bis Platz
11 schaffte. Im gleichen Jahr hatte PEGGY

MARCH einen Top-10-Erfolg mit Drafi Deutschers *Fly away pretty flamingo*. Und 1978 ließ sich Mr. Deutscher für den Italiener BINO den Superseller und Nr.-4-Hit *Mama Leone* einfallen, eine absolute Schnulze, die sich in der italienischen Fassung 27 Wochen und in der deutschen Fassung nochmal 22 Wochen in der deutschen Hitparade halten konnte. Dann ging Drafi Deutscher 1978 für zwei Jahre nach Amerika und nahm dort mit amerikanischen Studiomusikern sein englisches Album *Lost in New York City* auf. Doch dann trieb es ihn wieder in die Heimat zurück, und unter dem Pseudonym JACK GOLDBIRD hatte er 1980 mit *Can I reach you* wieder einen Hit als Sänger. Dieser hochtalentierte, vielseitige Mann war sogar den Vertretern der Neuen Deutschen Welle ein Begriff. Niemand anderer als die NEONBABIES holten ihn sich als Produzenten. Der nächste Deutscher-Knaller kam dann 1983. Unter dem Pseudonym MASQUERADE veröffentlichte Drafi Deutscher den Titel *Guardian angel*, → NINO DE ANGELO nahm die deutsche Version namens *Jenseits von Eden* auf − und wochenlang konkurrierten die beiden Versionen um den besten Platz in der Hitparade: Masquerade Platz 2, Nino de Angelo Platz 1. Für Nino schrieb Drafi Deutscher 1983 übrigens auch dessen ersten Erfolgstitel *Ich sterbe nicht noch mal.* Auch das Masquerade-Album *The Sound of Masquerade* wurde ein Bestseller. Und so getraute sich Drafi Deutscher schließlich wieder unter seinem eigenen Namen ans Mikrophon. Bei einigen Konzerten testete er das Publikum, wurde dabei geradezu frenetisch gefeiert und veröffentlichte schließlich 1984 sein Comeback-Album *Krieg der Herzen*. *Tief unter meiner Haut* und *Dich holt*

niemand mehr zurück hießen die erfolgreichen Singles daraus. Und so begann die zweite Karriere des Drafi Deutscher. Dann kam 1986 die nächste LP *Gemischte Gefühle* mit den Single-Hits *Herz an Herz Gefühl* und *Uns're Herzen frieren.* 1987 konnte er dafür Platin in Empfang nehmen. 1987 erschien die Single *Das 11. Gebot*, die sich wieder sofort in den deutschen Single-Charts plazieren konnte, und Ende 1987 das Album *Diesmal für immer,* auf dem er neuabgemischte Versionen seiner alten Hits und neue Songs bot. Auch diese LP stieg 1988 sofort in die deutschen LP-Charts ein. Dazwischen fand Drafi Deutscher aber auch noch Zeit, 1986 ein weiteres Projekt anzukurbeln, das Duo → MIXED EMOTIONS, das er zusammen mit dem deutschen Sänger OLIVER SIMON bildete, der 1990 durch ANDREAS MARTIN ausgetauscht wurde.

Bruce Dickinson

→ IRON MAIDEN

Dio

RONALD JAMES »DIO« PADAVONA, geb. 10. 7. 1948 in Portsmouth/New Hampshire/USA: voc; CRAIG GOLDIE: g; JIMMY BAIN: b; VINNIE APPICE: dr; CLAUDE SCHNELL: keyb

Ein kleiner Mann mit einer gewaltigen Stimme, der jeden einfachen Hard-

Rock-Song zu einer wahren Heavy-Metal-Orgie geraten läßt − das ist Ronnie James Dio. Zuerst erregte die Trompete das Interesse des musikalischen Teenagers, dann kam die Baßgitarre, und schließlich entdeckte er seine eigene Stimme als Instrument. ELF hieß seine erste eigene Gruppe, die 1974 das erste von fünf Alben herausbrachte. Musikalisch war die Band, die in erster Linie eine Mischung aus Boogie Woogie und Rock 'n' Roll spielte, nicht sonderlich interessant, lediglich Ronnie James Dios »schwarze« ausdrucksstarke und laute Stimme erregte Aufsehen. So z. B. bei RITCHIE BLACKMORE von → DEEP PURPLE. Als er 1975 ein Solo-Album veröffentlichte, holte er sich Dio als Sänger, und nach seiner Trennung von Deep Purple bildete er zusammen mit Dio die Formation RAINBOW. Drei Jahre und vier Alben lang zogen die beiden ihre − im wahrsten Sinne des Wortes − »markerschütternde« Show ab, bis sich Dio 1979 von RAINBOW trennte und zu BLACK SABBATH als Sänger ging. Er ersetzte Ozzy Osborne und verhalf der schon ziemlich abgewrackten Band mit seiner eindrucksvollen Stimme zu zwei Erfolgsalben, *Heaven and hell* und *Mob rules*. Doch 1981 gab es musikalische und persönliche Differenzen; Ronnie James Dio ging und nahm den Schlagzeuger Vinnie Appice mit. Zusammen mit dem Bassisten Jimmy Bain, mit dem er schon bei RAINBOW gespielt hatte, und dem Gitarristen VIVIAN CAMBELL gründete er seine eigene Band namens Dio. *Holy diver* hieß 1983 die Debüt-LP, die lauten, harten, aber gekonnten Hard Rock und Heavy Metal bot. Auf der nächsten LP, *The last line* (1984), zeigte Ronnie James Dio, daß er auch die leiseren Töne beherrscht. Intensiv und ausdrucksstark

sang er darauf die Hard-Rock-Balladen *One night in the city* und *Egypt*. Das 85er Album hieß *Sacred heart*, und 1986 veröffentlichte die Gruppe Dio die Live-Mini-LP *Intermission*. Danach gab's die erste Umbesetzung: Vivan Campbell ging und für ihn kam Craig Goldie. In dieser Besetzung spielte die Formation 1987 das Album *Dream Evil* ein, das wieder von Ronnie James Dio produziert wurde. Es war eine LP in der gewohnten Dio-Qualität, die Bandbreite reichte wieder von Balladen (*All the fools sailed away*) bis zu atemberaubenden Speed-Nummern (*Night people*). 1990 veröffentlichte der kleine Mann mit der gewaltigen Stimme das furiose Album *Lock up the wolves.*

Dire Straits

→ MARK KNOPFLER, geb. 12. 8. 1949: voc/g; JOHN ILLSLEY, geb. 1949: b; TERRY WILLIAMS, geb. 11. 1. 1948: dr; ALAN CLARK: keyb

Ein Sänger, den man beim besten Willen nicht als hervorragend bezeichnen kann, ein musikalisches Konzept, das eher einfach ist von der Strukturierung, Produktionen, die von der Technik her ganz sicher nicht die Pop- und Rockmusik revolutionieren − aber das Ergebnis dieser simplen Zutaten ist erstaunlich: Es ist ein Sound, der in den Kopf und in den Bauch geht, der gerade durch die Einfachheit des Konzepts und durch die traumhafte Ausarbeitung der Gitarrensoli besticht. Songs, die zurückgehen an die Wurzeln des R & B, bei denen man zum Teil nicht stillhalten kann und in die

Dire Straits   Foto: Vertigo

man sich zum anderen Teil völlig relaxed hineinfallen lassen kann. Mark Knopfler mit seinen Dire Straits hat es geschafft, diesen Sound seit 1978 in unverminderter Qualität zu produzieren. Dabei war es den Mitgliedern dieser international erfolgreichen Super-Band beileibe nicht in die Wiege gelegt, zu Top-Stars zu werden. Begonnen hatte alles 1977. Mark Knopfler war damals Journalist und Englischlehrer, sein Bruder DAVID, der 1980 ausstieg, war als Sozialarbeiter tätig. John Illsley verdiente sich seinen Lebensunterhalt als Angestellter bei einer Holzfirma, und lediglich PICK WITHERS hatte musikalische Erfahrung, er hatte bereits einige Zeit als Session-Musiker gearbeitet. 1977 beschlossen die vier, eine Band zu gründen. Sie warfen ihr Geld zusammen und nahmen ein

Demoband auf mit den von Mark geschriebenen Titeln *Sultans of swing, Wild west end, Sacred love* und *Water of love*. Sie gaben dieses Band einem Discjockey von Radio London, der spielte es in seiner Sendung und konnte sich anschließend vor begeisterten Anrufen nicht mehr retten. Die Dire Straits bekamen postwendend einen Plattenvertrag. Nach einer Tournee mit den → TALKING HEADS gingen sie 1978 ins Studio und nahmen ihr Debüt-Album auf. Diese LP namens *Dire Straits* war in dreifacher Hinsicht erstaunlich. Zum einen kostete die Gesamtproduktion lächerliche 12 500 Pfund, zum zweiten war sie innerhalb von drei Wochen fix und fertig, und zum dritten wurde dieses erste Album einer bis dato total unbekannten englischen Band ein weltweiter Bestseller. 1978/79 bekamen sie dafür Gold in Australien, Deutschland, England und Neuseeland, Gold und Platin in Amerika. Als sie 1979 in die USA kamen, gaben sie in 38 Tagen 51 ausverkaufte Konzerte. Ebenfalls ausverkauft war ihre Tournee 1979 durch Holland, Frankreich und Deutschland. Im Sommer 1979 erschien ihr zweites Album, *Communique* das ebenfalls wieder den relaxten und doch so aufregenden Gitarrensound bot. Auf Grund der Vorbestellungen erhielt die LP in England bereits vor Erscheinen Gold und kam in den LP-Charts von 0 auf Platz 1. Anschließend »hagelte« es Gold- und Platinauszeichnungen aus aller Welt: Südafrika, Skandinavien, Deutschland, Schweiz, Spanien, England, Amerika, Kanada. Mark Knopfler, der eher unscheinbar aussehende Gitarrist mit dem schon etwas schütteren Haar, hatte einen wirklich global anerkannten Sound geschaffen. Er war und ist das Oberhaupt der Formation. Das war auch der Grund, warum Bruder David ausschied. David schrieb auch Songs und wollte singen, hatte bei den Dire Straits aber absolut keine Chance dafür. Also schlug er 1980 eine Solokarriere ein, die allerdings ziemlich zäh anlief. Die Dire Straits veröffentlichten im gleichen Jahr ihr drittes Album, *Making movies,* bei dem erstmals HAL LINDES und ROY BITTAN als Gruppenmitglieder auftauchten. Auch diesmal waren wieder melodiöse, gitarrenbetonte Songs zu hören, die durch ihre Klarheit und Einfachheit bestachen. Der weltweite Erfolg war wiederum entsprechend. Damit hatten die Dire Straits, allen Unkenrufen zum Trotz, demonstriert, daß sie keine seichte Ex-und-hopp-Band waren. Trotz vielfältiger Soloaktivitäten von Mark Knopfler – so

schrieb er z. B. 1984 ein wunderschönes Instrumental für den Film *Cal,* den Soundtrack zu dem Streifen *Local hero* und den Supersong *Private dancer* für → TINA TURNER'S gleichnamige LP – gingen die Dire Straits wieder ins Studio und brachten 1985 die LP *Brothers in arms* heraus. Es zeigte eine etwas gewandelte Gruppe. Es waren mehr technische Gags zu hören, produktionstechnisch war man jetzt mehr auf die Möglichkeiten der 80er Jahre eingegangen. Trotzdem blieben die Dire Straits auch darauf das, was sie immer waren: hervorragende Musiker, die mit meisterlichem Gespür aus einfachen Songs kleine Kunstwerke machen können. Drei Single-Hits gab es aus dieser LP: *So far away, Money for nothing* (Nr. 1 in USA 1985), *Walk of life* (Nr. 2 in UK 1986). Die LP wurde in England, Australien, Schweiz, Schweden, Norwegen, Deutschland, Israel, Belgien und Neuseeland Nr. 1 der LP-Charts, und selbstverständlich regnete es wieder Edelmetall aus aller Welt. Einen ebensolchen Edelmetall-Regen bekam auch das 88er Album *Money for nothing.* 1989 widmete sich Knopfler dem neuen Projekt THE NOTTING HILLBILLIES.

Jason Donovan

geb. 1. 6. 1968 in Melbourne, Australien: voc/g

Der niedliche Blondschopf begann seine Karriere als Schauspieler. Im Land der Känguruhs wurde der Sohn eines Schauspieler-Ehepaares bereits im zarten Al-

Jason Donovan Foto: Teldec

ter von 11 Jahren für eine Fernsehserie verpflichtet. Da der bildhübsche Jüngling mit dem sympathischen Lächeln sehr gut ankam, folgte eine Rolle nach der anderen. Gleichzeitig bekam Jason Sean Donovan vier Jahre lang eine fundierte Pianisten-Ausbildung am Konservatorium. Zum absoluten Superstar wurde Jason dann, als er für die TV-Serie *Neighbours* verpflichtet wurde, in der er den Ehemann von → KYLIE MINOGUE spielte. Dann fing Kylie zu singen an und eroberte unter der Regie der Hitfabrikanten → STOCK/AITKEN/WATERMAN auch England, Europa und inzwischen auch Amerika. Also legte auch Jason seine musikalische Zukunft vertrauens-

voll in die Hände von SAW – und hatte damit gut getan. *Nothing can devide us*, eine flotte Tanznummer im typisch rhythmusbetonten SAW-Stil, wurde 1989 in England ein Hit. *Especially for you* hieß anschließend ein Duett, das er mit Kylie sang und das in UK Nr. 1 wurde und auch den Durchbruch in Deutschland brachte. Es folgten die Hit-Singles *Too many broken hearts* und *Sealed with a kiss* (ein Oldie von BRIAN HYLAND aus dem Jahr 1962), die sich ebenfalls als internationale Bestseller entpuppten. Mit seinem Debüt-Album *Ten good reasons* gelang es dem 1,80 m großen Australier dann, in Großbritannien den 1. Platz der LP-Hitparade im Sturm zu nehmen. Die Jason-Mania kannte keine Grenzen. Hunderte von hingerissenen Mädels fielen bei seinen Auftritten in Ohnmacht. Wenn Jason seinen ekstatischen Fans zu nahe kam, mußte der durchtrainierte Popstar, zu dessen Hobbys Motorradfahren, Surfen, Schwimmen und Wasserski gehörten, regelmäßig um sein Leben fürchten. Zwischendurch stand Jason aber auch wieder vor der Kamera und drehte die vierteilige TV-Serie *Heroes* ab, in der er den Navy-Offizier HAPPY HOUSTON spielte. Auch in Deutschland konnte sich seine Debüt-LP 1989 wochenlang in den Charts halten und wurde mit Gold ausgezeichnet, und auch *Every day*, die letzte Single aus dem Album, wurde ein Hit. Genaus erfolgreich startete Jason dann in die 90er Jahre: die Vorab-Single *Hang on to your love* aus seinem Album wurde ebenfalls wieder ein internationaler Bestseller. Das zweite Album hieß *Between the lines* und erschien im Juni 1990. Mit Jasons Version von *Rhythm of the rain* (das bereits 1963 ein Nr.-3-Hit in den USA für die Gruppe

Cascades gewesen war) hatte das Album noch einen weiteren Single-Hit zu bieten.

Duran Duran

Simon Le Bon, geb. 27. 10. 1958 in Pinner/England: voc/g/perc; Nicholas »Nick« Rhodes, geb. 8. 6. 1962 in Birmingham/England: synth; John Taylor, geb. 20. 6. 1960 in Birmingham/England: b

Die Formation Duran Duran gehört, genauso wie Visage, → Spandau Ballet und → Depeche Mode, zu den englischen New Romantics. Das ist eine musikalische und optische Erscheinungsform, die Ende der 70er Jahre in London ihren Ausgang nahm: sorgfältig gestylte, extrem modisch gekleidete und geschminkte junge Menschen, die eine entsprechend schöne, wohlklingende Musik machten. Duran Duran − der Name entstammt übrigens dem Science-fiction-Film *Barbarella* mit Jane Fonda in der Hauptrolle − entstanden in ihrer ersten Form bereits 1978. Gegründet wurde die Gruppe von John Taylor und Nick Rhodes in Birmingham. Aber es dauerte dann bis 1979, bis alle Mitglieder teils durch Anzeigen, teils durch Empfehlungen gefunden wurden: Andy Taylor (g/keyb), Simon le Bon, Nick Rhodes, John Taylor, Roger Taylor (dr) (die drei Taylors der Gruppe sind übrigens nicht miteinander verwandt). Birmingham war denn auch das erste Feld, auf dem Duran Duran Publikumswirksamkeit bewies. Im Nachtclub »Rumrunner« waren die fünf gutaussehenden und immer modisch top gekleideten jungen Männer bald das Tages- und auch Nachtgespräch. Kein Wunder, daß die Formation 1980 ohne große Mühen einen Plattenvertrag erhielt. Eine englische Kritikerin beschrieb den Sound der Gruppe so: »Stell dir einen gemischten Sound aus Chic, → David Bowie, Roxy Music und den Sex Pistols vor, genauso verwirrend ist die Musik von Duran Duran.« Die Debüt-Single *Planet Earth* (1981) konnte sich fünf Wochen in den Top 30 der britischen Charts behaupten, ähnlich erfolgreich war der Nachfolger *Careless memories*. Die dritte Single, *Girls on film,* mit dem dazugehörigen Video von → Kevin Godley und → Lol Creme, wurde unter die zehn besten Tanznummern des Jahres 1981 gewählt. Das im gleichen Jahr erschienene Debüt-Album *Duran Duran* erreichte den 2. Platz in den LP-Charts. 1982 gab's dafür Gold in England, Japan, Neuseeland, Schweden und Portugal, Platin in Australien. Aus den Newcomern war eine handfeste Band geworden, der das meist sehr jugendliche Publikum mit Begeisterung Teddybären auf die Bühne warf. Auch auf dem zweiten Album, *Rio* (1982), gab es wieder die gekonnte Duran-Mischung aus Pop, Disco, Funk und Elektronik, mit eingängigen Refrains zum schnellen Merken und Mitsingen. Von April bis Dezember 1982 machten sie ihre erste Welttournee, die Singles *Hungry like a wolf* und *Rio* liefen phantastisch, und die dritte Single aus dem Rio-Album, der an beste → Beatles-Zeiten erinnernde Song *Is there something I should know*, brachte ihnen 1983 den ersten Nr.-1-Erfolg in England. Ebenfalls 1983 erschien dann die dritte LP, *Seven and the ragged tiger,* und gleichzeitig traten die inzwischen weltweit berühmten fünf aus Birmingham ihre zweite Welt-Tournee an, bei deren Abschluß sie im Dezember 1983 immerhin fünfmal die Wembley-Arena füllten. Ende 1983 kam die nächste Single, *The reflex*, auf den Markt, die ihnen die begehrte 1. Position bescherte, und zwar in den USA, England, Belgien und Holland. Sie brachte ihnen auch in Deutschland den großen Durchbruch. 1984 wurde die LP Nr. 4, *Arena recorded around the world*, sozusagen eine »Best-of«-Mischung aus Live-/Studio-Aufnahmen, wieder ein hervorragender Verkaufserfolg. 1985 wurde den fünfen eine große Ehre zuteil, sie durften den Titelsong für den James-Bond-Film *A view to a kill* schreiben. Selbstverständlich schoß die Single kurz nach ihrem Erscheinen in allen Charts nach oben. In Amerika war der Song zwei Wochen lang die Nr. 1 der Hot 100. Ende 1985 heiratete der schöne Simon Le Bon, der übrigens der Lieblingssänger von Lady Di war, das 21jährige Fotomodell Yasmin Parvaneh aus dem Iran. Aber zu diesem Zeitpunkt fing es bereits im Duran-Gebälk zu krachen an. Die Mitglieder widmeten sich lieber diversen anderen Aktivitäten als der eigenen Gruppe. So kochten z. B. Simon Le Bon, Nick Rhodes und Roger Taylor unter dem Namen Arcadia ein eigenes Süppchen. Mit dem Song *Election day* hatte Arcadia 1985/86 einen Top-10-Hit in Amerika. Die Erzählerin auf der Platte ist übrigens niemand anderer als → Grace Jones. Bereits Anfang 1985 waren John und Andy Taylor »fremdgegangen«. Zusammen mit Bernard Edwards und Tony Thompson von Chic und → Robert Palmer hatten sie das Quintett → Power Station auf die Beine gestellt, das mit *Some like it hot* und *Get it*

on (einem Remake des ehemaligen T.Rex-Hits aus dem Jahr 1972) zwei amerikanische Top-10-Hits hatte. 1986 betätigte sich Andy Taylor auch als Solist. Mit dem Song *Take it easy* aus dem Film *American anthem* kam er im Sommer 1986 bis auf Platz 24 in den Hot 100. Es überraschte deshalb niemand, als Andy Taylor und Roger Taylor 1986 verkündeten, daß sie die Gruppe verlassen würden, und zwar für immer. Damit schien das Ende für Duran Duran gekommen zu sein. Aber Simon Le Bon, John Taylor und Nick Rhodes spuckten kräftig in die Hände und veröffentlichten Ende 1986 das neue Duran-Album *Notorious*, eine sehr erfolgreiche, rhythmische und rockige Tanzplatte. Allein in Amerika verkaufte sich das Album über eine Million Mal. Die gleichnamige Single wurde ebenfalls ein Hit. Bei den Plattenaufnahmen trommelte als Ersatz für Roger Taylor der Schlagzeuger Steve Ferrone.

Dann herrschten fast zwei Jahre Stillschweigen bei Durans. Erst 1988 kehrten Simon Le Bon, John Taylor und Nick Rhodes auf Trio-Stärke geschrumpft zurück und lieferten mit dem Album *Big thing* und den Singles *I don't want your love* und *All she want is* wieder gefragtes Hitparaden-Material ab. 1989 feierte die Band ihr 10jähriges Bestehen mit der LP *Decade,* die von *Planet Earth* bis *I don't wand your love* praktisch alle Hits enthielt. 1990 holten sich Le Bon, Taylor und Rhodes als weitere feste Mitglieder von Duran Duran den Gitarristen Warren Cuccurullo und den Schlagzeuger Sterling Campbell. In dieser Besetzung spielten sie die LP *Liberty* ein, die mit dem freundlich-brutalen Popsong *Violence of summer* einen ersten Single-Hit enthielt.

Bob Dylan

Robert allen Zimmermann, geb. 24. 5. 1941 in Duluth/Minnesota/USA

Er kann eigentlich nicht singen und ist nur ein mittelmäßiger Gitarren- und Mundharmonikaspieler. Er war nie das, was man einen gepflegten Mann nennen könnte, sein ehemals recht attraktives Gesicht ist heute aufgeschwemmt, die früher schlanke Figur dicklich geworden. Aber er hat mit seinen selbstgeschriebenen Liedern eine ganze Generation nachhaltig beeinflußt. Zur Entwicklung der Rockmusik in den 60er Jahren hat er mit seinen Songs mindestens ebensoviel beigetragen wie die → Beatles. Seine hervorragenden, aggressiven, aber auch subtilen Texte erweckten in der jungen Generation der 60er Jahre ein Bewußtsein für politische und soziale Mißstände und für Selbstkritik. Dieser geniale Songwriter fing mit zwölf Jahren an Gitarre zu spielen und gründete nach und nach diverse Bands. 1959 folgte ein kurzer Abstecher auf die Universität von Minnesota, und 1961 tauchte Robert Zimmerman als Alleinunterhalter in den Straßencafes des New Yorker Künstlerviertels Greenwich Village auf. Der junge Mann mit der quäkenden, näselnden Sing-Sang-Stimme und der recht unkonventionellen Gitarrentechnik fiel dem Produzenten John Hammond auf. Der verschaffte ihm 1962 einen Plattenvertrag, und im gleichen Jahr erschien auch sein Debüt-Album *Bob Dylan*. Diesen Künstlernamen hatte sich Robert Zimmerman inzwischen aus Verehrung für den an Trunksucht gestorbenen walisischen Lyriker Dylan Thomas zugelegt. Das Album war eine ungewöhnliche Mischung aus authentisch dargebotenen Traditionals und eigenen Songs, untermalt von Dylans rauhem, fast hölzernem Gitarrespiel. Die eigenen Songs waren *Talkin' New York* und *Song for Woody*, ein Lied für Woody Guthrie, den Vater der Folksongs, den Bob Dylan ebenfalls sehr verehrte. 1963 erschien seine zweite LP, *The freewheelin' Bob Dylan*, die ihn von heute auf morgen zum Führer der amerikanischen Folk-Protestbewegung machte. Songs wie *A hard rain's a gonna fall*, *Blowin' in the wind* und *Masters of war* rissen schlagartig die Teens und Twens von damals aus einem ruhigen Dorn-

Bob Dylan Foto: CBS

röschenschlaf. Was ihnen schon immer nicht gepaßt hatte, was sie aber nie richtig formulieren konnten – Bob Dylan fand die richtigen Worte dafür. Auch das Album Nr. 3, *The times they are a' changin'*, war ebenfalls sehr erfolgreich; der Titelsong kam diesmal auch in England unter die Top 10. Mit der vierten LP, *Another side of Bob Dylan* (1964), hatte er dann endgültig seinen ganz persönlichen Stil gefunden: zynische Songs über Politik, soziale Mißverhältnisse und Umwelt, bittersüße Liebeslieder. Er war ein ganz hervorragender Lyriker geworden. Die Hits dieser LP hießen *Subterranean homesick blues*, *Maggie's farm* und *It's allright Ma*. 1965 kam *Bringing it all back home*, ein Album, bei dem Bob Dylan erstmals eine feste Band hatte, zu der u. a. AL KOOPER und PAUL BUTTERFIELD gehörten. Auf diesem Album befand sich auch *Mr. Tambourine man*, ein Song von Dylan, der, ebenfalls 1965, für die BYRDS ein Millionenerfolg und ein Nr.-1-Hit wurde. Noch zwei bedeutsame Ereignisse gab es 1965: zum einen trat Bob Dylan stürmisch umjubelt beim Folk Festival in Newport auf, ließ sich dort von der BUTTERFIELD BLUES BAND begleiten – und benutzte erstmals eine elektrische Gitarre! Damit war für ganze Legionen von Folkinterpreten das Aufbruchsignal vom Folk zum Rock gegeben worden. Zum anderen brachte er Ende des Jahres das Album *Highway 61 revisited* heraus. Es wurde eine seiner besten LPs überhaupt und enthielt, außer dem Titelsong, so wichtige Lieder wie *Like a rolling stone* und *Ballad of this man*. Mit der Verwendung einer elektrischen Gitarre hatte der inzwischen verheiratete und fünffache Familienvater Bob Dylan die Folk-Puristen der ganzen Welt in tiefstes Entsetzen

gestürzt. 1966 versetzte er ihnen mit seinem Doppel-Album *Blonde on blonde* den nächsten Schock – Bob Dylan wandelte fröhlich auf Country-Spuren und schuf mit *Memphis Blues again* und *Just like a woman* abermals zwei internationale Klassiker. Dann folgte plötzlich eine lange Pause. Angeblich hatte Bob Dylan einen schweren Motorradunfall gehabt, von dem er sich lange nicht erholte. Doch es gab und gibt immer noch viele, die an dieser Geschichte zweifeln, denn Bob Dylan hatte ja bereits zu Beginn seiner Karriere einige ziemlich wüste Geschichten über seine Kindheit und Jugend erfunden, die sich nachher als unwahr herausgestellt hatten. In dieser Zeit, von 1966 bis 1968, kam nur einmal ein Lebenszeichen von Bob Dylan. Im Keller seines Hauses nahm er die *Basement Tapes* auf, die zwar erst 1975 offiziell veröffentlicht wurden, damals aber bereits in Form von Raubpressungen zirkulierten. Diese *Basement Tapes* enthielten auch die Originale von *The mighty Quinn*, das 1968 für MANFRED MANN ein Nr.-1-Hit wurde, und von *This wheel's on fire*, das ebenfalls 1968 für JULIE DRISCOLL, BRIAN AUGER & THE TRINITY ein Hit wurde. 1968 erschien die nächste LP von Bob Dylan, *John Wesley Hardin*, auf der er eine Wendung zum Religiös-Philosophischen zeigte. Der Titel *All along the watchtower* wurde Ende 1968 für → JIMI HENDRIX ein Hit. Das 69er Album *Nashville skyline* war, wie der Titel schon vermuten läßt, ein Country-Album mit dem Single-Hit *Lay lady lay* und dem wunderschönen Liebeslied *Tonight I'll be staying here with you*. Das soziale und politische Engagement des Bob Dylan war jedoch auf diesem Album schon ganz in den Hintergrund gerückt. Denn »the times, they are a'changin'« – die Zeiten änderten sich. Die Protestbewegungen von 1967/68 waren vorbei, die Jugendlichen warfen nicht mehr hilflos-wütend Steine, sondern zogen sich resignierend in sich selbst zurück. So nahm es nicht wunder, daß Bob Dylan, der schon immer ein faszinierendes Gespür für die Entwicklungen gehabt hatte, 1970 ein ziemlich absurdes Album herausbrachte, die Doppel-LP *Self portrait.* Darauf sang er seine Versionen von zeitgenössischen Schlagern von GORDON LIGHTFOOT, → PAUL SIMON, den EVERLY BROTHERS und schreckte auch vor einer Interpretation der Edelschnulze *Blue Moon* nicht zurück. Weltweiter Hohn und Spott waren die Folge, und im Zuge dessen ging das zweite Album 1970, *New morning,* ziemlich unter – leider, denn es war wieder ein sehr kreatives und persönliches Album. Der Song *If not for you* daraus wurde 1971 ein Hit für OLIVIA NEWTON-JOHN. 1970 erhielt Bob Dylan von der Princeton Universität die Ehrendoktorwürde. Doch die zunehmende Kritik an seinen Liedern, die überdiemensionale Erwartungshaltung, die seinen Veröffentlichungen entgegengebracht wurde, zermürbten Bob Dylan mehr und mehr, und so zog er sich 1970 abermals ganz ins Privatleben zurück – diesmal für drei Jahre. Er veröffentlichte in dieser Zeit nur zwei Singles, *Watching the river flow* und *George Jackson*, und steuerte seinen Teil für das Album *Concert for Bangla Desh* bei. Während dieser Pause drehte Bob Dylan 1972 seinen ersten Spielfilm. In dem Streifen *Pat Garrett and Billy The Kid*, zu dem er den Soundtrack beisteuerte, spielte er neben JAMES COBURN und KRIS KRISTOFFERSON. Aber auch danach erschienen erstmal keine weiteren Meisterwerke von Bob Dylan.

Die LPs *Dylan* (1973) und *Planet waves* (1974) – auf letztere wurde er von THE BAND begleitet – waren zwar gut, aber keinesfalls außergewöhnlich. Auch das zweite Album 1974, die Doppel-Live-LP *Before the flood,* brachte auf drei Seiten lediglich die Live-Versionen von alten Dylan-Songs, die vierte Seite wurde von THE BAND eingespielt. Dennoch wurde Dylans 74er Tournee, die erste, die er nach acht Jahren unternahm, zu einem gewaltigen Erfolgsspektakel. Mit THE BAND absolvierte er 40 Auftritte in 21 Städten. Die Karten für die Konzerte konnten nur schriftlich vorbestellt werden. Die Reihenfolge wurde nach Poststempel ausgelost. Für die 658 000 vorhandenen Plätze kamen mehr als fünf Millionen Bestellungen. Auf dem Schwarzmarkt wurden die Tickets mit $ 100 gehandelt. Daß er auch als kreativer Künstler noch lange nicht zum alten Eisen gehörte, bewies Bob Dylan dann abermals 1975 mit der LP *Blood on the tracks*. Da war wieder der »alte« Dylan zu hören, mit zynischen, bitterbösen Texten über Politik und soziale Mißstände. Auch die nun endlich veröffentlichten *Basement tapes* trugen viel zu seinem wiedergewonnenen Image bei. Die nächste LP 1976, *Desire,* enthielt den bewegenden Song *Hurricane,* eine authentische Geschichte über den Boxer RUBEN CARTER, und wurde mit Platin ausgezeichnet. Die Country-Sängerin EMMYLOU HARRIS begleitete ihn auf dieser LP. Doch dann glitt Bob Dylan wieder ab. Die 79er LP *Street legal* zeigte einen poporientierten, uninteressanten Songwriter; der 4-Stunden-Film *Renaldo & Clara,* für den Dylan nicht nur das Drehbuch geschrieben, Regie geführt, die Musik geschrieben, sondern auch die Hauptrolle gespielt hatte, rief meist nur

Kopfschütteln hervor. Das Live-Album *At Budokan* brachte wieder nur neue Versionen von alten Titeln. Für die LP *Slow train coming* holte sich Bob Dylan zwar mit dem Gitarristen MARK KNOPFLER und dem → DIRE-STRAITS-Trommler PICK WITHERS zwei hervorragende Begleitmusiker, aber das konnte die nebulös-religiösen Botschaften auch nicht verständlicher machen. Religion war auch das Thema der LP *Saved* (1980) − der Jude Bob Dylan war zum Christentum bekehrt worden. Musikalisch drückte er das mit einer wilden Mischung aus Blues und Gospel und etwas Folk und Rock aus. Das Ergebnis war weder originell noch interessant. Mit schöner Regelmäßigkeit veröffentlicht Bob Dylan immer noch Alben, mit denen er allerdings vorerst nicht an die alten Erfolge anknüpfen kann. 1986 war er z. B. mit der LP *Knocked out loaded* einige Wochen in den US-LP-Charts vertreten. 1987 wagte er sich wieder einmal auf eine Welt-Tournee. Aber die Auftritte des aufgeschwemmten und lustlos und unkonzentriert wirkenden Künstlers waren kein Vergnügen. Trotzdem konnte sich das 88er Album *Down in the groove* in der deutschen LP-Hitparade plazieren.

1989 schien sich Dylan wieder gefangen zu haben. Mit *Dylan & The Dead* nahm er ein hörenswertes Album mit den Alt-Rockern → GRATEFUL DEAD auf; mit *Oh Mercy* veröffentlichte er ein ebenso gelungenes Solo-Album. 1988 hatte er sich den → TRAVELING WILBURYS angeschlossen und mit dieser Starformation 1989 das erste Album *Traveling Wilburys Vol. I* veröffentlicht, dem 1990 *Vol. III* folgte. Ebenfalls 1990 veröffentlichte Dylan die Solo-LP *Under the red sky*, bei deren Produktion er von anderen Superstars wie DAVID CROSBY, → GEORGE HARRISON, → BRUCE HORNSBY und → ELTON JOHN unterstützt wurde.

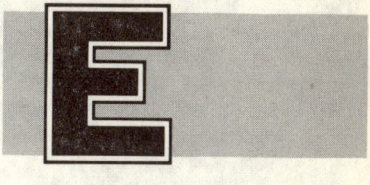

Electric Light Orchestra

JEFF LYNNE, geb. 30. 12. 1947 in Birmingham/England: voc/g; RICHARD TANDY, geb. 26. 3. 1948 in Birmingham/England: b/keyb; BEV BEVAN, geb. 25. 11. 1946 in Birmingham/England: dr; KELLY GROUCUTT, geb. 8. 9. 1945 in Loseley/England: g; HUGH McDOWELL, geb. 31. 7. 1953 in London/England: cello; MIK KAMINSKI, geb. 2. 9. 1951 in Yorkshire/England: vi/cello; CHELOYNE GALE, geb. 15. 1. 1952 in London/England: cello

Kopf und Oberhaupt von ELO, also Komponist, Texter, Arrangeur, Produzent und Sänger, ist Jeff Lynne, der lockenköpfige, bebrillte Musiker mit den schier unerschöpflichen Ohrwurm-Einfällen aus Birmingham in England. Zunächst spielte Jeff Lynne in einer lokalen Band namens THE NIGHTRIDERS, aus der anschließend die Fast-Underground-Band THE IDLE RACE hervorging. ROY

Electric Light Orchestra   Foto: CBS

WOOD von der englischen Hit-Formation THE MOVE (*Night of fear, I can here the grass grow, Flowers in the rain, Fire brigade* etc.) ließ Jeff Lynne bei zwei Auftritten der Band mitspielen und forderte ihn anschließend, 1971, auf, der Gruppe beizutreten. The Move, eine der skandalträchtigsten und erfolgreichsten englischen Gruppe Ende der 60er Jahre, zeigte damals schon Auflösungserscheinungen und bestand nur noch aus Roy Wood, Bev Bevan und eben Jeff Lynne. Aber Roy Wood, Kopf und Schreiber von The Move, hatte damals bereits anderes im Sinn. Er wollte aus der Hitparaden-Band eine ernstzunehmende, orchestrale Rock-Formation machen. Deswegen war auch Jeff Lynne gekommen, er wußte von Woods Plänen und war

von der Thematik fasziniert. Wood und Lynne wollten mit dem Electric Light Orchestra da weitermachen, wo die → BEATLES mit *Strawberry fields forever* aufgehört hatten. Also holte sie den Keyboarder Richard Tandy, den Gitarristen Kelly Groucutt und fügten noch eine Geige und drei Celli dazu − und fertig war eine experimentelle und teilweise recht schräg klingende Mischung aus Klassik und Rock. Was da auf dem Debüt-Album *The Electric Light Orchestra* (1972) zu hören war, war gewiß nicht jedermanns Geschmack, aber mit der Single *10 358 overture* gab's zumindest einen Single-Hit daraus. Für Roy Wood war diese Festlegung auf Klassik-Rock schon wieder zu einengend, und so verließ er wenige Monate nach Fertigstellung der ersten LP die Gruppe, um eine neue Band namens WIZZARD zu gründen. Damit hatte Jeff Lynne freie Bahn für seine Ideen. Er holte sich kurzentschlossen drei ehemalige Musiker des LONDONER SYMPHONIE-ORCHESTERS und spielte 1973 das Album *ELO II* ein. Die Meisterleistung dieser LP war die orchestrale Umsetzung des → CHUCK BERRY-Hits *Roll over Beethoven*. Lynne ließ Beethoven wirklich »überrollen«: er begann das Stück mit Beethovens fünfter Symphonie in großer Besetzung und ließ das Ganze äußerst geschickt in den fetzigen Chuck-Berry-Titel münden. Der Song wurde weltweit ein Hit. Von da an ging es die nächsten zehn Jahre Schlag auf Schlag weiter. Jeff Lynne lehnte sich mit großem Fingerspitzengefühl an klassische Themen an, ohne sie jedoch einfach zu kopieren, und mischte das Ganze so raffiniert mit kraftvollen Rock-Tönen, daß ein ganz eigenständiger Sound entstand: hervorragend ausgetüftelte Arrangements für Streichergruppe und Rock-Band, dazu Lynnes immer etwas näselnd klingende Stimme, die stets aus dem Hintergrund zu kommen schien und doch in ihrer Wirkung präsent war. *The third day* hieß 1973 das erste Konzept-Album, der Single-Hit daraus war das fast »schwarz« klingende *Showdown*. Ein absolutes Meisterwerk in Sachen Verschmelzung von Rock und Klassik war dann 1974 die Konzept-LP *Eldorado*. Es wurde das erste Gold-Album von ELO und hatte mit dem Lied *Can't get you out of my head*, einer ruhigen, traurigen Ballade mit versponnenem Text, wiederum einen internationalen Single-Hit. Die LP *Face the music* (1975) brachte die Bestseller *Evil woman* und *Strange magic*, das Album *A new world record* die Super-Songs *Li-

vin' thing* und *Telephone line*. Das Doppel-Album *Out of the blue* (1977) verkaufte sich weltweit zehnmillionenmal. *Turn to stone, Wild west Hero* und *Sweet talkin' woman* hießen die Single-Hits daraus. Nach anfänglichen Schwierigkeiten war es Jeff Lynne und seinen Mannen von ELO inzwischen gelungen, den Sound auch originalgetreu auf der Bühne live zu produzieren. Von Anfang an legte die Formation großen Wert auf die Bühnendekoration. Ihre Konzerte glichen immer mehr poppigen Volksfesten, bei denen eine geradezu faschingsmäßige Stimmung herrschte. Für die *Out-of-the-Blue*-Tournee ließen sie sich eine gigantische fliegende Untertasse einfallen, die über den Musikern schwebte und durch zahllose Laser- und Lichteffekte erleuchtet wurde. Mit der achten LP *Discovery* (1979) änderte sich merklich der Sound von ELO. Jeff Lynne mixte weniger Klassik dafür aber mehr Rock und Rhythmus zusammen. Das Publikum ging begeistert mit und machte aus den Songs wie *The diary of Horace Wimp, Don't bring me down, Last train to London, Confusion* und *Shine a little love* Superseller. Für die dazugehörige Tour dachte sich ELO wieder einen Gag aus: Auf einer überdimensionalen Digitaluhr lief sekundengenau der »Countdown« für die Show ab, und ein fröhlich blitzender und blinkender Roboter rollte zur Begeisterung der Zuschauer auf die Bühne. Zu diesem Zeitpunkt gehörte ELO bereits zu den Bands, die ohne besondere Mühe jedes Album über fünfmillionenmal über den Ladentisch brachten. Zu diesem Zeitpunkt begann Jeff Lynne auch mit anderen Tätigkeiten, so schrieb er z. B. Songs für den Film *Xanadu*. Der Titelsong, den ELO zusammen mit OLIVIA NEWTON-JOHN aufnahm, war im Sommer 1980 ein Millionenerfolg. Der nächste Super-Knüller von ELO kam 1981 mit dem Album *Time*. Da war nichts mehr von Klassik zu hören, statt dessen arbeitete Jeff Lynne auf ganz vorzügliche Weise musikalisch die 60er Jahre auf. 1983 erschien dann die LP *Secret messages* mit dem Single-Hit *Rock'n'Roll is King*. Dann löste sich die Gruppe plötzlich sang- und klanglos auf, und Jeff Lynne wandte sich neuen Aufgaben zu. Er schrieb und produzierte für sich und andere, natürlich ebenso erfolgreich wie zu ELO-Zeiten. So stammt z. B. von ihm ein Großteil des Soundtracks für den Film *Electric dreams*. Doch 1985 formierte Jeff Lynne ELO aufs neue und landete mit den Singles *Calling America* und *So serious* und dem dazugehörigen Album *Balance of power* abermals einen Bestseller. 1987 machte Jeff Lynne wieder von sich reden, als er nämlich das → George-Harrison-Comeback-Album *Cloud 9* produzierte.

Doch 1989 schien das Comeback schon wieder beendet zu sein. Jeff Lynne veröffentlichte mit *Message from the country* ein Solo-Album, dem 1990 mit *Armchair theatre* ein zweites folgte. Sound: entschlackter ELO-Sound, straffer, rokkiger ohne den ganz großen Bombast. 1988 hatte er sich den → Traveling Wilburys angeschlossen und mit dieser Starformation 1989 das erste Album *Traveling Wilburys Vol. I* veröffentlicht.

Engelbert (Humperdinck)

Arnold George Dorsey, geb. 2. 5. 1936 in Madras/Indien

Groß, schlank, dunkelhaarig, grünäugig – so faszinierte Engelbert 1967 erstmals sein (meist weibliches) Publikum. Doch der Weg bis dahin war lang und beschwerlich gewesen. Arnold George verlebte seine Kindheit in Indien, wo sein Vater als Ingenieur arbeitete. Er hat zwei Brüder und sieben Schwestern. 1947, als »Gerry«, wie er mit Kosenamen genannt wurde, 11 Jahre alt war, ging die Familie nach England zurück und bezog ein Haus in Leicester. Gerry war schon damals musikbegeistert, tagsüber ging er brav zur Schule, aber nachts brachte er sich Klavier und Saxophon spielen bei. Diese Musikbesessenheit hielt auch nach der Schulzeit noch an. Eine Ingenieurs-Ausbildung konnte ihn nur kurze Zeit fesseln, dann fing er in Clubs zu singen an. Anschließend leistete er seinen Wehrdienst in der Army, und nach seiner Entlassung, 1956, betätigte er sich wieder als Sänger in Arbeiterkneipen. Als er Urlaub auf der Isle of Man machte, nahm er an einem Gesangswettbewerb teil und gewann ihn. Daraufhin nahm ihn ein Londoner Agent unter seine Fittiche und verschaffte ihm in London einen Plattenvertrag. Seine erste Single kam 1958 heraus und hieß *Mister music man*. Er ging auf die Ochsentour durch die Dörfer – aber der große Erfolg ließ auf sich warten. 1963 war Gerry ziemlich verzweifelt: Er hatte keinen Plattenvertrag

Engelbert Foto: Ariola

mehr, er konnte seine Miete für seine Wohnung in Paddington kaum mehr bezahlen, dann wurde er auch noch krank, mußte sechs Monate im Krankenhaus liegen und brauchte anschließend nochmal sechs Monate, bis er sich wieder ganz erholt hatte. Und außerdem hatte er geheiratet. »1963/64 – das waren meine Hungerjahre« sagte er selbst über diese Zeit. Das Blatt wendete sich 1965. Da traf er nämlich GORDON MILLS wieder, einen Freund von früher, der gerade Manager von TOM JONES geworden war. Gordon Mills hörte sich Gerry an, beschloß ihn zu managen und änderte als erstes seinen Namen in Engelbert Humperdinck, nach dem berühmten deutschen Komponisten des 19. Jahrhunderts, der wohl am bekanntesten für sei-

ne Oper *Hänsel und Gretel* sein dürfte. Mills verschaffte ihm auch einen neuen Plattenvertrag. *Stay* hieß seine nächste Single. 1966 durfte er am Schlager-Festival in Knokke teilnehmen, und mit seinem Lied *Dommage dommage* hatte er einen ersten Erfolg: In Europa verkaufte Engelbert über 100 000 Stück davon. Von da an gings bergauf. Genau am 13. Januar 1967 wurde seine nächste Single veröffentlicht: *Release me*, eine Country-Nummer, die bereits 1954 für den Country-Sänger RAY PRICE ein Superseller gewesen war. Kurz nach der Veröffentlichung sprang Engelbert bei der englischen TV-Show *Sunday Night at the Palladium* für den erkrankten DICKY VALENTINE ein, sang sein *Release me* – und am nächsten Tag konnten sich die

englischen Plattenläden vor lauter An-
fragen nach dem Song kaum mehr retten. *Release me* wurde innerhalb kürzester Zeit Nr. 1 in UK und hielt diese
Position für sechs Wochen, in USA kam
der Song bis auf den 4. Platz der Hot
100. Weltweit wurde die Platte über
fünfmillionenmal verkauft. Aber das
war erst der Anfang. 1967 veröffentlichte Engelbert Humperdinck, alias Arnold
Dorsey, noch drei Millionenseller: *There
goes my everything, The last waltz* und
die LP *Release me*. Bis 1970 wurde praktisch jede Veröffentlichung des Sängers
mit der warmen, zärtlichen, aber voluminösen Stimme ein Hit: 1968 *Am I that
easy to forget, A man without love, Les
bicyclettes de Belsize*; 1969 *The way it
used to be, Winter world of love;* 1970
Sweetheart. Dann wurde es langsam stiller um den hervorragenden Entertainer,
der auch auf der Bühne sein Publikum
jedesmal mitriß. Songs wie *Another time, another place* (1971), *Too beautiful
to last* (1972) und *Love is all* (1973)
erreichten nur mehr untere Plätze der
Hitparaden. Dafür konzentrierte sich
Engelbert jetzt mehr auf seine Auftritte
und wurde bald ein führender Nacht-
club-Star, der in Vergnügungszentren
wie Las Vegas mühelos wochenlang die
Häuser ausverkaufte. Zudem bekam er
sogar eine eigene Fernseh-Show. 1976
gelang ihm in Amerika, wo er sich inzwischen den größten Teil des Jahres auf-
hielt, wieder ein Millionenseller: *After
the loving*. 1986 trat der Top-Entertainer
an den erfolgreichen deutschen Produzenten JACK WHITE (→ LAURA BRANIGAN,
AUDREY LANDERS, → PAUL ANKA) wegen
einer neuen LP-Produktion heran. Jack
White hatte die Idee, ein paar neue
Songs und Engelberts alte Erfolge in
neuem, aktuellen Sound-Gewand aufzu-

nehmen. Engelbert war einverstanden,
und das Album *Träumen mit Engelbert*
entstand — und wurde ein Bomben-Er-
folg für den ehemaligen Welt-Star. Die
LP wurde Nr. 1 in der deutschen LP-
Hitparade, verkaufte sich über
800 000mal und wurde mit Platin ausgezeichnet. Damit hatte der »King of Romance« in Deutschland ein glanzvolles
Comeback. Die anschließende Tournee,
die den Weltstar 1987, nach 14 Jahren
Tour-Abstinenz, durch Deutschland
führte, wurde überall mit begeistertem
Beifall und ausverkauften Häusern gefeiert. Angespornt von diesem grandiosen Erfolg, kam 1987/88 gleich noch eine
Engelbert LP unter der Regie von Jack
White heraus: *Remember — I love you*.
Das Konzept war das gleiche: ehemalige
Superseller wie *Are you lonesome tonight, I can't stop loving you* und *To all
the girls I've loved before* in zeitgemäßem Sound, dazu ein paar neue Songs
wie *On the wings of a silver bird* und
Under the man in the moon. Das Rezept
schlug abermals ein — bereits Mitte Februar 1988 hatte sich das Album über
400 000mal verkauft und war mit Gold
ausgezeichnet worden.
1989 wechselte Engelbert sein Team. Er
verließ Jack White und begab sich in die
geschickten Hände des Hitmachers DIE-
TER BOHLEN (→ BLUE SYSTEM, → MODERN
TALKING, → C. C. CATCH). Gleich die erste Single *Red roses for my ladi,* gechrie-
ben und produziert von Bohlen, ging in
die deutsche Hitparade. Das 89er Album *Engelbert — Ich denk an Dich — Ein
Abend voller Zärtlichkeit* wurde ebenfalls ein Bestseller. Es enthielt neben
neuen Bohlen-Songs wie dem Weihnachtslied *Star of Bethlehem* oder dem
softigen *Only a lonely child*, auch Engel-
bert-Klassiker wie *A man without love*

und Eigenkompositionen von Engelbert.

1990 war der unverwüstliche Interpret mit der LP *Zärtlichkeiten* in der deutschen Hitparade zu finden.

Erasure

Vince Clarke, geb. 3. 7. 1960 in England: keyb; Andy Bell, geb. 25. 4. 1963 in England: voc

Nachdem Vince Clarke Ende 1981 → Depeche Mode verlassen hatte, zog er sich zunächst einmal ins stille Kämmerlein zurück, um dann 1982 seine neue Formation zu präsentieren, das Duo → Yazoo, zu dem er sich die Sängerin → Alison Moyet geholt hatte. Die Hits des Duos sind heute schon Klassiker: 1982 *Only you* (erfolgreich gecovert von den Flying Picketts), *Don't go, The other side of love;* 1983 *Nobody's diary.* Dazu kamen die wirklich hinreißenden LPs *Upstairs at Eric's* und *You and me both.* Daß war's dann auch schon. 1983 trennte sich Alison Moyet von Vince Clarke, dem schmalen, ernsten Jüngling, der bei Interviews nur den Mund aufmacht, wenn's um schnelle Autos geht. Ab 1984 wandelte Alison Moyet auf Solopfaden und startete eine eigene Karriere. Das nächste Kapitel in Vince Clarkes Pop-Geschichte hieß dann The Assembly, zu der sich Clarke den ehemaligen Untertones-Sänger → Feargal Sharkey holte. Einziges Produkt von The Assembly 1983: der Top-Seller *Never, never, never.* Dann legte Vince Clarke wieder eine längere Ruhepause ein, in der er

sich dem Ausbau seines Studios widmete, und trat dann im Juni 1985 mit seinem neuesten Projekt ans Licht der Öffentlichkeit: Vince Clarke & Paul Quinn. Paul Quinn war ehemals Sänger der Londoner Avantgarde-Band Boulgie Boulgie. *One day* hieß die erste und einzige Single der beiden. Aber auch das schien nicht das Richtige für den leidenschaftlichen Drachenflieger Clarke zu sein. Noch 1985 suchte er per Zeitungs-Annonce einen neuen Partner – und es meldete sich, zusammen mit 80 anderen höchst interessierten Bewerbern, Andy Bell, der Jüngling aus dem Nichts, der außer viel Optimismus und einer vorzüglichen »schwarzen« Stimme keinerlei Meriten mitbrachte. Damit war Erasure geboren, mit der die Vince Clarke offensichtlich seine Vergangenheit auslöschen wollte. Denn »Erasure« heißt auskratzen, ausradieren, auslöschen. Die Musik des Duos, federleichter Elektronik-Pop-Sound mit viel Gefühl für Andys eindrucksvolle Stimme (die übrigens stark an Alison Moyet erinnert), war von Anfang an erfolgreich. Anfang 1987 waren die beiden gleichzeitig mit drei Singles in der deutschen Hitparade vertreten: *Oh l'amour, Sometimes* und *It doesn't have to be. Wonderland,* das Debüt-Album von Erasure 1987, war in England und auf dem Kontinent ein Hit. Den Siegeszug durch die internationalen Hitparaden setzte Erasure fort mit den Singles *Victim of love* und *The circus,* und der 2. LP namens *The circus,* die ebenfalls 1987 veröffentlicht wurde. Der 88er-Hit von Erasure hieß *Ship of fools,* anschließend erschien das dritte Album *The innocents.* Auch die nächste Single *Chains of love* stieg sofort in die deutschen Top 75 ein.

Ende 1989 spielten Clarke und Bell das

vierte Erasure-Album ein, die LP *Wild*. Es ist wieder eine Ansammlung von teils sanft melodiösen und teils recht furiosen Tanz-Stücken, die sofort ins Ohr und in die Beine gehen. *Drama!, You surround me* und *Blue savanna* hießen die erfolgreichen Singles daraus, die 1989/90 die britischen und europäischen Charts stürmten. Die Musik dieser LP fand übrigens auch im Land der aufgehenden Sonne Freunde: Drei Songs des Albums wurden in einem japanischen Film über Kamikaze-Flieger verwendet.

Erste Allgemeine Verunsicherung

KLAUS EBERHARTINGER, geb. 12. 6. 1950 in Österreich: voc; THOMAS SPITZER, geb. 6. 4. 1953 in Österreich: g; NINO HOLM, geb. 22. 12. 1950 in Göteborg/Schweden: keyb; ANDERS STENMO, geb. 14. 2. 1956 in Schweden: dr; GÜNTER SCHÖNBERGER, geb. 8. 2. 1952 in Österreich: g; GERHARD »EIK« BREIT, geb. 14. 8. 1954 in Österreich: b; MARIO BOTTAZZI, geb. 10. 2. 1950 in England: g

»Nitroglyzerin in Mozartkugeln« (Popcorn), »Ironische Giftspiele aus Wien« (AZ München), »Die hohe Schule österreichischen Sprachwitzes« (Musik Szene) – so wird die siebenköpfige Formation EAV in der Presse beurteilt. Es fällt schwer, das, was die Gruppe macht, einzuordnen: Rock-Comedy, Musiktheater, Kabarett – oder doch in erster Linie bösartige, zynisch-süffisante Klamauk-Songs, die so treffend sind, daß einem manchmal das Lachen in der Kehle stek-

ken bleibt? Auf alle Fälle ist es eine Synthese aus bester Unterhaltung und gekonnter Persiflage. Begonnen hatte alles 1977. Da lernten sich Thomas Spitzer und Nino Holm auf der Wiener Kunstakademie kennen. Nino Holm wurde in Göteborg geboren und kam nach Österreich, als ihm sein Vater in einer Druckerei einen Job besorgte. Er schrieb sich an der Kunstakademie ein und machte, ebenso wie Thomas Spitzer, sein Diplom als Grafiker. Zuerst beschäftigten sich die beiden mit Comics, dann mit Rock-Comics, und daraus entstand die Idee für eine Theater-Revue. Sie lernten den österreichischen Rocksänger WILFRIED kennen (*Heidelbeeren*), der ihnen das musikalische Know-how zu vermitteln versuchte. Die drei gründeten zunächst im April 1977 die Gruppe ANTIPASTA. Dann stieß der nächste Schwede zur Gruppe, Anders Stenmo. Er besuchte die Filmhochschule, träumt noch heute davon, einen Spielfilm zu drehen, und wurde der Schlagzeuger. Mit ihm entstand erstmals das Konzept für die EAV. Der Sänger war in den ersten Jahren übrigens GÜNTER TIMISCHL (STS). Auch Günter Schönberger gehörte damals bereits lose zur Gruppe. Er wollte eigentlich Fußballer – Mittelstürmer – werden, entschloß sich aber nach seinem hervorragenden Abitur für das Studienfach Pädagogik, wurde Volksschullehrer und anschließend sogar Direktor. Er wurde zum Saxophonisten, später zum Hauptdarsteller der Mädchenrollen und Manager. Eik Breit wurde Bassist, weil »du siehst aus wie ein Bassist, also spielst du Baß«. Vervollständigt wurde das Septett schließlich noch im Laufe der Zeit durch Mario Bottazzi, den Engländer mit dem italienischen Namen, der in Hamburg

Erste Allgemeine Verunsicherung

lebt, und natürlich − ab 1983 − durch den Sänger Klaus Eberhartinger aus der Steiermark, der Psychologie studierte und heute so etwas wie das Aushängeschild der Formation ist. Der wichtigste Mann neben ihm ist Thomas Spitzer, der fast alle Texte schreibt, die Plattencover entwirft (Thomas ist heute einer der gefragtesten Werbegrafiker Österreichs), und sich, zusammen mit Nino, auch die Kostüme für die Bühnenauftritte ausdenkt. Im Mai 1978 hatte die Erste Allgemeine Verunsicherung Premiere im Schauspielhaus Wien, im Oktober erschien die 1. LP gleichen Namens. Es folgten im Winter 78/79 eine erste Tournee durch Österreich und einige Gastspiele in München. Im April 1978 hing Günter Schönberger seinen Lehrerjob

an den Nagel und stieg voll bei EAV ein, der Rest des Jahres ging mit Tourneen durch Deutschland und Österreich vorbei, bei denen sich EAV erste Belobigungen als hervorragendes Rock-Theater und Kabarett erspielte. 1980 nahm die Gruppe das 2. Album *Café passé* auf, ging wieder auf Tour und drehte die ersten Fernseh-Shows. 1981 wurde die zweite LP *Café passé* veröffentlicht, und EAV bekam dafür den »Deutschen Schallplattenpreis«, 1982 wurde die Formation mit dem »Berliner Wecker«, dem Preis für Kleinkunst ausgezeichnet, und brachte mit *Alpenpunk* und *Tanz, tanz, tanz (den Apokalypso)* die ersten beiden Singles heraus. EAV hatte also bis zu diesem Zeitpunkt etliche namhafte Preise und Kritiken errungen − aber kein Geld. »Natürlich wären wir ganz froh, wenn unser Schuldenberg mal ein bißchen schrumpft«, meinte Thomas Spitzer Anfang 1982. Aber das änderte sich dann 1983 schlagartig: die Singles *Tanz, tanz, tanz, Alpenrap* und *Afrika – ist der Massa gut bei Kassa* konnten sich in den österreichischen und teilweise auch in den deutschen Hitparaden plazieren. Im März 1983 stieg der Sänger Günter Timischl endgültig aus, und gründete mit seinen Freunden HELMUT »SCHIFFKOWITZ« RÖHRLING und GERD STEINBÄCKER sts. Das Trio hatte noch im gleichen Jahr einen Bestseller mit *Fürstenfeld*. Für ihn kam ebenso endgültig Klaus Eberhartinger. EAV veröffentlichte im Oktober 1983 die dritte LP *Spitalo Fatalo* und trat im November 83 bei der neunten Deutschland-Tournee erstmals als Septett auf. Und in diesem Jahr gab's auch bereits den ersten Eklat: Die Single *Afrika – ist der Massa gut bei Kassa*, in dem sehr zynisch über fettleibige Touristen gesungen wird, die sich an den aufgeblähten Hungerbäuchen der Eingeborenen stören, wurde wegen »Geschmacklosigkeit« von den Redakteuren der deutschen Rundfunkanstalten allgemein boykottiert. Das Jahr 1984 brachte dann die vierte LP *A la carte*, die im Februar 1985 den Preis der deutschen Schallplattenkritik erhielt. Und im September 1985 veröffentlichte EAV dann das Album, das den großen Durchbruch brachte: *Geld oder Leben*. Bereits im Januar 1986 waren sowohl die LP als auch die erste Single vom *Ba-Ba-Banküberfall* in der deutschen Hitparade zu finden – beide wurden ein Bestseller. Für die LP *Geld oder Leben* gab es Anfang 1988 sogar Platin aus Deutschland. Und auch das Lied vom Banküberfall bescherte den sieben von EAV wie-

der einmal »Ärger«: Im Sommer 1986 behauptete tatsächlich ein hoher Münchner Polizeibeamter, daß wegen dieses Songs die Anzahl der Banküberfälle zugenommen hätte! Bezeichnenderweise wurde die Herbst-Tournee von EAV in erster Linie von Banken und Sparkassen gesponsert! Im April 86 erschien die nächste Single, das Lied vom *Märchenprinz*, das sich ebenfalls innerhalb kürzester Zeit in den deutschen und österreichischen Charts nach oben katapultierte. Damit war das Album aber noch nicht ausgeschlachtet: Auch die dritte Single *Heiße Nächte in Palermo* verkaufte sich wieder hervorragend. Aber auch mit diesem Titel gab's in den Rundfunkanstalten Ärger: Das böse Lied über die Mafia-Praktiken sei »Europa-feindlich«. Damit hatte die Grazer Gruppe innerhalb eines Jahres vier Single-Hits und einen LP-Bestseller gehabt. Im August 86 wurde der Song vom Banküberfall sogar in Englisch als *Ba-Ba-Bankrobbery* veröffentlicht. Ebenso erfolgreich ging's auch im Jahr 1987 weiter: Die sechste EAV-LP *Liebe, Tod und Teufel* hatte bereits sechs Wochen nach Erscheinen die Gold-Grenze überschritten, die erste Single *Küss' die Hand schöne Frau* wurde ebenfalls mit Gold ausgezeichnet, und die zweite Single *Copacabana* war Anfang 1988 auch schon wieder in den Hitparaden auf dem Weg nach oben. Das waren auch die »harmlosesten« Titel der LP, denn ansonsten nahmen die sieben von EAV wieder überhaupt kein Blatt vor den Mund und schrieben mit tiefschwarzem Humor z. B. über Aids (*Liebe, Tod und Teufel*) oder über ein nach dem Reaktor-Unglück von Tschernobyl geborenes Kind (*Burli, Burli, Burli*). Diejenigen Fans, die schon befürchtet hatten, daß EAV durch den großen Erfolg »zahmer« geworden wäre, konnten also erleichtert aufatmen, und sich weiterhin genußvoll die hinreißenden, bunten, bösen Shows der Gruppe »reinziehen«.

Als die EAV im Apr 1988 im Rahmen ihrer Tournee nach München kam, konnte sie mit ihrem hervorragend-bissigen und optisch-amüsanten Programm (das inzwischen 1,3 Millionen Mark Produktionskosten kostet) den Circus Krone dreimal füllen. Dann mußte man lange auf Neues aus dem österreichischen Zyniker-Stall warten. Getröstet wurde man Ende 1988 mit einem EAV-Mix, der unter dem Titel *Kann denn Schwachsinn Sünde sein* ein Potpourri der EAV-Hits bot. Anfang 1990 meldete sich die Truppe dann wieder mit dem Ulk-Song *Ding Dong* in die Hitparade zurück. Dazu gab es 1990 das herrlich bösartige Album *Nepomuk's Rache,* das sofort ein Bestseller wurde.

Gloria Estefan

geb. in Kuba

In Lateinamerika waren Gloria Estefan und ihre Begleitband namens MIAMI SOUND MACHINE schon lange Superstars, ehe Amerika und schließlich auch die alte Welt auf das Allroundtalent aufmerksam wurde. Sieben erfolgreiche Platten in spanischer Sprache hatte die Sängerin mit ihrer Formation bereits veröffentlicht, ehe sie sich 1984 mit *Eyes of the innocence* auch auf den anglo-amerikanischen Markt wagte. Die LP war recht erfolgreich, wie auch das Nachfolge-Album *Primitive love,* das

1985 veröffentlicht wurde. Single-Hits wie *Conga, Dr. Beat* und *Bad boy* waren auch in Deutschland erfolgreich. Den großen Durchbruch brachte dann die LP *Let it loose,* die später dann in *Anything for you* umgetauft wurde. Länger als zwei Jahre konnte sich das Album in den US-LP-Charts halten, verkaufte sich in den USA mehr als dreimillionenmal und enthielt eine ganze Reihe von Single-Hits: *Anything for you* Platz 1, *1-2-3* Platz 3, *Rhythm is gonna get you* Platz 5 und *Can't stay away from you* Platz 6. Auch in Großbritannien und Holland belegte dieses Album den 1. Platz der Charts. Anschließend ging die attraktive Gloria mit ihrer MIAMI SOUND MACHINE, zu der übrigens auch Ehemann EMILIO ESTEFAN gehört, auf große Welttournee. Zwei Jahre lang bereiste die Truppe Japan, Südost-Asien, Kanada und die USA und spielte und sang vor einem Millionenpublikum. Das Abschlußkonzert in Miami wurde nicht nur landesweit im Fernsehen übertragen, sondern auch komplett auf Video mitgeschnitten. Es erschien unter dem Titel *Homecoming Concert* und wurde in USA mit Platin und in England mit Gold ausgezeichnet. 1988 wurde Gloria, die übrigens stets einen Großteil ihrer Songs selbst schreibt, auch von höchster Stelle ausgezeichnet: Sie bekam den American Music Award für die ›beste Rock/Pop Band des Jahres‹ und den BMI Award als ›Songwriterin des Jahres‹. 1989 veröffentlichte Gloria dann das nächste Album. Es hieß *Cut both ways* und lief nur noch unter Gloria Estefan. Wieder enthielt es den mitreißenden und unverwechselbaren Latin High-Energy-Sound, für den Gloria nun seit etlichen Jahren berühmt und beliebt ist, wobei natürlich auch ihre traumhaften Balla-

Gloria Estefan   Foto: Epic

den nicht zu kurz kamen. Die Singles *Don't wanna lose you, Oye mi canto* und *Get on your feet* brachten die feurige Kubanerin und ihr *Cut-both-ways*-Album auch in die deutschen Charts. In Amerika wurde die LP innerhalb kürzester Zeit mit Platin ausgezeichnet, in Großbritannien mit Gold.

Melissa Etheridge

geb. 1965 in Leavenworth/Kansas, USA: voc/g

Die zierliche Künstlerin fing bereits mit zwölf Jahren an, Songs zu schreiben. Wie besessen übte sie Gitarre und Klavier, spielte mit kleinen Bands in lokalen Clubs und hatte nur ein Ziel: aus ihrem Musik-Hobby einen Beruf zu machen. Sie besuchte die *Berkley School of Music*, entschloß sich aber dann noch vor dem Abschluß, ihre Lehrjahre lieber in den Bostoner Musikclubs zu absolvieren. 1981 verließ sie die Schule und zog die nächsten fünf Jahre durch unzählige Clubs: zuerst in Boston, dann in Los Angeles. 1986 wurde man endlich auf die hochbegabte junge Frau mit der dunklen Stimme aufmerksam. Melissa bekam einen Plattenvertrag und konnte 1988 ihr Debüt-Album *Melissa Etheridge* veröffentlichen. Die hervorragende und eigenwillige Rock-LP brachte ihr weltweit Mehrfach-Platin ein, aus ihrem Heimatland Amerika kam Gold. Außerdem wurde sie aufgrund dieses Albums für den Grammy für ›die beste Rocksängerin des Jahres‹ nominiert. Die LP konnte sich auch in Deutschland unter den Top 50 der LP-Charts plazieren. *Similar features* und *Bring me some water* hießen die eindrucksvollen Singles der LP. 1989 kam dann das zweite Etheridge-Album *Brave and crazy* heraus. Melissa bewies damit, daß sie zurecht zur neuen Generation von Rock-Frauen wie → Toni Childs, → Sinead O'Connor, Edie Brickell und → Tracy Chapman gezählt wird.

Europe

JOEY TEMPEST, geb. 19. 8. 1963 in Stockholm/Schweden: voc; KEE MARCELLO, geb. 20. 2. 1960 in Ludvika/Schweden: g; JOHN LEVEN, geb. 25. 10. 63 in Stockholm/Schweden: b; MIC MICHAELI, geb. 11. 11. 1962 in Stockholm/Schweden: keyb; IAN HAUGLAND, geb. 13. 8. 1964 in Nordreisa/Schweden: dr

Dieses Hard-Quintett ist ein weiterer erfolgreicher Act aus Schweden. Begonnen hatte alles 1980, als der Sänger und Songschreiber Joey Tempest zusammen mit JOHN NORUM und John Leven die Schülerband FORCE gründeten. Bereits 1982 meldete sich das Trio zu einem landesweiten Wettbewerb für Nachwuchsbands an. Um aber möglichst viel Eindruck zu machen, engagierte man noch schnell Mic Michaeli und Ian Haugland und änderte den Namen kurzerhand in Europe um. Das Quintett gewann den Wettbewerb, der 1. Preis war ein Plattenvertrag. 1983 erschien das Debüt-Album *Europe* der fünf hübschen Knaben und kam in Schweden auf Platz 8 der Charts. Anschließend tourte Europe erfolgreich durch Skandinavien und Japan und bekam 1985 einen neuen Vertrag bei einer internationalen Plattenfirma. Das Ergebnis war dann im selben Jahr das Album *Wings of tomorrow,* das bereits den Europe-typischen bombastischen Hard-Rock-Sound bot. Für die Singles *Rock the night* und *On the*

Europe   Foto: Epic/CBS

loose bekam die Band Gold. Den nächsten Knüller lieferte Europe dann 1986 mit dem Album *The final countdown* ab. Der gewaltige Titelsong, dessen instrumentaler Opener bereits für unzählige Rundfunk- und Fernsehsendungen verwendet worden ist, wurde ein internationaler Bestseller. Auch die bereits früher erschienenen Songs *Rock the night* und *On the loose* waren auf dieser LP und entwickelten sich ebenfalls nochmals zu Hits. Europe war 1986 das heißeste Thema für die Teenager. Die fünf gutaussehenden Jünglinge aus dem hohen Norden entfachten bei ihren (meist weiblichen) Fans eine Massenhysterie, die an gute alte → BEATLES-Zeiten erinnerte. Das Album wurde Europa-weit mit Edelmetall aller Art ausgezeichnet. 6 Millionen LPs und 4 Millionen Singles gingen von dieser Rock-LP über den Ladentisch, der Titelsong *The final countdown* war insgesamt vier Wochen lang die Nr. 1 der deutschen Hitparade. In Amerika wurde die Single *Carrie* Nr. 1 der Hot 100, die Singles *The final countdown, Rock the night* und *Cherokee* konnten sich ebenfalls hervorragend plazieren. Danach verließ JOHN NORUM die Band, um eine Karriere als Solist zu versuchen, die allerdings zunächst im Sande verlief. Für ihn kam Kee Marcello, mit dem Europe eine ausgedehnte Welttournee bestritt. Er war auch bei der Produktion des 88er-Albums *Out of this world* dabei. Mit diesem Album setzte die Schweden-Gruppe ihr Konzept der melodiösen und bombastischen Hard-Rock-Songs fort. Mit *Superstitious* wurde auch die erste Single gleich wieder ein Erfolg

Eurythmics

ANNIE LENNOX, geb. 25. 12. 1954 in Aberdeen/Schottland: voc; DAVE STEWART, geb. 9. 9. 1952 in Sunderland: g

Sie gehören zu den besten und interessantesten Songwritern der 80er Jahre: die schöne, rotblonde Annie mit der aufregenden, dunklen, warmen, fast »schwarzen« Stimme, die sich die hervorragenden Texte einfallen läßt, und der bärtige David mit dem wilden Lokkenkopf, der Komponist der umwerfenden, teilweise geradezu genial einfachen Melodien. Getroffen hatten sich die beiden 1977. Dave war damals Sessionmusiker, der manchmal in sechs Bands gleichzeitig spielte, und zwar bei so unterschiedlichen Formationen wie RAMONES, TOM PETTY, OSIBISA und SADISTA SISTERS. Annie jobbte derweilen ziemlich frustriert in einem Cafe. Ein gemeinsamer Bekannter brachte die beiden zusammen, und als sie feststellten, daß sie beide sowohl menschlich als auch musikalisch harmonierten, gründeten sie die Gruppe THE TOURISTS. Nach fünf Single-Hits, einer davon war eine Cover-Version des alten Songs *I only wanna be with you* von DUSTY SPRINGFIELD, paßte ihnen die musikalische Richtung der Band nicht mehr, und beide stiegen aus. Sie gingen nach Köln und versuchten eine eigene LP zu machen. Das Album hieß *In the garden* (1981) und war eine ziemlich düstere und merkwürdige Angelegenheit. Nach langem Tüfteln fanden sie dann endlich ihren ganz speziellen Sound: eine gekonnte Mischung aus eingängigen Pop-Rhythmen, Soul-An-

Eurythmics   Foto: RCA

erhielt von der British Phonographic Industry die Auszeichnung »Beste Sängerin«. 1985 veröffentlichten die Eurythmics dann das Album *Be yourself tonight.* Eine vom ersten bis zum letzten Ton ganz ausgezeichnete LP, bei der vor allen Dingen die »schwarzen« Töne dominierten. Entsprechend waren auch die Mitwirkenden bei diesem Album: für die ausgesprochene Soul-Nummer *Sisters are doin' it for themselves* holte sich Annie Lennox den Soul-Star → ARETHA FRANKLIN als Mitsängerin und bewies damit eindrucksvoll, daß ihre Stimme der der Queen of Soul in nichts nachsteht. Für den Song *There must be an angel,* den Dave Stewart und Annie Lennox dem Superstar → STEVIE WONDER gewidmet haben, übernahm dieser auch gleich den Mundharmonika-Part. Auch die Singles *Would I lie to you* und *It's alright* wurden ebenfalls internationale Hits. Ende Juni 1986 wurde dann *Revenge,* das fünfte Album der Eurythmics, weltweit veröffentlicht. Mit den Songs *When tomorrow comes, Thorn in my side, Miracle of love* und *Missionary man* gab es wieder vier Single-Hits daraus. Im Dezember 86 konnten die Eurythmics bereits Gold aus Deutschland für diese LP in Empfang nehmen. Auf der dazugehörigen Welttournee, die die Eurythmics von Juli bis Dezember durch Amerika, Europa, Neuseeland, Australien und Japan führte, wurden die beiden kongenialen Songwriter überall enthusiastisch gefeiert. Im November 1987 erschien dann das sechste Album *Savage,* aus dem vorab bereits die eigenwillige Single *Beethoven (I love to listen to)* ausgekoppelt wurde. Auch auf diesem Album schlugen die Eurythmics wieder einen neuen Weg ein. Waren *Be yourself tonight* soul-orientiert und *Revenge* eher rock-

klängen und Rock-Fragmenten. Das nächste Album hieß *Sweet dreams (are made of this)* (1983) und entpuppte sich als Bestseller, genauso wie das dritte Album *Touch* (1983). Songs wie *Sweet dreams are made of this* (1983), *Who's that girl* (1983), *Right by your side* (1983) und *Here comes the rain* (1984) machten die Eurythmics zu internationalen Stars. 1984 schrieben sie für die Verfilmung des Romans *1984* von George Orwell die Filmmusik und hatten mit dem Song *Sexcrime '84,* einer Techno-Pop-Nummer mit vielen Gags, ebenfalls wieder einen Bestseller. Außerdem wurde Annie Lennox 1984 von dem Herrenmagazin *Playboy* zu einer der zehn bestaussehenden Frauen der Welt gewählt und

orientiert gewesen, so bot das Team Lennox/Stewart auf *Savage* etwas, was man am ehesten unter »Heavy Dance« einordnen konnte: knallharte, fast schroffe Dance-Music, bei der Annies warme Stimme geradezu metallisch-klirrend klingt. Die zweite, natürlich auch wieder erfolgreiche, Single daraus war *Shame*. Die Fans, die Dave Stewart und Annie Lennox gern als Ehepaar gesehen hätten, mußten sich diesen Wunsch 1987 abschminken: Dave Stewart heiratete nämlich SIOBHAN FAHEY, eine der drei Sängerinnen von → BANANARAMA, und bekam 1988 einen Sohn.

Annie Lennox hatte inzwischen den Israeli URI FRUCHTMAN geheiratet. 1988 war Annie, die bereits eine Fehlgeburt gehabt hatte, wieder schwanger. Doch im Dezember 1988 wurde das so heißersehnte Wunschkind tot geboren. Darüber konnten auch die weiteren Single-Hits *I need a man* und *You have placed a chill in my heart* aus dem *Savage*-Album nicht weghelfen. Doch 1989 stürzten sich Dave und Annie wieder in die Arbeit und brachten das Album *We too are one* heraus. Diese 8. Eurythmics-LP wurde einer der wärmsten und ausgeglichensten des erfolgreichen Duos. Mit Songs wie *Don't ask me why, The King and Queen of America* und *Revival* enthielt es natürlich auch wieder etliche Single-Hits. Dave Stewart, der sich 1989 auch als Produzent für den russischen Super-Rock-Star BORIS GREBENSHIKOV betätigt hatte, wandelte in diesem Jahr auf Solo-Pfaden. Für den Film *Lily was here* schrieb er den Soundtrack und hatte mit dem gleichnamigen Instro, das er mit der holländischen Saxophonistin CANDY DULFER aufgenommen hatte, 1989/90 einen internationalen Single-Hit. Annie verkündete inzwischen, daß sie eine

mindestens zweijährige Pause einlegen wolle: Dave Stewart stürzte sich daraufhin noch mehr in Arbeit. DAVE STEWART AND THE SPIRITUAL COWBOYS nannte er seine neue Formation, mit der er sich über die Eurythmics-Zwangspause hinwegtröstete. Gleich die erste Single, *Jack talking,* wurde ein internationaler Bestseller, der sich auch in der deutschen Hitparade plazieren konnte.

Expose

ANN CURLESS, geb. in Miami: voc; JEANETTE JURADO, geb. in Los Angeles: voc; GIOIA BRUNO, geb. in Italien: voc

Expose – das ist eine heiße Girl-Group, die sich dem sogenannten Latino-Disco-Sound und -Rhythmus verschrieben hat und mit dieser aufregenden Mischung die amerikanischen Charts eroberte. Die drei Sängerinnen sind keineswegs nur tanzende und mimende Models, sondern Musikerinnen mit Hintergrund. Ann Curless sang bereits als Teenager in diversen Bands und schloß 1987 an der University of Miami ihr Studium mit einem akademischen Grad im Fach »Music Merchandising« ab. Jeanette Jurado war zunächst Sängerin im College-Chor und wurde dann Mitglied bei der populären amerikanischen Show-Band NEW BREEZE. Gioia Bruno, die gebürtige Italienerin, wuchs in New York auf und verdiente sich die ersten Sanges-Meriten in diversen Rock-Bands. 1985 taten sich die drei ebenso hübschen wie talentierten jungen Damen zusammen und gründeten in Florida das Trio Expose. Bereits die erste Single *Point of no return*

Expose   Foto: Ariola/Arista

schlug wie eine Bombe ein: Sie wurde 1985 nicht nur Nr. 1 der USA-Dance-Charts und Top 10 in den Hot 100, sondern auch zur »Dance Record of the Year« gewählt. Auch die nächsten Singles, *Come go with me* und *Exposed to love*, setzten sich jeweils an die Spitze der Dance-Charts. Mit *Come go with me*, *Let me be the one* und *Seasons change* hatte das Trio 1987/88 wieder Top-10-Erfolge in den Hot 100. Das Debüt-Album von Expose, die LP *Exposure*, verkaufte sich in Amerika bereits über einmillionmal. 1989 erschien mit *What you don't know* das zweite Album, das sich ebenfalls wieder millionenfach verkaufte und mit diversen Edelmetall-Scheiben augezeichnet wurde. Mit der speziell für den europäischen Markt gemixten Single *Tell me why* versuchten die drei attraktiven Sängerinnen 1990 auch Deutschland zu erobern. Aber während die Single in den USA wieder ein Top-10-Erfolg war, war sie bei uns nur unter ›ferner liefen‹ zu finden.

Extrabreit

Kai Havaii: voc; Stefan Kleinkrieg: g; Public: g; Wolfgang Jäger ›Hunter‹: b; Rolf Möller: dr

Gegründet wurde die Hagener Band, laut eigenen Aussagen die ›vernünftigste Rock'n'Roll-Kapelle Deutschlands‹, Ende der 70er Jahre. Ohne störende musikalische Vorbildung fingen die fünf an, in einer stillgelegten Fabrik nach Art der Briten-Punker SEX PISTOLS oder RAMONES Krach-Musik zu machen. Was sich zunächst ziemlich chaotisch anhörte, entwickelte sich bald zu einer genialen Mischung aus rebellischen Punk-Metal-Hymnen wie *Hurra, Hurra, die Schule brennt* 1980 und ironisch-zynischen Rock 'n' Roll-Songs wie *Polizisten* 1981. Treffende Bösartigkeiten waren bald das Markenzeichen der Extrabreiter, ob sie sich nun in *Der Führer schenkt den Klonen eine Stadt* über Gentechnologie ausließen oder in *Annemarie* über nicht sehr feine Anmache-Praktiken. Eltern und Lehrer jedenfalls betrachteten die Kapelle als ›geistige Brandstifter‹. Die Gruppe, die durch intensives Touren ihre Lieder in ganz Deutschland den Kids nahebrachte, veröffentlichte 1980 ihr Debüt-Album, dem sie den durchaus treffenden Titel *Ihre größten Erfolge* gaben. 1982 folgte die LP *Welch ein Land – Was für Männer!*. Beide Alben wurden 1982 mit Gold ausgezeichnet. Es folgten umjubelte Auftritte, Extrabreit waren mit ihrem Stakkato-Beat die Helden der »*Neuen Deutschen Welle*«. Doch als sich diese Musikrichtung 1983 allmählich ihrem Ende zuneigte, ging auch die Erfolgskurve von Extrabreit nach unten. Das 83er Album *Rückkehr der phantastischen 5*, das bislang aufwendigste Album, wurde praktisch ein Flop. Daraufhin stiegen Möller und Public aus, die drei restlichen Mitglieder Havaii, Kleinkrieg und Hunter spielten in England die vierte LP *Europa* ein, auf der sie es auch mit englischen Songs

versuchten. Ohne Erfolg. Auch die *LP der Woche* und das gänzlich englischsprachige 87er-Album *After 3 years in a submarine* konnten an die alten Erfolge nicht mehr anschließen. Extrabreit löste sich frustriert auf. Kleinkrieg und Havaii versuchten sich als Solisten, ebenfalls ohne größeren Erfolg. Erstaunlicherweise hörte der Verkauf des ersten Albums, *Ihre größten Erfolge*, aber nie ganz auf. Der Pop-Nachwuchs, der auf → ÄRZTE und → TOTE HOSEN abfuhr, hatten die NDWLER Extrabreit entdeckt. Die Kids bescherten dem 80er Album Platin und forderten mehr. Und so erschien Anfang 1990 unter dem Titel *Zurück aus der Zukunft* eine LP mit den größten Extrabreit-Erfolgen inklusive einer Neumischung ihres Hits *Flieger, grüß mir die Sonne*, das Eltern und Großeltern in der Original-Version von HANS ALBERS noch ein Begriff sein dürfte. Single und LP konnten sich sofort nach Veröffentlichung in den deutschen Hitparaden plazieren. Extrabreit fand sich angesichts dieses Erfolgs noch einmal in der Originalbesetzung zusammen und ging im Sommer 1990 noch einmal auf große Tournee. Die Alt-Punker überlegten auch, ob sie es nun nicht doch noch einmal mit einer neuen LP versuchen sollten. Auf alle Fälle kam Ende 1990 unter dem sinnigen Titel *Das grenzt schon an Musik* ein Live-Mitschnitt dieser Tournee auf den Markt, der den neuen Titel *Russisch Roulette* enthielt.

Agnetha Fältskog
Foto: Polydor

Agnetha Fältskog

geb. 5. 4. 1950 in Jankoping/Schweden: voc

Bei uns kannte man die attraktive, blonde Schwedin lange Zeit nur als einen Teil des Erfolgsquartetts → ABBA. Doch Agnetha Fältskog aus Jankoping war schon vor ihrer ABBA-Zeit in Schweden eine bekannte Sängerin. Mit 15 Jahren stand sie bereits auf den Brettern, die die Welt bedeuten, und machte Shows, mit 17 Jahren nahm sie ihre erste Platte auf, und 1968 hatte sie mit dem Lied *I was so much in love* in Schweden ihren ersten Single-Hit. Sie sang in der Rock-Oper *Jesus Christ Superstar* die Rolle der Maria Magdalena und veröffentlichte sechs Alben, ehe sie Mitglied von ABBA wurde. Nach der Auflösung der Super-Formation 1982 betätigte sich Agnetha wieder als Solistin. Ihr erstes Solo-Album 1983 hieß *Wrap your arms around me*, mit den Single-Hits *The heat is on* und *Wrap your arms around me*. In Amerika war sie auch mit dem Song *Can't shake loose* erfolgreich. Dieses Album bestach durch sehr melodische Songs, teils temperamentvoll, teils kuschelig-sanft, die Agnethas klare,

sichere Stimme sehr gut zur Geltung brachten. 1985 legte sie ihre nächste Solo-LP vor, das von ERIC STEWART (→ 10 CC) produzierte Album *Eyes of a woman*. Auch diesmal sang Agnetha wieder eine ganze Reihe von Pop-Songs erster Güte, geschrieben von Top-Leuten der Branche wie ERIC STEWART, JEFF LYNNE (→ ELO), JUSTIN HAYWARD (→ MOODY BLUES) und JOHN WETTON und GEOFF DOWNES (beide ASIA). Die Singles *Won't let you go* und *One way love* brachten ihr wieder gute Notierungen in der deutschen Hitparade. 1988 erschien das dritte Album *I stand alone*. Diesmal hatte sich Agnetha Fältskog PETER CETERA von der Super-Gruppe → CHICAGO als Produzenten geholt. Auch auf dieser LP sang sie wieder perfekt gemachte, unterhaltsame Pop-Songs der gehobenen Art, die Art von Pop-Musik, für die schon ABBA bekannt und berühmt gewesen war. Mit der ersten Single *The last time* stieg sie im Februar 1988 sofort in die deutsche Hitparade ein.

Falco

JOHANN HÖLZEL, geb. 19. 2. 1957 in Wien/Österreich: voc

»Es gibt nur zwei Klassen in der Musikbranche: first class oder no class.« Diese »bedeutungsschweren« Worte stammen von Falco, der unbestreitbar zu den ersteren gehört. Der Sohn eines Werkmeisters in einer Maschinenfabrik zeigte schon früh musikalisches Talent. Mit fünf Jahren spielte der kleine »Hansi«, wie er zärtlich von der Mutter genannt wurde, bereits 35 Titel auf dem Klavier. Und ein Professor der Wiener Akademie sagte zur Mutter: »Sie, Frau Hölzel, das ist ein kleiner Mozart.« Doch das Klavier war bald passé, der Hansi legte sich dafür eine Gitarre zu. Die Schule machte ihm auch keinen rechten Spaß, lieber saß er in Kaffeehäusern, klimperte auf seiner Gitarre oder spielte mit seiner ersten Band UMSPANNWERK. Ein Jahr vor dem Abitur hatte der Hansi die »Schnauze« endgültig voll, er verließ das Gymnasium und begann bei der staatlichen Pensionsversicherungsanstalt eine Ausbildung, aber das war auch nicht von langer Dauer. Er meldete sich freiwillig zum Militär: »Dort ist es mir gutgegangen. Ich hab'

regelmäßig zu essen gehabt und immer Geld für Zigaretten. In dieser Zeit hab' ich erst richtig Baßgitarre spielen gelernt«. Daran schloß sich ein halbes Jahr am Wiener Musikkonservatorium an, aber da wurde dem Hansi auch zu wenig geboten, und so zog er kurzentschlossen nach West-Berlin um. Dort hielt es ihn, mit Unterbrechungen, eineinhalb Jahre lang, und in dieser Zeit trat er in Berliner Szene-Kneipen auf. Damals legte er sich auch das Pseudonym Falco zu. 1979 wurde es Falco in Berlin ebenfalls zu langweilig, und er ging wieder nach Wien zurück. Dort gründete er eine Formation namens SPINNING WHEEL, die sich bald einen Namen als Live-Band machte, die in Discotheken die Charts rauf und runter spielte. Aber Falco war noch immer unzufrieden, und so ging er mit gesparten 12.000 Schilling in ein Wiener Musikstudio und nahm die Eigenkomposition *Chance to dance* auf. Die Platte kam nie auf den Markt. Da ihm die Arbeit bei Spinning Wheel zu unbefriedigend war, nahm Falco einen Job als Bassist beim 1. WIENER MUSIKTHEATER an, aus dem sich bald die HALLUCINATION COMPANY entwickelte. Doch auch da wurde Falco nicht glücklich, und so stieg er nach zwei Jahren dort aus und bei der Anarcho-Combo DRAHDIWABERL ein. Die zynisch-treffenden Rock-Songs der Gruppe erfreuten sich zwar bei Österreichs Jugend großer Beliebtheit, aber der Rundfunk boykottierte sie. Eine Falco-Nummer, der Titel *Ganz Wien*, wurde sogar zum großen Renner in der Wiener Szene und bescherte dem coolen Bassisten einen Plattenvertrag als Solist. Er tat sich mit dem Produzenten, Komponisten und Keyboarder ROBERT PONGER zusammen, den er von der Akademie her kannte. Der spielte ihm im Som-

Brigitte Nielsen und Falco   Foto: Teldec

mer 1981 eine Melodie vor, die er eigentlich für den österreichischen Sanges-Star BILGERI geschrieben, die dieser aber abgelehnt hatte. Falco reimte auf die Melodie: »Drah die net um, der Kommissar geht um« – und der erste Superhit des neuen Sängers war geboren. Dieser Rap im österreichischen Dialekt wurde ein weltweiter Bestseller, der sich insgesamt über sechseinhalbmillionenmal verkaufte. Das Lied wurde praktisch in ganz Europa Nr. 1 der Hitparaden, kam in der Version der Gruppe AFTER THE FIRE in Amerika auf Platz 3 und wurde in Kanada sogar vergoldet.

Die Debüt-LP *Einzelhaft* hielt, was der Kommisar versprochen hatte: ein vorzügliches Stück internationaler Rock-, Rap- und Pop-Musik aus Österreich, mit gekonnten Arrangements und intelligent-süffisanten Texten. Ebenso gut verstand es der schlanke, gutaussehende junge Mann, mit schauspielerischem Talent seine Songs auch optisch umzusetzen. Gespannt wartete man auf das nächste Werk. Es erschien 1984, hieß *Junge Römer* und war ein Flop. Das Album klang zu exaltiert, die schwer verständlichen Texte der Konzept-LP waren zu verschlüsselt. Aber wer Falco nun als »One-Hit-Wonder« abtun wollte, der sah sich getäuscht. Der begabte junge Künstler holte sich das holländische Brüderpaar → Rob und → Ferdie Bolland (*You're in the army now*) als Produzenten und Komponisten. Als erstes boten die beiden Falco einen Song an, der sich mit Wolfgang Amadeus Mozart beschäftigen sollte. Schließlich lief gerade der Milos-Forman-Film über Mozart mit großen Erfolg in den Kinos. Falco machte daraus den Song *Rock me Amadeus* – und hatte einen weiteren Superseller. 1985 kam diese perfekt produzierte und arrangierte Rap-Nummer mit deutsch/englischem Text heraus und schoß praktisch weltweit an die Spitze der Charts. Im März 1986 wurde der Song sogar für drei Wochen die Nr. 1 der Hot 100 von Amerika. Mit der nächsten Single, *Vienna calling*, und dem im Herbst 1985 erschienenen Album *Falco 3* setzte der österreichische Texter und Interpret seinen Erfolg mit Songs im Rap-Stil fort. Doch seinen bislang größten Coup landete Falco Ende 1985 mit einer Soft-Nummer namens *Jeannie*. In diesem umstrittenen Lied ging es angeblich um die Verherrlichung einer Vergewaltigung und die anschließende grausame Ermordung des jungen Mädchens, Grund genug für die öffentlich-rechtlichen Rundfunkanstalten, den Song auf den Index zu setzen. Daß daraufhin die Falco-Fans die Plattenläden stürmten, war klar. Allein in Deutschland war der »Grusel«-Song wochenlang die Nr. 1 der Hitparade. Insgesamt gingen 2,5 Millionen Exemplare dieser Single über den Ladentisch und machten damit den Song zur bestverkauften Single des Jahres 1986. Dafür gab's natürlich Platin, ebenso wie für das dazugehörige Album *Falco 3*. Im Frühjahr 1986 hatte Falco

noch einmal Grund zu strahlen: seine Lebensgefährtin Isabella wurde am 13. März 1986 von einer gesunden Tochter entbunden, die den Namen Kkatharina -Bianca bekam. (Nicht Jeannie, wie manche vermuteten!) Doch der Bann über *Jeannie* ließ Falco keine Ruhe, und so veröffentlichte er 1986 sozusagen eine Fortsetzung davon: *Coming home (Jeannie Part 2 ein Jahr danach)*. Darin bewies er dann, daß Jeannie damals keineswegs vergewaltigt und ermordet worden war, sondern nur von zu Hause ausgerissen war. Der Song wurde natürlich wieder Nr. 1, ebenso wie das fast gleichzeitig erschienene vierte Album *Emotional*. Auch die weiteren Singles daraus, *The sound of music* und *Emotional* verkauften sich weltweit hervorragend. Da Falco sein schauspielerisches Talent in seinen diversen, mit Preisen ausgezeichneten Videos mehr als einmal bewiesen hatte, war es nicht weiter verwunderlich, daß er 1987 als Hauptdarsteller für zwei Filme eingekauft wurde. Die Dreharbeiten für den Streifen *Der Goldmacher*, in dem Falco einen Chemiker spielt, der den Nazis eine Formel für synthetisches Gold verkauft, begannen im September 1987. Aber trotz dieser Verpflichtungen fand Falco, das Allround-Talent, noch genügend Zeit, eine weitere LP in Angriff zu nehmen. Diesmal holte er sich dafür die Produzenten und Songwriter Gunther Mende und Candy De Rouge, zwei Top-Stars auf diesem Gebiet, die schon erfolgreich die Karriere von → Jennifer Rush ins Rollen gebracht hatten. Und zusätzlich veröffentlichte Falco Ende 1987 noch eine Single mit einem Duett, das er mit der blonden, langbeinigen Brigitte Nielsen aufgenommen hatte, der Ex-Frau von Rambo-Star Silvester Stallone. *Body next to body* hieß der Disco-Rap, der in den Charts wieder auf obere Plätze stieg. 1988 veröffentlichte Falco im altbewährten Stil das Album *Wiener Blut*, an dem wieder die Gebrüder Bolland mitgearbeitet hatten. Zusätzlich war er noch von Candy de Rouge und Günter Mende unterstützt worden, den beiden »Machern« von Jennifer Rush. Nach dem relativen Mißerfolg von *Wiener Blut* und persönlichen Problemen mit Frau und Kind verschwand Falco dann fast zwei Jahre in der Versenkung. Erst Anfang 1990 tönte der österreichische Rap-Star vollmundig, er wäre wieder da und würde genauso aussehen und singen wie früher. Dem folgte die nicht gerade umwerfende Single *Data de groove,* dessen Textzeilen wie ›The Mega The Score – Desto Mono De Chromo – Atmo De De Force – Is The Atmo At Home‹ oder ›Hin zu wem zu fällst du ab und zu fällst du, nur zu sind zuende zu ganz auf‹ selbst für hartnäckige Falco-Fans keinen Sinn ergaben. Etwas später kam die gleichmamige LP heraus. Als Produzent hatte sich Falco wieder Robert Ponger geholt, mit dem er sein erstes Erfolgsalbum produziert hatt.

Harold Faltermeyer

geb. 5. 10. 1952 in München

Der 1,90-Meter-Mann mit den blonden Locken, dem kurzgeschorenen Bart und dem runden, sympathischen Gesicht, ist einer der erfolgreichsten deutschen Produzenten und Komponisten. Und einer der Unbekanntesten (vom Aussehen und Privatleben her). Hackie, so sein Spitzname, wuchs mit Musik auf. Sein Großvater veranstaltete oft Hauskonzerte mit Opernstars, und sein Vater, ein ehemaliger Tiefbauunternehmer, setzte diese Familientradition fort. Mit sechs Jahren lernte er Klavierspielen, und als er elf Jahre alt war, stellte ein Nürnberger Musik-Professor fest, daß der Knabe über das absolute Gehör verfügte. Dann wurde er Organist in einer Rock-Band, wurde immer musikbessesener, mit dem Ergebnis, daß seine schulischen Leistungen mehr als nur zu wünschen übrig ließen. Mit 16 Jahren hatte Hackie genug vom Pennäler-Dasein, schmiß kurz vor der Mittleren Reife alles hin – und hatte das Glück, einen verständnisvollen Vater zu haben. Hakkie durfte sich an der Münchner Musikhochschule zum Instrumentalstudium anmelden und studierte Trompete und Klavier. Die damals gelernten klassischen Grundsätze der Instrumentierung und Harmonielehre kommen ihm natürlich heute zugute. Anschließend bekam er einen Job als Kabelträger in einem Münchner Studio und stellte eine neue Besessenheit fest: die Technik. Fasziniert und gründlich informierte er sich über alle technischen Einzelheiten von Musikanlagen – und auch das machte sich bezahlt. Als nämlich eine Plattenaufnahme zu platzen drohte, weil der Cheftechniker ausfiel, setzte sich der damals 18jährige Hackie einfach auf dessen Platz und meisterte das Ganze wie ein »Alter«. Die Geschichte von diesem Wunderknaben sprach sich natürlich schnell herum, und so wurde der Südtiroler Komponist und Produzent → GIORGIO MORODER auf ihn aufmerksam und holte ihn zu sich in die Mannschaft. 1978 gingen die beiden zusammen nach Los Angeles und waren fortan ein kongenia-

Harold Faltermeyer Foto: Ariola

les Paar: Moroder komponierte, und Faltermeyer kümmerte sich um die Details. → LAURA BRANIGAN und → DONNA SUMMER gehörten zu ihren »Kunden«, und mit Donna Summer feierte Hackie auch seinen ersten Erfolg: ihren Nr.-1-Hit *Hot Stuff* (1979) hatte Harold Faltermeyer zusammen mit KEITH FORSEY geschrieben. Die beiden sind offensichtlich ein hervorragendes Team, denn auch der Nr.-1-Hit *Shakedown* (1987) aus dem Soundtrack *Beverly Hills Cop II*, gesungen von → BOB SEGER, entstammt ihrer Feder. Zusammen mit Moroder arbeitete Faltermeyer auch an den Soundtracks für *Midnight Express* und *American Gigolo*, und für *Midnight Ex-*

press bekam Moroder bekanntlich den Oscar. Hackie aus Baldham bei München wurde langsam aber sicher zu einem Star im amerikanischen Musikgeschäft. Doch es zog ihn wieder in die Heimat. Eigentlich wollte der begeisterte Flieger, Golfer und Jäger dann erstmal richtig ausspannen, aber die Musik ließ ihn auch in Good Old Germany nicht los. Er produzierte die LP *Silberstreifen* mit UDO JÜRGENS, schrieb so nebenbei die Filmmusik für den WILLI-BOGNER-Ski-Film *Feuer und Eis*, lernte → JENNIFER RUSH kennen und arbeitete auch mit ihr. Dann kam 1984 aus Amerika das Angebot, die Musik zu dem Film *Beverly Hills Cop* zu schreiben. Faltermeyer flog natürlich sofort in die Staaten, schrieb das Instrumental *Axel F.* – und bekam dafür 1985 den Grammy, die höchste amerikanische Musik-Auszeichnung. *Axel F.*, weil Axel der Filmname des Hauptdarstellers EDDIE MURPHY ist, und F ist die Tonart des Stücks. In Deutschland kam der Instrumental-Titel auf Platz 2. Natürlich bekam Harold Faltermeyer daraufhin weitere Angebote für Filmmusiken. Und so schrieb er für den Streifen *Top Gun* den Titel *Top gun anthem*, der von dem Star-Gitarristen STEVE STEVENS (u. a. → BILLY IDOL) interpretiert wurde. Dafür gab's dann 1986 den zweiten Grammy als »Best Pop Instrumental Performance 1986«. Damit hatte Harold Faltermeyer als erster deutscher Produzent und Komponist in der Geschichte zweimal hintereinander diese hohe Auszeichnung entgegennehmen können. Auch 1987 hatte Harold Faltermeyer einiges zu bieten: er schrieb *Formula One*, den neuen Titelsong für die deutsche Video-Clip Sendung *Formel I*, war maßgeblich am neuen Donna-Summer-Album *All systems go* beteiligt, machte zwei neue Soundtracks, für die Filme *Running man* und *Fatal beauty* (mit WHOOPIE GOLDBERG in der Hauptrolle), schrieb das oben schon erwähnte *Shakedown* für Bob Seger, und fand bei all diesen Projekten sogar noch Zeit, ein Soloalbum aufzunehmen, die LP *Harold F.* 1989 machte Harold dann von sich reden, als er mit dem ehemaligen → MANFRED-MANN-Sänger CHRIS THOMPSON die Single *The challenge (Face it)* produzierte, die die offizielle Erkennungssong für die Tennismeisterschaften in Wimbledon wurde. 1990 war Faltermeyer dann erfolgreich als Schreiber der Titelmelodie *Blaues Blut* für die gleichnamige Fernsehserie

und als Komponist für WILLY BOGNERs Sport-Werbe-Film *Feuer, Eis & Dynamit.* Außerdem holten sich die britischen Superstars → PET SHOP BOYS Herrn Faltermeyer als Produzenten und nahmen mit seiner Hilfe in München ihr 90er Album *Behaviour* auf.

Fancy

TESS TEIGES, geb. 7. 7. 1946 in München

Er ist einer der erfolgreichsten deutschen Interpreten, praktisch jede seiner Veröffentlichung kommt in die Hitparaden, aber man weiß von ihm fast nichts. Denn Fancy, der Vollprofi im Studio und auf der Bühne, hält Beruf und Privatleben strikt auseinander. Der Münchner besuchte das Kapuzinerinternat, ging aufs Gymnasium und wollte eigentlich in ein Kloster eintreten. Aber schon in der Schule wirkte er bei diversen Theateraufführungen mit, und da packte ihn die Lust an der Show. Sein Vater, ein gutbürgerlicher Handwerksmeister, hätte ihn ja gern in einem »anständigen« Beruf gesehen, aber Tess entschied sich fürs Showgeschäft. Zunächst waren Musik und Bühne nur eine Nebenbeschäftigung, die Brötchen verdiente er sich mit so unterschiedlichen Berufen wie Versicherungskaufmann und Taxifahrer. Doch 1969 klappte es dann endlich. Lange Jahre war er als Produzent, Arrangeur und Komponist für diverse Verlage tätig und zog gleichzeitig als Teil des Unterhaltungsduos KESS & TESS durch die Lande. Seine perfekten Shows und Parodien erfreuten sich vor allen Dingen im bayerischen

Fancy
Foto: Metronome

Single *Check it out* konnte sich dort ebenfalls hervorragend plazieren. Auch das Debüt-Album *Get your kicks*, das 1985 herauskam, verkaufte sich ausgesprochen gut. 1986 konnte Fancy mit seinem perfekt gemachten Disco-Sound und den eingängigen Refrains ebenfalls wieder Erfolge feiern. Die Single *Bolero* war wochenlang Nr. 1 in Spanien und konnte sich, genauso wie die Single *Lady of ice* und das zweite Album *Contact*, in der deutschen Hitparade plazieren. 1987/88 war Fancy dann mit *Latin fire* und dem rhythmischen Schmusesong *China blue* in den Charts vertreten. Im Frühjahr 1988 erschienen das Album *Flames of Love* und die gleichnamige Single in altbewährter Qualität. Im Jahre 1990 veröffentlichte Fancy eine gefällige Version des → BEATLES-Klassikers *All my loving*. Kurz danach erschien mit demselben Namen eine neue LP. Das 90er Album hieß dann *Fancy 5* und enthielt wieder eine ganze Reihe gutgemachter Pop-Ohrwürmer.

Raum größter Beliebtheit. 1984 wollte er es nun auch als Solist wissen. Er bekam einen Plattenvertrag, und gleich die Debüt-Single *Slice me nice* wurde ein Hit. Der perfekt gemachte Disco-Song mit dem ohrwurmartigen Refrain, gesungen von Fancys einschmeichelnder Stimme, landete auf Platz 11 in der deutschen Hitparade und war vor allen Dingen natürlich in den Discotheken ein Renner. Auch die beiden nächsten Singles 1984, *Chinese eyes* und *Get lost tonight*, konnten sich sehr gut plazieren. 1985 wagte sich Fancy mit der Kopplung *Chinese eyes/Come inside* nach Amerika, und kam damit auf den 2. Platz der US-Dance-Charts, und die neue 85er

John Farnham

geb. 1. 7. 1949 in Essex/England: voc

Obwohl die Rock-Röhre John Farnham in England geboren wurde, gilt er allgemein als einer der besten und erfolgreichsten australischen Sänger. John Farnham kam 1959, im Alter von 10 Jahren, nach Melbourne. Seine Rock-Geschichte begann 1967, als John gerade 18 Jahre alt geworden war. Er war damals Klempner-Lehrling mit Gesangsambitionen und hatte gerade eine Single namens *Sadie the cleaning lady* aufge-

nommen. Zwei Tage vor Veröffentlichung schmiß er seinen Azubi-Job hin
– und drei Wochen nach Veröffentlichung war die Putzfrau namens Sadie
nicht nur Nr. 1 in den australischen
Charts, sondern auch vergoldet worden.
In diesem Stil ging es auch weiter. Mit
seiner wandlungsfähigen und variations-
reichen Power-Stimme besang John
Farnham zwischen 1967 und 1972 zwölf
Singles und sechs Alben – und alle wurden sie mit Gold ausgezeichnet. Aber
nicht nur das Studio, auch die Bühne
reizte den gutaussehenden Vokal-Künst-
ler. 1971 spielte er in dem Musical *Charlie girl* und erhielt dafür großes Lob von
Publikum und Kritikern. 1974 wirkte er
ebenso erfolgreich in dem Musical *Pip-
pin* mit. Das Jahr 1980 brachte dem sympathischen Sänger die begehrte australische Auszeichnung »Entertainer of the
year« ein. Und 1980 kam John Farnham
erstmals mit der LITTLE RIVER BAND in
Kontakt, der damals weltweit erfolgreichsten australischen Rock-Band. Mit
Songs wie *Reminiscing, Lady, Lonesome loser, Cool change* hatte die Formation von 1976 bis 1979 einige Top-Hits in
den internationalen Charts gehabt. Mit
GRAHAM GOBLE, dem Rhythmus-Gitarristen der Band, ging John Farnham 1980
ins Studio und nahm die LP *Under-
covered* auf, neun Songs des Albums
stammten aus der Feder von Goble. Die
LP wurde natürlich ein Bestseller und
führte 1981 zu einer äußerst erfolgreichen Tournee mit → STEVIE WONDER.
1982 war es dann soweit: GLENN SHOR-
ROCK, der bisherige Leadsänger der
LITTLE RIVER BAND stieg aus, um als Solist
Karriere zu machen, und für ihn kam
John Farnham. Und der Sänger mit der
kraftvollen Stimme brachte frischen
Wind und neuen Erfolg in die australi-

John Farnham
Foto: RCA

sche Band. Doch diese neue Aufgabe
hinderte den vielseitigen Künstler nicht
daran, auch weiterhin sein »Solo-Süpp-
chen« zu kochen. Zwischen 1984 und
1985 nahm er in Amerika diverse Songs
für Soundtracks zu Filmen wie *Savage
street, Sluggers wife* oder *Hell track* auf.
Und im Mai 1986 entschloß er sich, mal
wieder eine Solo-LP zu machen. Es entstand das Album *Whispering Jack*, bei
dem sich John Farnham unter 2.000 De-
mo-Bändern für zehn Titel entscheiden
mußte. In Australien belegte das Album
1987 neun Wochen lang den ersten Platz
der LP-Charts und wurde mit Platin ausgezeichnet, und in Deutschland lag die
LP in der Jahreswertung 87 auf Platz 24.

Die erste Single daraus, der hervorragende Rock-Song *You're the voice*, war allein in Australien acht Wochen lang die Nr. 1 der Charts, in Deutschland belegte der Song für zwei Wochen den 1. Platz der Hitparade. Als zweite Single erschien *Pressure down*, die nicht ganz so erfolgreich war. Im Herbst 1988 veröffentlichte der zweifache Familienvater, der schon im April 1973 geheiratet hatte, das nächste Album, *Age of reason*. Die LP konnte an den gewaltigen Erfolg von *Whispering Jack* allerdings nicht anknüpfen. Im September 1990 kam die nächste Farnham-LP *Chain reaction*. Und hier glänzte der Power-Sänger nicht nur durch seine Stimme, sondern auch als Song-Schreiber: an neun der zwölf ausgesprochen hörenswerten Titel hatte er mitgeschrieben.

Rainhard Fendrich

geb. 27. 2. 1955 in Wien/Österreich: voc/g

Rainhard Fendrich schreibt Lieder mit starken Texten, aber er ist kein Liedermacher. Er vertont seine Texte mit rokkigen Melodien und Arrangement, ist aber kein Rock-Musiker. Er ist halt – Rainhard Fendrich, der österreichische Super-Star. Mit 15 Jahren bekam er seine erste Gitarre und fing an, kleine Lieder zu schreiben. Nach dem Abitur studierte er Jura, allerdings ohne Abschluß, nahm Schauspiel- und Gesangsunterricht und versuchte sich dabei in vielen Jobs, vom Handwerkshelfer und Postboten bis zum Versicherungsvertreter, um seinen Unterricht bezahlen zu

können. Ab 1978 verlegte er sich dann auf die Schauspielerei. Er trat im Theater an der Wien und am Wiener Schauspielhaus auf, wo er 1980 einen Jahresvertrag erhielt. Gleichzeitig begann er ernsthaft mit dem Liederschreiben und absolvierte 1980 bereits erste Auftritte. Im September 80 erschien bereits seine Debüt-LP *Ich wollte nie einer von denen sein*. Das Lied *Strada del Sole*, ein süffisanter Song über einen sitzengelassenen und ausgenommenen Italien-Urlauber, brachte ihm 1981 den großen Durchbruch. Fendrich bekam Gold dafür, und auch die zweite LP *Und alles ist ganz anders word'n* (1981) wurde mit Edelmetall ausgezeichnet. Die Single daraus hieß *Schickeria* und war ein herrlich boshafter Song über den Möchte-Gern-Jet-Set, ein weiterer Top-Seller für den begabten Österreicher. Süffisante, ironische, spöttische und teilweise charmantbösartige Lieder wurden fortan seine Spezialitäten: *Oben ohne, Es lebe der Sport, Feine Damen*. Seine LPs, egal ob Studio-Alben, Live-LPs oder Sampler-Veröffentlichungen, wurden grundsätzlich mit Gold und Platin ausgezeichnet. Am 1. Mai 1984 lachte ihm auch privat das Glück: Er heiratete seine langjährige Verlobte Andrea. Und am 26. Januar 1985 wurde der Sohn Lukas Andrea geboren. Auch ansonsten war das Jahr 1985 für Rainhard Fendrich, den sanften Blonden mit der weichen Stimme, ein ausgesprochen gutes Jahr: Seine LP *Wien bei Nacht* erreichte bereits bei Veröffentlichung den Gold-Status; er bekam den österreichischen Schallplattenpreis als bester Komponist; die Deutschland-Tournee brach alle Zuschauerrekorde, allein das Deutsche Museum in München war dreimal ausverkauft. Seit dem 84er Album *Auf und davon* hatte

Rainhard Fendrich (2.v.l.)   Foto: Ariola

Fendrich neben den spöttischen auch ernstere Töne angeschlagen, er schrieb nun auch hörenswert Nachdenkliches über Gott und die Welt und sang hinreißende Liebeslieder, wie z. B. *Weils'd a Herz hast wia a Bergwerk*. 1987 wurde Fendrich für sein Album *Kein schöner Land* in Österreich als bester Texter ausgezeichnet und erhielt für das beste Gesamtwerk des Jahres 1986 den Pop-Amadeus. Anfang 1988 kam das nächste Album heraus, die LP *Voller Mond*. Es brachte rockig-sanfte Lieder mit einem breitgefächerten Themenkreis: zum einen ging es darauf um Zwischenmenschliches, um Liebe, Träume, Einsamkeit, die Sensibilität von Kindern, zum ande-

ren um Sehnsucht nach Freiheit, Tierversuche, Terrorismus − ein kleines Meisterwerk des wortgewaltigen, so treffend be- und umschreibenden Sängers und Songschreibers.

Im Sommer 1988 trennte sich Fendrich von seinem langjährigen Produzenten CHRISTIAN KOLONOVITS. Mit dem neuen Produzenten TATO GOMEZ nahm er den süffisanten Anti-Männer-Song *Macho Macho* auf, der zum Sommerhit des Jahres wurde und in Deutschland bis Platz 2 der Hitparade kam. Über eine halbe Million Mal verkaufte sich der Song europaweit und wurde mit Gold und Platin ausgezeichnet. Ende 1988 ging Fendrich wieder auf Tournee: 111 Konzerte in 81

Städten mit mehr als 250 000 Zuschauern. Die Highlights dieser Tournee erschienen 1989 auf dem Live-Album *Rainhard Fendrich – Das Konzert. Tango Korrupti* hieß dann im Frühjahr 89 die nächste Single, bei der sich Fendrich in Bezug auf Korruption jeder Art kein Blatt vor den ironischen Mund nahm. Der Song wurde wieder ein Hit. Ende 1989 erschien das nächste Album *Von Zeit zu Zeit*, das wieder die nachdenkliche und zarte Seite des erstklassigen Songschreibers und Interpreten zeigte.

Bryan Ferry

Bryan Ferry
Foto: eg

geb. 26. 9. 1945 in Washington/England: voc

Bryan Ferry, der elegante, herrlich dekadente Star der britischen Pop-Musik mit der aufregend unterkühlten, näselnd-maniert-klingenden Stimme, entstammt der Arbeiterklasse. Sein Vater boxte zunächst in Kneipen für Geld und betreute schließlich dreißig Jahre lang die Ponys, die die Kohle aus den Grubenschächten befördern. Bryan wuchs im nordenglischen Industriegebiet auf. Als er 12 Jahre alt war, hörte er den Jazz-Star CHARLIE PARKER – und war fortan der Musik verfallen. Als Bryan 16 Jahre alt war, stellte er fest, daß er am selben Tag Geburtstag hat wie der Schriftsteller T. S. ELIOT – und begann Gedichte zu schreiben. Musik und Literatur waren nun seine große Liebe. An der Universität von Newcastle studierte er Kunst und wurde anschließend Kunst-

erzieher. Schon auf der Uni hatte er eine eigene Band namens GAS BOARD gegründet, doch seine musikalische Karriere fing erst 1970 mit der Gründung der Formation ROXY MUSIC an. 1972 erschien das erste Album dieser außergewöhnlichen Band, zu der damals ANDY MACKAY (sax/oboe), PHIL MANZANERA (g), RIK KENTON (b), PAUL THOMPSON (dr) und BRIAN ENO (synth) gehörten. Bereits diese erste LP des schillernden, ungewöhnlichen Sextetts versetzte die damals ziemlich monoton gewordene Musikszene in Aufruhr. Ihre Musik war eine intelligente Mischung aus Rock, Jazz, Pop, unterlegt mit Rhythmen, die zum Tanzen animierten; darüber thronte der gleichförmige, stakkatoartige und doch merkwürdig weich und schmeichelnd klingende Singsang von Bryan Ferry. Obwohl die Musik von Roxy Music mit herkömmlichen Zutaten gemixt war, wenn man einmal von Mackays ungewöhnlichem, virtuosem Saxophon- und Oboenspiel und Enos für damalige Verhältnisse fremdartigen Synthesizer-Einschüben absah, klang sie doch völlig anders und ungewohnt und fand innerhalb kürzester Zeit viele Nachahmer. Auch die Shows der britischen Gruppe waren bemerkenswert: Bryan Ferry als lasziv und dekadent wirkender »schwarzer Prinz« in der Mitte, um ihn herum die bunten, schillernden, mit viel Glitter, Glamour, Federn, Leder und Geschmeide herausgeputzten Mitspieler. Der dunkelhaarige, gutaussehende Ferry hatte das Zepter fest in der Hand: Er ließ sich die Songs einfallen, schrieb dazu seine nostalgisch-absurden Texte, hatte ein gewichtiges Wort bei Arrangement und Produktion mitzureden und besorgte größtenteils auch die Gestaltung der bemerkenswerten Cover selbst. 1973 veröffentlichte der Musiker sein erstes Solo-Album, *These foolish things*, und startete damit eine Parallel-Karriere als Solist. Auf dieser LP und auch den beiden nächsten, *Another time, another place* (1974) und *Let's stick together* (1976), interpretierte er nicht nur eigene Nummern, sondern in erster Linie Welthits, die ihm gefielen, wie z. B. *A hard rain's a gonna fall* von → BOB DYLAN oder den Klassiker *Smoke gets in your eyes*. Roxy Music war eine der einflußreichsten Bands der 70er Jahre. Alle Alben und Singles verkauften sich hervorragend. Und vor allen Dingen die New-Wave-Musiker hatten sich ein großes Stück ihrer »neuen« Musik von Bryan Ferry und seiner Roxy Music abgeschaut. 1982 erschien die letzte Studio-LP von Roxy Music, das ganz hervorragende, sanftmelodische Album *Avalon*, das Nr. 1 der englischen Charts wurde und Gold und Platin erhielt. Danach löste sich die Band auf. Bryan Ferry hatte in all den Jahren zielstrebig seine Solo-Karriere weiterverfolgt und mit *In your mind* (1977) und *The bride stripped bare* (1978) zwei hervorragende Solo-Alben abgeliefert. Aber erst nach der Auflösung von Roxy Music lief der Musiker zur Höchstform auf. 1985 legte er nach sieben Jahren Pause sein nächstes Album vor, die LP *Boys and girls*, die in England wieder Nr. 1 der LP-Charts wurde. Es war ein typisches Ferry-Album: dunkel, schön, sanft und doch rhythmisch, mit einem großen Schuß Nostalgie und Dekadenz, mit großen Soundcollagen und brillanten Songs. Dann ließ sich der Künstler, der sehr zurückgezogen mit Frau und Kindern auf dem Land lebt, wieder zwei Jahre Zeit, bis er 1987 die nächste LP *Bête noir* herausbrachte. Es war auch wieder ein typisches Bryan-Ferry-Album, aufregend und einschmeichelnd, sanft und rhythmisch, perfekte Pop-Musik der 80er Jahre, eingespielt mit ausgezeichneten Musikern wie PATRICK LEONARD (→ MADONNA), DAVID GILMOR (→ PINK FLOYD), JOHNNY MARR (THE SMITHS). Ende 1988 ging Bryan Ferry auf große Tournee, bei der er auch fünf umjubelte und ausverkaufte Konzerte in Deutschland gab. Rechtzeitig zu dieser Tournee erschien das MUSS für jeden Ferry- und Roxy-Fan: *The ultimate collection*, ein sehr gut zusammengestelltes Best-Of-Album mit Ferry's Solo-Titeln und den bekannten Roxy-Songs.

Fine Young Cannibals
Foto: Metronome

Fine Young Cannibals

ROLAND GIFT, geb. in Birmingham, England: voc; ANDY COX; DAVID STEELE

1984 fanden sich die zwei weißen Musiker und das farbige Allround-Talent Roland Gift zusammen, um ein Trio zu gründen. Andy und David hatten vorher bereits in der Reggae- und Blue-Beat-Band THE BEAT ihre Erfahrungen gesammelt. 1985 veröffentlichten sie die Debüt-Single *Johnny come home*, die ein europaweiter Erfolg wurde. Vor allen Dingen Rolands eigenwillige, ausdrucksstarke Stimme, die mit der von Superstars wie OTIS REDDING, DESMOND DEKKER, AL GREEN oder sogar → SAM COOKE verglichen wird, machte den Song zu einem Erfolg. Es folgte das Debüt-Album *Fine Young Cannibals*, das ebenso wie die weiteren Singles *Suspicious minds* (eine gelungene Cover-Version des → ELVIS-Hits) und *Blue* ein durchschlagender Erfolg war. 1986 ging das Trio auf Tournee durch USA und lernte dort den Hollywood-Regisseur BARRY LEVINSON kennen, für den sie anschließend vier Songs für seinen Film *Tin men* produzierten. Kurz danach nahmen sie für den Avantgarde-Streifen *Something wild* eine Cover-Version des BUZZCOCKS-Songs *Ever fallen in love* auf, der in Großbritannien wieder ein Top-10-Hit wurde. Das Kino hielt die drei ›Kannibalen‹ auch weiterhin im Griff. Im Sommer 1987 wurde der gutaussehende Roland für den Film entdeckt und stand für den englischen Film *Sammie und Rosie tun es* vor der Kamera. Der Streifen ist heute bereits ein Kult-Film. Anschließend bekam Roland die Rolle des JOHNNY EDGECOMBE in dem Film *Scandal*. Der Film erzählt die authentische Geschichte des Callgirls CHRISTINE KEELER und des britischen Ministers PROFUMO, der wegen seiner Beziehungen zu diesem Callgirl sein Amt aufgeben mußte. Der Titelsong des Films wurde von → DUSTY SPRINGFIELD gesungen. Aber auch Andy Cox und David Steele waren für die Traumfabrik tätig. Sie legten sich das Pseudonym TWO MEN, A DRUM MACHINE & A TRUMPET zu und nahmen den Song *Tired of getting pushed around* auf. Der Song war für den STEVE-MARTIN-Film *Trains, planes and automobiles*, der in Deutschland *Ein Ticket zu zweit* hieß. Die Nummer wurde Anfang 1988 in Großbritannien ein Dance-Charts-Hit.

Neues von den Fine Young Cannibals gab es dann erst 1989. Aber das Warten hatte sich gelohnt. Die LP *The raw and the cooked* und die erste Single *She Drives Me Crazy* waren absolute Superseller. Für das Album gab es Gold in Australien, Neuseeland, Großbritannien, Finnland und Deutschland und Platin in Amerika und Kanada. Für die Single gab es Gold in Österreich, Australien, Schweden und Amerika. Und für das Video von *She drives me crazy* konnte das Trio in Antwerpen gleich zweimal den ›Diamond Award‹ in Empfang nehmen: für das ›Beste Video‹ und das ›Beste Gruppen-Video‹. 1990 wurde die Gruppe dann gleich dreimal für den amerikanischen Grammy-Award nominiert: ›Beste Single‹, ›Bestes Album‹ und ›Bester Auftritt einer Gruppe‹. Auch weitere Singles der LP wie *Good thing, Don't look back, I'm not the man I used to be* und schließlich *I'm not satisfied* festigte den Ruf der Formation als Lieferant hervorragender Pop-Rock-Songs. Danach widmete sich Roland wieder seiner Schauspiel-Karriere: Er wirkte in dem französischen Film *Zigzag* mit, trat in einer englischen TV-Serie über die ersten westindischen Einwanderer in England auf und stand in Hull in einer Theaterinszenierung von *Romeo und Julia* auf der Bühne. So dauerte es eine geraume Weile, bis für das Frühjahr 1991 wieder eine neue FYC-Studio-LP angekündigt wurde. Um die lange Wartezeit für die Fans zu verkürzen, erschien Ende 1990 ein Album mit neuen Remixes von früheren Hits, wie *Johnny come home,* und aktuelleren, wie *She drives me crazy.*

Fish

→ MARILLION

Flash and the Pan

HARRY VANDA (JOHANNES VANDENBERG), geb. 22. 3. 1947 in Holland: g/voc; GEORGE YOUNG, geb. 6. 11. 1947 in Schottland: synth/voc

Harry Vanda und George Young sind ein fester Bestandteil der internationalen Geschichte der Rock-Musik. Und erstaunlicherweise stehen der gebürtige Holländer und der gebürtige Schotte als Synonym für australische Rock-Musik. Denn beide wanderten als Teenager mit ihren Familien nach Australien aus. Dort lernten sie sich kennen und gründeten Anfang der 60er Jahre die EASYBEATS. Bereits Mitte der 60er Jahre waren die Easybeats Australiens führende Rockband, und mit dem Vanda/Young-Song *Friday on my mind* hatte die Formation 1967 einen weltweiten Bestseller. 1970 lösten sich die Easybeats auf, und Vanda/Young, die sich inzwischen als Produzenten und Songwriter einen Namen gemacht hatten, eröffneten eine Produktionsfirma. Einer der ersten erfolgreichen Acts war eine Hard Rock-Gruppe namens → AC/DC, die ANGUS und MALCOLM YOUNG, die jüngeren Brüder von George Young, 1974 gegründet hatten. Als erfolgreiche Produzenten erwiesen sich die beiden auch bei Superstars wie → DAVID BOWIE, → ROD STEW-

Flash and the Pan   Foto: CBS

ART und → GARY MOORE. Aber Vanda/ Young veröffentlichten auch weiterhin Solo-Projekte. Unter dem Namen HAPPY'S WHISKEY SOUR brachten sie den Song *Shot in the head* heraus, und als THE MARCUS HOOK ROLL BAND veröffentlichten sie *Natural man*. Beide Titel waren in England recht erfolgreich. Dann ließen sich die beiden Ende der 70er Jahre die Gruppe Flash and the Pan einfallen, zu der auch STEVIE WRIGHT, der Leadsänger der Easybeats, gehörte. 1979 hatte Flash and the Pan einen ersten Hit mit *Hey, St. Peter*, einen Achtungserfolg brachte dann Anfang der 80er der Song *Down among the dead men*, und 1983 schafften sie endlich einen Platz 6 in den British Charts mit ihrem *Waiting for a train*. Die Songs von Flash and the Pan sind alle sehr Rhythmus-betont, klingen immer etwas monoton, ohne jedoch dadurch langweilig zu wirken. Das Faszinierendste ist aber stets der eigentümlich harmonisch-unharmonische Sprech-Chor-Gesang der Produktionen, an dem man eigentlich jeden Song der Gruppe sofort erkennt. Richtig los ging die musikalische Karriere von Flash and the Pan dann 1985 mit dem vierten Album *Early morning wake up call*. Daraus gab's zwei Hit-Singles, nämlich den Titelsong und *Midnight man*, der sich in Deutschland auf Rang 7 der Hitparade plazieren konnte. Im typischen Flash-

and-the-Pan-Sound war dann auch das 87er Album *Nights in France*, das sich in den deutschen LP-Charts hoch plazieren konnte, ebenso wie die Singles *Ayla* und *Money don't lie*. 1990 veröffentlichte die Formation mit *Flash and the pan collection* ein Best-of-Album.

Fleetwood Mac

→ STEVIE NICKS, geb. 26. 5. 1948 in Phoenix/USA: voc; CHRISTINE MCVIE, geb. 12. 7. 1943 in England: voc/keyb; JOHN MCVIE, geb. 26. 11. 1945 in England: b; MICK FLEETWOOD, geb. 24. 6. 1942 in Cornwall/England: dr/perc; RICK VITO, geb. in Philadelphia/USA: leadg/voc; BILLY BURNETTE, geb. 8. 5. 1953 in Memphis/USA: leadvoc/g

Die englisch-amerikanische Formation Fleetwood Mac ist eine der langlebigsten und erfolgreichsten Gruppen der Rock-Musik. Angefangen hatte das Ganze 1967 in England. Der hervorragende britische Blues-Gitarrist PETER GREEN hatte keine Lust mehr, bei JOHN MAYALLS BLUESBREAKERS ein kleines Licht zu sein, und beschloß eine eigene Band zu gründen. Als er bei Mayall ging, nahm er auch gleich dessen Bassisten John McVie mit und formierte 1967 eine Gruppe namens PETER GREEN'S FLEETWOOD MAC. Zu dieser Formation gehörten damals noch Mick Fleetwood und JEREMY SPENCER (g/voc). Beim National Jazz- and Blues-Festival am 12. August 1967 wurde die Band stürmisch gefeiert, und das Debüt-Album *Fleetwood Mac*, das 1968 herauskam, konnte sich 13 Monate in den UK-

LP-Charts halten. Das Album enthielt in erster Linie modernisierte Versionen alter Blues-Titel, und in dieser Art war auch das zweite Album, *Mr. Wonderful* (1968). 1968 wurde auch der junge Gitarrist DANNY KIRWAN in die Band aufgenommen, und von diesem Zeitpunkt an begann sich die Musik von Fleetwood Mac zu verändern: weg vom traditionellen Blues, hin zu mehr Pop-orientierten Songs. Der Erfolg kam postwendend: 1969 hatte die Gruppe den ersten Nr.-1-Hit mit der Green-Komposition *Albatross*, einer sanften, gitarrenbetonten Instrumental-Nummer, die ein bißchen an den *Sleep walk* von SANTO AND JOHNNY aus dem Jahr 1959 erinnert. Die Hitserie wurde fortgesetzt mit den Green-Songs *Man of the world* (UK Nr. 2 1969) und *Oh well* (UK Nr. 1 1969). 1969 erschienen auch wieder zwei LPs von Fleetwood Mac, das Album *Blues jam at chess* − eine LP im alten Blues-Stil − und das Album *Then play on*, für das Peter Green, Jeremy Spencer und Danny Kirwan die melodiösen Lieder geschrieben hatten. 1970 geriet Peter Green auf den religiösen Trip und verließ die Band. Sein Abschiedsgeschenk war der Song *The green Manalishi*, der für die Gruppe eine Nr.-10-Plazierung in den UK-Charts brachte. Danach ging's bei Fleetwood Mac erst einmal ein paar Jahre drunter und drüber. Da half auch nicht, daß John McVies Frau Christine bei dem 70er Album *Kiln house* als Sängerin aushalf. Christine hatte unter ihrem Mädchennamen CHRISTINE PERFECT bei der britischen Blues-Formation CHICKEN SHACK gesungen und sich einen Namen als beste britische Blues-Sängerin gemacht. Ab 1971 gehörte sie dann fest als Sängerin zu der Band. Im Februar 1971 traf Fleetwood Mac der zweite

Fleetwood Mac   Foto: Neal Preston/WEA

schwere Schlag: Jeremy Spencer, der auf der Bühne so herrlich → ELVIS und BUD-DY HOLLY parodiert hatte, verschwand bei einer Tournee durch Amerika und schloß sich der radikalen religiösen Sekte »Children of God« an. Damit Fleetwood Mac die US-Tour fortsetzen konnte, stieg PETER GREEN noch einmal kurz-

fristig ein, seinen Platz übernahm dann anschließend der Kalifornier BOB WELCH (g/voc). Auf dem 71er Album *Future games* war sein West-Coast-Einfluß auch deutlich zu spüren, und diese LP brachte der Formation auch erstmals in Amerika Erfolg. Der wurde dann mit dem 72er Album *Bare trees* fortgesetzt, während die Gruppe in ihrem Heimatland England allmählich in Vergessenheit geriet. Ende 1972 feuerte Fleetwood Mac den Gitarristen Kirwan und ersetzte ihn durch die Amerikaner BOB WESTON und DAVE WALKER. Dieser frische Wind machte sich auch bei der 73er LP *Penguin* bemerkbar. Doch bereits nach dem zweiten 73er Album, *Mystery to me*, verließen die beiden Amerikaner wieder die Band. Die restlichen Mitglieder waren untereinander zerstritten, keiner konnte sich mit einer klaren Linie durchsetzen – Fleetwood Mac war dadurch eine ganze Weile wie paralysiert. Diese Ruhepause dauerte CLIFFORD DAVIS, dem Manager der Band, zu lange, und so stellte er kurzfristig eine neue Gruppe zusammen, die er unter dem Namen Fleetwood Mac anbot. Doch das paßte den Gründungs-Mitgliedern Mick Fleetwood und John McVie überhaupt nicht. Sie gingen vor Gericht – und gewannen den Prozeß. Die anderen »Fleetwoods« nannten sich daraufhin STRETCH und hatten 1975 einen Hit mit dem Song *Why did you do it?*, in dem sie diesen gerichtlichen Schritt anprangerten. Ende 1974 erschien dann das nächste Fleetwood-Mac-Album *Heroes are hard to find*. Es war in Los Angeles produziert worden, wo sich die Band inzwischen niedergelassen hatte. Im Februar 1975 gab's dann die nächste Umbesetzung: Bob Welch ging und für ihn kamen → LINDSEY BUCKINGHAM und seine Frau → STEVIE NICKS. Das attraktive Paar mit den beachtlichen Songwriter-Qualitäten war vorher unter dem Namen BUCKINGHAM NICKS als Duo aufgetreten. Die beiden waren für einen Großteil der Songs auf dem 75er Album *Fleetwood Mac* verantwortlich, und diese LP brachte der Band den ersten Superseller in USA: innerhalb kürzester

Zeit wurde die LP mit Platin ausgezeichnet, belegte natürlich Platz 1 der US-LP-Charts, blieb 122 Wochen in den Charts und verkaufte sich über fünfmillionenmal. Stevie Nicks' Song *Rhiannon*, Christine McVies Komposition *Over my head* und *Say you love me* wurden die Single-Hits daraus. Mit dem 77er Album *Rumours* wurde Fleetwood Mac dann zu der Supergruppe, die sie heute ist. Das Album verkaufte sich weltweit über 20millionenmal, blieb in Amerika 31 Wochen auf Platz 1 (ein Rekord, der in den letzten 20 Jahren nur von → MICHAEL JACKSONS Album *Thriller* übertroffen wurde), und brachte der Gruppe den Grammy für das »Album des Jahres«. Vier Singles gab es aus dieser LP, *Go your own way, Dreams, Don't stop, You make loving fun*, alle vier erreichten in Amerika die Top 10 der Hot 100. Mit dem von Stevie Nicks geschriebenen Song *Dreams* hatte Fleetwood Mac den ersten Nr.-1-Hit in den Hot 100, die Single verkaufte sich millionenfach und brachte die Gruppe auch in England wieder einmal auf die oberen Plätze der British Charts. In diesem Stil ging's dann weiter: Das 79er Album *Tusk* wurde mit vierfach Platin ausgezeichnet, die Single-Hits daraus hießen *Tusk* und *Sara*, letzterer war wieder ein Song aus der Feder von Stevie Nicks. Das 82er Album *Mirage* erhielt dreifach Platin, die Single-Hits hießen *Hold me* und *Gypsy*. *Gypsy* war wieder von Stevie Nicks, das dazugehörige Video, in dem nur die attraktive Stevie zu sehen war, gewann einen Grammy. Dann war fünf Jahre lang nichts mehr von der Super-Rock-Band Fleetwood Mac zu hören. Fast jedes Mitglied widmete sich Solo-Aktivitäten, und alle, bis auf John McVie, brachten auch mindestens ein

Solo-Album heraus. Aber 1987 fand sich die Gruppe wieder zusammen, allerdings mit pesonellen Veränderungen: Lindsey Buckingham hatte die Gruppe verlassen, um künftig nur noch als Solist zu arbeiten. Für ihn kamen Billy Burnette und Rick Vito. Beide hatten schon früher mit der Band zu tun gehabt. Billy Burnette ist der Sohn vom Komponisten DORSEY BURNETTE, dem Bruder vom Rock'n'Roll-Star JOHNNY BURNETTE (*Dreamin', You're sixteen*). Er spielte bereits bei Mick Fleetwoods Zweitgruppe THE ZOO mit und hatte zusammen mit Christine McVie ein Lied für ihr 84er Solo-Album geschrieben. Er veröffentlichte diverse Solo-Alben, und seine Lieder wurden bereits von Stars wie → ROY ORBISON, RAY CHARLES und JERRY LEE LEWIS gesungen. Rick Vito kennt John McVie bereits seit den 70er Jahren, wo sie beide bei einer Plattenaufnahme für John Mayall dabei waren. Anschließend machte er sich als Leadgitarrist einen Namen bei → BOB SEGERS Album *Like a rock* und der dazugehörigen Tournee. Rick Vito spielte auch auf → JACKSON BROWNES Album *Lawyers in love* mit und begleitete viele andere Stars wie z. B. → BONNIE RAITT. In dieser neuen Besetzung veröffentlichte Fleetwood Mac 1987 das Album *Tango in the night*, das natürlich wieder ein Superseller wurde. Auch dafür gab es praktisch postwendend wieder Platin, Mitte Februar 88 hatte sich die LP allein in Amerika wieder über zweimillionenmal verkauft. Fast weltweit kam das Album unter die ersten Zehn der LP-Charts, und es gab wieder drei Single-Hits daraus: *Little lies, Big love* und *Seven wonders*, alles Songs, die sich auch in Deutschland hervorragend in die Top 75 plazieren konnten. 1990 gab's dann den nächsten Knaller von Fleetwood Mac: die LP *Behind the mask,* die als eine der ersten CDs mit Graphics erschien. Die Songs waren wieder im typischen Fleetwood-Mac-Stil und -Sound gehalten, wobei erstmals auch Billy Burnette und Rick Vito als Songschreiber auftraten. *Save me* war die erste Single daraus, geschrieben und gesungen von Christine McVie. Sie wude selbstverständlich ein internationaler Bestseller.

John Fogerty

geb. 28. 5. 1945 in Berkeley/Kalifornien, USA: voc/keyb

John Fogerty war Stimme, Kopf und Schreiber der Super-Formation CREEDENCE CLEARWATER REVIVAL, die sich 1972 auf ihrem Höhepunkt auflöste. Jahrelang war es dann still um den Sänger mit der einprägsamen, rauhen Stimme und den ohrwurmartigen musikalischen Rock-Einfällen. John Fogerty hatte »die Schnauze voll« von Streitereien und Prozessen mit seiner damaligen Plattenfirma und zog sich auf seine Farm in den Rocky Mountains zurück. Aber es war zu erwarten, daß ein Vollblutmusiker wie er, aus dessen Feder solche unverwüstlichen Welthits wie z. B. *Proud Mary, Who'll stop the rain, Bad moon rising, Green river, Run through the jungle* stammten, wieder aktiv werden würde. Im Januar 1985 war es dann soweit: Eine neue LP von John Fogerty erschien. Er hatte zwar schon vorher mit einer Gruppe namens BLUE RIDGE RANGERS alte Country-Standards eingespielt und 1975

John Fogerty
Foto: bellaphon

auch ein Solo-Album unter seinem Namen veröffentlicht, das den Hit *Rockin' all over the world* enthielt, aber das waren sozusagen nur Zwischenspiele gewesen. Mit seinem 85er Album *Centerfield* legte John Fogerty wieder richtig los. Er komponierte und textete nicht nur alle Lieder der LP, er spielte bei der Produktion außer Gitarre auch sämtliche Tasteninstrumente. Es war ein Album, das sich nahtlos an den guten alten Sound der 70er Jahre anschloß. Die beiden Singles *The old man down the road* und *Rock and roll girls* wurden beide international Hits, das Album ein Bestseller. 1987 veröffentlichte er das nächste Solo-Album. Fogerty nannte die LP *Eye of the Zombie* und bot darauf eine eigen-

artige Mischung aus traditionellem Rock mit überladenen, elektronischen Arrangements, eine etwas düstere, ungelenke Mischung, die weder die Rock-Fans noch die Elektronik-Fans befriedigte. Entsprechend mäßig war auch der Erfolg.

Foreigner

MICK JONES, geb. 27. 12. 1944 in London/England: leady/key/voc; LOU GRAMM, geb. 2. 5. 1950 in Rochester/USA: leadvoc; DENNIS ELLIOT, geb. 18. 8. 1950 in London/England: dr; RICK WILLS: b/voc

Auch Foreigner gehört zu den erfolgreichsten englisch-amerikanischen Rock-Bands. Von 1977 bis 1988 veröffentlichten sie sechs Studio-LPs und ein Best-of-Album, die alle mehrfach mit Platin ausgezeichnet wurden und sich weltweit über 30millionenmal verkauften. Gründer der Gruppe war der Engländer Mick Jones, der schon vor seiner Zeit mit Foreigner ein Rock-Veteran gewesen war und mit Top-Stars wie JOHNNY HALLIDAY, PETER FRAMPTON und → GEORGE HARRISON gespielt hatte. 1971 kam er zu der Band WONDERWHEEL, aus der sich 1972 SPOOKY TOOTH formierte, die sich 1974 wieder auflöste. Anschließend war Mick Jones Mitglied bei der LESLIE WEST BAND gewesen. 1976 arbeitete Jones in New York als Session-Musiker, traf bei einer Session den englischen Gitarristen IAN McDONALD, der ehemals Mitglied bei KING CRIMSON gewesen war, und beschloß, mit ihm eine Band zu gründen. Die beiden holten sich nach und nach den amerikanischen Keyboarder und

Synthesizer-Spezialisten AL GREENWOOD, den englischen Schlagzeuger Dennis Elliott, den amerikanischen Baßgitarristen ED GIGLIARDI und den amerikanischen Sänger Lou Gramm, der vorher bei BLACK SHEEP gewesen war. Dieses Sextett entwickelte gemeinsam den ganz speziellen Foreigner-Sound: eine englisch-amerikanische Mischung von spannungsgeladenem, melodiösem Hard Rock, mit gradlinigen Melodienbögen und interessanten Texten. Anfang 1977 erschien das Debüt-Album *Foreigner* und die erste Single *Feels like the first time*. Sie wurde ein Top-10-Hit in Amerika, genauso wie Single Nr. 2, *Cold as ice*. Die LP kam auf den 1. Platz der US-LP-Charts, blieb etwa zwei Jahre in den Charts und bekam dreifach Platin für

über drei Millionen verkaufter Exemplare. Im Juni 1978 erschien das nächste Album *Double vision*. Es bekam sofort Platin und verkaufte sich allein in Amerika über fünfmillionenmal. Die beiden Singles daraus, *Hot blooded* und *Double vision*, wurden mit Gold ausgezeichnet. Beim dritten Album *Head games* (1979), gab's die erste personelle Veränderung. Gigliardi schied aus, für ihn kam der englische Bassist Rick Wills (ehemals bei SMALL FACES, PETER FRAMPTON, ROXY MUSIC usw.). Auch *Head games* mit den Single-Hits *Blue morning, blue day, Dirty white boy* und *Head games*, verkaufte sich millionenfach. Dann verließen Ian McDonald und Al Greenwood die Band, und Foreigner machte als Quartett weiter. In dieser Besetzung spielte

Foreigner   Foto: Atlantic

die Gruppe 1981 das Album ein, das ihr den weltweiten Durchbruch bescherte: *Foreigner 4*. Diesmal gab's nicht nur energiegeladenen Hard Rock zu hören, sondern auch rockige Balladen, wie z. B. *Waiting for a girl like you*. Und genau diese Single brachte Foreigner wieder Gold. Aber auch die anderen Single-Auskoppelungen, wie die Rock-Songs *Urgent, Juke box hero* und *Break it up*, waren ganz oben in den internationalen Charts zu finden. Für das Album gab's natürlich auch wieder Mehrfach-Platin, allein in Deutschland wurden über 600 000 Stück davon verkauft. Foreigner schien sich auf einem nicht mehr zu übertreffenden Höhepunkt zu befinden. 1982 erschien eine Best-of-Koppelung, und dann hörte man erst einmal nichts mehr von der Band. Erst Ende 1984 machte Foreigner mit dem Album *Agent provocateur* und der wunderschönen Single *I want to know what love is* auf sich aufmerksam. Dieser »schwarz« angehauchte Soft-Rock-Song, bei dem Foreigner von dem Gospel-Chor New Jersey Mass Choir hinreißend begleitet wurde, setzte sich praktisch über Nacht weltweit an die Spitze der internationalen Charts. Aus der ganzen Welt gab's Edelmetall für diesen Song, aus Schweden sogar Platin. Auch das Album wurde ein weltweiter Nr.-1-Hit. In Deutschland belegte Foreigner mit *Agent provocateur* zum erstenmal den ersten Platz der LP-Charts. Auch die zweite Single *That was yesterday* wurde ein Hit. Dann ging wieder die Warterei der Fans auf ein neues Foreigner-Album los. Dann kam Anfang 1987 die Schreckensmeldung, daß sich Foreigner aufgelöst hätte. Lou Gramm, der inzwischen zum Boß der Gruppe avanciert war, sagte dazu: »Ich habe es satt, so langsam zu

arbeiten. Ein Album in drei Jahren — und dazwischen nur unendliche Diskussionen über das Songmaterial — füllen ein Leben einfach nicht aus — besonders, wenn man eine Kreativität spürt, die es verdient, auf Rillen gepreßt zu werden. Jetzt gehe ich ins Studio und werde meine erste Solo-LP aufnehmen. Und ab dieser Stunde wird es Foreigner nicht mehr geben.« Lou Gramm ging tatsächlich ins Studio und nahm die ausgesprochen hörenswerte Solo-LP *Ready or not* auf, die mit *Midnight blue* auch einen Single-Hit enthielt. Er nahm auch für den Horror-Rocker-Shocker *The lost boys* den Titelsong *Love in the shadows* für den Soundtrack des Films auf. Aber Foreigner blieb trotzdem weiterbestehen. Seine Mitstreiter hatten sich die Worte des Chefs zu Herzen genommen und in nur sieben Tagen 14 Songs fertiggestellt, von denen nun die zehn besten auf der LP *Inside information* zu hören waren. Das Album wurde erstmals ganz von Mick Jones produziert und hatte mit *Say you will, I don't want to live without you* und *Heart turns to stone* wieder etliche Single-Hits. Die englische Fachzeitschrift *Kerrang!* schrieb über das Album: »*Inside information* ist ein hervorragendes Beispiel dafür, was erfahrene Rockmusiker auf die Beine stellen können, wenn Inspiration und genaue Zielvorstellungen im Spiel sind.«

Dann hörte man wieder längere Zeit weder von Foreigner noch von Leadsänger Lou Gramm etwas. Aber Gramm hatte sich keineswegs auf seinen Lorbeeren ausgeruht. Er war wieder allein ins Studio gegangen und hatte die LP *Long hard look* aufgenommen. Dieses zweite Solo-Album bot wieder Rock vom Feinsten und hatte mit *Just between you and me* (1981 ein Hit für das kanadische Rock-Quintett APRIL WINE) wieder einen Single-Bestseller. Gleichzeitig wurden allerdings sämtliche Gerüchte dementiert, daß damit für Foreigner das endgültige Aus gekommen wäre. Für 1990/91 wurde ein neues Album der Band angekündigt.

Samantha Fox

geb. 15. 4. 1966 in England: voc

Das blonde, hübsche Mädel machte zunächst als englisches Busen-Wunder mit den Maßen 92-59-84 von sich reden. Auf der berühmten Seite 3 der englischen Yellow Press, auf der sich stets wenig bekleidete Schönheiten räkeln, war sie zu bewundern. Aber Sam, wie sie kurz genannt wird, wollte mehr, wollte weiter kommen als ihre Durchschnitts-Familie es ihr bieten konnte. Der Vater verschaffte der Zeitungs-Schönheit einen Plattenvertrag, und was keiner für möglich gehalten hatte, trat ein: Sammy entwickelte sich 1986 zum europäischen Disco-Star. *Touch me* hieß das Debüt-Album der kleingewachsenen jungen Dame mit dem großen Herzen, und sämtliche Singles daraus wurden Hits: *Touch me (I want your body), Do ya, do ya (wanna please me), I'm all you need* und der Rockabilly-Song *Hold on tight*. Der Rubel, bzw. das englische Pfund, rollte, und Samantha Fox, der offensichtlich bei soviel Oberweite niemand Köpfchen zugetraut hatte, entwickelte sich innerhalb kürzester Zeit zur gewieften Geschäftsfrau. Sie wurde stolze Besitzerin einer Wein-Bar in London und

vermarktete ihr allseits bekanntes Gesicht für Mode und Kosmetika. 1987 veröffentlichte Sam das zweite Album, das nur kurz *Samantha Fox* hieß. Für *Nothing's gonna stop me now*, die erste Single daraus, holte sie sich prominente Hilfe: Als Produzenten waren die Herren → STOCK/AITKEN/WATERMAN für sie tätig gewesen, das zu diesem Zeitpunkt wohl erfolgreichste englische Produzenten- und Songwriter-Team. Der schnelle, harte Disco-Titel wurde selbstverständlich wieder ein gesamteuropäischer Hit. Bei der zweiten Single vom zweiten Album zeigte sich Sam von ganz anderer Seite: In *True devotion* hauchte sie gekonnt erotisch ihre »wahre, hingebungs-

Samantha Fox
Foto: Teldec

volle Liebe«. Auch diese melancholische Ballade wurde 1987/88 wieder ein Bestseller. 1988 ließ sich Samantha Fox vom amerikanischen Team FULL FORCE (→ LISA LISA & CULT JAM) den Song *Naughty girls (need love to)* schreiben und produzieren und landete damit nicht nur in den englischen und deutschen Charts, sondern prompt auch in den USA Hot 100.

Frankie goes to Hollywood

HOLLY JOHNSON, geb. 9. 2. 1960 in Liverpool/England: leadvoc; PAUL RUTHERFORD, geb. 8. 12. 1959 in Liverpool/England: voc; PETER GILL: dr; MARC O'TOOLE: b; BRIAN NASH: g

Der Erfolg dieser britischen Sensations-Truppe ist im Grunde genommen das Werk von zwei Männern: von TREVOR HORN, dem Produzenten, der monatelang an dem speziellen Sound der Gruppe herumtüftelte, bis er geradezu wagnerhafte Ausmaße angenommen hatte, und von PAUL MORLEY, dem ehemaligen Musikjournalisten beim *New Musical Express*, der mit einem perfekten, bis ins kleinste ausgeklügelten Werbefeldzug die Gruppe mit allerlei Geschichten in die Presse und damit in aller Munde brachte. Begonnen hatte das Ganze mit dem homosexuellen Pärchen Holly Johnson und Paul Rutherford. Die beiden hatten sich 1980 bei der Gruppe BIG IN JAPAN kennen- und liebengelernt. Als sich die Formation 1980/81 auflöste, holten sich die beiden Liverpooler drei jun-

ge Männer von der Hard-Rock-Szene: Peter Gill, Marc O'Toole und Brian Nash. Sie begannen nun an Songs herumzufeilen, und noch ehe die Lieder fertig waren, hatten sie schon ihren Namen. Holly sah ein altes Bild von FRANK SINATRA, auf dem er gerade eine Gangway in Los Angeles hinabschritt, mit der Überschrift *Frankie goes to Hollywood*. Da Sinatra für Holly die Hoch-Zeit des Glamour und Glitter und Showbusineß verkörperte und es genau das war, was er mit seiner Formation im Sinn hatte, beschloß er, unter einstimmigem Beifall, diese Zeile als Gruppennamen zu nehmen. Doch weder Songs noch Name fanden Anklang bei den Plattenfirmen, also wandte sich Holly an einflußreiche Gesinnungsgenossen und bekam praktisch sofort in den größten Gay-Diskotheken von London einen Auftritt. Die Leder- und Straps-Travestie-Show des Quintetts fand enthusiastischen Beifall; Frankie goes to Hollywood wurde umgehend für weitere Auftritte gebucht. Das Fernsehen wurde auf das sexgeladene Pop-Spektakel aufmerksam: Frankie kam ins TV, in die Jugendsendung *The Tube*. Dort sah PAUL MORLEY die Gruppe und engagierte sie postwendend für seinen neugegründeten Plattenverlag. Trevor Horn war ebenfalls begeistert und produzierte so lange und hingebungsvoll an dem eher einfachen Disco-Song herum bis das produktionstechnische Meisterwerk *Relax* herauskam. Schwarzes Leder im Macho-Look, der eindeutig homosexuelle Touch, die eindeutig zweideutige Refrain-Zeile »Relax, don't do it, if you wanna come to it« und das an die wüstesten FELLINI-Orgien erinnernde Video von *Relax* − das sorgte für Aufsehen. Die Gruppe war über Nacht in aller Munde. Am 8. November 1983 kam die Single heraus und wurde fleißig gespielt, bis ein Verantwortlicher der BBC sich den Text genauer anhörte und schnurstracks das Werk wegen Obszönität verbot. Das war erst einmal passiert, und zwar 1969, als die Stöhnarie *Je t'aime — moi non plus* von JANE BIRKIN und SERGE GAINSBOURGH auf den Index gesetzt worden war. Am 24. Januar 1984 wurde Frankie goes to Hollywood mit *Relax* Nr. 1 der UK-Charts, und am gleichen Tag erfolgte auch die Verbannung vom Bildschirm. Ein Sturm der Empörung brach los, Presse und Publikum zeigten sich solidarisch, von ungerechtfertigter und diktatorischer Bevormundung der Öffentlichkeit durch den Staatsfunk war die Rede, für Frankies

Karriere war das nur vorteilhaft. Für über eine Million verkaufter *Relax*-Scheiben erhielt die Gruppe Platin. In 12 europäischen Ländern rangierte der Song unter den ersten fünf der Hitparade. Die Veröffentlichung der zweiten Single *Two tribes* mußte wegen des Perfektionismus von Trevor Horn immer wieder verschoben werden. Doch Morley nutzte die Zeit, um Frankie immer wieder mit neuen Geschichten in die Presse zu lancieren. Am 4. Juni 1984 war es dann soweit: Der Politsong *Two tribes* wurde ausgeliefert und kam von Null auf Platz 1 der UK-Charts und blieb dort für neun Wochen. Nach einer Woche waren bereits eine halbe Million Platten verkauft, kurz danach konnten

Frankie goes to Hollywood   Foto: Ariola/Island

die fünf von Frankie auch dafür Platin entgegennehmen. Auch das Video zu dieser Single, das einen Ringkampf zweier Stammeshäuptlinge zeigte, nämlich Reagan für Amerika und Tschernenko für Rußland, fand begeisterte Zustimmung. Lediglich der Kreml mochte sich dem nicht anschließen: Der sowjetische Botschafter in London überreichte Frau Thatcher eine Protestnote, sein Volk fühle sich durch die verleumderische und unsittliche Darstellung des ZK-Vorsitzenden in diesem Video zutiefst in seiner Ehre verletzt. Doch die Frankie-Manie griff weiter um sich. Im Sommer 1984 hatte man in London eine neue Mode: weiße, lange T-Shirts mit Aufschriften wie »Frankie says war! Hide yourself!« (»Frankie sagt Krieg! Versteckt Euch!«) oder »Frankie says arm the unemployed!« (»Frankie sagt, bewaffnet die Arbeitslosen!«). Auch das war wieder ein kluger Marketing-Schachzug von PAUL MORLEY. Im Oktober erschien dann das langerwartete Debüt-Album *Welcome to the pleasuredome*. Es war eine Doppel-LP mit insgesamt 16 Titeln. Bereits vor Auslieferung lagen 750 000 Vorbestellungen vor, ohne daß auch nur mit einem Wort direkt dafür geworben worden wäre. Aber das hatte Morley ja schon vorher auf andere Art und Weise besorgt. Aus diesem Album stammte auch der dritte Superseller der Gruppe, *The power of love*. Während *Relax* und *Two tribes* harte, sehr rhythmische High-Energy-Rock-Titel gewesen waren, war dies eine langsame, schöne Ballade – und ebenso erfolgreich. In England kam der Song, wie auch die beiden vorherigen Titel, auf Platz 1, in Deutschland, wo *Relax* und *Two tribes* Nr. 1 gewesen waren, schaffte er es »nur« bis Platz 4. Dann ging

Frankie auf Tournee. Und das, was viele befürchtet und manche gehofft hatten, trat ein. Die Gruppe konnte die Faszination ihrer Songs live nicht bringen. Trotz Media-Show und Bandeinspielungen konnte auf der Bühne der Drive der Produktionen nicht nachvollzogen werden. Die fünf jungen Männer agierten auf der Bühne eher wie ein Abklatsch von DSCHINGIS KHAN. Von der sexgeladenen Travestie-Show blieb nichts übrig als Paul Rutherfords obszöne Geste, mit der er Bier ins Publikum verspritzte. Anfang 1985 wurde die Single *Welcome to the pleasuredome* veröffentlicht, die es immerhin auch noch bis Platz 9 in Deutschland schaffte. Den Rest des Jahres hörte man nichts mehr von den fünf Frankies. Erst 1986 änderte sich das wieder. Der Power-Song *Rage hard* wurde Nr. 1 in Deutschland, und diesmal reichte es in England nur für den 4. Platz. Das dazugehörige Album *Liverpool* wurde ebenfalls wieder ein Bestseller, ohne allerdings den Supererfolg von Album Nr. 1 zu erreichen. 1987 hieß es dann mehr oder weniger offiziell: »Frankie goes to Hollywood haben voneinander genug – jedenfalls für den Augenblick. Sie können sich zwar nicht mehr sehen – können sich aber auch nicht endgültig trennen. Die Mitglieder der Band haben sich darauf geeinigt, in den kommenden neun Monaten ihre jeweiligen Solo-Projekte zu verfolgen. Sie werden sich dann im nächsten Jahr wiedervereinigen, um ihr drittes Album *Family tension* aufzunehmen.« Bezeichnenderweise heißt »Family tension« nichts anderes als »Familienkrach«. Angeblich hatte Paul Rutherford zu diesem Zeitpunkt bereits eine Solo-Single mit dem Titel *Love affair with a camera* aufgenommen und Holly Johnson schon eine komplette Solo-LP in der Schublade. Schlagzeilen machten Frankie goes to Hollywood zum Jahreswechsel 1987/88 allerdings dann nicht musikalisch, sondern wieder mit einem Skandal. Aus der üblichen »gewöhnlich gut unterrichteten Quelle« war zu erfahren, daß die fünf bösen Buben auf keiner ihrer Platten auch nur eine Note selbst gespielt hätten, und auch nicht bei ihren Konzerten. Die Technik machte es möglich.

Doch zunächst war weder von der Band noch von den einzelnen Mitgliedern viel zu hören. Erst 1989 veröffentlichte Holly Johnson sein erstes Solo-Album namens *Blast,* das mit den Singles *Love train* und *Americanos* zwei international Bestseller enthielt. Auch die LP verkaufte sich ausgezeichnet und hielt sich monatelang in der deutschen Hitparade.

Aretha Franklin

geb. 25. 3. 1942 in Detroit/Michigan, USA: voc

»Soul Sister Nr. 1« und »Queen of Soul« wurde und wird sie genannt. Während der glatte, gestylte Soul der SUPREMES mehr für den glitzernden Jet-Set gedacht war, zeigte Aretha Franklin in den 60er Jahren, wo diese »schwarze« Musik eigentlich herkam. Bei ihr hörte man, daß der Soul zum einen Teil vom Blues kam, einer Musik, die die Schwarzen bei ihrer Arbeit auf den Feldern sangen, die mit Schmerz und Leid und Tränen verbunden war, aber ebenso von der jubilierenden Ekstase der Gospel-Songs, mit denen sie am Sonntag in der Kirche versuchten, sich das Leid von der Seele zu

singen, beeinflußt war. Aretha Franklin ist die Tochter des Predigers C. L. FRANKLIN, der selbst fast hundert Platten mit seinen Predigten veröffentlicht hat. Töchterchen Aretha war bereits mit zwölf Jahren Vorsängerin in seiner Gospel-Gruppe. Aber Aretha liebte nicht nur Gospel-Songs, sondern auch die weltliche Musik eines RAY CHARLES und eines → SAM COOKES. 1960 beschloß sie, künftig Musik in dieser Art zu machen. JOHN HAMMOND von Columbia Records erkannte sofort ihr Talent und gab ihr einen Plattenvertrag. 1961 erschien ihre erste Single *Won't be long*, die sich auch in den Charts plazieren konnte. Bis 1967 erschienen von Aretha Franklin einige recht nette Songs mit mittelmäßigem Erfolg, die alle nur einen Fehler hatten: sie waren zu brav, zu »weiß«. Die Produzenten bei Columbia Records wußten nicht so recht, was sie mit Aretha Franklins kraftvoller, intensiver 4-Oktaven-Stimme anfangen sollten. Sie wollten sie die R & B-Titel, für die ihre Stimme prädestiniert war, nicht singen lassen, da sie der Überzeugung waren, daß solche Songs für den großen Markt viel zu rauh und ungewohnt seien. 1966 zog Aretha Franklin die Konsequenz daraus und wechselte die Plattenfirma. Sie ging zu Atlantic Records und nahm ihre nächste Single in den Muscle Shoal Studios in Alabama auf. Dieses Studio war damals bereits bekannt für die kraftvollen, erdigen Soul-Songs, die dort entstanden. *I never loved a man the way I loved you* hieß Arethas Produktion, eine vorzügliche R & B-Nummer. Im Februar 1967 kam das Lied heraus und wurde innerhalb kürzester Zeit zum Millionenseller. Mit insgesamt vier Songs, die alle reiner, tiefschwarzer R & B waren, überschritt Aretha Franklin 1967 die Millionengrenze, die anderen drei waren *Baby I love you, Chain of fools* und das sensationelle *Respect*. Dieser Song, geschrieben von OTIS REDDING, wurde in der Version von Aretha Franklin von der Illustrierten *Ebony* zur schwarzen Nationalhymne gekürt. Ab 1967 war Aretha Franklin ein Top-Star. Dank ihrer nunmehr sachverständigen Produzenten hatte sie nun endlich ihren ganz speziellen und unverwechselbaren Stil gefunden: hinreißenden, erdigen R & B und Soul, der genau auf ihre gewaltige und ausdrucksvolle Stimme zugeschnitten war. Auch das Jahr 1968 brachte ihr wieder vier Millionenseller: *Since you've been gone, I say a little prayer, Think* und *See saw. Since you've been gone* war eine Eigenkomposition, *I say a little prayer* stammte aus

der Feder von BURT BACHARACH und HAL DAVID, und *See saw* war für den Komponisten DON CONVAY bereits 1965 ein Pop-Hit gewesen. Aus dieser Zusammenstellung von Liedern, die stilistisch so sehr unterschiedlich sind und teilweise im Original mit Soul oder R & B überhaupt nichts zu tun haben, kann man bereits ersehen, daß es für Aretha Franklin nicht wichtig war, woher ein Lied stammte. Die Hauptsache war, daß es gut war, daß es Seele hatte. Zu diesem Thema sagte Aretha Franklin einmal: »Wenn ein Song davon handelt, was ich selbst erlebt habe oder erleben könnte, ist er gut. Aber wenn er von etwas handelt, das mir fremd ist, dann kann ich rein gar nichts hineinlegen. Denn davon handelt der Soul ja – vom Leben, so wie

Aretha Franklin und Peter Wolf   Foto: Ariola/Arista

es wirklich ist.« Doch so gut es geschäftlich lief, so schlecht entwickelten sich die Dinge im privaten Bereich. Drei Kinder hatte sie inzwischen, Ehemänner kamen und gingen, mit ihnen hatte sie nur Pech. Sie begann zu trinken, rauchte wie ein Schlot, verfiel in Depressionen. 1969 hatte sie auch keine Lust mehr zu Plattenproduktionen, sie vernachlässigte ihre Arbeit, ihre Songs waren weder besonders gut noch besonders erfolgreich. Aretha Franklin drohte ins Nichts abzurutschen. Nur eines half ihr in dieser Zeit: sich, wie sie sagte, in der Gospelgruppe ihres Vater »das Leid von der Seele zu singen.« 1970 hatte sie sich wieder gefangen, und die Belohnung kam postwendend: *Don't play that song* wurde wieder ein Millionenerfolg. 1971 überschritten abermals vier Songs die Millionengrenze: ihre Version von → SIMON & GARFUNKELS *Bridge over troubled water*, der Klassiker *Spanish Harlem*, der 1961 ein Superseller für → BEN E. KING gewesen war, die Eigenkompositionen *Rock steady* und *Day dreaming*. Es entstand das hervorragende Live-Doppel-Album *Amazing grace*, das sie mit dem Gospelchor ihres Vaters aufnahm und das zeigte, daß Aretha Franklin immer noch eine überwältigende Gospelsängerin war. 1973 produzierte sie mit QUINCY JONES die LP *Hey now hey*, auf der sie in gekonnter Weise Jazz und Soul verband. Der Song *Until you come back to me* von → STEVIE WONDER brachte ihr 1973 wieder Edelmetall ein. 1976 veröffentlichte sie das Album *Sparkle*, den Soundtrack zum gleichnamigen Film, der die Entstehung des R & B in den späten 50er Jahren in Harlem schildert. Komponiert und produziert wurde die LP von CURTIS MAYFIELD. Dann wurde es langsam wieder still um Aretha Franklin. Ihre alten Fans waren inzwischen gesetzter geworden, und der jungen Generation war sie nicht discohaft genug. Ihre Musik hatte sich auch verändert. Sie war »sophisticated« geworden, zu ruhig, zu sehr MOR. Das alte Soul-Feeling, der umwerfende R & B-Touch tauchten nur mehr selten auf. Aretha Franklin war zu einer Sängerin des Bereichs »easy listening« geworden. Doch 1981 startete sie ihr Comeback mit dem Album *Love all the hurt away*. Das gleichnamige Lied daraus, das sie mit GEORGE BENSON im Duett sang, wurde wieder ein Hit. Und 1982 hatte sie sich dann endgültig auf die »neue« Musik eingestellt. Mit der LP *Jump to it* präsentierte sich Aretha Franklin als überzeugender Disco-Star. LUTHER VANDROSS, der Produzent der LP, wußte genau, wie er Aretha dem Publikum wieder mundgerecht präsentieren konnte. Temperamentvoll wie eh und je schleuderte sie ihre kraftvollen Funk-Titel den Hörern entgegen und sang den Nachwuchs glatt an die Wand. Die Single *Jump to it* wurde in Rekordzeit Nr. 1 der Black Charts. Auch die nächste LP *Get it right* (1983) war ähnlich erfolgreich. Der Titelsong daraus wurde ebenfalls die Nr. 1 der amerikanischen Black Charts. 1985 konnte Aretha Franklin gleich zwei Erfolge für sich verbuchen. Sie wurde von den → EURYTHMICS für ein Lied des Top-Albums *Be yourself tonight* verpflichtet. Dieses Lied, der Frauen-Song *Sisters are doing it for themselves*, wurde ein internationaler Hit. Und Aretha brachte auch wieder eine eigene LP heraus. Das Album *Who's zooming who* kam in den US-LP-Charts unter die Top 5, ebenso in Deutschland und England. Die Singles daraus, der Titelsong *Who's zooming who* und *Freeway of love*, wurden

in den Hot 100 Top-10-Erfolge. In Amerika bekam das Album Platin, in über 10 Ländern Gold. Für den Song *Freeway of love* bekam die Künstlerin ihren 15. Grammy, dazu noch zwei »American Music Awards« und im Oktober 1986 wurde ihr für die LP der »Deutsche Schallplattenpreis« überreicht. Ebenfalls 1986 ging sie mit den beiden → ROLLING STONES KEITH RICHARDS und RON WOOD ins Studio und nahm den alten Stones-Fetzer *Jumpin' Jack flash* auf, den dann der Regisseur STEVEN SPIELBERG sofort für seinen gleichnamigen Film mit WHOOPIE GOLDBERG in der Hauptrolle übernahm. Ende 86 wurde der Rock-Song ein Hit. 1987 erschien dann das nächste Album von Miss Franklin, das nur einfach *Aretha* hieß. Darauf enthalten war ein weiterer Superseller – der Song *I knew you were waiting for me*, geschrieben von SIMON CLIMIE von → CLIMIE FISCHER, im Duett gesungen von Aretha Franklin und → GEORGE MICHAEL. Dieses gelungene, eher softige R & B-Duett wurde praktisch weltweit ein Top-Hit und kam auch in Deutschland bis auf Platz 5 der Hitparade. Ende 1987 konnte man die phantastische Interpretin dann wieder als Gospel-Sängerin bewundern. Auf der Doppel-LP *Aretha Franklin Live – one Lord, one Faith, one Baptism* sang sie Traditionals dieser Musik, wie *Walk into the light, Oh happy day* und *Higher ground*. Das Album war im Spätsommer 1987 in der Detroiter New Bethel Baptist Church aufgenommen worden, und Aretha wurde dabei von einem 100köpfigen Chor und Stars wie den STAPLE SINGERS begleitet.
1988 stand Aretha dann wieder für einige spektakuläre Duette und eine ebensolche LP im Studio. Mit → ELTON JOHN sang sie den Single-Hit *Through The Storm;* mit ihrem Patenkind WHITNEY HOUSTON sang sie das rhythmische *It isn't, it wasn't, it ain't gonna be,* das 1989 ebenfalls ein Single-Bestseller wurde; und mit JAMES BROWN, dem Godfather of Soul, entstand das Duett *Gimme your love,* kurz bevor Mr. Brown für längere Zeit hinter Schwedischen Gardinen verschwand. Mitte 1989 wurde dann die Franklin-LP *Through the storm* veröffentlicht. Das von NARADA MICHAEL WALDEN produzierte Album enthielt wieder die Franklin-typische exzellente Mischung aus Soul, Pop, Funk und Gospel.

Fury in the Slaughterhouse

THORSTEN WINGENFELDER ›W 66‹, geb. 1966: g; KAI-UWE WINGENFELDER ›W 59‹, geb. 1959: voc; CHRISTOF STEIN, geb. 1962: g; GERO DRNEK, geb. 1962: keyb/g; HANNES SCHÄFER, geb. 1966: b; RAINER SCHUMANN, geb. 1964: dr

Gegründet wurde das Quintett 1987 in Hannover. Zunächst ging die Band auf die übliche Ochsentour, tingelte ausgiebig durch kleine Clubs und Jugendtreffpunkte. Das schlug derartig ein, daß die erste Maxi *Time to wonder*, die die Formation im Eigenvertrieb herausbrachte, schon nach kurzer Zeit ausverkauft war. Ermutigt tingelten die fünf weiter, allein 1988 traten sie in Deutschland bei 100 Gigs auf, waren die Vorgruppe für die britische Formation THE POGUES und produzierten nebenbei noch die Debüt-LP, die nur kurz *Fury in the Slaughterhouse* hieß. Die LP fand große Beach-

Fury in the Slaughterhouse
Foto: Jim Rakete

Peter Gabriel

geb. 13. 2. 1950 in Woking/Surrey, England: voc

tung und wurde bei diversen deutschen Radiostationen zur LP der Woche gewählt. Die selbstgeschriebenen R & B-Songs und Rock 'n' Roll-Titel der Gruppe kamen an, nicht zuletzt wegen der einprägsamen Stimme von Sänger W 59. 1989 war das Quintett beim Bizarre-Festival mit LIVING COLOUR und NEW MODEL ARMY dabei, trat mit → BAP beim Goslar-Festival auf, und ließ sich sogar bei der Internationalen Funkausstellung in Berlin hören und sehen. Es folgte die recht erfolgreiche Maxi *Kick it out*, und im Winter 1989 ging Fury In The Slaughterhouse in Hannover ins Studio, um die zweite LP *Jau!* aufzunehmen. Unterstützt wurde die Band dabei übrigens von ED MANN, dem Percussionisten von FRANK ZAPPA. Das Album *Jau!* erschien im März 1990 und konnte sich praktisch umgehend in der deutschen Hitparade plazieren.

Der gutaussehende Musiker war der Gründer von → GENESIS, die er 1975 verließ. 1966 besuchte Peter Gabriel die renommierte Charterhouse Public School in Surrey, schrieb in diesem Jahr seinen ersten Song und beschloß mit Schulfreunden eine Gruppe zu gründen. GARDEN WALL hieß diese erste Band, Gabriel spielte Schlagzeug, und mit dabei waren seine Klassenkameraden TONY BANKS (keyb), MICHAEL RUTHERFORD (b) und ANTHONY PHILLIPS (g). Nach dem Schulabschluß kam dann noch der Trommler JOHN MAYHEW dazu, Peter Gabriel wurde zum Sänger und charismatischen Frontmann der Formation, die sich ab 1968 Genesis nannte. Der internationale Durchbruch von Genesis kam 1971 mit dem Album *Nursery cryme*, und zu diesem Zeitpunkt fing auch Gabriel an mit seiner außergewöhnlichen Bühnengarderobe zu experimentieren. Ab dem Doppel-Album *Genesis live* (1973) stand der Ruf der Gruppe als First-Class-Rock-Act international fest. Für viele war Gabriel gleichbedeutend mit Gene-

Peter Gabriel   Foto: Virgin

sis, und als der Sänger 1975 die Formation verließ, hielten die meisten das für
das Ende der Gruppe. Aber → PHIL COL-
LINS nahm mehr als nur überzeugend seinen Platz ein (siehe Genesis). 1977 erschien dann das erste Solo-Album von
Peter Gabriel, das er nur einfach *Peter
Gabriel* nannte. Und diese Namensge-
bung behielt er dann auch für die nächsten drei Alben bis 1983 bei. Die Alben
wurden nicht nach Titeln sondern nach
Covern gekauft, also die LP mit dem
Auto oder mit den Fingernägeln oder
mit dem zerlaufenen halben Gesicht
oder die mit dem Videobild. Peter Gabriels Musik ist ungewöhnlich, fast sper-
rig zu nennen, und in erster Linie nach
rhythmischen Gesichtspunkten aufgebaut. Der Künstler sammelte und pro-
grammierte jahrelang nur außergewöhn-

liche Rhythmen und Klänge (z. B. das
Rhythmusmuster, das eine Scheckkarte
erzeugt, wenn sie an einer Wand ent-
langgerieben wird, oder die Geräusche
im Windkanal einer Autotestanlage). Er
faszinierte und fasziniert sein Publikum
auf vielerlei Art und Weise. Zum einen
durch die unkonventionelle, höchst eigenwillige Musik, die sich in keine
Schublade einordnen läßt, zum anderen
durch seine Texte. Er schrieb über Indianer, Unterdrückung in Südafrika, politische Folterung. Und natürlich, wie
schon bei Genesis, über das Innenleben
der Menschen, über Triebe, Ängste,
Frustrationen. 1980 entdeckte Peter Gabriel das deutsche Publikum und brachte
seine Alben in englischer und deutscher
Sprache heraus. Diese hießen dann, der
Einfachheit halber, immer *Ein deutsches*

Album. 1985 veröffentlichte er den Soundtrack zu dem Film *Birdie*, einem hervorragenden Psychogramm über die psychischen Auswirkungen des Grauens des Vietnamkriegs am Beispiel von zwei jungen Heimkehrern. Mit großer Subtilität setzte Peter Gabriel das erschütternde Thema in Musik um. 1986 veröffentlichte Peter Gabriel sein fünftes Studioalbum und das erste, dem er einen Namen gab: *So.* Darauf praktizierte der vielseitige Künstler wieder traditionellere Formen des Songschreibens, und der Supererfolg kam postwendend. Die Single *Sledgehammer* wurde weltweit ein Bestseller; das dazugehörige raffinierte Video wurde allein in Amerika mit zehn Preisen überhäuft, auch aus England kam eine Auszeichnung; außerdem wurde Mr. Gabriel von der British Record Industry als »Bester Sänger« geehrt und als »Künstler des Jahres«. Ebenfalls erfolgreich waren die Singles *Big time* und *Don't give up*, ein Soft-Song, den Peter Gabriel mit → KATE BUSH im Duett sang. Ende 1986 startete der Künstler nach langer Bühnenabstinenz wieder eine Welt-Tournee, die ihn auch nach Deutschland führte. Für seinen Auftritt im Juni 87 in der Münchner Olympiahalle fand der Kritiker MARKUS BECK in der AZ nur lobende Worte: » . . . ein pakkendes Konzert, das sich der ehemalige Genesis-Sänger auf den Leib inszeniert hat . . . Die wuchtigen Ton-Puzzles wirken als Gesamtheit, meist ohne gängige Rock-Schemata . . . So wohltuend sich seine Musik-Videoclips von der spartenüblichen Bilderbeliebigkeit abheben, so genau ist die Bühnensymbolik − ohne Bombast, fast einfach, genial halt.« Auch im Film konnte man Peter Gabriel bewundern: Im Anschluß an seine Welt-Tournee gab er in einem Freilicht-Thea-

ter in Athen fünf Konzerte, die gefilmt wurden. Gabriel will daraus einen Kinofilm gestalten. Und 1987 kam auch aus Deutschland noch eine Auszeichnung, Peter Gabriel bekam für seine Super-LP *So* den »Deutschen Schallplattenpreis«. 1988 gründete Peter Gabriel zusammen mit der *WOMAD-Organisation (World Of Music And Dance)* ein eigenes Label, das er nach seinem Studio in Bath Real World nannte. Das Label soll es Künstlern aus Afrika, Asien und Südamerika ermöglichen, in Gabriels Studio unter idealen Bedingungen Platten aufzunehmen und sie einem größeren Publikum bekannt zu machen. Als erster Künstler aus diesem ›Stall‹ wurde der senegalesische Sänger YOUSSOU N'DOUR bekannt, der mit Peter Gabriel im Sommer 1987 auch bei seiner Deutschland-Tournee und bei der Amnesty-International-Mammuttournee durch fünf Kontinente aufgetreten war. 1989 stelle sich N'DOUR einem breiten Publikum mit seiner LP *The lion* vor. Doch das erste Album, das auf dem Real World Label herauskam, war eine LP von Gabriel selbst: *Passion* der Soundtrack zu MARTIN SCORCESES umstrittenen Jesus-Film *Die letzte Versuchung Christi.* Das Doppelalbum hat eine Spieldauer von 70 Minuten. Um Verwechslungen zu vermeiden: das fast gleichzeitig erschienene Album *Passion sources* enthält keine Gabriel-Kompositionen, sondern eine Zusammenstellung von Rhythmen und Klängen aus Nordafrika, die sowohl Gabriel als auch Scorcese bei ihren jeweiligen Arbeiten beeinflußt haben.

Art Garfunkel

→ Paul Simon

Art Garfunkel   Foto: CBS

Bob Geldof

geb. 5. 10. 1954 in Irland: voc

Bob Geldof gründete 1984 zusammen mit → MIDGE URE die BAND AID, eine Vereinigung renommierter englischer Künstler, um mit dem Erlös der Platte den Opfern der Hungerkatastrophe in Äthiopien schnell und unbürokratisch zuhelfen. Er löste damit eine ganze Welle von Veranstaltungen ähnlicher Art aus, die bis heute anhält. Doch zunächst war der schmale Künstler mit dem Drei-Tage-Bart als Kopf und Oberhaupt der irischen Band BOOMTOWN RATS aus Dun Laoghaire bekannt geworden. Zusammen mit dem Gitarristen GARY ROBERTS gründete er diese Formation 1975. Die fehlenden Mitglieder wurden schnell aus dem Freundes- und Verwandtenkreis rekrutiert. Schließlich bestand sie, außer Geldof und Roberts, aus dem Keyborder JOHNNIE FINGERS, dem Bassisten PETE BRIQUETTE und dem Schlagzeuger STEVE CROWE. So zusammengewürfelt wie die Gruppe war auch zunächst der Sound des Quintetts. Fehlendes Können machten die »Ratten« mit abenteuerlichen Einfällen wett. So dienten bei diversen Auftritten Crowe und Roberts als Pferd für Geldof, die Rats dachten sich eigene, nach ihnen benannte Tänze aus und veranstalteten dazu auch gleich die entsprechenden Wettbewerbe. Mit der Zeit gewannen sie an Sicherheit und Können, doch das Abenteuerliche war bis zum Schluß ein wichtiger Bestandteil der Boomtwon Rats und ihrer Musik. *Looking out for number one* hieß 1977 die erste Single, mit der sie bis auf Platz 10 der British Charts kamen. Nach drei weiteren Charts-Erfolgen konnten sie dann Ende 1978 mit *Rat trap* (*Rattenfalle*) ihren ersten Nr.-1-Hit verbuchen. Es war ein Song, der ständig das Tempo wechselte und mit fünf Minuten Spieldauer für damalige Zeiten ungewöhnlich lang war. Der nächste Nr.-1-Hit kam 1979 mit der Single *I don't like mondays*. Das wiederum war ein Lied, das vom dramatischen Aufbau und der Instrumentierung her an den »Bombastic

Sound« eines JIM STEINMAN erinnerte und ohne Gitarren auskam. Der Nr.-2-Hit *Banana Republic* aus dem Jahr 1980 war eine düstere Reggae-Nummer. Die Boomtown Rats mit Chef Bob Geldof waren bei jeder Veröffentlichung für eine Überraschung gut. Ihre Alben beinhalteten, dank des musikalischen Einfallsreichtums von Mr. Geldof, so viele Ideen, daß andere Bands davon jahrelang hätten leben können. 1982 durfte Bob Geldof auch sein unleugbares schauspielerisches Talent zeigen: Er stand für den → PINK-FLOYD-Film *The Wall* vor der Kamera und spielte in dem surrealistischen Streifen, der von ALAN PARKER (*Midnight Express, Fame*) gedreht wurde, die Hauptrolle. 1983 erschien das Boomtwon-Rats-Album *In the long grass*, das wie immer ein Erlebnis war: Melancholie und Frohsinn, schwermütige Balladen und harte Rock-Titel, Songs zum Tanzen und Lieder zum Zuhören. Es war das letzte Album der Band, denn 1984 hatte Bob Geldof auch die Idee mit BAND AID, kümmerte sich fortan nur noch um dieses Projekt, und dadurch löste sich die Formation auf. Bob Geldof hatte im Fernsehen die schrecklichen Bilder von den Hungernden in Äthiopien gesehen, wie so viele Menschen. Aber im Gegensatz zu diesen hatte Bob das Gefühl, etwas dagegen unternehmen zu müssen und zu können. Er setzte sich mit seinem Freund Midge Ure (→ ULTRAVOX) in Verbindung, erläuterte ihm die Idee von einer Benefiz-Platte mit lauter prominenten Mitwirkenden – und die beiden holten alles, was in der englischen Pop-Musik Rang und Namen hatte, zusammen. An Weihnachten 1984 erschien die Single *Do they know it's Christmas?*, das Lied war von Bob und Midge Ure zusammen geschrie-

ben worden. Der Song verkaufte sich 1984/85 millionenfach und war in Deutschland und England wochenlang Nr. 1 der Charts. Millionenbeträge kamen dadurch zusammen – und die Platte löste ähnliche Benefizplatten in aller Welt aus (in Amerika USA FOR AFRICA, in Deutschland BAND FÜR AFRIKA, in Österreich AUSTRIA FOR AFRICA). Zusätzlich organisierte Bob Geldof noch das grandiose Superfestival am 13. Juli 1985, das gleichzeitig in London und Philadelphia stattfand und simultan vom Fernsehen in die ganze Welt übertragen wurde. Die Millionen, die dadurch eingenommen wurden, fanden in Bob Geldof einen gewissenhaften und unermüdlichen Verwalter. Er wurde von Königen und Staatsoberhäuptern empfangen, wurde sogar für den Friedens-Nobel-Preis vorgeschlagen und reiste unentwegt auf den Schwarzen Kontinent, um sich selbst davon zu überzeugen, daß die Gelder auch entsprechend verwendet wurden. Um sich selbst kümmerte er sich nicht. Und so stand er 1986 mit leeren Taschen da – die Boomtown Rats hatten sich aufgelöst, er hatte keinen Plattenvertrag mehr, und wenn ihn seine Freundin PAULA YATES nicht finanziell über Wasser gehalten hätte, wäre es sehr schlecht um ihn gestanden. Er konnte zu diesem Zeitpunkt nicht einmal mehr seine Telefonrechnung bezahlen. Freunde überlegten sogar schon, ob sie nicht ein Benefizkonzert für ihn geben sollten! Als sich Bob Geldof dann 1986 entschloß, doch wieder ins Studio zu gehen und eine Solo-Platte aufzunehmen, wurde er von allen Seiten unterstützt. RUPERT HINE und DAVE STEWART (→ EURYTHMICS) waren die Produzenten, und unter den Studiomusikern fanden sich so prominente Namen wie ANNIE LENNOX (Eurythmics), → ALISON MOYET, Midge Ure, → ERIC CLAPTON und BRIAN SETZER. *Deep in the heart of nowhere* hieß die LP, die 1987 herauskam. Es war ein Album voll mit vorzüglicher Rock-Musik, mal hard mal soft, aber immer gut. Die Single *This is the world calling* wurde ein Hit, der sich auch in der deutschen Hitparade gut plazieren konnte. Doch 1988 war der Sänger mit dem großen Herzen schon wieder klamm. Und da er überall ein positives Image hat, wurde er für eine ›positive Sache‹ als Zugpferd vor den Werbekarren gespannt: von einer britischen Milchfirma wurde er engagiert, um für die stolze Gage von DM 240 000 drei Werbefilme für Milch zu drehen. Erst 1989 ging Geldof wieder ins Studio um ein neues Album aufzunehmen, das 1990 unter dem Titel *The vegetarians' song of love* erschien und mit *The great song of indifference* einen ersten Single-Hit enthielt.

Genesis

→ PHIL COLLINS, geb. 30. 1. 1951 in Chiswick/England: voc/dr/perc; MIKE RUTHERFORD, geb. 2. 10. 1950 in Guildford/England: b; TONY BANKS, geb. 27. 3. 1950 in East Hoathly/England: keyb

Märchenhafte Phantasiewelten und Gruselthemen, perfekt ausgefeilte Klangstrukturen und exzentrische Gesangsfolgen machten die englische Formation Genesis weltberühmt. Gegründet wurde die Gruppe 1966, als sich → PETER GABRIEL, Tony Banks, Mike Rutherford und ANTHONY PHILLIPS (g), die zusammen auf die Charterhouse Public School gin-

gen, unter dem Namen THE GARDEN WALL eine Schülerband auf die Beine stellten. Ab 1968 nannte sich das Quartett Genesis und veröffentlichte die zwei Singles *The silent sun* und *A winters tale* − allerdings ohne Erfolg. Auch das Debüt-Album *Frome Genesis to revelation* (1969) war ein Flop. Dann stieß der Schlagzeuger JOHN MAYHEW dazu, und die Gruppe spielte 1970 das 2. Album *Trespass* ein, das bereits viele der späteren Zutaten wie sphärische Klänge, rollende Melodienfloskeln und rockigen Drive enthielt. Aber auch dieses Album floppte. Daraufhin warfen Phillips und MAYHEW 1970 das Handtuch. Der neue Schlagzeuger hieß → PHIL COLLINS, ein Kinderschauspieler, der schon bei FLAMING YOUTH die Stöcke geschwungen hatte. Als Gitarristen fand man nach längerer Suche STEVE HACKETT. Allmählich begann sich auch aus den vielen, individuell verschiedenen Ideen der Musiker ein eigenständiger, geschlossener Sound herauszukristallisieren. Das Ergebnis hieß 1972 *Nursery cryme* und war der erste Erfolg von Genesis. Die »Schöpfung«, wie Genesis auf deutsch heißt, hatte tatsächlich etwas »geboren«. Mittelpunkt der Bühnenshows von Genesis wurde Peter Gabriel, der in ständig neuen Verkleidungen und Attitüden das Publikum animierte und schockierte. *Foxtrott* hieß das 72er Album, das die Fan-Gemeinde von Genesis langsam, aber sicher vergrößerte. In Italien kam die LP sogar auf Platz 1. Der nächste Höhepunkt war dann 1973 das hervorragende Album *Selling England by the pound*. Davon gab's sogar einen Single-Hit, *I know what I like*. 1974 überraschte Genesis das staunende Publikum mit einer Art Rock-Oper: *The lamb lies down on Broadway*, »eine Hippie-Fabel

Genesis Foto: Virgin

über die Reise eines amerikanischen Subkulturhelden in sein eigenes Gehirn«. Bei der anschließenden Welt-Tournee kam der Schock − Peter Gabriel kündigte seinen Austritt für 1975 an. Obwohl viele meinten, daß damit das Ende der Formation gekommen wäre, passierte eigentlich genau das Gegenteil. Zu aller Überraschung nahm Phil Collins seinen Platz ein, der Schlagzeuger, der eigentlich immer eher als »graue Maus« betrachtet worden war. Aber Phil Collins war mehr als nur ein würdiger Nachfolger. Unter seiner Regie blühte die Gruppe neu auf. Die LP *A trick of the tail* wurde 1976 ein wahrer Publikumsrenner, der bislang größte Verkaufserfolg der Band, ebenso das 76er Album *Wind and wuthering*. BILL BRUFORD (→ EX-YES, EX-KING-CRIMSON)

war inzwischen als Schlagzeuger eingestiegen, hatte die Band aber Ende 1976 bereits wieder verlassen, um eine eigene Formation zu gründen. Für ihn kam CHESTER THOMPSON, so daß Phil Collins auf dem 77er Live-Doppel-Album *Seconds out* ganz als Sänger und Frontmann brillieren und beweisen konnte, daß seine Ausstrahlung der von Peter Gabriel in nichts nachstand. *Seconds out* war auch gleichzeitig das Abschiedsalbum für Steve Hackett, dem der Sound von Genesis nicht mehr behagte, und der künftig lieber auf Solopfaden wandeln wollte. Genesis war also 1978 praktisch nur noch ein Trio, aber das nächste Album *. . . and then there were three* zeigte, daß die Formation dadurch keinerlei Schaden genommen hatte. Die Single aus der LP, *Follow me, follow you* wurde ein weltweiter Bestseller. Auf der Europa-Tour in diesem Jahr brach Genesis alle Hallen-Rekorde und begeisterte das Publikum nicht nur mit ihrer Musik, sondern auch mit einer perfeken Laser-Show. Bei der Tour dabei waren wieder Aushilfs-Schlagzeuger CHESTER THOMPSON und der Gitarrist DARYL STUERMER. *Duke* hieß dann 1980 das zehnte Album von Genesis, eine etwas eigenartige Jazz-Rock-Mischung, die von den Fans nicht sonderlich gut aufgenommen wurde. Dafür machte dann Phil Collins 1981 erstmals von sich als Solist reden. Mit seiner Solo-LP *Face value* und dem Welt-Hit *In the air tonight*, profilierte sich der kleingewachsene Musiker als internationaler Top-Star. Und auch *Abacab*, die 81er LP von Genesis, mit den Single-Hits *No reply at all, Abacab, Man on the corner* und *Paperlate*, zeigten wieder Format; die ausgefeilten Rock-Songs reichten von der Qualität her durchaus an die alten Hits heran. 1983 erschien dann das Album *Genesis* mit den Superhits *Mama* und *That's all*. Die anschließende Mammut-Tournee dauerte bis Anfang 1984, und dann machte das Trio erst einmal eine wohlverdiente Pause. Alle widmeten sich intensiv Solo-Projekten. Mike Rutherford stellte seine eigene Band namens → MIKE & THE MECHANICS auf die Beine, die 1986 zwei Superseller hatte mit *Silent running* und *All I need is a miracle*; Phil Collins lieferte mit *Against all odds* (1984), *One more night* (1985), *Sussudio* (1985) und dem Duett *Separate lives* (mit MARILYN MARTIN 1985) vier solide US-Nr.-1-Hits ab, mit *Don't lose my number* und *Take me home* zwei ebenso solide US-Top-10-Erfolge und mit *No jacket required* ein ganz hervorragendes drittes Album; lediglich Tony Banks war mit

seinen Solo-Projekten nicht sehr erfolgreich. Allgemein hieß es, die Truppe hätte sich damit getrennt. Aber mitnichten. 1986 kamen die drei von Genesis in alter Frische wieder zusammen und legten mit *Invisible touch* der staunenden Öffentlichkeit ein wahres Super-Album vor. Der Titelsong *Invisible touch* wurde Nr. 1 in Amerika, *Throwing it all away* wurde Nr. 4, *Land of confusion* und die wunderschöne Ballade *In too deep* wurden ebenfalls weltweite Singles-Bestseller. Am 11. 11. 1986 kam das Video zu *Land of confusion* heraus, ein skurril-grotesker Clip, für den das englische SPITTING-IMAGE-TEAM die Figuren geschaffen hatte. Dieses phantastisch gemachte Video über die kranke Welt der Polit-Stars, allen voran Ronnie & Nancy Reagan, wurde zum »Musik-Video des Jahres 1987« gekührt und erhielt die Goldene Kamera '87. Allein in Deutschland wurde die LP mit Gold und Platin ausgezeichnet. Im Rahmen ihrer *Invisible-touch*-Welt-Tournee kamen Genesis am 21. Juni 1987 auch nach München ins Olympia-Stadion. In zehn Tiefladern rollten die Bühnenteile, mannshohe Boxen, kilometerweise Kabel und 16 Tonnen Licht an. 107 Mann Tourpersonal waren drei Tage lang mit dem Aufbau beschäftigt, die Tonanlage mit $2 \times 53\,000$ Watt mußte fachmännisch angeschlossen werden. 47 000 Menschen marschierten an diesem Tag ins Olympia-Stadion und brachten die Techniker, die mit 20 Sattelschleppern angereist waren, fast zur Verzweiflung: Die Tore waren nämlich zu früh geöffnet worden, die Fans tobten schon beim Sound-Check begeistert mit. Das Konzert in dieser kalten Sommernacht artete regelrecht in einen Begeisterungstaumel aus, jede Bewegung des »Magiers und Clowns« Phil

Collins wurde frenetisch beklatscht, jeder Song jubelnd gefeiert. Aber schließlich hatte Genesis außer vorzüglicher Rock-Musik ja noch einiges geboten: Auf zwei überdimensionalen Leinwänden lief ein Video-Film über das Trio, und die aufwendige Light-Show hatte allein schon eine Million Mark gekostet.

Debbie Gibson
Foto: David Tan/WEA

im zarten Alter von nur fünf Jahren fing sie an, Songs zu schreiben. Nebenbei lernte sie klassisches Klavier, nahm Schauspielunterricht und spielte Theater. Mit 13 Jahren lernte sie dann auch noch alles andere, was im Pop-Musik-Geschäft wichtig ist: Songwriting, alles über Instrumente, Arrangieren, Produktionstechniken und Aufnahmetechniken. Bis zu ihrem 16. Lebensjahr stellte sie zu Hause in ihrem eigenen Studio über 100 Demos her. Einen Monat nach ihrem 16. Geburtstag bekam die begabte junge Damen einen Plattenvertrag. *Only in my dreams* hieß die Debütsingle, die 1987 sofort in den Hot 100 nach oben schoß. Ebenfalls 1987 erschien ihr Debüt-Album *Out of the blue*, das 10 gutgemachte, perfekt produzierte Dance-Songs bot, die natürlich alle von Debbie selbstgeschrieben worden waren. Das Album stieg bis in die Top 10 der US-LP-Charts und verkaufte sich millionenfach. Ende 1987 erschien die zweite Single *Shake your love*, die in Amerika ein Top-10-Erfolg wurde.

Auch das 89er Album *Electric youth* mit den Singles *We could be together*, *Lost in your eyes* und *Electric youth* wurde wieder ein Bestseller, der sich erstmals auch in der deutschen Hitparade plazieren konnte.

Debbie Gibson

geb. 1971 in Long Island/New York, USA: voc/keyb

Die blonde, hübsche, quirlige Debbie ist ein musikalisches Wunderkind. Bereits

Godley & Creme

KEVIN GODLEY, geb. 7. 10. 1945 in Manchester/England: voc/dr; LOL CREME, geb. 17. 9. 1947 in Manchester/England: voc/g

1977 trennten sich Kevin Godley und

Lol Creme von der englischen Erfolgsband → 10 CC und bildeten unter dem Namen Godley & Creme ein Duo. Die beiden ehemaligen Grafikstudenten aus Manchester entwickelten ein verblüffend originelles Konzept. Mit großem Einfallsreichtum und ungewöhnlichen Soundmixturen schufen sie immer wieder Klangstrukturen, die in der Pop- und Rockwelt ziemlich einmalig waren. *Ismism* hieß 1981 das Album, auf dem sie ohne Rücksicht auf Stilrichtungen alles boten, was in der Pop- und Rockmusik gut und teuer war: den Sound der 60er Jahre in *Wedding bells*, psychedelisch angehauchten Rock der 70er Jahre in *Under my thumb*, elektronische Mixes in *Joey's camel*. 1983 kam die LP *Birds of prey* heraus, die noch abwechslungsreicher war. Mit *Save a mountain* hatten sie einen Single-Hit. Einen noch größeren Erfolg erzielten sie dann mit der 85er LP *The history mix Volume 1*. Auf dieser LP schufen sie aus früheren Hits mit 10 CC völlig neue Klanggebilde. So wurde z. B. aus den Bestsellern *Rubber bullets, Life is a minestrone* und *I'm not in love*, die Godley und Creme für 10 CC geschrieben hatten, ein völlig neuer Klangmix namens *Wet rubber soup*. Aus diesem experimentellen Album stammte auch der Song, mit dem Godley & Creme 1985 einen internationalen Bestseller hatten, der Soft-Rock-Song *Cry*. In Deutschland kam der Titel bis Platz 8. Einen Namen machten sich

Godley & Creme   Foto: Polydor

Godley & Creme auch als Produzenten von Video-Clips. Von den beiden stammte z. B. das Video für *Girls on film* von → DURAN DURAN. 1988 gelang dem kongenialen Duo abermals ein Bestseller: Sowohl das Album *Goodbye blue sky* als auch die Single *A little peace of heaven* wurden Hits.

1990 dachte sich Kevin Godley die Idee zum Album *One world one Voice* aus. Diese LP ist einzigartig in der Geschichte der Musik: 292 Musiker aus aller Welt haben einen ganz persönlichen Beitrag zu einem Projekt geleistet, das als erstes wirklich verkörpert, was unter dem Begriff ›Weltmusik‹ zu verstehen ist. Godley war durch das Musical *Chain Letter* (Kettenbrief) auf die Idee gekommen. Zuerst konnte er → STING für dieses Projekt begeistern, der den ersten Teil der Symphonie schrieb. Mit diesem Band in der Tasche reiste Godley anschließend um die ganze Welt und konnte eine lange Liste von Stars zum Mitmachen animieren. → LOU REED, LAURIE ANDERSON, → LITTLE SEVEN, HOWARD JONES, → SUZANNE VEGA, → TERENCE TRENT D'ARBY, CHRISSIE HYNDE, AFRIKA BAMBAATAA, DAVE STEWART, → PETER GABRIEL, → JOHNNY CLEGG, THE GYPSY KINGS, JOE STRUMMER, BLACK UHURU, → BOB GELDOF, DAVID GILMOUR, u. v. a. Sie alle machten sich stark für den weltumfassenden Gedanken, daß man nur gemeinsam Probleme wie Umweltzerstörung, Ausbeutung der Erde und Unterschiede zwischen Arm und Reich überwinden kann. Am 26. Mai 1990 wurde das Album in einem Fernseh-Special vorgestellt. Sämtliche Gewinne aus diesem Projekt werden für den Kampf gegen die Umweltzerstörung, aber auch zur Linderung des weltweiten Hungers zur Verfügung gestellt.

Eddie Grant

geb. 5. 3. 1948 in Barbados: voc

Karriere gemacht hatte der dunkelhäutige Sänger mit den Dreadlocks zunächst Ende der 60er Jahre mit seiner Formation THE EQUALS. Für sie schrieb Eddie mit schöner Regelmäßigkeit Hits wie *Baby come back* (1967 Nr. 11 BRD, 1968 Nr. 1 UK), *Softley, softley* (1968 Nr. 6 UK), *Green light* (1969 Nr. 7 UK), *Viva Bobby Joe* (1969 Nr. 6 BRD, Nr. 12 UK), *Black skinned blue-eyed boy* (1970 Nr. 9 BRD), *Rub a dub dub*

Eddy Grant
Foto: Intercord

(1970 Nr. 4 UK), alles rockige, extrem tanzbare und mitklatsch-freundliche Titel. Bei den Equals pflegte Eddie Grant mit langhaariger, weißer Perücke aufzutreten. Doch als Ende der 70er Jahre die Songs der Formation immer weniger erfolgreich waren, löste Grant die Gruppe auf und machte als Solist weiter. Bereits 1981 hatte er mit Titeln wie *Do you feel my love* und *Can't get enough of you* wieder Hits in Deutschland. 1982 glückte ihm dann der große internationale Durchbruch als Solist mit dem Reggae-Song *I don't wanna dance* (UK 1, BRD 7) und dem dazugehörigen Album *Killer on the rampage*. Mit der Single *Electric avenue* gelang ihm 1983 ebenfalls wieder ein weltweiter Bestseller: BRD 9, UK 2, USA 2. Allein in Amerika verkaufte sich die Single millionenfach. Diesen Siegeszug setzte der scheue und sehr zurückgezogen lebende Musiker dann 1984 mit dem Song *Romancing the stone* fort. 1985 schloß auch er sich dem Trend »Aus alt macht neu« an, und veröffentlichte eine aufgefrischte Version seines ehemaligen EQUALS-Bestsellers *Baby come back*, der sich allerdings nur in den unteren Regionen der internationalen Charts plazieren konnte. Im Frühjahr 1986 absolvierte Eddie Grant nochmals einen bejubelten Live-Auftritt in London, dann hörte man bis Anfang 1988 nichts mehr von ihm. *File under rock* hieß dann das hörenswerte Album, das Eddie Grant im April 1988 veröffentlichte und das ihm sofort gute Charts-Notierungen brachte. Als erste Single erschien daraus der Titel *Gimme hope Jo'Anna*, ein Anti-Apartheids-Lied, das sich wieder auf Anhieb in den internationalen Charts plazieren konnte. 1989 kam *Walking on sunshine – The very best of Eddy Grant* heraus. Die LP,

die sich auf Anhieb in den deutschen Charts plazieren konnte, enthielt sämtliche Grant-Bestseller, von *I don't wanna dance* über *Romancing the stone* bis *Gimme hope Jo' Anna*. Dann ging Mr. Grant 1990 wieder in sein Blue Wave Studio auf Barbados, wo er seit Anfang der 80er Jahre lebt, und spielte den eingängigen Pop-Song *Restless world* ein, der neugierig auf sein nächstes Album macht.

Grateful Dead

JEROME JOHN »JERRY« GARCIA, geb. 1. 8. 1942 in San Francisco/Kalifornien: voc/ leadg; ROBERT »BOB« HALL WEIR, geb. 16. 10. 1947 in San Francisco. voc/ rhythmg; PHIL LESH, geb. 15. 3. 1940, Berkeley/Kalifornien: b; BILL KREUTZMANN, geb. 7. 6. 1946 in Palo Alto/Kalifornien: dr; MICKEY HART, geb. in New York City/USA: dr/perc; BRENT MYDLAND: keyb/voc

Die »dankbaren Toten« dürften wohl eine der berühmtesten und bedeutendsten Rock-Bands der amerikanischen Westcoast sein. Eine Band, die nie einen Top-40-Single-Hit hatte, die in den bis jetzt 25 Jahren ihres Bestehens (1965 bis 1990) 24 Alben veröffentlichte, dazu unzählige Solo-Alben der einzelnen Mitglieder. Eine Band, die in diesen 25 Jahren mehrmals 1 600 Konzerte gab, also durchschnittlich ca. 65 pro Jahr. Kopf und Gründer der Gruppe ist Jerry Garcia, der Mann mit der Lockenmähne und dem inzwischen ergrauten Rauschebart. Mit 15 hatte Garcia zum erstenmal auf der Gitarre gezupft, nach seiner Militärzeit ging er 1959 nach Palo Alto, wo er ROBERT HUNTER kennenlernte, seinen späteren Freund und Texter der Grateful Dead. 1962 legte sich Garcia ein Banjo zu und fing an, Bluegrass und Folk zu spielen. 1964 gründete er zusammen mit dem Folkgitarristen Bob Weir eine Gruppe namens MOTHER MCCREES UPTOWN JUG CHAMPIONS. Dazu gehörten auch der vom Blues beeinflußte Harmonikaspieler RON »PIG-PEN« MCKERNAN, BOB MATTHEWS, der später als Toningenieur bei einigen GB-Alben fungierte, JOHN DAWSON, der später Mitglied der NEW RIDERS OF THE PURPLE SAGE wurde, und DAVID PARKER, der heute Busineß-Manager der GD ist. Bars und Cafés waren die beliebten Auftrittsorte von Garcia und seinen Mannen. Doch ihre Musik kam nicht an, also beschlossen sie, künftig Elektric-Blues zu machen, und dazu änderten sie 1965 den Bandnamen in THE WARLOCKS um. Zu diesem Zeitpunkt verließ der Trommler Dawson die Formation, und für ihn kam Bill Kreutzmann. Zusätzlich wurde noch Phil Lesh aufgenommen. Lesh war eigentlich Trompeter und hatte eine solide musikalische Ausbildung genossen, aber Garcia überredete ihn dazu, Bass zu lernen. Die Grateful Deads delektierten sich häufig und gerne an LSD – schließlich war die Droge damals noch nicht verboten. Und in diesem Zustand wurde aus ihrer Rock-Musik allmählich eine neue, sehr viel »formlosere« Art von Musik. Und da paßte wieder der Name WARLOCKS nicht dazu. Also schlug Garcia ein Lexikon auf, und fand die Bezeichnung »Grateful Dead«. Die einen behaupten, das sei ein Ausdruck, den der britische Musikethnologe FRANCES CHILDS für die Typisierung von Folkmusik zur Zeit der Jahrhundertwende benutzt hätte; die anderen meinen, das sei ein Begriff aus einem ägyptischen Gebet. In San Francisco waren derweil die goldenen Zeiten von »Love & Peace« angebrochen, von Flower Power und ALAN GINSBERG, von tibetanischen Gebetsfähnchen und ganz viel Acid. Height Ashbury, ein Stadtteil in San Francisco, war damals die Hochburg dieser Bewegung, und die Grateful Dead zogen 1966 natürlich dorthin. Bald waren sie fester Bestandteil der dortigen Scene, gaben Freikonzerte im »Golden Gate Parc«, traten mit den anderen Supergruppen wie JEFFERSON AIRPLANE, QUICKSILVER MESSENGE SERVICE, BIG BROTHER & THE HOLDING COMPANY und COUNTRY JOE AND THE FISH auf. 1966 nahmen sie ihre ersten beiden Alben, *Vinatge dead* und *Historic dead*, auf, die allgemein als mittelmäßig betrachtet werden. 1967 stieß dann der Percussion-Spieler Mickey Hart zur Band, der der Mixtur aus Blues, Folk, Country und Rock noch die Exotik von afro-asiatischen Trommelmustern beifügte. Das dritte Album namens *Grateful Dead* erschien, damals noch mit »normalen« Songs von durchschnittlich drei Minuten Dauer. Es folgte ein Auftritt beim legendären MONTEREY POP FESTIVAL. Inzwischen war LSD verboten worden, die Scene von Height Ashbury verschwand in den Untergrund. Die GD hatten 1968 die Nase davon voll und zogen sich aufs Land in Ruhe und Beschaulichkeit zurück. Aus der Formation entwickelte sich bald eine Hippie-Kommune von mehr als 50 Leuten, die alle zufrieden »love & peace« praktizierten. Kein Wunder, daß das vierte GD-Album *Anthem of the sun* hieß. Die GDs fingen an, studiotechnisch und musikalisch zu experimentieren, bastelten Studio- und Konzertaufnahmen zusammen, entwickelten seltsame, bizarre Klang-Collagen. Für das fünfte Album *Aoxomoxoa* (1969) benutzten sie als erste Musiker das damals geradezu revolutionäre 16-Spur-Pult – mit dem Ergebnis, daß sie bald $ 100.000 Schulden hatten. Doch die Fans störte das nicht, im Gegenteil, die Grateful Dead wurden allmählich zur Kult-Band. Ihre Fans nannten sich »Dead Head« und betrachteten ihre Ergebenheit gegenüber der Band als »Lebensaufgabe«. Der legendäre Auftritt beim Woodstock Festival tat sein übriges dazu. Ihre Live-Auftritte hatten sich auf grundsätzlich vier Stunden ausgeweitet. 1970 war ein weiterer Höhepunkt in der Karriere der GDs: die Alben *Live/dead, Workingman's dead* und *American Beauty* verkauften sich hervorragend, wurden sogar mit Platin ausgezeichnet und trugen den Schuldenberg ab. Songs wie *Uncle John's band, Truckin', Box of rain* und *Ripple* liefen sogar im Radio. So nebenbei gründete Jerry Garcia 1970 auch noch mit alten Freunden die New Riders Of The Purple Sage, um seiner Liebe für Country und Folk zu frönen. Und so hieß die US-Tournee in diesem Jahr ganz familiär: *An evening with the Grateful Dead, featuring the New Riders of the purple Sage.* 1971 veröffentlichte Jerry Garcia dann das erste einer langen Reihe von Solo-Alben, dazu kam noch das Live-Doppel-Album *Grateful Dead*, das sich über eine Million Mal verkaufte. Pig.Pen McKernan war schon eine ganze Weile Alkoholiker gewesen, aber 1971 traten allmählich gravierende gesundheitliche Probleme auf. Als Entlastung für Pig-Pen holte GD den Pianisten Keith Gochaux zur Band, ein Jahr später kam auch dessen Ehefrau Donna Jean als Background-Vokalistin zur Gruppe.

1972 machte sich GD mit 37 Mitgliedern auf den Weg nach Europa, die Konzerte wurden von der englischen Fachzeitschrift *Melody Maker* als »Rockereignis des Jahres« gefeiert. Für die Nachwelt wurde die Reise auf dem Dreifach-Set *Europe '72* festgehalten. Es war die letzte LP mit Pig-Pen, Anfang 1973 starb der Musiker an Magen- und Leberversagen. Das Jahr 1973 brachte auch den bislang spektakulärsten Auftritt der Band: Zusammen mit den Allman Brothers und The Band traten die Grateful Dead beim Watkins Glen Festival vor sage und schreibe 600 000 Menschen auf. Dabei konnten sie auch gleich ihre extra für die Gruppe entwickelte Musikanlage ausprobieren, die 23 Tonnen wog, 26 000 Watt leistete und 641 Lautsprecher beinhaltete. In diesem Jahr gründete GD auch die eigene Plattenfirma namens Grateful Dead Record Company, das erste Album, das daraufhin erschien, war *Wake of the flood*. 1974 brachte die Gruppe wieder zwei Alben auf den Markt: *Live from the Mars hotel* und *Skeletons from the closet*. 1975 veröffentlichte sie die LP *Blues for Allah* und Garcia fing an, sich mit Filmmaterial von einem mitgeschnittenen Konzert zu beschäftigen. Das Ergebnis war drei Jahre später, 1978, *The Grateful Dead movie*. 1976 wurde dann nach dem zweiten Album *Steal your face* die eigene Plattenfirma eingestellt, dafür ging Grateful Dead wieder ausführlich auf Tour und veröffentlichte 1977 das nächste Album namens *Terrapin station*, das eine der erfolgreichsten LPs der Band wurde. 1978 konnten sich die GDs endlich einen langgehegten Traum erfüllen: bei drei Benefizkonzerten im Sphinx Theatre von Gizeh durften sie endlich ihren *Blues for Allah* an der richtigen

Stelle aufführen. Die Einnahmen dieser Konzerte kamen übrigens größtenteils einer Organisation für behinderte Kinder zugute. Das 78er Album hieß *Shakedown street*. 1979 ließen sich die RHYTHM DEVILS, eine Band, die aus lauter GD-Mitglieder bestand, den Percussion-Soundtrack für den FRANCIS-FORD-COPPOLA-Film *Apocalypse now* einfallen. Das Werk wurde später als *Play river music* veröffentlicht. In diesem Jahr erhielten die GDs im MADISON SQUARE GARDEN von New York den »Gold Ticket Award« für 100 000 verkaufte Eintrittskarten. Personelle Veränderungen gab's in diesem Jahr auch: Keith Godchaux verließ mit seiner Frau die Gruppe, für ihn kam Brent Mydland. 1980 starb Keith Godchaux an den Folgen eines Autounfalls. Das 80er Album hieß *Go to heaven*. In diesem Jahr feierte Grateful Dead das 15jährige Bestehen mit 23 Konzerten. Diese Konzerte mit drei Programmteilen, ein akustischer, zwei elektrische, wurden aufgezeichnet und 1981 in Form von zwei Live-Doppel-LPs auf den Markt gebracht: *Reckoning* und *Dead set*. Von 1982 bis 1985 tourte die Band fleißig, ohne jedoch Neues zu veröffentlichen. Dafür gab's inzwischen ein eigenes GD-Imperium, das aus Fanzines, Radioprogrammen und einem weitverzeigten Computer- und Datennetz für Sammler und Archivare bestand. 1985 machten die Hippie-Könige der 60er wieder spektakulär von sich reden: Für die amerikanische Horror- und Grusel-TV-Serie *The twilight zone* schrieben und spielten sie die Musik. Jerry Garcia, der trotz Verbots nie mit der Einnahme von Drogen aufgehört hatte, wurde 1985 von der Polizei wegen Drogenbesitz verhaftet und mußte in ein Rehabilitationszentrum. Als er 1986 wieder her-

auskam, ging die Band abermals auf große Tour. Aber Garcia fühlte sich nicht wohl und fiel im Juli '86 in ein mehrtägiges Koma. Diagnose: Diabetes. Danach waren seine mentalen, muskulären und motorischen Fähigkeiten stark geschädigt, und er mußte mühsam wieder das Gitarrespielen lernen. Aber 1987 war wieder alles in bester Ordnung, und nach siebenjähriger Pause brachte Grateful Dead wieder ein Album heraus: *In the dark*. Die LP konnte sich natürlich sofort in den internationalen Charts plazieren und hatte sich Anfang 1988 allein in Amerika bereits über eine Million Mal verkauft. Bereits 1989 veröffentlichte die Formation dann mit *Built To Last* das nächste Album, das im Feeling an die alten Dead anschloß und wieder ein internationaler Erfolg wurde. Ebenfalls 1989 waren die Deads mit Alt-Star → BOB DYLAN im Studio und spielten das ausgesprochen hörenswerte Album *Dylan & The Dead* ein. 1990 ging Grateful Dead wieder auf große Tournee (mit Auftritten in Deutschland), um das neue Album *Without a net* zu unterstützen, das sich wieder auf Anhieb in den US-Charts plazieren konnte.

Herbert Grönemeyer

geb. 12. 4. 1956 in Göttingen: voc/p/g

Der Künstler mit der hohen Stirn, dem sensiblen Mund und dem energischen Grübchenkinn ist sowohl ein erfolgreicher Musiker als auch Schauspieler. In Bochum ging er zur Schule, bekam mit zehn Jahren die ersten Klavierstunden und gründete 1968 seine erste Band.

Herbert Grönemeyer   Foto: Interoord

1974 lieferte er bereits seine ersten Kompositionen für das Schauspielhaus Bochum ab. 1975 machte er Abitur, begann mit dem Studium der Rechts- und Musikwissenschaften, das er allerdings bald wieder abbrach, und erhielt sein erstes Engagement als musikalischer Leiter und Schauspieler von PETER ZADEK, dem Intendanten des Bochumer Schauspielhauses. Für Herbert Grönemeyer, der eigentlich immer Musiker werden wollte, begann nun eine traumhafte Karriere als Schauspieler. Er spielte in Bochum, Hamburg, Berlin, Stuttgart und Köln Hauptrollen in *Frühlingserwachen*, *Ein Wintermärchen*, *Kaufmann von Venedig* und *Die Fledermaus*. Daneben schrieb er u. a. die Musik für *Ein Wintermärchen*, *Groß und Klein*, *Wie es Euch gefällt*. Ab 1976 drehte der begabte junge Mann auch Filme: 1976 *Die Geisel*, 1978 *Uns reicht das nicht*, 1979 *Daheim unter Fremden*, 1980/81 *Das Boot*, mit dem er den internationalen Durchbruch schaffte. 1982 bot er eine hervorragende Leistung in *Die Frühlingssinfonie*, und 1983 drehte er unter der Regie von PETER BEAUVAIS *Die ewigen Gefühle*. Doch dabei zog es ihn immer wieder zu seiner geliebten Musik zurück. 1979 war er Leadsänger der Gruppe OCEAN, dann veröffentlichte er die LPs *Grönemeyer*, *Grönemeyer zwo*, 1981 *Total egal* und 1983 *Gemischte Gefühle*. Die Alben gingen beim breiten Publikum ziemlich unter. Seine exaltierte Art zu singen, seine anspruchsvollen Texte, seine »unkommerzielle« Musik fanden nur bei Insidern Beachtung. Das änderte sich erst 1984 mit der LP *4630*

Bochum und vor allen Dingen mit der treffenden Single *Männer*. Dieses sarkastisch-komische Lied über alle Vorurteile und Klischees, mit denen die »Herren der Schöpfung« gemeinhin zu kämpfen haben, wurde ein Bestseller. Auf seine intellektuell-unkonventionelle Art setzte sich Herbert Grönemeyer auf *Bochum*, das trotz des Titels kein Konzeptalbum ist, mit den verschiedensten Themen auseinander. Die Texte waren nicht einfach, die Musik eine Mischung aus Rock und Elektronik, und seine Art zu singen war immer noch exaltiert. Aber trotzdem wurde die LP ein Bestseller. Diesen Erfolg setzte Herbert Grönemeyer 1986 mit dem Album *Sprünge* fort. Süffisant und sarkastisch wie eh und je beschäftigt er sich darauf mit Politik und Sozialkritischem. *Kinder an die Macht* und *Tanzen* hießen die Singles daraus. Dann war erst wieder 1988 Neues vom Blonden aus Bochum zu hören: *Ö* hieß das Album, der Single-Hit daraus war *Was soll das,* der in Deutschland bis auf Platz 3 der Hitparade kam. Auch das 90er Album *Luxus* enthielt wieder die Grönemeyer-typischen ironisch-süffisanten Rock-Songs der gehobenen Güteklasse. Die LP wurde natürlich Nr. 1 der deutschen LP-Charts; der erste Single-Erfolg daraus war der zynische Song *Deine Liebe klebt*.

GTR

STEVE HOWE, geb. 8. 4. 1947 in England: g; STEVE HACKETT, geb. 12. 2. 1950 in England: g; MAX BACON: voc; PHIL SPALDING: b; JONATHAN MOVER: dr

Steve Hackett, ehemals Gitarrist bei → GENESIS, war 1985 ziemlich sauer über die Tatsache, daß Gitarren bei der neuen englischen Pop- und Rock-Musik seit Ende der 70er Jahre nur noch die zweite Geige spielten. Er sprach mit Steve Howe darüber, der früher bei → YES und anschließend bei ASIA die Gitarre zupfte. Die beiden Steves waren einer Meinung und beschlossen Abhilfe zu schaffen. So gründeten sie 1985 die Gruppe GTR. GTR ist die Abkürzung für »Gitarre«, und genau das wollten die beiden machen: vorzüglichen, modernen, progressiven Gitarren-Rock. 1986 erschien die Debüt-LP *GTR* und bewies, daß die beiden Gitarren-Heroen das gesteckte Ziel voll erreicht hatten. Produziert wurde die LP von GEOFF DOWNES, dem ehemaligen Keyboarder von Yes und Asia.

Guns n'Roses

WILLIAM BAILEY ›W. AXL ROSE‹, geb. 1962 in Lafayette/Indiana: voc/g; JEFF ›IZZY‹ ISABELLE, geb. 1962 in Lafayette/Indiana, USA: g; SLASH STRADLIN, geb. 1965 in England: leadg; DUFF ›ROSE‹ MCKAGAN, geb. 1964 in Seattle, USA: b; STEVEN ADLER, geb. 1965 in USA: dr

Guns n'Roses gehören seit 1988 zu den erfolgreichsten amerikanischen Rock-Gruppen: eine schrille Chaoten-Band, die herrlich schrille Chaoten-Musik macht. Kopf, Motor und Enfant Terrible ist der rotblonde Axl mit der sahneweißen Haut und den manisch-depressiven Anfällen, die er mit diversen Pillen zu bekämpfen versucht (früher auch mit

GTR Foto: Ariola/Arista

Alkohol und Drogen, aber inzwischen möchte er sich sogar das Rauchen abgewöhnen). Axl wuchs als Sohn von L. STEPHAN und SHARON BAILEY in Lafayette auf. Schon in jungen Jahren geriet er permanent mit dem Gesetz in Konflikt, wurde mehrmals verhaftet und saß auch mal für drei Monate im Knast. Mit siebzehn Jahren entdeckte der wilde Knabe, der sich stets mit Begeisterung mit aller Welt prügelte, wenn ihn jemand nur andeutungsweise schief ansah, daß Mr. Bailey nicht sein Vater war. Sein richtiger Vater namens Rose, ein chronischer Querulant und Unruhestifter, hatte Frau und Kind sitzengelassen. William Bailey, der damals gerade in einer Band namens AXL spielte, beschloß seinen Namen zu ändern: in W. Axl Rose. Izzy war schon damals sein

enger Freund. Izzy besuchte die High School, machte seinen Abschluß (als einziger der Band) und ging nach Los Angeles. Slash wurde in England geboren. Seine Eltern, ein gemischtrassiges Paar namens ANTHONY und OLA HUDSON, waren im Showbiz tätig. Sein Vater entwarf Plattencover, darunter für JONI MITCHELLS *Court and spark*, seine Mutter war Designerin und entwarf die Anzüge für → DAVID BOWIE in ›Der Mann, der vom Himmel fiel‹. Bereits als Kleinkind kam Slash mit seinen Eltern nach Hollywood und fing als Teenager an, in seiner Freizeit in diversen Bands zu spielen. Duff spielte in Seattle in sage und schreibe 31 verschiedenen Bands Gitarre und Schlagzeug. Die Mitglieder der Band trafen sich Mitte der 80er Jahre in Los Angeles. Izzy war nach dem Schulabschluß dorthin gegangen, Axl folgte ihm kurz danach per Anhalter, Slash war schon dort und gab eine Anzeige für Musiker zwecks Gründung einer Band auf, auf die sich Duff und Steven meldeten. Izzy lernte schließlich Slash in einer Kneipe kennen − und damit waren alle Guns-n'Roses-Zutaten beisammen. Sie spielten zusammen, prügelten sich gemeinsam, warfen ebenso gemeinsam Drogen ein, soffen gemeinsam und beschlossen schließlich gemeinsam eine richtige Band auf die Beine zu stellen. Für den Namen warfen sie die Namen von zwei anderen Gruppen zusammen, von den L. A. GUNS und der HOLLYWOOD ROSE. 1985 hatte sich der Ruf dieser ungewöhnlichen Hardrock-Band mit Punk-Elementen bereits soweit herumgesprochen, daß die Plattenfirmen auf die Gruppe aufmerksam wurden. Und die Formation hatte es auch nötig: Ohne Geld hausten sie in einem winzigen Apartment ohne Bad, Dusche oder Küche und lebten angeblich in erster Linie vom dealen. 1986 veröffentlichten sie eine Indie-LP namens *Life?! Like A Suicide*, dann gab's einen richtigen Plattenvertrag bei einer großen Firma. Damit entstand das nächste Problem, die trink- und prügelfreudige Kapelle mit dem hohen Lärmpegel konnte keinen Produzenten finden. Sogar TOM WERMAN, der Produzent von → MÖTLEY CRÜE, die ja auch nicht gerade durch Chorknaben-Manieren glänzen, winkte entsetzt ab. Erst in dem ruhigen Toningenieur MIKE CLINK, der sich seine Meriten durch Arbeiten mit → HEART und EDDIE MONEY verdient hatte, fanden sie einen adäquaten Produzenten. Und dann machten sie sich an die Arbeit. Axl, der übrigens die Tochter von DON EVERLY (EVERLY BROTHERS) zur Freundin hat, schrieb für die

Debüt-LP *Appetite for destruction* eine ganze Menge Supersongs, darunter auch die hinreißende Rock-Schnulze *Sweet child o'mine*, die ein US-Nr.-1-Hit wurde. Ende 1987 wurde das Album veröffentlicht, Ende 1988 lag es auf dem 1. Platz der US-LP-Charts, und Anfang 1990 hatte sich die LP allein in Amerika über acht Millionen Mal verkauft. Selbstverständlich konnte sich dieses gekonnte Hardrock-Album weltweit in den Hitparaden plazieren. Mit *Welcome to the jungle* lieferten Guns n'Roses dann den Titelsong für den CLINT-EAST-WOOD-Film *Deadpole* und mit *G N'R lies* brachten sie ein zweites Album heraus, das vier Songs der 86er LP und zusätzlich drei neue Akkustik-Songs enthielt. Guns n'Roses gehören damit zu den erfolgreichsten Bands der Welt. Kenner wagen allerdings zu beweifeln, ob die Formation noch lange bestehen wird. Denn Axl, der Empfindliche und Schwierige, der in einem Extra-Bus reisen muß, damit er Reibereien mit seinen Bandmitgliedern vermeiden kann, treibt Raubbau mit Stimme und Körper; Izzy hat eine fatale Neigung zu Rotwein; Slash steht zu sehr auf Jack Daniels, und Duff, der als einziger der Gruppe verheiratet ist, hängt ungemein am Wodka. Lediglich der stets freundliche und ausgeglichene Steven paßt nicht ins Bild: Er ist weder rüpelhaft noch aggressiv, er trinkt nicht, wirft keine Drogen ein und ist immer lieb und zufrieden.

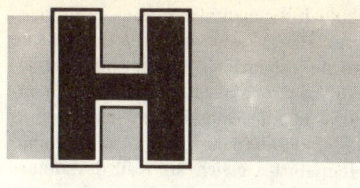

Anne Haigis

geb. 9. 12. 1957 in Rottweil am Neckar

Die Schwäbin mit der ausdrucksvollen, rauhen Stimme machte sich zunächst

Anne Haigis

einen Namen als eine der besten deutschen Jazzsängerinnen und gewann 1979 den Nachwuchswettbewerb der Deutschen Phonoakademie in der Sparte Jazz. Es folgten zwei englischsprachige LPs: *For here where the life is* (1981) und *Fingernails* (1983), die jedoch nur bei Insidern ein Erfolg wurden. Den Durchbruch hatte Anne Haigis dann 1984 mit ihrem ersten deutschsprachigen Album *Anne Haigis*. Es war das erste Mal, daß sie zum einen in Deutsch sang und zum anderen Rock und Pop-Balladen interpretierte. EDO ZANKI produzierte mit ihr neun Songs, zum Teil Cover-Versionen, zum Teil Originale, die ein völlig neues und sehr interessantes Spektrum der Anne Haigis zeigten. Mit viel Gefühl und Intensität interpretierte sie auf der LP in erster Linie Lieder über Frauen. Die Single *Freundin* wurde ein Hit. Ende 1985 kam dann das zweite deutschsprachige Album: *Laß mich fallen wie Schnee*. Die abwechslungsreichen Songs variierten von sanften Balladen bis zu fetzigen Pop-Rock-Titeln. Für das nächste Album ging Anne Haigis 1986 mit dem Amerikaner TONY CAREY, der schon bei → PETER MAFFAY sein Können bewiesen hatte, ins Studio. Heraus kam 1987 die LP *Geheime Zeichen*, die vom Sound her sehr amerikanisch klang. Der Power-Song *Geheime Zeichen* wurde ein Hit. Mit dem zärtlichen *Gute-Nacht-Song*, der ebenfalls ausgekoppelt wurde, war Anne Haigis nicht so erfolgreich. 1988 veröffentlichte Anne Haigis dann mit *Indigo* ihr viertes Album. Die LP war eine Mischung aus anspruchsvollen Liedern und aus rockigen Songs, wie z. B. *Kind der Sterne*. Obwohl zweifellos das beste Haigis-Album, wurde die LP doch nicht der erwartete durchschlagende Erfolg. 1990 war Anne Haigis dann als Teil eines Trios zu hören: zusammen mit → TONY CAREY, dem Produzenten ihrer LP *Geheime Zeichen,* und dem Alt-Star → ERIC BURDON nahm sie die Single *No man's land* auf.

Haindling

HANS JÜRGEN BUCHNER, geb. 27. 12. 1944 in Deutschland

Haindling – das ist ein niederbayerisches Dörfchen mit zwei schönen alten Wallfahrts-Kirchen, und das ist ein inzwischen weit über Bayerns Grenzen hinaus bekannter Musiker. Aber Haindling, alias Jürgen Buchner, das bayerische Ur-Viech mit der Nicht-Stimme und den hinreißend-seltsamen musikalischen Einfällen, ist auch nicht nur Musiker – er ist auch ein sehr berühmter und stets ausgelasteter Prozellan-, Keramik- und Töpfereiwaren-Hersteller. 1977 schlug Hans Jürgen Buchner seine Zelte in Haindling auf, eröffnete seine Werkstatt und wurde bereits 1978 auf der Münchner Handwerksmesse mit dem Staatspreis ausgezeichnet. Nebenbei sammelte der Töpfermeister, der seit seinem 5. Lebensjahr Klavier spielt, Musikinstrumente aller Art. Und damit machte er manchmal, so ganz für sich Musik, bastelte exotische Melodienfolgen und Arrangements im Playbackverfahren zusammen. Dann lernte der exzentrische Hans Jürgen den nicht minder exzentrischen englischen Musiker KEVIN COYNE kennen, spielte mit ihm, spielte ihm seine Sachen vor – und Mr. Coyne war der Meinung, daß diese niederbayerischen

Multi-Instrumental-Einfälle durchaus eine Platte wert wären. Gemeinsam wurde produziert, und prompt gab es 1982 sogar einen Plattenvertrag. *Haindling 1* nannte Hans Jürgen seine Debüt-LP und übernahm den Namen seines Heimatortes gleich als Künstlernamen. Haindling wurde von BIOLEK für seine TV-Show »Bei Bio« entdeckt und bekam 1982 auch noch gleich den Deutschen Schallplattenpreis. Begründung: »Eine so schräge wie phantasiegesegnete Mischung aus dem bayerischen Hinterwald . . . zusammengebraut als Jazz, elektronischer Avantgarde, Rock und nicht zuletzt einheimischer Blasmusik. Der Witz grenzt an Aberwitz. KARL VALENTIN schmunzelt mit.« Jetzt wollten die Leute natürlich dieses bayerische Musik-Wunder auch auf der Bühne sehen, und Haindling mußte eine Band zusammenstellen. Er tat's, trat auf, brachte im Januar 1984 das zweite Album *Stilles Potpourri* auf den Markt – und hatte einen Bestseller. Die Single *Lang scho nimmer g'sehn* wurde ein Hit. Der holländische Liedermacher HERMAN VAN VEEN nahm den Song unter dem Titel *Hilversum III* auf und machte daraus einen holländischen Nr.-1-Hit. Auch die zweite Single, das böse *Du Depp,* ein Lied über die Diskriminierung von Behinderten, war erfolgreich. Im April 1985 gab's das nächste Haindling-Werk: *Spinn' i.* Inzwischen waren seine Konzerte grundsätzlich ausverkauft, Haindling war ein Star und kam nur noch selten zum Töpfern. Eine LP mit Live-Mitschnitten kam 1986 unter dem Titel *Meuterei* auf den Markt. Haindling beschäftigte sich jetzt auch mit anderen Dingen: er schrieb für Herman Van Veen, produzierte, spielte und arrangierte für → PETER MAFFAY, schrieb Film- und

Fernsehmusiken, wie z. B. für die TV-Serien *Irgendwie und sowieso* und *Zur Freiheit*. Im März 1987 kam dann die fünfte Haindling LP heraus: *Höhlenmalerei*. Das war ein musikalisches Kolossalgemälde, weniger eine Aneinanderreihung von Songs, sondern eher ein Buch oder, wie Haindling es selbst bezeichnete »eine Art von Reise«. Und selbstverständlich wieder eine erfolgreiche. Und Haindling bewies darauf wieder einmal, was er alles kann. Er spricht, singt, flüstert, schnalzt mit der Zunge und spielte alle Instrumente im Alleingang: Konzertflügel, Synthesizer, Tenor-, Alt- und Sopran-Saxophon, Tenor-Horn, Tuba, Klarinette, Baß-Klarinette, Kornet, Akkordeon, Xylophon, Schlagzeug und Percussion, Instrumente, von denen manche Pop-Stars gar nicht wissen, daß es sie überhaupt gibt.

Mit dieser Vielzahl an Ausdrucksmöglichkeiten produzierte Jürgen Buchner dann auch sein 6. erfolgreiches Album namens *Muh!*, das im Januar 1989 auf den Markt kam. Die Single *Über alle Meere* beschäftigte sich aus aktuellem Anlaß mit Giftmülltransporten per Schiff.

Bill Haley & The Comets

BILL HALEY (WILLIAM JOHN CLIFTON HALEY JR.), geb. 6. 7. 1925 in Highland Park/Michigan, USA: g, gest. 9. 2. 1981 in Rio Grande Valley Town/Harlington, Texas, USA; JOHN GRANDE: acc/p; BILLY WILLIAMSON: steel g; RUDY POMPELLI, geb. 1928, gest. 5. 2. 1976: sax; AL REX: b;

FRANCIS BEECHER: spanish g; RALPH JONES: dr

Er gilt als »Vater des Rock 'n' Roll« und machte dabei nichts anderes, als aus C & W, Dixieland und R & B eine mundgerechte Mischung zum Tanzen und Mitklatschen zu fabrizieren: William John Clifton Haley jr., genannt Bill Haley. Musik bestimmte von Anfang an das Leben von Bill Haley. Bereits mit 15 Jahren verließ er sein Zuhause, um mit den DOWN HOMERS durch die Lande zu tingeln. Bald hatte er eine eigene Band, mit der er bei einer kleinen Radiostation in Pennsylvania spielte (damals spielten die Bands tatsächlich noch live im Radio!). Seine Band trug den Namen BILL HALEY'S SADDLEMEN und spielte hauptsächlich C & W, bis der vom R & B beeinflußte Haley auf die geniale Idee mit der Mischung kam. Die erste Platte kam 1951 heraus und hieß *We're going to rock this joint tonight*. 1952 hieß seine Gruppe bereits The Comets und veröffentlichte nur mäßig erfolgreiche Songs wie *Dance with the Dolly* und *Patty cake*. Für einen Freund schrieb Bill Haley 1952 den Song *Rock-a-beatin' boogie* und nahm ihn dann anschließend auch selbst mit seinen Comets auf. In diesem Song kommen die Worte »Rock, rock, rock everybody, roll, roll, roll everybody« vor, und als der bekannte amerikanische Discjockey ALAN FREED die Platte in seiner Radiostation spielte, war er so begeistert davon, daß er als Bezeichnung für diese Art von Musik den Namen »Rock 'n' Roll« erfand. Der erste große Hit für Bill Haley & The Comets kam 1953 mit dem Song *Crazy man crazy*, und der internationale Durchbruch erfolgte dann 1955 mit *Rock around the clock*, dem Thema-Lied des Teenager-

Films *Blackboard jungle* (in Deutschland hieß der Streifen *Die Saat der Gewalt*). Innerhalb kürzester Zeit wurde dieser Song zur »Marseillaise der Teenager-Revolution« (LILLIAN ROXON). Und gewalttätig ging es von nun an auch zu. Wo immer dieser Film (und auch die nachfolgenden Haley-Filme *Rock around the clock* und *Don't knock the rock*) gezeigt wurden, wurden die Kinos demoliert. Wo immer auch Bill Haley mit seinen Comets auftrat, wurden die Konzert-Hallen von frustrierten, aggressiven Teenagern zertrümmert. Natürlich nicht wegen der Musik, sondern angestachelt durch die Musik. Im Berliner Sportpalast z. B. betrug der Sachschaden nach einem Haley-Konzert DM 50 000,–. Dabei war Zerstörungswut das letzte, was der rundliche, freundliche, dreifache Vater mit der komischen Schmalzlocke auf der Stirn anrichten wollte. Doch die Auswirkungen seiner Musik schlugen sogar politische Wellen. Das DDR-Organ *Neues Deutschland* bezeichnete ihn als »Gangster, der eine Orgie der amerikanischen Unkultur« anrichtete, die Moskauer *Prawda* behauptete allen Ernstes, daß »Bill Haley eine neue Geheimwaffe des Westens für den Kalten Krieg« sei. Die spanische Franco-Diktatur verbot kurzerhand diesen »Zerfall der Sitten«, und der weltberühmte Cellist PABLO CASALS bezeichnete die Musik von Bill Haley als »ein Destillat aus allen Widerwärtigkeiten unserer Zeit«. Doch bei den Jugendlichen rief diese Verdammung nur das Gegenteil hervor: *Rock around the clock* verkaufte sich bis 1985 über 20millionenmal, insgesamt verkauften sich Bill Haley-Platten über 100millionenmal! Als der schon bei Beginn seiner Glanzzeit weder besonders ansehnliche noch besonders ju-

gendliche Musiker Mitte der 50er Jahre vom wesentlich attraktiveren und jüngeren → ELVIS PRESLEY auf Platz 2 verdrängt wurde, konnte er das nicht so ganz verkraften. Er zog sich auf seine Farm in Texas zurück, wo er 1981 an einer Herzattacke im Alter von nur 55 Jahren starb. Einen Teil seines beachtlichen Vermögens vermachte er übrigens seinen Schäferhunden, die er auf seiner Farm züchtete.

Hall & Oates

DARYL HALL, geb. 11. 10. 1949 in Pottstow/Pennsylvania, USA: voc/keyb; JOHN OATES, geb. 7. 4. 1949 in New York City/USA: g

Die beiden sind in Amerika Superstars: der große, schlanke, blonde Daryl Hall und der kleine, dunkelhaarige, schnauzbärtige John Oates. Sie lernten sich Mitte der 60er Jahre auf der Temple Universität in Philadelphia kennen, wo sie beide bei verschiedenen Bands spielten. Sie begannen zusammen Songs zu schreiben und wurden Anfang der 70er Jahre als Songwriter-Team bei einem Musikverlag engagiert. Daraus resultierte ein Plattenvertrag, und 1972 erschien ihr Debüt-Album *Whole Oates*, allerdings ohne nennenswerten Erfolg. Das änderte sich 1973 mit dem zweiten Album *Abandoned luncheonette*. Diesmal zündete ihre Mischung aus R & B und Pop, Gospel und Rock 'n' Roll schon mehr. Die Single *She's gone*, im März 1974 veröffentlicht, erreichte immerhin Platz 60 der Charts (zwei Jahre später, 1976, wurde der Song noch einmal veröffentlicht und kam auf Platz 7). Den endgültigen Durchbruch erreichten die beiden dann 1975 mit dem vierten Album *Daryl Hall and John Oates*. Die LP wurde mit Silber ausgezeichnet, und die Single *Sara smile* entwickelte sich 1976 zum ersten Millionenseller des Duos. Und so ging es auch weiter. 1976 verkaufte sich ihr fünftes Album *Bigger than both of us* ebenfalls millionenfach. 1977 hatten sie mit der Single *Rich girl* ihren ersten Nr.-1-Hit in den Hot 100 der USA. Immer mehr kristallisierte sich der typische Sound von Hall & Oates heraus: Daryl Halls helle, metallische, fast stakkatoartige Stimme, ein hypnotisierender Rhythmus und dazu komplizierte Melodien, die aber immer in einem eingängigen Refrain enden. 1979 erschien dann die LP *Voices*, die in Amerika Gold erhielt. Die Single *Kiss on my list* machte Hall & Oates auch in Europa bekannt, in den USA kam der Song auf Platz 1. Platin gab's dann 1981 für die LP *Private eyes*. Die Single daraus, *Private eyes, I can't got for that* (beide wurden Nr. 1 in den Hot 100) und *Did it in a minute* wurden Hits. 1982 erschien das Album *Rock 'n' Soul Part 1*, eine Art Best-Of-Koppelung, die bereits sechs Wochen nach Erscheinen Platin bekam. Den großen Durchbruch in Deutschland hatten Hall & Oates 1983 mit dem Album *H₂O* und der Single *Maneater*, einem Song, der ganz im Motown-Stil der → SUPREMES gehalten war. Die nächste Veröffentlichung des Duos war Ende 84 die LP *Big bam boom*, für die allein in USA bereits 750 000 Vorbestellungen vorlagen. *Out of touch* hieß die erste Single daraus, danach kam das ruhige balladenhafte *Some things are better left unsaid*. Am 23. Mai 1985 gaben Hall & Oates im

Apollo-Theatre in Harlem/New York ein Benefiz-Konzert für das United Negro College Fund. Dazu holten sie sich zwei »Legenden« der Soul-Musik auf die Bühne: DAVID RUFFIN und EDDIE KENDRICK, die ehemaligen Leadsänger der → TEMPATIONS. Das Konzert wurde natürlich mitgeschnitten und erschien 1985 unter dem Titel *Hall & Oates live at the Apollo with David Ruffin & Eddie Kendrick*. Eine Seite bot alte Soul-Klassiker, wie *The way you do the things you do*, *Get ready*, *Ain't too proud to beg* und *My girl*, auf der B-Seite waren Live-Versionen der bekanntesten Rock-Hits von Hall & Oates. Die Single *The way you do the things you do/My girl* wurde ein Hit. Danach zog es Daryl Hall vor, Solowege zu gehen. Er trennte sich von John Oates, zog nach London und veröffentlichte 1986/87 das Album *Three hearts in the happy ending machine*. Bei der LP, die sehr viel poppiger und vor allen Dingen »englischer« klang, hatte Mr. Hall prominente Mithilfe gehabt: → BOB GELDOF, DAVE STEWART (→ EURYTHMICS), → DICK MORRISSEY und ROBBY McINTOSH (→ PRETENDERS). *Dreamtime* hieß die Single daraus, die in Amerika auf Platz 5 der Hot 100 landete. Doch 1987 taten sich Daryl Hall und John Oates überraschend wieder zusammen und spielten das Album *Ooh Yea!* ein. Es wurde Mitte 1988 veröffentlicht und enthielt mit der Single *Everything your heart desires* wieder einen Top-Hit, der in Amerika bis auf Platz 3 kam. 1990 meldete sich das Duo dann mit dem Album *Change of season* zurück, was wieder hörenswerte Songs im altbewährten Hall/Oates-Stil enthielt, z. B. die Hit-Single *So close*. Als Mit-Produzent zeichnete übrigens niemand geringerer als → JON BON JOVI verantwortlich.

David Hallyday

geb. 14. 8. 1966 in Paris/Frankreich: voc/g

Der blonde, hübsche David ist der Sohn von JOHNNY HALLYDAY, Frankreichs Edelrocker der 60er Jahre, und der bezaubernden französischen Pop-Sängerin SYLVIE VARTAN. Mit drei Jahren brachte ihm sein singender Vater das Trommeln bei, mit viereinhalb durfte sich Klein-David an den Keyboards versuchen, und als er fünf war, zog seine Mutter mit ihm ins Musiker-Mekka Los Angeles. David studierte aber trotzdem in Paris Musik am Konservatorium und bekam dort eine gründliche Ausbildung in Klassik und Jazz. Er lernte Gitarre spielen und fing an, kleine Rollen in avantgardistischen Theaterstücken zu übernehmen. Schließlich studierte er auch noch an der Schauspielschule. Aber Musik war und blieb seine große Leidenschaft. Er stellte eine eigene Mainstream-Rock-Band zusammen, mit der er 1985 sogar eine Tournee durch Japan unternahm. Den großen Durchbruch in Amerika erlebte der schnuckelige Jüngling 1987 mit der Hauptrolle in dem Teenager-Streifen *He's my girl*. In dem Streifen agierte er nicht nur, sondern sang auch Rock-Titel wie *Rock revival, Church of the poison spider* und natürlich den Titelsong. Bereits Anfang 1987 hatte David erste Erfahrungen im Film-Musik-Geschäft gesammelt, für den Thriller *Hautnah* mit DIANE LANE in der Hauptrolle schrieb er die Musik. Und auch für Mutter Sylvie Vartan war er schon tätig gewesen, für sie schrieb er *She can dance*. Mit dem Soundtrack von *He's my girl* und mit der Single des Titelsongs konnte sich David Hallyday in den US-Charts plazieren. 1988 veröffentlichte David Hallyday dann sein Album *True cool*, das den Single-Hit *Move* enthielt.

Halo James

→ SADE

Jan Hammer

geb. in Prag/ČSSR: keyb/synth

Der Tscheche Jan Hammer ist heute einer der gefragtesten Komponisten, Arrangeure und Produzenten der internationalen Szene. Jan Hammer stammt aus einem sehr musikalischen Elternhaus. Seine Mutter war eine der bekanntesten tschechischen Sängerinnen, sein Vater, ein Arzt, spielte in seiner Freizeit begeistert Baß und Vibraphon. Kein Wunder, daß Klein-Jan bereits mit vier Jahren mit dem Klavierspielen anfing. Mit vierzehn gründete er ein Jazz-Trio, trat in ganz Osteuropa auf, machte Plattenaufnahmen, studierte am Prager Konservatorium Harmonielehre, Kontrapunkt, Komposition und Musikgeschichte und setzte sich 1968 nach der sowjetischen Invasion nach Amerika ab. Seinen ersten Job bekam er als Keyboarder und Bandleader bei SARAH VAUGHN. 1971 gründete er, zusammen mit JOHN MCLAUGHLIN, dem Violinisten JERRY

Goodman (kam gerade von The Flock), dem Bassisten Rick Laird und dem Drummer Billy Cobham das weltberühmte Mahavishnu Orchestra. Diese First-Class-Formation gilt heute noch als wichtigste und stilbildendste des Jazz-Rock. Nach zwei Jahren und drei Alben machte sich Jan Hammer selbständig und brachte 1975 sein Debüt-Solo-Album *The first seven days* heraus. Anschließend gründete er die Jan Hammer Group, mit der er drei Alben produzierte: *Oh yeah?* (mit dem Gitarristen Jeff Beck), *Jeff Beck with the Jan Hammer Group live* und *Melodies*. Synthesizer und Keyboards waren seine bevorzugten Instrumente, und auf dem 78er Solo-Album *Black sheep* bewies Jan Hammer sehr originell, was man damit alles anfangen kann. Anfang der 80er Jahre tat sich Jan Hammer mit zwei hervorragenden Gitarristen zusammen, Mit Al Di Meola und Neal Schon von der Gruppe Journey. Mit Al Di Meola spielte er die vorzüglichen Alben *Electric rendezvous* (1982) und *Scenario* ein, und begleitete ihn in dessen Dreamband auch auf Tourneen. Mit Neal Schon bildete er das Duo Schon/Hammer und veröffentlichte Alben wie *Untold passion* (1981) und *Here to stay* (1982). Auf *Here to stay* befand sich auch der Titel *No more lies*, der lange Zeit das Erkennungsthema des amerikanischen TV-Musik-Kanals MTV gewesen war. 1984 arbeitete Jan Hammer wieder mit diversen Weltstars zusammen: mit James Young von → Styx bei dessen Debüt-Solo-Album, mit → Mick Jagger bei dessen Debüt-Solo-LP *She's the boss*, mit Jeff Beck bei dessen Album *Flash*. Für *Flash* schrieb Jan Hammer den Titel *Escape*, Jeff Beck bekam dafür 1985 einen Grammy für die »Best Rock Instrumental Performance«.

Inzwischen hatte Jan Hammer ein neues Aufgabengebiet entdeckt: Filmmusiken. Er schrieb zahlreiche erfolgreiche Titel für Dokumentarstreifen, TV-Produktionen, Commercials, und so war es nur natürlich, daß 1984 das *Miami-Vice*-Team ihn für die Komposition der Musik für die Fernseh-Serie engagierte. Jan Hammer komponierte − und hatte zwei internationale Bestseller. Zum einen mit dem *Miami Vice theme* und zum anderen mit dem *Crockett's theme*. Das *Miami Vice theme* erreichte 1985 sogar Platz 1 in den US Hot 100, und beide Titel konnten sich auch wochenlang in der deutschen Hitparade plazieren, nachdem die Serie auch bei uns angelaufen war. 1987 veröffentlichte Jan Hammer das Solo-Album *Escape from Television*. Die LP mit den größtenteils sehr einschmeichelnden, sanften Synthesizer-Klängen wurde in Deutschland ein Bestseller, die Singles *Tubbs and Valerie* stiegen in die Hitparade ein.
1989 schrieb Hammer abermals Filmmusik. Die Titelmelodie für die gesamteuropäische Fernsehserie *Eurocops* stammte aus seiner Feder. Dazu gab es dann auch das Album *Snapshots*.

George Harrison

---

geb. 25. 2. 1943 in Liverpool/England: voc/g

George Harrison war immer der Beatle, der am wenigsten auffiel. Paul und John waren sowieso die Stars, Ringo war komisch und George − war auch da. Der Sohn eines Busfahrers war Elektrikerlehrling, als er 1958 zu den → Beatles

George Harrison

kam. Er entwickelte sich bald zum hervorragenden Slide- und Akustik-Gitarri-
sten, und steuerte mit *While my guitar
gently weeps, Here comes the sun* und
Something einige der schönsten Beatles-
Songs bei. Er war es auch, der mit seiner
Begeisterung für fernöstliche Philosophie und Musik die Beatles nach Indien
und zur Sitar brachte. Die Sitar-Unter-
malungen auf den LPs *Rubber Soul*
(1965), *Revolver* (1966) und *Sgt. Pepper*
(1967) waren auf seinen Einfluß zurückzuführen. Noch während die Beatles zusammen waren, hatte George Harrison
bereits zwei Solo-Alben veröffentlicht:
1968 *Wonderwall*, den Soundtrack zu
einem psychedelischen Film, und 1969
Electronic sounds, auf dem er elektronisch Soundtechniken mit Sitar und Syn-

thesizer ausprobierte. Nach der Auflösung der Beatles war man gespannt, was
George Harrison bieten würde, und seine Fans wurden nicht enttäuscht. Mit
dem Dreifach-Album *All things must
pass* bewies Harrison 1970, daß er auch
ohne die Beatles etwas auf die Beine
stellen konnte. Die LPs boten vier Seiten mit Liedern und zwei Seiten mit
einer ausgedehnten Jam-Session mit berühmten Freunden. Die Single *My sweet
Lord* wurde ein Millionenseller und
brachte George Harrison in Amerika
vier Wochen lang den 1. Platz der
Hot 100 ein, auch in England erreichte
der religiöse Song 1971 den 1. Platz,
ebenso in Deutschland. Leider stellte
sich später heraus, daß dieser Bestseller
dem Song *He's so fine* von den CHIFFONS
zu stark ähnelte, Harrison durfte die
Tantiemen nicht behalten. Dann machte
George Harrison wieder im Sommer
1971 von sich reden, als er im New Yorker MADISON SQUARE GARDEN ein Benefiz-
Konzert für die Hungersnot in Bangla
Desh organisierte. Viele berühmte
Rock-Stars traten dabei auf, wie z. B.
→ ERIC CLAPTON, → BOB DYLAN und RAVI
SHANKAR. Das Konzert wurde 1972 als
Platte veröffentlicht, die Einnahmen in
Millionenhöhe aus Konzert und Platte
gingen an die Hungernden. 1973 kam
dann das Album *Living in the material
world*, das allerdings von der Qualität
her an *All things must pass* nicht heranreichte. Lediglich die Single *Give me
love (give me peace on earth)* wurde ein
Bestseller und erreichte in Amerika sogar Platz 1. Ebenfalls keine Meisterleistung war das 74er Album *Dark horse*,
das George Harrison nach seinem kurz
vorher gegründeten Label betitelt hatte.
Aber George war zu dieser Zeit auch
»nicht gut drauf«. Denn seine Frau, das

Fotomodell Patti Boyd, die er Mitte 1966 geheiratet hatte, verließ ihn zu dieser Zeit, und zwar wegen seines besten Freundes Eric Clapton. Kein Wunder, daß seine 74er Tournee durch Amerika fast zu einem Desaster wurde. Das 75er Album *Extra texture – read all about it* war zwar wieder sehr viel besser geraten, aber der kommerzielle Erfolg wollte sich für George Harrison erst einmal nicht mehr einstellen. Seine Alben verkauften sich nicht besonders, seine Singles »krebsten« in Amerika immer irgendwo in den 20er-Plätzen herum, in England tauchten sie seit 1973 gar nicht mehr auf, bitter für einen Ex-Beatle. Erst 1981 kam mit dem Song *All those years ago* wieder ein Erfolg. Es war ein Lied über den ermordeten → JOHN LENNON, bei dem RINGO STARR trommelte und → PAUL MCCARTNEY im Chor mitsang. Dann wurde es wieder still um George Harrison. Die Alben *33 ⅓* (1981) und *Gone troppo* (1982) waren auch nicht unbedingt unter dem Begriff »Bestseller« einzuordnen. Harrison wendete sich einer anderen Branche zu, er gründete die Filmfirma HANDMADE-FILMS, bei der auch der Madonna-Flop *Shanghai surprise* erschien. Erfolgreich waren dagegen die Filme *Mona Lisa* und *Rififi am Karfreitag*. Fünf Jahre ließ sich George Harrison dann Zeit, bis er wieder einmal musikalisch ans Licht der Öffentlichkeit trat. *Cloud nine* hieß die LP, mit der er 1987 ein grandioses Comeback feierte. Zusammen mit JEFF LYNNE vom → ELECTRIC LIGHT ORCHESTRA hatte er alle Titel, bis auf einen, geschrieben. Jeff Lynne war auch der Produzent der Songs, die teilweise stark an die alten Beatles erinnern. Mitgespielt hatten bei der Aufnahme natürlich viele prominente Kollegen, wie z. B. → ELTON JOHN, Eric Clapton

(mit dem er sich wieder versöhnt hat) und Ringo Starr. Die ersten beiden Singles, der 50er Rock-Song *Got my mind set on you* (aus der Feder von RUDY CLARK) und die Eigenkomposition *When we was fab*, ein Lied über die Zeit mit den Beatles, wurden internationale Bestseller. In Amerika hatte sich die LP Mitte März bereits über eine Million mal verkauft. 1988 war er neben Jeff Lynne, → BOB DYLAN, → ROY ORBISON und → TOM PETTY Gründungsmitglied der Zufalls-Formation → THE TRAVELING WILBURYS. Deren Debüt-Album *Traveling Wilburys Vol. I* und die erste Single *Handle with cares* wurden 1989 Bestseller. 1990 kam das zweite Album der Prominententruppe heraus, das die Herren mit eigentümlichen Humor *Vol. III* nannten, obwohl es bislang kein *Vol. II* gegeben hatte.

Den Harrow

STEFFANO ZANDRI, geb. 4. 6. 1962 in Boston/USA: voc/g/keyb

Blond, blauäugig, 1,72 m groß, 68 kg schwer, gutaussehend und zusätzlich noch mit Stimme und Tanzbegabung gesegnet – das ist Den Harrow, der Teenie-Star. Vor allen Dingen die Mädels riß der italo-amerikanische Knabe 1987 zu Begeisterungsstürmen hin. Da wurde ihm schon mal bei einem Konzert das Hemd zerfetzt, wie weiland → ELVIS, und auch die Lederhose hält, nach seinen eigenen Aussagen, im Höchstfall zwei Konzerte aus. Den Harrows italoamerikanischer Vater ist Architekt und arbeitete 1962, als Steffano zur Welt kam, gerade in Boston, die Mutter kümmerte sich um den Kleinen und die beiden älteren Geschwister LORY und MANUELA. 1965 ließen sich die Eltern scheiden, und die Mutter zog mit den Kindern nach Mailand. Nach dem Abschluß der Realschule wollte Steffano unbedingt Sportlehrer werden. Er trieb Bodybuilding und Judo, errang sogar den schwarzen Gürtel, arbeitete in einem Sportclub und interessierte sich nebenbei auch noch fürs Tanzen und für Mode. Dem attraktiven Knaben gelang es sogar, das alles unter einen Hut zu bringen. Er besuchte 1979 eine Breakdance-Schule und führte fortan tanzenderweise auf der Bühne oder im Fernsehen die aktuelle Teenager-Mode vor. Zwei Mailänder Discjockeys, die gerne Produzenten werden wollten, sahen das fesche Kerlchen, probierten seine Stimme aus – und über Nacht wurde aus Steffano Zandri Den Harrow. *To meet me* und *A taste of love* hießen die ersten beiden Singles, die sich in Südeuropa ganz gut verkauften. Und da packte Den Harrow der Ehrgeiz. Das Klavierspielen hatte er bereits mit sieben Jahren gelernt, jetzt brachte er sich selbst auch noch Gitarre und Keyboards bei und nahm klassischen Gesangsunterricht, um sein Stimmvolumen zu verbessern.

Den Harrow   Foto: BMG Ariola/Baby Rec.

Dann nahm er die Titel *Mad desire* und *Future brain* auf – und hatte damit zwei Hits in Italien. *Overpower* hieß dann 1986 sein Debüt-Album, und mit dem Disco-Song *Bad boy* kam er sogar in die deutsche Hitparade. 1987 ging es dann weiter mit *Charleston, Catch the fox* und der eher sanften Nummer *Don't break my heart*. 1987 erschien auch das zweite Album namens *Day by day*, das sich in Deutschland ebenfalls sehr gut verkaufte. 1987 wurde der sympathische junge Mann als beliebtester Sänger mit dem BRAVO-Otto ausgezeichnet. Seine erste Single 1988 hieß *Born to love*.

Ein voller Erfolg wurde auch das 89er *Best of Den Harrow*-Album, das sofort in die deutschen LP-Charts ging.

Debbie Harry

DEBORAH HARRY, geb. 1. 7. 1945 in New York/USA: voc

Die musikalische Karriere der blonden, attraktiven Debbie Harry begann 1960 in diversen Schulbands. Danach wurde sie Mitte der 60er Jahre Sängerin in der Folk-Rock-Band WIND IN THE WILLOWS, die 1968 eine einzige LP veröffentlichte. Danach wechselte die bildhübsche junge Dame Bands wie andere Menschen die Hemden, um dann 1970 mit allen Schluß zu machen und mit einem Millionär nach Kalifornien zu gehen. Doch auch dieses luxuriöse Zwischenspiel dauerte nicht lange. 1971 gab Debbie ihrem Geldmann den Laufpaß und jobbte anschließend als Kellnerin und »Playboy«-Häschen. Das Jahr 1973 sah die attraktive Blondine als Sängerin bei der Glitter-

Band STILETTOS; doch auch dort waren ihre Tage gezählt, und als Debbie 1974 die Formation verließ nahm sie auch gleich noch den Gitarristen CHRIS STEIN mit. Der hübsche Junge mit den traurigen Augen (geb. 5. 1. 1950) war ihr ans Herz gewachsen. Die beiden machten zusammen eine Gruppe namens ANGEL & THE SNAKES auf, aus der dann 1975 die Superband → BLONDIE wurde. 1975 erschien auch die Debüt-LP *Blondie* und die erste Single *X offender*. Die Single wurde ein Hit, vor allen Dingen in den Ländern, in denen sie auf den Index kam. Dann gab's erst einmal diverse Umbesetzungen und einen Firmenwechsel, bis die Gruppe mit JIMMY DESTRI (keyb), FRANK INFANTE (g), NIGEL HARRISON (b) CLEM BURKE (dr) und natürlich Debbie Harry und Chris Stein »stand«. 1978 wurde in dieser Besetzung die zweite LP *Plastic letters* veröffentlicht, und das war der Beginn einer phantastischen Karriere. *Denis* hieß der Single-Hit daraus, der es in England bis Platz 2 und in Deutschland bis Platz 9 schaffte. Danach folgte der Supersong *Heart of glass*, bei dem die Rock-Gruppe plötzlich auf Disco einschwenkte. Der Erfolg gab ihr recht, BLONDIE wurde damit praktisch weltweit Nr. 1 der Charts. 1979 kamen die Single-Hits *Sunday girl* und *Dreaming* und die dritte LP *Parallel lines*. Album Nr. 4, *Eat to the beat,* und der Titelsong des Erfolg-Films *American Gigolo,* das von → GIORGIO MORODER produzierte *Call me*, führten 1980 die Erfolgsserie fort. Ein weiterer Nr.-1-Hit war 1980 das von Debbie Harry unnachahmlich gesungene *The tide is high*. 1981 war dann der Song *Rapture* hoch in den internationalen Charts. In diesem Jahr veröffentlicht Debbie Harry auch bereits ihr 1. Solo-Album namens *Koo koo* und

Debbie Harry   Foto: Ariola/Chrysalis

fing mit der Schauspielerei an. Ihre Filme hießen *The foreigner, Unmade beds, Union City* und das heute schon als Kult-Streifen geltende *Videodrome.* Trennungsgerüchte kursierten, aber 1982 erschien noch ein letztes Blondie-Album, die LP *The hunter.* Man wollte noch ein letztes Mal auf große Amerika-Tour gehen, Abschiedskonzerte geben – da passierte das Schreckliche. Mitten auf der Bühne brach Chris Stein, inzwischen Debbies Lebensgefährte, bewußtlos zusammen. Die Mediziner stellten eine gefährliche Stoffwechselerkrankung fest, Chris schwebte wochenlang zwischen Leben und Tod, wurde praktisch nur in letzter Minute gerettet. Danach war Blondie für Debbie Harry nicht mehr existent. Sie widmete sich aufopfernd der Pflege ihres Freundes und spielte

nebenbei nur an New Yorker Off-Off-Bühnen und drehte ein paar Filme. Erst 1985, drei Jahre nach dem Zusammenbruch, war Stein wieder soweit hergestellt, daß er ans Arbeiten denken konnte. Ein Jahr arbeitete das Paar an Debbies zweitem Solo-Album, bis 1986 die LP *Rockbird* erschien, die Debbie Harry in alter Frische zeigte: Rock und Pop, mal zärtlich, mal wild, mal schweißtreibend, mal kühl. Die Single *French kissin' in the USA* wurde ein Hit. 1989 veröffentlichte Debbie die LP *Def, dumb & blonde,* zu Deutsch ›Taub, blöd & blond‹. Böse Zungen behaupten, daß dieser LP-Titel sehr zutreffend wäre. Der Erfolg des Albums, das in der Qualität der Songs an die alten Blondie-Hits in keiner Form herankam, hielt sich in Grenzen. Wesentlich erfolgreicher war

Debbie Harry als hysterische Mutter in dem John-Waters-Film *Hairspray* aus dem Jahr 1988.

Corey Hart

geb. 31. 5. 1962 in Montreal/Kanada: voc/g

Corey Hart

Den Kanadier Corey Hart kann man unbedenklich in die Reihe der musikalischen Wunderkinder einreihen. Mit nur 14 Jahren veröffentlichte der junge Mann, der in Spanien und Mexiko aufgewachsen war, zusammen mit → Paul Anka seine erste Single. 18 Jahre war er alt, als er, zusammen mit Dan Hill (*Sometimes when we touch*), sein Heimatland Kanada beim »World Song Festival« in Tokio vertrat. Da es für den hochbegabten Sänger, Musiker, Komponisten und Texter eine beschlossene Sache war, Profi zu werden, tingelte er ständig zwischen Los Angeles und New York hin und her und lernte dabei den Songwriter → Billy Joel kennen. Billy Joel, selbst ein Superstar, hörte sich die Titel des jungen Mannes an, lobte sie und empfahl ihn weiter, und so bekam Corey Hart 1983 einen Plattenvertrag. Die Firma war von ihm überzeugt, er bekam die erste Garnitur an Studiomusikern und einen erstklassigen Produzenten zur Verfügung gestellt, und so war es, bei seiner Begabung, eigentlich kein Wunder, daß bereits die erste LP *First offense* 1984 ein Bestseller wurde. Das Album wurde allein in Kanada dreimal mit Platin ausgezeichnet, die erste Single daraus, *Sunglasses at night*, stieg in USA bis auf Platz 7 der Hot 100. Seine vorzügliche und teilweise recht unkonventionellen Rock-Songs und -Balladen stießen weltweit auf große Begeisterung. In seinem Heimatland Kanada bekam er den Juno Award als »Best new artist«. Nach diesem furiosen Entree war man natürlich gespannt auf die Fortsetzung – und die kam 1985 in Form der 2. LP *Boy in the box*. Und was wenige für möglich gehalten hatten, dieses Album war sogar noch besser. Alles, was auf der ersten LP vielleicht noch verspielt und jugendlich unausgegoren geklungen hatte, war nun härter, konsequenter, straffer, geradliniger geworden. Die Single *Never surrender* stieg in Amerika bis Platz 3, das Album zählt zu den erfolgreichsten Platten in der Geschichte Kanadas. Auch mit dem dritten Album

Fields of fire (1986) konnte Corey Hart die von ihm gesetzten Maßstäbe halten. 1988 erschien dann die LP *Young man running* – Der junge Mann, der läuft. Corey Hart meinte dazu: »Das hat nichts damit zu tun, vor etwas wegzulaufen. Es steht vielmehr für hinter etwas herlaufen, auf der Suche nach etwas zu sein. Es geht um die Jagd nach etwas, das vielleicht unerreichbar ist – aber allein schon die Jagd ist es, die im Leben für die Impulse sorgt, ihm die Vitalität gibt.« Und Corey Hart hatte tatsächlich inzwischen weitergesucht und zeigte sich auf dieser neuen LP von einer teilweise recht neuen Seite: sehr melodisch, sehr variabel, sehr Rhythmus-betont. Im Sommer 1988 konnten sich sowohl die LP, als auch die erste Single *In your soul*, wieder hervorragend in den internationalen Charts plazieren. Dann ließ sich Corey Hart zwei Jahre Zeit für sein fünftes Album. Im März 1990 erschien die LP *Bang!*, die wieder eine Sammlung von gekonnten Rock-Songs und Balladen der Extraklasse bot.

Hans Hartz

geb. 22. 10. 1946 in Husum: voc

Nicht besonders groß, eher zierlich, aber mit einer gewaltigen, intensiven, rauhen Stimme – damit rüttelte der Sänger Hans Hartz 1982 das deutsche Publikum auf. *Die weißen Tauben sind müde* hieß sein eindringlicher Song, für den ihm sein Produzent CHRISTOPH BUSSE den intelligenten, aufwühlenden Text über die Zerstörung der Welt in jeder Form geschrieben hatte. Dieses Lied, das überhaupt nicht in die aktuelle deutsche Schlagerszene paßte, sondern eher in die Reihe der großen amerikanischen Protestsongs, entwickelte sich ziemlich schnell zu einem Hit. Der Sänger mit der unverwechselbaren Stimme und den anspruchsvollen Liedern stammt aus einer gutbürgerlichen Familie. Sein Vater war Lehrer, die Mutter Kindergärtnerin. Nach Beendigung seines Sozialpädagogik-Studiums lernte er den Texter und Produzenten Christopher Busse kennen, mit dem er seine nächsten Alben herausbrachte: *Sturm* (1982), *Gnadenlos* (1983), *Morgengrauen* (1984). Die LPs enthielten größtenteils rockige Songs mit engagierten Texten: über Umweltverschmutzung, Lebensangst, Guru-Wahn, Neo-Nazismus. Alles nicht ganz einfache Lieder, bei denen man zwar mitdenken mußte, aber auch jederzeit, dank der ungeheuren Stimme von Hans Hartz, mitfühlen konnte. Die LP *Neuland Suite* setzte 1985 dieses Konzept fort.

David Hasselhoff

geb. 17. 7. 1952 in Baltimore/Maryland, USA: voc

Der gutaussehende, hochgewachsene Schauspieler stammt aus einer ganz normalen Familie: Vater Manager bei einer Werttransport-Firma, Mutter Hausfrau. Die ersten Bühnen-Ambitionen zeigte David im zartem Alter von sieben Jahren, da durfte er nämlich bei einer Aufführung von ›Rumpelstilzchen‹ mitspielen und beschloß danach, Schauspieler zu werden. Bis zu seinem Abschluß der

David Hasselhoff Foto: Ariola

High School 1970 wirkte er regelmäßig in Theateraufführungen seiner Schule mit und machte nebenbei auch in Amateur-Bands Musik. Anschließend begann er an der ›Academy Of Dramatic Arts‹ in Chicago ein Schauspiel-Studium. 1972 ging er nach Los Angeles um am ›California Institute Of Arts‹ seine Ausbildung abzurunden. Das Geld dafür verdiente sich der attraktive junge Mann als Kellner. Nach Abschluß seiner Ausbildung kam das übliche Klinkenputzen. Doch nach dem 800. Bewerbungsschreiben mit Bild klappte es: David bekam eine Rolle in der TV-Serie *Police story* und stand zwischen 1976 und 1980 in vier großen Fernseh-Filmen vor der Kamera. Doch richtig populär wurde er dann in Amerika durch die

Fernseh-Serie *The young and the restless*, die dort von 1975 bis 1981 lief und in der David den DR. SHAPPER FOSTER darstellte. 1981 bekam David dann die Rolle des MICHAEL KNIGHT in der TV-Serie *Knight rider*, die Hauptperson neben dem sprechenden Wunderauto K.I.T.T. Als die Serie auch in andere Länder verkauft wurde, avancierte David Hasselhoff innerhalb kürzester Zeit zum Idol der Teenager aller Herren Länder: ein sympathischer Bildschirm-Saubermann, der stets für für Recht und Ordnung kämpft. Mitte der 80er Jahre beschloß der Darsteller, inzwischen zum zweiten Mal verheiratet, seine Stimme ausbilden zu lassen und es auch mal mit Singen zu versuchen. Das Ergebnis waren die LPs *Night rocker* und *Lovin' feeling*, die sich vor allen Dingen in Österreich großer Beliebtheit erfreuten und dort mit Gold und Platin ausgezeichnet wurden. Dann wurde der Hit-Macher JACK WHITE (→ ENGELBERT, → PAUL ANKA) auf den langbeinigen Lockenkopf mit dem bubenhaften Grinsen aufmerksam. Er ging mit ihm in Los Angeles ins Studio und nahm 1989 eine neue Version von *Looking for freedom* auf. Der von Jack White geschriebene Song war bereits zweimal ein Hit gewesen: zunächst 1978 in der englischen Originalversion von MARC SEABERG, und außerdem in der deutschen Version von TONY MARSHALL. Der gutgemachte Mitklatsch-Song wurde 1989 in Deutschland ein mehrwöchiger Nr.-1-Hit. Von da an ging's nur noch bergauf. Die gleichnamige LP bekam in Deutschland, Österreich und der Schweiz Platin, in Frankreich Gold. Auch die nächsten Singles *Is everybody happy* und der Soft-Song *Flying on the wings of tenderness* waren ebenfalls erfolgreich. In seinem Heimatland Amerika konnte David Hasselhoff mit seinen Sangeskünsten zwar keinen Blumentopf gewinnen, dafür blieb er dort aber mit seiner neuen Fernseh-Serie *Baywatch* der unangefochtene TV-Star. Bei seinen gutbesuchten Konzerten in Deutschland erwarteten ihn Heerscharen von meist weiblichen minderjährigen Fans, die teilweise vor lauter Aufregung in Ohnmacht fielen oder ihrem Traumhelden Teddybären auf die Bühne warfen. Sein 90er Album hieß *Crazy for you* und enthielt mit dem Titelsong und der Mitklatsch-Hymne *Freedom for the world* wieder zwei europäische Single-Hits.

Ofra Haza

geb. 19. 11. 1958 in Tel Aviv/Israel: voc

In ihrem Heimatland ist die attraktive Sängerin mit den glutvollen Augen und der kehligen Schmusestimme seit Jahren ein Superstar. In Deutschland stürmte sie erst 1988 mit ihrem jemenitischen Disco-Song *Im Nin' Alu* auf Platz 1 der Hitparade. Doch unbekannt dürfte Ofra Haza dem deutschen Publikum eigentlich nicht gewesen sein, denn bereits 1983 bezauberte sie ihre Hörer als Grand-Prix-Teilnehmerin mit dem Titel *Hi*, mit dem sie auf Platz 2 landete. Mit neun Geschwistern wuchs Ofra in Hatika, dem Armenviertel von Tel Aviv auf. Mit 13 Jahren schloß sie sich der lokalen Theatergruppe »Hatika« an, der Leiter dieser Gruppe war BEZALEL ALONI, der jetzt ihr Manager ist. Ofras Mutter war professionelle Sängerin und brachte

ihren Kindern alle jemenitischen Volkslieder bei. Aloni war fasziniert von der Stimme des hübschen Teenagers, gab ihr Solorollen in seinem Theater, und als Ofra 18 Jahre alt war, war es soweit: sie bekam einen Plattenvertrag und produzierte die erste von mittlerweile 19 LPs, für die sie bis dato 3 Grammies und 16 Gold- und Platinauszeichnungen bekommen hat. 1980 wurde sie in Israel zur »besten weiblichen Sängerin« gewählt. 1986 wollte der Superstar ihrer Mutter eine Freude machen und nahm eine ganze LP mit jemenitischen Liedern auf, das Album *Yemenite songs*. Dabei kombinierte sie hebräische Lieder mit Salsa-inspirierten Dance-Floor-Rhythmen. Die Scratch- und Sampling-Stars ERIC B. & RAKIM hörten 1987 von dieser LP den Titel *Im Nin' Alu*, waren begeistert von diesen exotischen Tönen, und verwendeten Teile daraus für ihren Bestseller *Paid in full*. Plötzlich war die junge Dame mit der interessanten Stimme und den ungewöhnlichen Melodien in aller Munde und Ohren. Flugs wurde eine Disco-Version von *Im Nin' Alu* abgemischt, veröffentlicht − und Ofra Haza hatte einen internationalen Superseller. Damit war Ofra, zusammen mit → MORY KANTE, die Vorreiterin einer neuen Dance-Song-Welle, die Mitte 1988 den europäischen Kontinent überrollte: des Ethno-Pop, also von modisch aufgeputzter Volksmusik aus exotischen Ländern. Ebenso erfolgreich war dann die erste offizielle Ofra-Haza-LP in Europa, das Album *Shaday*. 1989 folgte dann das nächste Album *Desert wind*, das wieder im gleichen Stil wie *Shaday* prodiziert worden war. Es fand vor allen Dingen in Amerika und Japan viele Fans, wo es sich auch in Charts plazieren konnte. Die Singles *Wish me luck* und *Ya ba ye* waren in Deutschland ebensowenig erfolgreich wie das Album selbst.

Heart

Ann Wilson, geb. 19. 6. 1950 in Kanada: voc; Nancy Wilson, geb. 16. 3. 1954 in Kanada: voc/keyb/g; Howard Leese: g; Mark Andes, geb. 19. 2. 1948 in USA: b; Denny Carmassi: dr

Die bildhübschen Schwestern Ann und Nancy Wilson sind Gründerinnen der kanadischen Rock-Formation. Schon immer musikbegeistert, gingen die beiden Schwestern nach ihrem Schulabschluß erst einmal in verschiedene Richtungen: Ann tingelte mit diversen Showbands, Nancy fühlte sich mehr dem Folk verbunden. Schließlich fanden sie aber doch wieder zusammen, und gründeten 1976 in Vancouver die Gruppe Heart, mit einem roten Herzen als Markenzeichen. Damals gehörten außer Howard Leese noch Steve Fossen und Michael Derosier zum Quintett. Nach einigen Auftritten bekam die Gruppe bereits einen Plattenvertrag und veröffentlichte 1976 die erste LP: *Dreamboat Annie*. Das Album bekam Platin, zwei Singles daraus, *Crazy on you* und vor allen Dingen *Magic man*, wurden Top-Hits. Die ungewöhnliche musikalische Linie der beiden Schwestern, die ihre Songs selbst schrieben, machte sich bezahlt: Hard-Rock mit Melodie, Power-Songs mit Ohrwurmqualität. Auch Album Nr. 2, *Little Queen* (1977), wurde mit Platin ausgezeichnet, die Single *Barracuda* war ein Bestseller. Und so ging's erst einmal

weiter: Fast jede LP erhielt Platin, zumindest aber Gold. Die ausgekoppelten Singles waren Chartbuster. Die gekonnte, perfekte Mischung aus harten Gitarrenriffs einerseits und getragenen Balladen andererseits machten Heart zu einer ausgesprochen abwechslungsreichen Formation. 1982 wurden Steve Fossen und Michael Derosier gegen Mark Andes und Denny Carmassi ausgetauscht. In dieser Besetzung spielte die Gruppe auch das 85er Album *Heart* ein. Am Konzept hatte sich nichts geändert, die harten Songs waren vielleicht noch etwas härter geworden, während die Balladen sanfter, weicher klangen. Diese 7. Heart-LP wurde eine der erfolgreichsten. Mit *These dreams* enthielt das Album einen Nr.-1-Hit, mit *Never* einen Nr.-4-Hit, und die beiden anderen Singles, *What about love* und *Nothing at all*, erreichten 1985/86 ebenfalls die Top 10 in USA. Allein in Amerika verkaufte das Album zwei Millionen und bekam Doppel-Platin. 1987 veröffentlichte die Gruppe das 8. Album unter dem Titel *Bad animals*, auch diese LP wurde wieder ein internationaler Bestseller. Die Single *Alone*, eine sanfte Rock-Ballade, war 1987 Nr. 1 in den Hot 100 von Amerika und konnte sich auch in der deutschen Hitparade auf Platz 18 plazieren. 1990 hörte man dann wieder von Heart: *All I wanna do is make love to you* hieß der Soft-Rock-Song, der im Frühjahr 90 die internationalen Hitparaden hinaufschoß. Auch das anschließende Album *Brigade* erwies sich als weltweiter Bestseller, der mit *I didn't want to need you* einen weltweiten Singlehit enthielt.

Heaven 17

GLENN GREGORY: voc; IAN CRAIG MARSH, geb. 11. 11. 1946 in England: sax/synth/keyb; MARTYN WARE, geb. 19. 5. 1956 in England: sax/synth/keyb

Die Geschichte von Heaven 17 beginnt mit der Gruppe → HUMAN LEAGUE im Jahr 1977. Damals taten sich die beiden Computer-Programmierer Ian Craig Marsh und Martyn Ware mit dem Sänger PHILIP OAKEY zusammen. So entstand in Sheffield/England die Gruppe Human League, die sich in kurzer Zeit durch ihre lockeren Synthi-Pop-Melodien einen Namen machte. Singles wie *Being boiled* (1978) und *The dignity of labour* (1979), das Debüt-Album *Reproduction,* die LP *Travelogue* (1980) und die Doppel-Single *Holiday* schufen der britischen Band schnell eine große Fan-Gemeinde. Die elektronischen Songs von Human League, die damals größtenteils von Martyn Ware geschrieben worden waren, setzten neue Maßstäbe. Die Basis dieser Songs war nicht mehr in der Rock-Tradition zu suchen, sondern bei Neutönern wie z. B. STOCKHAUSEN. 1980 teilte sich die Formation: Der Sänger Phil Oakey blieb mit ADRIAN WRIGHT unter dem Namen Human League zusammen, Martyn Ware und Ian Craig Marsh bildeten unter dem Namen BRITISH ELECTRIC FOUNDATION, kurz B. E. F. genannt, eine Songschreiber-Gemeinschaft. Marsh sagte dazu: »B. E. F. ist ein Unternehmen, das Songs liefert, Produktionen übernimmt, Auftragsarbeiten ausführt.« So erschien z. B. 1981 von B. E. F. unter dem Titel *Music for sto-waways* eine Kassette mit Instrumentalmusik. 1981 entstand die Gruppe Heaven 17, die im Grunde genommen nichts anders war als B. E. F. mit dem Sänger Glenn Gregory. Mit dem blonden Gregory aus Sheffield und dem schwarzen Bassisten JOHN WILSON entstand 1981 das Album *Penthouse & pavement.* Die LP wurde als Meilenstein im Funk-/Soul-/Electronic-/Pop-Experiment-Bereich gefeiert. 1981 erschien auch das erste Album des Produktionsteams B. E. F., die LP *Geisha boys and temple girls* der Tanzgruppe HOT GOSSIP. B. E. F., alias Marsh und Ware, lieferten den Synthi-Sound des Albums, Hot Gossip sang dazu – vor allen Dingen bekannte Titel von Heaven 17 und Human League. *Music of quality and distinction* hieß 1982 das nächste Werk des Produktions-Teams B. E. F. Für diese LP hatten Marsh und Ware Stars vors Mikrophon geholt, die Hits von anderen Stars, hauptsächlich aus den 60er Jahren, sangen. So interpretierten z. B. → TINA TURNER den → TEMPTATIONS-Hit *Ball of confusion,* GARY GLITTER den → ELVIS-Bestseller *Suspicious minds* und SANDIE SHAW *Anyone who had a heart,* den ehemaligen Nr.-1-Hit CILLA BLACKS. Die alten Songs klangen im B. E. F.-Sound-Gewand überraschend jung und interessant. Außerdem produzierte Martyn Ware 1982 im Alleingang das Debüt-Album der belgischen Gruppe ALLEZ-ALLEZ. Zusätzlich kam Martyn Ware 1982 nochmals mit einem alten Human League-Titel aus dem Jahr 1978 zu Ehren: die Single *Being boiled* schoß plötzlich in diesem Jahr auf Platz 6 der UK-Charts. 1983 machte Heaven 17 mit dem zweiten Album *The luxury GAP* von sich reden. Die LP bot perfekten »weißen« Synthi-Pop mit »schwarzem« Fee-

Heaven 17 Foto: Virgin

ling. 1984 folgte das Album *How men are,* auf dem Heaven 17 diesen Stil fortsetzte. Die Single *Temptation* kam in UK auf Platz 2, in Deutschland auf Platz 11, die Single *Come live with me* in UK auf Platz 7, und mit *Crushed by the wheels of industry* hatte Heaven 17 nochmals einen Top-10-Erfolg. 1984 war die Gruppe mit *Sunset now* und *This is mine* in den UK-Charts vertreten. 1986 gab's dann das vierte Album von Heaven 17, die funkige Dance-Platte *Pleasure one,* bei der sich die Band weniger auf »künstlichen« Synthi-Pop, sondern mehr auf »natürlichen« Akustik-Sound konzentrierte. Und 1986 kam Martyn Ware nochmals mit dem 78er Song *Being boiled* zu Hitehren, in diesem Jahr entdeckten zur Abwechslung mal die deutschen Teens ihre Vorliebe für den 8 Jah-re alten Human-League-Song und kauften ihn bis auf Platz 6 der Hitparade. 1987 hatte Heaven 17 sowohl in England als auch in Deutschland einen Hit mit der Single *Trouble.*

Das nächste Ergebnis ›himmlischen‹ Einfallsreichtum gab es dann Ende 1988 zu hören. *Teddy Bear, Duke & Psycho* lautete der Titel des Albums, das das Heaven-17-Trio diesmal ausschließlich mit Sequenzen, Emulators und sonstigen elektronischen Musikinstrumenten einspielte. Der etwas seltsame Name der LP kam durch → TERENCE TRENT D'ARBY zustande: er hatte auf seinem *Hardline*-Album den Co-Produzenten Martyn Ware als ›Teddy Bear‹ und den Gastvokalisten Glenn Gregory als ›Duke‹ verewigt. Also legte sich Ian Craig-Marsh das Pseudonym ›Psycho‹ zu, und fertig war der LP-Name. Der Stil der Musik blieb allerdings typisch Heaven 17.

Helloween

MICHAEL KISKE: voc; KAI HANSEN: voc/g; ersetzt 1989 durch Roland Grapow; MICHAEL WEIKATH: g; MARKUS GROSSKOPF: b; INGO SCHWICHTENBERG: dr

Das Hamburger Quintett gehört zu den wenigen deutschen Hard-Rock- bzw. Heavy-Metal-Formationen, die sich international durchsetzen konnten. Gegründet wurde die Band 1978 von Kai Hansen. Damals hieß sie noch IRON FIST. Nach und nach stießen die restlichen Mitglieder dazu, erspielten sich langsam einen Namen in der Szene und durften schließlich 1984 zwei Songs zum *Death-Metal*-Sampler von NOISE REC. beisteuern. Zu diesem Ereignis beschlossen sie die Namensänderung in Helloween. Sowohl Fans als auch Kritiker waren von diesem Debüt recht angetan, und so folgten 1985 die Mini-LP *Helloween* und das erste richtige Album *Walls of Jericho*. Und dabei zeigte die Formation die ersten Ansätze der Musikrichtung, die bald ihr Markenzeichen werden sollte: Ohrwurmartige Refrains, die in ihrer Wucht geradezu an Hymnen erinnern, eingängig raffinierte Melodie-Führung und Texte, die sich abseits der abgegriffenen Hard-Rock- und Heavy-Metal-Klischees bewegen. 1986 stieß dann der ehemalige PROPHECY-Sänger Michael Kiske zu Helloween, und damit war die Band in der heutigen Besetzung komplett. Seine Vier-Oktaven-Stimme machte das 87er-Album *Keeper of the seven*

keys Part I zu etwas Besonderem. Tourneen durch Europa, Amerika und Japan schlossen sich an, Helloween wurde beim Monsters-Of-Rock-Festival von über 100 000 begeisterten Fans bejubelt und sorgte auch im ausverkauften Kis-Stadion in Budapest für entsprechende Stimmung. 1988 folgte das Album *Keeper of the seven keys Part II*, das ein noch größerer Erfolg wurde und sich in der deutschen LP-Hitparade bis unter die Top 10 vorarbeiten konnte. Die Single *Dr. Stein* ging in die Single-Charts. Beide Keeper-Alben wurden schließlich mit Gold ausgezeichnet, und Helloween, die junge Band aus Deuschland, durfte mit den Metal-Stars → IRON MAIDEN auf Tournee gehen. Anfang 1989 stieg der Gründer, Gitarrist und ehemalige Leadsänger Kai Hansen aus, für ihn kam Roland Grapow. Auf dem im Frühjahr 1989 erschienenen Album *Live in the U.K.*, dem ersten Helloween-Live-Album, war Hansen allerdings noch zu hören. Die LP, die sich wieder irgendwie hend in der deutschen LP-Hitparade plazieren konnte, bot Live-Versionen der sieben bekanntesten Helloween-Songs aus den drei Alben.

Jimi Hendrix

geb. 27. 11. 1942 in Seattle/Washington, USA, gest. 18. 9. 1970 in London/England: voc/g

Die einen bezeichneten ihn als »phänomenalen Gitarristen«, für die anderen war er nur »obszön«, einige hörten in seinen Songs »religiöse Obertöne«, andere machten in seinen Liedern »den Zorn und die Gewalttätigkeit einer ganzen Generation« aus. Tatsache ist, daß Jimi Hendrix drei Jahre lang ein Superstar war und dann, ähnlich wie → Janis Joplin, an der eigenen Maßlosigkeit elend zugrunde gegangen ist. Der Sohn eines Landschaftsgärtners war teils indianischer, teils negroider Abstammung. Mit elf Jahren bekam er von seinem Vater die erste Gitarre, mit zwölf spielte er bereits perfekt auf der elektrischen Gitarre in Teenager-Rock 'n' Roll-Bands in seiner Heimatstadt. Nach seiner Armee-Zeit wurde er 1964 Gitarrist für Top-Stars wie Little Richard, Wilson Pickett und Ike & → Tina Turner. Als er mit den Isley Brothers zu Plattenaufnahmen nach New York kam, wurde er dort von Chas Chandler von den → Animals entdeckt. Chandler holte noch den Schlagzeuger Mitch Mitchell und den Baßgitarristen Noel Redding dazu und nannte das Trio Jimi Hendrix Experience. Die erste Platte der drei war das Traditional *Hey Joe,* das sie in England aufnahmen. Nachdem Hendrix damit in der populären TV-Show *Ready, steady, go* aufgetreten war, wurde der Song zum Hit. Damit stand Jimi Hendrix' musikalische Gangart fest: Blues-Rock, gespielt auf einer kreischenden, ächzenden, klirrenden, dröhnenden Gitarre, untermalt von seinem monotonen, schwer verständlichen Sprechgesang. Wie Jimi Hendrix mit seiner Gitarre umging, um ihr diese ohrenbetäubenden, ungewöhnlichen Klänge zu entlocken, machte ihm so schnell keiner nach: Er spielte sie nicht nur mit den Fingern, sondern traktierte das Instrument auch mit Zähnen und Zunge und Ellbogen, zog sie sich zwischen den Beinen durch und schaffte es, jedes seiner Konzerte zu einer obszönen Sex-Show zu machen. Auch Jimi Hendrix hatte, ebenso wie Janis Joplin, seinen internationalen Durchbruch beim »Monterey Pop Festival« 1967. Als Höhepunkt seiner Show setzte er damals übrigens seine Gitarre in Brand. Seine Alben *Are you experienced, Axis bold as love* und *Electric Ladyland* mit oft futuristisch angehauchten Songs wurden internationale Bestseller. Doch mit dem wachsenden Ruhm wuchs auch seine Maßlosigkeit. Er verbrauchte die Groupies gleich gruppenweise, stopfte sich mit Drogen voll und zertrümmerte im Rausch auch schon mal ein ganzes Hotelzimmer. Das wurde seinen Mitspielern Mitchell und Redding 1969 zuviel. Sie trennten sich von ihm. Daraufhin tat sich Jimi Hendrix mit dem Bassisten Buddy Miles zur Band of Gypsies zusammen. Auch damit war er erfolgreich. Die LPs *Band of Gypsies, Rainbow bridge* und der Live-Mitschnitt *Isle of Wight* wurden ebenfalls Bestseller. Dieses Live-Album wurde beim berühmten Konzert auf der Isle of Wight 1970 aufgenommen. Zehn Tage später war Jimi Hendrix tot: Am 18. September 1970 starb er im Alter von nur 28 Jahren in einem Hotel in London. Nach unmäßigem Alkoholgenuß und gleichzeitiger Einnahme von Schlaftabletten war er an seinem Erbrochenen erstickt. Doch nach seinem Tod ging das Geschäft mit dem genialen Gitarristen, der mit seinen psychedelischen Klängen die Entwicklung der Rock-Musik gewaltig beeinflußt hat, erst richtig los. Jeder Ton, der von Jimi Hendrix jemals irgendwo und irgendwie auf Band festgehalten worden war, und war er noch so schlecht, wurde im Laufe der Jahre als »previous unreleased« von diversen Plattenfirmen veröffentlicht. Darunter waren und sind Alben, deren Qualität und Inhalt so verheerend sind, daß es eigentlich eine Frechheit ist, so etwas den Fans überhaupt anzubieten. 1990, das Jahr, in dem sich Jimi Hendrix Todestag zum 20. Mal jährte, besann sich die Hosen-Firma WRANGLER auf die Rock-Legende. Für eine millionenschwere Kino- und Anzeigenkampagne verwendeten sie Jimi Hendrix' *Crosstown traffic* aus dem 68/69er Doppelalbum *Electric Ladyland.* Der Song erschien auch als Single und stieg prompt hoch in die UK-Charts.

Roger Hodgson

Roger Hodgson
Foto: Empire Studio

geb. 21. 3. 1950 in Oxford/England; voc/g/b/keyb

Roger Hodgson war 1969 Gründungsmitglied der Formation → SUPERTRAMP. 14 Jahre lang gab er mit seiner hellen, etwas klagenden Stimme den Songs der Top-Gruppe den unverwechselbaren Sound. Aus seiner Feder stammen auch einige der größten Hits von Supertramp, wie zu. B. *Dreamer, Logical song, Hide in your shell, Breakfast in America, It's raining again* und *Give a little bit.* Die musikalische Karriere begann für Roger Hodgson im zarten Alter von zwölf Jahren. Da bekam er nämlich von seinem Vater die erste Gitarre. Fortan war Musik machen und Songs schreiben seine Hauptbeschäftigung. 1968 verließ er die Schule, marschierte schnurstracks ins nächste Studio und nahm unter dem Pseudonym ARGOSY seine erste Single auf. *Mr. Boyd* hieß der Song, und als Sessionmusiker wirkten dabei heutige Superstars wie NIGEL OLSSON und → ELTON JOHN mit. Die Single wurde ein Flop, und Hodgson meldete sich auf eine Anzeige, bei der Musiker gesucht wurden. Er spielte bei einem Herrn namens Rick Davies vor – und damit war Supertramp geboren. Von 1969 bis 1983 bedeutete die Formation alles für Roger Hodgson. Doch im September 1983 verließ er die Band, um eine Solokarriere einzuschlagen. Er war der Meinung, daß die Formation kreativ stagnieren würde und nichts Neues, keine Weiterentwicklung mehr zu bieten hätte. 1984 erschien das Debüt-Album von Roger Hodgson als Solist: *In the eye of the storm,* ein Album, das fast ausschließlich das alleinige Werk des ehemals bärtigen, heute glattrasierten, dunkelhaarigen, großgewachsenen Musikers ist. Hodgson schrieb und sang nicht nur alle Lieder, er arrangierte auch, produzierte und spielte fast alle Instrumente selbst. Das Album hätte eine weitere Supertramp-LP sein können, so sehr hörte man bei jedem einzelnen Song heraus, wie sehr Hodgson all die Jahre über den Sound der Gruppe geprägt hatte. Die LP klang jedenfalls mehr nach Supertramp als deren erstes Album ohne Hodgson. Die Singles *In jeopardy* und *Had a dream (sleeping with the enemy)* waren, im Vergleich zu Supertramp-Zeiten, nur mäßig erfolgreich, das Album jedoch verkaufte sich weltweit immerhin über eine Million Mal und wurde von den Kritikern hoch gelobt. Danach zog sich Hodgson erst einmal für drei Jahre in die Einsamkeit der nordkalifornischen Berge zurück und arbeitete allein in seinem Studio. 1987 legte er dann die zweite Solo-LP vor, die *Hai hai* hieß (das ist Japanisch und bedeutet »ja, ja«). Die Songs waren auch wieder voll im ehemaligen Supertramp-Sound, vom melodiösen Pop bis zum härteren Rock. Aber diesmal hielt sich Hodgson bei allem etwas zurück. Er spielte zwar Keyboards, Gitarre und Baß, sang natürlich auch und schrieb die Songs, aber er holte sich zusätzlich prominente Hilfe: z. B. den Trommler JEFF PORCARO und den Keyboarder DAVID PAICH von → TOTO. Als erste Single wurde *You make me love you* ausgekoppelt.

The Hollies

ALLAN CLARKE, geb. 5. 4. 1941 in Salford/ England: voc; ANTHONY HICKS, 16. 12. 1945 in Nelson/England: g/voc; ROBERT ELLIOT, geb. 8. 12. 1942 in Burnley/England: dr; ALAN COATES: b/voc

Von Anfang der 60er bis Mitte der 70er Jahre gehörten die Hollies zu den beständigsten Hit-Lieferanten aus England. Ihre flaumig-spritzigen Pop-Liedchen, die sie stets mit perfektem Harmoniegesang und unglaublich einprägsamen Refrains vortrugen, machten sie zu internationalen Stars. Gegründet wurde die Formation 1962 in Manchester/England. Allan Clarke und GRAHAM NASH (g) hatten bereits in diversen Bands zusammen gespielt und waren sogar schon als Duo RICKY & DANE aufgetreten. Dann beschlossen sie, eine Gruppe zu gründen, und fanden in Tony Hicks, ERIC HAYDOCK (b) und DON RATHBONE (dr) adäquate Mitspieler. THE DELTAS nannte sich die Gruppe, die am Weihnachtsabend 1962 das Licht der Welt erblickte, kurze Zeit später nannte sich das Quintett dann, aus Verehrung für BUDDY HOLLY, The Hollies. Zunächst beschränkte sich die Formation darauf, Songs aus der amerikanischen R & B-Szene nachzusingen. Ihre erste Platte war das *Ain't that just like me* der COASTERS, gefolgt von *Searchin'*, das ebenfalls im Original von den Coasters stammte. Die Version der Hollies landete 1963 prompt auf Platz 10 in England. Als nächstes nahmen sie sich *Stay* von MAURICE WILLIAMS AND THE ZODIACS vor, und hatten damit einen Nr.-8-Hit. Dann gab's bereits die erste Veränderung. Der Trommler Don Rathbone ging und für ihn kam Bobby Elliott. Die erste Single 1964 war dann DORIS TROYS *Just one look,* und das war dann schon ein Nr.-3-Hit in England. Von da an gings nur noch bergauf. Praktisch jeder Song der Hollies erreichte in

The Hollies   Foto: Ariola/Coconut/Mader

UK die Top 10, mit Liedern wie *Bus stop, Stop stop stop, On a carousel, Carrie Ann,* waren sie von 1965 bis 1967 auch auf den oberen Plätzen der deutschen und amerikanischen Charts zu finden. 1966 hatte bereits die nächste personelle Veränderung stattgefunden: der Bassist Eric Haydock ging, und für ihn kam BERNIE CALVERT. 1967 wollten die Hollies plötzlich nicht mehr nur die leichtgewichtigen Charts-Liedchen fabrizieren, sie wollten »ernsthafte« Songs machen. Der erste Versuch war der Titel *King Midas in reverse,* der prompt in die Hosen ging. Es war der erste Flop seit 4 Jahren. Die nächsten beiden »seichten« Pop-Liedchen *Jennifer eccles* und *Listen to me* wurden zwar wieder internationale Bestseller, aber den Hollies reichte das nicht mehr. Sie wollten ihre Bedeutung beweisen und faßten ins Auge, eine LP mit → DYLAN-Songs aufzunehmen, die dann 1968 tatsächlich unter dem Namen *The Hollies sings Dylan* erschien. Doch das war Graham Nash nicht recht. Er wollte endlich anspruchsvolle Musik machen, trennte sich 1968 von der Band und bildete mit STEPHEN STILLS und DAVID CROSBY das Folk-Rock-Trio CROSBY, STILLS & NASH. Als Nachfolger kam TERRY SYLVESTER von den SWINGING BLUEJEANS zu den Hollies, und weiter ging's mit Supersellern wie *Sorry Suzanne.* 1969/70 allerdings überraschten die Hollies mit einer hinreißenden Ballade: *He ain't heavy he's my brother.* 1971 wagte das Quintett dann einen völligen Stilwechsel mit *Long cool woman in a black dress,* ein kühler, kraftvoller Country-Rock-song à la CREDENCE CLEARWATER REVIVAL. Das Lied wurde zu einem Millionenseller. 1971 verließ Allan Clarke die Formation, um eine Solo-Karriere zu versuchen, für ihn kam der Schwede MICHAEL RICKFORS als Sänger. Doch nach zwei Jahren kehrte Clarke reumütig wieder zu den Hollies zurück, und gleich die erste Single, die 1974 auf den Markt kam, wurde wieder ein Millionenseller. Es war die wunderschöne Ballade *The air that I breathe.* Das war aber dann auch der letzte größere Erfolg für viele Jahre. Die Hollies machten zwar immer noch Platten, gingen auch erfolgreich auf Tournee, aber die großen Hits blieben aus. Zeitweilig kehrte sogar der zum Superstar und Plattenmillionär avancierte Graham Nash in den Schoß seiner Hollies zurück. 1983 schafften sie es, mit einem Remake des → SUPREMES-Hits *Stop in the name of love* in USA bis auf Platz 29 vorzudringen, aber das war's dann auch schon. Dann tauchte die Band 1988 plötzlich wieder in der deutschen Hitparade auf. Und zwar mit einem Song aus dem GÖTZ GEORGE/Schimanski-Film *Die Katze.* Der treibende Pop-Song *Stand by me* (hat nichts mit dem gleichnamigen → BEN-E.-KING-Hit zu tun) entwickelte sich Anfang des Jahres zu einem Hit. 1990 ging Hollies-Sänger Allan Clarke allein ins Studio und versuchte sein Solisten-Glück mit dem Album *Reasons to believe.*

John Lee Hooker

geb. 22. 8. 1917 in Clarksdake/Mississippi, USA: voc/g

»Blues ist die Wurzel jeglicher Musik. Gleich ob Jazz, Balladen, Rock'n'Roll – alles kommt vom Blues. Auch wenn Du noch soviel veränderst – immer wenn Du auf den Punkt kommen willst, wirst Du erkennen, daß Musik im Blues ihren Ursprung hat.« Das behauptet John Lee Hooker, eine der Vaterfiguren des Blues. Seine Musik beeinflußte ganze Heerscharen von Musikern. → BOB DYLAN, → BRUCE SPRINGSTEEN, CANNED HEAT, → ROLLING STONES, → ANIMALS, → STEVE MILLER BAND, sie alle hatten von ihm gelernt. → DAVID BOWIE sagte über den Musiker: »Jeder hatte damals einen Blues-Helden, unser Idol war John Lee Hooker.« Und → PETE TOWNSHEND von → THE WHO, der diese Blues-Legende für seine 89er Solo-LP *The iron man* ins Studio holte: »Der Typ, der meinen Sound wirklich entscheidend prägte, das war allein John Lee Hooker.« Zu Hause in Mississippi lernte John Lee von seinem Stiefvater das Gitarrespielen. Frühe Blues-Stars wie BLIND LEMON JEFFERSON, CHARLY PATTON und BLIND BLAKE waren häufige Besucher in seinem Elternhaus, und von ihnen lernte der kleine John Lee eine ganze Menge. Als Teenager verließ er dann sein Elternhaus, um sich in Memphis/Tennessee als Musiker sein Geld zu verdienen. Dort lernte er den Folk-Blues-Musiker ROBERT NIGHTHAWK kennen, der John Lees Stil entscheidend beeinflußte und verfeinerte. Anfang der 30er Jahre ging John Lee dann nach Cincinnati, wo sich der farbige Musiker mit Gospel-Musik beschäftigte. Ab 1943 war der ständig herumziehende Interpret dann in Detroit ansässig, wo er sich nur noch mit dem Blues auseinandersetzte. »Als sich Adam und Eva zum ersten Mal sahen, fing die Sache mit dem Blues an.«

Ganz egal, was die anderen behaupten, es läuft immer und ewig auf eines hinaus: ein Mann und eine Frau, ein gebrochenes Herz und ein unglückliches Zuhause − versteht Ihr was ich damit meine?« Dieses Statement war und ist die Grundlage von John Lee Hookers Musik, seines einzigartigen Blues, der ab 1948 auch auf Schallplatte zu hören war. *Boogie Chillen* hieß seine erste Platte 1948, heute ein Blues-Klassiker. 1951 nahm ›The Hook‹, wie er von seinen Fans und Kollegen kurz genannt wird, den Song *I'm in the mood* auf, der fast 40 Jahre später abermals ein Hit wurde: 1989 ging er mit der amerikanischen Rock- und Blues-Sängerin → Bonnie Raitt ins Studio, um dieses Lied noch einmal einzuspielen − und die beiden wurden dafür prompt für den Grammy nominiert. In den 50er Jahren war John Lee Hooker geradezu aufnahme-süchtig. Trotz diverser Plattenverträge ging er munter unter immer wieder neuen Pseudonymen für andere Firmen ins Studio. So existieren aus dieser Zeit Aufnahmen von Hooker unter den Namen Texas Slim, Delta John, Birmingham Sam, Jonny Williams und Johnny Lee. 1962 kam Hooker dann zum ersten Mal auf europäische Bühnen und löste vor allen Dingen in Großbritannien eine wahre Blues-Woge aus, obwohl er von Kritikern als »vom musikalischen Gesichtspunkt primitivster und afrikanischster aller Blues-Interpreten« bezeichnet wurde. Doch das störte keinen der Stars, die in den folgenden Jahrzehnten Hooker-Songs aufnahmen: Yardbirds, Spencer Davis Group, Doors, → ZZ Top, Allman Brothers, J. Geils Band, Van Morrison, Stevie Ray Vaughn. 1980 wurde Hooker von den Blues Brothers John Belushi und Dan Aykroyd aufgefordert,

in ihrem *Blues-Brothers*-Film mitzuwirken. Der Streifen ist heute ein absoluter Kult-Film und brachte John Lee ein weiteres Angebot für Filmmusik. Für den Erfolgsstreifen *Die Farbe Lila* spielte er mit → Qunicy Jones den Song *Don't make me no never mind* ein. All das brachte dem inzwischen bereits legendären Blues-Musiker bei seinen Tourneen (1984 Japan, 1988 Europa, 1989 Südamerika) stets ausverkaufte Häuser. Dazu wurde er in Amerika in den letzten Jahren mit etlichen Auszeichnungen der Musik-Industrie bedacht: dem ›W. C. Handy Award‹, einem speziellen ›Lifetime Achievement Award‹ für sein Lebenswerk, dem ›National Folk Heritage Award‹, und außerdem ist Hooker Mitglied der ›National Blues Hall Of Fame‹. 1989 ging Hooker mit einer ganzen Korona von Spitzenmusikern ins Studio, um ein neues Album aufzunehmen. → Carlos Santana, Robert Cray, Los Lobos, George Thorogood und noch etliche andere waren dabei, als John Lee Hooker sein 89er Album *The Healer* einspielte, eine hinreißende Blues-LP, die sich international in den Charts plazieren konnte. Besonders eindrucksvoll: der Titelsong mit der unnachahmlichen Gitarre von → Carlos Santana.

The Hooters

Bob Hyman: voc/keyb/hooter; Eric Bazilian: voc/g/hooter; David Uosikkinen: dr; Andy King: b/voc; John Lilley: g/hooter/perc

Das amerikanische Rock-Quintett stammt aus Philadelphia und wurde 1980

The Hooters   Foto: CD3

gegründet. Markenzeichen der Gruppe ist ein für die Rockmusik ausgesprochen ungewöhnliches Instrument: die Melodica. Die Band gab »ihrer« Melodica den Namen »Hooter« und wählte diesen Spitznamen auch gleich als Bandnamen. Mit diesem Instrument schafft sie den stets leicht klagenden Sound ihrer Songs. Begonnen hatte die Geschichte der Hooters allerdings bereits 1972, als sich Hyman, Bazilian und Rick Chertoff, ihr jetziger Produzent, auf der Uni kennenlernten. Während Chertoff lieber im Hintergrund agierte, gründeten Hyman und Bazilian schließlich eine Band namens Baby Grand, aus der dann 1980 die Hooters entstanden. Das Debüt-Album der einfallsreichen Rock-Band hieß *Amore,* erschien auf einem Independent Label und verkaufte sich über 100 000 mal. Daraufhin wurde die Formation natürlich von einem renommierten Verlag unter Vertrag genommen, veröffentlichte 1985 die Single *All you zombies* und marschierte damit schnurstracks in die Top 20 von Deutschland. Der rockige Song mit dem religiös angehauchten Text und dem eindrucksvollen Chorgesang kam in ganz Europa hervorragend an. Die nachfolgende LP *Nervous night* wurde ebenfalls ein Bestseller. In Amerika gewannen die Hooters eine riesige Fan-Gemeinde und wurden von der Fachzeitschrift *Rolling Stone* als »Best New American Band of 1985« ausgezeichnet. Als 1985 eine Radio-Station Freikarten für ein Hooters-Konzert verloste, kamen dafür 26 Millionen Postkarten. Doch auch in anderer Hinsicht haben sich die Hooters-Mannen bereits einen Namen gemacht: Rob Hyman und Eric Bazilian waren die Musiker, Co-Autoren *(Time after time)* und Arrangeure bei einem Großteil der Songs auf → CYNDI LAUPERS Millionenseller-Album *She's so unusual.* Produziert hatte die LP der Hooters-Produzent Rick Chertoff. Die nächste Hooters-Single *And we danced* wurde 1985 ebenfalls wieder ein Top-Hit, ebenso die 86er Singles *Day by day* und *Where do the children go.* Das nächste Album der Hooters erschien dann 1987. Es hieß *One way home* und hatte mit *Johnny B, Satellite* und *Karla with a K* wieder etliche Single-Hits.

Mit dem dritten Album *Zig zag,* das Ende 1989 herauskam, zeigten sich die Hooters wieder als gekonnte Interpreten amerikanischer Rock-Musik. Mit der Neuproduktion von BOBBY BARES *500 Miles* gelang ihnen sogar eine recht gute Coverversion eines Country-Klassikers.

Bruce Hornsby and The Range

BRUCE HORNSBY, geb. 23. 11. 1954 in Williamsburg/USA: voc/p; GEORGE MARINELLI: g; JOHN MOLD: dr; DAVID MANSFIELD: g/v/mandoline; JOE PUERTA: b

31 Jahre hatte es gedauert, bis Bruce Hornsby 1986 endlich die wohlverdienten Lorbeeren für seine einprägsame melodiöse Rock-Musik einsammeln konnte. Sein Debüt-Album *The way it is* wurde ein internationaler Bestseller, seine sanft-einschmeichelnden und doch rhythmischen Songs, eingespielt mit »echten« Instrumenten wie Piano, akustischer Gitarre, Akkordeon und Mandoline, fanden auch bei uns in Deutschland eine große Fangemeinde. Der hochaufgeschossene Pianist mit dem jungenhaften Gesicht hatte als Kind mit Musik noch nicht viel im Sinn. Zwar war der Großvater jahrelang Organist an einem Theater in Richmond gewesen, zwar hatte der Vater sogar eine eigene Band gehabt, doch Klein-Bruce interessierte sich eigentlich nur für Basketball, die angeordneten Klavierstunden schwänzte er, wo er nur konnte. Lediglich zum Gitarrenspielen ließ er sich hin und wieder bewegen. Doch irgendwann machte es sozusagen »Klick«, und Bruce Hornsby begann sich ernsthaft für Musik zu interessieren. Er ging zur Universität von Miami, um Klavier und Kompositionslehre zu studieren, und setzte das Studium anschließend auf der Musikhochschule von Berkeley/Boston fort. Der Musiker, der übrigens die → BEATLES und → DIRE STRAITS mehr liebt als → ELVIS oder OZZY OSBOURNE, gründete seine erste Band dann in seiner Heimatstadt Williamsburg: die Bruce-Hornsby-Band. Bars und Kneipen waren in erster Linie die Auftrittsorte dieser Gruppe, wo sie dann fleißig die Hitparaden-Songs rauf und runter spielten aber auch ab und zu eigene Kompositionen von Bruce zum besten gab. MICHAEL McDONALD (DOOBIE BROTHERS, EAGLES) hörte den begabten jungen Mann und verschaffte ihm einen Job als Lohnschreiber bei der 20th Century Fox. Seine Erfahrungen dabei beschrieb Hornsby einmal folgendermaßen: ». . . Da hieß es dann schnell, wir brauchen einen Song für OLIVIA NEWTON-JOHN oder → KENNY ROGERS . . .« Nach zwei Jahren hatte er von

Bruce Hornsby and The Range   Foto: RCA

der »verlogenen Atmosphäre der Mittel-
mäßigkeit« die Nase voll. Er tat sich mit
seinem jüngeren Bruder JOHN zusammen
und fing an intensiv Lieder zu schreiben,
Songs, die in erster Linie auf eigenen
Erfahrungen basieren. 1983 zog Bruce
mit seiner Frau nach Los Angeles. Da
zunächst niemand seine Lieder haben
wollte, mußte er sich erst einmal seine
Brötchen auf andere Art verdienen: Er
nahm einen Pianistenjob in der Band
von SHEENA EASTON an. Dort lernte er den
Bassisten Joe Puerta kennen (AMBROSIUS,
→ ALAN PARSONS); dann traf er auf den
Schlagzeuger John Molo, den er von der
Uni in Miami her kannte; bei einem
Studiojob kam er in Kontakt mit Dave
Mansfield (→ BOB DYLAN, ROGER
MCGUINN); und schließlich fand sich in
George Marinelli auch noch ein zweiter
Gitarrist, und damit war die Band kom-
plett. Zwei Jahre arbeitete das Quintett
intensiv, dann entstand das Debüt-Album *The way it is*. Schützenhilfe bekam
Mr. Hornsby dabei von keinem geringe-
ren als → HUEY LEWIS, den er beim
Golfspielen kennengelernt hatte. Huey
Lewis steuerte auch drei Songs bei. Der
Titelsong der LP wurde in Amerika Nr.
1 der Hot 100. Den zwar überraschen-
den, aber doch insgeheim so sehr erhofften, großen Erfolg seines Erstlingswerk
versuchte Bruce Hornsby folgendermaßen zu erklären: »Es liegt vielleicht daran, daß meine Musik von Herzen
kommt.« Diese Art von relaxter, melodiöser und zeitloser Musik setzte Bruce
Hornsby auch auf seiner zweiten LP *Sce-
nes from the southside* 1988 fort. In
Amerika kletterte das Album innerhalb
kürzester Zeit auf Platz 5 der LP-Charts
und verkaufte sich millionenfach. Auch
in Deutschland konnte es sich unter den
Top 20 plazieren. Die erste Single dar-

aus hieß *The valley road* und war in den
Hot 100 ebenfalls ein Top-5-Hit. 1990
erschien mit *A night on the town* das
dritte Hornsby-Album. Dieses Mal verwendete der baumlange Südstaatler
auch aktuelle Produktionstechniken und
ließ sogar Disco-Anklänge in sein unver-
kennbares Klavierspiel einfließen. Das
schnelle, rockige *Across the river* war die
erste Single.

Hot Chocolate

ERROL BROWN, geb. 12. 11. 1948 in Jamaika: voc; PATRICK OLIVE, geb. 22. 3. 1947
in Grenada: perc; LARRY FERGUSON, geb.
14. 4. 1948 in Bahamas: keyb; HARVEY
HINSLEY, geb. in Northhampton/Eng-
land: g; TONY CONNOR, geb. 6. 4. 1947 in
Romford/England: dr; TONY WILSON,
geb. 8. 10. 1947 in Trinidad: b

Diese englische Soul-Pop-Formation war
von 1970 bis Mitte der 80er Jahre eine
der erfolgreichsten gemischt-rassigen
Bands. Der glatzköpfige Errol Brown und
Tony Wilson schrieben der Formation mit sicherer Hand jahrelang einen
Bestseller nach dem anderen. Errol
Brown kam mit 10 Jahren von den Westindischen Inseln nach England und fing
1969 an, zusammen mit seinem Nachbarn Tony Wilson Songs zu schreiben.
Allerdings damals noch nicht für eine
eigene Band, sondern für andere Stars:
MARY HOPKINS sang ihr *Think about your
children*, JULIE FELIX *Heaven is here* und
HERMAN'S HERMITS *Bet your life I do*.
Doch 1970 war's soweit: Hot Chocolate
entstand und hatte bereits mit der ersten
Single *Love is life* in England einen Top-

10-Hit. Der unverkennbare Hot-Chocolate-Sound entstand: stampfender Rhythmus, Browns eigenwillige Stimme, eingängige Melodien. Dieser Sound brachte der Gruppe international zahlreiche Bestseller, wie z. B. *I believe in love* (1971), *Brother Louie* (1973), *Emma* (1974), *You sexy thing* (1975), *So you win again* (1977), *Every 1's a winner* (1978), *No doubt about it* (1980), *It started with a kiss* (1982), *What kinda boy you'r lookin' for* (1983). Auch andere Bands profitierten von Browns musikalischen Einfällen: mit dem Hot-Chocolate-Hit *Brother Louie* hatte die US-Band IAN LLOYD & THE STORIES 1973 einen Nr.-1-Hit und Millionenseller, und mit *Emma* war die kalifornische New-Wave-Band EARTHQUAKE erfolgreich. Obwohl Hot Chocolate immer als Singles-Band betrachtet wurde, war auch jedes Album der Gruppe sehr erfolgreich. Von 1984 bis 1986 hörte man dann plötzlich nichts mehr von der Band. Die Gerüchteküche wollte wissen, daß Errol Brown Schwierigkeiten mit seinem Gehör habe. Aber Anfang 1986 erschien wieder eine neue Single: *Heartache no. 9,* ein Song im Disco-Sound. Doch im Sommer 1986 gab die Formation dann ihre Auflösung bekannt. Errol Brown schlug 1987 eine Solokarriere ein, und war gleich mit der ersten Single *Personal touch* erfolgreich. Aber auch Hot Chocolate als Gruppe räumte 1987 nochmal kräftig ab. Es erschien ein Album mit neugemischten und elektronisch aufgepeppten Versionen der großen Hits. Die LP hieß *2001* und wurde ein Bestseller, die Singles *So you win again, You sexy thing, Every 1's a winner* und *No doubt about it* wurden absoluten Discotheken-Renner und konnten sich allesamt in den Charts plazieren. Weniger erfolgreich war dagegen

die neue Single *Get it right*, die die inzwischen auf Quartettgröße zusammengeschrumpfte Band 1988 veröffentlichte.

The Housemartins

PAUL HEATON: voc; STANLEY CULLIMORE: g; NORMAN COOK: b; DAVE HEMINGWAY: dr

Die Housemartins aus dem englischen Städtchen Hull waren 1986 die überraschendste, köstlichste und vielseitigste Band aus Großbritannien. Vier »stinknormale« Antitypen, ohne Styling und Dressing, eroberten im Sturm die englischen und deutschen Charts. 1984 zog »P. D.« Heaton in das verschlafene, spießige Städtchen namens Hull und beschloß eine »vierköpfige Beat-Gospel-Sensation« zu gründen. Er hängte vertrauensvoll einen Zettel an sein Fenster, daß er noch Mit-Musiker suchen würde, und darauf meldete sich tatsächlich Stanley Cullimore. Dann fanden sie die beiden den Bassisten TED KEY und warben bei der ortsansässigen Band THE GARGOYLES den Schlagzeuger HUGH WHITACKER ab. *Flag day, Sheep* und *Happy hour* hießen 1986 die ersten Singles des Quartetts, fröhliche, bissige New-Beat-Nummern, die ihnen in England sofort zu Chartsnotierungen verhalfen. Im selben Jahr veröffentlichten die Housies, wie sie von ihren Fans genannt werden, das erste Album: *London O Hull 4.* Die LP wurde von den Kritikern mit Lob überhäuft und zeigte den inhaltlichen Trend der Band an: gegen Maggie T, gegen das internationale Spießertum und gegen Ausbeuter in der eigenen Branche. Den großen Durch-

The Housemartins Foto: Chrysalis Visual

bruch schafften die vier dann allerdings mit einer Cover-Version. Sie nahmen das *Caravan of love* der ISLEY BROTHERS und machten daraus eine vorzügliche A-capella-Nummer. Der besondere Reiz dabei war die intensive, etwas knödelige Stimme von P. D. Heaton. Der Song wurde zum Jahreswechsel 86/87 die Nr. 1 in England und die Nr. 2 in Deutschland. Dann gingen die Housies erst einmal ausgiebig auf Tournee, um dann im Sommer 1987 den Wohn- und Arbeitssitz nach Stockport zu verlegen. Zu diesem Zeitpunkt hatte sich der Trommler Hugh Whitacker entschlossen, an der Universität klassische Musik zu studieren. Er verließ die Housies, und für ihn kam Dave Hemingway. In dieser Besetzung wurde dann das zweite

Album *The people who grinned themselves to death* eingespielt. Die erste, natürlich erfolgreiche, Single daraus war der Up-Tempo-Song *Five get over excited*. Mit dem sanften, intensiven *Build* war das Quintett dann Ende 1987 abermals in den UK-Charts vertreten. Ende 1987 gingen die Housemartins wieder auf eine ausgedehnte Tournee. Alles schien zum Besten zu stehen − da kam Anfang 1988 der Schock. Im Januar 1988 wurde bekanntgegeben: »Ursprünglich waren die Housemartins als ein auf drei Jahre geplantes Projekt gegründet worden. Diese drei Jahre sind nun im Juni 1988 beendet. Nach diesem Zeitpunkt werden die Housemartins aufhören, als Band zu existieren.« Gleichzeitig wurde auch bekannt, daß der Lead-Sänger

P. D. Heaton bereits eine neue Band um sich versammelt hätte und daß der Bassist Norman Cook eine HipHop-Revue planen würde. Anfang 1988 konnten die Fans noch mal aufatmen. Es erschien das Doppelalbum *Now that's what I call quite good,* das nicht nur alle Hit-Singles enthielt, sondern auch die neue Produktion *There is always something there to remind me.* Doch die Trennung der Housemartins wurde nicht mehr aufgehoben. Ende 1989 präsentierte Norman Cook seine neue Gruppe namens → BEATS INTERNATIONAL, die gleich mit der ersten Single *Dub be good to me,* einer neuen Mischung des alten → S. O. S. BAND-Songs *Just be good to me,* in Großbritannien einen Nr.-1-Hit und in Deutschland einen Nr.-2-Hit hatte. Heaton dagegen hatte bereits Mitte 89 seine neue Gruppe BEAUTIFUL SOUTH präsentiert, die mit Songs wie *Song for whoever* und You keep it all in gesamteuropäisch die Hitparaden stürmte.

Whitney Housten
Foto: Ariola

Whitney Houston

WHITNEY ELIZABETH HOUSTON, geb. 9. 8. 1963 in Neward/New Jersey, USA: voc

Jung, bildschön, begabt und mit einer hinreißenden Stimme gesegnet, so hatte Whitney Houston 1985 den Start ihrer atemberaubenden Solo-Karriere eingeleitet. Musikalisch ist sie vorbelastet: ihre Mutter ist CISSY HOUSTON, die berühmte R & B- und Gospel-Sängerin, und ihre Kusine ist DIONNE WARWICK. Von klein auf war Whitney dabei, wenn ihre Mutter Cissy auf der Bühne stand:

mit 11 Jahren sang sie im NEW HOPE BAPTIST CHURCH CHOIR, mit 15 sang sie backing vocals bei den Shows ihrer Mutter. Dann wurde sie Studiosängerin und arbeitete mit Stars wie LOU RAWLS, CHAKA KHAN und den NEVILLE BROTHERS zusammen. Gleichzeitig wurde die ausgesprochen gutgewachsene Whitney auch als Fotomodell entdeckt und zierte die Titelseiten vieler berühmter Zeitschriften. 1984 wurde sie gebeten, mit TEDDY PENDERGRASS im Duett den Titel *Hold me* zu singen — er wurde in den Black-Charts ein Hit. Anschließend sang sie zusammen mit JERMAINE JACKSON den Song *Take good care of my heart,* er wurde ebenfalls ein Erfolg. Dann beschloß ihre Plattenfirma, daß die 3-Oktaven-Stimme von Whitney Houston eine Solo-LP wert wäre. 1985 erschien die Debüt-LP *Whitney Houston* und verkaufte sich sage und schreibe 13 Millionen Mal. Es war die erfolgreichste Debüt-LP in der Geschichte der Pop-Musik und schlug den bisherigen Spitzenreiter BOSTON. Das Album bot eine absolut perfekte, durchgestylte Mischung aus Balladen und schnellen Tanz-Titeln. 1985 erschien die erste Single *You give good love,* die in den Hot 100 auf Platz 3 landete. Ab dann wurde jede Single-Veröffentlichung Nr. 1: das getragene *Saving all my love for you,* der Disco-Titel *How will I know,* die Ballade *Greatest love of all,* mit der GEORGE BENSON 1977 bereits einen Hit gehabt hatte. Praktisch genauso erfolgreich war Whitney Houston in allen 40 Ländern, in denen die LP veröffentlicht wurde. Die attraktive junge Sängerin, die nach eigenen Angaben noch nie etwas mit einem Mann gehabt hatte, war über Nacht der neue Superstar. 72 Goldene und 34 Platin-Auszeichnungen konnte sie für diese LP in Empfang nehmen. 1986 wurde sie mit Auszeichnungen aller Art überschüttet: Sie bekam den »American Music Award 1986« in den Kategorien »Best Soul/R & B Single« und »Best R & B Video«, den »Grammy Award 1986« in den Kategorien »Best Female Pop Vocalist« und »Best Pop Song«. 1987 ging der Auszeichnungs-Regen weiter: Whitney Houston schaffte es als erste Sängerin, daß ein einziges Album die »American Music Awards« für »Best Soul/R & B Album« und »Best Pop/Rock Album« bekam. Vor ihr gelang dieses unglaubliche Kunststück nur den Herren → MICHAEL JACKSON mit *Thriller* und → PRINCE mit *Purple Rain.* Zusätzlich wurde sie 1987 noch als »Best

Female Vocalist Soul/R & B« und »Best Female Vocalist Pop/Rock« ausgezeichnet, und dann erhielt sie noch den Award für das »Best Video R & B«. Anfang 1987 erschien das zweite Album. Es hieß kurz *Whitney* und setzte den Siegeszug der ebenso schönen wie ausdrucksstarken Sängerin fort. *I wanna dance with somebody* hieß die erste Single, ein schweißtreibender Disco-Song, der sich weltweit sofort an die Spitze der Charts setzte, gefolgt vom sanften *Didn't we almost have it all,* der schnellen Nummer *So emotional* und der Ballade *Where do broken hearts go.* Ende März 1988 stand Whitney Houston mit dem ersten Album in der 153. Woche in den US-LP-Charts und hatte davon allein in Amerika über 8 Millionen Exemplare verkauft, und mit dem zweiten Album die 39. Woche, und davon waren auch bereits über 5 Millionen Stück über den Ladentisch gegangen. Den Grammy 1988 bekam sie als »Beste Sängerin«. Damit war Whitney Houston mit nur zwei Alben nach guten zwei Jahren eine der erfolgreichsten Sängerinnen der 80er Jahre. Im Sommer 88 lieferte Whitney dann mit *One moment in time* den ZDF-Song der Olympischen Sommerspiele in Seoul. Das Lied wurde natürlich ein Hit. Den Rest des Jahres 88 verbrachte die schöne Pop-Prinzessin mit umjubelten Tourneen durch Europa. Auch in München konnte eine mehrstündige Wartezeit auf den Starauftritt die Fans nicht vom Jubeln abhalten. Danach war nur noch sporadisch was von Miss Houston, der angeblich immer noch keuschen Maid, zu hören. Mit → ARETHA FRANKLIN, der Queen Of Soul, sang sie 1989 das Duett *It isn't, it wasn't, it never ain't gonna be* und mit Mütterchen Cissy interpretierte sie zu Herzen gehend

I know him so well aus dem Musical *Chess* der → Abba-Herren Anderson und Ulvaeus. Das 90er Album der farbigen Schönheit mit der steril-gewaltigen Stimme hieß *I'm your baby tonight* und wurde weltweit wieder mit großem Aufwand präsentiert. Augrund der Vorbestellungen erhielt die LP bereits bei der Auslieferung Platin.

The Human League

Philip Oakey, geb. 2. 10. 1955 in England: voc/synth; Adrian Wright: slides/synth; Ian Burden, geb. 24. 12. 1957 in England: synth; Jim Russell: synth; Joanne Catherall, geb. 18. 9. 1962 in England: voc; Susan Sulley, geb. 26. 3. 1963 in England: voc

Diese Synthesizer-Band entstand 1977 in Sheffield/England. Die beiden Computer-Programmierer Ian Craig Marsh und Martyn Ware taten sich mit dem Sänger Philip Oakey zusammen, um eine Band zu gründen. 1978 stieß noch der Sound- und Visual-Spezialist Adrian Wright dazu, und Human League war geboren. Frischer, fröhlicher Synthi-Pop im New-Wave-Stil stand auf dem Programm der Truppe. Mit Singles wie *Being boiled* (1978), die übrigens in England 1982 nochmals ein Nr.-4-Hit und in Deutschland 1986 eine Nr. 6 wurde, *The dignity of labour* (1979) und dem Debüt-Album *Reproduction* und der LP *Travelogue* (1980) und der Doppel-Single *Holiday '80* machte sich das Quartett innerhalb kürzester Zeit einen Namen. Die Auftritte von Human League waren ein Happening, da die Gruppe ihre Shows

mit einer Flut von Bildern, einer Mischung aus Dias und Motiven aus alten Filmen und Comics, effektvoll begleitete. Die Songs stammten größtenteils aus der Feder von Martyn Ware. Die Art seines Songwritings war damals ein Novum, da seine musikalischen Einfälle weniger auf der Rock-Basis denn auf Musikformen der Neutöner wie z. B. Stockhausen beruhten. Als Martin Ware und Ian Craig Marsh 1980 die Gruppe verließen, um B. E. F. bzw. → Heaven 17 zu gründen, verändert sich auch zwangsläufig der Sound von Human League. Aus elektronischem Synthi-Pop der anspruchsvollen Machart wurde New-Romantics-Sound. Philip Oakey und Adrian Wright verstärkten die Gruppe mit Ian Burden und Jo Callis und holten als Sängerinnen bzw. Tänzerinnen Joan Catherall und Susan Sulley. Mit Synthesizer betonten Soft-Songs stiegen sie hoch in die internationalen Charts: *Love action* 1981 Nr. 2 in UK, *Open your heart* 1981 Nr. 7 in UK, *Don't you want me* 1981/82 Nr. 1 in UK und USA und Nr. 5 in Deutschland, *Mirror man* 1982 Nr. 1 in UK, *Fascination* 1983 Nr. 1 in UK, Nr. 8 in USA, *The Lebanon* 1984 Nr. 8 in UK. Auch die Human-League-Alben *Dare* (1982) und *Hysteria* (1984) verkauften sich weltweit ausgezeichnet. 1986 überraschte Human League die Fan-Gemeinde mit der LP *Crash*. Das in Minneapolis produzierte Album brachte in erster Linie perfekte Soul-Funk-Music der schwärzesten Art. Die LP enthielt lediglich eine wunderschöne melodiöse Ballade namens *Human*, die als erste Single erschien und sofort zum Sturm auf die internationale Charts ansetzte. In USA wurde *Human* 1986 Nr. 1 der Hot 100. Ende 1988 macht Human League dem

Human League   Foto: Virgin

langen Schweigen dann ein vorläufiges Ende: die inzwischen auf Trio-Größe geschrumpfte Band veröffentlichte die LP *Greatest hits,* eine aufwendig gestaltete LP mit vielen Informationen für die Fans. Als Single erschien *Love is all that matters,* das bereits auf dem vorherigen Album *Crash* zu finden war. Phil Oakey ließ verlauten, er würde sich nun in Sheffield ein eigenes Studio einrichten und dann 1989 mit Susan Sulley und Joanne Catherall eine neue Dekade der Human League einläuten. 1990 kam dann nach vierjähriger Wartezeit wieder ein neues Human-League-Album: *Romantic* hieß die LP, auf der Phil Oakey, der ›Meister des Synthipop‹, wie er nun einmal vom britischen Musikmagazin *Melody Maker* genannt wurde, zeigen durfte, was er kann. Und das ist eine ganze Menge — mit *Heart like a wheel* hatte das Trio sofort einen internationalen Single-Hit.

Humpe & Humpe

ANETE HUMPE, geb. 28. 10. 1950 in Hagen/Deutschland: voc; INGA HUMPE, geb. 13. 1. 1956 in Hagen/Deutschland: voc

Der Name der beiden blonden Schwestern steht für Songs mit einprägsamen

Melodien und ungemein harmonischen Vocals. Die beiden fingen schon früh mit dem Musizieren an, Anete lernte Klavier, Inga Gitarre. 1971 begann Anete mit dem Musikstudium in Köln, zog 1974 nach Berlin und spielte bei verschiedenen kleinen Bands. 1976 folgte Inga der Schwester nach Berlin, und beide wurden 1978 Sängerinnen bei der New-Wave-Band NEONBABIES. 1979 schuf sich Inga noch ein zweites »Bein«, sie begann eine Schauspielausbildung am renommierten Berliner Reinhardseminar. Im Januar 1980 trennten sich zunächst die Wege der beiden attraktiven Schwestern. Anete gründete die Gruppe IDEAL für die sie sang, Keyboards spielte und die Lieder schrieb, Inga blieb weiter bei den NEONBABIES. Die Anete-Gruppe IDEAL entwickelte sich bald zum Erfolg, für das erste Album *Ideal* (1980) gab's Platin, und auch die LPs *Der Ernst des Lebens* (1981), *Bi Nuu* (1982) und das Live-Album *Zugabe* (1983) verkauften sich hervorragend. Auch Inga war mit den NEONBABIES-Alben *Neonbabies* (1980) und *1983* (1982) recht erfolgreich. Dann taten sich Inga und Anete Anfang 1983 mit den Österreichern MANFRED TAUCHEN und JOESI PROKOPETZ zur Gruppe DÖF (DEUTSCH-ÖSTERREICHISCHES FEINGEFÜHL) zusammen und brachten die LP und die Single *Codo* heraus. LP und Single, die beide eher an Kabarett-Vorstellungen denn an Pop-Werke erinnerten, wurden Bestseller. Anschließend probierten es Inga und Anete als Duo. 1985 wurde ihr Debüt-Album veröffentlicht, das kurz *Humpe & Humpe* hieß. Das mit vielen Vorschußlorbeeren bedachte Werk brachte zwar bereits die wundervoll melodiösen Vokal-Harmonien der beiden Schwestern, hatte auch mit Songs wie *Geschrien im Schlaf* schon wahre »Ohr-

wurm«-Titel zu bieten, war aber insgesamt noch zu spröde, zu exaltiert. Vielleicht wollten die zwei jungen Sängerinnen, die beide Produktionserfahrung hatten (Inga mit PALAIS SCHAUMBURG, Anete mit → RIO REISER) auf diesem Debüt-Album einfach zu viel. Bei der zweiten LP jedenfalls gelang es ihnen ihren musikalischen Einfallsreichtum etwas zu zügeln. Mit *Swimming with sharks* (1987) lieferten die Humpe-Schwestern ein ausgesprochen hörenswertes, perfektes, eingängiges Pop-Album ab. Als Produzenten hatten sie sich ARMAND VOLKER geholt, der schon bei der → MÜNCHNER FREIHEIT für den richtigen Ton gesorgt hatte. Die erste Single aus der LP, der sanfte Song *Careless love,* konnte sich sehr gut in der deutschen Hitparade plazieren, ebenso 1988 die zweite Single, das etwas schnellere *No longer friends.*

1990 präsentierten sich die beiden hübschen und begabten Schwestern dann wieder als Solistinnen. Anete Humpe veröffentlichte das deutschsprachige Album *Solo,* das vor allen Dingen durch die amüsant-spritzigen Texte und die relaxten Melodien beeindruckte. Fast gleichzeitig brachte Inga Humpe die englischsprachige Single *Riding into blue (Cowboy Song)* heraus. Der hervorragende Pop-Song hatte viele prominente Mitstreiter wie z. B. LOL CREME von → 10 CC an der Rhythmusgitarre und als Backgroundsänger. Im September 1990 erschien dazu das Album *Planet Oz,* auf dem Inga eine Reihe melidiöser und und eingängiger Pop-Songs präsentierte. Das von den → PEP SHOP BOYS geschriebene *Do I have to* wurde ein Single-Erfolg.

Billy Idol

WILLIAM BROAD, geb. 30. 11. 1957 in London/England: voc/g

Ein weißblonder Igelkopf, verächtlich hochgezogene, sinnlich-laszive Oberlippe, perfekt »hingerotzte« Songs in bester Rock-Tradition — das ist Billy Idol, von vielen als einzig legitimer Nachfolger von → ELVIS The King betrachtet. Und Elvis ist tatsächlich das Idol von Mr. Idol. Billy wurde zwar in London geboren, verbrachte aber sechs Jahre seiner Kindheit in New York. Wieder in London zurück, führte er ein braves Kinder-Dasein, wurde Pfadfinder, bis er 1975/76 in den Dunstkreis der Punker-Szene geriet, zu Gruppen wie SEX PISTOLS, → CLASH, SIOUXSIE AND THE BANSHEES. 1977 gründete der Sänger mit der Weltverachtung eines JAMES DEAN seine erste eigene Gruppe CHELSEA. Zu der Band gehörten der Sänger GENE OCTOBER und der Bassist TONY JAMES, und Chelsea machte Rock 'n' Roll pur. Dann wurde Ende der 70er Jahre daraus die Formation GENERATION X, eine der unterhaltsamsten britischen New-Wave-Bands. Im heimatlichen England war der Band mit ihren drei Alben wenig Erfolg beschieden, aber Amerika war von dem

vitalen Sound der Briten begeistert. Vor allen Dingen ein Song hatte es den Amerikanern angetan: *Dancing with myself* vom Abschiedsalbum *Ready, steady, go* der Generation X. Nach der Auflösung der Band ging Billy Idol nach New York und stellte fest, wie einsam man in dieser Millionenstadt sein kann. Den daraus resultierenden Frust schrieb er sich mit dem Song *Hot in the city* von der Seele — und hatte damit 1982 seinen ersten Single-Hit in USA. Auch die nächste Single *White wedding* konnte sich in den US-Charts plazieren. Daraufhin veröffentlichte Billy das Mini-Album *Don't stop* — und hatte abermals einen Bestseller. Und mit der ersten großen LP *Billy Idol* wurde er in USA zum Star. Seine direkte, schnörkellose, aggressive Rockmusik gepaart mit seiner explosiven, emotionsgeladenen, lasziv-zornigen Stimme war genau das richtige für Amerika. Als nächste Auskoppelung erschien *Dancing with myself* mit einem Video, das im amerikanischen Video-Kanal MTV Furore machte: TOBE HOOPER, der Regisseur des weltberühmten Horror-Films *Poltergeist,* schneiderte Billy Idol ein aufwendiges und rasantes Zombie-Spektakel auf den gutgewachsenen Leib. 1983 erschien die LP *Rebel yell* — Rock-Music at its best. Vor allen Dingen der Titelsong wurde zur Hymne der Teens. Die Single *Eyes without a face* brachte Billy Idol auch in Europa den Durchbruch, und in England einen ersten Erfolg. Die nächsten Singles *Flesh for fantasy* und *Catch my fall* konnten sich ebenfalls in den internationalen Charts plazieren. Die harte, kompromißlose Rockmusik mit Texten, die der No-future-Generation offensichtlich voll aus dem Herzen sprachen, kam an. Ab 1983 gehörte Billy Idol mit seinem Gi-

Billy Idol
Foto: Ariola/Chrysalis

tarristen Steve Stevens zu den Mega-Stars des weltweiten Rock-Biz. Allein 1983/84 kassierte er über 30 Edelmetall-Auszeichnungen aus aller Welt. Nur England stand dem verlorenen Sohn weiterhin recht kühl gegenüber. 1985 gab's dann auf der LP *Vital Idol* eine Zusammenstellung seiner schärfsten 12"-Mixes, gleichzeitig erschienen auch alle Idol-Videos (außer *To be a lover*) als Video-Compilation. Den nächsten Rock-Knüller lieferte Billy Idol dann, nach längerer Wartezeit, 1986 mit der LP *Whiplash smile*. Die Single *To be a lover* kam in Amerika bis auf Platz 6. Das sanfte und gleichzeitig höchst aufgend-erotische *Sweet sixteen* wurde 1987 in Deutschland ein Bestseller. Bei den

deutschen LP-/CD-/MC-Jahres-Bestsellern 87 landete die LP auf Platz 22. In Amerika brachte das Jahr 1987 Billy Idols bislang größten Erfolg: seine Live-Version von *Mony Mony*, dem 68er Hit von Tommy James & The Shondells, wurde in den Hot 100 die Nr. 1. Während der Tournee, bei der dieser Song aufgenommen wurde, sollen ihm die Girls mindestens genauso hysterisch zugejubelt haben, wie damals den → Beatles oder Elvis. Und als er in Houston/Texas die Zugabe mit lediglich einem knappen Frotteetuch um die schlanken Hüften gab, kippten seine Verehrerinnen gleich reihenweise um. Ansonsten besteht das »Kostüm« von Sexy-Billy meistens aus Nieten-Jeans, löcherigem T-Shirt, Lederjacke und vielen, vielen Ketten. 1988 konnte Billy Idol übrigens mal wieder einen Hit im ungeliebten Heimatland feiern: die Uralt-Single *White wedding,* die 1982 veröffentlicht worden war und schließlich 1985 (mit dreijähriger Verspätung) die englischen Charts erklomm, trat 1988 abermals in die British Charts ein. 1988 brachte Billy Idol das Album *11 of the best* heraus, das, wie der Name schon sagt, seine ganzen Hits enthält.

Doch auf das nächste Album mit neuen Songs mußten die Idol-Fans vier Jahre warten. Erst 1990 ließ der Meister mit *Charmed life* wieder Neues aus Billys Rock-Tasche hören. Doch in dieser Zeit war viel geschehen. Billy, der kurz vor dem Abheben stand und an gewaltiger Selbstüberschätzung litt, ging in sich, versuchte aus eigener Kraft wieder auf den Boden der Tatsachen zurückzukehren. Er trennte sich von seinem alten Management. Er ließ seinen großartigen Gitarristen Steve Stevens gehen, der mit Billys Überheblichkeit nicht mehr zurechtkam. Er ließ auch seine Freundin PERRI LISTER gehen, die Mutter seines Sohnes, die es ebenfalls mit Billy Superstar nicht aushielt. Geblieben war nur noch sein alter Produzent KEITH FORSEY, der auch Billys neues Album produzierte. Mr. Idol zog von New York nach Los Angeles, um dort noch einmal ganz von vorne anzufangen. Das gelang ihm auch zunächst ganz gut. Ende 89 wurde ihm sogar die große Ehre zuteil, bei der konzertanten Aufführung der → WHO-Rock-Oper *Tommy* mitzuwirken. Er trat bei einem Großteil der Tournee als COUSIN KEVIN auf. Der eingefleischte Who-Fan fand sich souverän in die Rolle des bösen Cousin und wurde bei seinen Auftritten mit den Who in Amerika und Großbritannien entsprechend bejubelt. Anfang 1990 war dann endlich das neue Album *Charmed life* fertig — da wurde Billy wieder von seiner Vergangenheit eingeholt. Er, der inzwischen Alkohol und Drogen fast völlig entsagt hatte, raste mit seiner Harley nach einer Party in ziemlich heiterem Zustand unkontrolliert durch die Gegend. Er übersah ein Stop-Schild, rammte einen PKW und wurde überfahren. Das Ergebnis: mehrere Frakturen und Prellungen. Fünf Operationen und ein mehrwöchiger Aufenthalt in Hollywoods Luxusklinik ›Cedars Sinai Medical Center‹ waren nötig, um den Rock-Star wiederherzustellen. So verzögerte sich die Veröffentlichung seiner neuen LP noch einmal um Wochen. Als erstes erschien die Single *Cradle of love*, die einen harten, rockigen Idol zeigte. Kurz darauf erschien endlich die LP, auf der als neuer Gitarrist MARK YOUNGER SMITH zu hören ist. Das hervorragende Album, auf dem Idol als Interpret und Schreiber sehr ›erwachsener‹ Rock-Songs zu hören ist,

konnte sich sofort in den internationalen Charts plazieren. Und seine Fans werden ihn in Bälde auch auf der Leinwand erleben können. Billy Idol spielt eine Rolle in dem Film über das Leben von JIM MORRISON, dem legendären Sänger und Schreiber der DOORS.

Inker & Hamilton

HILARY HAMILTON, geb. 4. 8. 1952 in Wellington/Neuseeland: voc/g; DAVE INKER, geb. 5. 3. 1953 in Bristol/England: voc/p

Die bildhübsche Hilary mit der klaren Kuschel-Stimme und der verträumt-sanfte Dave machten schon 9 Jahre lang wunderschöne aber leider ziemlich erfolglose Musik, ehe ihnen 1987 der Durchbruch gelang. Dave Inker studierte in England Luft- und Raumfahrttechnik, wollte dann aber sein Leben nicht in Labors oder Büros verbringen. Musik war seine große Leidenschaft, und so packte er kurzentschlossen seine Siebensachen und fuhr nach Europa. In München, im Künstlerviertel Schwabing, blieb er schließlich hängen und veröffentlichte 1986 seine erste LP namens *Profile*. Dann lernte er 1978 Hilary kennen. Hilary hatte es von Neuseeland aus, wo musikalisch nicht gerade viel los war und ist, ebenfalls nach Europa gezogen, und auch bei ihr war München Endstation. Sie verdiente sich ihren Lebensunterhalt als Bedienung in Clubs und mit kleinen Auftritten, bei denen sie zur Gitarre sang. Einen solchen Auftritt sah und hörte Dave Inker, und schon war es um ihn geschehen. Die beiden taten sich zusammen und musizierten fürderhin

Inker & Hamilton   Foto: WEA

gemeinsam. Sie machten einfach schöne Musik, sanfte, zarte Songs, nur mit Klavier, akkustischer Gitarre und Hilarys klarer Stimme. Folk-Rock-Songs waren es, die zwar von den Kritikern hochgelobt, vom Publikum aber leider nicht gekauft wurden. Vier Alben veröffentlichten die beiden zwischen 1980 und 1984: *Inker & Hamilton* (1980), *Person to person* (1981), *Double feature* (1983), *The mind and the body* (1984). Die Wende trat erst ein, als das Duo 1987 mit dem deutschen Erfolgsproduzenten MICHAEL CRETU (→ SANDRA) zusammenkam. Zum Cretu-Clan gehört auch HUBERT KEMMLER, besser bekannt als → HUBERT KAH, und zu viert gingen sie die »neuen« Songs für Dave und Hilary an. Das Ergebnis war 1987 die LP *Dancing into danger,* ein Album mit flotten, tanzbaren, sehr melodiösen Pop-Songs und ein paar einschmeichelnden Balladen. Bereits die erste Single, der Titelsong *Dancing into danger,* wurde ein Hit.

Inner City

PARIS GREY, geb. 5. 11. 1965 in Chicago/Illinois, USA: VOC; KEVIN SAUNDERSON, geb. 5. 5. 1964 in Brooklyn/New York, USA

Das Duo Inner City ist der wichtigste Vertreter der sog. ›House Music‹, einer populären Spielart des Techno-Sound.

Inner City   Foto: Inner City

Dieser Sound entstand Ende der 80er Jahre in Detroit, der Stadt der Motoren und des Motown-Sound. Entscheidend geformt wurde Techno von den Produzenten Juan Atkins, Derrick May und Kevin Saunderson. Die drei College-Freunde interessierten sich schon früh für Elektronik und Studiotechnik und entwickelten sich allmählich zu fanatischen Sound-Tüftlern. Das Ergebnis dieser Experimente war ein neuer Dance-Sound, der in etwa als Mischung aus europäischem Techno-Pop à la → Depeche Mode und → Pet Shop Boys und schwarzem US-Funk à la George Clinton beschrieben werden kann. Das erste hörbare Ergebnis des Trios war der Sampler *Techno – The new dance sound of Detroit*, der im Sommer 1988 erschien. Dafür hatte Kevin bereits die Sängerin und Textschreiberin Paris Grey geholt, die damals noch einen Job als Verkäuferin in einer Boutique hatte. Paris, deren tiefschwarze Stimme die Wurzeln im Jazz, Gospel und Pop verrät, war die adäquate Interpretin von Kevins Soundcollagen. *Big Fun* hieß der erste Song des Duos Inner City auf diesem Techno-Sampler, und er machte die beiden über Nacht international zu Stars. Auch die folgenden Singles *Good life, Ain't nobody better, Do you love what you feel* und *watcha gonna do with my lovin'* erreichten in den internationalen Charts hervorragende Plazierungen. Ein Bestseller wurde auch das im Mai 89 veröffentlichte Debüt-Album *Paradise*. Inzwischen war Kevin bereits zu einem gefragten Produzenten in Sachen Dancefloor Music avanciert. Zu seinen ›Kunden‹ gehören Stars wie Wee Papa Girl Rappers, → Neneh Cherry, → New Order und → Paula Abdul. Einen weiteren Beweis für sein ›goldenes Mixer-Händchen‹ bewies Kevin dann auch mit der Veröffentlichung des Albums *Paradise remixed*, das raffinierte Neumischungen der Inner City Hits enthielt und die Neukomposition *House fever*. Ende 1990 erschien die neue Single *That man (he's all mine)*, ein Vorbote der zweiten LP.

INXS

Michael Hutchence, geb. 22. 1. 1960 in Australien: voc; Tim Farris, geb. 16. 8. 1960 in Australien: g; Kirk Penglilly,

INXS   Foto: Mercury

geb. 4. 7. 1960 in Australien: g/sax; AN-
DREW FARRIS, geb. 27. 3. 1964 in Australien: keyb; GARRY GARY BEERS, geb.
22. 6. 1961 in Australien: b/voc; JOHN
FARRIS, geb. 10. 8. 1963 in Australien:
dr/voc

Daß sich der eigenartige Name dieser
australischen Band »in excess« spricht,
braucht man heute eigentlich keinem
mehr zu erklären, denn das Quintett
gehört inzwischen zu den weltweiten
Stars. Begonnen hatte alles Ende der
70er Jahre in Sydney. Die Gebrüder
Farris taten sich auf der Schule mit Michael, Kirk und Garry zu einer Hobby-
Band zusammen. Es folgten die üblichen
Auftritte bei Parties, wo die Top 40
rauf- und runtergespielt wurde. Den
sechsen machte das Spaß, soviel, daß sie
nach der Schule beschlossen, künftig
professionell ins Musikgeschäft einzu-

steigen. Es folgte die Ochsentour durch
Kneipen und kleine Clubs in der Pro-
vinz, bei der die Band wertvolle Erfahrungen sammelte und auch eigenes Material spielte. Ab 1979 nannte sie sich
INXS, warum, weiß heute keiner von
ihnen mehr. 1980 kehrten sie nach Sydney zurück und erspielten sich bald
einen guten Ruf, und 1981 resultierte
daraus ein Plattenvertrag. Gleich die erste Single *Just keep walking* wurde ein
Hit und mit dem »National Award« ausgezeichnet. Dann entstanden zwei recht
erfolgreiche Alben, *INXS* und *Under-
neath the colours*. Anschließend wollten
die sechs den Sprung über den großen
Teich wagen und zum Sturm auf die
angloamerikanischen und europäischen
Charts ansetzen. Um zu hören, was so
im Rest der Welt musikalisch abging,
flogen Kirk, Andrew und Michael nach
London. Danach entstand die LP *Sha-*

booh shoobah, die vor allen Dingen in Amerika Eindruck machte. Die Single *The one thing* konnte sich 1983 sogar auf Platz 30 in den Hot 100 plazieren. Also machten sich die sechs Australier auf den Weg nach USA und unternahmen zwei erfolgreiche Tourneen. Dabei spielten sie auch neues Material, darunter den Song *The original sin* (darin geht es nicht, wie immer angenommen, um Sex, sondern um Rassenhaß). Der Super-Produzent NILE RODGERS hörte das Lied und bot INXS an, es zu produzieren. So entstand 1984 der erste weltweite Hit von INXS, in ihrer Heimat Australien hatten sie zu diesem Zeitpunkt bereits vier Single-Hits gehabt und drei Gold-Alben abgeliefert. Die nächste LP hieß *The swing* und wurde ebenfalls ein weltweiter Bestseller. Die gutgemachte, frische und einfallsreiche Rockmusik des australischen Quintetts fand immer mehr Freunde. Und so wurde auch das 85er Album *Listen like thieves* ein Hit. In Australien gehörte das Album zu den fünf erfolgreichsten der australischen Musikgeschichte. 1986 lauschten 78 000 begeisterte Engländer im Wembley Stadion bei zwei ausverkauften Konzerten den Aussies. Michael Hutchence avancierte 1986 zum Filmstar: Er spielte die Hauptrolle in dem australischen Kultfilm *Dogs in space.* Und INXS hatte wieder einen weltweiten Hit: Die Single *What you need* konnte sich in den internationalen Charts hervorragend plazieren und erreichte in Amerika sogar Platz 5. Das 87er Album *Kick* setzte den Siegeszug fort. Mit *Need you tonight* (USA 1), *New Sensation, Devil inside* und *Never tear us apart* hatte die Rockband mit dem schwarzen Soul-Touch auch in Deutschland zwei Single-Hits. Anfang 1988 lag die LP in Amerika immer noch auf Platz 3 der LP-Charts und hatte sich bereits über eine Million Mal verkauft. 1987 hatte die Band in Australien Ärger gehabt – die Jungs hatten von der Bühne Kondome an das Publikum verteilt, um gegen Australiens unzulängliche Aids-Politik zu protestieren. 1990 veröffentlichten die australischen Jungs das Album *X,* das wieder ein runder Millionenseller wurde. Die erste Single daraus, die sich sofort in den internationalen Charts plazieren konnte, war *Suicide blonde.*

Iron Maiden

STEVE HARRIS, geb. 12. 3. 1956 in England: b/g; DAVE MURRAY, geb. 23. 12. 1958: g; ADRIAN SMITH, geb. 27. 2. 1957 in England: g; NICKO MCBRAIN, geb. 5. 6. 1957 in England: dr; BRUCE DICKINSON, geb. 7. 8. 1958 in England: voc

Steve Harris gründete die Heavy-Metal-Band im Juni 1977. Nach mehreren Umbesetzungen erhielt die Formation 1979 einen Plattenvertrag. 1980 erschien ihr Debüt-Album *Iron Maiden.* Innerhalb kürzester Zeit eroberten die fünf englischen »eisernen Jungfrauen« sowohl die grüne Insel als auch den europäischen Kontinent. 1982 glückte ihnen mit der relativ sanften Nummer *Run to the hills* in England ein Top-10-Erfolg. Mammuttourneen durch die ganze Welt (Deutschland, Amerika, Japan, England) sicherten den Schwermetallern ein gewaltiges Publikum. Das Ergebnis: 40 Gold- und Platinauszeichnungen aus etwa fünfzehn Ländern für die dröhnenden Alben der englischen Gruppe. Vor-

Iron Maiden   Foto: Ross Halfin/EMI

läufiger Höhepunkt war die 84er Tour von Iron Maiden unter dem Motto World Slavery Tour '84. Sie dauerte dreizehn Monate, umfaßte 300 Konzerte in 28 Ländern, die von ungefähr drei Millionen Zuschauern gesehen wurden. 1984 waren die Iron Maiden dann auch wieder in den englischen Charts vertreten; ihr *Two minutes to midnight* kam bis auf Platz 11, und 1985 erlebte ihr *Run to the hills* wieder einen Charteintritt. *Seventh son of a seventh son* nannte Iron Maiden das 88er Album, das wieder ein internationaler Bestseller wurde und in Deutschland bis unter die Top 10 der LP-Hitparade vorstieß. Mit *Can I play with madness* enthielt die LP eine Single, die in den UK-Charts bis auf Platz 4 kam. 1990 machte dann der Iron Mai-

den-Sänger Bruce Dickinson von sich reden. Zum einen hatte der fleißige kleine Mann es ja geschafft, neben seiner Stimmartistik für die ›Eisernen Jungfrauen‹ auch ein erfolgreicher Fechter zu werden, gleichzeitig hatte er einen Roman geschrieben, der Anfang 1990 herauskam, und Dickinson hatte mit dem Gitarristen Jannick Gers, dem Schlagzeuger Fabio Del Rio aus Italien und dem Bassisten Andy Carr ein Soloalbum eingespielt. *Tattooed millionaire* nannte er diese gelungene Rock-LP, die stilmäßig in den 70er Jahren angesiedelt ist. Den größten Teil der Songs hatte Dickinson selbst geschrieben, doch waren auch hörenswerte Klassiker wie der Mott-The-Hooples-Hit *All the young Dudes* aus der Feder von → David

BOWIE darauf zu hören. Das 90er Album von Iron Maiden hieß *No prayer for the dying* und konte sich innerhalb kürzester Zeit unter den Top 10 der deutschen LP-Charts plazieren.

Janet Jackson

geb. 16. 5. 1966 in Gary/Indiana, USA: voc/keyb/synth

Auch Janet ist ein Mitglied des offensichtlich schier unendlichen Jackson-Clans. Die kleine Schwester von Superstar Michael stand schon im Alter von sieben Jahren mit den berühmten Brüdern, die sich damals noch JACKSON FIVE nannten, auf der Bühne in Las Vegas. Mit zehn Jahren bekam sie eine Rolle in der US-TV-Serie *Good times,* und jeder sah sie künftig nur noch als Schauspielerin. Aber die kleine Janet, die ihrem acht Jahre älteren Bruder inzwischen so sehr gleicht wie ein Ei dem anderen (oder er ihr), wollte auch ihre Stimmbänder spielen lassen. 1982 brachte sie ihr Debüt-Album *Janet Jackson* heraus, das sich immerhin über ein Jahr in den Black Charts von Amerika hielt, über eine Viertelmillion mal verkauft wurde

und immerhin auch zwei Single-Hits enthielt: *Young love* und *Come give your love to me.* Auch mit dem 84er Album *Dream street* marschierte sie weiter auf der Straße des Erfolgs, bis sie dann 1986 mit der LP *Control* den internationalen Durchbruch erlebte. Allein in Amerika verkaufte sich das Album über 5 Millionen Mal. Dafür erhielt die hübsche Janet, die übrigens mit dem Pop-Sänger JAMES DEBARGE verheiratet ist, fünfmal Platin. Die sechs Singles aus diesem Album, *What have you done for me lately, Nasty, When I think of you, Let's wait awhile, Control* und *The pleasure principle*, erreichten alle Platz 1 der Hot 100 von Amerika und konnten sich auch in den meisten internationalen Charts plazieren. *Control: the videos* und *Control: the videos, part 2* erreichten in USA ebenfalls Platinstatus. Denn Janet, die 1984 immerhin ein Jahr lang zur Stammbesetzung der TV-Tanz-Serie *Fame* gehört hatte, ist bekannt für ihre hervorragenden und extravaganten Videos. Mit zu diesem Erfolg beigetragen hat übrigens → PAULA ABDUL, ehemals die Freundin von Janets Bruder Jackie, die die Choreographie zu den Videos *Nasty* und *What have you done for me lately* schuf. 1987 erhielt Janet für das Album *Control* zwei American Music Awards, 1988 einen. Die Produzenten JAMES ›JIMMY JAM‹ HARRIS II und TERRY LEWIS, die auch sämtliche Songs der LP geschrieben hatten, wurden als ›Produzenten des Jahres‹ ausgezeichnet. Janet war an dieser LP übrigens nicht nur als Co-Produzentin, sondern auch als Komponistin und Texterin beteiligt. 1989 kam die LP *Rhythm nation 1814* heraus, Anfang 1990 hatte sich das Album in USA bereits über drei Millionen Mal verkauft und sich auch erfolgreich in den engli-

Janet Jackson Foto: Polydor

schen und deutschen Hitparaden pla-
ziert. Die erste Single *Miss you much*
wurde bei der Gala des American Music
Award als beste Soul- und beste Dance-
Single ausgezeichnet und die LP selbst
für 5 Grammies nominiert. Im März
1990 ging die Künstlerin auf ihre erste
Welttournee. 15 000 Zuschauer bejubelten in Miami das erste Konzert dieser
Tournee, eine 90minütige perfekte
Show, bei der Janet ihre harten Funkbe-
at-Songs in vorzüglicher Video-Qualität
bot. Die Bühnenausstattung um die be-
herrschende Stahlkonstruktion in Form
eins Ölbohrturms kostete an die vier
Millionen Mark, sechs Tänzer, zwei
Chorsängerinnen, ein Leopard und eine
siebenköpfige Band standen Miss Jackson zur Seite und halfen ihr, mit der
Super-Show über ihre nicht gerade überwältigende Stimme hinweghören zu lassen. Was aber weder *Miss you much*

noch die nächste Single *Escapade* daran
hinderte, wieder den 1. Platz der US
Hot 100 zu erstürmen. Die Karten für
die vier April-Shows im Los Angeles
Forum waren übrigens innerhalb von
48 Minuten ausverkauft. Auch der Janet
Jackson geschriebene Power-Song *Black
cat* wurde wieder Nr. 1 der Hot 100 in
den USA. Das Album verkaufte sich bis
Ende 1990 allein dort über 4 Millionen
Mal und wurde mehrfach mit Platin ausgezeichnet.

Michael Jackson

geb. 29. 8. 1958 in Gary/Indiana, USA:
voc

Michael Jackson ist kein Superstar – er ist ein Mega-Star. Er dürfte wohl der erfolgreichste Songschreiber und Interpret der pop-musikalischen Neuzeit sein und der erfolgreichste Künstler im Verursachen von publikumsträchtigen Schlagzeilen. Michael, der nach seinen zig Gesichtsoperationen nicht mehr besonders menschlich, sondern eher wie eine kaffeebraune Barbie-Puppe aussieht, begann seine Karriere als Kinderstar. Mit elf Jahren nahm er 1969 als Lead-Sänger den ersten Nr.-1-Song der Gruppe THE JACKSON FIVE auf, die sich

Michael Jackson
Foto: Epic/CBS

später → THE JACKSONS nannte. Michael und seine vier Brüder waren damals die absoluten Superstars. Und unter diesen fünf Superstars war bereits damals Michael der größte. Der quicklebendige, hochtalentierte Teenager beherrschte sein Publikum mit dem Zucken seines kleinen Fingers und dem Rotieren seines (angeblich auch heute noch) jungmännlichen Beckens. 1971 trat er erstmals als Solist ans Licht der Öffentlichkeit. *Got to be there* hieß sein Song, eine, im Gegensatz zu den temperamentvollen Soul-Pop-Liedern der Jackson Five, eher ruhige, sanfte Ballade, die prompt zum Millionenseller wurde. Diesen Erfolg wiederholte Michael 1972 gleich zweimal, zum einen mit einem Remake des Oldies *Rockin' Robin* aus dem Jahr 1958, zum anderen mit dem Titellied aus dem zu Herzen gehenden Ratten-Film *Ben.* Künftig fuhr Michael Jackson »zweigleisig«. Zum einen nahm er mit den Jackson Five diverse Top-Hits auf, zum anderen ging er immer wieder als Solist ins Studio. 1973 war er in den Charts mit *With a child's heart,* 1975 mit *We're almost there* und *Just a little bit of you.* 1978 wurde QUINCY JONES, einer der erfolgreichsten und berühmtesten Produzenten der amerikanischen Musik-Szene, auf ihn aufmerksam. Er ging mit ihm ins Studio und produzierte mit ihm die LP *Off the wall,* ein Album, für das so prominente Songwriter wie → STEVIE WONDER, → PAUL MCCARTNEY und CAROL BAYER-SAGER die Songs geschrieben hatten. Von diesem Album wurden weltweit über 15 Millionen Exemplare verkauft, allein in den USA über 7 Millionen. Die Singles *Don't stop 'til you get enough* und *Rock with you* verkauften sich ebenfalls millionenfach. *Rock with you* war 1979 vier Wochen lang die Nr. 1

in Amerika. Von der amerikanischen Fachzeitschrift *Rolling Stone* wurde das Album als »Meisterwerk moderner Plattenproduktion« bezeichnet. Die gekonnte Mischung aus Funk und Pop, Rock und Soul und R & B wurde mit Gold und Platin ausgezeichnet. Anschließend trat Michael Jackson mit → DIANA ROSS, der einzigen Frau — außer seiner Mutter —, die er verehrt, vor die Filmkameras. Die beiden spielten zusammen in dem Streifen *The wiz, Ease on down the road* hieß der Hit aus diesem Musical, den er zusammen mit Diana Ross im Duett sang. Danach ging er wieder mit seinen Brüdern als The Jacksons auf Tournee. Er begann nicht nur an einem neuen Album, sondern auch an seinem Aussehen zu arbeiten. Aus dem frischen fröhlichen Knaben mit dem netten, runden Gesicht, wurde allmählich ein Kunstprodukt: Michael Jackson ließ sich die Nase operieren, kultivierte in Aussehen und Kleidung den Typus des geschlechtslosen Entertainers. Perfekt gestylt und in makelloser Schönheit präsentierte er sich nun seinen Fans. 1983 war dann das Jahr, in dem Michael Jackson abermals Musikgeschichte schrieb. Er veröffentlichte das Superalbum *Thriller*, das er, bis auf wenige Ausnahmen, selbst geschrieben hatte. Weltweit ging die LP über 40 Millionen Mal über den Ladentisch und ging in das Guinness-Buch der Rekorde als das meistverkaufte Album aller Zeiten ein. Die LP bekam 58 Platinauszeichnungen aus 28 Ländern auf sechs Kontinenten. Und jede dieser Auszeichnungen war berechtigt! Jeder der Songs war ein kleines Kunstwerk, ob es nun *Billie Jean* mit dem monoton-erregenden Rhythmus war oder der rockige Knaller *Beat it,* der Disco-Fetzer *I wanna be starting some-*

thing, das sanft schmeichelnde *Human nature* oder der Gänsehaut erzeugende Mini-Krimi *Thriller,* aus allem und jedem machte Michael Jackson mit seiner unerhörten, ungemein variationsfähigen und doch so völlig geschlechtsneutralen Stimme einen Supersong. Mit zum Erfolg des Albums trugen zweifelsohne auch die vorzüglichen und ungewöhnlichen Videos bei. Die Songs *Beat it* und *Billie Jean* wurden mit viel Phantasie, Können und natürlich Geld in Bilder umgesetzt, die auf dem Video-Markt revolutionär waren. Der Höhepunkt war ohne Zweifel das teilweise nicht umstrittene Video zu *Thriller.* Der Song wurde auf 14 Minuten für einen Mini-Film verlängert. JOHN LANDIS, der Regisseur des herrlichen Horror-Films *American Werewolfe* setzte das Werk in Szene. Michael Jackson spielte darin einen jungen Mann, der sich im Laufe der Handlung in einen Werwolf verwandelt. Meisterhafte Maskentechnik, faszinierende Details, brillante Regie machten diesen Kurzfilm zu einem Meisterwerk der Video-Technik. Die Kosten waren auch entsprechend: 1,2 Millionen Dollar hat dieses Video gekostet. Zum Vergleich: → PETER MAFFAY ließ sein ganzes Album *Sonne in der Nacht* auf Video bannen und zahlte dafür den für deutsche Verhältnisse horrenden Preis von 1 Million DM. Bei der Verleihung der amerikanischen Music Awards erhielt Michael Jackson für das Album *Thriller* acht Auszeichnungen, darunter Preise für das beste Pop-Video *(Beat it),* die beste Pop-LP und die beste Pop-Single *(Billie Jean).* Am 16. Mai 1983 trat Michael Jackson nach längerer Pause zum erstenmal wieder auf, und zwar bei der Show »Motown 25: Yesterday, Today, Forever«. Bei diesem Auftritt anläßlich des

Geburtstags des bekannten Plattenkonzerns kam Michael Jackson mit Glitzer-Socken und dem berühmten weißen Handschuh auf die Bühne − und kreierte so nebenbei einen neuen Tanz, den »Moonwalk«. Dann machte Michael Jackson 1985 wieder musikalisch von sich reden, als er, zusammen mit → LIONEL RICHIE, das Lied *We are the world* schrieb für die Künstlervereinigung »USA for Africa«. Unter diesem Namen taten sich ein Großteil der Pop-, Rock- und Soul-Stars Amerikas zusammen, um mit dem Erlös dieser Single und der LP den Hungernden in Afrika zu helfen. Der Song wurde ein weltweiter Super-Hit. In diesem Jahr verscherzte sich Michael Jackson auch seine Freundschaft mit Paul McCartney, mit dem er ja schon den Hit *This girl is mine* gesungen hatte. Beide Stars boten mit bei den Rechten für einen Teil der alten → BEATLES-Songs. Michael überbot Paul. In den nächsten Jahren machte Mr. Jackson dann nur noch nicht-musikalische Schlagzeilen. Da sah man Bilder von ihm im Rollstuhl, mit weißem Mundschutz und Plastikschonern an den Füßen − nicht weil er krank war, sondern weil er eine panische Angst vor Infektionen und Bakterien hat. Da erfuhr man, daß er aus diesem Grund niemals jemand die Hand gibt, niemals außer Haus ißt und nichts anfaßt, was jemand anderer schon berührt hat. Gleichzeitig wurde aber auch seine Affenliebe zu seinem Schimpansen Bubbles publik, den er offensichtlich über alles liebe und den er angeblich einer kosmetischen Operation unterziehen wollte, damit er so aussehen sollte wie sein Herr. Und noch mehr staunte man, als man erfuhr, daß der Bakterien-Ängstliche zu Hause einen ganzen Zoo unterhält. Geschäfts-tüchtig, wie Michael Jackson nun mal ist, vermarktete er das auch gleich. Er gründete die Spielzeugwarenfirma »Michael's Pet«, und Weihnachten '87 konnte man Michaels Schmusetiere auch in Deutschland in Plüschform kaufen: den Affen »Bubbles«, den Frosch »Uncle Tookie«, das Lama »Louie« und den Bären »Cool«. 1987 wurde auch bekannt, daß Michael offenbar dem weiblichen Geschlecht doch nicht so abgeneigt ist: Er machte dem Filmstar ELIZABETH TAYLOR, die immerhin 29 Jahre älter als er ist, einen Heiratsantrag − der allerdings abgelehnt wurde.

Aber als Krönung seiner Popularität fand er nun auch als Wachspuppe Eingang in das berühmte Wachsfigurenkabinett von MADAME TUSSAUD in London. Doch 1987 bestätigte er auch abermals seinen Ruf als musikalischer Super-Star: nach fast fünfjähriger Pause veröffentlichte er das neue Album *Bad* und ging wieder auf Tournee. Neu war auch sein Erscheinungsbild: Jetzt präsentierte es sich seinen Fans als wahres Kunstwerk, mit großen, sanften Rehaugen, feingeschwungenen Augenbrauen, hohen Backenknochen und Grübchen im Kinn: Michael Jackson, ein Triumph der modernen kosmetischen Chirurgie. Und ein Trimph war auch das neue Album, ein Pop-Werk der Luxusklasse. Wieder stimmten alle Zutaten: Rhythmus, Melodien, Arrangements, und über allem Michael Jacksons immer noch geschlechtslose Knüller-Stimme. Die LP enthielt abermals für jeden etwas: Sanftes wie die Edel-Schnulze *I just can't stop loving you,* Fetziges wie den Titelsong *Bad,* Sozialkritisches wie den Helft-den-Armen-Song *Man in the mirror* (von dem übrigens ein Teil der Einnahmen an eine Organisation ging, die sich um krebskranke Kinder kümmert). Das Album reicht zwar qualitätsmäßig nicht ganz an *Thriller* heran, liegt aber immer noch weit über dem Durchschnitt. Und es wurde natürlich wieder ein Super-Seller. Bis Mitte März 1988 waren allein in Amerika über vier Millionen Exemplare verkauft. Im Herbst 1987 startete Michael Jackson auch seine Welt-Tournee. Er bot eine sexgeladene 90-Minuten-Show, allein beim Start in Tokio jubelten ihm über 40 000 Japaner zu. 1 Million Dollar bekam Mr. Jackson pro Auftritt, und sein Troß war eines Superstars würdig: 45 Rowdies entluden die 22 Sattelschlepper und bauten in 38 Stunden die Bühne auf, sorgten für Sound, Licht und Kulissen; die Band-Crew umfaßte 28 Mann, zwei Köche sorgten für das leibliche Wohl des überzeugten Vegetariers, vier Bodyguards schirmten ihn vor allzu aufdringlichen Fans ab, zwei Friseure sorgten für den richtigen Haar-Dress, und als Privatsekretär hatte Mr. Jackson einen ehemaligen Konkurrenten engagiert: JAMES OSMOND, der als »Little Jimmy Osmond« Anfang der 70er Jahre ebenfalls ein amerikanischer Kinderstar gewesen war (sein *Long haired lover from Liverpool* war 1972 wochenlang die Nr. 1 in England gewesen). Selbstverständlich residierte Mr. Jackson auf dieser Tournee nicht in irgendwelchen zugigen Garderoben, sondern hatte einen eigenen »Pavillon« mit Gästezimmer und Restaurant, und ebenso selbstverständlich bekam auch Affe Bubbles ein eigenes Wohnzimmer. Aber die Investitionen lohnten sich für die Agenturen: die Konzerte waren ausverkauft. Lediglich Australien, das »land down under« mochte sich nicht so sehr für Mr. Jacksons Auftritte begeistern, dort mußten, mangels Nachfrage,

zwei Konzerte abgesagt werden.

Dafür konnte er aber an sieben Abenden das Londoner Wembley Stadion ausverkaufen, das immerhin ein Fassungsvermögen von 75 000 Zuschauern hat. Nach 42 Konzerten in Europa hatten ihn bis zum Abschluß seiner Tournee im September 1988 schätzungsweise drei Millionen Menschen gesehen. In Japan besuchten 450 000 Fans seine Konzerte, in Amerika waren es fast eine Million. Die LP *Bad* war Mitte 1988 in Deutschland über eine Million Mal über den Ladentisch gegangen. In USA, Kanada und Großbritannien bekam das Album zu diesem Zeitpunkt bereits zum sechstenmal Platin, in Australien zum viertenmal. Und in insgesamt 24 Ländern hatte *Bad* den 1. Platz der LP-Charts belegt. Fünf Single-Auskopplungen dieser LP erreichten in USA die Nr. 1 der Hot 100. Inzwischen war auch seine Autobiographie *Moonwalk* herausgekommen und führte in den USA und England die Bestsellerlisten an. 1988 stand Michael Jackson auch zum erstenmal für einen Spielfilm vor der Kamera. Mit dem Streifen *Moonwalker* erfüllte sich der Mega-Star einen Kindheitstraum: die Verfilmung der Phantasien des Michael Jackson. Der edle Ritter Michael, selbstverständlich mit übernatürlichen Kräften ausgestattet, beschützt die Kinder dieser Welt vor den Bösewichten, die sie unter Drogen setzen möchten. Einer seiner Filmpartner war übrigens der damals 13jährige SEAN LENNON, der jüngere Sohn des ermordeten Ex-Bes → JOHN LENNON. Natürlich war in diesem Film Michael auch als Interpret zu sehen und zu hören: etliche Songs der Bad-LP wie BAD oder Smooth criminal wurden in den Streifen integriert, ebenso sein berühmter Moonwalk. Der Film kam Anfang 1989 in die deutschen Kinos und brachte nicht ganz den erwarteten Erfolg. Dann machte Mr. Jackson wieder Anfang 1990 von sich reden: der Maler LIVINGSTON-STRONG, der Designer der John-Lennon-Statue, hatte Michael im Renaissance-Look in Öl verewigt. Das gewaltige Gemälde erweckte das Interesse des Japaners Hiromichi Saeki, der es prompt für 3,6 Millionen Mark kaufte – und damit den höchsten Preis bezahlte, der jemals für das zeitgenössische Portrait einer noch lebenden Person bezahlt wurde. Im Juni 1990 bekamen die Jackson-Fans dann einen gewaltigen Schreck: Der Meister war mit akuten Herzschmerzen auf die Intensivstation eingeliefert worden. Dabei stellte sich dann heraus, daß die Brust-Schmerzen, über die der asketische Mega-Star klagte, von einer Entzündung der Rippenknorpel herrührten. Ursache dafür war zuviel Rap-Tanzen, das exzessive Moonwalk-Training und der Streß bei der Produktion an seinem neuen Album *Decade*.

The Jacksons

SIGMUND ESCO »JACKIE«, geb. 4. 5. 1951 in Gary/Indiana; TORIANO ADARYLL »TITO«, geb. 15. 10. 1953 in Gary/Indiana; JERMAINE LAJAUNE, geb. 11. 12. 1954 in Gary/Indiana; LATOYA, geb. 1956 in Gary/Indiana; MARLON DAVID, geb. 12. 3. 1957 in Gary Indiana; → MICHAEL JOE, geb. 29. 8. 1958 in Gary/Indiana; RANDY, geb. 29. 10. 1961; MAUREEN JACKSON-BROWN

Anfang der 70er Jahre nannte sich die Gruppe noch THE JACKSON FIVE und war der heißeste Soul- und Pop-Act, den es auf der internationalen Szene gab. Alle Jacksons stammen aus derselben Familie, neun Kinder waren es ingesamt. Vater Joe spielte Gitarre und komponierte, Mutter Katherine sang begeistert C & W und Blues. Von Anfang an wurden die Jackson-Kinder von ihren Eltern ermutigt, sich musikalisch zu betätigen. »Denn«, so sagte Vater Joe einmal, »obwohl es manchmal schon sehr laut war, hat's den Kindern Spaß gemacht, und es war gleichzeitig ein Weg, sie von der Straße fernzuhalten.« Anfang der 60er Jahre taten sich dann Jackie, Tito und Jermaine zusammen und traten als Trio bei diversen Schulveranstaltungen auf. Etwas später schlossen sich Michael und Marlon ihnen an. Sie nannten sich von nun ab The Jackson Five und wurden bald zu einer der größten Attraktionen ihrer Heimatstadt Gary in Indiana. Ende der 60er Jahre nahmen sie sogar eine Platte namens *Big boy* auf, die allerdings ein Flop wurde. Als 1969 → DIANA ROSS zu einem Konzert nach Gary kam, stellte ihr der Bürgermeister die Gruppe vor. Diana war begeistert und unterrichtete ihren Chef BERRY GORDY JR. von den talentierten Teenagern. Gordy nahm sie sofort unter Vertrag. Noch Ende 1969 erschien die erste Single, *I want you back,* die sich innerhalb von sechs Wochen zum Millionenseller entwickelte und ein Nr.-1-Hit wurde. Auch die nächsten drei Singles, *ABC, The love you save* und *I'll be there,* alle 1970 veröffentlicht, verkauften sich millionenfach und kamen auf Platz 1 der Hot 100. Der temperamentvolle, mitreißende Soul-Pop-Sound der Teenagergruppe riß Schwarz und Weiß zu wahren Begeiste-

The Jacksons Foto: CBS

rungsstürmen hin. Die Fachzeitschrift *Rolling Stone* versuchte den grandiosen Erfolg dieser Band einmal so zu definieren: »The Jackson Five sind eine seltsame und ungewöhnliche Mischung aus Unschuld und totalem Professionalismus.« Von Anfang an war der damals zwölfjährige Michael Jackson, zusammen mit seinem Bruder Jackie, der Lead-Sänger der Formation. Backing Vocals machten sie alle zusammen, Tito und Jermaine spielten Gitarre und Baß, und Marlon war, zusammen mit Michael, der Tänzer der Gruppe. Zunächst ging der Siegeszug ohne Unterbrechung weiter. Songs wie *Never can say goodbye* (1971), *Looking through the windows* (1972), *Dancing machine* (1974) und *I am love* (1975) verkauften sich stets hervorragend. Michael Jackson arbeitete bereits schon damals von

Zeit zu Zeit als Solist, und hatte 1971/72 gleich drei Millionenseller gehabt: *Got to be there, Rockin' robin* (ein Remake des Oldies von BOBBY DAY aus dem Jahr '58) und *Ben*, den Titelsong des gleichnamigen Ratten-Films. The Jackson Five waren aber nicht nur eine singende Gruppe, die grundsätzlich vor ausverkauften Häusern auftrat, sondern auch eine eigene Industrie mit T-Shirts, Anstecknadeln, Haarspray, Postern, Armbanduhren, Kugelschreibern usw. 1975 wechselten The Jackson Five die Plattenfirma. Aus diesem Grund verließ Jermaine die Gruppe, denn er hatte damals gerade HAZEL GORDY, die Tochter des Motown-Chefs, geheiratet und wollte aus diesem Grund bei der alten Plattenfirma bleiben. Für ihn kam Randy. Außerdem schlossen sich auch die beiden Schwestern LaToya und Maureen der

Gruppe an. Von da an nannten sie sich nur noch The Jacksons. Zwar gab es immer noch genügend Hits, wie z. B. 1977 den Millionenseller *Enjoy yourself* und 1979 das mit Platin ausgezeichnete *Shake your body (down to the ground),* aber der Zenit der Gruppe schien überschritten zu sein. Nach und nach begannen fast alle Jackson-Mitglieder Solowege zu beschreiten. Der erste war Michael, der sich als Solist bereits einen Namen gemacht hatte, und der 1970 sein Super-Album *Off the wall* herausbrachte, dem dann 1983 *Thriller* und 1987 *Bad* folgten. Jermaine machte, allerdings nur mit mittelmäßigem Erfolg, ebenfalls diverse LPs. 1980 hatte er in USA und England einen Top-10-Erfolg mit *Let's get serious* gehabt, und 1984 gelang ihm in Europa ein Bestseller: im Duett mit PIA ZADORA sang er den Titel *When the rain begins to fall* aus dem Film *Voyage of the rock aliens.* Auch die Schwestern LaToya und Rebbie veröffentlichten Alben, die meist von Michael produziert wurden. Rebbie, die älteste Schwester des Jackson-Clans (geb. 29. 5. 1950) hatte 1984 einen kleineren Hit in USA mit *Centipede.* Die erfolgreichste Dame der großen Jackson-Familie ist → JANET JACKSON, die 1986 mit dem Fünffach-Platin-Album *Control* den internationalen Durchbruch schaffte. Doch 1984 formierten sich, zur Überraschung aller, die bereits in alle Winde zerstreuten Jackson-Geschwister wieder. Mit dem Album *Victory,* das sie in Originalbesetzung einspielten, zeigten sie, daß sie noch dazugehörten. Die LP bot viel Funk, Soul, R & B und Disco und hatte mit *State of shock* wieder einen Millionenseller. Die daran anschließende Welt-Tournee war nur deshalb kein überwältigender Erfolg, weil die Eintrittskarten einfach zu teuer waren und die Fans deshalb wegblieben.
1989 meldete sich der Clan mit der LP *2300 Jackson St.* zurück. Das wirklich hörenswerte Funk-Pop-Album konnte sich in den USA, Großbritannien und Deutschland in den Charts plazieren.

Mick Jagger

MICHAEL PHILIP JAGGER, geb. 26. 7. 1943 in Dartford/Kent, England: voc

Eigentlich wäre der Künstler mit dem gewaltigen Mund und den kurzen Beinen viel lieber Lehrer geworden, aber dann entwickelte er sich zum Songwriter und Leadsänger einer der berühmtesten Rock-Bands der Welt: der → ROLLING STONES. Seit 1963 machte er mit den Stones Musik, bis 1987 hatte die Band 25 Top-10-Alben eingespielt, die weltweit über 110 Millionen Mal verkauft wurden. 1985 war Mr. Jagger der Meinung, nun auch endlich mal was eigenes gestalten zu müssen. Er veröffentlichte sein erstes Solo-Album *She's the boss.* Die Musik, die Mick mit seiner unverwechselbaren bluesig-krächzenden Stimme sang, unterschied sich kaum von den Songs der Rolling Stones. Mit den Singles *She's the boss, Just another night* und *Hard woman to love* tummelte er sich in den internationalen Charts. Schon zu diesem Zeitpunkt gab die Solo-LP von Mick Jagger zu den wildesten Spekulationen über die Auflösung der Rolling Stones Anlaß. Aber 1986 erschien noch das gemeinsame Werk namens *Dirty Works.* Doch seitdem schien der Ofen tatsächlich »aus« zu sein. 1987 unterschrieb der zweit-wichtigste Mann der Band, der Gitarrist KEITH RICHARDS, einen Solo-Vertrag, agierte als Schauspieler und Produzent in dem → CHUCK-BERRY-Streifen *Hail! Hail! Rock 'n' Roll,* und ansonsten hörte man nur von gewaltigen Streitereien zwischen den »Glimmer-Twins«. Auch Mick Jagger ging 1987 alleine ins Studio und nahm das zweite Album *Primitive cool* auf. Auch diese LP hätte man für ein weiteres Stones-Werk halten können, wären nicht doch ab und zu ein paar poppige Elektronik-Klänge aufgetaucht. Die nicht sonderlich erfolgreichen Singles hießen *Say you will* (hat nichts mit den gleichnamigen und gleichzeitigen → FOREIGNER-Hit zu tun) und *Throwaway.* Außerdem

Mick Jagger
Foto: CBS

tat Mr. Jagger kund, daß er ein eigenes Label gründen wolle, auf dem er dann von ihm produzierte Newcomer-Rockbands veröffentlichen würde.

Rick James

geb. 1. 2. 1952 in Buffalo/USA: voc/g

Der farbige Songwriter und Sänger Rick James war der Erfinder des sog. Punk-Funk, einer äußerst heißblütigen, aggressiven, rockigen und lauten Form des Funk. Rick James war ein Ghetto-Kind, das schon früh mit der Brutalität der Straßengangs, mit Polizeiterror und der Armut der Schwarzen konfrontiert wurde. Diese Erfahrungen verarbeitet der ausgezeichnete Gitarrist in seinen provozierenden Songs. Bereits als Teenager spielte Rick James in diversen Rhythm & Blues-Bands und arbeitete später, als er sich, um der Armee zu entgehen, nach Kanada absetzte, mit Rock-Leuten wie NEIL YOUNG zusammen. Sein erster Job war der eines Lohnschreibers bei Motown, den er beibehielt, bis er 1978 einen eigenen Plattenvertrag bekam. Sein Debüt-Album *Come get it* begeisterte das Publikum so sehr, daß es zweimal mit Platin ausgezeichnet wurde. Die Single daraus, *You and I*, ist, neben → MARVIN GAYES *I heard it through the grapevine* und dem *Papa was a rolling stone* von den → TEMPTATIONS, eine der wenigen Singles, die ebenfalls mit Zweifachplatin geehrt wurden. Die schwüle Erotik und die vibrierende Sexualität, die seine provokanten Songs verbreiten, zogen das Publikum auch weiterhin in Bann. Die nächsten LPs, *Bustin' out of*

L seven (1979), *Fire it up* (1979), *Garden of love* (1981), *Street songs* (1981) und *Throwin' down* (1981), wurden ebenfalls mit hochkarätigem Edelmetall ausgezeichnet. Begleitet wird Rick James von seiner STONE CITY BAND, die, unter der Regie von Rick James, ebenfalls schon einige erfolgreiche eigene Alben eingespielt hat. Ein anderes Objekt des einfallsreichen Rick James ist das Mädchentrio → MARY JANE GIRLS, für das er 1984/85 den weltweiten Millionenseller *In my house* schrieb und mit dem er das ebenso erfolgreiche Album *Only for you* produzierte. Im Frühjahr 1985 zeigte sich dann auf der LP *Glow* ein gewandelter Rick James. Statt des für ihn typischen Punk-Funk gab's jetzt plötzlich Disco-Rock zu hören, dahinstampfende Songs, bei denen Rick James' bislang kehlige, »schwarze« Stimme plötzlich wie die eines verkappten Heldentenors klang. Auf dem Cover der Single schokkierte er seine Fans mit kurzen Haaren, Sonnenbrille und bravem Jeans-Anzug, auf dem Cover der LP jedoch war er dann wieder in altgewohnter Weise mit vielen langen Zöpfen und knalligem, engem Kostüm zu sehen. Aber das war auch schon mit das einzige, was auf der LP an den alten Rick James erinnerte. In Amerika stießen Album und Singles daraus trotzdem auf die obersten Plätze der Black Charts vor. 1985 brachte er EDDIE MURPHY dazu, ins Studio zu gehen, und produzierte mit dem farbigen Filmstar (*Beverly Hills Cop*) das Album *How could it be*. Die Single-Auskoppelung *Party all the night,* die den vorzüglichen Komiker als recht passablen Sänger zeigte, wurde ein Hit.
Bis 1988 ließ Rick James dann nichts mehr von sich hören. In diesem Jahr veröffentlichte er ein neues Album namens *Wonderful*. Die LP bot zwar gutgemachten Funk, aber gegen die aktuellen »harten« Hip-Hop-Rap-Scratch-Sampling-Songs der neuen schwarzen Stars wie z. B. PUBLIC ENEMY, wirkten die Lieder des Albums ziemlich brav und bieder. Der heiße Drive der frühen Jahre war 'raus. Als erste Single erschien der Titel *Loosey's rap*, bei dem Rick James von der Sängerin ROXANNE SHANTÉ unterstützt wurde.

Jellybean

JOHN BENITEZ

Mr. Benitez, mit dem Spitznamen »Jellybean«, kann für sich die Ehre in Anspruch nehmen, der Erfinder der Technik des sog. Discotheken-Remixes zu sein. Das bedeutet nichts anderes, als Pop-Songs mit allerlei raffinierten elektronischen Gags zu Tanzhits hochzumischen. Jellybean hat dafür ein derartig geschicktes Händchen, daß er »Mixmeister«, »Soundwizzard« und »König der Maxi-Single« genannt wird. Er begann seine Karriere 1976 als Discjockey in der New Yorker South Bronx. Die berühmten Clubs »Xenon« und »Studio 54« waren seine Arbeitsplätze, dort wurde er bald ein fester Bestandteil der New Yorker Clubszene. Das, was Jellybean dort jeden Abend am Mischpult seiner Discothek »zauberte«, faszinierte die anwesenden Musiker derart, daß sie ihn baten, doch die Abmischung ihrer Singles zu übernehmen. Und so motzte Jellybean im Laufe der Zeit Bestseller wie *Say, say, say* von → PAUL MCCARTNEY, *Love is a battlefield* von → PAT BENATAR

Jellybean   Foto: Ariola

und den Soundtrack zum Filmbestseller *Flashdance* auf. Er legte auch als Produzent letzte Hand an → MADONNAS Song *Holiday,* der der Interpretin ja den weltweiten Durchbruch brachte. Mit Madonna verband ihn auch 1983 eine kurze, aber sehr heftige Affäre. In diesem äußerst produktiven Jahr 1983 gingen insgesamt elf Nr.-1-Dance-Hits durch die geschickten Misch-Finger des Mr. Benitez, und gegen Ende des Jahres hatte er sage und schreibe 30 von ihm gemischte Maxis in den Top 10 gehabt. 1984 veröffentlichte Jellybean dann seine erste eigene LP. Sie hieß *Whatupski* und beinhaltete fünf Titel, darunter die Hit-Singles *Compromise, The mexican* (ein Titel von ENNIO MORRICONE) und *Sidewalk talk* (ein Song von Madonna).

Mit *Sidewalk talk* konnte sich Jellybean auch erstmals in den offiziellen Hot 100 plazieren. Den internationalen Durchbruch schaffte Jellybean dann 1987 mit der LP *Just visiting this planet.* Die erste Single *Who found who,* bei der die Jellybean-Entdeckung ELISA FIORILLO als Sängerin fungierte, kam hoch in die US-Charts, und mit dem geschickt aufpolierten *Jingo* (ein Titel von → SANTANA) konnte er sich 1987 auch in der deutschen Hitparade plazieren.

Billy Joel   Foto: CBS

Billy Joel

geb. 9. 5. 1949 in Long Island/New York, USA: voc/p

Der kleingewachsene Musiker gehört zu den begabtesten und erfolgreichsten Singer/Songwritern von Amerika. Mit vier Jahren fing er an, Klavier zu spielen. Als Teenager schloß er sich der Band THE HASSLES an, die in der Gegend von Long Island recht populär war und die in erster Linie Hits der → BEATLES, → ROLLING STONES, ZOMBIES und anderer Top-Gruppen der 60er Jahre nachspielte. Billy Joel arbeitete damals auch als Sessionmusiker, und so ist sein Klavierspiel auf diversen Aufnahmen, wie z. B. der SHANGRI-LAS, zu hören. Als sich The Hassles am Ende der 60er Jahre auflösten, formierte er mit dem Schlagzeuger der Band ein Duo, das allerdings erfolglos blieb. 1971 tat sich Billy Joel mit dem Produzenten ARTIE RIPP zusammen und veröffentlichte bei dessen Plattenfirma sein Debüt-Album *Cold spring harbor*. Die LP wurde ein bildschöner Flop. Die nächsten zwei Jahre verdiente sich Billy Joel sein Geld damit, in diversen Bars unter dem Namen Billy Martin als Pianist aufzutreten. 1973 hatte seine Pechsträhne dann ein Ende. Er bekam von Columbia Records die Möglichkeit, das Album *Piano man* zu veröffentlichen. Bei dem Titel-Song dieser LP hatte Billy Joel seine Erfahrungen als Barpianist verarbeitet. Der Song erschien Mitte

1974 als Single und konnte sich in den Hot 100 von Amerika bis auf Platz 25 hocharbeiten. Damit war das Eis gebrochen. Auch die nächsten drei Singles, *Worse comes to worst, Travelin' prayer* und *The entertainer* (alle 1974) waren recht erfolgreich. Dann ging Billy Joel erst einmal ausgiebig auf Tournee. Die nächsten beiden Alben *Street life serenade* (1975) und *Turnstiles* (1976, beide 1981 wiederveröffentlicht), waren allerdings wieder nicht sonderlich publikumswirksam. Erst 1977 kam mit der LP *The stranger* der große Durchbruch. Dieses Album voll mit sanften und rokkigen Balladen, die sich alle durch ganz hervorragende Texte auszeichneten, verkaufte sich über eine Million Mal und bekam Platin. Die Single *Just the way you are,* ein Liebeslied, das unter die Haut geht, entpuppte sich ebenfalls als Millionenseller und kam bis auf Platz 3 der Hot 100. In diesem Stil ging es dann weiter. Alle Alben von Billy Joel erwiesen sich als Superseller: *52nd street* (1978), *Glasshouses* (1980), das Live-Album *Songs in the attic* (1981), *An innocent man* (1983). Seine Singles *My life* (1978), *It's still rock 'n' roll to me* (1980) und *Uptown girl* (1983) verkauften sich millionenfach. Billy Joel hat ein hevorragendes Talent für das Schreiben von anspruchsvollen, aber doch einprägsamen Melodien und intelligenten Texten. In seinen Songs erzählt er Geschichten, die teils amüsant, teils nachdenklich, gefühlvoll, aber auch kritisch sind. Musikalisch greift er ebenfalls unbekümmert in jede »Kiste«. Das geht von sanftelegisch über rhythmisch-bluesig bis hin zu rockig und poppig. 1985 brachte Billy Joel das Doppel-Album *Greatest hits volume I & II* heraus. Bis auf zwei neue Lieder enthielt es alle alten Hits, angefangen vom *Piano man* bis hin zu *Uptown girl.* Die beiden neuen Songs, *You're only human (second wind)* und *The night is still young,* konnten sich als Singles ebenfalls wieder in den Charts plazieren. 1986 brachte Billy Joel dann das Album *The bridge* heraus, das ebenfalls wieder zwei Single-Hits enthielt. Zum einen den Song *Modern woman,* der auch in der Film-Komödie *Ruthless people* (mit BETTE MIDLER in der Hauptrolle) Verwendung fand, und zum anderen das harte, rockige *A matter of trust,* beide Songs landeten in Amerika auf Platz 10. Den Song *Baby grand* sang er im Duett mit Alt-Star RAY CHARLES, für den Titel *Code of silence* lieferte → CYNDI LAUPER den Text. Im Sommer 1987 fuhr Billy Joel als erster amerikanischer Rockstar nach Rußland, und gab dort im Juli und August sechs Konzerte: jeweils drei in Moskau und Leningrad. Die drei in Leningrad wurden aufgezeichnet und erschienen im Herbst 1987 unter der Bezeichnung *Kohuept* (englisch: In concert). Billy Joel bot darauf nicht nur seine eigenen Hits, sondern auch Klassiker wie *Back in the U.S.S.R.* von den Beatles und *The times they are a changing* von → BOB DYLAN. 1989 meldete sich Billy Joel dann in alter Frische zurück. Zuerst stürmte er mit *We didn't start the fire,* einem ungemein packenden Song über die Menschheitsgeschichte in Single-Länge, die internationalen Charts. Dann brachte er die ganze hervorragende LP *Storm front* auf den Markt, die sich ebenfalls als internationaler Bestseller erwies und sich allein in den USA an die drei Millionen Mal verkaufte. Weitere Single-Hits aus diesem Album waren das nachdenkliche *Leningrad* und das rockige *I go to extremes.* Im Zuge seiner *Storm-front*-Tournee kam

Billy Joel am 9. Mai 1990 auch zu einem ausverkauften Konzert in die Münchner Olympiahalle. Das Publikum, zwischen 14 und 50 Jahren alt, bejubelte jeden seiner Songs und sang zum Schluß aus vollem Halse jede Zeile des *Piano man* mit.

Elton John

REGINALD KENNETH DWIGHT, geb. 25. 3. 1947 in Pinner/England: voc/p

Er ist klein, dicklich, kurzsichtig und litt jahrelang unter ziemlichen Komplexen: Elton John, der Gigant der internationalen Rock-Musik. Mit vier Jahren spielte das musikalische Wunderkind bereits Klassiker auf dem Klavier, mit zwölf Jahren wurde er als Schüler an der Königlichen Musikakademie aufgenommen, mit dreizehn Jahren spielte er in einer Band namens THE CORVETTES. Die amerikanische Rock 'n' Roll-Invasion war auch an ihm nicht spurlos vorbeigegangen, er »stand« auf LITTLE RICHARD, → BILL HALEY und → ELVIS PRESLEY. 1962 gründete er zusammen mit STUART BROWN seine erste eigene Band, die BLUESOLOGY, mit der er auf seinem neuerworbenen elektrischen Klavier hauptsächlich Songs im Stil von JIM REEVES intonierte. Mit dieser Formation, die des öfteren als Begleitband für amerikanische Stars, wie die DRIFTERS, bei ihren europäischen Tourneen arbeitete, sammelte er seine ersten Bühnenerfahrungen. LONG JOHN BALDRY hörte ihn mit seiner Band in einem Londoner Club und beschloß, die Bluesology zu seiner neuen Backing Group zu machen. Reginald Dwight war von dem »langen« John Baldry und seiner rauhen Blues-Stimme derartig begeistert, daß er eine Namensänderung beschloß: er nahm den »John« von Long John Baldry und den »Elton« von ELTON DEAN, dem Saxophonisten der Bluesology — und nannte sich fürderhin Elton John. Ab 1968 begann Elton John sich fürs Komponieren zu interessieren, lernte durch eine Zeitungsanzeige den Texter BERNIE TAUPIN kennen und machte mit ihm einige Demos, durch die die beiden prompt einen Songwriter-Vertrag bei einer Plattenfirma bekamen. Honorar: 10 englische Pfund in der Woche. Die nächsten zwei Jahre schrieb das Team John/Taupin auf Bestellung Songs für Interpreten wie CILLA BLACK und → ENGELBERT HUMPERDINCK. Ende 1969 durfte Elton John dann sein erstes Album veröffentlichen: *Empty sky*. Es wurde ein Flop. Aber die Plattenfirma glaubte an ihn, 1970 brachte er seine zweite LP heraus, Elton John — sie wurde sein erster Millionenseller, für den er Platin bekam. Vor allen Dingen in Amerika wurde die ausgekoppelte Single *Your song* ein Bestseller. Von da an war Elton John ein Superstar. Nahezu jedes Album wurde mit Gold und Platin ausgezeichnet. Bis 1987 hatte der englische Singer/Songwriter weltweit über 80 Millionen Platten verkauft. Songs wie *Rocket man, Honky cat, Crocodile rock, Border song, Daniel, Goodbye yellow brick road, Don't go breaking my heart* (ein Song, den er mit der von ihm entdeckten KIKI DEE im Duett aufnahm), *Song for a guy, Little Jeanie* sind inzwischen zu Klassikern geworden. Elton John beherrscht den saftigen Rock genauso wie die sanften Balladen; mit seiner hellen, klaren Stimme intonierte er z. B. ein inniges Lied über MARILYN

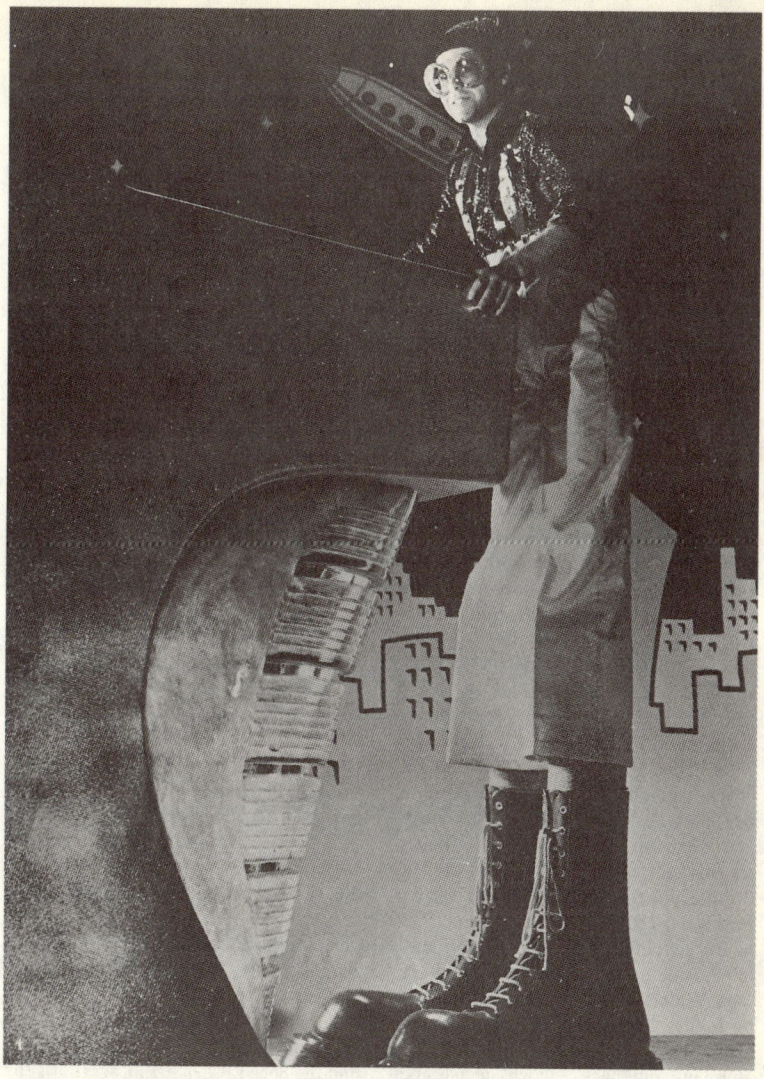

Elton John Foto: Polydor

Monroe *(Candle in the wind)* ebenso sicher und glaubwürdig wie eine schweißtreibende Rock-Nummer. Auf der Bühne bot er eine sehenswerte Show. In total ausgeflippter Kostümierung, mit grotesken, überdimensionalen Brillen (die z. B. mit einem elektrischen Scheibenwischer ausgestattet waren), traktierte er das Klavier, als gäb's kein Morgen mehr. Er hämmerte mit Armen, Beinen und sogar mit dem Hintern darauf herum, schrie, kreischte und brüllte seine Songs und bot als krönenden Abschluß einen gewaltigen Sprung über den Flügel: Little Richard und Jerry Lee Lewis in einer Person. Bernie Taupin, sein ruhiger, stiller Partner, lieferte regelmäßig die hervorragenden, einfühlsamen und auch versponnenen Texte für seine Lieder. Die beiden waren eines der besten Songwriter-Teams der internationalen Rock- und Pop-Musik. 1974 gab Elton John ein hervorragendes Leinwanddebüt in der Verfilmung der Rock-Oper *Tommy* von den → Who. Als »Pinball Wizzard« stelzte er überzeugend auf gewaltigen Plateau-Absätzen durch das Geschehen, gekleidet in Glitter und Flitter mit der unvermeidlichen Brille. 1977 gab Elton John überraschend seinen Rücktritt von der Bühne bekannt. Auf dem Höhepunkt sozusagen, denn kurz vorher hatte er an sieben aufeinanderfolgenden Abenden im Madison Square Garden in New York vor jeweils (!) 150 000 Zuhörern gespielt. Er wollte sich künftig mehr seiner Aufgabe als Präsident des englischen Fußballvereins Waterford FC widmen. Dies hinderte ihn aber nicht daran, weiter zu schreiben. 1979 kam, wie erwartet, das Bühnen-Comeback. Doch gleich bei einem seiner ersten Konzerte brach er mitten auf der Bühne zusammen – und

danach gab es einen gewandelten Elton John zu sehen. Ohne verrückte Verkleidungen, ohne Brillentick, ganz allein, nur begleitet von dem Percussionisten Ray Cooper saß er auf der Bühne vor seinem Klavier – und begeisterte abermals sein Publikum. Er tat sich auch, nach mehrjähriger Pause, wieder mit seinem Texter Bernie Taupin zusammen, und schrieb weiterhin mit lockerer Hand Welt-Hits. Mal soft wie *Blue eyes* (1983), mal rockig wie *Another passenger* (1984). Das Video zu diesem Song entstand übrigens, als Elton John mit seiner deutschen Frau, der Münchnerin Renate, gerade in die Flitterwochen fliegen wollte; ohne Rücksicht auf Verluste sprang er in St. Tropez von einem Hubschrauber ins Meer. Es ging alles gut, und Elton John stiftete das Video der Band Aid Release zur Bekämpfung des Hungers in Äthiopien. Im Oktober 1984 erhielt Elton John auch zwei Awards der American Society of Composers, Authors and Publishers.

Aber Verkleidungen reizten den genialen Komponisten und Interpreten doch auch weiterhin: Bei seiner Show im Madison Square Garden in New York (1984) trat er mit Minirock und Löwenmähnen-Perücke auf – eine Verbeugung vor der von ihm hochverehrten → Tina Turner. 1985 landete er mit der harten Rock-Soul-Nummer *Act of war,* die er mit der farbigen Soul-Sängerin Millie Jackson im Duett aufnahm, und der hinreißenden Ballade *Nikita* wieder zwei Top-Hits. Für den Bestseller *Wrap her up* holte er sich den Superstar → George Michael als Background-Sänger. Auch das 85er Album *Ice on fire* und die 86er LP *Leather jacket* (übrigens sein 27. Album) wurden natürlich internationale Erfolge. Mitte 1986 bangten die Fans um die Stimme ihres Idols: Elton John hatte sich einer Hals-Operation unterziehen müssen, und es bestand die Gefahr, daß er nie wieder würde singen können. Doch diese Gefahr wurde von den Ärzten gebannt, seine Stimme wurde lediglich um einiges tiefer. Im Zuge dessen änderte er auch gleich sein Outfit: Künftig trat Mr. John mit ganz normaler Brille und in dezenten Anzug ans Licht der Öffentlichkeit. Ende 1986 feierte Elton John sein zwanzigjähriges Bühnenjubiläum – und daß er das auf ganz besondere Art begehen würde, stand von vornherein fest. Er reiste zu Auftritten nach Sidney/Australien, und am 14. Dezember 1986 war es dann soweit: Elton John, der Jubilar, saß im Amadeus-Kostüm (mit weißer Perücke und stilechten Kniehosen) am Piano und wurde nicht nur von seiner 13köpfigen Band begleitet, sondern auch von dem 88köpfigen MELBOURNE SYMPHONY ORCHESTRA. Natürlich wurde dieser denkwürdige Abend auch auf Platte gebannt. Das 1987 erschienene Live-Doppel-Album *Live in Australia* umfaßt 14 Titel aus 17 Jahren von Elton Johns Karriere, darunter natürlich in erster Linie Klassiker wie *Your song, Take me to the pilot* und *Candle in the wind*. *Candle in the wind* wurde Ende 1987 auch als Single ausgekoppelt und konnte sich Anfang 1988 in den internationalen Charts plazieren. Im Januar 1988 wurde im britischen Königspalast sogar erwogen, den Pop- und Rockstar wegen seiner Verdienste um die britische Pop-Musik zum »Sir« zu machen. Elton John befände sich dann in guter Gesellschaft, denn auch die → BEATLES haben dereinst aus diesem Grund einen Orden erhalten. 1988 beschloß Elton John auch wieder einmal, sein Leben neu zu gestalten.

Von seiner Villa in Windsor zog er mit Frau Renate in ein abgeschiedenes Haus auf dem Land, verkaufte fast sein ganzes Hab und Gut, und sogar seine Kunstsammlung (die auf einen Wert von 9 Millionen Mark geschätzt wird) und seine Pop-Requisiten sollten unter den Hammer kommen. Elton Johns Begründung dafür: »Ich möchte eine neue Schaffensperiode beginnen. Deswegen möchte ich mich auch von den Dingen trennen, die mich bisher umgeben haben.« Seine Frau Renate war deswegen sicher nicht böse, schließlich konnte sie mit seiner Pop-Clique sowieso nie besonders viel anfangen, und auch die Ehe wäre deswegen schon beinahe schiefgegangen. Doch 1988 zeigte Elton John abermals, daß er noch keinesfalls zum alten Eisen gehört: das Album *Reg strikes back* war hervorragend und enthielt mit der Single *I don't wanna go on with you like that* wieder einen internationalen Bestseller.

Der Song hatte offensichtlich auch eine tiefere Bedeutung, denn Ende 1988 stand fest: Elton John, der Pop-Star, und Renate Blauel, die ehemalige Münchner Tontechnikerin, wollten und konnten so nicht weitermachen. Sie ließen sich ›in gutem Einvernehmen‹, wie sie beide betonten, scheiden. Angeblich zahlte John seiner Frau eine Abfindungssumme zwischen 15 und 30 Millionen Mark. Gleich danach ging Elton wieder auf große Tournee, die ihm wieder viel Beifall brachte. Im September 1989 erschien mit *Sleeping with the past* das 32. Album des kleinen Großen der internationalen Popmusik. Es enthielt alle Zutaten, die ein Bestseller-Album braucht, von Balladen bis hin zu rockigen Songs. Mit *Healing Hands, Club at the end of the street* und dem Soft-Song

Sacrifice hatte es auch wieder etliche Single-Hits zu bieten. Für 1990 wurde dann eine Best-of-Koppelung angekündigt: *The very best of Elton John,* angefangen von Klassiern wie *Daniel* bis hin zu seinem jüngsten Bestseller *Sacrifice.*

Johnny Hates Jazz

CLARK DATCHLER, geb. 27. 3. 1964 in England: voc; ersetzt 1989 durch PHIL THORNALLEY; CALVIN HAYES, geb. 21. 11. 1962 in England: dr/keyb; MIKE NOCITO, geb. 5. 8. 1959 in Amerika

Dieses englische Trio schoß Mitte 1987 aus dem Nichts die englischen und deutschen Hitparaden empor und entwickelte sich mit einem gekonnt-relaxten Pop-Sound innerhalb kürzester Zeit zu einer Supergruppe. Frontmann der Formation ist Clark Datchler, der auch fast alle Songs der Formation schreibt. Auf ihn ist vermutlich auch der eigenartige Gruppenname »Johnny haßt Jazz« zurückzuführen. Denn Clarks Vater war Jazzmusiker, spielte in einer Jazz-Band namens THE POLKA DOTS Saxophon, begleitete dabei auch Jazz-Größen wie ELLA FITZGERALD und FRANK SINATRA, und Clark konnte diese Art von Musik nie leiden. Nach der Schule, wo er übrigens in Musik immer am schlechtesten ab-

Johnny Hates Jazz   Foto: Virgin/Simon Fowler

schnitt, versuchte sich Clark kurz mit einem Studium am Polytechnikum, gab das aber sehr schnell zugunsten der Musik auf. Mit 16 schrieb er seinen ersten Song. Eine kleine Plattenfirma nahm den Titel, einen Soul-Song, mit der Sängerin JULIE ROBERTS auf. Die Platte wurde ein Flop, und Julie Roberts wurde kurze Zeit darauf Sängerin in der Jazz-Formation WORKING WEEK. Aber Clark gab nicht auf, bekam tatsächlich einen Vertrag als Songwriter bei einer größeren Plattenfirma, aber keiner wollte seine Lieder aufnehmen. Also machte er seiner Firma weis, daß seine Songs in Amerika viel besser ankommen würden, und ging in die Staaten. Doch auch dort interessierte sich kein Mensch für den hübschen 17jährigen Engländer. Lediglich die alte Soul-Truppe THE DRIFTERS nahm eines seiner Lieder auf – die Platte wurde ein Flop. Also fuhr Clark Datchler wieder nach London, schloß sich einer Band an, machte mit ihr zusammen eine Single – die Platte wurde ein Flop. Trotz dieser wenig vielversprechenden Vorgänge wagte seine Plattenfirma, zwei Singles mit ihm unter dem Namen Clark Datchler zu veröffentlichen – die Platten wurden totale Flops. Dann traf er in den Studios seiner Firma zwei junge Männer, die ihn bei einer Aufnahme um seine Hilfe baten. Die beiden waren Calvin Hayes und Mike Nocito. Mikes Vater war Schulvorsteher, und seine Mutter sang in einer recht populären Gruppe namens THE CACTUS KID. Als sein Vater einen Job an der Schule der US-Army in Suffolk bekam, zog die ganze Familie dort hin. Mike hatte einen Freund namens Phil Thornalley, mit dem er in diversen Bands spielte. Nach der Schule ging Phil nach London und fing mit einer Ausbildung

in Aufnahmestudios an, während Mike diverse seltsame Jobs annahm. Unter anderem war er sogar einmal Schlachter. Schließlich besorgte ihm sein Freund Phil, der inzwischen zum Produzenten avanciert war, in seinem Studio einen Job als »Tea Boy« (das ist derjenige, der in England ständig für den unvermeidlichen Tee sorgen muß). Mike durfte nach und nach Phil zur Hand gehen, und schließlich wurde er auch zum Toningenieur. Er arbeitete schließlich sogar mit so berühmten Gruppen wie → PINK FLOYD, → POLICE und → THE CURE. Dann traf er in diesem Studio auf einen anderen jungen Produzenten namens Calvin Hayes und freundete sich mit ihm an. Calvin Hayes ist der einzige der drei, der nicht aus einer »musikalischen« Familie kommt. Seine Mutter ist Beamtin und sein Vater professioneller Catcher, der sich im Ring »Red Devil« nennt. Trotzdem stand für Calvin von Jugend an fest, daß er Pop-Musiker werden würde. Wie üblich spielte er in diversen Bands, die praktisch wöchentlich ihre Namen und Mitglieder änderten. Doch das brachte kein Geld, und so sah sich Calvin dazu gezwungen, auf Märkten Eßbestecke zu verkaufen und einen Monat auf dem Bau zu arbeiten. Aber allmählich wurde man in den Studios auf den ehrgeizigen jungen Mann aufmerksam. Er wurde zunächst als Keyboarder beschäftigt und durfte sich schließlich auch mit dem Produzieren versuchen. Seine große Stunde kam, als er einen jungen Mann namens RICKI WILDE traf, der gerade für seine Schwester → KIM ein Lied namens *Kids in America* geschrieben hatte. Calvin arbeitete mit Ricki zusammen an der Produktion dieses Songs, der einer der größten Hits für Kim Wilde wurde, und künftig gehörte er dazu. So trafen also drei Pop-Fachleute aufeinander, und beschlossen, zusammen ihr Glück zu versuchen. Sie produzierten zusammen eine Single – die Platte wurde ein Flop. Aber das waren sie ja schon gewöhnt. Also veröffentlichten sie die nächste Single, die hieß *Shattered dreams* – und wurde ein Bestseller. Dann kam der Song *I don't want to be a hero* – er wurde ein Bestseller. Dann brachte das Trio die Single *Turn back the clock* heraus – sie wurde ein Bestseller. Und dann kam Ende 1987 die Debüt-LP *Turn back the clock* – und schoß in England von 0 auf Platz 1 der LP-Charts. Und auch in Deutschland konnte sich das Album bis auf Platz 5 der LP-Hitparade emporschieben. Ein schöner und wohlverdienter Erfolg für die drei gutaussehenden jungen Männer, die übrigens meist ganz brav in Anzug mit Krawatte aufzutreten pflegen. Im März 1988 fuhr dann auch Amerika auf den einschmeichelnden, ein bißchen an die → BEATLES erinnernden Pop-Sound des Trios ab. Am 19. März 1988 trat *Shattered dreams* auf Platz 63 in die Hot 100 ein, und war damit in dieser Woche der höchstplazierte Neueintritt eines Newcomers.

Im Sommer 1988 gab es die ersten Veränderungen in der Gruppe. Datchler ging, und für ihn kam als Sänger Phil Thornalley von der → CURE. Im Herbst 1989 erschien mit *Turn the tide* die erste Single in neuer Besetzung. Es zeigte sich, daß sich stilmäßig nichts verändert hatte. Johnny Hates Jazz klang noch genauso eingängig und federnd leicht wie vorher. Im Juni 1990 legte dann auch Datchler Neues vor. *Crown of thorns* hieß der Pop-Song in bester Johnny-Hates-Jazz-Manier. Für den Herbst wurde das Solo-Album *Raindance* angekündigt.

Don Johnson   Foto: CBS

Don Johnson

geb. 15. 12. 1948 in Amerika

Der gutaussehende, blonde Mann wurde in erster Linie durch seine Mitwirkung in der Fernsehserie *Miami Vice* bekannt. Als Rauschgift-Fahnder SONNY CROCKETT ließ er nicht nur ein sehnsüchtiges Leuchten in die Augen seiner weiblichen Verehrerinnen treten, sondern kreierte auch die typische »*Miami-Vice-Mode*«: helle Anzüge vom Feinsten gepaart mit zart gefärbten Polo-Hemden. 1986 probierte Mr. Johnson auch sein Talent als Sänger und Songwriter aus. *Heartbeat* hieß sein Debüt als Interpret, und er machte seine Sache gar nicht schlecht. Das Album bot gut gemachten Main-Stream-Rock, mal softig mal fetzig, eingespielt mit Top-Musikern wie den Star-Gitarristen STEVIE RAY VAUGHN, RON WOOD und DICKIE BETTS. Die erste Single *Heartbeat* kam in Amerika bis Platz 5 der Hot 100, und auch in Deutschland erreichte der Song die Top 10 der Hitparade. Auch die zweite Auskoppelung, die Soft-Rock-Nummer *Heartache away,* konnte sich in der deutschen Hitparade gut plazieren. 1987 machte der Frauen-Liebling auf andere Art von sich reden. Seine Ex-Frau MELANIE GRIFFITH kehrte reumütig zu ihm zurück, denn: »Don Johnson ist der beste Liebhaber der Welt.« Das schien sich anschließend auch bis zum Superstar BARBARA STREISAND herumgesprochen zu haben, denn bereits Anfang 1988 waren die beiden ein unzertrennliches Paar. Die sechs Jahre ältere Schauspielerin und Sängerin wollte angeblich sogar unbedingt einen Trauring und ein Kind von ihm, und zwar in dieser Reihenfolge. Was kam, war ein sehr softiges und eingängiges Duett namens *Till I loved you.* Es war das Liebesthema aus dem Film *Goya* und wurde für das Pärchen ein internationaler Bestseller. Er wurde dann tatsächlich Vater, aber die Mutter seines Kindes war die inzwischen abermals in Ehren aufgenommene Melanie Griffith. Kurz nach der Geburt kriselte es zwar bereits wieder im Hause Johnson/Griffith, Melanie ging auch mitsamt dem Nachwuchs, aber irgendwann werden die beiden sicher wieder zusammenfinden und sich dann wieder trennen, und dann siehe oben. Mu-

sikalisch war Mr. Johnson 1989 wieder im Studio. Die neue LP hieß *Let it roll* und enthielt mit *Tell it like it is* einen internationalen Single-Bestseller. Das Lied stammt im Original von AARON NEVILLE, der mit der Soft-Nummer 1966 einen Nr.-2-Hit in den USA gehabt hatte. Bei den nächsten Singles *Other People's lives* und *What if it takes all night* hielt sich der Erfolg allerdings in Grenzen. Dafür war das Album vor allem Dingen in Deutschland ein großer Erfolg für den *Miami-Vice*-Star.

Holly Johnson

geb. 9. 2. 1960 in Liverpool, England: voc

Begonnen hatte er seine Karriere als Leadsänger der äußerst erfolgreichen Rebellen-Truppe → FRANKIE GOES TO HOLLYWOOD. Als aber die Band immer mehr zu einem Unternehmen wurde, das von seinen ›Erfindern‹ PAUL MORLEY und TREVOR HORN nur noch nach marktgerechten Gesichtspunkten geführt wurde, gab es immer häufiger Krach in der Truppe. 1988 kam das ›Aus‹, und die Frankies zerstreuten sich in alle Winde. 1989 trat als Erster Holly Johnson wieder ins Licht der Öffentlichkeit, nachdem er aus seinem vorherigen Plattenvertrag nur per Gerichtsurteil aussteigen konnte. Er bezeichnete den Knebelvertrag als ›sittenwidrig‹, gewann den Prozeß und bekam 1,5 Millionen Mark als Schadensersatz. Von diesem Geld kaufte er sich einen Musik-Computer und fing an, Songs zu basteln. *Love train* hieß 1989 Holly Johnsons Debüt als Solist. Der rhythmische Dance-Song, in unverkennbarer Johnson-Manier gesungen, trug ihn an die Spitze der britischen und deutschen Charts. Das ebenfalls 1989 veröffentlichte Solo-Album *Blast* war in Großbritannien und Deutschland monatelang in den LP-Charts zu finden. Auch mit der Nachfolge-Single, dem südamerikanisch angehauchten *Americanos*, gelang Johnson ein internationaler Single-Hit.

Grace Jones

geb. 19. 5. 1952 in Jamaika: voc

Sie ist sehr groß, kaffeebraun, perfekt gewachsen, hat ein wildes, schönes Gesicht, eine dunkle Stimme, die sowohl einschmeichelnd als auch metallisch hart klingen kann, und sie ist seit 1977 ein Star: Grace Jones, Top-Modell, Nightclub-Star, Cover-Girl, Schauspielerin, Sängerin und immer gut für einen Skandal. 1977 setzte sie der Disco-Welle ein Glanz-Licht auf. Im berühmten New Yorker »Studio 54« trat sie peitschenschwingend und zähnefletschend auf, gehüllt in etwas, das man nur mit viel Phantasie als Bekleidung bezeichnen konnte. Mit unnachahmlichem Selbstbewußtsein stellte sie ihren schlanken, dunklen Körper zur Schau und versetzte die Männerwelt in Aufregung. Mit einer höchst eigenwilligen Version des Songs *La vie en rose* von EDITH PIAF katapultierte sie sich in die internationalen Charts. Ihre Alben *Portfolio* (1977), *Fame* (1978), *Muse* (1979), *Warm leatherette* (1980) und *Night clubbing*

(1981) verkauften sich hervorragend. Ihre Songs waren eine Mischung aus Disco, Pop und Rock, und auf *Warm leatherette* gab's sogar einen großen Schuß Reggae zu hören. Songs wie *I've seen that face before* und *Walking in the rain* (beide 1981) brachten sie auch in die deutsche Hitparade. 1984 konzentrierte sich Grace Jones vor allen Dingen auf ihre Karriere als Schauspielerin und stand neben ARNOLD SCHWARZENEGGER in dem Streifen *Conan, der Barbar* vor der Kamera. Sie stellte eine Figur dar, die ihr lag: die der Kriegerin ZULA. Auch 1985, in dem JAMES-BOND-Film *Im Angesicht des Todes* mit ROGER MOORE als James Bond, beeindruckte sie die Zuschauer als furchteinflößende schwarze Amazone. Musikalisch meldete sich Grace Jones ebenfalls 1985, nach längerer Ruhepause, mit dem Album *Slave to the rhythm* zurück. Es war eine autobiographische Platte, auf der Grace Jones zwischen den Songs von sich und ihrem Leben erzählte bzw. von anderen erzählen ließ. Das Album bestand eigentlich nur aus diesem einen Song namens *Slave to the rhythm*. Aber der Song wurde in verschiedenen Versionen eingespielt, mal schnell, mal langsam, mal als Disco, mal als Rock. Diversen hochkarätigen Produzenten gelang es, das ganze Album zu einem wahren Ohrenschmaus zu machen. Die Single *Slave to the rhythm* wurde ein internationaler Hit und kam in Deutschland auf Platz 4. Dann hatte die exotische Schönheit mit der Brikettfrisur 1987 wieder einen Bestseller. Zunächst mit der Single *I'm not perfect (but I'm perfect for you)*, die sich gut in der deutschen Hitparade plazieren konnte, und anschließend mit dem Album *Inside story*. Zur Jahreswende wurde daraus noch die jazzig angehauchte Single *Vic-*

tor should have been a jazz musician ausgekoppelt.

Den nächsten Beweis für ihre Unwiderstehlichkeit als Interpretin lieferte die schöne Grace im Oktober 1989 mit dem Album *Bulletproof heart*. Ohne sichtbare Mühe bewegte sie sich elegant in Dancefloor-Rhythmen, Funk-Rock, Hip-Hop, Disco und südamerikanischen Klängen. *Amado mio* hieß die Single, die sich genauso wie das Album in den Charts plazieren konnte.

Quincy Jones

geb. 14. 3. 1933 in USA: tp

Quincy Jones gehört zu jenen Menschen, für die von klein auf nur ein Beruf in Frage gekommen ist: Musiker. Und alles, was mit Musik auch nur im entferntesten zu tun hatte, faszinierte Quincy von Kindesbeinen an. So verdiente er sich am liebsten sein Taschengeld als Babysitter bei einem Dirigenten, weil er da Musikfachzeitschriften durchblättern konnte. Bei jedem einigermaßen aufregenden Konzert stand Quincy am Bühneneingang, um irgendwelchen Musikern die Koffer zu schleppen und dabei etwas über seine Traumwelt ›Musik‹ zu erfahren. Mit 15 Jahren war Quincy bereits Trompeter in der Band von BILLIE HOLLIDAY, und LIONEL HAMPTON war sogar bereit, den minderjährigen Musiker, der ihm einige recht interessante Arrangements geschickt hatte, auf Tournee mitzunehmen. Erst Hamptons Ehefrau sprach dann ein Machtwort und schickte den musiksüchtigen Knaben zurück zur Schule.

Wohl oder übel mußte Quincy dann sein Examen auf dem ›Berkle College Of Music‹ in Boston absolvieren, nicht ohne nebenbei nachts immer fleißig Musik zu machen. Sein Talent als Schreiber und Arrangeur von Songs sprach sich bald herum, er durfte für den Jazz-Crack OSCAR PETTIFORD arbeiten und lernte dadurch anschließend sämtliche Jazz-Größen wie ART TATUM, BUDDY MILES oder CHARLY BIRD kennen. Und er lernte von ihnen. Mit 18 Jahren durfte er schließlich in die Band von LIONEL HAMPTON einsteigen und blieb dort bis zu seinem 21. Geburtstag im Jahr 1954. Danach ging Quincy Jones nach New York und fing an, als Arrangeur, Produzent und Komponist für andere zu arbeiten. Zu seinen ›Kunden‹ gehörten Super-Stars wie DINAH WASHINGTON, DUKE ELLINGTON, COUNT BASIE, TOMMY DORSEY und RAY CHARLES. Es folgten Tourneen mit DIZZY GILLESPIE, die Jones nicht nur nach Südafrika, Südamerika und den Nahen Osten führten, sondern auch nach Europa. Und da gefiel es dem farbigen Amerikaner so gut, daß er sich Ende der 50er Jahre in Paris niederließ und musikalischer Direktor der französischen Plattenfirma Barclay wurde. Nun war er verantwortlich für europäische Stars wie CHARLES AZNAVOUR, JACQUES BREL und ANDY WILLIAMS. Zu dieser Zeit begann Jones auch damit, sich als Solist einen Namen zu machen. Sein *I dig dancers* wurde für einen Grammy nominiert. Doch in erster Linie machte er sich in den 60er Jahren einen Namen als Produzent und Arrangeur. Er arrangierte das Broadway-Musical *Free and easy*, war Produzent von Erfolgs-Alben wie *Quincy Jones explores the music of Henry Mancini* und diverser FRANK-SINATRA-Alben und spielte mit Count Basie das mit einem Grammy ausgezeichnete *I can't stop loving you* ein. Grammies konnte Jones auch für seine Produktion der Jazz-Trilogie *Go west young man, This is how I feel about Jazz, Quintessence* einsammeln. Dann begann Quincy Jones Faible für Soundtracks. Der Sidney-Lumet-Film *The pawnbroker (Der Pfandleiher)* war der erste Film, für den Jones die Musik schrieb. Inzwischen schrieb der Workaholic für über 40 Filme die Soundtracks. 1969 unterzeichnete er dann überraschend einen Plattenvertrag als Solist bei → HERB ALPERTS Firma A & M. *Walking in space, Gula Matari* und *Smackwater Jack* hießen seine ersten drei Alben für diese Firma, und für alle erhielt er Grammies. Diese drei LPs zeigten aber auch eine musikalische Wandlung bei Quincy Jones: vorbei war die Zeit des reinen Jazz, jetzt fanden sich bei ihm auch Pop-Elemente. Der Erfolg gab ihm Recht, sein ziemlich poppiges 74er Album *Body heat* wurde ein internationaler Bestseller. Dann stellte Jones seine vielen Talente wieder anderen zur Verfügung. 1975 hatte er die LP *Mellow madness* produziert, und zwar mit den beiden Musikern BROTHERS JOHNSON. Die gefielen ihm so gut, daß er anschließend gleich mit ihnen ins Studio ging und das Album *Look out for number one* produzierte, das zu einem Millionenseller wurde und den Brothers Johnson Platin einbrachte. Auch die nächsten Bestseller Alben der Brothers Johnson wurden dann von Quincy Jones produziert. 1978 hatte Jones eine neue Aufgabe im Auge: Er ging mit → MICHAEL JACKSON ins Studio und produzierte sein Solo-Debüt-Album *Off the wall*, das sich ja weltweit über fünfzehnmillionenmal verkaufte und Michael Jackson zum internationalen Pop-Star machte. Seit-

dem ist Quincy Jones der Produzent sämtlicher Michael-Jackson-Alben. So auch von *Thriller*, der meistverkauften LP aller Zeiten. Im selben Jahr war Quincy Jones auch unter seinem eigenen Namen in den US-Charts vertreten, und zwar mit dem Titel *Stuff like that*, bei dem ASHFORD & SIMPSON und CHAKA KHAN als Interpreten fungierten. Der nächste Knüller glückte dem Produktions-Meister dann mit eben dieser Chaka Khan und ihrer damaligen Band Rufus: Das Album *Masterjam* wurde wiederum mit Platin ausgezeichnet. Danach hielt Mr. Jones die Zeit für reif, ein eigenes Plattenlabel zu gründen: Qwest Records. Die erste Veröffentlichung war die Jones-Produktion *Give me the night* mit dem ehemaligen Jazz-Gitarristen GEORGE BENSON. Es wurde, wie auch sonst, ein Platin-Werk und konnte sich als Single in den Hot 100 auf Platz 4 plazieren. 1981 veröffentlichte Quincy Jones dann wieder ein Album unter seinem eigenen Namen: The dude. Der Titel *I no corrida* konnte sich in den Hot 100 plazieren, der Interpret war DUNE. Als Interpreten ebenfalls mit von der Partie waren bei dieser LP GEORGE BENSON und JAMES INGRAM. Ingram war der Sänger von *Just once* und *One hundered ways*, die sich als Singles beide auf Platz 17 bzw. Platz 14 in den Hot 100 plazieren konnten. Das nächste Meisterwerk unter eigenem Namen lieferte Quincy Jones dann 1989 ab: *Back on the block* hießt die LP, auf der Jones so völlig unterschiedliche Interpreten und Künstler wie die Jazz-Größen Ray Charles, Miles Davis, ELLA FITZGERALD, DIZZY GILLESPIE und Trend-Rapper wie KOOL MOE DEE, ICE-T, RAKIM und BIG DADDY KANE vereinigte. Die LP wurde diesseits und jenseits des Atlantiks ein Hit. Damit wollte sich Quincy Jones, der frühere Soundtrack-Spezialist, für längere Zeit als Musik-Mensch verabschieden. Er will jetzt den Einstieg ins Filmgeschäft über eine andere Schiene versuchen: als Regisseur.

Janis Joplin

geb. 19. 1. 1943 in Port Arthur/Texas, USA, gest. 3. 10. 1970 in Hollywood/ Los Angeles, USA: voc

Sie war ein Naturereignis: Ihre Stimme war gewaltig, rauh, laut, ekstatisch und dann wieder von einer fast schmerzhaften, sanften Intensität. Allein mit ihrer Stimme konnte sie ihr Publikum zum Johlen und Mitstampfen bringen – oder zum Weinen. In ihrer Geburtsstadt Port Arthur verbrachte Janis Joplin auch ihre Kindheit. Schon als Teenager begann sie mit dem Singen, die Bluesgrößen BESSIE SMITH und HUDDIE »LEADBELLY« LEDBETTER waren ihre Vorbilder. Von 1961 bis 1966 zog sie im Land umher, sang für wenig oder gar kein Geld in Clubs und besuchte ab und zu diverse Colleges. 1966 ging sie nach San Francisco und schloß sich der Formation BIG BROTHER AND THE HOLDING COMPANY an. Mit dieser Gruppe hatte Janis Joplin dann 1967 ihren legendären Auftritt beim »Monterey Pop Festival«, der sie über Nacht zu einem Star machte. Die Konzerte dieser ungewöhnlichen Sängerin wurden jedesmal zu einem Ereignis. Mal sah sie wie eine alte, verbrauchte Frau aus, dann wieder wie ein junges, blühendes Mädchen. Was auch immer Janis Joplin tat, sie machte es

nicht 100- sondern 200prozentig. Songs wie *Piece of my heart* und die LP *Cheap thrill* rissen vor allen Dingen das amerikanische Publikum zu Begeisterungsstürmen hin und verkauften sich millionenfach. 1968 trennte sie sich von Big Brother and the Holding Company. Von dieser Band nahm sie den Gitarristen SAM ANDREW mit und gründete ihre eigene Band, THE FULL TILT BOOGIE BAND. Das erste Solo-Album von Janis Joplin hieß *I got dem ol' kozmic blues again Mama* und erschien 1969. Es festigte endgültig ihren Ruf als führende amerikanische Rock- und Blues-Sängerin. Doch die im Grunde hochsensible Sängerin verkraftete den Ruhm und alles, was dadurch auf sie zukam, nicht. Sie versuchte zu sehr ihrem Nimbus als »wilde, exzessive« Frau gerecht zu werden. Ihre ganzen persönlichen Beziehungen scheiterten daran, sie trank zuviel und nahm zu viele Drogen. Am 3. Oktober 1970 wurde sie tot im Landmark Motor Hotel in Hollywood gefunden. Sie war gerade damit beschäftigt gewesen, ein neues Album einzuspielen. 1971 erschien die LP unter dem Titel *Pearl*, den Spitznamen, den ihr die Fans gegeben hatten. Dieses Album enthielt den wohl bekanntesten Titel von Janis Joplin, ihre Version von KRIS KRISTOFFERSONS Song *Me and Bobby McGee*. Der Song wurde 1971 die Nr. 1 der US-Charts. Nach ihrem Tode wurde die außergewöhnliche und teilweise heftig umstrittene Sängerin zum Gegenstand einiger Filme und Bücher. In dem Streifen *Janis* ist sie selbst zu sehen, der Film *The Rose* ist ein Spielfilm über ihr Leben. Janis Joplin wird darin auf ganz hervorragende Weise von der amerikanischen Sängerin und Schauspielerin BETTE MIDLER dargestellt. Posthum erschienen bis Mitte der 70er Jahre einige LPs mit bislang unveröffentlichten Songs von ihr.

Journey

STEVE PERRY, geb. 22. 1. 1949 in USA: voc; NEAL SCHON, geb. 27. 2. 1954 in USA: g; JONATHAN CAIN, geb. 26. 2. 1950 in USA: g, keyb; ROSS VALORY, geb. 2. 2. 1949 in USA: b; STEVE SMITH, geb. 21. 8. 1954 in USA: dr

Die kalifornische Rock-Band, mit Heimatstadt San Francisco, gibt es seit 1973. Der Grundstein wurde allerdings bereits in den 60er Jahren gelegt. Mitte der 60er Jahre spielte Ross Valory in einer Band mit dem schönen Namen FRUMIOUS BANDSNATCHERS, ihr Manager war ein Teenager namens HERBIE HERBERT. 1968 half der Keyboarder GREGG ROLIE, der vorher bei WILLIAM PENN AND HIS PALS gespielt hatte, einem damals noch total unbekannten Gitarristen namens → CARLOS SANTANA, eine eigene Gruppe zusammenzustellen: die spätere Superband SANTANA. Dann brachen die FRUMIOUS BANDSNATCHERS auseinander, und Herbie Herbert wurde der Produktions-Manager von Santana. Ross Valory stellte seine Talente derweilen anderen Gruppen zur Verfügung, darunter auch der → STEVE MILLER BAND. 1971 bekam das musikalische Wunderkind Neal Schon, der mit 15 Jahren bereits ein Meister auf der Gitarre gewesen war, ein Angebot von → ERIC CLAPTON, schlug es aber aus, um zu Santana zu gehen. Santana löste sich aber nach der 72er Tour auf, und da hatte Herbert die

Idee, mit Schon, Valory und dem Rhythmus-Gitarristen GEORGE TICKNER eine eigene Band zu machen. Im Laufe des Jahres schlossen sich auch Gregg Rolie und der Trommler PRAIRIE PRINCE der Gruppe an, und am Neujahrsabend 1973 gab Journey das erste Konzert. Prince ging bereits nach zwei Shows, um künftig bei den TUBES weiterzutrommeln, für ihn kam der Engländer AYNSLEY DUNBAR, der bereits bei JOHN MAYALL gespielt hatte. 1974 erschien das Debüt-Album der Gruppe, das nur kurz *Journey* hieß, und danach warf George Tickner das Handtuch, weil er keine Lust zum Touren hatte. Bis 1978 präsentierte sich Journey in erster Linie als instrumentale, progressive Rock-Band und veröffentlichte drei nicht sonderlich erfolgreiche Alben. 1978 aber beschloß die Formation, künftig verkaufsträchtigeren Main-Stream-Rock zu spielen und zwecks dessen auch einen Sänger zu engagieren. Die Wahl fiel auf Steve Perry, das erste Album mit ihm hieß *Infinity* und begründete den künftigen Ruf der Gruppe als Multi-Platin-Band. *Lovin', touchin', squeezin'* hieß 1979 der erste Top-20-Hit der Formation. Ebenfalls erfolgreich waren das 79er Album *Departure* und das 80er Live-Album *Captured*. 1981 verließ Gregg Rolie die Band, ihm waren die ständigen Tourneen zu viel geworden. Für ihn kam 1981 Jonathan Cain, der vorher bei den BABYS gespielt hatte, und beeinflußte ab dem Album *Escape* nachhaltig den Sound der Formation. Das wirkte sich mehr als nur günstig aus. Die LP enthielt mit *Who's crying now, Don't stop believing* und *Open arms* drei Top-10 Hit-Singles. 1982 hatte auch Aynsley Dunbar genug und ließ sich durch Steve Smith ersetzen, der schon bei FOCUS, JE-

Journey Foto: CBS

AN-LUC PONTY und PHILLIP CATHERINE getrommelt hatte. Der Siegeszug von Journey ging weiter. 1983 hatten sie mit *Separate ways (worlds apart)* einen Top-10-Hit in Amerika. 1984 kursierten dann plötzlich Trennungsgerüchte, denn Steve Perry veröffentlichte ein Solo-Album, *Street talk*. Mit den Singles *Oh Sherrie, She's mine* und *Foolish heart* konnte er sich in den Hot 100 plazieren, ebenso mit dem Titel *Don't fight it,* den er mit KENNY LOGGINS im Duett sang. Doch 1985 war Journey wieder voll da. Mit *Only the young* aus dem Film *Vision Quest* (aus dem auch die → MADONNA-Hits *Gambler* und *Crazy for you* stammen) gelang der Band wieder ein Top-10-Erfolg, 1986 lagen sie auf Platz 9 mit dem Titel *Be good to yourself.* Auch das dazugehörige Album *Raised on radio* verkaufte sich wieder hervorragend.

Judas Priest

ROB HALFORD, geb. 25. 8. 1951 in England: VOC; GLENN TIPTON, geb. 25. 10. 1948 in England: g; K. K. DOWNING, geb. in England: g; JAN HILL, geb. in England: b; DAVE HOLLAND, geb. in England: dr

Die englische Heavy-Metall-Band existiert seit 1972 und war eine der ersten Formationen, die das heute für dieses Genre so wichtige Leder- und Chrom-Outfit in Szene setzte. Gegründet wurde Judas Priest, damals noch mit Trommler LEE BINKS, 1972 in Birmingham. Ihre hervorragenden Live-Shows schufen der Gruppe schnell eine eingeschworene

Fan-Gemeinde, und 1974 wurde auch eine Plattenfirma auf das Quintett aufmerksam. 1974 kam das Debüt-Album *Rocka rolla* und 1976 die zweite LP *Sad wings of destiny* heraus. Das zweite Album enthielt bereits die Ur-Versionen der heutigen Judas-Priest-Klassiker *Victims of change* und *Epitaph*. Beide Alben konnten sich in USA, UK und Japan in den Charts plazieren. Auch die Nachfolge-Alben *Sin after sin* (1977), *Stained glass* (1978), *Hell bent for leather* (1979 – mit dem ersten Single-Hit *Take on the world* – Platz 15 UK) und die Live-LP *Unleashed in the east* (1979) verkauften sich gut, ohne jedoch richtige Bestseller zu werden. Dann ging Lee Binks und für ihn kam Dave Holland. In der o. a. Besetzung entstand 1980 die LP *British steel,* die Judas Priest dann endlich den wirklich weltweiten Durchbruch brachte, und das zu einer Zeit, als Punk und New Wave »angesagt« waren. *British steel* erhielt als erstes Priest-Album Platin, und das wurde dann für die nächsten Veröffentlichungen zum Dauerzustand: *Point of entry* (1981), *Screaming for vengeance* (1982), *Defenders of the faith* (1984), *Turbo* (1986). Mit beigetragen zum Judas-Priest-Erfolg hat sicher die Tatsache, daß auch diese Formation zu den Schwermetall-Bands gehört, die nicht nur drauflos dreschen, sondern sich durchaus, bei aller Lautstärke, einen Sinn für Melodien und Harmonien gewahrt haben, somit auch

Judas Priest   Foto: CBS

für Nicht-Heavy-Metal-Fans hörenswert sind. 1986 ging Judas Priest auf eine ausgedehnte Welt-Tournee, bei deren Konzerten über 750 000 Besucher kamen. Dabei wurde ein Live-Doppel-Album mitgeschnitten, das 1987 unter dem Titel *Priest . . . live!* auf den Markt kam. 1988 setzte die Schwermetall-Formation ihren Erfolg mit der LP *Ram it down* fort. Und auch mit dem 90er Album *Painkiller* konnte sich die Schwermetall-Truppe wieder unter den Top 10 der deutschen Album-Charts plazieren.

Leila K

→ ROB'N'RAZ FEAT. LEILA K

Hubert Kah

HUBERT KEMMLER, geb. 21. 3. 1961 in Reutlingen: voc/keyb; KLAUS HIRSCHBURGER, geb. 4. 2. 1963 in Reutlingen: b; MARCUS LÖHR, geb. 14. 3. 1963 in Reutlingen: g

1982 trat er ans Licht der deutschen Öffentlichkeit mit seiner »Kapelle«, wie er sie nannte − Hubert Kah, alias Hubert Kemmler. Die Musik auf seiner ersten LP bezeichnete er als »neue deutsche Schlagermusik, modern und treibend« und nannte sie *Meine Höhepunkte*. Höhepunkt daraus war sein Lied über das Mädchen *Rosemarie* − es wurde ein Top-Hit. Nach den Höhepunkten wurde der junge Mann »schonungslos romantisch« und entführte seine Fans in den *Sternenhimmel* − auch das wiederum mit großem Erfolg. Zwei erfolgreiche LPs innerhalb eines Jahres, zwei Single-Top-Hits − dann wurde es erst einmal still um Hubert Kemmler, der in Reutlingen sein Abitur und anschließend eine

Hubert Kah
Foto: Intercord

Rhythmik-Klassik-Tanzausbildung gemacht hatte. Zwei Jahre älter und reifer war Hubert Kah dann 1984 mit seiner Kapelle wieder da. Mit den Titeln *Engel 07* und *Wenn der Mond die Sonne berührt* feierte der unglaublich jung aussehende Musiker sein Comeback. Sanfte, melodische Songs, mit phantasievollen Texten, die sehr gut zu der Hauchstimme des Sängers paßten. Auch die neue LP von Hubert Kah und seiner Zwei-Mann-Kapelle ließ aufhorchen. Da gab es durchaus nicht nur sanftes Schlagergesäusele, sondern auch ernstzunehmende Texte, wie z. B. in *Goldene Zeiten*. Die gleichnamige LP bot durchaus handfeste Rock- und Synthi-Pop-Strukturen. Dann zog sich Hubert Kah mit seinen Mannen abermals zurück, hörte sich genau in London im aktuellen Musikgeschehen um, kehrte nach Deutschland zurück und bot anderen Kollegen, wie z. B. Two Of Us, Starthilfe und fing an, für die Sängerin → Sandra zu schreiben. Doch zwischendurch fanden die drei auch Zeit für eigene Lieder – die erschienen 1986 auf der LP *Tensongs: Zehn Lieder der internationalen Spitzenklasse* – gesungen in englisch. Das Konzeptalbum bot ein breites Spektrum: Sanftes (*Love ist so sensible*), Funk (*Limousine*), Pop (*Pogo the clown*), Synthi-Klänge (*Drowning*), Rock (*Get strange*). Die ausgesprochen »schwarz« klingende Single *Limousine* wurde ein Hit, das Album ein Bestseller. Von Hubert Kemmlers Können profitierte 1987 auch das Duo → Inker & Hamilton, denen er, zusammem mit Michael Cretu, den Hit *Dancing into danger* schrieb, während Klaus Hirschburger zusammen mit Michael Cretu den Sandra-Bestseller *Stop for a minute* verfaßte. Dann wurde der zarte, stets

sehr ätherisch wirkende Hubert krank. Und so mußten seine Fans bis 1989 auf die neue Kah-LP *Sound of my heart* warten. Die Weggefährten aus den letzten Jahren waren mit dabei: Michael Cretu als Produzent, → Anete und Inga Humpe als Chrosängerinnen. Die LP bot wieder, Hubert Kah-typisch, Musik zum Tanzen und Träumen, rhythmische Songs und Lieder zum Hineinfallen lassen.

Kansas

Steve Morse: g; Steve Walsh, geb. 16. 6. 1951 in USA: voc/keyb; Phillip Ehart, geb. 4. 2. 1950 in USA: dr; Richard Williams, geb. 1. 2. 1950 in USA: g; Billy Greer: b

Von 1977 bis 1982 gehörte Kansas zu den erfolgreichsten US-Rock-Bands. Dann hörte man nichts mehr von der Formation, bis sie 1987 das Comeback probte. Die Gruppe aus Topeka in Kansas begann 1970 als Quintett. In der Besetzung Ehart, Williams, Walsh, Robbie Steinhardt (voc/vi/viola) und Dave Hope (b/voc) spielten sie unter dem Namen White Clover in diversen Bars und Clubs. Als 1971 der Songwriter und Gitarrist Kerry Livgren dazustieß, nannte sich das Sextett Kansas und entwickelte allmählich den Sound, für den die Gruppe fünf Jahre lang berühmt war: breit angelegter, klassisch inspirierter Rock der gehobenen Güteklasse, sehr melodiös und perfekt produziert. Der bekannte amerikanische Rock-Manager Don Kirshner hörte Kansas, verschaffte ihnen einen Plattenvertrag und blieb auch bei der Stange, als die ersten drei LPs *(Kansas, Song for America, Masque)* kein großer Erfolg wurden. Die Belohnung kam mit dem Album Nr. 4, *Leftoverture* (1976), das mit Dreifach-Platin ausgezeichnet wurde. Auch die nachfolgenden LPs *Point of no return* 1977 (Dreifach-Platin), *Monolith* 1979 (Gold), die Live-LP *Two for the show* 1980 (Platin), *Audiovisions* 1980 (Gold) und *Vinyl confessions* 1982 (Gold) wurden internationale Bestseller. In den Hot 100 tauchte Kansas erstmals 1977 mit der Single *Carry on wayward son* auf, die, ebenso wie die nachfolgenden Singles *Point of no return* 1977, *Dust in the wind* 1978, *People of the south wind* 1979, und *Play the game tonight* 1982, Superseller wurden. Die 83er LP *Drastic Measures* war nicht mehr sehr erfolgreich, der Musik von Kansas fehlte, nach diversen Umbesetzungen, der »rechte Biß«. Doch bis zu diesem Zeitpunkt hatte die Formation immerhin weltweit über 15 Millionen Langspielplatten verkauft. Ein Jahr später, 1984, erschien die Hit-Koppelung *Best of Kansas,* und dann herrschte für zwei Jahre Ruhepause. 1986 taten sich dann die Originalmitglieder Ehart, Williams und Walsh mit den Neuerwerbungen Steve Morse (DIXIE DREGS, STEVE MORSE BAND) und Billy Greer (STREETS) zusammen. Anfang 1987 erschien die neue Kansas-LP *Power:* harter geradliniger Rock, unterbrochen von gefühlvollen Balladen, aufgeputzt mit orchestralen Arrangements. In USA kam das Album unter die Top 30 der LP-Charts. In dieser Machart war auch das 88er-Album *In the spirit of things* mit dem Single-Hit *Stand beside me.*

Mory Kante

geb. in Guinea/Afrika: voc

Der farbige Sänger, Komponist und Texter Mory Kante war 1988 der zweite Star der neu aufgekommenen Ethno-Disco-Welle. Mory Kante wuchs in Guinea auf und bekam von seinen Eltern Musikunterricht. Sie lehrten ihn nicht nur den Umgang mit der Stimme, sondern auch die Handhabung der Cora, eines harfenähnlichen, typisch afrikanischen Instrumentes. Mory Kante, der eigentlich Prediger ist, ist Anhänger der alten Kultur von Mandingo-Land. Er versteht sich als Verkünder dieser Kultur, in deren Riten und Glaubenssätzen immer noch das Reich Soundiatas fortlebt, das der »Sohn des Büffels« im 13. Jahrhundert auf dem Gebiet der heutigen Staaten Guinea und Mali errichtete. Die Musik Mory Kantes basiert auf der Volksmusik seiner afrikanischen Heimat, die er mit kantigen Melodien und jazzig angehauchten Solis unterlegt, immer bestimmt von den fiebrigen Trommelrhythmen seiner Heimat. 1988 bekam Mory Kante, der in Afrika bereits seit geraumer Zeit ein Star ist, einen Plattenvertrag für Europa. *Yé ké yé ké* hieß seine erste Single, die in Rekordzeit die europäischen Hitparaden stürmte und in Deutschland auf Platz 1 landete. In ähnlicher Qualität war auch sein Album *Akwaba beach.* 1990 veröffentlichte der farbige Interpret, der seit mehr als 10 Jahren in Paris lebt, eine neue LP. *Touma* hieß das Album, was auf deutsch so viel heißt wie ›Zeit‹. Es war wieder ein Album voller Ethno-Pop-Songs in

Kaoma   Foto: CBS

pulsierenden Afro-Rhythmen. Bei den
Aufnahmen waren berühmte Kollegen
wie → CARLOS SANTANA und JEFF PORCARO
von TOTO dabei. Die erste Single war das
mitreißende *Bankiero*.

Kaoma

LOALWAN BRAZ: leadvoc; NIANG FATOU
›Fannia‹: voc/bamboleo; MONICA: voc;
CHYCO: synth; MICHEL: perc; JEAN-CLAUDE:
congos; JACKY: b

Im Sommer des Jahres 1989 eroberte
eine siebenköpfige Band aus Brasili-
anern, Afrikanern und Franzosen den
internationalen Markt mit einem höchst
lasziven Tanz: dem Lambada. Dieser
schwüle tropische Tanz aus Brasilien ist
eine Mischung aus Salsa, Rock, Foro
und Capuera, die südamerikanische
Version von ›Dirty Dancing‹: Hingebungsvoll reiben sich die Paare in ziemli-
chem Tempo den Unterleib aneinander.
Zunächst wurde der heiße Song in
Frankreich ein Nr.-1-Hit und Millionenseller, dann griff das Lambada-Fieber
auf den Rest der Welt über: Nr. 1 in
Belgien mit Doppel-Platin für Single
und Album, Nr. 1 in der sonst eher prü-
den Schweiz, Nr. 1 in Israel, Nr. 1 in
Deutschland für mehrere Wochen. Im
Frühjahr 1990 begann der Song sogar
die amerikanischen Hot 100 emporzu-
steigen. Bitterer Tropfen im Lambada-

Siegeszug: das französische Produzenten-Duo LORSAC/KARAKOS, das den Millionen-Song angeblich selbst fabriziert hatte, mußte sich sagen lassen, daß es bei einem bolivianischen Folklore-Titel abgeschrieben hatte. Doch das tat weder dem Erfolg der Kaoma-LP *World beat* noch dem Nachfolge-Song *Dancando Lambada* Abbruch.

KBC Band

PAUL KANTNER, geb. 12. 3. 1942 in USA: g/voc; MARTY BALIN (Martin Buchwald), geb. 30. 1. 1943 in USA: voc; JOHN CASADY, geb. 13. 4. 1944 in USA: b; TIM GORMAN: keyb; SLICK AGUILAR: g; KEITH CROSSAN: horn; DARYL VERDUSCO: dr;

Unter dem schlichten Namen KBC Band fanden sich 1986 sieben amerikanische Rock-Musiker der Spitzenklasse zusammen: Kantner, Balin und Casady, die schon bei JEFFERSON AIRPLANE bzw. JEFFERSON STARSHIP die internationale Rock-Musik nachhaltig beeinflußten; Gorman, der bereits bei den → WHO, → ROLLING STONES und NICK LOWE die Tasten bearbeitete; Aguilar, der sein Können schon bei → SANTANA und den OUTLAWS unter Beweis stellte; Crossan, der bei der Super-Funk-Formation TOWER OF POWER ins Horn stieß; und last

KBC Band   Foto: Ariola/Arista

not least der Trommler Verdusco, der vorher bei so illustren Leuten wie Ry Cooder, Van Morrison, → Mark Knopfler und → Stevie Nicks die Stöckchen tanzen ließ. »Rock« hieß denn auch das Hauptthema des ersten Albums *The KBC Band,* das 1987 auf den Markt kam. Bei dem ersten Live-Auftritt ging die KBC Band auf Nummer Sicher: sie gab im »Golden Gate Park« in San Francisco ein Gratis-Konzert, zu dem immerhin 50000 Fans pilgerten. Ein paar Monate später stellte die Formation dann ihr Können abermals unter Beweis: Sie spielte zum 20. Geburtstag des legendären »Fillmore West« und wurde anschließend von den Kritikern mit Lobeshymnen überhäuft.

Nick Kershaw
Foto: WEA

Nik Kershaw

geb. 1. 3. 1958 in Ipswich/England: voc/g/keyb

Der Songwriter und Multi-Instrumentalist stammt aus einem musikalischen Elternhaus: Sein Vater war Flötist, die Mutter Chorleiterin. Doch erst als sich ein Schulfreund eine Gitarre kaufte, bekam Nik Kershaw mit 14 Jahren ebenfalls Lust, Musik zu machen. Das Ergebnis war eine Schüler-Band namens Half Pint Hog, deren Erfolg sich jedoch in Grenzen hielt. Nach der Schule arbeitete Kershaw dann zunächst beim Arbeitsamt und zahlte Arbeitslosengelder aus, bis ihm die englische Jazz-Rock-Formation Fusion einen Job als Gitarrist anbot. Nik griff zu und tingelte bis 1982 mit dieser Gruppe kreuz und quer durch England. Danach löste sich die Formation auf, und Nik beschloß, eigene Songs zu schreiben. Um die Lieder besser ausarbeiten zu können, erlernte der blonde, kleingewachsene Künstler noch weitere Instrumente und bekam dann 1982 durch Vermittlung von Mickey Modern, dem Manager der Gruppe Nine Below Zero, einen Plattenvertrag. Im September 1983 erschien die erste Single, *I won't let the sun go down on me,* ein Lied, das durch seine ungewöhnlichen Harmonien und den engagierten Text auffiel. Der Song wurde in England allerdings ein bildschöner Flop. Doch bereits die zweite Single, *Wouldn't it be good,* war ein Bestseller, der Nik Kershaw sowohl in England als auch in Deutschland ganz nach oben in die

Charts brachte (Deutschland Platz 2, England Platz 4). Auch die Single *Dancing girls* lief recht gut. Dann wurde nochmals *I won't let the sun go down on me* veröffentlicht – und entwickelte sich innerhalb kürzester Zeit zu einem Bestseller. Ebenso erfolgreich war *Human racing,* das Debüt-Album des talentierten Songwriters, der 1983 geheiratet hatte und sich fortan von seiner Frau SHERI als Back-Up-Sängerin begleiten ließ. Musikalische Vorbilder von Nik Kershaw sind COLE PORTER und IRIVING BERLIN. Seine Songs fallen durchaus aus dem üblichen Schlager-Einerlei heraus, wie auch seine zweite LP, *The riddle* (1985), bewies. Die Singles *Wide boy, The riddle* und *Don Quixote* wurden Hits. Dann arbeitete der überzeugte Umweltschützer, der mit *Save the whales* auch einen Song zur Greenpeace-LP beigesteuert hatte, 18 Monate lang an seinem neuen Album. 1986 erschien *Radio Musicola,* dessen Erfolg allerdings an die beiden vorherigen Alben nicht heranreichte.

So ging es auch dem 89er-Album *The works* mit der Single *Elizabeth's eyes.*

Ben E. King

BENJAMIN NELSON, geb. 28. 9. 1938 in Henderson/North Carolina, USA: voc

Ben E. King gehört zu den sog. »Stehaufmännchen« des Musikgeschäfts. Seit 1959 mischt er, mit teils jahrelangen Unterbrechungen, kräftig mit und versteht es immer wieder, einen Hit zu landen. Ben E. King begann seine Sangeskarriere in den 50er Jahren bei einer Gruppe namens THE FIVE CROWNS. Als sich die DRIFTERS 1958 auflösten, wollte GEORGE TREADWELL, der Manager der Vokal-Formation, den Namen nicht untergehen lassen und suchte nach einer anderen farbigen Vokal-Gruppe, die künftig als Drifters auftreten könnten. Er hörte die Five Crowns und engagierte sie, mit Ben E. King als Leadsänger. Und King und Treadwell schrieben auch den Song, der 1959 gleich der erste Superhit der »neuen« Drifters wurde: *There goes my baby.* Ben E. King war auch der Leadsänger der Drifters bei weiteren Hits wie *Dance with me* (1949), *This magic moment* (1960) und *Save the last dance for me* (1960), der übrigens der einzige Nr.-1-Hit der Drifters wurde. 1960 beschloß Ben E. King eine Solokarriere einzuschlagen. Er nahm das Lied *Spanish Harlem* auf, einen Song, den das Songwriter-Team JERRY LEIBER und PHIL SPECTOR geschrieben hatten, und hatte damit 1961 einen internationalen Bestseller. Dann schrieb er zusammen mit Jerry Leiber und MIKE STOLLER das Lied *Stand by me* – und hatte abermals einen Superseller. 1962 hatte er nochmals einen Hit mit *Don't play that song,* dann wurde es bis 1975 still um ihn. Er trat zwar regelmäßig in bekannten Nachtclubs auf, aber erst im März 1975 gelang ihm abermals ein Top-10-Hit mit dem Disco-Song *Supernatural thing – Part 1.* Dann mußte Ben E. King abermals über 10 Jahre warten, bis er wieder in die Charts kam. 1986 wurde nämlich sein alter Song *Stand by me* für den gleichnamigen STEPHEN-KING-Film verwendet – und Ben E. King fand sich plötzlich mit diesem Oldie wieder weltweit in den Charts. Sofort veröffentlichte Mr. King auch andere Hits von früher, wie *Save the last dance for me* und *Don't play that song,* die sich auch 27 bzw. 25 Jahre später wieder hervorragend verkauften. Sein 87er Album hieß *Save the last dance for me.*

The Kinks

RAYMOND DOUGLAS DAVIES, geb. 21. 6. 1944 in London/England: voc/g; DAVID DAVIES, geb. 3. 2. 1947 in London/England: g/voc; BOB HENRIT, geb. 1955 in England: dr; JIM RODFORD, geb. 7. 7. 1945 in England: b; IAN GIBBSONS, geb. 1955 in England: keyb

Musikalisches Oberhaupt der Formation ist Ray Davies. der musisch hochbegabte junge Mann spielte mit seinem Bruder Dave in einer Gruppe namens THE RAVENS, die dann in The Kinks umbenannt wurde. 1964, nach zwei Single-Flops, schrieb Ray Davies *You really got me* und hatte damit den ersten Nr.-1-Hit. Wilder, harter Rock mit R & B-Einflüssen war künftig das Markenzeichen der Kinks. Bestseller wie *All day and all of the night, Tired of waiting for you* und *Till the end of the day* waren ganz oben in den Charts zu finden. Ganz allmählich änderte Ray Davies den Tenor seiner Songs. Sie wurden weniger wild, hatten dafür aber ironisch-witzige Texte, wie z. B. *Dedicated follower of fashion.* Die endgültige Kehrtwendung vollzog sich dann 1966 mit dem Song *A well respected man.* Ray Davies prangerte künftig in seinen perfekten Rock-Pop-Songs das Spießertum an, beißend, kritisch und sehr treffend. Den Höhepunkt fand er 1969 mit der auf Bestellung geschriebenen Rock-Oper *Arthur*

Ray Davies (Kinks)
Foto: Ariola/Arista

or the decline and fall of the British Empire. Doch das Werk war der auftraggebenden TV-Firma zu pessimistisch. *Arthur* erschien nur auf LP. Ray Davies antwortete darauf 1970 mit dem Album *Lola versus powerman and the money-go-round,* einer sarkastischen Satire auf das Musik-Business. Auch auf der 72er LP *Everybody's in showbiz – everybody's a star* ging Ray Davies mit seinen Kinks hart mit der Unterhaltungsbranche und ihren Gepflogenheiten ins Gericht. Korruption und massive Gesellschaftskritik waren der Inhalt der aufwendigen Alben *Preservation act I and II* (1973/74). Erst Ende der 70er Jahre wandte sich Ray Davies mit den Kinks wieder den Rock-Songs der Anfänge zu

− und läutete damit ein furioses Comeback der Kinks ein. Waren in den 60er Jahren die Eltern die Kinks-Fans, konnte diese dauerhafte Rock-Formation in den 80er Jahren die Kinder dieser Eltern als Zuhörer und Käufer gewinnen. Mit Songs wie *Come dancing* und *Don't forget to dance* schafften sie auch wieder den Einstieg in die Charts. Die beiden LPs *State of confusion* und *Word of mouth* (1984) zeigten die wie eh und je fröhlich rockenden Kinks. Ihre Alben werden mit Gold ausgezeichnet, ihre Tourneen sind grundsätzlich ausverkauft. 1987 veröffentlichten die »Vorläufer der Punks« das 25. Album namens *Think visual,* mit dem sanft-griffigen, ungemein einschmeichelnden Ohrwurm *Lost and found* hatten sie auch wieder einen Single-Hit. Über ihr Konzert im Dezember 1987 in München schrieb THOMAS VESZELITS in der AZ sehr richtig: ». . . In den rauhen Rock-Stükken flimmern Herztöne. Die kurze, betörende Melodie-Formel und irrsinnig schönen Harmonien wirken wie ein Sonnenstrahl im Kanal . . .«.

Kiss

PAUL STANLEY, geb. 20. 1. 1950 in Amerika: voc/g; GENE SIMMONS, geb. 25. 8. 1949 in Amerika: voc/b; ERIC CARR, geb. 12. 7. 1950 in Amerika: dr; BRUCE KULICK: g

Wilde Kostüme, kunstvoll-schauerliche Gesichtsbemalung, brutale Bühnenshows und überdimensionale Lautstärke − das war das Erfolgsrezept der amerikanischen Heavy-Metal-Formation Kiss.

1973 wurde die Gruppe von Paul Stanley, Gene Simmons, PETER CRISS (dr) und »SPACE« ACE FREHLEY (g) gegründet. Bereits am 1. Januar 1974 durfte die Band, die es sich vorgenommen hatte, bunter, lauter und berühmter als alle anderen zu werden, als Vorgruppe für BLUE ÖYSTER CULT aufzutreten. Im Februar 1974 brachten sie ihr Debüt-Album *Kiss* heraus, das mit *Strutter, Deuce* und *Nothin' to lose* bereits drei Hits enthielt. Im selben Jahr erschien auch das zweite Album *Hotter than hell,* und die dritte LP, *Dressed to kill* (1975) brachte Kiss bereits Gold ein, die vierte LP *Alive* (1975) brachte den internationalen Durchbruch und wurde mit Platin ausgezeichnet. Um eine perfekte und ideenreiche Bühnenshow auszuarbeiten, engagierte Kiss den Hollywood-Trick-Profi LOE GANNON, der sein Können bereits früher bei ALICE COOPER bewiesen hatte. Er sorgte fortan dafür, daß sich DANTES *Inferno* gegen ein Kiss-Konzert wie ein braver Kaffeeklatsch ausnahm: Auf der Bühne zischten nun Raketen aus Halsbändern, blitzte es aus den Verstärkern und wurden in großem Umfang Gitarren zerschlagen. Bei der USA- und Europa-Tournee 1976 verbrauchte Paul Stanley 205 Gitarren. Bis 1976 gab's von Kiss insgesamt sechs LPs (*Destroyer* 1976, *Rock and roll over* 1976), die allein in den USA einen Umsatz von über 20 Millionen Dollar einbrachten. 1977 hatte sich die Anzahl auf acht Alben erhöht (*Love gun* und *Alive II*), die sich weltweit 30 Millionen Mal verkauften. Das Konzept hatte voll eingeschlagen, Kiss gehörte zu den Superstars und war die Nr. 1 der Heavy-Metal- und Hard-Rock-Bands. Viel zu dieser weltweiten Berühmtheit trug auch das Geheimnisvolle an Kiss bei: Keiner kannte die Gesichter der Mitglieder, denn sie zeigten sich nur in ihrer »Kriegsbemalung«. Als 1978 alle vier Kiss-Mitglieder am gleichen Tag ein Solo-Album mit einer Startauflage von fünf Millionen Exemplaren veröffentlichten, garantierte ihnen das bereits bei Erscheinen Platin. 1979 erschien dann wieder eine gemeinsame LP namens *Dynasty,* die mit *I was made for loving you* einen weltweiten Single-Bestseller enthielt. Der eigentlich untypische, sehr rhythmische und eher gemäßigte Song konnte sich in Deutschland bis auf Platz 2 der Hitparade schieben. 1980 kam der Kinofilm *Kiss – in attack of the phantoms* in die Kinos, in dem die vier Kiss-er natürlich die Hauptrollen spielten. 1980 veröffentlichte die Band auch das Album *Unmasked.* Doch wer vom Titel der LP darauf gehofft hatte, daß die vier endlich ihre »nackten« Gesichter zeigen würden, sah sich enttäuscht. Und 1980 verließ auch der Schlagzeuger Peter Criss die Band – ihm war der permanente Tourneestreß zu groß geworden, er wollte es lieber als Solist versuchen. Für ihn kam Eric Carr: Mit ihm spielte die Gruppe 1981 das einzige Konzept-Album ein, *The elder.* Es wurde ein zwar untypisches, aber dennoch – oder vielleicht trotzdem – das beste Kiss-Album: sehr melodiöse, abgerundete Rock-Songs, die ohne großen Krach, geradezu feinfühlig die Geschichte vom Kampf der Götter gegen die finsteren Mächte erzählten. Doch bereits mit den nächsten LPs *Killers* und *Creatures in the night* (1982), wurde dieser Ausflug in gehobene, gemäßigte Rockgefilde beendet. Es dröhnte wieder wie eh und je. Sehr zur Freude der Kiss-Fans, die diesen Abstecher nicht sehr geschätzt hatten. Das *Creatures*-Album brachte eine kleine Sensation: Die vier

von Kiss ließen nach acht Jahren zum erstenmal ihre Gesichter ohne Bemalung sehen – und entpuppten sich als vier recht gut aussehende Männer. Ein Kiss-Mann zu sein, war ziemlich anstrengend, und 1983 hielt Ace Frehley dem Streß (und dem unmäßigen Alkohol-Konsum) nicht mehr stand. Er warf aus gesundheitlichen Gründen (und auf Wunsch der Band) das Handtuch, und für ihn kam der Gitarrist VINNIE VINCENT (DAN HARTMAN, WARRIOR), mit dem das 83er-Album *Lick it up* entstand. 1984 verließ Vincent die Gruppe bereits wieder, da er mit dem musikalischen Konzept nicht einverstanden war. Für ihn kam der Lead-Gitarrist MARK ST. JOHN. *Animalize* hieß in diesem Jahr das 15. Album von Kiss. Zu deren Produktion bemerkte Paul Stanley lakonisch: »Früher haben wir Platten gemacht, die Gläser zerspringen ließen, jetzt wollte ich eine, die Gläser in Staub verwandelt!« Und mit dieser LP glückte ihm dieses Vorhaben auch fast. Aber nach 15 LPs, die fünfzehnmal Gold und elfmal Platin eingebracht und sich weltweit mehr als 50 Millionen Mal verkauft hatten, brauchten die Kiss-Fans das auch. Aber Mark St. John war das wohl zu viel, er verließ die Band 1985 und für ihn kam Bruce Kulick als Gitarrist. Das erste Album mit ihm war 1985 *Asylum,* auf dem die »wilden« Kiss-Mannen als vorzügliche Hard- und Edel-Rocker zu hören waren. In diesem Stil war auch die 87er LP *Crazy nights,* bei der nicht nur der Titelsong ein Hit wurde, sondern auch die nächste Single-Auskopplung, eine herzerwärmende Rock-Ballade namens *Everybody's got a reason for living.* 1988 setzte Kiss den Erfolgszug durch die internationalen Charts mit der Best-of-LP *Smashes, thrashes + hits* fort, 1989 hieß ihr Bestseller *Hot in the shade* mit den Single-Hits *Hide your heart* und *Forever.*

Mark Knopfler

geb. 12. 8. 1949 in England

Neben seiner Tätigkeit als Oberhaupt der Superband → DIRE STRAITS, betätigt sich der geniale Künstler mit dem schütteren Haupthaar auch erfolgreich als Film-Komponist und Songschreiber für andere. Aus seiner Feder stammt das hinreißende Instrumental *The long road,* das er 1984 für den Film *Cal* schrieb, die gesamte Filmmusik für den Öko-Film *Local hero* (in dem BURT LANCASTER die Hauptrolle spielte), für den BILL-FORSYTHS-Film *Comfort and joy,* und 1987 für den Märchen-Film *The Princess Bride.* In diesem Streifen kam auch der Knopfler-Song *Storybook love* vor, der vom New Yorker Rocker WILLY DE VILLE gesungen wurde, dessen 87er Album Mark Knopfler produziert hatte. Zu Mr. Knopflers Glanztaten gehört auch das Lied *Private dancer,* das er für → TINA TURNERS gleichnamiges Comeback-Album geschrieben hatte. Im November 1987 winkte ihm auch privat das Glück: nachdem er mit seiner 27jährigen Frau Lourdes vier Jahre lang vergeblich auf Nachwuchs gewartet hatte, wagten die beiden zusammen den Gang in die Retorten-Klinik. Die künstliche Befruchtung klappte, und im November 1987 wurde Mark stolzer Vater der beiden Buben Benjamin und Joseph. Auch 1989 machte Mark Knopfler wieder mit Filmmusik von sich reden. Er kompo-

Mark Knopfler
Foto: phonogram

nierte für den Uli-Edel-Film *Letzte Ausfahrt Brooklyn* den Soundtrack mit geradezu symphonischer Musik. Der Film wurde bei der Verleihung des Deutschen Filmpreises 1990 in Berlin mit Gold ausgezeichnet. 1990 war Mark Knopfler aber schon wieder woanders. Zusammen mit den beiden renommierten Gitarristen STEVE PHILLIPS und BRENDAN CROKER und dem Dire-Stratis-Keyboarder GUY FLETCHER hatte der kreative Brite seine nächste Gruppe gegründet: THE NOTTING HILLBILLIES, ein Quartett, das hinreißend schönen Blues, Bluegrass, Swing und Gospel spielte. Die ausgezeichnete Debüt-LP hieß *Missing . . . presumed having a good time.* Und damit er nicht womöglich einrostet, tat

Kool and The Gang Foto: Metronome

sich Mr. Knopfler im selben Jahr auch noch mit CHET ATKINS zusammen, der seit den 40er Jahren zu den einflußreichsten Country- und Jazz-Gitarristen der Welt gehört. Mit ihm nahm Knopfler das Album *Neck and neck* auf, das zeigt, was man mit Gitarren anstellen kann, wenn man sie derart meisterlich beherrscht.

Kool and the Gang

ROBERT »KOOL« BELL, *geb. in Youngstown/Ohio, USA: by;* GEORGE BROWN: dr; CURTIS WILLIAMS: keyb; CHARLES SMITH: g; DENNIES THOMAS: sax/flute; CLIFFORD

ADAMS: tb: MICHAEL RAY: tp; SKIP MARTIN: voc; GARY BROWN: voc

Begonnen hatte diese weltweit höchst erfolgreiche Big Band 1964 als Highschool-Band in New Jersey. Damals nannten sie sich THE JAZZIACS und spielten Bebop. Doch mit dieser Jazz-Art war damals schon nicht mehr viel Staat zu machen, und nach einigem Hin und Her entstand dann 1969 unter Robert »Kool« Bell, dem Bandleader, die Formation in der heutigen Besetzung. Aus Bebop wurde zunächst R & B, dann einigte man sich auf die Art von Musik, für die Kool and the Gang heute regelmäßig Edelmetall einsammeln: Funky-Disco-Sound. Und das beherrscht die achtköpfige farbige Formation mit dem unnachahmlichen, auch bei größtem Temperament immer seidenweichen Sound, mit höchster Perfektion. Bekannt wurden Kool and the Gang allerdings erst nach dem 8. Album *Wild and peaceful* (1974): Es enthielt die beiden Millionenseller *Jungle boogie* und *Hollywood swinging*. Von da an ging's allerdings nur noch bergauf. 1979 veröffentlichte die Formation die Millionenseller *Ladies night* (vom gleichnamigen Album), 1980 die Platin-Single *Celebration* vom gleichnamigen Platin-Album. Dem folgten 1982 das Platin-Album *Something special,* die internationalen Bestseller *Joanna* (1983), *Misled* (1985), *Fresh* (1985), *Cherish* (1985). Das 84er Album *Emergency,* mit Doppel-Platin ausgezeichnet, wurde von der US-Fachzeitschrift *Billboard* zum »Top Black Album« des Jahres 1985 erklärt, und brachte der Gruppe zwei American Music Awards: als »Favorite Group« und als »Favorite Album« im Bereich Soul/ R & B. Und zusätzlich erhielten Kool & The Gang auch noch die Auszeichnung als »Top Black Artists of the Year«. Diesen Siegeszug setzte die Formation 1986/87 mit der LP *Forever* und den Singles *Victory, Holiday* und *Peacemaker* fort. 1987 verließ der Sänger James Taylor die Band, für ihn kamen Skip Martin (EARTH, WIND & FIRE, DAZZ BAND) und Gary Brown (TIME, ATLANTIC STAR). In dieser neuen Besetzung wurde 1988 die LP *Greatest hits and more* mit dem Single-Hit *Rags to riches* eingespielt.
1989 präsentierte sich Kool & The Gang in folgender Besetzung: Robert ›Kool‹ Bell, b; Skip Martin, voc, tp, perc; Charles Smith, g; Dennis ›Dee Tee‹ Thomas, sax, voc, perc; Clifford Adams, trombone, voc; George Brown, dr; und die neuen Mitglieder LARRY GITTENS, tp, voc, keyb, und ODEEN MAYS, voc, keyb. In dieser Besetzung spielte die Band das 89er-Album *Sweat* ein, das sich wieder recht gut verkaufte.

Koreana

→ GIORGIO MORODER

Heinz Rudolf Kunze

geb. 30. 11. 1956 im Flüchtlingslager Espelkamp/Deutschland: voc/g

Eigentlich sieht er aus wie der Buchhalter eines mittleren Unternehmens: nicht besonders groß, ein bißchen knubbelig, runde Brille, fransiger Schnurrbart. Sobald er jedoch zu sprechen anfängt, ändert sich diese Einschätzung sofort: Durch geschliffene, elegante Formulierungen, intelligente Redewendungen besticht er in Gesprächen. Entsprechend sind auch die Texte seiner Lieder, für die er Bilder entwirft, die für deutschsprachige Lieder ebenso ungewöhnlich wie einprägsam sind. Heinz Rudolf Kunze wuchs in Osnabrück auf, machte 1975 sein Abitur und studierte anschließend in Osnabrück und Münster Germanistik und Philosophie. 1978 gab's die erste Auszeichnung für ihn, den Förderpreis für Literatur seiner Heimatstadt Osnabrück. Lieder zu schreiben, mit treffend-boshaften, sarkastischen Texten, gehörte schon immer zu seinen Hobbys. Und so konnte es nicht ausbleiben, daß er »entdeckt« wurde. Das geschah 1980 ausgerechnet beim Deutschen Pop-Nachwuchs-Festival in Würzburg. Ungewöhnlich daran war vor allen Dingen, daß er nicht bei den Plattenfirmen Klinken putzen mußte, sondern daß die Firmen ihm nachrannten. Die Firma WEA machte das Rennen, und so erschien 1981 sein erstes Album *Reine Nervensache*. Der Titel stimmte im wahrsten Sinne des Wortes. Musikalisch nicht sonderlich interessant, fabulierte Heinz Rudolf Kunze darauf ziemlich überheblich über das Böse in der Welt bzw. bei den anderen – zwar gut formuliert, aber doch mit einem gewissen Hauch von Kleinstadtmief behaftet. Doch die Anhänger der progressiven deutschen Liedermacher, die diese Kunst so eifersüchtig gegen alles abschirmen, was nach Kommerz oder Konsum klingen könnte, jubelten begeistert über den Neuen in ihrer Mitte. 1982 erhielt Heinz Rudolf Kunze den »Berliner Wecker«, einen

Heinz Rudolf Kunze
Foto: WEA

vom Liedermacher Konstantin Wecker gestifteten Kleinkunstpreis, und den Willy-Dehmel-Preis 1982. Damit war er elegant und scheinbar hoffnungslos in einer der beliebten Schubladen unter »Liedermacher« einsortiert worden. Doch Kunze blieb das nicht verborgen. Bereits seine nächste LP, *Eine Form von Gewalt* (1982), war weniger selbstgerecht, ließ bereits mehr als ahnen, was alles in dem wortgewandten jungen Mann steckte. Für dieses Album erhielt er 1983 den »Deutschen Schallplattenpreis« der Deutschen Phonoakademie. 1983 entstand dann auch die dritte LP, bei der Heinz Rudolf Kunze abermals versuchte, ein paar gezielte Schritte von seinem Liedermacher-Image wegzumachen. *Der schwere Mut* hieß das Album. In diesem Jahr gab Heinz Rudolf Kunze auch sein Debüt als Journalist. Für den »Spiegel« schrieb er über den amerikanischen Liedermacher RANDY NEWMAN, für den NDR in Hamburg und den RIAS in Berlin moderierte er Sendungen. Von seiner ausgedehnten Deutschlandtournee (1983) erschien 1984 ein Live-Doppel-Album unter dem Titel *Die Städte sehen aus wie schlafende Hunde.* Und schon gab's die nächste Ehrung für den begabten Wortkünstler. Im Mai 1984 bekam er das Künstlerstipendium des niedersächsischen Ministers für Wissenschaft und Kunst. Und 1984 war es auch, als Heinz Rudolf Kunze sich endgültig von seinem Image als reiner Liedermacher löste. *Ausnahmezustand* hieß die LP, auf der er sich schon ziemlich rockig gab. Der → KINKS-Fan Kunze lieferte eine vorzügliche deutsche Version des Kinks-Hits *Lola* ab, dessen eigentlich wortgetreue Übersetzung die Leute schockierte, da sie wahrscheinlich zum erstenmal überhaupt verstanden, worum es in diesem internationalen Bestseller ging. Und in dem Song *Ein Man muß tun, was ein Mann tun muß ein Mann tun, was ein Mann tun muß?* gab's trotz des zungenbrecherischen Titels bei dem ohrwurmartigen Refrain eine kräftige Portion Pop zu hören. Seine Fans waren ob dieser »schrecklich« kommerziellen Entwicklung schon etwas verstimmt. Wollte der hehre Liedermacher etwa in das »verabscheuungswürdige« Schlager-Lager überwechseln? 1985 ging Heinz Rudolf Kunze noch einen Schritt weiter, komponierte und textete sein stärkstes Album, die LP *Dein ist mein ganzes Herz.* Da fetzten richtige Rock-Titel, da schlichen sich einprägsame Pop-Songs in die Ohren, und auch die zu Herzen gehenden Balladen kamen nicht zu kurz. Die Texte waren einfach eine wahre Freude. Heinz Rudolf Kunze, der stolze Vater eines im September 1985 geborenen Sohnes namens Paul, wühlte genüßlich im so unerschöpflichen deutschen Wortgut. Er jonglierte mit Bildern und Vergleichen, die so bunt, so logisch und leider so selten sind. Man merkte bei jedem Satz, daß Kunze ein aufmerksamer Zuhörer und Beobachter ist. Seine Fans von früher wandten sich natürlich mit Grausen von diesen Kommerztönen ab, aber die heiter-süffisante Single *Dein ist mein ganzes Herz* und die gleichnamige LP kletterten munter die deutschen Hitparaden nach oben. Die Single kam bis Platz 8. Im September 1986 gab es dann wieder Neues von Heinz Rudolf Kunze zu hören: die LP *Wunderkinder* erschien, von der die wieder höchst amüsanten Singles *Mit Leib und Seele* und *Finden Sie Mabel* stammten. 1988 veröffentlichte Kunze dann in altbewährter Qualität und Niveau die LP *Einer für alle.* Mit auf dieser LP ist auch der Song *Liebe ist Zärtlichkeit,* den Kunze für die gleichnamige ZDF-Sendung zugunsten der deutschen AIDS-Hilfe schrieb. Am 16. Oktober 1988 begann dann die große *Einer-für-alle*-Tournee, die Heinz Rudolf Kunze mit Verstärkung bis Dezember durch ausverkaufte Hallen in ganz Deutschland führte. Bereits im Frühjahr 90 begann der unermüdliche Arbeiter mit dem nächsten Album *Gute Unterhaltung.* Und die bescherte die LP durchaus. Mit *Alles was sie will, Du mußt mit den Wölfen heulen* und *Größer als wir beide* beinhaltete das Album auch wieder Single-Erfolge. Und

Klaus Lage & Members Foto: Electrola

für seinen Freund HERMANN VAN VEEN
war Kunze 1989 auch wieder tätig: für
das Veen-Album *Blaue Flecken* steuerte
Kunze nicht nur den Titelsong, sondern
noch weitere sechs Texte bei. Ende 1989
kam das *Gute-Unterhaltung*-Album auf
den Markt, im Frühjahr 1990 ging Kunze bereits wieder auf große Tournee.

Klaus Lage

geb. 16. 6. 1950 in Soltau/Deutschland:
voc

Klaus Lage, dem kleinen kompakten Musiker mit der runden Nickelbrille und der

gewaltigen, rauhen Rock-Röhre, wurde der Erfolg nicht leicht gemacht. Lang war sein Weg, bis er 1984 mit nur einem Song an die Spitze der deutschen Rockmusiker katapultiert wurde. Nach der mittleren Reife begann er eine Lehre als Baustoffkaufmann, versuchte sich als Straßenmusikant, spielte Gitarre, sang im BERLINER ROCKENSEMBLE und war von 1969 bis 1971 arbeitslos. Die Themen seiner wirklichkeitsnahen Songs nimmt er aus seinen vielfältigen Erlebnissen, er verarbeitet Jugenderinnerungen genauso geschickt wie Erfahrungen aus Berlin. Seine Musik ist entweder reiner, kraftvoller Rock oder, bei den Balladen, Blues und R & B mit dem richtigen Feeling. Man glaubt ihm seine Lieder über kaputte Typen ebenso wie seine gefühlvollen Love-Songs. Jahrelang war dieser ehrliche Rockmusiker vollkommen unterbewertet. Seine wirklich hörenswerten Rock-Alben *Positiv* und *Stadtstreicher* waren und blieben nur bei Insidern ein Geheimtip. Dann kam das Jahr 1984 – und mit ihm die Single *1000 und 1 Nacht,* eine bezaubernde, direkte Liebesgeschichte, die vom Musikalischen her allerdings nicht gerade typisch für Klaus Lage war. Das Lied kam in der Hitparade bis Platz 5. Auch das dazugehörige Album *Schweißperlen,* produziert von → WOLF MAAHN, war ebenfalls ein Volltreffer. Auch die Single *Monopoli,* ein Song über einen alten Arbeiter, der einfach entlassen wird, verkaufte sich gut. Den nächsten Volltreffer landete Klaus Lage dann 1985 mit dem Song *Faust auf Faust,* den er für den Schimanski-GÖTZ-GEORGE-Kinofilm *Zahn um Zahn* schrieb. Er kam damit bis auf Rang 10, *Heiße Spuren* hieß das Album dazu. 1986 veröffentlichte Klaus Lage dann das Album *. . . mit meinen Au-*

gen, eine Live-LP, die die Power, die der Künstler mit seiner hervorragenden Band auf der Bühne entwickelt, sehr gut zu Gehör brachte. Jetzt sangen auch andere seine Lieder, z. B. → JOE COCKER die englische Version von *Nie wieder Kind,* die bei dem Superstar *Now that you've gone* hieß. Beide Versionen konnten sich in der deutschen Hitparade plazieren. 1987 gab es dann wieder ein Studio-Album von Klaus Lage, die LP *Amtlich,* mit den Singles *Steig nicht aus* (einer Love-Story im Zug) und *Wenn du Wärme brauchst* (einer souligen Ballade). 1989 veröffentlichte der ›bärenstarke Typ‹, wie Lage von Fans gerne genannt wird, das Album *Rauhe Bilder.* Die LP zeigte ihn wieder als sehr genauen und sensiblen Beobachter von alltäglichen Kleinigkeiten, die im Großen ganz unbedeutend, im Kleinen aber unendlich wichtig sind. Mit dem Soft-Song *Zurück zu Dir* hatte Lage einen Single-Hit. Ebenso behutsam machte Lage sich 1989 an die deutsche Fassung eines Klassikers der Sparte Film-Songs. Aus dem Kult-Film *Casablanca* mit HUMPHREY BOGART und INGRID BERGMAN in den Hauptrollen, stammt der DOOLEY-WILSON-Song *As tears go by.* Lage zog die sanfte Nummer etwas rockiger auf und nannte sie *Die Liebe bleibt.*

Cyndi Lauper

geb. 22. 6. 1953 in New York/USA: voc/g

Anfang 1984 sang sich eine pausbäckige junge Frau mit schockierend orangerotem Haar und farbenprächtigem Zigeunerkostüm mit der Behauptung, »daß

Cyndi Lauper   Foto: CBS

ren, als dafür, weiterzusingen. Cyndi war ein ziemlich wilder Teenager. Verrückte Klamotten und Musik waren das einzige, was sie interessierte. Sie lag in ständigem Clinch mit ihren Lehrern und flog früher oder später aus jeder Schule. ELLA FITZGERALD und LOUIS ARMSTRONG, EDDIE COCHRAN und BRENDA LEE und später BARBRA STREISAND waren die Interpreten, die Cyndi verehrte und die sie schon bald perfekt imitieren konnte. Da sie zu Hause ständig aneckte, ging sie nach Vermont und besuchte dort die Kunstschule. Das Geld dazu verdiente sie sich mit Gelegenheitsarbeiten wie Modellstehen, Schreibmaschineschreiben, per Telefon Judo- und Karateunterricht geben, und Pferde nach einem Rennen zum Abkühlen herumführen. Aber ihr ganz großer Wunsch war es, Rock-Sängerin zu werden. Sie spielte ganz passabel Gitarre, und so ging sie 1974 nach New York zurück und begann an den Straßenecken im Künstlerviertel Greenwich Village ihre Sangeskünste zum besten zu geben. Tatsächlich bekam sie daraufhin einen Job als Background-Sängerin in einer Rock-Band namens DOC WEST. Die Gruppe spielte ausschließlich Hits anderer nach, und bald war Cyndi dazu ausersehen, die Songs von → JANIS JOPLIN zu singen. Beim Publikum kam das zwar großartig an, aber es war nicht das, was Cyndi als ihre Karriere im Sinn hatte. Sie wollte als Cyndi Lauper und nicht als Joplin-Imitation berühmt werden. Also verließ sie Doc West und ging zu der Gruppe FLYER. Aber auch diese Band beschränkte sich darauf, die Hits anderer nachzuspielen. 1977 trat ein Umstand ein, der Cyndis Karriere schon beinahe beendet hätte, ehe sie noch angefangen hatte: Cyndi verlor völlig ihre Stimme. Jahrelang hatte sie sich auf der

Mädchen doch auch nur ihren Spaß haben wollen«, an die Spitze der internationalen Charts. Ihr Name: Cyndi Lauper. So temperamentvoll, wie ihr bisheriges Leben verlief, begann es auch: Cyndi wurde in einem Taxi auf dem Weg ins Krankenhaus geboren. Sie wuchs in dem ruhigen New Yorker Vorort Williamsburg zusammen mit ihrer Schwester Elen und dem Bruder Butch auf. Das erste Geld mit Singen verdiente sich Cyndi im zarten Alter von fünf Jahren. Sie sang für die Erwachsenen in der Nachbarschaft Songs aus damals populären Musicals, wie *South Pacific,* und bekam dafür einen Vierteldollar. Cyndi gestand später, daß sie das Geld wohl mehr dafür bekommen habe, aufzuhö-

Bühne verausgabt, ohne je gelernt zu haben, wie man mit den empfindlichen Stimmbändern richtig umgeht. Ein Jahr lang mußte sie Stimm- und Atemübungen machen und therapeutische Maßnahmen über sich ergehen lassen, bis die Stimme zurückkehrte. Anschließend bekam sie die Gelegenheit, in einem eleganten Nachtclub aufzutreten, und lernte dadurch den Saxophonisten und Pianisten JOHN TURI kennen. Die beiden beschlossen, eine Band zu gründen und künftig die Songs selbst zu schreiben. Die Gruppe hieß BLUE ANGEL, und die Songs waren Rock-Titel, beeinflußt von der Musik der 50er und 60er Jahre. Die New Yorker Musikkritiker waren zwar von der zierlichen Cyndi und ihren temperamentvollen Auftritten begeistert, hielten aber wenig von ihrer Begleitband. Trotzdem bekam BLUE ANGEL einen Plattenvertrag und brachte 1980 das Album *Blue Angel* heraus. Obwohl die LP einige gute Songs enthielt, wurde sie kein Erfolg. Die Band bekam immer weniger Gigs, verdiente immer weniger Geld, und schließlich mußte Cyndi Lauper wieder einmal Gelegenheitsjobs annehmen, um überhaupt leben zu können. So arbeitete sie zu dieser Zeit z. B. als eine Art »singende Geisha« in einem japanischen Restaurant. Blue Angel verlor den Plattenvertrag, brach auseinander, und zu allem Überfluß wurde Cyndi Lauper auch noch von ihrem Manager auf Zahlung von 80 000 Dollar verklagt, die sie natürlich nicht hatte. So stand sie 1981 vollkommen mittellos da. Das Blatt wendete sich, als sie im gleichen Jahr DAVE WOLFFE kennenlernte. Er wurde ihr Liebhaber und Manager und verschaffte ihr einen Vertrag bei einer Plattenfirma, die ihr bei der Zusammenstellung ihrer Debüt-LP als Solistin völlig freie Hand ließ. So erschien am 14. Oktober 1983 das Album *She's so unusual,* das Cyndi Lauper über Nacht zum Star machte. Der rockige Pop-Song *Girls just want to have fun* schoß als erster an die Spitze der internationalen Charts und wurde ein Millionenseller. Aber auch der harte Rock-Song *She bop,* die wunderschöne, traurige Ballade *Time after time,* der Soft-Song *All through the night* und das kraftvolle *Money changes everything* wurden internationale Bestseller. Das Album, das übrigens von den damals noch ziemlich unbekannten → HOOTERS-Mitgliedern ERIC BAZILIAN und ROB HYMAN produziert wurde, verkaufte sich weltweit über 14 Millionen Mal, und brachte Cyndi diverse Gold- und Platin-Auszeichnungen ein. Die Künstlerin, die auf der Bühne schon Korsetts trug, als die anderen noch im Flatterlook herumhüpften, sammelte auch sonst noch diverse Auszeichnungen ein, wie Preise für die Videoclips ihrer Songs, von der Fachzeitschrift *Rolling Stone* die Auszeichnung als »Best New Artist«, vom TV-Video-Kanal MTV die Auszeichnung als »Best Female Video Artist«. 1985 glückte Cyndi Lauper in USA abermals ein Top-10-Hit, und zwar mit dem Song *The Goonies'r' good enough* aus dem Film *The Goonies.* 1986 veröffentlichte die stets schrill gewandete Interpretin das zweite Album: *True colors.* Und auch darauf bewies Cyndi, daß sie mit ihrer lautstarken und ausdrucksvollen Kleinmädchen-Stimme zu den besten Rock-Sängerinnen überhaupt gehört. Es war ein anspruchsvolles Album, für das sich Miss Lauper diesmal Topstars wie → BILLY JOEL, NILE ROGERS (CHIC), RICK DERRINGER und die → BANGLES ins Studio geholt hatte. Der Titelsong *True colors,* ein Lied über

Menschen, die ihr wahres Ich vor anderen verheimlichen, war in Amerika zwei Wochen lang die Nr. 1 der Hot 100, das dazugehörige Video ist heute bereits ein Klassiker, in dem Fachleute »anspruchsvolle Anleihen bei DALI und ISADORA DUNCAN« *(Stern)* sehen wollen.

Im Juli 1988 erschien als nächste Single der Up-tempo-Song *Hole in my heart (all the way to China)*. Es war zum einen die Vorabauskoppelung des für Herbst angekündigten dritten Lauper-Albums; und es war der Titelsong des Films *Vibes*, in dem Cyndi Lauper an der Seite von PETER FALK *(Columbo)* ihr Leinwanddebüt gab. Doch ihr Leinwanddebüt wurde ein Flop, und der Mix ihrer neuen LP gefiel ihr auch nicht. Also noch einmal ab ins Studio, und so wurde es April 1989, bis das dritte Cyndi Lauper-Album *A night to remember* auf den Markt kam. Es war eine sehr ausgereifte LP, die sich international in den Hitparaden plazieren konnte, aber nicht mehr an den Erfolg ihrer Debüt-LP heranreichte. Auch die Single *Heading west* wurde, trotz der Aktualität in Deutschland, kein großer Hit.

Laid Back

TIM STAHL, geb. in Kopenhagen, Dänemark: voc/keyb; JOHN GULDBERG, geb. in Kopenhagen, Dänemark: voc/g

Tim und John begannen ihre musikalische Karriere als Studiomusiker. Sie spielten zusammen in diversen Ensembles und bei diversen Studiogigs. Und als einmal bei einer Aufnahme der Solist nicht erschien, nutzten die beiden kurz-

entschlossen die Wartezeit und nahmen einen eigenen Song auf: *Maybe I'm crazy*. Sie gaben sich den Namen Laid Back, weil das so schön zu ihrer relaxten Musik paßte, und veröffentlichten 1981 dieses Lied in Dänemark. Innerhalb kürzester Zeit wurde der Song ein Hit und bekam Gold. Das erfolgreiche Duo, das von den eigenen Landsleuten lange Zeit für Briten gehalten wurde, richtete sich in der Nähe des berühmten Vergnügungsparks Tivoli ein eigenes Studio ein und versuchten weiter ihr Glück. Als Multiinstrumentalisten, Sänger und Autoren waren sie dabei auf keine fremde Hilfe angewiesen. 1982 veröffentlichte Laid Back die Debüt-LP *Keep smiling*, die weitere Hits enthielt: *High society girl*, und vor allen Dingen den unnachahmlichen *Sunshine Reggae*. Singles und LP wurden in Dänemark mit Edelmetall ausgezeichnet, der *Sunshine Reggae* bekam die Auszeichnung ›Best Summer Record '83‹, wurde beim Midem 83 vorgestellt und begann damit seinen Siegeszug durch die internationalen Hitparaden. In Deutschland war der lässige Song wochenlang die Nr. 1 der Hitparade und wurde zum Jahreshit 83 gekürt. Auch *High society girl* konnte sich auf einem guten Platz 9 etablieren. 1984 wagten die beiden Dänen auch den Sprung über den Ozean. Mit *White Horses* eroberten die beiden die US-Disco- & Dance-Charts und plazierten sich vor Mega-Stars wie → MICHAEL JACKSON auf Platz 1. Die Maxi der ›weißen Pferde‹ verkaufte sich in USA so gut, daß Laid Back von den amerikanischen Medien als ›bestes Maxi-Duo‹ gewählt wurde. 1985 kam die nächste LP namens *Play it straight*. Doch weder diese LP mit der Single *One life* noch die Nachfolgewerke wie *It's a shame* 1986 oder *Party at The White House* 1987 konnten den Anfangs-Erfolg wiederholen. Der nächste Laid-Back-Knüller kam erst 1989 mit dem *Bakerman*, einem relaxten Song im Stil von *Sunshine Reggae*: ein hypnotischer, lässiger Rhythmus, ein einschmeichelnder Mädchen-Chor mit geheimnisvoll afrikanischen Worten, gekonnte Bläserlinien, griffige Gitarrenhooks. Der Song mit dem witzigen Video (in dem die Dänen als Fallschirmspringer mit frischen Broten in den Händen durch die Luft segelten) wurde wieder ein gesamteuropäischer Erfolg. Ebenso das Ende 89 veröffentlichte Album *Hole in the sky*. Weitere Singles aus diesem Album waren das temperamentvolle *Bet it on you* und die sanfte Ballade *Highway of love*.

Viktor Lazlo

geb. 1961 in Frankreich: voc

Der Name stammt von HUMPHREY BOGARTS Gegenspieler in dem Kino-Klassiker *Casablanca,* aber die Sängerin, die ihn sich als Künstlernamen ausgesucht hat, ist alles andere als männlich: Viktor Lazlo ist eine braunhäutige Schönheit mit hinreißenden Kurven und einer faszinierend rauchigen Stimme. Sie ist die Tochter einer englischen Mutter aus Grenada und eines französischen Vaters aus Martinique. So international wie ihre Eltern, war auch ihre Jugend. Sie besuchte die Europaschule in Brüssel, lernte Englisch, Französisch, Holländisch, Deutsch und Italienisch, nahm Geigen- und Ballettunterricht, wechsel-

te mit 16 Jahren zum Jazztanz und studierte Kunstgeschichte und Archäologie. So ganz nebenbei machte die bildschöne Viktor auch noch Karriere als internationales Fotomodell, ehe sie sich Anfang der 80er Jahre der Musik zuwandte. 1983 wurde sie in einem Nachtclub in Brüssel von LOU DEPRIJCK entdeckt, Belgiens erfolgreichstem Talentsucher und Hitmacher (PLASTIC BERTRAND, LOU & THE HOLLYWOOD BANANAS). Sie nahmen zusammen das Duett *Casanova* auf, das in Frankreich und Belgien ein Top-10-Hit wurde. Den nächsten Erfolg konnte Viktor Lazlo mit dem Song *Backdoor man* für den Film *A mort l'arbitre* verbuchen und mit der Single *Last call for an angel*. 1985 erschien ihr Debüt-Album *She,* das sich nicht nur in Belgien und Japan hervorragend verkaufte, sondern auch in Deutschland über 100 000mal über den Ladentisch ging. Viktor singt eine perfekte und gelungene Mischung aus jazzigen Songs, sanften Balladen und MOR-Titeln, denen sie mit ihrer faszinierenden, rauchigen Stimme das »gewisse Etwas« verleiht. »Cool Wave« nennt sie selbst ihre Art von relaxer und doch so spannungsgeladener Musik, *Sweet, soft n'lazy* hieß denn auch bezeichnenderweise der Single-Hit daraus. Anfang 1987 erschien die zweite LP, die nur einfach *Viktor Lazlo* hieß und wieder Songs mit Niveau bot. Doch Viktor Lazlo war nicht der einzige Star dieser LP: auf der ersten Single *Breathless* wurde sie von JAMES INGRAM begleitet, auf *Hey baby, cool!* spielte das COUNT BASIE ORCHESTRA mit ihr, und den Begleitmusikern gehörten hochkarätige Künstler wie die Sängerin BUNNY DEBARGE und der Mundharmonika-Star TOOTS THIELEMANS an. Am 9. Mai 1987 konnten rund 500 Millionen Fernsehzuschauer

Viktor Lazlo Foto: Polydor

die attraktive junge Dame bewundern, als sie souverän den Eurovisions-Wettbewerb in Brüssel moderierte und natürlich auch ihre Sangeskünste zum besten gab. Mit dem 89er-Album *Hot and soul* zeigte sich Viktor Lazlo wieder als einfühlsame Interpretin des intimen Chansons, das am besten in der dunklen Abgeschiedenheit einer Bar wirkt. Über ein Jahr hatte sie pausiert. In dieser Zeit war sie Mutter geworden. Der Vater ihres Sohnes Maxime ist der französische Modefotograf Patrice. Außerdem bereitete sich die junge Mutter auf einen Film namens *Signe de feu* (›Zeichen des Feuers‹) vor, den sie 1989 mit dem italienischen Regisseur Nino Bizzarri in Lissabon drehte. 1990 brachte die sprachbegabte Schönheit ihre nächste LP heraus, betitelt nach einem ihrer Erfolgs-Songs: *Sweet, soft n'lazy*, Untertitel ›The exclusive collection‹. Eigentlich war das Album eine Best-Of-Koppelung, es enthielt allerdings auch in Deutschland nicht veröffentlichte Versionen von Lazlo-Songs und neue Titel. Dazu gehörte das spanische *Ansiedad*, geschrieben für den spanischen Musical-Film *Boom Boom*, und das französisch-deutsche Duett *Das erste Mal tat's noch weh (Histoires D'Amour)*, das Viktor mit dem duetterprobten → STEFAN WAGGERSHAUSEN aufnahm. Das sanfte Lied konnte sich in der deutschen Hitparade auf Platz 2 etablieren. Dieses Erfolgsrezept probierten die beiden Ende 1990 mit dem deutsch-französischen Duett *Jesse* noch einmal aus.

John Lennon

JOHN WINSTON LENNON, geb. 9. 10. 1940 in Liverpool/England, voc/g; gest. 8. 12. 1980 in New York/USA

John Lennon war – zusammen mit → PAUL MCCARTNEY – der kreative Kopf der → BEATLES. Er war aber auch das nachdenkliche, kritische, zynische, störrische und, schlußendlich, das zerstörerische Element der englischen Super-Formation. Johns Vater war der Schiffssteward FRED LENNON, seine Mutter die Kinoplatzanweiserin JULIA STANLEY. Da sein Vater beruflich viel unterwegs war und seine Mutter, eine lebenslustige Frau, wegen des Babys nicht auf ihr Amüsement verzichten wollte, wurde John zu einer Freundin namens MARY SMITH gebracht. Bei ihr, ihren zwei Töchtern und ihrem Mann George wuchs John Lennon auf. Er nannte sie zärtlich »Tante Mimi«. Von seiner Mutter bekam er mit fünfzehn die erste Gitarre. Sie brachte ihm auch die Grundbegriffe des Gitarrespielens bei. Am 5. März 1956 gründete er seine erste Band, die QUARRYMEN, aus der dann später, mit Paul McCartney, → GEORGE HARRISON und RINGO STARR, die Beatles entstanden. John Lennon heiratete seine erste Frau Cynthia, bekam am 8. April 1963 seinen ersten Sohn. Er nannte ihn, im Gedenken an seine Mutter Julia, die am 15. Juli 1958 bei einem Autounfall ums Leben gekommen war, Julian. Bis 1970 schuf John Lennon, zusammen mit Paul McCartney und den beiden anderen Beatles, neue Maßstäbe in der Popmusik. Im April 1970 lösten sich die Beatles

inoffiziell auf. Ein ausschlaggebender Grund dafür war, außer internen Querelen, eine Frau: YOKO ONO. John Lennon hatte die japanische Bankierstochter bereits 1966 kennengelernt. Yoko Ono war sechs Jahre älter als John Lennon und damals noch mit einem Filmproduzenten namens TONY COX verheiratet. Von Anfang an war John Lennon von der kleinen, zierlichen Frau mit dem unergründlichen Lächeln und den langen schwarzen Haaren fasziniert. Yoko Ono veranstaltete damals Ausstellungen mit konzeptioneller Kunst. Auf künstlerischer Basis trafen sich die beiden zunächst auch. Sie fabrizierten gemeinsam das Album *Unfinished music Nr. 1 – two virgins* und einen Film namens *Rape – Vergewaltigung*. Die LP zierte ein gemeinsames Nacktfoto von John und Yoko. Wegen dieses Covers wurde die Platte von der Polizei wegen »Unzüchtigkeit« beschlagnahmt. Sowohl das Album als auch der Film wurden von der Kritik zerrissen. Beides waren Ideen von Yoko Ono gewesen. Zu diesem Zeitpunkt war ihr John Lennon bereits hoffnungslos verfallen. Am 8. November 1968 ließ er sich von Cynthia scheiden, am 20. März 1969 heiratete er Yoko Ono. Das ungleiche Paar machte von Anfang an Schlagzeilen. Da waren z. B. die »Bed-Ins«, d. h. John und Yoko lagen von zehn Uhr morgens bis zehn Uhr abends für den Weltfrieden im Bett. Über ihren Köpfen war ein Plakat mit der Aufschrift »Bed Peaces«, und jeder Journalist war eingeladen, sie zu besuchen und zu interviewen. Die Idee dazu hatte Yoko Ono gehabt, John hatte sich die Formulierungen wie »Unsere Kunst ist der Frieden!« dazu ausgedacht. Bei einem derartigen »Bed-In« in Montreal entstand auch die Aufnahme des Lennon-Ono-Songs *Give peace a chance*. Mit 40 Freunden, der PLASTIC ONO BAND, hatten die beiden das Lied 1969 in einem Hotelzimmer aufgenommen. Es wurde ein Millionenerfolg. Doch der schöne Schein trog, die Spannungen zwischen Lennon und der eigenwilligen Japanerin wurden immer größer. Lennon versuchte sie mit Drogen zu verdrängen. Als ihm seine Drogenabhängigkeit bewußt wurde, machte er auf eigene Faust eine Entziehungskur. Die Qualen dieser Kur gab er 1969 in seinem Song *Cold Turkey* wieder. Das Lied wurde allerdings nur ein mittelmäßiger Erfolg. Am 25. November 1969 sorgte John Lennon das nächste Mal für weltweites Aufsehen: Er gab seinen Orden »Member of the British Empire« zurück, mit der Begründung ». . . aus Protest gegen das britische Engagement im Nigeria-Biafra-Konflikt, gegen unsere Unterstützung der Amerikaner in Vietnam und gegen das Abrutschen meiner Schallplatte *Cold Turkey* in den Charts.« Ende 1969 spielte er mit der PLASTIC ONO BAND den Titel *Instant Karma* ein, der 1970 ein Hit wurde. Dann rasierte er sich die Beatles-Mähne ab, schrieb den Song *Power to the people*, ließ sich für das Platten-Cover mit Yoko in Straßenkämpfer-Anzügen fotografieren und galt von da ab als militanter Linker. Das Lied wurde weltweit ein Hit. Doch die amerikanische Regierung reagierte allergisch auf den Aufruf »Alle Macht dem Volk«. 1971 reiste John Lennon mit Yoko Ono nach Amerika, um künftig dort zu leben. Seine erste Handlung war, in Syracuse für die Rechte der Indianer zu protestieren. Damit war für die Nixon-Regierung endgültig »der Ofen aus«. Sie forderte Lennon auf, umgehend das Land zu verlassen. Ein zäher Kampf zwischen der US-Regierung und Lennon begann. Geschürt wurde das Ganze noch 1972 durch die Veröffentlichung der provozierenden Single *Happy Xmas (War is over).* Vorher hatte John Lennon noch sein Album *Imagine* eingespielt, teils vor seiner Abreise in England und teils in Amerika. Es zeigte ihn abermals als Schreiber eindringlicher, nachdenklicher, intelligenter Songs. Der Titelsong *Imagine* wurde 1971 ein internationaler Bestseller. Weniger erfolgreich wurde das Album *Sometime in New York City* (1972). Ein Bestseller wurde dagegen 1973 die LP *Mind games*, die wieder den vorzüglichen Songwriter John Lennon zeigte. 1974 produzierte John Lennon für HARRY NILSSON die LP *Pussy cats,* spielte sein eigenes Album *Walls and bridges* ein, und trennte sich für die Dauer von achtzehn Monaten von Yoko Ono. Es war eine wilde Zeit für John Lennon, dessen Lebensinhalt in diesen Monaten vor allen Dingen in Saufgelagen und Drogenexzessen bestand und in der er künstlerisch völlig unproduktiv blieb. 1975 ging er wieder zu Yoko Ono zurück. Am 9. Oktober 1975 kam sein zweiter Sohn, Sean Ono, auf die Welt. Mit *Shaved fish* veröffentlichte John Lennon 1975 sein letztes Album für die nächsten fünf Jahre. Er zog sich mit Frau und Kind zurück, wollte nur noch als Vater und Ehemann auf seiner Rinderfarm in Kanada leben. Jährlich 20 Millionen Dollar aus Tantiemen aus seinen Songs machten ihm den Entschluß leicht. Im Juli 1976 bekam er dann endlich auch seine Einwanderungsgenehmigung für Amerika. Man hörte nichts mehr von John Lennon. Es gingen Gerüchte um, daß er tot sei. Daraufhin veröffentlichte John Lennon 1979 in der *New York Times* eine Anzeige, daß er noch lebe und glücklich sei. Yoko Ono war inzwischen zur Managerin und Verwalterin seines Vermögens geworden, Lennon kümmerte sich um die Erziehung seines Sohnes Sean. Doch die Musik ließ ihn nicht los. Ab und zu schrieb er doch wieder neue Lieder, und 1980 war es dann soweit: Er ging wieder ins Studio. 1980 veröffentlichte er die Single *Starting over.* Das Lied über den »Neubeginn« wurde ein Nr.-1-Hit in USA und England und verkaufte sich millionenfach. Ebenso erfolgreich war das im November 1980 erschienene Album *Double fantasy,* das er mit Yoko Ono aufgenommen hatte. Am 8. Dezember 1980 wurde John Lennon von dem geistesgestörten MARK DAVID CHAPMAN aus Hawaii vor seinem Wohnhaus in New York erschossen. Er kam gerade aus dem Plattenstudio, wo er Vorbereitungen für eine neue LP getroffen hatte. Menschen in aller Welt trauerten um ihn. Die trauernde Witwe Yoko Ono erwies sich als ausgesprochen geschäftstüchtig. Kurz nach seinem Tod brachte sie 1981 ein Solo-Album namens *Seasons of glass* heraus. Auf dem Cover der LP war geschmackloserweise die blutverschmierte Brille von John Lennon abgebildet. Seitdem veröffentlicht Yoko Ono, die zu den reichsten Frauen der Welt zählt, mit schöner Regelmäßigkeit Alben, die aber ebenso einfallslos wie uninteressant sind. Ab und zu geht sie auch auf Tournee und produziert sich vor meist ziemlich leeren Häusern. Dafür brachte John Lennon posthum neben seinen Plattentantiemen weiter Geld ein. Im Mai 1989 ersteigerte ein finnischer Beatles-Fan bei einer Auktion John Lennons weißen Mercedes-Benz 600 Pullmann für lockere DM 434 000.

Julian Lennon

geb. 8. 4. 1963 in Liverpool/England: voc/p

»Der Apfel fällt nicht weit vom Birnbaum« – dieses Sprichwort trifft auf Julian Lennon voll zu. Er sieht nicht nur aus wie sein Vater, er singt und schreibt auch so. Davon konnte man sich auf seinem Debüt-Album *Valotte* (1984) überzeugen. Julian ist der Sohn von John Lennon und dessen erster Frau CYNTHIA. Drei Wochen vor seiner Geburt hatten die → BEATLES mit *Please please me* den 1. Platz der British Charts erreicht, drei Tage nach seiner Geburt wurde die Single *From me to you* veröffentlicht. Zunächst wurde Julian samt Mutter versteckt, denn es tat dem gerade erst aufblühenden Image eines Beatle nicht gut, bereits fest gebunden zu sein, er hätte dadurch ja eventuell ein paar weibliche Fans verlieren können. Anschließend wurde der stramme Nachwuchs zwar stolz herumgezeigt, aber zu bald hatte das glückliche Familienleben ein Ende. John Lennon lernte die Japanerin YOKO ONO kennen und ließ sich 1968 von Cynthia scheiden. Julian zog mit seiner Mutter nach Cheshire, ging dort zur Schule und lernte dort JUSTIN CLAYTON kennen, einen Knaben, der genauso musikbegeistert war wie er selbst. Mit ihm gründete Julian auch 1980 seine erste eigene Band, THE LENNON DROPS. Doch die Schüsse, die seinen Vater am 8. Dezember 1980 töteten, stürzten Julian in eine tiefe Krise. Das einzige, was ihm über diese schwere Zeit hinweghalf war, nach eigenen Angaben, die Musik.

Julian Lennon, Mike Batt, Roger Daltrey, Captain Sensible

Die Jahre 1981 und 1982 verbrachte Julian Lennon größtenteils am Klavier, um zu komponieren. Zum einen, weil es ihm Spaß machte, aber zum anderen aus folgendem Grund: »Ich möchte den Namen Lennon am Leben erhalten, aber auf meine Weise.« 1983 bot er zum erstenmal seine Demos an und bekam (natürlich) sofort einen Plattenvertrag. Er zog sich mit seinem Schulfreund, dem Gitarristen Justin Clayton, und dem aus Jamaika stammenden Bassiten CARLOS MORALES nach Südfrankreich auf ein wunderschönes Schlößchen namens »Manoir de Valotte« zurück, um seine Songs auszuarbeiten. Deshalb nannte er sein Debüt-Album auch *Valotte*. Als seine Songs fertig waren, wünschte er sich als Produzenten PHIL RAMONE, den er von seiner Arbeit für → BILLY JOEL her kann-

te. Natürlich wurde seinem Wunsch entsprochen. Unter diesen günstigen Vorzeichen entstand 1984 das Erstlingswerk von Julian Lennon. Es war ein ausgesprochen gelungener Einstand, perfekt vom ersten bis zum letzten Ton. Doch die Ähnlichkeit mit Songs seines Vaters war unverkennbar. Nicht daß Julian Lennon seinen Vater kopiert oder bei ihm abgeschrieben hätte. Aber Song-Ideen und deren Umsetzung hätten genausogut auch von John Lennon stammen können. John Lennon wäre stolz auf seinen Erstgeborenen gewesen, auch wenn er ihn angeblich in seinem Testament mit keinem einzigen Pfennig bedacht hat. Die Single-Hits aus diesem Album waren *Valotte* und *Too late for goodbyes*. Das Album verkaufte sich weltweit über zwei Millionen Mal und brachte ihm von der amerikanischen Fachzeitschrift *Rolling Stone* die Auszeichnung als »bester Nachwuchssänger« ein, und auch von der renommierten American Society of Composers, Authors and Publishers bekam er einen Preis. 1985 tourte Julian Lennon ausgiebig und erfolgreich durch Amerika und Kanada und fand dabei noch Zeit, das Lied *Because* aufzunehmen. Der Soft-Song stammte aus dem Musical *Time,* das von DAVE CLARK (DAVE CLARK FIVE) geschrieben und produziert worden war. 1986 folgte dann der zweite Streich: die LP *the Secret value of daydreaming.* Auch darauf war die Ähnlichkeit mit Vater John Lennon wieder unverkennbar. Jedenfalls wurde Julian inzwischen international als eigenständiger Musiker und Interpret voll anerkannt. Andere Stars, wie → JOHN FOGERTY und NEIL YOUNG, forderten den jungen Mann zum gemeinsamen Musizieren auf. Und → MIKE BATT holte ihn sich 1987 als Sänger für sein ehrgeiziges Projekt *The hunting of the snark,* in dem Julian Lennon »The Baker« sang und spielte.

Das nächste Mal hörte man dann 1988 wieder etwas von John Charles Julian Lennon. *Mr. Jordan* hieß das Album, dessen Namen sich Julian aus einem alten Film ausgeliehen hatte, dem Streifen *Here comes Mr. Jordan,* das Original von *Heaven can wait.* Und so ist auch der Engel auf dem Cover zu erklären, der sich seine Flügel ausreißt. Denn in dem Film geht es ja um einen Mann, der versehentlich zu früh stirbt, in den Himmel kommt und von einem Engel namens Mr. Jordan wieder auf die Erde zurückgeschickt wird: »Da das Album von Leben, Liebe, Tod und Glauben handelt, finde ich, daß der Titel dazu paßt«, meint Julian dazu. Als neuen

Mitstreiter für diese LP hatte er sich JOHN McCURRY geholt, der früher Gitarrist bei → CINDI LAUPER und → JOHN WAITE gewesen war. Der von Julian erwählte Produzent war PAT LEONARD, der schon für → MADONNA die richtigen Titel geschrieben und produziert hat.

Level 42

MARK KING, geb. 20. 10. 1958 in Cowes/Isle of Wight, England: b/voc; MIKE LINDUP, geb. 17. 3. 1959 in London/England: keyb/voc

Die englische Band wurde 1980 von den Gebrüdern PHIL (dr) und BOON GOULD (g) gegründet. Die gemeinsame Vorliebe für MILES DAVIES und JOHN McLAUGHLIN verband sie mit Mark King und Mike Lindup, und so entstand Level 42. Der Name kommt aus dem Computer-Spiel *Hitchhikers Guide to the Galaxy*, einer höchst amüsanten Science-fiction-Story, bei der »Level 42« die Antwort auf die Frage nach dem Sinn des Lebens war. Zunächst agierte das Quartett als reine Instrumentalband, bis sie sich bei dem Song *Love meeting love* zu einem Text entschlossen. Die Single erschien 1980 und schaffte immerhin bereits den Sprung in die englischen Funk- und Disco-Charts. Die dritte Single *Love games* (ebenfalls noch 1980) konnte sich bereits in den offiziellen British Charts plazieren, und das Debüt-Album *Level 42* (1981) kam sogar unter die Top 20 der LP-Charts. Die erste goldene Schallplatte erhielt die englische Formation allerdings in Holland. Von dort aus startete Level 42 auch per Europatournee den

Level 42   Foto: Polydor

Angriff auf die deutschen Musikfans —
mit Erfolg. In England waren die gut gemachten Funk-Platten ab 1983 grundsätzlich in der oberen Hälfte der Charts
zu finden: *The Chinese way* 1983
Platz 22, *The sun goes down* 1983
Platz 8, *Hot water* 1984 Platz 17. Die
Single *Hot water* brachte Level 42 auch
die erste Hitparaden-Plazierung in
Deutschland. Auch die LPs *The pursuit
of accidents* (1982), *Standing in the light*
(1983) und *True colours* (1984) verkauften sich in England und Europa sehr gut.
Den großen Durchbruch brachte 1985
die LP *World machine*, auf der Level 42

nicht mehr ausschließlich weißen Funk
brachten, sondern sich mehr am Pop-
Markt orientierten. Das Album bekam
in England Doppel-Platin und hatte mit
Something about you eine Hit-Single,
die 1986 sogar in Amerika unter die
Top 10 kam. Die Single *Lessons in love*
war Mitte 1986 wochenlang die Nr. 1 der
deutschen Hitparade und belegte diesen
hervorragenden Platz noch in sechs weiteren Ländern. Das 87er Album *Running in the family* wurde ebenfalls ein
internationaler Bestseller, und auch die
gleichnamige Single rangierte weltweit
in den Hitparaden ganz oben. Anfang

1988 gab es eine wichtige Umbesetzung: die Gebrüder Phil und Boon Gould verließen die Band wegen musikalischer Differenzen, für die beiden holte Gruppen-Oberhaupt Mark King den Gitarristen ALAN MURPHY, ehemals GO WEST, und den Trommler GARY HUSBAND. In dieser neuen Besetzung veröffentlichte die Gruppe 1988 die Single *Heaven in my hands* und das Album *Staring at the sun.*

Sowohl das Album als auch die nächsten Singles *Take a look* und *Tracie* wurden wieder Hits, die sich allesamt in den UK-Charts plazieren konnten. Zu dieser Zeit entstand auch die Video-Dokumentation *Fait accompli,* die die Band vor, hinter und außerhalb der Bühne portraitierte. Und Level 42 ging wieder auf große Tournee, deren krönender Abschluß acht ausverkaufte Konzerte in der Londoner Wembley-Arena im Januar 1989 waren. Dann gönnte sich die Truppe erst einmal eine wohlverdiente Ruhepause, während der sich Mark als musikalischer Direktor der *Princes Trust Konzerte* betätigte. *Im Herbst 1989 juckte es die Band wieder in den Fingern, und sie gingen ins Studio, um die neue Single Take care of yourself* aufzunehmen. Und dann traf die Formation ein schwerer Schlag: am 19. Oktober 1989 starb in London Alan Murphy, ihr Gitarrist. Er war nur 35 Jahre alt geworden. Am 6. November 1989 erschien dann mit *Level best* eine Best-Of-Kompilation der Formation, die auch die neue Hitsingle enthielt.

Huey Lewis and the News

HUEY LEWIS (HUGH ANTHONY CREGG), geb. 5. 7. 1951, in USA: voc; SEAN HOPPER, geb. 31. 3. 1953 in USA: keyb; BILL GIBSON geb. 13. 11. 1951 in USA: dr; MARIO CIPOLLINA, geb. 10. 11. 1954 in USA: b; JOHNNY COLLA, geb. 24. 11. 1957 in USA: sax; CHRIS HAYES, geb. 2. 7. 1952 in USA: g

Kopf der amerikanischen Rockband ist, wie der Name schon sagt, Huey Lewis, der gutaussehende Sänger mit der rauhen Stimme. Obwohl der großgewachsene Musiker eigentlich Baseballspieler werden wollte, ging er 1967, auf Anraten seines Vaters, nach dem Schulabschluß erst einmal nach London und schlug sich dort, mehr schlecht als recht, als Straßenmusikant durch. 1968 zog es ihn wieder in seine Heimatstadt San Francisco zurück. Er probierte dort mehrere Berufe aus, wie z. B. Vizepräsident einer Landkartenfirma oder Organisator für das Verteilernetz einer Joghurt-Firma, und tingelte nebenbei immer fleißig mit diversen Bands, wie z. B. SLIPPERY ELM und CLOVER. Mit der Gruppe Clover, bei der er inzwischen festes Mitglied geworden war, unternahm er 1976 abermals einen Trip nach London. Doch wieder klappte es im Mekka der Popmusik nicht. Punk und New Wave waren am Zug, und kein Mensch interessierte sich Ende der 70er Jahre für den R & B-betonten Rock der Clover. Wieder nach Amerika zurückgekehrt, löste sich die Band ziemlich frustriert auf. Huey bekam danach Engagements bei den Produktionen für Alben von NICK LOWE und DAVE EDMUNDS, hatte dabei Gelegenheit, Demos von eigenen Sachen vorzuspielen und bekam prompt 1979 einen Plattenvertrag. Eiligst trommelte er seine News zusammen, teilweise alte Bekannte von Clover, und ging mit ihnen ins Studio. 1980 erschien die Depüt-LP von Huey Lewis and the News, die nur nach der Gruppe benannt war. Doch ihr rauher, ungeschminkter, ehrlicher Rock klang zu deftig für den amerikanischen Durchschnittsgeschmack. Dem trug Huey Lewis auf der zweiten LP *Picture this* Rechnung: Er machte zwar immer noch seinen ehrlichen Rock mit den R & B-Wurzeln, aber die Ecken und Kanten waren etwas abgeschliffen. Prompt hatte er mit *Do you believe in love* seinen ersten Single-Hit, der in den US-Charts bis auf Platz 7 kam. Diese musikalische Richtung führte er auch auf seinem 83er Album *Sports* weiter – mit noch mehr Erfolg. Mit diesem Album eroberte er nun endlich auch den europäischen Markt, nicht zuletzt mit seinen hinreißenden Konzerten, bei denen er sich, zusammen mit seinen hervorragenden Musikern, mit Begeisterung verausgabte. *Heart and soul, I want a new drug, The heart of Rock & Roll, If this is it*, hießen seine amerikanischen Top-10-Hits in den Jahren 1983/84, die sich größtenteils auch in Deutschland plazieren konnten. 1985 war der sympathische Sänger mit den blitzblauen Augen und dem verführerischen Grübchen am Kinn weltweit wieder ganz oben in den Hitparaden zu finden: *The power of love* hieß sein Song, den er für den äußerst erfolgreichen SF-Film *Zurück in die Zukunft* aufgenommen hatte. 1986 brachte Huey Lewis sein viertes Album heraus. Der

begeisterte Golf-Spieler nannte die LP *Fore!*, das ist ein Ausruf aus der Golfer-Sprache und bedeutet: »Achtung! Hier kommt der Ball!«. Und die LP »saß« tatsächlich wie ein gutgeschlagener Golf-Ball. Mit der Single *Stuck with you* hatte er, nach *The power of love*, seinen zweiten Nr.-1-Hit in Amerika, und auch *Hip to be square* belegte einen ausgezeichneten Platz 3 in den Hot 100 von USA. Auch in Deutschland kamen LP und Singles ganz hervorragend an, bei seinen Konzerten wurde er frenetisch bejubelt. 1988 gab's dann wieder ein vorzügliches Album von Huey Lewis and the News: die LP *Small world* mit der Hit-Single *Perfect world*.

Udo Lindenberg

geb. 17. 5. 1946 in Gronau/Westfalen, Deutschland: voc

Er ist der Musiker mit dem unvermeidlichen Hut und der näselnden Un-Stimme, Deutschlands Renommier-Rocker Nr. 1. Doch bevor er zum Panik-Udo wurde, mit *Dröhnland-Symphonie* und *Götterhämmerung* den Deutschen bodenständigen Rock vorführte und mit *Rudi Ratlos* und *Elli Pyrelli* zwei volksnahe Ulk-Typen schuf, war es ein langer Weg. Nach der mittleren Reife konnte sich Udo nicht zwischen Schiffssteward und Gaststättengewerbe entscheiden – also studierte er Musik in Münster und Duisburg. Schlagzeug konnte er bereits spielen, mit zwölf hatte er sein erstes bekommen. 1968 war er in Hamburg gelandet und hatte sich den

Udo Lindenberg   Foto: Polydor

City Preachers angeschlossen, bei denen Inga Rumpf Sängerin war. 1969 spielte er mit Knut Kiesewetter und Michael Naura und gründete seine erste eigene, wenig erfolgreiche Gruppe: Orbit. 1970 zog's Udo Lindenberg ganz zum Jazz. Er spielte bei Klaus Doldingers Passport und bei Motherhood. 1971 probierte er es noch einmal mit einer eigenen Band, mit der Gruppe Emergency, die die englischsprachige LP *Lindenberg* herausbrachte. Ohne Erfolg. Also schwenkte Udo 1972 auf »deutsch« um und veröffentlichte das Album *Daumen im Wind*, auf das zumindest die Kritiker recht positiv reagierten. Es folgte ein kurzes Zwischenspiel bei Inga Rumpfs Gruppe Atlantis, und dann gründete Udo sein legendäres Panik-Orchester. Der einprägsame Song (*und dann ist wieder alles klar, auf der*) *Andrea Doria* geriet 1972 zum durchschlagenden Erfolg, ebenso die dazugehörige LP *Alles klar auf der Andrea Doria*. Das Album *Ball Pompös* (1974) und die LP *Votan Wahnwitz* (1973) wurden ebenfalls deutschlandweite Bestseller. Lindenbergs Lieder waren zwar musikalisch nicht sonderlich einfallsreich, aber er hatte ein unschlagbares Talent: Er formulierte knallharte und witzig-ironische Wortspielereien, die jeder verstand. Seine treffenden Formulierungen gingen sogar als Schlagwörter in die deutsche Umgangssprache ein. Doch allmählich entwickelte er sich zum Viel-Schreiber. Allein 1976 erschienen vier LPs: *No Panic, Panik-Udo, Galaxo-Gang, Sister King Kong*. 1977 schlug er dreimal zu: *Panische Nächte, Das sind die Herren vom anderen Stern, Rock in*

Deutschland; 1978 folgten Lindenbergs *Rock-Revue* und die *Dröhnland Symphonie*. 1979 setzte Udo Lindenberg mit seinem Panik-Orchester neue Maßstäbe in bezug auf deutsche Rock-Shows. Er präsentierte seine *Dröhnland-Symphonie*-Tournee, ein multimediales Spektakel, wie die *Frankfurter Allgemeine* damals schrieb, »Glitzer-Zwischenreich von Rockmusik, Hollywood-Revue, Gesellschafts-Kritik, Politkarikatur und Kommerz«. PETER ZADEK inszenierte die aufwendige Revue, der Pantomimen-Star SAMY MOLCHO machte die Choreographie. Ebenfalls 1979 erschienen noch die LPs *Livehaftig* und *Der Detektiv* und das Taschenbuch *Hinter all den Postern*. 1980 stieg Lindenberg ins Filmgeschäft ein und drehte den Streifen *Panische Zeiten*, in dem er in einer Doppelrolle zu sehen war. Dazu gab's natürlich auch das Album *Panische Zeiten* und die LP *Meine Panik*. 1981 folgten die LP *Udopia* und die Bücher *Rock 'n' Roll, ein panisches Panorama* und *Das Textbuch*. In die Single-Charts kam Udo Lindenberg im Oktober 1981 mit dem etwas rührseligen Anti-Kriegs-Lied *Wozu sind Kriege da?*, das er zusammen mit PASCAL KRAVETZ, dem 10jährigen Sohn seines Keyboarders JEAN-JACQUES KRAVETZ aufgenommen hatte. 1982 veröffentlichte Lindenberg »nur« zwei LPs, *Intensivstation* und *Keule*, dann wechselte er die Plattenfirma. *Odyssee* hieß das nächste Album mit dem Superseller *Sonderzug nach Pankow*. Auf geradezu geniale Weise hatte Lindenberg den alten Song *Chattanoogachoochoo* hergenommen und einen brandaktuellen Text dazu verfaßt, in dem er seinen Frust darüber losließ, daß ihm ein Konzert in der DDR verwehrt worden war. Das Album brachte ihm Gold ein. Bei der dazugehö-

rigen Tournee mit dem italienischen Rock-Star → GIANNA NANNINI als Gast wurde er von der stimmgewaltigen, temperamentvollen jungen Dame allerdings des öfteren an die Wand gesungen. Dafür gab's dann 1983 noch als Zugabe die LP *Lindstärke 10*. Mit großem Aufwand wurde dann 1984 das Album *Götterhämmerung* angekündigt. Doch die LP hielt nicht so ganz, was man sich davon versprach. Die Texte waren schlaffer geworden, nicht mehr so zündend. Der Eindruck verstärkte sich noch bei den 85er Alben *Honky Tonk Show*, *Sündenknall* und *Radio Eriwan*. Musikalisch blieb alles beim alten (im wahrsten Sinne des Wortes), bei den Texten fehlte jedoch der richtige Biß. Sie waren nicht mehr treffend-witzig-ironisch, sondern eher bösartig-beißend, teilweise einfach nur ordinär und auch langweilig. Das hatte inzwischen auch das Publikum gemerkt, die 85er Tournee war ein Reinfall. Also riß sich Udo 1986 beim Album *Phönix* am Riemen — und hatte, nach großen Anlaufschwierigkeiten, tatsächlich wieder ein Gold-Album abgeliefert. Mit schuld an diesem Erfolg war die Single *Horizont*, ein sehr melodiöses, nettes Pop-Lied der softigen Sorte, das sich monatelang in den Single-Charts halten konnte. Das gab Udo, dem wohlbehüteten, wieder Auftrieb. Er sorgte wieder für Schlagzeilen, sei es, daß er ERICH HONECKER eine Lederjacke zukommen ließ, sei es, daß er es schaffte, sechs Auftritte in Moskau und Leningrad zu bekommen, sei es, daß er 1987 mit der bissigen Single *Der Generalsekretär* wieder zum verbalen Rundum-Schlag ausholte. In dieser altbewährt ironisch-bissigen Art war dann auch sein 87er Album *Feuerland*, das aber mit *Ich lieb' dich überhaupt nicht mehr* eine rührend liebevoll-trotzige Single enthielt, die sich auch wieder in der Hitparade plazieren konnte. Die *Feuerland-Revue*-Tournee 1988 setzte die Tradition der *Dröhnland*-Tournee fort: Bombast in allen Ecken und Enden, das Panik-Orchester, eine Swing Big Band mit 10köpfigem Bläsersatz und dazu Udo, der von der Decke schwebte und Ballett-Einlagen gab. Anfang 1988 war Herr Lindenberg aber nochmals für Aufruhr im Music-Biz gut. Er veröffentlichte die LP *Hermine*, die er nach dem Vornamen seiner verstorbenen Mutter genannt hatte. Darauf näselte und nuschelte Udo alles, was in den 20er und 30er Jahren im deutschen Schlager gut und teuer war: Lieder von HANS EISLER, BERT BRECHT, THEO MACKEBEN, FRIEDRICH HOLLAENDER, ERICH KÄSTNER, MARLENE DIETRICH. Die große alte Dame des deutschen Chansons brachte er sogar dazu, ein paar Worte auf diese LP zu sprechen. Die Kritiker waren ob dieses Albums in zwei Lager gespalten: die einen fanden es hervorragend, die anderen ausgesprochen scheußlich. Mitte 1988 war Udo Lindenberg noch in den deutschen LP-Charts mit der neuen LP *Gänsehaut*. Zum Jahreswechsel duschte Udo sein Publikum wieder mit den üblichen Wechselbädern: zum einen brachte er die zu Herzen gehende Liebesballade *Airport (Dich widersehn . . .)* heraus, und zum anderen das temporeiche unanständige *Die Klavierlehrerin*, das prompt bei einigen Rundfunk-Sendern wieder auf dem Index landete. Traulich vereint war dann alles auf dem Ende 88 erschienenen Album *CasaNova* zu finden. Ebenso die dritte Single, der Soft-Song *Ich lieb' Dich überhaupt nicht mehr*. Eine typisch Linderberg'sche Mischung aus Phantasie und politischem Bewußtsein wurde dann das 89er Album *Bunte*

Republik Deutschland, die Lindenberg mit afrikanischen und türkischen Musikern einspielte. Die LP konnte sich sofort in der deutschen Hitparade plazieren. Am 23. November 1989 wurde Udo Lindenberg noch eine weitere Auszeichnung zu teil: Um 15.30 Uhr wurde ihm an diesem Tag im Rathaus Schöneber von Walter Momper das Bundesverdienstkreuz überreicht. Damit wurden sein Engagement für Fragen der Gegenwart, sein Einsatz für die deutsche Sprache in der populären Musik, sein ›Dialog‹ mit den Fans und seine stilbildende musikalische Persönlichkeit gewürdigt. 1990 veröffentlichte Lindenberg das Best-of-Album *Wendezeiten,* das Hits von 1971 bis 1982 enthielt, und das Live-Album *Lindenberg live in Leipzig.*

Lisa Lisa & Cult Jam

LISA LISA, geb. 15. 1. 1967 in USA: voc; MIKE HUGHES: perc; ALEX »SPANADOR« MOSELEY: keyb/g/b

Dieses Trio ist eine der neuen Top-Formationen der amerikanischen Black-Music. Die bildhübsche Lisa Lisa und ihre beiden Begleiter haben sich einem ausgesprochen angenehmen Tanz-Sound verschrieben: hynotisierender Rhythmus, große, eingängige Melodienbögen, zwingende Refrains, verbrämt mit melodiösem Harmoniegesang, funkigen Baßfiguren und einem treibenden »Street«-Beat. Begonnen hatte alles 1979 in New York. Da schlossen sich die drei Brüder GEORGE aus Brooklyn mit ihren drei Cousins zu der Formation FULL FORCE zusammen. Das erste Mal machte diese

Lisa Lisa & Cult Jam   Foto: CBS

Gruppe 1984 überregional von sich reden, als sie nämlich als Produzenten und
Autoren den Titel *Roxanne, Roxanne*
fabrizierten, der für das Rap-Trio Utfo
ein Superseller wurde. Zu diesem Zeitpunkt fanden sich die Sängerin Lisa Lisa, der Full Force-Roadie Mike Hughes,
ein Rapper und Percussionist, und der
Latino-Multiinstrumentalist Alex »Spanador« Moseley unter dem Namen Lisa
Lisa & Cult Jam zusammen. Für dieses
neue Trio wurde die Full-Force-Mann-
schaft tätig, und schrieb den Song *I wonder if I take you home*, ein eingängiges
Lied, das an die große Zeit der Girls
Groups in den 60er Jahren erinnerte.
Sowohl in Amerika als auch in England
wurde dieser Titel zur Tanzplatte Nr. 1
des Jahres 1985 gekürt. In USA erreichte der Song Platz 6 in den Black-Music-
Charts, in England Platz 12 in den Pop-
Charts. Dann erschien das Debüt-Album *Lisa Lisa & Cult Jam with full force*
und enthielt mit *All cried out* nochmals
einen Bestseller, der sich in den Hot 100
bis auf Platz 8 vorschieben konnte. Anfang 1987 erschien dann das nächste gemeinsame Werk von Lisa Lisa & Cult
Jam und Full Force. *Spanish fly* hieß die
LP, die Titel waren alle wieder von den
Full-Force-Mannen geschrieben worden,
die natürlich auch als Produzenten verantwortlich zeichneten. Das Album verkaufte sich in Amerika und England millionenfach. Die Single *Lost in emotion*
(wieder ein Song im Stil der 60er Jahre)
schoß in Amerika innerhalb kürzester
Zeit auf Platz 1 der Hot 100.
1989 meldeten sich Lisa Lisa und ihre
beiden ›Männer‹ mit dem Album
Straight to the sky zurück, das in USA
wieder ein Hit wurde.

Little River Band

GLEN SHORROCK, geb. 30. 6. 1944 in England: voc; STEVE HOUSDEN: g; GRAHAM GOBLE, geb. 15. 5. 1947 in Australien: g/voc; DAVID HIRSCHFELDER: keyb/voc; WAYNE NELSON: b/voc; STEVEN PRESTWICH: dr

Die australische Rock-Band mit Weltruf wurde 1974 in Melbourne gegründet. Benannt wurde sie nach einer Stadt und einem Fluß dreißig Meilen östlich von Melbourne, Little River. Begonnen hatte das Ganze mit Glen Shorrock (voc), BEEB BIRTLES (g/voc) und Graham Goble. Sie lernten sich kennen, als alle drei enttäuscht und erfolglos aus England zurück nach Amerika reisten. Man beschloß, eine gemeinsame Band zu gründen, die Little River Band. 1976 gehörte die Formation, zu der damals noch DAVID BRIGGS (g), GEORGE MCARDLE (b) und DEREK PELLICCI (dr) gehörten, zu den bekanntesten und beliebtesten Rock-Gruppen in Australien. Nach einer Amerika-Tournee (1976) hatten sie sich auch dort einen Namen erspielt. Musikalisch war die LRB, wie sie sich später kurz nannte, am Westcoast-Sound orientiert: melodiöser Rock mit perfektem Harmoniegesang, leichtfüßigen Gitarren-Soli, unbeschwertem Sound. Mit *Reminiscing* (1978), *Lonesome loser* (1979), *The night owls* (1981), *Take it easy on me* (1981) und *The other guy* (1982) hatte das australische Sextett einige Top-Hits in Amerika zu verzeichnen. Doch die Besetzung war immer wieder Wechseln unterworfen. Eine wichtige Veränderung fand 1982 statt,

als Glen Shorrock wegen Solo-Ambitionen die Gruppe verließ, und für ihn → JOHN FARNHAM kam. Mit dem neuen Sänger und dem für David Briggs eingestiegenen Gitarristen Steve Housden erhielt die Band zwei Mitglieder, die mehr am härteren Rock orientiert waren. Das war auch bei *Playing to win*, der ersten LP mit den beiden Neuzugängen nicht zu überhören. Vor allen Dingen die Powerstimme von John Farnham, der ja 1987 mit seinem Solo-Album *Whispering Jack* einen internationalen Millionenseller hatte, gab den Songs der LRB neuen Drive. Doch 1987 kehrte Glen Shorrock reumütig zur LRB zurück. Mit ihm entstand das 88er Album *Monsoon*. John Farnham konzentrierte sich voll auf seine Solokarriere. In Originalbesetzung erschien im März 1990 auch das elfte Album der LRB: *Get lucky*. Es war eine ausgesprochene hörenswerte Rock-LP, auf der die LRB erstmals auch Fremdkompositionen verwendete: von DENNIS LAMBERT, dem Produzenten des Albums, der u. a. das *Nightshift* der → COMMODORES mitgeschrieben hatte. Obwohl als Band immer noch zusammen, gehen die Mitglieder daneben eigene Wege: Glen Shorrock arbeitet als Schauspieler, Goble spielt auch Gitarre bei den BROKEN VOICES, und der Bassist Wayne Nelson lebt und arbeitet im kalifornischen San Diego und kommt nur zu den LRB-Aufnahmen nach Australien.

Little Steven

STEVE VAN ZANDT (MIAMI STEVE), geb. 22. 11. 1950 in Boston/USA: voc/g

Erstmals bekannt geworden ist Little Steven als Gitarrist und Arrangeur von → BRUCE SPRINGSTEEN. Der Musiker, der immer mit einem malerischen Piratenkopftuch auftritt, ist mit Sringsteen seit seinem 16. Lebensjahr befreundet. Van Zandt war Ende der 60er Jahre der Bassist in Springsteens Gruppe STEEL MILL, und spielte im Sommer 1971 Gitarre in der BRUCE SPRINGSTEEN BAND. Ab 1975, ab dem Album *Born to run*, gehörte er zur festen Besatzung der E-STREET-BAND. Er spielte Gitarre, sang Backing Vocals und sorgte für die Bläser-Arrangements. Nebenbei begann Van Zandt auch mit dem Produzieren von Alben, und so war er verantwortlich für LPs von SOUTHSIDE JOHNNY & THE ASHBURY JUKES, LEE DORSEY, RONNIE SPECTOR, THE DRIFTERS, THE COASTERS und GARY U. S. BONDS. R & B und früher Rock 'n' Roll sind die Musikrichtungen, von denen er beeinflußt wird. Das ist auch vor allen Dingen auf seinen Solo-Alben zu hören, die er mit seiner Gruppe THE DISCIPLES OF SOUL machte: Es ist sehr schwarze Musik mit viel Saxophon und Rhythmus. Die erste LP erschien 1982 und hieß *Men without women*, die zweite kam 1983 heraus und trug den Namen *Voice of America*. Zu diesem Zeitpunkt trennte sich Steve Van Zandt von Bruce Springsteen, sehr zum Mißfallen der Springsteen-Fans und des Bosses selbst. Van Zandt war für Springsteen immer der erste Ansprechpartner gewesen, vor allen Dingen auf der Bühne, wo Miami Steve als kongenialer Partner bei Springsteens Auftrit-

Little Steven   Foto: Guido Harari/EMI

ten fungiert hatte. Doch Van Zandt wollte sich auf seine eigene Karriere konzentrieren, die Doppelbelastung war ihm zu viel. 1985 organisierte Little Steven die Gruppe ARTISTS UNITED AGAINST APARTHEID. In dieser Gruppe hatte er 40 illustre Musiker aus den verschiedensten Musiksparten zusammengetrommelt, um mit ihnen ein Lied aufzunehmen, dessen Tantiemen in einen Afrika-Fond flossen. Die Gelder kamen politischen Gefangenen, ihren Familien und Anti-Apartheid-Gruppen in Südafrika zugute. Die Sinlge hieß *Sun City*, nach einem riesigen Vergnügungspark in Südafrika, zu dem aber Farbige nur dann Zutritt haben, wenn sie Bedienstete oder auftretende Künstler sind. Bei der Aufnahme wirkten u. a. mit: AFRIKA BAMBAATAA, → PAT BENATAR, BONO, → JACKSON BROWNE, → CLARENCE CLEMONS, JIMMY CLIFF, MILES DAVIS, → BOB DYLAN, → PETER GABRIEL, → BOB GELDOF, → DARYL HALL, HERBIE HANCOCK, → JOHN OATES, LOU REED, → RUN-DMC, → BRUCE SPRINGSTEEN, RINGO STARR, PETE TOWNSHEND, PETER WOLF und BOBBY WOMACK. Anschließend wurde unter dem Titel *Sun City* ein ganzes Album in dieser Star-Besetzung veröffentlicht. 1987 veröffentlichte Little Steven die Solo-LP *Freedom – no compromise*. Die Single *Bitter fruit* konnte sich in den deutschen Top 75 plazieren.

Living In A Box

RICHARD DARBYSHIRE, geb. 8. 3. 1960 in Manchester/England: voc/g; MARCUS VERE, geb. 29. 1. 1962 in Sheffield/England: p/synth; ANTHONY »TICH« CRITCHLOW, geb. 1. 3. 1960 in San Francisco/USA: dr

Die Gruppe Living In A Box gehörte mit Single und Album *Living in a box* zu den Shooting Stars des Jahres 1987. Das englische Trio machte derart schwarze, R & B beeinflußte Musik, daß viele die Band zunächst für eine schwarze Formation hielten. Marcus und Anthony lebten beide in Sheffield, machten zusammen Musik und fuhren des öfteren nach Manchester in ein billiges Studio, um ihre Werke dort auf Acht-Spur-Band zu bannen. Auch Richard, der in Manchester lebt, benutzte dieses Studio, und so lernten sie sich zwangsläufig kennen. Man beschloß, sich zum Trio zusammenzutun und ein Demo zu machen. Das Demo kam an, die drei gutaussehenden jungen Musiker bekamen einen Plattenvertrag und durften zur Produktion nach San Francisco reisen. 1987 wurde der hervorragend gemachte Power-Song veröffentlicht und entwickelte sich innerhalb kürzester Zeit in England und Deutschland zu einem Hit. Die »Soul-Wurzeln« waren bei dem anschließenden Album *Living in a box* ebenfalls unüberhörbar, und sowohl die LP wie auch die zweite Single *Scales of justice* verkauften sich ausgezeichnet. Die dritte Single war der etwas ruhigere, aber sehr harmonisch-melodiöse Song *So the story goes*, der sich vor allen Dingen in England größter Beliebtheit erfreute.
Für das zweite Album *Catecrashing* ließ sich das britische Trio dann zwei Jahre Zeit. Entsprechend ausgereift und rund war dann auch die Produktion, für die vier Produzenten verantwortlich zeichneten: DAN HARTMAN, TOM LORD-ALGE (JAMES BROWN, → STEVE WINWOOD), LEON

Living In A Box Foto: Ariola/Chrysalis

SILVERS (SHALAMAR) und CHRIS PORTE (→ GEORGE MICHAEL). *Blow the house down* war die erste, sehr schwarz und rockig klingende Single; die Ballade *Room in my heart* die zweite. Beide Singles konnten sich 1989 in den UK-Charts plazieren, und beide Songs waren von Living In A Box in Zusammenarbeit mit Altmeister ALBERT HAMMOND geschrieben worden, der ja auch verantwortlich zeichnet für diverse Nr. 1-Hits von Gruppen wie ASWAD und → STARSHIP.

Los Lobos

DAVID HIDALGO: g/acc/voc; LOUIE PEREZ: dr/voc; CESART ROSAS: g/voc; CONRAD LOZANO: b/voc

Die amerikanische Formation aus Los Angeles macht eine Musik, die Tex-Mex genannt wird. Also Rock 'n' Roll mit Einflüssen mexikanischer Folklore, einem Schuß Country & Western, einer Prise Cajun, dazu etwas R & B und einen Hauch von Country-Swing. Es ist im Grunde genommen eine Weiterführung der Art von Musik, mit der RITCHIE VALENS Ende der 50er Jahre zum ersten-

Los Lobos Foto: Metronome

mal Erfolg hatte. Diese unkonventionelle und fröhliche Art von Musik begeisterte 1985 die Amerikaner und katapultierte die bis dato völlig unbekannte Formation hoch in die LP-Charts, und das mit einem Mini-Album namens *And a time to dance.* Auch mit der Single *How will the wolf survive* konnten sich die vier »Wölfe« in den Pop-Charts plazieren. Gefunden hatten sich Hidalgo und Perez, als sie es leid waren, für ein paar Dollars die Chart-Hits nachzuspielen. Sie wollten etwas Eigenständiges machen und lernten erst einmal akustische Gitarre und traditionelle mexikanische Musik. Später kamen dann die beiden anderen dazu, und Los Lobos war geboren. Das war im Jahr 1974. Doch zunächst stieß diese nicht gerade alltägliche Musik-Mixtur keineswegs nur auf Zustimmung. Jahrelang mußten die vier durch Clubs tingeln und bei Hochzeiten aufspielen, um sich die Butter aufs Brot zu verdienen, bis 1985 der erste Durchbruch gelang. Mit dem Album *By the light of the moon* setzten sie 1986/87 ihren Erfolgskurs fort, doch den internationalen Durchbruch haben Los Lobos ihrem viel zu früh verstorbenen Musik-Vorläufer Ritchie Valens zu verdanken. 1986 beschloß nämlich der Produzent TAYLOR HACKFORD *(Ein Offizier und Gentleman)*, das kurze, aufregende Leben von Ritchie Valens zu verfilmen, und einen Großteil der Musik in diesem Streifen spielte und sang die Gruppe Los Lobos. *La Bamba* hieß der Kassenknüller, der 1987 an den ersten beiden Wochenenden bereits 14,5 Millionen Dollar in Amerika einspielte. Und auch die dazugehörige Soundtrack-LP entwickelte sich innerhalb von ein paar Wochen zu einer Goldgrube im wahrsten Sinne des Wortes. Und als Los Lobos die Single *La bamba* veröffentlichten, schoß diese nicht nur in Amerika auf Platz 1 der Pop-Charts. Auch in Deutschland gelangten Los Lobos mit dem wirklich gelungenen Remake des 200 Jahre alten mexikanischen Hochzeitslieds in die Top 10 der Hitparade. Ende 1988 veröffentlichten Los Lobos das Album *La pistola y el corazon*. Es enthält ausschließlich traditionelle mexikanische Lieder in spanischer Sprache und wurde mit einem Grammy ausgezeichnet. Das nächste Los-Lobos-Album erschien 1990 unter dem Titel *The neighbourhood*. Es bot eine Reihe von erdigen Blues-Rock-Songs, auf die die Single *Down on the riverbed* einen ersten Vorgeschmack lieferte.

Jeff Lynne

→ Electric Light Orchestra

Wolf Maahn

geb. 25. 3. 1955 in Berlin/Deutschland: voc

Das Allround-Talent Wolf Maahn wurde in Berlin geboren, wuchs in München auf und ist inzwischen fester Bestandteil der Kölner Rockszene. Er spielte in diversen Bands, wie z. B. X-Rays und Meier, und leitete dann sechs Jahre lang, zusammen mit seinem Schulfreund, dem Gitarristen Axel Heilhecker, die Food Band, eine von der Kritik hochgelobte Formation, die allerdings nie über einen Kultstatus hinauskam. Wolf Maahn bekam als Sänger der Gruppe sogar die Auszeichnung »Bester englisch singender Deutscher«, doch 1981 löste sich die Gruppe auf. Anschließend verlegte sich Wolf Maahn aufs Produzieren und betreute dabei so verschiedene Gruppen und Interpreten wie Neue Heimat, Schroeders Roadshow, Joseph Beuys, → Klaus Lage und Marianne Rosenberg. 1982 beschloß er, wieder selbst zum Mikrophon zu greifen, diesmal in deutscher Sprache. Sein Debüt war eine etwas eigenartige elektronische Version des Klassikers *Sag mir, wo die Blumen sind*. Dann erschien die hochgelobte LP *Wolf Maahn und die Deserteure*, bei der sich Maahn als

Songwriter profilierte. Klang das Debüt noch etwas elektronisch, war die nächste LP, *Bisse & Küsse* (1983), schon sehr viel rockiger, teilweise mit einem tüchtigen Schuß Soul. Sein Meisterwerk lieferte Wolf Maahn dann 1984 mit der LP *Irgendwo in Deutschland* ab. Musikalisch griff er dabei fröhlich und gekonnt in sämtliche Pop-, Rock-, Soul- und R & B-Kisten, von den Texten her war jeder Song eine treffende, ironische, zynische und manchmal auch etwas traurige Beschreibung der deutschen Alltagswirklichkeit. Ende 1985 trat Wolf Maahn mit einem Liebeslied wieder in Erscheinung. *Ich wart' auf dich* hieß die gutgemachte Soft-Rock-Nummer. Dazu

gab's dann Anfang 1986 auch das Album *Kleine Helden*. Da der große Durchbruch aber auch damit nicht kam, versuchte sich Wolf Maahn Anfang 1988 wieder in englischer Sprache und veröffentlichte das Album *The third language*. Nach diesem Ausflug in die ›Dritte Fremdsprache‹ veröffentlichte Maahn 1989 mit *Was?* wieder ein deutsches Album. Die recht rockige LP mit vielen Ecken und Kanten konnte sich in der deutschen Hitparade plazieren. Auch auf dem neuen 90er Album hielt sich Maahn an seine Rock 'n' Roll-Wurzeln. Das Album war wieder deutsch, und die erste Single hieß *Für den dicken Mann*.

Madness

Wolf Maahn
Foto: Michael Souvignier/EMI

DANIEL MARK WOODGATE, geb. 19. 1. 1960 in England: dr/congas; CHRISTOPHER JOHN FOREMAN, geb. ca. 1958 in England: g/sitar; GRAHAM »SUGGS« MCPHERSON, geb. 13. 1. 1961 in Hastings/England: voc; CHAS SMASH SMYTH, geb. 14. 1. 1959 in London/England: keyb; MARK BEDFORD, geb. 24. 8. 1961 in London/England, b; LEE JAY THOMPSON, geb. 5. 10. 1957 in London/England: sax

Ska, Bluebeat und Reggae waren anfangs die Markenzeichen dieser englischen Formation, die zu Beginn ihrer Karriere stets in dunklen Anzügen, mit Sonnenbrille und Hut aufzutreten pflegten. Entstanden ist der »Wahnsinn« 1976 in London. THE INVADERS nannte sich die Gruppe damals, ehe sie 1978 nach einem Song von PRINCE BUSTER ihren Namen in Madness umänderte. Am 10. August 1978 veröffentlichte die siebenköpfige Band die erste Single, *The Prince.* Der fröhliche Sound-Mischmasch kam prompt in die Charts, stieg bis auf Platz 16 und blieb zehn Wochen. Die nächste Single erschien Ende Oktober 1979, hieß *One step beyond* und kam bis auf Platz Nr. 7. Das gleichnamige Album schoß von Null auf Platz 16 der LP-Charts in England und konnte sich 49 Wochen, also fast ein Jahr, darin behaupten. Bei der anschließenden England-Tournee lagen die Kids den hochmusikalischen »Verrückten« zu Füßen. Die Single *My girl,* veröffentlicht im Dezember 1980, kam bereits auf Platz 3 in England und wurde in Frankreich sogar Nr. 1. In diesem Stil ging es seitdem bis 1985 weiter. Jede Single der Madness konnte sich mühelos in den britischen Top 10 plazieren, ebenso jede LP. Für alle Alben konnte die Gruppe Silber, Gold und Platin in Empfang nehmen. Der zu Beginn rauhe, unkomplizierte Sound der Madness wurde inzwischen etwas glattgeschliffen, die Arrangements verfeinert, der Sound mehr dem gängigen Pop-Muster angeglichen. 1980 erhielt die Band die Auszeichnung »Single Artist of the Year«. 1981 wurde der Madness-Film gedreht und hatte am 14. Oktober Welturaufführung. *Take it or leave it* hieß der Streifen, der die Entwicklung der Band von 1976 bis 1979 zeigte. Doch trotz aller Edelmetall-Auszeichnungen für die Alben gelang Madness erst 1982 mit der Single *House of fun* ihr erster Nr.-1-Hit in England. Ende 1982 erschien dann die Single, mit der sich Madness auch in Deutschland ganz oben in der Hitparade plazieren konnte: *Our house. Yesterday's men* hieß dann die Single, die im Herbst 1985 erschien. Eine ungewöhnlich ruhige, softige Nummer, sehr melodiös, nichts mehr von Ska

und Reggae, dafür viel harmonischer, perfekter Pop. Auch diese Single kam natürlich wieder unter die Top 10 in England, ebenso die nächste namens *Uncle Sam,* ein Song, der ehemals von Cockney Rebel interpretiert worden war. Das dazugehörige Album hieß *Mad not mad.* Es bot eine gewandelte Madness – ohne Ska, statt dessen rockige und melodiöse Popmusik, perfekt produziert. 1986 gaben Madness dann plötzlich ihre Auflösung bekannt und veröffentlichten zum Abschied das Album *Utter Madness,* eine Zusammenstellung ihrer größten Hits. Doch 1988 war Madness plötzlich wieder da.

Allerdings nur noch in Quartettstärke mit McPherson, Smyth, Foreman und Thompson. *Madness* nannten sie ihr Album, das trotz einiger interessanter Titel nicht an die alten Erfolge anschließen konnte.

Madonna

Madonna Luise Veronica Ciccone, geb. 16. 8. 1958 in Detroit/USA: voc

Madonna ist das lebende Beispiel für den alten und immer wieder neuen amerikanischen Traum »Vom Tellerwäscher zum Millionär«. Sie hat es geschafft, sich aus kleinen Verhältnissen zu einem internationalen Superstar emporzuarbeiten, und zwar mit Talent, Fleiß, Hartnäckigkeit und ungemein viel Selbstbewußtsein. Eigentlich wollte die exzentrische Künstlerin Nonne werden, was sie aber dann zugunsten einer Tänzerinnen-Karriere aufgab. Schon als Teenager trainierte sie klassisches Ballett und war später Mitglied des Tanzensembles der University of Michigan. 1978 kam sie mit ganzen 35 Dollar in der Tasche in New York an, bewarb sich um einen Studienplatz in der renommierten ALVIN AILEY DANCE SCHOOL und bekam ihn. Doch als Madonna, die nichts anderes im Kopf hatte, als ein Star zu werden, merkte, daß sie dort nie die Nr. 1 werden würde, ging sie und bewarb sich bei der Tanztruppe von PATRICK HERNANDEZ. Der Sänger hatte 1979 einen weltweiten Millionenseller mit seiner Disco-Nummer *Born to be alive* gehabt. Hernandez gefiel die quirlige kleine Person mit dem starken Willen. Er nahm sie mit nach Paris, ließ sie Gesangsunterricht nehmen und hatte vor, eine »zweite EDITH PIAF« aus ihr zu machen. Doch damit hatte Madonna nichts im Sinn, sie wollte selbst etwas werden und nicht als Abklatsch einer anderen Künstlerin enden. Also ließ sie Hernandez mitsamt seinem Geld einfach sitzen und flog wieder nach New York. Dort schloß sie sich einer Gruppe namens BREAKFAST CLUB an, lernte dort mit großem Fleiß Schlagzeug spielen, und durfte auch ab und zu mit der Band auftreten und ihre Gesangskünste zum Besten geben. Schließlich gründete Madonna ihre eigene Band EMMY – allerdings ohne großen Erfolg. 1981 saß sie mit ihrem damaligen Freund STEPHEN BRAY völlig mittellos auf der Straße. Um wenigstens ein paar Dollar zu verdienen, spielte sie in einem Porno-Film mit und ließ Nacktfotos von sich machen. Das Filmen gefiel ihr zwar, aber die Musik hatte sie gepackt, und sie wollte Platten mit ihren eigenen Songs machen. Also ging sie auf die Tour durch die einflußreichen Clubs und brachte es auch mit ihrem Charme fertig, daß die Discjockeys ab und zu ihre Bänder auflegten. Unermüdlich lief sie von Pontius zu Pilatus und schaffte es schließlich, 1982 einen Plattenvertrag zu bekommen. Und von da an gab's kein Halten mehr. *Everybody* und *Burning up* hießen ihre ersten beiden Singles 1982, die beim Publikum sehr gut ankamen. 1983 erschien ihr Debüt-Album *Lucky star*, das mit Platin ausgezeichnet wurde. Der knackige Disco-Sound mit Madonnas leicht knödeliger Stimme kam bei den Kids ganz hervorragend an. Mit der Single *Holiday* schaffte sie auch den Durchbruch in Europa und England. Zudem betätigte sich Madonna auch als modische Trendsetterin – und ab 1984 taumelten die Kids in aller Welt

Madonna
Foto: Herb Ritts/WEA

nur noch im Madonna-Fieber, mit schwarzen Spitzen und Rüschen, mit Handschuhen, Ketten, Kruzifixen, Bergsteigerstiefelchen, breiten Gürteln, unzähligen Armbändern, viel Make-up und verrückt-strubbeligen Frisuren. Ähnlich wie bei → BOY GEORGE wimmelte es innerhalb kürzester Zeit in den Discotheken nur so von Madonna-Imitationen. Für die Produktion ihres zweiten Albums *Like a virgin* (1984) holte sich die erfolgreiche Sängerin und Songwriterin den namhaften CHIC-Produzenten NILE RODGERS. Das Album mit den geschickt gemischten Disco-Funk-Rock-Songs machte noch mehr Furore. Die gekonnt lasziven Shows, die Madonna auf der Bühne und in ihren Videos darbot, taten das ihre dazu: Madonna war 1985 weltweit der absolute Superstar. Ihre Singles *Like a virgin*, *Material girl*, *Dress you up*, *Angel* und *Into the groove* rangierten 1985 weltweit ganz oben an der Spitze der internationalen Charts. *Into the groove* war der Titelsong des ersten Madonna-Films. *Susan — verzweifelt gesucht* hieß der Streifen, den sie bereits 1984, als sie noch nicht so ungemein populär gewesen war, unter der Regie von SUSAN SEIDELMAN gedreht hatte. Dieses Filmdebüt, in dem Madonna sich praktisch selbst spielt, wurde von allen Kritikern hochgelobt und war ein Kassenfüller. 1984 hatte Madonna in einem weiteren Film ein kurzes Gastspiel gegeben — in dem Streifen *Vision Quest* trat sie als Nachtclubsängerin auf. Zwei Lieder aus diesem Film wurden Hits: *Gambler* und *Crazy for you*. In Deutschland wurde der Film deswegen auch in *Crazy for you* umbenannt. Am 16. August 1985, an ihrem Geburtstag, heiratete Madonna den jungen Schauspieler SEAN PENN. Penn hatte sich zwar

mit einigen Filmen (u. a. *Der Schneemann und der Falke*) einen guten künstlerischen Namen gemacht, tat aber privat alles, um ihn wieder zu zerstören. Er war mehr als nur einmal in Schlägereien verwickelt, fuhr total betrunken Auto, landete dadurch sogar im Gefängnis, pöbelte mit Vorliebe Journalisten an und bedachte seine junge Frau auch schon mal mit Ohrfeigen. So geschehen, als Madonna 1986 einen jungen Sänger unter ihre Fittiche nahm: NICK KAMEN, ein hübscher Dressman, der mit dem von Madonna geschriebenen und produzierten Song *Each time you break my heart* einen Bestseller hatte. 1986 brachte Madonna *True blue*, ihre dritte LP, heraus, drehte mit ihrem Ehemann Sean Penn den Spielfilm *Shanghai surprise* und änderte radikal ihr schillerndes Paradiesvogel-Aussehen. Die LP hatte mit *Papa don't preach*, *Open you heart*, *Live to tell* (aus dem Sean Penn-Film *At close range*), *True blue* und *La isla bonita* wieder jede Menge an hochkarätigen Superhits zu bieten und wurde aus aller Welt mit Platin-Auszeichnungen eingedeckt. *Shanghai Surprise*, produziert übrigens von Ex-Beatle → GEORGE HARRISON, wurde ein gewaltiger Flop; und ihr Aussehen änderte Madonna derartig gravierend, daß man es kaum glauben konnte: hellblondes, wohlonduliertes Haar zierte jetzt ihr Haupt, das Make-up war dezent, gekleidet war sie in das »kleine Schwarze«, was ihr eine geradezu frappierende Ähnlichkeit mit MARILYN MONROE gab. *Who's that girl* hieß der nächste Madonna-Erfolg 1987. Das war zum einen ein neuer Spielfilm, der von den Kritikern wieder in Grund und Boden verdammt wurde, und das war zum anderen der höchst erfolgreiche Soundtrack des Films, der mit dem Titelsong

Who's that girl und den weiteren Madonna-Liedern des Streifens, *Causing a commotion* und *The look of love*, wieder eine ganze Reihe von Hits enthielt. Und es war auch der Name einer äußerst erfolgreichen Welt-Tournee, bei der Madonna zu einem vielbejubelten Konzert nach Deutschland kam. Außerdem hatte Madonna 1987 noch mit dem Album *You can dance* einen weltweiten Bestseller, eine LP, auf der neuabgemischte Tanz-Versionen ihrer populärsten Hits zu finden sind. Und man hörte, daß sich Miss Ciccone nunmehr endgültig von ihrem »schlagkräftigen« Ehemann trennen wollte.

Doch das dauerte noch eine kleine Weile. Zunächst schwenkte Miss Ciccone im Sommer 88 von Platinblond auf Dunkelbraun um und nahm eine winzige Rolle in dem Broadway-Stück *Speed the plow* an. Als vorlaute Sekretärin war sie im Royal Theatre zu sehen, kein großer Auftritt, kein Sex, kein Glamour. Aber ihre Fans stürmten das Theater und brachten der Direktion ungefähr eine Million Dollar ein. Und zum ersten Mal nach *Susan* bekam sie keine vernichtenden Kritiken. Und sofort entschwebte die berühmte Kleine aus Detroit wieder in höhere Sphären: im *Blauen Engel* wollte sie die Hauptrolle spielen, die einst kongenial von Marlene Dietrich verkörpert worden war; in einer vierteiligen Serie über das Leben von Marilyn Monroe wollte sie ebenfalls die Hauptrolle (Anfang 1990 wurde die Rolle dann endgültig Kim Basinger zugesprochen); und in einer Millionen-Produktion über Greta Garbo sollte sie ›Die Göttliche‹ darstellen. Was kam war Anfang 1989 das vierte Album *Like a prayer*. Madonna sagte dazu: »*Like a prayer* handelt von dem Einfluß, den der Katholizismus

auf mich ausübte, von der Leidenschaft, die er in mir provozierte. Andere Songs drehen sich um spezifische Erfahrungen, die ich in meinem Leben, in meinen Beziehungen gemacht habe. Es geht um meine Eltern, um das, was mich mit meiner Familie verbindet.« Und natürlich enthielt die LP wieder eine ganze Reihe Single-Hits: den Titelsong *Like a prayer*, dessen Video die Katholische Kirche empörte; der Streifen kam zuerst in Spanien und Italien auf den Index, in Italien ermittelte sogar die Staatsanwaltschaft wegen Gotteslästerung gegen die Sängerin. Und bloß, weil Madonna leicht bekleidet in einer Kirche tanzt, mit einem Kirchenchor singt, sich von einer zum Leben erwachten Jesus-Figur küssen läßt und zum Schluß ein Mädchen an einer Stichwunde stirbt. Auch etliche europäische Fernsehsender schlossen sich dem Verbot dieses Clips an. Peinlich war das Ganze für die Firma Pepsi, für die Madonna u. a. auch mit diesem Video Werbung machen sollte. Der Begeisterung der Kids für diesen Song und das Video tat der ganze Kirchenrummel keinen Abbruch. Ebenfalls ganz oben in den Hitparaden war der Dance-Song *Cherish* zu finden und ebenso *Dear Jesse*, auf dem sich Madonna ganz bezaubernd kinderfreundlich gibt. Anfang 89 hatte Madonna auch endgültig die Scheidung von ihrem unbeherrschten Sean eingereicht. Schon bald sah man sie in Begleitung von anderen Männern, wie z. B. Ex-Football-Star und Schauspieler Tony Longo und US-Starfotograf Herb Ritts. Doch das Rennen machte der 52jährige Film-Beau Warren Beatty, mit dem Madonna dann 1989 vor die Kamera trat: Sie spielte neben ihm in dem Kinofilm *Dick Tracy* die Hauptrolle. Selbstverständlich schrieb Madonna für diesen Film auch die Musik. Und das machte sie hervorragend. *I'm Breathless* nannte sie die im Mai 90 erschienene LP, und in einer Besprechung in der AZ hieß es dazu: ». . . auf ihrer neuen LP frönt das blondgefärbte Luder der Swing- und Bar-Musik der Fünfziger. . . . Ist das wirklich Madonna, die Göre mit Mieder und Straps? Ja, sie ist's, und sie macht ihren Job verdammt gut. Elegant fängt sie Atmosphäre ein, spielt mit Melodien und tänzelt geschickt von einem Highlight zum anderen . . . ein toller Überraschung-Coup, ja fast schon ein Geniestreich. Schon allein deshalb, weil endlich mal Madonnas Fähigkeiten als virtuose und reife Sängerin dokumentiert wurden.« Als dieses Album herauskam, war *Like a prayer* bereits seit 56 Wochen in den US-LP-Charts vertreten und hatte sich allein in den USA über dreimillionenmal verkauft. Ein ›moderner‹ Titel befand sich auf der neuen *Breathless*-LP, das funkig-rappige *Vogue*, das sofort die internationalen Charts stürmte. Im Juni kam der *Dick-Tracy*-Film, in dem Madonna die Nachtclub-Sängerin Breathless Mahonney spielt, in Amerika in die Kinos. Gleichzeitig begab sich die Pop-Königin wieder auf große Welttournee, im Zuge dessen sie auch etliche Konzerte in Deutschland gab. Anfang 1990 beschlossen die Walt-Disney-Studios, Andrew Lloyd Webbers Super-Musical *Evita* zu verfilmen. Rund 85 Millionen Mark wurden dafür angesetzt, und als Hauptdarstellerin wollte die Firma Madonna verpflichten. Die sagte auch sofort ja, meldete aber im gleichen Atemzug Änderungswünsche an: Das Stück sollte mehr auf ihre Persönlichkeit zugeschnitten und mehrere Songs nach ihren Vorstellungen umgeschrieben wer-

den. Mr. Webber erhob verständlicherweise nachdrücklich Einspruch dagegen. Ende 1990 kam eine Best-of-Koppelung heraus: *The immaculate collection,* mit 15 Songs der gefeierten Pop-Queen. Die beiden neuen Songs waren *Rescue me* und *Justify my love.*

Peter Maffay

Peter Alexander Makkay, geb. 30. 8. 1949 in Kronstadt/Rumänien: voc/g

Er ist der einzige deutschsprachige Sänger, der vor seinen Tourneen einen genauen Vorverkaufsplan herausgibt, damit auch jeder Fan eine reelle Chance hat, eine Karte fürs Konzert zu bekommen, denn seine Konzerte sind ständig ausverkauft. Er ist der einzige deutschsprachige Künstler, dessen LPs sich jedesmal ohne Mühe an die Spitze der deutschen Charts setzen können und der dafür ebenso mühelos Gold- und Platinauszeichnungen einsammelt. Und er ist der einzige deutschsprachige Interpret, der seit geraumer Zeit einen ebenso hartnäckigen wie aussichtslosen Kampf führt, um sein Image loszuwerden. Seit seinem ersten, von Michael Kunze, seinem Entdecker, geschriebenen Millionenseller *Du* aus dem Jahr 1970 ist Peter Maffay abgestempelt als Schnulzensänger. Alle Versuche, sein Image in Richtung Vollblutrocker zu verändern, helfen nichts: nicht der Vollbart und der ausgeflippte Ohrring, nicht die Lederkleidung und das schwere Motorrad, nicht die Konzertauftritte mit nacktem Oberkörper, und auch nicht der markigmürrische Gesichtsausdruck. Wenn Pe-

ter Maffay bei seinen Konzerten *Du* an-
stimmt, jubelt der Saal, die Fans singen
Wort für Wort den Text mit und zünden
die obligatorischen Streichhölzer und
Feuerzeuge an. Wenn er mit einer Single
an die Spitze der deutschen Hitparade
gelangt, dann nicht mit den Rock-Songs,
sondern mit den Soft-Songs wie *So bist
du, Über sieben Brücken mußt du geh'n,
Du bist anders, Weil es dich gibt, Lieber
Gott.* 1963 zog Peter Maffay mit seinen
Eltern von Rumänien nach Deutschland, nach Waldkraiburg. Mit fünf Jahren lernte er Geige zu spielen, mit dreizehn tauschte er die Geige gegen eine
Gitarre ein und begann Rock und Pop
zu spielen. Im Herbst 1963 gründete der
musikbegeisterte Peter bereits die erste
Band, THE DUKES. 1968 verließ er die
Schule mit der mittleren Reife, machte
in München eine Lehre als Chemigraph
und spielte nebenbei in diversen Clubs
die Lieder von → BOB DYLAN, DONOVAN
und den BYRDS nach. Dort entdeckte ihn
dann 1969 auch Michael Kunze, der heute zu den besten und produktivsten Tex-
tern Deutschlands zählt. Er schrieb für
ihn, zusammen mit dem Produzenten
und Komponisten PETER ORLOFF, die Su-
perschnulze *Du* − und Peter Maffay war
ein Star. Mit Michael Kunze entstanden
auch die nächsten Bestseller: *Du bist
anders* (1970) und *Wo bist du?* (1972).
Doch mit diesem Konzept war Peter
Maffay nicht einverstanden, er wollte
rockiger werden, waren doch die Rocker
der 60er Jahre sein großes Vorbild. Also
suchte er sich 1974 einen neuen Produzenten und Texter: JOACHIM HEIDER. Die
folgenden LPs *Samstagabend in unserer
Straße, Meine Freiheit* und *Und es war
Sommer,* waren tatsächlich rockbeton-
ter. Auch seine Single-Hits *Josie* (1975),
Ein Bild kann nicht lachen so wie du

Peter Maffay
Foto: Teldec

(1976), *Und es war Sommer* (1976)
schmolzen nicht mehr nur dahin, sondern zeigten auch Rhythmus − aber es
waren immer noch Schnulzen. Für *Und
es war Sommer* bekam Peter Maffay
1977 zum erstenmal den »Deutschen
Schallplattenpreis«. Mehr austoben
konnte er sich dann im gleichen Jahr auf
der Country-Rock-LP *Tame & Maffay,*
die er mit dem Sänger und Gitarristen
JOHNNY TAME einspielte. Doch auch mit
dieser Entwicklung war der Perfektio-
nist Maffay nicht zufrieden. Und so zog
er sich 1978 erst einmal für ein Jahr
zurück, machte große Reisen und entwickelte das Konzept und die Songs für
die LP *Steppenwolf,* für die er sich DR.
BERND MEINUNGER und VOLKER LECHTEN-

BRINK als Texter holte. 1979 erschien das Album und zeigte einen absolut heiß rockenden Peter Maffay. Der Single-Hit daraus wurde das Lied *So bist du* − eine Soft-Rock-Nummer. In diesem Jahr bekam er vier deutsche Schallplattenpreise, drei Goldene Singles, neun Goldene und sechs Platin-LPs. Diese ungeheure Erfolgsbilanz war ein Novum für einen deutschen Sänger. Seine Tourneen waren immer restlos ausverkauft. Auch auf die nachfolgenden Alben *Revanche* und *Ich will leben* ging ein Gold- und Platin-Regen nieder. Für die LP *Revanche* erhielt er als erster deutscher Interpret die Goldene Musikkassette. Für seine Deutschland-Tournee 1981 mit 42 Konzerten vor 230 000 Zuschauern bekam er das Golden Concert Ticket. Dann legte Peter Maffay erst einmal wieder eine Pause ein, baute sich in seinem Haus am Starnberger See ein eigenes Studio und nahm dort 1983 die Märchen-LP *Tabaluga oder die Reise zur Vernunft* auf. Dieses für einen Rock-Sänger sehr ungewöhnliche Konzept-Album mit den Texten von Dr. Bernd Meinunger und GREGOR ROTTSCHALK wurde ebenfalls mit Gold und Platin ausgezeichnet. 1984 veröffentliche Peter Maffay das Album *Carambolage*, das zum größten Teil voll war mit fetzigen Power-Songs im Stil der → ROLLING STONES: hart, aggressiv, laut, mit anspruchsvollen, teils politischen Texten; doch beim Publikum kamen auch diesmal wieder am besten die drei Soft-Rock-Balladen der LP an. Die anschließende sorgfältig geplante und perfekt inszenierte Tournee fand natürlich wieder in ausverkauften Häusern statt. Und dabei kam wieder das Widersprüchliche in Peter Maffay zum Ausdruck: Zum einen brauste er männlich-martialisch mit bloßem Oberkörper auf

einem Motorrad auf die Bühne und peitschte seine Rock-Songs in die Menge, zum anderen holte er sich ein paar kleine Kinder auf die Bühne, um mit ihnen und für sie Lieder aus der Märchen-Platte *Tabaluga* zu singen. 1985 erschien dann im Herbst das Album *Sonne in der Nacht*. Es enthielt eine sehr ausgewogene Mischung aus harten und sanften Songs, aus poetisch-lyrischen Balladen und knalligen Fetzern. Die gesamte LP wurde mit einem Kostenaufwand von rund einer Million DM auf Video gebannt. Kurz nach Erscheinen schoß das Album bereits die deutschen LP-Charts empor: Sieben Wochen lang war es die Nr. 1. Und bekam natürlich wieder Gold und Platin. 1986 gab sich der deutsche Rock-Star wieder als Märchenonkel und veröffentlichte die zweite *Tabaluga*-LP, *Tabaluga und das leuchtende Schweigen*, selbstverständlich mit Erfolg. Ein neues Rock-Album gab es erst wieder Anfang 1988 − fast 30 Monate nach *Sonne in der Nacht*. Die LP stieg auf Platz 3 in die LP-Hitparade ein, kam in der nächsten Woche auf Platz 1 − und blieb nur 3 Wochen in dieser Spitzenposition: Die Konkurrenz von PATRICK SWAYZEE und dem Soundtrack von *Dirty Dancing* war zu groß. Dafür war *Lange Schatten* aber ein Doppel-Album, das 21 Songs enthielt und mit einer Vorbestellung von 250 000 Exemplaren bereits bei Auslieferung mit Gold ausgezeichnet wurde. Musikalisch war sich Maffay treu geblieben: viel harter Rock und ein paar Balladen, mit zeitkritischen Texten. Bereits 1987 gab er sein Debüt als Filmschauspieler in *Der Joker*, zu dem sein langjähriger Mitarbeiter TONY CAREY die Musik schrieb. Am 17. August 1988 begann Peter Maffays *Lange-Schatten*-Tournee, die ihn wieder wochenlang durch ausverkaufte Hallen führte. Mit von der Partie war als Ehrengast dieses Mal der Vater des weißen Blues' JOHN MAYALL. Am 6. Oktober 1989 kam Maffays nächstes Album *Kein Weg zu weit* heraus. Von der LP im typischen Maffay-Stil waren sieben Wochen nach Veröffentlichung bereits 500 000 Tonträger verkauft, das Album bekam Platin. Damit konnte der kleingewachsene Musiker mit den ständig wechselnden Freundinnen zum neunten Mal in ununterbrochener Reihenfolge diese Auszeichnung entgegennehmen. Ein ebensogroßer Erfolg wurde dann die 90er-Tournee, bei der ihm seine Fans in 14 Open-Air-Shows und 23 Hallenkonzerten zujubeln konnten.

Yngwie Malmsteen   Foto: Polydor

Yngwie Malmsteen

geb. 1963 in Schweden: g

›Bach der Rockmusik‹ oder ›Haydn des Tempos‹ sind Begriffe, mit denen der hervorragende schwedische Schwerst-Metall-Gitarrist betitelt wird. In seiner Heimat gründete er Anfang der 80er Jahre seine Band RISING FORCE. Drei Titel nahm er mit ihr auf, für die sich keiner interessierte. Also packte der hübsche Yngwie die Koffer, ging nach Los Angeles und spielte mit den Bands STEELER und ALCATRAZZ jeweils ein Album ein. Das genügte, um ihm einen Gitarristen-Ruf wie Donnerhall einzubringen. → RONNIE JAMES DIO und UFO wollten den hochbegabten Jüngling mit dem Engelsgesicht unbedingt haben – aber Yngwie wollte ebenso unbedingt ein eigenes Album machen. Das tat er

Ende 1984 mit der LP *Rising Force*, benannt nach seiner alten Formation. Yngwie, der seinen Bach ebenso beherrscht wie die Klassiker von JIMI HENDRIX und von Spieltechnik ebenso viel versteht wie Paganini oder RITCHIE BLACKMORE, ließ darauf Heavy Metal der Sonderklasse hören. Diese 85er-LP wurde eingespielt mit dem Ex-JETHRO-TULL-Trommler BARRIEMORE BARLOW, dem schwedischen Keyboarder JENS JOHANSEN, der schon bei RISING FORCE dabei war, und dem Sänger JEFF SCOTT SOTO, der auf zwei Titeln sang. Das Album brachte Yngwie die Auszeichnung ›Best New Talent‹ und eine Grammy-Nominierung ein. Außerdem regte er die Firma Fender zum Bau einer speziellen Yngwie-

Malmsteen-Stratocaster an. Innerhalb kürzester Zeit wurde Malmsteen weltweit ein Begriff für erstklassigen Heavy Metal. Das zweite Album *Marching Out* (1985) war von derselben Qualität und konnte sich, wie auch schon die Debüt-LP, in den US-LP-Charts plazieren. 1986 erschien *Trilogy*, das sich ob seiner kompositorischen und spieltechnischen Brillanz bis in die US Top 40 vorschieben konnte. Malmsteen war im Juni 1987 gerade dabei, seine 4. LP einzuspielen, als er am Steuer seines Jaguars in einen fast tödlichen Unfall verwickelt wurde. Eine Woche lag der Heavy-Metal-Star im Koma; als er wieder erwachte, war seine rechte Hand steif. Für einen Gitarristen eigentlich gleichbedeutend mit dem beruflichen ›Aus‹. Doch Malmsteen gab nicht auf, übte hartnäckig und schaffte es tatsächlich, noch im gleichen Jahr wieder mit → Ronnie James Dio auf der Bühne zu stehen. Wieder stürzte er sich in die Arbeit an dem neuen Album, und mit der 88er-LP *Odyssey* gelang ihm auch der endgültige Durchbruch in Deutschland. Im Februar 1989 fuhr der Schwede für zwölf ausverkaufte Konzerte nach Leningrad, die für ein Live-Album mitgeschnitten wurden. *Trial by fire: live in Leningrad* hieß diese Live-LP, die im Oktober 1989 herauskam und vorzügliche Live-Versionen von Malmsteen-Klassikern wie *Far beyond the sun*, *Black star* oder *Heaven tonight* enthält. Begleitet wurde Malmsteen bei diesen Konzerten von Ex-Rainbow-Sänger und Co-Autor Joe Lynn Turner, seinem Keyboarder Jens Johansen und als Trommler dessen Bruder Anders. Yngwie Malmsteens ebenso ausgezeichnetes 90er-Album hieß *Eclipse*, wobei es hier aber keineswegs um eine Sonnenfinsternis, sondern eher um eine strahlende Gitar-

ren-Explosion handelte. 1990 erfreuten sich die Malmsteen-Fans an der gefühlvollen Ballade *Save our love*.

Manfred Mann's Earth Band

Mike Lubowitz (Manfred Mann), geb. 21. 10. 1940 in Johannesburg/Südafrika: keyb/Trumpeton; Mick Rogers, geb. 20. 9. 1946 in England: g/voc; Maggie Ryder: voc; John Lingwood: dr; Frank Mead: sax

Die Earthband ist die bislang letzte Station in der ausgesprochen erfolgreichen Karriere von Manfred Mann. Der südafrikanische (weiße) Musiker fing mit sechs Jahren mit dem Klavierspielen an, mit neunzehn studierte er Musik an der Akademie. 1961 ging er nach England. Und als er beschloß, mit Mike Hugge eine Blues-Band zu gründen, studierte er erst einmal gründlich Musiktheorie und Harmonielehre. Doch die Mann-Hugg Blues Brothers wurden kein Erfolg; die beiden nahmen noch drei Musiker, Paul Jones als Sänger, Mike Vikkers als Saxophonisten und Flötisten und Tom McGuiness als Bassisten, dazu und fertig war die Gruppe Manfred Mann, die in den 60er Jahren eine der erfolgreichsten englischen Pop-Bands war. Die Karriere der Gruppe begann 1964 mit der dritten Single *5-4-3-2-1*, dem Erkennungssong der beliebten Pop-Fernsehserie *Ready, steady, go*. Dann folgten bis 1969 weitere Top-Hits wie *Do wah diddy diddy* (1964), *Sha la la* (1964),

Manfred Mann Foto: Virgin

Come tomorrow (1965), *Oh no, not my baby* (1965), *One in the middle* (1965), *If you gotta go, go now* (1965), *Pretty flamingo* (1966), *Semidetaches suburban Mr. James* (1966), *Ha! Ha! said the clown* (1967), *Mighty Quinn* (1968), *My name is Jack (1968), Fox on the run* (1969), *Ragamuffin MAN* (1969). Das waren allesamt hervorragend gemachte Pop-Songs der Spitzenklasse. Die Besetzung der Gruppe wechselte allerdings des öfteren, so waren auch spätere Rock-Größen wie JACK BRUCE, KLAUS VOORMAN und MIKE D'ABO zeitweise Mitglieder bei MANFRED MANN. 1969 entschied sich Manfred Mann, dem Pop-Geschäft »goodbye« zu sagen, und gründete, wiederum mit MIKE HUGG, die Formation CHAPTER THREE, eine der ersten britischen Jazz-Rock-Gruppen. Sie wurde leider ein Mißerfolg, denn jazzige Töne wollte das Publikum von Manfred Mann nicht hören. Und so entstand 1971 dann Manfred Mann's Earthband. Der schmale, sehr humorvolle Musiker mit der großen Brille holte sich dazu COLIN PLATTENDEN (b), CHRIS SLADE (dr/perc) und Mick Rogers (g). Das Quartett machte harte Rockmusik, unterbrochen von diversen Soli, und gewann damit das Publikum wieder zurück. Der erste große Hit der Formation war 1973 *Joybringer*; 1975 wurde Mick Rogers durch CHRIS THOMPSON (voc/g) und DAVE FLETT (g) ersetzt. 1976 hatte Manfred Mann's Earthband den ersten amerikanischen Superhit, und zwar mit einem Song aus der Feder von → BRUCE SPRINGSTEEN:

Blinded by the light. Aber nicht nur Amerika, auch Europa, und hier vor allen Dingen Deutschland, war begeistert vom einfallsreichen Rock der Gruppe, in dem Kritiker sogar »eine immense Kathedrale von Klängen« hören wollten. 1977 wurde Manfred Mann an das Goldsmith College der Universität London berufen und zog sich erst einmal von der aktiven Rock-Szene etwas zurück, um jungen Musikern sein Wissen beizubringen. 1980 kam er mit der LP *Chance* wieder mit Glanz und Gloria zurück. Doch dann war wieder für zwei Jahre Pause. Manfred Mann hatte ein anspruchsvolles Projekt in Angriff genommen. Er war in seine Heimat Südafrika zurückgekehrt und hatte dort Songs zu seiner neuen LP *Somewhere in Africa* geschrieben. Der Themen-Kreis dieses Konzept-Albums aus dem Jahr 1983 dreht sich um die Apartheid-Politik der südafrikanischen, weißen Regierung und um das Elend und die Ungerechtigkeiten, die damit der schwarzen Bevölkerung angetan werden. Die Songs vereinen die melodiöse Rockmusik Manfred Manns und die einheimischen Rhythmen und Gesänge der schwarzen Südafrikaner. Außer Manfred Mann hatten auch einheimische Komponisten und andere Stars wie AL STEWART und → STING Songs für die LP beigesteuert. Damit ging Manfred Mann anschließend auf eine große Tournee, die ihn durch 10 Länder führte, mit 50 Konzerten vor insgesamt über 350000 Zuschauern. Anfang 1984 wurde ein Zusammenschnitt dieser Konzerte auf der LP *Budapest* veröffentlicht. Von beachtlicher Kreativität zeigte sich Manfred Mann mit seiner Band auch auf dem 86er Album *Criminal tango*, das außer Eigenkompositionen wieder Werke von anderen

Künstlern wie JONI MITCHELL und → PAUL MCCARTNEY/→ JOHN LENNON brachte. 1987 kam dann das 14. Album der Earthband heraus, die LP *Masque*. Das Album bot Jazz, Pop und Rock, einige hervorragende Instrumentaltitel, eine neue Version von Mick Rogers *Joybringer*, eine sehr gelungene Rock-Umsetzung des MICHAEL-MURPHY-Country-Hits *Geronimo's cadillac* und eine ausgezeichnete Version von *What you give is what you get* der → STYLE COUNCIL. Die beiden letzteren Titel wurden von Maggie Ryder, der Sängerin mit der klassischen Soul-Stimme gesungen, die schon bei Produktionen mit MARVIN GAYE, → JULIAN LENNON, VAN MORRISON und CURIOSITY KILLED THE CAT geglänzt hatte.

Marillion

DEREK WILLIAM »FISH« DICK, geb. 25. 4. 1958 in England: voc; ersetzt 1989 durch STEVE HOGARTH, voc; IAN MOSLEY, geb. 10. 6. 1953 in England: dr; MARK KELLY, geb. in England: keyb; STEVE ROTHERAY, geb. 25. 11. 1959 in England: g; PETER TREWAVAS, geb. in England: b

Als 1983 das Debüt-Album *Script for a jester's tear* dieser englischen Formation erschien, überschlugen sich die Kritiker in Vergleichen mit → GENESIS. Doch Marillion macht eine durchaus eigenständige Musik, die lediglich ebenfalls in Richtung der breiten Rock-Epen von Genesis geht. Gegründet wurde die Formation 1980 von Fish, einem ehemaligen Holzfäller aus Schottland, und dem

Marillion Foto: EMI

Drummer MICK POINTER. Weitere Mitglieder waren Mark Kelly, Steve Rotheray und Peter Trewavas. Damals hatte die Band noch den Namen SIMARILLION, nach einem Buch vom Fantasy-Schriftsteller TOLKIEN (*Der Herr der Ringe*). Doch bald wurde der exzentrische Gruppenname auf Marillion verkürzt. Ohne Plattenvertrag ging die Formation 1981/ 82 auf die Ochsentour durch die Clubs, absolvierte in kurzer Zeit über 100 Konzerte, trat als Vorgruppe zu Top-Bands wie BUDGIE, LINDISFARNE und JOHN MARTYN auf. Marillion wurde, immer noch ohne eine Plattenveröffentlichung, zum Geheimtip der Szene und füllte mühelos große Hallen. Erst im Oktober gingen die fünf ins Studio, um ihre Debüt-Platte zu machen: *Market square heroes*. Im März 1983 erschien dann die enthusiastisch gefeierte Debüt-LP *Script for a jester's tear*, die sofort auf Platz 7 der UK-Charts kletterte. Im Oktober 1983, Mick Pointer war inzwischen ausgeschieden und durch den Ex-CAMEL-Trommler ANDY WARD ersetzt worden, gab Marillion ein Konzert in Baunatal bei Kassel, der Hessische Rundfunk übernahm das Konzert, und Marillion wurde anschließend als »beste Newcomer Band« gekürt. Danach gab's wieder einen Wechsel am Schlagzeug: Andy Ward ging und für ihn kam der STEVE-HACKETT-Trommler Ian Mosley. Auch das 2. Album *Fugazi* (1984) wurde ebenfalls ein Volltreffer, wie auch die Single *Punch and Judy*. Zwischen den Plattenaufnahmen befand sich Marillion fast immer auf Tour. Das Ergebnis dieser zahlreichen Konzerte war 1984 die Live-LP *Real to reel*. *Misplaced childhood* hieß das 85er Album mit hervorragend melodiösen, nahtlos ineinander übergehenden Rock-Songs der sanften Art. Bemerkenswert sind auch die wunderschönen, phantastisch gemalten Cover der Marillion-Alben. Der Dame, die diese Cover macht, setzte Marillion in einem Lied ein musikalisches Denkmal: *Kayleigh*. Anschließend mußten die Fans zwei Jahre warten, bis 1987 die nächste LP von Marillion auf den Markt kam: *Clutching at straws*. Es war ein Album in altbewährter Marillion-Qualität: gekonnte Synthesizer-Arrangements, ausgefeilte Gitarrenriffs, eingängige Melodien, und dazu Fishs unverwechselbare Stimme. Die Single *Incommunicado* wurde ein Hit. Über das Marillion-Konzert im Dezember 1987 in der Münchner Olympiahalle schrieb der Musikkritiker THOMAS VESZELITS in der *AZ*: ». . . Der Sänger von Marillion wandelt auf den Spuren von → PINK FLOYD und → SAGA, mischt tollkühn Hard Rock mit symphonischen Klängen und harten Balladen, schwitzt und stürmt auf der Bühne wie ein Fußball-Idol . . . Trotz Phonstärke bleibt er sensibel und trifft die Zwischentöne genau . . .«
Mitte 1988 ging die Truppe dann wieder für ein neues Album ins Studio. Doch dieses Mal klappte es nicht. Fish und die anderen zerstritten sich: Ihre Ansichten über die musikalische Weiterentwicklung der Band klafften zu weit auseinander. Und so erreichte am 21. 9. 1988 die geschockte Musikwelt die Mitteilung: ›Marillion und Sänger Fish beschließen Trennung‹. Marillion suchte eine geraume Zeit nach einem neuen Sänger, den sie dann in STEVE HOGARTH fanden. Der gutaussehende Interpret war bereits bei Gruppen wie THE EUROPEANS und HOW WE LIVED in Erscheinung getreten. Er war clever genug, nicht Fish imitieren zu wollen, sondern brachte einen eigenen und weniger ›Art-Rock‹-betonten Ge-

sangsstil in die Gruppe ein. 1989 erschien das Fish-lose Album *eason's end*, das einen hörbaren Richtungswechsel zeigte: sehr viel rockiger und poppiger, keine Gefahr mehr, als → GENESIS-Kopie verurteilt zu werden. Auch Fish blieb nicht untätig. Er spielte ebenfalls ein Album ein, das er *Vigil in a wilderness of mirrors* nannte und das im Januar 1990 erschien. Die LP konnte sich sofort in den deutschen und britischen LP-Charts plazieren und enthielt mit *State of mind, Big wedge* und *A Gentleman's excuse me* auch recht erfolgreiche Singles. Musikalische Richtung von Fish ohne Marillion: rockig, poppig und ein großer Schuß schottische Folklore. Gleichzeitig betätigte sich der auch körperlich recht imposante Fish als Schauspieler und übernahm in dem Film *The Outlaws* eine Nebenrolle. Dieser Streifen war eine Neuverfilmung des alten Robin-Hood-Stoffes, und Fish schrieb dafür auch den Soundtrack.

Martika   Foto: CBS

Martika

MARTA MARRERO, geb. 1969 in USA: voc

Die temperamentvolle junge Sängerin ist die Tochter von kubanischen Einwanderern. Sängerin und/oder Tänzerin waren schon früh die Berufswünsche der hübschen Kleinen, und die verfolgte sie auch mit großer Hartnäckigkeit. Mit vier Jahren fing sie mit dem Ballettunterricht an, mit elf Jahren stand sie bereits auf diversen Bühnen und trällerte. Der Produzent MICHAEL JAY, der auch den Sound von MIAMI SOUND MACHINE und → GLORIA ESTEFAN entscheidend geprägt hatte,

wurde auf Martika aufmerksam und ging mit ihr ins Studio. *Martika* hieß das Debüt-Album, das mit dem Anti-Drogen-Song *Toy soldiers* den ersten Hit enthielt: Das Lied war in den USA wochenlang die Nr. 1 der Hot 100. Mit dieser anspruchsvollen Ballade konnte sich die niedliche Kleine mit der eindrucksvollen Stimme auch in der deutschen Hitparade plazieren. In den USA waren auch die weiteren Auskopplungen, die Dancefloor-Nummer *More than you know* und der ehemalige Carol-King-Hit *I feel the earth move* erfolgreich.

Richard Marx   Foto: Manhattan

Richard Marx

geb. 16. 9. 1963 in Chicago, USA: voc/g

Richard Marx stammt aus einem musikalischen Elternhaus. Sein Vater DICK MARX war einer der bekanntesten Werbespot-Schreiber von Chicago, seine Mutter RUTH sang sie. Und mit fünf Jahren wurde auch Klein-Richard in die Gilde der Werbespot-Sänger aufgenommen. Mit zwölf Jahren kam Richard in den Stimmbruch und war fürderhin für

dieses Metier unbrauchbar. Aber da hatte der begabte Knabe schon längst damit begonnen, eifrig Gitarre zu spielen und eigene Songs zu schreiben. 1986 fand der attraktive junge Mann eine Plattenfirma, die seine harten und sanften Songs in bester amerikanischer Rock-Tradition mochte, und durfte ins Studio gehen. *Richard Marx* hieß dann 1987 sein Debüt-Album, das mit Doppel-Platin und einer Grammy-Nominierung als ›Best Rock Vocal Performance‹ ausgezeichnet wurde. Es enthielt die Single-Hits *Don't mean nothing, Should've known better, Lonely hearts* und *Hold on to the night,* die teilweise ebenfalls mit Edelmetall ausgezeichnet wurden. Das Album verkaufte sich in den USA allein fast drei Millionen Mal. Anfang 1989 veröffentlichte Richard Marx das zweite Album *Repeat offender*, das sich bis zum Frühjahr 1990 in den USA bereits über drei Millionen Mal verkauft hatte. Mit dieser LP konnte sich Marx auch in den deutschen LP-Charts plazieren. Die Hit-Singles hießen *Satisfied* (USA Nr. 1), *Right here waiting* (USA Nr. 1), *Angelia* (USA Nr. 4), *Too late to say goodbye* (USA Nr. 12). Das Album selbst belegte ebenfalls wochenlang den 1. Platz der US-LP-Charts.

McAuley Schenker Group

MICHAEL SCHENKER, geb. 10. 1. 1955 in Saarstedt/Deutschland: g; ROBIN MCAULEY, geb. in Irland: voc; ROCKY NEWTON: b; STEVE MANN: g/keyb; BODO SCHOPF: dr

Die beiden geben auf der Bühne ein hübsches Paar ab: der Ire Robin McAuley, muskulös und rothaarig, mit gewaltiger Hard-Rock-Stimme, und der Deutsche Michael Schenker, eher schmal, blond und blauäugig, der ekstatisch seine Gitarre bearbeitet. Die McAuley Schenker Group ist das neueste Projekt des deutschen Gitarren-Stars. Der Niedersachse Schenker war ein musikalisches Wunderkind. Bereits mit 11 Jahren stand er als Gitarrist auf der Bühne und wurde im Laufe der Jahre immer mehr als begnadetes Talent und Gitarren-Virtuose gefeiert und in eine Reihe gestellt mit Superstars wie JEFF BECK, LESLIE WEST und → ERIC CLAPTON. Michael Schenker war 1973 dabei, als die → SCORPIONS ihr Debüt-Album *Lonesome crew* ablieferten. 1974 wechselte er zur englischen Hard Rock-Band UFO, mit denen er fünf Alben einspielte, darunter Klassiker wie *Lights out* (1977), *Obsession* (1978) und die Live-LP *Strangers in the night*. Dann gab's Krach mit UFO-Leader PHIL MOGG, und Michael stieg kurz entschlossen wieder bei den Scorpions ein und nahm mit der deutschen Super-Band 1979 das Album *Lovedrive* auf, das sich 30 Wochen in den US-Charts halten konnte und diverse Gold-Auszeichnungen erhielt. Anschließend gründete Michael seine eigene Band, die MICHAEL SCHENKER GROUP, mit der er von 1980 bis 1984 etliche Top-Alben einspielte: *The Michael Schenker Group* (1980), *MSG* (1981), *Assault attack* (1982), *Built to destroy* (1983) und die Live-LP *Rock will never die* (1984). Die Besetzung der Michael Schenker Group wechselte häufig, zeitweilig gehörten Stars dazu wie PAUL RAYMOND (UFO), CHRIS GLEN (ALEX HARVEY), COZY POWELL, GRAHAM BONNET (RAINBOW), TED MCKENNA (ALEX HARVEY). Danach zog sich Michael Schenker zurück, um eine Pause zu machen. 1985 fing er an, Musiker für seine neue Band zu suchen. Den kongenialen Sänger fand er in Robin McAuley, der sich schon seine Meriten bei der FAR CORPORATION *(Stairway to heaven)* verdient hatte. Die beiden sind der harte Kern der McAuley Schenker Group. Erste Beifallsstürme erregten die MSG 1986 beim »Monsters of Rock«-Festival in Deutschland und Spanien. Dann ging's ans erste Album, das Mitte 1987 erschien: *Perfect timing*. Es enthielt Gitarren-Rock vom Feinsten, Hard Rock, so wie er sein sollte – ohne chichi und tütü, sondern straight und geradlinig. Kein Wunder, daß bei ihrem Konzert im Dezember 87 die Wembley-Arena in London ausverkauft war, daß auch die amerikanische Club-Tour Anfang 1988 mit 11 Konzerten hervorragend lief, und daß MSG in Japan 13mal vor ausverkauften Hallen spielte.

1990 kam die zweite MSG-LP heraus: *Save yourself* bot mehr gitarrenbetonte Songs, die bislang ziemlich dominierenden Keyboards rückten mehr in den Hintergrund. Ansonsten bot es elf hörenswerte Rock-Songs, von hart bis besinnlich. Das Album konnte sich wieder in den internationalen Charts plazieren.

Paul McCartney

JAMES PAUL MCCARTNEY, geb. 18. 6. 1942 in Liverpool: voc/g

Paul McCartney ist einer der wenigen Künstler in der Geschichte der Popmu-

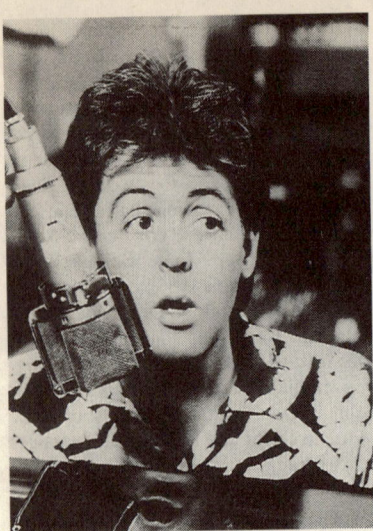

Paul McCartney

dem Motto: »Ob der wohl ohne John Lennon auch was zustande bringt?« – spätestens 1973 mußten sie sich eines Besseren belehren lassen. Das zweite Wings-Album *Red roses speedway* erschien mit viel Erfolg. Die nächste LP, *Band on the run*, erhielt bereits zwei Grammies. Außerdem stellte Paul McCartney seine Fähigkeiten als Songwriter mit dem Titelsong für den JAMES-BOND-Film *Live and let die* unter Beweis. In diesem Stil ging's dann auch weiter: 1974 hatten die Wings und Paul McCartney Top-Hits mit *Jet, band on the run* (Gold-Single) und *Juniors farm*. Das 1975 veröffentlichte Album *Venus and Mars are allright tonight* erreichte noch vor Auslieferung Gold und Platin. Es belegte nicht nur in England und Amerika, sondern auch in Frankreich und Japan den ersten Platz der Charts. 1975 machten die Wings auch eine Tour durch England und Australien und 1976 durch Amerika. Daraus entstand das Dreifach-Album *Wings over America*. 1977 schrieb Paul McCartney das Lied *Mull of Kintyre*, ein Song im Stil der alten schottischen Volkslieder, mit viel Dudelsack, und brach damit abermals einen Rekord: Es wurde in England die bestverkaufte Single aller Zeiten! 1979 gab's einen neuerlichen Rekord: Das Guinness-Buch der Rekorde zeichnete Paul McCartney mit einem »dreifachen Award der Superlative« aus – für 100 Millionen verkaufte Alben, 100 Millionen verkaufte Singles und 60 Goldene Schallplatten. Dabei wurden natürlich auch seine Erfolge aus den Beatles-Zeiten gerechnet. Aber damit war Paul McCartney der erfolgreichste Komponist in der Geschichte der Popmusik. Vom englischen Minister für Kunst erhielt er dafür eine weitere Auszeich-

sik, die mit Fug und Recht von sich behaupten können, Meilensteine gesetzt zu haben. Bis 1970 war er zusammen mit → JOHN LENNON der musikalische Kopf der → BEATLES. Aber noch ehe die Auflösung der Beatles offiziell vollzogen war, hatte sich Paul bereits in Solo-Projekte gestürzt. Er gründete seine Firmengruppe MPL und veröffentlichte bereits 1970 das Solo-Album *McCartney*. 1971 gab's die zweite Solo-LP, *Ram*, den Single-Hit *Another day* und gleichzeitig die Gründung seiner zukünftigen Band WINGS und auch noch deren Debüt-Album *Wild life*. Blickten Kritiker und Beatles-Fans zunächst noch etwas scheel auf Paul McCartneys Solo-Aktivitäten und die seiner Gruppe Wings – nach

nung: eine Rhodium-Schallplatte, denn Gold, Platin und Diamant reichten nicht mehr aus. 1979 lösten sich die Wings auf, aber das machte McCartney nichts. Im Alleingang spielte er 1980 sein Album *McCartney II* ein und hatte darauf auch wieder zwei Single-Hits: *Coming up* und *Waterfalls*. Den nächsten Höhepunkt gab's dann 1982 mit der LP *Tug of war*, auf der McCartney wieder einmal sein ungeheures Geschick für das Fabrizieren eingängiger, anspruchsvoller Songs bewies: Seine Singles *Take it away* und *Tug of war*, und vor allen Dingen seine Duette *Ebony and ivory* (mit → STEVIE WONDER) und *The girl is mine* (mit → MICHAEL JACKSON), waren wunderschöne Songs, die weltweite Hits wurden. Für die LP *Tug of war* hagelte es wieder Auszeichnungen: Drei BPI Awards für »Best British Male Artist«, »Outstanding British Contribution to Music« und einen Spezialpreis. 1984 erschien der nächste Volltreffer: *Pipes of peace*, eine LP, die *Tug of war* in nichts nachstand. Auch darauf befand sich wieder ein bemerkenswertes Duett mit Michael Jackson, *Say say say*, das natürlich wieder ein Hit wurde. Nur mit einem hatte Paul McCartney Pech, und zwar mit seinem ersten selbstgeschriebenen, selbstproduzierten Spielfilm *Give my regards to Broad Street*. Der Streifen war ein Flop und fand, im Gegensatz zu den Beatles-Filmen, beim Publikum keinen Anklang. 1985 trat Paul McCartney wieder in Erscheinung, und zwar mit dem Titelsong zu der Filmkomödie *Spies like us*. JOHN LANDIS war der Regisseur des Streifens, DAN ACKROYD und CHEVY CHASE spielten die Hauptrollen. Der nicht besonders originell klingende Rocksong stieg in den US-Charts nach oben. 1986 schrieb Paul McCartney zusammen mit ERIC STEWART die LP *Press to play*. Aber der Titel − »gepreßt, um gespielt zu werden« − blieb ein frommer Wunsch. Das Album enthielt ziemlich eigenartige, experimentell klingende Lieder, die beim Publikum nicht sonderlich gut ankamen. Das machte Paul McCartney 1987 dann wieder wett: Er veröffentlichte die Doppel-LP *All the best*. Das Album enthielt 20 McCartney-Songs aus den Jahren 1971 bis 1987, alles Klassiker wie *Silly love songs, Ebony & ivory, Say say say, Pipes of peace, Mull of Kintyre*. Ausgekoppelt wurde aus der LP die sanfte Ballade *Once upon a long ago*, ein zartes Märchen, das besonders gut in die Vorweihnachtszeit des Jahres 1987 paßte und dementsprechend auch ein Hit wurde. Das nahm Paul McCartney zum erfreulichen Anlaß für zahlreiche Auftritte im deutschen Fernsehen. 1989 veröffentlichte McCartney dann mit *Flowers in the dirt* sein 17. Album nach der Trennung von den Beatles. Es zeigte ihn wieder in alter Frische, einfallsreich, melodiös und eingängig. Mit dafür verantwortlich war sicher der ehemalige New-Wave-Star ELVIS COSTELLO, mit dem McCartney vier der Songs des Albums geschrieben hatte. Gleichzeitig gab McCartney bekannt, daß er nun, nach 13jähriger Bühnenpause, gerne wieder auf Tournee gehen würde. Sobald die Karten für die Konzerte erhältlich waren, waren sie auch schon vergriffen. Zum erstenmal engagierte sich McCartney bei dieser Tournee auch politisch: er warb damit für die Umweltschutz-Organisation ›Friends Of The Earth‹. Den Song *How many people* des neuen Albums widmete er dem ermordeten brasilianischen Umweltschützer Chico Mendes, und das Cover des Albums wurde aus Altpapier hergestellt.

Sozial engagiert hatte sich McCartney bereits mit der Single *Ferry 'cross the Mersey,* die er mit berühmten Freunden aufgenommen hatte. Der Erlös kam den Angehörigen der Katastrophe im Fußballstadion von Sheffield zugute. Die 89er-Tournee von Paul McCartney wurde ein frenetisch bejubelter Erfolg. Diese Welttournee wurde mitgeschnitten und Anfang November 1990 unter dem titel *Tripping live fantastic* als Triple-Live-Album veröffentlicht. Vorab ausgekoppelt wurde daraus der Song *Birthday,* der genau einen Tag vor John Lennons Geburtstag am 8. Oktober 1990 auf den Markt gebracht wurde. Der Song konnte sich natürlich wieder in den Charts plazieren. Im Original stammt das Lied vom Weißen Album der Beatles.

als Parkplatzwächter verdienen. Bis er den Tip bekam, es doch einmal bei einer Truppe, die gerade *Hair* spielte, zu versuchen. Dort lernte Meatloaf eine Sängerin namens STONEY kennen, und mit ihr zusammen machte er sein erstes Album unter der Bezeichnung *Stoney & Meat Loaf.* Aus der LP gab es sogar einen mittleren Hit: *What you see is what you get.* Das war 1970/71. 1973 spielte er bei dem Bühnenstück *More than you deserve* mit, das von JIM STEINMAN stammte. Dadurch lernte er den jungen Komponisten, Texter und Produzenten kennen. Der fette Sänger mit dem ungeheuren Stimmumfang und der eher versponnene Romantiker Steinman mit seinem Faible für WAGNER und die → BEACH

Meat Loaf
Foto: Ariola/Arista

Meat Loaf

MARVIN LEE ADAY, geb. 27. 9. 1947 in Dallas/USA: voc

Der Rocksänger aus Texas bekam den Spitznamen »Meat Loaf«, was soviel wie »Fleischkloß« bedeutet, wegen seines enormen Körperumfangs. 1966 zog es den ziemlich häßlichen jungen Mann mit der gewaltigen Stimme nach Kalifornien. Dort gründete er seine erste Band, POPCORN BLIZZARDS, die er später in MEAT LOAF SOUL umbenannte. Er begleitet so bekannte Bands wie THE STOOGES und EDGAR WINTER BAND auf ihren Tourneen, aber der Erfolg ließ erst einmal auf sich warten. Wegen mangelnder Engagements mußte sich Meat Loaf sein Geld

Boys verstanden sich auf Anhieb. Sie faßten sofort ein gemeinsames Projekt ins Auge. Doch inzwischen hatte sich Meatloaf einen Namen gemacht und mußte erst einige andere Engagements erfüllen, darunter Aufnahmen für das TED-NUGENT-Album *Free for all* und die Rolle des Eddie in dem Kultstreifen *Rocky Horror Picture Show*. Doch dann ging's los. Innerhalb kürzester Zeit stand das Konzept, waren die Songs fertig, das einzige, was fehlte, waren Demos der Lieder. Um sich die zu sparen, zogen Steinman und Meatloaf persönlich von Plattenfirma zu Plattenfirma, um ihre Lieder live darzubieten: Steinman spielte sich am Klavier die Finger wund, und Meatloaf ließ dazu die Fensterscheiben klirren. Aber trotzdem dauerte es eine ganze Weile, bis sich eine Firma von der Qualität der Songs überzeugen ließ. 1977 war es dann soweit: unter der Regie von TODD RUNDGREN entstand das Album *Bat out of hell*. Diese gekonnte, phantastische Mischung aus bombastischem Rock (die Wagner-Einflüsse auf Steinman sind unüberhörbar), einem Schuß Heavy Metal und den Sound-Of-Wall-Produktionstechniken, die an PHIL SPECTOR erinnern, ist immer noch ein Meilenstein in der jüngeren Rockgeschichte. Das Album war über 400 Wochen in den englischen Charts zu finden und verkaufte sich millionenfach. Fast jeder Titel der LP war ein Hit: *You took the words right out of my mouth (Hot summer night)*, *Two out of three ain't bad*, *Bat out of hell*, *Heaven must wait*, *Paradise by the dashboard light*. Doch dann ereilte Meatloaf das Schicksal vieler Rock-Sänger. Seine Stimme machte die übergroße Belastung und den Tourneestreß nicht mehr mit. Das zweite Projekt von Steinman und

Meatloaf mußte immer wieder verschoben werden, bis Jim Steinman die LP dann unter seinem eigenen Namen herausbrachte. Und dieses Album namens *Bad for good* bewies, daß der blonde, jungenhaft aussehende Songwriter und Produzent ein zumindest ebenbürtiger Interpret seiner Songs war. Die Single *Rock and roll dreams come through* wurde 1981 in Amerika ein Hit. Vier Jahre mußte Meatloaf »den Mund halten«, die Zeit überbrückte er z. B. damit, daß er wieder in einem Musikfilm eine Hauptrolle spielte, und zwar in dem Streifen *Roadie*. 1981 kam dann die neue Steinman-Meatloaf LP auf den Markt: *Dead ringer*. Auch hier gab es wieder »Bombastic Rock« erster Güte zu hören, Höhepunkt der LP war der Titelsong, den Meatloaf im Duett mit → CHER sang. Meatloaf-Album Nr. 3 erschien 1983, hieß *Midnight at the lost and found* und markierte einen wichtigen Punkt in der Karriere von Meatloaf: er hatte sich von Jim Steinman getrennt. Zwar gab es auch diesmal gewaltige Rock-Songs zu hören, aber sie waren doch bedeutend weniger bombastisch als früher. Damit schien Meatloaf seine Linie unabhängig von Jim Steinman gefunden zu haben. Der suchte sich ein paar »abgerutschte« Stars, wie → BONNIE TYLER, AIR SUPPLY und BARRY MANILOW und verhalf ihnen mit seinen Bombast-Produktionen zu neuen Hitehren. Auf dem 84er Album *Bad attitude* hatte Meatloaf seinen Sound abermals »entspeckt«, und nicht nur den Sound, auch der kugelrunde Sänger war sichtlich schlanker geworden. Was ihn aber nicht daran hinderte, auf der Bühne weiterhin seine etwas peinlichen Shows abzuziehen: schwitzend, spuckend, augenscheinlich immer einer Ohnmacht nahe (Meatloaf ist angeblich starker Asthmatiker), exhibitionistisch, voller Sex und Macho-Gehabe. 1986 fand Meatloaf einen neuen Produzenten: niemand anderen als FRANK FARIAN, der sich schon mit seiner FAR CORPORATION in England viele Fans geschaffen hatte. *Blind before I stop* hieß das erste in Deutschland produzierte Meatloaf-Album, auf dem Meatloaf erstmals vom schwergewichtigen Hard Rock wegging und sich mehr in poppigen Gefilden bewegte. Im März 1987 gab Meatloaf in der Londoner Wembley-Arena eine Reihe von Konzerten. Die Shows wurden mitgeschnitten und erschienen im Oktober 1987 als Live-Album, dem ersten Meatloaf-Live-Album überhaupt.

Mel & Kim

MEL APPLEBY, geb. 1967 in London/England: voc; gest. 18. 1. 1990; KIM APPLEBY, geb. 1962 in London/England: voc

»Amerikanischen Mainstream-Funk mit einem Schuß europäischen Techno-Pop so zu mischen, daß ein Hitcocktail daraus wird, ist nicht immer einfach. Im Falle Mel & Kim aber hat es prächtig funktioniert«, so beschrieb PETER WATERMAN, ein Drittel des englischen Erfolgs-Teams → STOCK/AITKEN/WATERMAN, seine Musik für die beiden bildhübschen Schwestern Appleby. Die beiden farbigen Schönheiten aus dem Londoner Industrieviertel Hackney hatten von kleinauf eine Musik-Karriere im Sinn. Showbusiness hieß das Zauberwort, und um dort Stars zu werden, verließen die beiden Mädels mit 15 Jahren die Schule. Eine Berufsausbildung glaubten die bei-

den zukünftigen Stars nicht zu benötigen. Doch als es mit dem »berühmt werden« nicht so schnell klappte, jobbten die beiden sangesfreudigen Schwestern als Verkäuferinnen in Boutiquen und Lebensmittelgeschäften. Dann fand Kim eine Anstellung in einer Kleiderfabrik, während Mel sich dazu entschloß, die teuren Fummel lieber am eigenen, wohlgeformten Leib vorzuführen: Sie wurde Fotomodell. Um auf sich und ihre Talente als Sängerin aufmerksam zu machen, ließ Mel sich sogar »oben ohne« ablichten, und verschickte die Fotos an eine Zeitung. Endergebnis: Mel wurde *Penthouse*-Girl und bekam den Job als Fotomodell. Doch nebenbei verloren die beiden Schwestern ihr eigentliches Ziel nie aus den Augen: sie arbeiteten eine Tanzshow aus und traten damit in Londoner Vorstadt-Discos auf, bis sie eines Tages vom Produzenten STEVE ROWLAND entdeckt wurden. Es folgte die Single *Showing out (Get fresh at the weekend)*, die sich 1987 fast sofort gesamteuropäisch an die Spitze der Hitparaden setzen konnte und den beiden schnuckeligen Girls auch im Heimatland England einen Platz 1 bescherte. Auch Single Nr. 2, *Respectable*, schoß wieder auf Platz 1 der Hitparaden. Beide Singles waren von Stock/Aitken/Waterman geschrieben und produziert worden, und das erfolgreiche Trio zeichnete auch für das Debüt-Album von Mel & Kim verantwortlich. *F. L. M. — Fun, love & money* hieß die LP, die natürlich ebenfalls ein Bestseller wurde. »Wenn junge Leute ausgehen, wollen sie meistens tanzen. Wir machen die Musik dazu«, erklärten Mel & Kim in schöner Bescheidenheit ihren großen Erfolg. Doch dann bremste ein Unfall den Erfolgskurs der beiden: Auf einem Festival

Mel & Kim

in Montreux rutschte Mel auf dem Weg zur Bühne aus, stürzte unglücklich und verletzte sich drei Rückenwirbel. Monatelang war die Sängerin bettlägerig, es ging das Gerücht, daß sie nie mehr würde gehen können. Doch Ende 1987 war Mel wieder auf dem Weg der Besserung, doch die Aufnahme der neuen Single *That's the way it is* mußte Mel im Rollstuhl machen. Und so gab es auch kein offizielles Video zu dieser Nummer, die im Frühjahr 1988 die Charts emporstieg, obwohl die beiden attraktiven Schwestern in ihren Videos die Fans auch stets durch ihre Tanzkünste beeindruckt hatten. Dann stellte sich heraus, daß Mel Appleby von Anfang an schwer krank gewesen war. Sie hatte Krebs. Den

größten Teil der Jahre 1988/89 verbrachten die beiden Schwestern damit, einen Remix ihrer Erfolgshits zu produzieren. Am 18. Januar 1990 starb Mel in London. Sie war nur 23 Jahre alt geworden. Im März 1990 erschien als letzte Mel & Kim-Single *The Mel & Kim 1990 mega-mix.*

John Cougar Mellencamp

geb. 7. 10. 1951 in Seymour/USA: voc/g

»Little Bastard« ist sein Spitzname, und in gewisser Weise sieht der hochbegabte Allround-Musiker auch so aus: klein, stämmig, unscheinbar, zäh. Sein Urgroßvater war ein deutscher Landarbeiter, der Ende des letzten Jahrhunderts nach Amerika auswanderte, sein Großvater war Zimmermann, und sein Vater machte sich in der Elektrobranche selbständig. Vier Geschwister hatte der kleine Johnny Mellencamp, der sich bald zum Kleinstadtrebellen mauserte. Dazu gehörte in den 60er Jahren natürlich unbedingt eine Gitarre. Mit 14 hatte sich John das Gitarrespielen selbst beigebracht und spielte in seiner ersten Band namens CREPE SOUL. Knappe zwei Jahre hielt er es dann auf der Vincennes-Universität aus, dann hängte er mit 23 das Studium an den Nagel, nahm seine Gitarre und trat mit einer Glitter-Rock-Band namens TRASH auf. Dann beschloß er, Karriere zu machen, nahm ein Demo-Band auf, ging nach New York und hatte tatsächlich nach einem Jahr einen Plattenvertrag in der Tasche. TONY DE-FRIED, der Ex-Manager von → DAVID BOWIE, nahm ihn unter seine Fittiche und verpaßte ihm als erstes den Künstlernamen John Cougar. 1976 erschien sein Debüt-Album *Chestnut street incident*, eine Anspielung auf die Straße, in der er sich in jungen Jahren immer herumgetrieben hatte. Die LP verkaufte sich genau 12 000mal – ein grandioser Flop. *The kid inside* nannte er 1977 sein nächstes Album, das von der Plattenfirma erst gar nicht veröffentlicht wurde. Daraufhin ging John Cougar nach England, produzierte die LP *A biography* und hatte mit dem Rock-Song *I need a lover* in Australien einen Nr.-1-Hit. Der Rest der Welt nahm die LP und den Künstler nicht zur Kenntnis. Doch John Cougar gab nicht auf. 1979 entstand die nächste LP, *John Cougar*. Auch darauf war der heute schon zum Klassiker avancierte Song *I need a lover* zu finden – und diesmal klappte es zumindest teilweise. → PAT BENATAR nahm eine Cover-Version des Liedes auf, schoß damit an die Spitze der Charts, und im Zuge dessen wurde ihr dazugehöriges Debüt-Album *In the heat of the night* ein Bestseller, der sich insgesamt 800 000mal verkaufte. Die nächsten zwei Jahre verbrachte John Cougar hauptsächlich mit Touren. Er trat bei einer ganzen Reihe von Bands als Anheizer auf und erwarb sich damit den Ruf eines hervorragenden Live-Interpreten. 1981 produzierte er seine nächste LP namens *Nothing mat-*

John Cougar Mellenkamp
Foto: Mercury

ters and what if it did, die zwei Single-Hits enthielt: *This time* und *Ain't even done with the night*. John Cougar war auf dem besten Weg, ein Star zu werden. Und mit dem nächsten Album *American fool* (1982) gelang ihm dann der ganz große Durchbruch. *Hurts so good* und *Jack and Diane* belegten gleichzeitig die oberen Plätze in den Hot 100 von Amerika, das Album wurde Nr. 1 der LP-Charts, und John Cougar erhielt dafür den Grammy als erster männlicher Rocksänger und den American Music Award als bester männlicher Pop-Künstler. John Cougar hatte es geschafft. Plötzlich tauchte auch das Album *The kid inside* aus dem Jahr 1977 wieder auf. Die Plattenfirma von damals, bei der John Cougar inzwischen nicht mehr unter Vertrag stand, wollte auch etwas am Ruhm ihres ehemaligen Künstlers verdienen. Zwei weitere Auszeichnungen konnte John Cougar dann 1983 einheimsen: Zum einen produzierte er das vorzügliche Comeback-Album von MITCH RYDER, und zum anderen nahm er die LP *Uh huh* auf, die innerhalb kürzester Zeit mit Platin ausgezeichnet wurde. Der Name John Cougar stand inzwischen für hervorragende, kraftvolle, perfekt ausgefeilte Rock-Songs, die trotz aller Eingängigkeit nicht alltäglich waren, mit Texten, die es in sich hatten. Viel Autobiographisches verarbeitet John Cougar darin, Dinge, die er in seiner Jugend in Seymour selbst erlebt hat. Da geht es um Teenagerliebe und Rebellion der Kids gegen das bestehende Establishment, um Ängste und Arbeitslosigkeit, aber auch um Zuneigung und Leidenschaften. Aber trotz aller Ernsthaftigkeit ist bei den Texten von John Cougar Mellencamp, wie er sich inzwischen mit vollem Namen nennt, immer ein kleines

Augenzwinkern und eine gehörige Portion Witz dabei. Die Singles *Authority song*, *Crumblin' down* und *Pink houses* wurden wieder Hits. 1985 veröffentlichte John Cougar Mellencamp sein achtes Album, die LP *Scarecrow*. Es ist ein typisches Album, zeigt aber doch einen etwas gewandelten, gereifteren John Cougar. Die jugendliche Verspieltheit seiner Songs war dahin, seine »draufgängerischen Volldampfrocknummern« *(Rolling Stone)* waren geradliniger geworden. Die Single-Auskoppelung *Lonely ol' night* war natürlich wieder ein Hit, ebenso wie die Songs *Small town* und *R. O. C. K. in the USA*, die alle die Top 10 der Hot 100 erreichten. Das Album erreichte allein in USA über drei Millionen Exemplare. Im Herbst 1987 brachte John Cougar Mellencamp seine 9. LP heraus, das Album *The lonesome jubilee*. Die Songs bezogen sich inhaltlich wieder stark auf die kulturellen Wurzeln des Künstlers und auch auf sein Lieblingsthema, die Probleme der enteigneten und schuldenbeladenen Farmer im Mittleren Westen der USA. Die Single-Hits hießen *Paper in fire*, *Cherry bomb* und *Check it out*, bis April 1988 hatte sich das Album in USA bereits wieder über zwei Millionen Mal verkauft.

Harten, elektrischen Rock und unverfälschten Rhythm & Blues bot Mr. Mellencamp dann wieder auf seinem 89er-Album *Big Daddy*. Geradlinige Songs wie *Pop singer* oder *Jackie Brown* konnten sich wieder in den Single-Charts plazieren. Das Album ging sofort in die US-LP-Charts und verkaufte sich auch wieder millionenfach.

Men at Work

Colin James Hay: voc/g; Greg Ham: sax/fl/voc/keyb; Ron Strykert: g/voc; Jeremy Alsop: b; Mark Kennedy: dr

Das Quintett gehörte zur sog. »Australischen Invasion«, wie auch die Heavy-Metal-Bands → AC/DC und Rose Tattoo, die New-Wave-Band Split Enz, die Soft-Rock-Formation Little River Band und Air Supply oder die Rock-Band → INXS. Bis vor etwa 15 Jahren war Australien das Land »down under«, musikalisches Niemandsland. Zwar war die Australierin Olivia Newton-John erfolgreich, schließlich hatten die → Bee Gees ihre Kindheit dort verbracht und in Australien ihre ersten Hits gehabt, auch der Australier → Rick Springfield konnte sich, nach anfänglichen Schwierigkeiten, international durchsetzen. Aber das waren zunächst nur Einzelerscheinungen. Erst als die o. a. Gruppen von Australien aus die Welt eroberten, begann man das Land als »Musik-Land« anzuerkennen, und das Auftauchen von Men at Work im Jahr 1982 war der vorläufige Höhepunkt. Die Gruppe begann wie so viele andere auch: Fünf junge Männer aus den verschiedensten Berufssparten taten sich aus Freude an der Musik zusammen. Greg Ham z. B. fing erst mit 21 Jahren an, Saxophon zu spielen, und wagte sich erst 1981 an die Keyboards. Er studierte Jura, arbeitete drei Jahre lang in einem Theater für Kinder und besserte sein Einkommen auf, indem er in einem blauen Bärenfell in Supermärkten als Barney, der Bär, auftrat. Auch Colin Hay, der Bandleader und Lead-sänger, kommt vom Theater her. Nicht zuletzt deswegen konnte Men at Work ihre ausgezeichneten Videos selbst produzieren und sich damit eine große Anhängerschaft schaffen. Die Mitglieder waren es gewohnt, visuell zu denken, und folglich in der Lage, ihre Musik auch optisch umzusetzen. In Australien begann Men at Work, damals noch mit John Rees am Baß und Jerry Speiser am Schlagzeug, in einem kleinen Club namens Cricketers Arms in Melbourne. Mit viel Fleiß und Ausdauer spielte sich die Band in der Publikumsgunst nach oben. Als 1982 die LP *Business as usual* die Welt eroberte, war Men at Work in Australien bereits ziemlich bekannt. Die Singles *Who can it be now?* und *Down under* waren dort bereits 1981 mit Gold

Colin James Hay
Foto: CBS

ausgezeichnet worden. *Who can it be now* war auch die erste, 1982 weltweit veröffentlichte Single, die sich ohne größere Schwierigkeiten auf Platz 1 der US-Charts plazieren konnte. Weltweit erfolgreich war dann auch Single Nr. 2, *Down under*, die fast überall den ersten Platz eroberte und sich millionenfach verkaufte. Das Album *Business at usual*, immerhin das erste in den USA veröffentlichte Album einer völlig unbekannten Band, konnte sich sage und schreibe 15 Wochen auf Platz 1 der US-LP-Charts festsetzen. Ein ähnlicher Rekord war 1966 nur den → MONKEES geglückt, die mit ihrem Debüt-Album 13 Wochen auf Platz 1 gelegen waren. In Australien war die LP bereits mit Vierfach-Platin ausgezeichnet worden, und allein in USA verkaufte sie sich über vier Millionen Mal. Anfang 1983 kam dann das zweite Album, *Cargo*, heraus, das bis auf Platz 4 der LP-Charts stieg, während *Business as usual* immer noch, nach 30 Wochen, auf Platz 7 lag. Das gelang vorher zum letztenmal den → ROLLING STONES im Jahr 1975, als sie gleichzeitig mit *Made in the shade* und *Metamorphosis* in den Top 10 der US-LP-Charts waren. Trotz des weltweiten Erfolgs dieser australischen Band waren die Meinungen der Kritiker über die Qualität ihrer Songs recht gespalten. Die einen warfen ihnen – nicht ganz zu Unrecht – vor, musikalisch zu sehr dem Rock-Reggae von → POLICE zu ähneln und daß Colin Hay, der Leadsänger mit der leicht heiseren Stimme, einfach nur → STING kopieren würde. War *Business as usual* noch ein hervorragender Einstieg ins internationale Musikgeschäft gewesen, so wirkte die 83er LP *Cargo* eher wie ein etwas müder Abklatsch davon. Die Songs waren sehr ähnlich, die

Singles *Overkill, It's a miracle* und *Dr. Heckyll & Mr. Jive* nicht mehr so überwältigend erfolgreich. Auf der Bühne wirkte die Gruppe steif und uninspiriert. Das nächste Album kam dann 1985 heraus und hieß *Two hearts*. Es war genauso uninteressant und wenig erfolgreich wie die beiden Vorab-Singles *Maria* und *Everything I need*. Danach lösten sich Men at Work, die inzwischen auf Trio-Größe geschrumpft waren, auf. Colin James Hay, der in Schottland geborene Leadsänger der Formation, versuchte 1987 ein Comeback als Solist. Doch die LP *Looking for Jack* wurde ein Flop.

Mental As Anything

REG MOMBASSA: g/voc/keyb; MARTIN PLAZA: g/voc; GREEDY SMITH: keyb/voc/hca; WAYNE DELISLE: dr; PETER O'DOHERTY: b/g/voc

Auch dieses Quintett gehört zu den »Gold-Gruppen« aus Australien. Mit *Live it up*, dem Song aus dem Erfolgs-Film *Crocodile Dundee*, eroberten die Fünf 1986/87 die Welt. Begonnen hatte alles bereits 8 Jahre vorher, 1978. Da taten sich fünf Studenten der Kunstakademie in Sydney zusammen – und hatten 1979 bereits einen Single-Hit mit *The nips are getting bigger* und ein Gold-Album mit *Get wet*. 1980 war Mental As Anything mit der Single *Come around* und dem Album *Espresso bongo* erfolgreich; 1981 wurden die Singles *Too many times* und *If you leave me, can I come too?* Superhits in Australien und Neuseeland, das dazugehörige Album *Cats*

Mental As Anything   Foto: CBS

and dogs wurde in Australien mit Platin und in Neuseeland mit Gold ausgezeichnet. 1982 machte sich Mental As Anything an die Eroberung der restlichen Welt und konnte, durch fleißiges Touren in USA und Kanada, tatsächlich mit *Too many times* einen Top-20-Hit in Kanada landen. Aber das 1983er Album *Creatures of leisure* ging unter und wurde lediglich wieder in den heimischen Gefilden ein Bestseller. Dann kam das Jahr 1985 und mit ihm das Album *Fundamental*. Es wurde in Australien das »Bestselling Album of the Year«, die Single *Live it up* »Song of the Year« und »Single of the Year«. Kein Wunder, daß dieses Lied für den australischen Abenteuerfilm *Crocodile Dundee* ausgewählt wurde und durch diesen Kassenknüller auch den Rest der Welt eroberte. Die fröhliche, beschwingte Partymusik von Mental As Anything fand auch außerhalb des Landes »down under« immer mehr Fans. Das 87er Album *Mouth to mouth*, das sich natürlich sofort an die Spitze der Aussie-Charts setzte, kam auch international recht gut an.

Freddie Mercury

FREDERICK BULSARA, geb. 5. 9. 1946 auf Sansibar: voc

Freddie Mercury begann seine musikalische Karriere bei der Gruppe WRECKAGE und versuchte sich dann als Solist unter dem Pseudonym LARRY LUREX. Doch seine Cover-Version des alten → BEACH-BOYS-Hits *I can hear music* wurde ein Flop. Er schrieb sich an der Kunstschule ein, lernte ROGER TAYLOR und BRIAN MAY kennen und gründete 1971 mit ihnen die Gruppe → QUEEN. Nach 3 Jahren hatte er die Band zur Super-Formation gemacht. Mit opernhaft dramatischer Stimme sang er Titel wie *Bohemian Rhapsody* (1975), *Somebody to love* (1976), *We are the champions* (1977), *Crazy little thing called love* (1979), *Another one bites the dust* (1980), *Radio gaga* (1984), *A kind of magic* (1986), um nur die wichtigsten zu nennen, und alle wurden internationale Bestseller. 1984 beschloß Freddie Mercury, der auf der Bühne durch sein besonders narzißtisches Gebaren glänzte, wieder einmal seinen Erfolg als Solist zu testen. Für den Soundtrack des Fritz Lang-Klassikers *Metropolis*, der von → GIORGIO MO-RODER koloriert und musikalisch untermalt wurde, steuerte er den Titel *Love kills* bei, der natürlich prompt ein Single-Hit in England und Deutschland wurde. 1985 veröffentlichte er ein ganzes Solo-Album, das den Namen *Mr. Bad Guy* trug. Der Erfolg der Singles *I was born to love you* und *Made in heaven* hielt sich jedoch in Grenzen. Auch *Living on my own* (1986) und ein Remake des alten PLATTERS-Hits *Great Pretender* (1987) wurden keine Superseller. Dann beschloß Freddie Mercury seinen Operngelüsten richtig nachzugeben und nahm 1987 ein Duett mit der weltberühmten Sopranistin MONSERRAT CABALLE auf. *Barcelona* hieß das bombastische Lied, eine Hymne auf die Geburtsstadt der Primadonna, das sich unter den UK Top 10 plazieren konnte und auch in die deutsche Hitparade einstieg. Ein gemeinsames Album wurde für 1988 angekündigt, die LP *Barcelona,* auf der die beiden unterschiedlichen Stars Lieder aus dem Bereich Klassik/Pop/Folk singen. Die LP wurde ein durchschlagender Erfolg, sowohl bei Rock- als auch bei Klassik-Fans.

George Michael

GEORGE MICHAEL PANOS, geb. 25. 6. 1963 in Radlett/England: voc

Von 1982 bis 1986 war George Michael Leadsänger des englischen Erfolgs-Duos → WHAM! Vier Jahre lang schrieb er, zusammen mit seinem Partner ANDREW RIDGLEY, einen Superhit nach dem anderen. Doch was sich mit Michaels Solo-

George Michael Foto: CBS

Singles wie *Careless whisper* (1984 3 Wochen Platz 1 USA, 1 UK, 3 BRD) und *Different corner* (1986 Platz 7 USA, 1 UK, 5 BRD) angekündigt hatte, wurde 1986 Wirklichkeit: George Michael und Andrew Ridgley trennten sich, Wham! löste sich, nach weltweit 40 Millionen verkaufter Platten auf, George wollte sein Glück als Solist versuchen. Und bereits im Februar 1987 war George Michael wieder mit einem Song in den internationalen Charts präsent. Der perfekt gestylte gutaussehende junge Mann mit dem interessanten 3-Tage-Bart, der schnittigen, erblondeten Frisur und mit Leder-Macho-Outfit, hatte sich mit → ARETHA FRANKLIN, der Queen of Soul, zusammengetan. Das Duett *I knew you were waiting for me*, eine soulige Ballade, geschrieben von → SI-MON CLIMIE von → CLIMIE FISHER, wurde ein weltweiter Bestseller. Zwei Monate später machte George Michael bereits wieder von sich reden: *I want your sex* hieß der aggressiv-funkige Song, der sich in Deutschland auf 3, in USA auf 2 und in UK auf 1 plazieren konnte. Der Song gehörte zu den drei Singles, die sich 1987 in Amerika über eine Million Mal verkauften. Ende 1987 erschien dann das Solo-Debüt-Album *Faith*, das sich innerhalb kürzester Zeit weltweit unter den Top 10 der LP-Hitparaden festsetzen konnte. Ende April lag es in USA nach 22 Wochen immer noch auf Platz 3 und hatte sich über 3 Millionen Mal verkauft. Kein Wunder, daß die nächsten Singles, das rockabilly-artige *Faith* und der soulige Titel *Father figure*, ebenfalls wieder Bestseller wurden, genauso wie

das softige *One more try* und das
»schwarze« *Monkey*. Damit gehört
George Michael, der Brite griechischer
Abstammung, zu den weltweit erfolgreichsten Solisten der 80er Jahre. Der
nächste Michael-Knüller kam 1990 unter
dem Titel *Listen without prejudice Vol. 1*
auf den Markt. Es wurde selbstverständlich wieder ein internationaler Bestseller, der in UK auf Platz 1 und in den
USA auf Platz 2 der LP-Charts landete.

Midnight Oil

Midnight Oil   Foto: CBS

PETER GARRETT, geb. in Sydney/Austra-
lien: voc; JIM MOGINIE, geb. in Sydney/
Australien: g/keyb; MARTIN ROSE, geb. in
Sydney/Australien: g; PETER GIFFORD,
geb. in Sydney/Australien: b; ROB HIRST,
geb. in Sydney/Australien: dr

Das australische Quintett ist heute eine
Band, die als musikalisches Synonym für
Fairneß, Vernunft, Unabhängigkeit,
Freiheit und Frieden steht. Eine ziemlich ungewöhnliche Erscheinung im ansonsten so rauhen und egoistischen
Musik-Geschäft. 1977 kamen Moginie,
Hirst, Gifford und Rose zusammen, beschlossen eine Band zu gründen und
machten sich auf die Suche nach einem
Sänger. Den fanden sie per Anzeige in
Peter Garrett, dem 1,90-m-Mann und
passionierten Surfer, der damals noch
schulterlanges blondes Haar trug, während sein heutiges Markenzeichen ein
kahlrasierter Schädel à la Yul Brunner
ist. Garrett ist übrigens praktizierender
Rechtsanwalt. Die Band trat damals
fünf Tage in der Woche in den Pubs und
Clubs von Australien und bei diversen

Benefizkonzerten auf. Dadurch kam sie
in Kontakt mit ›Greenpeace‹ und anderen Umweltschutzorganisationen und
fing an, sich sozial- und umweltpolitisch
zu engagieren. 1978 nahm die Truppe
das Debüt-Album *Midnight Oil* auf,
durch deren ungeschönte Rocksongs sie
ungemein populär wurde. 1980 folgte
das zweite Album *Head injuries*, das bereits mit Gold ausgezeichnet wurde und
das dem Trommler Hirst die Wahl zum
›besten Schlagzeuger Australiens‹ einbrachte. Ein Titel, den er seitdem bis
heute jedes Jahr wieder erhalten hat.
Das dritte Album kam 1981 und hieß
Place without a postcard. Es war so typisch australisch und unkommerziell in
Aussage und Anspruch, daß die Plattenfirma die Gruppe bat, doch bitte in Zukunft weniger australisch und dafür in-

ternationaler zu spielen. Trotzdem wurde das Album mehrfach vergoldet, aber Midnight Oil ging zu einer neuen Plattenfirma. Doch zunächst sammelte das Quintett Erfahrungen mit Live-Auftritten vor großem Publikum und machte auch einen Abstecher nach Europa. Sie tourten durch England und blieben schließlich in London hängen, wo sie in NICK LAUNY einen adäquaten Produzenten fanden, der sich bereits bei Produktionen für Stars wie → KATE BUSH seine Meriten verdient hatte. *10, 9, 8, 7, 6, 5, 4, 3, 2, 1* (1983) hieß das vierte Album unter seiner Regie, das zusammen mit der Single *Power and passion* den internationalen Durchbruch für Midnight Oil brachte. Launy hatte die Band dazu gebracht, statt der eckigen und sägenden Gitarrenpassagen doch mehr harmonische und wohlklingende Keyboard-Teile einzubauen. In Australien verkaufte sich die LP innerhalb von nur drei Tagen mehr als 200 000mal, und von der amerikanischen Fachzeitschrift *Rolling Stone* wurde die LP zum ›besten australischen Album des Jahres‹ gewählt. In dem ›land down under‹ konnte sich das Album acht Monate lang auf Platz 1 halten, aber auch in den internationalen Charts, inklusive Deutschland, gab es dafür gute Notierungen. 1984 folgten eine höchst erfolgreiche USA- und Japan-Tournee, 1985 gab es mit *Red sails in the sunset* LP Nr. 5, die dem Album *10, 9, 8, 7, 6, 5, 4, 3, 2, 1* weder in Qualität noch in Erfolg nachstand. Produziert worden war sie in Tokio wieder von Nick Launy. Das Album bot sowohl klassische Rocksongs wie *Best of both worlds* als auch Balladen, R & B und Pop. Dann kandidierte Peter Garrett für den australischen Senat, und zwar im Namen der Atomkraftgegner. Diese

Kandidatur war zunächst mit erheblichen Schwierigkeiten seitens des Premierministers verbunden. Doch Garrett blieb seiner geradlinigen Art treu. Ohne zu zögern prangerte er vertuschte Mißstände, wie inoffizielle amerikanische Abhörbasen in Australien und Schiffe mit Atomwaffen in australischen Häfen, an. Letztendlich erhielt er doppelt so viele Stimmen wie sein Rivale. Von nun an floß ein Großteil der Einnahmen von Midnight Oil in Arbeitslosenprogramme und wohltätige Organisationen. 1987 ging Midnight Oil auf eine Tournee durch die Wüstenregionen Zentral-Australiens. *Blackfella/Whitefella*-Tour hieß das Unternehmen, das die erfolgreiche Rockband auch in abgelegene Gegenden zu den Aborigines, den Eingeborenen Australiens, führte. Die Eindrücke dieser anstrengenden und nicht ganz ungefährlichen Tour verarbeitete die Gruppe in dem 88er-Album *Diesel and dust*. Die LP wurde in Australien viermal mit Platin und als ›bestes Album 1988‹ ausgezeichnet, erhielt einen Preis für das Cover, und die Single *Beds are burning* wurde von der australischen Plattenindustrie als ›beste Single des Jahres‹ ausgezeichnet. In Neuseeland bekam die LP sogar fünfmal Platin. In den USA brachte die LP Gold, und die *Beds*-Single konnte sich unter den Top 20 plazieren. 1990 kam dann das Album *Blue sky mining* heraus, das mit seinen sozialkritischen und politischen Texten und dem internationalen und doch eigenständigen Rocksound das bislang beste Midnight Oil-Album war. Sowohl die LP als auch die erste Single *Blue sky mining* konnten sich in den deutschen Charts plazieren.

Mike & The Mechanics

MICHAEL RUTHERFORD, geb. 2. 10. 1950 in England: b; PAUL CARRACK, geb. 22. 4. 1951 in England: voc; PETER VAN HOOK, geb. 5. 6. 1950 in England: dr; ADRIAN LEE: keyb; PAUL YOUNG: voc

Mike Rutherford, der Bassist von → GENESIS, hatte bereits früher zwei Solo-Alben veröffentlicht: 1980 *Smallcreep's days* und 1982 *Acting very strange*. 1985 gründete Mike Rutherford die Gruppe Mike & The Mechanics. Die Mitwirkenden sind alles First-Class-Musiker: Van Hook war Schlagzeuger bei der VAN MORRISON BAND, Lee Keyboarder bei TOYAH, Carrack sang bei NICK LOWE and ACE, und Young war Sänger der Gruppe SAD CAFE. Als Produzent konnte Rutherford CHRIS NEIL gewinnen, der schon erfolgreich Alben mit SHEENA EASTON und TOYAH produziert hatte. Mit ihm zusammen schrieb Rutherford auch den größten Teil der Songs des Debüt-Albums namens *Mike & The Mechanics*. Es bot einen an → GENESIS erinnernden Sound, jedoch wesentlich kompakter, straffer, mit trefflichen Melodien und Arrangements. Die Singles *Silent running* (aus dem Film *On dangerous ground*) und *All I need is a miracle* wurden beide 1986 in USA Top-10-Hits und konnten sich auch in Deutschland sehr gut plazieren. 1988 erschien Album Nr. 2, *Living Years*. Darauf setzte Mike Rutherford mit seinen Mannen das vorherige Musik-Konzept fort. Die Singles *Nobody's perfect* und *The living years* konnten sich in den internationalen Charts plazieren.

Steve Miller

geb. 5. 10. 1943 in Milwaukee/Wisconsin, USA: voc/g

Lockerer, gitarrenbetonter Blues-Rock ist die Spezialität von Steve Miller. Er wuchs in Dallas/Texas auf und hatte Größen wie LES PAUL und T-BONE WALKER als Lehrmeister. Mit zwölf Jahren gründete er mit seinem Freund »BOZ« SCAGGS seine erste Band, THE MARKSMAN COMBO. Auf der Universität entstand die nächste Formation, THE ARDELLS. Nach dem Studium ging Steve Miller nach Chicago, spielte mit Blues-Größen wie MUDDY WATERS und OTIS RUSH, PAUL BUTTERFIELD und MIKE BLOOMFIELD und gründete schließlich 1966 in Franciso THE MILLER BLUES BAND, aus der dann 1967 die STEVE MILLER BAND wurde. 1968 erschien die erste LP, *Children of the future*, der bis 1972 noch weitere sechs erfolgreiche Alben folgten. 1973 konnte Steve Miller mit dem Song *The Joker* seinen ersten Millionenerfolg landen. Sowohl die Single als auch das gleichnamige Album wurden vergoldet. Das genügte Steve Miller erst einmal, er zog sich für drei Jahre zurück. 1976 brachte er die LP *Fly like an eagle* heraus, die ebenso wie das 77er Album *Book of dreams* ein Millionenseller wurde und Platin bekam. Damit hatte der große massige Mann, der eher wie ein bodenständiger Farmer als wie ein Rock-Star aussieht, wieder einmal sein Können bewiesen und zog sich abermals in die Einsamkeit zurück. Er kaufte sich eine Farm in Oregon und züchtete Pferde, Kühe, Schweine, Ziegen, Bienen und 17 verschiedene Geflügelarten. Aber die Musik ließ ihn trotz aller ländlicher Idylle nicht los. Er richtete sich ein modernes Studio auf seiner Farm ein und tüftelte vier Jahre lang an seinem Sound. Das Ergebnis war 1981 die LP *Circle of love*, die ein Flop wurde. Das ließ den erfolgsgewohnten Musiker nicht ruhen, und ein Jahr später, 1982, trat er mit dem Album *Abracadabra* ans Licht der Öffentlichkeit. Album und Titelsong wurden weltweite Superhits: USA NR. 1, BRD Nr. 2, UK Nr. 2. Gleich anschließend ging er auf eine umjubelte Welttournee und veröffentlichte danach eine Live-LP, die viel Anklang fand. 1984 brachte Steve Miller das Album *Italian X-Rays* heraus. Doch die durchaus gutgemachten Songs dieser LP fielen gegen die hervorragenden Lieder des Superalbums *Abracadabra* leider ab. Der Erfolg war dementsprechend auch nicht gerade überwältigend. 1986 veröffentlichte Steve Miller die LP *Living in the 20th century*, sein 17. Album. Die A-Seite war im typischen Steve-Miller-Sound und hatte mit *I want to make the world turn around* einen Hit. Die B-Seite war dagegen in der Blues-Tradition der 50er Jahre gehalten, mit Songs von JIMMY REED, dem Steve Miller das Album auch gewidmet hat. Im Herbst 1988 brachte Steve Miller die LP *Born 2 B blue* heraus, die in ihrer Machart an den kühlen Jazz-Pop von → SADE erinnerte. 1990 wurde Steve Millers Bestseller *The Joker* aus dem Jahr 1973 für einen Werbefilm verwendet. Das Lied wurde noch einmal als Single veröffentlicht und erreichte prompt Platz 1 der UK-Charts.

Milli Vanilli

ROBERT ›ROB‹ PILATUS, geb. 8. 6. 1965 in New York/USA: voc; FABRICE ›FAB‹ MORVAN, geb. 14. 5. 1966 in Haiti: voc

Die beiden farbigen Interpreten und Tänzer sind das erfolgreichste Duo der 80er Jahre. Obwohl die Kritiker für ihre ungemein tanzbare Mixtur aus Hip-Hop, Pop und R & B so unschöne Worte wie »Nichtssagender Tumbenpop im Dumdum-Einheitsstil des Computerzeitalters« fanden, wurden die Produkte der beiden farbigen Knaben weltweit millionenfach gekauft. Dabei war beiden die Aussicht auf den Status eines internationalen Superstars beileibe nicht in die Wiege gelegt worden. Rob ist der Sohn eines US-Soldaten und einer Deutschen. Die Mutter wollte von dem Kind nichts wissen und gab es in München zu Pflegeeltern, die ganz besonders streng waren und Popmusik und Fernsehen für Teufelswerk hielten. Mit zehn Jahren bekam Rob eine Gitarre und erhielt Unterricht auf diesem Instrument. Inzwischen pendelte er zwischen München und seinen Eltern in Los Angeles hin und her. Er interessierte sich für alles, was mit Musik zu tun hat, stürzte sich auch voller Begeisterung in den Breakdance und wurde in dieser Disziplin sogar Vizeweltmeister. 1985 traf er in der Discothek ›Paradise‹ in Los Angeles einen anderen jungen Farbigen, der musik- und tanzbegeistert war: Fab Morvan. Fabs Vater war in Haiti Bauarbeiter, die Familie lebte in sehr ärmlichen Verhältnissen und verließ 1970 schließlich die Insel, um ihr Glück in Miami/Florida zu suchen, 1972 verließ Fabs Mutter ihren Mann und ging mit ihrem Sohn nach Paris, 1980 begann Fab am Pariser ›Centre Clichy‹ ein Tanz- und Gesangsstudium. Dabei belegte er ein Musikseminar, das ihn 1985 nach Los Angeles brachte. Eines Abends besuchte er die Discothek ›Paradise‹ – und lernte Rob kennen. Beide hatten zu diesem Zeitpunkt nicht nur den brennenden Wunsch, im Showbiz etwas zu werden, sie hatten auch eine ähnliche Vergangenheit hinter sich: sie waren beide als Farbige in ›weißen‹ Ländern aufgewachsen, waren beide infolge ihrer Ausbildung durchtrainierte Athleten, hatten sich beide ihre Brötchen als Fotomodell,

Milli Vanilli
Foto: Esser & Strauss/HANSA

Chorsänger und Tänzer verdient. Sie beschlossen all dies künftig gemeinsam zu machen und dabei immer eine Karriere als Sänger im Auge zu behalten. 1986 kehrten Rob mit den grünen Augen und Fab mit den braunen Augen nach München zurück. Unter diversen Namen, wie z. B. EMPIRE BIZARRE, versuchten sie als Duo Fuß zu fassen – ohne Erfolg. So jobbten sie beide als Dressmen für ein Münchener Modehaus und gehörten zur Standardbesetzung der Videoclip-Sendung *Formel Eins*. Trotzdem schickten die beiden unermüdlich ihre Demo-Kassetten an Plattenfirmen und Produzenten. Und eines Tages bekam FRANK FARIAN, der schon aus BONEY M. und der FAR CORPORATION Stars gemacht hatte, die beiden in die Hände. Damit begann 1987 der unaufhaltsame Aufstieg von Rob und Fab, alias Milli Vanilli. 1988 produzierte Farian mit den beiden die Debüt-Single *Girl you know it's true*. Der Song wurde weltweit Nr. 1 der Hitparaden oder konnte sich zumindest unter den Top 5 plazieren. Die Verkäufe beliefen sich weltweit auf über drei Millionen. Vor allen Dingen in den englischsprachigen Ländern erwiesen sich Milli Vanilli als Knaller. Ihre Singles *Baby don't forget my number, Blame it on the rain* und *Girl I'm gonna miss you* wurden grundsätzlich in USA und Kanada die Nr. 1 der Charts und konnten sich im gesamten Europa aber auch in Hongkong, Australien und Neuseeland hervorragend plazieren. *All or nothing* (1988) hieß das Debüt-Album, das ein internationaler Millionenseller wurde. Für den amerikanischen Markt erschien die LP 1989 noch einmal als *U.S. Remix Album*, das außer neuen Mixes der bewährten Hits auch neue Titel bot. In Amerika allein verkaufte sich diese LP über sieben Millionen Mal. In Australien, Neuseeland, USA und Kanada belegte die LP wochenlang den 1. Platz. Videos für die Songs waren für die beiden durchtrainierten Tänzer kein Problem, dabei kam ihnen ihr exotisch-attraktives Aussehen zugute. *Milli Vanilli in motion* hieß die Hit-Video-Kollektion des Duos, von der in Amerika in nur einem Monat über 100 000 Stück verkauft wurden. Bei der Grammy-Verleihung im Januar 1990 in Los Angeles wurden die beiden als ›beste Nachwuchsband‹ ausgezeichnet. Außerdem gewannen sie drei ›American Music Awards‹: ›Favorite New Artist — Pop/Rock‹, ›Favorite New Artist — Soul/R & B‹ und ›Favorite Song — Girl you know it's true‹. Dazu kam auch noch der Juno Award, der kanadische Grammy, der ihre LP als ›International Album Of The Year‹ auszeichnete. Damit hatte Frank Farian wieder einmal bewiesen, daß er immer noch zu den weltbesten Produzenten gehört und ein unfehlbares ›Näschen‹ für Stars hat; dreifach Platin hatte es für eine deutsche Produktion in Amerika bislang noch nie gegeben. Aber nach Veröffentlichung der Single *Keep on running* kam es Ende 1990 zum Eklat: Produzent Frank Farian bestätigte schon lange Zeit kursierende Gerüchte, daß die beiden Star-Buben keinen einzigen Ton auf ihren Platten selbst gesungen hätten.

Liza Minelli Foto: CBS

Liza Minelli

geb. 1946 in Los Angeles/Kalifornien, USA: voc

Liza Minelli gehört zu den internationalen Superstars auf Bühne und Leinwand. Sie ist die Tochter der Schauspielerin und Sängerin JUDY GARLAND und des renommierten Regisseurs VINCENTE MINELLI. Bereits im Kindesalter begann sie mit dem Singen und Schauspielen. 1965, mit 19 Jahren, gewann sie zum erstenmal den ›Tony Award‹ für die musikalische Bühnenrolle in dem Broadway-Erfolg *Flora, The Red Menace*. 1973 wurde sie mit einem besonderen ›Tony‹ für ihre One-Woman-Show im New Yorker Winter Garden ausgezeichnet, mit der sie sämtliche Kassenrekorde brach. Und zum drittenmal bekam sie diese Auszeichnung 1977 für die Hauptrolle in *The act*. 1972 wurde der quirligen Person mit den riesengroßen Augen der Oscar überreicht, und zwar für die Darstellung in dem Bestseller-Film *Cabaret*. Übrigens wurde bei diesem Streifen auch die Ausstattung, die Kameraführung, die Regie, der Schnitt, der Ton und die ausgezeichnete Musik mit einem Oscar ausgezeichnet, und Lizas Partner JOEL GREY erhielt einen Oscar als bester Nebendarsteller. Mit Liedern aus diesem Film wie dem Titelsong *Life is a cabaret* oder *Money makes the world go round* wurde Liza Minelli weltberühmt. Das Jahr 1972 war für Liza Minelli überhaupt sehr erfolgreich, denn für ihre Rolle in *Cabaret* bekam sie auch den ›Golden Globe Award‹, und für ihre hervorragende TV-Show *Liza with a Z* wurde sie mit dem begehrten amerikanischen Fernsehpreis Emmy ausgezeichnet. Und außerdem wurde sie 1972 von der Nationalen Vereinigung der Theaterbesitzer zum ›weiblichen Star des Jahres‹ gewählt. So nebenbei ist Liza mit Z auch die einzige, die den Titel ›Las Vegas Entertainer des Jahres‹ dreimal hintereinander gewonnen hat. Liza, die bislang in erster Linie Komödien gespielt hatte, stand 1985 dann zum erstenmal in einer ernsten Rolle vor der Kamera. In dem Streifen *A time to live* spielt sie die Mutter eines todkranken Jungen. Auch dafür bekam sie den Golden Globe Award des Jahres. Im Jahre 1988 feierte Liza, die in ihrem Privatleben genauso viele Mißerfolge zu verbuchen hatte wie in ihrem Berufsleben Erfolge, den nächsten Triumph. Drei Wochen lang trat sie in der berühmten Carnegie Hall in New York auf, und drei Wochen lang war die Hall bis auf den letzten Platz ausverkauft. In der 96jährigen Geschichte der Carnegie Hall war Liza der erste Entertainer, dem dieser durchschlagende Erfolg gelang. Das einzige, was in Lizas

bemerkenswerter Aneinanderreihung von internationalen Erfolgen jetzt noch fehlte − war ein richtiger Hit, ein Lied das sich in den internationalen Hitparaden plazieren konnte. Das gelang Liza mit einem Trick: eine der weltberühmtesten Schauspielerinnen und Entertainerinnen tat sich mit einem der weltberühmtesten Pop-Duos zusammen. Die neue Kombination hieß LIZA MINELLI UND DIE → PET SHOP BOYS. Das Ergebnis dieser Zusammenarbeit war das Album *Results*, das 1989 auf den Markt kam und sich in Deutschland, Großbritannien, USA und diversen anderen Hitparaden plazieren konnte. Der Großteil der Songs stammt von den Pet Shop Boys und variiert zwischen schnellen Tanznummern und sanften Balladen. Der erste Single-Hit war das temperamentvolle *Losing my mind* aus der Feder von STEPHEN SONDHEIM, das in Deutschland bis unter die Top 20 kam. Ebenfalls erfolgreich war die zweite Single *Love pains*, die im Original 1982 für YVONNE ELLIMAN ein Hit gewesen war. Als dritte Auskopplung erschien einer der schönsten Songs des Albums: das sanfte *So sorry, I said* aus der Feder der Pet Shop Boys.

Kylie Minogue

geb. 28. 5. 1968 in Australien

Blondgelockt, hübsch und sangesfreudig, so eroberte die junge Australierin 1987/88 die internationalen Charts mit dem → STOCK/AITKEN/WATERMAN-Song

Kylie Minogue Foto: Teldec

I should be so lucky. Kylie ist eigentlich Schauspielerin und spielte in der australischen Fernsehserie *Neighbours* die Hauptrolle. Das brachte ihr 1987 die Auszeichnung als »Most Popular Female Talent« ein. Flugs ging die süße Kylie ins Tonstudio und nahm eine Debüt-Single auf, den Song *Locomotion*, der sich prompt auf Platz 1 der Aussie-Charts plazieren konnte. Daraufhin nahm das englische Erfolgsteam Stock/Aitken/Waterman die junge Dame unter die Fittiche und schrieb ihr im bewährten Stil den Disco-Song *I should be so lucky.* Und »glücklich« konnte Kylie damit wirklich sein: Das Lied wurde 1987/88 in England und Deutschland die Nr. 1 der Charts, ähnlich erfolgreich war 1988 der nächste Song *Got to be certain.* Als dritte Single wurde dann weltweit *Locomotion* veröffentlicht, jenes Lied, mit dem sie bereits 1987 in Australien erfolgreich gewesen war und dessen Original-Version 1962 für Little Eva ein Nr.-1-Hit und Millionenseller gewesen war. 1988 wurde Kylie Minogues Debüt-Album *Kylie* veröffentlicht. Die flotte Blondine aus dem Land der Känguruhs setzte auch 1989 ihren Siegeszug um die Welt fort. Mit ihrem *Neighbours*-Partner → Jason Donovan im Duett sang sie *Especially for you* und stieg gleichzeitig aus dieser Fernsehserie aus. Kunststück: ihr Debüt-Album hatte inzwischen in 15 Ländern den 1. Platz der Charts erklommen. Und im Sommer 1989 kam Kylies Spielfilm *The Delinquents* in die Kinos. Natürlich gab's auch daraus einen Song: *Tears on my pillow,* im Original 1958 ein Nr.-4-Hit für Little Anthony & The Imperials, war auch 31 Jahre später wieder ein sicherer Kassenknüller. 1989 erschien auch das zweite Album *Enjoy yourself* mit den Single-Hits *Hand on your heart, Wouldn't change a thing* und *Never too late.* Inzwischen war die singende Schönheit derartig populär, daß sie sogar im Wachsfigurenkabinett von Madame Tussaud Einzug hielt (auch wenn die Figur dort 10 cm größer als das Original ist und noch Ringellöckchen hat, die Kylie inzwischen längst entlocken ließ). Mit dem dritten Album *Rhythm of love* setzte die inzwischen auf ›Beauty‹ gestylte Sängerin 1990 ihren internationalen Siegeszug fort.

The Mission

Wayne Hussey, geb. 26. 5. 1959: voc/g; Craig Adams, geb. 4. 4. 1962: b; Simon Hinkler, geb. 1961: g; Mick Brown, geb. 1957: dr

Spitze Zungen behaupten, The Mission wäre lediglich die poppige Schwester von Sisters Of Mercy. Denn schließlich waren Wayne Hussey und Craig Adams, die beide für die Songs der Mission verantwortlich zeichnen, früher Mitglieder der Sisters Of Mercy. Doch Bandleader Wayne Hussey hat gar nichts gegen diese Einordnung: »Das Profil der Mission ist offener, mehr der Masse zugewandt, als es bei den Sisters Of Mercy der Fall war. Wir wollen Pop-Stars sein! Jeder möchte Beachtung bekommen für das, was er gut und perfekt macht. Und ich sehe nicht, wie ich diese Beachtung als Kult-Hero bekommen sollte . . .!« Eines blieb jedoch aus den Kult- und Sisters-Tagen: die eher düsteren, mythischen Songs, mit den romantisch-versponnenen Texten und den kraftvollen, eingängigen Melodien. The Mission ent-

The Mission   Foto: Mercury

stand im Januar 1986, Hussey und
Adams kamen, wie schon erwähnt, von
den Sisters Of Mercy, die anderen
beiden Mitglieder von RED YELLOW LOR-
RY und ARTERY, zwei berühmten englischen Indie-Bands. Im Mai 1986 erschien schon die Debüt-Single *Serpent's
kiss*, die bereits eine Woche nach Veröffentlichung auf Platz 1 der Indie-Charts
lag und auch den Einstieg in die offiziellen British Charts schaffte. Single Nr. 2,
Garden of delight, war wieder Nr. 1 der
Indie-Charts und immerhin Top 40 in
den British Charts. Die Debüt-LP *God's
own medicine* verkaufte sich sogar ausgesprochen gut in England und fand
auch bei uns in Deutschland mehr als
nur ein paar Abnehmer. Dann ließ sich

das Quartett zwölf Monate Zeit und veröffentlichte Anfang 1988 die nächste
Single *Tower of strength*. Der Erfolg
zeigte, daß The Mission aus dem Kult-
Hero-Stand in den Pop-Star-Stand getreten waren: 65 000 Vorbestellungen lagen für dieses Lied in England vor, innerhalb kürzester Zeit befand sich der
Titel unter den British Top 10 und stieg
auch in Deutschland in der Hitparade
nach oben. Die zweite LP, *Children*,
hatte in England 100 000 Vorbestellungen und bekam bei der Veröffentlichung
im Februar 1988 sofort Gold. Auch in
Deutschland stieg das Album in der LP-
Hitparade nach oben. Die zweite Single
Beyond the pale wurde 1988 ebenfalls in
England und Deutschland ein Bestsel-

ler. Die Single *Tower of strength* wurde bei einer Leser-Umfrage zur ›besten Single‹ des Jahres 1988 gewählt. Wayne Hussey zum ›besten Sänger‹, Mission selbst zur ›besten Band‹ und zum ›besten Live-Act‹, und die LP ›Children‹ zum besten Album. Doch die Formation ruhte sich keinesfalls auf diesen Lorbeeren aus. Sie spielte bei den Benefiz-Konzerten für die Opfer der Flugzeug-Katastrophe von Lockerbie und der Fußball-Tragödie von Hillsborough und begann außerdem mit der Arbeit an ihrem dritten Album. *Carved in sand* erschien 1990 und bot wieder eine ganze Reihe interessanter Songs. Lieder, die von sanften Balladen wie dem wunderschönen *Butterfly on a wheel* über Power-Nummern wie *Into the blue* bis hin zu sozial engagierten Songs reichten, wie *Amelia,* einer flammenden Anklage gegen Väter, die sich an ihren Kindern sexuell vergreifen.

Mixed Emotions

→ Drafi Deutscher, geb. 9. 5. 1946 in Berlin: voc; Oliver Simon, geb. 1957: voc; 1989 ausgetauscht gegen Andreas Martin

Dieses Duo ist ein weiterer genialer Einfall vom Song-Zauberer Drafi Deutscher. Eigentlich sollte Drafi auf Wunsch seiner Plattenfirma EMI für den Newcomer Oliver Simon Lieder schreiben. Der gutaussehende, wohlerzogene Sohn aus gutbürgerlicher Familie sang zwar schon seit einiger Zeit nette deutsche Schlager, aber der große Erfolg

wollte sich nicht so recht einstellen. Also sollte der Hit-Fabrikant Drafi Deutscher abhelfen. Doch der hatte die Idee zu diesem Duo, eine Idee, die er ja bereits 1983 unter dem Pseudonym Masquerade *(Guardian angel)* schon einmal in Angriff genommen hatte. *You want love* hieß 1986 die erste Single von Mixed Emotions, ein Lied, das wie eine geniale Mixtur aus dem Feeling der 60er und dem Sound der 80er Jahre klang. Fast eine halbe Million Singles wurden davon verkauft, die höchste Hitparaden-Plazierung war Nr. 5. Der nächste Knüller hieß *Bring back (Sha na na),* ein Lied im gleichen Stil, daß sich ebenfalls wieder hervorragend verkaufte, genauso wie das erste Mixed-Emotions-Album *Deep from the heart.* Der Sänger Andreas Martin hatte übrigens mit der deutschen Version von *You want love,* die bei ihm *Du bist alles (Maria, Maria)* hieß, ebenfalls einen Bestseller. Das war auch vielleicht einer der Gründe, warum Drafi Deutscher 1989 Oliver Simon gegen Andreas Martin austauschte und mit ihm das 90er Mixed-Emotions-Album aufnahm.

Modern Talking

Thomas Anders, geb. 1. 3. 1963 in Münstermaifeld: voc/keyb; → Dieter Bohlen, geb. 7. 2. 1954 in Oldenburg: g/b/keyb/dr

Das deutsche Duo Modern Talking war der erfolgreichste Newcomer des Jahres 1985. Hauptmacher des Duos ist Dieter Bohlen, der alle Lieder schreibt. Der blonde Musiker hatte sich bereits seit

Modern Talking   Foto: Ariola

einigen Jahren in der deutschen Musikbranche einen Namen gemacht. Nach dem Abitur studierte Dieter Bohlen in Göttingen Betriebswirtschaft, zog als Musiker mit Tanzkapellen durch die Lande und versuchte immer wieder, im Musikgeschäft als Komponist Fuß zu fassen. Zunächst klappte dieser Versuch nicht, und Dieter wollte gerade enttäuscht ins Baugeschäft seines Vaters einsteigen, als er doch noch einen Job bekam. Anschließend war er als Texter und Produzent verantwortlich für eine ganze Reihe von Top-Hits für deutsche Stars wie BERND CLÜVER, ROLAND KAISER, KATJA EBSTEIN und RICKY KING. Für Thomas Anders stand bereits als Teenager fest, daß er Schlagersänger werden wollte. Mit 16 bekam er einen Plattenvertrag, kümmerte sich aber doch um eine fundierte Ausbildung, machte sein Abitur und studierte Germanistik. Er hatte schon ein paar nette Schlager in deutscher Sprache aufgenommen, als er 1983 Dieter Bohlen kennenlernte. Der dunkelhaarige, gutaussehende junge Mann mit der hohen, einschmeichelnden Stimme ist das optische Glanzlicht des Duos Modern Talking. Dunkel geschminkt, mit seidigem Walle-Haar, ganz auf »beautiful boy« gestylt, eroberte er via Bildschirm im Nu die Herzen der weiblichen Zuschauer und machte die erste Single von Modern Talking, *You're my heart, you're my soul*, innerhalb kürzester Zeit zum Millionenseller. Wochenlang belegte 1985 der raffiniert einfache Soft-Song den ersten Platz der deutschen Hitparade und eroberte anschließend auch den Rest der Welt. Gold gab es für dieses Lied aus Deutschland, Belgien, Frankreich, Portugal, Schweden, der Schweiz und aus Dänemark kam Silber. *You can win if you want*, die zweite Single 1985, war im Grunde genommen nichts anderes als eine Variante des ersten Top-Hits und ebenso erfolgreich. Die dazugehörige LP, *The 1st album*, bot noch mehrere Variationen dieses Themas. Aber den Hörern gefiel das: aus Deutschland und der Schweiz erhielt die LP Platin, aus Belgien, Finnland, Österreich, Südafrika und Israel Gold, und aus Dänemark, Portugal und Norwegen Silber. Im Sommer 1985 war Modern Talking dann wieder Nr. 1 der deutschen Hitparade mit dem im gleichen Strickmuster gemachten Song *Cherie cherie lady*, der ebenfalls mit Gold ausgezeichnet wurde. Im

Schnellschußverfahren wurde dann im Oktober das zweite Album *Let's talk about love* nachgeschoben, das den inzwischen schon hinlänglich bekannten und oft kopierten Modern-Talking-Sound brachte. Die LP wurde selbstverständlich ein Bestseller: Platin-, Gold- und Silber-Auszeichnungen kamen wieder aus aller Welt. Doch das kommerziell so erfolgreiche Duo verstand sich privat nicht mehr besonders. Und so wurde Ende 1985 verkündet, daß es voraussichtlich im Frühjahr 1986 noch ein gemeinsames Album geben werde, daß sich dann aber die Wege von Dieter Bohlen und Thomas Anders trennen würden. Da jedoch die nächste Single *Brother Louie* (1986) ein Top-Seller wurde, der sich sogar in den British Charts plazieren konnte und in Deutschland natürlich Nr. 1 wurde, beschlossen die beiden, erst einmal zusammenzubleiben. Doch Dieter Bohlen schien dem Frieden nicht ganz zu trauen und stürzte sich verstärkt auf andere Projekte. Mit → C. C. CATCH und *I can lose my heart tonight* hatte er ja bereits 1985 einen Bestseller landen können, und auch 1986/87 schrieb er weiter Top-Hits für die junge Dame. Zusätzlich komponierte er für den Tatort-Krimi *Der Tausch* das Lied *Midnight lady*, das sowohl in der englischen Version von → CHRIS NORMAN als auch in der deutschen von ROLAND KAISER ein Superseller wurde. Dieses zweite Bein erwies sich als gute Idee, denn allmählich ließ der Erfolg von Modern Talking nach. Die Single *Atlantis is calling* (1986) wurde nicht mehr Nr. 1, und das 3. Album *Ready for romance* bekam kein Platin mehr, sondern »nur« noch Gold. Das hinderte Modern Talking aber nicht daran, weiterzumachen. 1986 erschienen noch die

Single *Geronimo's Cadillac* und das 4. Album *In the middle of nowhere*: Bestseller, aber keine Superseller mehr. Auch die 87er Singles *Jet airliner* und *In 100 years* und die Alben *Romantic warriors* und *In the garden of Venus* verkauften sich zwar gut, aber nicht mehr hervorragend. Offensichtlich hatte das Interesse am doch stets gleich klingenden Sound von Modern Talking nachgelassen. Vielleicht hatten auch die ewigen Trennungsgerüchte und die schlechte Presse für Thomas' eigenwillige Frau Nora für eine negative Einstellung der Fans gesorgt. Jedenfalls schien Dieter Bohlen mal wieder die Zeichen der Zeit erkannt zu haben. Während Thomas Anders immer nur von einer eventuellen Solo-Karriere sprach, setzte das clevere Allround-Talent Bohlen dieses in die Tat um. 1987 profilierte sich Dieter Bohlen als Solist. Unter dem Pseudonym → Blue System veröffentlichte er das Album *Walking on a rainbow*, auf dem er leicht angejazzte Pop-Songs präsentierte. Die Singles *Sorry little Lady* und *My bed is too big* wurden Hits.

Doch Ende 1989 startete dann auch Thomas Anders als Solist. *Different* hieß die LP, die er mit internationalen Super-Produzenten wie Marc Cassandra (Sally Oldfield, → Sandra), Gus Dudgion (→ Elton John, → Chris Rea, → David Bowie) und Alan Tarney (→ Cliff Richard, → A-Ha) aufgenommen hatte. Anders, der inzwischen nach Los Angeles umgezogen war und sich angeblich inzwischen jetzt auch endgültig von seiner imageschädigenden Nora getrennt hatte, spielte das Album im sonnigen Kalifornien ein und vollzog damit einen abrupten Stilwechsel. Keine sanften Popklänge à la Modern Talking, sondern rockige und rhythmische Techno-

Pop-Klänge waren jetzt angesagt. Die erste Single *Love of my own* konnte sich zwar in den Top 30 der deutschen Hitparade plazieren, aber das Album selbst war, gemessen an den früheren Erfolgen, eher ein Flop.

Mötley Crüe

Vince Neil Wharton, geb. 8. 2. 1961 in USA: voc; Nikki Sixx, geb. 11. 12. 1958 in USA: b; Mick Mars, geb. 4. 4. 1955 in USA: g; Tommy Lee, geb. 3. 10. 1962 in USA: dr

Die Heavy-Metal Formation und Glamour-Band wurde 1981 in Los Angeles gegründet. Der Erfolg der Band, die grundsätzlich Phonstärken absondert, die weit oberhalb der Schmerzgrenze liegen, ist wohl weniger auf die Qualität ihrer meist recht durchschnittlichen Songs zurückzuführen, als auf das Sex-Image, das vor allen Dingen der blonde Lead-Sänger Vince Neil verkörpert. Wild geschminkt, mit wallenden, zerzausten Haarmähnen, gekleidet in schwarzes Leder, verziert mit Metallnieten, -nägeln, -armbändern und -ketten, so zelebrieren die vier von Mötley Crüe ihre im wahrsten Sinne des Wortes ohrenbetäubenden Live-Shows, zu denen vor allem die weiblichen Fans zuhauf strömen. Was die Gruppe auf der Bühne bietet, ist reinstes Heavy-Metal-Theater, mit gewaltigen Scheinwerferbatterien, Konfettiströmen, Ballons und einem rotierenden Drum-Kit. Die Mitglieder von Mötley Crüe schreiben ihre lauten Songs selbst; produziert wurden die ersten beiden Alben von Michael

Mötley Crüe Foto: WEA

WAGNER, der auch schon die deutsche
Hard-Rock-Gruppe → SCORPIONS zu internationalen Hitehren geführt hat. 1981
veröffentlichte Mötley Crüe auf dem eigenen Label das erste Album *Too fast
for love*. Davon verkauften sie ohne großen Promotion-Aufwand in ihrem Hei-
matstaat Kalifornien 20 000 Exemplare.
Daraufhin bekamen die vier natürlich
einen Plattenvertrag und 1982 wurde
diese LP, neu gemischt, nochmals veröffentlicht und erreichte prompt Gold. Im
September 1983 kam das zweite Album
Shout at the devil heraus. Die inzwischen
immens angewachsene Mötley-Crüe-
Gemeinde bescherte dem Werk Doppel-
Platin. Im Juli 1985 folgte Album Nr. 2,
Theatre of pain, für das sich die Band
den Produzenten TOM WERMAN geholt

hatte. Mit der Single *Smokin' in the
boys' room* (das war bereits 1973 ein
Millionenseller für die US-Rock-Band
BROWNSVILLE STATION gewesen) hatte die
Formation 1985 einen Nr.-16-Hit in
USA. Auch diese LP wurde in Amerika
mit Platin ausgezeichnet. Dann ließ sich
Mötley Crüe erst einmal Zeit. Fast auf
den Tag genau zwei Jahre später, am
15. Mai 1987, kam die nächste LP auf
den Markt. *Girls, girls, girls* hieß das
Album, das mit der Live-Version des
Jailhouse rock wieder eine Fremd-Kom-
position enthielt. Im April 1988 befand
sich die LP immer noch in den US-LP-
Charts und hatte über zwei Millionen
Exemplare verkauft. Genauso erfolgreich war dann das 89er Album *Dr. Feelgood*, das sich auch in der deutschen LP-

Hitparade plazieren konnte. Über ein halbes Jahr nach Veröffentlichung befand sich die LP immer noch auf Platz 15 der US-Top-Albums und hatte sich fast drei Millionen Mal verkauft.

The Monkees

PETER TORK, geb. 13. 2. 1944 in Washington, D. C./USA: b/voc; MICKEY DOLENZ, geb. 9. 3. 1945 in Los Angeles/USA: g/dr/voc; DAVY JONES, geb. 30. 12. 1946 in Manchester/England: voc

1986 war die Sensation in Amerika komplett: Die Monkees, Mitte der 60er Jahre eine der beliebtesten und erfolgreichsten US-Pop-Bands, waren wieder zusammen. Leider nur drei vom ursprünglichen Quartett, denn der Gitarrist MICHAEL NESMITH lehnte die Re-Union mit den Worten ab: »Das wäre dasselbe, als wenn Ronald Reagan plötzlich wieder anfinge, Filme zu drehen.« Doch die Fans waren schon für die drei dankbar. Begonnen hatte alles Anfang 1966 mit einer Anzeige im *Daily Variety*, dem Szene-Blatt von Hollywood: »Vorsprechen: Folk- und Rockmusiker/-sänger für neue TV-Serie gesucht. Zu vergeben sind vier Hauptrollen für verrückte Jungens zwischen 17 und 21.« 437 Musiker meldeten sich, darunter solche späteren Stars wie → STEVEN STILLS, JOHN SEBASTIAN (LOVING SPOONFUL) und DANNY HUTTON (THREE DOG NIGHT) — aber das Rennen machten Mickey Dolenz und Davy Jones, die beide schon mal gesungen hatten (Jones hatte auch schon Bühnenerfahrung, er hatte bei einer Broadway-

Aufführung von *Oliver Twist* mitgewirkt), und Michael Nesmith und Peter Tork, die immerhin schon mal als richtige Musiker gearbeitet hatten. Die neue Filmserie sollte im Stil vom erfolgreichen → BEATLES-Film *A hard day's night* gemacht werden, sie hieß *The Monkees* und startete im Herbst 66. Der Erfolg war überwältigend. DON KIRSHNER scheute allerdings weder Kosten noch Mühen und holte sich so bekannte und erfolgreiche Songwriter wie TOMMY BOYCE & BOBBY HART (*I wonder what she's doing tonight*), JOHN STEWART, LEIBER & STOLLER (schrieben einen Großteil der frühen → ELVIS-Hits) und NEIL DIAMOND. Bei den ersten Serien-Hits sangen die Monkees allerdings nur, die Instrumental-Parts wurden von Studiomusikern eingespielt. Erst später durften die vier Monkees auch zu den Instrumenten greifen. Die Serie lief gut zwei Jahre, 52 Folgen, lang, und es gab auch einen Monkees-Spielfilm. Von 1966 bis 1968 wurde praktisch jede Single der Monkees ein Millionenseller: *Last train to Clarksville, I'm a believer* (1966), *A little bit me, a little bit you, Pleasant valley sunday, Daydream believer* (1967), *Vallerie* (1968). Aber bereits 1969 war die Gruppe dabei auseinanderzufallen. Als erster ging Peter Tork und gründete seine eigene Band THE RELEASE. Die Monkees spielten eine Zeit lang als Trio weiter, aber dann ging auch Mike Nesmith, um seine FIRST NATIONAL BAND zu formieren, und das war dann das Ende der Gruppe. 1975 taten sich Mickey Dolenz und Davy Jones mit den Songwritern TOMMY BOYCE und BOBBY HART zusammen und bildeten eine »neue« Gruppe namens Monkees. Sie tourten viel und erreichten auch einen Plattenvertrag, aber zuletzt wurde dann doch nichts daraus. Schließlich sah

The Monkees Foto: Ariola/Arista

es Anfang der 80er Jahre so aus: Peter Tork hatte eine Gruppe namens THE PETER TORK PROJECT, Mickey Dolenz betätigte sich in England als Fernseh-Produzent, Michael Nesmith führte in Kalifornien eine künstlerische Video-Firma namens PACIFIC ARTS VIDEO, und Davy Jones saß zuhause in England und schrieb seine Autobiographie. Dann kam Anfang 1986 der US-Fernseh-Sender MTV auf die Idee, die TV-Serie der Monkees noch einmal auszustrahlen. Das Ergebnis: sämtliche Alben der Band tauchten plötzlich wieder in den US-Charts auf, und der CBS-Konzern hatte den Einfall, die Monkees wieder aufleben zu lassen – allerdings nicht die originalen, sondern eine neue Band, THE NEW MONKEES. JARED CHANDLER, LARRY SALTIS, DINO KOVAS und MARTY ROSS hießen die vier »neuen« Monkees, die allerdings genauso herumalberten wie die alten. Aber auch die echten alten Monkees sahen plötzlich ihre Zeit wieder gekommen und taten sich zusammen. Sie nahmen die Single *That was then, this is now* auf und hatten mit der eingängigen Pop-Rock-Nummer 1986 einen Top-20-Hit in USA. Doch 1987 trat der eigenartige Umstand ein, daß es plötzlich zwei neue Monkees-Alben gab: die LP *Pool it!* von den Original-Monkees und *The New Monkees* von den neuen Monkees. Und als die Ur-Monkees dann gar noch auf Tournee gingen, gab es bei den Fans kein Halten mehr. Die Tournee mußte unentwegt verlängert werden. In einer Zeit, wo selbst Superstars wie → PRINCE oder → STEVIE WONDER Mühe hatten, ihre Konzertsäle wenigstens einigermaßen zu füllen, mußten die Monkees ständig auf immer noch größere Hallen umsteigen, weil der Andrang so groß war.

Moody Blues

JUSTIN HAYWARD, geb. 14. 10. 1946 in Swindon/England: voc/g; RAY THOMAS, geb. 29. 12. 1941 in Stourport-on-Seven/ England: sax/fl.; JOHN LODGE, geb. 20. 7. 1945 in Birmingham/England: b; GRAEME EDGE, geb. 30. 3. 1944 in Rochester/England: dr; PATRICK MORAZ, geb. 24. 6. 1948 in der Schweiz: keyb

Bis 1986 hatten die Moody Blues weltweit über 30 Millionen Platten verkauft, waren genau 22 Jahre im Geschäft und mußten sich immer noch mit süffisanten Kritiken wie »kitschig-schöner Perfektionismus« oder »voll von Klischees aus Klassik, Folk und Beatmusik« herumärgern. Begonnen hatte alles 1964 in England. Die Moody Blues, konzipiert als R & B Band, waren schon eine ganze Weile durch die Clubs getingelt, bis sie nach einem Auftritt im berühmten Londoner Marquee Club einen Plattenvertrag erhielten. *Lose your money* hieß die erste, nicht sonderlich erfolgreiche Single. Aber bereits mit der Nachfolgesingle *Go now*, einer Cover-Version des Songs von BESSIE BANKS, hatten sie 1965 einen Nr.-1-Hit. Auch das Debüt-Album *Moody Blues Nr. 1* kam gut an. Damals gehörten, außer Graeme Edge und Ray Thomas, noch DENNY LAINE (voc/g), MICHAEL PINDER (keyb) und CLINT WAR-

WICK (b) zu den Moodies. Kurz nach der Veröffentlichung der ersten LP verließen Laine und Warwick die Band, für sie kamen Justin Hayward und John Lodge. Die große Wende kam 1967. Die Moody Blues nahmen das Mellotron in die Instrumentierung der Gruppe auf. Das Mellotron ist eine Art Keyboard, mit dem man täuschend ähnlich den Sound von klassischen Geigen nachahmen kann. Von nun an bestand die Musik der Moody Blues aus einer Mischung von Rock und Klassik, ausgetüftelten Arrangements und bombastischem Sound. In dieser Art war bereits das 2. Album *Days of future passed*, das den größten Hit der Band, *Nights in white satin*, enthielt. Doch bei Veröffentlichung dieser Single 1968 kam der Soft-Rock-Song in England und Deutschland nur auf Platz 34 bzw. Platz 18 und wurde in den USA überhaupt nicht gelistet. Erst beim zweiten Anlauf 1972 klappte es: *Nights in white satin*, heute ein internationaler Klassiker, kam in USA auf Platz 2 und wurde ein Millionenseller, in UK immerhin diesmal auf Platz 10 und in Deutschland auf Platz 27. 1979 wurde das Lied zum drittenmal veröffentlicht und erreichte in England Platz 9. Von 1968 bis 1973 veröffentlichten die Moody Blues sechs Alben, die sich alle hervorragend in den internationalen Hitparaden plazieren konnten: *In search of the lost chord* (1968), *On the threshold of a dream* (1969), *To our children's children's children* (1969), *A question of balance* (1970), *Every good boy deserves favor* (1971), *Seventh sojourn* (1973). Danach schien die Gruppe auseinanderzufallen. Hayward und Lodge gingen zusammen ins Studio und nahmen unter der Bezeichnung THE BLUE JAYS Platten auf. Auch die anderen Mitglieder gingen

Moody Blues   Foto: Brian Aris/Polydor

Solo-Aktivitäten nach. Aber 1978 feierten die Moodies mit dem Album *Octave* ein glorreiches Comeback, allein in Deutschland verkaufte sich die LP über 100 000mal. Danach herrschte wieder Sendepause – bis 1981. Im April 1981 veröffentlichten die Moody Blues das ganz hervorragende Album *Long distance voyager*. Die Single-Hits im gewohnt opulenten Moody-Blues-Sound hießen *Gemini dream* und *The voice*. 1981 verließ Mike Pinder die Band, und für ihn kam der Schweizer Patrick Moraz, der vorher bei Yes gespielt hatte.

Dann gab's 1983 wieder Neues von den Moodies, das Album *The present*, das mit *Sitting at the wheel* wieder einen Single-Hit enthielt. Anschließend ließen sich die Moodies wieder drei Jahre Zeit, bis sie 1986 die LP *The other side of life* veröffentlichten. Die Single *Your wildest dreams* wurde wieder ein internationaler Bestseller. Im Juni 1988 erschien das nächste Album *Sur la mer*, produziert vom Star-Produzenten Tony Visconti. Die LP konnte sich international sofort in den Charts plazieren. Als erste Single wurde das hinreißend melodiöse *I know you're out there somewhere* ausgekoppelt.

1989 ließen die Moodys kann wieder etwas von sich hören: *Greatest hits* hieß das Album, was von *Nights in white satin* bis *I know you're out there . . .* die größten Moody Blues-Hits enthielt, teilweise in neuer Abmischung. Kein Wunder, daß diese Sammlung sich sofort in den Charts plazieren konnte.

Gary Moore

Gary Moore   Foto: Virgin

geb. 1953 in Belfast/Irland: g/voc

Rock 'n' Roll faszinierte den kleinen Gary von Kindesbeinen an. Dann kam, wie so oft, die Gitarre, und irgendwann entdeckte jemand, daß Gary damit schon als Teenager umgehen konnte wie kein zweiter. 1969 stieg Gary als Gitarrist bei der irischen Formation SKID ROW ein und spielte mit der Band zwei LPs ein, *Skid* (1970) und *34 hours* (1971). Doch der große Wunsch des dunklen kleinen Gitarristen mit dem Schmollmund war ein Soloalbum. Und das schaffte er 1973 mit *Grindingstone*. Der Erfolg hielt sich ziemlich in Grenzen, und so nahm Gary 1974 das Angebot vom ehemaligen Skid Row-Sänger PHIL LYNOTT an, bei dessen Formation THIN LIZZY einzusteigen. Doch das Vergnügen dauerte nur bis 1975. Da gründete Moore nämlich mit dem Trommler JON HISEMAN, dem Bassisten JOHN MOLE und dem Keyboarder DON AIREY COLOSSEUM II. In dieser Besetzung erschienen die Alben *Strange new flesh* (1976), *Electric savage* (1977) und *War dance* (1977).

1978 versuchte sich Moore, der sich inzwischen einen ausgezeichneten Ruf als Blues- und Rockgitarrist erspielt hatte, wieder als Solist. *Back on the streets* hieß das Werk, bei dem er u. a. von seinem Freund Phil Lynott unterstützt wurde. Die Single *Parisienne walkways* wurde sogar in Großbritannien ein Hit. 1980 versuchte Moore mit seiner G-FORCE den US-Markt zu erobern, was ihm teilweise auch gelang. Nur eine halbe Sache wurde dagegen 1981 seine Zusammenarbeit mit GREG LAKE bei dessen Comeback-Versuch. Dafür hatte Moore dann 1982 bei seiner Solo-LP *Corridors of power* prominente Unterstützung: IAN PAICE (→ DEEP PURPLE, WHITESNAKE) saß am Schlagzeug, TOMMY EYRE (GREG LAKE) bediente die Keyboards, NEIL MURRAY (WHITESNAKE) zupfte den Baß, und als Produzent fungierte JEFF GLIXMAN (→ KANSAS). Diese LP brachte den weltweiten Durchbruch von Gary Moore. Die Mitglieder seiner Band wechselten zwar so häufig wie seine T-Shirts, aber die Alben blieben sich von der Qualität der Rocktitel her fast immer gleich. *Victims of the future* hieß das 84er Album, das sich auf Anhieb in den internationalen Charts plazieren konnte. Die empfindsame Ballade *Empty rooms* wurde ein Hit. 1985 veröffentlichte Moore die LP *Run for cover* bei der wieder Freund Lynott mit von der Partie war. Auch dieses Mal wurde ein gemeinsames Lied ein Hit: *Out in the fields* wurde ein Nr.-5-Hit. Moore war immer schon gerne auf Tournee gegangen und füllte inzwischen die größten Hallen rund um den Globus. Seine 84er Konzerte in Detroit, Glasgow, Tokio und London waren aufgezeichnet worden und erschienen im Oktober 1985 unter dem Titel *We want Moore!* als Live-Album. Die 86er LP *Rockin' every night* war ebenfalls in Tokio aufgenommen worden. Am 4. Januar 1986 starb Moores Freund Phil Lynott plötzlich an Herzversagen, ein großer Verlust für Gary, sowohl menschlich als auch beruflich. Doch er setzte seinem Weggefährten in langen Jahren ein musikalisches Denkmal mit der 87er LP *Wild frontier*. Es war ein Album, auf dem Moore wieder zur traditionellen Musik seiner Heimat zurückgefunden hatte, auf dem nicht nur Gitarren und Keyboards sondern auch Geigen und Dudelsack von der irischen Folkgruppe THE CHIEFTAINES zu hören waren. Moores persönliches musikalisches Andenken an seinen Freund Lynott war der Song *Johnny boy*, eine Ballade in irischer Tra-

dition. Ein wahrer Höhepunkt wurde dann die 90er LP *Still got the blues*, die, wie der Titel schon sagt, viel echten, erdigen Blues enthielt und einen warmherzigen Gary Moore mit viel Gefühl zeigte. Schönstes Lied war der traumhafte Titelsong, der sich, wie auch das Album, in der deutschen Hitparade plazieren konnte.

Giorgio Moroder

geb. 26. 4. 1944 in St. Ulrich/Südtirol: voc

Der Südtiroler gehört als Komponist und Produzent zu den internationalen Superstars. Er studierte in Südtirol an der Akademie der ›Schönen Künste‹, tingelte mit einer Band als Baßgitarrist durch Europa und arbeitete als Ton-Assistent in Berlin. 1969 machte er zum erstenmal von sich reden. Unter dem Namen Giorgio veröffentlichte er die Eigenkomposition *Looky looky* und hatte mit dieser dem amerikanischen Bubble-Gum nachempfundenen Nummer prompt einen Hit in Deutschland. Mit gewaltiger schwarzer Lockenmähne, eigenwilligem Schnurrbart und dunkler Brille sang er dann 1970 die Geschichte von *Moody Trudy* und landete abermals in den deutschen Charts. 1970 hatte er auch als Produzent großen Erfolg: das von ihm geschriebene und mit MARY ROOS produzierte *Arizona man* war ein deutscher Top-10-Hit. Er selbst hatte den Titel ebenfalls erfolgreich in Englisch gesungen. 1971 war er wieder in der Hitparade zu finden und zwar mit seinem *Under dog*. 1972 hieß sein Hit *Son of my father*. Diesen fröhlichen Popsong nahm auch die britische Formation CHICORY TIP auf und hatte damit in Großbritannien einen Nr.-1-Hit. Auch ihre beiden nächsten Bestseller *What's your name* (1972) und *Good brief Christina* (1973) stammten aus der Feder von Giorgio Moroder. 1974 fiel ihm eine attraktive, begabte Chorsängerin namens DONNA SUMMER aus dem Münchner *Hair*-Ensemble auf. Er tat sich mit seinem Kollegen PETE BELOTTE zusammen und produzierte mit der farbigen Sängerin die Singles *Denver dream* und *The hostage*. Die Songs wurden in Frankreich und in den Benelux-Ländern ein Hit. 1975 ging er dann mit Donna Summer für den Song *Lady of the night* ins Studio, mit dem sich Donna zum erstenmal in der deutschen Hitparade plazieren konnte. Der Knaller kam dann 1975 mit der Stöhnorgie *Love to love you baby*, die sich Moroder und Belotte hatten einfallen lassen und die sie mit Donna in München produzierten. Dieser Disco-Song mit Mehrfach-Orgasmus wurde nicht nur in den USA ein Nr.-1-Hit und leitete eine weltweite Disco-Welle ›Made in Germany‹ ein. Die erfolgreiche Zusammenarbeit von Moroder und Donna Summer dauerte bis 1980 und bescherte dem einfallsreichen Komponisten und Produzenten über 60 goldene und Platin-Schallplatten. Die Hits, die er mit Miss Summer gemacht hatte, hießen u. a. *I feel love, Last dance, Mac Arthur Park, Heaven knows, Hot stuff, Bad girls, Dim all the lights, On the radio* und *The wanderer*. Aber auch als Solist war Moroder in dieser Zeit nicht untätig. Er veröffentlichte vier Solo-Alben, die 76er LP *Knights in white satin* brachte ihm in Frankreich Gold. Auf der 77er

LP *From here to eternity* bot Moroder hervorragende elektronische Musik im Stil von TANGERINE DREAM. Der Titelsong wurde in Großbritannien ein Hit. Sein *Love's in you* erreichte dagegen in Italien die Top 10. Außerdem fand der vielseitige und rastlose Künstler auch noch Zeit für Filmmusiken. So komponierte und produzierte er den Soundtrack für den Film *Midnight Express*, für den er 1978 den Oscar und den Golden Globe erhielt. 1980 ließ er sich den Soundtrack für den Film *American Gigolo* einfallen, *Call me*, der Titelsong daraus, gesungen von → BLONDIE, wurde in Amerika ein Nr.-1-Hit und Millionenseller. Bereits 1979 hatte er die amerikanische Kultband SPARKS (*This house ain't big enough for the both of us*) unter Vertrag genommen und mit ihnen das Album *Number one in heaven* produziert, aus dem drei Songs in England Hits wurden. 1980 machte er mit den Sparks die LP *Terminal jive*, die Single *When I'm with you* wurde in Frankreich mit Gold ausgezeichnet. 1982 war er dann wieder filmisch tätig. Für den Gruselfilm *Cat People* mit NASTASSJA KINKSI in der Hauptrolle schrieb er den Soundtrack, den Titelsong *Puttin' out fire with gasoline* sang DAVID BOWIE. 1983 brachte Moroder das Album *Solitary man* auf den Markt, für das er sich den Sänger JOE ESPOSITO geholt hatte. Darauf setzte er seine Tradition der munter-fröhlichen, perfekt produzierten Pop-Songs fort. Für den Film *Flashdance* schrieb Moroder 1983 das Lied *Flashdance — what a feeling*, das von IRENE CARA gesungen wurde. Der Song wurde nicht nur ein weltweiter Nr.-1-Hit, allein in den USA belegte der Millionenseller sechs Wochen lang die Spitzenposition, der mitreißende Disco-Song brachte

Mororder auch wieder einen Oscar ein. 1984 komponierte Moroder für die Olympischen Spiele in Los Angeles die Hymne *Reach out (for the medal)*, nahm sie mit dem jungen Sänger PAUL ENGE-MAN auf und hatte damit abermals einen weltweiten Millionenerfolg. Die anschließend mit Engeman produzierten Songs *American dream* und *Shannon's daughter* konnten diesen Erfolg allerdings nicht mehr wiederholen. Aber das war für den inzwischen kurzgeschorenen und ergrauten Workaholic kein Problem. Er hatte noch mehrere Eisen im Feuer. Ebenfalls 1984 verwirklichte Moroder einen Jugendtraum. Es war ihm gelungen, in mühevoller Kleinarbeit sämtliche weltweit verstreuten Kopien und Teile des Stummfilm-Klassikers *Metropolis* von FRITZ LANG (aus dem Jahre 1927) zusammenzukaufen. Die Hauptrollen spielten damals die Stars BRIGITTE HELM, ALFRED ABEL, GUSTAV FRÖHLICH und HEINRICH GEORGE, der Vater von SCHIMANSKI GÖTZ GEORGE. Moroder kolorierte den Schwarzweiß-Film und unterlegte ihn mit Rockmusik. Das war zwar keineswegs nach jedermanns Geschmack und die Puristen heulten auch dementsprechend entsetzt auf, aber wenigstens konnte man auf diese Art das Meisterwerk endlich einmal in kompletter, unverschnittener Version sehen. Musikalisch betätigte sich Moroder 1984 auch für den Soundtrack *Electric dreams*, für den er den Song *Together in electric dreams* liefert, den PHIL OAKEY sang, der Sänger und Kopf von → HUMAN LEAGUE. Mit ihm zusammen veröffentlichte er auch 1985 die LP *Phil Oakey/Giorgio Moroder*. Den nächsten Superhit lieferte Moroder 1986 mit dem Oscar-Soundtrack des amerikanischen Fliegerfilms *Top Gun*. Der Titel-Song

Take my breath away der Gruppe BERLIN wurde ein internationaler Bestseller und Millionenerfolg. Erfolgreiche Filmmusik schrieb Moroder 1986 auch für den Film *Die unendliche Geschichte* nach dem gleichnamigen Romanbestseller von MICHAEL ENDE. Seine *Neverending story*, gesungen vom Teenager Idol LIMAHL, wurde ebenfalls ein internationaler Millionenerfolg. Dann war Giorgio Moroder wieder 1988 hoch in den internationalen Charts zu finden, als er sich nämlich für die Olympischen Sommerspiele in Seoul den Pop-Song *Hand in hand* einfallen ließ. Er produzierte ihn mit dem Quartett KOREANA, das aus den koreanischen Brüdern TOM und JERRY und deren Schwester CATHY LEE bestand und der populären koreanischen Sängerin MARIE HONG HWA-JA. Die Single verkaufte sich weltweit über zwei Millionen Mal und wurde in vielen Ländern mit Gold und Platin ausgezeichnet. Das wiederum prädestinierte den Südtiroler mit Wohnsitz in Kalifornien dafür, sich auch den offiziellen Song für die Fußball-Weltmeisterschaft 1990 in Italien einfallen zu lassen. EDOARDO BENNATO und → GIANNA NANNINI sangen sein *Un estate italiana*. Für alle Nicht-Italiener produzierte der clevere Moroder gleich noch eine englische Version, die *To be number one* hieß und von dem eigens dafür zusammengestellten Trio GIORGIO MORODER PROJEKT gesungen wurde. Die Mitglieder waren PAULA NICHOLS, MOLLY RUFFALE und JOE MILNER. Ende 1990 kam der zweite Teil der *Unendlichen Geschichte* in die Kinos, und auch dafür hatte Moroder wieder die Musik geschrieben. Den Titelsong *Dreams we dream* sang JOE MILNER.

Morrissey

STEPHEN PATRICK MORRISSEY, geb. 22. 5. 1959 in Manchester/England: voc

Morrissey war das Oberhaupt und, zusammen mit JOHNNY MARR, der Songwriter der englischen Band THE SMITHS. Von 1983 bis 1987 veröffentlichte diese inzwischen zur Poplegende avancierte Independent Gruppe sechs Alben, von denen vier vergoldet und eins mit Platin ausgezeichnet wurde. Die 17 Singles wurden praktisch alle Hits. Ende 1987 lösten sich die Smiths plötzlich auf, und Morrissey beschloß, als Solist weiterzumachen. Bereits die erste Single *Suedehead* konnte sich auf Anhieb auf Platz 6 der UK-Charts plazieren und kam im Frühjahr 1988 auch in die deutsche Hitparade. Das Debüt-Album *Viva hate* wurde ein Bestseller. Bei der im Januar 1989 veröffentlichten nächsten Single *The last of the famous international playboys* war dann seine ehemalige Band The Smiths (fast) wieder treulich vereint. Mitgespielt hatten nämlich der Smith-Bassist ANDY ROURKE und der Smith-Schlagzeuger MIKE JOYCE, es fehlte lediglich noch Gitarrist Johnny Marr, der durch NEIL TAYLOR und GREG CANNON ersetzt wurde. Der für Morrisseys eigenwilligen Pop-Sound typische Song wurde ein Hit, ebenso das im November 89 erschienene ungemein melodiöse Lied über das geheimnisvolle *Ouija board* und das Anfang 1990 veröffentlichte *November spawned a monster*. Erst 1990 konnte sich Morrissey wieder zu einem neuen Album aufraffen. *Bona Drag,* das Ende des Jahres erschien, enthielt alle Single-Hits der vergangenen zwei Jahre und dazu noch etliche unveröffentlichte Songs.

Motörhead

IAN FRASER »LEMMY« KILMISTER, geb. 24. 12. 1945 in England: voc/b; WURZEL, geb. 23. 10. 1949 in England: g; PETE GILL: dr; Phil:g

Die englische Heavy-Metal-Formation Motörhead nimmt für sich das Privileg in Anspruch, »die lauteste, schmutzigste, häßlichste und beste« Gruppe dieser Musiksparte zu sein. Oberhaupt, Songschreiber und Motor der Schwermetall-Formation ist Lemmy. Er begann seine musikalische Karriere bei der englischen Rock-Gruppe HAWKWIND, bei deren legendärem Hit *Silvermachine* im Jahr 1972 er den Baß zupfte. Als er 1975 während einer USA-Tournee gefeuert wurde, gründete er mit LARRY WALLIS und LUCAS FOX seine eigene Gruppe. Das Ergebnis war die LP *On parole*, lauter und schlechter Hard-Rock. Daraufhin suchte sich Lemmy schnell andere Musiker und fand sie in PHILTY »ANIMAL« TAYLOR (dr) und EDDY CLARK (g). Das erste Album der drei war noch mittelmäßig, aber auf dem zweiten, *Overkill*, ließen sie bereits die britischen Heavy-Metal-Fans die Ohren spitzen. Die nächste LP, *Bomber* (1979), konnte sich schon auf den mittleren Plätzen der Charts plazieren, nicht zuletzt wegen der gleichzeitigen Tournee, bei der die »häßlichen lauten Drei« ihr Bühnenbild mit einem überdimensionalen silbernen Bomber verschönten. Das 80er Album

Ace of spades, landete dann unter den Top 10 der UK-LP-Charts, und ihre Live-LP *No sleep 'til Hammersmith* war vier Tage nach Veröffentlichung auf Platz 1 zu finden. Die renommierte Fachzeitschrift *Sounds* bemerkte dazu: »Motörhead hat mit dieser LP den Standard in Sachen Heavy Metal für die 80er Jahre gesetzt . . . es ist der heftigste Metall-Exzeß, der je auf die Menschheit losgelassen worden ist.« Auch Europa und Amerika kamen in den Genuß dieses Schwermetall-Ereignisses, mit großer Resonanz. Es folgten eine Mini-LP mit der weiblichen Hard-Rock-Gruppe GIRLSCHOOL, *St. Valentine's Day massacre*, und 1982 die LP *Iron fist*, beides große kommerzielle Erfolge. Bei der anschließenden USA-Tournee stieg der Gitarrist EDDY CLARK nach Streitereien mit Lemmy aus, er wurde durch BRIAN ROBERTSON von THIN LIZZY ersetzt. ROBERTSON harmonierte so gut mit den beiden anderen, daß mit ihm auch die 83er LP *Another perfect day* entstand. Bei der darauffolgenden England- und Europa-Tournee brach er zusammen. Der eher introvertierte Gitarrist kam mit dem rüden Ton der beiden anderen nicht zurecht. Im Zuge dessen legte auch Philty Taylor die Trommelstöcke aus der Hand, und Lemmy stand alleine da. Aber bereits 1984 stellte Lemmy seine auf Quartett-Stärke angewachsene neue Motörhead vor, mit Wurzel und Phil an der Gitarre und Pete Gill von → SAXON am Schlagzeug. Erstes Werk der vier: die LP *No remorse*, ein Doppelalbum, das zum größten Teil eine Best-Of-Koppelung war, aber auch vier neue Titel enthielt. Eine LP, die im wahrsten Sinne des Wortes »erschütternd« ist. Dann mußten die Fans bis 1986 auf Neues vom Heavy-Metal-Hammer aus Großbritan-

nien warten. In der Besetzung Lemmy, Philty Taylor, Wurzel und Philip Campbell spielten sie zunächst das Album *Orgasmatron* und 1987 die LP *Rock 'n' Roll* ein, 1989 folgte dann das Album *No sleep at all.*

Alison Moyet

geb. 18. 6. 1961 in Basildon/England: voc

Die üppige Sängerin mit der gewaltigen, schwarzen Stimme, gab ihren musikalischen Einstand 1982 als eine Hälfte des

Alison Moyet   Foto: CBS

Duos → YAZOO. Mit den von VINCE CLARK geschriebenen Supersongs *Only you* (1982), *Don't go* (1982) und *Nobody's diary* (1983), wurde sie international bekannt. Als Vince Clark 1983 das Duo auflöste, versuchte sie sich als Solistin. Bereits die erste Single 1984, *Love resurrection*, wurde in England ein Hit, genauso wie die Nachfolge-Single *All cried out*. Ende 1984 erschien ihr Debüt-Album *Alf*, benannt nach dem Spitznamen der Künstlerin. Für dieses Album hatte Alison Moyet, zusammen mit dem Produzenten- und Songwriterteam TONY SWAIN und STEVE JOLLY, alle Songs selbst geschrieben. Die LP enthielt die für Alison typische, schwarze, bluesig angehauchte Musik, bei der ihre dunkle, leidenschaftliche Stimme besonders gut zum Tragen kam. Auch die dritte Single, *Invisible*, wurde ein Hit. 1985 überraschte Alison Moyet ihr Publikum mit einer alten Blues-Nummer. Der BILLIE-HOLIDAY-Song *That ole devil called love*, ziemlich originalgetreu und ganz hervorragend interpretiert, wurde Nr. 1 in den UK-Charts. Inzwischen hatte die hochbegabte Sängerin MALCOLM LEE geheiratet. Am 9. Mai 1985 bekam sie einen Sohn. Mitte 1985 erschien der Soft-Rock-Song *For you only*, der sich ebenfalls wieder hoch in den Charts plazieren konnte. Das 87er Album von Alison Moyet hieß *Raindancing*, und enthielt mit *Love letters* und *Sleep like breathing* (im Duett mit DAVID FREEMAN) wieder zwei Single-Erfolge.

Mr. Mister

STEVIE FARRIS, geb. 1. 5. 1957 in Nebraska/USA: g; RICHARD PAGE, geb. 16. 5. 1953 in Phoenix/USA: voc/b; STEVE GEORGE, geb. 19. 5. 1955 in Phoenix/USA: keyb/voc; PAT MASTELOTTO, geb. 10. 9. 1955 in Los Angeles/USA: dr

Die amerikanische Superband residiert heute in Los Angeles, aber begonnen hatte alles in Phoenix/Arizona. Dort wuchsen nämlich die beiden Köpfe der Gruppe, Richard Page und Steve George, auf. Steve eiferte seiner klavierspielenden Mutter nach und fing bereits als Kind mit dem Piano an. Richard stammt aus einer sehr musikalischen Familie: der Vater war Leiter eines Chores, wo Richards vier Geschwister (drei Brüder und eine Schwester) eifrig sangen, und seine Mutter war Organistin. Richard erhielt eine fundierte Klavier- und Saxophonausbildung, und entsprechend breit ist auch sein Musikgeschmack: von → JIMI HENDRIX bis HAYDN, von → JANIS JOPLIN bis BACH. Richard und Steve wurden Schulfreunde und spielten zusammen hingebungsvoll in sämtlichen Schulbands, die es in der Umgebung von Phoenix gab. 1973 beschloß Richard, die musikalische Karriere ernsthaft anzugehen und zog nach Los Angeles, zwei Jahre später folgte ihm Steve nach. Sie fingen an, gemeinsam Songs zu schreiben und gründeten eine eigene Band namens PAGES. Nach drei erfolglosen LPs löste sich die Gruppe auf, aber Richard und Steve hatten sich einen guten Namen als Musiker erspielt und wurden zu gefragten Studio-Mu-

Mr. Mister   Foto: RCA

sikern. So spielten sie für Produzenten wie QUINCEY JONES und KEITH OLSEN und wirkten bei Aufnahmen von JAMES INGRAM und MOLLY HATCHET mit. Sie schrieben auch weiter Songs und fanden in → DONNA SUMMER und AL JARREAU dankbare Abnehmer dafür. Sogar auf den Werbesektor wagten sie sich und ließen sich ein recht erfolgreiches Commercial für Budweiser Bier einfallen. Mitte 1983 war es dann soweit – Richard und Steve gründeten wieder eine eigene Band: Mr. Mister. Dazu holten sie sich weitere Musiker: Steve Farris und Pat Mastelotto. Farris hatte vorher drei Jahre lang in

der Band von EDDIE MONEY gespielt, Pat Mastelotto, der Sohn eines ehemaligen Football-Profis, war Session-Musiker gewesen. Als Produzent nahm PETER McIAN das Quartett unter die Fittiche, der Produzent von → MEN AT WORK. 1984 erschien die erste LP *I wear the face*, die mit *Hunters of the night* einen kleinen Single-Erfolg beinhaltete. *Welcome to the real world* hieß 1985 das zweite Album, für das sie sich den → YES-Livesound-Mischer PAUL DEVILLIERS als Produzenten geholt hatten. Und diese Wahl zahlte sich aus: *Broken wings*, der Soft-Rock-Song mit dem faszinierenden Rhythmus, wurde 1985 Nr. 1 in den Hot 100; *Kyrie*, die bombastische Rock-Nummer mit dem treibenden Beat, wurde 1986 Nr. 1 der Hot 100; und die dritte Single *Is it love* schaffte 1986 immerhin auch noch Platz 8. Auch in Deutschland und England erreichten die beiden ersten Songs die Top 10. Im September 1987 erschien dann *Go on*, das dritte Album von Mr. Mister, das unter der Regie von KEVIN KILLEN entstanden war, der sein Können schon bei den Top-LPs von → U 2, → BRYAN FERRY und → PETER GABRIEL bewiesen hatte. Doch weder die LP noch die beiden Singles *Something real* und *Healing waters* waren so erfolgreich wie Album Nr. 2.

Marius Müller-Westernhagen

geb. 6. 12. 1948 in Düsseldorf: voc

Er ist Sänger, Songwriter und Schauspieler, und in allen drei Sparten gleich erfolgreich. Das künstlerische Allround-Talent begann mit 14 Jahren, sich in allen drei Berufen zu etablieren. 1962 bekam er seine erste Hauptrolle in dem Film *Die höhere Schule* und spielte erstmals in einer Düsseldorfer Beat-Band mit. Eigentlich wollte er ja Fußballer werden, aber dazu war er zu schmächtig. Marius Müller-Westernhagen ist auch heute noch kein Muskelprotz, ganz im Gegenteil. Er ist groß und dünn, mit einem langen, schmalen Gesicht und einer etwas knödeligen Stimme, die aber hervorragend zu seinen engagierten Lie-

dern paßt. Er erhielt eine Schauspielausbildung bei OTTO STRÖHLIN in Düsseldorf und eine Gesangsausbildung bei GISELA LITZ in Hamburg. Er betätigte sich als Regieassistent, Aufnahmeleiter, Produktionsassistent und Tonassistent, arbeitete an mehreren Dokumentarfilmen mit, war beim Autorenteam des satirischen Nachrichtenmagazins *Express*, schrieb für die Zeitschriften *Underground* und *Twen*. Er lernte also sein Handwerk wirklich von der Pike auf. 1972 stieg er als Profi ins Musikgeschäft ein, 1974 ins Filmgeschäft. Beides läßt er bis heute erfolgreich parallel laufen. Musikalisch machte er 1972 mit der Single *Gebt Bayern zurück an die Bay-*

Marius Müller-Westernhagen

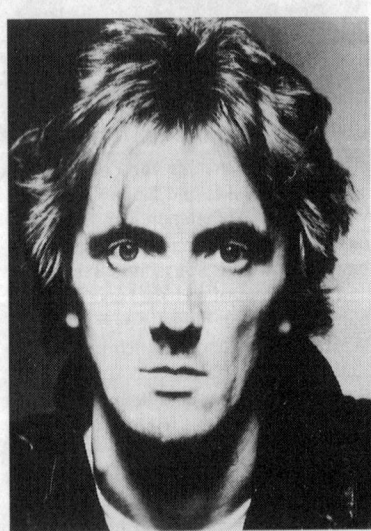

ern auf sich aufmerksam, das war eine satirische Fassung des → PAUL MCCART-NEY-Hits *Give Ireland back to the Irish*. Es folgten die LPs *Das erste Mal* (1975), *Bittersüß* (1976), *Ganz allein krieg' ich's nicht hin* (1977), die ihn allmählich zum »Idol der Turnschuhgeneration« machten. Seine realistischen Texte, bei denen er kein Blatt vor den Mund nahm, kamen bei den Teenagern und Spät-Hippies gut an, und zwar auf Dauer: Für die LP *Mit Pfefferminz bin ich dein Prinz* (1978) gab's 1987 Platin, für die Alben *Sekt oder Selters* (1980) und *Stinker* (1981) gab's 1981 Gold. Die LPs *Das Herz eines Boxers* (1982) und *Geiler is' schon* (1983) zeigten einen musikalisch etwas richtungslosen Marius, der zwischen Heavy Metal und einer Art Synthi-Pop hin und her pendelte. Aus dem 84er Album *Die Sonne so rot* machte er dann eine reine Studio-LP, die er mit nur zwei Mitspielern, seinem Produzenten LOTHAR MEID an den Keyboards und Synthesizern und dem Gitarristen »Kralle« → REMMLER von Trio, einspielte. Zu einem monotonen, maschinenartigen Rock gab's darauf die gewohnten engagierten Texte über Zwischenmenschliches und Soziales zu hören. Wärmer und eingängiger klangen dagegen die nächsten LPs *Lass' uns leben* (1985), ein nachdenkliches Balladen-Album, *Lausige Zeiten* (1986) und *Westernhagen* (1987). Von 1974 bis 1987 machte Marius Müller-Westernhagen eine ganze Menge erfolgreicher Filme. Besonders zu erwähnen sind *Der Gehilfe* (1978), für den er 1979 »Die Goldene Kamera« erhielt, und *Theo gegen den Rest der Welt* (1980), für den er 1980 den Ernst-Lubitsch-Preis bekam. 1981 wurde er von den Lesern der Zeitschrift *cinema* zum beliebtesten Filmschauspieler des Jahres

1980 gekürt und mit dem »Goldenen Jupiter« ausgezeichnet. Hervorragende Kritiken bekam er auch für die Filme *Der Mann auf der Mauer* (1982) und *Der Schneemann* (1985). 1986/87 drehte Marius Müller-Westernhagen in Japan nach einem Drehbuch des Schriftstellers ADOLF MUSCHG den Film *Deshima*. 1987 stand er, mit dem Burgschauspieler HEINRICH SCHWAIGER als Partner, für den Streifen *Der Madonna-Mann* vor der Kamera. 1987 wurde dann auch endlich *Mit Pfefferminz . . .* mit Platin geadelt. Im Oktober 1988 begann Marius mit seinem neuen Album *Halleluja*, am 25. August 1989 kam die LP auf den Markt und schoß sofort von 0 auf Platz 1 der deutschen LP-Hitparade. Die Single *Weil ich dich liebe* konnte sich ebenfalls plazieren. Über sein Konzert im November 89 im ausverkauften Circus Krone in München schrieb ARNO FRANK ESER in der AZ: »Marius Müller-Westernhagen gegen den Rest der Welt: mit unzeitgemäßem Deutschrock gegen alle Trends; mit einer ungeschliffenen Reibeisenstimme gegen all die edlen Sänger – und trotzdem konnte der verquere Springinsfeld ein Feuerwerk abbrennen, das seinesgleichen sucht ˙ . . Lausbub Marius hat sie alle drauf, die großen Gesten und Gefühle – und er suggeriert seinen Fans, daß er, stellvertretend für alle, am Himmel schnuppert . . .« Damit alle Fans, die es nicht in seine Konzerte schafften, dieses Gefühl kennenlernen konnten, wurde ein Konzert in der ausverkauften Dortmunder Westfalenhalle mitgeschnitten und im Herbst 1990 als Live-Doppelalbum veröffentlicht. Natürlich wurde *Westernhagen LIVE!* ein Nr.-1-Hit in der deutschen LP-Hitparade, und auch die Single-Auskopplung *Freiheit* konnte sich plazieren. Gleichzeitig war *Halleluja* immer noch in den LP-Charts zu finden und näherte sich langsam aber sicher der Doppelplatin-Grenze von einer Million verkaufter Tonträger.

Münchner Freiheit

STEFAN ZAUNER, geb. 30. 6. 1952 in Göttingen: voc; ARON STROBEL, geb. 26. 1. 1958 in Schwäbisch-Gmünd: g/voc; RENARD HENRY »RENNIE« HATZKE, geb. 30. 11. 1955 in Edmonton/Kanada: dr; ALEXANDER »ALEX« GRÜNWALD, geb. 7. 9. 1954 in Mindelheim: keyb; MICHAEL »MICHA« KUNZI, geb. 27. 8. 1958 in Stuttgart: b/voc

Das Quintett hat sich zu einer der erfolgreichsten deutschen Rock-Bands entwickelt. Gegründet wurde die Formation 1981 von Stefan Zauner, Aron Strobel, GÜNTER STOLZ (dr), FREDDIE ERDMANN (b). Stefan ist der Sohn eines Filmregisseurs und einer Krankengymnastin. Als Kind zog er mit seiner Familie nach München, besuchte das Gymnasium und gründete mit einem Freund seine erste Band, die CHANGERS. Der Freund war übrigens niemand anderer als der inzwischen weltweit berühmte deutsche Komponist und Produzent → HAROLD FALTERMEYER. Nach der Mittleren Reife wechselte Stefan auf eine Grafikschule, machte zwei (erfolglose) Solo-Platten und ließ sich von einem amerikanischen Produzenten (zwecks internationaler Karriere) nach Los Angeles locken. Doch nach einem Jahr kehrte er enttäuscht nach München zurück, baute mit seinem Freund ERDMANN ein Ton-Studio

auf, um neue Bands zu produzieren, und gründete schließlich seine eigene Formation. Aron, der blonde Riese (1,92 m) mit dem verträumten Blick, machte Abitur, spielte in Schulbands, und zog schließlich zum Studium der Soziologie nach München. Aber statt zu studieren, beschäftigte er sich vorwiegend mit dem Münchner Nachtleben und gründete schließlich eine Band namens CALLGIRL. Als ihn Stefan 1982 zur Münchner Freiheit holte, brach er sein Studium ab. 1982 erschien mit *Umsteiger* die Debüt-LP der Band, die sich den Namen eines Platzes und einer U-Bahn-Station mitten im Herzen von Schwabing ausgesucht hatte. Das Album zeigte bereits die Stärken der Band, die die Münchner Freiheit heute bis zur Perfektion ausgearbeitet hat: eigenwillige Kompositionen mit Ohrwurm-Refrains und starkem Satzgesang. Die Single *Baby blue*, eine ungewöhnliche Version des → BOB DYLAN-Songs, wurde ein Radio-Renner. Das Lied *Zeig mir die Nacht* nahm → GIORGIO MORODER mit JOE ESPOSITO als Sänger für Amerika auf. Danach verließ Günter Stolz die Band, und für ihn kam der Deutsch-Kanadier Rennie Hatzke. Rennie kam im Alter von 11 Jahren nach Deutschland, lernte Stefan Zauner kennen, spielte in diversen Bands, trommelte bereits bei Stefans Solo-Alben und mauserte sich allmählich zum Profi-Schlagzeuger, der auch bei Produktionen mit PAUL VINCENT und → INKER & HAMILTON spielte. Nebenbei ist Rennie auch noch Schauspieler. Er agierte als Hauptdarsteller in Kinofilmen wie *Schluchtenflitzer, Anschi und Michael* und *Die Nacht der Wölfe*. 1983 erschien das zweite Album *Licht*, aus dem die Single *Ich steh' auf Licht* ausgekoppelt wurde und abermals Power-Play im Ra-

Münchner Freiheit   Foto: CBS

dio bekam. Zu dieser Zeit trennte sich FREDDY ERDMANN von der Band, um sich ganz seinem Studio widmen zu können. Für ihn kamen Michael Kunzi und Alex Grünwald. Der Schwabe Michael lernte Klavier und Gitarre und blieb ausschließlich am Bass hängen. Er machte eine Ausbildung als Großhandelskaufmann und sammelte musikalische Erfahrungen in diversen Bands. Alex ist der einzige »gelernte« Musiker bei der Münchner Freiheit. Nach einer Klavierausbildung ging er nach München auf die Jazz-Schule von JOE HAIDER und zog 1978 mit dem Musical *Hair* durch Deutschland. Er machte sich schnell als Keyboarder einen Namen und spielte schon mit Stars wie JACK BRUCE. In dieser, heute noch gültigen Besetzung,

spielte die Münchner Freiheit 1984 das dritte Album *Herzschlag einer Stadt* ein. Als Produzenten holten sie sich ARMAND VOLKER, der sich schon mit Produktionen für → GIANNA NANNINI, → HUBERT KAH, → SANDRA und MICHAEL CRETU einen Namen gemacht hatte. Aus dieser LP stammte der erste Hitparaden-Erfolg des Quintetts, *Oh baby*, eine sanfte Schmusenummer. Die nächsten Singles *SOS* und *Herzschlag ist der Takt* konnten sie sich zwar nicht mehr plazieren, aber die fünf gaben nicht auf. Und 1985 war es dann soweit: Sie veröffentlichten die Single *Ohne dich (schlaf' ich heut nacht nicht ein)* – und hatten einen Bestseller, der in Deutschland, Österreich und der Schweiz wochenlang auf Platz 1 der Hitparaden lag. Allein in Deutschland wurden von diesem eingängigen Rock-Song über 600 000 Platten verkauft. Auch die Nachfolge-Single *Tausendmal du* wurde ein Superhit, und das im Frühjahr 1986 veröffentlichte vierte Album *Von Anfang an* wurde ebenfalls vergoldet. Die Münchner Freiheit nutzte die Gunst der Stunde und schob bereits im November 1986 Album Nr. 5 nach. *Traumziel* errang nach nur 5 Monaten Gold und hatte mit *Es gibt kein nächstes Mal* und *Herz aus Glas* wiederum zwei Top-Hits zu bieten. Bei der *Traumziel*-Tournee, die von November 1986 bis Mai 1987 ging, sahen und hörten über 125 000 Konzertbesucher die Münchner Freiheit. 1987 beschloß die Band, auch den internationalen Markt zu stürmen. Sie nannte sich der Einfachheit halber nur noch »Freiheit« und veröffentlichte die englischsprachige LP *Romancing in the dark*, die sieben Titel der *Traumziel*-LP und zusätzlich englische Versionen von *Oh baby, ohne Dich* und *Tausendmal Du* enthielt. Sowohl die Singles *Every time, Baby it's you* und *Play it cool* als auch die LP konnten sich in Ländern wie Norwegen, Schweden, Finnland, Spanien, Frankreich, Holland und Griechenland hervorragend plazieren. 1987 ging die Münchner Freiheit zur Produktion ihrer neuen Single nach England. In den legendären Abbey-Road-Studios in London spielten sie zusammen mit dem London Symphony Orchestra und den Jackson Singers die Single *So lang' man Träume noch leben kann* ein. Der klassisch angehauchte Bombast-Song kam bis auf Platz 2 der deutschen Hitparade. 1987 wurde die Münchner Freiheit auch mit zwei wichtigen Auszeichnungen geehrt: Sie bekam, bereits zum zweiten Mal, die »Goldene Stimmgabel« der ARD als »Beste deutsche Band«, und

vom ZDF die »Berolina«, den deutschen Musik-Oskar, ebenfalls als »Beste deutsche Band des Jahres 1987«. 1988 erschien dann die sechste LP der Münchner Freiheit, das Album *Fantasie*, das den Ruf des Quintetts als führende deutsche Rock-Band festigte. Die zweite Single *Bis wir uns wiederseh'n* wurde ebenfalls ein Hit. Auch dieses Album und die Single *So lang' man Träume noch leben kann* nahm die Münchner Freiheit in englisch auf und veröffentlichte sie 1988 weltweit, diesmal auch in England und Amerika. Mit *Keeping the dream alive* konnte sich die deutsche Band sogar in den UK-Charts plazieren. 1990 gab es die nächste Münchner Freiheit-LP, das Album *Purpurmond,* in dem das Quintett den Weg der perfekt ausgefeilten, mit schönen Harmoniegesängen und edlen Rhythmen unterlegten Songs weiterging. Die Singles ›*Irgendwie, irgendwo, irgendwann*‹ und *Ich will dich nochmal* wurden genauso wie die LP Hits. Im März 1990 ging die Münchner Freiheit wieder auf große Tournee, die dieses Mal für ein Live-Album und Live-Videos komplett mitgeschnitten wurde. Zunächst erschien daraus die Single *Komm zurück,* der dann Ende 1990 das Album *Freiheit live!* folgte.

Alannah Myles

geb. in Toronto/Kanada: voc

Die grünäugige, rothaarige Kanadierin mit der lasziven Stimme gehörte zu den internationalen Shooting Stars des Jahres 1990. Mit elf Jahren fing sie an, auf der alten spanischen Gitarre ihrer Mut-

Alannah Myles   Foto: Teldec

ter zu klimpern, und mit 21 Jahren wußte sie dann sehr genau, daß sie ein weib-
licher Rock-Star werden wollte. Hartnäckig und ungemein zielstrebig arbeitete Alannah darauf hin. Sie stellte eine
eigene Band zusammen und ging auf die
Ochsentour durch die Clubs. Sie erspielte sich einen Namen und wurde Vorgruppe für diverse kanadische Stars wie
Christopher Ward. Dem gefiel, was die
toughe junge Lady schrieb und sang. Er
tat sich mit Alannah zusammen, holte
noch den bewährten Songschreiber
David Tyson (→ Donna Summer, → Joe
Cocker, philip Bailey) dazu, und dann
ging das Trio an die Arbeit. Es entstanden die Songs, die Alannah 1989 auf
ihrem Debüt-Album *Black velvet* veröffentlichte. Die Rock-LP mit dem aufre-

genden Live-Feeling schlug in Kanada
wie eine Bombe ein. Inzwischen hat
Miss Myles mit ihrem Debüt-Album den
Loverboy-Rekord eingestellt. Bislang
gingen allein in Kanada fast eine Million
Exemplare über den Tisch. *Love is* hieß
in ihrer Heimat die erste Single, die
sofort ein Hit wurde. Dann kam der
Titelsong *Black velvet*, der jenes bluesige, unterschwellig sexuelle Südstaaten-
Feeling vermittelt, das sofort an *Vom
Winde verweht* denken läßt. Diese Hommage an → Elvis Presley brachte
Alannah den weltweiten Durchbruch.
Wochenlang war der Song die Nr. 1 in
den USA, und in Deutschland schaffte
er es ebenfalls bis Rang 2. In Kanada
wurde die LP mit 5fach Platin und dem
Juno Award, dem kanadischen Grammy, ausgezeichnet, in den USA erhielt
sie ebenfalls Platin. Selten hat man
einen derartig gelungenen und furiosen
Start ins Musik-Business erlebt. Über
ihr Konzert in München am 17. Juni
1990 schrieb der AZ-Kritiker Arne
Frank Eser: »Alannah Myles, so viel
steht fest, ist weder eine Blenderin noch
ein designtes Strohfeuer; dafür hat diese
Lady einfach zuviel Profil und Substanz.
Ihr brüchiger, aber zugleich kraftvoller
Gesang wird sicher noch eine ganze
Weile lang die Fans in seinen Bann
ziehen.«

Gianna Nannini

geb. 14. 6. 1956 in Siena/Italien: voc/p/g

Die kleine Gianna mit den ausdrucksvollen Augen und der gewaltigen
Stimme ist Italiens Rock-Lady Nr. 1, die
sich inzwischen in ganz Europa einen
vorzüglichen Namen gemacht hat. Auf
nette, unverbindliche italienische
Schmuse-Canzoni wartet man bei ihr
vergebens; wenn es bei ihr um Gefühle
geht, kommen die direkt aus dem Bauch
und werden durch ihre heisere Stimme
umgesetzt. Und ansonsten glänzt Gianna durch exzellente Rock-Songs der härteren Sorte. Ihre Eltern waren Kondito-
ren, sie besuchte in Siena die Schule,
studierte Klavier am Konservatorium
Luigi Boccherini und machte Abitur.
Mit 20 Jahren, 1976, zog sie nach Mailand, studierte Komposition, schrieb
sich für Philosophie ein. Um sich den
Lebensunterhalt zu verdienen, trat sie
nachts mit ihren eigenen Liedern in diversen Kneipen auf. Und wurde entdeckt. *Gianna Nannini* hieß 1976 ihre
Debüt-LP, auf der sie in den autobiographischen Texten hauptsächlich ihre
kleinstädtische Vergangenheit aufarbei-
tete. 1978 erschien das zweite Album
Una radura mit ähnlicher Thematik. Es
wurden zwei Achtungserfolge, aber
Gianna wollte mehr. Sie hörte sich eine
Weile in Amerika um, kehrte nach Italien zurück und gründete als erste Frau
in Italien eine eigene Rockband. Mit ihr
spielte sie 1980 die LP *California* ein, die
ihr den ersten großen Erfolg brachte.
Vor allen Dingen die Single *America*
erhitzte die Gemüter: in Deutschland
wurde der vorzügliche Rock-Song Gian-
nas erster Hit, in Italien verstand man
den Text des Liedes, das praktisch eine
Ode an die Masturbation war, und der
Skandal war perfekt. 1981 komponierte
Gianna den Soundtrack für den Film
Sconcerto-Rock und veröffentlichte die
elektronisch-experimentelle LP *G. N.*

Gianna Nannini
Foto: Peter Ashworth/Metronome

1982 entstand das Album *Latin lover*, der Titelsong wurde auch in Deutschland ein Erfolg. 1983 ging Gianna Nannini mit ihrer neuen Band THE PRIMADONNAS mit → UDO LINDENBERG auf Tournee durch 30 deutsche Städte − und sang den Herrn mit dem Hut mühelos an die Wand. 1983 betätigte sie sich vor der Kamera: in einer sehr freien Version des *Sommernachtstraums* stellte sie die TITANIA dar. *Fotoromanza* hieß 1984 die nächste Single, die sich auch in der deutschen Hitparade plazieren konnte. Das dazugehörige Album *Puzzle* wurde nicht nur in Italien, sondern auch in Deutschland und in der Schweiz ein Erfolg. In der Schweiz gab's dafür, wie schon für *Latin lover*, Gold. In Italien war Gianna Nannini inzwischen ein Top-Star. Die Single *Fotoromanza* war 3 Monate lang die Nr. 1 in Italien gewesen, bei der 84er Tournee mit 38 Konzerten in 42 Tagen kamen über 300 000 Besucher. Und für das Album *Puzzle* erhielt Gianna in Italien als erste Frau eine goldene Schallplatte und wurde zur »Künstlerin des Jahres« gekürt. 1985 erschien das Doppel-Live-Album *Tutto live*, das bei Konzerten in Berlin, Montreux, Locarno, Siena und Dortmund aufgenommen worden war. 1986 erschien das nächste Glanz-Licht in der Karriere von Gianna Nannini: die LP *Profumo*. Es zeigte eine Rock-Künstlerin, die sich mühelos zwischen Rock und Pop bewegt, Rhythmus mit ungemein eingängigen Melodien zu verknüpfen versteht, sich Refrains einfallen läßt, die ins Ohr hineingehen, aber nicht mehr hinaus. Der Titelsong *Profumo* und die Single *Bello e impossibile* wurden europäische Bestseller. Die LP wurde in Italien mit Doppel-Platin ausgezeichnet, in Deutschland mit Gold, in Österreich und der Schweiz mit Platin. Am 1. 5. 1987 wagte sich Gianna Nannini mit großem Erfolg auf »klassisches« Gebiet: im ausverkauften deutschen Schauspielhaus in Hamburg trat sie, zusammen mit JACK BRUCE und EBERHARD SCHOENER, mit BRECHT/WEILL-Titeln auf. 1987 setzte Gianna Nannini ihren europäischen Siegeszug fort: die LP *Maschi e altri* mit den zehn populärsten Songs von Gianna und dem Single-Hit *I maschi* wurde wieder ein Super-Seller. 1988 veröffentlichte Gianna die LP *Malafemmina,* deren Lieder sich hauptsächlich um das Thema »Frau« drehen. Die LP, die in der Tonart etwas sanfter und typischer ›mediterran‹ gehalten ist, wurde wieder ein europäischer Erfolg. Ebenso die Singles wie *Hey Bionda* oder *Un ragazzo come te.* Erfolgreich war Gianna 1990 auch mit dem Song *Un' estate italiana,* den sie zusammen mit EDOARDO BENNATO sang, und der offizieller Song der Fußball-WM 1990 in Italien war. Komponiert worden war der Song übrigens von → GIORGIO MORODER. Ende 1990 veröffentlichte Gianna Nannini dann das neue Album *Scandalo,* auf dem sie die ›Verlogenheit, Scheinheiligkeit und Doppelmoral der Spießergesellschaft‹ anprangerte. Das Album konnte sich sofort in der deutschen LP-Hitparade plazieren.

Jule Neigel Band

JULIANA NATASCHA NEIGEL, geb. 19. 4. 1966 in Barnaul/Sibirien, Rußland: voc; ANDREAS SCHMID: g; FRANK SCHÄFER: b; AXEL SCHWARZ: keyb; THOMAS ›LUI‹ LUDWIG: dr

Jule Neigel & Band   Foto: Intercord

Die bildhübsche Jule mit dem braunen, langgelockten Haarwust und den aufregend grünen Augen war der deutsche Shootingstar des Jahres 1988. Da rockte sie mit astreinem Feeling über *Schatten an der Wand* und wurde innerhalb kürzester Zeit *die* deutsche Rocksängerin. Sie stammt aus einer großen Familie und hat drei ältere Schwestern und einen älteren Bruder. Als Jule sechs Jahre alt war, durften die deutschstämmigen Eltern aus dem sibirischen Dorf nach Deutschland ausreisen. Sie kamen nach Ludwigshafen, wo Jule auch ihr Abitur machte. Als Kind hatte Jule brav Querflöte gespielt, aber mit 16 Jahren machte sie damit Schluß und schloß sich einer Punk-Band an. Es folgten Auftritte in diversen Dance-Bands, in einer davon lernte sie ihren heutigen Freund, den

Gitarristen Andreas Schmid kennen. Zusammen mit den drei weiteren Freunden Frank, Axel und Lui stellten sie eine Band auf die Beine, die sie zunächst STEALERS nannten. Sie spielten in erster Linie die Hits von Stars nach, schoben aber immer wieder eigenes Material dazwischen, das von Jule, Andreas und Axel geschrieben wurde. Das war 1986, und damals änderte man dann auch den Namen der Formation. Als keine Plattenfirma Interesse anmeldete, kratzen die fünf ihre letzten Groschen zusammen und brachten auf eigene Kosten eine Maxi-Single heraus. Die Maxi verkaufte sich sehr gut bei ihren Auftritten, und so versuchte die Gruppe erneut ihr Glück bei diversen Plattenfirmen. Eine griff schließlich zu, und im Frühjahr 1988 hatte die Jule Neigel Band mit

Schatten an der Wand ihren ersten Single-Bestseller. Mit demselben Titel erschien dann im gleichen Jahr auch die Debüt-LP, die ein durchschlagender Erfolg wurde. Darauf zeigte Jule, daß sie nicht nur rocken, sondern auch sehr einfühlsam Balladen interpretieren kann. Jule und ihre Band wurden 1988 zu den ›besten Newcomern‹ gewählt und heimsten auch ansonsten etliche Preise ein. Anfang 1990 erschien mit *Wilde Welt* Album Nr. 2, das hielt, was die Debüt-LP versprochen hatte: vielseitige und sehr individuelle Rock-Musik.

Nena

GABRIELE »NENA« KERNER, geb. 24. 3. 1960 in Deutschland: voc; CARLO KARGES: g/voc; JÜRGEN DEHMEL, geb. 12. 8. 1958 in Deutschland: b; UWE FAHRENKROG-PETERSEN: keyb/voc; ROLF BRENDEL, geb. 13. 7. 1957 in Deutschland: dr

Nena – das war eine deutsche Pop-Gruppe, die 1982 wie eine Rakete am deutschen Popmusik-Himmel emporschoß und 1985 anfing, ziemlich unsanft wieder herunterzufallen. Nena – das ist auch die Sängerin mit dem fröhlichen »all German girl«-Image, das es Legionen von weiblichen Teenagern so einfach machte, sich mit ihr und ihrer Musik zu identifizieren. Und die 1985, älter geworden und inzwischen perfekt gestylt, den Nerv der Jungen nicht mehr so ganz zu treffen schien. Begonnen hatte das Ganze mit einer ziemlich erfolglosen deutschen Band namens STRIPES. Nena Kerner und ihr Freund Rolf Brendel

gehörten dazu. Als sich die Stripes auflösten, gingen die beiden nach Berlin, trafen dort die alten Bekannten Carlo und Uwe wieder, lernten durch sie den Bassisten Jürgen kennen – und damit war die Band Nena geboren. JIM RAKETE, der erfolgreiche Talentsucher, witterte Morgenluft, entwarf ein Konzept und produzierte mit Nena und den SPLIFF-Musikern die erste Single *Nur geträumt*. Fast ein halbes Jahr schlief die Platte in den Regalen der Geschäfte, bis Nena einen Auftritt im *Musikladen* bekam. Nena, die Sängerin, hopste fröhlich und quicklebendig auf der Bühne herum und trällerte mit ihrer rotzfrechen »Nicht-Stimme« jugendlich-charmant und unbekümmert das NDW-angehauchte Liedchen – das daraufhin zum Hit avancierte und mit Gold ausgezeichnet wurde. Anfang 1983 erschien die Debüt-LP *Nena*. Das Album schoß von 0 auf Platz 5 der Charts, wurde eine Woche später Nr. 1 und zwei Wochen später mit Gold veredelt. Zwei Monate später gab's für über 500 000 verkaufter Exemplare Platin. Die Sängerin Nena, weniger die Gruppe NENA, war ein Star. *99 Luftballons* hieß der nächste Hit, ein Lied über einen versehentlich ausgelösten Atomkrieg. Nena, die Sängerin trällerte fröhlich grinsend auch diesen sowohl textlich als auch musikalisch hervorragenden Rock-Song – und hatte damit einen weltweiten Bestseller, der sich 1984 sogar in England auf Platz 1 und in Amerika auf Platz 2 plazieren konnte. In USA war der Titel sogar ein Millionenseller. Deutsche Bestseller waren auch die Singles *Leuchtturm* (Nr. 2, 1983), *?* (Fragezeichen) (Nr. 3, 1983), *Rette mich* (Nr. 11, 1984), *Irgendwie, irgendwo, irgendwann* (Nr. 3, 1984). Auch die LP *?* (1984) verkaufte sich

Nena Foto: CBS

vorzüglich. Danach wurde es kompliziert. Zum einen war Nena, die Sängerin, dem ständigen, aufdringlichen Interesse der Medienleute nicht gewachsen und legte sich immer häufiger mit ihnen an. Das Ergebnis war, daß immer mehr süffisante und boshafte Artikel über sie erschienen. Zum anderen paßte es den Band-Mitgliedern immer weniger, daß eigentlich nur Nena, die Sängerin, im Mittelpunkt des Interesses stand. Dazu kam, daß ein Großteil der Songs von den SPLIFF-Musikern geschrieben und vor allen Dingen auch im Studio eingespielt wurden. Diese vorzügliche deutsche Gruppe entwickelte für Nena, die Band, einen immer anspruchsvolleren »schwärzeren« Sound, der sich zwar in jeder Hinsicht an internationalen Produktionen messen konnte, aber auf der Bühne von den Nena-Musikern praktisch nicht mehr live nachzuvollziehen war. Außerdem wurden die Texte, die zu Beginn den Teenagern in der Wortwahl voll aus der Seele gesprochen hatten, immer komplizierter und nebuloser. Hatte Nena 1983/84 noch ausverkaufte Häuser bei ihrer Tournee, so mußte die Band 1985 teilweise kurzfristig in kleinere Hallen umziehen oder vor halbleeren Häusern spielen. Auch das 85er Album *Feuer und Flamme* kam nicht mehr in die Top 10 der LP-Charts, auch die Singles hatten Mühe, überhaupt noch unter die ersten 10 der Hitparade zu kommen. So landete der Titelsong *Feuer und Flamme* gerade noch auf Platz 8. *Das Haus der drei Sonnen* aber nur mehr auf Platz 43 und *Jung wie du* auf Platz 47. Gerade bei dem 85er Album fiel die Diskrepanz zwischen dem Können von Nena, der Sängerin, und dem musikalischen Konzept, das Jim Rakete und die Spliff-Leute für die Gruppe Nena erarbeitet hatten, besonders auf: Von Musik und Produktion her war das Album exzellent, um so mehr zeigten sich die mangelnden stimmlichen Qualitäten von Nena, der Sängerin. 1986 zog die Gruppe die Konsequenz daraus: sie trennte sich von Jim Rakete und dem Spliff-Team. In Italien wurde das neue Nena Album *Eisbrecher* eingespielt − aber das Eis zu den Fans ließ sich nicht mehr so ohne weiteres brechen. Zwar erinnerten die Songs in ihrer Einfachheit wieder mehr an die Anfangs-Nena, aber ein Superseller wurde die LP trotzdem nicht. Zwar kamen die Singles *Engel der Nacht* und *Mondsong* in die Hitparade, aber die Top 10 erreichten sie nicht. So trennte sich 1987 Nena, die Sängerin, von Nena, der Gruppe. Die einzelnen Mitglieder ergingen sich in diversen Solo-Aktivitäten, während Nena ankündigte, künftig nur noch als Solistin zu arbeiten. Nachdem sich 1987 Nena, die Sängerin, von Nena, der Gruppe, getrennt hatte, war zunächst nicht mehr viel von ihr zu hören. Sie war von ihrem Freund, dem Schauspieler Benedict Freitag, schwanger und widmete sich ganz diesem Wunschkind. Als das Kind am 2. Februar 1988 auf die Welt kam, traten bei der Geburt Schwierigkeiten auf. Christopher war schwer behindert. Aufopfernd widmete sich das Paar der Pflege des Babys, das schließlich 1989 starb. Doch Nena gab nicht auf. Sie ging ins Studio, nahm ein neues Album als Solistin auf und wurde wieder schwanger. Die erste Single erschien im Herbst 1989 zur Zeit des Falls der Berliner Mauer. Der Song trug den beziehungsvollen Titel *Wunder gescheh'n* und bekam schon aus diesem Grund außerordentlich viel Airplay und konnte sich fast auf Anhieb in der deutschen Hitparade plazieren. Ebenfalls 1989 wurde dann unter demselben Titel das Album veröffentlicht, das Nenas glanzvolles Comeback einläutete. Auch die TAN-PAU-Hymne *Du bist überall* plazierte sich. Anfang 1990 wurde Nena von gesunden Zwillingen entbunden. Kein Wunder, daß die bildschöne und überglückliche Mutter, deren Markenzeichen immer noch die ständig leicht außer Atem klingende Un-Stimme ist, eine Kinder-Platte aufnahm. Unter dem Titel *Komm lieber Mai . . .* veröffentlichte Nena im Juni 1990 eine ganze LP mit klassischen deutschen Kinderliedern wie *Komm lieber Mai, Der Kuckuck und der Esel* u. a. Die Lieder wurden ganz traditionell eingespielt, auf elektronische Instrumente wurde fast ganz verzichtet.

New Kids On The Block

DONNY WAHLBERG, geb. 17. 8. 1969: voc; DANNY WOOD, geb. 14. 5. 1969: voc; JORDAN KNIGHT, geb. 17. 5. 1970: voc; JON KNIGHT, geb. 29. 11. 1968: voc; JOE MCINTYRE, geb. 31. 12. 1972: voc; alle aus Dorchester/USA

Das Markenzeichen der fünf fröhlichen Knaben sind lange, dünne Zöpfchen, die jeder von ihnen am Hinterkopf trägt. Ansonsten unterscheiden sich die fünf in keiner Weise von anderen Jungens zwischen 15 und 20 – außer daß sie von ihrem zweiten Album *Hangin' tough* über vier Millionen Exemplare verkauft haben. Begonnen hatte alles 1984. Damals suchte MAURICE STARR nach einer Teenager-Gruppe, die nicht nur singen und rappen, sondern auch tanzen konnte. Im Sommer 84 startete er die Suche nach fünf Teenagern, die seiner Vorstellung entsprachen. Sechs Monate lang hörte und sah er sich Bewerber an, dann entdeckte er Donny Wahlberg. Donny hat acht Geschwister und war für seine → MICHAEL-JACKSON-Imitationen berühmt. Donny kannte Danny und Jordan, der wiederum seinen älteren Bruder Jon mitbrachte. Und dann gab es da noch diesen namenlosen Leadsänger, der leider schon bald wieder aussteigen mußte, weil es seinen Eltern nicht gefiel, daß ihr Sohn in so jungen Jahren ins Showbiz einstieg. Für ihn kam Joe McIntyre, und damit war die Truppe komplett. Maurice Starr bildete die Gruppe aus, die sich zunächst NYNUK nannte. Dann nahm das Quintett einen

New Kids on the Block   Foto: CBS

Rap auf, der *New kids on the block* hieß – und damit stand ihr Name fest. Im Herbst 1985 nahmen die New Kids ein Demo-Band mit vier Songs auf und hatten bereits im Januar 1986 einen Plattenvertrag in der Tasche. Anfang April erschien die Debüt-Single *Be my girl*, die hauptsächlich in Discotheken lief. Dar-

aufhin durften sie als Anheizer bei Konzerten der Four Tops und → Lisa Lisa & Cult Jam auftreten. Es folgten die Singles *Stop it girl* und *Didn't I (blow your mind)*, ein Remake des 70er-Hits der Delfonics, und schließlich erschien das Debüt-Album *New Kids On The Block*. Die LP kam vor allen Dingen in den

Discotheken sehr gut an. Doch die New Kids ruhten sich nicht auf ihren Lorbeeren aus. Sie begannen sofort mit den Arbeiten am nächsten Album und der dazugehörigen Bühnen-Show, und sie fingen an, sich ernsthaft in der Anti-Drogen-Szene zu engagieren. Anfang 1988 erschien das zweite Album *Hangin' tough*. Es enthielt etliche Hit-Singles: das funkige *You got it (The right stuff)*, das in England vier Wochen lang die Nr. 1 der Charts war und mit dem sie auch den Durchbruch in Deutschland schafften; das soulige *Please don't go girl* und die Edelschnulze *I'll be loving you (forever)*, die sich ebenso wie *Hangin' tough* in den deutschen Charts plazieren konnte. Im Juni 1990 befand sich die LP *Hangin' tough* in den USA bereits seit 95 Wochen in den LP-Charts, belegte immer noch Rang 40 und hatte sich über acht Millionen Mal verkauft. Das Debüt-Album war nach diesem Erfolg in die LP-Charts eingetreten, befand sich ebenfalls im Juni 1990 nach 46 Wochen auf Platz 61 und war über zweimillionenmal verkauft. Das Video der *Hangin'-tough*-LP wurde sechsmal mit Platin ausgezeichnet. Die bunte musikalische Mischung aus Rock, Soul und Hip-Hop, geschrieben von Manager MAURICE STARR, und eine hervorragende Bühnenshow machte die fünf Kids weltweit zu Idolen der Teenager.

New Order

BERNHARD ALBRECHT, geb. 4. 1. 1956 in Manchester/England: voc/g; GILLIAN GILBERT, geb. 27. 1. 1961 in Manchester/ England: keyb; PETER HOOK, geb. 13. 2. 1956 in Manchester/England: b; STEPHEN MORRIS, geb. 28. 10. 1957 in Manchester/England: dr

»Wir schreiben Musik und spielen sie. Wir spielen und nehmen auf, weil wir die Musik für gut halten. Ganz einfach . . . Wir werden auch immer reifer, entwickeln uns immer weiter, und wahrscheinlich entwickeln sich deshalb immer mehr Leute mit uns.« So einfach klingt das Rezept, das die englische Band New Order zur erfolgreichsten Independent-Band der Welt gemacht hat. Und noch einen Rekord hält das Quartett: Mit *Blue monday* veröffentlichte New Order 1983 die erfolgreichste Maxi-Single aller Zeiten. Auch ansonsten ist bei New Order nichts so, wie bei anderen erfolgreichen Bands: Sie geben keine Interviews, sie machen keine Promotion für ihre Platten, sie halten sich an keinerlei Regeln des Musik-Geschäfts — und sind trotzdem mehr als nur erfolgreich. Die ausgesprochen unorthodoxe Band begann 1977 unter der Bezeichnung JOY DIVISION. Albrecht, Hook und Morris gehörten dazu und der Kopf und charismatische Sänger IAN CURTIS. Sie machten eine eigenartig düstere, metallisch-psychedelische Post-Punk-New-Wave-Musik, die das Quartett bald zur englischen Kult-Band aufsteigen ließ. Das 79er Album *Unknown pleasures* war bald nicht nur ein Insider-Tip. Nachdem sie 1980 die LP *Closer* fertiggestellt hatten, nahm sich Ian Curtis das Leben — ein schwerer Schlag für die Gruppe und die Fans. Das Makabere dabei war, daß auf dem Cover der LP der sterbende Christus abgebildet war, was natürlich zu den schlimmsten Gerüchten Anlaß gab und Joy Division den Ruch des

Todesengels gab. 1980 hatte Joy Division auch den ersten offiziellen Charts-Erfolg: die Single *Love will tear us apart* kam bis auf Platz 12 in UK (1983 wurde der Song wiederveröffentlicht, und schaffte es nochmal bis Platz 16). Albrecht, Hook und Morris beschlossen weiterzumachen, allerdings nicht mehr unter dem Namen Joy Division, sondern unter der Bezeichnung New Order. Als Nachfolgerin für Curtis holten sie die Gitarristin Gillian Gilbert in die Band. *Ceremony* und *Everything's gone green* hießen die ersten beiden Singles als New Order, die sich in den UK-Charts auf guten Mittelplätzen plazieren konnten. Ganz allmählich begann sich der düstere, schwere Endzeit-Sound der Truppe zu wandeln, wurde poppiger, eingängiger, eleganter. Die New-Order-Debüt-LP *Movement* war ein erster Ansatz dazu, die 82er Maxi-Single *Temptation* zeigte erstmals die wahre Stärke von New Order: das Verfassen von hervorragenden Maxi-Singles, bei denen es sich nicht, wie sonst üblich, entweder um »gestreckte« Single-Versionen oder einfach nur die originalen Single-Versionen handelt, sondern um ganz eigenständige Kunstwerke. So wurde die LP *Power, corruption and lies* ein Bestseller (ganz ohne Promotion) und der Song *Blue monday* 1983 ein englischer und europäischer Bestseller. In UK kam der Song bis Platz 5, in Deutschland sogar bis Platz 2, wo er sich vier Wochen halten konnte. Über 350 000 Exemplare der Maxi-Single wurden allein im deutschsprachigen Raum verkauft. Es folgten Singles wie *Confusion, Thieves like us, Murder, Perfect kiss, Subculture, Bizarre love triangle,* die allesamt in England Top-Hits wurden. Den nächsten internationalen Bestseller lieferte New Order

1987 mit der Single *True faith*. Der Synthi-Pop-Song, der den erfolgreichen → Pet-Shop-Boys-Sound täuschend ähnlich kopierte, kam hoch in die deutschen und englischen Charts. Ende 1987 erschien ein wahrer Leckerbissen für alle New-Order-Fans: die Doppel-LP *Substance*, auf der sämtliche New-Order-Maxi-A-Seiten zu finden waren. Das Album eroberte natürlich die englischen und deutschen LP-Charts, und sogar in Amerika hatte die Doppel-LP im April 1988 bereits über 500 000 Exemplare verkauft. 1988 kam New Order mit der Single *Hand of god* und einer neuen Mischung von *Blue monday 1988* in die Charts. Ende 1988 erorberten die Herren von New Order dann mit *Fine time* die Charts; auch das dazugehörige Album *Technique,* das Anfang 1989 erschien und nur neue Songs enthielt, wurde wieder ein internationaler Bestseller. In Großbritannien schoß die LP von 0 auf Platz 1, und auch in Amerika konnte sie sich auf den oberen Plätzen etablieren. Das nächstemal machte die Truppe dann im Juni 1990 von sich reden, als sie mit dem Fußball-Song *World in motion* zwei Wochen lang den 1. Platz der Single-Charts in Großbritannien belegte. Schließlich war das Lied auch mit der englischen Nationalelf aufgenommen worden und bot als Anfang ein Original-Zitat des Moderators aus dem legendären Endspiel 1966 in Wembley, das England gegen Deutschland 4:2 gewann. Wegen der prominenten Mit-Sänger nannte sich die Gruppe für diese Single übrigens England New Order.

Nicki Foto: Virgin

Nicki

DORIS HRDA, geb. 2. 11. 1966 in Plattling: voc/g

Sie ist ganze wohlgeformte 1,52 m groß,
hat graugrüne Augen, braune Haare
und eine nette Stimme – und war mit
16 Jahren bereits Deutschlands erfolgreichste Nachwuchssängerin in Sachen
Bayern-Pop. Doris, genannt Nicki, wurde im niederbayerischen Plattling geboren, wuchs dort mit ihren fünf Geschwistern Edeltraut, Eduard, Hansi, Christian und Silke auf und wohnt immer
noch in ihrem Heimatort bei Eltern und
Geschwistern. Gitarrespielen und Singen war schon immer das Hobby von
Nicki. Doch zunächst stand eine Ausbildung als Einzelhandelskaufmann auf
dem Programm, ehe die »Entdeckung«
durch GOG SEIDEL (ehemals Mitglied der
CLOCHARDS) bei einem Nachwuchswettbewerb für Liedermacher in der niederbayerischen Bezirkshauptstadt Landshut
dazwischen kam. Mit einem selbstgeschriebenen Lied gewann Nicki den
Wettbewerb, Gog Seidel ermunterte sie,
ein Demoband aufzunehmen, Nicki
schickte es an die Plattenfirma Virgin
– und bekam prompt einen Plattenvertrag. Die frische, ungekünstelte Stimme
der 15jährigen hatte Eindruck gemacht.

Im September 1983 stellte Nicki auf der Berliner Funkausstellung ihre erste Single *Servus, mach's guat* vor, eine bittersüße Liebesgeschichte in der U-Bahn, die von Gog Seidel geschrieben und von HARALD STEINHAUER (→ JULIANE WERDING) und MICHAEL CRETU (→ SANDRA) produziert worden war. Und wieder gewann sie den Nachwuchswettbewerb, fuhr nach Saarbrücken zur Fernsehgala »Die Goldene Europa« – und wurde zur besten Nachwuchskünstlerin gekürt. *Servus, mach's guat* errang 1983 auch einen beachtlichen Platz 35 in der deutschen Hitparade. *So a Wunder* hieß 1984 die zweite Single, gefolgt von *Weil i immer no an Engerl glaub* (1984) und dem nächsten Hitparaden-Erfolg *Warum schaust du mi ned o* (1985). Im Frühjahr veröffentlichte Nicki die Debüt-LP *Servus Nicki*, abermals produziert vom Erfolgsteam Harald Steinhauer und Michael Cretu. In Österreich errang das Album Gold und Platin. Auch 1985 konnte Nicki wiederum zwei Singles in der deutschen Hitparade plazieren: *I wär am liabsten mit dir ganz alloa* und *Mei schönster Traum*. Im November 85 gab's dann ein Weihnachtsalbum von Nicki, das entsprechend *Weihnachten mit Nicki* hieß und eine bunte Palette alter und neuer Weihnachtslieder bot. Auch 1986 konnte sich der flotte Teenager mit etlichen gut gemachten Pop-Songs in der deutschen Hitparade plazieren: *Wenn i mit dir tanz* (15 Wochen in den Charts, höchster Platz 24), *Wegen dir* (15 Wochen in den Charts, höchster Platz 20), und *Wenn d'Sehnsucht brennt* (8 Wochen in den Charts). Zusätzlich gab's 1986 Album Nr. 3 *Ganz oder gar net*. Diese LP konnte sich sogar 38 Wochen in der deutschen LP-Hitparade halten, die höchste Notierung war Platz 16, und

es wurde mit Gold aus Deutschland, Österreich und der Schweiz ausgezeichnet. Nickis unproblematische Lieder, teils poppig-temperamentvoll, teils zärtlich-verträumt, die gute Produktion, und vor allen Dingen die jugendlich frische Interpretation schufen Nicki im gesamten deutschsprachigen Raum zahllose Fans. Das Komponisten- und Texter-Team Harald Steinhauer und HELMUT FREY haben offensichtlich ein »goldenes Händchen« dafür, mit ihren Songs für Nicki immer den richtigen Nerv zu treffen. 1987 setzte Nicki ihren Siegeszug mit Liedern wie *Mehr von dir*, *Mit des wär mei Leben* und *Einsam ohne di*, und dem 4. Album *Kleine Wunder* fort. Diesmal konnte sich die LP bereits auf Nr. 4 in den LP-Charts plazieren. Für *Kleine Wunder* gab's bereits nach fünf Monaten Gold, außerdem wurde Nicki Ende 1987 mit der »Goldenen Stimmgabel« ausgezeichnet. 1988 wagte sich Nikki dann in Country-Gefilde: *I bin a bayrisches Cowgirl* hieß ihre Single, die sich ebenfalls wieder in der deutschen Hitparade plazieren konnte. 1988 folgte die LP *Radio Bavaria* mit den Singles *Samstag nacht*, *Koana war so wie du* und dem für Nicht-Bayern unverständlichen *Vasolidor* (Was soll ich tun). Kein Wunder, daß die 89er LP *Mein Hitalbum* tatsächlich ein Hit wurde. 1990 präsentierte sich Nicki, die inzwischen wirklich kein Teenager mehr war, als hübsche junge Frau mit einem ›reiferen‹ Sound, ohne jedoch die liebenswerte Frische verloren zu haben. *Immer mehr* hieß ihr Album, das gleich mit der ersten Single *Wie a Traum* wieder einen Hit enthielt.

Stevie Nicks

geb. 26. 5. 1948 in Phoenix/Arizona, USA: voc

Sie ist seit den 70er Jahren die Stimme und das attraktive Aushängeschild der anglo-amerikanischen Gruppe → FLEET-WOOD MAC. In den 80er Jahren entpuppte sie sich auch als vorzügliche Solo-Künstlerin. Als Stevie Nicks vier Jahre alt war, brachte ihr ihr Großvater, ein bekannter Country-Sänger, einige Country-Duette bei. Er nahm sie zu Auftritten mit, bei denen er Gitarre spielte und Klein-Stevie sang und tanzte. Singen und Tanzen entwickelten sich zu ihren Lieblingsbeschäftigungen. Mit 16 bekam sie ihre erste Gitarre, und an diesem Tag komponierte sie auch ihr erstes Lied *I've loved and I've lost*. Von da an pflegte sie noch ein drittes Hobby: Songwriting. 1965 war ihre Familie von Phoenix nach Los Angeles umgezogen. Stevie ging dort auf die Oberschule und schloß sich einer Folk-Gruppe namens CHANGING TIMES an, die im Stil von THE MAMAS & THE PAPAS sang. 1966 zog ihre Familie nach San Francisco, und dort traf sie zum erstenmal → LINDSEY BUCKINGHAM. Er spielte bei einer kirchlichen Veranstaltung, Stevie sang zwei Lieder mit ihm, und anschließend verlor sie ihn für zwei Jahre aus den Augen. 1968 ging sie aufs College, traf wieder auf Lindsey Buckingham und schloß sich mit ihm einer Psychedelic-Rockband namens FRITZ an. Bis 1971 blieben sie in dieser Gruppe und tingelten durch die Gegend. 1972, nach der Trennung von Fritz, beschlossen Stevie und Lindsey, Demo-Bänder für ein Album aufzunehmen. Stevie komponierte dafür den Song *After the glitter fades*, ein Lied, das sie dann neun Jahre später für ihr erstes Solo-Album aufnahm. Diese Demo-Bänder, die sie übrigens nachts in der Kaffeefabrik von Lindseys Vater aufgenommen hatten, brachten ihnen einen Plattenvertrag ein. 1973 erschien die LP *Buckingham/Nicks* − und ging sang- und klanglos unter. Doch die beiden gaben nicht auf. Lindsey konzentrierte sich auf die Musik, während Stevie das Geld dafür als Kellnerin verdiente. Zu dieser Zeit, 1972, schrieb sie übrigens *Rhiannon*, ein Lied, das zwei Jahre später für Fleetwood Mac ein Top-Hit wurde. Am Silvesterabend 1974 wurde ihnen telefonisch mitgeteilt, daß die englische Band Fleetwood Mac beide gerne als Mitglieder haben würde. Und ab Anfang 1975 waren Lindsey Buckingham und Stevie Nicks Mitglieder von Fleetwood Mac, die mit diesen Neuzugängen auch in Amerika zu Hit-Ehren kam. Bereits das erste gemeinsame Album *Fleetwood Mac* (1975) belegte Platz 1 der US-LP-Charts, blieb 122 Wochen in den Charts und wurde mit Gold ausgezeichnet. Der Nicks-Song *Rhiannon* wurde − 1976 ausgekoppelt − ein Hit. Für das 77er Album *Rumours* schrieb Stevie Nicks den mit Gold ausgezeichneten Nr.-1-Song *Dreams*. Für die 79er LP *Tusk* steuerte Stevie Nicks den Top-10-Erfolg *Sarah* bei. 1981 veröffentlichte Stevie Nicks dann ihr erstes Solo-Album. *Bella Donna* hieß die LP, die sich weltweit über drei Millionen Mal verkaufte. Mit ihrer rauhen, ausdrucksvollen Stimme trug Stevie Nicks ruhige und temperamentvolle Rock-Songs vor, die sie, bis auf einen, alle selbst geschrieben hatte, zum Teil schon wesentlich früher, wie

z. B. *Leather and lace*, das sie 1975 für WAYLON JENNINGS und JESSIE COULTER komponiert hatte, oder *Think about it*, das – ebenfalls 1975 – für CHRISTINE McVIE entstanden war. Die einzige Fremdkomposition auf dieser LP stammte von TOM PETTY, der mit seinen HEARTBREAKERS auch bei der Aufnahme dabeigewesen war. Der Song hieß *Stop dragging my heart around* und wurde ein Top-10-Hit in USA, genauso wie die mit DON HENLEY von den → EAGLES als Sangespartner aufgenommene Nummer *Leather and lace*. Auch die Singles *Edge of seventeen* und *After the glitter fades* wurden 1982 Hits. 1982 wurde auch *Mirage*, die nächste LP von Fleetwood Mac, veröffentlicht, zu der Stevie Nicks den Bestseller *Gypsy* beisteuerte. In dem Video zu *Gypsy*, das mit einem Grammy geehrt wurde, konnte man die höchst attraktive Stevie Nicks als Schauspielerin bewundern. 1983 brachte die offensichtlich unerschöpfliche Sängerin und Songwriterin zunächst die Top-5-Single *Stand back* und anschließend ihr zweites Solo-Album *The wild heart* heraus. Auch die nächsten Singles *If anyone falls* und *Nightbird*, die sie beide zusammen mit der Komponistin SANDY STEWART geschrieben hatte, wurden wieder Hits. Das nächste Album erschien im November 1985, hieß *Rock a little* und enthielt wieder einfallsreiche, gitarrenbetonte Rocksongs in gewohnter Nicks-Qualität. Die Single *Talk to me* wurde ein Top-4-Erfolg, und auch der Song *Can't wait* konnte sich 1986 in den Top 20 plazieren. Das nächstemal hörte man dann wieder Mitte 1989 etwas von der Rock-Lady, die ständig mit ihrer Drogensucht und einer auseinandergehenden Taille zu kämpfen hatte. Im Mai 89 erschien das vierte Album *The other side of the mirror* der blondgelockten Diva im mittelalterlichen Burgfräulein-Look. Wie erwartet, war es eine solide Rock-Produktion im typischen Stevie-Nicks-Stil, ausgeführt von prominenten Kollegen wie RUPERT HINE (Produktion), KENNY G. (Saxophon) und → BRUCE HORNSBY (Klavier und Duettpartner bei *Two kinds of love*.

The Nits

HENK HOFSTEDE, geb. 21. 9. 1951 in Amsterdam: voc/bj/g; ROB KLOET, geb. 16. 6. 1952 in Amsterdam: dr/perc; ROBERT-JAN STRIPS, geb. 4. 2. 1950 in Den Haag: keyb; JOKE GERARTS, geb. 18. 10. 1957 in Den Haag.

Die Nits sind eine der berühmtesten und eigenwilligsten Pop-Rock-Bands von Holland. Entdeckt wurde die Formation, damals noch mit dem Sänger und Gitarristen MICHIEL PETERS und ohne Henk Hofstede, 1974 bei einem Auftritt im Amsterdamer Paradiso Club. Vier Jahre strampelten sie sich als Independent-Band ab, bis sie dann 1978 bei CBS einen Vertrag erhielten. Bis 1985 veröffentlichten sie die Alben *Tent, New flat, Work, Omsk, Kilo* und *Adieu, Sweet Bahnhof*, die teils recht poppig, teils romantisch klangen. 1985 trennten sich die Nits von Michiel Peters, und für ihn kam Henk Hofstede. Mit dem 86er Album *Henk* verfeinerte sich die akustisch-elektronische Musik-Mixtur der holländischen Band, wurde abwechslungsreich, bunter – und entsprach noch weniger den gängigen Trends. 1987 brachten die

The Nits   Foto: CBS

Chris Norman

geb. 25. 10. 1950 in Redcar/Yorkshire, England: voc

Chris Normans heisere, rauchig-leidenschaftliche Stimme war es, die 1975 der englischen Gruppe SMOKIE zu zahlreichen Hitparaden-Erfolgen verhalf. Und sie war es auch, die ihm 1986 zu einem grandiosen Comeback verhalf. Chris Norman wußte praktisch von Kindesbeinen an, daß er später etwas mit Musik machen wollte. Mit 15 Jahren, 1965, verließ er die Schule und gründete mit sei-

Chris Norman
Foto: Ariola

Nits das 8. Album *In the dutch mountains*, eine eigenartige Konzept-LP. Der Titelsong *In the dutch mountains*, eine schwermütige Rock-Nummer, konnte sich in der deutschen Hitparade plazieren. Ende 1988 kam das neunte Nits-Album heraus. *Hat* war eine Mini-LP, deren sechs Songs von südamerikanischen und jazzigen Tönen beeinflußt waren. 1989 gingen die Nits auf große Europa-Tournee, die aufgezeichnet wurde. Das Ergebnis erschien 1989 unter dem Titel *Urk* als Live-Album. 1990 brachten die Nits dann das höchst abwechslungsreiche aber wieder völlig unkommerzielle Album *Giant normal Dwarf* auf den Markt.

nen Freunden TERRY UTTLEY und ALLAN SILSON die Band THE ELIZABETHIANS. Das Trio tingelte quer durch Kneipen und Clubs und verdiente sich recht mühsam das Geld zum Überleben. Das einzig Gute aus dieser Zeit: Chris lernte ein Mädchen namens LINDA MCKENZIE kennen, die er 1969 heiratete und mit der er inzwischen vier Söhne hat: BRYAN (geb. 1969), PAUL (geb. 1972), MICHAEL (geb. 1984) und STEPHEN (geb. 1986). Erst 1973 endete das nervenaufreibende Tingel-Musiker-Dasein. Chris lernte BILL HURLEY kennen, der wurde zum Manager der Gruppe und knüpfte die Kontakte zum englischen Erfolgskomponisten-Team NICKY CHINN/MICK CHAPMAN, (SUZIE QUATRO, NEW WORLD, → AGNETHA FÄLTSKOG). Gleichzeitig stieß noch der Trommler PETE SPENCER zur Gruppe, und fertig war Smokie. Von 1975 bis 1980 lieferte die Band mit dem unnachahmlichen Soft-Sound einen Hit nach dem anderen ab: *If you think you know how to love me* (1975), *Don't play your rock 'n' roll to me* (1975), *Something's been making me blue* (1976), *I'll meet you at midnight* (1976), *Living next door to Alice* (1976), *Lay back in the arms of someone* (1977), *It's your life* (1977), *Needles and pins* (1977), *For a few dollars more* (1978), *Oh Carol* (1978), *Mexican girl* (1978), *Do to me* (1979), *Babe it's up to you* (1979), *San Francisco bay* (1980), *Take good care of my baby* (1980), *Run to me* (1980). Zusätzlich war Chris Norman 1978 mit Suzie Quatro ins Studio gegangen, und hatte das Duett *Stumblin' in* aufgenommen, das in Deutschland zum Jahresbestseller wurde. 1981 löste sich Smokie auf, und Chris hatte endlich Zeit, sich seiner Familie zu widmen. Doch die Musik ließ ihn nicht los. Mit seinem Freund, dem Smokie-Trommler

Pete Spencer, fing er mit dem Schreiben von Songs an und betätigte sich auch nebenbei als Produzent, z. B. für RACY (*Some girls*). Doch Chris Norman wollte wieder selbst vors Mikrophon, wollte mit seiner eindrucksvoll heiseren Stimme (die übrigens das Ergebnis einer nicht auskurierten Halsentzündung im Jahr 1970/71 ist) wieder selbst Lieder singen. Das war 1986. DIETER BOHLEN, der deutsche Starkomponist (→ MODERN TALKING, → C. C. CATCH, → BLUE SYSTEM), hatte zu diesem Zeitpunkt gerade den Auftrag bekommen, ein Lied für einen Schimanski-Tatort zu schreiben. Er ließ sich das Lied namens *Midnight lady* einfallen – und beschloß, daß eigentlich niemand anderer als Chris Norman, der Sänger seiner Lieblingsband Smokie, dieses Lied singen konnte. Chris sagte zu, die Tatortfolge *Der Tausch* lief über die deutschen Bildschirme – und Chris Norman hatte praktisch über Nacht mit dem softigen Titelsong *Midnight lady* einen Nr.-1-Hit in Deutschland. ROLAND KAISER sang übrigens die deutsche Version davon und hatte damit ebenfalls einen Hit. *Some hearts are diamond* hieß der zweite Single-Bestseller, und so nannte Chris Norman auch sein Debüt-Solo-Album, das natürlich ebenfalls ein Verkaufsschlager wurde. Doch Chris war der Soft-Rock, den Dieter Bohlen für ihn geschrieben hatte, zu weich. Er wollte wieder Härteres bieten. Zusammen mit dem → STATUS-QUO-Produzenten PIP WILLIAMS überarbeitete er seine eigenen Songs und veröffentlichte 1987/88 die LP *Different shades*. Sechs der zwölf Songs stammen aus der Feder von Chris Norman und Pete Spencer, für die restlichen sechs zeichnen Top-Songwriter wie → DRAFI DEUTSCHER und MICK CHAPMAN verantwortlich. Als erste Single erschien der Rock-Titel *Sarah* (*you take my breath away*), der sich in der deutschen Hitparade plazieren konnte, ebenso wie die Rock-Ballade *I want to be needed*, die Chris Norman im Duett mit SHARI BELAFONTE, der hübschen Tochter von Alt-Star HARRY BELAFONTE, sang. Außerdem nahm Chris Norman Anfang 1988 einen weiteren Song für einen Schimanski-Tatort auf: Die Folge *Gebrochene Blüten* mit dem Norman-Song *Broken heroes* wurde am 1. Mai 1988 ausgestrahlt. Der Bohlen-Song wurde wieder ein Erfolg, aber 1989 stellte sich Chris Norman, der Vater von vier Söhnen, endgültig auf eigene Beine. *Break the ice* hieß das Album, das er praktisch im Alleingang aufnahm. Er komponierte fast alle Songs, spielte viele Instrumente und produzierte auch selbst. Die ziemlich rockige und nicht sonderlich softige LP verkaufte sich recht gut. 1989 betätigte sich Chris Norman auch als Umweltschützer. Für das Benefiz-Projekt ›Operation El Dorado − Künstler singen für den Erhalt des Regenwaldes‹ steuerte er den Song *Keep the chandle burning* bei. Für die Fans des ›alten‹ Chris Norman, erschien 1989 das Album *Hits from the heart,* das nochmals alle Soft-Songs dieses Interpreten bot.

The Notting Hillbillies

→ MARK KNOPFLER, geb. 12. 8. 1949 in England: voc/g; STEVE PHILLIPS, geb. in Leeds/England: voc/g; GUY FLETCHER: voc/keyb; BRENDAN CROKER, geb. in Leeds/England: voc/g

Der Name der Band bedeutet nicht, daß sich hier ein paar hinterwäldlerische Cowboys zum Klampfespielen zusammengetan haben. Notting Hill ist ein Vorort im Westen von London, und dort befindet sich Mark Knopflers Studio, wo die erste LP dieses Superquartetts aufgenommen wurde. Knopfler, Croker und Phillips kennen sich bereits seit den Tagen, als Mark in Leeds für wenig Geld in Musik-Clubs auftrat, und Fletcher ist ja Mitglied der → DIRE STRAITS, Knopflers Haupt-Band. Die Idee zu dieser LP entstand, als Knopfler gebeten wurde, eine Croker/Phillips-LP zu produzieren. Fletcher sollte auch mitmachen, und plötzlich fingen alle vier an, Lieder für dieses Album zu schreiben oder Klassiker vorzuschlagen. Schließlich beschloß man, ein gemeinsames Album zu fabrizieren, auf dem man amerikanische Country-Musik, Blues, Bluegrass, Swing und Gospel präsentierte, Neugeschriebenes und Klassiker, die noch nicht ›ausgelutscht‹ sind. Auf ganz traditionelle Art, ohne Firlefanz und viel Drumherum, spielten die vier hervorragenden Instrumentalisten und Interpreten elf Songs ein, von denen jeder eine kleine Kostbarkeit ist. *Missing . . . Presumed having a good time* lautet der Titel der LP, deren erste Single das traumhaft bluesige *Your own sweet way* und die zweite der CHARLIE-RICH-Klassiker *Feel like going home* war. Die Fachzeitschrift *ME/Sounds* schrieb über die LP: »Wem das Ganze altmodisch vorkommen sollte, der sitzt auf seinen Ohren. Denn solchen zeitlos schönen Songs kann der Zeitgeist gestohlen bleiben.«

Steve Phillips   Mark Knopfler   Guy Fletcher   Brendan Croker

Notting Hillbillies   Foto: Vertico

Billy Ocean

Billy Ocean
Foto: Jive

geb. 21. 1. 1950 auf Trinidad: voc

Ein und derselbe Song mit drei verschiedenen Titeln machte 1984 den farbigen Sänger Billy Ocean zum internationalen Star: in Amerika war's die *Caribbean Queen*, in Europa die *European Queen* und auf dem schwarzen Kontinent die *African Queen*. Doch Billy Ocean war 1984 beileibe kein Newcomer. Geboren wurde der Vollblutmusiker zwar auf Trinidad, aber als er acht Jahre alt war, zogen seine Eltern mit ihm nach London. Als Teenager bekam Billy einen Job als Zuschneider in einer Firma für Damenkonfektion, eine Arbeit, die ihm viel Spaß machte, bis er sich sein erstes Klavier kaufte. Danach hatte er eine Doppel-Beschäftigung: tagsüber schneiderte er, nachts spielte er in Clubs mit Band wie SHADES OF MIDNIGHT und DRY ICE. Irgendwann wurde ihm das allerdings zuviel, er gab die Schneiderei auf und widmete sich ganz der Musik. Außer als Pianist arbeitete er auch noch als Session-Sänger, lernte Gitarre, Baß und Schlagzeug und lernte schließlich BILL FINDON kennen, mit dem er auch noch anfing, Songs zu schreiben. 1976 war's dann soweit, die beiden bekamen einen Plattenvertrag, und als erstes erschien die Single *Love really hurts without you*, ein Lied im temperamentvollen Philly-Sound, das Billy Ocean allerdings bereits vier Jahre vorher schon geschrieben hatte. Das Lied erreichte Platz 2 der UK-Charts, und auch in Deutschland hielt der Song unter die Top 20 Einzug. 1976 war Billy Ocean dann noch zweimal in den UK-Charts vertreten: mit *L. O. D. (love on delivery)* und mit *Stop me (if you heard it all before)*. Der stimmgewaltige junge Mann blieb auch weiterhin auf Erfolgskurs: 1977 mit *Red spells danger*, 1979 mit *Stay the night*, einem Song, der auch unter die Top 10 der US R & B Charts kam, und 1981/82 mit *Nights (feel like gettin' down)*, ein Lied, mit dem er 1982 von der Fachzeitschrift *Cash Box* zum »Besten Sänger der Welt« gewählt wurde. Dann wurde es ein paar Jahre still um Billy Ocean, bis er dann 1984 mit dem Album *Suddenly* ein gewaltiges internationales Comeback feierte. Die Single von der *Queen*, die je nach Erscheinungsort anders hieß, wurde ein weltweiter Millionenseller und war in USA zwei Wochen lang die Nr. 1. Auch die beiden nächsten Singles *Loverboy* und die wunderschöne Ballade *Suddenly* konnten sich wochenlang unter den Top 5 in USA halten und sich auch in Deutschland und England hervorragend plazieren. 1985 wurde Billy Ocean, der englische Soul-Star, in Amerika mit einem Grammy als »Bester Vokalist im R & B Bereich« ausgezeichnet. Auch 1985 konnte Billy Ocean wieder einen Volltreffer landen, und zwar mit dem Titel-Song des Michael-Douglas-Films *Auf der Suche nach dem Juwel vom Nil*: Der Funk-Rock-Song *When the going gets tough the tough get going* lag er wieder weltweit an der Spitze der Hitparaden. 1986 veröffentlichte Billy Ocean das Album *Love zone*, das mit dem einfühlsamen *There'll be sad songs (to make you cry)* wieder einen US-Nr.-1-Hit erhielt. Für das Lied *Love is forever* erhielt Billy Ocean sogar eine Auszeichnung als Verfasser der »Single des Jahres«. Ende 1986 gab's für das 84er Album *Suddenly* Doppel-Platin. Anfang 1988 kam dann die nächste Billy-Ocean-LP heraus: *Tear down the walls*, wieder eine geschickte Mischung aus sanften Balladen und temperamentvollen Up-Tempo-Songs. Die Single *Get outta my dreams, get into my car* wurde wieder ein internationaler Bestseller, der sich auch in Deutschland unter den Top 5 plazieren konnte. 1989 veröffentlichte Ocean das Album *Greatest Hits*, das außer seinen bekannten

Songs auch Neues enthielt, wie *Licence to chill,* das sich in den US-Charts plazieren konnte.

Sinead O'Connor

geb. 1966 in Dublin/Irland: voc

Sie war das Enfant terrible des Jahres 1988: schrill, laut, aggressiv und schrecklich glatzköpfig. Aber das war bei Sineads Vergangenheit eigentlich kein Wunder. Als sie elf Jahre alt war, ließen sich ihre Eltern scheiden, die Mutter starb bald danach bei einem Autounfall, und Sinead wuchs praktisch in den Hinterhöfen von Dublin auf. Von dort war es nur ein kurzer Weg in die Jugendkriminalität, bis Sinead mit 15 Jahren in einem Heim für schwer erziehbare Jugendliche landete. Dort brach sie aus, wurde wieder eingefangen und kam zum ersten Mal intensiv mit Rock-Musik in Berührung. Als sie endlich das Heim verlassen konnte, stand für Sinead fest, daß sie Musikerin werden würde. Sie begann zu komponieren und zu texten und produzierte ein Demo-Band, das schließlich in die Hände des → U 2-Gitarristen The Edge geriet. Er war begeistert von der glasklaren, intensiven Stimme und dem Talent der jungen Songwriterin und ließ sie einen Song auf seinem Soundtrack für den Film *The captive* beisteuern. Danach wurde eine Plattenfirma auf die ungewöhnliche junge Frau aufmerksam. Sinead bekam einen Vertrag und zog 1985 nach London. *The lion and the cobra* hieß ihr Debüt-Album (1987), den Titel hatte sie sich bei einem biblischen Psalm ausgeborgt. Sinead hatte für diese

Sinead O'Connor   Foto: Chrysalis

Kanada und Holland mit Platin, in Großbritannien, Irland und den USA mit Gold ausgezeichnet. Auf ihrer 88er-Tournee durch Amerika beeindruckte die eigenwillige Irin die Amerikaner derartig, daß sie 1989 für den Grammy in der Kategorie ›beste weibliche Sängerin‹ nominiert wurde. 1989 gab die attraktive Sinead mit den ausdrucksvollen großen blauen Augen, die inzwischen durch das Familienleben sehr viel ruhiger und ausgeglichener geworden war, ihr Film-Debüt. *Hush a-bye-baby* hieß der Problem-Streifen, der zeigte, welche Konsequenzen ein schwangeres Mädchen, ihre Familie und ihre Freunde in einer überwiegend katholischen Umgebung zu tragen haben. Sinead schrieb die gesamte Filmmusik, produzierte und sang sie auch. Daneben begann sie mit den Arbeiten an ihrem zweiten Album. Vorab wurde daraus im Januar 1990 die Single *Nothing compares 2 U* veröffentlicht. Das Lied stammt aus der Feder von → PRINCE, und Sinead war auf einem Album der Gruppe THE FAMILY auf diesen Song aufmerksam geworden. Das zu Herzen gehende Lied handelt von einer Frau, die es nicht ertragen kann, daß sie von ihrem Liebsten verlassen wurde. Das sanfte Lied mit dem phantastischen Video, in dem Sinead sogar echte Tränen vergießt, wurde ein weltweiter Nr.-1-Hit und Millionenseller. Als dann im Frühjahr die LP *I do not want what I haven't got* herauskam, setzte sie sich ebenfalls praktisch weltweit an die Spitze der Hitparaden. Allein in den USA hatte sich das Album ein paar Wochen nach Erscheinen bereits über zwei Millionen Mal verkauft. Von dem ehemals so trotzigen Skinhead-Mädchen war nichts mehr übrig geblieben: Sanfte, melodiöse, fast folkig angehauchte Songs

LP nicht nur alle Lieder geschrieben und gesungen, sie hatte auch selbst produziert. Dabei war sie während der Produktionswochen hochschwanger. 1988 kam ihr Sohn JAKE auf die Welt, inzwischen hat sie auch den Vater, den Musiker JOHN REYNOLDS, geheiratet. Doch damals war die glatzköpfige Sinead eine echte Punkerin, aufmüpfig, unbequem und kampfeslustig. Sie begeisterte sich in aller Öffentlichkeit für die irische Untergrundorganisation IRA und äußerte sich mehr als nur unfein über ihre Kollegen von U 2, die ihr schließlich den Weg in die Musikwelt geöffnet hatten. Dennoch wurde das Album *The lion and the cobra* ein internationaler Hit. Die aufregend spröden Songs dieser LP wurden in

bot die LP, mit denen Sinead ihr immer wieder beteuertes persönliches Glück musikalisch mitteilen wollte. Der Prince-Song war die einzige Fremdkomposition.

OFF

Sven Väth, geb. 26. 10. 1964 in Frankfurt: voc

»Ich brauche nicht viel. Keinen Luxus, keine Villa, kein großes Auto oder Geld zum Vorzeigen. Lieber gebe ich Geld für Partys oder andere Künstler aus. Spaß und Vergnügen sind mein Leben, aber ich weiß auch, daß man Opfer bringen muß, wenn man zur Spitze gehören will. Wenn ich etwas schaffen will, gehe ich die Sache mit aller Energie an«. Diese Lebensphilosophie machte den jungen Mann mit dem kantigen Gesicht und den hellblonden Haaren zum europäischen Star. Und zum Star der Frankfurter Deejays. Sven ist das zweite Kind von Malermeister Horst Väth und seiner Frau Monika. Die Eltern waren aus der DDR in den Westen gekommen, aus dem Malermeister wurde bald ein erfolgreicher Gastronom. Sven, der schon in seiner Jugend wegen seiner skurrilen Einfälle auffiel, fing nach der Schule eine Lehre als Kunstschmied an. Aber nach dem ersten Ärger mit dem Meister schmiß er alles hin und zog erst mal durch Europa. Discjockey war dann sein neues Berufsziel, und darin wurde er bald zum Meister. Denn Deejay zu sein bedeutet heute nicht mehr, einfach nur Platten aufzulegen. Deejay zu sein ist heute kreative Schwerstarbeit: Er muß an den verschiedenen Reglern wirbeln, die Titel mixen, cutten, überblenden, scratchen – so lange, bis aus den Stücken ein einziger gigantischer durchgehender Megamix entstanden ist, der die Kids auf der Tanzfläche begeistert. Was lag näher, als diese absurd-interessanten Sound-Mixturen auch auf Platte zu bannen: ein neuer Musikertyp, der Discjockey, der per Elektronik zum Komponisten, zum Schöpfer neuer Songformen wird. In Michael Münzing und Luca Anzilotti, ebenfalls beide Frankfurter, fand Sven seinen kongenialen Produzenten bzw. Texter. Und so entstand 1987 der erste Off-Hit *Electrica salsa*, der sich wochenlang in den europäischen Hitparaden auf vordersten Plätzen halten konnte und in Deutschland auf Platz 3 kam. Auch die Single *Step by step* konnte sich gut plazieren. 1988 folgte dann das Debüt-Album *Organisation for fun*. 1989 knüpfte Off mit der Single *HipHop reggae* wieder an einen erfolgreichen Musik-Trend an. Darauf folgte die Single *La casa latina,* mit der sich Off an den Lambada-Trend anhängte. Beide Songs erfreuten sich zwar in den Diskotheken großer Beliebtheit, kamen aber nicht in die Hitparade. Im Juni 1990 legte Off mit *Ask yourself* wieder eine neue LP voller Dance-Songs vor.

Mike Oldfield

geb. 15. 5. 1953 in Reading/England: Multi-Instrumentalist

Mike Oldfield und Anita Hegerland   Foto: Virgin

Er ist nicht nur ein begnadeter Multi-Instrumentalist, sondern auch ein genialer Komponist und Songwriter. Im zarten Alter von 14 Jahren tat sich der musikalische Knabe mit seiner Schwester Sally zu dem Folk-Duo SALLYANGIE zusammen. Ein Album entstand, dann ging die geschwisterliche Gemeinschaft wieder auseinander. 1968, mit 15, gründete Mike Oldfield seine erste eigene Band namens BAREFOOT, die sich im gleichen Jahr wieder auflöste. 1969, mit 16, stieg er als Bassist bei KEVIN AYERS AND THE WHOLE WORLD ein, einer Band, die Rockmusik mit Jazz-Elementen und impressionistischen Klangbildern mixte. Mit dieser Formation spielte er die Alben *Whateversheybringswesing* und *Bananamour* ein. 1971 löste sich die Gruppe

auf, und Mike Oldfield arbeitete bis 1973 als Studiomusiker. 1970 hatte Oldfield bereits mit der Konzeption eines Solo-Projektes angefangen, das *Tubular bells* heißen sollte. Im Mai 1973 kam die LP *Tubular bells* heraus. Das Album mit intelligenter, gefälliger und einfallsreicher Instrumentalmusik machte den Zwanzigjährigen über Nacht zum Star. Er hatte alle Instrumente wie Gitarre, Baß, Piano, Orgel, Flöte und diverse Percussions selbst gespielt und auf 24 Spuren überspielt. Einen Großteil zum Erfolg dieser Debüt-LP trug die Tatsache bei, daß der amerikanische Filmregisseur WILLIAM FRIEDKIN Teile aus *Tubular bells* für seinen Horror-Schocker *Der Exorzist* verwendet hatte. Der Gruselfilm wurde ein Kassenfüller und machte natürlich auch die Filmmusik weltweit populär. Auch die nächste Oldfield-LP, *Hergest ridge* (1974), wurde wieder ein Bestseller, ebenso das 75er Album *Ommadawn*. Während *Hergest ridge*, das auf Anhieb auf Platz 1 der UK-Charts kam, eher »sparsam« klang, zeigte *Ommadawn* Oldfields musikalische Vielfältigkeit, die von konzertanter Klassik über Rockmusik bis hin zu internationaler Folklore und Kinderliedern geht. 1976 veröffentlichte Mike Oldfield die Kassette *Boxed*, in der sich seine drei ersten LPs in neuer Abmischung und das Album *Collaborations* befanden. Dann zog sich Oldfield für zwei Jahre in die Einsamkeit seines eigenen Studios zurück und bastelte an dem Doppel-Album *Incantations*. Was sich dann 1978 in der Öffentlichkeit präsentierte, war ein »neuer« Oldfield, sowohl musikalisch als auch vom Aussehen her. Hatte er sich bislang als scheuer, bärtiger Hippie-Jüngling gezeigt, so erschien nun ein glattrasierter, gutaussehender junger Mann. Und auch seine Musik hatte den Jünglingsbart verloren: Sie war freier, offener, erwachsener geworden. 1979 wagte sich Mike Oldfield auch zum ersten Mal live vor sein Publikum. Die Tournee mit 46 Musikern war künstlerisch ein allseits bejubelter Erfolg, aber kommerziell ein Desaster. Trotz stets ausverkaufter Hallen wurde es ein Zuschußgeschäft. Die Tournee wurde mitgeschnitten und erschien 1979 als Live-Doppelalbum namens *Exposed*. Ende 1979 erschien das neue Album *Platinium*, das wieder einen gelösten, geradezu »swingenden« Oldfield zeigte. Diesmal spielte er nicht mehr alle Instrumente selbst, sondern hatte sich exzellente Musiker und die Sängerin WENDY ROBERTS ins Studio geholt. Mit dieser LP

begann Oldfield auch die Praxis, auf seinen Alben einen überlangen Titel auf der A-Seite zu bringen, und die B-Seite mit eher poppigen, zum Tanzen geeigneten Titeln zu füllen. So auch bei der 80er LP *QE 2*. Auf diesem Album ist auch erstmals die Sängerin MAGGIE REILLY zu hören. Mit der Adaption des Hits *Arrival* von → ABBA bescherte ihm das Album auch einen Single-Hit. Auch 1980 und 1981 ging Mike Oldfield wieder auf Tournee, diesmal allerdings mit weniger Musikern. 1980 waren es elf und 1981 nur noch fünf. *Five miles out* hieß dann das 82er Album, der Titelsong mit Maggie Reilly, der Sängerin mit der hellen, sanften Stimme, wurde wieder ein Single-Hit. Inzwischen hatte Mike Oldfield schon des öfteren bewiesen, daß er durchaus auch zu den harten Rockern gezählt werden konnte. Den schlagenden Beweis dafür lieferte er auf dem 83er Album *Crisis*. Mit *Shadow on the wall*, gesungen von der Rock-Röhre → ROGER CHAPMAN, hatte er ein vorzügliches Stück Hard-Rock komponiert. Gleichzeitig war auf diesem Top-Album auch ein hinreißender und weltweit erfolgreicher Pop-Song zu finden, das Lied *Moonlight shadow*, mit Maggie Reilly als Sängerin. Besonders erwähnenswert an diesem Album ist auch der Titel *In high places*, den Oldfield mit dem Sänger JON ANDERSON von → YES aufgenommen hatte. 1984 erschien dann das Album *Discovery*, das mit dem Pop-Song *To France* in der Interpretation von Maggie Reilly wieder einen Chartbuster enthielt. Als Sänger hatte sich Oldfield für diese LP BARRY PALMER geholt, der in *Discovery* sehr rockig und im Duett mit Maggie Reilly bei *Trick of the light* sehr einfühlsam klang. Auch 1985 war Barry Palmer bei einer Oldfield-Komposition zu hören, auf der Single *Pictures in the dark*. Allerdings hatte sich Oldfield dazu eine neue Sängerin geholt, die hübsche blonde ANITA HEGERLAND. Die Sängerin ist keine Unbekannte, denn als Kinderstar hatte sie 1971 mit ROY BLACK das Lied *Schön ist es auf der Welt zu sein* aufgenommen und war damit in der deutschen Hitparade bis auf Platz 2 gekommen. Außerdem gab's 1985 das Doppel-Album *The complete Mike Oldfield*, eine musikalische Biographie des vielseitigen Künstlers. 1987 brachte Oldfield dann das nächste Album heraus: *Islands*. Auch diesmal war er seinem Konzept treu geblieben: Die A-Seite bietet das instrumentale Monsterwerk *The wind chimes Part 1 und 2*, die B-Seite zeigt den »poppigen« Oldfield. Diesmal hatte er sich gleich vier verschiedene Interpreten geholt: die renommierte → BONNIE TYLER mit ihrer rauhen Stimme, die bereits bekannte Anita Hegerland, MAX BACON, den Sänger von Bands wie → GTR und → PHENOMENA II, und den unbekannten schottischen Sänger JIM PRICE. Die Single *Islands* (mit Bonnie Tyler) wurde ein Hit. 1989 erschien das Oldfield-Album *Earth Moving,* das bereits nach kurzer Zeit vergoldet wurde. Der Single-Hit daraus war das melodiös-liebenswürdige *Innocent,* das an frühere Erfolge wie *Moonlight shadow* erinnerte. Gesungen wurde es von Anita Hegerland, die inzwischen Oldfields Ehefrau ist. Im April 1988 bereits war die gemeinsame Tochter Greta auf die Welt gekommen. Auch bei *Earth moving* beteiligte Oldfield Gast-Stars wie den ehemaligen KING CRIMSON-Gitarristen ADRIAN BELEW, der den Titel *One glance is holy* sang. 1990 veröffentlichte Oldfield die LP *Amarok*. Bei diesem Konzept-Album kehrte Oldfield wieder

zur Suiten-Form der frühen Jahre zurück: 60 Minuten lang stellt der Meister seinen Ruf als weltbester Multi-Instrumentalist unter Beweis. Dazu gehören neben konventionellen Klängen von Gitarren oder Klavier auch das Klappern von Gabeln, Kinderspielzeug (!) und das Geräusch eines Glas Wassers. Menschliche Töne kommen von einem 60-köpfigen Zulu-Chor und den Sängerinnen CLODAGH SIMMONS, BRIDGET ST. JOHN und JANET BROWN.

Alexander O'Neal

geb. 15. 11. 1953 in Natchez/Mississippi, USA: VOC

Der farbige Soul-Sänger stürmte erstmals 1986 die internationalen Charts. Doch mit Musik hatte Alexander O'Neal von Kindesbeinen an zu tun. Mit neun Jahren bekam er die ersten Gesangsstunden. Nach dem Highschool-Abschluß und einem Umzug nach Minneapolis im Jahr 1975 schloß er sich seiner ersten Band an, den MYSTICS. Zwei Jahre später zog es ihn nach New Orleans und dort kam er zu der Gruppe WYND CHYMES, mit der er längere Zeit durch den Süden der USA tingelte. Dann folgte ein kurzes Gastspiel bei der Formation ENTERPRISE, bis O'Neal schließlich bei FLYTE TYME landete. Aus dieser Gruppe wurde später, unter der Regie von → PRINCE, die Band TIME, die durch den Prince-Film *Purple rain* und Titel wie *Jungle walk* berühmt wurde. Dann gründete der fleißige Mr. O'Neal seine erste eigene Band, die Rock 'n' Roll-Kapelle ALEXANDER, die in erster

Alexander O'Neal
Foto: CBS

Linie → Stones- und → Def Leppard-Titel nachspielte. 1983 hatte O'Neal die Gelegenheit, bei einem Indie-Label seine Debüt-Single *Playroom* zu veröffentlichen. Die Maxi-Single wurde zwar kein Hit, wurde aber von der Fachpresse sehr wohlwollend aufgenommen, und 1984 bekam O'Neal einen richtigen Plattenvertrag. Er holte sich Jimmy Jam und Terry Lewis, die beide mit ihm bei Time gespielt hatten und sich inzwischen einen Namen als Produzenten und Songwriter von Top-Acts wie S.o.s. Band, → Human League, → Herb Alpert und → Janet Jackson gemacht hatten. Zusammen machten sie das Debüt-Album, das einfach nur *Alexander O'Neal* hieß, eine LP mit in erster Linie

ruhigen, gefühlvollen Songs. Den ersten großen Hit hatte Alexander O'Neal, der Sänger mit der rauchig-samtenen Stimme, 1986 mit dem Titel *Saturday love*, ein Lied, das er mit der Sängerin Cherrelle aufgenommen hatte. Der Song konnte sich hoch in den UK-Charts plazieren, und aus England gab es auch das erste Gold für sein Debüt-Album. Außerdem wurde Mr. O'Neal von den englischen Discjockeys zum »Besten Sänger des Jahres 1986« gewählt. 1987 veröffentlichte Alexander O'Neal das zweite Album namens *Hearsay*, eine LP, die nicht nur Schmusiges, sondern auch härteren Funk und Soul enthielt. Die Single *Fake* konnte sich sowohl in USA als auch in England und Deutschland in den Charts plazieren, ebenso wie die Single *Never knew love like this before*, die wiederum ein Duett mit Cherrelle war. Natürlich hielt auch das Album Einzug in die internationalen Charts. 1988 erschien die LP *Hearsay – all mixed up,* auf die O'Neal neu gemischte ›Extended Versions‹ seiner bislang bekannten Hits bot. Das Album konnte sich sowohl in den US- als auch in den UK-Charts plazieren. Ende 1988 überraschte O'Neal seine Fans dann mit der LP *My gift to you,* auf der er gekonnt alte Weihnachtslieder wie *Winter wonderland* oder *The Christmas song,* aber auch neue Weihnachtssongs wie *Our first Christmas* interpretierte. In den USA wurde das Album ein Hit.

Opus

Herwig Rüdisser, geb. 8. 11. 1956 in Kärnten/Österreich: voc; Ewald Pfle-

Opus Foto: DGG/Michael Pöh

GER, geb. 6. 5. 1955 in Österreich: g; Niki Gruber, geb. 24. 3. 1956 in Graz/ Österreich: b; Kurt Plisnier, geb. 7. 2. 1957 in Österreich: keyb; Günter Grasmuck, geb. 21. 7. 1957 in Fürstenfeld/Österreich: dr

Seit 1974 gibt es die österreichische Band Opus, aber erst 1985 hatte die Gruppe den internationalen Durchbruch mit dem Lied *Live is life*. Der Song war ein Live-Mitschnitt von einem Open-Air-Konzert in dem kleinen Ort Oberwart. Er wurde ohne nachträgliche Korrekturen als Single veröffentlicht und entwickelte sich im Sommer 1985 zu einem Super-Hit, der sich über 3 Millionen Mal verkaufte. Auch das dazugehörige Live-Album verkaufte sich über 100 000mal. In Österreich gehörte die

Band allerdings schon längere Zeit zu den Top-Stars und hatte mit Liedern wie z. B. dem engagierten Politsong *The opposition* schon etliche Hits gehabt. Dienstältestes Mitglied ist »Kusche« Plisnier. Er studierte vier Jahre Klassik und ein Jahr Jazz. »Mucki« Grasmuck stammt aus Fürstenfeld, dem Ort, der durch den gleichnamigen STS-Song zur Berühmtheit gelangte. Herwig Rüssiger kam 1979 durch ein Inserat zu Opus, nachdem er sich vorher in der österreichischen Musikszene einen Namen gemacht hatte. Musikalisch vorbelastet war auch Ewald Pfleger. Mit 13 hatte er bereits für seine Gruppe Smiling die ersten Lieder geschrieben, 1978 hatte er das erste Austria-Rock-Festival organisiert. Sein Geschichts- und Geographiestudium gab er der Musik wegen auf.

Von der Klassik her kommt Niki Gruber. Er spielte bis 1980 beim Grazer Symphonie Orchester, ehe er zu Opus ging. 1985 veröffentlichte die Gruppe erfolgreich das Album *Solo*, ein gut gemachtes Rock-Album, aus dem die Single *Rock on the rocks* ausgekoppelt wurde. Die nächste Opus-LP gab's dann wieder 1987. Das Album hieß wie die Gruppe *Opus* und bot wieder Abwechslungsreiches, wie die Hymne *Whiteland*, den Rock-Song *Gimme a break* oder den Love-Song *Given a gift*, den Sänger Herwig mit JUDY CHEEKS im Duett sang. Auch international war der Power-Rock der Österreicher gefragt: So belegten sie in Kanada den 1. Platz der Charts, bekamen auch den kanadischen Grammy, den Juno-Award, gingen mit → STEVIE NICKS in Amerika auf Tournee, konnten sich selbst in Ländern wie Frankreich, Australien, Brasilien, Uruguay und Schweden hervorragend in den Hitparaden plazieren und hatten bis 1987 insgesamt über 5 Millionen Singles und fast zwei Millionen Alben verkauft. Dann ließen sich die Österreicher für die nächste Platte fast drei Jahre Zeit. Im Juni 1990 erschien *Magical touch,* das zwar nichts Magisches bot, dafür aber eine ganze Reihe solider und gut gemachter Rock-Songs internationaler Qualität.

Roy Orbison

geb. 23. 4. 1936 in Vernon/Texas/USA: voc, g, gest. 6. 12. 1988 in Madison/Tennessee/USA

Roy Orbison, der Mann mit der faszinierend klaren und hellen Bariton-Stimme war eigentlich ein Anti-Star. Eher unscheinbar aussehend, mit einem recht unbeweglichen Gesicht, die Augen hinter einer undurchsichtig schwarzen Brille verborgen, ohne großes Brimborium auf der Bühne – und trotzdem hatte er das gewisse Etwas. Begonnen hatte Roy als Country-Sänger, dann schickte er auf Anraten seiner Freunde PAT BOONE und JOHNNY CASH Demos an die berühmten Sun-Studios und hatte prompt 1956 mit *Oooby dooby* einen ersten kleinen Erfolg. Richtig los ging es für Orbison allerdings erst 1960, als er die Plattenfirma wechselte und die erste einer ganzen Reihe von bombastischen Pop-Balladen herausbrachte. *Only the lonely* war sein erster Nr.-1-Hit, dem noch etliche folgten wie die Millionenseller *Running scared* (1961), *Crying* (1961), *Dream baby* (1962), *In dreams* (1963), *It's over* (1964), *Pretty woman* (1964). 1965 verwandelte sich Orbisons Glückssträhne in eine Unglückssträhne. Zuerst wechselte er die Plattenfirma, und die Hits blieben aus. Dann verunglückte am 7. Juni 1966 seine geliebte Frau CLAUDETTE bei einem Motorradunfall tödlich. Kaum hatte Orbison sich einigermaßen davon erholt, ging im Herbst 1968 sein Haus in der Nähe von Nashville in Flammen auf. Zwei seiner drei Söhne starben bei diesem Brand. Erst 1970 ging Orbison wieder ins Studio, und dann dauerte es noch zehn Jahre, bis der Interpret und Songschreiber wieder in die Charts zurückkam. 1980 sang er mit EMMYLOU HARRIS im Duett den Song *That lovin' you feelin' again*. Das Stück stammt aus dem Film *Roadie* und kam in den Country-Charts bis Rang 6. 1987 war Roy Orbison dann wieder mit einem Duett in den Charts zu finden. Mit K. D. LANG, dem weiblichen Country-Star der neuen Generation, nahm er für den Film *Hiding out* eine neue Version seines 61er-Hits *Crying* auf. Ebenfalls erfolgreich war 1987 eine neue Version seines 63er-Erfolgs *In dreams*. Doch erst 1988 wurde Roy Orbison erneut zum internationalen Superstar. Er wurde neben dem Ex-Beatle → George Harrison, Jeff Lynn vom → Electric Light Orchestra, → Tom Petty und → Bob Dylan Teil der → Traveling Wilburys. *Traveling Wilburys Vol. I* hieß das Debüt-Album der Formation, das genauso wie die Single *Handle with care* ein internationaler Hit und Millionenerfolg wurde. Daraufhin ging Roy Orbison noch einmal ins Studio und nahm die Solo-LP *Mystery girl* auf, die sich 1989 auf Anhieb in den internationalen Charts plazieren konnte. Singles wie *You got it* oder *California blue* konnten sich nicht nur in Deutschland wochenlang in den Charts halten. Doch Orbison konnte dieses glanzvolle Comeback nicht mehr miterleben. Kurz nach der Fertigstellung der LP starb er im Alter von nur 52 Jahren an einem Herzanfall. Ebenfalls ein überwältigender Erfolg wurde das letzte Bild-Dokument von Roy Orbison. Am 30. September 1987 hatte der Interpret in den Coconut Groove Ballroom in Los Angeles zu einem Konzert eingeladen. Mit ihm auf der Bühne standen Musiker-Kollegen, die ihn schon immer bewundert hatten und die selbst zur Crème de la Crème zählen: → Jackson Browne, T-Bone Burnett, Tom Waits, → Bruce Springsteen, Elvis Costello (der für das *Mystery-girl*-Album den Song *The comedians* schrieb), Jennifer Warnes u. a. Sie alle spielten und sangen mit »The Big O«, wie Orbison von seinen Fans liebevoll genannt wurde. Das Konzert wurde auf Video aufgezeichnet und erschien

Ende 1989 unter dem Titel *A black and white night*. Kurz danach wurde unter diesem Titel auch ein Album mit den Live-Songs veröffentlicht.

Orchestral Manoeuvres In The Dark

Andy McCluskey, geb. 24. 6. 1959 in Liverpool/England: voc; Paul Humphreys, geb. 27. 2. 1960 in Liverpool/England: synth; Malcolm Holmes: perc; Martin Cooper, geb. 1. 10. 1958 in England: sax

OMD, wie die Gruppe der Einfachheit halber genannt wird, ist eine der interessantesten und kreativsten Synthi-Rock-Pop-Gruppen der 80er Jahre. Andy McCluskey und Paul Humphreys sind die Gründer der Formation. Sie spielten Mitte der 70er Jahre in diversen Gruppen wie z. B. 1977 in der Band Hitlerz Underpantz und 1978 in der Rock-Gruppe The JD, irgendwann nannten sie sich auch einmal Vcl XI. 1978 jedoch gründeten die beiden die Band Orchestral Manoeuvres In The Dark und traten am 12. Oktober 1978 zusammen mit der Bandmaschine »Winston« zum erstenmal live auf. Ihre elektronische Musik fand einen Mäzen, der OMD 1979 die Aufnahme der ersten Single *Electricity* ermöglichte. Der Song wurde in den Indie-Charts ein Erfolg und brachte dem Duo einen Plattenvertrag ein. Im Juni 1980 erschien die erste reguläre Single, *Messages*, die in den UK-Charts bis auf Platz 14 kam. Es folgte die LP *Orche-*

O.M.D. Foto: Virgin

stral manoeuvres in the dark, die eine bunte Mischung aus allem, was OMD in den Jahren vorher an elektronischen Spielereien und Stilrichtungen gemacht hatte, dem erstaunten Publikum präsentierte. Doch die ungewöhnlichen Klangmuster und Instrumentierungen fanden beim Publikum Anklang, und die nächste Single *Enola Gay* konnte sich in den UK-Charts bis auf Platz 4 vorschieben und wurde außerdem in Deutschland und Italien ein Hit. Dieser Song brachte auch dem zweiten Album, *Organisation* (1980), wohlwollende Aufnahme. Den Durchbruch brachte dann 1981 die dritte LP, *Architecture and morality*, mit den Singles *Souvenir* und vor allen Dingen *Joan of Arc* (*Maid of Orleans*). Diese ohrwurmartige, elektronische Walzernummer machte OMD zu Stars. Ab dem

dritten Album gehörten Holmes, Cooper und MICHAEL DOUGLAS (keyb) fest zu OMD. Die Songs von OMD waren eingängiger geworden, zwar immer noch elektronisch betont, aber liebenswürdiger. Die Deutschland-Tournee 1982 wurde ein entsprechend großer Erfolg. Mit dem Album *Dazzle ships* (1983) zeigte sich die Gruppe von einer ganz anderen Seite. Diese LP bot experimentelle Spielereien bester Qualität mit computerprogrammierten Signalen, Kurzwellengezische, Maschinengeräuschen und Stimmengewirr, gleichzeitig aber auch einige wohlklingende Pop-Songs, wie z. B. *Genetic engineering*, das als Single ein Hit wurde. 1984 veröffentlichte OMD die nächste LP namens *Junk culture* und bot wiederum völlig Neues: schlagerhafte, rhythmische

Tanznummern, handfesten Punk, Latino-Anklänge und filigrane Melodiengespinste. Dies alles wurde zusammengehalten durch Andy McCluskeys sanfte, harmonische und klare Stimme. Mit *Locomotion*, *Tesla girls* und *Talking loud and clear* gab's daraus drei Single-Hits. Ende 1985 kam dann die Single *La femme accident* heraus, eine wunderschöne, sanfte Pop-Nummer. Mehr in dieser Art war auf dem 85er Album *Crush* zu hören. Dann gingen OMD, ohne Michael Douglas, aber auf Sextett-Stärke vergrößert durch die Brüder NEIL und GRAHAM WEIR, fast ein Jahr lang auf große Tournee. Das hinderte die Formation allerdings nicht daran, im Frühjahr 1986 mit dem Song *If you leave*, einem Lied aus dem Film *Pretty in pink*, den ersten Top-5-Hit in Amerika zu landen. Ende 1986 erschien dann das siebte OMD-Album, *The pacific age*, eine LP, die in erster Linie durch rockig-poppige Tanznummern glänzte. Mit den Songs (*Forever*) *live and die* und *We love you* enthielt die LP wieder zwei erfolgreiche Single-Hits. 1988 zogen OMD, inzwischen wieder in Quartett-Stärke ohne die Gebrüder Weir, Bilanz aus den ersten 10 Jahren ihres Bestehens und veröffentlichten die LP *The best of OMD*. Die LP enthielt praktisch alle Single-Hits der Formation, angefangen von *Electricity* bis hin zu (*Forever*) *live and die*. Zusätzlich waren auf dem Album noch der neue Titel *Dreaming*, eine flotte Up-Tempo-Pop-Nummer im bewährten OMD-Kuschel-Sound. Anfang 1988 als Single ausgekoppelt, wurde der Song wieder ein Bestseller.

Robert Palmer

geb. 19. 1. 1949 in Batley/Yorkshire, England: voc

Geboren in England, verbrachte der gutaussehende, blonde Musiker die ersten neun Jahre seines Lebens in Malta, dann kehrte seine Familie wieder nach England zurück. Der musikbegeisterte junge Mann mit seiner Vorliebe für »schwarzen« Sound studierte an der Kunstakademie und arbeitete als Grafiker, gleichzeitig spielte er abends bereits fleißig in diversen Bands. Im Alter von 19 Jahren bekam er dann sein erstes festes Musiker-Engagement: Er wurde Leadsänger der ALAN BOWN SET. Dort traf er den Gitarristen und Produzenten PETER GAGE und vor allen Dingen dessen Ehefrau ELKIE BROOKS. Robert und Elkie harmonierten hervorragend als R & B-Duo, und so schufen Robert und Peter gleich noch eine neue Formation darum herum, die sie DADA nannten, die allerdings kommerziell nicht sehr erfolgreich war. Den nächsten Schritt machte Robert Palmer mit VINEGAR JOE, einer der erfolgversprechendsten neuen Bands am Anfang der 70er Jahre. Doch Ende 1973 löste sich auch diese Formation auf, und Robert Palmer beschritt Solopfade. Bereits das erste Album entstand 1974 unter der Mitwirkung von hochkarätigen Session-Musikern wie z. B. LOWELL GEORGE von LITTLE FEAT. Doch die LP *Sneakin' Sally through the alley* wurde kein großer Publikumserfolg. Auch die nächste LP, *Pressure drop* (1975), bei der die fast die gesamte Little-Feat-Mannschaft mitspielte, wurde kein Erfolg, obwohl es eine höchst unterhaltsame Mischung aus »weißem Soul« und R & B bot. Erst Album Nr. 3, *Some people can do what they like* (1976), brachte dann den Durchbruch. Inzwischen hatte Robert Palmer seine Begeisterung für Reggae-Töne entdeckt und brachte sie in seiner ungekünstelten

Robert Palmer
Foto: E. J. Camp/EMI

Art mit dem Album *Double fun* und dem Single-Hit *Best of both worlds* erfolgreich unter die Leute. Der von seinen — hauptsächlich weiblichen — Fans angehimmelte Sänger und Komponist mit der erotisch unterkühlten Stimme wechselte von Platte zu Platte die Stilrichtung. Auf *Secrets* (1979) gab's Rock zu hören, auf *Clues* (1980) New-Wave-Anklänge. Aus diesen beiden LPs koppelte Palmer vier erfolgreiche Singles aus: *Bad case of loving you, What's it take, Looking for clues* und *Johnny and Mary*. Dann folgte die wohl etwas mit zu leichter Hand fabrizierte LP *Maybe it's live*, bei der eine Seite live und eine Seite im Studio aufgenommen worden war. Vielleicht hatte sich Robert Palmer ein bißchen zu sehr verzettelt, indem er während dieser Zeit auch noch für ziemlich viele Kollegen produzierte. 1983 jedenfalls entstand dann wieder ein gutes Album, die LP *Pride*, eine flotte Mischung aus allem, was nach Rhythmus und Seele klingt: Rock, R & B, Soul, Juju und Pop. Nicht gerade mit Ruhm bekleckerte sich Robert Palmer 1985 mit seinem Album *Riptide*. Bis auf zwei langweilig sanfte Songs (*Riptide* und *Get it through your heart*) klang jedes Lied gleich: monoton-schlagzeugbetonter Rhythmus, unterlegt mit nicht sonderlich einfallsreichen Gitarrenriffs, dominierte. Die Single *Discipline of love* konnte sich nicht durchsetzen. Dafür wurde 1986 die Single *Addicted to love* ein Nr.-1-Hit in USA, der Ende 1986 erschienene Song *I did'nt mean to turn you on* ein Nr.-2-Erfolg in den Hot 100. Dann ließ Robert Palmer bis Anfang 1988 nichts von sich hören. Im April 88 veröffentlichte er die Single *Sweet lies*, die er speziell für den gleichnamigen Film aufgenommen hatte und das hörenswerte Album *Heavy nova*. 1989 war der stets modisch gestylte Strahlemann mit der kühlen Note mit einem Compilations-Album in den Charts zu finden. *Addictions Volume I* wurde diesseits und jenseits des Ozeans ein Erfolg: angefangen von *Bad case of loving you* bis *Simply irresistible* waren alle seine Hits drauf.

1990 meldete sich Robert Palmer mit dem Album *Don't explain* zurück. Ausgekoppelt wurde daraus der eingängige DYLAN-Song *I'll be your baby tonight,* den Palmer mit UB 40 aufgenommen hatte.

Alan Parsons Project

ALAN PARSONS: synth; ERIC WOOLFSON: voc/p

Alan Parsons Project besteht im Grunde genommen nur aus zwei Personen, aus Alan Parsons, dem genialen Meister am Mischpult und Computer, und aus Eric Woolfson, der zusammen mit Alan Parsons die Songs schreibt, textet und inzwischen des öfteren auch singt und Piano spielt. Ansonsten holen sich die beiden jeweils die Musiker und Sänger, die sie brauchen, ins Studio. Gegründet wurde Alan Parsons Project 1976, aber die Geschichte begann schon viel früher. 1967 nämlich durfte der gebürtige Engländer Alan Parsons in den berühmten Abbey Road Studios als »Lehrling« anfangen. Aufgrund seiner Begabung und seines Fleißes arbeitete er sich schnell empor zum gefragten Tontechniker. Und bereits 1969 durfte er bei der Mischung des → BEATLES-Albums *Abbey*

Road am Mischpult sitzen. Als sich die Beatles 1970 trennten, blieb Parsons bei → PAUL McCARTNEY. Er produzierte dessen Alben *McCartney*, *Wild life* und *Red roses speedway*. Sein internationaler Durchbruch kam 1973, als er das → PINK-FLOYD-Album *Dark side of the moon* abmischte, eine hervorragende Leistung, für die er 1973 für den Grammy nominiert wurde. Das Album gehört immerhin zu den meistverkauften LPs der ganzen Musikgeschichte. In den US-LP-Charts vom 16. April 1988 wurde die LP bereits die 724. Woche notiert, das sind fast 14 Jahre!! 1974 entdeckte Alan Parsons die Gruppe PILOT, die mit den von Parsons produzierten Songs *January* und *Magic* Super-Hits hatten. Der damalige Sänger und Bassist der Formation, DAVID PATON, ist auch heute noch häufiger Gast bei Aufnahmen von Alan Parsons Project. Parsons zweiter Streich 1974 war die Produktion des JOHN-MILES-Albums *Rebel*. Der Song *Music* daraus wurde ein Millionenseller. 1975 stellte Alan Parsons dann seine Fähigkeiten als genialer Produzent noch ein weiteres Mal unter Beweis, und zwar mit dem AL-STEWART-Album *Year of the cat*. Doch dann wollte Alan Parsons selbst Musik machen; er suchte nach einem geeigneten Partner, der sich auch um das Management und die Finanzen kümmern sollte, und fand ihn in Eric Woolfson. Woolfson war es auch, der Alan Parsons für das erste gemeinsame Projekt, die Vertonung von EDGAR ALLAN POES Gruselgeschichten, vorschlug. Das Ergebnis ist heute bereits Musikgeschichte: *Tales of mystery and imagination*, mit für damalige Hörgewohnheiten eigentümlich schwebenden Melodien, wurde ein durchschlagender Erfolg. Allein in Deutschland gab's dafür Gold

Alan Parsons und Eric Woolfson Foto: phonogram

und Platin. Diese Konzeptlinie behielten Parsons und Woolfson bei. *I robot* (1977), die zweite LP, in Deutschland wiederum mit Gold und Platin ausgezeichnet, behandelte die zunehmende Technisierung der Umwelt; *Pyramid* (1978) beschäftigte sich mit den frühen Hochkulturen der Menschheit; *Eve* (1979) war, wie der Name schon sagt, eine Auseinandersetzung mit dem weiblichen Geschlecht; *Turn of a friendly card* (1980) hatte die Mystifikation der Welt zum Thema; *Eye in the sky* (1982), das erste Album, das Alan Parsons mit einem digitalen Musikcomputer produzierte, setzt sich mit den erstarkenden Sekten und Göttern auseinander; *Ammonia avenue* (1984) hatte die Industrie-gesellschaft zum Thema; und *Vulture culture* (1985) war voll mit Liedern über den Niedergang der Menschheit und der menschlichen Werte. Auf jedem dieser Alben, die alle mit Gold und Platin ausgezeichnet worden sind, verfeinerte Alan Parsons den sofort erkennbaren Sound seiner Lieder. Es sind Pop-Rock-Songs, perfekt produziert, mit Arrangements, die bis ins kleinste Detail hervorragend ausgefeilt sind, Melodien, die alle Ohrwurmcharakter haben, Songs mit hinreißenden Vokal-Partien, einmal rockig, einmal eher balladenhaft soft. Es sind alles kleine Meisterwerke der Pop-Musik. Davon abgesehen beherrscht es Alan Parsons mit seinen Musikern ebenso meisterlich, reine Instrumentals zu machen, die von Radiostationen und Fernsehsendern immer gerne als Erkennungsmelodien eingesetzt werden. Ende 1985 veröffentlichte Alan Parsons Project das Album *Stereotomy*, das den Sinn und Gehalt moderner Musik zum Thema hatte. Für diese ziemlich rockige LP holten sich Alan Parsons und Eric Woolfson wieder einige bekannte Sänger, wie z. B. John Miles und Gary Brooker ins Studio. Das Thema der 87er LP *Gaudi* war der katalanische Architekt und Baumeister Antonio Gaudi (1852–1926), der zu den Wegbereitern des Jugendstil gezählt wird. Bis 1988 hatte Alan Parsons Project von diesen 10 Alben weltweit über 25 Millionen Exemplare verkauft. 1987 nahm sich der Meister Parsons nochmal sein erstes Album *Tales of mystery and imagination* vor, überarbeitete es vollständig, so wurden z. B. sämtliche Gitarrentracks neu eingespielt und der inzwischen verstorbene amerikanische Schauspieler und Regisseur Orson Welles sprach die einleitenden Worte auf der A- und B-Seite, und mischte es digital neu ab: Für Fans ein völlig neues Hör-Erlebnis des alten Meisterwerks. 1988 erfreute der Sound-Hexer seine Fans dann mit reiner Instrumental-Musik auf der LP *Instrumental voyages*. 1990 trat zur Abwechslung einmal Eric Woolfson ins Scheinwerferlicht. Er komponierte und textete das Musical *Freudiana,* das, wie der Name schon sagt, sich mit dem Lebenswerk des Wiener Psychoanalytikers Sigmund Freud beschäftigt. Bei der Aufnahme des Doppelalbums, das im Oktober 1990 auf den Markt kam, fungierte allerdings Alan Parsons als Produzent und Toningenieur. So ist es kein Wunder, daß die Songs, bei denen Eric Woolfson teilweise als Leadsänger auftritt, ganz nach

dem Sound von Alan Parsons Project klingen. Das Musical selbst hatte am 20. Dezember 1990 in Wien Premiere. Inszeniert wurde es von zwei Vollprofis dieses Genres, von Peter Weck und Brian Brolly. Die Interpreten der Plattenaufnahme waren unter anderen Stars wie Leo Sayer, John Miles, Kiki Dee und die Flying Pickets.

Pet Shop Boys

Chris Lowe, geb. 4. 10. 1959 in England: synth; Neil Tennant, geb. 10. 7. 1954 in England: voc

Die »Knaben aus dem Kuscheltier-Laden« sind das erfolgreichste englische Duo der 80er Jahre. Seit 1984 schreiben die beiden zusammen, seit 1985 sind sie internationale Stars. Die Arbeit wird redlich geteilt: Lowe ist für die Melodien und die Instrumentierung verantwortlich (Pet Shop Noise), Tennant läßt sich die Texte einfallen und singt (Pet Shop Voice). Neil Tennant war Herausgeber des Teenager-Blattes »Smash Hits«, und Chris Lowe studierte Architektur, als sich die beiden 1984 beim gemeinsamen Stöbern in einem Londoner Plattenladen trafen. Sie stellten ihre gemeinsame Vorliebe für italienischen Disco-Sound fest und beschlossen, zusammen selbst Musik zu machen. An einem Wochenende schrieben sie das Lied von den *West end girls*, bei einem Aufenthalt in New York lernten sie den US-Disco-Produzenten Bobby Orlando kennen, und gemeinsam mit ihm gingen sie ins Studio, um ihre Vorstellung von einem europäischen Disco-Hit zu verwirklichen. Die

Anfang 1985 veröffentlichte Debüt-Single *West end girls* erfreute sich zwar großer Beliebtheit in den Clubs und Discos, aber in den Hitparaden tauchte der Song zunächst nicht auf. Erst als das Lied von STEPHEN HAGUE neu gemischt im Oktober 1985 noch einmal veröffentlicht wurde, eroberte der eigenwillige Song die internationalen Hitparaden: US 1, UK 1, BRD 2. Allein in England wurden 700 000 Singles verkauft, insgesamt wurde die Single in sieben Ländern Nr. 1 der Charts und kam in 13 Ländern unter die Top 5 der Hitparaden. Nicht ganz so erfolgreich war das Lied von den *Opportunities (Let's make lots of money)*. Der Song von den »Gelegenheiten, möglichst viel Geld zu verdienen«, brachte es in UK nur bis Platz 11, in USA bis Platz 10 und in Deutschland gar nur bis Platz 25. Im März 1986 wurde das Debüt-Album *Please* veröffentlicht, das bereits Ende des Jahres in England mit Platin ausgezeichnet wurde. *Please* enthielt auch die nächsten Hit-Singles *Love comes quickly* und *Suburbia*. *Suburbia*, das Lied von den Vororten, erreichte in Deutschland Platz 2 der Top 75. Ende 1986 gab's dann das nächste Pet-Shop-Boys-Album, die LP *Disco*, die eine Zusammenstellung von sechs neugemischten Pet Shop Boys Maxi-Singles war, und in England bereits nach 6 Wochen Gold einheimsen konnte. 1987 setzten die beiden Pet Shop Boys ihren internationalen Siegeszug durch die Hitparaden fort: die Single *It's a sin*, ein dramatischer Song über das schlechte Gewissen, zusätzlich aufpoliert durch ein äußerst sehenswertes Video im düsteren Stil des Films *Im Namen der Rose*, brachte ihnen zum ersten Mal in Deutschland den Platz 1, den sie sechs Wochen lang belegten. Auch in England

wurde das Lied Nr. 1. Den nächsten Knüller brachten die Pet Shop Boys dann mit der Single *What have I done to deserve this*, zu der sie niemand anderen als die berühmte Sängerin → DUSTY SPRINGFIELD ins Studio geholt hatten. Dusty hatte in den 60er Jahren mit Titeln wie *I only wanna be with you* (1964), *Whishin' and hopin'* (1964), *You don't have to say you love me* (1966), *All I see is you* (1966), *I close my eyes and count to ten* (1968), *Son-of-a-preacher man* (1968) etliche internationale Bestseller gehabt und ist eine der Lieblingsinterpretinnen der beiden Pet Shop Boys. Das Lied kam in Deutschland auf Platz 4. Damit hatten sich Chris Lowe und Neil Tennant nun endgültig als kongeniale Schreiber und Interpreten der Pop-Musik der 80er Jahre erwiesen. Den nächsten Bestseller hatten sie dann Ende 1987 mit dem Soft-Song *Rent*, in dem es um einen ausgehaltenen jungen Mann geht, und mit dem → ELVIS-Hit *Always on my mind*, der in UK und BRD wieder 1 wurde. Ende 1987 erschien auch die 3. Pet-Shop-Boys-LP, das Album *Actually*. Im Frühjahr 1988 wurde daraus der Song *Heart* ausgekoppelt, der in England und Deutschland sofort auf Platz 1 schoß. 1988 waren die beiden Pet Shop Boys dann auch im Film zu bewundern: *It Couldn't happen here* hieß der surrealistische Ulk-Film, in dem natürlich auch alle Superhits des Duos zu hören sind. Das 88er-Album der Pet Shop Boys hieß *Introspective* und enthielt, außer *Always on my mind*, die Single-Hits *Left to my own devices* und *Domino dancing*. Ebenfalls enthalten war sozusagen das Original von *I'm not scared*, das die Pet Shop Boys für PATSY KENSIT geschrieben hatten und das für sie und ihre Gruppe EIGHTHS WONDER ein Hit gewesen war.

Dann widmeten sich die Boys mehr dem Songschreiben und Produzieren und verhalfen mit ihren Künsten → LIZA MINNELLI zu dem Hit-Album *Results*. Auch Dusty Springfield verdankte ihr glanzvolles Comeback den beiden Boys. Nachdem Neil Tennant und Chris Lowe sie bei dem Nr.-1-Hit *What have I done to deserve this* eingesetzt hatten, gingen sie mit Dusty anschließend ins Studio, um mit ihr den Titelsong des Filmes *Scandal* aufzunehmen. Der Film handelt von der Profumo-Affäre in Großbritannien in den 60er Jahren, bei der ein Minister über seine Beziehung zu dem Call-Girl Christine Keeler stolperte. Dusty sang sich mit *Nothing has been proved* in die europäischen Hitparaden. Ebenfalls ein Hit wurde das Ende 1989 erschienene Stück *In private,* das von den Pet Shop Boys geschrieben und produziert worden war. Im Oktober 1990 erschien das nächste Pet-Shop-Boys-Album *Behaviour;* es enthielt sanfte Melodien und Balladen des Duos. Die Single *So hard* wurde natürlich wieder ein Bestseller. Aufgenommen wurde das Album übrigens in München, als Co-Produzent fungierte niemand anders als → HAROLD FALTERMEYER.
Sh

Doro Pesch

→ WARLOCK

Tom Petty And The Heartbreakers

TOM PETTY, geb. 20. 10. 1952 in Gainsville/Florida, USA: voc/g; MIKE CAMPBELL: g; HOWIE EPSTEIN: b; BENMOT TENCH: keyb; STAN LYNCH: dr

Der kleine, schmächtige Musiker mit den feinen blonden Haaren sammelte seine ersten musikalischen Erfahrungen in diversen Schul-Bands wie EPICS oder MUDCRUTCH. Dabei lernte er Campbell und Tench kennen. 1975 beschlossen die drei, eine eigene Band zu gründen und holten sich LYNCH und den Bassisten RON BLAIR dazu, der später durch Howard Epstein ersetzt wurde. Sie bekamen einen Plattenvertrag, gingen nach Los Angeles und spielten 1977 das Album *Tom Petty And The Heartbreakers* ein, das ebensowenig ein Erfolg wurde wie die 78er-LP *Your're gonna get it.* Der Erfolg kam erst 1979 mit der LP *Damn the torpedos*, die 1984 mit Mehrfach-Platin ausgezeichnet wurde. Das Album bot den inzwischen typischen Petty-Stil: amerikanische Rock-Musik ohne viel Firlefanz, mit viel Gitarre und Rhythmus und einem Schuß Country-Feeling. Dazu Pettys Nuschel-Stimme, die aber immer die richtige Stimmung entfacht. *Hard promises* (1981) und *Long after dark* (1982) hießen die nächsten Alben, in denen sich Mr. Petty überhaupt nicht um irgendwelche Trends kümmerte und die teils jubelnd und teils verächtlich aufgenommen wurden. Dann war bis 1985 erst einmal Schluß. Danach feierte Petty mit der LP *Southern accents* ein gelungenes Comeback, und auch die folgenden Alben *Pack up the plantation* (1985), *Let me up, I've had enough* (1987) und *Songs from the garage* (1988) wurden Hits. Sie brachten Tom Petty und seinen Heartbreakers acht Gold- und Platin-Alben ein. Dann traf er 1988 an einer roten Ampel zufällig JEFF LYNNE vom → ELO. Dieser hatte gerade mit → GEORGE HARRISON dessen LP *Cloud nine* produziert und wollte mit George eine Platten-B-Seite aufnehmen. Lynne hatte bereits → ROY ORBISON gebeten, bei dieser Platte mitzumachen und fragte jetzt auch Tom Petty. Nachdem Petty eingewilligt hatte, fanden sie jedoch kein freies Studio für die Aufnahme und wandten sich an → BOB DYLAN. Der stellte ihnen seine Garage zur Verfügung, wollte auch mitmachen – und damit waren die → TRAVELING WILBURYS geboren. Nachdem deren Debüt-Album *Volume I* fertig war, kümmerte sich Tom Petty wieder um seine eigene LP. Die Hälfte der Heartbreakers war aber nicht greifbar, und so spielte er sein 89er-Album *Full moon fever* kurzerhand (fast) allein ein. Es wurde ein durchschlagender Erfolg, die LP konnte sich international in den Charts plazieren. In Amerika hatte sich das Album im Juni 1990 nach 58 Wochen in den Charts über drei Millionen Mal verkauft und lag immer noch auf Rang 79.

Phenomena

Phenomena ist keine feste Gruppe, sondern ein »audi-visuelles Projekt« des Produzenten und Songwriters TOM GALLEY aus Cannock in England. Musik und Filme waren und sind seine großen Hobbys, und so war er zunächst Produzent (z. B. für TRAPEZE, die Band seines jüngeren Bruders MEL GALLEY) und anschließend Besitzer eines Videoverleihs. Dabei kam ihm die Idee zu Phenomena: ein Konzept-Album mit durchgehender Geschichte, ähnlich der Rock-Oper *Tommy* von den → WHO, harter Rock der 80er Jahre, gespielt von einem Team von Könnern. 1985 war es soweit, das Konzept stand. Ein modernes Märchen sollte es werden, eine Science-fiction-Geschichte voller Spannung, Abenteuer und Action. TOM GALLEY holte Musiker-Stars wie GLEN HUGHES (Trapeze, → DEEP PURPLE), COZY POWELL (RAINBOW, → WHITESNAKE), NEIL MURRAY (→ WHITESNAKE, GARY MOORE) und TED MCKENNA (ALEX HARVEY) ins Studio, und nahm das Album *Phenomena I* auf. Es ist die Geschichte von Professor Limit und der kleinen Lucy, die mit Hilfe eines allgewaltigen Computers, telepathischen Energien und Intuition, untermalt von harten Rockklängen, gefährliche Situationen meistern. Das Album wurde ein Bestseller, manche Kritiker sprachen gar von »einem Meilenstein der Rockgeschichte«. Angespornt von diesem Erfolg ließ TOM GALLEY 1987 *Phenomena II* folgen. *Dream runner* nannte er diese zweite Folge, und diesmal ging's um eine

Science-fiction-Reise durch das Reich der Träume und Phantasie. Die Rocktöne waren diesmal weicher, melodiöser geworden. Als Interpreten standen bei *Phenomena II* u. a. im Studio: GLEN HUGHES, RAY GILLEN (BLACK SABBATH), JOHN WETTON (ASIA), MAX BACON (→ GTR), SCOTT GORHAM (THIN LIZZY), MICHEL STURGIS (→ A-HA). Auch diese LP wurde wieder ein internationaler Bestseller. In dieser Art war auch noch ein drittes Phenomena-Album geplant, das 1988/89 herauskommen sollte. Ergänzt werden die Alben, gemäß dem Multi-Media-Konzept, durch Video-Clips und Video-Filme.

Pink Floyd

DAVID GILMOUR, geb. 6. 3. 1944 in England: g/voc/keyb; NIC MASON, geb. 27. 1. 1945 in England: dr; RICHARD WRIGHT, geb. 28. 7. 1945 in Englad: p/voc/organ

Pink Floyd ist eine der wenigen Underground-Gruppen der 60er Jahre, die es geschafft haben, auch noch in den 80er Jahren interessant zu klingen. Gegründet wurde die Formation Mitte der 60er Jahre von den Architektur-Studenten ROGER WATERS (voc/b), Nick Mason und Richard Wright und dem Kunststudenten SYD BARRETT. Alle vier hatten bereits Erfahrungen mit anderen, wenig erfolgreichen Bands gesammelt, als sie sich 1965 zu Pink Floyd zusammenfanden. Barrett war es, der den Sound bestimmte — weg vom konventionellen Rock 'n' Roll, hin zum elektronischen »Underground«-Sound. Und Barrett war es auch, der das von Andy Warhol kreierte

Prinzip der »Mixed Media« bei Pink Floyd einführte und die Gruppe künftig nur noch mit einer gewaltigen Lightshow auftreten ließ. Pink Floyd war damit die erste britische Band, die eine Lightshow in ihre Konzerte einbaute. Am 11. April 1967 erschien die erste Single, *Arnold Lane*, die von Radio London wegen des »anstößigen« Textes auf den Index gesetzt wurde. Die zweite Single, *See Emily play*, wurde ein Top-10-Hit, die Debüt-LP *The piper at the gates of dawn* wurde ein voller Erfolg. Die Mischung aus elektronischer Pop-Musik und geheimnisvollen Texten, die von Mythologie, Drogenerfahrungen und Science-fiction handelten, kam beim psychedelisch begeisterten Publikum Ende der 60er Jahre hervorragend an. Barrett war in erste Linie der Songwriter. Doch der begabte Musiker kam mit den Drogen nicht zurecht, seine Abhängigkeit wurde so groß, daß er schließlich 1968 die Band verlassen mußte. Für ihn kam David Gilmour, der früher schon mal mit Barrett als Folkmusic-Duo aufgetreten war. Fortan übernahm Roger Waters das Ruder bei Pink Floyd, deren Name sich übrigens aus den Vornamen zweier berühmter Bluessänger zusammensetzt: FLOYD COUNCIL und PINK ANDERSON. Mit Gilmour entstand das 2. Album *Saucerful of secrets* (1968), doch den großen Durchbruch brachte 1969 die Doppel-LP *Ummagumma*, ein Album voller Sound-Collagen und Klangexperimente, aber bereits hier machte sich der Einfluß von Roger Waters bemerkbar: die Musik von Pink Floyd war weniger bizarr als unter Barretts Regime, dafür ruhiger, abgeklärter, von geradezu ästhetischer Reinheit. 1970 steuerte Pink Floyd drei Songs für den Soundtrack zu ANTONIONIS Kultfilm *Zabriskie Point* bei, und veröffentlichte anschließend das 5. Album *Atom heart mother*. Wenig eindrucksvoll war dann das 71er Album *Meddle*, eine ziemlich blutarme Angelegenheit, die gar nicht nach Pink Floyd klang. Erst 1973 setzte die Gruppe den nächsten Meilenstein in der Geschichte der Rock-Musik: Pink Floyd veröffentlichte das Super-Album *Dark side of the moon*, eine richtungsweisende LP, die sich auch 1988, 15 Jahre nach Erscheinen, immer noch in den amerikanischen LP-Charts halten konnte. Kein Wunder, daß das 75er Album *Wish you were here* dagegen abfiel. 1976 hielten sich hartnäckig Gerüchte über die Auflösung der Band, denen Pink Floyd dann 1977 mit der Veröffentlichung des Albums *Animals* ein Ende machte. 1978 veröffentlichten David Gilmour und Rick Wright, wie schon Roger Waters 1970, Solo-Alben. Und 1979 kam dann wieder ein gigantischer Pink-Floyd-Knüller: das Doppelalbum *The wall*. Es war ein Konzept-Album, auf dem Kinderängste und -frustrationen mit alptraumhafter Symbolik dargestellt wurden: lieblose, alles verschlingende Monstermütter und -frauen, sadistische Lehrer, die ihre Aggressionen an den Schülern abreagieren. Das Album bescherte Pink Floyd auch einen Nr.-1-Single-Hit: die Schüler-Hymne *Another brick in the wall*, die prompt in einigen Ländern, wie z. B. Südafrika, auf den Index kam. Die Zeilen »Wir brauchen keine Erziehung, wir brauchen keine Gedankenkontrolle, Lehrer, laßt uns Schüler in Ruhe« wurden da wohl zu eng ausgelegt. Inzwischen waren die Show-Produktionen von Pink Floyd immer bombastischer und gigantischer geworden. Absoluter Höhepunkt war dann 1981 die Bühnenaufführung ihres Konzept-Albums *The wall*. Die Ausstattung war nicht mehr transportabel, sie mußte fest installiert werden. So wurde sie für acht Tage in Dortmund in der Westfalenhalle aufgebaut. Die Karten für dieses Rock-Ereignis, 88 000 an der Zahl, waren binnen kürzester Zeit ausverkauft. *The wall* war auch die bislang teuerste Pink-Floyd-Tournee gewesen: Produktionskosten von 2,2 Millionen DM; Wert des technischen Equipments und der Ausstattung: 7 Millionen DM. Von ALAN PARKER wurde *The wall* 1982 auch filmisch umgesetzt, ein gekonnter Streifen, der allerdings mit seiner geballten Anti-Frauen-Aussage den weiblichen Besuchern Alpdrücken bereitete. Die Hauptrolle im Film spielt übrigens → BOB GELDOF, der ehemalige Chef der BOOMTOWN RATS und Initiator von BAND AID. Bis 1985 erschienen von Pink Floyd noch die, eher mittelmäßigen Alben, *A collection of great dance songs* und *The final cut*, dann löste sich die Band ganz offiziell auf. Doch schon 1986 beschlossen Gilmour, Mason und Wright, Pink Floyd doch weiterleben zu lassen. Per richterlichem Beschluß besorgten sie sich die Erlaubnis, den zugkräftigen Namen weiterführen zu dürfen, und veröffentlichten am 7. September 1987 das 14. Pink-Floyd-Album namens *A momentary lapse of reason*. Die drei Original-Pink-Floyd-Mannen spielten die 10 Songs der LP mit der Crème de la Crème der internationalen Rock-Musiker ein, darunter waren Top-Stars wie JIM KELTNER (dr), CARMINE APPICE (d), STEVE FORMAN (perc), TOM SCOTT (sax), PAT LEONARD (synth). David Gilmour, der neue »Macher« von Pink Floyd, hält nichts von musikalischer »Abkapselung« wie vor ihm ROGER WATERS. *A momentary lapse of reason* zählt zu den schönsten Pink-Floyd-LPs:

gekonnte Sound-Collagen, vielschichtige Arrangements, hervorragende Soli, hinreißende Songs von sanft-rhythmischen Balladen bis hin zu harten Rock-Titeln. Allein in USA hatte die LP bis April 1988 über 2 Millionen Exemplare verkauft. Im Sommer 1988 ging Pink Floyd auf große Tournee. Die Shows waren in jeder Stadt *das* Konzert-Ereignis. Millionen von Menschen in ganz Europa und in Nordamerika erlebten, wie Scheinwerfer-UFOs auf höchst dramatische Weise ihr Licht versprühten, farbige Klangwolken aus überdimensionalen Boxen hervorschossen und das legendäre ›Animals‹-Schwein über ihren Köpfen schwebte. Natürlich wurde das Ereignis mitgeschnitten, und im November 1988 unter dem Titel *Delicate sound of thunder* als Live-Doppel-Album veröffentlicht. 1989 setzte Pink Floyd den Triumph-Zug fort. In der Moskauer Olympiahalle jubelten ihnen 30 000 Russen zu. In Venedig, das Pink Floyd mit den gigantischen Schallwellen und -schwingungen fast in Schutt und Asche legte, lauschten 200 000 Menschen ihrem bombastischen Elektronik-Sound. Übrigens tauchte 1989 plötzlich wieder Syd Barrett aus der Versenkung auf. Der Floyd-Macher der ersten Stunde, der angeblich rettungslos im Drogenrausch versunken war, veröffentlichte die LP *Opel*, das erste Album seit seinen Solo-LPs *The madcap laughs* und *Barrett* (beide 1970). Am 21. Juli 1990 ließ auch Roger Waters wieder von sich hören: Er intiierte das *Wall*-Spektakel an der Berliner Mauer mit Stars wie den → Scorpions, → Bryan Adams, → Cyndi Lauper, → The Hooters, → Sinead O'Connor, Joni Mitchell und vielen anderen; von dieser Aufführung wurde ein Live-Doppelalbum produziert.

Pointer Sisters

Ruth Pointer, geb. 1946 in Kalifornien/USA: voc; Anita Pointer, geb. 1948 in Kalifornien/USA: voc; June Pointer, geb. 1954 in Kalifornien/USA: voc

Die drei attraktiven Schwestern zählen zu den Superstars der amerikanischen »schwarzen« Musik. Auszeichnungen sammeln sie wie andere Leute Briefmarken. Ihre Auftritte zählen zum Heißesten, was Amerika in den 80er Jahren zu bieten hat. Dabei ist das genau das Gegenteil von dem, was sich ihr gestrenger Vater für seine Töchter vorgestellt hatte. Der engagierte Prediger der Oakland's Church of God steckte nämlich Ruth, Anita, June und die inzwischen ausgeschiedene Bonnie (geb. 1951) in seinen Gospelchor, um sie von der »sündigen« Welt fernzuhalten. Doch die drei älteren, Ruth, Anita und Bonnie, beschlossen, Karriere in der Musikszene zu machen, und arbeiteten heimlich einen Bühnen-Act aus. Ihre Show kam an, und Ende der 60er Jahre durften sie bereits als Background-Sängerinnen für Top-Acts wie Elvin Bishop, Taj Mahal und Dr. Hook arbeiten. 1973 kam dann ihre große Chance. Da eine Gruppe ausgefallen war, durften die Pointer Sisters, zu denen inzwischen auch die Jüngste, June, gestoßen war, im legendären Troubadour in Los Angeles auftreten. Die überschwenglichen Kritiken dieser Show bescherten ihnen diverse Fernsehauftritte und einen Plattenvertrag. Sie entwickelten ihre ganz besondere Art des Scat-Gesangs und veröffentlichten Ende 1973 den ersten

Pointer Sisters   Foto: RCA

Superseller, die Single *Yes we can can*, eine perfekte Vokal-Nummer mit treibendem Rhythmus. Die Pointer Sisters wurden damals oft mit Top-Acts der 30er und 40er Jahre, wie den ANDREW SISTERS, verglichen. Ihre Bühnenkleidung entsprach auch dem damaligen Bühnenstil. Aber gleichzeitig öffneten sich die begabten Schwestern anderen Musikrichtungen. Und so erhielten sie ihren ersten Grammy in der Sparte »Beste Country-Gruppe« für ihren Top-Hit *Fairytale* (1974). 1974 verließ June Pointer aus gesundheitlichen Gründen die Gruppe, und Ruth, Anita und Bonnie machten als Trio weiter. Der nächste wichtige Abschnitt ihrer Karriere kam 1978, als der Produzent RICHARD PERRY sie unter seine Fittiche nahm. Er machte aus den drei kalifornischen Schwestern die Supergruppe im Bereich Funk, Disco, Rock. *Fire* hieß die erste Single im neuen Stil, ein Song aus der Feder von → BRUCE SPRINGSTEEN. Die Pointer Sisters machten aus der fast unterkühlten Nummer mit dem atemberaubend heißen Feeling einen Top-Hit, der sich millionenfach verkaufte. Von da an jagte ein Superseller den nächsten: 1980 gab's Gold für die Single *He's so shy*, 1981 für die vorzügliche Soft-Nummer *Slowhand*. 1978 hatte Bonnie Pointer übrigens die Gruppe verlassen, um eine Solo-Karriere einzuschlagen, und für sie war June wiedergekommen. Mit Songs wie *Heaven must have sent you* (1979), ehemals ein Bestseller für die FOUR TOPS, konnte sich auch Bonnie Pointer als Solistin in den Charts plazieren. Anita, June und Ruth Pointer steuerten weiter auf Erfolgskurs. Inzwischen hatte sich auch ihr Outfit geändert. Anstelle der Kostüme der 30er und 40er Jahre, die sie früher, passend zu ihrer Musik, getragen hatten, kreierten sie nun eine bunt-poppige Mode, die weltweit gerne nachgeahmt wurde. 1983 veröffentlichten sie das Album *Break out*, das alle Rekorde brach. Dreifach Platin gab's dafür, und drei Singles daraus konnten sich in den Hot 100 plazieren: *Automatic*, *Jump* und *I'm so excited*. Die Single *I need you* war ganz oben in den Black- und Dance-Charts zu finden. Für das Album *Break out* gab's auch zwei Grammies und außerdem zwei American Music Awards für die beste schwarze Gruppe mit der besten Videopräsentation des Jahres. Für den Soundtrack des Superfilms *Beverly Hills Cop* mit EDDY MURPHY in der Hauptrolle, steuerten die Pointer Sisters den fetzigen Disco-Song *Neutron dance* bei, der sich

ebenfalls in den Charts plazieren konnte. 1985 erschien die LP *Contact*, die die Pointer Sisters wieder in Hochform zeigte. Die rockige Single *Dare me* wurde ein Bestseller, und mit der langsamen, gospelartigen Ballade *Freedom* zeigten die Pointer Sisters wieder einmal, daß sie auch immer noch die sanften Töne beherrschten. Das erfolgreiche 86er Album hieß *Hot together*, und 1988 waren sie wieder mit der LP *Serious slammin'* in den Charts vertreten. Auch 1990 waren die drei Schwestern erfolgreich in den Charts vertreten. *Right rhythm* heißt die LP, die nicht von ihrem Hausproduzenten Richard Perry, sondern von dem neuen Team LEVY SEACER und JAMES CARMICHAEL produziert wurde.

Poison

BRET MICHAELS: voc; C. C. DEVILLE: g; BOBBY DALL: b; RIKKI ROCKETT: dr

Dickes Nutten-Make-up, lackierte Fingernägel, wild toupierte Haare — so präsentierte sich Anfang der 80er Jahre eine Hard-Rock-Band dem staunenden Publikum. Glam-Rock bot das extravagante Quartett, das damit die Tradition der Glitter-Rock-Formationen der 70er Jahre wie GARY GLITTER oder HELLO fortsetzte. Gegründet wurde die ›giftige‹ Gruppe 1983 in Harrisburg/Pennsylvania. Damals nannten sich die vier noch PARIS und tingelten durch kleine Clubs und Bars. 1984 ließen sie sich in Los Angeles nieder, änderten den Namen in Poison und holten den Schminkkasten heraus. Da die vier auch musikalisch was drauf hatten, wuchs die Schar ihrer Fans, und

1985 war es dann soweit: Poison hatte einen Plattenvertrag in der Tasche ihrer hautengen Leopardenhosen aus Lurex. Innerhalb von zwölf Tagen spielten sie unter der Regie von Hard-Rock-Star TED NUGENT das Debüt-Album *Look what the cat dragged in* ein. Und ›die Katze‹ brachte wirklich was herein: Über drei Millionen Mal wanderte dieses lautstarke Debüt-Album 1986 in den USA über den Ladentisch. Die gekonnte Mischung aus fröhlich-lautem Rock 'n' Roll, Glam-Rock und Drive kam bei den Kids voll an, wurde mit dreifach Platin ausgezeichnet und hielt sich über zwei Jahre in den US-LP-Charts. Rechtzeitig bis 1988 hatten sich die vier die Songs für ein neues Album einfallen lassen: für *Open up And say ahh* brauchten die Jungs dieses Mal aber schon vier Monate. Dafür schafften sie damit auch den internationalen Durchbruch. Ihre eingängige Ballade *Every rose has a thorn* konnte sich sogar in der deutschen Hitparade plazieren. In Deutschland wurde Poison vor allen Dingen durch den Song *Rock and roll night* aus dem Film *Less than zero* bekannt. Kritikern, die bei ihren Power-Songs fehlendes Feingefühl und Kunstfertigkeit bemängelten, antworteten sie knallhart: »Wir machen keine Kunst . . . wir machen Hamburger!« Nach eineinhalb Jahren in den US-Charts waren von der *Open-Up*-LP Ende 1989 fast fünf Millionen Exemplare verkauft. Damit wurde es dann wieder Zeit für eine neue Platte. In gewohnter Qualität, Lautstärke und Spielfreude kam dann Mitte 1990 das Album *Flesh and blood* auf den Markt, über das Sänger Bret äußerte: »Über den Unterleib ins Herz und dann in den Kopf.« Mit *Something to believe in* enthielt die LP, die sich bis Ende 1990 in

den USA wieder weit über zwei Millionen Mal verkauft hatte, eine traumhafte Rock-Ballade.

Police

STEWART COPELAND, geb. 16. 7. 1952 in USA: dr; GORDON MATTHEW SUMNER → STING, geb. 2. 10. 1951 in Newcastle-upon-Tyre/England: voc/b; ANDY SUMMERS, geb. 31. 12. 1942 in England: g

Diese außergewöhnliche englische Rock-Gruppe wurde 1977 von Stewart Copeland gegründet. Copeland, ein Amerikaner, der in London lebte, hatte die kommerziellen und künstlichen Auswüchse der internationalen Rock-Musik satt und wollte etwas völlig Konträres machen: ein Trio, das einfache und verständliche Songs macht, ohne viel Drumherum, und das auch dem Publikum gegenüber ein ebenso klares wie einfaches Image hat, ohne Glitter und Flitter. Bei einem gemeinsamen Konzert lernte er Sting, den Sänger und Bassisten der Formation LAST EXIT kennen und schätzen, der damals allerdings hauptberuflich noch als Lehrer arbeitete. Er überredete Sting dazu, seinen Job sausen zu lassen und bei ihm einzusteigen. Den dritten Mann fanden sie dann in dem Gitarristen HENRY PADOVANI. In dieser Besetzung entstand auch die erste Single von Police, der Song *Fall out*. Als Police und die Gruppe von Andy Summers in Frankreich gemeinsam auf Tour gingen, bat Copeland den Gitarristen, sich Police anzuschließen. Andy Summers, der unter dem Namen Andy Somers schon eine glänzende Karriere bei den → Animals, Zoot Money, Soft Machine, Kevin Coyne und Kevin Ayers hinter sich hatte, sagte zu, und Police war für kurze Zeit ein Quartett. Doch dann ging Padovani und am 18. August 1977 gab Police in o. a. Besetzung in Birmingham/England das erste Konzert. *Roxanne* hieß dann die erste gemeinsame Single, die sofort ein Top-Seller wurde. Der fast karge Sound, der eigentümliche Rhythmus und dazu die unverwechselbare Stimme von Sting lockten das internationale Publikum an. Als 1978 das Debüt-Album *Outlandos d'amour* erschien, das für den unglaublich geringen Betrag von nur 6000 Dollar produziert worden war, war es fast sofort ein Bestseller. Der Aufstieg von Police war nicht mehr zu bremsen. Singles wie *Can't stand losing you, Message in a bottle, Walking on the moon* (alle 1979), *So lonely, Don't stand so close to me, De do do do, de da da da* (alle 1980), *Invisible sun, Every little thing she does is magic, Spirits in the material world* (alle 1981), *Every breath you take, Wrapped around your fingers, Synchronicity II* (alle 1983) waren praktisch weltweit an der Spitze der Hitparaden zu finden und konnten sich nicht nur in England unter den Top 5 plazieren. Die Alben *Regatta de blanc* (1979), *Zenyatta mondatta* (1980), *Ghost in the machine* (1981) und *Synchronicity*, für das, bis auf zwei, alle Songs Sting geschrieben hatte. Dazu sagte Sting: »Es war wichtig, daß dieses Album anders klingt. Es gibt inzwischen so viele Gruppen, die so wie wir klingen, daß wir einfach eine LP machen mußten, auf der wir nicht nur so spielen, wie es uns gefällt.« Der Erfolg gab Police recht. Seitdem »ruht« die Gruppe, was bedeutet, daß zwar die drei Mitglieder, allen voran Sting, Solo-Al-

ben einspielen, daß Police aber im Grunde genommen nicht aufgelöst ist, sondern daß sich die drei Musiker irgendwann wieder einmal zusammenfinden und neue Songs unter diesem Namen produzieren wollen. Da es jedoch in den Sternen steht, ob und wann dieses Ereignis eintreten wird, veröffentlichte man im September 1990 unter dem Titel *The Police – their greatest hits* ein Best-of-Album des Trios.

Power Station

Andy Taylor, geb. 16. 2. 1961 in England: g; John Taylor, geb. 20. 6. 1960 in England: b; → Robert Palmer, geb. 19. 1. 1949 in England: voc; Tony Thompson, geb. 15. 11. 1954 in USA: dr

Eine ungewöhnliche Formation: The Power Station ist eine lose Verbindung aus Stars: Andy Taylor und John Taylor von → Duran Duran, Tony Thompson von Chic und der Songwriter und Sänger Robert Palmer. Ungewöhnlich war auch die Entstehung: John traf eines Abends im »Runner Club« in Birmingham Robert Palmer und heckte mit ihm die Idee dazu aus, die anderen beiden waren einverstanden, und als auch noch der Chic-Produzent Bernard Edwards für das Projekt gewonnen werden konnte, ging das Quartett Anfang 1985 in das berühmte Power Station Studio in New York zur Aufnahme. Daher kommt auch der Name der Formation. Die Band heißt nicht nur Power Station, sie bietet auch Power. Das erste Album, das im Frühsommer 1985 herauskam, bewies dies: harter, perfekter Rock-Sound mit Funk-

Power Station   Foto: Eric Boman/EMI

Anklängen, hervorragend gemischt und intelligent arrangiert. Zwei Single-Hits gab es daraus: die Eigenkomposition *Some like it hot* und *Get it on*, die Cover-Version des ehemaligen T-REX-Hits von MARC BOLAN, erreichten beide die Top 10 von USA. Die dritte Single *Communication* schaffte es allerdings nur bis Platz 34.

Elvis Presley

ELVIS AARON PRESLEY, geb. 8. 1. 1935 in Tupelo/Mississippi, USA, gest. 16. 8. 1977 in Memphis/Tennessee: voc/g

Er war The King of Rock 'n' Roll, der Superstar von zwei Generationen. Er war zur richtigen Zeit am richtigen Ort und hatte die richtigen Lieder. Er machte aus dem braven, hausbackenen Rock 'n' Roll des rundlichen → BILL HALEY eine heiße, erotische, sexy Angelegenheit. Mit seinen Songs gab er in den 50er Jahren den Teenagern in aller Welt die Möglichkeit, sich mit seinen Liedern und Texten zu identifizieren. Elvis hatte einen Zwillingsbruder namens JESSE, der allerdings bereits bei der Geburt starb. Elvis wurde von seinem Vater VERNON und seiner Mutter GLADYS tief religiös erzogen. Elvis hing mit geradezu abgöttischer Liebe an seiner Mutter. Mit acht Jahren, 1943, gewann er einen Gesangswettbewerb. 1946, als er gerade elf Jahre wurde, schenkte ihm seine Mutter eine

Gitarre, allerdings nur gegen den heftigen Widerstand von Elvis, der lieber ein Gewehr gehabt hätte. 1948 zog Elvis nach Memphis um. Nach seinem Schulabschluß 1953 arbeitete er wechselweise als Arbeiter in einer Werkzeugfabrik, als Hundefänger, Lastwagenfahrer und versuchte sich in Abendkursen zum Elektriker ausbilden zu lassen. 1953 war es auch, als er das erstemal direkt mit Schallplatten und einem Studio in Berührung kam: Ganz privat nahm er für seine geliebte Mutter Gladys eine Platte mit *My happiness* auf, die er ihr zum Geburtstag schenkte. Als er das Jahr darauf wieder in dieses Studio ging, um abermals eine Geburtstagsplatte für seine Mutter aufzunehmen, erinnerte sich der Besitzer SAM PHILLIPS an seine ungewöhnliche, kehlige Stimme. Er schlug ihm vor, eine Probeaufnahme mit ARTHUR CRUDUPS *That's alright Mama* zu machen. Elvis tat's und machte aus der »schwarzen« Blues-Nummer etwas ganz Neues. Er sang sie sehr schnell, in Country-Manier, aber mit einem derartig »schwarzen« Feeling in der Stimme, wie man es von einem Weißen selten gehört hatte. Die Platte wurde in der lokalen Radiostation gespielt, wobei der Discjockey jedesmal erklären mußte, daß Elvis Presley kein Neger, sondern ein Weißer sei. Denn es war damals verpönt, in einer »weißen« Radiostation (und die meisten Radiostationen waren weiß) einen »schwarzen« Interpreten zu spielen. Andere Stationen übernahmen den Song, und Elvis wurde immer öfter zu Country-Shows eingeladen. Dann nahm sich »Colonel« TOM PARKER seiner an und verschaffte ihm am 3. März 1955 seinen ersten TV-Auftritt. Da stand Elvis, mit lasziv hochgezogener Oberlippe (→ BILLY IDOL macht ihm das gekonnt nach),

der berühmten Schmalzlocke in der Stirn, sexy rotierenden Hüften und wippenden Knien: für die entsetzten Eltern ein Bild der Sünde, für die begeisterten Teenager ein Idol, von dem man schwärmen und nachts träumen konnte. Mit einem einzigen Hüftschwung und einem einzigen Lied fegte er 1956 alles weg, was es vorher an Rock 'n' Roll- und Rockabilly-Heroen gegeben hatte. Seine erste offizielle Single, *Heartbreak hotel*, eigentlich eher eine R & B-Nummer, wurde Anfang 1956 veröffentlicht. Sie wurde Nr. 1 der Charts und mit Gold ausgezeichnet — wie die folgenden Veröffentlichungen von Elvis Presley. Allein 1956 hatte er fünf Nr.-1-Hits und sieben Millionenseller: *Heartbreak hotel* mit der B-Seite *I was the one*; *I want you, I need you, I love you*; *Don't be cruel* mit der B-Seite *Hound dog*, *Love me tender* mit der B-Seite *Anyway you want me* (bei Elvis wurden auch die B-Seiten vergoldet). 1956 drehte er auch seinen ersten Film, den Streifen *Love me tender* (der in Deutschland *Pulverdampf und heiße Lieder hieß)*, 1957 gleich zwei, *Loving you* (*Gold aus heißer Kehle*) und *Jailhouse Rock* (*Rhythmus hinter Gittern*), und 1958 *King Creole* (*Mein Leben ist der Rhythmus*). 1957 gab's die Elvis-Millionenseller Nr. 8 bis 15, darunter Klassiker wie *Too much*, *All shook up*, *Teddy bear* und *Jailhouse rock*. 1958 kamen die Millionenseller Nr. 16 bis 22 auf den Markt, wie *Don't*, *Wear my ring around your neck*, *Hard headed woman* und *I got stung*. Es waren beileibe nicht alles Rock 'n' Roll-Titel, die Elvis sang. *Love me tender* und *Don't* waren sogar ausgesprochene Schnulzen. Aber Elvis sang diese Love-Songs mit einer derartigen Ausdruckskraft in der Stimme, mit so großer Überzeugung, daß den Mädchen schier das Herz im Leibe brach. 1958 war Elvis Presley, der einfache Junge aus Tupelo, ein internationaler Super-Star. Dann kam der erste Schock für die riesige Elvis-Fan-Gemeinde: Am 24. März 1958 wurde ihr Idol zum Militär eingezogen – und wehrte sich nicht einmal dagegen. Elvis ließ sich brav die Locken abrasieren, schlüpfte in die Uniform und reiste als einfacher Soldat nach Deutschland, wohin er abkommandiert worden war. Doch die Fans mußten nicht ohne ihn auskommen, 1959 erschienen die Millionenseller *A fool such as I* und *A big hunk o'love*. Zwei wichtige Ereignisse fanden während Elvis' Militärzeit statt, die am 2. März 1960 beendet war: Zum einen starb seine geliebte Mutter Gladys nach kurzer, schwerer Krankheit im Alter von nur 42 Jahren, und zum anderen lernte er die junge PRISCILLA BEAULIEU kennen, deren Vater bei der Air Force war. Sie sollte 1967 seine Frau werden. Nach seiner Rückkehr schien der Rock 'n' Roll-Tiger Elvis seine Zähne verloren zu haben. Seine Songs waren kein heißer Rock mehr, sondern Soft-Songs und MOR-Titel. Aber trotzdem verkauften sich Lieder wie *It's now or never* (eine neue Version des alten *O sole mio*), *Are you lonesome tonight* und *Wooden heart* (*Muß i denn zum Städele hinaus*) 1960/61 millionenfach. Elvis ging in den 60er Jahren viel ins Filmstudio und drehte Dutzende von netten, unkomplizierten Streifen wie *G. I. Blues* (*Cafe Europa* 1960), *Flaming Star* (*Flammender Stern* 1960), *Wild in the country* (*Lied des Rebellen* 1961), *Blue Hawaii* (*Blaues Hawaii* 1961), *Follow that dream* (*Ein Sommer in Florida* 1961), *Kid Galahad* (*Harte Fäuste, heiße Liebe* 1962), *Girls! Girls! Girls!* (*Girls!*

Girls! Girls! 1962), *It happened at the world's fair* (*Ob blond, ob braun* 1963), *Fun in Acapulco* (*Acapulco* 1963), *Kissin' cousins* (*Die wilden Weiber von Tennessee* 1964), *Viva Las Vegas* (*Tolle Nächte in Las Vegas* 1964), *Roustabout* (*König der heißen Rhythmen* 1964), *Girl happy* (*Kurven-Lilly* 1965), *Tickle me* (*Cowboy-Melodie* 1965), *Harum Scarum* (*Verschollen im Harem* 1965), *Frankie and Johnny* (*Frankie und Johnny* 1965), *Paradise, hawaiian style* (*Südsee-Paradies* 1966), *Spinout* (*Sag niemals ja* 1966), *Easy come, easy go* (*Seemann – Ahoi!* 1967), *Double trouble* (*Zoff für Zwei* 1967), *Clambake* (*Nur nicht Millionär sein* 1967), *Stay away Joe* (1968), *Speedway* (*Speedway* 1968), *Live a little, love a little* (1968), *Charro!* (*Charro!* 1969), *The trouble with girls* (1969), *Change of habit* (*Ein himmlischer Schwindel* 1969). Bis Ende der 60er Jahre stammten die meisten seiner Hits aus diesen Filmen. Damit rettete er sich sehr geschickt über die »englische« Invasion der → BEATLES hinweg, die ihm in der Publikumsgunst den Rang abzulaufen drohten. Dennoch schwand seine Popularität etwas. Seine Songs waren nicht mehr automatisch Nr. 1 der Top 10, sondern im Höchstfall noch Top 20. Konzerte, in denen er seine Fans stets zu wahren Begeisterungsstürmen hingerissen hatte, gab er schon lange nicht mehr. Am 2. Mai 1967 heiratete er Priscilla Beaulieu, und pünktlich neun Monate später wurde Tochter Lisa-Marie geboren. 1969 schien er sich dann wieder gefangen zu haben. Er machte, nach neun Jahren, wieder eine Fernsehshow, die sein Comeback einleitete. Er machte plötzlich wieder hervorragende Songs wie *In the ghetto* (1969), *Suspicious minds* (1969), *Don't cry daddy* (1969),

Elvis Presley   Foto: RCA

The wonder of you (1970), *Burning love* (1972), *Way down* (1977), *My way* (1977), die allesamt Millionenseller wurden. Doch Elvis und seine Songs waren anders geworden. Er selbst war nicht mehr der wilde, aufbegehrende, schlanke, sexy Rocker der 50er Jahre, er war ein Mann um die Vierzig, mit einem Bauch, war schon lange nicht mehr so beweglich wie einst, aber immer noch mit einem ungewöhnlichen, überwältigenden Charisma. In gleichem Maße hatten sich seine Songs und seine Shows verändert. Die Lieder waren gewaltig geworden, Bombast-Songs, bei denen Elvis fast wie ein verhinderter Helden-Tenor aus Bayreuth klang; bei seinen Auftritten trug er Kostüme: prächtige,

bestickte Overalls, breite, schwere Gürtel, viele Ketten. Er trat wieder des öfteren auf, und wenn er es tat, lag ihm
regelmäßig sein Publikum zu Füßen,
auch wenn es jetzt nicht mehr die Teenager waren. Doch Elvis hatte private
Probleme. In seiner Ehe kriselte es
schon seit längerer Zeit. Priscilla, die er
als Teenager zu seiner ebenbürtigen
»Göttin« geformt hatte, mit hochaufge-
bauschter Bienenkorb-Frisur und Au-
gen-Make-up, das einer Kleopatra alle
Ehre gemacht hätte, Priscilla war zu
einer jungen, hübschen Frau geworden,
die nicht immer nur mit ihm in der Abgeschiedenheit seines ungeheuren Pala-
stes sitzen wollte. Sie lief ihm mit ihrem
Karatelehrer davon und ließ sich im August 1973 scheiden. Das war ein Schlag,
den Elvis nie mehr verkraftete: Nach
seiner Mutter verließ ihn jetzt auch die
zweite Frau, die sein Ein und Alles war.
Seine Depressionen und Frustrationen
versuchte er mit Pillen und Drogen zu
vertreiben. Er aß unmäßig, wurde immer dicker, immer unglücklicher. Er litt
an Verfolgungswahn und verkrachte sich
auch mit seinen engsten Freunden. Er
war zuletzt nur noch eine Karikatur des
einstigen Rock 'n' Roll-Helden. Am 16.
August 1977 starb Elvis Presley in Mem-
phis/Tennessee im Alter von nur 42 Jahren. Die Ursachen dafür sind immer
noch nicht ganz geklärt. 22 Jahre lang
war er ein weltbekannter und höchstbe-
zahlter Sänger, Schauspieler und Entertainer, der die Musikgeschichte nachhaltig beeinflußt hat. Und immer noch werden regelmäßig Elvis-LPs veröffentlicht,
schließlich hatte der King im Laufe der
Jahre mindestens 700 Songs aufgenommen. Zu seinem 10. Todestag erschien
z. B. *The Memphis record*, ein Album
mit 23 Titeln, die er 1969 in den Ameri-

can Studios in Memphis aufgeommen
hatte, und *The number one hits* mit allen
18 Elvis-Hits, die Nr. 1 in USA gewesen
waren, und *Romantic Elvis* mit seinen
hinreißenden »Schnulzen«.

The Pretenders

CHRISSIE HYNDE, 7. 9. 1951 in Akron/
Ohio, USA: voc/g; BLAIR CUNNINGHAM:
dr; T. M. STEVENS: b; BERNIE WORRELL:
keyb; JOHNNY MARR: g

Die Band wurde 1978 von der Amerikanerin Chrissie Hynde und den Englän-
dern PETE FARNDON (b) und JAMES HON-
EYMAN-SCOTT (g/voc/keyb) gegründet.
Chrissie hatte vorher für die Fachzeitschrift »*New Musical Express*« Musikkri-
tiken geschrieben. Pete Farndon hatte
zwei Jahre Bass in der australischen
Band BUSHWACKERS gespielt. Bereits die
erste Single, eine Cover-Version des
→ KINKS-Titels *Stop your sobbing*, fand
Eingang in die UK-Charts, und die
nächste Single *Brass in pocket* wurde
Nr. 1 in England. Den außergewöhnlichen Erfolg brachten zum einen die intensive, rauhe Stimme von Leadsängerin
Chrissie Hynde, die auch praktisch alle
Songs der Formation schrieb, und zum
anderen die ungewöhnlichen Lieder, die
eine perfekte Mischung aus dem Feeling
der 60er Jahre und den Produktionstechniken der 80er Jahre waren. Da war
astreiner Rock 'n' Roll zu hören, ein
gewaltiger Schuß Beat, Blues, Soul und
viel Pop. Diese musikalische Mixtur
brachte nach dem Debüt-Album *The
Pretenders* (1979) auch die zweite LP
Pretenders II (1980) zu Hitehren. 1981

The Pretenders   Foto: Virgin

waren die Pretenders mit *Message of love* und *I go to sleep* Top 10 in England. Dann starb am 16. Juni 1982 James Honeyman-Scott an seinen Rauschgiftexzessen, und Chrissie Hynde, die Chefin der Gruppe, mußte den Bassisten Pete Farndon wegen Drogenabhängigkeit feuern. Er starb am 14. April 1983, er ertrank mit einer Nadel im Arm in seiner Badewanne. Damit schienen die Pretenders am Ende zu sein, doch Chrissie gab so schnell nicht auf. Sie engagierte als Gastmusiker BILLY BREMNER (g) und TONY BUTLER (b) und produzierte, mit MARTIN CHAMBERS am Schlagzeug, die Single *Back on the chain gang*, die in

Amerika 1983 ein Top-5-Erfolg wurde. Anfang 1984 erschien dann das dritte Pretenders-Album, *Learning to crawl*, das in der neuen Besetzung mit Martin Chambers (dr), ROBBIE MCINTOSH (g) und MALCOLM FOSTER (b) eingespielt worden war. Die LP wurde ein internationaler Bestseller, der in USA mit Platin ausgezeichnet wurde. Für das 86er Album *Get close* veränderte Miss Hynde abermals die Besetzung ihrer Band: am Schlagzeug saß jetzt der ehemalige HAIRCUT-100-Drummer Blair Cunningham, den Baß zupfte T. M. Stevens, der ebenso wie der neue Keyboarder Bernie Worrell von den → TALKING HEADS kam. Die

Single *Don't get me wrong* wurde in USA ein Nr.-10-Hit und konnte sich auch in der deutschen Hitparade plazieren. Dazwischen hatte Chrissie Hynde übrigens 1985 auch noch Zeit gefunden, mit der englischen Reggae-Band → UB 40 eine Single aufzunehmen: Ihre Version von *I got you babe*, ehemals ein Hit für SONNY & → CHER wurde ebenfalls ein Bestseller. Chrissie Hynde war auch Mutter einer kleinen Tochter mit Namen Natalie geworden, der Vater ist RAY DAVIES von den → KINKS, mit dem Chrissie einige Zeit in London zusammenlebte. 1986 heiratete sie allerdings JIM KERR von den → SIMPLE MINDS und hat inzwischen auch von ihm ein Kind. 1986 schrieb die fleißige Chrissie auch Film-Musik, für den JAMES-BOND-Streifen *The living daylights* (*Der Hauch des Todes*) ließ sie sich, zusammen mit dem Film-Musik-Spezialisten JOHN BARRY, den Titel *If there was a man* einfallen. Ende 1987 kam dann das Pretenders-Album *The singles* heraus, das sämtliche Erfolge der Band aus den ersten knappen zehn Jahren ihres Bestehens enthielt. 1988 ging Chrissie Hynde wieder mit → UB 40 ins Studio, und nahm die Single *Breakfast in bed* auf, die sich sofort in England plazieren konnte. Nach fast vierjähriger Pause meldeten die Pretenders sich dann 1990 wieder im Showbiz zurück. Neben Chefin Chrissie Hynde war nur noch der ehemalige Haircut-100-Trommler Blair Cunningham von der alten Mannschaft übriggeblieben. Am Baß spielte jetzt JOHN McKENZIE, Produzent MITCHELL FROOM übernahm die Keyboards, DOMINIC MILLER und Ex-ROCKPILE-Mitglied BILLY BREMNER waren die Gitarristen. *Packed* hieß das Album der Band die, wie Chrissie stets betonte, »immer noch eine Gitarrenband ist«. In

den USA stieg die LP sofort hoch in die Charts ein.

Pretty Maids

RONNIE ATKINS: voc; KEN HAMMER: g; ALLAN DELONG: b; PHIL MOORHEAD: dr; ALAN OWEN: keyb

Die »Hübschen Mädels« sind eine der besten Heavy-Metal-Bands aus Dänemark. Frontmann Ronnie Atkins gründete die Formation 1981 in der Kleinstadt Horsens. Zu der Band gehörten damals außer Atkins, Hammer, Moorhead und Owen auch noch der Bassist JOHN DARROW und der Gitarrist PETE COLLINS. Zunächst spielten sie nur die Hits anderer nach, bis dann der Ehrgeiz durchbrach und sie sich künftig eigene Lieder einfallen ließen. 1983 erschien das Debüt-Album, die Mini-LP *Pretty Maids*. Es folgten diverse Tourneen durch England und Skandinavien, bei denen die Pretty Maids als Vorgruppe von Stars wie z. B. BLACK SABBATH das Publikum beeindruckten. 1984 erschien dann eine neue Abmischung der Mini-LP, die sich recht gut verkaufte. 1984 gab es auch die erste Umbesetzung: Collins und Darrow gingen, und für sie kamen RICK HANSON (g) und Allan Delong. Im September 1984 erschien dann die erste »große« LP der Pretty Maids, das Album *Red, hot and heavy*, das eine recht hörenswerte Mischung aus hartem Metall-Rock und eingängigen Melodien bot. Danach kehrte Hanson der Gruppe den Rücken und Pete Collins kam wieder zurück, der allerdings 1986 bereits

Pretty Maids Foto: CBS

wieder durch Ken Hammer ersetzt wurde. In der o. a. Besetzung veröffentlichten die Pretty Maids, nach fast drei Jahren Ruhepause, Anfang 1987 das dritte
Album *Future world*. Die LP wurde mit
Lobeshymnen überhäuft: »Eine der
Top-LPs des Jahres« (CRASH), »Neun
vortreffliche Songs, mit dem Zeug zum
Hit« (ME/SOUNDS«), »Jeder Song ist ein
Höhepunkt für sich – LP-Tip des Monats« (»METAL HAMMER«). Die fünf Dänen wurden sogar mit Top-Acts wie
→ SCORPIONS, → EUROPE und → BON JOVI
verglichen. Das Jahr 1987 verbrachte
das Schwermetall-Quintett mit Touren,
Anfang 1988 begann es mit den Arbeiten für ein neues Album. 1989 startete
die Produktion mit → DEEP-PURPLE-
Mann ROGER GLOVER, die dann jedoch
um einige Zeit verschoben werden mußte, da der Schlagzeuger Phil Moorhead
auf dem Weg vom Studio nach Hause
mit dem Auto schwer verunglückte und
anschließend monatelang im Krankenhaus liegen mußte. Doch im April 1990
war es dann soweit: *Jump the gun*, die
vierte Pretty-Maids-LP erschien. Es war
wieder ein hörenswertes Heavy-Metal-
Album, das trotz aller Lautstärke Melodien vorzuweisen hatte.

Prince

PRINCE ROGERS NELSON, geb. 7. 6. 1958 in
Minneapolis/Minnesota, USA: voc/Mul-
tiinstrumentalist

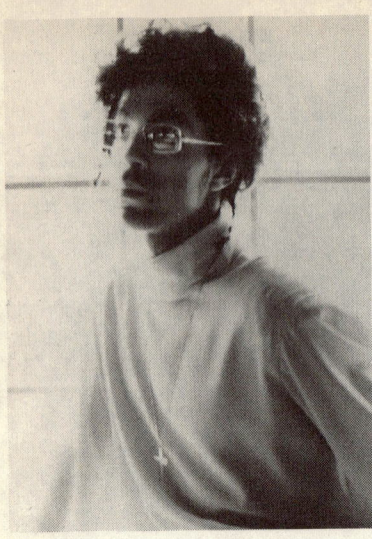

Prince
Foto: Jeff Katz/WEA

Der zartgliedrige, farbige junge Mann mit der wandlungsfähigen Stimme ist ein musikalisches Allround-Talent. Sein Vater ist Leiter einer Jazz-Band, seine Mutter Sängerin in dieser Band. Auf dem Klavier seines Vaters fing Prince mit sieben Jahren an zu spielen. Mit zwölf Jahren gründete er seine eigene Band namens CHAMPAGNE, mit der er in Hotels und bei Schülerveranstaltungen auftrat und mit der er sowohl damalige Hits als auch eigene Titel spielte. Nach fünf Jahren löste sich die Formation auf, und Prince begann sich um eine Solo-Karriere zu kümmern. Im Studio eines Freundes, der Texter war und dessen Texte er als Entgelt für die Studiokosten vertonte, nahm Price ohne jegliche Hilfe

seine ersten Demobänder auf. Er sang nicht nur, er spielte auch alle Instrumente selbst und fungierte als sein eigener Produzent. Mit diesen Demobändern ging er nach New York, bekam auch sofort zwei Angebote, die er aber ablehnte, weil die Plattenfirmen ihn nicht selbst produzieren lassen wollten und weil sie sehr merkwürdige Ideen »zur Ausschmückung« der Songs hatten, wie z. B. die, Tubas und Cellis einzusetzen. Also ging er zurück nach Minneapolis, machte ein neues Demo-Band mit drei Songs, bot sie einer weiteren Plattenfirma an, die sofort zugriff und die ihm auch vollständig freie Hand ließ. Das Ergebnis war die Debüt-LP *For you* (1978). Prince schrieb nicht nur alle Songs und war als Sänger zu hören, er spielte auch Schlagzeug, Keyboards, Gitarre und Percussion und produzierte selbst. Diese LP, deren Produktion fünf Monate gedauert hatte, machte ihn schnell bekannt. Die Single daraus, *Soft and wet*, wurde ein Hit. Seine eindeutig zweideutigen Songs, die mitreißenden Pop-Funk-Rhythmen und seine außergewöhnliche, fast knarzende Stimme kamen beim Publikum sofort gut an. Genau ein Jahr später erschien die nächste Prince-LP, kurz *Prince* betitelt. Auch diesmal zeichnete Prince für alles selbst verantwortlich. Lediglich zur Produktion holte er sich einen Toningenieur. Deshalb waren die neun neuen Songs auch bereits nach fünf Wochen fertig. Zwei Hits gab's aus dem Album, das mit Gold ausgezeichnet wurde: *I wanna be your lover* und *Why you wanna treat me so bad*. Auf der Bühne entwickelte sich der quirlige Prince mit seinen geradezu artistischen Auftritten zu einem wahren Publikumsliebling. Kein Wunder, daß sich sein viertes, 1981 erschienenes Album *Controversy* über 800 000mal verkaufte. 1982 veröffentlichte Prince die Doppel-LP *1999*. Mit dem Titelsong und dem Lied *Little red corvette* gab's auch daraus zwei Superseller, und die LP selbst erhielt − selten für ein Doppel-Album − Platin. Damit war der schmalhüftige, kleine Prince zum Superstar avanciert. Das Jahr 1984 bescherte der zahlreichen Prince-Fan-Gemeinde nicht nur eine neue LP, sondern auch gleich noch einen Film dazu, *Purple rain*. Der Film ist die simple Geschichte eines Musikers, der um Erfolg und um sein Mädchen kämpfen muß. Er wurde bei Kritik und Publikum gleichermaßen euphorisch gefeiert. Die LP *Purple rain* bekam in den USA schon bei Auslieferung Platin, in Deutschland Gold. Die LP und die Singles daraus, *Purple rain*, *When doves cry*, *I would die 4 u*, *Let's go crazy*, belegten wochenlang die vordersten Plätze der Charts. *When doves cry* war in USA fünf Wochen lang die Nr. 1 der Hot 100 und bekam Platin; *Let's go crazy* belegte zwei Wochen den 1. Platz und bekam, ebenso wie *Purple rain*, Gold. Vom Album selbst wurden bis 1986 mehr als fünf Millionen Exemplare verkauft. Die nächste Überraschung gab's dann 1985, als Prince sein Album *Around the world in a day* herausbrachte. Geradezu genial mischte er den Beat der 60er Jahre mit dem Funk der 80er, verknüpfte Flower-Power-Feeling mit R & B, und auch ein Schuß Psychedelic fehlte nicht. Die Single-Hits daraus hießen *Raspberry beret* und *Pop life*. Das 87er Album *Parade* enthielt mit den exzentrischen *Kiss* einen Song, der auch in Deutschland ein Bestseller wurde und mit *Mountains* einen weiteren Erfolg. Zusätzlich bot die LP mit dem Lied *Under the cherry moon* bereits eine Kostprobe des nächsten Prince-Films, der unter dem selben Titel 1986 in die Kinos kam. Prominente Mitwirkende bei der LP waren übrigens Sheila E. und Susanna Hoffs von den → Bangles. 1987 schlug Prince natürlich wieder zu: *Sign'o'the times* hieß das Doppel-Album, das wieder Prince »total« bot. R & B und Soul beim Titelsong, Kastraten-Pop bei *If I was your girlfriend*, Dancefloor-Beat bei *U got the look*, Rock-Pop bei *I could never take the place of your man* − vier Singles, vier Hits. Bei seinen Konzerten in Deutschland, die Prince 1987 gab, brachte er regelmäßig die ausverkauften Hallen zum Brodeln. In der Münchner »*Abendzeitung*« schrieb Manuel Bonik begeistert: ». . . In der Brooklyn-bei-Nacht-Kulisse einer modernen ‚West Side Story'-Inszenierung zelebrierte er eine Pop-Show selten gesehener Perfektion: Detaillierte Choreographie, erlesene Licht- und Nebeleffekte, Spitzenmusiker en masse . . .«. Gespannt wartete man Anfang 1988 auf das neue Album, das nur kurz *Black Album* heißen sollte. Es sollte eine Prince-LP für seine farbigen Freunde werden, die ihm des öfteren vorgeworfen hatten, viel zu »weiß« zu klingen. Die Platten lagen fertig gepreßt, dem Titel gemäß mit einem tiefschwarzen Cover versehen, zum Versand bereit − da rief Prince die LP zurück und ließ sie einstampfen. Einige wenige Exemplare kamen unter die Leute − und werden inzwischen zu Höchstpreisen gehandelt. In England konnte man z. B. ein Exemplar für 40 000 DM kaufen. Warum Prince die LP plötzlich nicht mehr ausliefern wollte − wer weiß? Jedenfalls hatte der fleißige »Königssohn« bereits eine neue LP in der Schublade, das Album *Lovesexy*, von dem es vorab die

Single *Alphabet St.* gab. Das Warten auf die neue LP wurde mit einem dritten Prince-Film versüßt, dem Streifen *Sign'o'the times*, der ein grandios gefilmtes Konzert bot. Aber nicht nur für sich, auch für andere war Prince unermüdlich tätig. So schrieb er z. B. für die → BANGLES 1986 den Nr.-1-Hit *Manic monday* und für SHEILA E. 1985 den Bestseller *A love bizarre*, bei dem er auch die Backing-Vocals beisteuerte.

1989 nahm Altmeister TOM JONES den Prince-Song *Kiss* auf – und feierte damit ein internationales Hitparaden-Comeback. Doch auch Prince selbst war 1989 fleißig. Er schrieb und sang den Soundtrack für den Fledermaus-Film *Batman* mit Jack Nicholson, Michael Keaton und *Kim Basinger* in den Hauptrollen. In Amerika waren Film und Soundtrack Kassenknüller. Die LP belegte wochenlang den 1. Platz der US-LP-Charts und war auch in Großbritannien ein Nr.-1-Erfolg. Außerdem koppelte Prince kräftig aus: Das Duett *The arms of orion* mit SHEENA EASTON, *Batdance, Partyman* und *The Future* wurden noch einmal als Singles auf den Markt geworfen. Zum Jahreswechsel 89/90 kam Prince wieder zu Hit-Ehren, allerdings nicht als Interpret, sondern als Schreiber: aus seiner Feder stammt *Nothing compares 2 U*, der weltweite Nr. 1-Hit und Millionenseller von → SINEAD O'CONNOR. 1990 betätigte sich Prince auch wieder filmmäßig: *Graffiti bridge* hieß der Nachfolger bzw. die Fortsetzung von *Purple rain,* zu dem der unermüdliche Workaholic natürlich auch wieder den Soundtrack beisteuerte. Das Doppel-Album *Graffiti bridge* erschien im Juli 1990.

Propaganda

BETSY MILLER, geb. in Idaho/USA: voc; MICHAEL MERTENS, geb. in Düsseldorf: dr/keyb; DEREK FORBES, geb. in England: b; BRIAN McGHEE, geb. in England: dr

Gegründet wurde Propaganda im Jahre 1982 von RALF DÖRPER (voc) und ANDREAS THEIN (keyb), die beide aus der chaotischen Ecke der *Neuen Deutschen Welle* kamen. Sie produzierten ein Demoband mit Musik nach ihrem nicht alltäglichen Geschmack, flogen damit nach London und hatten das große Glück, bei TREVOR HORN und PAUL MORLEY, den Machern von → FRANKIE GOES TO HOLLYWOOD, ein offenes Ohr zu finden. Zur Unterstützung ihres Demos nahmen sie Michael Mertens und die beiden Sängerinnen CLAUDIA und SUSANNE von dem Düsseldorfer Mädchenquartett TOPOLINOS mit. Ein ziemlich lautes, wildes Lied namens *Dr. Mabuse* war das erste Ergebnis dieser deutsch-britischen Zusammenarbeit. Der Song über den Schurken aus dem Stummfilmklassiker von FRITZ LANG erreichte 1984 in England immerhin Platz 27 und kam in Deutschland unter die Top 10. Dann folgte erst einmal eine längere Pause, denn das Team Horn/Morley war mit Frankies *Pleasuredom* beschäftigt. Während dieser Zeit stieg Andreas Thein aus und Michael Mertens als ständiges Mitglied ein. 1985 erschien mit *Duel* die nächste Propaganda-Single, ein im Verhältnis zum ersten Song ausgesprochen ruhiges, melodiöses Lied. Das dazugehörige Debüt-Album hieß *A secret wish*. Mit der Auskopplung *Machinery* war die Formation Mitte

Propaganda Foto: Virgin

1985 wieder wochenlang in den UK-Charts vertreten. Dann hörte man erst 1990 wieder etwas von der Truppe. Propaganda hatte den Standort aus dem Ruhrpott nach Großbritannien verlegt. Von der Ur-Besetzung war nur noch Michael Mertens übrig. Mit ihm spielten und sangen jetzt die ehemaligen → SIMPLE MINDS-Musiker Forbes und McGhee, verstärkt durch die Amerikanerin Betsy Miller. Miss Miller war bereits als Zwölfjährige mit ihrer Familie nach München gekommen. Und dort wurde sie von einem Freund Michaels entdeckt, der einen Auftritt der begabten Sängerin miterlebte. 1989 tat sich das Quartett zusammen und fand in IAN STANLEY und CHRIS HUGHES zwei hervor-

ragende Produzenten. Stanley war für die Erfolge von → TEARS FOR FEARS verantwortlich, und der ehemalige → ADAM ANT-Drummer Hughes hatte sein Produzenten-Talent bereits bei RIC OCASEKS (→ CARS) Solo-Album unter Beweis gestellt. Im April 1990 erschien die neue Propaganda-Single *Heaven give me words*, eine sehr eingängige, perfekte Pop-Nummer, die sich in der deutschen Hitparade plazieren konnte. Im Sommer 1990 erschien im selben Stil das Album *1-2-3-4*.

Purple Schulz

Purple Schulz

PURPLE SCHULZ, geb. 25. 9. 1956 in Köln: voc/keyb; JOSEF PIEK, geb. 5. 3. 1957 in Köln: g/voc

Die Gruppe Purple Schulz entstand aus der Kölner Formation NEUE HEIMAT. Schulz, DIETER HOFF, Piek und die inzwischen ausgeschiedenen Mitglieder HAGÜ SCHMITZ, (b) und FREDDIE BÖHMER (keyb) taten sich 1978 zusammen, um Musik zu machen, wechselten 1981 als NEUE HEIMAT ins Profilager und nahmen 1983 die LP *Hautnah* auf. Doch sowohl die LP als auch die ausgekoppelte Single *Sehnsucht*, eine wirklich zu Herzen gehende Ballade, waren totale Flops. Doch eineinhalb Jahre später, nähmlich Ende 1984, entwickelte sich *Sehnsucht* plötzlich zu einem Top-Seller und stieg unaufhaltsam in den Charts nach oben. Und auch die LP *Hautnah* kam in die Hitparade. 1985 veröffentlichte die auf Trio-Größe verkleinerte Formation Purple Schulz das nächste Album: *Verliebte Jungs*. Es wurde ein Album voll mit intelligenter Rockmusik, melodiös, ohne schlagerhaft zu klingen, mit trokkenen, treffenden Texten über Liebe, Einsamkeit, Frust und Ängste, aber auch witzig und fröhlich. Der Titelsong wurde ein Hit, ebenso die nächste Single, der Soft-Rock-Song *Kleine Seen*. 1987 kam die dritte LP, das Album *Der Stand der Dinge,* das allerdings nur ein mittelmäßiger Erfolg wurde. 1988 veröffentlichten sie die Single *Herz voller Gold,* der sich kurze Zeit später das Album *['tsvai]* anschloß. Dabei waren sie wirklich nur noch »zwei«, denn Dieter Hoff hatte die Gruppe verlassen.

Zwei Jahre ließen sich die verbliebenen zwei Purples dann für das fünfte Album Zeit. Im Juni 1990 erschien vorab die Single *Du hast mir gerade noch gefehlt,* ein Song im Stil von *Verliebte Jungs.* Dazu gab's dann kurz danach das Album *Purple Schulz.*

Queen

→ FREDDIE MERCURY, geb. 5. 9. 1946 in Sansibar: voc/p; ROGER MEADOWS TAYLOR, geb. 26. 7. 1949 in Kingslynn/England: dr; BRIAN MAY, geb. 19. 7. 1947 in Hampton/England: g; JOHN DEACON, 19. 8. 1951 in Leicester/England: b

Sei es Rock 'n' Roll à la → ELVIS PRESLEY oder dramatischer Bombastic-Rock, Funk oder Rap, swingende Nummern oder an kirchliche Choräle erinnernde Balladen: Es gibt eine Gruppe, die das alles mit geradezu spielerischer Leichtigkeit beherrscht — das englische Quartett namens Queen. Der Grundstein für diese Formation, die wohl weltweit zu den erfolgreichsten der 70er und 80er Jahre gehört, wurde schon 1970 gelegt. Damals taten sich nämlich Roger Taylor, der abgebrochene Student der Zahntechnik und Biologie, Brian May, promovierter Doktor der Physik, und Freddie Mercury, Student an der Kunstschule, zusammen, um eine Band zu gründen. Sie suchten und fanden als Bassisten den gelernten Elektroniker John Deacon: Queen war geboren. Taylor und May kannten sich aus der wenig erfolgreichen Band SMILE, Taylor und Mercury hatten zwecks Aufbesserung ihrer Studienmittel zusammen eine kleine Boutique, Deacon war Bassist in einer Amateurband gewesen. 1973 erschien die erste Single, *Keep yourself alive,* und die erste LP, *Queen,* und damit begann der unaufhaltsame Aufstieg einer Superformation. Oberhaupt, Frontmann und Hauptschreiber der Gruppe ist Freddie Mercury, doch die anderen drei helfen dabei kräftig mit. Queen entwickelte eine perfekte, beeindruckende Bühnenshow mit Blitz und Donner, Rauchschwaden und Bandeinspielungen, dazwischen immer Freddie Mercury, narzißtisch, mit nacktem Oberkörper und knallengen Hosen, der mit seiner gewaltigen, exzentrischen Stimme die Show völlig beherrscht. Genauso faszinierend wie die Live-Darbietungen auf der Bühne sind auch die LPs von Queen. Nach den ersten Rock-Hits *Seven seas of rhye* (1974 Platz 8 UK) und *Killer Queen* (1974 Platz 2 UK), und den dazugehörigen Alben *Queen II* und *Sheer heart attack,* überraschten sie 1975 das begeisterte Publikum mit dem

Sechs-Minuten-Epos *Bohemian Rhapsody* von dem Album *A night at the opera.* Abgesehen von der ungewöhnlichen Länge erinnerte das Werk eher an ORFFS *Carmina Burana* denn an gängige Rocktitel. Es blieb allein in England neun Wochen auf Platz 1 der Charts. Klassisch angehaucht gaben sich 1976 die nächsten Hits *You're my best friend* und *Somebody to love,* beide aus dem Album *A day at the races.* 1977 kamen Queen dann wieder rockig mit *We will rock you* und dem inzwischen zur Sport-Hymne avancierten *We are the champions.* Das dazugehörige Album *News of the world* war fast weltweit die Nr. 1 der Charts. Der nächste Streich war 1978 eine Rock 'n' Roll-Nummer à la → ELVIS, *Crazy little thing called love.* Wer sich nun gerade an »Elvis Mercury gewöhnt hatte, wurde 1980 wieder überrascht, die nächste Single *Another one bites the dust* war eine Rap-Nummer bester Qualität – sie verkaufte sich drei Millionen Mal. Dann stieg Queen ins Filmgeschäft ein. Ihr Titelsong zu dem SF-Film »Flash Gordon« vom Produzenten-Star DINO DE LAURENTIIS, wurde ein Welthit. Queen füllte inzwischen spielend die größten Hallen der Welt, nicht nur einmal, sondern gleich mehrmals hintereinander. Es hagelte Auszeichnungen in Form von Gold und Platin und Titeln wie »Band of the Year«. Als Roger Taylor 1981 das Solo-Album *Fun in space* aufnahm, gab's natürlich Auflösungsgerüchte. Queen konterte mit einem Lied, das Freddie Mercury im Duett mit → DAVID BOWIE sang: *Under pressure.* Diesmal war's zur Abwechslung mal lupenreiner Funk, wie das ganze Album *Hot space. Under pressure* wurde in England ein Nr.-1-Hit. *The works* hieß dann das 84er Album von Queen; Brian May hatte da-

für den weltweiten Single-Hit *Radio ga ga* geschrieben, eine eher sanfte Nummer, aber mit absoluter Ohrwurmqualität. 1985 betrat Freddie Mercury erstmals Solo-Pfade – sein erstes Album nannte er *Mr. bad guy* und tobte sich darauf hauptsächlich in der bei Queen sonst verpönten reinen Disco-Szene aus und zeigte dabei wieder einmal die enorme Bandbreite seiner Stimme. Ende 1985 war er wieder mit seiner Gruppe im Studio. Die daraus resultierende Single hieß *One vision,* eine lautstarke Rock-Nummer, die sich gleich nach Veröffentlichung an die Spitze der UK-Charts setzen konnte. 1986 schrieben die Herren von Queen abermals Filmmusik: Für den Fantasy-Streifen *A kind of magic* mit CRISTOPHER LAMBERT und SEAN CONNERY in den Hauptrolln, ließen sie sich den Titelsong einfallen, der natürlich auch wieder ein Hit wurde. *It's a kind of magic* hieß dann auch die 86er LP von Queen. Außer dem Titelsong und *One vision* enthielt es noch Single-Hits wie *Pain is so close to pleasure,* ein Song im Motown-Stil, und *Friends will be friends,* ein Lied mit altbewährten Bombast-Rock. 1987 marschierte Roger Taylor, der 1984 mit *Strange frontier* sein 2. Solo-Album vorgelegt hatte, ganz eigene Wege. Er gründete die Gruppe THE CROSS, denen mit dem Song *Cowboys and girls* ein Achtungserfolg gelang und die 1988 mit dem Song *Heaven for everyone* abermals zum Angriff auf die Charts starteten. Die Titel waren natürlich von Roger Taylor geschrieben worden. Den Song *Heaven for everyone* interpretierte er selbst, auf der B-Seite war das Lied nochmals in einer Version mit Freddie Mercury als Leadsänger. Im Mai 1988 wollte dann Queen wieder ins Studio gehen, um ein neues Album aufzunehmen. Roger Taylor's CROSS hatte mit *Heaven* einen internationalen Hit. Das neue Queen-Album ließ noch auf sich warten, da Freddie Mercury zunächst seine klassischen Ambitionen befriedigen mußte und mit der renommierten Opern-Diva MONSERRAT CABALLE ins Studio ging, um das pompöse *Barcelona*-Album aufzunehmen, das sich recht gut verkaufte. Im Mai 1989 kam dann mit *The miracle* das neue Queen-Album auf den Markt. Sämtliche Songs der LP waren (zum ersten Mal) in Gemeinschaftsarbeit entstanden. Es wurde eine sehr harte, rockige und funkige Angelegenheit, mit ein paar unterschwelligen Country-Anklängen, einem Schuß Latino-Feeling und der bei Queen häufigen Kunst-Rock-Ausstattung. Das Album wurde natürlich ein internationaler Bestseller, der nicht nur in Großbritannien auf Platz 1 der LP-Charts landete.

Rainbirds

KATHARINA FRANCK, geb. 28. 7.1963 in Düsseldorf: voc; BECKMANN, geb. 20. 7. 1961 im Sauerland: g/b; WOLFGANG GLUM, geb. 26. 4.1958 in München: dr

Das Trio, das in Berlin lebt, war einer der Shooting Stars des Jahres 1987. Oberhaupt und Songschreiberin der Gruppe ist die rotblonde Katharina mit der ausdrucksvollen Stimme. Geboren wurde sie in Düsseldorf, dann zogen ihre Eltern mit ihr nach Portugal und später nach Brasilien. Dort begann Katharina mit dem Gitarrespielen und Singen. Als sie Anfang der 80er Jahre nach Deutschland zurückkehrte, nahm sie Gesangsstunden an der Musikhochschule und sang in diversen Bands zunächst einmal die Lieder anderer. Als sie 1985 einen Auftritt mit der Band LES BLACK CARNATIONS hatte, sah und hörte Beckmann sie und ward fürderhin ihr Fan. Beckmann kommt aus einem kleinen Dorf im Sauerland, war Hardrock- und Punk-Fan und ging schließlich nach Berlin, um dort Musikwissenschaften zu studieren. Nach einem Jahr traf er Katharina und wurde ihr Gitarrist und Bassist und (wenn nötig) auch Akkordeonspieler. Fehlte nur noch der Trommler. Und den fanden die beiden in Wolfgang Glum. Wolfgang hatte in München Free Jazz gespielt und sog. „Performances" gemacht. Als ihm das nicht mehr gefiel, war er nach Berlin gegangen und hatte dort mit einem Musiker aus New York eine wenig erfolgreiche Minimal-Band gegründet. Genau am 14. April 1986 erblickten die Rainbirds das Licht der Welt. Den Namen hatten sich die drei gegeben, weil jemand behauptet hatte, daß Katharinas Stimme an einen zwitschernden Vogel erinnern würde, und weil ihre Lieder alle jenen traurigen Touch haben, der für Regentage so typisch ist. Zunächst gab's die Rainbirds nur als Live-Band. Aber auch ganz ohne Platte erspielten sich die drei ein gewaltiges Publikum. Als dann 1987 die Debüt-LP *Rainbirds* und die Debüt-Single *Blueprint* erschienen, konnten sie sich mühelos unter den Top 10 der jeweiligen Charts plazieren. Ihre musikalische Mischung aus Rock, Pop und New Wave kam beim Publikum hervorragend an. In der Münchner *„Abendzeitung" schrieb* MARTIN BREM über das erste Konzert: „ . . . die Rainbirds aus Berlin sind mehr als nur der Renner der Saison, zumindest wenn es um vorhandenes, wenn auch noch nicht ganz freigelegtes Potential geht. . . . und ihre Stimme, die − strahlend in den Höhen, erotisch in den Tiefen − einwandfrei zur Gattung der Wonneschauer-Erreger zu zählen ist." 1989 kam das zweite Album, das den zungenbrecherischen Titel *Call me easy, Say I'm strong, love me my way, it ain't wrong* trug. Auch diese LP, die musikalisch nahtlos an das erste Album anschloß, wurde ein Bestseller. Doch im Laufe des Jahres verdichteten sich Gerüchte über Auflösungstendenzen der Formation, die sich dann Ende des Jahres bewahrheiteten: Die Rainbirds existieren nicht mehr in ihrer alten Zusammensetzung, jedoch wollte Katharina Franck die Band in anderer Form weiterführen.

Bonnie Raitt

geb. 8. 11. 1950 in Burbank/Kalifornien, USA: voc/g

Als Bonnie Raitt 1990 überraschend mit mehreren Grammies ausgezeichnet wurde, wurde damit eine der besten, interessantesten und bislang am meisten unterbewerteten Rocksängerinnen und Songschreiberinnen Amerikas endlich gebührend gewürdigt. Bonnie ist musikalisch vorbelastet. Ihre Mutter ist eine hervorragende Pianistin, von ihr hat Bonnie als kleines Kind das Klavierspielen gelernt. Bonnies Vater war ein Musicalstar und glänzte als Leadsänger in vielen Hauptrollen in Broadway-Inszenierungen von *Carousel* und *Pajama Game*. Mit neun Jahren bekam Bonnie zu Weihnachten ihre erste Gitarre. Klein-Bonnie war begeistert, schließlich konnte man dieses Instrument überallhin mitnehmen, was bei einem Klavier unmöglich war. Als Teenager gehörte ihre große Liebe den Folksängern wie → BOB DYLAN oder JOAN BAEZ. Dann entdeckte Bonnie den Blues von → JOHN LEE HOOKER, BROWNIE MCGHEE, JOHN HAMMOND und v. a., und von da an zählte für Bonnie nur noch eine Musikart: der Blues in allen Variationen. Inzwischen hatte sich Bonnie am Radcliffe College in Cambridge/Massachusetts eingeschrieben, aber aus dem Studium wurde nichts, denn Bonnie verbrachte fast ihre gesamte Zeit mit Auftritten in kleinen Clubs. »Wenn du erstmal für das bezahlt wirst, was du ohnehin gerne machst, ist es verdammt schwer, einfach kehrt zu machen und wieder auf die Uni zurückzugehen«, sagte sie über diese Zeit. Die hochbegabte Musikerin wurde schnell ein As auf der Slide Guitar und durfte als Vorgruppe für Bluesgrößen wie FRED MCDOWELL und TAJ MAHAL auftreten. 1971 bekam sie einen Plattenvertrag und veröffentlichte das Debüt-Album *Bonnie Raitt*, auf dem sie den Blues von ROBERT JOHNSON und anderen Stars der Szene sang und von Blues-Größen aus Chicago begleitet wurde. Es folgten die Alben *Give it up* (1972) und *Taking my time* (1973), und Bonnie entdeckte ihre große Liebe zu den Songs der amerikanischen Blues-Rock-Band LITTLE FEAT. Bei diesem letzten Album sang Bonnie erstmals auch Songs, die kein Blues waren. Auch auf dem 74er-Album *Streetlights* präsentierte sie gekonnt Lieder von JAMES TAYLOR, JONI MITCHELL und ALLEN TOUSSAINT. Diese Linie führte sie dann auf dem 75er Album *Home Plate* fort, bei dem u. a. JOHN HALL und J. D. SOUTHER mit von der Partie waren. Auf der 77er-LP *Sweet forgiveness* ließ Bonnie Raitt sogar funkige Anklänge einfließen, bekam zum ersten Mal Gold für ein Album und hatte mit einer eigenen Version des DEL-SHANNON-Klassikers *Runaway* einen Single-Hit. Für das 79er-Album *The glow* und die 82er-LP *Green light* hatte sie bereits eine eigene Band zusammengestellt, die BUMP BAND. Auch auf dem 86er-Album *Nine lives* sang Bonnie Rocksongs von anderen, nämlich *No way to treat a Lady* aus der Feder von → BRYAN ADAMS und *Stand up to the night*, das Kinogänger aus dem FARAH-FAWCETT-Film *Extremities* kennen werden. Inzwischen hatte sich Bonnie auch als Künstlerin mit politischem und sozialem Engagement einen Namen gemacht. Zusammen mit GRAHAM NASH, JOHN HALL und → JACKSON BROWNE hatte sie 1979 die Musiker-Initiative M.U.S.E. (MUSICIANS UNITED FOR SAFE ENERGY) gegründet, die sich gegen die Nutzung von Kernenergie wandte. Die fünf M.U.S.E.-Konzerte im New Yorker Madison Square Garden, bei denen auch Super-Stars wie → BRUCE SPRINGSTEEN, → TOM PETTY und die DOOBIE BROTHERS mitmachten, wurden auf Platte und Film aufgezeichnet und gingen unter dem Titel *No nukes* in die Geschichte der Rockmusik ein. Daneben engagierte sich Bonnie Raitt mit Wort und Ton auch für Frauen-Organisationen, Umweltschutz- und Menschenrechtsgruppen, und vor allen Dingen für die Situation in Mittelamerika. Außerdem trat sie in vielen Amnesty-International-Konzerten auf und wirkte auch bei → LITTLE STEVENS' *Sun City*-Video mit, einer Aktion gegen die Apartheid in Südafrika. 1988 rief Bonnie eine Organisation ins Leben, die alten und verarmten R & B- und Blues-Veteranen, die zu ihren besten Zeiten nicht angemesen bezahlt worden waren, eine entsprechende Entschädigung einbringen soll. In dieser Zeit wechselte sie auch die Plattenfirma und konnte 1989 wieder ein Album ohne irgendwelche Auflagen machen. Es entstand das Album *Nick of time*, das zweifellos zu ihren besten gehört. Produzent war DON WAS (von WAS NOT WAS), und unter seiner sachkundigen Regie lieferte Bonnie ein zundendes Feuerwerk an Blues, Rock, Reggae und herrlichen Balladen ab. Der Kritiker ROBERT PALMER schrieb darüber: »Miss Raitt war immer eine außergewöhnlich musikalische Sängerin, aber am Anfang war sie auch ein weißes Mädchen, das den Blues sang. Jetzt, egal ob es ein Folk-Protestsong oder ein schroffer Blues aus dem Mississippi-Delta ist, macht sie jeden Song, den sie singt, zu ihrem eigenen.«

Eros Ramazzotti

geb. 28. 10. 1963 in Rom/Italien: voc/g

»Es war einmal ein unbekannter junger Römer, der sang im Nachwuchswettbewerb des SAN REMO FESTIVALS 1984 das

Eros Ramazotti   Foto: Ariola

Lied *Terra promessa* und siegte, landete 1985 mit dem Titel *Una storia importante* seinen ersten europaweiten Hit und ist 1988 ein international gefeierter Star.« So in etwa könnte die Geschichte von Eros Ramazzotti lauten, aber ein bißchen mehr Schweiß steckt schon dahinter. Eros, der mit seinem Aussehen seinem Namen alle Ehre macht, kommt aus einer musikalischen Familie. Sowohl der Großvater als auch der Vater waren recht erfolgreiche professionelle Sänger. Als Kind bekam er zunächst ein Schlagzeug, das er sofort in seine Einzelteile zerlegte, und anschließend eine Gitarre, die er bis heute nicht mehr aus der Hand legte. Zusätzlich trainierte Eros seine Stimme, und mit 17 Jahren nahm er zum ersten Mal an einem Wettbewerb teil,

dem Voci Nuove de Castrocaro, wo er als einer der Besten abschnitt. *Ad un amico* hieß 1982 seine erste Single, die allerdings ein Flop wurde. Also fing Eros richtig zu schuften an, nahm Gitarrenunterricht, textete, komponierte unermüdlich, und 1984 klappte es dann. Mit *Terra promessa* wurde er 1984 der Sieger des San Remo Festivals und hatte einen Bestseller. 1985 nahm er mit dem Titel *Una storia importante* teil, ein Titel, der anschließend wochenlang den 1. Platz der italienischen Hitparade belegte. Ebenso erfolgreich war das dazugehörige Debüt-Album *Cuori agitati,* das nicht nur in Italien ein Superseller wurde, sondern europaweit ausgezeichnet verkaufte. So bekam es z. B. aus der Schweiz Gold und Platin. 1986 setzte

Eros, der junge Sänger, der in seinen Rock-Songs fast ausschließlich Themen für junge Leute behandelt, seinen Siegeszug fort. Mit dem Song *Adesso tu* siegte er überlegen ein weiteres Mal beim San Remo Festival. Auch aus der Schweiz gab's für diese Single dreimal Gold und Platin, und daß er in Bella Italia damit wieder wochenlang den Spitzenplatz der Charts halten konnte, war inzwischen selbstverständlich. *Nuovi eroi* hieß das zweite Album, das 1986 herauskam und ein Millionenseller wurde. Für weltweit 1,2 Millionen verkaufte Alben bekam Eros dreimal Platin aus Italien, dreimal Gold und einmal Platin aus der Schweiz, Gold und Platin aus Österreich und Gold aus Spanien. Auch in Deutschland gingen 150 000 Exemplare dieser LP über den Ladentisch. Zusätzlich nahm Eros Ramazzotti 1986 noch am WORLD POPULAR SONGFESTIVAL in Japan teil und siegte mit seinem Lied *Emozione dopo emozione*. Inzwischen war die Ramazzotti-Begeisterung auch nach Übersee geschwappt. Als der junge Römer im Zuge seiner Tournee auch in Kanada auftrat, erwarteten ihn dort ebenfalls ausverkaufte Hallen. Auch 1987 demonstrierte Eros auf sehr eindrucksvolle Weise, daß er inzwischen zu den Top-Stars gehört. Mit der 3. LP *In certi momenti* lieferte er ein hervorragendes Rock-Album ab, mit der unglaublich eingängigen, temperamentvollen Nummer *Senza perderchi di vista* hatte er wieder einen Single-Hit. Als er Anfang 1988 im Rahmen seiner Tournee nach München in die Olympiahalle ging, befürchteten viele ein halbleeres Haus. Doch über 10 000 Fans füllten die ausverkaufte Halle und jubelten dem Italiener begeistert zu.
Und während im Juli 1988 seine LP *In certi momenti* in den deutschen Charts noch auf Platz 34 lag, trat sein 88er Album *Musica è* auf Platz 21 neu ein.
Danach gönnte sich der Schwarm sämtlicher Teenager und ihrer Mütter zwischen Hamburg und Mailand erst einmal eine Verschnaufpause. 1990 war Eros dann wieder mit einem neuen Album da. *In ogni senso* hieß die LP, die voll an die vorhergehenden Edel-Metall-Werke anknüpfte. Die erste Single hieß *Se bastasse una canzone* und konnte sich, genauso wie das Album, sofort in der deutschen Hitparade plazieren.

Chris Rea

geb. 4. 3. 1951 in Middlesborough/England: voc/g

Er ist dieser Engländer mit der unglaublich sanften und höchst erotischen tiefen Stimme, die aus jedem seiner Songs etwas ganz ungewöhnliches macht. Chris Rea ist halb Ire und halb Italiener und hat sieben Geschwister. Mit 18 Jahren beendete er die Schule und ging danach seinem Vater im elterlichen Café zur Hand. Er verkaufte Eiscreme und Chips und warf auch schon mal renitente Gäste hinaus, was ihm des öfteren eine gebrochene Nase einbrachte. Mit 21 Jahren entschloß er sich dann, den etwas weniger gewalttätigen Beruf des Musikers zu wählen, kaufte sich eine Gitarre und übte so fleißig, daß er heute zu den weltbesten Gitarristen zählt. Natürlich gründete Chris Rea auch eine Band, die zuerst MAGDALENE und später dann BEAUTIFUL LOOSERS hieß. Eine Zeitlang gehörte sogar DAVID COVERDALE, der spätere Ma-

Chris Rea   Foto: Magnet

cher von → WHITESNAKE, zu seinen Musikern. 1975 konnte Chris Rea erste Lorbeeren einsammeln: Er wurde mit seiner Formation zum »Best Newcomer« gewählt. Daraufhin gab es 1976 einen Plattenvertrag, Chris Rea veröffentlichte das Debüt-Album *Whatever happened to Benny Santini?* und hatte mit der Single *Fool (if you think it's over)* einen Hit. Das Lied, das er für seine Schwester als Trost für eine schiefgegangene Liebesgeschichte geschrieben hatte, kam sogar in USA auf Platz 12 und brachte dort dem Engländer 1978 eine Grammy-Nominierung als »Best Newcomer« ein. Vier Jahre später kam das Lied abermals zu Hitehren: ELKIE BROOKS nahm 1982 den Titel auf und kam damit bis auf

Platz 13 in den UK-Charts. Die nächsten Alben *Deltics* (1979), *Tennis* (1980) und *Chris Rea* (1982) schufen dem sympathischen Künstler langsam, aber stetig eine große Fangemeinde, obwohl ihn die Ende der 70er aktuelle Punk- und New-Wave-Bewegung zu keinen guten Charts-Notierungen kommen ließ. Das änderte sich erst wieder 1983 mit dem wunderschönen Album *Water sign*, das sich über 500 000 Mal verkaufte und mit *I can hear your heartbeat* auch einen Single-Hit enthielt. 1984 erschien die LP *Wired to the moon,* und Chris Rea war mit dem Soft-Song *Touché d'amour* in den Charts zu finden. 1985 veröffentlichte er die LP *Shamrock diaries,* mit den Hit-Singles *Stainsby girls* und *Josephine,* das erstmals auch in Deutschland Gold erhielt. Gold gab's dann auch für das 86er Album *On the beach* und für die 87er LP *Dancing with strangers.* 1987/88 war Chris Rea mit den Singles *Let's dance* und *Que sera* in der deutschen Hitparade zu finden. Ende 1988 freuten sich die Rea-Fans über das Album *Best of Chris Rea – new light through old windows,* das praktisch sämtliche Hits des sympathischen Künstlers, aber auch den bislang unveröffentlichten Song *Working on it* enthielt. Die Lieder waren für diese LP nochmals neu gemischt worden. Reas 89er-Album hieß *Road to hell,* der ausgekoppelte Titelsong konnte sich sofort in der deutschen Hitparade plazieren, ebenso die LP. Über Chris Reas ausverkauftes Konzert im Februar 1990 in München schrieb der Musikkritiker THOMAS VESZELITS in der AZ: ». . . er erweckt einen alten Mythos zu neuem Leben, irgendwo zwischen Balladen, Folk, Country-Rock und Esoterik angesiedelt . . .«

Lou Reed

Louis Firbank, geb. 2. 3. 1943 in New York/USA: voc/g

Der Sohn eines Rechtsanwalts war schon früh das Enfant terrible der angesehenen und brav bürgerlichen Familie. Zwar studierte Lou recht erfolgreich Literatur, aber gleichzeitig war er besessen von Musik, Mode und Männern. Er färbte sich die Haare, inhalierte Drogen und war zum Entsetzen aller von seinen Geschlechtsgenossen mehr angetan als von der holden Weiblichkeit. 1965 lernte Lou auf einer Party den walisischen Bergmannssohn John Cale kennen. Auch John paßte nicht in das gängige Bild eines braven Sohnes und hatte gerade die Drogen-Hymne *Heroin* verfaßt, die keiner haben wollte. Die beiden Außenseiter beschlossen eine Band zu gründen, die ihrem morbiden Stil entsprach. Die Truppe hieß zunächst Warlocks, dann The Falling Spikes, bis man sich schließlich auf Velvet Underground einigte, einen Begriff aus einem amerikanischen Sado-Maso-Pulp-Magazin. Der Pop-Papst Andy Warhol wurde auf die Formation aufmerksam, zu der noch der Gitarrist Sterling Morrison und die Trommlerin Maureen Tucker gehörte. Die seltsam aufregende Häßlichkeit ihrer Musik beeindruckte Warhol, und er machte Velvet Underground kurzentschlossen zu einem Teil seiner Multi-Media-Show *The Exploding Plastic Inevitable* und seiner *Silver Factory*. Er steuerte auch die Sängerin Nico bei. Nico, mit bürgerlichem Namen Christa Päffgen aus Köln, hauchte und zischte

künftig die Underground-Lieder. Mit ihr entstand auch das beste Underground-Album *The Velvet Underground and Nico produced by Andy Warhol* (1967). 1970 löste sich die Formation, die bis zuletzt die Nerven (und Ohren) ihrer Zuhörer mit viel Ungewöhnlichem strapaziert hatte, auf. Reed, der inzwischen heroinsüchtig war, ging erst einmal auf Entzug und probierte anschließend eine Solo-Karriere. Iggy Pop und → David Bowie, seine Freunde, unterstützten ihn, und 1972 gab er mit *Lou Reed* sein Debüt als Solist. Das herrlich dekadent klingende *Walk on the wild side* wurde ein Welthit. Und der ›Vater des Punk‹, der mit seinen wilden Drogenexzessen und Sado-Maso-Gehabe Aufsehen erregt hatte, entwickelte sich zum unermüdlichen Arbeiter und braven Ehemann. Bis 1986 veröffentlichte Lou Reed jedes Jahr mindestens ein Album, manchmal auch zwei: *Transformer* (1972), *Berlin* (1973), *Rock'n'Roll animal* (1974), *Sally can't dance* (1974), *Live* (1975), *Metal machine music* (1975), *Coney Island baby* (1976), *Rock'n'Roll heart* (1976), *Walk on the wild side* (1977), *Street hassle* (1978), *Live: take no prisoners* (1978), *The bells* (1979), *Vicious* (1979), *Growing up in public* (1980), *Rock'n'Roll diary* (1980), *The blue mask* (1982), *Legendary hearts* (1983), *New sensations* (1984), *Live in Italy* (1984), *City lights classic performances by Lou Reed* (1985), *Mistrial* (1986). Und Lou Reed heiratete die attraktive New Yorker Multi-Media-Künstlerin Sylvia, die ihn auch künstlerisch unterstützt und zum Beispiel das Cover seine 82er-LP *The Blue mask* entwarf. Musikalisch allerdings blieb Lou Reed noch lange umstritten. Die einen feierten ihn als grandiosen Erneuerer der Rock-Musik, die anderen beschimpften ihn als Hersteller extrem widerlicher Platten und seine Konzerte als ekelhafte Parodien seiner selbst. Erst Mitte der 80er Jahre hatten sich die Gemüter einigermaßen beruhigt, und Lou Reeds Songs wurden objektiver beurteilt. Sein 89er-Album *New York* wurde sogar als ›Meisterwerk in Moll‹ gepriesen. Über sein Konzert im Juni 1989 im Münchner Kongreßsaal schrieb der Musikkritiker MARTIN BREM: »Lou Reed, ganz geläuterter Absolvent der Akademie ›Sex & Drugs & Rock 'n' Roll‹ ist zum musizierenden Literaten geworden. Bebrillt, 47jährig und über den Dingen sich wähnend, erzählt er vom fertigen New York und meint damit Amerika, die Welt.« Im Februar 1987 war Andy Warhol, Lou Reeds Förderer und Stilbildner der frühen Jahre, gestorben. Zwei Jahre danach, 1989, tat sich Reed mit dem Velvet-Underground-Weggenossen John Cale zusammen und verfaßte ein Requiem für den ›Silberprinzen‹. *Songs for Drella* hieß die LP, die im April 1990 auf den Markt kam. Drella war der Spitzname WARHOLS. Die einen behaupten, es sei durch Zusammenziehen der Anfangsbuchstaben von ›DRacula‹ und ›CinderELLA‹ entstanden, die anderen von ›DReadful puELLA‹ (schreckliches kleines Mädchen). Die 15 Songs geben einen Insider-Überblick über Warhols Leben, beginnend mit seiner Jugend in Pittsburgh (*Smalltown*). Die LP wurde ein internationaler Bestseller.

Achim Reichel

geb. 28. 1. 1944 in Hamburg: voc/g

Eigentlich war der blonde Achim musikalisch bereits vorbelastet. Seine Mutter war zwar Schneiderin und sein Vater Seemann, aber seine Großeltern waren Musik-Clowns. Und so verwunderte es eigentlich nicht, daß Achim sofort auf Rock'n'Roll einschwenkte, als er bei CHRIS HOWLAND, alias MR. PUMPERNICKEL, im damaligen WDR zum ersten Mal LITTLE RICHARD hörte. Daran konnte

Achim Reichel   Foto: WEA

auch eine Ausbildung als Kellner nichts ändern, die Reichel 1959 beendete. Zuerst kam ein kleiner Plattenspieler ins Haus, der bald gegen eine Gitarre eingetauscht wurde. Mit den Freunden HERBERT HILDEBRANDT am Baß und DIETER SADLOWSKY am Schlagzeug (der später durch HAJO KREUZFELD ersetzt wurde) entstand die Ur-Form der RATTLES. Die Band bekam bald ein festes Engagement in einem kleinen Club und konnte eigentlich von den Einnahmen ganz gut leben. Aber Achim, der Vorsichtige, der aus einem Elternhaus stammt, in dem Geld immer knapp war, jobbte trotzdem nebenher noch als Beifahrer in einer Fischfabrik und später als Auslieferungsfahrer für Tapeten. Im Norden waren die Rattles Anfang der 60er Jahre eine der beliebtesten Beat-Bands, und nach dem 13. April 1962 breitete sich das Rattles-Fieber über ganz Deutschland aus. An diesem Tag gewannen die Jungs nämlich die Endausscheidung im Hamburger Starclub-Wettbewerb und wurden anschließend von Starclub-Besitzer MANFRED WEISSLEDER professionell unter die Fittiche genommen. Privat sah der gerade 18jährige Achim damals Vaterfreuden entgegen − und als anständiger Mann heiratete er seine ERIKA natürlich. Aus dieser Verbindung stammt die Tochter MARLIES. 1963 waren die Rattles so populär, daß sie auf ihre erste England-Tournee gingen − und mit Superstars wie LITTLE RICHARD, den EVERLY BROTHERS, BO DIDDLEY und den → ROLLING STONES auftraten. Bei ihrer zweiten England-Tournee 1964 waren die Jungs aus dem Hamburger Starclub dann schon die Headliner und hatten ERIC BURDON und → JOE COCKER im Vorprogramm. Aber auch in Deutschland lief es für die Rattles hervorragend. Bis Mitte der 60er Jahre war die Band mit insgesamt 15 Titeln in der deutschen Hitparade vertreten, darunter heutige ›Klassiker‹ wie *La La La, Come an and sing, Stopping in Las Vegas* oder *Love of my life*. 1966 wurden die Rattles dazu auserkoren, beim Münchner Konzert der → BEATLES den Opener zu machen. Ebenfalls 1966 kam auch der Rattles-Film *Hurra, die Rattles kommen!* in die Kinos, der allerdings selbst für Fans kein ungetrübtes Erlebnis war. 1967 wurde Achim Reichel zur Bundeswehr einberufen. Der Grad seiner damaligen Popularität läßt sich daran ermessen, daß der Kasernenfrisör seine abgeschnittene ›Matte‹ über Anzeigen im ›Musik Express‹ büschelweise verkaufte. Die Rattles versuchten für die 18 Monate Bund einen Ersatz für Achim zu finden. Seinen Platz nahmen FRANK DOSTAL und BERND SCHULZ ein, aber ohne ihn versank die Formation allmählich in Bedeutungslosigkeit. Dafür machte Achim in dieser Zeit einen ersten Ausflug ins deutschsprachige Schlagergeschäft: Er nahm die Single *Trag es wie ein Mann* auf, die deutsche Version des GENE-PITNEY-Songs *Take it like a man*. Eine Platte, die heute Seltenheitswert hat, mehr leider nicht. Nach seiner Entlassung aus der Bundeswehr gründete Reichel 1968 zusammen mit DICKY TARRACH, LES HUMPHRIES, HELMUT FRANKE und FRANK DOSTAL die neue Gruppe WONDERLAND. *Moscow* hieß der größte Hit von Wonderland, ebenfalls ein Erfolg war *Boomerang*. Musikalisch war diese Formation mehr im poppigen als im rockigen Bereich angesiedelt. Wonderland durfte mit den Bee Gees auf Tournee gehen und veröffentlichte zwei recht erfolgreiche Alben. Dann packte Achim das Hippie-Fieber, und er delektierte sich an fernöstlichen Philosophien. Wonderland war abgeschrieben, AR & MACHINES nannte er sein neues Projekt. Weitschweifende, meditative Rockimprovisationen wurden produziert, teilweise wurde die Raga-Musik sogar in klösterlicher Abgeschiedenheit eingespielt. In dieser Form spielte Reichel fünf Alben ein, seine *Grüne Reise* gehört heute zu den begehrten Sammlerstükken. Auch privat änderte sich Anfang der 70er Jahre einiges bei Achim. Er trennte sich von seiner Frau Erika und tat sich mit HEIDE PFINGSTEN zusammen. Mit ihr bekam er die gemeinsame Tochter ALENA, und am 4. Dezember 1978 heiratete er seine langjährige Lebensgefährtin. Nach diesem Ausflug ins Meditative kam Reichel wieder auf den Boden der Tatsachen zurück und gründete zusammen mit Frank Dostal einen eigenen Musikverlag. Deutsche Folk-Rock-Gruppen wie OUGENWEIDE und NOVALIS waren bei Reichel im Verlag. Mitte der 70er Jahre wurde Reichel dann wieder selbst musikalisch tätig. Er hatte sich in den letzten Jahren immer mehr mit deutschsprachigen Songs befaßt und brachte 1976 das Album *Dat Shanty-Alb'm* heraus, auf dem er auch Klassiker wie JOACHIM RINGELNATZ mit der *Hochseekuh* vertonte. Diesen Stil führte er dann auch auf dem 77er-Album *Der Klabautermann* und auf der 78er-LP *Regenballade* fort. 1979 gründete Reichel mit Dostal das eigene Label ›Ahorn‹, auf dem er das Album *Die heiße Scheibe* veröffentlichte. 1980 fing Reichel an, sich mit den neuen deutschen Dichtern zu beschäftigen. Er fand in JÖRG FAUSER einen kongenialen Partner, mit dem er bis Mitte der 80er Jahre zusammenarbeitete. Das Team Reichel/Fauser veröffentlichte die erfolgreichen Alben *Unge-*

schminkt (1980), *Blues in Blond* (1981) und *Nachtexpress* (1983). Für das Lied *Der Minister* aus dem *Nachtexpress* erhielten die beiden sogar den begehrten WILLY-DEHMEL-Preis. 1984 trennte sich Reichel von seinem Partner Dostal, 1985 versuchte er sich in dem Kinofilm *Va Banque* noch einmal als Schauspieler. Das Ergebnis war so schlecht, daß er beschloß, künftig lieber nur noch Musik zu machen. 1986 brachte Reichel die LP *Eine Ewigkeit unterwegs* heraus, auf der er versuchte, sich als Texter zu profilieren. Bei der 88er-LP *Fledermaus* trat er dann den Beweis an, daß er nicht nur ein hervorragender Musiker und Interpret, sondern auch ein ebenso einfühlsamer, humorvoller und begabter Texter ist. Ebenso erfolgreich und hörenswert war das 89er-Album *Was Echtes* mit den Single-Hits *Fliegende Pferde* und *Kreuzworträtsel.*

Matthias Reim

geb. 26. 11. 1957 in Korbach: voc/g

Der gutaussehende, blonde Künstler war der Shooting-Star des Jahres 1990. Bis zum Frühjahr 1990 kannte den Newcomer kein Mensch – dann lieferte er mit *Verdammt – ich lieb' Dich* aus dem Stand einen mehrwöchigen Nr.-1-Hit der deutschen Hitparade. Allerdings erwies sich dann, daß der Gold-Junge beileibe kein Neuling in der Musikbranche war. Schon als Teenager im nordhessischen Korbach war Matthias musikbegeistert. Er spielte E-Gitarre und rockte in Schülerkapellen. Nach dem Abitur

Matthias Reim Foto: Polydor

Lieder zu schreiben und zu produzieren. So entstand die nicht alltägliche Liebeserklärung *Verdammt – ich lieb' Dich*, das Lied eines mutigen Machos, der sich auch vor Tränen nicht scheut. Bereits fünf Wochen nach Veröffentlichung war der eingängige Rocksong die Nr. 1 der deutschen Hitparade, nach sechs Wochen waren über 250 000 Singles über den Ladentisch gegangen, es gab die erste Goldauszeichnung. Kurz danach wurde die LP *Reim* veröffentlicht, die eine ganze Sammlung an spontanen, gefühlvollen und rockigen Songs enthält. Inzwischen kann Reim sich ein 24-Spur-Studio leisten; sein Album wurde Nr. 1 der deutschen LP-Hitparade, und auch die zweite Single *Ich hab' geträumt von Dir* wurde ein Bestseller.

Rio Reiser

RALPH MÖBIUS, geb. 9. 1. 1950 in Berlin: voc/p

Rio Reiser war einer der führenden Köpfe der deutschen Gruppe TON, STEINE, SCHERBEN, die in den frühen 70er Jahren zu den deutschen Kultbands gehörte. Rio lebte lange in Bayern, kehrte dann 1967 nach Berlin zurück und schrieb mit 17 Jahren die Musik zu einer Beat-Oper seiner beiden Brüder, die im »Theater des Westens« auch tatsächlich aufgeführt wurde. Singen und Theaterspielen blieb auch weiterhin seine Hauptbeschäftigung, für die Titelrolle in dem Film *Johnny West* erhielt er sogar den Bundesfilmpreis. 1970 rief Rio Reiser

studierte er Germanistik und Anglistik in Göttingen, aber nach zwei Semestern widmete er sich lieber wieder der Musik. Er bekam die Chance, eine LP aufzunehmen, machte ein New-Wave-Album mit deutschen Texten, aber der Erfolg blieb aus. Dann widmete sich Reim immer mehr der Arbeit hinter dem Regiepult, baute sich zuerst ein 8-Spur-Studio, anschließend ein 16-Spur-Studio auf. Er fing an, für deutsche Schlagersänger wie BERNHARD BRINK, ROY BLACK und JÜRGEN DREWS zu arbeiten. 1985 heiratete er seine Ehefrau MIRIAM, mit der er den Sohn BASTIAN hat. Doch der Hobby-Surfer und Spaghetti-Liebhaber hatte immer noch den Traum im Hinterkopf, mal wieder selbst zu singen und nicht nur für andere

Rio Reiser   Foto: CBS

Balladen, die nach Meer, Hafen und Matrosen riechen. Im März 1989 lieferte Reiser dann mit *Über Nacht* den Mini-Soundtrack zu dem Schimanski-Tatort *Der Pott.* Eine neue LP gab es 1990, sie hieß *Rio* und zeigte Rio Reiser wieder von der süffisant-bösartigen Seite im altbewährten, rockigen NDW-Sound.

Relax

PETER VOLKMANN: voc; CLAUS MATHIAS: g; FELIX WEBER: keyb; KLAUS SCHELDT: b; ÖRNIE SINGERL: dr

Die bayerische Band macht Mundart-Rock, der wirklich so »entspannt« wie der Gruppenname wirkt: größtenteils recht sanft, manchmal ein bißchen härter, ohne allerdings je richtig »heavy« zu werden, stets melodiös – und vor allen Dingen mit amüsanten Texten. *Radio hör'n* war 1982 die erste Single, mit der Relax auf sich aufmerksam machte. Der Münchner Sänger, Songwriter und Produzent BERND VONFICHT alias BERNIE PAUL (*Lucky*) ging mit ihnen ins Studio und nahm das Debüt-Album *Relaxed samma* auf, das ein ganz passabler Erfolg wurde. Den deutschlandweiten Durchbruch schaffte das Quintett dann mit dem sanften, witzigen Love-Song *Weil i di mog,* der mit Gold ausgezeichnet wurde. 1983 erschien das zweite Album, *Viu zvui Gfui* (in Hochdeutsch: viel zuviel Gefühl), der Titelsong und die Auskopplung *Ja mei!* wurden abermals Hits. *Herbie auf Hawaii* hieß dann 1984 das dritte Album. *Ein weißes Blatt'l Papier* daraus wurde vergoldet; das nächste Album, *Du i mog di,* lief ebenfalls wieder zufrie-

dann die Gruppe TON, STEINE, SCHERBEN ins Leben, die mit treffenden Sprüchen wie »Macht kaputt, was euch kaputt macht« und »Keine Macht für niemand« bald von sich reden machte. 1985 löste sich die Formation auf, und Rio Reiser wandelte künftig auf Solo-Pfaden. 1986 konnte er den ersten Bestseller landen: der herrlich bösartige Song *König von Deutschland,* in dem Rio so ungefähr sämtlichen wichtigen Politikern reihum eins auswischte, kam bei den 16- und 36jährigen gleich gut an. *Blinder Passagier* hieß dann sein Solo-Album, das viel in ähnlicher Machart bot: rotzige Rock-Songs mit Inhalt, ziemlich schräge augenzwinkernde Schlager und dazu noch ein paar romantische, schwermütige

Relax   Foto: Michael Schultze/Arlola

denstellend. Auf allen Alben konnte man den gut produzierten, melodiösen Soft-Rock von Relax hören. 1985 ließ sich ihr Produzent Bernie Paul einen Gag einfallen: In Anlehung an den Millionenerfolg *Nightshift* von den → COMMODORES spielte er mit ihnen die Single *Bleib heut' nacht bei mir* ein, die prompt ein Erfolg wurde. 1986 gab's dann das Relax-Album *I schenk' dir mei Herz* mit den Singles *Du hast mei Herz in der Hand*, *Heut' geh' ma net hoam* und *Bleib heut' nacht bei mir*. 1987 versuchte Claus Mathias unter dem Pseudonym CLIFF MATTHEWS eine Karriere als englisch-singender Solist anzukurbeln, jedoch ohne Erfolg. 1989 gab es die Relax-LP *C'est la vie (So is'es Leb'n)*, aus dem die Singles *Der Bär groove'd (Der Berg ruft)*,

14 Meter und *I laß di nimmer aus* ausgekoppelt wurden. Der Erfolg von Album und Singles hielt sich in Grenzen.

Stephan Remmler

geb. 25. 10. 1946 im Ruhrgebiet: voc

Stephan Remmler, der Herr mit der nasal-warmen Stimme und den skurrilen Text-Einfällen, war der Kopf und Songschreiber der deutschen Chaoten-Band TRIO. Von 1982 bis 1983 machte diese Formation mit Percussion-betonter Minimal-Musik Furore in deutschen Landen. *Da da da – ich lieb dich nicht, du*

liebst mich nicht (1982 Platz 2 BRD,
Platz 2 GB), *Anna – laßmichrein, laß-
michraus* (1982 Platz 2 BRD), *Bum bum*
(1983 Platz 7 BRD), *Herz ist Trumpf*
(1983 Platz 12 BRD), *Turaluralu – ich
mach Bubu, was machst du?* (1983 Platz
6 BRD) hießen die großen Erfolge von
Trio. Danach löste sich die Gruppe auf,
und ab 1984 wandelte Stephan Remmler
auf Solopfaden. Zusammen mit dem
Mädchen NINA nahm er 1984 den Weltuntergangs-Song *Feuerwerk* auf und
landete damit auf einem ehrenvollen
Platz 32 in Deutschland. Ende 1986
gab's dann das erste Solo-Album des
Künstlers, der künftig brav in dunklen
Anzügen und mit kurzgeschorenen Haaren auftrat. Es hieß nur einfach *Stephan
Remmler*, bot faszinierende Ohrwürmer
mit bösartig-ironisch-witzigen Texten
und wurde ein Bestseller: *Keine Sterne
in Athen* hielt sich wochenlang auf Platz
3 der deutschen Hitparade, *Alles hat ein
Ende nur die Wurst hat zwei* wurde 1987
der Faschings-Schlager schlechthin und
kam ebenfalls bis Platz 3, und mit dem
sehnsüchtigen Soft-Song *Vogel der
Nacht*, auf dem Stephan Remmler übrigens von → ANETE und → INGA HUMPE
begleitet wurde, gab's noch eine dritte
Hitsingle aus diesem Album. Ende 1988
brachte Remmler das zweite Album
Lotto heraus. Mit Songs wie *Keine Angst
hat der Papa mir gesagt, Drei weisse
Birrrken, Oben aufm Berg* oder *Einer ist
immer der Loser* versuchte er an die
vorherigen Single-Erfolge anzuknüpfen.
Obwohl sich das Album recht gut verkaufte, konnten sich die Singles nicht
plazieren.

REO Speedwagon

KEVIN CRONIN, geb. 6. 10. 1952 in USA:
voc/g/p; GARY RICHRATH, geb. 18. 10.
1949 in USA: g; NEAL DOUGHTY, geb.
29. 7. 1946 in USA: keyb/synth; ALAN
GRATZER, geb. 9. 11. 1948 in USA: dr;
BRUCE HALL, geb. 3. 5. 1953 in USA: b/
voc

Die amerikanische Top-Formation verdankt ihre Entstehung der Lernfaulheit
von zwei Studenten. Alan Gratzer und
Neil Doughty, die beide an der Universität von Illinois in Champaign einge-

REO Speedwagon   Foto: CBS

schrieben waren, hatten nämlich keine große Lust zu studieren. Um sich aber trotzdem nicht zu langweilen und etwas Geld zu verdienen, gründeten sie 1968 mit Richrath, Hall und dem Sänger TERRY LUTTRELL eine Band, die sich nach einem Auto der 30er Jahre nannten: REO SPEEDWAGON. Das war das erste Modell eines Lastwagens mit hoher Geschwindigkeit, der 1911 von RANSOM ELI OLDS entwickelt worden war. Zunächst spielte das Quintett nur in kleinen Clubs und Bars und veröffentlichte 1971 das Debüt-Album *REO Speedwagon*. Danach verließ Luttrell die Formation, und Gary Richrath rief in seiner Not, schnellstens einen neuen Sänger zu besorgen, einen »Künstlerdienst für Musiker« in Chicago an. Was Richrath nicht wußte: dieser »Künstlerdienst« war erst drei Tage vorher von Kevin Cronin gegründet worden, bestand nur aus einer Person, nämlich Cronin, und hatte nur einen Zweck, nämlich Cronin einen Job als Sänger zu verschaffen. Richrath war mit Cronins Sanges- und Gitarrenkünsten zufrieden, und zwei Wochen später nahmen sie alle zusammen das zweite Album auf. Die ersten Alben erfreuten sich im amerikanischen Mittelwesten, ihrer Heimat, großer Beliebtheit, doch die wichtigen Metropolen wie Los Angeles oder New York nahmen vorerst keine Notiz von REO Speedwagon. Das änderte sich erst, als die Mitglieder die Produktion ihrer Songs selbst in die Hand nahmen und jenen ganz eigentümlichen »verzögerten« Rock-Sound schufen, der REO Speedwagon von allen anderen Gruppen abhebt. Das erste Ergebnis dieser Eigenproduktion war die Live-LP *You get what you play for* (1977). Das Album erhielt Platin, wie praktisch alle folgenden Alben von REO Speedwagon auch.

Die nächste LP in Eigenregie, *You can tune a piano but you can't tuna fish* (1978) enthielt den ersten Hot-100-Single-Hit der Gruppe, den Song *Roll with the changes*. 1979 brachte REO Speedwagon mit der LP *Hi-Infidelity* wiederum einen absoluten Superseller heraus: Sechs Millionen verkaufte LPs und drei Single-Hits, *Keep on loving you*, *Take it on the run* und *Don't let him go*, waren die stolze Bilanz dieses Albums. Das Quintett schrieb die Songs natürlich selbst, wobei Leadsänger und Frontman Kevin Cronin federführend war und ist. So stammt auch ein Großteil der Songs für das 81er Album *Good trouble* von ihm, ein Album, das mit *Keep the fire burnin'* wieder einen Single-Bestseller enthielt. 1984 veröffentlichte REO Speedwagon die LP *Wheels are turning* und landete 1985 mit den Singles *Can't fight this feeling*, *One loneley night* und *Live every moment* prompt wieder unter den Hot 100, *Can't fight this feeling* war 3 Wochen lang die Nr. 1 der USA. Die gleichbleibend gute Qualität ihrer teils fetzigen, teils sanften Rock-Songs mit den intelligenten und einfühlsamen Texten machten diese amerikanische Formation vor allen Dingen bei den anspruchsvollen Rockfans zu Stars. Speziell für den deutschen Markt wurde 1985 die Compilation *Best foot forward* veröffentlicht, die die größten Hits der Gruppe brachte. 1987 kam die LP *Life as we know it* heraus, die mit *That ain't love* und *In my dreams* ebenfalls wieder zwei Bestseller enthielt. Das Album verkaufte sich in USA wieder millionenfach. 1988 brachte die Formation mit der LP *The hits* abermals eine Best-Of-Kopplung auf den Markt, die allerdings mit *Here with me* und *Don't want to lose you* auch zwei bislang unveröffentlichte

Songs enthielt. 1990 veröffentlichte die Formation dann ihr sechzehntes Album. Es trägt den seltsamen Titel *The earth, a small man, his dog and a chicken,* und was das bedeutet, weiß angeblich nur Bandleader Kevin Cronin, der sich darüber in Schweigen hüllt. Die erste Singleauskopplung war das ziemlich rockige *Live it up.*

Cliff Richard

HARRY WEBB, geb. 14. 10. 1940 in Lucknow/Indien: voc

1990 waren es 31 Jahre, in denen sein Name ohne große Unterbrechungen in den internationalen Charts zu finden war: Cliff Richard. Der ewig jugendlich wirkende Sänger siedelte mit seiner Familie früh von Indien nach England über. Harry absolvierte brav die Schule, arbeitete anschließend ebenso brav tagsüber im Büro und widmete sich in seiner Freizeit seinem einzigen Hobby: Musik. → ELVIS PRESLEY und LITTLE RICHARD waren seine großen Vorbilder, und so änderte er in Anlehnung an den letzteren seinen Namen in Cliff Richard um. Er gründete eine eigene Band, die er THE DRIFTERS nannte, und machte sich bald einen Namen über seine Heimatprovinz Hertfordshire hinaus. 1958 wurde sein Fleiß mit einem Plattenvertrag belohnt, allerdings mußte die Band den Namen − wegen der amerikanischen Gruppe gleichen Namens − ändern. Sie nannten sich fortan THE SHADOWS. *Move it* war dann 1959 die erste Single von Cliff Richard und den Shadows, sie kam bis auf Platz 2 der UK-Charts. Und die er-

Cliff Richard & Sarah Brightman
Foto: Polydor

sten Plätze der englischen und internationalen Hitparaden waren fürderhin für seine Veröffentlichungen reserviert. Bis 1965 hatte der junge Sänger mit dem Image des netten Jungen von nebenan eine stattliche Reihe von Supersellern zu verbuchen: *Living doll* (1959), *Travellin' light* (1959), *Voice in the wilderness* (1960), *Fall in love with you* (1960), *Please don't tease* (1960), *Nine times out of ten* (1960), *I love you* (1960), *Theme for a dream* (1961), *When the girl in your arms* (1961), *The young ones* (1962), *I'm looking out the window* (1962), *It'll be me* (1962), *The next time* (1962), *Summer holiday* (1963), *It's all in the game* (1963), *Don't talk to him* (1963), *The minute you're gone* (1965) erreichten in England alle Platz 1 bzw. 2 der Charts. Einige seiner Hits wie *Lucky lips* (1963) sang Cliff Richard auch in Deutsch. Er drehte Filme und bekam eigene TV-Shows, er war ein Star. Dann starb sein Vater, und Cliff beschäftigte sich fast nur noch mit religiösen Dingen, zog als Prediger durchs Land und sang bei Wohltätigkeitsveranstaltungen Gospels. Aber trotzdem verlor er seine Sangeskarriere nie ganz aus den Augen, und er kam auch von 1965 bis 1968 mit seinen Veröffentlichungen wie *Wind me up, Visions, Time drags by, In the country, It's all over* und *All my love* regelmäßig zumindest unter die Top 10 in England. 1968 konnte er jedoch wieder einen Bestseller landen. Mit dem Titel *Congratulations* machte er den 2. Platz beim Grand Prix d'Eurovision und hatte wieder einen Nr.-1-Hit. 1970 trennte sich Cliff von seiner Begleitband, den Shadows. Diese Instrumentalformation war ja ebenfalls sehr erfolgreich. Von 1960 bis 1980 konnte die Truppe mit Instrumentaltiteln wie *Apache* (1960), *F.B.I.* (1961), *Frightend City* (1961), *Kon-Tiki* (1961), *Wonderful land* (1962), *Guitar Tango* (1962), *Dance on* (1962), *Foot tapper* (1963), *Atlantis* (1963), *Shinding* (1963), *The rise and fall of Flingel Bunt* (1964), *Don't cry for me Argentina* (1979), *Theme from the deer hunter* (1979) und *Ghost riders in the sky* (1980) ebenfalls eine Menge Nr.-1-Hits und Top-10-Erfolge verzeichnen. Im Gegensatz zu seinen großen Vorbildern wie Elvis und Little Richard, war Cliff nie ein Rocker. Er sang meist Soft-Songs, Mainstream-Pop und selbst seine rockigen Titel klangen eher brav und gemäßigt. Und in diesem Stil setzte er auch in den 70er und 80er Jahren seine Karriere

fort. Gleich ob die Arrangements seiner Songs rockig oder discomäßig waren, wie z. B. *Devil woman* (1976), *We don't talk anymore* (1979), *Wired for sound* (1981), *The only way out* (1982), alle waren perfekt produzierte, melodiöse, intelligent arrangierte Pop-Songs mit Niveau. Und mit dieser im Grunde zeitlosen Art von Musik kann Cliff Richard, der Unverwüstliche, sicher noch einmal einige Jahre, wenn nicht sogar Jahrzehnte, überstehen. 1985 war er wieder in den internationalen Charts zu finden, und zwar mit einem Lied aus aus dem von DAVE CLARK (DAVE CLARK FIVE) geschriebenen Musical *Time*. Cliff Richard sang daraus *She's so beautiful*. → STEVIE WONDER hatte den Song arrangiert und produziert und spielte dabei auch alle Instrumente. Einen absoluten Bestseller landete Cliff Richard dann wieder 1987 mit dem Album *Always guaranteed,* das mit den Singles *Pretty one, Some people, Two hearts* und *Remember me* wieder etliche Chartbuster enthielt. Ebenfalls ungemein erfolgreich war 1987 auch die Doppel-LP *Remember me,* die Cliff-Richard-Hits von 1963 bis 1987 bot. Das Weihnachtslied *Misletoe and wine* war kurz nach Erscheinen die Nr. 1 der British Charts. Es war auf dem Doppel-Album *Private collection* enthalten, das die populärsten Richard-Hits der Jahre 1979 bis 1988 präsentierte. Ganz Neues gab's dann wieder im Herbst 1989 zu hören. Im Oktober erschien das Album *Stronger.* Darauf sang Richard nicht nur Lieder seines langjährigen Erfolgskomponisten und Produzenten ALAN TARNEY, sondern auch vom amerikanischen Newcomer-Star RICHARD MARX und von der britischen Hit-Fabrik → STOCK/AITKEN/ WATERMAN. Der SAW-Song *I just don't have the heart* war in Großbritannien und Deutschland ein Hit, ebenso der Marx-Schleicher *The best of me.* 1990 feierte der unermüdliche Künstler seinen 50. Geburtstag, was ihn allerdings nicht daran hinderte, auf eine umjubelte Welt-Tournee zu gehen. Krönender Abschluß waren zwei restlos ausverkaufte Konzerte im Londoner Wembley-Stadion, bei denen Cliff Richard von 144 000 Besuchern gefeiert wurde. Richard, der inzwischen als einziger britischer Musiker 100 Singles veröffentlicht hat, ließ dieses Ereignis mitschneiden und im Herbst 1990 unter dem Titel *The Event* als Live-Doppelalbum veröffentlichen. Der Oldie *Silhouettes* wurde wieder ein Single-Hit.

tion Super-Hits wie *Easy, Three times a lady* und *Still.* Auf diesem genialen Mischungen, bei denen sich Lionel Richie besonders bei seinen Soft-Songs in überwältigender Höchstform zeigte, wurde natürlich auch bald der Rest der amerikanischen Musikbranche aufmerksam. So schrieb und produzierte er ebenfalls sehr erfolgreich mit → KENNY ROGERS, dem US-Star der Crossover-Country-Musik, z. B. das Top-Album *Share your love.* Aus seiner Feder stammt auch der Song *Endless love* für den gleichnamigen Film, ein Duett, das er mit → DIANA ROSS aufnahm und das 1981 wochenlang die Nr. 1 der US Hot 100 war. 1982 beschloß Lionel Richie

Lionel Richie

geb. 20. 6. 1949 in Tuskegee/Alabama, USA: voc

Lionel Richie
Foto: RCA

Zuerst machte er aus der farbigen Funk- und Soul-Formation → THE COMMODORES eine international erfolgreiche Band, dann etablierte er sich selbst als Star-Solist. Der gutaussehende Musiker und glücklich verheiratete Ehemann bezog seine musikalischen Inspirationen aus verschiedenen Quellen. Seine Großmutter, eine Klavierlehrerin, machte ihn mit BACH und BEETHOVEN vertraut, an der Universität kam er mit dem Soul-Sound der → SUPREMES und → TEMPTATIONS in Berührung, und ansonsten beeinflußte ihn die in Alabama vorherrschende Musik, die Country-Musik. Aus diesen verschiedenen Stilrichtungen »braute« er ab 1974 bei den Commodores seine Songs zusammen und schrieb für die Forma-

dann, eine Solo-Karriere zu versuchen. Sie wurde, wie nicht anders zu erwarten, ein grandioser Erfolg. Im September 1982 erschien sein Debüt-Album, und die daraus ausgekoppelte Single *Truly* brachte ihm den Grammy als »Bester Pop-Sänger des Jahres«. Das *Lionel Richie* betitelte Album verkaufte sich mühelos über vier Millionen Mal. Sein Rezept, sehr melodiöse, unkomplizierte Songs mit sensiblen Texten zu versehen und sie dann mit weicher, einschmeichelnder und überzeugender Stimme zu singen, war weltweit erfolgreich. Sein zweites Album *Can't slow down* (1984) bot eine noch mitreißendere Mischung von Songs. Das im heißen Calypso-Stil komponierte *All night long* wurde ein Hit, der sich fast weltweit an die Spitze der Charts setzen konnte und auch in Deutschland bis Platz 2 der Hitparade kam, genauso wie die sanfte Ballade *Hello,* die mitten ins Herz traf; *Stuck on you* klang nach Country, und *Penny lover* war ein perfekter Disco-Soul-Song. Album und Singles wurden allesamt 1984 Superseller. 1985 war Lionel Richie dann mit Filmmusik in den US-Charts zu finden. Aus dem Streifen *White nights,* mit MIKHAIL BARYSHNIKOW und ISABELLA ROSSELINI, der Tochter von IN-GRID BERGMAN, in den Hauptrollen, stammte sein Lied *Say you say me.* Es war vier Wochen lang die Nr. 1 der Hot 100, kam auch in Deutschland bis Platz 10 der Hitparade und verkaufte sich millionenfach. 1986 setzte Lionel Richie seine Erfolgsserie mit dem Album *Dancing on the ceiling* fort. Der Titelsong kam in USA bis Platz 2, die Single *Love will conquer all* auf Platz 9 der Hot 100, der Soft-Song *Deep river woman,* den Richie zusammen mit der Country-Super-Band ALABAMA aufgenommen hatte,

wurde ein Super-Hit, und mit dem süd-amerikanisch angehauchten *Se la* konnte er sich auch in der deutschen Hitparade plazieren. Bis zum nächsten Album ließ sich der Star abermals drei Jahre Zeit. 1989 erschien die LP *The composer.*

Andrew Ridgeley

→ WHAM!

Andrew Ridgeley   Foto: CBS

Smokey Robinson

WILLIAM ROBINSON, geb. 19. 2. 1940 in Detroit/Michigan: voc

→ BOB DYLAN nannte den farbigen Sänger, Komponisten und Texter einmal den »größten lebenden Poeten Amerikas«. Die weiche, warme, zärtliche Spielart des R & B wäre sicher ohne Smokey Robinson um einiges ärmer, vielleicht hätte es ohne ihn auch die Plattenfirma MOTOWN nicht gegeben. Denn mit seinen MIRACLES war Smokey Robinson der erste, den Firmengründer BERRY GORDY JR. verpflichtete, und der es ihm mit seinen Hits ermöglichte, das Imperium des Motown-Konzerns zu schaffen. Smokey Robinson gründete 1957 mit vier Freunden die Gruppe The Miracles: mit RONALD WHITE, WARREN »PETE« MOORE, ROBERT RODGERS und dessen Schwester CLAUDETTE RODGERS, die später seine Frau werden sollte. Sie tingelten in der Gegend von Detroit durch kleine Clubs, wo sie dann von Berry Gordy jr., einem jungen und damals noch unbekannten Produzenten, entdeckt wurden. Als erste Aufnahme entstand 1958 der Song *Got a job,* eine Antwort auf den SILHOUETTES-Hit *Get a job.* Die Single wurde ein Flop. Auch der nächste Song, *Bad girl* (1959) ging zunächst ziemlich unter. Dann beschloß Berry Gordy jr. den Sprung zu wagen, ein eigenes Label zu günden und darauf auf nationaler Ebene das nächste Lied von Smokey Robinson und seinen Miracles zu veröffentlichen: *Way over there* (1960). Es wurde der erste Hit. Alle Songs hatten Smokey und Berry bisher gemeinsam geschrieben. Ende 1960 schrieben sie für den Sänger BARRETT STRONG den Titel *Shop around,* doch Barrett erschien nicht zur Aufnahme. Also nahmen Smokey Robinson & The Miracles das Lied auf und hatten damit ihren ersten Millionenseller und Nr.-1-Hit. Von da an ging es nur noch bergauf. Smokey, ein Spitzname, den ihm sein Onkel gegeben hatte, schrieb fast alle Hits für die Miracles, wie z. B. *You've really got a hold on me* (1963), *Come on do the jerk* (1964), *The tracks of my tears* (1965), *Going to a go-go* (1966), *I second that emotion* (1967), *If you can want* (1968), *Baby, baby don't cry* (1969), *The tears of a clown* (1970). Insgesamt waren Smokey Robinson & The Miracles von 1960 bis 1972 mit 44 Liedern in den Charts. Aber Robinson schrieb auch für andere Interpreten Hits am laufenden Band: für MARY WELLS 1964 den Nr. 1 Hit *My guy,* für die → TEMPTATIONS 1965 den Nr.-1-Hit *My girl* und 1966 *Get ready,* ein Song, der 1970 in der Version von RARE EARTH ein Nr.-4-Hit wurde, für MARVIN GAYE 1965 den Nr.-8-Hit *Ain't that peculiar.* Smokey Robinson hatte auch ein Gefühl für neue Talente, und so redete er Berry Gordy jr. zu, → DIANA ROSS und ihre → SUPREMES zu engagieren. Seine Hits, sein Können und sein Feeling schufen die Grundlage für das TAMLA-MOTOWN-Imperium. 1963 hatte er seine Miracles-Sängerin Claudette Rodgers geheiratet, mit der er zwei Kinder hat, die bezeichnenderweise BERRY und TAMLA heißen. 1965 war er Vizepräsident des Motown-Konzerns geworden, und so war es kein Wunder, daß er 1972, bedingt durch seine vielen arbeitsintensiven Tätigkeiten, bei den Miracles ausschied. Er wollte künftig nur noch als Produzent und − sporadisch − als Solist arbeiten. Die Miracles waren auch ohne ihn weiter erfolgreich; seinen Platz nahm BILL GRIFFIN ein, der nicht nur Smokey sehr ähnlich sieht, sonder der – was viel wichtiger war – auch fast genauso klingt. Denn Smokey Robinsons weiche Falsettstimme, die immer so klingt, als würde er haarscharf danebensingen, hatte ja vor allen Dingen den unglaublichen Erfolg der Miracles ausgemacht. Smokey Robinson konnte auch als Solist weiterhin einen Hit nach dem anderen in den Charts plazieren. *Smokey* hieß 1973 seine erste Solo-LP, und bereits die erste Single daraus, *Sweet harmony*, kam wieder in die Charts. 1979 hatte er einen Nr.-4-Hit mit *Cruisin'*, 1981 gab's Gold für *Being with you*. Smokey Robinson schreibt zwar immer noch schöne Songs, aber absolute Bestseller wie in den 60er Jahren sind auch bei ihm seltener geworden. 1985 war er recht erfolgreich mit dem Album *Essar*, genannt nach seinen Anfangsbuchstaben S. R.; 1986 hieß seine LP *Smokey signals*, das mit *Hold on your love* wieder einen melodiösen Hit enthielt; 1987 veröffentlichte er die LP *One heartbeat*, auf dem der Single-Bestseller *Just to see her* hieß. 1987 wurde Smokey Robinson auch mit einem Grammy als »Bester Sänger« ausgezeichnet. 1990 präsentierte Smokey in altgewohnter Melodiösität auf dem Album *Love, Smokey* wieder eine neue Reihe seiner sanften Ohrwürmer.

Kenny Rogers
Foto: RCA

Kenny Rogers

KENNETH ROGERS, geb. 21. 8. 1938 in Houston/Texas: voc

Man nehme eine rauhe und doch sanfte, ausdrucksvolle Stimme, sentimentale Texte, die sich äußerst geschickt immer hart an der Grenze zum Kitsch bewegen, und Songs, die zwar nach Country klingen, aber doch meistens auch bei Pop eingeordnet werden können – dann hat man die Ingredenzien, die den amerikanischen Superstar Kenny Rogers ausmachen. Mit dieser ungewöhnlich erfolgreichen und perfekten Mischung ist der gutaussehende grauhaarige, bärtige Sänger seit 1977 auf die obersten Plätze der amerikanischen Country- und Pop-Charts abonniert. Er ist ein Interpret, der im Laufe seiner Karriere praktisch alle erreichbaren Auszeichnungen der amerikanischen Musikindustrie in mehrfacher Ausgabe gewonnen hat. Die High-school verließ Kenny Rogers, der sieben Geschwister hat, mit einem Diplom für Musik und Kunst. Anschließend spielte er als Pianist bei dem Jazz-Musiker BOBBY DOYLE und schloß sich dann 1966 dem Folk-Ensemble NEW CHRISTIE MINSTRELS an, wo er den gerade ausgeschiedenen BARRY MCGUIRE *(Eve of destruction)* ersetzte. Nach einem Jahr gründete er mit drei Mitgliedern dieser Formation die Gruppe FIRST EDITION. Die frischen Folk-Rock-Songs dieser Band eroberten innerhalb kurzer Zeit das amerikanische Publikumm, nicht zuletzt wegen Kenny Rogers' unverkennbarer Stimme. So wurde die Band in KENNY ROGERS & THE FIRST EDITION umgetauft. Songs wie *Just dropped in (to see what condition my condition was in)* (1968), *Ruby, don't take you love to town* (1969), *Reuben James* (1969) und *Something's burning* (1970) wurden nicht nur in den USA Hits. Ab 1971 hatte die Formation eine eigene Fernsehshow namens ROLLIN', die von 190 Fernsehstationen in den USA und Kanada regelmäßig ausgestrahlt wurde. Doch dann begann allmählich der Stern der FIRST EDITION zu verblassen, die Hits blieben aus. Mitte der 70er Jahre löste sich die Gruppe sang- und klanglos auf, und Kenny Rogers machte als Solist weiter. Behutsam versuchte er vom Country und Folk wegzukommen, tauschte Steel-Guitar gegen Streicher aus und hatte 1977 mit seinem zweiten Solo-Album, *Kenny Rogers* und der Single *Lucille* den ersten Superseller. Er bekam Gold und wurde mit dem Grammy als »Bester Country-Sänger des Jahres« ausgezeichnet. Und in diesem Stil ging's bis heute weiter. Sämtliche Alben von Kenny Rogers wurden und werden mit Gold oder Platin ausgezeichnet. Er

produziert am laufenden Band Crossover-Hits, die sowohl an der Spitze der Country- als auch der Pop-Charts liegen. So hatte er 1979 Millionenseller mit *She believes in me* und *I don't need you,* Lieder, die ihn weltweit zum Superstar machten. Auch als Duett-Partner war und ist Kenny Rogers erfolgreich und beliebt. Mit DOTTIE WEST zusammen erhielt er 1978 den Grammy als »Bestes Duo des Jahres«; 1980 hatte er mit KIM CARNES im Duett einen Nr.-4-Hit mit *Don't fall in love with a dreamer*; 1983 sang er mit SHEENA EASTON im Duett *We-'ve got tonight,* das ein Nr.-6-Hit wurde; ebenfalls 1983 ging er zusammen mit DOLLY PARTON ins Studio und nahm die von den → BEE GEES geschriebenen Nummer *Islands in the stream* auf, die nicht nur zwei Wochen lang die Nr. 1 in USA war, sondern auch mit Platin ausgezeichnet wurde. Und als er 1984 mit KIM CARNES und JAMES INGRAM als Trio auftrat und das Lied *What about me* aufnahm, konnte sich der Song selbstverständlich in den USA wieder unter den Top 20 plazieren. Dem hervorragenden Künstler und vorbildlichen Ehemann Kenny Rogers ist es ziemlich gleich, wo er musikalisch eingeordnet wird. Denn »den Leuten ist es egal, wenn sie eine Platte kaufen, ob es ein 3/4- oder ein 4/4-Takt ist. Sie kaufen die Platte, weil sie den Song mögen.« Anfang der 80er Jahre besann sich der Sänger auf sein Kunst-Diplom, fing an zu fotografieren und machte sich auch innerhalb kürzester Zeit als exquisiter Lichtbildner einen Namen. 1985 veröffentlichte er das Album *The heart of the matter,* das mit der sanften Pop-Nummer *Morning desire* wieder einen Hit enthielt. 1986 brachte er das Album *They don't make them like they used to do* heraus, der Titelsong war das Thema-Lied des Films *Tough guys*. Die 87er LP hieß *I prefer the moonlight*, auf dem sich Kenny Rogers wieder country-artiger gab. Auch darauf gab es wieder ein erfolgreiches Duett: mit RONNIE MILSAP sang Kenny Rogers *Make no mistake, she's mine*. 1986 und 1988 brachte der amerikanische Superstar Best-Of-LPs heraus, allerdings bei verschiedenen Firmen. Die 86er-LP hieß *Hit singles collection*, die 88er *Greatest hits*. Ebenfalls 1988 erschien dann in gewohnter Qualität das Album *Kenny Rogers*. Mit der 89er-LP *Something inside so strong* erwies der Sänger dem farbigen Songschreiber und Interpreten LABI SIFFRE seine Referenzen, aus dessen Feder der Titelsong stammte. Ende 89 erfreute Kenny seine zahlreichen Fans mit dem Weihnachtsalbum *Christmas in America*.

Pünktlich zum Jahresende 1990 setzte Kenny Rogers dann mit einem *Best-of-Kenny-Rogers*-Album zum Sturm auf die deutsche Hitparade an. Dazu gab es auch die neue Single *What I did for love*.

Rolling Stones

→ MICHAEL PHILIP »MICK« JAGGER, geb. 26. 7. 1943 in Dartfort/Kent, England: voc; KEITH RICHARD, geb. 18. 12. 1943 in Dartford/Kent, England: g; RON WOOD, geb. 1. 6. 1947 in London/England: g; WILLIAM »BILL« WYMAN, geb. 24. 10. 1936 in Siddenham/England: b; CHARLES ROBERT »CHARLIE« WATTS, geb. 2. 6. 1941 in Ishlington, England: dr

In den über 25 Jahren, die diese englische Rock-Band besteht, ist soviel über sie geschrieben worden, daß man damit ganze Regale füllen könnte. Hier soll einmal nicht ausschließlich auf Gerüchte und Skandale, Drogenexzesse und Sexorgien, Gewalttätigkeiten bei Konzerten und so weiter eingegangen werden, sondern über die wichtigsten Stationen der unglaublichen Karriere dieser »greatest Rock 'n' Roll Band in the world« berichtet werden. Mick Jagger und Keith Richard, später »The Glimmer Twins« genannt, trafen sich zum erstenmal Anfang der 50er Jahre in der Volksschule ihrer Heimatstadt Dartford. Sie stellten ihr gemeinsames Interesse an R & B fest und freundeten sich mit dem Bassisten DICK TAYLOR an. Jagger studierte damals Volkswirtschaft, Richard und Taylor waren auf der Kunstakademie. Der beliebteste Aufenthaltsort der drei, die inzwischen zusammen Musik machten, war der »Ealing Blues Club«, in dem die Hausband ALEXIS KORNERS BLUES INCORPORATED spielte. Charlie Watts war Schlagzeuger bei Alexis Korner. Dort trafen sie auch zum erstenmal Brian Jones (geb. 28. 2. 1942), der damals u. a. mit dem Pianisten IAN STEWART spielte. Zusammen mit dem Schlagzeuger TONY CHAPMAN gründeten Jagger, Richard, Taylor, Jones und Stewart dann schließlich die Rolling Stones. Den Namen hatten sie einem Lied des von ihnen hochverehrten MUDDY WATERS entnommen. Anfang 1962 wurde Mick Jagger von Alexis Korner als Sänger in seine Blues Incorporated aufgenommen. Und dieser Tatsache verdanken die Stones dann ihren ersten professionellen Auftritt: Alexis Korner wurde mit seiner Gruppe für einen Radioauftritt engagiert, doch die BBC hatte nur Geld für sechs Musiker, mit Jagger waren es aber sieben.

The Rolling Stones   Foto: CBS

Also mußte Jagger, der jüngste, daheimbleiben — und wurde von Alexis Korner dafür entschädigt, indem er ihm erlaubte, an seiner Stelle mit den Stones im »Marquee Club« aufzutreten Das brachte den ersten großen Erfolg. Gleich danach kamen die ersten personellen Veränderungen: Dick Taylor ging, um sein Kunststudium weiterzuführen (er gründete dann später die Pretty Things). Als neuen Bassisten fanden die Stones per Zeitungsanzeige Bill Wyman (dessen Angaben über das Geburtsjahr übrigens von 1926 bis 1945 variieren), und im Januar 1963 gelang es ihnen, Charlie Watts als Schlagzeuger zu gewinnen und damit Tony Chapman zu ersetzen. Damit stand die Band Rolling Stones. Acht Monate lang spielten die Stones im legendären »Crawdaddy Club« in Richmond und schufen sich damit eine große Fan-Gemeinde. Der heiße, explosive

R & B, den die Stones machten, dazu Mick Jaggers extrovertierte Show, die man von Blues-Leuten gar nicht gewohnt war, machten aus dem Club regelmäßig einen Hexenkessel. Dort sah sie auch Andrew Oldham, ihr erster Manager, der sofort erkannte, was in dieser jungen Band steckte. Seine erste Tat als Manager der Stones war es, den Pianisten Ian Stewart von der Bühne zu verbannen, da der brav und bürgerlich aussehende Musiker nicht zu dem Image paßte, das er den Stones verpassen wollte: wild, grob, rauh, aufrührerisch, mit einem Wort: die Inkarnation eines Bürgerschrecks. Stewart blieb aber, sozusagen als heimlicher sechster Stones, bei der Band, er mußte sich lediglich mit seinem Flügel mehr in den Hintergrund begeben, manchmal sogar hinter einen Vorhang. Fachleute hielten diesen stillen, manchmal recht mürrischen Mann mit den glatt zurückgekämmten Haaren und dem kantigen Kinn für den besten Musiker der Rolling Stones. Später übernahm er auch die Verantwortung für das mobile Aufnahmestudio der Stones und für die technische Crew. Erst Ende der 70er Jahre machte sich Ian Stewart selbständig und gründete seine eigene Bluesband, die ROCKET '88. Die geplante »Bürgerschreck«-Rechnung Oldhams ging voll auf. Am 7. Juni 1963 erschien die erste Single, *Come on,* ein alter Titel von → CHUCK BERRY, der aber in der Version der Stones ein ganz neues, rebellisches Gesicht bekam. Am selben Tag traten die Stones auch erstmals im Fernsehen auf. Und begeistert stürzten sich Publikum und Presse auf diese neue Band: die einen, weil sie angetan waren von dem unkonventionellen R & B, die anderen, weil sie froh waren, wieder ein paar »böse Buben« zu haben, die sie genüßlich und hingebungsvoll in ihren Kritiken zerreißen konnten. Denn die → BEATLES waren ja inzwischen schon fast wieder »ein alter Hut«. Die englandweite Popularität der Stones stieg über Nacht sprunghaft an. Sie traten beim Jazz-Festival in Richmond auf, sie spielten als Vorgruppe bei einer Tour mit den EVERLY BROTHERS, BO DIDDLEY und LITTLE RICHARD, und im November 1963 erschien ihre erste Hit-Single: *I wanna be your man*, eine Komposition von → JOHN LENNON und → PAUL MCCARTNEY. Der Song kam unter die Top 20 der Charts. Im Januar 1964 waren die Stones bereits die Hauptgruppe auf einer Tour; die dritte Single *Not fade away* wurde ebenfalls ein Hit. Inzwischen wurden die Stones von Publikum und Presse auf eine Stufe mit den Beatles gestellt. Und plötzlich waren für die Kritiker die ehedem verdammten

Beatles die braven Buben, während die Stones die bösen, ungewaschenen Schmuddelkinder aus der Gosse waren. Diese Tatsache und das Erscheinen der ersten LP, *The Rolling Stones* (1964), bestärkten die jugendlichen Fans nur in ihrem Glauben, daß diese Gruppe etwas ganz Besonderes sei. Mick Jagger, der Sänger mit der schaurig-schönen, aufregenden Stimme, entwickelte bei seinen Auftritten mehr und mehr sein bis heute anhaltendes Macho-Gehabe. Das »Bürgerschreck«-Image zeitigte Folgen: Wo immer sich die Stones zeigten, ob zu Hause, auf der Bühne oder in Amerika vor einem Plattenstudio, gab es gewaltige Tumulte. Im November 1964 hatten die Stones mit dem R & B-Standard *Little red rooster* ihren ersten Nr.-1-Hit in England. Die nächsten Top-Hits schrieben sie sich dann bereits selbst: *The last time* (1965 Nr. 1 UK, 9 USA, Nr. 1 BRD), *Satisfaction* (1965 Nr. 1 UK, Nr. 1 USA, Nr. 1 BRD), *Get off of my cloud* (1965 Nr. 1 Uk, Nr. 1 USA, Nr. 1 BRD), *19th nervous breakdown* (1966 Nr. 1 UK, Nr. 2 USA, Nr. 1 BRD), *Paint it black* (1966 Nr. 1 UK, Nr. 1 USA, Nr. 2 BRD), Let's spend the night together (1967 Nr. 1 UK, Nr. 1 BRD), *Jumping Jack flash* (1968 Nr. 1 UK, Nr. 3 USA, Nr. 1 BRD), *Honky tonk woman* (1969 Nr. 1 UK, Nr. 1 USA, Nr. 2 BRD). Die Stones hatten sich inzwischen vollkommen in ihr »Outlaw«-Image eingelebt: Drogen brachten sie immer wieder mit dem Gesetz in Konflikt, und sie lernten im Laufe der Jahre die englischen Gefängnisse gründlich von innen kennen. Der Sound hatte sich im Lauf der Jahre geändert: weniger R & B, dafür mehr Rock 'n' Roll. Am 9. Juni 1969 verließ Brian Jones, der schon eine geraume Zeit krank gewesen war, die Stones. Für ihn kam am 13. Juni 1969 MICK TAYLOR (geb. 17. 1. 1948) von JOHN MAYALLS BLUESBREAKERS als neuer Gitarrist. Am 3. Juli 1969 wurde Brian Jones tot in seinem Swimmingpool gefunden. Am 5. Juli gaben die Stones zum Gedenken an Brian Jones im Londoner Hyde Park ein Free Concert: 250 000 Menschen kamen. Die damalige Freundin von Mick Jagger war die Sängerin MARIANNE FAITHFUL, die ja mit der Jagger/Richard-Komposition *As tears go by* 1964 ihren ersten Hit gehabt hatte. Mit ihr flog Jagger 1969 nach Australien, um dort in dem Streifen *Ned Kelly* seine erste Filmrolle zu spielen. Als die heroinsüchtige junge Frau dort einen Selbstmordversuch unternahm, verließ Jagger sie. In diesem Jahr unternahmen die Stones auch nach längerer Zeit wieder eine Amerika-Tournee. Den grauenvollen Abschluß dieser Tour bildete das Konzert in Alamont, wo direkt vor der Bühne ein junger Farbiger von Ordnungshütern erstochen wurde. 1971 brachten die Stones das hochgelobte Album *Sticky fingers* und die Single *Brown sugar* heraus, beide wurden Nr. 1 der Charts. In diesem Jahr gab Mick Jagger auch seine zweite Vorstellung, als Schauspieler in dem Film *Performance*, und lernte BIANCA PEREZ MORENA DE MACIAS kennen, eine glutäugige Schönheit aus Nicaragua, die er am 12. Mai 1971 in St. Tropez heiratete und die am 21. Oktober die Tochter JADE zur Welt brachte. Das 72er Doppelalbum *Exile on main street* zeigte die Stones wieder in Hochform, während die 73er LP *Goats head soup* ein erschreckendes Tief offenbarte. So konnte es auch geschehen, daß ihnenn bei der Tournee in diesem Jahr der als Füller mitgenommene Organist BILLY PRESTON vollkommen die Show stahl.

Mick Jagger war wohl zu sehr mit seiner Bianca beschäftigt. Bill Wyman nützte die immer länger werdenden Pausen zwischen den Alben, um seine erste Solo-LP einzuspielen. Ende 1974 verließ MICK TAYLOR die Band, weil es ihm zu langweilig geworden war. Für ihn kam 1975 Ron Wood, der Gitarrist der FACES. Das Jahr 1976 brachte das stark von »schwarzer« Musik beeinflußte Album *Black and blue,* das Jahr 1977 sah Keith Richard mit seiner Frau ANITA PALLENBERG erneut in Konflikt mit den Gerichten wegen Drogenbesitzes. Doch 1978, mit der LP *Some girls,* bewiesen die Stones aufs neue, daß sie noch lange nicht zum alten Eisen gehörten: einfache und eindringliche »Back-to-the-root«-Songs. *Miss you* war der hervorragende Single-Hit daraus. Dafür brachte dann die 80er LP *Emotional rescue* einen ziemlich erbärmlichen Abstecher der Stones in die Disco-Gefilde, während die 81er LP *Tattoo you* wieder so war, wie man die Stones kennt: hart, laut, unkompliziert, von den Texten her teilweise obzön, ganz einfach mit Biß. 1981 konnte Bill Wyman auch einen Erfolg als Solist verbuchen: mit der Single *(Si si) je suis un rock star* kam er in die Charts. 1984 erschien die Compilation *Rewind 1971–1984,* auf der die größten Stones-Hits aus diesen Jahren zu finden waren. 1985 machte sich Mick Jagger wieder einmal selbständig. Er nahm das Solo-Album *She's the boss* auf und hatte mit den Singles *Just another night* und *Hard woman* zwei internationale Erfolge. Außerdem kam 1985 von Mick Jagger ein Duett mit → DAVID BOWIE auf den Markt. Die beiden hatten den alten Hit *Dancing in the streets* von MARTHA REEVES AND THE VANDELLAS in einer neuen Version aufgenommen, und zwar für das

Live-Aid-Konzert. Der Song wurde ein weltweiter Hit, die Tantiemen kamen den Hungernden in Äthiopien zugute. 1985 starb ganz plötzlich Ian Stewart im Alter von nur 47 Jahren. Er war wegen einer Lungenentzündung zum Arzt gegangen, dort im Wartezimmer plötzlich vom Stuhl gefallen und sofort tot gewesen. Zwei Monate danach gaben die Stones für ihn in seiner Lieblingskneipe »100 Club« ein Gedenkkonzert. Zu den Zuhörern gehörten prominente Kollegen wie JEFF BECK, → ERIC CLAPTON und PETE TOWNSHEND. Als Charlie Watts kurz danach die erste LP mit seiner neugegründeten Jazzband (ein Jugendtraum von ihm) veröffentlichte, stand als Widmung »For Stu« darauf. Auch 1986 verlegten sich die Stones wieder auf das Aufwärmen alter Sachen: Sie veröffentlichten eine neue Version von BOB & EARLS 64er Hit *Harlem shuffle* und hatten damit wieder einen weltweiten Hit, der vermutlich auch auf das wirklich gelungene, amüsanten Comic-Strip-Figuren angereicherte Video zurückzuführen war. Dazu gab's dann 1986 eine neue Stones-LP, das Album *Dirty works,* das natürlich ebenfalls wieder ein internationaler Bestseller wurde. Auch diese LP enthielt übrigens ein Widmung für Ian »Stu« Stewart, den sechsten Stones: »Dieses Album ist Ian Stewart gewidmet. Danke, Stu, für 25 Jahre Boogie Woogie.« Am 25. Februar 1986 erhielten die Rolling Stones, die im Laufe ihrer Karriere weltweit über 70 Millionen Platten verkauft haben, eine ganz besondere Auszeichnung. Im Rahmen der Grammy-Präsentation bekamen die Rolling Stones in Amerika den »Lifetime Achievement Award« überreicht, einen Preis für ihr Gesamtwerk. Den Grund formulierte Eric Clapton bei der

Übergabe folgendermaßen: ». . . dafür, daß sie den Rhythm & Blues zuerst in ihrem Heimatland England und dann in der ganzen Welt eingeführt haben.« Doch 1987 schien sich die Band allmählich ganz in Wohlgefallen, besser gesagt in Streitereien, aufgelöst zu haben: Mick Jagger veröffentlichte sein zweites Solo-Werk *Primitive cool* und sprach angeblich nicht mehr mit seinem »Glimmer Twin« Keith Richard. Charlie Watts war selig mit einer eigenen Jazz Bigband und zeigte wenig Interesse an anderem. Bill Wyman leckte sich die Wunden nach seiner vieldiskutierten Affäre mit der minderjährigen MANDY. Keith Richard betätigte sich als Produzent des Chuck-Berry-Films *Hail! Hail! Rock 'n' Roll,* und Ron Wood träumte von alten Zeiten. Doch Anfang 1988 wurde davon gemunkelt, daß das alte Zugmittel »Geld« die rollenden fünf wieder auf Trab gebracht hätte: für 1 Milliarde DM wollten die Stones angeblich 1988 wieder, nach viereinhalb Jahren Ruhepause, auf Tournee gehen. Doch ganz so schnell wurde daraus nichts. Zunächst ging Keith Richard, die eine Hälfte der legendären Glimmer-Twins ins Studio und spielte das Album *Talk is cheap* ein. Es war sein zweites Solo-Album nach *No guilty* (1980) und es klang mehr nach den Stones als die letzten Stones-Alben. 1989 rissen sich auch die anderen wieder zusammen und veröffentlichten mit *Steel wheels* das erste Album seit 1986 und die beste LP seit langem. Jetzt wagten sich die Alten Herren des Rock auch wieder auf die Piste. Am 31. April 1989 starteten sie in Philadelphia nach achtjähriger Bühnenabstinenz ihre mit Spannung erwartete Welttournee. 70 Millionen Dollar betrug die Mindestgage, die der clevere Geschäftsmann Jagger ausgehandelt hatte. Es wurde ein weltweiter Triumphzug durch die größten Arenen, bei dem die Stones bewiesen, daß sie trotz angegrauter Haare noch lange nicht zum alten Eisen gehören. Auch wenn manche Kritiker sie schon vor dem ersten Auftritt fast ›ins Grab‹ redeten.

Rob'n'Raz Feat. Leila K.

LEILA K., geb. 1972 in Marokko: voc

Das seltsame Trio besteht aus Leila K., der Marokkanerin mit dem attraktiven Leberfleck, und den beiden blonden, blauäugigen Diskjockeys ROB'N'RAZ aus Schweden. Leilas kurze Lebensgeschichte hört sich ziemlich abenteuerlich an: mit 14 Jahren sollte sie mit einem älteren Mann verheiratet werden, deshalb lief sie von Zu Hause fort, wurde aber aufgegriffen und in ein Heim gesteckt. Auch von dort floh sie, ging nach Stockholm, hielt sich als Moped-Kurier über Wasser und nahm schließlich an einem Rap-Wettbewerb in einer Diskothek teil. Sie war die strahlende Gewinnerin, bekam einen Plattenvertrag, ging mit den beiden renommierten Discjockeys ins Studio, und der fröhliche Hip-Hop-Titel *Got to get* entstand. Der Song, der auch von einer waschechten Farbigen aus Harlem gesungen sein könnte, wurde 1989/90 die Nr. 1 in Schweden und Holland, die Nr. 3 in Deutschland und die Nr. 8 in Großbritannien. Auch die zweite Single *Rok the nation* konnte sich europaweit in den Charts plazieren. Das Debüt-Album nannte sich *Rob'n' Raz*

featuring Leila K. und bot außer gekonntem Hip Hop auch House-Beat, Funk und sogar Softiges. Damit hatte → NENEH CHERRY ziemlich heftige Konkurrenz bekommen.

Linda Ronstadt

geb. 15. 7. 1946 in Tucson/Arizona, USA: voc

Die hübsche Linda ist die Tochter eines Rinderzüchters. Sie stammt aus einer sehr musikalischen Familie. Großvater, Vater, Bruder und Schwester waren alle Musiker. Als Kind begann sie bereits mit dem Gitarrespielen, auf der Oberschule war sie Mitglied eines Familientrios, das Auftritte im örtlichen Fernsehen machte. 1964 ging Linda nach Los Angeles, um Profi-Sängerin zu werden. Zusammen mit BOBBY KIMMEL und KENNY EDWARDS gründete die attraktive Sängerin mit der kräftigen, klaren Stimme das Trio STONE PONEYS. Die drei bekamen bald einen Plattenvertrag, und 1967 erschien die Debüt-LP *Stone Poneys*. Doch diese und auch die beiden nachfolgenden Alben, *Evergreen* und *Stoney end*, waren nur mäßig erfolgreich. Mit zwei Single-Hits kamen Linda und ihre STONE PONEYS aber in die Charts: im Januar 1968 mit *Different drums,* das von MICHAEL NESMITH von den → MONKEES für sie geschrieben worden war. Der Song kam bis auf Platz 13 und hielt sich 17 Wochen in der US-Hitparade. Und im März 1969 mit *Up to my neck in high muddy water,* ein Song, der allerdings nur Platz 93 erreichte. Anschließend nahm Linda Ronstadt ihr erstes Solo-Album *Hand sown, home grown* (1969) auf, und von da an ging's bergauf. Die countryartigen Rock-Songs der schwarzgelockten jungen Dame mit den großen dunklen Augen kamen beim Publikum sehr gut an. 1970 erschien ihr zweites Album *Silk purse,* mit dem Top-Seller *Long long time,* der für den Grammy Award nominiert wurde. Ihr 73er Album *Dont't cry now* wurde mit Gold ausgezeichnet, ebenso die nächste LP *Heart like a wheel.* Noch erfolgreicher wurde die Country-Rock-Lady dann ab 1975, als PETER ASHER ihr Produzent wurde. Peter Asher war einst die eine Hälfte des englischen Erfolgsduos PETER & GORDON (*World without love*) gewesen. *Prisoner in disguise* hieß das erste Ergebnis der gemeinsamen Arbeit: Es bekam Gold und Platin und war wochenlang Top 5 in den intenationalen Hitparaden. Gold und Platin brachten ihr auch die Alben *Hasten down the wind* (1976), *Greatest hits* (1976), *Simple dreams* (1977), *Living in the USA* (1978) und *Mad love* (1980). Die letztere erhielt Gold schon allein aufgrund der Vorbestellungen. Es war das rockigste Album von Linda Ronstadt. Zu Recht wurde sie als die führende Rock-Sängerin der 70er Jahre bezeichnet. Doch 1983 wandte sich »Pretty Linda« einem ganz anderen Musikgenre zu. Zusammen mit NELSON RIDDLE und seinem weltberühmten Orchester nahm sie Klassiker der Unterhaltungsmusik der 40er Jahre auf, Kompositionen von GEORGE GERSHWIN, IRVING BERLIN und GORDON JENKINS. Produzent war natürlich wieder Peter Asher. Und wie nicht anders von dieser hochbegabten und versierten Künstlerin zu erwarten war, absolvierte sie auch diesen ungewöhnlichen Part mit Bravour. Mit unglaublicher Intensität und Präzision sang die ehemalige Country- und Rock-Sängerin die swingenden Nummern. Die LP wurde wieder ein durchschlagender Erfolg. Und so kam 1985 gleich nochmals ein Album dieser Musikrichtung heraus: *Lush life.* 1986 ging Linda Ronstadt dann mit DOLLY PARTON und EMMYLOU HARRIS ins Studio und nahm im Trio das Album *Trio* auf, das mit einer neuen, ganz besonders sanft-zärtlichen Version das alten Klassikers *Mr. Sandman* wieder einen Hit enthielt. 1987 wandte sich Linda Ronstadt der Folklore zu und nahm eine LP mit mexikanischen Songs auf: *Canciones de mi Padre.* Nach diesen Ausflügen wendete sich Linda 1989 wieder der country-mäßig angehauchten Pop-Musik zu. Mit dem farbigen Sänger AARON NEVILLE *(Tell it like it is)* nahm sie die LP *Cry like a rainstorm, howl like the wind* auf, die sie wieder in die internationalen Hitparaden zurückbrachte. Mit den Soft-Duetten *Don't know much* und *All my life* und dem bluesigen *When something is wrong with my baby* (ein Oldie aus der Feder von ISAAC HAYES und DAVID PORTER) hatten die beiden auch internationale Single-Erfolge. Im Juni 1990 hatte sich das Album in Amerika bereits über eine Million Mal verkauft.

Marianne Rosenberg

geb. 10. 3. 1955 in Berlin: voc

Das zierliche dunkelhaarige Mädchen mit der glasklaren Stimme gehörte zu den deutschen Superstars der 70er Jahre. Sie stammte aus kleinen Verhältnissen und sang sich mit großer Energie und viel Talent konsequent an die Spitze der deutschen Interpreten. Als eine der ersten ließ Marianne Rosenberg den sogenannten ›deutschen Schlager‹ hinter sich und bot das, was Ende der 70er Jahre als ›deutsche Popmusik‹ klassifiziert wurde: eingängige Songs mit Arrangements, die im Trend lagen, mit Texten, in denen sich Herz nicht nur auf Schmerz reimte, Songs, die nicht brav und bieder klangen und schon 20 Jahre vorher hätten erscheinen können. Die Beatles-Liebeserklärung *Mr. Paul McCartney* war 1970 ihr erster Hitparaden-Erfolg (Platz 39), mit dem 71er-Song *Fremder Mann* kam sie bereits auf Platz 8. *Er ist nicht wie du* (1972), *Jeder Weg hat mal ein Ende* (1972), *Er gehört zu mir* (1975), *Ich bin wie du* (1975), *Lieder der Nacht* (1976) und *Marleen* (1976) hießen ihre Bestseller. Dann wurde es langsam stiller um Marianne, und sie verlegte sich mehr auf das Singen der deutschen Versionen internationaler Tophits wie z. B. *Call me* von → BLONDIE oder *Woman in love* von BARBRA STREISAND. Anfang der 80er Jahre verblüffte Marianne Rosenberg ihre Fans mit dem Song *Duo Infernal* den sie mit der NDW-Chaoten-Truppe → EXTRABREIT aufnahm. Dann stieß sie mit dem Underground-Film *Der Biß* die vor den Kopf, die in ihr immer nur das ›brave Mädel‹ gesehen hatten. Marianne entwickelte sich immer mehr zur Exzentrikerin der deutschen Popmusik, spielte in nicht-kommerziellen Streifen wie *Die Komplizin* und *Reichshauptstadt Privat*, arbeitete mit deutschen Rock-Stars wie → WOLF MAAHN und → RIO REISER. Inzwischen war aus ihr eine höchst attraktive Frau mit gewaltiger dunkler Lockenmähne geworden. 1988 beschloß sie, wieder an ihre Karriere zu denken und

etwas zu machen, was Geld bringen sollte. Viele Produzenten und Songschreiber wurden in Betracht gezogen – aber Marianne entschloß sich zur Überraschung aller für DIETER BOHLEN und sein Lied *I need your love tonight*. Der Song stammte aus der ZDF-Serie *Rivalen der Rennbahn* und brachte Marianne in die Hitparade zurück. 1989 ging sie dann für eine komplette LP ins Studio und wählte als Produzenten den → NICKI- und → WERDING-Macher HARALD STEINHAUER. Das Album hieß *Uns verbrennt die Nacht*, hatte mit *Ich denk an dich, Geh vorbei* und *Eins, zwei, drei (ich hab' gedacht es ist vorbei)* etliche Single-Hits zu bieten und war ein gelungenes Comeback für Marianne Rosenberg. Mit den einschmeichelnden, rhythmischen Songs dieser LP knüpfte sie praktisch nahtlos an ihre Erfolge in den 70er Jahren an.

Diana Ross

geb. 26. 3. 1944 in Detroit/Michigan, USA: voc

Die wunderschöne Diana mit den beeindruckenden Augen und der hinreißenden, unverkennbaren Stimme begann ihre Karriere als eine der drei → SUPREMES-Sängerinnen. Doch der dunkelhäutige Superstar kam vor ganz unten. Ihre Familie war arm. Über ihre Kindheit sagte Diana damals: »Wir waren sechs Kinder, drei Mädchen und drei Jungens. Wir schliefen alle in einem Bett, und immer brannte eine Petroleumlampe, um die Mücken fernzuhalten.« Mit den beiden anderen Supremes, MARY WILSON

Diana Ross Foto: Capitol

und FLORENCE BALLARD, war sie von der Schule her befreundet, und die drei fingen schon in der Grundschule zu singen an. BERRY GORDY, der Chef von MOTOWN RECORDS, hörte das Trio, es gefiel ihm auch, aber er bestand darauf, daß die drei Teenager erst einmal die Schule beendeten. Und als es dann soweit war, zögerte Gordy lange Zeit, Diana unter Vertrag zu nehmen, denn, wie ein früherer Angestellter der Firma sagte: »Keiner wollte sich für einen Teenager, der durch die Nase sang, engagieren.« Also wurde Diana zunächst als Sekretärin eingestellt, und die Kollegen sagten naserümpfend von ihr: »Da kommt die Sekretärin, die denkt, daß sie singen kann.« Denn im Gegensatz zu Florence und Mary hatte Diana nie eine Stimm-

ausbildung bekommen. Aber gerade ihre nasale Art zu singen war es dann, die den Supremes den Durchbruch verschaffte. Ab 1964 hagelte es einen Superseller nach dem anderen: *Where did our love go, Baby love, Come see about me* (alle 1964 Nr. 1 in USA), *Stop! In the name of love, Back in my arms again, I hear a symphony* (alle 1965 Nr. 1 USA), *You can't hurry love, You keep me hanging on* (beide 1966 Nr. 1 USA), *Love is here and now you're gone, The happening* (beide 1967 Nr. 1 USA). Gordy war klug genug zu erkennen, was alles in dieser bildhübschen jungen Frau steckte. Langsam, aber sicher begann er, Diana immer mehr in den Vordergrund zu stellen, und benannte die Formation 1967 in DIANA ROSS AND THE SU-

PREMES um, ließ sie bei Bühnen- und Fernsehauftritten immer mehr im Rampenlicht stehen als die anderen, und gab ihr den Löwenanteil an Solo-Parts. Die Hits in dieser Zeit waren: *Reflections* (1967 Nr. 2 USA), *In and out of love* (1967 Nr. 9 USA), *Love child* (1968 Nr. 1 USA), *I'm living in shame* (1969 Nr. 10 USA), *Someday we'll be together* (1969 Nr. 1 USA). Damit waren die Supremes weltweit die erfolgreichste Soul-Vokal-Gruppe und machten die »schwarze« Musik salonfähig. 1970 war es dann soweit, Diana Ross wurde zur Solistin. Die Supremes machten, in häufig wechselnder Besetzung, weiter, hatten aber außer *Up the ladder to the roof* und *Stone love* (beide 1970) keine Top-10-Erfolge mehr zu verzeichnen. Nach anfänglichen Schwierigkeiten fand Diana in dem Songwriter-Team NICKOLAS ASHFORD und VALERIE SIMPSON kongeniale Partner. *Reach out and touch (somebody's hand)* hieß der erste in einer langen Reihe von Erfolgen, die ihr perfekt auf die samtige Stimme und den schlanken Leib geschrieben waren. Mit *Ain't no mountain high enough* hatte Diana 1970 auch ihren ersten Nr.-1-Hit als Solistin. Doch das genügte Gordy, der inzwischen einen »Narren« an Diana gefressen hatte, nicht. Er wollte, daß Diana auf jedem Gebiet ein Star wurde. Und sie wurde es. Für den Film *Lady sings the Blues*, in dem sie die Rolle der legendären Blues-Sängerin BILLIE HOLIDAY spielte, wurde sie für den Oscar vorgeschlagen, ihre *One woman show* am Broadway, in der sie ihren Werdegang darstellte, erhielt begeisterte Kritiken. Nebenbei entdeckte sie noch die → JACKSONS und half den farbigen Sängerknaben, und damit auch → MICHAEL JACKSON, auf den Weg des Erfolgs. Au-

ßerdem war sie natürlich die ganz Zeit mit ihren eigenen Songs in den internationalen Charts präsent, wie z. B. mit *Touch me in the morning* (1973 Nr. 1 in USA), *Theme from Mahagony (Do you know where you're going to)* (1975 Nr. 1 USA), *Love hangover* (1975 Nr. 1 USA), *Upside down* (1980 Nr. 1 USA, Millionenseller). *Endless love*, ein Song, den sie im Duett mit → LIONEL RICHIE für den Film gleichen Namens aufnahm, war 1981 neun Wochen lang die Nr. 1 in den US-Charts und wurde mit Platin ausgezeichnet. Mit ungeheurer stimmlicher Sicherheit bewegte sie sich zwischen absoluten Soft-Songs, die einem fast die Knie weich werden lassen, und harten Funk-Titeln, die jede Tanzfläche innerhalb kürzester Zeit füllen. Sie erweckte Oldies wie *Why do fools fall in love* von FRANKIE LYMON AND THE TEENAGERS wieder zum Leben (1981) und schrieb sich selbst knackige Top-Hits wie *Work that body* (auf dem Höhepunkt der Aerobic-Welle). Die Mutter von inzwischen vier Kindern schaffte es ohne Schwierigkeiten, in ihrem Lied *Muscles* (1982) ihre »Vorliebe« für Muskelmänner zu besingen und kurz darauf im Duett mit dem spanischen Herzenswärmer JULIO IGLESIAS bei *All of you* dahinzuschmelzen. Sie klang in *Step by step* südamerikanisch angehaucht und sang mit dem von Lionel Richie geschriebenen *Missing you* (1985) eine unter die Haut gehende Hommage für den verstorbenen MARVIN GAYE. Sie gibt mit bewundernswerter Kondition stundenlange Konzerte und blieb einmal, um eine Panik zu vermeiden, bei einem Open-Air-Konzert so lange im wütenden Orkan stehen, bis auch der letzte Besucher in Sicherheit war. Ihre Alben wie *Diana* (1980), *Why do fools fall in love* (1982), *Ross* (1983), und *Swept away* (1984) waren allesamt Bestseller. 1985 veröffentlichte Diana Ross die LP *Eaten alive*. Die Songs dieses Albums waren alle von den → BEE GEES geschrieben worden, bei dem Titelsong *Eaten alive* zeichnete Michael Jackson als Mitautor verantwortlich. Der funkige Titelsong und das an alte Supremes-Zeiten erinnernde *Chain reaction* wurden Single-Hits. Am 23. Oktober 1985 heiratete Diana Ross in New York den norwegischen Schiffsmagnaten ARNE NAESS jr., von dem sie ihr viertes Kind hat. Im Mai 1987 veröffentlichte Diana Ross das Album *Red hot rhythm and blues*. Es bot auf der A-Seite Funk und Disco im Sound der 80er Jahre, die B-Seite war im klassischen MOTOWN-Sound à la Supremes gehalten. Der Hit dieser LP war *Dirty looks*. Im Mai 1989 brachte die schöne Diana, die inzwischen ihr fünftes Kind bekommen hatte, das Album *Workin' overtime* heraus. Es war eine LP voller funkiger, groovender und souliger Dance-Songs, die wieder in die internationalen Hitparaden Eingang fand, genauso wie das im November 89 veröffentlichte Live-Doppel-Album *Greatest hits live*. Im April 1990 konnte man dann erfahren, daß die grazile Diana für die Hauptrolle in einem Film über das Leben der berühmten JOSEPHINE BAKER verpflichtet wurde. Ein Angebot, daß Diana mit Freuden annahm, da die Dame mit dem Bananen-Röckchen schon immer ihr großes Vorbild gewesen ist.

David Lee Roth

geb. 10. 10. 1955 in Kalifornien/USA: voc

Der blonde, gutaussehende David Lee Roth war der Leadsänger der Hard-Rock-Gruppe → VAN HALEN, die mit *Jump* 1984 fünf Wochen lang die Nr. 1 der Hot 100 gewesen war. David mit dem muskulösen, gutgewachsenen Körper war der Liebling der weiblichen Fans von Van Halen, und riß bei den Konzerten mit seinen akrobatischen Sprüngen das Publikum regelmäßig zu Beifalls-

David Lee Roth
Foto: WEA

stürmen hin. 1984 beschloß David Lee Roth, es einmal mit einer Solo-LP zu versuchen, oder besser gesagt mit einem Mini-Album. Denn, wie Mr. Roth in einem Interview sagte: »Ich könnte sofort zehn Alben nennen, die genau vier gute Songs und sonst nichts als Lückenbüßer enthalten. Also habe ich einfach nur das aufgenommen, was wirklich gut ist, und den Rest weggelassen.« Der Erfolg gab ihm mehr als recht. David Lee Roth nahm für dieses Mini-Album *Crazy from the heat* den Titel *Easy street* von DAN HARTMAN, den alten Operettentitel *Just a Gigolo*, den Klassiker *California girls* von den → BEACH BOYS und *Coconut groove* von JOHN SEBASTIAN (LOVING SPOONFUL) auf. Diese ungewöhnliche Mischung, die in keiner Weise etwas mit dem Hard-Rock von Van Halen zu tun hatte, zeigte den Sänger David Lee Roth mit seiner höchst erotischen, heiseren Stimme von einer ganz anderen Seite. Sanft und swingend, poppig und lasziv klang Mr. Roth auf dieser LP, und den Fans gefiel er so. Die *California girls* wurden 1985 ein Nr.-3-Hit in USA, das Medley *Just a Gigolo/I ain't got nobody* kam auf Platz 12, und das Album wurde vergoldet. 1986 veröffentlichte David Lee Roth die LP *Eat 'em and smile*, und darauf war eine ebenso eigenartige Mischung von Songs zu hören. Da gab es knallharte Rock-Songs neben einfühlsamen Blues wie z. B. dem Klassiker *Tobacco road* von JOHN D. LOUDERMILK zu hören, volkstümliche Mitklatsch-Titel wie *Yankee rose* neben verpoppten Liedern wie *That's life*, das man von Frank Sinatra kennt. Mit der Single *Yankee rose* kam er in USA auf Platz 16 der Charts. David Lee Roth hat ein unglaubliches Talent, seine Lieder immer nach Grinsen klingen zu lassen, man hat beim Hören immer das Gefühl, als hätte er bei der Aufnahme einfach unbändigen Spaß gehabt. Dieses Gefühl vermittelte auch die erste 88er Single *Just like paradise,* die in USA wieder ein Bestseller wurde. Dazu erschien im Januar 1988 das Album *Skyscraper,* das sich bis April 1988 in USA bereits über eine Million Mal verkauft hatte.

Roxette

MARIE FREDERIKSSON, geb. 30. 5. 1958 in Schweden: voc; PER GESSLE, geb. 12. 1. 1959 in Schweden: g/voc

Roxette ist das Duo, das bewiesen hat, daß → ABBA und → EUROPE keine schwedischen Zufallstreffer in Sachen Rock- und Pop-Musik waren. Doch noch ehe Roxette ab 1988 dem Rest der Welt ein Begriff wurde, waren die beiden Mitglieder in ihrem Heimatland Stars. Die blonde Marie mit der phantastischen Stimme und der erstklassigen Figur begann ihre musikalische Karriere zuerst als Chorsängerin und hatte 1986 in Schweden den großen Durchbruch. In diesem Jahr brachte sie nämlich ihr zweites Solo-Album heraus, das mit Gold ausgezeichnet wurde. Außerdem wurde sie zur ›besten Sängerin 1986‹ gewählt und mit diversen Preisen ausgezeichnet. 1987 veröffentlichte sie ihr drittes Solo-Album, das inzwischen mit Mehrfachplatin belohnt wurde. Auch 1987 wurde sie wieder als ›beste Sängerin‹ ausgezeichnet, und ihr Album erhielt die Auszeichnung ›bestes schwedisches Album des Jahres‹, denn auf ihren

Solo-Alben singt Marie nur schwedisch. Per Gessle war der Leadsänger, Frontman und Songschreiber der schwedischen Band GYLLENE TIDER. Diese Formation war Anfang der 80er Jahre die erfolgreichste schwedische Pop-Gruppe. Gyllene Tider verkaufte in dieser Zeit in Skandinavien über eine Million Platten und brach bei den Auftritten grundsätzlich sämtliche Besucherrekorde. 1985 löste sich die Truppe auf, und Per Gessle versuchte sein Glück als Solist. Er veröffentlichte zwei recht erfolgreiche Solo-Alben und profilierte sich als Schwedens bester Songwriter. Frida von ABBA sang auf ihrem ersten Solo-Album auch ein Lied von Per. 1986 taten sich die beiden Solisten zusammen und gründeten das Duo Roxette. Ihre Debüt-Single hieß *Neverending love* und wurde auf Anhieb ein Nr.-2-Erfolg, der mit Gold ausgezeichnet wurde. Im November 1986 wurde das Debüt-Album *Pearls of passion* veröffentlicht, das sofort mit Gold und inzwischen mit Mehrfachplatin ausgezeichnet wurde. Fünf Monate hielt es sich unter den schwedischen Top 20 und war das bestverkaufte Album des Jahres 1986. Es folgten die Top-10-Singles *Goodbye to you* und *Soul deep*, und im März brachte Roxette eine Spezial-Version des Debüt-Albums heraus. Sie nannten es jetzt *Dance passion* und hatten von sieben Titeln brandneue 12"-Versionen gemixt. Inzwischen gehörte das Duo bereits zu den skandinavischen Superacts. 1988 machten sich die beiden auf, auch den Rest der Welt zu erobern. *I call your name* hieß die Single, die Roxette im Januar 1988 international veröffentlichte. Der Erfolg hielt sich sehr in Grenzen. Der Siegeszug von Roxette begann erst im Januar 1989 mit der Veröffentlichung der LP *Look sharp*

und der Single *The look*. Der Rock-Song konnte sich fast weltweit an die Spitze der Charts setzen und wurde ein internationaler Millionenseller. Nach weiteren Single-Hits wie dem Soft-Rock *Listen to your heart* und den Tanznummern *Dressed for success* und *Dangerous* entwickelte sich auch das Album zu einem internationalen Millionenerfolg, der weltweit Spitzenplätze in den Hitparaden eroberte. In Deutschland landete die LP auf Platz 4 der Jahresverkaufshitparade 89. Im Mai 1990 erschien die Single *It must have been love*, die ausnahmsweise nicht von der *Look-sharp*-LP stammte, sondern aus dem amerikanischen Kinofilm *Pretty woman*, in dem RICHARD GERE und JULIA ROBERTS die Hauptrollen spielen. Auch dieser recht sanfte Song, der wie alle Roxette-Lieder aus der Feder von Per Gessle stammt, wurde ein internationaler Top-Hit, der z. B. in Amerika wochenlang den 1. Platz der Hot 100 belegte.

Roxy Music

→ BRIAN FERRY

RUN-D. M. C.

JOE SIMMONS »RUN«, geb. 14. 11. 1964 in New York/USA: voc; DARRYL McDANIELS »D. M. C.«, geb. in New York/USA: voc; JASON MIZELL »JAM MASTER JAY«, geb. in New York/USA: voc

Run DMC
Foto: Metronome

»RUN-D. M. C. haben die Zungen der Zerstörung. Unbeugsame Rhythmen mit einer aggressiven und bedrohlichen Sprache mischend, wird jeder Satz zum Todesspruch.« So beschrieb die Fachzeitschrift »sounds« die Musik der drei farbigen New Yorker. Heavy-Metal-Rap ist die Bezeichnung für das, was das Trio macht. Alle drei kennen sich aus der Schulzeit, wo sie wenige Häuserblocks voneinander entfernt im Stadtteil Hollies/Queens aufgewachsen sind. Run und D. M. C. gingen in dieselbe Klasse der katholischen Schule von St. Pascal. und in deren Basketballteam lernten sie Jam Master Jay kennen. Runs Bruder RUSSELL SIMMONS war damals (und ist es heute noch) der Manager des Rap-Königs KURTIS BLOW. Run kam durch seinen Bruder mit Kurtis in Kontakt und durfte mit ihm arbeiten. D. M. C. jobbte als Discjockey, und Jam Master Jay spielte in diversen Bands Baß und Gitarre und verdiente sich ebenfalls sein Taschengeld als Discjockey. 1982 waren alle drei mit der Schule fertig und hatten von Russell die Zusage, eine Platte mit ihnen zu machen. *It's like that* hieß die erste, bereits recht erfolgreiche, Single, der dann Titel wie *Hard times, Rock box, Hollis crew* und das erste Album *RUN-D. M. C.* folgten. Es folgten Chartbuster wie *Sucker Mc's, You talk too much* und *My Adidas*. Denn die Adidas-Sneakers sind das Lieblingsschuhwerk der drei harten Rapper. Allerdings tragen die drei Herren die Fußbekleidung ohne die sonst üblichen Schnürsenkel, was inzwischen zu einem Markenzeichen von RUN-D. M. C. geworden ist und ihnen von der Turnschuhfirma ein siebenstelliges Werbeangebot einbrachte. Weiteres Markenzeichen von RUN-D. M. C.: schwarze Anzüge, schwarze Hüte, um den Hals eine schwere Goldkette und Sonnenbrillen. Durch Videos wie *»Rock box«*, ein halbstündiges Fernseh-Special namens *»RUN-D. M. C. live from The Ritz«* im Juni 1985, einen Auftritt im »Live Aid« im Juli 1985 und einen Auftritt in Dick Clark's berühmten *»American Bandstand«* im August 1985 wurden die drei schwarzen Jungs in Amerika ungemein populär. Dazu kam auch noch die Publicity durch ihren ersten Film *»Kush Groove«,* der im Grunde genommen ihre eigene Karriere nacherzählt. Im November 1985 nahmen sie neben Superstars wie → BRUCE SPRINGSTEEN am Anti-Apartheid-Projekt »Sun city« teil. Und außerdem brachte ihnen das Jahr 1985 den »New York Music Award« in vier Kategorien, (beste Single, bester Song, bester R & B Act und bester Rap Act) und sie wurden bei der Leserumfrage der Fachzeitschrift »*Rolling Stone*« zum »outstanding new act 1985« gewählt, zur »hervorragendsten neuen Band des Jahres 1985«. Damit war das Feld für ihr 86er Album *Raising hell* gut vorbereitet. Die LP erschien und verkaufte sich 3,3 Millionen Mal. Mit der Single *It's tricky,* eine geschickte Mischung aus TONI BASILS Millionenseller *Mickey* und dem Bestseller *My Sharona* von THE KNACK, kamen sie auch in die deutsche Hitparade. Mit *Walk this way,* dem 77er Hit von → AEROSMITH, hatten sie 1986 in USA einen Nr.-4-Hit, in Deutschland kam der Titel auf Platz 8. Für die Aufnahme des Song hatten sich die drei von RUN-D. M. C. die → AEROSMITH-Stars STEVEN TYLER und JOE PERRY ins Studio geholt. 1986 waren die drei New Yorker Rapper, die den Rap gesellschaftsfähig gemacht hatten, die Top-Stars in USA. Allein den Madison Square Garden mit seinen 20 000 Plätzen füllten sie dreimal hintereinander. Im Frühjahr 1988 erschien das nächste Album namens *Tougher than leather.*

Rush

GEDDY LEE, geb. 29. 7. 1953 in Toronto/Kanada: voc/synth; ALEX LIFESON, geb. 27. 8. 1953 in Toronto/Kanada: g; NEIL PEART, geb. 12. 9. 1952 in Toronto/Kanada: dr/perc

Das Trio Rush gehört, wie → SAGA oder → BRYAN ADAMS, zu den kanadischen Rockern. Gegründet wurde die Gruppe 1969 von Lee, Lifeson und dem Schlagzeuger JOHN RUTSEY an der High-School von Toronto. Fünf Jahre lang spielten die drei Schulfreunde mit viel Fleiß, Ausdauer und Zähigkeit in kleinen Clubs, bis sie dann 1973 zum erstenmal ins Studio gingen und ihr Debüt-Album, das nur einfach *Rush* hieß, aufnahmen. Prompt wurde Rush daraufhin für eine vier Monate dauernde US-Tournee mit URIAH HEEP, BLUE OYSTER CULT und RORY GALLAGHER engagiert. Sechs Tage vor dem Start mußte John Rutsey aus gesundheitlichen Gründen aus der Band ausscheiden. Er wurde durch Neil Peart ersetzt. Es waren die phantasievollen Science-fiction- und Mythen-trächtigen Texte von Neil Peart, die Rush innerhalb kürzester Zeit aus der Masse der Hardrock-Bands heraushoben. 1975 kam das zweite Album *Fly by night* auf den Markt und wurde in Kanada mit dem Juno Award, dem kanadischen Grammy, ausgezeichnet. Im selben Jahr erschien auch das dritte Album *Caress of steel,* auf dem sie zum erstenmal ihr Faible für epische Breite demonstrierten. Der Song *Fountain of Lamneth* nahm eine ganze LP-Seite ein. Vollends auf dem Science-fiction-Trip bewegte sich das kanadische Trio dann 1976 mit dem Album *2112.* Inspiriert durch den SF-Roman »*Anthem*« von AYN RAND, erzählt darauf Neil Peart die Geschichte eines fernen Planeten im Jahr 2112. Auch dieses Album bekam, wie die beiden Alben davor, in Kanada Gold. Gold gab's auch für das ebenfalls 1976 veröffentlichte Doppel-Live-Album *All the world's a stage.* Es wurde bei der Tournee mitgeschnitten, bei der Rush erstmals als Headliner auftrat. 1977 eroberte Rush mit einer ausgedehnten Tournee Europa im Sturm. Im Herbst spielte die

Rush   Foto: Mercury

Gruppe das fünfte Album *A farewell to kings* ein. Mit dieser LP begann Rush, auf jedem Album mindestens einen Titel aufzunehmen, der live nicht mehr zu reproduzieren war: Rock-Epen, bei denen sie nach Herzenslust experimentieren und alle technischen Möglichkeiten eines Studios ausnutzen konnten. Auf Album Nr. 6 *Hemispheres* (1978) gab's wieder eine SF-Story, die Geschichte des Raumschiffpiloten Cygnus X-1, der auch schon auf *farewell to kings* im Mittelpunkt stand. Das 80er Album hieß *Permanent waves*, 1981 erschien *Moving pictures*. Bemerkenswert auf letzterem ist der Titel *Witch hunt*, in dem die grauenvolle Dramatik einer mittelalterlichen Hexenverfolgung akustisch umgesetzt wurde. *Moving pictures* kam in England sofort auf Platz 3 der LP-Charts. 1981

gab's auch noch das zweite Live-Doppel-Album *Exit stage left*. Und 1981 ging auf Rush ein wahrer Edelmetallregen nieder: Für *2112, All the world's a stage* und *Moving pictures* gab es in USA Platin für jeweils über eine Million verkaufter Exemplare. 1982 gab es in Amerika für *Moving pictures* zum zweiten Mal Platin, und auch das Live-Album *Exit stage left* wurde mit Platin ausgezeichnet. In diesem Stil ging es weiter: *Signals* (1982), *Grace und pressure* (1983), *Power windows* (1985) – alle Alben von Rush verkauften sich millionenfach und wurden in USA und Kanada grundsätzlich mit Gold und Platin ausgezeichnet. In USA sind die drei Kanadier derartig beliebt, daß sie an fünf aufeinanderfolgenden Abenden die legendäre »Radio City Music Hall« ausverkauften, ein bislang einmaliger Rekord. 1987 brachte Rush die LP *Hold your fire* heraus, auf der sie, wie schon auf *Power windows,* eine härtere Gangart einschlugen: perfekter Bombast-Rock mit Drive. Ende 87 bekam auch diese LP Doppel-Platin in Kanada und Platin in USA. 1988 ging Rush auf große Europa-Tournee, die aufgezeichnet wurde. Daraus entstand nicht nur ein Live-Video, sondern auch ein Live-Doppel-Album, das *A show of hands* hieß und Anfang 1989 erschien. Doch das Rush-Trio legte sich nicht auf die faule Haut, sondern ging sofort wieder ins Studio, um das Album *Presto* einzuspielen, das Ende 1989 auf den Markt kam. Auch diese LP bot wieder melodiöse Rock-Musik in altgewohnter Rush-Qualität. 1990 konnte sich Rush dann mit der LP *Chronicles* in den internationalen Charts plazieren.

Jennifer Rush

HEIDI STERN, geb. 28. 9. 1960 in New York/USA: voc

Ihre Stimme hat die Fülle einer Opernsängerin und die Ausdruckskraft einer Chansonette. Ihre Songs sind eine gekonnte Mischung aus pompösem Pop und geradlinigem Rock. 1984 tauchte der Name Jennifer Rush erstmals in den deutschen Chartslisten auf. Doch die Single *Ring of ice* (BRD 22, UK 14) war nur ein eher mittelmäßiger Erfolg, und die Single *25 lovers* floppte. Erst 1985, mit der getragenen Ballade *The power of love*, die mit sparsamer Instrumentierung einzig und allein von Jennifer Rushs volltönender und ungeheuer si-

cherer Stimme lebte, kam dann der große Durchbruch. Jennifer Rush stammt aus einer musikalischen Familie. Ihr Vater ist ein international bekannter Operntenor, die Mutter Pianistin, die als Korrepetitorin am Nationaltheater in München arbeitet, und ihr Bruder ist ein begehrter Saxophonist. Die ebenfalls musikalisch begabte Tochter ging in New York auf die Musikakademie, studierte dort Gesang, Klavier und Geige und nahm Ballett- und Jazz-Dance-Unterricht. Ihre Leistungen auf der Geige sind bühnenreif. Mit dieser fundierten Ausbildung begann Jennifer Rush 1979 mit ihrer Karriere als Sängerin. Ihr erstes Album in den Staaten, eine lokale Veröffentlichung, fand dort allerdings nur unter »ferner liefen« statt. Als ihre Eltern aus beruflichen Gründen nach Deutschland umzogen, ging Jennifer mit. Aber auch hier dauerte es eine Weile, bis ihr Talent erkannt wurde. Sie jobbte tagsüber bei McDonalds und trat nachts in Clubs und Discotheken auf. Die Wende kam, als sie mit dem Songwriter- und Produzententeam CANDY DE ROUGE und GÜNTHER MENDE zusammentraf. Unter der sachkundigen Anleitung der beiden »Alten Hasen« im Showbusineß entstand 1984 ihr Album *Jennifer Rush*, das sich 1984 und 1985 in der deutschen Hitparade halten konnte und sich weltweit millionenfach verkaufte. Die Single *The power of love* hielt sich 1984/85 ebenfalls wochenlang auf den oberen Plätzen der Hitparade. Und im Herbst 1985 wurde auch England auf diese vorzügliche Soft-Nummer aufmerksam. Der Song stieg bis Platz 1 und belegte zwei Monate lang diese begehrte Position; Jennifer Rush bekam dafür die Auszeichnung für die »meist verkaufte Single einer Solokünstlerin in der Geschichte der englischen Musikindustrie«. Ein nicht gerade alltäglicher Erfolg für eine deutsche Produktion. Im Herbst 1985 kam auch die zweite LP von Jennifer Rush auf den Markt, das Album *Movin'*. Die Single-Hits daraus hießen *Destiny* und *If you're ever gonna lose my love*. Die beiden Alben verkauften sich bis 1987 weltweit über sieben Millionen Mal, Jennifer Rush, in deren stets ausverkauften Konzerten die Teenager mit ihren Vätern und Großvätern einträchtig nebeneinandersitzen, erhielt dafür siebzehnmal Gold, zwölfmal Platin, dreimal Doppel-Platin und eine Diamant-LP. Für ihr drittes Album *Heart over mind* (1987) holte sich Jennifer Rush allerdings neue Produzenten: → HAROLD FALTERMEYER, DESMOND CHILD (der Mitautor von → BON JOVIS Nr.-1-Hit *Living on a prayer war*), ANDY GOLDMARK/BRUCE ROBERTS (die beide für Stars wie PATTI LABELLE und die → POINTER SISTERS schrieben) und GUS DUDGEON (den langjährigen Produzenten von → ELTON JOHN). Der Bombast-Rock-Pop der Sängerin wurde unter diesen neuen Produzenten etwas entschlackt, die Titel mehr »amerikanisch« produziert. Höhepunkt der LP war der Titel *Flames of paradise*, den Jennifer Rush mit → ELTON JOHN im Duett sang und der sich auch in den Hot 100 plazieren konnte. Die beiden anderen Single-Hits aus der LP heißen *I come undone* und *Heart over mind* und kamen selbstverständlich wieder in die Hitparade. Für ihre Europa-Tournee 1987 erhielt Jennifer Rush von ihrer Konzertagentur das seltene Platin-Ticket für mehr als 200 000 vorverkaufte (!) Karten. Bei dem letzten Konzert in Frankfurt wurden der erfolgreichen Sängerin Doppel-Platin für mehr als eine Millionen verkaufter Ton-

träger von *Heart over mind* und dreifach Platin für mehr als 1,5 Millionen verkaufte Tonträger von *Movin'*, jeweils in Deutschland, überreicht. Für Ende 1988 wurde eine neue LP angekündigt.

Ende 1988 erschien das vierte Album *Passion*, das bereits vor Erscheinen, allein aufgrund der Vorbestellungen, mit Gold ausgezeichnet wurde. Die LP war wieder von international renommierten Produzenten aufgenommen worden, wie JELLYBEAN BENITEZ (Harold Faltermeyer, RIC WAKE, → TAYLOR DAYNE), MICHAEL OMARTIAN (CHRISTOPHER CROSS, JERMAINE JACKSON) und KEITH FORSEY (→ BILLY IDOL, → KISS). Die Ballade *You're my one and only* war die erste Single, bei der sich zeigte, das Jennifer Rush inzwischen wohl eher zu einer Album-Künstlerin geworden war, deren Singles nicht mehr die gewohnt hohen Plazierungen brachten. Dieser Trend setzte sich auch bei der fünften LP *Wings of desire* fort. Lediglich das Duett *Till I loved you* mit dem Opern-Star PLACIDO DOMINGO erreichte in Großbritannien Platz 17. Der Song stammte aus dem Musical-Soundtrack *GOYA – a life in a song*. Das Lied war bereits Ende 1988 ein Hit für → DON JOHNSON und BARBRA STREISAND gewesen.

Sabrina

Sabrina Salerno, geb. 15. 3. 1968 in Ge-nua/Italien: voc

Sie hat eine dunkelbraune Locken-mähne, große verträumte Augen, eine

Sabrina
Foto: Peter Sylent/Teldec

erstklassige Figur (1,74 m groß, 55 kg schwer), einen stattlichen Brustumfang und war 1987 Italiens Disco-Star Nr. 1. Die italienische Antwort auf → Saman-tha Fox ist eigentlich Fernsehansagerin und moderierte Show-Sendungen auf dem populären italienischen Kanal 5. Nebenbei besang das flotte Mädel auch immer noch Platten, hatte 1986 sogar eine Nr. 1 in Bella Italia mit *Sexy girl* und startete 1987 erfolgreich zum An-griff auf die deutsche Hitparade. *Boys* hieß das erste Werk der rassigen jungen Dame, die in ihrem Heimatland auch gerne mit Gina Lollobrigida verglichen wird. Der Disco-Titel, bei dem aller-dings von Sabrinas Stimmchen nicht all-zuviel zu hören ist, landete in Deutsch-land auf Platz 2, die Nachfolgesingle *Hot girl* schaffte es immerhin auch noch bis Platz 19. Dazu gab's 1987 auch das Debüt-Album *Subrina*, das vor allen Dingen mit etlichen Cover-Versionen aufwartete: *Kiss* von → Prince, *Lady Marmalade* von LaBelle und *Do ya think I'm sexy* von → Rod Stewart.

Sade

Helen Folasade »Sade« Adu, geb. 16. 1. 1960 in Nigeria: voc; Paul Den-man: b; Paul Cook: dr; Stewart Mat-thewman: g/sax; Andrew Hale: p

1984 tauchte sie plötzlich aus dem Nichts auf: eine geschmeidige, perfekt gewach-sene kleine Frau, mit einem exotisch-schönen Gesicht und einer hinreißend rauchig klingenden Stimme. Und so ge-heimnisvoll exotisch wie ihre Erschei-nung ist auch ihr Name: Sade Adu, die

Sade
Foto: CBS

Tochter einer Engländerin und eines Ni-
gerianers. Geboren in Nigeria, ging sie
1964 mit ihrer Mutter zurück nach England, wuchs bei der Großmutter auf und
kam schließlich nach London, um dort
Mode-Design zu studieren. Sie arbeitete
als Model und bekam 1982 das Angebot, bei der Funk-Gruppe PRIDE als
Backgroundsängerin einzusteigen. Sade,
schon immer brennend an Musik interessiert, machte bei Pride mit, begann
eigenen Songs zu schreiben und gründete schließlich 1983 mit den o. a. Musikern das Quintett Sade. Das musikalische Konzept von Sade war allerdings
nicht Funk, Pop oder Rock, sondern
– Jazz. Jazz mit Latino-Elementen versetzt, komplizierte Songs mit ohrwurm-

artigen Refrains, Lieder, die alle leicht
unterkühlt klingen, aber voller unter-
schwelligem Temperament stecken. Das
Können der Gruppe und die hinreißende Schönheit der hochbegabten Leadsängerin erweckten natürlich bald das
Interesse einer Plattenfirma. 1984 erschien die erste Single von Sade, *Your
love is king*. Und mit dieser coolen Jazz-
Nummer, die von Sades distanziert-ein-
dringlicher Stimme lebt, eroberte die
Gruppe auf Anhieb die UK-Charts, der
Titel landete auf Platz 4. Das darauffolgende Debüt-Album *Diamond life* hielt,
was die Single versprochen hatte: populären, eingängigen Jazz, der das disco-
müde Publikum im Sturm eroberte. In
England, Europa und Amerika wurde
die LP ein Bestseller, ebenso wie die
Single *Smooth operator* (UK 18, BRD
11, USA 5). Ende 1985 erschien die LP
Promise mit den Single-Hits *Sweetest
taboo* (BRD 18, USA 5) und *Never as
good as the first time* (1986 USA 20).
Doch während *Diamond life* noch gewisse Konzessionen an den Pop-Geschmack
gemacht hatte, war die zweite LP sehr
viel jazziger, was ihrem internationalen
Erfolg jedoch keinen Abbruch tat. Dann
hörte man bis Anfang 1988 nichts mehr
von Sade Adu und ihrer Band. Die schöne junge Frau wurde Mutter und ließ
sich für die nächste Produktion lange
Zeit. Anfang 1988 erschien die Single
Love is stronger than pride, eine sehr
coole, sehr exzentrische Jazz-Nummer,
die sich jedoch in Deutschland fast sofort in der Hitparade plazieren konnte.
Stronger than pride hieß dann die dritte
LP, die sich unter den Top 5 der deutschen LP-Charts plazieren konnte. 1990
machte einer von Sades Mitspielern Karriere: RAY ST. JOHN, der für Sade den
ersten Erfolg *Your love is king* und den

Saga Foto: BMG Ariola/Bonairo

Nachfolge-Hit *Smooth operator* geschrieben hatte. Der Gitarrist und Songschreiber St. John gründete zusammen mit dem Sänger CHRISTIAN JAMES und dem Keyboarder NEIL PALMER das Trio HALO JAMES. Mit dem richtigen Feeling verfaßte das Trio etliche eingängige Pop-Songs wie *Could have told you so, Wanted,* und *Baby* und konnte sich damit umgehend in den britischen und teilweise auch in den deutschen Charts plazieren. Auch das Halo-James-Debüt-Album *Witness* wurde ein Erfolg.

Saga

MICHAEL SADLER, geb. 5. 7. 1954 in Kanada: voc/keyb; JIM CRICHTON, geb. 26. 2. 1953 in Kanada: b/keyb; IAN CRICHTON, geb. 3. 8. 1956 in Kanada: g

Gegründet wurde die kanadische Rock-Band 1976 in Toronto von Jim Crichton, Michael Sadler und STEVE NEGUS (dr), die vorher bei der populären kanadischen Band FLOOD gespielt hatten. Ergänzt wurde die Formation dann noch durch Jims jüngeren Bruder Ian und den Keyboarder PETER ROCHON. Das Quintett entwickelte eine progressive Art der

Keyboard- und Synthesizer-betonten Rock-Musik, die Sadler und Crichton, die beide Science-fiction-Fans sind, mit entsprechend phantastischen Texten versahen. 1978 veröffentlichte die Gruppe das Debüt-Album *Saga*. Doch seltsamerweise mochte in Kanada und Amerika niemand die SF-Songs des Quintetts hören, aber in Deutschland machte der Saga-Rock Furore. Das ging so weit, daß Saga in ihrem Heimatland Kanada und auch in Amerika für eine deutsche Rock-Formation gehalten wurde. Dieser Trend verstärkte sich noch mit dem zweiten Album *Images at twilight* (1979) und der dritten LP *Silent knight* (1980), für das sie sich als Verstärkung den Keyboarder JIM »DARYL« GILMOUR geholt hatten, der schließlich ab 1980 Peter Rochon ganz ersetzte. Der typische Saga-Sound wurde mit bis zu vier Keyboards erzeugt, die die futuristischen, teilweise klassisch angehauchten Klangmuster webten, deren Eigentümlichkeit noch durch die schaurig-schönen Texte unterstrichen wurden. Der große Durchbruch gelang Saga dann 1981 mit dem Album *Worlds apart,* das mit *On the loose* und *On stranger* zwei Single-Hits enthielt, die sich auch in Kanada und USA in den Charts plazieren konnten. 1981/82 tourte Saga vor allen Dingen durch West- und Ost-Europa. Saga war die erste kanadische Band, die in Budapest auftrat und erreichte 1982 per »Rockpop in Concert« 27 Millionen Zuschauer. In USA wurde das Quintett inzwischen auch akzeptiert und war umjubelte Vorgruppe von → PAT BENATAR und BILLY SQUIER. Das Ergebnis war dann 1982 ein Live-Album. *Heads or tales* hieß dann 1983 die nächste LP, die ihren Status als Superband unterstrich. Inzwischen kamen aus aller Welt Gold-

und Platin-Auszeichnungen für die fünf Kanadier, von denen allerdings zwei in England geboren wurden. Dann ließ sich Saga zwei Jahre Zeit, bis 1985 die LP *Behaviour* herauskam. Für die daraus ausgekoppelte Single *Who do I know?* holte sich das Quintett mit der Sängerin SHARON BENSON aus London erstmals eine weibliche Stimme in die Gruppe. Ein weiterer Single-Hit aus diesem Album war der Titel *Take a chance*. Danach trat wieder eine zweijährige Pause ein, in der sich die Band den zukünftigen Werdegang überlegte. Ergebnis 1987: Steve Negus und JIM GILMOUR verließen die Band, Saga machte als Trio weiter. Als »gesundgeschrumpftes« Trio veröffentlichte Saga 1987 die Single *Only time will tell*, die wieder ein Bestseller wurde, ebenso das 87er Album *Wildest dreams*. An ihrem Sound hatte sich jedoch nicht viel geändert, denn THOMAS VESZELITS schrieb über ihr Münchner Konzert 1987 in der »Abendzeitung«: ». . .Saga schreitet musikalisch wie optisch auf dem Weg ins Übersinnliche. Bombast-Rock mit Bolymoog-Synthesizer zwischen Science-fiction und Märchen . . . In ihrem Stil ist Saga reichlich antiquiert, fast ein Fossil . . .« Das hinderte die Band aber nicht daran, sich auch diese LP vergolden zu lassen. 1989 ging das Trio abermals ins Studio und nahm dieses Mal die Produktion der LP ganz allein in die Hand. Herauskam dabei das durchaus hörenswerte Album *The beginner's guide to throwing shapes,* mit dem in der Tasche die Formation Anfang 1990 auf eine umjubelte Tournee ging. Über das Konzert im Februar 1990 im Münchner Kongreßsaal schrieb ARNO FRANK ESER in der AZ: ». . . Saga konnte wieder mal beweisen, daß sie in Sachen Kanada-Rock nach wie vor die Nummer eins ist.«

Sandra
Foto: Virgin

Sandra

SANDRA LAUER, geb. 18. 5. 1962 in Saarbrücken: voc

Sie ist 1,70 m groß, hat große braune
Augen, eine kastanienbraune Haarmähne, ein bildhübsches Gesicht, eine hinreißende Figur und großen Erfolg. 1985
war Sandra Lauer der Star der deutschen Disco-Szene. Mit gekonnt un-
schuldigem Gesichtsausdruck sang sie
mit kindlich-naiver Stimme »I'll never be
Maria Magdalena« und eroberte mit dieser eingängigen Tanznummer praktisch
ganz Europa und anschließend die ganze
Welt. Bereits im zarten Alter von fünf
Jahren stand Sandra als Ballettänzerin
auf der Bühne, mit zwölf Jahren nahm
sie ihre erste Single, *Andy, mein Freund,*
auf und beteiligte sich an einem Nach-
wuchsbewettbewerb. Dann kam erst
einmal die Schule, aber gleich nach
ihrem Realschulabschluß wurde sie Mitglied des weiblichen Trios ARABESQUE.
Die drei attraktiven Mädchen feierten
vor allen Dingen in Japan große Erfolge,
wo sie auf der Beliebtheitsskala gleich
nach → ABBA kamen. *Take me don't
break me, Marigot bay* und *In for a penny* hießen u. a. ihre Hits. Alben mit
ihren gutgemachten Pop-Songs gingen
mehr als fünf Millionen Mal über den
Ladentisch. 1982 lernte Sandra den
Komponisten, Musiker und Sänger MI-
CHAEL CRETU kennen. Es funkte zwischen
den beiden, nicht nur privat, sondern
auch beruflich. Das Ergebnis war dann
1984 das Lied *Maria Magdalena,* das
Cretu zusammen mit → HUBERT KAH für
Sandra geschrieben hatte und bei dem
Cretu auch als Produzent verantwortlich
zeichnete. Der Song wurde Nr. 1 der
deutschen Hitparade. Im November
1985 kam dann der nächste Hit von Sandra heraus, *In the heat of the night,* ebenfalls wieder eine gutgemachte, ani-
mierende Tanznummer, die auf Platz 2
landete. Mehr davon bot die Debüt-LP
namens *The long play,* die ebenfalls Ende 1985 erschien und mit *Little girl* einen
weiteren Single-Bestseller enthielt. 1986
setzte Sandra ihren weltweiten Siegeszug mit Titeln wie *Hi! Hi! Hi!, Midnight
man, Innocent love* und der, zur Abwechslung mal, langsamen Nummer
Loreen fort. Dazu gehörte die erfolgreiche zweite LP *Mirrors.* Auch dieses Album entstand unter der Regie von Mi-

chael Cretu, und dem Songwriter-Team Cretu/Hubert Kah. Inzwischen war die zierliche Sandra zum erfolgreichsten deutschen Export-Artikel in Sachen Pop geworden. Ihre Lieder waren nicht nur in Deutschland, Österreich und der Schweiz Nr. 1 der Hitparaden, sondern auch in Portugal, Holland, Belgien, Norwegen, Schweden, Finnland, Island, Griechenland, Israel, Türkei, Venezuela, Argentinien, Peru, Brasilien, Chile, Mexiko und Ecuador und erreichten zumindest die Top 10 in Italien, Frankreich, Spanien, Dänemark, Südafrika und Ägypten. Dafür bekam die attraktive Sängerin Auszeichnungen in Form von 2 Silbersingles, 7 Goldsingles, 2 Platinsingles, 1 Diamant-Album, 2 Platin-Alben und 4 Gold-Alben. Ein ganz schöner Erfolg für nur zwei Jahres Sangestätigkeit. Und 1987 ging es in diesem Stil weiter. *Ten on one (The singles)* hieß das 87er Album von Sandra. Es enthielt nicht nur die bisherigen Erfolge, sondern auch zwei neue Titel. Zum einen war das ein Remake von *Everlasting love,* dem Nr.-1-Hit der Gruppe LOVE AFFAIR aus dem Jahr 1968, und der Song *Stop for a minute,* der in der Fernsehkrimi-Serie *Tatort* zu hören war. Selbstverständlich wurden auch diese beiden Songs wieder internationale Bestseller. Im Januar 1988 legalisierten Sandra und Michael Cretu ihre langjährige Verbindung, in Ibiza schlossen sie den Bund fürs Leben. Aus den Flitterwochen wurde allerdings nichts, denn das frischgebackene Ehepaar eilte sofort wieder ins Studio, um die vierte Sandra-LP einzuspielen. Vorab erschien daraus die Single *Heaven can wait*, die selbstverständlich wieder ein Top-Hit wurde. Im Oktober 1988 erschien das vierte Album der langbeinigen Schönheit mit der kindlich-

lasziven Stimme. *Into a secret land* hieß die LP, die außer *Heaven can wait* mit *Secret land, We'll be together* und *Around my heart* weitere Hitsingles enthielt. Anfang 1990 überraschte sie ihre Fans dann mit dem Remake von *Hiroshima,* einem Lied, das im Original von der Gruppe WISHFUL THINKING stammte. Es wurde ein Top-10-Hit. Dann kam im März 1990 das Album *Paintings in yellow.* Es wurde ein Bestseller. Dann folgte die (neu für Sandra) angerappte Single *(Life may be) a big insanity.* Sie wurde ein Hit.

Carlos Santana

DEVADIP CARLOS SANTANA, geb. 20. 7. 1947 in Autlan/Mexiko: g/voc

Carlos Santana war es, der 1969 mit seiner Band den Latino-Rock, die Verbindung von südamerikanischer Rhythmik mit Rockriffs, weltweit populär machte. Carlos wurde als Sohn eines Mariachi-Musikers geboren. 1954 zog die Familie nach Tijuana. Mit 9 Jahren fing Carlos an, Violine zu spielen und mit der Band seines Vaters in den Straßen von Tijuana aufzutreten. 1959 zog es ihn dann zur Gitarre, seine Heroen waren → CHUCK BERRY, RAY CHARLES, B. B. KING und JIMMY REED, deren Musik aus dem kalifornischen San Diego in die Grenzstadt kam. 1963 gab's dann den nächsten Umzug der Famille Santana, diesmal nach San Francisco, nur Carlos beschloß in Tijuana zu bleiben und weiter in Kaschemmen und billigen Nachtclubs zu spielen. Doch 1966 traf auch er in San Francisco ein, gründete sofort die

Santana Foto: CBS

SANTANA BLUES BAND, zu der spätere Stars wie GREGG ROLIE (keyb), TOM FRAZER (g) und ROD HARPER (dr) gehörten. 1968 hatte die Formation den Namen auf Santana verkürzt und sich mit ihren temperamentvollen Live-Auftritten eine treue Anhängerschar verschafft. Ihr 68er Konzert im legendären Fillmore West wurde ein überwältigender Erfolg. 1969 bekam Santana nicht nur einen Plattenvertrag, sondern wurde auch zum Woodstock Festival eingeladen. Der Auftritt der Gruppe wurde einer der Höhepunkte des Festivals, und als kurz danach das Debüt-Album *Santana* erschien, schoß es sofort auf Platz 1 der US-LP-Charts und wurde schließlich mit Doppel-Platin ausgezeichnet. Die Single-Bestseller aus dieser LP hießen *Evil ways* und *Jingo*. 1970 kam *Abraxas* auf

den Markt, eine LP, die heute schon zu den Klassikern des Latino-Rock gehört und mit *Black magic woman* und *Oye como va* wieder zwei weltweite Single-Hits enthielt. 1970 erschien auch der *Woodstock*-Film, der die Anhängerzahl der Gruppe noch weiter vergrößerte. 1971 kam die LP *Santana III* auf den Markt, die Single-Hits daraus waren *Everybody's everything* und *Nobody to depend on*. Mit von der Partie war bei diesem Album auch der neue Gitarrist NEAL SCHON. 1972 verließen Schon und Rolie Santana, um eine eigene Band zu gründen, nämlich → JOURNEY. Doch 1972 änderte Carlos Santana seinen erfolgreichen Latino-Sound. Beeinflußt von Jazz-Größen wie MILES DAVIS und JOHN COLTRANE ließ auch er Jazziges in seine Lieder einfließen. Das erste Album in dieser Art war 1972 *Caravanserei*, das die Fans zunächst etwas befremdete. Ebenfalls in diesem Jahr erschien das Album *Carlos Santana with Buddy Miles live*. 1973 begab sich Carlos Santana auf den Indien-Trip und nannte sich fortan DEVADIP. Er hüllte sich in wallende weiße Gewänder und nahm zusammen mit MAHAVISHNU JOHN McLAUGHLIN, BILLY COBHAM, → JAN HAMMER und STANLEY CLARK die LP *Love, devotion, surrender* auf, die noch jazziger klang als *Caravanserei*. Aber inzwischen hatten sich die Fans an den »neuen« Santana gewöhnt, und das Album wurde, wie auch alle vorherigen, mit Gold ausgezeichnet. 1974 gab's geradezu eine Santana-Alben-Schwemme: zunächst erschien eine *Greatest-Hits*-Kompilation, anschließend wurde das jazzige Album *Borboletta* veröffentlicht und zusätzlich spielte Santana sein Solo-Album *Illuminations* ein, das allerdings beim Publikum nicht so gut ankam und als erstes Santana-

Album kein Gold erhielt. 1974 ging Santana auch auf eine große Japan-Tournee, während der eine Live-Dreifach-LP aufgenommen wurde, die Ende der 70er Jahre unter dem Namen *Lotus* auf den Markt kam und heute zu den Kult-Platten gehört. 1975 konnte man Santana dann auch in Europa live hören und sehen, was den Verkauf der LP *Amigos* natürlich ankurbelte. Auf diesem Album war Santana wieder zu den ursprünglichen Latino-Rhythmen zurückgekehrt. Von dieser LP gab's auch wieder einen Single-Hit: *Europa.* Das Jahr 1976 brachte die LP *Festival*, die ebenfalls wieder wie die alte Santana klang und mit *Let the children play* ebenfalls wieder einen Single-Bestseller hatte. Auf dem 77er Doppel-Album *Moonflower* mischte Santana Live- und Studio-Material und veröffentlichte mit *She's not there*, einer Cover-Version des alten Zombie-Hits aus dem Jahr 1964, einen Single-Hit. Das 78er Album hieß *Inner secrets*, und auf dem 79er Album *Marathon* stellte Santana den neuen Leadsänger Alex Ligertwood vor. Ebenfalls 1978 brachte Carlos Santana sein erstes Solo-Album in den letzten 5 Jahren heraus, die Fushion-Music-LP *Oneness/Silver dreams – golden reality.* Den Solo-Trip setzte Carlos Santana 1980 mit dem Doppel-Album *The swing of delight* fort, außerdem gab er seine Gitarren-Künste auf der Herbie-Hancock-LP *Monster* zum Besten. Auch 1981 war Carlos Santana wieder fleißig. Zum einen spielte er mit seiner Band die LP *Zebop* ein, die mit *Winning* nach langer Zeit wieder einen US-Top-20-Hit enthielt, zum anderen trat er mit so verschiedenen Künstlern wie Herbie Hancock und Journey auf, und fungierte mit seiner Band als Opener für zwei → Rol-

ling-Stones-Konzerte. Inzwischen befaßte sich Carlos mit afrikanischer Musik, was auf der 82er LP *Shango* zu hören war, bei der übrigens auch Gregg Rolie wieder mitspielte. Mit *Hold on* hatte Santana wieder einen Top-20-Hit in USA. 1983 veröffentlichte Carlos Santana das Solo-Album *Havana moon*, auf dem er sozusagen einen Querschnitt durch seine ganz persönliche Entwicklungsgeschichte bot: Mariachi-Musik, Blues, Soul, Rock, Latino-Rhythmen. 1984 ging Carlos Santana mit → Bob Dylan auf Europa-Tournee und war auch auf dessen *Real-live*-Album zu hören. 1985 erschien die LP *Beyond appearances*, ein sehr rockiges und funkiges Album, von dem es auch wieder einen Single-Hit gab: *Say it again.* Die nächste LP veröffentlichte dieser hervorragende Gitarrist 1987: *Blues for Salvador.* Unter den Mitspielern befanden sich Superstars wie Buddy Miles, Charles Mingus und Tony Williams. Auf diesem Album beschäftigte sich Santana intensiv mit den Menschenrechten, und dieses Thema behandelte auch die zweite 87er LP *Freedom. Freedom* war auch die Überschrift seiner 87er-Welttournee, in deren Verlauf über eine Million Zuhörer die Stadien füllten und dem Gitarren-Guru zujubelten. 1988 erschien das Dreifachalbum *Viva Santana!*, das auf eindrucksvolle Art zwei Jahrzehnte Musikgeschichte dieser Formation dokumentierte. Ein Drittel davon waren digital neu abgemischte Versionen von Santanas größten Hits, ein Drittel bislang unveröffentlichte Live-Mitschnitte und ein Drittel bislang unveröffentlichte Songs. Anläßlich des 20. Jahrestages des Woodstock-Festivals ging Carlos Santana mit seiner Band im Mai 1989 noch einmal auf große Deutschland-Tournee.

Saxon

BIFF BYFORD: voc; PAUL QUINN: g; GRAHAM OLIVER: g; PAUL JOHNSON: b; NIGEL DURHAM: dr

Die englische Hard-Rock-Formation Saxon gehört zur gehobenen Güteklasse dieses Musikgenres. Bei Saxon dröhnt nicht nur ein undefinierbarer, chaotischer Klangbrei, das britische Quintett erfindet auch Melodien und intelligente Texte. Doch es dauerte eine Weile, bis die fünf so weit kamen. Saxon entstand 1977 aus den Überresten der Rock-Gruppe SON OF A BITCH, die jahrelang ziemlich erfolglos durch England getourt war. Bereits das Debüt-Album *Saxon* hob sich vom Hard-Rock- und Heavy-Metal-Einheitsbrei ab, die zweite LP *Wheels of steel* kam bereits in die Top 5 in England. Die Themen ihrer trotz allem donnernden Power-Songs sind nicht immer nur auf Sex und Drugs und Rock 'n' Roll beschränkt. Zeitgenössische Themen wie z. B. die Ermordung Präsident KENNEDYs oder auch historische Themen, sind bei Saxon zu finden. *747 (strangers in the night)*, *Wheels of steel*, *And the band plays on* und *Never surrender* machten sie auch in Deutschland populär. Ihr 81er Album *Denim and leather* wurde in England mit Silber ausgezeichnet. 1981 zog sich der Schlagzeuger PETER GILL eine Handverletzung zu und wurde durch NIGEL GLOCKLER ausgetauscht. Ihre USA-Tournee 1982 war mit sieben ausverkauften Konzerten in Los Angeles und San Francisco ein voller Erfolg. Auf dem 83er Album *The power and the glory* bewies die Hard-Rock-Formation, daß sie auch durchaus in der Lage ist, ruhige, getragene Balladen zu interpretieren. Der amerikanische Produzent JEFF GLIXMAN entschlackte den tosenden Saxon-Sound dazu etwas und machte ihn auf höchst angenehme Art durchsichtiger. Diese neue Linie setzte Saxon auch auf dem 84er Album *Crusader* gekonnt fort. 1986 gab es eine wichtige Umbesetzung in der Band: für STEVE DAWSON kam der Bassist Paul Johnson, und 1987 wurde NIGEL GLOCKLER gegen den 21jährigen Nachwuchstrommler Nigel Durham ausgetauscht. In dieser neuen Besetzung spielte Saxon auch das 88er Album *Destiny* ein, das mit *Ride like the wind* eine gekonnte Cover-Version des ehemaligen CHRISTOPHER-CROSS'-Hits enthielt. Ansonsten setzte Saxon den 1983 eingeleiteten melodiöseren Sound fort.

Scorpions

KLAUS MEINE, geb. 25. 5. 1948 in Hannover: voc; FRANCIS BUCHHOLZ, geb. 19. 2. 19??; b; RUDOLF SCHENKER, geb. 31. 8. 1948 in Hannover: g; MATTHIAS JABS, geb. 25. 10. 1956: g; HERMANN RAREBELL, geb. 18. 11. 1949: dr

Die Scorpions sind die berühmteste und erfolgreichste Hard-Rock-Band Deutschlands. Gegründet wurde die Formation 1965 von Rudolf Schenker; damals war es allerdings noch eine Beatband unter vielen. Das änderte sich erst, als die Scorpions 1972 ihr erstes Album veröffentlichten. *Lonesome crow* ließ die Hard-Rock-Fans in aller Welt aufhorchen. 1975 war es dann soweit, die

Scorpions Foto: Helmut Newton/EMI

Scorpions waren ein internationaler Top-Act geworden, der weltweit Auszeichnungen einheimste, wie »Beste deutsche Rockband«, »Bester Live-Act«. Besonders den Japanern hatten es die fünf Jungs aus Hannover angetan; dort regnete es bereits Goldene Schallplatten für die Gruppe, als sie im eigenen Land noch eine Art Geheimtip für Insider waren. Doch Alben wie *Fly to the rainbow* (1974) und das Live-Doppel-Album *Tokyo tapes* (1978) machten die Scorpions langsam, aber sicher weltweit bekannt. 1979 machten sich die fünf daran, Amerika zu erobern – mit Erfolg. Gleich zu ihrem ersten Konzert in Colorado kamen über 70 000 Besucher. Das 79er Album *Lovedrive* blieb 30 Wochen in den US-Charts, wurde in Frankreich

vergoldet und erhielt in England und Griechenland (!) Silber. In diesem Stil ging's dann weiter. 1980 brachten die Scorpions die LP *Animal magnetism* heraus, ein hervorragendes Album, das ihnen in den USA Gold und in Frankreich Doppel-Gold brachte. Eine frenetisch gefeierte Welttournee beendete dieses Erfolgsjahr. Dann mußten die Scorpions erst einmal pausieren. Klaus Meine, der kleine Mann mit der gewaltigen Stimme, hatte Probleme mit seinen strapazierten Stimmbändern. Doch 1981 gingen die Scorpions schon wieder ins Studio und produzierten das Album *Blackout,* das im März 1982 erschien. Kurz danach gingen die Scorpions abermals auf Welttournee; es wurde eine Tour, die ihresgleichen suchte: ausverkaufte Häuser und Hallenrekorde in Spanien, Frankreich, Italien, England, Japan und Amerika. 1,5 Millionen Fans kamen zu den 150 Auftritten. Das Album erhielt Platin in USA, Gold in Mexiko und Kanada, Doppelgold in Frankreich, wo die Formation auch zur beliebtesten Rockband gewählt wurde. Zu Hause in Deutschland lief jedoch immer noch alles unter dem Vorzeichen, daß der Prophet im eigenen Lande nichts gilt. Hier waren die Scorpions eine unter vielen anderen – hauptsächlich angloamerikanischen – Hard-Rock-Bands. Dabei hob sich die Musik der fünf Hannoveraner schon immer wohltuend vom sonstigen Hard-Rock-Einerlei ab. Ihre Songs haben Melodien, sind perfekt ausgearbeitet. Trotz Lautstärke und Power gelingen ihnen immer wieder hinreißend sanfte, harmonische Balladen. Auf der Bühne sind die fünf hervorragend, mit ihren Shows stellen sie die meisten anderen Rock-Bands souverän in den Schatten. Da stimmt jeder Schritt, jeder Einsatz der fünf vorzüglichen Musiker, die Lichteffekte sind ein wahres Vergnügen, die optischen Einfälle immer für eine Überraschung gut. Da nimmt man die gewaltige Lautstärke gern in Kauf. Deutschland erwachte erst aus seinem Dornröschenschlaf, als die Scorpions 1984 ihre LP *Love at first sting* veröffentlichten, und die Single daraus, die wunderschöne Ballade *Still loving you,* in der deutschen Hitparade ganz nach oben kam. *Live at first sting* hieß die dazugehörige Welttournee, die wieder in den schon üblichen Superausmaßen stattfand: 40 000 Besucher in England, 200 000 in Frankreich, 80 000 in Japan, 45 000 in Kanada, 44 000 in Los Angeles, 60 000 in Chicago, 60 000 in New York. In Frankreich wurde die Single

Still loving you eine Million Mal verkauft. In den amerikanischen LP-Charts waren die Scorpions in diesem Jahr 84 gleich mit drei LPs vertreten: *Love at first sting, Blackout* und *Best of Scorpions.* Die »Live-at-first-sting«-Tour 1984/85 wurde auch mitgeschnitten und als Doppel-Album *World wide live* (1985) herausgebracht. Es war wirklich eine Tournee der Superlative: 203 Auftritte in 12 Ländern mit 2,2 Millionen Besuchern und 73 000 zurückgelegten Kilometern in der Zeit von Januar 1984 bis Februar 1985. Fünf Container-Trucks mit 48 t Anlage waren dabei unterwegs, begleitet von einem 64köpfigen Produktionsteam, 9 700 Gitarrensaiten und 1 000 Drumsticks wurden verbraucht, ca. 1 050 Presse- und Funkinterviews wurden gegeben. Die meisten Zuschauer hatten die Scorpions bei ihrem Auftritt beim »Open-Air-Festival« in Rio de Janeiro mit 400 000 Besuchern; am schnellsten wurden die Eintrittskarten in Chicago verkauft: nach sechs Stunden Vorverkauf waren 18 500 Tickets weg. Das Album *World wide live* wurde natürlich wieder ein Bestseller: In Deutschland gab's dafür Gold, in USA war es das einzige Doppel-Album der letzten 10 Jahre, das auf Anhieb Platin-Status erreichte. Beim »Monsters-Of-Rock«-Festival 1987 waren die Scorpions die Headliner, vor anderen Super-Acts wie Ozzy Osbourne, → Bon Jovi und der → McAuley-Schenker-Group. 1988 veröffentlichten die Scorpions in altgewohnter, hervorragender Qualität (sowohl von den Songs als auch von der Produktion her) das Album *Savage Amusement.* Daran schloß sich natürlich wieder eine Welttournee, die im Zeichen von Glasnost vom 16. bis 24. April 1988 in Leningrad eröffnet wurde. 1989 veröffentlichten die Scorpions das Album *Best of Rockers N' Ballads*. Es enthielt die neue Single *Can't explain* (eine Cover-Version des Who-Titels), einige der schönsten Scorpions-Balladen *(Rhythm of love, Still loving you)* und vier neue Mixes von *Holiday, Big city nights, Is there anybody there* und *Hey you*. Das Album konnte sich wieder international und auch in der deutschen Hitparade plazieren.

Bob Seger

Bob Seger, geb. 6. 5. 1945 in Ann Arbor/Michigan, USA: voc/g

Bob Seger ist ein exzellenter amerikanischer Rockmusiker. Der Sänger mit der rauhen, intensiven Stimme kommt aus einer musikalischen Familie. Sein Vater, ein Ford-Arbeiter, war am Feierabend der Leader einer 13köpfigen Tanzkapelle, dem Stewart Seger Orchestra. Bob war schon als Junge musikbegeistert und spielte als Teenager in Schülerbands Gitarre. The Decibles und die Town Criers waren High-School-Bands, in denen er sich einen Namen machte. Doch es war ein langer, beschwerlicher Weg, bis Bob Seger zum heutigen Ruhm aufstieg. Seine erste Single, *East side story* (1966), die er als Organist in einer Band namens Doug Brown & The Omens aufgenommen hatte, wurde nur ein kleiner, lokaler Hit. Die nächste Veröffentlichung, *Persecution Smith*, wurde erst nach der vierten (!) Veröffentlichung in Detroit ein Erfolg. 1968 gründete Bob Seger eine Band namens The System, die von 1968 bis 1970 immerhin zwei kleinere

und einen respektablen Hit zu verzeichnen hatte: *Ramblin' gamblin' man* kam 1969 bis Platz 17 der Hot 100, *Ivory* (1969) und *Lucifer* (1970) tummelten sich mehr in den unteren Bereichen der Charts. Danach machte sich Bob Seger als Solist selbständig, aber der große Durchbruch ließ immer noch auf sich warten. Landes- und weltweit blieb Bob Seger immer nur ein »heißer Insider-Tip« der Kritiker. Das breite Publikum hatte (noch) kein Ohr für die hervorragende Rockmusik des Musikers aus Ann Arbor. Dabei war und ist sie eigentlich genau das, was einst den Rock so populär gemacht hat: laut, rauh, aggressiv und rotznasig, ungeheuer mitreißend, ungeschönt, direkt, und doch einfühlsam. *Beautiful loser* hieß Anfang der 70er Jahre ein Bob-Seger-Album, und dieser Titel war symptomatisch für ihn. Er war der »schöne Verlierer«, den die Experten zwar für phantastisch hielten, von dem das Publikum aber nichts wissen wollte. Dies änderte sich erst Mitte der 70er Jahre mit seiner Gruppe The Silver Bullet Band. Der »Detroit Detonator«, wie ihn die Fachzeitschrift »Sounds« einmal genannt hatte, eroberte die USA und auch gleich den Rest der Welt. Alben wie *Night moves* (1976), *Stranger in town* (1978), *Against the wind* (1980), *Nine tonight* (1981) und *The distance* (1982) sicherten ihm endlich den Bekanntheitsgrad, den er schon immer verdient hätte. Seine LPs verkauften sich plötzlich millionenfach, *Night moves* z. B. über 4 Millionen Mal. Seine Singles wie *Night moves* (1977), *Still the same* (1978), *Hollywood nights* (1978), *We've got tonight* (1978), *Fire lake* (1980), *Against the wind* (1980), *Tryin' to live my life without you* (1981), *Shame on the moon* (1982) konnten sich allesamt unter den Top 10 der US-Charts plazieren. Auch andere Top-Stars begannen plötzlich Bob-Seger-Songs zu singen, wie z. B. → KENNY ROGERS und SHEENA EASTON im Duett *We-'ve got tonight* oder JOHNNY HALLIDAY die französische Version von *Still the same.* Bob Segers Konzerte sind Ereignisse. Voller Hingabe an seine Musik verausgabt er sich bis zum letzten, schafft es wie wenig andere, mit Schweiß, Energie und Können »schwarze« Blues- und Rock-Power auf die Bühne zu bringen. Die Zeitschrift »Melody Maker« hat seine Auftritte am treffendsten beschrieben: »Es gibt keinen Grund, sich überhaupt noch ein anderes Rock-Konzert anzusehen: Seger schafft es, 25 Jahre Rock-Geschichte in eineinhalb Stunden zu pressen.« 1984 war Bob Seger wieder in den US-Charts vertreten, und zwar mit dem Titel *Understanding* aus dem Film *Teachers,* 1986 hatte er zwei Hits mit *American storm* (Platz 13) und *Like a rock* (Platz 12), die beide aus dem Millionenseller-Album *Like a rock* stammten. 1987 sang und schrieb Bob Seger wieder Film-Musik. Für den Erfolgs-Streifen *Beverly Hills Cop II,* wieder mit EDDY MURPHY in der Hauptrolle und BIRGIT NIELSEN als Widersacherin, ließ sich Bob Seger zusammen mit → HAROLD FALTERMEYER den Song *Shakedown* einfallen, der prompt Nr. 1 der Hot 100 wurde.

Shakin' Stevens
Foto: CBS

Shakespear's Sister

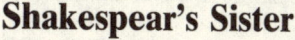

→ BANANARAMA

Shakin' Stevens

MICHAEL BARRATT, geb. 4. 3. 1948 in Cardiff/England: voc/g

Von → ELVIS hat er den unnachahmlichen Knieschlenker, von → BILL HALEY den fetzig-klirrenden Rockabilly-Sound, und er selbst steuert Können, Ausdauer und ein stets freundliches, charmantes Lächeln bei. Bereits als Kind übte Michael zu den neuesten Rock-Songs das Hüftwackeln à la Elvis, sehr zum Ärger seiner Lehrer. Daß er Sänger werden wollte, stand für ihn von Anfang an fest.

Nach der Schule ging er erst einmal mit seiner Band THE SUNSETS auf die übliche »Ochsentour« durch die kleinen Clubs in Wales. Doch 1969, er war gerade 21 Jahre alt, schien der große Durchbruch in greifbare Nähe gerückt zu sein: Die → ROLLING STONES forderten ihn auf, das Vorprogramm bei ihrem Konzert im Saville Theatre zu bestreiten. Aber das war's dann auch – zunächst. Wieder drehte er mit großer Hartnäckigkeit, Zähigkeit und Ausdauer mit den Sunsets seine Runden durch die Clubs landauf und landab. Erst 1977 kam der Wendepunkt. Shakin' Stevens, wie sich Michael Barratt schon einige Jahre nannte, wurde aufgefordert, in dem Musical »Elvis« die Hauptrolle zu spielen. Doch der gutaussehende, dunkelhaarige junge Mann, ein großer Bewunderer von Elvis, lehnte zunächst ab. Erst als er erfuhr, daß er nicht Elvis selbst darstellen, sondern daß dieses Musical, das übrigens mit einem Award ausgezeichnet wurde, eine Hommage an Elvis sein sollte, sagte er zu. Die Kritiker waren von seinen Auftritten begeistert, und Shakin' Stevens bekam als nächstes die Hauptrolle in der Fernsehserie »Oh Boy!«. Nun gab es kein Halten mehr. Anfang 1980 erschien seine erste Solo-Single Hot dog und kletterte die UK-Charts nach oben. Ende des Jahres erschien Marie, Marie und eroberte 1981 auch die deutschen Hitparaden. Der attraktive Sänger mit den Gummiknien wurde ein vielgefragter Gast bei allen möglichen Fernsehsendungen. In Amerika war er in 36 Folgen der TV-Serie »Let's rock« von Küste zu Küste zu sehen. 1981 hatte er seinen ersten Nr.-1-Hit in England mit einem Remake der alten ROSEMARY-CLOONEY-Nummer This ole house, ein Lied, das bereits 1954 ein Millionenseller gewesen

war. Von da an hatte Shakin' Stevens fast ein »Abonnement« auf obere Plätze in den Charts. You drive me crazy (UK 2, BRD 6), Green door (UK 1, BRD 6), ein Remake des Nr.-1-Hits von JIM LOWE aus dem Jahr 1956, und It's raining (UK 5, BRD 13) hießen seine Bestseller 1981. Auch das Debüt-Album This ole house verkaufte sich hervorragend. Vor allen Dingen vor der Bühne gab es kein Halten mehr für die Shaky-Fans: Der vorzügliche Entertainer wurde stets von seinen jugendlichen Fans mit Teddybären und Kuscheltieren zugedeckt, während ihn die älteren Semester mit prachtvollen Blumensträußen überschütteten. Die Zusammensetzung seines Publikums ist äußerst erstaunlich; das geht von fünf- bis sechsjährigen Kindern über Teenager und mittelalte Mütter bis zu 70jährigen Großmüttern. Shaky-Konzerte sind Familienshows. 1982 eroberte Shakin' Stevens wieder die Charts mit seinem Album Give me your heart tonight und den Singles Shirley (UK 2, BRD 7) und Oh! Julie (UK 2, BRD 2). 1983 war er ganz oben mit dem Album The bop won't stop und den Singles Cry just a little bit (UK 3, BRD 27) und Rockin' good way, einem Duett mit → BONNIE TYLER (UK 7, BRD 27). Rokkin' good way war bereits 1960 ein Top-Seller für DINAH WASHINGTON und BROOK BENTON gewesen. Shakin' Stevens' Alben boten und bieten immer eine gelungene Mischung aus Rock 'n' Roll, Rockabilly und gefühlvollen Soft-Songs. 1984 hießen die Singles A love worth waiting for (UK 3, BRD 2), A letter to you (UK 9, BRD 8) und Teardrops (UK 6, BRD 25). Auch 1985 war Shakin' Stevens wieder in den Charts mit den Titeln Breaking up my heart und Lipstick, powder and paint, die allerdings keine Top-Plätze mehr erreichten. Dann wurde es stiller um Shakin' Stevens. Erst 1987 hatte er ein glorreiches Comeback in England, und zwar mit seiner Spezialität, zwei Remakes von alten Hits: *Come see about me,* 1964 ein Nr.-1-Hit von den → SUPREMES, und *What do you want to make those eyes at me for,* 1959 ein Nr.-1-Hit für EMILE FORD, waren beides in Großbritannien Top-10-Hits für Shakin' Stevens. Beide stammten vom 87er Album *Let's boogie,* aus dem auch die zarte Schmusenummer *Because I love you* und der Disco-artige Song *A little boogie woogie (in the back of my mind)* ausgekoppelt wurden. Sein 89er Album hieß *A whola lotta Shaky,* auf dem er wieder sturmerprobte Rock 'n' Roll- und Rockabilly-Oldies wie *What do you want to make those eyes at me for, Jezebel, I'm gonna sit right down and write myself a letter* oder *Mona Lisa* sang. 1990 war er mit den Original-Kompositionen *Yes I do* und *I might* in den UK-Charts zu finden.

Feargal Sharkey

geb. 13. 8. 1958 in Derry/Nordirland: voc

Er hat eine leicht heisere Stimme mit einem unverwechselbaren Tremolo, sieht wie ein altenglischer Prinz aus und erlebte 1985 seinen großen Durchbruch als Solist. Der überschlanke, fast hagere Sänger und Songwriter war von 1978 bis 1983 Frontmann der legendären irischen Formation THE UNDERTONES. Das war eine Gruppe, die im Bereich Punk zu einer Kultband avancierte. 1983 holte ihn VINCE CLARK zu seiner hervorragen-

den, aber leider sehr kurzlebigen Formation ASSEMBLY und produzierte mit ihm als Sänger den Superseller *Never never never* (UK Nr. 1). Die sehr ruhige, balladenhafte Nummer, die einzig und allein von Feargal Sharkeys ausdrucksvoller Stimme lebte, zeigte den Sänger als hervorragenden Bluesinterpreten. Danach wurde die Ska-Gruppe → MADNESS für ihn tätig und schrieb für ihn den Song *Listen to your father,* die in den UK-Charts bis Platz 17 kam. Ein kleiner Hit wurde auch die sanfte Nummer *Loving you,* ein Lied, das Feargal Sharkey selbst geschrieben hatte und das der → QUEEN-Schlagzeuger ROGER TAYLOR mit ihm produzierte. Dann wurde DAVE

Feargal Sharkey
Foto: Richard Hougton/Virgin

Silicon Dream   Foto: Intercord

STEWART von den → EURYTHMICS auf ihn aufmerksam und produzierte mit ihm 1985 das Solo-Album *Feargal Sharkey*. Bereits die erste Auskoppelung, die soulig angehauchte Pop-Nummer *A good heart* wurde ein internationaler Bestseller, die zweite Auskoppelung, *You little thief,* konnte sich ebenfalls plazieren. Dann hörte man bis 1988 nichts mehr von Mr. Sharkey. Aber er war fleißig gewesen, hatte ab Jahresbeginn 1987 zweieinhalb Monate lang jeden Tag ein neues Lied geschrieben, von denen er dann 10 im Laufe des Jahres aufnahm. Ihm zur Seite standen dabei Top-Stars wie → ROLLING STONE KEITH RICHARDS als Gitarrist. *Wish* hieß die LP, die Anfang 1988 herauskam und wieder Rock und Blues vom besten bot. Als Singles wurden *More love* und das knallige *Out of my system* ausgekoppelt.

Silicon Dream

KLAUS MUNZERT, geb. 14. 7. 1957 in Offenburg: voc/synth

Silicon Dream – das ist Electronic-Funk aus München, der international ankommt. Silicon Dream ist zwar ein Trio, aber im Grunde genommen nur einer: nämlich Klaus Munzert, der sich nicht nur die Songs ausdenkt, die Texte schreibt und singt, sondern auch als Multi-Instrumentalist und Computer-freak das Ganze auf Platte umsetzt. Der gebürtige Offenburger spielte während seiner Schulzeit abends in Tanzbands, studierte Volkswirtschaft, schloß das Studium als Diplom-Volkswirt ab – und war danach arbeitslos. Schließlich bekam er einen Job als Schallplattenverkäufer und ging schließlich als Labelmanager in die Plattenindustrie. Aber immer nur »bei Fuß« zu stehen, wenn Stars wie → STEVIE WINWOOD, → ROBERT PALMER oder → U2 pfiffen, genügte ihm nicht, Klaus wollte selbst Musik machen. Zunächst versuchte er sich als Produzent und produzierte 1981 mit COUNTRY JOE MCDONALD das Album *On my own*. 1986 hörte Klaus Munzert dann mit dem Produzieren für andere auf und ging selbst ins Studio. Das Ergebnis war 1987 ein höchst amüsantes Lied namens *Marcello the Mastroianni*, das innerhalb kürzester Zeit die deutsche Hitparade hinaufstürmte und bis Platz 15 gelangte. 1987 konnte Klaus Munzert, der sich inzwischen im Münchner Künstlerviertel Schwabing niedergelassen hatte, mit seinen beiden Mitstreitern DANNY und ANGELO (beide Jahrgang 1964) noch einen weiteren Hit landen. Diesmal hatte sich das High-Tech-Trio den Erfinder der Relativitäts-Theorie vorgenommen, und das Werk *Albert Einstein – everything is relative* genannt. Auch dieser Titel konnte sich hoch in der deutschen Hitparade plazieren. Anfang 1988 schlugen die drei Spezialisten für phantasievolle Klangcollagen abermals zu. Bei diesem Song ging Klaus Munzert zurück in die Filmvergangenheit und paarte zwei Leinwand-Lieblinge: JAMES DEAN, den ewigen Rebellen der 50er Jahre, und MARYLIN MONROE, das Sex-Symbol der 50er Jahre. Der Titel hieß dann auch folgerichtig: *Jimmy Dean loves Marilyn*.

Bereits zwei Wochen nach Veröffentlichung kletterte der Song mit Pep unaufhaltsam die Hitparade nach oben. Im Mai 1988 erschien das erste Silicon-Dream-Album namens *Time machine*.

Carly Simon

geb. 25. 6. 1945 in New York/USA: voc/g

Die blonde Carly mit den endlos langen Beinen und dem aufregenden Mund ist die dritte Tochter einer New Yorker Verleger-Familie. Musik wurde im Hause Simon immer großgeschrieben. Eltern und Kinder musizierten zusammen, Carlys Schwester Lucy bekam einen Grammy für ihr Kinder-Album *In harmony*, Schwester Joanna wurde eine gefragte Opernsängerin. Mit Lucy zusammen bildete Carly noch während ihrer Schulzeit am renommierten Sarah-Lawrence-College das Duo THE SIMON SISTERS. Die beiden Schwestern bekamen tatsächlich einen Plattenvertrag und veröffentlichten die Single *Winkin' blinkin' and nod*. Die beiden sangen hauptsächlich in Folk-Clubs und Carly sah sich schon als weiblichen → BOB DYLAN. Doch daraus wurde nichts, keiner glaubte der wohlbehüteten Tochter aus reichem Hause ihr Engagement, und so stürzte sich Carly erst einmal ins ›richtige Leben‹. Sie arbeitete als Sekretärin, ließ sich Werbetexte einfallen und versuchte sich in einem ganz normalen bürgerlichen Leben. Aber die Musik ließ sie nicht los, und so fing sie an, über die Dinge zu schreiben, die ihr geläufig waren, nämlich das Durchschnitts-Leben der wohlhabenderen Bürger, und die entsprechende Musik dazu zu verfassen. Abermals bekam sie einen Plattenvertrag, diesmal als Solistin, und 1971 war sie mit ihrem Lied *That's the way I've always heard it should be* erstmals in den Charts vertreten. Es war ein beachtlicher Nr.-10-Hit, für das Debüt-Album *Carly Simon* erhielt sie den Grammy als ›Beste Neue Künstlerin‹. Von da an gehörte Carly Simon dazu. Die 71er-LP *Anticipation* enthielt mit dem Titelsong einen Single-Hit. Das Album selbst war ein Millionenseller, wie auch ihre 72er-LP *No secrets*, die mit *You're so vain* einen Nr.-1-Hit und Millionenseller enthielt. Als Begleitsänger fungierte bei diesem Lied übrigens kein geringerer als → MICK JAGGER. Der Song selbst (›Du bist so eitel‹) soll angeblich auf WARREN BEATTY, den Hollywood-Star und Bruder von SHIRLEY MCLAINE, gemünzt sein. 1973 heiratete Carly ihren Musikerkollegen JAMES TAYLOR, der mit Songs wie *Fire and rain* (1970) und *You've got a friend* (1971) erfolgreich gewesen ist. Mit ihm hat Carly Simon die Tochter SARAH MARIE. James unterstützte sie Frau bei dem 74er-Album *Hotcakes* als Gitarrist und nahm mit ihr in diesem Jahr auch den Song *Mockingbird* auf. Im Original stammte das Lied von CHARLES & INEZ FOXX, die damit 1963 in den USA einen Nr.-7-Hit gehabt hatten. Carly Simon mit ihrer warmen, dunklen und stets leicht nasal klingenden Stimme war inzwischen ein fester Bestandteil der gehobenen amerikanischen Rockmusik geworden, des sogenannten ›Adults' Rock‹. Es folgten Millionenseller-Alben wie *Playing possum* (1975), *Another passenger* (1976), *Boys in the trees* (1978), *Spy* (1979). Mit dem Film-Song *Nobody does it better* aus der JAMES-BOND-Strei-

fen *Der Spion, der mich liebte* hatte sie 1977 einen Nr.-2-Hit und Millionenerfolg. Anfang der 80er Jahre geriet Carly in eine Phase der Wandlung. Auf ihrer 81er-LP *Torch* nahm sie zum Beispiel neue Versionen von Unterhaltungsmusik-Klassikern von DUKE ELLINGTON und RODGERS & HART auf; auf dem 83er-Album *Hello Big Man* versuchte sie sich, unterstützt von den Spezialisten SLY DUNBAR und ROBBIE SHAKESPEARE, an Reggae. Das rundeste und reifste Album war sicher die 85er-LP *Spoiled girl*, auf dem sie in dem Lied *Tired of being blonde* ausdrückte, was sie offensichtlich schon immer bewegt hatte: ». . . Ich bin es müde, wie eine Titelblattschönheit auszusehen, ich bin es müde, ständig hinter dem Neuesten herzujagen, ich bin es einfach müde, eine Blondine zu sein.« 1983 hatte sie sich von James Taylor scheiden lassen, 1988 heiratete sie JAMES HART, mit dem sie schon länger zusammenlebte. In den 80er Jahren kam ihre Karriere abermals gut ins Rollen. 1986 lieferte sie mit dem Song *Coming around again* wiederum ein Lied für einen Film ab, dieses Mal für die Komödie *Heartburn – Sodbrennen* mit MERYL STREEP und JACK NICHOLSON in den Hauptrollen. Der Song wurde für den Oscar nominiert, das gleichnamige Album, das 1987 erschien, wurde ein Bestseller. Ebenso lieferte Carly Simon Songs für Filme wie *Karate Kid* und *Nothing in common*. 1989 schrieb sie den Soundtrack für die Komödie *Working girl – Die Waffen der Frauen*, mit → DON JOHNSON, Ehefrau MELANIE GRIFFITH und SIGOURNEY WEAVER in den Hauptrollen. Der Titelsong *Let the river run* bekam einen Oscar, trotz der starken Konkurrenz von → PHIL COLLINS mit *Two hearts* aus seinem Film *Buster*. 1990 veröffentlichte Carly das wirklich hörenswerte Album *My romance*, auf dem sie wiederum Klassiker von RODGERS & HART (u. a. *My romance, My funny valentine, Bewitched*), RODGERS & HAMMERSTEIN (*Something wonderful*) und Traditionals (*Danny boy*) sang. Eine richtige Pop-LP mit den üblichen Simon-Qualitäts-Songs gab es dann wieder Ende 1990 mit dem Album *Have you seen me lately?* Die Geschichte eines Seitensprungs, *Better not tell her,* war die erste Single daraus.

Paul Simon

PAUL FREDERICK SIMON, geb. 5. 11. 1941 in Newark/New Jersey, USA: voc/g

Paul Simon war die eine Hälfte des oft kopierten, aber nie erreichten Vokal-Duos SIMON & GARFUNKEL. Das Duo mit den unvergleichlich schönen Stimmen hatte von 1965 bis 1970 eine ganze Reihe von hinreißenden Top-Sellern, die praktisch alle aus der Feder von Paul Simon stammten: *The sounds of silence* (1965), *Homeward bound* (1966), *I am a rock* (1966), *A hazy shade of winter* (1967), *Scarborough fair/Canticle* (1968), *Mrs. Robinson* (1968), *The Boxer* (1968), *Bridge over troubled water* (1970), *Cecilia* (1970), *El condor pasa* (1970). Die meisten dieser Lieder waren Millionenseller. Ihre Alben wie *Sounds of silence, Parsley, Sage, Rosemary & Thyme, Bookends* und *Bridge over troubled water* waren Multi-Millionenseller. 1971 trennte sich dieses kongeniale Duo, und jeder schlug eine Solo-Karriere ein. ART GARFUNKEL war erfolgreich mit Songs wie

All I know (1973 USA 9), *I only have eyes for you* (1975 UK 1), *Bright eyes* (1979 Uk 1, BRD 3), alles Lieder, die andere geschrieben hatten, wie z. B. JIM WEBB, → MIKE BATT, VAN MORRISON oder TIM MOORE. Außerdem machte sich Art Garfunkel einen Namen als Schauspieler in Streifen wie *Catch 22*, und *Carnal knowledge*. Paul Simon dagegen komponierte weiterhin seine Songs selbst und hatte etliche international populäre Bestseller wie *Mother and child reunion* (1972 USA 4, UK 5, BRD 23), *Me and Julio down by the schoolyard* (1972 UK 19), *Kodachrome* (1973 USA 2), *Love me like a rock* (1973 USA 2, Millionenseller), *Take me to the Mardi Gras* (1973 UK 8), *50 ways to leave your lover* (1976 USA 1, UK 20, BRD 42, Millionenseller), *Slip slidin' away* (1977 USA 5), *Late in the evening* (1980 USA 6). Die Bestseller-Alben von Paul Simon hießen *Paul Simon* (1971), *There goes rhymin' Simon* (1973), *Live rhymin* (1974), *Still crazy after all these years* (1975, die LP bekam zwei Grammies). 1975 kündigten die beiden an, daß sie nun auch weiterhin von Zeit zu Zeit gemeinsam Platten machen und auftreten wollten. Mit *My little town* hatten sie 1975 auch prompt wieder einen Nr.-9-Hit in USA. Am 19. September 1981 traten Simon & Garfunkel bei einem mit Spannung erwarteten Konzert im New Yorker Central Park auf und rissen ihr Publikum abermals zu Begeisterungsstürmen hin. Die dabei mitgeschnittene Live-Version von *Wake up little Susie,* einem ehemaligen Hit der EVERLY BROTHERS, kam als Single bis Platz 27 in den Hot 100. Der gesamte Live-Mitschnitt erschien 1982 als Doppel-Album unter dem Titel *The Concert in Central Park.* 1980 war auch Paul Simon unter die Schauspieler gegangen, und zwar mit dem autobiographischen Film *One trick pony*, zu dem es auch ein gleichnamiges Album gab. 1983 war dann wieder ein sehr erfolgreiches Jahr für Paul Simon: Im Sommer '83 unternahm er mit Art Garfunkel eine enthusiastisch gefeierte USA-Tournee, die erste seit dreizehn Jahren; im Herbst '83 erschien seine neue LP *Hearts and bones*, die mit *Allergies* wieder einen Hit enthielt; und außerdem trat Paul Simon 1983 in den Stand der Ehe und heiratete die Schauspielerin CARRIE FISHER. Den nächsten Knüller veröffentlichte Paul Simon dann 1986 in Form des Albums *Graceland*. Über dieses Album sagte Paul Simon: »Ich glaube, daß es eine der wichtigsten und auch unterhaltsamsten Aufgaben eines Künstlers ist, den Versuch zu unternehmen, verschiedene Kulturen miteinander zu verbinden und Gemeinsamkeiten zu verstärken. Der Musik gelingt dies wesentlich besser als anderen Kommunikationsformen. Dies ist die Grundlage der Songs auf meinem neuen Album.« Paul Simon verband seine Form der amerikanischen Musik mit der aktuellen südafrikanischen Pop-Szene und spielte die Song größtenteils mit schwarzen Musikern aus Südafrika ein. *The boy in the bubble, You can call me Al* und *Graceland* hießen die Singles daraus. Das Album bekam 1987 den Grammy als »Album des Jahres«, war im April 1988 (nach 86 Wochen) immer noch in den USA-LP-Charts vertreten und hatte sich bis zu diesem Zeitpunkt über 3 Millionen Mal verkauft. Im April 1988 veröffentlichte Art Garfunkel, nach 7jähriger Abstinenz, ebenfalls wieder eine Solo-LP, die er *Lefty* nannte. Als erste Single erschien daraus der Fast-a-Capella-Song *So much in love*. Ende 1988 freuten sich die Art-Garfun-

kel-Fans über seine LP *Plumbs,* das einige seiner schönsten Songs aus fast zwei Jahrzehnten bot. Neues von Paul Simon gab es erst wieder 1990 mit dem Album *The rhythm of the saints,* bei dem er den mit Graceland eingeschlagenen Weg des Ethno-Pop weiterging.

Simple Minds

JIM KERR, geb. 9. 7. 1959 in England: voc; CHARLIE BURCHILL, geb. 29. 11. 1960 in England: g/voc; MICK McNEILL, geb. 20. 7. 1958 in Glasgow: keyb; JOHN GIBLIN, geb. 26. 2. 1952 in Bells Hill: b; MEL GAYNOR, geb. 29. 5. 1960 in London: dr

Diese schottische Gruppe um den Leadsänger Jim Kerr hat sich im Laufe der Zeit zu einer der wichtigsten neuen Rock-Bands der 80er Jahre entwickelt. Begonnen hatte die Formation 1977 unter dem Namen JOHNNY AND THE SELF ABUSERS als Punk-Band in Glasgow. Da aber außer mangelnden Kenntnissen der Instrumente auch noch Uneinigkeit in bezug auf die musikalische Richtung dazukam, war bald nur noch ein Trio übrig: Kerr, Burchill und der Schlagzeuger BRIAN McGEE. Die drei holten sich McNeil und DEREK FORBES (b) und nannten sich ab 1978 Simple Minds. Sie lernten ihre Instrumente zu beherrschen, einigten sich auf eine musikalische Mischung aus Beat-Rock-Punk und New Wave und schufen sich bald durch ihre furiosen Auftritte in Glasgow und Umgebung ein festes Publikum. 1978 gab's einen Plattenvertrag, und das Debüt-Album *Life in a day* erschien Anfang

Simple Minds   Foto: Virgin

1979. Es war eine wilde Mischung, klang aber schon ganz vielversprechend. Es mußte wohl den Musikern von Simple Minds selbst aufgefallen sein, daß nicht alles so klang, wie es sollte, denn ihr nächstes, Ende 1979 erschienenes Album nannten sie in weiser Selbstironie *Real to real cacophony*. Auf dieser LP probierten sie vor allen Dingen Elektronik-Rock aus. Anschließend gingen sie auf eine ausgedehnte Europa-Tournee. Die dabei gesammelten Erfahrungen brachten sie thematisch auf der LP *Empires and dance (1980)* unter. Diesmal klang's musikalisch eher nach Funk und Disco, auf alle Fälle sehr rhythmusbetont. Danach ging Simple Minds auf

Amerika-Tournee. Und auch die Eindrücke dieser Reise wurden auf den – als Doppel-Album geplanten und dann doch getrennt veröffentlichten – LPs *Sons and fascination* und *Sister feelings call* verarbeitet. Jim Kerr und seine Mannen bewegten sich diesmal mehr auf dem transzendentalen Pfad mit ausschweifenden und verschwommen wirkenden Songs. Dem Publikum gefiel's, die beiden LPs verkauften sich recht gut. Im Mai 1982 gelang es Simple Minds dann endlich, in die UK-Charts zu kommen. Ihr Song *Promised you a miracle* konnte sich unter den Top 20 plazieren. Vielleicht lag's auch daran, daß das Lied ziemlich dem → Diana-Ross-Hit *Upside down* ähnelte. Im Sommer 1982 erschien das Album *New gold dream,* das von den einen als Meisterwerk gefeiert und von den anderen nur mit einem verständnislosen Kopfschütteln bedacht wurde. Die Musik der Simple Minds war darauf auf alle Fälle kommerzieller geworden, glatter und ohrenfreundlicher, die Texte waren nicht mehr düster-pessimistisch, sondern sehr viel positiver, Jim Kerr interpretierte mit neuer Eleganz seine Songs. Von den Stilarten her war die LP allerdings immer noch eine Mischung aus allem möglichen. Vor der Produktion dieses Albums war der Schlagzeuger Brian McGee ausgestiegen, um eine Kneipe aufzumachen und ein ruhigeres Leben zu führen. Für ihn kam Mel Gaynor. Die LP *New gold dream* erwies sich ihres Namens würdig. Sie brachte zwar keine Goldene Schallplatte ein, verkaufte sich aber sehr gut. also blieben Simple Minds auf dem neuen musikalischen Pfad. Gute, melodiöse Songs gab's dann auch auf ihrem 84er Album *Sparkle in the rain* zu hören. 1985 gelang dem Quintett dann endlich der große Durchbruch mit dem Titel *Don't you (forget about me),* der in USA auf Platz 1, in England auf Platz 7 und in Deutschland auf Platz 4 landete. Der nächste Hit hieß dann Ende 1985 *Alive & kicking,* das in USA auf Platz 3, in England auf Platz 7 und in Deutschland auf Platz 17 landete. Das 85er Album *Once upon a time* hielt, was die Singles versprochen hatten: eine LP voll von melodischen, eingängigen, nicht zu kommerziellen, intelligenten Rock-Songs. Das Album wurde Nr. 1 der englischen LP-Charts. 1986 setzte Simple Minds den Erfolg fort mit den Singles *Sanctify yourself* (USA 14, UK 10, BRD 38) und *All the things she said* (USA 28, UK 9). 1987 veröffent-

lichte Simple Minds das aufwendig gestaltete Doppel-Album *In the city of light,* eine Live-LP, die bei Konzerten in Paris/Frankreich und in Sydney/Australien im Jahr 1986 aufgenommen worden war. Dabei wartete Simple Minds auch mit dem neuen Bassisten John Giblin auf, der für Derek Forbes gekommen war. 1986 heiratete Jim Kerr übrigens Chrissie Hynde von den → Pretenders, mit der er inzwischen auch ein gemeinsames Kind hat. Im Mai 1989 veröffentlichte Simple Minds nach vier Jahren wieder ein Studio-Album: *Street fighting years.* Das Warten hatte sich gelohnt. Die Gruppe zeigte sich in den Songs ungewohnt militant. *Belfast child,* das auf dem irischen Traditional *She moved through the fair* basiert, erzählt vom alltäglichen Wahnsinn in Irland; *Mandela day* war zur Nelson-Mandela-Feier im Juni 1988 im Wembley Stadion in London geschrieben worden; für *This is your land* hatte sich Jim Kerr Altmeister → Lou Reed als Sangespartner ausgesucht, und auch die Anti-Apartheids-Hymne *Biko* aus der Feder von → Peter Gabriel war von Simple Minds in eigener Version aufgenommen worden. Das Album ging in Deutschland von 0 auf Platz 1 und wurde bereits bei Veröffentlichung mit Gold ausgezeichnet. Über ihr Konzert in der Münchner Olympiahalle im Juni 1989 stand in der AZ von A. F. Eser zu lesen: ». . . Ihre Songstrukturen sind wunderbar klar und durchsichtig – gleichzeitig kompakt und tight. Ein Feuerwerk origineller und originaler Klangmuster, schlicht und ergreifend schön.« Ein weiteres Lorbeerblatt an den Ruhmeskranz heften konnte sich die Gruppe dann 1990 mit einer hervorragenden Version von → Prince *Sign o'the times.*

Simply Red

MICK ›RED‹ HUCKNALL, geb. in Manche-
ster: voc; SYLVAN RICHARDSON: g; TONY
BOWERS: b; FRITZ MCINTYRE: keyb; CHRIS
JOYCE: dr

Die beste Soul-Band des Jahres 1986
kam erstaunlicherweise aus Manchester,
denn dort war 1984 die Formation Simply Red entstanden, benannt nach dem
knallroten Haarschopf ihres Leadsän-
gers Hucknall. Drei Jahre lang war
Hucknall Mitglied der New-Wave-Band
FRANTIC ELEVATORS gewesen, dann beschloß der abgebrochene Kunststudent
Anfang der 80er Jahre, etwas eigenes
auf die Beine zu stellen. Nach langem
Suchen entdeckte er in der Band DU-
RUTTI COLUMN Bowers und Joyce, engagierte schließlich McIntyre, Richardson
und den Trompeter TIM KELLET, und fertig war die britische Soul-Band. Hucknall mixte aus New Orleans Jazz, Detroit Soul, Philadelphia Glamour und
Memphis Rhythmus eine gekonnte Mischung, die auf dem Debüt-Album *Picture book* zu hören war, das im Oktober
1985 erschien. Die Debüt-Single war
1985 allerdings eine Cover-Version gewesen, *Money's too tight to mention*
stammte im Original von den VALENTINE
BROTHERS aus dem Jahr 1982. Doch für
Simply Red war es ein gelungener Einstieg. In Großbritannien wurde die LP
der Band aus Manchester ein durchschlagender Erfolg, in Deutschland
konnte sich das Album über ein Jahr in
den LP-Charts halten und wurde mit
Gold ausgezeichnet. Sogar in den USA,
dem Mutterland des Soul, hielten Al-

bum und Singles wie die Ballade *Holding back the years* Einzug in die Charts.
Im März 1987 erschien die zweite LP
Men and women, die die eingeschlagene
musikalische Richtung weiter ausbaute.
Eigenständiger klangen die Songs jetzt,
kamen genauso wie Hucknalls eindringliche und variationsreiche Stimme direkt
aus dem Bauch. Dann kam 1989 die LP
A new flame, noch perfekter, noch po-
lierter, aber ohne dieses intime Bauch-
Gefühl. Was aber das Album nicht daran hinderte, wieder ein weltweiter
Bestseller zu werden. Auch wenn MAR-
TIN BREM in seiner Kritik über das Konzert im Mai 89 enttäuscht schrieb:
». . . zäh beginnend, fließt der Pop-Mi-
schmasch aus den Boxen, konturlos und
abgebrüht − Musik mit dem Charme
einer Fünf-Minuten-Terrine . . .«

Joyce Sims

geb. 6. 8. 1959 in Rochester/USA: voc/p

Die farbige Sängerin und Songwriterin
war einer der Shooting Stars des Jahres
1987. Ihre musikalische Karriere begann
so, wie es bei unzähligen farbigen Interpreten üblich war: Sie sang im Kirchenchor, studierte am Nazareth College in
Rochester Musik und war anschließend
arbeitslos. Um ihren Lebensunterhalt zu
verdienen, mußte Joyce als Bedienung
in Fast-Food-Lokalen in New York arbeiten. Aber abends widmete sie sich
ihrer großen Leidenschaft: dem Schreiben von Songs. Jahrelang bastelte sie an
ihren Liedern, nahm Demos auf, die
keiner hören wollte, bis es endlich Mitte

der 80er Jahre klappte. Ein Agent hörte sie, verschaffte ihr bei einer kleinen Plattenfirma einen Vertrag, und 1986 hatte Joyce Sims mit dem selbstgeschriebenen High-Energy-Disco-Fetzer *All and all* einen Hit in England. Der große Durchbruch kam dann 1987 mit der Single *Come into my life*, einem ohrwurmartigen Soul-Titel, der sich sowohl in England als auch in Deutschland wochenlang ganz oben in den Charts halten konnte. 1987/88 erschien auch das Debüt-Album von Joyce Sims, das wie ihr großer Hit *Come into my life* hieß. Die Songs dieser LP hatte die farbige Sängerin bis auf einen alle selbst geschrieben und teilweise auch selbst produziert. Einzige Ausnahme war der Titel *Love makes a woman*, der bereits 1968 für die R & B-Sängerin Barbara Acklin ein Top-20-Hit gewesen war. Als nächste Single wurde Anfang 1988 der Disco-Titel *Walk away* ausgekoppelt.

Sinitta

Sinitta Brown, geb. 19. 10. 1967 in Washington/USA: voc

Das bildhübsche braune Mädel mit der hinreißenden Figur macht seit 1986 einen Hit nach dem anderen. Sinitta ist in bezug auf Musik erblich vorbelastet: Sie ist die Tochter der amerikanischen Sängerin Miquel Brown (*So many men, so little time*) und die Nichte des ehemaligen Superstars Amii Stewart (*Light my fire, Knock on wood*). Im zarten Alter von 15 Jahren betrat Sinitta erstmals die Bretter, die die Welt bedeuten: 1982 spielte sie eine Hauptrolle in dem Musical *The wiz*. Im selben Jahr wurde sie für den Kino-Film *Shock treatment* engagiert. Dann ging die unternehmungslustige junge Dame als Backgroundsängerin mit der Gruppe Imagination (*Just an illusion, Music and lights*) auf große Europa-Tournee. Dann kehrte sie wieder auf die Bühne zurück, trat z. B. im Musical *Cats* auf und landete schließlich als Moderatorin beim Fernsehen. 1986 beschloß Sinitta auch mal ihre Stimmbänder im Studio auszuprobieren und nahm den Titel *So macho* auf. Der nette Disco-Song wurde in England ein Nr.-2-Hit und verkaufte sich weltweit mehr als eine Million mal. Die Nachfolgesingle hieß *Feels like the first time* und kam in

Sinitta
Foto: Teldec

den amerikanischen Dance-Charts bis Platz 4. Jetzt wurde das englische Erfolgs-Team → STOCK/AITKEN/WATERMAN auf die hübsche junge Sängerin aufmerksam. Sie schrieben für sie und produzierten mit ihr das Lied vom *Toy boy,* das nicht nur in England ein Bestseller wurde, sondern 1987 auch in die Top 20 der deutschen Hitparade schoß. Als nächstes ließen sich die Herren Stock/ Aitken/Waterman den Song *G.T.O.* für Sinitta einfallen, über einen jungen Mann, der seinen roten Ferrari mehr liebt als die Dame seines Herzens. Auch dieser gutgemachte Disco-Song wurde in England und Deutschland 1987 ein Hit. Der dritte Streich hießt dann Anfang 1988 *Cross my broken heart,* eine unglaubliche Ohrwurmnummer über ein junges Mädchen, der von der besten Freundin im Vertrauen mitgeteilt wird, daß diese gerade mit dem Liebsten der jungen Dame etwas angefangen hat. Auch für diese Nummer zeichneten Stock/Aitken/Waterman verantwortlich und auch dieser Song wurde wieder ein Hit. 1987 war bereits das Debüt-Album von Sinitta erschienen, das nur kurz den Namen der Sängerin trug: *Sinitta.* Auch in den nächsten Jahren setzte die attraktive Sinitta ihren Erfolg fort. *Wicked* hieß das 89er Album, das die Single-Hits *Right back where we started from* (im Original von MAXIME NIGHTINGALE), *Hitschin' aride* (im Original von der VANITY FAIR), *Love on a mountain top* und *I don't believe in miracles* enthielt.

The Sisters Of Mercy
Foto: WEA

Sisters of Mercy

ANDREW ELDRITCH, geb. in England: voc; PATRICIA MORRISON, geb. in Amerika: b; DOKTOR AVALANCHE, Drum Machine

Die englische Band macht Psychedelic Rock, Lieder, die wie eine kongeniale Mischung aus LOU REED und den frühen DOORS klingen, düster-schwermütige Bombast-Songs, die nach Schwärze, Friedhof und unheimlichen Grüften riechen. Die Sisters of Mercy bestehen heute nur aus zwei Personen, aus Andrew Eldritch, der alle Lieder schreibt und singt, aus der Bassistin Patricia Morrison, die von GUN CLUB kam, und aus einem Drum-Computer. Gegründet wurde die Band von Andrew Eldritch Ende 1980 in Leeds. Zahlreiche Live-Auftritte und Singles wie *Alice* und *Temple of love* etablierten die Grufti-Band bald als führende Independent-Band. Damals gehörten noch der Gitarrist WAYNE HUSSEY und der Bassist CRAIG ADAMS zur Formation. 1984 bekamen die Sisters of Mercy einen Vertrag bei einer großen Plattenfirma und veröffentlichten Anfang 1985 die Debüt-LP *First & last & always*. Das Album stieg in den UK-LP-Charts bis in die Top 20 und konnte sich auch in den deutschen LP-Charts plazieren. Ende 1985 verließen Adams und Hussey die »Gnädigen Schwestern«, um ihre eigene Band, THE MISSION, zu gründen. Rechtliche und finanzielle Probleme zwangen Eldritch anschließend zu einer unfreiwilligen Ruhepause, die er dazu nützte, um unter dem Pseudonym SISTERHOOD die LP *Gift* zu veröffentlichen. Die ausgesprochen experimentiell klingende LP wurde 1986 Nr. 1 der UK-Indie-Charts. Für die Produktion dieser LP hatte sich Eldritch die amerikanische Bassistin Patricia Morrison geholt, die er dann auch gleich weiterbeschäftigte, als er 1987 die Sisters of Mercy wieder zum Leben erweckte. *This corrosion* hieß Mitte 1987 die erste Single der Sisters, die zum ersten Top 10 in England wurde und auch in Deutschland bis in die Top 20 stieg. Als Produzent zeichnete JIM STEINMAN verantwortlich, der mit seinem brillanten Bombast-Sound schon → MEATLOAF, → BONNIE TYLER, AIR SUPPLY und BARRY MANILOW zu Hit-Ehren verholfen hatte. Ende 1987 erschien das Album *Floodland*, das sich sowohl in England als auch in Deutschland hervorragend in den LP-Charts plazieren konnte. Ebenfalls erfolgreich war die zweite Single *Dominion*. Anfang 1988 trat das Album auch in die US-LP-Charts ein. Den von Bombast-Rock geprägten Sound führten die Sisters of Mercy auch bei dem 90er Album *Vision thing* fort. Auch hier war wieder Jim Steinman der Produzent. Die erste Single *More* ging sofort wieder in die deutsche Hitparade, genauso wie die LP. Verstärkt wurden die ›Schwestern‹ durch den Bassisten TONY JAMES (Ex-GENERATION X, Ex-SIGUE SIGUE SPUTNIK) und den Gitarristen TIM BRICHENO (Ex-ALL ABOUT EVE) sowie ANDREAS BRUHN.

---

16 Bit

MICHAEL MÜNZING, geb. in Frankfurt: Computer-Programming; LUCA ANZILOTTI, geb. in Frankfurt: Computer-Programming

16 Bit ist eine reine Computer-Angelegenheit. Macher ist der gelernte Elektronik-Ingenieur Michael Münzing, der als Discjockey in der Frankfurter Nobeldisco »Dorian Gray« die US-Tanzplatten für sein illustres Publikum »aufpolierte«. Das bedeutete, daß er zu Hause im heimischen Achtspurstudio die fertigen Industrie-Produkte verbesserte: Er hob Bässe an, verstärkte per Drumcomputer den Beat, motzte mit elektronischen Streichern ein mickriges Arrangement auf, oder spielte gleich noch eine zusätzliche Melodie ein. Das sprach sich schnell herum, Disco-Stars beauftragten

den findigen jungen Mann mit dem Auf-
polieren ihrer Maxis, und schon kam es,
wie es kommen mußte: Michael Münzing tat sich mit dem Computer-Freak
Luca Anzilotti zusammen und veröffentlichte unter dem Computer-Begriff 16
Bit eigene Werke. Das erste nannte sich
Where are you?, und der Computer-
Song mit der verfremdeten Stimme
konnte sich 1987 fast gesamteuropäisch
in den Top 10 plazieren. *Changing
minds* hieß das zweite Synthi-Werk, dessen hervorstechendstes Merkmal eine
fröhliche Mädchenstimme war, die ständig den Titel sang, angereichert abermals durch die verfremdete Stimme.
Auch dieses Lied wurde wieder ein Hit.
Ende 1987 folgte der dritte Streich.
Diesmal hatten sich die Herren Mün-
zing/Anzilotti an den IRON-BUTTERFLY-
Klassiker *In-a-gadda-da-vida* aus dem
Jahr 1968 gewagt. Dafür engagierten sie
den Sänger EDDIE HIND, der bei der
Gruppe PICNIC AT THE WHITEHOUSE für
den guten Ton gesorgt hatte und als
Nachfolger für HOLLY JOHNSON bei
→ FRANKIE GOES TO HOLLYWOOD im Gespräch war. Doch diese ziemlich traditionell nachempfundene Rock-Nummer
zündete nicht in der gewünschten Art.
Also schoben 16 Bit Anfang 1988 gleich
eine Nummer im bislang erfolgreichen
Techno-Pop-Stil nach: *Too fast to live*.
Alle drei Singles und noch etliches in
dieser speziellen Machart waren dann
auf dem Debüt-Album von 16 Bit zu
hören, das Ende 1987 erschien und den
(außer für Computer) unaussprechli-
chen Namen *Inaxycvgtgb* trug.

Slade

NEVILLE »NODDY« HOLDER, geb. 15. 6.
1950 in Walsall/England: voc/g; JIM LEA,
geb. 14. 6. 1952 in Wolverhampton/Eng-
land: b/voc; DAVE HILL, geb. 4. 4. 1952
in England: g/voc; DON POWELL, geb.
10. 9. 1950 in England: dr

Unkompliziert, fröhlich, laut und vor
allen Dingen extrem leicht zu merken
– das waren und sind die Songs der
englischen Formation Slade. Oberhaupt
der seit 15 Jahren nicht kleinzukriegen-
den Band sind Noddy Holder, der einst
Einkäufer von Autoteilen gewesen ist,
und Jim Lea. Die beiden lernten sich bei
der Band ’N’ BETWEENS kennen, machten
anschließend zusammen mit dem Gitarristen Dave Hill und dem Schlagzeuger
Don Powell die Gruppe AMBROS SLADE,
die schließlich auf Slade verkürzt wurde.
Mehr durch Zufall denn durch Absicht
errangen sie damals aufgrund ihrer kurzgeschorenen Haare den Ruf, eine »Skin-
head«-Gruppe zu sein. Das stand ihrer
Karriere auch erst einmal recht hinderlich im Wege, denn kein Club-Besitzer
getraute sich, die Band zu buchen, da er
Angst vor dem gewalttätigen »Skin-
head«-Publikum hatte. Dann wurde
CHAS CHANDLER, ehemals → ANIMALS, auf
sie aufmerksam, änderte kurzerhand ihr
Image und verpaßte ihnen ein karnevals-
artiges Aussehen mit überdimensionalen
Hüten, bunten Fetzengewändern, gigantischen Plateauabsätzen und allerlei
sonstigem Firlefanz. Den Durchbruch
hatte Slade 1971 mit einer alten LITTLE--
RICHARD-Nummer, *Get down and get
with it*. Und dieser dröhnende Abräu-
mer-Sound, der zum Mitklatschen, Mit-

stampfen und Mitgrölen anregt, wurde künftig auch das Motto ihrer selbstgeschriebenen Songs. CHAS CHANDLER verpaßte der Band außerdem das Flair einer Arbeiterklassen-Formation, was darin gipfelte, daß die Titel ihrer Songs grundsätzlich nach Lautschrift geschrieben wurden. Ab 1971 und dem Song *'Cos I luv you* war Slade auf den ersten Platz der UK-Charts praktisch abonniert. Lieder wie *Mama weer all crazee now* (1972), *Cum on feel the noize* (1973) und *Far far away* (1974) machten sie auch in Deutschland zu einem Top-Act. Lediglich Amerika interessierte sich nicht sonderlich für den lautstarken Happy-Go-Lucky-Rock aus Großbritannien. 1976 erreichten sie in England noch einmal Platz 11 der Charts mit ihrem *Let's call it quits,* dann wurde es still um Slade. Sie tourten zwar immer noch, brachten auch dann und wann eine neue Platte, aber erst 1981, mit der Single und dem Album *We'll bring the house down,* konnten sie wieder einen gewissen Erfolg verbuchen. 1984 entwickelte sich dann schlagartig zu einem ausgesprochenen Slade-Jahr: Sie überraschten das Publikum mit zwei ruhigen, balladenhaften Songs, *My oh my* und *All join hands,* und der schnellen Nummer *Run runaway,* und konnten sich mit allen dreien hervorragend in den englischen und europäischen Charts plazieren. Auch das Jahr 1985 zeigte, daß der inzwischen etwas verfeinerte Hau-Ruck-Rock von Slade auch nach 14 Jahren noch nichts von seiner Attraktivität ein-

Slade   Foto: RCA

gebüßt hatte: Das Album *Rogues Gallery* und die Singles *Seven year bitch, Myzsterious Mizster Jones* und *Little Sheila* wurden ebenfalls wieder ganz passable Erfolge. Zu Weihnachten 1985 veröffentlichten sie die Single *Do you believe in miracles,* deren Einnahmen sie wohltätigen Unternehmungen spendeten. Dann ließen sich die vier von Slade ein Jahr Zeit, bis sie Mitte 1987 das nächste Album namens *You boyz make big noize* herausbrachten. Der Sound war der gleiche geblieben, die Single *Still the same* und *Ooh la la in L.A.* wurden diesmal nur in England Hits.

Soft Cell

→ MARC ALMOND

Jimmy Somerville

geb. 22. 6. 1961 in Glasgow/England: voc

Der rotblonde Jimmy mit der Stachelfrisur und der unglaublichen Stimme gehört zu den einfallsreichsten und erfolgreichsten britischen Künstlern. 1982 gab er mit dem Titel *Screaming* sein Debüt als Sänger. Das dazugehörige Video mit RICHARD COLES wurde preisgekrönt. 1983 gründete er mit STEVE BRONSKI und LARRY STEINBACHEK die Gruppe → BRONSKI BEAT. Von 1984 bis 1985 sang Somerville seine Bronski Beat mit Titeln wie *Smalltown boy, Why, I feel love, It ain't neces-*

sarily so in die Charts und heimste mit Alben wie *The age of consent* Edelmetallauszeichnungen aus aller Welt ein. Im Sommer 1985 verließ der eher schmächtige Songschreiber und Interpret die Formation, die ohne ihn nur noch kurze Zeit existierte. Sein nächstes Projekt waren die → COMMUNARDS, die er mit seinem Freund Richard Coles 1985 gründete. Jimmy, der sich in aller Offenheit zu seiner Homosexualität bekennt, lieferte auch unter diesem Namen einen Bestseller nach dem anderen ab: *Don't leave me this way* (eine geglückte Coverversion des Klassikers von HAROLD MELVIN & THE BLUE NOTES), *Never can say goodbye* (im Original von den → JACKSONS), *So cold the night, There's more to love.* Die LPs *Communards* 1986 und *Red* 1987 verkauften sich drei Millionen Mal und brachten dem Duo viermal Gold, fünfmal Platin und einmal sogar Doppelplatin ein. 1988 trennten sich Coles und Somerville. Coles verwirklichte seinen Jugendtraum und arbeitete künftig als TV-Moderator für klassische TV-Sendungen. Jimmy engagierte sich politisch in Nicaragua und sozial für die AIDS-Organisation. Gleichzeitig bereitete er seine Solo-Karriere vor. 1989 erschien sein Debüt-Album *Read my lips*, das mit etlichen Single-Hits aufwarten konnte: *Comment te dire adieu* war in den 60er Jahren ein Hit für die französische Pop-Sängerin FRANÇOISE HARDY, Jimmy holte sich für das Duett die ehemalige COMMUNARDS-Schlagzeugerin JUNE MILES KINGSTON. Der Song wurde in England mit Gold ausgezeichnet und kam in Deutschland und auch in Frankreich in die Charts. *(You make me feel) mighty real* war 1990 die nächste Single, ein Song, der 1977 ein Hit für den Disco-Star SYLVESTER gewesen war, der 1988 an Aids gestorben ist. Die gesamten Einnahmen aus diesem Lied gingen an die AIDS-Organisationen. Hit Nr. 3 war dann anschließend Mitte 1990 *Read my lips.*

Soul II Soul

Beresford Romeo ›Jazzie B.‹, geb. in England

Soul II Soul ist keine Gruppe, sondern ein gewaltiges Imperium, bei dem die Platten eigentlich nur ein kleiner Teil sind. Dem Soul-II-Soul-Clan gehören etwa 20 junge Farbige an. Der Name steht nicht nur für gelungene Plattenproduktionen, sondern auch für eigene Kleidung in eigenen Boutiquen, Comics, einen Party- und Discotheken-Service, die Belieferung von Piratensendern mit Bändern. Begonnen hatte alles in den 70er Jahren, als Jazzie B. mit seinem Freund Dadda als Discjockey in Londoner Blues-Clubs arbeitete. Ab 1982 nannten sie sich Soul II Soul, es schlossen sich ihnen weitere DJs an, und bald war die Crew um Jazzie B. mit der Dreadlock-Frisur eine der heißesten Sachen in London. Jazzie B., der Sohn westindischer Immigranten, fing an, in Sachen Geschäftemachen und Geldverdienen ein unglaubliches Talent an den Tag zu legen. Für sich und seine Crew entwarf er diverse Klamotten, die natürlich alle das Soul-II-Soul-Emblem hatten. Die Fans waren begeistert, und bald konnte Jazzie die Sachen in einer eigenen Boutique verkaufen. Und warum sollten sie jetzt nicht auch eigene Platten

Soul II Soul   Foto: Virgin

machen? *Fairplay* hieß 1988 das Debüt, eine gekonnte Mischung aus Dance, Funk und Briten-Reggae, produziert von Jazzie B. und Nellee Hooper. Das Werk brachte der Gruppe einen Plattenvertrag ein. 1989 kam das Debüt-Album *Club classics Vol. I*, das sich bald als internationaler Bestseller erwies. Die Single *Keep on moving* schoß in Großbritannien von 0 auf Platz 15 der Charts, die Leadvocals darauf sang Caron Wheeler, genauso wie auf *Back to live*, die in Großbritannien ein Nr.-1-Hit wurde und die Formation auch in Deutschland zu einem Begriff machte. Insgesamt verkaufte sich die Debüt-LP über drei Millionen Mal und brachte Soul II Soul einen wahren Edelmetallregen. Das Rezept einer feinfühligen Mischung aus treibendem Beat, groovendem Baß, trockenem Piano und hingehauchten aber sehr effektiven Streicherklängen und vorzüglichen Vokalparts, bot auch das zweite Album *Soul II Soul Vol. II – A new decade*, das Anfang 1990 auf den Markt kam. Mit *A dreams a dream* und *Get a life* enthielt die LP auch wieder Single-Hits. Neu waren zwei Instrumentals, *Time* und *Courtney blows*, und die Mitwirkung der renommierten Soul-Sängerin KIM MYZELLE. Für Jazzie B. ist das Soul-II-Soul-Imperium nicht nur etwas zum Geldverdienen, sondern in erster Linie eine Philosophie: »Lange Zeit haben sich die Schwarzen in ihren Wünschen auf ein Paar neue Schuhe beschränkt. Jetzt denken sie auch daran, sich einen Mercedes zu kaufen, schick auszugehen und sich zu bilden. Obwohl wir uns nicht als politische Vereinigung verstehen, interessieren wir uns dafür, was um uns herum passiert. Wir wollen Musik machen, um unsere Ideen im Kollektiv durchzusetzen, um eigene Firmen zu gründen.« Inzwischen konnte sich das Kollektiv im Londoner Stadtteil Islington ein Soul-II-Soul-Zentrum bauen. Es enthält ein Tonstudio, eine Designerwerkstatt, Tanzstudios, Übungsräume, Büros, ein eigenes Label sowie den Fanclub. 1990 versuchte sich die Soul II Soul-Sängerin CARON WHEELER als Solistin. *Livin' in the light* hieß ihre Debüt-Single, die sich sofort in der deutschen Hitparade plazieren konnte. Für Ende 1990 wurde ihr Debüt-Album *U. K. Black* angekündigt.

Spandau Ballet

TONY HADLEY, geb. 2. 6. 1960 in England: voc; GARY KEMP, geb. 16. 10. 1959 in England: g; MARTIN KEMP, geb. 10. 10. 1961 in England: b; JOHN KEEBLE, geb. 6. 7. 1959 in England: dr; STEVE NORMAN, geb. 25. 3. 1960 in England: perc/sax

Begonnen hat die Story von Spandau Ballet am 17. November 1979. Denn an diesem Tag gaben die Mannen der britischen Band ihr erstes Konzert vor ein paar Freunden. Die fünf gutaussehenden jungen Männer, die wegen ihrer Schottenkaroanzüge, in denen sie aufzutreten pflegten, auch »Kilt Heroes« genannt wurden, machten bald von sich reden. Sie waren sowohl optisch als auch musikalisch genau das Gegenteil der damals noch aktuellen Punks. Ihr Konzept war, »jung und schön zu sein«, und bezog alles, was dazugehörte, mit ein: Mode, Tanz, Design, Malerei und Video. Bereits die erste Single *To cut a long story short* (1980 Uk 5) wurde ein Erfolg, ihr Debüt-Album *Journeys to the glory* war bereits vor Erscheinen versilbert. Die meisten Kritiker verrissen die gestylte Band als »hübsch kostümierte Dilettanten«, aber der »schwarze« Sound des Quintetts mit den am Tanz orientierten Rhythmen erfreute sich gerade bei den (weiblichen) Teenagern großer Beliebtheit. Mit der Single *Chant No. 1* hatte Spandau Ballet 1981 einen Nr.-1-Hit. Perfekte Tanzmusik mit »schwarzem« Touch brachte auch das nächste Album 1981, *Diamond,* war aber kommerziell lange nicht so erfolg-

Spandau Ballet Foto: CBS

reich. Erst die dritte LP *True,* mit der wunderschönen Titel-Songballade, brachte für Spandau Ballet wieder den Anschluß an die Spitze der Pop-Bands. Die Single *True* kam 1983 in UK auf Platz 1, in Deutschland auf Platz 9, die Single *Gold* wurde in England ebenfalls Nr. 1, in Deutschland Nr. 16. Das 84er Album *Parade* wurde ebenfalls wieder ein Bestseller, der Platin erhielt, ebenso wie vorher schon *True*. Die Single-Erfolge aus dieser LP hießen *Only when you leave* (UK 3, BRD 26), *I'll fly for you* (UK 9), *Highly strung* (UK 15), *Round and round* (UK 14). Optisch machte Spandau Ballet natürlich auch allerhand

her: Die früheren Schottenkaroanzüge waren schon längst abgelegt worden, dafür präsentierten sich die fünf »beautiful young men« in eleganten, perfekt sitzenden, hochmodischen Anzügen mit Krawatte, ohne viel Glitter oder Glamour. Waren ihre ersten Konzerte von den musikalischen Live-Fähigkeiten her noch mit Vorsicht zu genießen gewesen, haben sie auch in dieser Beziehung inzwischen einiges dazugelernt und verstehen es, auch auf der Bühne von der Lebendigkeit ihrer Musik zu überzeugen. Einer Musik, die übrigens fast ausschließlich dem Einfallsreichtum von Gary Kemp entspringt. Dann trat ab

1985 eine lange Wartepause ein. Spandau Ballet machte sich monatelang Gedanken über den zukünftigen musikalischen Werdegang und kam lange zu keinem Ergebnis. Um den Fans die überdimensional lange Wartezeit auf das nächste Spandau Ballet Album zu verkürzen, veröffentlichten sie Ende 1985 die LP *The singles collection,* auf der, wie der Name schon sagt, sämtliche Hit-Singles der Formation zu finden sind. Das Album schoß in den LP-Charts von England sofort nach Erscheinen nach oben. Ende 1986 erschien die LP *Through the barricades,* ein Album, das Spandau Ballet als »erwachsene« Gruppe zeigte, die nicht nur DanceMusic produziert. Die Singles *Through the barricades* und *Fight for ourselves* konnten sich wieder in den Charts plazieren. Auch auf dem 89er-Album *Heart like a sky* erwies sich die britische Formation wieder als gekonnter Sound-Schmied für elegante Pop- und Dance-Songs. LP und Singles wie *Raw* und *Be free with your love* konnten sich sowohl in Großbritannien als auch in Deutschland in den Charts plazieren. 1990 machten die Brüder Gary und Martin Kemp als Schauspieler von sich reden. Sie spielten die Hauptrollen in dem britischen Film *The Krays.* Es geht dabei um zwei Brüder, die in den 50er Jahren Großbritannien mit einer Welle von Gewalt und Brutalität überzogen und dafür noch heute im Gefängnis sitzen. Die beiden Kemps meisterten diese nicht einfache Aufgabe mit viel Können und Einfühlungsvermögen.

Spider Murphy Gang

GÜNTER SIGL, geb. 8. 2. 1947 in Schongau/Lech: voc/g; GERHARD GMELL »BARNY MURPHY«, geb. 2. 3. 1954 in München: g; LUDWIG »WIGGERL« SEUSS, geb. 1. 7. 1964 in München: p; FRANZ TROJAN, geb. 22. 1. 1957 in Kulmbach: dr; WILLY RAY INGRAM, geb. 31. 12. 1950 in Dallas/USA: sax/perc

Gegründet wurde die bayerische Rockband 1977 von Günther Sigl. Zusammen mit dem Schlagzeuger Franz Trojan, den er schon 1973 durch eine Zeitungsannonce kennengelernt hatte, war Sigl bereits einige Zeit durch die GI-Lokale getingelt, bis dann 1977 Barny Murphy und MICHAEL BUSSE dazustießen und die Spider Murphy Gang aus der Taufe gehoben wurde. Den Namen hat die Formation übrigens aus dem *Jailhouse Rock* von → ELVIS PRESLEY, in dem die Zeile vorkommt »Spider Murphy played the tenor saxophone . . .«. Rock 'n' Roll der 50er Jahre war denn auch das Motto der Band, und sie sangen die damaligen Hits möglichst originalgetreu, natürlich in Englisch, nach. Durch ihre umjubelten Auftritte im Münchner »Memoland« wurden sie in der bayerischen Hauptstadt bald ein Begriff. Doch erst der Rundfunk- und Fernsehmoderator GEORG KOSTYA, der sie als Hausband für seine Sendung »Rockhouse« engagierte, brachte sie auf die Idee, eigene Titel mit bayerischen Texten zu singen. Darauf schien Günther Sigl nur gewartet zu haben: Er schüttelte die Songs nur so aus dem Ärmel, Lieder, die sich mit viel Witz und Situationskomik mit Alltäglichem beschäftigten. Musikalisch blieb er allerdings dem Rock-Sound »seiner« 50er Jahre treu. *Rock 'n' Roll Schuah* hieß 1980 das erste Album der Spiders, eine gekonnte Mischung aus altem Sound und heutigen Themen. 1981 hatte die Spider Murphy Gang ihren ersten Nr.-1-Hit: *Skandal im Sperrbezirk,* eine Nummer, die sich ziemlich unverblümt mit dem Abschieben der Prostituierten aus dem Stadtgebiet beschäftigte. Dieser eher im New-Wave-Sound gehaltene Song erregte überall die Gemüter und sollte sogar, ob seiner Direktheit, bei diversen Rundfunkanstalten auf den Index kommen. Auch das dazugehörigen Album *Dolce Vita* verkaufte sich ausgesprochen gut, es wurde mit Platin ausgezeichnet, ebenso die nachfolgende LP *Tutti frutti.* Von 1982 bis 1984 konnten die Spiders etliche Top-Hits landen: *Schikeria* Platz 12, *Wo bist du?* Platz 4, *Ich schau dich an* Platz 5. 1983 drehten die Spiders den Kinofilm *Mir san a bayerische Band,* der die Entwicklungsgeschichte der Formation auf sehr köstliche und sehenswerte Art und Weise beschrieb. Georg Kostya hatte bei dem Streifen Regie geführt, das Drehbuch dazu schrieb er mit seinem Freund Michael Verhoeven, der auch als Produzent fungierte. Nächster Höhepunkt war eine DDR-Konzertreise der Spiders, die ein enormer Erfolg wurde. Dazu gab's dann 1983 auch ein Live-Album. 1984 brachten die Spiders die LP *Scharf wia Peperoni* heraus, zu der dazugehörigen Tournee kamen fast 200 000 Besucher zu 40 Konzerten. Ab August 1984 beschäftigten die Spiders einen fünften Mann, den Multiinstrumentalisten Willy Ray Ingram aus Texas. Er spielte zwar schon auf der ersten Single, *Rock 'n' Roll Schuah* mit und begleitete die Spiders

des öfteren auf ihren Tourneen, aber erst seit dem 85er Album *Wahre Liebe* gehörte er fest dazu. Obwohl das Album ein paar recht gute Lieder wie z. B. die Ballade *Deine Liebe* oder den ironischen Rocker *Cadillac* enthält, war es nicht sehr erfolgreich. Daraufhin legte die Spider Murphy Gang 1986 eine Nachdenk-Pause ein, und brachte erst 1987, zum 10jährigen Jubiläum, das Album *Überdosis Rock 'n' Roll* heraus. Bei dieser LP fehlte der langjährige Pianist Michael Busse, er war durch Wiggerl Seuß ersetzt worden. 1989 war die Spider Murphy Gang dann auf Trio-Größe geschrumpft. Günter Sigl, Barny Murphy und Franz Trojan waren übriggeblieben, um mit renommierten Gastmusikern wie Kristian Schultze (keyb), Hermann Weindorf (p) und Günter Gebauer (b) die LP *In flagranti* einzuspielen. Als Vorab-Single erschien die Rock-Nummer *Geh zoag ma doch dei Ding,* die deutsche Version des Bachman-Turner-Overdrive-Hits *Ain't seen nothing yet.* Aber weder die LP noch die weiteren Singles *Bussi Baby* oder die ernste Unfall-auf-der-Autobahn-Nummer *FFB* konnten an die alten Erfolge anschließen. Doch unermüdlich versuchten es die Spiders 1990 wieder mit der Rock-Nummer *Was ist passiert* und dem Album *Hokuspokus.*

Spliff

Herwig Mitteregger, geb. 6. 9. 1953 in Mautern/Österreich: dr/voc; Bernhard Potschka, geb. 1. 3. 1952 in Berlin: g/voc; Reinhold Heil, geb. 18. 5. 1954 in Schlüchtern/Deutschland: keyb/voc;

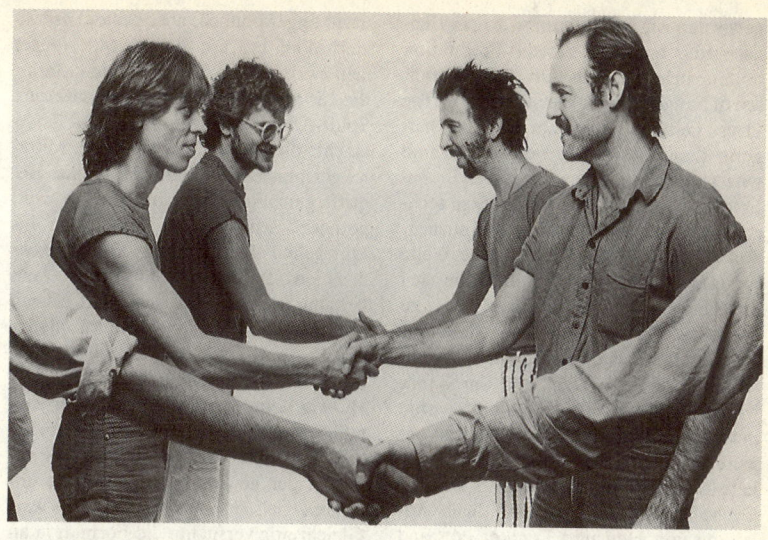

Spliff Foto: CBS

Manfred Praeker, geb. 25. 9. 1951 in Berlin: b/voc

Die Berliner Gruppe gehörte zu den besten, die es in Deutschland auf dem Gebiet der Funk- und Rockmusik gab. Begonnen hatte die musikalische Zusammenarbeit bei der Rock-Theater-Gruppe Lok Kreuzberg. Manfred Praeker war 1971 zu dieser Band gestoßen, Bernhard Potschka stieg drei Jahre später als Gitarrist ein, und Herwig Mitteregger spielte dort ab 1976 Baß. Lok Kreuzberg löste sich 1977 auf, die drei Musiker beschlossen zusammenzubleiben. Sie trafen im August 1977 auf die eben aus der DDR ausgereiste Nina Hagen, engagierten die exzentrische junge Dame als Sängerin und holten sich den Keyboar-

der Reinhold Heil von der Jazz-Formation Bakmak dazu. Die Nina Hagen Band war geboren. In den nächsten beiden Jahren brachte diese ungewöhnlich kreative Band die deutsche Punk- und New-Wave-Welle ins Rollen. Die beiden Alben *Nina Hagen Band* (1978) und *Unbehagen* (1980) waren ihrer Zeit weit voraus. 1979 stieg Nina Hagen aus, um als Solistin Karriere zu machen. Die Band blieb bestehen, tat sich mit dem Fotografen Jim Rakete zu einem Kollektiv zusammen, das sich die Fabrik nannte. Die vier Musiker dachten sich als erstes die *Spliff Radio Show* aus, ein Rock-Theater-Projekt, in dem sie am Beispiel eines fiktiven Superstars aufzeigten, wie aus dem ehemals revolutionären Rock eine kommerzielle Industrie geworden ist. Das Album wurde in Englisch aufgenommen, für die Produktion holten sich die Musiker den australischen Sänger ALF KLIMEK (heute bei THE OTHER ONES) und die amerikanische Sängerin LISA BIALAK. Die vorzügliche und witzig gemachte LP wurde 1980/81 ein Erfolg, ebenso wie die mit großem technischen Aufwand gestartete Tournee. Als sich 1981 die Neue Deutsche Welle breitmachte, ging auch Spliff, wie sich die Gruppe jetzt offiziell nannte, zu deutschen Texten über. Es entstand das zweite Album *85555* (das ist die Bestellnummer der LP). Der Song *Carbonara* wurde ein Single-Hit, das Album wurde mit Platin ausgezeichnet. Damals begann die Fabrik von Spliff und Jim Rakete auch mit der Produktion anderer Gruppen. Unter der sachkundigen Anleitung von Heil und Praeker entstand die erste Single von → NENA, *Nur geträumt*, und das Debüt-Album *Nena*; Mitteregger produzierte MANFRED MAURENBRECHER, STERNHAGEL, ULLA MEINECKE und CosaRosa; Potschka produzierte die NDW-Band PRIMA KLIMA. 1983 fand Spliff dann wieder Zeit für ein eigenes Projekt, die LP *Herzlichen Glückwunsch* entstand, ein Album, das wesentlich funkiger und rockiger wurde. 1983 brachte Herwig Mitteregger auch seine erste Solo-LP heraus, *Kein Mut, keine Mädchen*. Der Österreicher Mitteregger galt als der Radikalste der Band, und so war auch seinem ersten Album mit eingefahrenen Hörgewohnheiten nicht beizukommen. In der FABRIK entstanden auch die nächsten Nena-LPs. 1984 gab's dann wieder Neues von Spliff selbst, das Album *Schwarz auf Weiß*. Es war das kompromißloseste Album der Band, mit Songs, die allen gängigen Trends entgegenliefen: laut,

grell, ungewöhnlich, aber perfekt produziert. 1985 brachte Herwig Mitteregger sein zweites Solo-Album auf den Markt, die LP *Immer mehr*. Im Gegensatz zum Spliff-Album *Schwarz auf Weiß* überraschte die LP durch sanfte Töne. Mitteregger präsentierte darauf für seine Begriffe gemäßigte Pop- und Rock-Musik, geradezu schlagerhafte Songs, die ins Ohr gehen. Der Titelsong *Immer mehr* erschien als Single. 1986 wurde dann bekanntgegeben, daß sich Spliff offiziell aufgelöst hatte, die einzelnen Mitglieder arbeiteten in erster Linie noch als Produzenten für andere. Auch 1990 war Herwig Mitteregger als einziger der ehemaligen Spliff-Crew als Solist tätig. Er veröffentlichte das Album *Mitteregger,* das in der gewohnt schnoddrigen, unkommerziellen Art gehalten war. Gleichzeitig versuchte die Formation an den zu diesem Zeitpunkt ungeheuer aktuellen Remix-Trend anzuknüpfen und veröffentlichte den *Remix '90* ihres ehemaligen Hits *Deja vu.*

Dusty Springfield

MARY ISOBEL CATHERINE O'BRIAN, geb. 16. 4. 1939 in London/England: voc

In den 60er Jahren gehörte die blonde Dusty mit der gewaltigen Bienenkorb-Frisur zu den erfolgreichsten und besten britischen Sängerinnen. Ihr Bruder Tom war ein ziemlich populärer Folksänger, und auch Dusty sang schon von kleinauf aus voller Kehle. Ende der 50er Jahre gehörte sie zu der Mädchen-Band namens THE LANA SISTERS, 1959 trennte sie sich davon und schloß sich ihrem Bruder an. Der hatte zusammen mit seinem Freund TIM FIELD ein Duo gegründet; als Schwesterchen Dusty dazustieß, nannte sich das Trio THE SPRINGFIELDS. Wie brave Farmerskinder, Dusty im Baumwollkleidchen mit Rüschchen und Petticoat, sangen sie ihre Volkslieder und ab und zu Toms Eigenkompositionen. Mit Songs wie *Islands of dreams* (1962, Nr. 5) oder *Say I won't be there* (1963, Nr. 5) hatten sie diverse Hits. 1963 beschloß Dusty, es nun als Solistin zu versuchen und hatte noch im selben Jahr mit dem soulig angehauchten *I only wanna be with you* einen Hit. Bis Ende der 60er Jahre war sie mit meist recht dramatischen Balladen wie *I just don't know what to do with myself* (1964), *You don't have to say you love me* (1966), *I close my eyes and count to ten* (1968) oder soulbetonten Songs wie *Wishin' and hopin'* (1964), *In the middle of nowhere* (1965), *Son-of-a preacher man* (1968) in den internationalen Charts vertreten. Dann begann die hochtalentierte Interpretin Probleme zu bekommen mit sich und der Umwelt, und ruinierte durch unmögliche Auftritte innerhalb von ein paar Jahren ihren Ruf. Dusty Springfield verschwand aus der Öffentlichkeit. 1979 gelang ihr ein kleiner Achtungserfolg mit dem Song *Baby blue*, dann herrschte wieder Stille. Doch 1987 holten die PET SHOP BOYS ihre ›Lieblingssängerin‹ aus der Versenkung und produzierten mit ihr gemeinsam das Lied *What have I done to deserve this*. Das Lied wurde ein internationaler Bestseller und läutete ein Comeback von Dusty Springfield ein. Unter der Regie der Pet Shop Boys entstand 1988 die Single *Nothing has been proved*, die als Titelsong für den Film *Scandal* verwendet wurde. In dem Streifen ging es um den Profumo/Keeler-Skandal in den 60er Jahren. Das Lied wurde ein Hit. Dann ließen sich die Pet Shop Boys den eingängigen Pop-Song *In private* für Dusty einfallen. Er wurde 1989/90 ebenfalls ein Bestseller. Dann trennte sich Dusty zunächst einmal von ihren ›Wiederentdeckern‹ und nahm die BRIAN-SPENCE-Nummer *Reputation* auf. Auch dieser im Mai 90 veröffentlichte Rock-Song konnte sich sofort in den deutschen und britischen Charts plazieren. Im Juni 1990 kam unter dem Titel *Reputation* ein neues Dusty-Springfield-Album heraus, das die bisherigen Hits und eine Reihe weiterer Charts-Anwärter enthielt.

Rick Springfield

RICHARD LEWIS SPRINGTHORPE, geb. 23. 8. 1949 in Sydney/Australien: voc/g

Der ausgesprochen gutaussehende Musiker namens Springthorpe kam zu seinem Künstlernamen Springfield, weil zu Beginn seiner Karriere Journalisten hartnäckig von ihm als Rick Springfield schrieben. Irgend wann war er es dann leid, sie zu berichtigen, und übernahm den Namen. Ricks Vater Norman war Berufssoldat, und so verbrachten Rick und sein Bruder Mike ihre Jugend damit, von einem Armeecamp ins nächste zu ziehen. Fünf Jahre davon verbrachte er in England, wohin sein Vater abkommandiert worden war. Dort kam der kleine Rick zum erstenmal mit Rock 'n' Roll in Berührung, denn Australien war in den 50er und 60er Jahren wirklich ein »Land am Ende der Welt«. Wieder nach

Australien zurückgekehrt, bekam er zu seinem 13. Geburtstag seine erste Gitarre geschenkt und brachte sich selbst das Spielen bei. Mit 16 Jahren hatte er seine erste Band, THE JORDY BOYS, die bei Partys auftrat und hauptsächlich Songs von den → BEATLES nachspielte. Mit 17 verließ Rick die Schule und schloß sich einer Band namens ROCK HOUSE an, mit der er nach Vietnam reiste, um dort die Truppen zu unterhalten. Nach einem kurzen Zwischenspiel bei der Gruppe WACKEDY WAK landete er schließlich bei der Formation ZOOT. Diese Heavy-Metal-Band war eine der berühmtesten Formationen Australiens in den 60er Jahren, und dort durfte Rick zum erstenmal eigene Kompositionen erpro-

Rick Springfield
Foto: RCA

ben. Er beherrschte inzwischen auch Baß und Keyboards und gewann mit seinen Liedern einige Preise. 1971 löste sich Zoot auf, und Rick begann als Solist Plattenaufnahmen zu machen. Mit 21 hatte er seinen ersten Nr.-1-Hit in Australien mit der selbstgeschriebenen Nummer *Speak to the sky*. Einer amerikanischen Plattenfirma gefiel dieser Song, sie lud Rick ein, und in London durfte er sein erstes Album *Beginnings* aufnehmen. Diese LP enthielt auch eine neue Version von *Speak to the sky*, die sich unter den Top 15 von Amerika plazieren konnte. Doch als er endlich in Amerika war, begannen erst die Schwierigkeiten. Zum einen bekam der Australier keine Arbeitserlaubnis und keine ständige Aufenthaltsgenehmigung. Er durfte also nicht live auftreten und mußte alle paar Monate nach Kanada ausreisen, um bei der Einreise nach Amerika wieder ein Touristenvisum zu bekommen. Zum anderen versuchten seine amerikanischen Manager den hübschen jungen Mann als schmusigen Teenie-Star aufzubauen, sozusagen als zweiten DONNY OSMOND. Und das war dem kompromißlosen Jungrocker auf keinen Fall recht. Endlose gerichtliche Streitereien begannen, so daß zwischen Ricks zweitem Album *Comic book heroes* (1973) und seiner dritten LP *Wait for night* (1975) eine lange »Durststrecke« lag, während der Rick weder live auftreten noch Platten machen durfte. Dafür machte er einen Schauspielkurs und stellte Gipsfiguren her, um sich finanziell über Wasser zu halten. Als er 1975 endlich sein Album *Wait for night* veröffentlichen konnte, ging auch noch die Plattenfirma kurz danach pleite. Rick saß wieder mal ohne Geld auf der Straße. Doch er hatte Glück im Unglück.

Als er mit einer Freundin bei einer Laienspielgruppe auftrat, wurde er von Universal Pictures entdeckt und bekam einen Zweijahresvertrag als Schauspieler. Damit fiel die Plattenkarriere erst einmal aus, dafür drehte Rick in Amerika berühmte Serien wie *The six million dollar man*, *Wonder woman*, *The Rockford files* und *Battlestar Galactica*. 1980 gelang es Rick Springfield dann, wieder einen Plattenvertrag zu bekommen. Sein Album *Working class dog* erschien 1981. Auf das Cover der LP hatte der tierliebe Rick (zu seinem Haushalt gehörten zeitweise ein Schaf, eine Eidechse, ein Aal, Küken, Hunde, Katzen und ein Papagei) seinen Mischlingsrüden Ron mit Hemd und Krawatte setzen lassen. Dieser Gag und die darauf enthaltenen rokkigen, ins Ohr gehenden Songs ließen die Platte recht gut anlaufen. Doch Rick Springfield traute dem Frieden nicht, und als er von einem Filmstudio das Angebot bekam, in der berühmten Soap-Opera *General Hospital* (vergleichbar in etwa unserer *Schwarzwald-Klinik*) den Playboy-Arzt Dr. Drake darzustellen, griff er sofort zu. Aus dieser Nebenrolle heraus entwickelte sich Rick Springfield zum Star der Serie, und gleichzeitig begann auch seine Single *Jessie's girl* aus dem »Hunde«-Album unaufhaltsam in den Charts nach oben zu steigen. Es wurde sein erster Nr.-1-Hit in Amerika, und für die LP bekam er zum erstenmal Gold und später sogar Doppel-Platin. Außerdem bekam er für *Jessie's girl* (1981) den Grammy für die »Best male Rock Performance«. Zwischen Rollenlernen, Auftritten in der Fernsehserie und abendlichen Live-Shows, machte Rick sein fünftes Album *Success hasn't spoiled me yet* fertig. Wieder mit seinem Hund Ron auf dem Co-

ver. Ron sitzt selbstbewußt in einem Cadillac zwischen zwei Pudel-Damen, während Rick als Chauffeur fungiert. Die LP wurde Nr. 2 der US-LP-Charts und erhielt ebenfalls Doppel-Platin; die Singles *Don't talk to strangers* und *Calling all the girls* wurden Hits, und Rick bekam dafür 1982 den »American Music Award« als »Favorite Male Vocalist«. Danach war ihm das ständige Pendeln zwischen Film- und Plattenstudio zuviel, er gab die Serie auf. Doch der Film ließ ihn nicht los. 1983 drehte er den Streifen *Hard to hold*, in dem er einen Rock-Star spielte, der sich nicht zwischen zwei sehr verschiedenen Frauen entscheiden kann und dabei in einige höchst amüsante Abenteuer verwickelt wird. Außerdem veröffentlichte Rick Springfield 1983 sein nächstes Album *Living in Oz*. Es wurde eine sehr persönliche LP mit vielen Erinnerungen an Australien, dessen Spitzname ja »Oz« ist. Auf dieser LP, die gleichzeitig die erste war, die Rick selbst produzierte, bekam seine Musik einen neuen Touch: Zum einen war sie härter und schneller geworden, zum anderen gesellten sich zu den kraftvollen Gitarrenriffs eher sanfte Synthesizerklänge. Die Singles *Human touch*, *Affair of the heart* und *Souls* wurden Hits. Der Soundtrack zu seinem Film *Hard to hold* wurde wieder mit Platin ausgezeichnet. 1984 war Rick Springfield auch erstmals in der deutschen Hitparade zu finden: *To love somebody* erreichte Platz 23. Mit *Tao*, dem nächsten Album 1985, ging Rick abermals neue Wege. Zwar rockte er darauf immer noch so unwiderstehlich wie vorher, doch hatte er die Songs diesmal mit raffinierten elektronischen Effekten ausgestattet. Mit der Single *Celebrate youth* konnte der überzeugte Vegetarier 1985 auch seinen ersten Top-5-Hit in Deutschland verbuchen. Dann ließ Rick bis 1988 nichts mehr von sich hören. Der Grund: zum einen wurde er Vater, und zum anderen wollte er in Ruhe an seinem neuen Album arbeiten. Die LP hieß *Rock of life,* und Springfield zeigte darauf abermals, daß er zu den weltbesten Rockmusikern gehört. Das Album kam sowohl in USA als auch in Deutschland in die LP-Charts.

Bruce Springsteen

geb. 23. 9. 1949 in Freehold/New Jersey, USA: voc/g

Er ist klein und dünn und sieht aus wie ein übriggebliebener »Halbstarker« aus den 50er Jahren. Ausgewachsene, zerschlissene Jeans, karierte Hemden und abgewetzte Lederjacken sind seine bevorzugte Kleidung. Er macht den Eindruck, als hätte er die letzten vier Wochen im Schlafsack unter freiem Himmel verbracht. Er hat eine heisere Stimme, mit der er umwerfende Rocksongs brüllen und grölen kann und mit der er ebenso überzeugend sanfte Balladen singt, die unter die Haut gehen. Bruce Springsteen ist ein internationaler Superstar, der weder von Glitter noch von Glamour etwas hält. Er ist wie seine Musik: rauh, kantig, ehrlich. Seine Kindheit war ein ständiger Kampf mit seinem Vater: Der mochte weder ihn noch seine Gitarre, mit der er bereits als Teenager »Krach« machte. Bruce war so sehr auf Musik und seine Gitarre fixiert, daß er, als er einmal in der Schule Jesus am Kreuz malen sollte, Jesus an einer Gitarre malte. Kein Wunder, daß er aus der Schule flog. Schon frühzeitig verließ er sein Elternhaus und spielte bereits mit fünfzehn Jahren in Nervenheilanstalten und Gefängnissen. Er gründete Bands mit so fantasievollen Namen wie Dr. Zoom and the Tonic Boom oder Steel Mill. Alles Formationen, die in New Jersey zwar eine getreue Gefolgschaft hatten, die es aber nie zu einem richtigen Plattenvertrag brachten und deren wenige Kassetten heute zu horrenden Preisen gehandelt werden. Inzwischen war Bruce Springsteen ein Meister auf der Gitarre geworden, keiner spielte so atemberaubend schnell wie er. Bruce

Bruce Springsteen
Foto: CBS

zog es nach New York, doch dort interessierte sich zunächst niemand für den mickrigen Jüngling aus New Jersey, den Bauernjungen mit den langen Locken und der Strickmütze auf dem Kopf, der so seltsame Lieder mit so langen Texten schrieb. Doch im Mai 1972 klappte es endlich, JOHN HAMMOND, der legendäre Talent-Scout, der schon → BOB DYLAN entdeckt hatte, wurde auf Bruce Springsteen aufmerksam und verschaffte ihm einen Plattenvertrag bei CBS. Und CBS war der festen Meinung, in Bruce einen zweiten Dylan eingekauft zu haben, einen Folksänger, der freundliche Balladen schrieb. Schließlich hatte Springsteen ja damals auch eine gravierende optische Ähnlichkeit mit Dylan. Doch Bruce wollte Rockmusik machen, und so klang sein erstes Album 1973, *Greetings from Asbury Park N. J.*, etwas seltsam: Rocksongs im Stil von Folksongs produziert. Das Album, das immerhin schon *Blinded by the light* enthielt, einen Song, der 1976 in der Version von → MANFRED MANN'S EARTHBAND ein Nr.-1-Hit und Millionenseller werden sollte, war nur ein sehr mittelmäßiger Erfolg. Aber die Lieder dieser LP zeigten bereits den Stil, der später das Markenzeichen von Springsteen werden sollte: packende, ungeschönte Rocksongs, ergreifende, ehrliche Balladen mit Texten, die von ungeheuer genauer Beobachtungsgabe zeugten. Denn Springsteen weiß, wovon er singt. In den Jahren seines Herumziehens hat er sie alle kennengelernt, die Hauptpersonen seiner Geschichten: die Autofreaks, die billigen Mädchen, die einsamen Frauen, die müden Arbeiter, die ausgemergelten Penner, all die Underdogs und Outlaws, die die Highways bevölkern und unter den Brücken nächtigen. Springsteen

singt nicht über das strahlende, das glänzende Amerika, das Amerika der Erfolgreichen, der Millionärs, der Stars. Er singt über den kleinen Mann von der Straße, der nie eine Chance hatte, über das junge Mädchen mit den großen Plänen, das viel zu früh schwanger wird, über all die vielen unterbezahlten und unterdrückten und frustrierten Arbeiter und Angestellten, die abends mit dem Auto auf der Straße ihre Aggressionen und Frustrationen abreagieren, über die Einsamkeit der Großstädte, über die Unfähigkeit der meisten Menschen, sich einander mitzuteilen. Er singt über Dreck und Elend und Mißstände, und wenn er über die Liebe singt, hat das immer einen bitteren Beigeschmack. 1974 erschien sein zweites Album *The wild, the innocent and the E-Street shuffle*, mit dem er seine ständige Begleitgruppe, die E-STREET BAND der Öffentlichkeit präsentierte. Kopf dieser Band war der farbige Saxophonist CLARENCE CLEMONS, der mit seinen unnachahmlichen Sound die Springsteen-Songs nachhaltig beeinflußt und geprägt hat. Zu dieser Zeit begann Springsteen auch mit seinen überlangen Konzerten, die bis zu vier Stunden dauern. Der Rock-Journalist JOHN LANDAU besuchte 1974 ein solches Springsteen-Konzert und tat hinterher den Ausspruch, der inzwischen um die ganze Welt ging: »Heute habe ich die Zukunft des Rock 'n' Roll gesehen, und sie hieß Bruce Springsteen.« Den großen Durchbruch schaffte Springsteen dann 1975 mit dem Album *Born to run*. Plötzlich stürzten sich die Medien auf den etwas mickrigen jungen Mann, der eher durch Schüchternheit denn durch weltmännisches Auftreten glänzte. Jede Zeitung, jede Radiostation brachte etwas über den neuen Rock-Star; an den

Häuserwänden prangte sein Bild, die renommierten Zeitschriften *Time, Newsweek* und *Record World* brachten in ein und derselben Woche eine Titelstory über ihn. Dieser Höhenflug wurde 1976 jäh abgebremst, als sich plötzlich rechtliche Probleme ergaben und er keine Platten mehr produzieren konnte. Es stellte sich heraus, daß Springsteen von seinem Manager APPEL ziemlich übers Ohr gehauen worden war, und der Prozeß zog sich endlos hin. Erst 1978 gab es dann das nächste Springsteen-Album, *Darkness on the edge of town*. Es war ein Rock-Meisterwerk, sowohl von den Kompositionen als auch von den Texten her: hart und weich, wild und sanft, ekstatisch und zärtlich, bitter und süß. Die LP fand weltweit Millionen von Käufern. Danach zog sich Springsteen erst einmal ins »Exil« zurück. Wie immer gab es die wildesten Gerüchte, er sei ausgebrannt, krank, drogensüchtig, übergeschnappt und was sonst noch so alles in derartigen Fällen von der einschlägigen Presse behauptet wird. Doch 1980 feierte Springsteen abermals ein triumphales Comeback. Die Doppel-LP *The river* erschien und bescherte ihm mit *Hungry heart* einen Top-5-Hit in USA. Auch dieses Album brachte ihm natürlich Edelmetall ein. Er war damals schon so populär, daß 1980 die 180 000 Karten für seine fünf Konzerte im New Yorker Madison Square Garden innerhalb weniger Stunden vergriffen waren – und 380 000 Vorbesteller leer ausgingen. Selbst als er 1982 sein nächstes Album namens *Nebraska* herausbrachte, auf dem er ohne Band, nur mit seiner Gitarre, ziemlich traurige Lieder zum besten gab, konnte das seine Fans nicht erschüttern. Auch *Nebraska* wurde ein Bestseller. Doch 1984 wurden sämtliche

Springsteen-Anhänger wieder voll entschädigt. Die LP *Born in the USA* erschien. Es war wieder ein echtes Springsteen-Album voller Saft und Kraft – und mit der E-Street Band. Die Singles *Dancing in the dark, Cover me, Born in the USA, I'm on fire* und *Glory days* konnten sich weltweit in den Charts plazieren. Das Album wurde bis Herbst 1985 weltweit 14 Millionen Mal verkauft. In USA war es wochenlang die Nr. 1 der LP-Charts, in England kam es von 0 auf Platz 2 der LP-Charts. Gleichzeitig mit der Veröffentlichung startete Springsteen eine 15monatige Tournee um die ganze Welt, während der ihn insgesamt 5 Millionen Menschen sahen und hörten. Den Abschluß dieser Mammuttournee bildeten vier Konzerte à vier Stunden im Olympia-Stadion von Los Angeles. Alle vier Konzerte vor je 85 000 Zuschauern waren ausverkauft. Und wer jemals in einem Springsteen-Konzert gewesen ist, der weiß, daß dann zum Schluß 85 000 Menschen auf den Sitzen standen und begeistert mitsangen. Übrigens wurde von etlichen Kritikern naserümpfend behauptet, daß sich Springsteen mit der LP *Born in the USA* nun wohl angepaßt und eine Hymne auf das Amerika von Präsident REAGAN gesungen hätte. Wer sich die Texte durchliest, merkt schon nach wenigen Zeilen, daß eher das Gegenteil der Fall ist. 1985 war auch noch in anderer Beziehung ein bedeutungsvolles Jahr für Bruce. Am 13. Mai 1985 heiratete Bruce Springsteen die 25 Jahre alte Schauspielerin JULIANNE PHILLIPS. Er hatte das attraktive Mädchen sieben Monate vorher in Los Angeles kennengelernt. Und Springsteen hatte 1985 bereits angefangen, sein Aussehen zu ändern. Er ließ die Hamburger sein und fing an, sich gesund zu ernähren. Er trieb Sport und Konditionstraining, und so wurde aus dem mickrigen Jüngling plötzlich ein kraftstrotzender, muskelbepackter Enddreißiger. Am 10. November 1986 brachte Springsteen sein nächstes Werk der Superlative auf den Markt: das Box-Set *Bruce Springsteen & The E-Street-Band Live 1975–85*, das fünf Live-LPs enthielt mit 40 Songs, die bei sechzehn Konzerten zwischen 18. Oktober 1975 und dem 30. September 1985 aufgenommen worden waren. Das Album schoß in USA von 0 auf Platz 1 der LP-Charts, was noch nie einem Mehrfach-Album geglückt war. Das Set verkaufte sich in den ersten drei Wochen weltweit 2,7 Millionen Mal, das entspricht 13,5 Millionen Langspielplatten. Das wäre nach deutschen Maßstäben 27mal Platin oder 54mal Gold. Auch in Deutschland stieg das Set im Dezember 1986 in die deutsche LP-Hitparade ein und kam bis auf Platz 8. Im Oktober 1987 erschien das neue Album von Springsteen, die LP *Tunnel of love*. Es war eine Sammlung von Liebesliedern, mal soft, mal rauh, mal fröhlich, mal traurig. Es überwogen jedoch die sanften, zarten Töne, die knallharten Rock-Titel fehlten praktisch ganz, dafür gab es eine ganze Menge Country-Ankläge zu hören. In England schoß die LP von 0 auf Platz 1 der LP-Charts, in Deutschland stieg sie auf Platz 9 ein, und in Amerika hatten sich bis April 1988 3 Millionen davon verkauft. *Brilliant disguise* war die erste Single, es folgten *Tunnel of love, One step up* und *Tougher than the rest*. Dann hörte man lange nichts mehr von dem Boß. Lediglich 1989 war er auf dem *Black-and-white-night*-Live-Album von ROY ORBISON zu hören und im gleichnamigen Video zu sehen. Das Konzert hat-

te am 30. September 1987 im Coconut Grove Ballroom in Los Angeles zu Ehren Roy Orbisons stattgefunden. Außer Bruce Springsteen standen noch weitere Stars wie → JACKSON BROWNE, T-BONE BURNETTE, TOM WAITS, ELVIS COSTELLO und JENNIFER WARNES mit auf der Bühne. Es war der letzte öffentliche Auftritt von Roy Orbison, der am 6. 12. 1988 an einer Herzattacke starb.

Lisa Stansfield

geb. in England: voc

Die junge Dame mit der einprägsamen Stimme und dem kessen Löckchen in der Stirn war der Überflieger des Jahres 1989. Der Grundstein für Lisas Starruhm wurde im Schultheater gelegt. Dort lernte sie als Teenager bereits ANDY MORRIS und IAN DEVANY kennen. Unabhängig voneinander betätigten sich alle drei nach der Schule musikalisch: Lisa als Chorsängerin, Andy und Ian in Gruppen wie MAN OF BRASS, ADVENTURE und BODY URGE. 1984 beschlossen die drei, ihre Talente zusammenzuwerfen und eine Band zu gründen. Die Band hieß BLUE ZONE. Lisa war die Leadsängerin, die Saxophonistin und die Texterin, Andy spielte Keyboards, Trompete und sang Chor, und Ian war an der Gitarre, den Keyboards und an der Posaune zu hören und betätigte sich ebenfalls als Chorsänger. 1987 veröffentlichte Blue Zone die Debüt-Single *On fire*, die sich bereits in den UK-Charts plazieren konnte, ebenso die zweite Single *Thinking about his baby*. Es folgte das Album *Big thing*, das eine ganze Menge dieser soulig- und jazzig-angehauchten Songs bot und ebenfalls recht erfolgreich war. Dadurch wurden MATT BLACK und JONATHAN MORE, alias COLCUT, auf die attraktive Lisa und ihre beiden Freunde aufmerksam. Coldcut benutzten für ihre Veröffentlichungen immer sehr erfolgreich die Stimmen der anderen, für ihren Hit *Doctorin' the house* die Stimme von → YAZZ, für *Stop this crazy thing* die Stimme von JUNIOR REED von BLACK UHURU. Und jetzt wollten sie für ihre Single *People hold on* Lisas Stimme. Der Song wurde Anfang 1989 in Großbritannien ein Top-10-Erfolg. Die faszinierende Stimme der jungen Dame mit dem niedlichen Schönheitsfleck auf der linken Wange ließ überall die DJs aufhorchen. Also schob man schnell die Single *This is the right time* nach, auf der bereits ›Coldcut feat. Lisa Stansfield‹ stand. Der Song wurde in Großbritannien ebenfalls ein Bestseller. Nun war Lisa die Hauptperson. Künftig schrieb sie zusammen mit ihren Blue-Zone-Mitstreitern Morris und Devaney die Songs, während die Coldcut-Männer Black und Moore als Produzenten fungierten. Diese eingeschworene Crew fabrizierte 1989 den Song *All around the world*, der für Lisa den internationalen Durchbruch bedeutete. Das Lied der jungen Dame, die zuerst ihren Geliebten hinausekelt und ihn dann ›auf der ganzen Welt‹ suchen will, entpuppte sich als internationaler Megaseller, der sich monatelang in der deutschen Hitparade halten konnte. Im gleichen Funk-Soul-Stil war auch die nächste Single *Live together* gehalten, die ebenfalls ein Hit war. Jetzt entflammte auch das internationale Interesse an *This is the tight time*, die inzwischen nur mit dem Namen Lisa Stansfield veröffentlicht worden war. Dann kam das Debüt-Album *Affection*, das bereits bei Auslieferung Platin erhielt. Und Anfang 1990 wurde noch eine vierte Single ausgekoppelt. Auch *What did I do to you* konnte sich wieder in den Charts plazieren.

Lisa Stansfield   Foto: Ariola

Starship

GRACE SLICK, geb. 30. 10. 1943 in Chicago/USA: voc; MICKEY THOMAS: voc; DONNY BALDWIN: dr/voc; CRAIG CHAQUICO, geb. 26. 9. 1954 in USA: g

Starship   Foto: RCA

Diese amerikanische Rock-Band gibt es seit über 20 Jahren, und sie ist in USA so etwas wie eine nationale Institution geworden. Begonnen hatte alles 1965 mit einer Gruppe namens JEFFERSON AIRPLANE. Der Sänger MARTYN BALIN und der Gitarrist PAUL KANTNER gründeten 1965 diese Gruppe in San Francisco. Den ersten großen Auftritt hatte Jefferson Airplane am 13. August 1965 bei der Eröffnung des berühmten »Matrix Club« in San Francisco. Ende 1966 erschien das erste Album, *Jefferson Airplane takes off*. Kurz danach schied der bisherige Sänger SIGNE ANDERSON aus, und für ihn kam Grace Slick. Anfang 1967 setzte die Gruppe bei einem Auftritt in New York City zum erstenmal eine Lightshow ein, ein Novum für die Ostküste der USA.

Das 67er Album *Surrealistic pillow* verkaufte sich bereits millionenfach, die Singles *White rabbit* und *Somebody to love* wurden Hits. Von da an wurden fast alle Alben mit Edelmetall ausgezeichnet. Die Band, die in keiner Beziehung ein Blatt vor den Mund nahm und mit ihren Liedern über Sex und Drogen auch schon mal kräftig in den Fäkalsprachtopf langte, wurde zur Kultband der Hippies, der Respektlosen und Ausgeflippten. In schöner Regelmäßigkeit wurden Musiker und Sänger ausgetauscht, ein eigenes Plattenlabel wurde gegründet, Freikonzerte gegeben und Preise eingeheimst. Ruhender Pol waren Paul Kantner und Grace Slick, die dann 1974 auch den Nachfolger von Jefferson Airplane JEFFERSON STARSHIP aus der Taufe hoben. Diese Band wurde noch erfolgreicher. Ihr 75er Album *Red octopus*, mit den Single-Hits *Miracles* (USA 3) und *Count on me* (USA 8), wurde Nr. 1 der LP-Charts und verkaufte sich über 2 1/2 Millionen Mal. Als am 25. Februar 1978 das Album *Earth* erschien, wurde die LP per Radio in ganz Amerika präsentiert und erreichte etwa 20 Millionen Zuhörer. Zwei Tage später erhielt das Album Gold. Auch bei Jefferson Starship kamen und gingen die Musiker ohne Unterlaß. 1975 kam Marty Balin zurück, verließ die Band aber 1979 wieder, 1978 verließ Grace Slick die Gruppe und kam 1981 wieder. Einige Mitglieder brachten zwischendurch auch immer mal Solo-Platten heraus. 1978 war Jefferson Starship auf einem Tiefpunkt angelangt, der von vielen mit dem »Rausschmiß« von Grace Slick gleichgesetzt wurde. Erst als Grace 1981 wiederkam, blühte die Band erneut auf. *Modern times* hieß das 81er Album, auf dem es, wie der Name schon sagt, um Gegenwärtiges und Zukünftiges ging. 1984 erschien die LP *Nuclear furniture*, auf dem sich Jefferson Starship über Bomben, Umweltzerstörung und die dazugehörigen Politiker in der üblichen, direkten Art ausließ. Die Single *No way out* wurde ein Hit. Dann formierte die Band ein Jahr lang wieder kräftig um, bis sie sich dann 1985 in neuer Frische als Starship der Öffentlichkeit präsentierte. Außer den o. a. Musikern war zu diesem Zeitpunkt auch noch PETE SEARS (b/synth) mit von der Partie. *Knee deep in the hoopla* hieß das »Debüt«-Album von Starship, und die Gruppe bot darauf Mainstream-Rock erster Güte, Musik, die sowohl für die Teenager als auch für die Erwachsenen akzeptabel war. Der Erfolg kam umgehend. Die Single *We built this city* wurde der erste Nr.-1-Hit der zwanzigjährigen Karriere dieser Formation. Denn obwohl die LPs von Jefferson Airplane und Jefferson Starship immer wieder auf Platz 1 der LP-Charts kamen, konnte die Formation nie einen Nr.-1-Hit in den Hot 100 landen. In Deutschland kam der Rocksong auf Platz 10, in England auf Platz 12. Und auch die nächste Single aus diesem Superalbum wurde Bestseller: *Sara* erreichte Anfang 1986 ebenfalls den 1. Platz in USA, in Deutschland Platz 15. 1987 kam das nächste Starship-Album, bei dem die Truppe auf Quartett-Stärke geschrumpft war. *No protection* hieß die LP, die mit dem gemäßigten Rock-Song *Nothing's gonna stop us now* einen weltweiten Nr.-1-Hit enthielt. Gleichzeitig erschien Mitte 1987 unter dem Titel *2400 Fulton Street* eine Doppel-LP-Anthologie der originalen Jefferson Airplane. 1989 veröffentlichte Starship in altgewohnter Qualität das Album *Love among the cannibals,* allerdings ohne Leadsängerin Grace Slick, die die Band 1988 verlassen hatte. Dafür gab es fast zur gleichen Zeit eine überraschende Wiedervereinigung der alten Jefferson Airplane. In der Besetzung Grace Slick, Paul Kantner, Marty Balin, JACK CASADY und JORMA KAUKONEN spielte Jefferson Airplane das gleichnamige Album ein. Es war die erste Airplane-Produktion seit 1972 und rief mit jedem Ton wehmütige Erinnerungen an vergangene Zeiten wach.

Status Quo

Status Quo

Francis Rossi, geb. 29. 5. 1949 in London/England: voc/g; Rick Parfitt, geb. 12. 10. 1948 in England: voc/g; Rhino Edwards, geb. 9. 5. 1953: b; Jeff Rich, geb. 8. 6. 1953: dr; Andrew Bown, geb. 27. 3. 1947 in England: keyb

Seit nunmehr fast 20 Jahren macht die britische Band immer dieselbe Art von Musik: schweißtreibenden Boogie-Rock, der in der stampfenden Monotonie seines Rhythmus vor allen Dingen live eine ungeheure Spannung ausstrahlt. Aber begonnen hatte alles bereits schon sehr viel früher. 1962 nämlich gründeten Francis Rossi, der Sohn eines Eisverkäufers, Alan Lancaster (b) und John Coghlan (dr) eine Gruppe, die in erster Linie in Ferienlagern spielte und amerikanische Gruppen bei ihren Konzerten in England begleitete. Dann stieß noch Rick Parfitt dazu, und Status Quo war geboren. Im Februar 1968, im Zeichen von Flower-Power und Psychedelic, hatte die Formation den ersten Hit mit *Pictures of matchstick man,* einer gekonnten Mischung aus beiden Musikrichtungen. *Ice in the sun,* Ende 1968, tendierte ebenfalls noch in diese musikalische Richtung, aber mit *Down the dustpipe* (1970 UK 9), war dann der typische Status-Quo-Stil geboren, der sich bis heute nicht nennenswert verändert hat. Songs wie *Paper plane* (1973 UK 8), *Down down* (1974 UK 1, BRD 7), *Rain* (1975 UK 6), *Rockin' all over the world* (1977 UK 1, BRD 7, im Original von → JOHN FOGERTY/CCR), *Again and again* (1978 UK 9, BRD 18), *Whatever you want* (1979 UK 4, BRD 12), *What you're proposing* (1980 UK 2, BRD 3), *Somethin' about you baby I like* (1981 UK 9, BRD 26), *Dear John* (1982 UK 10), *Ol rag blues* (1983 UK 8, BRD 47), *The wanderer* (UK 6, im Original von DION) etablierten die Formation als Top-Band, die selbst mit dem Aufkommen von Punk und New Wave Ende der 70er Jahre nie ihre Popularität gänzlich verlor. Die Mitglieder von Status Quo wechselten zwar ständig, aber Francis Rossi und Rick Parfitt blieben stets der ruhende Mittelpunkt. Die beiden zeichnen auch bei einem Großteil der Lieder als Songwriter verantwortlich. Doch 1985 schien tatsächlich das Ende von Status Quo gekommen zu sein: Die Formation gab ihr offizielles Abschiedskonzert. Aber das Comeback stand bereits ein Jahr später wieder ins Haus. Status Quo nahm 1986 den Titel *You're in the army now* auf, ein Lied, das das holländische Brüderpaar → BOLLAND UND BOLLAND bereits 1982 herausgebracht hatte, – und hatte einen Superseller damit, der sich in Deutschland wochenlang auf Platz 1 halten konnte und auch in England bis auf den 2. Platz der Charts kam. Von da an war keine Rede mehr von »aufhören«, in schöner Regelmäßigkeit brachte Status Quo Platten heraus, die sich allesamt in den deutschen und englischen Charts plazieren konnten. Im Frühjahr 1988 hatten sie es gerade wieder geschafft mit dem Song *Ain't complaining,* der wieder den typischen Status-Quo-Boogie-Rock brachte. Kurz

darauf erschien auch das gleichnamige Album. Und *Ain't complaining* war auch das Motto der großen Deutschland-Tournee, die Status Quo von Mai bis Juni 1988 unternahm. Das 89er-Album, natürlich in gewohnter Boogie-Qualität, hieß *Perfect remedy.* Und auch 1990 betätigten sich die Herren von Status Quo wieder als perfekte Party-Stimmungsmacher. *Rocking all over the years* hieß die LP, auf der sie im Stil von STARS ON 45 ein Feuerwerk der bekanntesten Rock'n 'Roll-Knüller auf ihr Publikum abfeuerten. Die Single *The anniversary walz* ging sofort in die deutschen Charts ein.

Dave Stewart And The Spiritual Cowboys

→ EURYTHMICS

Rod Stewart

geb. 10. 1. 1945 in London/England: VOC

Als der Sänger mit der Sandpapierstimme und dem blonden Igel-Kopf Anfang der 70er Jahre als Solist von sich reden machte, hatte er schon eine ganze Menge musikalischer Erfahrungen hinter sich. Eigentlich wollte Rod ja Fußballer werden, doch als er beim Brentford F.C. als Anfänger aufgenommen wurde, mußte er in erster Linie die Stiefel der anderen Spieler putzen, und das paßte ihm nicht, also ging er, und machte als

Sänger Karriere. Zunächst trieb er sich in Europa herum, vor allen Dingen in Spanien und Italien, und kam zu dem englischen Folk-Sänger WIZZ JONES, der ihm das Banjospielen beibrachte. Rod lernte auch Gitarrespielen, und als er nach England zurückkehrte, bekam er einen Job als Sänger und Harmonika-spieler in der Birminghamer Gruppe JIMMY POWEL AND THE DIMENSIONS. 1964 bereits durfte er eine Solo-Platte machen: *Good morning little schoolgirl*, allerdings ohne nennenswerten Erfolg. 1965 schloß er sich der R & B-Formation HOOCHIE COOCHIE MEN an, deren Bandleader LONG JOHN BALDRY war. Als sich die HOOCHIE COOCHIES auflösten und Baldry anschließend in London die STEAM PACKET R & B REVUE auf die Beine stellte, war auch Stewart dabei. Zu diesem Projekt gehörten auch BRIAN AUGER und JULIE DRISCOLL, und Auger feuerte schließlich Stewart. Rods nächster Job war bei SHOTGUN EXPRESS, einer Formation mit geradezu illustren Mitgliedern: PETER GREEN (später → FLEETWOOD MAC), MICK FLEETWOOD (später → FLEETWOOD MAC) PETER BARDENS (später CAMEL). Auch diese Band löste sich auf, und so ging Stewart 1968 zur JEFF BECK GROUP, zum gleichen Zeitpunkt wie auch RON WOOD. Mit der Jeff Beck Group nahm Stewart zwei Alben als Sänger auf, *Truth* und *Beck-ola,* dann verließ er, zusammen mit Ron Wood, die Formation. 1969 ging er, gemeinsam mit Ron Wood, zu den FACES, die dringend einen Nachfolger für STEVE MARRIOTT brauchten, der gerade gegangen war, um HUMBLE PIE zu gründen. Die Gruppe wurde bald in ROD STEWART & THE FACES umbenannt, und veröffentlichte Bestseller wie *Stay with me* (1972 UK 5), *Cindy incidentally* (1973 UK 2), *Pool hall Ri-*

Rod Stewart
Foto: WEA

chard (1973 UK 6), *You can make me dance, sing or anything* (1974 UK 13). Doch schon während dieser Zeit arbeitete Stewart langsam aber hartnäckig auf eine Solo-Karriere hin. Das erste Solo-Album *An old raincoat won't ever let you down* (1969) zeigte ihn als hervorragenden Interpreten von Folk- und Rock-Songs, brachte aber nicht den Durchbruch. Auf der LP *Gasoline alley* (1970) erwies sich Stewart als ausgezeichneter Songschreiber, und sie brachte ihm in Amerika einen gewissen Erfolg. Richtig erfolgreich war er dann mit Album Nr. 3, *Every picture tells a story* (1971), das den Single-Hit *Maggie May* enthielt, der in England und Amerika Platz 1 erreichte und auch in Deutschland auf Rang 11 kam. 1972 veröffentlichte Rod Stewart das Album *Never a dull moment,* das mit der Single *You wear it well* (UK 1, USA 3, BRD 35) einen würdigen Nachfolgehit enthielt. In diesem Jahr brachte Rod Stewart unter dem Pseudonym PYTHON LEE JACKSON den Song *In a broken dream* heraus, der prompt auf Platz 3 der UK-Charts landete. Seine Stimme war einfach unverkennbar. 1973 gab es keine neue LP von Rod Stewart, der inzwischen jedes Jahr ein Album mit den FACES und eine Solo-LP veröffentlicht hatte. Nur zwei Singles erschienen, *What made Milwaukee famous* und *Oh no! Not my baby,* die beide nicht sonderlich erfolgreich waren. Erst 1974 erschien mit *Smiler* die nächste Stewart-LP. Das lange »Schweigen« war darauf zurückzuführen, daß Stewart offensichtlich bei zwei Plattenfirmen gleichzeitig unterschrieben hatte und beide das Album veröffentlichen wollten. Doch die LP wurde praktisch ein Flop, und erst das Album *Atlantic crossing* (1975) brachte wieder Geld und einen Bestsel-

ler: *Sailing* (UK 1, BRD 4). Inzwischen hatte sich Stewart, der damals gerade mit dem Filmstar BRITT EKLUND zusammen war, beim britischen Finanzamt in die Nesseln gesetzt. Wegen Schwierigkeiten mit seinen Steuern mußte Stewart, der inzwischen in USA lebte, eine Pressekonferenz für englische Journalisten in Dublin abhalten. In USA produzierte Rod dann auch die 76er LP *A night on the town,* aus dem die Single-Hits *Tonight's the night* (UK 4, USA 1, BRD 26) und *The killing of Georgie* (UK 3, USA 30, BRD 36) stammten. Zu diesem Zeitpunkt gehörte Rod Stewart zu den absoluten Top-Stars. Mit schöner Regelmäßigkeit brachte er einen Bestseller nach dem anderen heraus: 1977 *I don't want to talk about it* (UK 1) und *You're in my heart* (USA 4), 1978 *Hot legs* (UK 7) und *Do ya think I'm sexy* (UK 1, USA 1, BRD 9), 1980 *Passion* (UK 13, USA 5, BRD 13), 1981 *Tonight I'm yours* (UK 7), 1982 *Young turks* (UK 10, USA 5), 1983 *Baby Jane* (UK 1, USA 14, BRD 1), 1984 *Infatuation* (USA 6) und *Some guys have all the luck* (USA 10). Dann wurde es langsam stiller um den Sänger, der es bei seinen Live-Auftritten immer noch versteht, aus jeder Halle einen tobenden Hexenkessel zu machen. 1986 glückte ihm nochmals ein Bestseller in Amerika, und zwar mit einem Lied aus dem Film *Legal eagles*: mit *Love touch* erreichte er Platz 6 der Hot 100. Das 1987 von ihm als Single veröffentlichte Remake des alten Sam-Coole-Hits *Twisting the night away,* aus dem Film *Reise ins Ich,* konnte sich nicht durchsetzen.

Dafür glückte ihm mit der 88er LP *Out of order* wieder ein Bestseller, der sich international plazieren konnte. 1989 erschien die *Best-of-Rod-Stewart-LP, die*

*allerdings nicht nur altvertrautes Material
wie Maggie May, Baby Jane* oder *Sailing*
enthielt, sondern auch neue Produktionen
wie den softigen *Down town train*
von TOM WAITS oder das flotte Duett
This old heart of mine mit Ronald Isley
(im Original stammte der Song nämlich
von den ISLEY BROTHERS). Sowohl mit
dem Album als auch mit den beiden
Singles konnte sich Rod Stewart wieder
in den internationalen Charts plazieren.

Sting

GORDON MATTHEW SUMNER, geb. 2. 10.
1951 in Newcastle-upon-Tyne/England:
voc/g

Sting Foto: A&M

Der blonde gutaussehende Musiker ist
der Sohn eines Milchmanns. Gordon
wuchs im ärmlichen Nordosten von England
mit drei Geschwistern auf. Er war
ein ausgezeichneter Schüler und bekam
ein Stipendium für das St. Cuthbert College.
Seine musikalischen Vorlieben galten
damals den Jazzern, CHARLIE PARKER
und THELONIUS MONK, dem Detroit- und
Memphis-Soul und natürlich den →
BEATLES. Mit 15 Jahren bekam er seine
erste Baßgitarre. Nach seinem Schulabschluß
1969 gründete er zusammen mit
GERRY RICHARDSON seine erste Band,
EARTHRISE, spielte bei der TRADITIONAL
JAZZ-BAND und ging aufs Lehrerseminar.
Damals bekam er auch seinen Spitznamen
»Sting« (Stachel), weil er ständig
einen schwarz-gelben Sweater trug und
damit wie eine Wespe aussah. Bis 1974
spielte Sting dann in diversen Formationen,
bis er 1974, wieder mit Gerry Richardson,
die Jazz-Rock-Gruppe LAST EXIT

gründete. Von Jazz-Rock bis Blues ging
das Repertoire der Band, die sich bald
eine nicht unbedeutende Fan-Gemeinde
erspielt hatte. Doch während RICHARDSON
lieber intellektuelle, aber unverkäufliche
Musik machen wollte, tendierte
Sting mehr dazu, ». . . lieber verständliche
Musik zu machen«. Die Zukunftsaussichten
waren für Sting zu dieser
Zeit nicht gerade rosig. Er hatte
gerade seinen Lehrerjob an den Nagel
gehängt, geheiratet und war Vater geworden.
Ein Plattenvertrag brachte die
Formation dann 1976 nach London.
Und dort sah STEWART COPELAND die
Gruppe, war von Sting begeistert und
engagierte ihn für seine neue Formation

→ POLICE. Zusammen mit dem dritten im Bunde, ANDY SUMMERS, spielte das Trio Millionenseller ein wie die Alben *Outlandos d'amour* (1978), *Regatta de Blanc* (1979), *Zenyatta Mondatta* (1980), *Ghost in the machine* (1981), und *Synchronicity* (1983). Songs wie *Roxanne, Can't stand losing you, Message in a bottle, Walking on the moon, Don't stand so close to me, De do do do, de da da da, Everly little thing she does is magic, Every breath you take, Wrapped around your finger* setzten sich grundsätzlich an die Spitze der UK-Charts. Für die bislang letzte Police-LP *Synchronicity* hatte Sting, bis auf zwei, alle Songs geschrieben, und er war mit seiner unverwechselbaren Stimme auch der Mittelpunkt der Gruppe. Doch Sting machte auch sonst von sich reden. In den Film *Quadrophenia*, nach dem gleichnamigen Album der → WHO, spielte er 1979 die Hauptrolle und machte sich einen Namen als Schauspieler. Er bekam auch eine wichtige Rolle in dem Science-fiction-Film *Dune – Der Wüstenplanet* (1984), spielte in *The Bride* (*Die Braut* 1985), einem Frankenstein-Epos mit JENNIFER BEALS, und stand zusammen mit der Oscar-Preisträgerin MERYL STREEP bei *Plenty* (*Die demanzipierte Frau* 1985) vor der Kamera. Die Sting-Filme *Stormy Monday* (mit MELANIE GRIFFITH) und *Jules and Julie* (mit KATHLEEN TURNER) waren für 1988 angekündigt. Bereits 1982 hatte Sting seine erste Solo-Single veröffentlicht: *Spread a little happiness* erreichte in England Platz 14. Aber erst 1985 trat er mit einem ganzen Solo-Album ans Licht der gespannten Öffentlichkeit. *The dream of the blue turtles* hieß das anspruchsvolle Werk, für das Sting natürlich alle Songs selbst geschrieben und für dessen Pro-

duktion er sich einige der hervorragendsten Jazz-Musiker geholt hatte. Musikalisch bietet die LP eine Mixtur von Jazz über Rock bis hin zu Reggae, Pop und Balladen. Der Song *If you love somebody set them free* zeigte den ehemaligen Soul-Fan Sting, in der engagierten Ballade *Russians* bat der Vater Sting die Politiker (-Väter), der Kinder zuliebe doch mit dem Bomben-Wahnsinn aufzuhören. Die LP wurde in Deutschland mit Platin ausgezeichnet. 1986 veröffentlichte Sting das Album *Bring on the night,* für dessen Video er im Grammy erhielt. Dann machte Sting 1987 wieder von sich reden, und zwar mit dem Album ... *nothing like the sun,* das in Deutschland innerhalb kürzester Zeit Gold erhielt. Mit dem Song *They dance alone* enthielt die LP ein hochpolitisches Lied, in dem sich Sting mit Chile auseinandersetzt. Das Lied ist eine Variante der »Gueca«, eines traditionellen chilenischen Brautwerbungs-Tanzes, der jedoch inzwischen von den Müttern, Frauen und Töchtern der zahllosen Vermißten in Chile in der Öffentlichkeit getanzt wird, als symbolische Geste des Protestes und der Trauer. Aus diesem Grund wurde das Album, das in England mit der Auszeichnung »Album des Jahres« geehrt wurde, in Chile verboten. Als erste Single erschien daraus der Song *Englishman in New York.* Kurz darauf veröffentlichte Sting fünf Lieder dieser LP in spanischer und portugiesischer Sprache gesungen auf dem Mini-Album ... *nada como el sol.* Bei der Grammy-Verleihung in New York erhielt Sting 1988 einen Grammy als »Bester Sänger« des Jahres. Das Jahr 1989 verbrachte Sting in erster Linie mit Benefiz-Veranstaltungen und -Reisen zur Erhaltung des tropischen Regenwaldes, bei denen er von südamerikanischen Indio- und Folkloregruppen begleitet wurde. 1990 durfte BEN LIEBRANDT, einer der weltbesten Re-Mixer, den Sting-Song *An Englishman in New York* ›neugestalten‹. Das Ergebnis, das sich vom Original nur wenig unterscheidet, ging daraufhin wieder in die Charts.

Stock/Aitken/Waterman

PETER WATERMAN, geb. 15. 1. 1947 in Coventry/England; MIKE STOCK, geb. 3. 12. 1951 in Kent/England; MATT AITKEN, geb. 25. 8. 1956 in Coventry/England

Was hatten 1986/87/88 die Pop-Stars → BANANARAMA, → MEL & KIM, → SAMANTHA FOX, → MANDY, LA TOYA JACKSON, PRINCESS, DEAD OR ALIVE, → DEBBIE HARRY, LAURA BRANNIGAN, → RICK ASTLEY, → KYLIE MINOGUE und → SINITTA gemein? Das Produzenten-Team und Songwriter-Team Stock/Aitken/Waterman. Diese drei Männer, von denen man vor diesen zwei Jahren noch nie etwas gehört hatte, entwickelten sich in dieser kurzen Zeit zum erfolgreichsten Team der Welt. In diesen zwei Jahren waren sie für über 50 Hits verantwortlich. Aus ihrer Feder stammen sämtliche Hits von Rick Astley, und Mel & Kim, sie machten aus der hübschen Australierin Kylie Minogue einen Nr.-1-Star, sie verhalfen der Damengruppe Bananara-

Stock/Aitken/Waterman   Foto: PWL

ma zu dem Nr.-1-Hit *Venus,* sie dachten sich den High Energy Sound für die Gruppe DEAD OR ALIVE aus und und und . . . die Liste könnte beliebig lang fortgesetzt werden. Doch alle drei haben ihr Handwerk von der Pike auf gelernt. Mike Stock spielte seit 1976 in diversen Bands. Als er 1980 einen neuen Gitarristen suchte, traf er auf Matt Aitken. Der nächste Schritt war dann sofort ein kleines Studio in Mikes Haus. Pete Waterman hatte auch schon einige Zeit im Music-Business herumgeschnuppert. Er war Discjockey gewesen, Promotionund A & R-Manager, bis er schließlich mit PETER COLLINS die erfolgreiche Produktionsfirma Loose ENDS gründete. Waterman produzierte Top Stars wie → NIK KERSHAW, THE BELLE STARS und TRACY ULLMAN. Gemeinsames Produzieren verbindet, und so kamen Stock/Aitken und Waterman ins Gespräch und ins Geschäft. Bei seinem Partner war Waterman inzwischen ausgestiegen, weil der plötzlich keine Tanzmusik, sondern anspruchsvolle Rockproduktionen machen wollte. Im Februar 1984 begann das Trio mit dem ersten Projekt, der Nummer *The upstroke* der Gruppe AGENTS AREN'T AEROPLANES. Der Titel kam immerhin schon bis Platz 50 der UK-Charts. Man entschloß sich also, künftig nur für DJs zu produzieren, Dance-Nummern herzustellen, die auf das Scratchen und Mixen zugeschnitten sind. *You think you're a man* von DIVINE war das erste Werk in dieser Art, der Titel kam 1984 bereits bis Platz 11 in England. Der dritte Streich hieß *Whatever I do (whereever I go),* wurde von HAZEL DEAN gesungen, und war ein Nr.-5-Hit. Von da an ging's bergauf. Die Dead-Or-Alive-Produktion *You spin me round (like a record)* war schon ein Nr.-

1-Hit, der nächste kam mit PRINCESS' *Say I'm your number one.* Das war ein Song, den die drei zusammen geschrieben hatten und den anfänglich keine Plattenfirma haben wollte. Und seitdem sind Stock/Aitken/Waterman mit ihren Produktionen und ihren Songs auf die obersten Plätze der internationalen Charts abonniert. 1987 gab es Wochen, wo in England 14 Produktionen der drei unter den Top 100 zu finden waren. Sie entwickelten einen ganz eigenen Sound, der ihre Produktionen von allen anderen unterscheidet: High Engergy, Beat, Disco, Funk, alles gut gemixt und extrem tanzbar. Was lag näher, als daß die drei es auch selbst einmal versuchten. Das taten sie 1987 mit dem Titel *Roadblock,* ein American-Funk-Titel wie frisch aus den Staaten. Der Song wurde natürlich ein Hit und konnte sich auch in Deutschland gut plazieren. Ende 1987 folgte der zweite Streich: *Packjammed (with the party posse).* Bei diesem Song durften ein paar der Stock/Aitken/Waterman-Künstler mitmachen und für die richtige Party-Stimmung sorgen: Mel & Kim, Rick Astley, Sinitta und La Toya Jackson. Auch dieser Titel fand Eingang in die deutschen und englischen Charts.

The Style Council

PAUL WELLER, geb. 25. 5. 1958 in England: voc/g; MICK TALBOT, geb. 11. 9. 1958: p

Seine ersten musikalischen Meriten sammelte der englische Songwriter Paul Weller als Oberhaupt der Gruppe THE JAM. Von 1977 bis 1982 hatte die Forma-

The Style Council   Foto: Polydor

tion eine Menge Hits in England gehabt: *All around the world* (1977 UK 14), *The Eton rifles* (1979 UK 2), *Going underground* (1980 UK 1), *Start* (1980 UK 1), *Funeral pyre* (1981 UK 3), *Absolute beginners* (1981 UK 3), *Town called malice* (1982 UK 1), *The bitterest pill* (1982 UK 1), *The beat surrender* (1982 UK 1).

Nach der Auflösung von THE JAM gründete er 1982 zusammen mit Mick Talbot das Projekt The Style Council, bei dem sich die beiden jeweils die notwendigen Musiker ins Studio holen. Weller ist ein musikalisches Genie. Mit großartiger Begabung versteht er es, sich aus allen Musikbereichen genau das zu holen, was seine Songs zu etwas Besonderem machen. Mit unglaublich leichter Hand mischt er Lieder zusammen, die mal wie lupenreiner Soul, dann wieder nach jazzig angehauchter Barmusik klingen, er läßt sich sanfte Balladen einfallen, die unter die Haut gehen, oder swingt los, daß die Fetzen fliegen. Seine Texte verraten gezielt politisch-soziales Engagement, das der Arbeitersohn auch ohne große Umschweife ausdrückt. Zehn Millionen verkaufte LPs und fünf Millionen verkaufte Singles (bis 1985) beweisen, daß er mit diesem Rezept ankommt. Sämtliche Singles von The Style Council konnten sich in den Top 10 von England plazieren: *Speak like a child* (1983 Uk 3), *Money go round* (1983 UK 8), *Long hot summer* (1983 UK 2), *A solid bond in your heart* (1983 UK 7), *My ever changing mood* (1984 UK 4), *You're the best thing* (1984 UK 2), *Shout to the top* (1984 UK 7). Die 85er LP von Style Council hieß *Our favourite shop* und war ein Muß für die Liebhaber intelligenter, abwechslungsreicher Popmusik. Die Single-Hits aus diesem Album hießen *Walls come tumbeling down, Boy who cried wolf* und *The lodger,* ein Lied, das sie mit der Sängerin Dee C. Lee aufnahmen. Im Mai 1986 präsentierte dann The Style Council das Live-Album *Home and abroad* als eine Art Resümee der bisherigen Arbeit. 1987 gab's dann wieder ein Studio Album, die LP *The cost of loving.* Auch darauf war wieder viel Abwechslungsreiches zu hören, von Soul über Rap bis hin zu richtig schönen Liebesliedern. Die Single *It didn't matter* wurde wieder ein Hit. In altgewohnter Qualität und Abwechslung brachte Style Council 1988 die LP *Confessions of a pop group* mit dem Single-Hit *Life at a top peoples health farm* heraus. 1989

gab es von Style Council die LP *Singular adventures.* 1990 löste Paul Weller Style Council auf und gründete eine neue Band, von der aber vorerst lediglich zu erfahren war, daß sie einen großen Bläser-Satz haben würde.

Styx

Dennies DeYoung, geb. 18. 2. 1947 in USA: keyb/voc; James Young, geb. 14. 11. 1949 in USA: g/voc; Tommy Shaw, geb. 11. 9. 1953 in USA: g/voc; John Panozzo, geb. 20. 9. 1949 in USA: dr; Chuck Panozzo, geb. 20. 9. 1949 in USA: b

Die Geschichte dieser ungeheuer erfolgreichen Band geht bis ins Jahr 1964 zurück. Damals hörte Dennis DeYoung im Nachbarhaus die Zwillingsbrüder Chuck und John Panozzo spielen, ging hinüber – und es entstand das Trio The Tradewinds. Bis 1968 spielten die drei unter diesem Namen zusammen, dann wurden andere Gruppen mit diesen Namen berühmt. Die drei holten sich den Gitarristen und Keyboarder John Curulewski und nannten sich fortan TW4. Diese Formation gab es bis 1970, dann stieß der Lead-Gitarrist und Sänger James Young dazu, und sie suchten sich einen neuen Namen – Styx. 1970 erschien gleich auch die erste LP der Band, *Styx I.* Doch erst 1972 gelang ihnen der erste, allerdings nur mittelmäßige Hit namens *The best thing.* Den großen Durchbruch brachten dann 1974 die LP *Styx II* und die Single *Lady.* Diese zweite Styx-LP war allerdings schon eine ganze Weile ohne größeren Erfolg auf dem Markt, als plötzlich eine populäre Radiostation anfing, *Lady* zu powern. Andere Stationen übernahmen den nicht mehr taufrischen Song, die betagte *Lady* verkaufte sich über 800 000mal und brachte im Anschluß daran auch dem Album Gold-Status. Und von da an ging es mit Styx nur noch bergauf. 1975 erschien das Album *Equinox* mit dem Hit *Lorelei*. Der harte, kompakte Sound von Styx fand immer mehr Fans. 1976 wurde John Curuleswki gegen Tommy Shaw ausgetauscht. Ein guter Griff, denn Tommy Shaw entwickelte sich im Laufe der Zeit als höchst einfallsreicher Songwriter. *Crystal ball* hieß das erste gemeinsame Album mit ihm 1976. Wie nachhaltig Tommy Shaw den Sound der Formation beeinflußte, zeigte sich dann 1977 mit der LP *Grand illusion*. Sanfter wurden die Töne, poppiger und eingängiger. Die Single *Come sail away* und die Shaw-Komposition *Fooling yourself* wurden Millionenerfolge und zählen heute zu den beliebtesten Styx-Klassikern. Für das Album gab's Platin. Auch die nächsten LPs, *Pieces of eight* und *Cornerstone,* wurden mit Platin ausgezeichnet. Styx begann sich nachhaltig einen eigenen Stil zu schaffen, nicht nur von der Musik, sondern auch von den Texten her. Diese handelten weniger von Liebe, sondern behandelten mehr sozialpolitische Themen. Der nächste Höhepunkt kam dann 1980 mit dem Konzept-Album *Paradise Theatre*. Die Geschichte des Auf- und Abstiegs dieses berühmten Theaters benutzte die Gruppe, um ihre Ansicht über den sog. »American Way Of Life« darzulegen. Nach der bejubelten Tournee gleichen Namens wurde durch eine Meinungsumfrage Styx zur beliebtesten und bekannteste amerikanischen Gruppe erklärt.

Auch die LP *Kilroy was here* (1983) mit dem Millionenseller *Mr. Roboto,* war wieder ein Konzept-Album. Diesmal ging's um einen diktatorischen, technologisch ausgerichteten Staat, in dem Rock 'n' Roll verboten wird. Obwohl das Album, zu dem es auch einen Film gibt, eine durchlaufende Handlung hat, ist doch jeder Song ein eigenständiges Stück Pop- und Rockmusik. Songs wie *Don't let it end* (USA 6) oder *High time* sind auch ohne Album-Kontext überzeugend. Auch diese LP erhielt natürlich wieder Auszeichnungen aller Art. 1984 beschritt Dennis DeYoung als erster Solo-Pfade mit dem Album *Desert moon,* der Titelsong wurde Nr. 10 in den Hot 100. Als nächster folgte 1984 Tommy Shaw mit der LP *Girls with guns,* der Titelsong erreichte jedoch nur Platz 33. 1985 veröffentlichte Tommy Shaw dann die LP *What if,* der Titelsong daraus wurde wegen seiner Qualität als Themasong für den Film *Remo* ausgewählt. 1985 stand dann fest, daß sich Styx aufgelöst hatte − zumindest für die nächsten fünf Jahre, denn 1990 erreichte die Fans die gute Nachricht, daß die Formation wieder im Studio ist. Styx trat mit der Original-Besetzung an; einzige Ausnahme: für TOMMY SHAW war der Gitarrist und Sänger GLEN BURTNICK eingestiegen. *Edge of the century* heißt das Studio-Album, das im Oktober 1990 herauskam. Es enthält einige Rock-Songs der eher mittelmäßigen Art, dafür aber etliche Balladen im typisch hinreißenden Styx-Stil. Die Ballade *Carrie Ann* war die erste Single, die sich umgehend in den internationalen Charts plazieren konnte.

Donna Summer
Foto: Casablanca

Donna Summer

LaDonna Andrea Gaines, geb. 31. 12.
1948 in Boston: voc

Die farbige Interpretin hatte schon früh
nur ein Hobby: Singen. Aber zum Entsetzen ihrer Eltern sang sie lieber in
weißen Rock-Bands als im schwarzen
Gospel-Chor ihrer Kirche. Mit 18 Jahren flog sie kurz entschlossen mit einer
Freundin nach Europa, sang in München für das Musical *Hair* vor und bekam prompt eine Rolle. Andere Engagements folgten, die sie auch nach Wien

brachten. Die attraktive junge Frau
lernte dort den Schauspieler Helmut
Sommer kennen, wurde schwanger,
heiratete ihn und trug fortan den Namen
Sommer, der später durch einen
Schreibfehler zu Summer wurde. Doch
nach zwei Jahren war der Traum von der
Ehe ausgeträumt, und Donna mußte
künftig den Lebensunterhalt für sich und
Töchterchen Mimi mit Treppenputzen
und sporadischem Background-Singen
verdienen. Im Studio wurde der Erfolgs-
produzent Giorgio Moroder auf sie aufmerksam. Er nahm mit Donna die Single *The hostage* auf, die nur ein mittelmäßiger Erfolg wurde, und hatte dann,
zusammen mit seinem damaligen Partner Pete Bellotte die Idee zu der Stöhnorgie *Love to love you baby*. Der aufreizende Song schlug diesseits und jenseits
des Ozeans wie eine Bombe ein. Innerhalb von nur 6 Wochen gingen 1975
über 400 000 Exemplare des Albums
über den Ladentisch. Der Eurodisco-
sound war damit geboren, und Donna
Summer war ein internationaler Star.
Durch dieses Lied abgestempelt als
»Disco-Queen« und »Sex-Kätzchen«,
mußte die begabte junge Dame erst einmal hartnäckig darum kämpfen, auch
etwas anderes singen zu dürfen. Millionenseller wie *I feel love* (1977), *Last
dance* und *Mac Arthur Park* (1978) fest-
igten ihren Ruf als Top-Disco-Star. Für
ihre Alben bekam sie regelmäßig Gold
und Platin. Doch zäh verfolgte die
stimmgewaltige und wandlungsfähige
Donna Summer ihren Weg weiter. Mit
Bad girls (1979) bewies sie hervorragend, daß sie durchaus auch imstande
ist, Rock ebenso gut wie einfühlsame
Balladen, Gospel und R & B zu singen.
Ihre in dieser Richtung strukturierten
Alben wie *The wanderer* (1980), *Donna*

Summer (1982), *She works hard for the money* (1983) und *Cats without claws* (1984) zeigten, daß sie auf dem richtigen Weg war. Auch sie wurden jeweils mit Gold und Platin ausgezeichnet, ohne jedoch Disco-Alben zu sein. Doch dann wurde es langsam stiller um den Top-Star. Ihre 85er Singles *Supernatural love, Eyes* und *There goes my baby* waren nicht mehr ganz oben in den Charts zu finden. 1987 versuchte sie mit der Single *Dinner with Gershwin* und dem Album *All systems go* ein Comeback, das aber bis Mai 1988 nicht geklappt hatte. Der Erfolg kam erst wieder zurück, als Donna Summer ihr Schicksal in die hit-erprobten Hände der Herren → STOCK/AITKEN/WATERMAN legte. Sie schrieben und produzierten das 89er-Summer-Album *Another place and time.* Die typischen rhythmischen SAW-Songs wie *I don't wanna get hurt* der *This time I know it's for real* brachten sie mitsamt der LP in die US-, UK- und deutschen Charts zurück.

Supertramp

RICK DAVIS, geb. 22. 7. 1944 in England: voc/keyb; JOHN HELLIWELL, geb. 15. 2. 1945 in England: sax/keyb; DOUGIE THOMPSON, geb. 24. 3. 1951 in Glasgow/Schottland: b; BOB SIEBENBERG, geb. 31. 10. 1949 in Glendale/USA: dr

Gegründet wurde die englische Formation Ende der 60er Jahre von Rick Davies, → ROGER HODGSON (b), RICHARD PALMER (g), BOB MILLER (dr) und DAVID WINTHROP (sax). Ein Millionär war von der Band so angetan, daß er ihnen das erste Album *Supertramp* (1970) bezahlte. Es kam ganz gut an, doch Miller bekam einen Nervenzusammenbruch und wurde durch KEVIN CURRIE als Schlagzeuger ersetzt. Für das zweite Album, *Indelibly stamped* (1971) holte man sich den Baßgitarristen FRANK FARRELL und Hodgson spielte künftig die Lead-Gitarre. Die LP wurde ein Flop, eine Tour durch Norwegen ein Fiasko: Currie, Palmer und Winthrop gingen und wurden durch Siebenberg (ehemals BEES MAKE HONEY), Helliwell und Thompson (beide ehemals ALAN BOWN) ersetzt. 1974 erschien dann die dritte LP von Supertramp, das konzeptartige Album *Crime of the century,* das der Formation endlich den Durchbruch brachte. Davies und Hodgson waren die Komponisten und Texter der eigentümlich gehackten Melodien und Rhythmen, von Davies stammten die unverwechselbaren Klavierakkorde, → HODGSON gab sie mit seiner hellen, durchdringenden Stimme den Songs den unverkennbaren Sound. *Dreamer* hieß der erste Single-Hit 1975, die folgenden Alben *Crisis? What crisis?* (1975), *Even in the quietest moments* (1977), und vor allen Dingen *Breakfast in America* (1979) wurden weltweite Bestseller. Der auch auf Tourneen astrein dargebotene, klare Sound machte Supertramp zu einem Super-Act, der mühelos die größten Hallen füllte und bei der 83er Tournee durch Europa mehr Zuhörer anzog als die → ROLLING STONES. Diese Tournee stand unter der Überschrift »Abschiedstournee«, und das kurz vorher erschienene Album *Famous last words* signalisierte ebenfalls zumindest Veränderungen. Die bestanden darin, daß Roger Hodgson eine Solokarriere einschlug und Supertramp künftig als Quartett weiter-

Supertramp Foto: DGG

machte. Das mit Spannung erwartete neue Album *Brother where you bound* zeigte, daß vom alten Supertramp-Sound wenig übriggeblieben war. Alles klang sehr jazzig, teilweise fast eintönig, für die ehemaligen Supertramp-Fans war die LP eine Enttäuschung. Sie fanden den geliebten Sound mehr auf Roger Hodgson Debüt-Solo-Album *In the eye of the storm*. Doch Rick Davies ging in sich, überlegte und probierte lange und brachte dann 1987, nach über 2 Jahren Pause, die nächste Supertramp-LP heraus: *Free as a bird*. Und das hörte sich schon wieder sehr viel besser an: R & B, eingängige Melodien, bestechender Harmonie-Gesang und etliche schöne Bläsersätze. Offensichtlich hatte Rick Davies vor, den 37 Millionen verkaufter Supertramp-Platten noch ein paar Millionen hinzuzufügen. 1988 erschien die LP *Live 88*.

Supremes

→ Diana Ross

Survivor

MARC DROUBAY, geb. in Los Angeles/
USA: dr; STEPHAN ELLIS, geb. in Los An-
geles/USA: b; JIMI JAMISON, voc; JIM PETE-
RIK, geb. in Chicago/USA: keyb/g/voc;
FRANKIE SULLIVAN, geb. in Chicago/USA:
g/voc

Die fünfköpfige Formation gehört mit
zu den besten Rock-Gruppen Amerikas.
Begonnen hatte alles Ende der 60er Jah-
re, als Jim Peterik im zarten Alter von
14 Jahren die Formation IDES OF MARCH
gründete und für die Gruppe 1970 den
Millionenseller *Vehicles* schrieb. Die
Band löste sich bald auf, Peterik, der aus
Chicago stammt, veröffentlichte 1976 als
Solist sein Debüt-Album *Don't fight the
feeling*. Dann traf er auf den ebenfalls in
Chicago geborenen Gitarristen Frank
Sullivan, der bereits als Mitglied der
Chicagoer Band MARIAH Lorbeeren einheimsen konnte. Sie holten sich den
Sänger DAVID BICKLER, der damals ebenfalls in der Gegend tingelte, und 1978
wurde Survivor aus der Taufe gehoben.
1980 erschien das erste Album, *Survivor*, und ein Jahr später (1981) kamen
dann der Bassist Ellis aus Los Angeles
und der Schlagzeuger Droubay, ebenfalls aus L.A., dazu. Nach *Premonition*,
dem ersten Album in dieser Besetzung,
wurde das Publikum aufmerksam. Und
vor allen Dingen wurde der Schauspieler
und Produzent SYLVESTER STALLONE zum
Fan dieser Gruppe. Er schickte ihnen
die ersten zehn Minuten seines Films
Rocky III und bat sie, einen Titelsong
dafür zu schreiben. Der Rest ist fast
schon Rock-Geschichte. Peterik und
Sullivan, die »Köpfe« der Gruppe, komponierten für den Film den Song *Eye of
the tiger*. Die Single und das gleichnamige Album waren 1982 die bestverkauften Platten in Amerika! Von der Single
wurden allein in USA über 2,5 Millionen Exemplare verkauft, sie war in England, Kanada, Südafrika, Australien,
Norwegen, Schweden und Griechenland
Nr. 1 in den Charts und ansonsten weltweit zumindest Top 5. Außerdem erhielten die Herren von Survivor dafür
den Grammy für die »Best Rock Vocal
Performance«, eine Oscar-Nominierung
für das beste Filmlied und noch einige
internationale Preise. 1983 erschien das
nächste Erfolgsalbum: *Caught in the
game*. Mit ihrem 84er Album *Vitalsign*
gelang Survivor wieder ein Filmhit: *Moment of truth* für den Streifen *Karate-
Kid*. Survivor hatte inzwischen einen
neuen Sänger, denn David Bickler hatte
sich eine chronische Stimmbandentzün-
dung zugezogen und durfte nicht mehr
singen. Aber in Jimi Jamison fand die
Gruppe einen adäquaten neuen Mann.
Jamison kam von der Hard-Rock-Formation COBRA und steht in Stimmvolumen, Aussagekraft und Bühnencharis-
ma Bickler in nichts nach. Diese fünfte
LP von Survivor war ein absoluter Höhepunkt, sie bot von hochkarätigen, fetzigen, aber immer melodiösen Power-
Rock-Songs wie *High on you* (1985
USA 8) bis zu traumhaften Balladen wie
The search is over (1985 USA 4) ein
gewaltiges Spektrum perfekter, hörens-
werter Rockmusik. Als SYLVESTER STAL-
LONE seinen Film *Rocky IV* drehte, engagierte er wiederum Jim Peterik und
Frank Sullivan als Songwriter und Survivor als Interpreten des Thema-Songs.
Burning heart hieß das Lied, das zwar in
Machart *Eye of the tiger* glich, aber ein

Survivor   Foto: bellaphon

durchaus eigenständiger und sehr temperamentvoller Rock-Song wurde. Survivor kam damit 1985 in USA bis auf Platz 2 der Hot 100. Power-Rock der melodiösen Sorte in altbewährter Qualität bot dann auch das 86er Album *When seconds count*. Mit dem Titel *Is this love* hatte auch diese Survivor-LP wieder einen Single-Bestseller. Die 88er-LP von Survivor hieß *Too hot to sleep* und bot außer gewohnten Power-Songs auch Balladen. Auch die Single *Didn't know it was love* wurde wieder ein Erfolg. 1989 schrieben Jim Peterik und Frankie Sullivan wieder ein Lied für einen Sylvester-Stallone-Film. Für den Gefängnis-Streifen *Lock up* ließen sie sich *Ever since the world began* einfallen. Die eingängige Rockballade wurde von Jimi Jamison gesungen und auch unter seinem Namen veröffentlicht.

Swing Out Sister

CORINNE DREWERY: voc; ANDY CONNELL: keyb; MARTIN JACKSON: dr

Dieses britische Trio macht seinem Namen alle Ehre. Selten hat man so beschwingte und fröhliche Pop-Musik gehört. Entstanden ist die Gruppe 1984. Corinne hatte an der Kunsthochschule von St. Martin studiert und anschließend eine Designer-Gruppe aufgebaut. Doch der Zeichenstift gefiel der attraktiven

Corinne mit dem dunklen Pagenkopf nicht so gut wie ein Mikrophon, sie entschloß sich zu einem Wechsel und machte ihr Hobby zum Beruf. Sie sammelte Erfahrung in diversen Bands und sang einige Zeit auch bei WORKING WEEK. Martin Jackson war bei der Gruppe MAGAZIN Trommler gewesen, Andy Connell der Keyboarder von A CERTAIN RATIO. Als sich die beiden kennenlernten, stellten sie ihr gemeinsames Interesse für das Weiterentwickeln von elektronischer Popmusik fest. Sie taten sich zusammen und machten sich als Komponisten- und Produzententeam für junge Gruppen einen Namen. Auf diese Weise lernten sie Corinne kennen, es funkte, und damit war Swing Out Sister entstanden. *Breakout* hieß 1987 die Debüt-Single, die es in UK bis Platz 4 brachte und in Deutschland bis Platz 27 vorstieß. Auch die zweite Single *Surrender* kam in Großbritannien bis Platz 7 und stieg in die deutsche Hitparade ein. Dann folgte das glänzend gelungene Debüt-Album *It's better to travel*, das sich ebenfalls plazieren konnte. 1989 erschien das zweite Album *Kaleidoscope world*, das ebenfalls wieder fröhlich-beschwingte Songs aus der Feder von Corinne Drewery und Andrew Connell bot. Der Trommler Martin Jackson hatte das Trio verlassen.

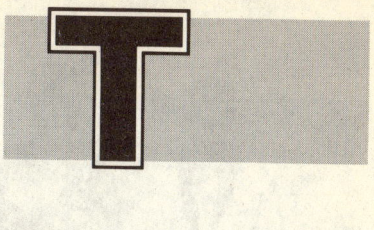

Talking Heads

DAVID BYRNE, geb. 14. 5. 1952 in Amerika: voc; MARTINA WEYMOUTH, geb. 22. 11. 1950 in Amerika: b; CHRIS FRANTZ, geb. 8. 5. 1951 in Amerika: dr; JERRY HARRISON, geb. 21. 2. 1949 in Amerika: g/keyb

Der Name der Gruppe, Talking Heads – »Sprechende Köpfe«, eine Bezeichnung für gutaussehende Nachrichtensprecher im amerikanischen Fernsehen, ist Ironie, denn die vier sind alles andere als »sprechende Köpfe«. Sie begannen mit einer eigentümlichen Mischung aus Hard-Rock und New Wave, Punk und Funk, gemixt mit afrikanischen Poly-Rhythmen, und machen inzwischen niveauvolle Pop-Songs allererster Güte. Gegründet wurde die Formation 1975 in Rhode Island. David Byrne, Tina Weymouth und Chris Frantz studierten auf der dortigen Design-School Kunst und beschlossen, nach Abschluß der Studien nach New York zu gehen und eine Band zu gründen. Byrne war damals bereits als exzentrischer Performance-Künstler aufgetreten und hatte auch schon zusammen mit Frantz eine eigene Band gehabt, die ARTISTICS, manchmal auch AUTISTICS genannt. In New York angekom-

Talking Heads Foto: Neil Selkirk/EMI

men, fand man keinen Bassisten, also wurde Tina dazu ausersehen, dieses Instrument zu lernen. Anschließend tingelten die drei recht erfolgreich durch die New Yorker Clubszene. 1977 stieß dann Jerry Harrison dazu, der vormals bei JONATHAN RICHMOND AND THE MODERN LOVERS (*Egyptian Reggae*) gespielt hatte. Das erste Album erschien: *Talking Heads 77*. Es bekam überschwengliche Kritiken. Die nächsten LPs mit ausgesprochen exzentrischen Songs, die teilweise von BRIAN ENO produziert wurden, sicherten dem Quartett eine kleine, aber feine Fan-Gemeinde. Alben wie *More songs about buildings and food* (1978),

Fear of music (1979), *My life in the bush of ghosts* (1981) und *Remain in light* (1982) demonstrierten David Byrnes Begeisterung für afrikanische Ur-Rhythmen. Danach war erst einmal Pause, Frantz und Tina, die inzwischen geheiratet hatten, beschäftigten sich mit ihrem Hobby namens TOM TOM CLUB. Harrison nahm das Solo-Album *The red and the black* auf, und Byrne arbeitete an dem CATHERINE-WHEEL-Project und produzierte die B 52's und FUN BOY THREE. *Speaking tongues* hieß dann das nächste Album 1983, das eine fast wieder zu den Anfängen zurückgekehrte Band zeigte. Zynische Songs, klar, ohne viel Drumherum, nackt, fast kalt, aber mit viel unterschwelligen Emotionen. Die darauffolgende Tournee unter dem Titel *Stop making sense* wurde, wie der gleichnamige Film, ein Hit. *Little creatures* hieß die 85er LP der Talking Heads, ein Album, das zeigte, daß Talking Heads durchaus auch in der Lage waren, eingängige Popsongs zu schreiben. Bestes Beispiel dafür waren die hervorragenden Single-Auskoppelungen *The lady don't mind* und *Slippery people.* Der letztere Titel wurde bezeichnenderweise auch von der amerikanischen Soul-Formation THE STAPLE SINGERS aufgenommen und hatte viel Erfolg. 1985 hatten die Talking Heads dann einen wahren Chartbuster mit *Road to nowhere,* einem rhythmischen Song, der ein bißchen nach Folk-Music klang. In Deutschland kam das Lied auf Platz 6. Zu diesem Erfolg hatte sicher auch das ganz ausgezeichnete, einfallsreiche Video beigetragen. 1986 schrieben die Talking Heads wieder Filmmusik, nämlich zu dem David Byrne-Film *True stories.* Dann machten die »sprechenden Köpfe« 1988 gleich in zweifacher Hinsicht von sich reden: Zum einen veröffentlichte Jerry Harrison das Solo-Album *Casual Gods,* das sich sowohl diesseits als auch jenseits des Ozeans sofort hervorragend in den LP-Charts plazieren konnte und mit *Rev it up* auch einen Single-Hit enthielt; zum anderen brachten die Talking Heads das Album *Naked* heraus, das wieder voller Überraschungen steckte: amerikanischer Jazz und Pop, aber auch algerisch-marokkanische Klänge, die sich Rai nennen, Musik karibischer Herkunft namens Zouk, Samba- und Tangorhythmen, dazu Texte von David Byrne, die politischer und aggressiver waren als je zuvor. Im Frühjahr 1988 trug sich David

Byrne aber auch bereits wieder mit neuen Film-Plänen: Er hatte vor, das babylonische *Gilgamesch*-Epos zu verfilmen und reiste dazu auf der Suche nach geeigneten Drehorten durch Deutschland. Doch zunächst arbeitete Byrne maßgeblich am Soundtrack des BERNARDO-BERTOLUCCI-Films *Der letzte Kaiser* mit, für den es 1988 einen Oscar gab. Dann wendete sich Byrne wieder seinem *Gilgamesch*-Epos zu, das er zunächst 1989 unter dem Titel *The forest* in moderner Form auf die Bühne brachte. Ebenfalls 1989 hatte Byrne unter den Titeln *Beleza tropical* und *O Samba/Brazil Classics Vol 2* zwei Alben mit Songs populärer brasilianscher Künstler zusammengestellt. Anfang 1990 veröffentlichte er dann seine LP *Rei Momo,* auf der er eigene, von südamerikanischer Musik inspirierte Songs mit englischen Texten vorlegte.

Tangerine Dream

EDGAR FROESE, 6. 6. 1944 in Deutschland; CHRISTOPH FRANKE, geb. 4. 4. 1942 in Deutschland; PAUL HASLINGER, geb. in Deutschland; alle drei elektronische Instrumente

Als »Paten des elektronischen Rock« wurde die deutsche Instrumentalformation Tangerine Dream von der englischen Fachpresse bezeichnet. Sie war von Anfang an ihrer Zeit weit voraus, hat Elektronik-Gruppen wie → DEPECHE MODE oder → DURAN DURAN entscheidend beeinflußt und war Mitbegründerin der sog. »New Age Music« – jener sphärenhaften musikalischen Lautmalerei, die mit träumerischen Melodien und sanften Rhythmen viele Fans in ihren Bann zieht. Gegründet wurde die Formation 1967 von Edgar Froese, der an der Berliner Akademie der Künste Malerei und Grafik studiert hatte. Damals agierte Tangerine Dream noch als Quintett, und ihre Musik mußte sich die Bezeichnung »Underground« gefallen lassen. Nach einigem Hin und Her – einige Zeit gehörte auch KLAUS SCHULZE zu der Formation – veröffentlichte Tangerine Dream 1971 das zweite Album *Alpha Centauri*, mit dem der Gruppe der internationale Durchbruch gelang. Während es in Deutschland immer noch mit einem verächtlichen Achselzucken und den lapidaren Einordnungen »Sphärengeplätscher«, »kosmisches Tralala« abgetan wurde, erhielt die LP in England bereits die Auszeichnung »Album des Jahrs«. 18 Alben und sieben Soundtracks hatte Tangerine Dream bis 1985 veröffentlicht, darunter so bekannte Titel wie den Soundtrack für *The sorcerer* und für den Tatort-Krimi *Das Mädchen auf der Treppe*, mit dem sie 1982 endlich einmal in die deutsche Hitparade kamen. Insgesamt verkaufte Tangerine Dream von ihren Alben sieben Millionen Exemplare. Im Sommer 1985 erschien das Album *Le Parc*. Auf subtile, einfühlsame und beeindruckende Weise empfand Tangerine Dream darauf die Stimmungen der berühmtesten Parks der Welt. Die LP wurde mit 15 – zumeist selbstentwickelten – elektronischen Instrumenten eingespielt. Der gleichzeitig kraftvolle und doch zarte, gewaltige und doch ätherische Sound dieser LP demonstrierte wieder einmal das musikalische und handwerkliche Potential der Gruppe. 1987 trennte sich das langjährige Mitglied JOHANNES SCHMOELLING von Tangerine Dream, für ihn kam Paul Haslinger. In dieser neuen Besetzung spielte Tangerine Dream das 87er Album *Tyger* ein. Die Musik dieser LP wich von den üblichen Tangerine-Dream-Soundcollagen ab, sie hatten sich für die Aufnahme die Sängerin JOCELYN B. SMITH geholt, statt der gewohnten Instrumentalmusik waren auf der LP geradezu poppige Soft-Songs zu hören. 1989 bestand Tangerine Dream aus Edgar Froese, Paul Haslinger und RALPH WADEPHUL, der für Chris Franke gekommen war. In dieser Besetzung spielte die Elektronik-Star-Formation das Album *Optical race* ein. Diese LP, die für Tangerines Verhältnisse sehr gefällige und glatte Kompositionen bot, war wieder auf der ganzen Welt ein Hit, nur nicht in Deutschland. Ebenfalls 1989 folgte das Album *Lily on the beach*, das von der Fachzeitschrift MUSIC TECHNOLOGY als »Wegweiser in das Europa der 90er« bezeichnet wurde. 1990 gesellte sich zu Froese und Haslinger der Froese-Sohn JEROME. Auf dem Album *Melrose* gab er seinen Einstand mit eigenwilligen Gitarrenbreaks.

Tears For Fears

ROLAND ORZABEL, geb. 22. 8. 1961 in England: voc/g/keyb; CURT SMITH, geb. 24. 6. 1961 in England: b/voc

Anfang der 80er Jahre waren Tears For Fears die typischen Vertreter des neuen englischen Pop-Sounds: kühl, ätherisch, mit einer unterschwelligen Power, die sich ganz heimlich aber unnachsichtig mit Weltschmerz geprägten Pop-Songs in die Gehörgänge einschlich. Gegründet wurde die Formation 1982 von Roland Orzabel und Curt Smith im südenglischen Bath. Mitte 1982 veröffentlichten die beiden Knaben die Debüt-Single *Mad world*, die prompt ein Hit wurde: Großbritannien Platz 3, Deutschland Platz 21. Auch mit den nächsten Singles *Change* und *Pale shelter* (beide 1983) war das bleiche und stets schwarz gekleidete Duo erfolgreich. Das Debüt-Album *The hurting* wurde in Großbritannien die Nr. 1 der LP-Charts. Für die darauffolgende Tournee holten sie sich Ian Stanley (keyb) und Manny Elias (dr) dazu, die anschließend zum festen Team des Duos gehörten. 1984 brachte Tears For Fears die Single *Shout* heraus, die in Deutschland und Amerika wochenlang die Nr. 1 der Charts war. Das dazugehörige Album *Songs from the big chair* erschien 1985 und verkaufte sich bis heute neun Millionen Mal. Es enthielt auch den Song *Everybody wants to rule the world*, der sich ebenfalls wieder in den USA und in Deutschland auf den 1. Platz setzen konnte, und den Hit *Head over heals*. Dann verschwand das kreative Erfolgs-Duo plötzlich in der Versenkung, um 1989 wie Phoenix aus der Asche wieder aufzutauchen. *Sowing the seeds of love* hieß die Single, mit der sie sich wieder zurückmeldete. Ein Song in bester → Beatles-Tradition, einfallsreich, gefällig, poppig. Dann kam das dazugehörige Album *The seeds of love*, das sehr schnell mit der epochemachenden *Sergeant-Pepper*-LP der Beatles verglichen wurde. Weg war der Weltschmerz, statt dessen ergingen sich die zwei in zurückhaltendem Optimismus, aufgelockert mit ein paar zynischen Spitzern, wunderschönen Melodien, ausge-

feilten Arrangements, gespielt mit echten Instrumenten. Sowohl die erste Single als auch die Nachfolger *Woman in chains* und *Advice for the young at heart* wurden Hits. Beigetragen zu dem Erfolg hatte auch das warme Piano und die grandiose Stimme der farbigen Pianistin und Interpretin Oleta Adams. Orzabel und Smith hatten Oleta in Amerika bei der 85er-Tournee in einer kleinen Bar kennengelernt und sie zu der Produktion des neuen Albums eingeladen. Oleta war auch ein Glanzlicht der 90er-Tournee der Tears For Fears. Bei der Produktion mit dabei war kein geringerer als → Phil Collins, der auf *Woman in chains* das Schlagzeug spielte. Das Album *The seeds of love* wurde ein internationaler Millionenseller.

The Temptations

Otis Williams (Miles), geb. 30. 10. 1949 in Texarkana/USA: voc; Melvin Franklin (David English), geb. 12. 10. 1942 in Montgomery: voc; Richard Street, geb. 5. 10. 1942 in Detroit/USA: voc; Ron Tyson, geb. in USA: voc; Dennis Edwards, geb. 3. 2. 1943 in Birmingham/USA: voc

Die Temptations waren in den 60er Jahren das männliche Gegenstück zu den → Supremes. Genauso wie die Supremes waren sie eine reine Vokalgruppe, keines der Mitglieder spielte ein Instrument, dafür boten sie aber bei ihren Auftritten eine eindrucksvolle Show mit hinreißenden Tanznummern. Sie waren Vorbild für eine ganze Menge Gruppen

The Temptations Foto: RCA

dieser Art. Otis und Melvin waren Schulfreunde, die bereits in lokalen Gruppen zusammen gesungen hatten. 1960 gründeten sie zusammen mit EDDIE KENDRICKS und PAUL WILLIAMS die Band THE ELGINS. Als kurz danach noch DAVID RUFFIN dazustieß, nannte sich das Quintett The Temptations und begann für BERRY GORDYS Motown-Konzern Platten zu machen. 1965 hatten sie den großen Durchbruch mit einem Lied, das → SMOKEY ROBINSON für sie geschrieben hatte: *My girl.* Das war der erste einer langen Reihe von Top-Hits wie z. B. *Beauty is only skin deep* (1966 USA 3), *I know I'm losing you* (1966 USA 8), *All I need* (1967 USA 8), *You're my everything* (1967 USA 6), *I wish it would rain* (1968 USA 4), *Cloud nine* (1968 USA 6), *Run away child running wild* (1968 USA 6), *I can't get next to you* (1969 USA 1), *Psychedelic shack* (1970 USA 7), *Ball of confusion* (1970 USA 3), *Just my imagination* (1971 USA 1), *Papa was a rolling stone* (1972 USA 1), *Masterpiece* (1973 USA 7). In dieser Zeit schrieben die Temptations Musikgeschichte. War die Gruppe bis Mitte 1968 ein typischer Vertreter des Motown-Soul-Sound gewesen, änderte sich Ende 1968 ihr Stil radikal. Mit *Cloud nine* begannen sie eine Neuentwicklung des Soul und R & B, der im ganzen Umfeld dieser Musikgattung gewaltige Folgen haben und schließlich zur Entwicklung des heutigen Disco-Sounds führen sollte. Sie fingen nämlich mit »Psychedelic Soul« an. Ihr

Produzent NORMAN WHITFIELD erfand komplizierte, mit vielen technischen Gags und großem Orchester aufgeputzte Soundcollagen, die vollkommen den Rahmen der üblichen Soul-Songs sprengten. Das ging soweit, daß bei dem 1972 erschienenen 12-Minuten-Song *Papa was a rolling stone* nicht mehr die Stimmen der Temptations das wichtigste waren, sondern die brillanten und bombastischen instrumentalen Einfälle von Produzent Whitfield. Auf dem 73er Album *Masterpiece* waren die Sänger dann nur noch schmückendes Beiwerk. Doch den Fans gefiel diese Entwicklung nicht, langsam, aber sicher blieben die Hits aus, auch als die Songs wieder in den vorherigen Rahmen zurückgeführt wurden. Bis 1984 versuchten die Temptations in immer wieder neuer Besetzung ein Comeback, ohne allerdings damit großen Erfolg zu haben. Erst das 84er Album *Truly for you* brachte ihnen mit der Single *Treat her like a lady* einen europäischen Hit: UK Platz 9, BRD Platz 16. Obwohl die Formation mit Alben wie *Touch me* (1985) und *Together again* (1987) immer wieder beweist, daß sie immer noch zu den vokalen Highlights gehört, scheint ihnen das richtige Comeback nicht mehr zu glücken.

---

10 CC

ERIC STEWART, geb. 20. 1. 1945 in England: voc/g; GRAHAM GOULDMAN, geb. 10. 5. 1946 in England: voc/b; LOL CREME, geb. 17. 9. 1947 in England: voc/g; KEVIN GODLEY, geb. 7. 10. 1945 in England: dr/tp

Die Anfänge von 10 CC waren bei der britischen Pop-Band THE MINDBENDERS. Sowohl Gouldman als auch Stewart waren Mitglieder dieser Formation, die in den 60er Jahren Hits wie *A groovy kind of love, Can't live without you* und *Ashes to ashes* hatte. Als sich die Mindbenders 1968 auflösten, ging Gouldman nach USA, um dort seine Karriere als Hit-Schreiber fortzusetzen. Aus seiner Feder stammten damals bereits einige der größten Hits der YARDBIRDS *(For your love, Heart full of soul)*, der → HOLLIES *(Look through any window, Bus stop)* und der HERMAN'S HERMITS *(No milk today)*. Stewart tat sich mit dem Sänger und Gitarristen Lol Creme und dem Schlagzeuger Kevin Godley zusammen und formierte das Trio HOT LEGS. Mit dem von Stewart geschriebenen *Neanderthal man* hatte das Trio 1970 einen Bestseller. 1971 kehrte Gouldman wieder nach England zurück, traf seinen alten Kollegen Stewart wieder, und man beschloß, ein Quartett zu bilden. Ihr Produzent JONATHAN KING gab ihnen den Namen 10 CC. Das erste, im März 1971 veröffentlichte Album *Think school stinks,* wurde ein bildschöner Flop. Doch die Single *Donna,* eine Parodie auf die 50er Jahre, wurde 1972 ein Hit (UK 2). Mit *Rubber bullets* (UK 1, BRD 18) und *The Dean and I* (UK 11) machte sich 10 CC international einen Namen. Ihre gekonnte Mischung aus Pop und Rock, die sie auch auf dem Album *10 CC* (1973) boten, fand weltweit Anklang. Das von Kritikern und Fans hochgelobte Album *Sheet music* (1974) verkaufte sich hervorragend. *The wall street shuffle* (UK 8, BRD 38) und *Silly love* (UK 23) hießen die Singles daraus. 1975 brachte 10 CC die LP *The original soundtrack* heraus, die mit dem wunder-

10 CC

schönen Soft-Song *I'm not in love* wieder einen Bestseller enthielt, der sich weltweit über sechs Millionen Mal verkaufte (UK 1, BRD 8, USA 2). Die weiteren Single-Hits 1975 hießen *Life is a minestrone* (UK 6) und *Art for art's sake* (UK 6). Die LP *How dare you* (1976) wurde ebenfalls ein Bestseller mit den Single-Hits *I'm Mandy fly me* (UK 6). Dann trennten sich Lol Creme und Kevin Godley von der Gruppe, da sie lieber experimentellere Musik machen wollten. Sie bildeten das Duo → GODLEY & CREME und stiegen ebenfalls sehr erfolgreich ins Musikgeschäft ein. Stewart und Gouldman machten daraufhin aus 10 CC ein Sextett und brachten 1977 die LP *Deceptive bends* heraus, die mit *The things we do for love* wiederum einen Millionenseller enthielt (UK 7, USA 5)

und mit *Good morning judge* (UK 5, BRD 23) noch einen zweiten Hit brachte. Ebenso erfolgreich waren die LP *Bloody tourists* mit dem Singlebestseller *Dreadlock holiday* (UK 1, BRD 11) und das Live-Album *10 CC live* (1978). Im Januar 1973 hatte Eric Stewart einen schweren Autounfall, die Produktion des Albums *Look hear* ging nicht so recht voran, und das Ergebnis war auch nicht gerade überwältigend. 10 CC hatte sich immer mehr zu einer technischen »Tüftler«-Band entwickelt, die mit immer neuen elektronischen und produktionstechnischen Gags aus ihren Songs atemberaubende Klanggebilde machte. Das wurde 1981 bei der LP *Ten out of ten* überdeutlich. *One-two-five* hieß die Single daraus, die jedoch keine oberen Plätze mehr erreichen konnte. 1983 erschien noch das Album *Window in the jungle* mit der Single *Feel the love.* Doch auch diese Produktion konnte sich nicht durchsetzen. Also löste sich 10 CC sang- und klanglos auf. 1986 tat sich Graham Gouldman mit ANDREW GOLD zusammen und gründete das Duo → WAX.

The The

MATT JOHNSON, geb. 15. 8. 1961 in London/England: voc/g/keyb

The The ist keine Gruppe, sondern das musikalische Projekt von Matt Johnson. Johnson ist ein Sonderling, aber ein ungemein begabter Poet, dessen Texte sowohl Herz als auch Kopf beschäftigen, die teils politische, teils philosophische Betrachtungen bieten. Musikalisch bedient er sich bei allem, was ihm gerade gefällt, ob Pop oder Rock oder avantgardistische Klänge. Seit seinem elften Lebensjahr spielte Matt in diversen Gruppen, 1979 stellte er seine erste eigene Band auf die Beine, das Projekt The The. The The spielte stets mit wechselnden Mitgliedern, zu denen teilweise JOOLS HOLLAND, → NENEH CHERRY oder auch → SINEAD O'CONNOR gehörten, teilweise bestand The The lediglich aus Matt Johnson. 1980 veröffentlichte Matt die Debüt-Single *Controversial subject*, dem 1981 das Album *Burning blue soul* folgte, das Johnson völlig allein für ein kleines Label einspielte. Die Produktion des ganzen Albums kostete übrigens lächerliche 1800 englische Pfund. Auf Grund dieser ziemlich harschen und ungefälligen LP bekam Johnson tatsächlich einen Vertrag bei einer großen Firma.

1982 erschien die Single *Uncertain smile*, ein perfekter Pop-Song. Dann widmete Johnson sich den Arbeiten an einem Album namens *Pornography of despair*, aus dem allerdings nie etwas wurde. Die Songs dieser LP tauchten lediglich nach und nach auf den B-Seiten seiner Singles auf. Weltuntergangsstimmung war dann auf der 83er-LP *Soul mining* zu hören, die dem Publikum aber so gut gefiel, daß sie mit Gold ausgezeichnet wurde. The The alias Matt Johnson mit den unbequemen Texten und den unkommerziellen Melodien wurde von Fans und Kritikern gleichermaßen geschätzt. Die Singles *Uncertain smile, Perfect* und *This is the day* gingen in die Charts. Dann ließ sich Matt drei Jahre lang Zeit. 1986 erschien das Album *Infected*, auf dem Johnson gnadenlos mit dem verfallenden britischen Empire abrechnet. *Heartland* war die Single, die zum erstenmal auch in Deutschland ein größeres Publikum auf The The aufmerksam machte. Die Fan-Gemeinde war inzwischen gewachsen, die LP verkaufte sich über eine Million Mal. Und wieder vergingen drei Jahre, ehe sich Johnson zu einem neuen Album entschließen konnte. Doch dieses Mal holte er sich Helfer dafür: JOHNNY MARR, den ehemaligen Gitarristen der Kultband THE SMITHS; DAVE PALMER, der bei → ABC getrommelt hatte und den Bassisten JAMES ELLER. In dieser Besetzung brachte er 1989 das Album *Mind bomb* heraus, das sich wirklich als Bombe erwies und The The weltweit bekannt machte. Die Single *The beat(en) generation* wurde ebenfalls ein Hit.

Tiffany
Foto: MCA Records

Tiffany

TIFFANY DARWISCH, geb. 1972 in Norwalk/
Kalifornien; voc

Die rothaarige, hübsche Tiffany war
1987 der neueste Kinderstar in Amerika.
Im zarten Alter von nur 15 Jahren gelang ihr ein Nr.-1-Hit in den Hot 100:
I think we're alone now, ein Remake des
Hits von TOMMY JAMES & THE SHONDELLS
aus dem Jahr 1967. Tiffany sang von
kleinauf. Sie hörte dem Radio zu und
imitierte die Sängerinnen. Country war
ihre Lieblingsmusik, erst als ihre Freunde sie deswegen auslachten, wendete sie
sich dem Rock 'n' Roll zu. Die begabte
Kleine mit der hörenswerten Stimme
durfte schon bald mit lokalen Bands auftreten, und als sie zwölf Jahre alt war,
marschierte sie einfach in das Büro des
Produzenten GEORGE TOBIN und sang ihm
vor. TOBIN war beeindruckt, arbeitete
zwei Jahre lang mit dem Teenager und
verschaffte ihr schließlich 1986 einen
Plattenvertrag. *I think we're alone now*
war die Debüt-Single, die prompt auf
Platz 1 der US-Charts schoß. Auch das
Debüt-Album namens *Tiffany* kam auf
Platz 1 der LP-Charts und hatte sich bis
Mai 1988 über vier Millionen Mal verkauft. Auch *Could've been,* die zweite
Single, erreichte Nr. 1 in den Hot 100,
und *I saw him standing there,* eine Cover-Version des → BEATLES-Titels, erreichte immerhin noch Platz 9 der US-
Charts. In Europa war Tiffany zwar
nicht ganz so erfolgreich wie in USA,
aber immerhin konnte sich ihre erste
Single sowohl in England als auch in
Deutschland in der oberen Hälfte der
Hitparaden plazieren. Ebenfalls 1988 erschien das zweite Album *Hold an old
friend's hand,* das sich ebenfalls millionenfach verkaufte. Mit *Radio romance*
und *All this time* enthielt es US-Single-
Hits, die sich allerding in Deutschland
nicht plazieren konnten. Ende 1990 kam
dann das dritte Album *New inside.* Und
neu war der Sound tatsächlich. Die junge Dame, inzwischen volljährig, hatte
alles Kindliche abgelegt und klang nun
wie eine ausgebuffte Mischung aus
PRINCE und MICHAEL JACKSON.

Tanita Tikaram

Tanita Tikaram

geb. 12. 8. 1969 in Münster/Deutschland: voc/g

Im Juli 1988 tauchte plötzlich eine sehr ungewöhnliche Interpretin aus England auf: eine dunkle, eigenwillige, spröde Stimme, ungewöhnliche und ebenso spröde Songs, dazu das ungezähmte Aussehen eines weiblichen jungen Elvis. Tanita Tikaram wurde zwar in Deutschland geboren und lebte auch zwölf Jahre hier, aber ihr Vater stammt von den Fidji-Inseln und die Mutter aus Malaysia. Als Tanita zwölf Jahre alt war, zogen die Elten mit ihr nach Basingstoke, fünfzig Meilen südlich von London. Musik war von kleinauf Tanitas große Leidenschaft, und mit 18 Jahren bewarb sie sich zum erstenmal mit selbstgeschriebenen Songs. Das brachte ihr ein Engagement in dem renommierten Londoner Club »The Mean Fiddler«, wo sie für einen erkrankten Musiker einspringen durfte. Als die nicht alltägliche junge Dame mit ihrer rauchigen Stimme loslegte, war einer begeistert: PAUL CHARLES, der Agent von Stars wie ELVIS COSTELLO und → JACKSON BROWNE. Er nahm sie sofort unter seine Fittiche, verschaffte ihr einen Plattenvertrag, und drei Monate später eroberte sie mit ihrer Single *Good tradition* die britischen Top 10. Ende 1988 veröffentlichte Tanita Tikaram ihre zweite Single *Twist in my sobriety*, die sich in der deutschen Hitparade auf Rang 2 plazieren konnte. *Ancient heart* hieß zum Jahreswechsel 88/89 ihr Debüt-Album, das in sämtlichen europäischen Charts auf Spitzenpositionen kam und auf Tanita im Laufe der Monate einen wahren Edelmetall-Regen aus Gold und Platin niedergehen ließ. Die ungewöhnlichen Texte ihrer zwar spröden, aber doch absolut eingängigen Songs riefen natürlich wieder Kritiker auf den Plan, die spöttisch nach dem Sinn dieser Lieder fragten. Aber Tanitas Folk-Balladen mit Country-Fiddle, Cajun-Akkordeon und Klassik-Anklängen begeisterten die Fans auch ohne tiefschürfende Erkenntnisse. Ende 1989 kam die zweite LP *The sweet keeper*. Diesmal benutzte die exotische Schönheit auch Geigen und Bläsersätze zur Untermalung ihrer typischen Tikaram-Songs. Singles wie das rockige *We almost got it together* oder das stille schöne

Little sister leaving town erreichten jedoch nicht mehr die hohen Positionen ihrer Vorgänger. Dafür bekam die LP schon kurz nach Erscheinen mehrfach Edelmetall.

Tin Machine

→ DAVID BOWIE

Die Toten Hosen

CAMPINO: voc; BREITI BREITKOPF: g; KUDDEL: g; ANDI MEURER: b; WÖLLI MÜNCHHAUSEN: dr

1982 taten sich in Düsseldorf fünf musikerprobte Freunde zusammen und beschlossen, britischen Punk mit deutschen Texten zu machen nach dem Motto »Hauptsache, es ist schön laut«. Ihre Debüt-Single hieß *Jürgen Englers Party*, war eine Persiflage auf die Neue Deutsche Welle und machte das Quintett, bei dem damals noch Trini am Schlagzeug saß, zu einem heißen Insider-Tip. Laut und krachend und derb und rotzfrech lieferten sie dann eine Hymne auf den *Bommerlunder* ab, bescherten dem staunenden Publikum eine etwas ungewöhnliche Neufassung des altehrwürdigen *Kriminaltango* und brüllten voller Begeisterung eine Punk-Version von → DRAFI DEUTSCHERS *Shake hands. Opel-Gang* hieß 1983 ihre Debüt-LP, die ihnen umgehend einen Vertrag bei einer großen

Plattenfirma brachte. 1984 erschien *Unter falscher Flagge*, die den Ruf der Toten Hosen als Deutschlands einzige echte Chaoten-Punker bestätigte, ebenso das 85er-Album *The battle of the bands*. 1986 folgte *Damenwahl*, auf der sich die Hosen als engagierte Asphaltlyriker erwiesen, die gekonnt-bösartig deutsche Heiligtümer wie Boris Becker, den Bundeskanzler und Bierseeligkeit auf die Schippe nahmen. Inzwischen gehörten die Toten Hosen zu den deutschen Stars, ihre Eltern-Schreck-Konzerte waren meist bis auf den letzten Platz ausverkauft. Und diese weltbewegenden Ereignisse (wegen der Lautstärke) wurden 1987 auf Platte gebannt und erschienen Ende des Jahres unter dem selbstironischen Titel *Bis zum bitteren Ende* als erstes Live-Album der Toten Hosen. Doch zwischendurch konnte die Punk-Truppe ihrer großen Leidenschaft für den alten deutschen Schlager nicht widerstehen. Sie gingen in die Waschküche, stellten ein Mikrophon auf und brüllten und gröhlten aus vollem Hals und mit überschäumender Begeisterung alles, was anno dazumal populär war: Vom *Itzi Bitzi Teenie Weenie*, über *Für Gabi tu ich alles* bis zur *Sauerkrautpolka*. Das Ergebnis war einfach überwältigend und puschte die LP auf Anhieb auf Platz 29 der deutschen LP-Charts. Um sich den guten Punker-Ruf nicht zu verderben und um gleichzeitig zu demonstrieren, daß dies ein nicht wiederholbarer Abstecher gewesen ist, nannten sich die Hosen für diese LP ROTE ROSEN und das Album erhielt den schönen Titel *Never mind The Hosen – Here's The Rote Rosen*. 1988 bekam das Quintett eine ehrenvolle Aufgabe. Der Regisseur BERND SCHADEWALD animierte den englischen Schriftsteller ANTHONY BURGESS da-

Die Toten Hosen   Foto: Virgin

zu, sein literarisches Meisterwerk *Clock-work Orange* für die Bühne umzuschrei-ben. In der Verfilmung von STANLEY KUB-RICK war *Clockwork Orange* ja ein inter-nationaler Kassenmagnet gewesen. Schadewald inszenierte das Ganze für die Kammerspiele in Bad Godesberg, machte daraus ein choreographisches Spektakel und engagierte die Toten Ho-sen als Mitwirkende. Sie spielten die gegnerische Gang des Anti-Helden ALEX und lieferten mit ihren Punk-Songs einen hervorragenden Gegensatz zu BEETHOVENS Musik. Die Lieder dieser Inszenierung wurden auf der LP *Ein kleines bißchen Horrorschau – Die Lie-der aus Clockwork Orange und andere schmutzige Melodien* veröffentlicht, die sich als sofortiger Bestseller erwies. An-fang 1990 gab's dann eine neue Hosen-LP: *125 Jahre Die Toten Hosen – Auf dem Kreuzzug ins Glück*. 200 000 Vor-bestellungen lagen für das Doppel-Al-bum vor, und so wurde das bemerkens-werte Werk ein solider Nr.-1-Hit der deutschen LP-Hitparade. Mit ihrer Spe-zial-Version von *Azzurro* lieferten die Hosen dann ihren ganz persönlichen Beitrag für die Fußballweltmeisterschaft 1990 in Italien.

Toto

Joseph Williams: voc; Steve Lukather, geb. 21. 10. 1957 in USA: g/voc; David Paich, geb. 25. 6. 1954 in USA: keyb/voc; Jeff Porcaro, geb. 1. 4. 1954 in USA: dr/perc; Mike Porcaro, geb. 29. 5. 1955 in USA: b; Steve Porcaro, geb. 2. 9. 1957 in USA: keyb

Gegründet wurde die Band 1978 von Leuten, die wissen mußten, wie man erfolgreiche Musik macht: von renommierten Studiomusikern. Gründungsmitglieder waren Jeff und Steve Porcaro, David Paich, der Bassist David Hungate, Steve Lukather und der Sänger Bobby Kimball. Die Credits der Mitglieder lasen sich wie ein Who's Who der amerikanischen Rockmusik. Der Schlagzeuger Jeff Porcaro spielte bei Studioaufnahmen von Warren Zevon, Steely Dan, Rickie Lee Jones, Etta James, Leo Sayer und Boz Scaggs. Steve Porcaro, der Keyboarder, zeigte sein Können bei Aufnahmen mit Earth, Wind & Fire, Eddie Money und den → Pointer Sisters. Der zweite Keyboarder, David Paich, der Sohn des bekannten Hollywood-Arrangeurs Marty Paich, sammelte Lorbeeren bei Produktionen mit Joan Baez, Elkie Brooks und → Jackson Browne. Doch einen besonderen Namen machte sich David Paich als Songwriter, Arrangeur und Musiker für das Superalbum Silk degrees von Boz Scaggs aus dem Jahr 1976. An dieser Platin-LP wirkte auch der Bassist David Hungate mit, der außerdem bei Aufnahmen von Stephen Bishop, Donovan und Barbra Streisand mitgespielt hatte. In-tellektueller waren die Künstler, mit denen Steve Lukather gearbeitet hatte: Eric Katz, Harvey Mason, Lee Ritenour und John Mayall. Lediglich der Sänger Bobby Kimball konnte sich keine derartigen Erfolgsmedaillen an die Brust heften, er war »nur« Backing-Sänger bei Michael Murphy gewesen und hatte bei einer unbedeutenden Band namens SS Fools mitgesungen. Diese international renommierten First-Class-Musiker brachten 1978 das Debüt-Album Toto heraus, das sich über ein Jahr in den US-LP-Charts halten konnte. Die Single Hold the line (US 5, UK 9, BRD 23) war 1978/79 ein Millionenseller. Musikalisch zeigte die Band eine gelungene Mischung aus Pop, Rock und ein bißchen R & B, mundgerecht und sehr ohrenfreundlich zubereitet, dabei sehr rhythmisch und durchaus mit einiger Power. »Adults-Rock« – »Erwachsenen-Rock« wird diese Art von eigentlich zeitloser Rockmusik in Amerika genannt. 1979 brachte Toto die LP Hydra heraus, die jedoch von der Qualität her nicht an das erste Album heranreichte. Die Single 99 (USA 26) wurde auch nur ein mittelmäßiger Erfolg. 1981 wurde dann das Album Turn back veröffentlicht, das ziemlich lustlos und langweilig klang und ein Flop wurde. Doch dieser Mißerfolg wurde mehr als nur wettgemacht mit dem 82er Album Toto IV. Es war ein ganz hervorragendes Album, auf dem sich die Toto-Musiker abermals als Meister der zeitlosen Rockmusik erwiesen. Rosanna (USA 2, UK 14, BRD 24), Africa (USA 1, UK 3, BRD 14) und I won't hold back (USA 10, UK 33) hießen die Single-Hits daraus. Das Album wurde mit Auszeichnungen nur so überschüttet. Der Titel Rosanna wurde zur »Platte des Jahres«, zur »Besten vokalen Pop-

Darbietung des Jahres«, und zum »Besten instrumentalen Arrangement mit Gesang« gewählt. Das Album *Toto IV* wurde »Album des Jahres«, gewann sechs Grammies und die Auszeichnung »Beste Produktion und beste Produzenten des Jahres«, Toto hatte das Album selbst produziert. Außerdem gewann Steve Lukather noch einen Grammy als »Bester Songwriter des Jahres« für den R & B-Titel *Turn your love around,* den der Sänger und Gitarrist GEORGE BENSON aufgenommen hatte und der damit 1985 auf Platz 5 in USA gekommen war. Toto ging auf Welt-Tournee und bewies live auf der Bühne, daß die Mitglieder nicht nur im Studio Perfektionisten waren. Danach ging David Hungate und für ihn kam ein weiteres Mitglied der zahlreichen Pocaro-Familie: der Bassist Mike Porcaro, ebenfalls ein erfahrener Session-Musiker. 1983 schrieb Toto die Musik für den Science-fiction-Film *Dune – Der Wüstenplanet,* in dem ja → STING eine Hauptrolle spielte. Auch 1984 kam die Gruppe nicht dazu, sich auf eine eigene LP zu konzentrieren. Toto wurde aufgefordert, das instrumentale Thema der Box-Wettkämpfe der Olympischen Spiele 1984 in Los Angeles zu komponieren. *Moodido (The match)* hieß der Titel. Im Sommer 1984 gab es abermals personelle Veränderungen. Der Sänger Bobby Kimball schied aus und feierte 1985 einen großen Erfolg als Sänger der FAR CORPORATION mit einem Remake des LED-ZEPPELIN-Klassikers *Stairway to heaven.* Für ihm kam der Sänger FERGIE FREDERIKSON, der auch ein versierter Songwriter ist. Auf dem mit Spannung erwarteten und 1985 endlich erschienenen fünften Toto-Album *Isolation,* war er mit vier Songs vertreten. Doch diese LP konnte den mit *Toto IV* gesetzten

hohen Standard nicht halten. Die Single *Stranger in town* (USA 30) konnte sich international nicht durchsetzen. Danach wurde der Sänger ausgetauscht, für Frederikson kam Joseph Williams. Das 86er Album *Fahrenheit* war dann wieder Toto-gemäß, anspruchsvolle Rock-Musik mit Jazzeinflüssen. Die Single *I'll be over you* (UK 11) wurde ein Hit. Mitspieler bei dieser LP waren Stars wie DON HENLEY, DAVID SANBORN und MICHAEL MCDONALD. Ebenfalls ein Glanzlicht war das 88er Album *The seventh one:* Gitarren-Harmonien voller Power, ebenfalls wieder jazzige Einflüsse, dazu ein bißchen Disco-Anklänge und Latin-Rhythmen. 1990 veröffentlichte Toto das Album *Past to present 1977–1990.* Es enthielt neben den größten Toto-Hits wie *Africa, Rosanne* oder *Hold the line* auch vier neue Songs, mit denen der neue Leadsänger JEAN-MICHAEL BYRON vorgestellt wurde. Damit bestand die Formation 1990 aus Jeff Porcaro, David Paich, Steve Lukather, Michael Porcaro und Byron. Byron war auch Mitautor der vier neuen Songs, von denen *Love has the power* im Juni 1990 als Single herauskam.

Pete Townshend

→ THE WHO

T'Pau   Foto: Virgin

T'Pau

CAROL DECKER, geb. 10. 9. 1957 in Liverpool: voc/keyb; RONNIE ROGERS, geb. 13. 3. 1959 in Shrewsbury: keyb/g; PAUL JACKSON, geb. 8. 8. 1961 in Wellington: b; MICK CHETWOOD, geb. 26. 8. 1954 in Wellington: keyb; TIM BURGESS, geb. 6. 10. 1961 in Macclesfield: dr; DEAN HOWARD, geb. 5. 7. 1961 in London

Die Band aus Shrewsbury/England gehörte 1987 zu den internationalen Shooting-Stars. Gegründet wurde die Formation 1985 von Carol Decker, der temperamentvollen, (meist) rothaarigen Sängerin der Gruppe. Sie ist der Boß und praktisch auch für alle Lieder verantwortlich. Als die Gruppe 1986 mit → NIK KERSHAW auf Tournee war, wurde sie von dem amerikanischen Produzenten ROY THOMAS BAKER (→ THE CARS, → QUEEN) entdeckt. *Heart and soul* hieß das Debüt, ein »schwarz« klingender, aufregender Pop-Song, mit dem das Quintett mühelos die Top 5 der heißen Hundert in Amerika eroberte. Von da aus starteten die fünf dann auch den Angriff auf England und Deutschland. Bandleaderin Carol Decker fing 1980 mit dem Singen an, damals war sie noch in der Kunst-Schule. Sie kam zu einer Gruppe namens THE LAZERS, einer total unbekannten Band aus Birmingham, zu der kurz danach auch Ronnie Rogers stieß. Als sich die Gruppe auflöste, entstand aus den Überresten die neue Band T'Pau. Der Name stammt aus der Science-fiction-Serie *Raumschiff Enterprise;* so hieß in der Serie die Prinzessin vom Planeten Vulkan. Die Band ließ sich in Shrewsbury nieder und schrieb die ersten Songs. Man nahm Demobänder auf, bekam die ersten Engagements, und dann erfolgte die Entdeckung durch Baker bei einem Auftritt im Hamburger Club »Große Freiheit 36«. Die zweite Single 1987 war *China in your hand,* eine ruhige Rock-Ballade, die sich innerhalb kürzester Zeit auf Platz 1 der UK-Charts festsetzen konnte und auch in Deutschland bis Platz 2 kam. Genauso erfolgreich war das Debüt-Album der Gruppe, die LP *Bridge of spies. Valentine,* die dritte Single, konnte sich ebenfalls noch recht passabel in den internationalen Charts plazieren. Ihr erstes Konzert im März 1988 in München fand bei den Kritikern jedoch wenig Gegenliebe. So schrieb MARTIN BREM in der »Abendzeitung«: »...Angeführt von einer pseudo-hysterischen Sängerin namens Carol Decker, die sich wohl als besonders bühnentauglich empfindet, wenn sie mit dem Charme einer singenden Säge die dreigestrichene Oktave penetriert, versuchen T'Pau hier mit toller Chuzpe allen sowieso schon totgerittenen Akkordmustern nochmal die Sporen zu geben...« 1989 folgte das zweite Album *Rage,* dessen Erfolg sich ebenso in Grenzen hielt wie der der Singles *Road to our dream, Secret garden* und *Only the lonely.*

The Traveling Wilburys

→ GEORGE HARRISON: voc/g; → ROY ORBISON: voc/g; → TOM PETTY: voc/g; JEFF LYNNE: voc/g; → BOB DYLAN: voc

Eigentlich wollte Jeff Lynne 1988 in Los Angeles nur kurz mit George Harrison ins Studio, um noch eine B-Seite für eine Single aus seiner LP *Cloud nine* zu produzieren. Aber es fehlten ihm die richtigen Musiker, also fragte er Roy Orbison, der gerade in der Stadt war, ob er mitmachen würde. Roy wollte. Dann traf Jeff an einer roten Ampel zufällig Tom Petty, der auch zu Plattenaufnahmen in der Stadt weilte. Auch ihn lud er zum Mitspielen ein, und Petty kam. Dann fehlte nur noch ein Aufnahme-Studio, und weil keines frei war, ging man zu Bob Dylan in die ausgebaute Garage. Und weil der auch gerade nichts Besonders vorhatte, beschloß man, doch gleich eine ganze LP einzuspielen. Irgend jemand kam auf den Namen Traveling Wilburys, und so nannte man das erste Album *The Traveling Wilbury Vol. I.* Alle Songs waren mehr oder weniger gemeinsam geschrieben worden, und als erstes erschien der Song *Handle with care,* der sofort in die Charts ging. Denn schließlich waren die Stimmen der Mitwirkenden, von denen jeder einen Vers singen durfte, unverkennbar, und auch die musikalische Handschrift war unverwechselbar. Das Album wurde ein internationaler Millionenseller und eines der letzten Tondokumente von Roy Orbison, der kurz danach an einer Herzattacke starb. Als 1989/90 der Umsturz in Osteuropa erfolgte und die Grenzen fielen, reiste George Harrisons Frau OLIVIA zusammen mit anderen Musikerfrauen nach Rumänien. Sie waren so erschüttert von den katastrophalen Zuständen in den Kinderheimen des Landes, daß Olivia Harrison, → RINGO STARRS Frau BARBARA BACH, LINDA MCCARTNEY, YOKO ONO und → ELTON JOHN nach ihrer Rückkehr im April 1990 die Hilfsorganisation *Romanian Angel Appeal* gründeten. George Harrison war gerade dabei, ein neues Traveling-Wilburys-Album vorzubereiten. Spontan trommelte er die übrigen Wilburys zusammen und spielte mit ihnen innerhalb von 24 Stunden den Klassiker *Nobody's child* der Skiffle-Legende LONNIE DONEGAN ein. Es wurde die erste Single einer anschließend erschienenen Benefiz-LP, für die auch → PAUL SIMON, George Harrison, VAN MORRISON, → ERIC CLAPTON, EDIE BRICKELL & THE NEW BOHEMIANS, Elton John und die Hard-Rock-Band → GUNS'N ROSES unveröffentlichte Songs zur Verfügung stellten. Alle beteiligten Künstler und die Plattenfirma WEA stellten ihre Dienste kostenlos zur Verfügung, sämtliche Gewinne kamen und kommen der Hilfsorganisation zugute. Ende 1990 gab es dann wieder ein richtiges Album der Prominententruppe. Mit nicht nachvollziehbarer Logik nannten sie es *Traveling Wilburys Vol. III,* obwohl es nie ein *Vol. II* gegeben hatte.

Tina Turner
Foto: Capitol

Tina Turner

ANNA MAE BULLOCK, geb. 26. 11. 1938 in Nutbush/USA: voc

Tina Turner ist ein Phänomen. Da tritt im Jahr 1984 eine 46jährige Frau, Mutter von vier erwachsenen Söhnen, auf die Bühne und lehrt die wesentlich jüngeren Teenager-Stars das Fürchten. Sie lächelt ihr unschuldig-laszives Lächeln – und Millionen von Menschen in der ganzen Welt und jeder Altersstufe liegen ihr zu Füßen. Sie singt mit rauher, vibrierender, dunkler Stimme Lieder über Liebe und Verlassenwerden, über Wünsche und verlorene Träume – und jeder glaubt ihr, denn das, worüber sie singt, hat sie größtenteils selbst erlebt. Tina stammt aus einer Kleinstadt. Ihr Vater Floyd war Plantagenaufseher, ihre Mutter Zelma, ein Cherokesen-Halbblut, hatte schon eine Tochter namens Eileen. Klein-Annie, wie sie genannt wurde, weil sie nicht besonders groß war, ging brav in ihrem Heimatort Nutbush/Tennessee zur Zwergschule, pflückte Baumwolle und Erdbeeren auf den Feldern und ließ am Sonntag ihre schon damals gewaltige Stimme im Kirchenchor erschallen. Ihre Eltern trennten sich, als sie noch ein Kind war, und nach einigen Jahren bei Verwandten ging sie 1953 mit ihrer Schwester zu ihrer Mutter nach St. Louis. Da sie unbedingt Sängerin werden wollte, besuchte sie mit ihrer Schwester regelmäßig die dortigen Nachtclubs, in denen Bands spielten, und auf diese Weise lernte sie IKE TURNER kennen. Ike trat in St. Louis mit seinen KINGS OF RHYTHM auf. Mit großer Hartnäckigkeit überzeugte die damals 17jährige den Profi-Musiker Ike davon, daß sie unbedingt in seiner Band mitmachen mußte. Ike ließ sich schließlich erweichen, und Tina durfte für 15 Dollar am Abend alles, was damals »in« war, singen. Ihre große Chance kam 1960, als Ike den Song *A fool in love* für den Sänger ART LASSITER schrieb und mit ihm produzieren wollte. Doch LASSITER erschien nicht zum vereinbarten Termin, und kurz entschlossen sprang Tina ein. Es wurde der erste Hit für IKE UND TINA TURNER. Tina war damals mit Ike noch nicht verheiratet, doch der hatte, vollkommen eigenmächtig, als Interpretenangabe auf der Platte »Ike und Tina Turner« eingesetzt. Ike war damals noch mit der Mutter seiner beiden ersten Kinder verheiratet. Erst als Tina 1962 schwanger wurde, ließ er sich scheiden und heiratete sie. Die beiden konzipierten eine hervorragende Bühnenshow, die allerdings hauptsächlich von schwarzem Publikum besucht wurde. Auch ihre

Platten liefen vorwiegend in den »schwarzen« Sendern. Das änderte sich erst, als 1966 PHIL SPECTOR mit Tina den Titel *River deep – mountain high* aufnahm. Das Lied ist heute ein Klassiker der Popmusik, es fiel in Amerika total durch, war aber in England und Europa ein absoluter Bestseller (UK 4). Dadurch erschloß sich den Turners der europäische Markt. 1971 kam der nächste große Erfolg. Tina Turner nahm eine Cover-Version des CREDENCE-CLEARWATER-REVIVAL-Hits aus dem Jahre 1969, *Proud Mary* auf – und hatte damit 1971 einen US-Millionenseller (US 4, BRD 21). 1973 bewies Tina, daß sie auch durchaus eigenständig arbeiten konnte. Sie schrieb den (autobiograpischen) Song *Nutbush city limits,* der ein internationaler Bestseller wurde (US 22, UK 3, BRD 2). 1975 konnte Tina dann zum ersten Mal ihr Talent als Schauspielerin beweisen. Sie stellte in der Verfilmung der Rock-Oper *Tommy* von den → WHO die schreckliche »Acid-Queen« dar, ein Part, der in sämtlichen Kritiken hochgelobt wurde. Tina war schon damals ein absoluter Superstar. Ihre Shows waren mit das Heißeste, was es Mitte der 70er Jahre gab. Sobald Tina auf die Bühne trat, vergaß man Ike, die Begleitband THE FAMILY VIBES und den Begleitchor THE IKETTES. Tina wirbelte über die Bühne, sang sich fast bei jeder Vorstellung die Seele aus dem schönen Leib und tanzte alles an die Wand. Doch das Verhältnis zwischen ihr und Ike stimmte schon lange nicht mehr. Ike hatte sie immer auf die übelste Art und Weise unterdrückt und bevormundet, und wenn sie sich dagegen auflehnte, scheute er nicht davor zurück, sie zusammenzuschlagen. Teilweise richtete er sie so zu, daß die Ärzte um ihr Leben fürchteten.

1976 nahm Tina ihre vier Söhne und verließ Ike. Da sie mit Ike nichts mehr zu tun haben und keinen Rechtsstreit anfangen wollte, überließ sie ihm alles und bezahlte sogar sämtliche Schulden, die die beiden hatten. Sie versuchte natürlich, ein neues Leben, eine neue Karriere aufzubauen, was sich aber als ungeahnt schwierig erwies. Ike hatte immer sämtliche Verhandlungen geführt, und die Verantwortlichen der Musikindustrie weigerten sich zunächst, Tina als Verhandlungspartner zu akzeptieren. Aber mit der ihr eigenen Hartnäckigkeit gab Tina nicht auf. Sie tingelte an 300 Tagen im Jahr, sang in Nachtclubs und bei Betriebsfesten von McDonalds. Nach drei Jahren (1979) hatte sie es geschafft, wieder einen Plattenvertrag zu bekommen, und brachte die LP *Rough* heraus. Sie stellte wieder eine eigene Show zusammen und arbeitete hart, doch nichts klappte. Lediglich ihre englischen Fans hielten treu zu ihr. Sie akzeptierten auch sofort, daß Tina nun nicht mehr R & B und Soul sang, sondern sich immer mehr am Rock orientierte. → Rod Stewart holte sie in seine Show, und → Mick Jagger forderte sie 1982 auf, die → Rolling Stones auf ihrer Amerika-Tournee zu begleiten. In England bekam sie 1982, inzwischen wieder ohne Plattenvertrag, die Chance, eine neue Single aufzunehmen, den → Temptations-Klassiker *Ball of confusion*. Der nächste große Hit von Tina Turner, der Al-Green-Song *Let's stay together*, wurde ebenfalls in England produziert und veröffentlicht (1983 UK 4, BRD 18). Erst als englische Importplatten von Tina den amerikanischen Markt überschwemmten, wachten die Plattenfirmen in den USA auf und begannen sich wieder für die Sängerin zu interessieren.

Das Resultat ist inzwischen Rock-Geschichte: das Album *Private dancer*. Innerhalb von nur zwei Wochen – mit fünf Produzenten, achtzehn Songwritern und in sechs verschiedenen Studios – wurde diese LP produziert. Diese wahrhaft meisterliche Mischung aus Balladen und Power-Rock war das erfolgreichste Album des Jahres 1984. Drei Grammies erhielt Tina Turner dafür – »Platte des Jahres«, »Bester Auftritt einer Sängerin in der Pop-Musik« für *What's love got to do with it* und »Beste Rock-Sängerin« für *You better be good to me*. Als Krönung des ganzen bekam Tina, die schon immer gerne wieder bei einem Spielfilm vor der Kamera stehen wollte, auch noch eine Hauptrolle, und zwar im dem Streifen *Mad Max beyond thunderdome*, dem dritten Teil der australischen Mad-Max-Serie mit Mel Gibson in der männlichen Hauptrolle. Mit dem Titelsong des Films, der Blues-Rock-Nummer *We don't need another hero* hatte Tina Turner einen weltweiten Hit (USA 2, BRD 1). Ebenfalls aus dem Soundtrack des Films stammte *One of the living* (USA 15, BRD 6). Das nächste Tina-Turner-Album kam 1986: *Break every rule*. Und sie brach damit wieder alle Verkaufsrekorde. In der Jahreswertung 1987 kam das Album in Deutschland auf Platz 3. Auch in Amerika kam die LP unter die Top 5 der LP-Charts und verkaufte sich millionenfach. Praktisch jede Single, *Typical male*, *Two people*, *Break every rule*, *Paradise is here*, schaffte den Sprung in die oberen Bereiche der internationalen Hitparaden. Zu diesem Album ging Tina Turner auch wieder auf Welt-Tournee, ihre Abschiedstournee, da sie sich danach zur Ruhe setzen wollte. Es wurde eine Tournee der Rekorde: 220 Konzerte in 145 Städten auf fünf

Kontinenten mit insgesamt 3,7 Millionen Konzertbesuchern. Allein in Europa kamen in die über 100 Vorstellungen 1,7 Millionen Fans. In München sang Tina viermal vor ausverkaufter Olympiahalle. Auf der Tour wurden 7 000 Gitarrensaiten verbraucht, die Hotelkosten beliefen sich auf 2,4 Millionen Dollar, und Tina verbrauchte 1 600 Lippenstifte. Dieses gewaltige Konzert-Ereignis »all over the world« wurde auf der Doppel-LP *Live in Europe* festgehalten. Darauf waren auch Duette mit → DAVID BOWIE, BRYAN ADAMS und → ERIC CLAPTON verewigt. Als Auskoppelung erschien die Live-Version des 73er Songs *Nutbush city limits,* der sofort wieder in die deutsche Hitparade einstieg. Anschließend machten sich wieder Rücktritts-Gerüchte breit: Tina würde sich nun wirklich endgültig aus dem Showbiz zurückziehen, und das wäre wirklich die letzte Tournee und das letzte Album gewesen. Doch bereits Mitte 1989 wurden diese Aussagen Lügen gestraft: Tina Turner ging doch wieder ins Studio. Den Swamp-Rock-König TONY JOE WHITE *(Roosevelt and Ira Lee)* hatte sie sich dieses Mal als Songschreiber und Produzent geholt, neben ALBERT HAMMOND und DAN HARTMAN. Sie ließen sich für Tina Supersongs einfallen, die das Album *Foreign affair* zu einem Glanzstück machten. Das rockige *The best,* das temperamentvolle *Steamy windows,* das softige *I don't wanna lose you* oder das sehnsüchtige Titelstück *Foreign affair,* es wurden alles Bestseller, so wie auch dieses hervorragende Album. Und außerdem trat Tina Turner im Sommer und Herbst 89 wieder bei etlichen Open-Air-Konzerten auf. Das sollten angeblich ihre tatsächlich letzten Auftritte sein. Anschließend wollte sie ihren lang-

jährigen Freund, den Deutschen ERWIN BACH, heiraten und sich im neu gekauften Haus in Köln niederlassen. Mal sehen, was daraus wird.

Bonnie Tyler

geb. 8. 6. 1953 in Swansea/England: voc

Eine gewaltige blonde Haarmähne, tiefblaue, unschuldige Augen, ein apartes Gesicht – und dazu eine derartig rauhe, ungewöhnlich intensive und wandlungsfähige Stimme, daß bei ihr jeder Song zum Ereignis wird: das ist Bonnie Tyler. Aktuelle Pop-Musik gehörte in der vielköpfigen Familie Tyler zum Alltag. Bonnie schwärmte vor allen Dingen für → TINA TURNER. Mit 17 Jahren bekam sie die Gelegenheit, ihr gesangliches Talent bei einem Nachwuchswettbewerb zu demonstrieren. Sie schnitt hervorragend ab, und 1969 tingelte sie dann schon professionell durch die Bars und Clubs der Gegend. Sechs Nächte in der Woche sang sie damals aktuelle Tageshits, von Rock-Titeln bis hin zu sanften Balladen. Die Musikbranche wurde auf diese ungewöhnliche Stimme aufmerksam, und 1976 erschien ihre Debüt-Single *Lost in France.* Die zu Herzen gehende Ballade wurde ein Hit (UK 5, BRD 3, USA 3). Ihre optische und vokale Attraktivität machten sie zu einem vielbegehrten Fernsehstar. Diverse öffentliche Auftritte folgten, aber trotzdem wurde *More than a lover,* die zweite Single, 1977 nur ein mittelmäßiger Erfolg (UK 26, BRD 44). Erst Single Nr. 3, der countryartige Song *It's a heartache* (BRD 2, USA 3, UK 4), bescherte der Sängerin 1978 für

Millionenverkäufe Gold. Vor allen Dingen in den US-Country-Charts hatte sie damit viel Erfolg, doch Bonnie Tyler fühlte sich mit dem Pseudo-Country-Konzept, in das sie ihr Produzent eingepaßt hatte, nicht wohl. Sie wollte mehr machen, abwechslungsreichere Titel. Und als 1979 ihre Vertrag auslief, schaute sie sich nach einem anderen Team um. Nach langem Hin und Her konnte sie schließlich JIM STEINMAN dazu überreden, der ja mit seinem »Bombastic-Rock« schon → MEATLOAF zu Hit-Ehren gebracht hatte. 1983 entstand das Album *Faster than the speed of night*. Bonnie Tyler sang darauf mit ihrer gewaltigen, brüchigen Stimme u. a. Songs von Steinman, → JOHN FOGERTY *(Have you ever seen the rain)* → BRYAN ADAMS *(Straight from the heart)* und IAN HUNTER *(Going through the motions)*. Das Album und sämtliche Single-Auskoppelungen wurden Hits. Der Song *Total eclipse of the heart* (UK 1, BRD 16, USA 1) wurde sogar vergoldet. Außerdem kam Bonnie Tyler 1983 mit einem Duett in die Charts, das sie mit → SHAKIN' STEVENS aufgenommen hatte. Es war das Remake des BROOK-BENTON/DINAH-WASHINGTON-Hits *Rockin' good way* aus dem Jahr 1960. 1984 machte Bonnie Tyler dann wieder mit einem Lied aus dem Film *Footloose* von sich reden. Mit *Holding out for a hero* sang sie sich international in die Hitparaden (BRD 19, USA 34). Ihr 86er Album, die LP *Secret dreams and forbidden fire*, wurde wiederum von Jim Steinman produziert. Es enthielt mit *If you were a woman (and I was a man)*, *Loving you's a dirty job, but somebody's gotta do it* und *Band of gold*, auch wieder etliche Single-Erfolge. Ihr 88er Album hieß *Hide your heart*, vorab erschienen die Single

The best und *Hide your heart*, wie immer bei dieser Sängerin Bombast-Rock von Feinsten.

U 2

DAVE EVANS »THE EDGE«, geb. 8. 8. 1961 in Irland: g/p/voc; PAUL HEWSON »BONO VOX«, geb. 10. 5. 1960 in Ballymum/Irland: voc/g; ADAM CLAYTON, geb. 13. 3. 1960 in Irland: b; LARRY MULLEN, geb. 31. 10. 1961 in Irland: dr

Die Mitglieder dieser irischen Band lernten sich bereits in der Schule kennen. 1978 beschlossen sie dann, eine Formation zu gründen, um Lieder mit moralisch-ethischen Texten zu schreiben, die auch vor unbequemen Themen und Inhalten nicht zurückschrecken. Ein Konzept, das in England ziemlich schnell von Erfolg gekrönt war. 1980 erschien die Debüt-LP *Boy*, die von Fans und Kritikern hoch gelobt wurde, aber noch kein großer kommerzieller Erfolg war. Doch 1981 landete ihre Single *Fire* bereits auf Platz 20 der UK-

U 2   Foto: Ariola/Island

Charts, auch die zweite 81er Single *Gloria* konnte sich plazieren, und als im Herbst 81 das zweite Album *October* erschien, lag es bereits eine Woche nach Veröffentlichung auf Platz 2 der UK-LP-Charts. Die daran anschließende Tournee durch England, Amerika und Irland war bis auf den letzten Platz ausverkauft. 1983 konnte U 2 mit *New year's day* den ersten Top-10-Hit in England verbuchen, das Album *War* wurde wieder ein Bestseller. Es hatte sich inzwischen herumgesprochen, daß diese irische Band hervorragende Rock-Musik mit faszinierenden Texten zu machen pflegt, und so waren die 19 Konzerte der *War*-Tournee innerhalb weniger Stunden ausverkauft. Selbst sieben Zusatzkonzerte konnten die Nachfrage kaum befriedigen. Die furiosen und temperamentvollen Live-Auftritte brachten der Band in Amerika die Auszeichnung »Live-Act des Jahres« ein. U 2 war sogar, mit Superstar → BRUCE SPRINGSTEEN, Headliner einer Tournee. Kein Wunder, daß als nächstes ein Live-Album erschien, die Mini-LP *Under a blood red sky.* Bislang war STEVE LILLYWHITE der Produzent von U 2, doch ab 1984 holten sie sich BRIAN ENO, den ehemaligen → ROXY-MUSIC-Mitspieler, der schon des öfteren sein Talent als Produzent unter Beweis gestellt hatte. Mit ihm entstand 1984 die LP *The unforgettable fire,* die mit *Pride* einen internationalen Hit hatte (UK 2, BRD 27, USA 33). Den Rest des Jahres 85 und einen Großteil von 1986 verbrachte U 2 dann mit wohltätigen

Veranstaltungen: Sie beteiligten sich an → LITTLE STEVENS' ambitionierten »Artist Against Apartheid«-Projekt und wirkten sowohl an der Single *Sun city* als auch am gleichnamigen Album mit. 1986 organisierte Bono, zusammen mit → STING, die »Conspiracy Of Hope« Tournee zum 25. Geburtstag der Menschenrechtsorganisation »amnesty international«. Doch dann widmeten sich U 2 wieder einem neuen Album, von dem vorab im Winter 1986 die Single *With or without you* erschien, die sich weltweit ganz oben in den Charts plazieren konnte. Das dazugehörige Album *Josuah Tree* wurde 1987 zu einem hochgelobten Superseller, der der Gruppe einen festen Platz unter den Weltstars sicherte. In Amerika erhielt U 2 dafür den Grammy für das »Album des Jahres« und den Grammy für »Best Rock Performance«. Für Ende 1988 wurden zwei wichtige Ereignisse für alle U-2-Fans angekündigt: ein Doppel-Album, das auf zwei Seiten Live-Mitschnitte der USA-Tournee 87 bietet, auf einer Seite neues Material und auf der vierten Seite Raritäten wie Studio-Sessions oder ein Duett mit → BRUCE SPRINGSTEEN. Zusätzlich sollte gleichzeitig ein aufwendiger U 2-Film in die Kinos kommen, eine Dokumentation der USA-Tournee, für den immerhin ein Etat von 4,5 Millionen Dollar zur Verfügung stand. *Rattle and hum* hießen dann sowohl das Doppel-Album als auch der Film. Das Album sprang in Deutschland als erste Doppel-LP von 0 auf Platz 1. Eine Woche nach der Veröffentlichung war es allein in Deutschland bereits 300 000mal über den Ladentisch gegangen. Kein Wunder, daß die LP nach kürzester Zeit mit Mehrfach-Platin ausgezeichnet wurde. Auch Singles wie *Desire, Angel of har-*

lem oder *All I want is you* konnten sich in den internationalen Charts plazieren. Der Film dagegen war nur kurz in den Kinos, das Interesse daran war, gemessen am Erfolg der LP, überraschend klein.

UB 40

JAMES BROWN, geb. 20. 11. 1957 in Birmingham/England: voc/dr; ALI CAMPBELL, geb. 15. 2. 1959 in Birmingham/England: voc/g; ROBIN CAMPBELL, geb. 25. 12. 1954 in Birmingham/England: g; EARL FALCONER, geb. 23. 1. 1959 in Birmingham/England: b; NORMAN LAMONT HASSAN, geb. 26. 1. 1957 in Birmingham/England: perc/tb; BRIAN TRAVERS, geb. 7. 2. 1959 in Birmingham/England: sax; MICHAEL VIRTUE, geb. 19. 1. 1957 in Birmingham/England: keyb; ASTRO, geb. 24. 6. 1957 in Birmingham/England: tp/voc

Die Abkürzung UB 40 steht für »Unemployment Benefit Attendance Card« und ist in England die Abkürzung für ein Formblatt, auf dem man einen Antrag auf Arbeitslosenunterstützung stellt. Doch die brauchen die Mitglieder von UB 40 schon seit 1978 nicht mehr. Gegründet wurde die achtköpfige, gemischtrassige Formation 1978 in Birmingham. Reggae war die Musik-Art, die alle Mitglieder von Jugend an schätzten, und Reggae spielten sie auch. Natürlich keinen hundertprozentig reinen Reggae im Jah-Stil, sondern englischen »weißen« Reggae, jedoch mit »schwarzem« Feeling. Bereits nach den ersten Auftritten 1978/79 hatte sich die Band einen derartigen Namen geschaffen, daß sie am 3. 12. 1979 einen Plattenvertrag mit einem kleinen Independent-Label bekam. Bei einem Konzert hatte sie auch CHRISSIE HYNDE, die Chefin der → PRETENDERS, gesehen und sie sofort für ihre Tour 1980 verpflichtet. Am 1. Februar 1980 erschien die erste Single der UB 40, *King/Food for thought,* die sofort in der englischen Hitparade nach oben schoß (UK 2). Damit konnte sich zum erstenmal eine Veröffentlichung auf einem Indie-Label unter den Top 10 der UK-Charts plazieren. Auch die nächsten beiden Singles, *My way of thinking* (UK 8) und *The earth dies screaming* (UK 11), und die Debüt-LP *Signing off* (1980) konnten sich hervorragend plazieren. Da dann der Plattenvertrag auslief, gründete UB 40 kurz entschlossen ein eigenes Label. Darauf erschien dann 1981 die nächste LP, *Present arms,* die mit den Singles *Don't let it pass you by* (UK 12) und *One in ten* (UK 8) ebenfalls wieder zum Bestseller wurde. Die Rechnung von UB 40 war aufgegangen: Ihr englischer Reggae mit den teils sozialkritischen, teils hochpolitischen Texten kam beim Publikum hervorragend an. Mit dem dritten Album *Present arms in dubs* (1981), schufen die acht Musiker abermals ein Novum. Es war das erste Dub-Album, das sich in den Charts plazieren konnte und so populär wurde, daß selbst konventionelle Läden wie Woolworth die LP verkauften. 1982 ging UB 40 auf Welttournee, die bis nach Japan, Australien und Neuseeland führte. Überall empfing sie und ihr neues Album *UB 44* Jubel und Begeisterung. Ein Live-Mitschnitt dieser Tour kam 1983 unter dem Titel *UB 40*

live auf den Markt. 1983 erfüllte sich UB 40 auch einen langgehegten Wunsch: Die Gruppe nahm eine ganze LP mit ihren Lieblingsliedern von anderen Songwritern auf. *Labour of love* nannten sie diese hervorragende LP mit ihrer Interpretation von Reggae-Klassikern wie BOY FRIDAYS Version *Girl keep moving* von BOB MARLEY, JIMMY CLIFFS *Many rivers to cross* und *Cherry, oh baby* von ERIC DONALDSON. Zum internationalen Hit wurde eine alte NEIL-DIAMOND-Komposition, der Song *Red red wine* (UK 1, USA 34, BRD 12). Neues gab es dann wieder 1984 zu hören mit der LP *Geffery Morgan,* die, ebenso wie die Single-Auskoppelungen *If it happens again* und *Riddle me,* ebenfalls wieder ein Bestseller wurde. 1985 griffen UB 40 auf ihre alte Freundschaft mit Chrissie Hynde zurück und nahmen zusammen mit der Pretenders-Chefin eine neue Version des alten SONNY & → CHER-Hits *I got you babe* auf. Auch dieser Titel konnte sich in den englischen, deutschen und US-Charts plazieren. Dazu gab es 1985 noch das Album *Baggariddim,* das ist der Slang-Ausdruck für »Bag of rhythm« – »Ein Sack voll Rhythmus«. Und das traf genau auf diese LP zu. 1986 fuhren UB 40 zu diversen Konzerten nach Rußland. Das Ergebnis dieser Tournee kam 1987 unter dem Titel *UB 40 CCCP – Live in Moscow* auf den Markt. Ein Großteil der Einnahmen wurden von UB 40 den Opfern der Reaktorkatastrophe von Tschernobyl zur Verfügung gestellt.
Zusammen mit Chrissie Hynde von den Pretenders nahm UB 40 1988 die Single *Breakfest in bed* auf, die in UK Top 10 wurde. 1988 kam das Album *UB 40,* das auf dem Cover acht Bilder des zeitgenössischen Malers STEVE MASTERSON

zeigt. Auch dieses Album bot wieder den typischen UB-40-Salon-Reggae. Die 89er-LP *Labour of love II* war ebenfalls mit einem zeitgenössischen Gemälde geschmückt, und zwar von BARRY KAMEN. Auch diese LP, auf der UB 40 Neuinterpretationen bekannter Songs lieferten und mit der sie ihr 10-jähriges Bestehen feierten, wurde wieder ein Erfolg. Die erste Single *Homely girl* ging in die UK-Charts. Im Original war das Lied 1974 ein Nr.-9-Hit in Großbritannien für die amerikanischen CHI-LITES gewesen. Als nächste Single erschien Anfang 1990 *Kingston Town,* die sich nach anfänglichen Schwierigkeiten im Laufe der Wochen zu einem deutschen Sommer-Hit entwickelte und unter die Top 10 kam. Ende 1990 veröffentlichte die Gruppe

ein Duett mit → ROBERT PALMER; *I'll be your baby tonight* hieß der Song, der von → BOB DYLAN geschrieben worden war.

Ultravox

→ MIDGE URE, geb. 10. 10. 1953 in Glasgow/Schottland: voc/g; BILLY CURRIE, geb. 1. 4. 1950 in England: synth/voc/p; CHRIS CROSS, geb. 14. 7. 1954 in England: b/synth/voc; WARREN CANN, geb. 20. 5. 1951 in England: dr/perc/voc

1975 gründete der ehemalige Kunststudent JOHN FOXX in London eine Gruppe namens TIGER LILLY, die 1977 in Ultra-

Ultravox   Foto: Ariola/Chrysalis

vox umbenannt wurde. Der Lead-Sänger Midge Ure gehörte damals noch nicht dazu. 1977 veröffentlichte Ultravox drei Alben, *Ultravox!, Ha! Ha! Ha!* und *Systems of romance,* die ihnen den Ruf einer »intellektuellen Band des New Wave« einbrachte. Mit der Hit-Koppelung *Three into one* löste sich die Formation 1979 auf. Der Sänger Midge Ure, der vorher bei Bands wie SALVATION, SLIK, THIN LIZZY und VISAGE mitgewirkt hatte, rief zusammen mit Currie die Band wieder ins Leben und schuf gleich mit dem ersten Album *Vienna* (1980) einen Meilenstein der modernen Synthi-Pop-Musik: melodiöse, anspruchsvolle, intelligente Musik zum Tanzen und Zuhören. Dieses Konzept behielt Ultravox auch weiterhin bei auf Alben wie *Rage in Eden* (1981), *Quartet* (1982), *Monument The soundtrack* (1983) und *Lament* (1984). Vorzügliche produzierte Singles wie *Vienna* (1981 UK 1, BRD 14), *All stood still* (1981 UK 4, BRD 69), *Reap the wild wind* (1982 UK 11), *Hymn* (1982 UK 7, BRD 9), *Dancing with tears in my eyes* (1984 UK 4, BRD 7) und *Love's great adventure* (1984 UK 12) machten Ultravox zu einem internationalen Topact. 1984 erschien unter dem Titel *The collection* ein Doppel-Album mit allen Single-Hits der Formation. Dann verließ Midge Ure die Gruppe, um eine Solo-Karriere zu starten. Ultravox schien sich damit aufgelöst zu haben. Doch 1986 taten sich Midge Ure, Billy Currie und Chris Cross als Trio und dem Namen U-Vox zusammen und veröffentlichten ein neues Album, das denselben Titel trug: *U-Vox.* Auch darauf verewigten die drei wieder das alte Ultravox-Motto: »Zeitlose Pop-Musik zu machen – das ist unser großes Ziel«. Als Single erschien daraus der Titel *All fall down,* doch weder Album noch Single konnten an den ganz großen Erfolg von früher anknüpfen.

Midge Ure

JAMES »MIDGE« URE, geb. 10. 10. 1953 in Glasgow/Schottland: voc/g/keyb

Auf seinem Platten-Cover sieht er aus wie ALAN LADD, der schöne Filmheld der 40er Jahre, aber seine Musik ist der Sound der 80er: James »Midge« Ure aus Glasgow. Der hochbegabte Sänger und Songwriter wuchs in einer Mietskaserne mit Ratten und Ungeziefer auf. Rockmusik war für ihn eine Möglichkeit, dort wegzukommen. 1972 kam er zu der Band SALVATION, die sich 1974 in SLIK umbenannte und 1976 zwei Hits in England hatte: *Forever and ever* (UK 1, BRD 6) und *Requiem* (UK 26). Silk löste sich 1979 auf, Midge Ure fühlte sich jetzt zu New Wave hingezogen und schloß sich GLEN MATLOCK (ehemals SEX PISTOLS) und dessen Formation RICH KIDS an. Diese Band löste sich bereits nach wenigen Monaten auf, und Ure entschloß sich diesmal für Hard-Rock. Bei THIN LIZZY spielte er neben PHIL LYNOTT Gitarre. Die nächste musikalische Station des Allroundtalents hieß VISAGE. Das Konzept dieser Gruppe entwickelte er zusammen mit RUSTY EGAN und STEVE STRANGE. Doch als bei Visage die narzißtischen Auswüchse von Steve Strange überhand nahmen, ging er auch dort. Bei Visage hatte er CHRIS CROSS kennengelernt. Der trauerte gerade seiner

Midge Ure
Foto: Ariola/Chrysalis

Gruppe → ULTRAVOX nach, die sich durch den Weggang von Bandgründer JOHN FOXX aufgelöst hatte. Midge Ure sah seine große Chance und erweckte Ultravox wieder zum Leben. Was ihn aber nicht daran hinderte, 1982 noch schnell eine Solo-Single zu veröffentlichen. Er suchte sich den Song *No regrets* heraus, der bereits 1976 ein Nr.-7-Hit in England für die WALKER BROTHERS gewesen war. Ure kam damit 1982 auf Platz 9. Ab 1982 widmete er sich ausschließlich Ultravox und führte sie zu ungeahnten Erfolgen. Alben wie *Vienna, Quartet* und *Lament* wurden mit Ehrungen und begeisterten Kritiken überhäuft. Der mit leichten New-Wave-Klängen angereicherte perfekte Synthi-Pop-Sound der

Gruppe fand in England und Europa eine enorme Fan-Gemeinde. 1984 beschloß die Band, ein Jahr kreative Pause einzulegen. Das nahm Midge Ure zum Anlaß, endlich ein Solo-Projekt zu verwirklichen. *The gift* hieß das Album, das im Herbst 1985 herauskam. Als Songwriter zeichneten Midge Ure und sein Freund DANNY MITCHELL, die eine Hälfte des schottischen Duos THE MESSENGERS, verantwortlich. Die LP war eine Sammlung von eingängigen, perfekten Pop-Songs und einfallsreichen Instrumentaltiteln, die Ultravox-Anklänge waren unüberhörbar. Mit der Single *If I was* (UK 1, BRD 2) glückte ihm ein Bestseller. 1986 trat er dann wieder mit Ultravox auf, die inzwischen zum Trio geschrumpft war und sich nur noch U-Vox nannte. Aber 1988 wurde wieder ein Solo-Album von Mr. Ure angekündigt. Es erschien Ende 1988 und hieß *Answers to nothing.* Die sehr eigenwillige und spröde LP konnte an den Erfolg der vorherigen LP nicht anschließen, ging aber in die UK-Charts.

Van Halen

EDWARD VAN HALEN, geb. 26. 1. 1957 in
Holland: g; ALEX VAN HALEN, geb.
8. 5. 1955 in Holland: dr; MICHAEL AN-
THONY, geb. 20. 1. 1955 in USA: b; SAM-
MY HAGAR, geb. 13. 10. 1947 in USA:
voc

Diese erfolgreiche amerikanische Hard-
Rock-Gruppe wurde 1974 in Los Angeles von Edward, Alex, Michael und
dem inzwischen ausgeschiedenen Sänger
→ DAVID LEE ROTH gegründet. Damals
nannten sich die vier noch MAMMOTH, der
Name wurde jedoch fallengelassen, als
sie feststellten, daß es bereits eine Band
dieses Namens gab. Also nannte man
sich nach dem Familiennamen zweier
Band-Mitglieder: Van Halen war geboren. Alle vier hatten sich vorgenommen,
die Nr. 1 unter den Hard-Rock-Bands zu
werden, also gingen sie erst einmal auf
die Ochsentour durch Kneipen und
Clubs. Bald schon trat der Umstand ein,
daß Van Halen zwar ein heißer Top-Act
an der Westküste war, ihre Konzerte
regelmäßig ausverkauft waren, es aber
keine Platte von ihnen gab. Das änderte
sich 1978 mit dem Debüt-Album *Van
Halen* und der Single *You really got me*.
Dieses Remake der alten KINKS-Nummer

öffnete Van Halen die Charts, das Album verkaufte sich allein in Deutschland
über 200 000mal und bekam in den USA
Platin. Lauter, kompromißloser Rock,
ohne Schnörkel, aber immer mit Qualität, und dazu der Lead-Sänger David
Lee Roth, der bald zu einem Sexsymbol
wurde und geradezu artistische Einlagen
bot, machten jedes Konzert von Van
Halen zu einem besonderen Erlebnis.
1984 waren die vier von Van Halen bereits so populär, daß ihr Album *1984*
Vorbestellungen in Millionenhöhe no-
tieren konnte und die Single *Jump* ein
mehrfacher Millionenseller wurde, der
sich fünf Wochen lang an der Spitze der
Hot 100 von Amerika halten konnte.
Der Lead-Sänger David Lee Roth trennte sich 1985 von der Band, um als Solist
weiterzumachen. Für ihn kam Sammy
Hagar, der von 1973 bis 1975 Lead-Sänger der Hard-Rock-Band MONTROSE gewesen war und seitdem erfolgreich auf
Solo-Pfaden wandelte: *Your love is dri-
ving me crazy* (1982 USA 13), *Two sides
of love* (1984 USA 38), *I can't drive 55*
(1984 USA 26) hießen seine Single-Hits.
1985 hörte man wenig von Van Halen,
von manchen war die Gruppe schon tot-
gesagt worden. Aber 1986 war Van Halen wieder voll da: Mit der Single *Why
can't this be love* überzeugte Sammy Hagar die Halen-Fans, daß mit dem Weggang von Roth keine Lücke entstanden
war. Der Song kam in USA auf Platz
3 und in Deutschland und England auf
Platz 8. 1986 war Van Halen noch zweimal in den US-Charts vertreten: mit
Dreams (Platz 22) und *Love walks* in
(Platz 22). 1988 bewies Van Halen dann
abermals, daß sie zu den First-Class-
Rock-Bands zählt: Ihre Album *OU 812*
wurde Nr. 1 der US-LP-Charts. Die seltsame Bezeichnung war übrigens die Ab-

kürzung für *Oh, you ate one too,* das im Englischen mehrfache, aber immer sexuelle Deutungen zuläßt.

Gino Vannelli

geb. 16. 6. 1952 in Montreal/Kanada: voc

Gino Vannelli
Foto: Polydor

Der schwarzgelockte, gutaussehende Gino ist trotz des italienischen Namens ein waschechter Kanadier. Mit seinem Bruder Joe spielte er in der Schulband JACKSONVILLE FIVE die Tagesschlager nach, und mit 16 Jahren veröffentlichte er in Kanada seine erste Single. Einige Jahre später zog es Gino ins sonnige Kalifornien, wo er auf → HERB ALPERT einen derartig nachhaltigen Eindruck machte, daß dieser den 20jährigen sofort unter Vertrag nahm. 1973 erschien sein Debüt-Album *Crazy life,* 1974 die nächste LP namens *Powerful people.* Dieses Album enthielt den Song *People gotta move,* der ihn Ende des Jahres bis auf Platz 22 der US-Charts brachte und für eine Grammy-Nominierung sorgte. Die nächsten LPs, *Storm at sunup* (1975) und *Gist of the gemini* (1976) waren mit die ersten Alben, auf denen die Songs vom Synthesizer bestimmt waren. Die Lieder mit den anspruchsvollen Texten schrieb Gino größtenteils selbst. Seine leicht rauhe, kräftige Stimme mit dem »schwarzen« Touch, seine eindringlichen Rock-Songs, die hervorragend produziert waren, fanden schnell ein großes Publikum. 1977 veröffentlichte der begabte junge Musiker die LP *A pauper in paradise,* die er mit dem ROYAL PHILHARMONIC ORCHESTRA einspielte. 1978 brachte

Vannelli dann sein Meisterstück heraus, die LP *Brother to brother,* auf der es hauptsächlich um soziale und politische Problem ging. Die Single *I just wanna stop* kam in USA bis auf Platz 4, wurde mit Platin ausgezeichnet und brachte ihm erneut eine Grammy-Nominierung als »Best Pop Performance by a Male Vocalist« ein. In Kanada war er mit fünf Juno-Awards längst der Rock-Sänger Nr. 1. Drei Jahre, nämlich bis 1981, dauerte es dann, bis Gino Vannelli die nächste LP, das hervorragende Album *Nightwalker* herausbrachte. Auch daraus gab es einen Single-Bestseller, den Song *Living inside myself,* der es in USA bis Platz 6 schaffte. Danach legte Gino wieder eine Pause bis 1984 ein. 1984 veröffentlichte er die LP *Black cars*. Er hatte sich inzwischen gut über den aktuellen Sound informiert. Das Album war härter, rockiger und verzichtete auf keinerlei technische Gags und Möglichkeiten, ohne sie jedoch zu sehr in den Vordergrund zu stellen. Es wurde ein ausgesprochen hörenswertes Stück Rockmusik. Auch optisch hatte sich Gino inzwischen den 80er Jahren angepaßt. Aus dem etwas pausbäckigen Jüngling mit dem gewaltigen Lockenkopf war ein schlanker, attraktiver Mann mit kurzem Haar und markanten Gesichtszügen geworden. Dann ließ sich Gino Vannelli abermals zwei Jahre Zeit, bis er 1987 die LP *Big dreamers never sleep* herausbrachte, die ebenfalls wieder ein feines Stück aktueller Rockmusik mit elektronischen Effekten war. Mit der Single *Wild horses* konnte sich Gino Vannelli auch in der deutschen Hitparade plazieren.

Vaya Con Dios

DANIELLE SCHOORAERTS ›DANI KLEIN‹, geb. 1. 1. 1953 in Brüssel: leadvoc; DIRK SCHOUFS, geb. in Belgien: b

1988 kam ein Song mit dem Titel *Just a friend of mine* heraus, den eine unbekannte Sängerin mit so ungeheuer viel Blues, Gospel, Jazz und Südstaaten-Feeling in der rauhen Stimme sang, daß jeder davon überzeugt war, die Interpretin müsse aus der Jazz-Szene von New Orleans stammen. Mitnichten. Die Wonneschauer erzeugende Stimme gehört einem eher zarten blonden Wesen namens Dani Klein aus Belgien. Zusammen mit dem Contra-Bassisten Dirk Schoufs, der die Songs schrieb, bildete sie das Duo Vaya Con Dios. Dani und Dirk lernten sich in einer Kneipe in Brüssel kennen. Beide stellten ihre musikalischen Talente anderen zur Verfügung, beide wollten gerne auf eigenen Füßen stehen. Und so taten sie sich zusammen, produzierten ein Demo mit eigenen Songs und bekamen einen Plattenvertrag. Nach dem überwältigenden Erfolg der Single war es kein Wunder, daß auch das Debüt-Album *Vaya Con Dios* ein Bestseller wurde, der sich über 400 000mal verkaufte. Die Mischung aus bluesigen Chansons, einem kleinen Schuß Folk-Feeling, etwas Jazz, Gospel, Soul und ganz viel intimer Bar-Atmosphäre, dargeboten von Danis einmalig rauchiger Stimme, begeisterte alle Synthy-Pop- und Elektro-Rock-Müden. 1990 erschien das zweite Album *Night owls*, das außer der gewohnten Mixtur auch Dance-Titel, Sixties Beat und Swing bot. Mit dem zu Herzen gehenden Blues *What's a woman* kam Vaya Con Dios auch in die deutsche Single-Hitparade. Kein Wunder also, daß ihre ausgezeichneten Konzerte in Deutschland im Herbst 1990 alle ausverkauft waren.

Suzanne Vega

geb. 1960 in USA: voc/g

Die zierliche, blonde, hübsche Person mit der klaren, kräftigen Stimme, die doch immer so intim klingt, brachte es mit nur zwei Alben und ohne einen Single-Hit zum internationalen Starruhm.

Mit 14 schrieb Suzanne bereits Songs, mit 16 trat sie mit ihrer akustischen Gitarre in Clubs auf. Und 1985 gab's das erste Album von Miss Vega, das ganz einfach nur *Suzanne Vega* hieß. Als Single wurde daraus der Song *Marlena on the wall* ausgekoppelt, der erstmals auf diese ungewöhnliche Sängerin aufmerksam machte. *Marlena on the wall* war ein irgendwie atemloses Lied, das den Eindruck von Wärme und Intensität der Gefühle erweckte. Das machte so viele Menschen neugierig, daß sich die Debüt-LP von Suzanne vorzüglich verkaufte: In USA gingen 200 000 Exemplare über den Ladentisch, außerhalb Amerikas mehr als 500 000, und in England wurde die LP mit Gold ausgezeichnet. Inzwischen waren auch Künstlerkollegen auf die seltsam versponnenen Songs der jungen Künstlerin aufmerksam geworden, Lieder, die nach allem möglichen klangen, nach Folk, Rock, Blues, Pop. → LINDA RONSTADT coverte den Vega-Titel *Freezing,* JANICE PENDARVIS sang *Lightning,* und der Vega-Song *Left of center* wurde für den Soundtrack des Films *Pretty in pink* ausgewählt. 1987 kam das zweite Album von Suzanne Vega heraus: *Solitude standing.* Auch dieses Album, das in den Liedern Suzannes schöner klarer Stimme mehr aggressivere, rock-orientierte Arrangements entgegenstellte, wurde wieder ein Bestseller, für den die Songwriterin und Sängerin bereits Ende 1987 in Deutschland Gold entgegennehmen konnte. Eine neue Sammlung hintergründiger Balladen und Songs lieferte die Songschreiberin 1990 in ihrem Album *Days of open hand.* Gleichzeitig war sie 1990 auch in einem Soundtrack zu hören, und zwar mit ihrem Lied *I'm on my way* in dem Film *Howard The Duck.* Mitte 1990 war Miss Vega dann weltweit ganz oben in den Hitparaden zu finden, und zwar durch einen Zufall: Die Produktionsgruppe DNA hatte sich den A-capella-Song *Tom's Diner* aus dem Vega-Album *Solitude standing* ausgesucht und einen neuen Mix davon angefertigt. Das Ergebnis war ein treibender Disco-Song, der die scheue Suzanne plötzlich zum Disco-Star avancieren ließ.

Suzanne Vega

Stefan Waggershausen

geb. 20. 2. 1949 in Friedrichshafen/Bodensee: voc/g

Der Songschreiber und Sänger mit der kleinen ›großen‹ Stimme gehört zu Deutschlands besten Liedermachern. Als ›Traumrocker‹ wurde er bezeichnet und als ›deutscher → BOB DYLAN‹. Waggershausen macht deutsche Songs mit Gefühl, Ironie, ein bißchen Süffisanz, aber auch mit Wehmut, Nachdenklichkeit und sogar hintergründig schlüpfrigem Touch. Wie so viele gehörte er in seiner Jugend diversen Bands an, spielte Hits nach, orientierte sich an Stars wie JIM MORRISON oder → JACKSON BROWNE. 1971 zog der junge Mann vom Bodensee in die Großstadt Berlin. Dort studierte er Psychologie und fing an zu komponieren. *Traumtanzzeit* hieß 1974 sein erstes Album, das es auf die unglaubliche Verkaufszahl von 2000 brachte. Für Waggershausen brach eine Welt zusammen. Er machte mit dem Singen Schluß und benutzte seine Stimme gewinnbringender als Discjockey für den Berliner Rundfunk. Nebenbei schrieb er weiter Songs für andere. Doch das Show-Geschäft ließ ihn nicht los, und so nahm Waggershausen mit seinem fröhlich-freundlichen Anmacher-Song *Verzeih'n Sie, Madam* am Eurovisions-Wettbewerb 1980 teil. Er gewann zwar nicht, aber das Lied brachte ihm eine gewisse Popularität ein. Noch im selben Jahr ließ er sich den wehmütig-amüsanten Erinnerungssong *Hallo Engel* einfallen, der ihn in die Hitparaden brachte. Die gleichnamige LP brachte ihm 1981 den Deutschen Schallplattenpreis ein und die Auszeichnung ›Künstler des Jahres‹ der Deutschen Phonakademie. In der Würdigung stand: »Waggershausen ist es gelungen, Rock/Popsongs gleichwertig mit intelligenten Texten zu verknüpfen. Seine Songs, die er allesamt selbst schreibt, singt und produziert, sind ein

Stefan Waggershausen
Foto: Polydor

Ausdruck seiner Persönlichkeit und internationaler Tendenzen zugleich.« Danach ging es Schlag auf Schlag weiter. Ende 1981 hatte Waggershausen einen weiteren Erfolg mit der LP *Fang mich auf*, desgleichen mit der 82er-LP *Sanfter Rebell*. Anfang 1983 erhielt er Gold für das *Hallo-Engel*-Album und begann seine erste große Deutschland-Tournee. Anfang 1984 ging Waggershausen mit der rassigen Italienerin → ALICE ins Studio und nahm das knisternde Duett *Zu nah am Feuer* auf, es wurde ein Top-20-Erfolg. Im selben Jahr veröffentlichte er das fünfte Album *Tabu*, das wieder eine ganze Menge seiner rockig-sanften und relaxten Songs enthielt. Und als dritten Bestseller brachte Waggershausen 1984 das Live-Doppel-Album *Mitten ins Herz* heraus. 1985 präsentierte er mit *Touche d'amour* das siebte Album und neue Klangformen. Diesmal hatte Waggershausen auch etwas Cool-Jazz, ein paar Anklänge an die tollen 40er Jahre und etwas → BEATLES-Feeling beigemischt. Dann ließ er sich zwei Jahre Zeit, bis er genügend an den Songs des Albums *Im Herzen des Orkans* gefeilt hatte. Inzwischen war sein Name in ganz Deutschland ein Begriff für intelligente Pop-Songs geworden. Und diesen Ruf untermauerte der Künstler mit seinem 90er-Album *Tief im Süden meines Herzens*. Glanzlicht dieser LP war wieder ein Duett, diesmal mit der ebenso rassigen → VIKTOR LAZLO. *Beim ersten Mal tat's noch weh* hieß der eindeutig zweideutige Song, der das attraktive Pärchen bis auf Platz 3 der deutschen Hitparade brachte. Auch das Album konnte sich sofort in den LP-Charts plazieren. Ende 1990 versuchten die beiden, diesen Erfolg mit dem deutsch-französischen Duett *Jesse* zu wiederholen.

John Waite

geb. 4. 7. 1955 in Lancaster/England: voc

»John Waite sieht aus wie ein echter Punk, macht Musik wie ein gestandener Rocker und singt wie ein junger Gott«, bescheinigte ihm SHARON LIVETON im »Hitparader«; eine Charakterisierung, die ins Schwarze trifft. John Waite war ehemals Sänger der leider völlig unterbewerteten britischen Rock-Formation THE BABYS. Hinreißende Rock-Balladen wie *Isn't it time* oder *Everytime I think of you* verlieh er den nötigen Schmelz und die nötige Power. Doch da der große Durchbruch einfach nicht gelang, gaben The Babys 1981 auf. John Waite brachte 1982 das Debüt-Album *Ignition* heraus – es wurde ein Flop. Völlig entnervt und frustriert ging der Musiker daraufhin in seine Wahlheimat Amerika, lungerte ein Jahr in New York herum, und traf dort auf PETE TOWNSHEND von den → WHO. Townshend machte dem hochbegabten Künstler wieder Mut, veranlaßte ihn ins Studio zu gehen, und so veröffentlichte John Waite 1984 sein zweites Solo-Album, *No brakes*. Und diesmal klappte es – »ohne Bremsen« schoß die LP in den US-Charts nach oben, die Single *Missing you*, eine sanfte Ballade, wurde Nr. 1 der Hot 100 (UK 8, BRD 13). Gefühlvoller Rock und hinreißend sanfte Balladen waren die Markenzeichen seiner LP und brachten ihm eine Nominierung für den Grammy als »Bester Pop-Sänger« 1984 ein. *Mask of smiles* hieß die nächste LP 1985. Sie führte die auf *No brakes* gesetzten Maßstäbe fort. Mit eindringli-

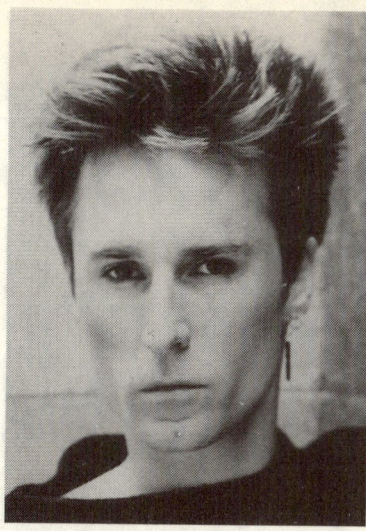

John Waite Foto: EMI

Superformation → Journey gehört hatten, und der ehemalige Babys-Keyboarder Ricky Phillips sowie der hervorragende Studiotrommler Deen Castronova. *Bad English* hieß auch das Debüt-Album, das Mitte 1989 herauskam und in Amerika aus dem Stand ein Bestseller wurde. Die LP mit hochkarätigen Hard-Rock-Songs und kraftvollen Balladen verkaufte sich fast eine Million Mal.

Warlock

Doro Pesch, geb. 3. 6. 1964 in Düsseldorf: voc; Niko Arvanitis, geb. 30. 3. 1962: g; Tommy Boland, geb. 13. 9. 1965 in USA: g; Tommy Henriksen, geb. 21. 2. 1964 in USA: b; Michael Eurich, geb. 15. 4. 1967 in Düsseldorf: dr

cher Stimme sang John Waite seine ganz persönlichen Rock-Balladen, ausgefeilte Arrangements und einfallsreiche Instrumentierung gaben dem Ganzen den letzten Schliff. Die Singles *Welcome to paradise* und *Every step of my heart* wurden wieder Hits. Sein 87er Album nannte er *Rovers return,* er bot darauf wieder Rock in gewohnter Qualität. Mit dem Song *These times are hard for lovers* kam er auch wieder in die deutsche Hitparade. 1989 tauchte Waite in einer ganz anderen musikalischen Ecke auf. Bad English hieß die Hard-Rock-Band, bei der er als Sänger und Songschreiber fungierte. Seine Mitstreiter waren ebenfalls Stars: Jonathan Cain (g) und Neal Schon (g), die beide zum kreativen Kern der

Warlock ist eine deutsche Heavy-Metal-Band aus dem Ruhrgebiet. Die inzwischen höchst erfolgreiche Gruppe entstand 1982. Zwei Jahre später erschien, auf einem belgischen Label, das Debüt-Album der Band namens *Burning the witches.* Live demonstrierte das Quintett mit der blonden Sängerin Doro die Hexenverbrennung in Clubs und bei Open-Air-Festivals in Deutschland, Holland und Belgien und schuf sich damit bei den Heavy-Metal-Fans bald eine starke Fangemeinde. Anfang 1985 wurde denn auch Doro Pesch bei einer Umfrage des Heavy-Metal-Magazins »Metal Hammer« als »beliebteste Sängerin« gekürt. *Hellbound* hieß die zweite LP 1985, die Warlock diverse Auszeichnungen wie »Newcomer des Jahres« und »Größte

Warlock   Foto: Vertigo

deutsche Metal-Hoffnung« einbrachte. Im Dezember 1985 gab es die erste Umbesetzung, der Gitarrist RUDY GRAF ging und für ihn kam Niko Arvanitis von STORMWIND. Mit ihm spielte Warlock 1986 das dritte Album *True as steel* ein, eine LP, die zwar lauten, kompromißlosen Heavy-Metal-Rock bot, bei dem aber die rauhen Ecken und Kanten schon sehr viel glattgeschliffener waren. Aber Gruppenchefin Doro war immer noch nicht zufrieden. Kurzerhand warf sie den Gitarristen PETER SZIGETI und den Bassisten FRANK RITTEL hinaus und engagierte dafür die Amerikaner Tommy Boland und Tommy Hendriksen. Mit dieser Verstärkung wurde dann das vierte Warlock-Album *Triumph and agony* tatsächlich zu einem Triumph. Es konnte sich über drei Monate in der deutschen LP-Hitparade halten. Absoluter Dauerbrenner der LP war das von Doro in deutsch gesungene *Für immer*. Nach einer achtmonatigen US-Tournee ging die Band wieder ins Studio. In New York und Philadelphia entstand das Album *Force majeure,* das Anfang 1989 auf den Markt kam. In diesem Jahr bekam *Triumph and agony* für 350 000 verkaufte Platten Gold. Wieder in Deutschland hatte Doro abermals die Musikanten-Crew von Warlock ausgewechselt, mit der sie beim Metal-Hammer-Jubiläumsfestival in der Dortmunder Westfalenhalle auftrat. Allmählich geriet Warlock immer mehr in den Hintergrund, bestimmend war die blonde Doro. Im Herbst 1989 holte sich Doro den

→ Kiss-Mitstreiter GENE SIMMONS als Produzenten und nahm das Album *Doro* auf. Diese sehr persönliche LP, deren Songs von kraftvoll-sanft bis hammerhart gehen, konnte sich sofort hoch in der deutschen LP-Hitparade plazieren.

Wax

GRAHAM GOULDMAN, geb. 10. 5. 1946 in Manchester/England: voc/b; ANDREW GOLD, geb. 2. 8. 1951 in Burbank/USA: voc

Wax Foto: RCA

Nachdem Graham Gouldman seine Gruppe → 10 CC verlassen hatte, tat er sich 1985 mit Andrew Gold zusammen, um das Duo Wax zu gründen. Andrew Gold ist der Sohn des berühmten Komponisten ERNEST GOLD und der Sängerin MARNI NIXON. Bei diesen Eltern war es nur natürlich, daß sich Andrew schon als Kind heftig für Musik interessierte. Er lernte sehr schnell Klavier, Gitarre und Baß, und Ende der 60er Jahre gründete er eine eigene Band, die er BRYNDLE nannte. Aber Andrew löst die Gruppe ziemlich bald wieder auf, um bei → LINDA RONSTADTS Begleitband als Pianist und Bandleader zu arbeiten. Schließlich bekam er bei Lindas Plattenfirma einen Vertrag als Solist und machte ab 1976 Platten mit Songs im typischen Westcoast-Stil. Mit der Single *Lonely boy* hatte er 1977 einen Nr.-7-Hit in USA. *Magnetic heaven* hieß 1986 das Debüt-Album des prominenten Duos, eine gelungene Mischung aus britischem Mainstream-Pop und amerikanischem Westcoast-Rock. Die Singles *Right between the eyes* und *Shadows of love,* kleine Kunstwerke an eingängiger Pop-Musik der 80er Jahre, waren schon recht erfolgreich. 1987 erschien die zweite LP, *American english,* die Wax den erhofften Erfolg brachte. Auch darauf waren wieder ungemein tanzbare und angenehm hörbare Songs zu finden. Mit der Single *Bridge to your heart* konnte sich Wax auch erstmals in der deutschen Hitparade plazieren. 1989 veröffentlichten die beiden Klasse-Musiker mit *A hundred thousand in fresh notes* das dritte Album.

Juliane Werding

geb. 1957 in Deutschland: voc/g

1988 war Juliane Werding insgesamt 16 Jahre im Musikgeschäft und hatte sich zur erfolgreichsten deutschen Sängerin entwickelt. Begonnen hatte alles 1972, als sie als 15jährige eine Cover-Version zu Hitehren brachte: aus JOAN BAEZ Ballade *The night they drove old Dixie down* wurde bei ihr der Anti-Drogen-Song *Am Tag, als Conny Kramer starb.* Wochenlang war der Teenager mit den langen Haaren und der klaren Stimme damit die Nr. 1 der deutschen Hitparade. Der nächste große Hit folgte 1974 mit dem von GUNTHER GABRIEL verfaßten Song *Wenn du denkst, du denkst, dann denkst du nur, du denkst.* Das freche Lied über ein freches Mädel brachte einen Rang 4 in der Hitparade. Und von da an gehörte Juliane Werding einfach zum deutschen Schlagergeschehen dazu. Sie war der fröhliche Typ von Mädchen, ein bißchen pausbackig, aber immer strahlend und recht hübsch. Sie sang Lieder wie *Man muß das Leben eben nehmen, wie das Leben eben ist* oder *Oh Mann, wo hat der Mann nur seine Augen,* interpretierte eingedeutschte anglo-amerikanische Hits wie *Komm und hilf mir durch die Einsamkeit der Nacht (Help me make it through the night* von KRIS KRISTOFFERSON) oder *Da staunste, was? (Howzat* von SHERBET), kam damit zwar nie auf glänzende Positionen, lief aber immer gut im Mittelfeld mit. Doch 1980 wollte Juliane keine Teenie-Songs mehr singen. Sie war eine junge Frau geworden und entsprechend hatte sich auch ihr Musikgeschmack gewandelt. Doch das erste Album im neuen »Gewand«, die LP *Traumland* (1980) wurde ein Flop. Die recht anspruchsvollen Songs, sowohl vom Text als auch vom Arrangement her, gefielen ihren Fans nicht so sehr. Also konzentrierte sich Juliane mehr auf ihren Beruf und ging hauptberuflich in die Werbung. Doch die Musik ließ sie nicht los. Als man ihr 1983 anbot, die deutsche Version des → MIKE-OLDFIELD-Hits *Moonlight shadow* zu singen, sagte sie zu. *Nacht voll Schatten* hieß bei ihr das Lied, und es wurde ein Hit: Nr. 1 der ZDF-Hitparade, Nr. 13 in den offiziellen Charts. *Ohne Angst* hieß ihr Comeback-Album, aus dem es insge-

Juliane Werding
Foto: Achim Liebold/WEA

samt fünf Single-Hits gab: *Geh' nicht in die Stadt (heut nacht)* (1984), *Sonne auf der Haut* (1984, die deutsche Version von *Wouldn't it be good* von → NIK KERSHAW), *Lohn der Angst* (1985) und *Drei Jahre lang* (1985). Es waren melodiöse, sanfte Rock-Songs, bei denen Julianes klare Stimme gut zum Tragen kam. 1986 brachte Juliane Werding die Single *Stimmen im Wind* heraus, ebenfalls wieder eine sehr harmonische, eingängige Soft-Rock-Nummer, die ein Bestseller wurde und später zum »Song des Jahres« avancierte. Auch die nächsten Single *Das Würfelspiel* und *Sehnsucht ist unheilbar* konnten sich hervorragend in der deutschen Hitparade plazieren. Das dazugehörige Album *Sehnsucht ist unheilbar* wurde für über 350 000 verkaufte Exemplare mit Gold ausgezeichnet. 1987 setzte Juliane Werding ihre Karriere als Sängerin weiter fort: die LP *Jenseits der Nacht* mit den Singles *Vielleicht irgendwann*, *Wahre Lügen* und *Tränen im Ozean* wurde ebenfalls wieder ein Bestseller. Zusätzlich schuf sich die junge Frau, die inzwischen auch ihr erstes Kind bekommen hat, neben der Sangeskarriere und der Werbe-Karriere ein drittes Bein: Sie begann 1987 mit dem Studium der Naturheilkunde. *Jenseits der Nacht* erhielt, ganauso wie die Nachfolge-LP *Tarot* (1988), Gold, während *Sehnsucht ist unheilbar* inzwischen mit Platin veredelt wurde. Ende 1989 erschien dann unter dem Titel *Stationen – Ihre größten Erfolge,* eine Best-Of-LP auf den Markt, die noch einmal, angefangen bei *Nacht voll Schatten,* die Hits der Juliane Werding Revue passieren ließ. Das Album wurde natürlich ein Bestseller. Im August 1990 erschien die neue Studio-LP *Zeit für Engel* mit Songs in der üblichen Werding-Qualität.

PE Werner

PETRA WERNER, geb. 1960 in Heidelberg: voc

Im Sommer 1989 sorgte die Songschreiberin und Interpretin für Aufregung im deutschen Plattenwald: endlich eine gekonnte Antwort auf → GRÖNEMEYERS *Männer*. Mit ihrem süffisant-ironischamüsanten Lied ›Weibsbilder sind energisch, Weibsbilder sind allergisch, Weibsbilder haben Launen, über die sie selber staunen . . .‹ sprach sie offensichtlich etlichen Käufern aus der Seele, denn der köstliche Rock-Song konnte sich fast auf Anhieb in der deutschen Hitparade plazieren. PE (die Abkürzung von Petra) kommt vom Kabarett. *Rosa Zeiten − Alarmstufe Pink* hieß eines ihrer populärsten Programme. PE ist es also gewohnt, mit spitzer Zunge auf den Punkt zu zielen und ohne viel Umschweife zum Eigentlichen zu kommen. Genau das tat den Texten auf dem kurz danach folgenden Debüt-Album *Weibsbilder* sehr gut. Treffende Texte, eingängige Melodien von griffigem Rock bis zur eleganten Edel-Schnulze. Und daß PE singen kann, merkte man spätestens bei dem a-capella-Stück *Herzbube*. Das Album der inzwischen in Stuttgart lebenden Künstlerin wurde übrigens in Los Angeles produziert, und so kam die Heidelbergerin in den Genuß von musikalischen Superstars wie STEVE LUKATHER (→ TOTO).

Wet Wet Wet

GRAEME CLARK, geb. 15. 4. 1966: b; TOM CUNNINGHAM, geb. 22. 6. 1965: dr; NEIL MITCHELL, geb. 8. 6. 1968: keyb; MARTI PELLOW, geb. 23. 3. 1966: voc; alle vier geb. in Glasgow/Schottland

Das jugendliche Quartett gehörte zu dem Besten, was England 1988 an »White Soul Music« zu bieten hatte. Die vier Knaben aus dem Glasgower Arbeiterviertel Clydebank schrieben mit unglaublich leichter Hand ebenso unglaublich elegante Pop-Songs mit »black feeling«. Dabei fing alles so harmlos an. Für ein paar Pfund kauften die 16jährigen Schulfreunde die ersten (gebrauchten!) Instrumente, geprobt wurde zuhause bei Graeme, natürlich nur wenn dessen Eltern nicht da waren, und in der Kneipe nebenan durften die vier ihre ersten Auftritte absolvieren, weil sie mit dem Wirt befreundet waren. Der vermittelte ihnen weitere Auftritte in anderen Kneipen und wurde der Einfachheit halber gleich zu ihrem Manager. Die vier Freunde wurden immer sicherer auf ihren Instrumenten und in ihren Kompositionen, nahmen Demos auf, verschickten sie − und konnten sich anschließend vor Angeboten von Plattenfirmen kaum retten. Sie machten 1987 die Debüt-Single *Wishing I was lucky,* die prompt unter die Top 20 der UK-Charts kam. Er folgte das Debüt-Album *Popped in souled out* − und der Rest ist schon Geschichte. Innerhalb von nur 4 Monaten verkaufte sich die LP über eine Million Mal. Es gab dafür Gold und Platin aus allen möglichen Ländern, in

Wet Wet Wet   Foto: Mercury

England bekam die Gruppe dafür sogar
Doppel-Platin. Und mit der hinreißenden Soul-Nummer *Angel eyes* schaffte
das jugendliche Quartett auch mühelos
den Einstieg in die deutsche Hitparade,
ebenso mit der zweiten Single *Temptation*. 1989 folgte das zweite Album *Holding back the river,* das ebenfalls wieder
Blue Eyed Soul bester Machart bot.
Sweet surrender und die traumhafte Ballade *Hold back the river* waren die Singlehits. Mit → ROD STEWARTS *Maggie
May* enthielt das Album auch eine
Fremdkomposition.

Wham!

→ GEORGE MICHAEL PANOS, geb. 25. 6.
1963 in Watford/England: voc/g; AN-
DREW RIDGELEY, geb. 26. 1. 1963 in Wat-
ford/England: g

Sie waren jung, gutaussehend und äußerst erfolgreich: George Michael und
Andrew Ridgeley, die beiden Knaben
von Wham!. Die beiden gingen gemeinsam zur Schule und schlossen sich 1978
einer Ska-Band namens THE EXECUTIVE
an. Als sich die Gruppe nach 1½ Jahren
auflöste, blieben sie zusammen, waren
arbeitslos und schrieben ein Lied dar-

Wham Foto: CBS

über: *Wham Rap! Enjoy what you do?* Der mitreißende, augenzwinkernde Arbeitslosen-Song wurde 1982 über Nacht ein Hit in England und kam bis Platz 6. Frischer Wind wehte plötzlich durch die verkrustete englische Pop-Szene, der sich mit der nächsten Veröffentlichung *Young guns go for it* (UK 3, BRD 20) verstärkte. Diesmal nahmen die beiden Teenager ganz unverblümt die Probleme und die Trostlosigkeit einer Teenager-Ehe aufs Korn, schön verpackt in die unwiderstehliche Rhythmik des Rap. Im Mai 1983 schoben sich ihre *BAD Boys* in den Charts nach oben (UK 2, BRD 12), und im Juli 1983 schoß ihr Debüt-Album *Fantastic* auf Platz 1 der UK-LP-Charts. Auch die vierte Single *Club Tropicana* wurde ein Bestseller (UK 2, BRD 12). 1984 erschien das zweite Album *Make it big,* das auch wieder eine Fundgrube für Hit-Singles wurde: *Wake me up before you gogo* (UK 1, BRD 2, USA 1), *Everything she wants* (UK 1, BRD 8, USA 1), *Freedom* (UK 1, BRD 14, USA 3). 1984 betätigte sich George Michael zum erstenmal als Solist. Er veröffentlichte die Single *Careless whisper,* ein wunderschöner Soft-Song, der sich millionenfach verkaufte (UK 1, BRD 3, USA 1). Weihnachten 1984 bescherte Wham! die Fans mit dem Lied *Last christmas,* das bereits als B-Seite von *Everything she wants* erschienen war. Dann war erst wieder Ende 1985 Neues von Wham! zu hören: die schwarz-angehauchte Single *I'm your man* konnte sich natürlich in allen Hitparaden plazieren (UK 1, BRD 7, USA 3). George Michael war auch 1985 Gaststar bei der Produktion des neuen → ELTON JOHN-Albums *Ice on fire.* Für die Nummer *Wrap her up* agierte er als Background-Sänger. 1986 trat wieder George Michael als Solist in Erscheinung: mit der gekonnten Ballade *A different corner* gelang ihm ein internationaler Hit (UK 1, BRD 7, USA 7), ebenso wie mit der Single *The edge of heaven* (UK 1, BRD 4, USA 10). Ende 1986 gaben Michael und Ridgeley bekannt, daß sie künftig getrennte Wege gehen wollten. Von Ridgeley hatte man bis Anfang 1988 nichts mehr gehört, George Michael entwickelte sich im Laufe des Jahres 1987 zu einem internationalen Superstar. 1990 schwamm sich auch Andrew Ridgeley als Solist frei. Er veröffentlichte das Album *Son of Albert,*

auf dem er keineswegs den Wham-Sound kopierte. Seine Songs klingen sehr rockig und poppig, harscher als die von George Michael, und ähneln in der Machart eher dem Glam-Rock der 70er Jahre von Gruppen wie → SLADE und SWEET.

Caron Wheeler

→ SOUL II SOUL

Whitesnake

DAVID COVERDALE, geb. 22. 9. 1951 in Saltburn-by-Sea/England: voc; JOHN SYKES: g/voc; NEIL MURRAY: b; AYNSLEY DUNBAR, geb. 10. 1. 1946 in England: dr

David Coverdale, der ehemalige Student der Kunstgeschichte, hatte bereits einen guten Namen als Sänger, ehe er von → DEEP PURPLE aufgefordert wurde, 1973 den Platz von IAN GILLAN einzunehmen. Als sich Deep Purple 1976 vorübergehend auflöste, produzierte David Coverdale zwei hochgelobte Solo-Alben: *White snake* (1977) und *Northwinds* (1977). Als er anschließend eine Band gründete, nannte er sie nach seinem ersten Solo-Album: Whitesnake. Die Hard-Rock-Formation trat zunächst in folgender Besetzung an: Micky Moody von JUICY LUCY an der Gitarre, BERNIE MARSDEN von WILD TURKEY an der Gitarre, Neil Murray von COLOSSEUM II am Baß und DAVE DOWLE von den STREET-

WALKERS am Schlagzeug. An den Keyboards wechselten sich BRIAN JOHNSTONE und PETE SOLLEY ab. Bereits die erste Studioproduktion 1977, eine EP namens *Snake bite,* war ein Erfolg. Das Konzept, Hard Rock mit Melodie und Heavy-Metal-Anklängen, also praktisch eine Weiterführung des Deep-Purple-Sounds, war genau das, was die Fans wollten. Während der Produktion der zweiten LP 1978, *Trouble,* stieß ein zweiter Deep-Purple-Mann zu Whitesnake: JON LORD bediente künftig die Keyboards. Er hatte nach der Auflösung von Deep Purple mit seiner eigenen Band PAL Schiffbruch erlitten und war froh, wieder mit Gleichgesinnten zu arbeiten. Nach der Veröffentlichung der nächsten LP, *Lovehunter* 1979, tat sich noch ein dritter Deep-Purple-Musiker mit Whitesnake zusammen: IAN PAICE, der Schlagzeuger, löste Duck Dowle ab. Das vierte Album, *Ready an' willing* 1980, brachte Whitesnake dann den weltweiten Durchbruch. Die LP war in England, USA, Japan und Europa in den Charts zu finden, ebenso wie die im gleichen Jahre veröffentlichte Live-Doppel-LP *Live in the heart of the city,* die während eines Konzerts im Londoner Hammersmith Odeon mitgeschnitten worden war. Dann mußte die Band eine Pause einlegen wegen einer Knieverletzung, die sich Coverdale während der Deutschland-Tournee 1980 geholt hatte. Doch 1981 gab's wieder ein neues Album der Formation, *Come and get it.* Der damalige Heavy-Metal- und Hard-Rock-Boom trug auch Whitesnake weit nach oben. Im Dezember 1981 stand dann wieder eine Deutschland-Tournee im Vorprogramm von BILLY SQUIER auf dem Plan, doch diesmal fiel Ian Paice wegen Mumps aus. Anschließend gingen

Trennungsgerüchte um. Aber es gab keine Auflösung von Whitesnake, sondern nur wieder einmal eine Umbesetzung. Nach der Veröffentlichung der LP *Saints and sinners* (1982), gingen Paice und Murray zu GARY MORE, Marsden und Moody debütierten mit der S.O.S.-Truppe. Zu Whitesnake gehörten danach MAL GALLY am Baß und COZY POWELL am Schlagzeug, Jon Lord saß weiterhin an den Keyboards, Micky Moody kehrte reumütig wieder zurück. In dieser Besetzung ging die Formation erst einmal auf Europa-Tournee. Doch das Glück war nicht von langer Dauer. Denn 1983 gab's bereits wieder die nächste Umbesetzung: Micky Moody ging endgültig, für ihn kam John Sykes von THIN LIZZY, und auch COLLIN HODGINSON verließ die Band, für ihn kam Neil Murray zurück. In dieser Besetzung erschien 1985 die LP *Slide it in.* Dann mußte die »weiße Schlange« abermals zwei Jahre pausieren, bedingt durch Umbesetzungen und Krankheit. Erst 1987 gab es ein neues Album in der o. a. Besetzung, aber das hatte es in sich. Anfang 1987 erschien die LP *1987,* die im Mai 1988, nach über 55 Wochen, in Amerika immer noch auf Platz 37 der LP-Charts lag und sich allein in den Staaten über 5 Millionen Mal verkauft hatte. *Still of the night, Is this love* und *Here I go again,* hießen die Singles daraus, die sich allesamt in den internationalen Charts plazieren konnten. Mit *Here I go again* kam Whitesnake 1987 auch in Deutschland auf Platz 29. Auch Anfang 1988 war Whitesnake wieder in den Hot 100 vertreten: die Single *Gimme all your love* wurde in USA ein Top-10-Hit. Ende 1989 erschien in altgewohnter Qualität das Whitesnake-Album *Slip of tongue,* das in Amerika wieder ein Millionenseller wurde und sich auch in der deutschen LP-Hitparade plazieren konnte.

The Who

PETER DENNIS TOWNSHEND, geb. 19. 5. 1945 in England: g; JOHN ALEC ENTWISTLE, geb. 9. 10. 1946 in England: b; ROGER HARRY DALTREY, geb. 1. 3. 1945 in England: voc; KENNY JONES, geb. 16. 9. 1948 in England: dr

The Who sind eine der dienstältesten Rock-Gruppen Englands und gleichzeitig das Wahrzeichen der zeitgenössischen Rock-Kultur. Von 1963 an schrieben The Who – insbesondere ihr Songwriter Pete Townshend – ein gewaltiges Stück Rock-Musikgeschichte. Begonnen hatte alles 1963 im Goldenhawk Club in Shepherd's Bush. Dort spielten Entwistle, Daltrey und Townshend unter dem Namen THE DETOURS zusammen. Die drei kannten sich bereits von der Acton Country Grammar School her. Als Schlagzeuger fungierte damals DOUG SANDEN. Dann trafen sie den Publizisten PETER MEADEN, der sich ihrer annahm. Er gab ihnen den neuen Namen THE HIGH NUMBERS, verpaßte ihnen Mod-Klamotten und sorgte im Juli 1964 für ihre erste Single. Das Lied hieß *I'm the face,* war nichts anderes als eine neue Version von SLIM HARPOS *Got live if you want it* und wurde mit 500 verkauften Exemplaren ein wunderschöner Flop. Daraufhin empfahl sich Peter Meaden, aber die Gruppe gab nicht auf. Sie spielte fleißig weiter in Shepherd's Bush und schuf sich

nach und nach eine große Gefolgschaft. Dann traten die Filmmanager KIT LAMBERT und CHRIS STAMP auf den Plan. Die beiden hörten die Gruppe, waren begeistert von der temperamentvolle Show und nahmen sie unter der Bezeichnung The Who unter Vertrag. Sie polierten das Mod-Image der Gruppe, zu der inzwischen der neue Schlagzeuger KEITH MOON (geb. 23. August 1947) gestoßen war, auf Hochglanz und animierten sie dazu, ihre ohnehin schon recht aggressive Show noch gewalttätiger zu machen. Die Bühnenauftritte der Who sollten den permanenten Kampf der Mods mit den Rockern demonstrieren. Im Januar 1965 erschien die erste selbstgeschriebene Single der Who, der Song *I can't explain,* der sich bis auf Platz 8 in England hocharbeitete. Im Mai 1965 erschien die nächste Single, *Anyway anyhow anywhere,* die es bis auf Platz 12 schaffte. Die Who tourten fleißig durch England und hatten bald den Status einer Kultband der Mods erreicht. Pete Townshend entwickelte sich zum talentierten Songwriter. Seine Power-Rock-Songs mit Texten aus dem Lebensbereich der Jugendlichen wurden enthusiastisch aufgenommen. Das Lied *My generation* (1965) wurde zur Hymne aller Mods. Das dazugehörige Album *My generation,* das im Dezember 1965 veröffentlicht wurde, gehört noch heute zu den besten, einfallsreichsten und aufregendsten, die die Who je produziert haben. Auch die nächsten Single-Veröffentlichungen (1966), *Substitute, I'm a boy* und *Happy Jack,* waren stets ganz oben in den Charts zu finden. Im Dezember 1966 erschien die zweite LP, *A quick one,* die die Who wieder in Höchstform zeigte, mit kraftvollen, einfallsreichen Songs, mit treffenden, ironi-

The Who   Foto: CMV

schen Texten. Im Juni 1967 traten The Who beim Monterey Pop Festival auf und sind auch in dem Dokumentarfilm darüber zu sehen. Im August 1967 machte der Trommler KEITH MOON Schlagzeilen: Bei einer Feier anläßlich seines 20. Geburtstags wurde ihm anschließend eine Schadensrechnung über DM 20 000,– vorgelegt. Damals legte er den Grundstock für seinen Spitznamen »The loon« – »Der Rüpel«. Die 67er Singles *Pictures of Lily* und *I can see for miles* wurden wieder Hits. Mit dem Album *The Who sell out* gelang Pete Townshend mit seinen Mannen im November 1967 zwar ein hervorragendes Stück Kritik an Kommerzradio und Werbung, es verkaufte sich jedoch schlecht. Im Jahr 1968, das mit *Dogs* und *Magic bus* nur zwei mittelmäßige Hits brachte, widmete sich Pete Townshend vornehmlich seinem großen Wunschtraum, eine Rock-Oper zu schreiben. Im Mai 1969 erschien *Tommy*, die Geschichte des blinden und taubstummen Flipper-Königs. Pete Townshend war dabei von einem ähnlichen Versuch der PRETTY THINGS mit *S. F. Sorrow* beeinflußt worden. Aber während der Versuch dieser Band im Probierstadium steckengeblieben war, konnte Pete Townshend mit seinen Who einen Meilenstein der Rock-Musikgeschichte setzen: ein exzellentes Gesamtwerk, musikalisch hervorragend, mit erstklassigen Texten. Die Platte wurde ein Millionenerfolg. Im gleichnamigen Film (1975) spielte Roger Daltrey die Hauptrolle, neben ihm agierten Topstars wie → ELTON JOHN und → TINA TURNER. Im August 1969 trat die Gruppe beim Woodstock-Festival auf und untermauerte wieder einmal ihren Ruf, die heißeste und explosivste Live-Band der Welt zu sein. Nach dem Monsterwerk *Tommy* brauchten The Who eine Verschnaufpause, und so erschien 1970 nur der Live-Mitschnitt *Live at Leeds*. Im Juni 1970 wurde *Tommy* die Ehre zuteil, in der Metropolitan Opera in New York aufgeführt zu werden. 1971 erschien das erste Solo-Album eines Who-Mitgliedes. John Entwistle veröffentlichte die LP *Smash your head against the wall*. Die Who-Singles *Won't get fooled again* und *Action* wurden Hits, ebenso erfolgreich war das Album *Who's next*. Es sollte für die nächsten zwei Jahre das einzige Album mit neuen Songs bleiben. 1972 verstärkten sich die Solo-Ambitionen der einzelnen Mitglieder. Townshend veröffentlichte sein Solo-Album

Who came first, Entwistle brachte die zweite LP, *Whystle rhymes,* heraus, Keith Moon gab sein Film-Debüt mit RINGO STARR und DAVID ESSEX bei dem Streifen *That'll be the day*. 1973 veröffentlichte auch Roger Daltrey ein Solo-Album, die von LEO SAYER geschriebene LP *Daltrey*, und hatte mit *Giving it all away* einen Top-10-Hit in England. Von John Entwistle erschien das dritte Album namens *Rigor mortis sets in*. In diesem Jahr veröffentlichten dann die Who trotz anhaltende Trennungsgerüchte ein weiteres Großprojekt, die Konzept-LP *Quadrophenia*. Diesmal ging es um das Psychogramm eines Mods der mittsechziger Jahre und seiner Generation, wobei jedes Mitglied der Band eine Seite seiner Persönlichkeit repräsentierte. Der Erfolg war jedoch nicht annähernd so groß wie der von *Tommy*. Mit *5.15* gelang dennoch ein Single-Hit daraus. 1974 gingen The Who wieder einmal auf Amerika-Tournee. Die 80 000 Karten für vier Konzerte im Madison Square Garden waren innerhalb von nur vier Stunden ausverkauft. Da Pete Townshend offensichtlich nicht bereit war, neue Songs zu schreiben, ging John Entwistle alte Titel durch und stellte die Songs für das 74er Album *Odds & sods* zusammen. Auch 1975 gab es zunächst wenig Neues von den Who zu hören. Der Film *Tommy* hatte Premiere, Roger Daltrey veröffentlichte seine zweite Solo-LP, *Ride a rock horse,* und war abermals als Schauspieler zu sehen in dem Streifen *Lisztomania*. Auch Keith Moon war auf den Solo-Geschmack gekommen und präsentierte der Öffentlichkeit die LP *Two sides of the moon*. John Entwistle war auch wieder als Solist im Studio gewesen und brachte das Album *Mad dogs* heraus, außerdem ging er mit der Gruppe Ox auf Tour durch England und Amerika. Erst im Oktober konnten sich die Who-Fans wieder freuen. Die LP *The Who by numbers* kam heraus, auf der Pete Townshend ziemlich desillusioniert über Sinn und Unsinn des Erfolgs nachdachte. Mit diesem neuen Album im Gepäck gingen The Who wieder auf Amerika-Tournee und spielten in Oakland/Kalifornien vor 100 000 Zuschauer. Roger Daltrey veröffentlichte 1976 die Solo-LP *One of the boys*. 1977 ging Pete Townshend mit RONNIE LANE von den SMALL FACES ins Studio und spielte das Album *Rough mix* ein. Ende 1977 begannen die Dreharbeiten für den Who-Film *The Kids are alright*. Doch einem Who-Kid ging's nicht so gut. Am 7. September 1978 starb in London Keith Moon an einer – vom Arzt verordneten – Überdosis Tabletten! Aber The Who machten auch ohne Keith Moon, den verrückten, unberechenbaren, irrwitzigen Trommler, weiter. Die LP *Who are you* erschien, die Dreharbeiten zum *Quadrophenia*-Film begannen, der halbdokumentarische Streifen *The Kids are alright* wurde fertiggestellt. Ende 1978 hatten die Who auch einen neuen Schlagzeuger: Kenny Jones von den FACES. Bis 1979 hatten The Who ungefähr 25 Millionen Alben und 18 Millionen Singles verkauft. Erst 1981 traten The Who dann wieder mit einem neuen Album ans Licht der Öffentlichkeit: *Face dances*. Darauf bewies Pete Townshend wieder seinen Grundsatz: »Rock-Musik muß brutal und direkt und aggressiv sein, denn Rock ist nicht nur Musik. Du kannst ihn entweder mit deinen Fäusten oder mit deinen Akkorden demonstrieren. Wir finden die Akkorde effektiver.« In diesem Stil war auch die 82er LP *It's hard*: laut, aggressiv, brutal,

wie Pete Townshend selbst sagte. 1982 gingen The Who auch auf eine weitere Amerika-Tournee, die mitgeschnitten wurde. 1984 kamen diese Live-Mitschnitte dann unter dem Namen *Who's last* als Abschiedsalbum dieser legendären Rock-Band auf den Markt. Pete Townshend betätigte sich weiterhin erfolgreich als Solist. 1982 erschien sein Album *All the best cowboys have chinese eyes,* auf dem der britische Songwriter abermals seine Kreativität unter Beweis stellte. 1985 konnten sich die zahlreichen Who-Fans dann über Townshends neues Solo-Album *White cities* freuen. Vorzüglicher, harter, kompromißloser Rock war da zu hören, mit zeitgemäßem Funk-Feeling. Die Single *Face the face* wurde ein Hit. 1985 wurden die Who ihrem Vorsatz, endgültig im Ruhestand zu bleiben, untreu. Für das Live-Aid-Projekt fanden sie sich nochmals zu einem Auftritt zusammen. Dann herrschte Ruhe bis 1988. Da erhielten die Who von der britischen Phonoindustrie einen besonderen »Lifetime Achievement« Award«, eine Auszeichnung für ihr Lebenswerk. Gleichzeitig erschien zum 25jährigen Band-Jubiläum die LP-Koppelung *Who's better, who's best,* und außerdem mehrten sich die Gerüchte, daß die Veteranen wieder ihre Instrumente auspacken und auf Tournee gehen wollten! Das taten sie dann 1989 auch tatsächlich. Nach 25 Jahren traten die Who wieder auf, mit den Zusatzmusikern SIMON PHILLIPS (dr) und STEVE BOLTON (g). Ihre große USA-Tournee führte sie durch 25 Städte. Anschließend gaben die Who in der New Yorker Radio City Music Hall eine konzertante Aufführung ihrer vor 25 Jahren entstandenen Rock-Oper *Tommy* zum Besten. Die Einnahmen aus diesem Konzert und ähnlichen Veranstaltungen in Großbritannien gingen komplett an Vereinigungen zur Unterstützung behinderter und unterprivilegierter Kinder. Diese konzertanten *Tommy*-Aufführungen waren nicht nur wegen der drei Ur-Who ein Ereignis, sondern auch wegen der prominenten Mitwirkenden. So trat → BILLY IDOL als ›Cousin Kevin‹ auf, → STEVE WINWOOD als ›The Hawker‹, PATTI LABELLE als ›Acid Queen‹, Elton John als ›Pinball Wizzard‹ und → PHIL COLLINS war in wilder Verkleidung als ›Uncle Ernie‹ kaum zu erkennen. Ein voller Erfolg wurden auch die ausverkauften Konzerte im gewaltigen Giants Stadium in New Jersey, wo die Who an vier Abenden vor jeweils 54 000 Zuschauern auftraten. Diese Einnahmen flossen allerdings in ihre eigenen Taschen. Neues von den Who war dann auf dem Pete Townshend-Album *The iron man* zu hören. Das von Townshend geschriebene Musical basierte auf einer Geschichte von TED HUGHES. Darauf waren die Who mit den Songs *Fire* und *Dig* zu hören, → JOHN LEE HOOKER mit *Over the top* und *I eat heavy metal*, NINA SIMONE mit *Fast food* und Townshend selbst mit *I won't run anymore*. Die 89er-Konzerte vermarkteten die Who dann 1990 auf dem 3er-Live-Album *Join together*: drei Seiten *Tommy*, eine Seite mit alten und neuen Who-Songs.

Kim Wilde

geb. 18. 11. 1960 in Hertfordshire/England: voc

Die Sängerin Kim Wilde ist praktisch ein Familienunternehmen, bestehend aus Vater, Sohn und Tochter. Die blonde, attraktive Kim, mit der etwas larmoyanten Stimme; der Vater MARTY WILDE, der selbst als Pop- und Rocksänger von 1958 bis 1962 mit etlichen Songs in der englischen Hitparade vertreten war, hauptsächlich mit Cover-Versionen wie *Donna*, *A teenager in love* oder *Sea of love;* und der Bruder RICKY WILDE, der ihr die Songs schreibt. Töchterchen Kim machte brav Abitur, nahm Schauspielunterricht und entdeckte dann die Pop- und Rockmusik. Vater war dagegen, Bruder war dafür, und den Streit beendete dann der Produzent MICKIE MOST, der immerhin schon ein Ohr gehabt hatte für die

Kim Wilde Foto: MCA

Qualitäten von SUZIE QUATRO, SMOKIE und MUD. MOST hörte, daß die damals 21jährige Dame etwas in der Stimme hatte, Bruder Ricky schrieb ihr in nur 20 Minuten den Song *Kids in America,* und Kim Wilde hatte 1981 ihren ersten Hit (UK 2, BRD 5, USA 25). Den Text steuerte Vater Marty bei, und dieses Team blieb bis 1985 erfolgreich. Hits wie *Chequered love* (UK 4, BRD 2), *Cambodia* (UK 12, BRD 2), *View from a bridge* (UK 14, BRD 6), *The second time* (UK 29, BRD 9), und Alben wie *Kim Wilde* (1981), *Select* (1982) und *Catch as catch can* (1983) etablierten die schnuckelige junge Dame mit dem Schmollmund schnell als Teenie-Star. Ihre unverkrampft rockigen Songs mit New-Wave-Anklängen und den eingängigen Refrains, kamen stets in den internationalen Charts nach oben. Aber ab 1985 schien sich das Rezept abgenützt zu haben. Das 85er Album *Teases and dares* und die Singles *The touch, Rage to love* und *The second time* kamen nicht mehr so ohne weiteres auf die obersten Plätze. Auch die 86er LP *Another step* mit der Single *Schoolgirl* war kein großer Erfolg beschieden. Lediglich mit der Coverversion *You keep me hanging on* (im Original von den → SUPREMES) war Kim Wilde wieder ein Top-Hit beschieden. Dann meldete sich die Sängerin, mit etwas runderen Formen, 1988 wieder zurück. Die Single *Hey Mr. Heartache,* ein etwas wirrer Pop-Rock-Song, hatte sie co-komponiert. Er konnte sich in den deutschen Charts plazieren. Dazu gab es dann 1988 die LP *Close,* die mit *You came* und *Four letter word* weitere Single-Hits enthielt. Das Album verkaufte sich weltweit über zwei Millionen Mal. In derselben poppigen Einfach-Strickart war dann auch das 90er-Album

Love moves, das mit *It's here* ebenfalls wieder einen soliden Single-Erfolg enthielt.

Wilson Phillips

→ THE BEACH BOYS

Mandy Winter

---

geb. 1968 in München: voc

1987 tauchte in der deutschen Hitparade eine strahlend klare Stimme auf, die an die frühe → KATE BUSH erinnerte. Sie sang einen engagierten Anti-Drogen-Song und erklomm, nach ein paar anfänglichen Verzögerungen, die Charts. Diese Stimme gehörte der Schülerin Mandy Winter, die mehr durch Zufall als durch Absicht zum Singen kam. Sie begleitet eine Freundin zum Vorsingen, die bekam Angst, und Mandy sprang kurzentschlossen ein. Allerdings hatte der begabte Teenager schon vorher auf den Brettern, die die Welt bedeuten gestanden: Mandy hatte eine Ballett- und Jazztanzausbildung genossen, und war bereits mit 16 Jahren als Leadsängerin bei einer Amateurband aufgetreten. *Julian* hieß ihre erste Single, die GLEN P. STONE, der Ex-Trommler von ERIC BURDON, → MICK JAGGER und BILLY PRESTON mit ihr produziert hatte. Das anspruchsvolle Lied marschierte 1987 zielstrebig die deutsche Hitparade nach oben. Auch die zweite Single *Two lovers,* eine fröhliche Tanz-Nummer, wurde ein Hit. Und das Debüt-Album der sympathischen Newcomerin – die ihre Sanges-Termine vorläufig immer noch nach den Schulterminen richten muß –, das nach ihrem ersten Hit *Julian* genannt wurde, konnte sich ebenfalls gut plazieren.

Anfang 1989 kam das zweite Album *The age of romance.* Es enthielt den Song *He's a man,* der zum Titelsong für die TV-Krimi-Serie *Peter Strohm* mit KLAUS LÖWITSCH als Titelhelden erkoren wurde. 1990 war Mandy Winter dann mit dem melodiösen Pop-Song *Children of the future* in der deutschen Hitparade zu finden, einem Lied, das sehr an ihren Anfangserfolg *Julian* erinnerte.

Steve Winwood

geb. 12. 5. 1948 in Birmingham/England: voc/keyb

Im Alter von 14 Jahren hatte er bereits einen Namen in der Musikwelt: »Mozart der Pop-Musik«. Zusammen mit seinem Bruder MUFF war Stevie, wie er damals noch genannt wurde, Mitglied der legendären SPENCER DAVIS GROUP. Mit der »schwärzesten weißen« Stimme sang der Minderjährige Top-Hits wie *Gimme some loving, Keep on running, I'm a man* und *Somebody help me,* die allesamt in den Jahren 1965/66 ganz oben in den internationalen Charts zu finden waren. 1967 verließ Steve Winwood die Spencer Davis Group und gründete nach einem kurzem Zwischenspiel mit → ERIC CLAPTON in der Combo POWER-HOUSE die TRAFFIC. Zusammen mit CHRIS WOOD, JIM CAPALDI und DAVE MASON produzierte er hinreißende Songs, wie *Hole in my shoe* und *Paper sun,* die mit ihrem psychedelischen Einschlag ihrer Zeit weit voraus waren. Steve Winwood war der Komponist, Sänger und Zauberer an der Orgel. Doch der eher introvertierte, schüchterne Musiker mochte nicht als Chef fungieren, die Gruppe brach auseinander. Nächste Station war BLIND FAITH, eine Superformation, bestehend aus → ERIC CLAPTON, GINGER BAKER, RICK GRECH und Steve Winwood. Doch auch dieses Projekt brach nach nur einer LP auseinander: Die Medien hatten das Quartett derartig hochgepuscht, daß die drei auf der Bühne hinter den Erwartungen weit zurückblieben. Darauf beschloß Steve 1970, solo weiterzumachen. Doch bei den Vorarbeiten für eine LP holte er sich wieder Chris Wood und Jim Capaldi, und damit war Traffic wiedergeboren. Mit dem kurz darauf ebenfalls wieder dazugestoßenen Dave Mason schuf Traffic einige hervorragende Alben, wie *John Barleycorn must die, Welcome at the canteen, Low sparks of high-heeled boys,* allesamt voll mit hinreißend melodischen, teilweise jazzig angehauchten Winwood-Capaldi-Songs. Diesmal hielt die Gruppe vier Jahre. 1976 holte dann der Japaner STOMU YA-MASHITA Steve Winwood für die Aufführung seiner Show *Go.* Mit dabei war auch der deutsche Synthesizer-Spezialist KLAUS SCHULZE, und das hatte auf Winwood eine nachhaltige Wirkung: Er fing an, sich für die elektronischen Musikmaschinen zu begeistern, und spielte sein erstes Solo-Album, *Steve Winwood* (1977), fast nur damit ein. Doch die LP wurde ein Flop. Steve zog sich ent-

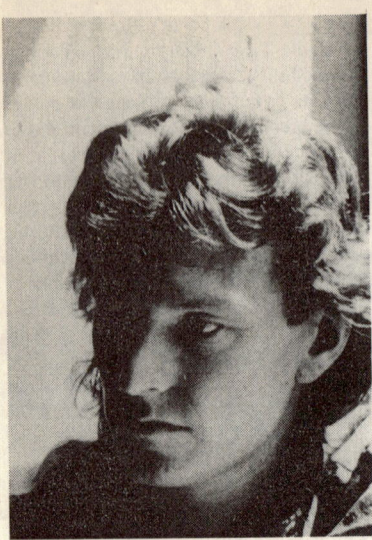

Steve Winwood
Foto: Ariola/Island

Orchester am Synthesizer brachte er es fertig, Instrumente so orginalgetreu zu imitieren, daß man tatsächlich glaubte, »echte« Instrumente zu hören. 1986 veröffentlichte Steve Winwood die LP *Back in the high life*, für das er sich andere Top-Stars CHAKA KAHN, JAMES INGRAM, NILE RODGERS, JAMES TAYLOR und JOE WALSH ins Studio eingeladen hatte. Mit der Single *Higher love* hatte er in Amerika 1986 einen Nr.-1-Hit, und auch mit der Single *Freedom overspill* kam er in USA bis Platz 20. Der nächste Single-Hit namens *Valerie* (1987) stammte aus der Compilation *Chronicles*, auf der zehn der besten Winwood-Songs vereinigt waren. Das 88er Album von Steve Winwood hieß *Roll with it*, zeigte Winwood in bester R & B-Tradition und konnte sich weltweit unter den Top 10 der LP-Charts plazieren. In Amerika landete die LP verdientermaßen auf Platz 1 und wurde mit Platin ausgezeichnet. Ende 1990 gab es dann wieder Neues von Mr. Winwood zu hören. *Refugees of the heart* hieß das Album in gewohnter Winwood-Qualität, die erste Single daraus war *One and only man*.

täuscht auf seinen Bauernhof zurück und fing an zu tüfteln. Das Ergebnis war die LP *Arc of a diver* (1980), eine der schönsten Winwood-Platten. Perfekte, harmonische Sound-Arrangements, die Steve alle selbst geschrieben und eingespielt hatte. Lediglich bei vier Songs hatte er Unterstützung durch den Texter WILL JENNINGS aus Los Angeles. Diese Zusammenarbeit erwies sich auch weiterhin als äußerst fruchtbar; auf der nächsten Winwood-LP, *Talking back to the night* (1982), stammten die Texte für alle neun hervorragenden Songs von JENNINGS. Auch mit dieser LP hatte Winwood den einmal gesetzten Qualitätsmaßstab wieder erreicht. Als Ein-Mann-

World Party

KARL WALLINGER, geb. in Woburn/Wales, England: voc/keyb

World Party ist keine Band, sondern das Projekt des exzentrischen Briten Karl Wallinger. Er ist der Songschreiber, der Multiinstrumentalist, der Produzent, Arrangeur und der Interpret. In seiner Jugend bekam Karl klassische Klavierstunden, aber Rock interessierte ihn wesentlich mehr. Um sich diesem ungestört widmen zu können, verließ er mit 17 Jahren das kleine Kaff im Norden von Wales und ging nach London. Dort kamen ihm seine Klavierstunden zugute. Er wurde Keyboarder und spielte bei diversen Indie-Bands. Aufgrund seiner unüberhörbaren Begabung durfte er auch einige Zeit als musikalischer Leiter der legendären *Rocky Horror Picture Show* fungieren. 1983 gab es die erste einschneidende Veränderung. Karl lernte MIKE SCOTT und ANTHONY THISTLETHWAITE von den WATERBOYS kennen. Sie engagierten ihn als Keyboarder, und Karl spielte mit den Waterboys die hochgelobten Alben *The waterboys* und *This is the sea* ein. Doch dann hatte der unruhige Geist schon wieder genug. Wallinger verließ die Boys und experimentierte lieber allein an neuen Sounds herum. 1986 gründete er zu diesem Zweck World Party, sein Solo-Projekt, bei dem aber immer etliche hochkarätige Musiker und Interpreten mitwirkten, wie z. B. auch → SINEAD O'CONNOR. *Private Revolution* hieß 1986 sein Debüt-Album, das von englischen Musikfachzeitschriften als Sensation bezeichnet wurde: neu, interessant, ausgeflippt, extravagant waren die Bezeichnungen für die Songs. Daraufhin dachte Wallinger vier Jahre über eine neue LP nach und veröffentlichte Anfang 1990 das zweite Album *Goodbye Jumbo*. Der Titel dieser LP kommt nicht von ungefähr. Wallinger sagte dazu: »Wir leben in einem ›Goodbye-Jumbo‹-Zeitalter. Der Elefant ist vom Aussterben bedroht. Aber es gibt noch viel mehr Dinge in der Welt, die auf der Kippe stehen. Ich will damit sagen: Es geht so nicht mehr weiter, Leute! Wir müssen jetzt was unternehmen. Es muß sich alles grundsätzlich ändern. Sonst . . .« Auch dieses ›politische‹ Album bringt eine kunterbunte musikalische Mischung mit irischen Folk-Anklängen und hörbaren Einflüssen von den → BEATLES bis → PRINCE. Das Album plazierte sich sehr schnell in der deutschen LP-Hitparade.

Stevie Wonder

STEVELAND MORRIS JUDKINS, geb. 13. 5. 1950 in Saginaw/USA: voc/keyb

Der blinde, farbige Songwriter und Sänger trägt seinen Künstlernamen »Wonder« (Wunder) nicht zu Unrecht. Er war und ist wirklich ein »Wunderknabe«: Mit zwölf Jahren machte er seine ersten Platten, mit dreizehn war er ein Topstar und ist es bis heute geblieben. Was aber das Bemerkenswerteste ist, Stevie Wonder blieb in seiner künstlerischen Entwicklung nicht stehen, wie so viele Kinderstars, sondern entwickelte sich auf ganz hervorragende Weise weiter. Geboren wurde er als drittes von sechs Kindern. Er war von Geburt an blind. Rhythmus lag ihm von klein auf im Blut. Mit zwei Jahren trommelte er auf Gläsern und Tellern herum, mit vier spielte er bereits recht passabel auf einer Kindermundharmonika, mit neun zog er mit seiner Mundharmonika durch die Straßen und sang dazu Lieder, die eine eigentümliche Mischung aus Tages-Hits und seinen eigenen Einfällen waren; anschließend flog er aus dem Kirchenchor, weil er es gewagt hatte, Rock 'n' Roll zu singen. Einer seiner Nachbarn war

Stevie Wonder Foto: s.e.t. Photoproductions

GERALD WHITE, der Bruder von RONNIE WHITE von → SMOKEY ROBINSONS Band MIRACLES. Gerald hörte Stevie singen und spielen, war begeistert, erzählte bei Robinsons Plattenfirma Tamla Motown von dem hochbegabten Wunderknaben – und mit zwölf Jahren bekam Stevie einen Plattenvertrag bei der Soul-Firma. BERRY GORDY, der Gründer von Motown-Records, erkannte sofort das Potential, das in dem kleinen, blinden, farbigen Jungen steckte. Er taufte ihn in Little Stevie Wonder um und begann ihn als neues Idol der schwarzen Jugendlichen von Amerika aufzubauen. 1963, mit dreizehn Jahren also, hatte Little Stevie Wonder seinen ersten Nr.-1-Hit: *Fingertips – Pt. 1*, ein Live-Mitschnitt aus dem Apollo-Theatre in Harlem,

New York. Bereits mit zwölf Jahren hatte er die LP *The 12 year old genius* herausgebracht. Ein hochtrabender Titel, der sich aber bewahrheiten sollte. Bereits seine ersten Aufnahmen zeigten eine derartig überzeugende stimmliche Ausstrahlung und Sicherheit der Intonation, wie sie selbst bei wesentlich älteren Interpreten sehr selten ist. Seine überschäumenden, freudigen Juchzer beim Singen, sein erregtes Atemholen – die ganze Lebensfreude und Lust am Musizieren war bei jeder Aufnahme dieses blinden Jungen zu hören. *Fingertips* wurde mit Gold ausgezeichnet, ebenso *Uptight* (1966), *I was made to love her* (1967) und *For once in my life* (1968). Inzwischen hatte Stevie Wonder, der nicht nur Mundharmonika, sondern auch Klavier und Schlagzeug spielt, angefangen selbst zu komponieren. 1969 schrieb er sich den Millionenseller *My cherie amour* und bekam im gleichen Jahr auch Gold für *Yester-me, yester-you, yester-day.* Stevie Wonders Songs entsprachen nie den sonst bei Motown erscheinenden glatten, ohrenfreundlichen Soul-Titeln. Von den Melodien her waren es eigentlich MOR-Songs, die aber durch Arrangement, Orchestrierung, Produktion und vor allen Dingen durch Stevies geniale Stimme zu reinem R & B wurden. Ende der sechziger Jahre lernte Stevie Wonder seine spätere Frau SYREETA WRIGHT kennen, die von da ab bei seinen Liedern mitarbeitete. 1970 schrieb er mit ihr zusammen den Millionenseller *Signed, sealed, delivered, I'm yours.* Im gleichen Jahr heiratete er Syreeta. 1971 war der große Wendepunkt im musikalischen Schaffen von Stevie Wonder. Er war 21 geworden, konnte nun unbeschränkt über sein inzwischen beachtliches Vermögen verfügen. Er beschloß, ab sofort nur noch Songs zu machen, hinter denen er voll stehen konnte. Keine Lieder mehr, die nur durch ein Schielen auf die Hitparadenplazierungen zustande kamen. Das Album *Where I'm coming from* war ein erster Schritt in diese Richtung, er schrieb es zusammen mit Syreeta. Doch trotz des Top-10-Hits *If you really love me* wurde die LP kein großer Erfolg. Stevie erkannte, daß er trotz aller angeborenen Genialität noch einiges zu lernen hatte, ging auf die Universität und studierte Musiktheorie und Kompositionslehre. Mit diesem zusätzlichen Wissen schrieb und spielte er die LP *Music of my mind* ein. Das Album, bei dem sich Stevie Wonder zum erstenmal intensiv mit dem Synthesizer auseinander-

setzte, kam bei Soul- und Rock-Fans gleichermaßen gut an. 1972 ging er mit den → ROLLING STONES auf Tournee durch Amerika und erschloß sich damit ein neues, in erster Linie weißes Publikum. 1972 erschien dann sein nächstes Album, die LP *Talking book,* das ihn endgültig als neuen Star des Funk-, Soul- und Rock-Publikums etablierte. Die LP wurde ein Millionenseller und blieb über zwei Jahre in den US-Charts. Die Singles *You are the sunshine of my life,* heute ein Klassiker, der von ungezählten anderen Interpreten wie FRANK SINATRA, ANDY WILLIAMS und LIZA MINELLI nachgesungen wurde, und *Superstition* wurden ebenfalls mit Gold ausgezeichnet. Für sein *Superstition* bekam Stevie Wonder auch zwei Grammies, für *You are the sunshine of my life* einen. 1973 brachte er das Album *Innervisions* heraus, für das er ebenfalls zwei Grammies erhielt. Auch diese LP wurde wieder mit Edelmetall ausgezeichnet und enthielt die Top-10-Hits *Living for the city* und *Higher ground.* 1973 war aber auch ein schwarzes Jahr für Stevie Wonder. Bei einem Autounfall erlitt er ein schweres Schädel-Hirn-Trauma und war fast eine Woche bewußtlos. Doch mit der ihm eigenen Zähigkeit kam er schnell wieder auf die Beine und stand bereits wenige Monate später wieder mit → ELTON JOHN zusammen im Madison Square Garden in New York auf der Bühne. *Fullfillingness first finale* hieß sein 74er Album, das ein absoluter Höhepunkt seines Schaffens war. Zwei Grammies gab's dafür, Gold- und Platinauszeichnungen, und es enthielt wiederum zwei Singles, die sich ebenfalls millionenfach verkauften: *You haven't done nothing,* ein gezielter und massiver Angriff auf den damaligen amerikanischen Präsidenten

Nixon und seine Politik, und die vorzügliche Reggae-Nummer *Boogie on Reggaewoman,* bei der man Stevie Wonder wieder als hinreißenden Mundharmonikaspieler hören konnte. 1975 erwies sich Stevie Wonder auch als »genialer« Geschäftsmann. Für die Garantiesumme von 13 Millionen Dollar verlängerte er seinen Vertrag mit Motown und handelte dabei Bedingungen aus, die ziemlich einmalig in der Musikgeschichte sind: völlig freie Hand bei der Wahl des Produktionsortes seiner Platten, des Zeitpunktes und bei der Auswahl der Musiker. Bei der Auswahl seines Songmaterials hatte die Plattenfirma ja schon geraume Zeit nichts mehr mitzureden. Aber das war auch unnötig. 1976 veröffentlichte Stevie Wonder das nächste Wunderwerk, das Doppelalbum *Songs in the key of life.* Unnötig zu erwähnen, daß es dafür wiederum Gold und Platin gab und daß auch diese LP wieder zwei Nr.-1-Hits enthielt: die Funk-Nummer *I wish* und das fetzige *Sir Duke,* eine Huldigung an DUKE ELLINGTON. Dann ließ sich Stevie Wonder drei Jahre Zeit, bis er 1979 die LP *Journey through the secret life of plants* herausbrachte. Es war ein Album, das bei Fans und Kritikern Verwirrung auslöste. Stevie zeigte sich darauf sehr esoterisch, verwob ungewöhnliche Melodien auf für ihn völlig untypische Art. Aber auch diese LP erhielt Platin. 1980 ließ sich dann wieder der »alte« Stevie Wonder hören. *Hotter than July* nannte er das Album, das wirklich »heißer als der Juli« war: Funk in *Master Blaster,* R & B in *I ain't gonna stand for it,* Pop in *Happy birthday* und Sanftes in *Lately.* Gewidmet hatte Stevie Wonder das Album DR. MARTIN LUTHER KING. An dessen Geburtstag, am 15. Januar 1981, organisierte Stevie Wonder

einen Trauermarsch für ihn, an dem über 200 000 Amerikaner teilnahmen. 1982 erschien die Doppel-LP *Stevie Wonder's original musiquarium Pt. 1.* Stevie hatte für dieses Album einige seiner größten Hits zusammengestellt, sie teilweise neu eingespielt und dazu auch zwei neue Songs aufgenommen, *That girl* und *Do I do,* die natürlich wieder Single-Hits wurden. Dann war wieder lange Zeit nichts von ihm zu hören. Ende 1984 veröffentlichte er die Single *I just called to say I love you.* Der sanfte, sehr melodische Pop-Song wurde in USA, England und Deutschland die Nr. 1 der Charts. Der Song stammte aus dem Film *The woman in red,* ein Streifen, für den Stevie Wonder den gesamten Soundtrack geschrieben hatte. Die anderen Titel dieses Albums waren ziemlich fetzige, klirrende Funk-Nummern, die er teilweise mit anderen Künstlern, wie z. B. DIONNE WARWICK, im Duett sang. Erst Mitte 1985 brachte Stevie Wonder wieder ein »richtiges« Album heraus: *In square circles.* Und da war wieder der gewohnte und geliebte Stevie Wonder zu hören. Mit Soul-Songs, rhythmischen Funk-Nummern und reinem Pop. Die Nummer *Part-time lover* wurde Nr. 1 in USA und Deutschland, die Single *Go home* kam in USA auf Platz 10. Das nächste »Wunder«-Werk war dann 1987 die LP *Characters,* die mit der Single *Skeletons* ebenfalls wieder einen Hot-100-Hit enthielt. An dem Tag, an dem der südafrikanische Oppositionsführer NELSON MANDELA 1990 aus jahrzehntelanger Haft entlassen wurde, schrieb Stevie Wonder den Song *Keep our love alive.* Er nahm ihn mit dem Kinderchor der UNO auf und veröffentlichte ihn im Oktober 1990 als Single. Kurz danach erschien sein neues Album *Conversation piece.*

Yazoo

VINCE CLARKE, geb. 3. 7. 1960 in Basildon/England: synth; → ALISON MOYET, geb. 1961 in Basildon/England: voc

Noch während seiner Zugehörigkeit zu → DEPECHE MODE gründete Vince Clarke im November 1981, zusammen mit Alison Moyet, das Duo Yazoo. Zunächst war nur eine gemeinsame Single geplant, aber die Zusammenarbeit mit der damals 20jährigen Sängerin klappte so gut, daß Vince Clarke Depeche Mode verließ. Bereits die erste gemeinsame Single, *Only you* (1982), war ein absoluter Volltreffer. Die Platte mit dem schwermütigen, »schwarz« angehauchten Song, der vor allem durch Alison Moyets bluesige Gospelstimme das richtige Feeling erhielt, verkaufte sich allein in England über 700 000mal. Alison Moyet kommt übrigens genauso wie Vince Clarke aus Basildon in der Grafschaft Essex/England. *Only you* wurde 1984 in der A-cappella-Version der englischen Formation FLYING PICKETTS nochmals ein Welterfolg, und auch die deutsche Version von ECHO ECHO verkaufte sich sehr gut. Auch der zweite, von Vince Clarke geschriebene Song der bei-

den, *Don't go,* etwas rockiger und poppiger als *Only you,* wurde ein Volltreffer, und das gemeinsame Album *Upstairs at Eric's* kann man schon als kleines Meisterwerk der Popmusik bezeichnen. Es folgte die abermals erfolgreiche Single *Nobody's diary* und das Album *You and me both.* Dann löste sich Yazoo auf, Vince Clarke gründete ASSEMBLY, und Alison Moyet beschritt sehr erfolgreich Solo-Pfade.

Yazz

geb. Mai 1960 in London/England: voc/keyb

Die blonde junge Dame mit den exotisch-aufregenden Gesichtszügen gehörte zu den Shooting Stars des Jahres 1988. Ihre Debüt-Single hieß *The only way is up* – ›Die einzige Richtung ist nach oben‹ – und das beherzigt sie auch. Innerhalb kürzester Zeit setzte Yazz sich mit ihrem Dance-Song an die Spitze der britischen und europäischen Hitparaden. Sie ist die Tochter einer Britin und eines Jamaikaners. Sie wuchs mit viel Musik auf, mit Soul, Phillysound und, durch ihren Vater, auch mit Reggae und Calypso. Mit 16 Jahren verließ der attraktive Teenager Schule und Elternhaus und schlug sich mit allerlei Jobs durchs Leben. Abends trieb sie sich in Clubs herum und hörte sich die Bands an. Mit 19 Jahren schloß Yazz sich einer solchen Band an. Die Gruppe nannte sich THE BIZ, tingelte durch sämtliche kleinen Clubs und hatte keinen Erfolg.

Doch Yazz gab nicht auf. Sie lernte Keyboards zu spielen, eignete sich Gesangstechniken an, lernte mit Drum-Computern umzugehen, vertiefte sich in Kompositionstechniken − und wurde so nebenbei als Mannequin entdeckt. 1,80 m groß, gertenschlank, platinblond, mit milchkaffee-brauner Haut − der Traum jedes Fotografen. Yazz verdiente mit dem Vorführen von Kleidern gutes Geld und bildete sich daneben als Musikerin weiter. Sie lernte JAZZ SUMMERS, den Manager von → WHAM! kennen, der wiederum zwei junge Discjockeys kannte, die sich COLDCUT nannten und eine Sängerin für ihre Debüt-Platte suchten. Yazz hörte sich die Demos von Coldcut an, schrieb eine Melodie und einen Refrain zu dem House-Sound-Werk und heraus kam dabei *Doctorin' the house*, ein Dance-Floor-Bestseller des Jahres 1987. Genauso wie später für → LISA STANDSFIELD war damit auch für Yazz die Gruppe Coldcut zum Sprungbrett für eine Karriere geworden. Yazz machte ihre eigene Platte mit dem Titel *The only way is up*, die der Sommerhit 1988 wurde. Geschrieben von Yazz und produziert von Coldcut, war der Titel wochenlang die Nr. 1 in Großbritannien. Ende 1988 erschien des Debüt-Album *Wanted*, das sich ebenfalls hervorragend verkaufte. Mit *Stand up for your love rights* hatte Yazz einen zweiten Single-Bestseller, und das Album zeigte, daß sie durchaus auch softige Töne und Reggae-Rhythmen beherrschte. Dann gab es erst wieder im Sommer 1990 Neues von Yazz zu hören. Die Single hieß *Treat me good*.

Yello

BORIS BLANK, geb. 15. 1. 1952: Musik/Geräusche; DIETER MEIER, geb. 4. 3. 1945 in der Schweiz: voc

Das Duo stammt aus der Schweiz und macht Songs ohne Instrumente: Die Zutaten sind ein Fairlight-Computer und so abenteuerliche Dinge wie Tischplatten, die gegeneinander geschlagen werden, Gläser, die klirren, Pfannendeckel, die gegen die Heizung geschlagen werden, oder ein Schlüsselbund, der in ein Wasserglas geworfen wird. Aus diesen Geräuschen fabriziert Boris Blank die Musik bzw. den interessanten, umwerfenden Sound von Yello. Er webt sozusagen Faden für Faden Klanggespinste, zu denen zum Schluß der Gesang von Dieter Meier gemischt wird. Diese Art der Lautmalerei, allerdings ohne Computer, betrieb Boris Blank zum Entsetzen seiner Eltern schon von Jugend an. Als er Ende der siebziger Jahre CARLOS PERON traf, brachte der einen Synthesizer mit, und Boris Blank stürzte sich voller Enthusiasmus auf dieses neue »Instrument«. Professionell und erfolgreich wurde Yello allerdings erst, als Dieter Meier dazukam. Dieter Meier, Jahrgang 1945, ist der Sohn eines reichen Vaters, studierte Jura, heiratete eine Aristokratin, wurde Vater und beschloß anschließend, Künstler zu werden. Er verließ den Schoß der Familie, drehte Experimentalfilme, machte mit bizarren und skurrilen Happenings auf sich aufmerksam, schrieb Kinderbücher, war eine Zeitlang als Journalist tätig und brachte es sogar zum Mitglied der Schweizer

Golf-Nationalmannschaft. Seine eher mittelmäßige Gesangsstimme probierte der nicht mehr junge Mann, der immer noch eher wie ein typischer Schweizer Bankier denn wie ein Pop-Künstler aussieht, bei einigen Bands aus, ehe er 1979 zu Yello stieß. *Solid pleasure* hieß 1980 das erste gemeinsame Werk von Yello. Die elektronische Disco-Musik kam, bezeichnenderweise, hauptsächlich in London und New York sehr gut an. Für die zweite LP, *Claro que si* (1981), drehte Dieter Meier, das Schweizer Allroundtalent, zwei Videos, die zu den populärsten des New Yorker Musik-Fernsehsenders MTV gehörten. Inzwischen wurde man auch zu Hause auf die begabten Soundbastler aufmerksam; die LP erhielt 1981 beim Montreux Festival den Preis für die beste Schweizer Musikproduktion 1981. 1982 trennte sich Carlos Peron von der Gruppe, um Solo-Pfade einzuschlagen. Aber Boris Blank bastelte unverdrossen weiter an seinen unkonventionellen Soundcollagen, und Dieter Meier machte sich Gedanken über den Gesang und die Videos dazu. Das Ergebnis hieß *You gotta say yes to another excess* und brachte 1983 den großen internationalen Erfolg für Yello. Die Singles *Lost again* und *I love you* wurden Hits, die Videos davon gehören der Spitzenklasse an. Aber nicht nur für Yello, auch für andere läßt sich Dieter Meier die richtige Video-Umsetzung der Songs einfallen. Von ihm stammen auch die Videos für *Da da da* von TRIO und *Big in Japan* von → ALPHAVILLE, das von Sky-Channel zum besten Video das Jahres 1984 gekürt wurde. Im Dezember 1983 absolvierte Yello auch den ersten und bislang einzigen Live-Auftritt, und zwar in New York im berühmten Roxy. 3 000 fast ausschließlich schwarze Zuschauer

waren von der recht eigenwilligen Show begeistert. Nebenbei fabrizierte Yello auch noch die Musik für einen französischen Werbefilm, die zur besten Werbemusik 1984 in Frankreich gewählt wurde. 1985 erschien die LP *Stella,* ein Album, voll mit perfekten, ungewöhnlichen Pop-Songs oder besser »Collagen«, schockierend, faszinierend, aufregend. Die Single daraus, *Desire,* ging über 100 000mal über den Ladentisch, und mit der nächsten Auskoppelung, *Vicious games,* gab's den nächsten Hit. 1987 wurde plötzlich der Synthi-Song *Oh yeah* aus dem 85er Album *Stella* ein internationaler Hit, weil er in den Filmen *Ferris macht blau* und *Das Geheimnis meines Erfolges* Verwendung fand. 1987 erschien auch die LP *One second* mit der Hitsingle *The rhythm devine,* für die Yello SHIRLEY BASSEY als Sängerin gewonnen hatte. Auch 1988 war Yello in der deutschen Hitparade zu finden, und zwar mit dem Titel *The race.* Im selben Jahr erschien auch das sechste Yello-Album *The flag.* Meier und Blank spielten dieses weitere Meisterstück experimentieller Pop-Musik mit dem Gitarristen CHICO HABLES und dem Schlagzeuger BEAT ASH ein. Das Album konnte sich natürlich wieder sofort in den internationalen Charts plazieren und hatte mit *Tied up* und *Blazing saddles* auch wieder Single-Hits zu verzeichnen. 1990 lieferte Yello wieder Filmmusik: für den Film *The adventures of Ford Fairlane* steuerten sie mit *Unbelievable* das Theme von *Ford Fairlane* bei.

Yes

Jon Anderson, geb. 25. 10. 1944 in England: voc; Tony Kaye, geb. in England: keyb; Trevor Rabin, geb. in England: g/keyb/voc; Chris Squire, geb. 4. 3. 1948 in England: b/g/voc; Alan White, geb. in England: dr/perc

Gegründet wurde die englische Rock-Formation Yes 1968 von Jon Anderson und Chris Squire, als Begleitmusiker holten sie sich Peter Banks an der Gitarre, Tony Kaye an den Keyboards und Bill Bruford als Schlagzeuger. Zunächst war ihre Musik wie bei The Nice klassisch beeinflußt, mit breitangelegten Arrangements. In diesem Stil war auch das erste Album, *Yes* (1969), komponiert. 1970 verließ Peter Banks die Gruppe, und für ihn kam Steve Howe von der Formation Tomorrow. Den Durchbruch brachte dann 1971 die LP *The Yes album*, das erste Album mit ausschließlich Originalen. Den nächsten Wechsel gab's dann noch im gleichen Jahr, Tony Kaye ging, für ihn kam Rick Wakeman, der sich schon bei den Strawbs einen Namen als Keyboardspieler gemacht hatte. Wakeman war fortan der Mann, der den Sound von Yes nachhaltig beeinflußte. Bereits beim nächsten Album, *Fragile* (1971), konnte man hören, daß die Tasteninstrumente dominierten. Orgel, Klavier und Synthesizer feierten künftig wahre Orgien, die technischen Effekte wurden ins geradezu Gigantische aufgeblasen. Yes wurde zu einer Gruppe, die es mühelos schaffte, selbst mimimale musikalische Einfälle derartig breit aufzufächern, daß sich der Eindruck eines orchestralen Klanggemäldes ergab. Und darüber erhob sich jubelnd die klare, eindringliche Stimme von Jon Anderson. Das 72er Album *Close to the edge* wurde ein beachtlicher Erfolg. Dann ging der Schlagzeuger Bill Bruford, und für ihn kam Alan White, der vorher schon bei der Plastic Ono Band, bei → Joe Cocker und → George Harrison Beweise seines Könnens abgeliefert hatte. 1973 erschien zunächst ein Triple-Live-Album namens *Yessongs* mit Songs von den vorherigen Platten, dann die Super-LP *Tales from topographic oceans*. Danach ließen sich die musikalischen Differenzen des Chopin-Freundes John Anderson und des Wagner-Fans Rick Wakeman nicht mehr länger unter einen Hut bringen. 1974 verließ Wakeman die Formation, und für ihn kam der Schweizer Patrick Moraz. Allerdings nur für zwei Jahre, denn 1976 kam Rick Wakeman wieder zurück und regierte abermals, ganz in Gold gekleidet, als exzentrischer Tasten-Papst über die Gruppe. Die Konzerte von Yes erfreuten sich größerer Beliebtheit den je. Die gigantischen Rock-Shows mit Ausrüstungsgegenständen im Wert von über zwei Millionen DM, trotz derer dennoch große Teile der Musik vom Band zugespielt werden mußten, und die phantastischen Kulissen von Zeichner Roger Dean brachten in den USA und Deutschland jeweils über 100 000 Zuschauer in die ausverkauften Stadien. Die Alben *Going for the one* (1977) und *Tormato* (1978) wurden kurz nach Erscheinen in Amerika mit Gold ausgezeichnet. Doch dann trennten sich sowohl Jon Anderson als auch Rick Wakeman von der Gruppe, für sie kamen von den Buggles Trevor Horn als Sänger und Geoffrey Downes als Keyboarder.

Yes Foto: Michael Montfort/WEA

Drama hieß das 1980 in dieser Besetzung eingespielte Album, und es war
auch ein solches. Weder Horn noch
Downes waren ein vollwertiger Ersatz
für Anderson und Wakeman. So war es
auch nicht weiter erstaunlich, als die
Gruppe 1981, nach der Veröffentlichung
der LP *Classic Yes* mit alten Hits, die
Auflösung bekanntgab. Dann war zwei
Jahre Ruhe, bis sich 1983 die Formation
in der oben angegebenen Besetzung wieder zusammenfand. Trevor Horn fungierte nun als Produzent. *90 125* hieß
das erste Album der »neuen« Yes, es
wurde kurz nach der Veröffentlichung in
Amerika mit Platin ausgezeichnet und
1984 in Deutschland mit Gold. *Owner of
a lonely heart* hieß der überragende,
weltweite Single-Hit daraus. Die LP
zeigte eine gewandelte Yes, keine Gi-

gantomanie mehr, kein »Kunst-Rock«, sondern ganz einfach hörenswerte, perfekt produzierte, einfallsreiche Popmusik. Dann ließen sich die Herren von Yes fast vier Jahre Zeit für das neue Album. 1987 erschien dann endlich die LP *Big generator,* eine hervorragende LP mit teilweise wunderschönen, unglaublich raumfüllend produzierten Soft-Rock-Songs, die zeigen, daß Yes immer noch zur Ersten Klasse der internationalen Rockmusik gehört. Die Singles der LP waren *Rhythm of love* und *Love will find a way.* Doch Jon Anderson gefiel diese neue Yes und auch das *Big-Generator*-Album nicht: Es klang ihm alles viel zu durchschnittlich nach Mainstream-Rock. Also rief er die Ur-Yes-Mitglieder Bruford, Wakeman und Howe an und fragte, ob sie nicht an einer Reunion interessiert seien. Sie waren interessiert, und so taten sich die vier zusammen, um ein neues Album im Stil der alten Yes einzuspielen. Aber das gefiel wiederum Chris Squire nicht, dem leider die Rechte am Namen gehören. Er verhinderte, daß sich das Quartett Yes nennen durfte, und so veröffentlichten die vier ihr Album unter dem Namen → ANDERSON, BRUFORD, WAKEMAN & HOWE. Es erschien 1989 und wurde ein weltweiter Bestseller. Die daran anschließende Tournee war grundsätzlich ausverkauft. Sie lief übrigens unter dem Namen *An evening with Yes-music.* Das zumindest hatte Squire nicht verhindern können.

Paul Young

geb. 17. 1. 1956 in London/England: voc

Er ist einer der wenigen weißen Sänger aus England, die eine »tiefschwarze« Stimme haben: Paul Young, geboren 1956 in London, mit vollem Namen Paul Anthony Young. STREETBAND hieß seine erste Gruppe. Um in dieser Formation mitspielen zu können, mußte sich Paul Young sein Geld bei einer Autofirma als Lehrling verdienen. Die nächste Station hieß dann Q-TIPS. Dort entwickelte sich bereits das Soul-Feeling des Sängers. Die Q-TIPS spielten eine Menge alter R & B-Titel nach. Obwohl die Clubs bei ihren Auftritten regelmäßig überfüllt waren, kaufte leider keiner ihre LPs. 1982 löste sich die achtköpfige Formation auf, und Paul Young beschloß, eine Solo-Karriere einzuschlagen. Er bekam einen Vertrag, suchte sich einige alte Soul- und R & B-Titel zusammen, schrieb auch selbst etwas und spielte das Album *No parlez* ein. Vorab wurde die Single *Wherever I lay my hat* ausgekoppelt – und erwies sich innerhalb kürzester Zeit als Superseller. Die von MARVIN GAYE geschriebene Nummer, die in der Version von Paul Young Gänsehaut erzeugen konnte, schoß weltweit in den Charts nach oben. Auch das Album *No parlez* mit den weiteren Singles *Come back and stay, Love of the common people* und *Love will tear us apart* war ein internationaler Bestseller, der mit Gold und Platin ausgezeichnet wurde. Die Fans lagen dem großgewachsenen jungen Mann mit dem spitzbübischen

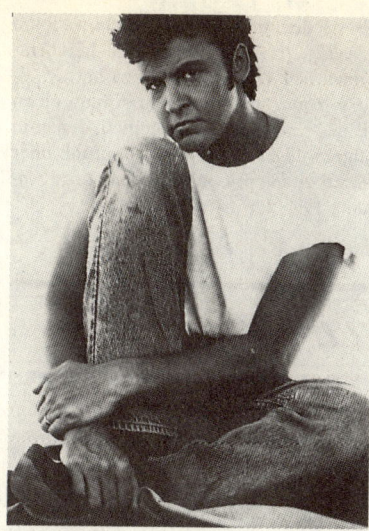

Paul Young Foto: CBS

Lachen zu Füßen. Seine Live-Auftritte wurden zum Ereignis. Zusammen mit seiner Band, der ROYAL FAMILY, und mit drei hervorragenden farbigen Chorsängerinnen brachte er jede Halle zum Kochen. Nur in Amerika hatte er Probleme. Den Rock- und Pop-Stationen waren seine Songs zu »schwarz«, und schwarze Stationen spielten grundsätzlich nur schwarze Interpreten. Er war gerade dabei, diese Schwierigkeiten durch eine ausgedehnte Tournee zu beheben, als ihm das Schlimmste passierte, was einem Sänger zustoßen kann: Er verlor seine Stimme! Konzerte mußten abgesagt werden, die Produktion für sein neues Album verschoben werden.

Fast ein Jahr dauerte es, bis er wieder auftreten konnte. Der weiße Sänger mit der »schwarzen« Stimme, die oft mit der des unvergeßlichen Marvin Gaye verglichen wurde, legte Anfang 1985 sein zweites Album vor: *The secret of association.* Und diesmal gab's keine Probleme in Amerika. Die Single *Everytime you go away,* ein Lied, das DARYL HALL von → HALL & OATES für ihn geschrieben hatte, wurde die Nr. 1 der Hot 100. Das Album plazierte sich gut in den US-LP-Charts und wurde Nr. 1 in den UK-LP-Charts. Auch die anderen Singles, wie *I'm gonna tear your playhouse down,* ehemals ein Hit für ANN PEEBLES und GRAHAM PARKER, oder *Tomb of memories,* waren erfolgreich, ebenso wie die Single *Everything must change.* 1986 legte Paul Young dann sein drittes Album vor, *Between two fires,* der sehr rockig klang. Aber weder die LP noch die Single *Wonderland* konnten den Erfolg der ersten Veröffentlichungen wiederholen.

Dann ließ sich Paul Young wieder drei Jahre Zeit, ehe er sich Anfang 1990 mit der Single *Softly whispering I love you* zurückmeldete. Das Original dieses Songs stammte von der ENGLISH CONGREGATION und war 1972 ein internationaler Bestseller gewesen. Paul sang den Titel wieder mit dem gewohnten ›schwarzen‹ Feeling in der rauhen Stimme. Kurz danach gab es auch das neue Album *Other voices,* auf dem Paul Young wieder etliche Soul-Klassiker sehr hörenswert interpretierte, wie z. B. das *Oh girl* der CHI-LITES, das 1972 in den USA für die Gruppe ein Nr.-1-Hit gewesen war.

Sydney Youngblood

SYDNEY FORD, geb. 1962 in San Antonio/
Texas, USA: voc/g

Der junge Farbige begeisterte im Sommer 1989 mit seinen sparsam instrumentierten und ungewöhnlichen Dance-
Rhythmen ein bunt gemischtes Publikum. Sydney kam mit der Army nach
Deutschland, machte Musik, trat auch
ab und zu in deutschen Clubs auf und
wurde dann wieder zurück nach den
USA versetzt. Doch nach seiner Entlassung kam Youngblood wieder nach
Deutschland zurück und ließ sich mit
seiner Frau und den beiden Kindern in
Heidelberg nieder. Er tat sich mit
CHARLES SHAW zu einem Duo zusammen,
lernte den Frankfurter Produzenten
CLAUS ZUNDEL kennen und bekam durch
ihn einen Plattenvertrag. Im Sommer
1988 erschien seine Debüt-Single, ein
Remake des BILL-WITHERS-Hits *Ain't no
sunshine*, der etliche Kenner bereits aufhorchen ließ. Sydneys ungewöhnliche
und einprägsame Stimme stach aus dem
Veröffentlichungsberg heraus. Dann
folgte die Eigenkomposition *Congratulations*, ein Dance-Song, bei dem Sydney auch die akustische Gitarre wieder
aufleben ließ. Doch das waren alles eher
sogenannte Achtungserfolge. Der große
Durchbruch kam für Youngblood im
Sommer 1989 mit der Eigenkomposition
If only I could, die sich innerhalb kürzester Zeit ganz oben in der deutschen
Hitparade plazieren konnte. Wer nun
glaubte, das sei eine Eintagsfliege gewesen, sah sich getäuscht. Die nächste
Single *Sit and wait* wurde ebenfalls ein

Bestseller, und auch das Debüt-Album
Feeling free verkaufte sich hervorragend. Mit *I'd rather go blind* hatte Sydney Youngblood auf dem Album einen
Blues-Klassiker aufgenommen, den er in
eigenwilliger, aber sehr einfühlsamer
Bearbeitung präsentierte. Es wurde Anfang 1990 der dritte Single-Hit.

ZZ Top

BILLY GIBBONS, geb. 16. 12. 1949 in
Houston/Texas, USA: g/voc; DUSTY
HILL: b/sax; FRANK BEARD: dr/sax

Das optische Markenzeichen der amerikanischen Rock- und Boogie-Band sind
wallende Bärte und maßgeschneiderte
Overalls; das musikalische Erkennungsmerkmal: kompromißloser harter, aber
auch bluesiger Südstaaten-Rock. Gründer der Band ist Billy Gibbons, der seine
musikalische Karriere bei der psychedelischen Formation MOVING SIDEWALKS begann. Die Band hatte 1967 einen kleinen
Erfolg mit dem Song *99th floor*, und das
wiederum brachte ihr die Ehre ein, im
Vorprogramm von → JIMI HENDRIX spielen zu dürfen. Hill und Beard dagegen
machten echten Rock in der Gruppe
AMERICAN BLUES. Durch einen gemeinsamen Manager fanden die drei nach Auflösung ihrer jeweiligen Bands 1970 zusammen. Der bodenständige Texaner-
Rock machte das Trio von Anfang an zu
Stars. Die Alben *First album* (1971) und
Grande mud (1972) verkauften sich hervorragend. Als sie 1972 in Austin, Texas, auftraten, rechnete man mit 20 000
Zuschauern, doch 100 000 kamen. Den

ZZ Top   Foto: WEA

ersten Hitparaden-Erfolg hatte das Trio 1974 mit dem Titel *La grange*, der vom 73er-Album *Tres hombres* stammte. Millionenseller wurden auch die LPs *Fandango* (1975) und *Tejas* (1976). 1976 unternahm ZZ Top eine USA-Tournee, die zu einer der erfolgreichsten im amerikanischen Showbiz gehört: 1,2 Millionen Tickets wurden verkauft, der Umsatz betrug 23 Millionen Mark. Kein Wunder, daß die ZZ Top LPs grundsätzlich mit Gold und Platin ausgezeichnet werden, so auch *Deguello* und *Best of*, beide 1979. 1983 erschien das Album *Eliminator* mit der Single *Sharp dresses man*, mit denen sich ZZ Top erstmals auch in den deutschen Charts plazieren konnte. 1985 erschien *Afterburner*, auf dem das Rock-Trio mit *Rough boy* zum erstenmal eine Ballade eingespielt hatte. Auch die Single *Sleeping bag*, ein Song im gewohnten sympathisch-rüden Stil,

wurde ein Hit. Inzwischen waren die drei zu einem ›texanischen National-Heiligtum‹ geworden. Für ihre Verdienste um die texanische Musiktradition wurden sie in die texanische Hall of Fame aufgenommen und als ›Helden von Texas‹ geehrt. Der 27. August wurde in Texas zum ZZ-Top-Day ausgerufen. Erst 1990 erschien mit der Single *Doubleback* wieder etwas Neues von ZZ Top. Der Song stammte aus dem Film *Back to the future III*, in dem die Little ol' Band from Texas, wie sie sich selbst nennen, auch einen Auftritt hatte. In geradezu ungewohnter Eile veröffentlichte ZZ Top dann Ende 1990 das ganz vorzügliche Album *Recycler*. Die gekonnte Rock-LP enthielt auch den Filmhit *Doubleback* und weitere Knaller wie *Give it up*. Die LP ging sofort in die Top 10 der deutschen LP-Charts.

Fachbegriffe

a cappella ist die Bezeichnung für einen Chorsatz, der ohne Instrumente vorgetragen wird. Der Ursprung dieser Musikart, die nur von menschlichen Stimmen vorgetragen wird, liegt bereits in der Chormusik des 17. Jahrhunderts. Die englische Gruppe THE FLYING PIKKETS erweckte diesen Chorgesang 1983 mit ihrem Millionenseller *Only you* wieder zum Leben.

Acid bedeutet Säure und gilt als Slangbezeichnung für LSD oder Drogen im allgemeinen. Ende der 80er Jahre war Acid der Name für eine spezielle Art von Disco-Musik wie Acid House. Acid House kam in Verruf, als behauptet wurde, daß bei den sogenannten Acid-House-Partys die Stimmung mittels der synthetischen Glücks-Droge Ecstasy hochgeputscht werde.

Act heißt in der Rock- und Popmusik jeder Künstler, ob Solist oder Gruppe, der von einer Plattenfirma aufgrund eines Vertrages betreut wird.

Adaption heißt, daß ein Musiker ein bereits vorhandenes, mehr oder weniger bekanntes Musikstück nimmt und es durch Bearbeitung (anderes Arrangement, Rhythmus-Verschiebung, Einbringen technischer Effekte) »aufbereitet«. Meist werden in der Rockmusik dazu bekannte Werke aus der klassischen Musik genommen. Kompositionen von Bach, Beethoven, Bartok wurden von Classic-Rock-Gruppen wie THE NICE, EMERSON, LAKE & PALMER und EKSEPTION adaptiert. Ein Millionenseller wurde die Adaption des *Säbeltanzes* von Chatschaturjan von der englischen Formation LOVE SCULPTURE im Jahr 1968.

Backing group ist die Begleitband eines Solisten. Sie kann sowohl instrumental als auch vokal oder beides zugleich sein.

Backing vocals sind der Begleitchor eines Solisten oder einer Band. Backing vocals können bei einer Aufnahme oder einem Live-Konzert von Sängern/innen, die sonst nicht zur Gruppe gehören, ausgeführt werden. Backing vocals können allerdings auch von den Band-Mitgliedern gesungen werden, die damit den Lead-Sänger der Formation unterstützen.

Billboard ist eine amerikanische Musik-Fachzeitschrift, die wöchentlich erscheint. Sie enthält die Single- und LP-Charts für alle Musikbereiche (Pop, Disco, Black Music, Jazz, C & W, Klassik etc.) in den USA, die nach den wichtigsten Ländern aufgeschlüsselten internationalen Charts (Single und/oder LP), Kommentare zu Neuerscheinungen (Single und LP) und Berichte über wirtschaftlich bedeutende Ereignisse der internationalen Musikszene.

Bubblegum-Music heißt auf deutsch Kaugummi-Musik. Sie bedeutet eine Musikart, die sowohl vom Rhythmus als auch vom Melodie-Führung her sehr einfach gehalten ist und die speziell für die ganz jungen Musikhörer konzipiert wurde. Auch die Texte sind nach dem Muster einprägsamer Kinderlieder angelegt. Bubblegum-Music war 1968/69 eine äußerst erfolgreiche Musikrichtung in Amerika, die von dort aus die ganze Welt eroberte. Bubblegum-Gruppen wie *1910* FRUITGUM CO., OHIO EXPRESS und KASENATZ KATZ SINGING ORCHESTRAL CIRCUS waren Ende der sechziger Jahre weltweite Stars.

Cajun Music ist die Volksmusik der französischen Einwanderer im Mississippidelta (Louisiana). Sie wird meist mit Geige, Akkordeon, Gitarre, Waschbrett und Triangel gespielt, die Sprache der Songs variiert zwischen einem altertümlichen Französisch und Englisch. Die rockige Richtung von Cajun wird wegen der vielen Sümpfe in dieser Gegend Swamp-Rock (Sumpf-Rock) genannt. Ein bekannter Vertreter des Swamp-Rock ist TONY JOE WHITE (*Roosevelt and Ira Lee* und *Polk salad Annie*, beides Hits 1969). Die dem Cajun sehr ähnliche Tanzmusik der schwarzen Bevölkerung von Louisiana wird Zydeco oder La-La-Music genannt. 1985 erschien ein internationaler Cajun-Music-Hit: *Don't mess with my toot toot* von ROCKIN' SIDNEY.

Chartbuster bedeutet Hitparadenstürmer. Damit ist ein Song gemeint, der ganz besonders schnell die Hitparaden emporschießt.

Charts ist der anglo-amerikanische Ausdruck für Hitparade. Hitparaden können, je nach Land, verschieden zusammengestellt werden: durch Meinungsumfrage (manipulierbar durch Fan-Clubs), Auswertung der offiziellen Verkaufszahlen und durch das Abhören von Rundfunk-Einsätzen der verschiedenen Titel. Die Fa. Media Control hat dieses letztere System in Deutschland organisiert, wobei sie bei der Auswertung für jeden Sender ein ausgeklügeltes Punkte-System entwickelt hat, das je nach Sendergröße und erreichbarer Hörerzahl verschieden ist. So können u. U. erst zehn Rundfunk-Einsätze in einem kleinen Sender die Punktzahl eines einzigen Einsatzes bei einem großen Sender erreichen. Auch dieses System ist mit Vorsicht zu genießen, da das Überhören von nur ein oder zwei Einsätzen bei großen Sendern oft über Wohl und Wehe eines Titels, d. h. über Charts-Eintritt oder nicht, entscheiden kann.

Combo ist die Abkürzung für das englische Wort Combination (Kombination, Zusammenstellung) und bedeutet eine Musikgruppe, die etwa drei bis acht Mitspieler hat. Früher war der Begriff vor allen Dingen im Jazz und in der Tanzmusik gebräuchlich, inzwischen wird er auch hin und wieder in der Pop- und Rockmusik verwendet.

Compilation (engl.: die Sammlung) bedeutet eine spezielle Art von LP. Jedes »Best of . . .«-Album ist eine Compilation, d. h., auf dieser LP befinden sich Songs von verschiedenen anderen Alben der Gruppe, die meist in größerem zeitlichen Abstand veröffentlicht wurden. Compilations sind auch sog. Hit-LPs, d. h., auf dem Album befinden sich z. B. die Hits eines Jahres von verschiedenen Interpreten und Gruppen. Für diese letztere Art von LP ist auch der Begriff »Sampler« üblich.

Cover ist der englische Ausdruck für die Außenhülle der Schallplatte.

Cover-Version bedeutet, daß ein Interpret ein Lied nachsingt oder spielt, von dem es bereits eine Originalversion gibt. Cover-Versionen sind in allen Bereichen der populären Musik von jeher üblich. Erst in den vierziger und fünfziger Jahren bekamen sie eine große wirtschaftliche Bedeutung. Damals war es nämlich aufgrund der rassistischen Vorurteile in Amerika den schwarzen Interpreten unmöglich, mit ihren Songs beim weißen Publikum anzukommen. Also sangen weiße Interpreten die vorzüglichen »schwarzen« Songs und heimsten damit nicht nur den Erfolg, sondern auch das große Geld ein. *Hound Dog* z. B. stammt von BIG MAMA THORNTON, die dafür 500 Dollar erhielt. → ELVIS PRESLEY coverte den Song ein paar Jahre später und verkaufte Millionen davon. Der Welt-Hit *Sh-boom* war eine Eigenkomposition der schwarzen Gruppe THE CHORDS, die weiße kanadische Formation THE CREW CUTS hatte damit einen Millionenerfolg. Cover-Versionen waren und sind in Deutschland beliebt. Dabei werden vor allen Dingen anglo-amerikanische Original-Hits von deutschsprachigen Interpreten nachgesungen. Diese Zweit-Versionen bleiben in Qualität und Erfolg meist weit hinter dem Original zurück. Erfolgreiche Cover-Versionen, wie z. B. MICHAEL HOLMS Version von *Mendocino,* das im Original vom SIR DOUGLAS QUARTET stammt, bilden die Ausnahme.

Crossover (engl.: überschreiten) wird meist in der Verbindung Crossover-Hit oder Crossover-Music verwendet. Es bedeutet, daß ein Musikstück, das für einen speziellen musikalischen Bereich (Country, Soul, Disco, Jazz etc.) produziert wurde, Eingang in die Pop-Charts von Amerika findet, in die Hot 100. Der Country-Sänger → KENNY ROGERS und die Country-Gruppe → ALABAMA sind typische Crossover-Künstler, deren Veröffentlichungen sich oft nicht nur in den Country-Charts, sondern auch in den Hot 100 finden. Puristen »verdammen« meist diese Art von Songs, während die Künstler selbst recht froh darüber sind, da sich ihnen auf diese Art ein weitaus größerer Käufermarkt erschließt. Das Verfahren ist auch umgekehrt möglich, so daß sich plötzlich Pop- und Rock-Interpreten z. B. in den Black-Charts wiederfinden. Beispiele: → FOREIGNER war mit *I want to know what love is* hoch in den Black-Charts zu finden, ebenso das englische Duo → WHAM! mit *I'm your man*.

Demo ist die Abkürzung für Demonstrations-Band. Um einen Vertrag bei einer Plattenfirma zu bekommen, fertigen Interpreten oder auch Musikverlage Demos an, auf denen in mehr oder weniger »roher« Form das angebotene Lied zu Gehör gebracht wird. Je perfekter und sorgfältiger natürlich das Demo ist, desto eher kommt es zu einem Vertragsschluß. Da das Herstellen eines guten Demos eine Kostenfrage ist (Studio-Miete, Honorar für Toningenieur, Zusatzmusiker etc.), sind damit junge, unbekannte Musiker und kleine Verlage gegenüber renommierten Interpreten und großen Firmen stets benachteiligt. Heute wird fast von jeder Plattenfirma erwartet, daß das angebotene Demo nahezu veröffentlichungsreif ist.

Dub bedeutet eigentlich glatt machen, zurichten. Damit wird ein studiotechnisches Verfahren bezeichnet, das anfänglich nur in der Reggae-Musik benutzt wurde: das erneute Überspielen und Mischen eines bereits fertigen Stückes. Dabei werden die einzelnen Stimmen bzw. Instrumente, die alle auf einer einzelnen Spur aufgenommen sind, untereinander neu abgemischt, sie können auch mit diversen elektronischen Effekten (Hall, Echo etc.) »aufpoliert« werden. Es ist ein Verfahren, bei dem sich der Soundman am Mischpult so richtig »austoben« kann. Der Endeffekt besteht meistens darin, daß das »gedubte« Stück mit dem Original fast nichts mehr gemein hat.

Ethno-Pop wurde 1988 plötzlich ein Musikbegriff. Darunter verstand man nichts anderes, als modisch »aufgeputzte« Volkslieder aus möglichst exotischen Ländern wie z. B. Israel (*Ofra Haza*) oder Guinea (*Mory Kante*). Ethno-Pop in diesem Sinne hatte es allerdings schon früher gegeben, wie z. B. MIRIAM MAKEBA mit dem Volkslied *Pata, Pata*, das 1968 ein internationaler Bestseller gewesen war.

Falsett ist die besonders hohe Stimmlage eines Mannes, die im Klang einer Frauenstimme ähnelt. Die weltweit berühmtesten Falsett-Sänger der Popmusik sind zweifelsohne die → BEE GEES.

Fanzine ist eine spezielle Zeitschrift für Fans. Dabei kann es sich um ein Fanzine einer bestimmten Gruppe handeln (z. B. Dead Relix für die Fans von GRATEFUL DEAD) oder einer bestimmten Musikart (z. B. Sniffin' Glue für Punks).

Gag ist das englische Wort für Laune, Einfall. Als Gag-Nummern werden witzige, einfallsreiche Songs bezeichnet, die vom »normalen« Song abweichen, wie z. B. *Bridget the Midget, The Queen of the Blues* von RAY STEVENS oder *They're coming to take me away, ha ha* von NAPOLEON XIV. Gags sind aber auch besonders überraschende oder schockierende Einlagen bei einer Bühnenshow – wenn z. B. die → SCORPIONS zu Beginn ihres Konzertes als Schatten hinter einer »Glas«-Wand zu sehen sind und dann durch diese Wand auf die Bühne springen, wobei sich das »Glas« als Papier erweist.

Gig wird der einmalige, bezahlte Auftritt eines Musikers bei einem Konzert, in einem Lokal oder bei einer Studio-Aufnahme genannt.

Goldene Schallplatten werden für besonders viele verkaufte Singles oder LPs als Auszeichnung verliehen. Die Mitwirkenden der entsprechenden Produktion bekommen die Goldene in Deutschland von ihrer Plattenfirma, in Amerika von der Recording Industry Association of America (RIAA). Die Bedingungen für die Verleihung ist in den einzelen Ländern verschieden. In Deutschland gibt's Gold für 500 000 tatsächlich verkaufte Singles und 250 000 tatsächlich verkaufte LPs, für 500 000 tatsächlich verkaufte LPs gibt's Platin. In Amerika wird die Auflagen-Höhe einer Platte bzw. der Umsatz zur Grundlage genommen. So bekommt man in den USA für 1 000 000 Singles Gold und für 2 000 000 Platin. Hat eine LP einen Umsatz von einer Million Dollar erreicht, erhält sie Gold, werden 1 000 000 Stück aufgelegt, gibt's Platin. Schwierig mit passenden Auszeichnungen wird's bei Superstars wie z. B. → BRUCE SPRINGSTEEN, der von seinem Album *Born in the U.S.A.* bis Ende 1985 allein in Amerika 13 Millionen Stück verkauft hatte.

Hillbilly bedeutet, wörtlich übersetzt, Hinterwäldler. Damit wird die ursprüngliche weiße Volksmusik, die Country-Music, bezeichnet. Der Begriff Hillbilly, der früher eine abwertende Bedeutung hatte, wurde in den vierziger Jahren durch die Bezeichnung Country & Western ersetzt.

Hip Hop ist eine amerikanische Bewegung der Pop-Kultur der 80er Jahre, zu der Rap Musik, Graffiti-Kunst aber auch Breakdance gezählt wird. ›Erfinder‹ waren Schwarze und Hispanos, für die Hip Hop eine Art von Selbstbehauptung ohne Straßenkämpfe darstellte. Mit gesprühten Kunstwerken, betäubender Rap-Schnelligkeit oder unglaublicher Breakdance-Gelenkigkeit wurde die eigene Überlegenheit demonstriert. Hip Hop war dann anschließend eine bestimmte Musikart mit stets gleichem Rhythmus, zu dem ein hüpfender, viel Kondition erfordernder Tanz getanzt werden mußte.

Independent wird häufig zu Indie abgekürzt und heißt unabhängig. Damit sind kleine Schallplattenfirmen gemeint, die unabhängig von den großen, marktbeherrschenden Unternehmen sind. Diese kleinen Firmen haben meist weitaus mehr Mut zum Risiko und veröffentlichen auch Produktionen, die nicht im

gerade gängigen Trend liegen. So erschienen die ersten Punk- und New-Wave-Songs ausschließlich auf Indie-Labels. Das große Problem der Indies ist jedoch das fehlende weitverzweigte Vertriebsnetz der großen Unternehmen. Denn nur über ein gut organisiertes Vertriebsnetz kann eine Platte an die richtigen und wichtigen Stellen gelangen. Folglich schließen viele Indies einen Vertriebs-Vertrag mit einem großen Unternehmen ab, wodurch dieses wiederum Einfluß auf den Absatz nehmen kann. In England gibt es eigene Indie-Charts. Die erfolgreichsten Indie-Künstler werden meist ziemlich schnell von renommierten Firmen unter Vertrag genommen, die den Künstlern mehr zahlen können. Auch in Deutschland gibt es kleine unabhängige Labels, die aber auch größtenteils ihre erfolgreichen Acts an große Firmen verlieren. Die Kölner Rock-Gruppe → BAP veröffentlichte z. B. ihre beiden ersten LPs bei dem kleinen Label Eigelstein im Vertrieb der großen Firma Teldec. Als BAP Erfolg hatte, schloß die Gruppe einen Vertrag mit dem internationalen Konzern EMI-Electrola ab.

Jingle war ursprünglich die Bezeichnung für eine kurze, prägnante Melodie, die zur musikalischen Untermalung eines Werbespots im Fernsehen oder Hörfunk komponiert und produziert wurde. Die Melodie mußte einen hohen Wiedererkennungswert haben, damit durch sie für das Produkt eine Signalwirkung ausging. Renommierte Popmusik-Stars wie BARRY MANILOW oder KIM CARNES verdienten sich früher ihr Geld mit dem Komponieren von Musiken für Werbespots. Inzwischen werden mit Jingles auch kurze, einprägsame Musikstücke bezeichnet, die als Thema für bestimmte Radio- oder Fernsehserien stehen oder spezielle Teile der Sendung einleiten.

Konzept-Album ist die Bezeichnung für eine LP, deren Songs in einem textlichen oder musikalischen Zusammenhang stehen. Typische Konzept-Alben sind z. B. die Rock-Opern *Tommy* und *Quadrophenia* von → THE WHO, *Sergeant Pepper's Lonely Hearts Club Band* von den → BEATLES, *Bat out of Hell* von

→ MEATLOAF, *The Elder* von → KISS und ein
Großteil der Alben von → MIKE OLDFIELD.

Label ist die englische Bezeichnung für das
Etikett oder die Marke, unter der eine Schallplatte geführt und verkauft wird. Das Label
kann, aber muß nicht gleichzeitig zu der die
Platte vertreibenden Schallplattenfirma gehören. Kleine Labels schließen meist Verträge
mit den großen Firmen, die ein besseres Vertriebsnetz haben. Doch auch ein und dieselbe
große Plattenfirma kann viele verschiedene
Labels haben.

Light-Show ist eine Form der optischen Auf-
bereitung von Rock- und Pop-Konzerten. Sie
wurde Mitte der sechziger Jahre in Amerika
entwickelt und vor allen Dingen durch die
Auftritte der US-Band JEFFERSON AIRPLANE
(→ STARSHIP) populär gemacht. Dabei werden
Bühne und auch Zuschauerraum durch zuk-
kende Spotlights, Laserstrahlen, die farben-
freudige Lichtmuster zaubern, grelle Strobo-
skop-Blitze und viele bunte Scheinwerfer, die
im Rhythmus der Musik aufleuchten, illu-
miniert. Perfekte und größtenteils sehr ko-
stenaufwendige Light-Shows sind heute fast
ein Muß für jedes Konzert.

Mainstream ist im Bereich der Pop- und
Rockmusik die Bezeichnung für eine Mu-
sikart, die eher gemäßigt klingt, nicht im neue-
sten Trend liegt und deswegen eine sehr breite
Hörerschicht anspricht. Zu den Mainstream-
Interpreten werden Künstler wie z. B. BARRY
MANILOW gezählt.

Medley ist ein Potpourri, in dem die bekanntesten Songs eines Interpreten oder eines
Komponisten in markanten Ausschnitten zu-
sammengemischt werden. 1980/81 kam aus
Holland ein ganzer Schwall von Medleys. Unter der Bezeichnung STARS ON 45 hatten sich
einige Session-Musiker zusammengetan und
als erstes ein täuschend ähnlich klingendes
→ BEATLES-Medley fabriziert, das weltweit millionenfach verkaufte. Das zog natürlich einen ganzen Rattenschwanz von ähnlichen Produktionen nach sich: von → BEACH-

BOYS-Medleys über → STEVIE-WONDER-Med-
leys bis hin zu einem Medley der berühmtesten Songs der ANDREW SISTERS. Teilweise
wurden die Medleys von Studio-Musikern neu
produziert, teilweise auch die Original-Songs
aneinander geschnitten und mit einem durch-
gehenden Rhythmus unterlegt.

Overdubbing ist ein spezielles Aufnahmever-
fahren, das erst durch die modernen Mehr-
spurgeräte möglich gemacht wurde. Dabei
wird, je nach den zur Verfügung stehenden
Spuren, jedes Instrument, der Solist, der Chor
usw. auf eine getrennte Spur und unabhängig
voneinander aufgenommen. Der Tonmeister
bzw. Produzent kann also im nachhinein be-
stimmen, in welchem Sound-Verhältnis die
einzelnen Spuren gemischt werden, er kann
einzelne Aufnahmen wiederholen, ohne gleich
die ganze Band ins Studio holen zu müssen,
und er kann auch noch nachträglich zusätzliche Klangeffekte einfügen.

Playback ist ein Begriff, der aus Amerika
kommt und ursprünglich ein Musikband für
Kino- oder Fernsehfilme bedeutete. Das Band
mit Playback ist heute zu einem der wichtigsten Faktoren für Rock- und Popmusiker geworden. Es gibt erstens das Halb-Playback,
bei dem sich auf dem Band die komplette
Aufnahme einer Platte außer dem Gesang befindet. So ist es z. B. möglich, daß bei der
ZDF-Hitparade deusche Schlagerstars ihre
Lieder ganz ohne Band oder Orchester mehr
oder weniger gut nachsingen können. Zwei-
tens gibt es das Voll-Playback. Dabei ist die
komplette Aufnahme inklusive Gesang auf
Band aufgenommen. Voll-Playback wird bei
fast allen Live-Auftritten im Fernsehen verwendet, die Künstler bewegen nur stumm den
Mund und tun so, als ob sie singen würden. Da
lippensynchrones Singen äußerst schwierig ist,
auch wenn es sich um den eigenen Song handelt, läßt sich dadurch heute kaum mehr ein
Fernsehzuschauer täuschen. Daneben gibt es
noch Playbacks, auf denen sich nur bestimmte, live auf der Bühne nicht mehr reproduzier-
bare Teile eines Musikstücks befinden. Diese
Playbacks werden dann bei Auftritten der

Bands oder Interpreten einfach zugespielt, damit die Vollständigkeit des Songs gewahrt bleibt und sich der Höreindruck nicht zu sehr von der Version der Platte unterscheidet. Diese Technik verwendet z. B. → QUEEN öfter.

Race Musik war bis Mitte der vierziger Jahre in Amerika jede Musik, die von Schwarzen für Schwarze produziert wurde. Dabei handelte es sich größtenteils um Blues, Gospel und Boogie-Woogie. Anschließend wurde diese diskriminierende Bezeichnung durch den Namen Rhythm & Blues ersetzt. Das geschah etwa zu dem Zeitpunkt, als aus Hillbilly Country & Western wurde.

Rap ist ein amerikanischer Slangausdruck für schnell reden. In erster Linie war es eine Erfindung schwarzer Ghetto-Jugendlicher, die damit auf sich aufmerksam machen wollten. Zunächst wurde Rap von unabhängigen Produzenten entdeckt, die damit eine Form des typisch schwarzen Protest-Songs fanden. Über einen einfachen Disco- oder Funkgrundrhythmus aus Baß und Schlagzeug wurde, ebenso rhythmisch und präzise angeglichen, dieser Sprechgesang gelegt. Zuerst wurden damit hauptsächlich Ghetto-Mißstände angeprangert und eindeutig zweideutig sexuelle Dinge abgesondert, auch Geld und narzistische Selbstdarstellungen war Thema der Rap-Songs. Dann entdeckte die Industrie, daß man damit viel Geld verdienen konnte, und bald ging es nur noch darum, wer schneller und besser rappen konnte, und wessen Zunge die gelenkigste war. Da beim Rappen der schnelleren Sprechweise wegen in erster Linie Slang verwendet wurde, hatten selbst Amerikaner und Engländer oft Schwierigkeiten, die sprachlichen Sturzfluten zu verstehen.

Rhythm and Blues ist die Bezeichnung einer Musik-Art, die zu Beginn des Jahrhunderts fast ausschließlich von Schwarzen gemacht wurde. Im Gegensatz zum langsamen, klagenden, traurigen Blues ist Rhythm & Blues eine sehr temperamentvolle Musik-Art.

Riff war ursprünglich die Bezeichnung für eine einfache, unveränderte Melodie, die meist von der Orgel oder dem Baß wiederholt wurde, während die anderen Instrumente improvisierten. Dieser stets gleichbleibende Riff war zum »Festhalten« für die Improvisierenden gedacht. Doch allmählich gewann der Riff in der Rockmusik immer mehr an Bedeutung und hat sich inzwischen zu einem eigenen, thematischen Stil entwickelt, der immer selbständiger und komplizierter wird.

Rockabilly ist sozusagen der Vorläufer des Rock 'n' Roll. Er stand am Anfang, als sich C & W und R & B vermischten. Die ersten Aufnahmen von → BILL HALEY waren reiner Rockabilly. Rockabilly wurde hauptsächlich in Memphis, Tennessee, gespielt. Ab 1980 wurde Rockabilly vor allen Dingen in Europa wieder wehr populär durch Gruppen wie die STRAY CATS und Einzel-Interpreten wie → SHAKIN' STEVENS.

Sampler ist die englische Bezeichnung für eine Sammelplatte. Entweder sind darauf verschiedene Interpreten einer Stilrichtung oder eines Jahrgangs (z. B. Oldies but Goodies oder Top-Hits des Jahres) oder Songs bestimmter Gruppen oder Interpreten zusammengefaßt (z. B. The best of . . .).

Sampling bedeutet eigentlich, von einem großen Ganzen ein repräsentatives Teil dieses Ganzen zu nehmen. In der Pop-Musik bedeutet es, irgendeine Sequenz aus einem Song oder Instro zu nehmen, die einen großen Wiedererkennungswert hat, und es zwecks Aufmotzung in einen anderen Song einzubauen. Diese Methode wird gerne von Rap-Produzenten benutzt. OFRA HAZA verdankte ihre anfängliche Berühmtheit der Tatsache, daß eine Sequenz aus ihrem späteren Super-Hit *Im nin' alu* von den Scratch- und Sampling-Stars ERIC B. & RAKIM 1987 in dem Bestseller *Paid in full* verwendet wurden.

Scat ist der Ausdruck dafür, daß die menschliche Stimme im Jazz wie ein Instrument benutzt wird, d. h. Silben oder Vokale ohne Sinn

vorträgt (z. B. bam bam ba ba bo bu). ELLA
FITZGERALD war eine Meisterin im Scat-Ge-
sang, der besonders im Bebop seinen Ausdruck fand. Doch auch in der Rockmusik wird
Scat verwendet, z. B. von LITTLE RICHARD im
Song *Tutti frutti* mit der Einleitungszeile: A-
wop-bop-a-lou-bop-a-lop-bam-bum.

Scratchen ist eine Technik, bei der Discjok-
keys auf einer laufenden Schallplatte durch
rhythmisches Vor- und Zurückdrehen der Ab-
spielnadel neue Klangeffekte entstehen lassen.

Session ist die Bezeichnung für eine Aufnahme oder auch nur Probe in einem Studio
o. ä. Ein Session-Musiker ist ein Mann (oder
eine Frau), der sein Instrument perfekt beherrscht, sich auf jede Musikart sofort einstellen kann und deshalb für Studio-Aufnahmen
von verschiedenen Interpreten und Gruppen
herangezogen wird. Ausgesprochene Session-
Musiker treten selten als Solisten ans Licht
der Öffentlichkeit, während es etliche Top-
stars gibt, die gerne als Session-Musiker
eingesetzt werden. Die amerikanische Super-Formation TOTO besteht ausschließlich aus Session-Musikern, eine der wenigen Ausnahme
von der Regel.

Songwriter ist ein Schreiber von Liedern,
d. h., er komponiert die Musik und schreibt
auch den Text dazu. NEIL DIAMOND war in
seinen ersten Jahren bezahlter Songwriter
einer Plattenfirma, d. h., er führte Auftrags-
kompositionen aus. So schrieb er z. B. *I'm
a believer* für die → MONKEES. Auch CAROL
KING begann, zusammen mit ihrem damaligen Ehemann GERRY GOFFIN, ihre musikalische Karriere als Songwriterin für andere.
Aus dieser Zeit stammt z. B. der Hit *Locomotion* für LITTLE EVA. Seit den sechziger
Jahren setzt es sich allerdings immer mehr
durch, daß die Songwriter auch selbst zum
Mikrofon greifen und ihre Lieder selbst singen. Sie bekommen dann die Bezeichnung
Singer/Songwriter.

Soundtrack ist die Abkürzung für die amerikanische Bezeichnung Motion Picture Sound
Track und bedeutete ursprünglich Tonfilm
und nicht die Musik, die in diesem Film enthalten ist. Heute ist ein Soundtrack ein Album, auf dem die Musik eines Films enthalten
ist. Während früher darauf hauptsächlich instrumentale Musik und nur vereinzelt Songs
aus dem entsprechenden Film enthalten waren, gibt es auf den meisten Soundtracks heute
fast ausschließlich gesungene Titel zu hören.
Das geht teilweise soweit, daß darauf Songs
aufgenommen werden, die mit dem Film gar
nichts zu tun haben. Der erfolgreichste Soundtrack des Jahres 1985 war der zu dem Film
Beverly Hills Cop mit den weltweiten Millionensellern *The heat is on* von GLENN FREY und
Axel F. Theme von → HAROLD FALTERMEYER.
Der erfolgreichste Soundtrack der Jahre 1987/
88 war *Dirty dancing* zu dem gleichnamigen
Tanzfilm mit PATRICK SWAYZEE.

Tantieme ist der Anteil aus dem Verkaufser-
lös einer Schallplatte, der auf den Interpreten,
den Komponisten, den Texter, den Produzenten, den Musikverlag und die Plattenfirma
entfällt. Die entsprechenden Anteile werden
beim Abschluß des Vertrages ausgehandelt.
Tantiemen fallen auch an durch das Spielen
der Platten im Radio oder Fernsehen, durch
öffentliche Aufführungen und durch Übernah-
me eines Titels von anderen Künstlern.

Tex Mex ist eine musikalische Mischform.
Die mexikanischen Einwanderer brachten ihre
Folklore-Musik und die dazu verwendeten
speziellen Instrumente nach Texas und vermischten sie mit der dort üblichen Art der
Country-Musik. RICHIE VALENS machte als
einer der ersten Tex Mex. In jüngster Zeit
machte die Formation → LOS LOBOS mit dieser Musikart von sich reden und fand damit
sogar Eingang in die Hot 100 von Amerika.

Video-Clip ist die optische Umsetzung eines
Songs oder Instrumentals. Eines der ersten
professionellen Videos war das für *Strawberry
fields forever* von den → BEATLES. Für Videos
gelten ganz andere Produktionsbedingungen

als für Kurzfilme oder gar Spielfilme. In drei bis vier Minuten muß alles »hineingepackt« werden. Daraus resultiert, daß die Bilder bei einem Video ungeheuer oft wechseln. Gute Videos erzählen entweder eine auf den Songtext bezogene Geschichte oder ranken sich auf abstrakt-künstlerische Weise um den entsprechenden Interpreten oder die Gruppe. Videos, die lediglich die Ausführenden beim Spielen zeigen, gehören zu den einfallslosen. In Amerika kann heute ein Song ohne entsprechendes Video eigentlich kein Hit mehr werden. Die norwegische Band → A-HA verdankte ihren internationalen Durchbruch 1985 mit dem Lied *Take on me* nicht zuletzt dem höchst originellen Video, das eine hervorragende Mischung aus Realität und Comic-strip ist. Gute Videos kosten eine Menge Geld und erfordern fast genauso viel Personal wie ein Spielfilm. So gibt der farbige Superstar →

MICHAEL JACKSON immer mindestens eine Million Dollar für seine hervorragenden Videos aus. Auch auf diesem Gebiet sind die deutschsprachigen Interpreten benachteiligt, denn keine Plattenfirma würde für ein deutsch gesungenes Lied soviel Geld ausgeben, wenn überhaupt ein Etat dafür vorhanden ist. lediglich englisch singende deutsche Gruppen haben eine Chance, zu einem einigermaßen guten Video zu kommen. Eine Ausnahme von dieser Regel ist der deutsche Rock-Star → PETER MAFFAY, der für eine Million DM sein ganzes 85er Album *Sonne in der Nacht* auf Video bannen ließ. Das Ergebnis war allerdings nicht sonderlich berauschend. Videos sind hauptsächlich für die Ausstrahlung im Fernsehen gedacht, können aber auch auf Kassette käuflich erworben werden. Der Marktanteil dieser neuen Kunstform ist in den letzten Jahren gewaltig gestiegen.

Register

Halbfette Seitenzahlen verweisen auf Haupteinträge, kursive auf Fotos.

Die Biographie eines faszinierenden Musikers!

Als Band mit der Bestellnummer 61037 erschien:

Seit seinem gewaltsamen Tod im Jahre 1980 hat John Lennon nichts von seiner Faszination als Künstler verloren. Seine Songs begeistern noch immer jung und alt und werden von zahlreichen großen Musikern interpretiert.

BASTEI LÜBBE

Biographie

Als Band mit der Bestellnummer 61 178 erschien:

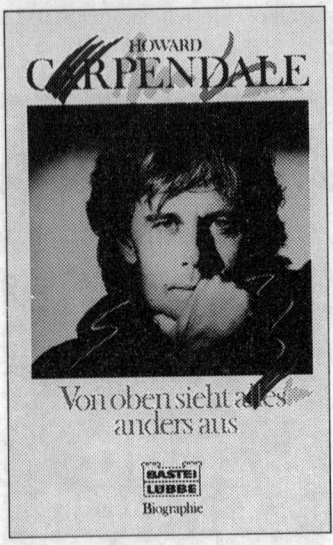

Seit mehr als zwanzig Jahren steht Howard Carpendale
ganz oben. In diesem Buch erzählt er, wie er das wurde,
was er ist. Er schreibt den »psychologischen Roman seines
Lebens«.

Das Standardwerk für Liebhaber und Fachleute!

Als Band mit der Bestellnummer 61015 erschien:

Eine ergänzte und aktualisierte Neufassung der umfassenden Beatles-Biographie.

Biographie

Als Sänger und Musiker erstürmte er den Starhimmel der Rockmusik; auch als Schauspieler in Spielfilmen erlangte er internationale Anerkennung.
Dies ist die Geschichte einer sagenhaften Karriere — und eines Menschen, der bei allem Erfolg immer er selbst blieb.